D1674241

Mock

Die Praxis der Forderungsvollstreckung

AnwaltsPraxis

Die Praxis der Forderungsvollstreckung

Von
Dipl.-Rechtspfleger
Peter Mock, Koblenz

DeutscherAnwaltVerlag

Zitiervorschlag:
Mock, Die Praxis der Forderungsvollstreckung, § 1 Rn 1

Hinweis
Die Ausführungen in diesem Werk wurden mit Sorgfalt und nach bestem Wissen erstellt. Sie stellen jedoch lediglich Arbeitshilfen und Anregungen für die Lösung typischer Fallgestaltungen dar. Die Eigenverantwortung für die Formulierung von Verträgen, Verfügungen und Schriftsätzen trägt der Benutzer. Herausgeber, Autoren und Verlag übernehmen keinerlei Haftung für die Richtigkeit und Vollständigkeit der in diesem Buch enthaltenen Ausführungen.

Anregungen und Kritik zu diesem Werk senden Sie bitte an
kontakt@anwaltverlag.de
Autoren und Verlag freuen sich auf Ihre Rückmeldung.

Copyright 2019 by Deutscher Anwaltverlag, Bonn
Satz: Reemers Publishing Services, Krefeld
Druck: Hans Soldan GmbH, Essen
Umschlaggestaltung: gentura, Holger Neumann, Bochum
ISBN 978-3-8240-1405-7

Das Werk einschließlich aller seiner Teile ist urheberrechtlich geschützt. Jede Verwertung außerhalb der engen Grenzen des Urheberrechtsgesetzes ist ohne Zustimmung des Verlages unzulässig und strafbar. Das gilt insbesondere für Vervielfältigungen, Übersetzungen, Mikroverfilmungen und die Einspeicherung und Verarbeitung in elektronische Systeme.

Bibliografische Information der Deutschen Nationalbibliothek
Die Deutsche Nationalbibliothek verzeichnet diese Publikation in der Deutschen Nationalbibliografie; detaillierte bibliografische Daten sind im Internet über http://dnb.d-nb.de abrufbar.

Vorwort

Die Forderungsvollstreckung ist eines der am meisten genutzten Vollstreckungsinstrumente. Die Gründe hierfür sind unterschiedlich. Aber jedenfalls ist diese Art der Zwangsvollstreckung aus Gläubigersicht oftmals erfolgversprechender und effektiver als z.B. die Gerichtsvollzieher- oder Immobiliarvollstreckung. Dies belegen eindeutig die jährlich bei den Vollstreckungsgerichten anhängigen Verfahren und erlassenen Pfändungs- und Überweisungsbeschlüsse.

Diese Art des Vollstreckungsrechts ist allerdings sehr geprägt vom praktischen Geschick seines Anwenders. Nur wer weiß, wie Grundsätze und Ausnahmen der Zwangsvollstreckung im Alltagsgeschäft funktionieren und umzusetzen sind, kann effektiv zugreifen. Dennoch gilt stets der Grundsatz: „Wer zuerst kommt, mahlt zuerst". Insofern spielen auch Ideenreichtum und Schnelligkeit im Vollstreckungsrecht eine große Rolle, zumal es Gläubigern aufgrund weitreichender Schuldnerschutzvorschriften nicht immer einfach gemacht wird.

Hier setzt das vorliegende Werk an. Es will die in mehr als 25 Jahren in meiner Eigenschaft als Rechtspfleger gesammelten praktischen Erfahrungen als Erläuterungs- und Nachlagewerk an all diejenigen weitergeben, die sich mit der Zwangsvollstreckung in Forderungen beschäftigen müssen bzw. wollen. Dadurch soll eine Verbindung zwischen Theorie und Praxis hergestellt werden. Sinn dieses Werkes ist daher nicht, einen weiteren Kommentar zu schaffen, sondern vielmehr die oftmals auftretenden theoretischen Schwierigkeiten, welche sich häufig durch gesetzliche Regelungen und gerichtliche Entscheidungen ergeben, in die Praxis umzusetzen. Denn vielfach stellt sich die ganz einfache und praktische Frage: „Wie funktioniert das denn nun?" Wie muss ich das amtliche Formular auf Erlass eines Pfändungs- und Überweisungsbeschlusses ausfüllen? Welche Informationen benötigt das Gericht und wie erhalte ich diese? Kann ich Anlagen verwenden und wenn ja welche? Welche sonstigen (Folge-)Anträge kann und muss ich stellen, um effektiv zu vollstrecken? Was kostet die Vollstreckung? Etc... Auf all diese Fragen will das Werk praktische Antworten und Lösungsmöglichkeiten geben. Es bezieht dabei die bis September 2018 ergangene Rechtsprechung mit ein. Beispiele, Muster und Checklisten runden das Ganze ab und sollen bei der täglichen Arbeit helfen.

Da das Vollstreckungsrecht – gerade im Bereich der Forderungsvollstreckung – durch Rechtsprechung und Gesetzesänderungen einem steigen Wandel unterworfen ist, erhebt dieses Werk natürlich keinen Anspruch auf Vollständigkeit. Der Autor ist daher für jede Anregung, Hinweise und selbstverständlich auch konstruktive Kritik dankbar. Insofern lebt das Werk auch vom „Mitmachen" des Lesers.

Koblenz im November 2018 *Peter Mock*
Rechtspfleger am Amtsgericht Koblenz

Inhaltsverzeichnis

Vorwort	5
Abkürzungsverzeichnis	31
Literaturverzeichnis	43

§ 1 Zwangsvollstreckung … 47
- A. Begriff … 47
- B. Parteien/Beteiligte des Vollstreckungsverfahrens … 47
  - I. Allgemeines … 47
  - II. Parteien des Vollstreckungsverfahrens … 48
  - III. Beteiligte des Vollstreckungsverfahrens … 48

§ 2 Begriff der Geldforderung … 51
- A. Allgemeines … 51
- B. Geldforderungen, die nicht nach §§ 829 ff. ZPO vollstreckt werden … 51
- C. Betagte, bedingte und künftige Forderungen … 52
- D. Naturalobligationen … 53
- E. Öffentlich-rechtliche Geldforderungen … 53
- F. Forderung des Gläubigers als Drittschuldner … 54
- G. Forderungen in Bezug auf den sog. Hypothekenhaftungsverband … 55
- H. Nicht übertragbare Forderungen … 56
  - I. Unpfändbarkeit (§ 851 Abs. 1 ZPO) … 56
  - II. Die Fallgruppen des § 851 Abs. 1 ZPO … 58
    1. Unpfändbarkeit kraft Gesetzes … 58
    2. Unpfändbarkeit bei höchstpersönlichen Ansprüchen … 60
    3. Eingeschränkt pfändbare Forderungen … 62
    4. Bedingt pfändbare Forderungen (§ 851 Abs. 2 ZPO) … 64

§ 3 Die Voraussetzungen der Zwangsvollstreckung … 67
- A. Vollstreckungsvoraussetzungen … 67
- B. Zuständigkeit … 67
  - I. Sachliche Zuständigkeit … 67
    1. Arrest … 68
    2. Einstweilige Verfügung … 69
    3. Beschwerdeverfahren … 69
    4. Verwaltungsrechtliche Entscheidungen … 69
    5. Öffentlich-rechtliche Geldforderungen … 70
  - II. Funktionelle Zuständigkeit … 70

III. Örtliche Zuständigkeit 71
  1. Grundsatz: Zuständigkeit des Wohnsitzgerichts 71
  2. Zeitpunkt 71
  3. Aufenthalt 72
  4. Inhaftierte 73
  5. Soldaten 73
    a) Berufssoldat 73
    b) Wehrpflichtige 73
    c) Volljährige Zeit-/Berufssoldaten/Bundespolizisten/Zivilangestellte der Bundeswehr 73
    d) Musterformulierung: Auskunftsbegehren an das Personalamt der Bundeswehr 74
  6. Fehlender Gerichtsstand in der Bundesrepublik 75
  7. Mehrere Gerichtsstände 75
  8. Partei kraft Amtes 76
  9. Internationale Zuständigkeit 76
  10. Ansprüche eines ausländischen Staates 76
  11. Mehrere Schuldner/Zuständigkeitsbestimmungen 78
  12. Abgabe bei Zuständigkeitsverstoß 79
C. Allgemeine Vollstreckungsvoraussetzungen 80
  I. Vollstreckungstitel 80
    1. Besonderheiten bei notariellen Urkunden 81
    2. Besonderheiten bei Vollstreckungstiteln nach dem FamFG 82
  II. Vollstreckungsklausel 83
  III. Zustellung 84
D. Besondere Vollstreckungsvoraussetzungen 84
  I. Eintritt eines Kalendertages 84
  II. Sicherheitsleistung 85
    1. Allgemeines 85
    2. Verfahren bei Sicherheitsleistung 85
      a) Sicherheitsleistung des Schuldners 86
      b) Sicherheitsleistung des Gläubigers 86
      c) Nachweis der Sicherheitsleistung 87
      d) Entfallen der Sicherheitsleistung 88
      e) Wirkungen der angeordneten Sicherheitsleistung 88
        aa) Schuldner macht von der Abwendungsbefugnis keinen Gebrauch 89
        bb) Schuldner macht von der Abwendungsbefugnis Gebrauch ... 89
        cc) Gläubiger leistet seinerseits Sicherheit 89

3. Möglichkeiten der Vollstreckung bei angeordneter Sicherheitsleistung ... 90
4. Der Antrag auf Sicherungsvollstreckung bei der
   Forderungsvollstreckung. 95
III. Wartefrist 96
IV. Vollstreckung bei Leistungen Zug um Zug 97
   1. Nachweis der Gegenleistung oder des Annahmeverzuges durch
      den Gläubiger (§ 765 Nr. 1 ZPO) 97
   2. Durchführung der Zwangsvollstreckung durch den
      Gerichtsvollzieher (§ 765 Nr. 2 ZPO) 98
V. Fehlen von Vollstreckungshindernissen 98
   1. Tabellarischer Überblick: Vollstreckungshindernisse 99
   2. Gesetzliche Vollstreckungshindernisse 99
   3. Vertragliche Vollstreckungshindernisse 99
      a) Vollstreckungsbeschränkende Vereinbarungen 100
      b) Vollstreckungserweiternde Vereinbarungen 100
      c) Vollstreckungsausschließende Vereinbarungen 101
VI. Grundsatz der Verhältnismäßigkeit 101

§ 4 Verbindliche Formulare für die Forderungspfändung 103

A. Der Pfändungsantrag. 103
   I. Allgemeines. 103
   II. Verbindliche Form der Antragstellung 104
B. Antrag auf Erlass eines Pfändungs- und Überweisungsbeschlusses insbesondere wegen gewöhnlicher Geldforderungen (§ 2 Nr. 2 ZVFV Anlage 2)... 106
   I. Seite 1: Pfändungs- und/oder Überweisungsbeschluss? 107
   II. Seite 1: Zustellung mit Aufforderung nach § 840 ZPO oder
       Selbstzustellung 107
   III. Seite 1 des Formulars: Zusatzanträge. 111
   IV. Seite 1 des Formulars: Prozesskostenhilfe/Anlagen. 112
   V. Seite 1 des Formulars: Kostenvorschuss. 112
   VI. Seite 1 des Formulars: Einreichung ausgefüllter Seiten 113
   VII. Seite 1 des Formulars: Datum/Unterschrift 115
   VIII. Seite 2 des Formulars: Angaben zu den Parteien 115
   IX. Seite 2 des Formulars: Angaben zum Vollstreckungstitel 119
   X. Seite 2 des Formulars: Forderungsaufstellung 120
      1. Teilvollstreckung 122
         a) Teilvollstreckung bezogen auf Haupt- und Nebenforderung
            und Kosten 122
         b) Teilvollstreckung bezogen auf Hauptforderung(-en). 123
      2. Prüfung der Verrechnung von Zahlungen durch das
         Vollstreckungsgericht 124

Inhaltsverzeichnis

XI.	Drittschuldnerbezeichnung	125
XII.	Zu pfändende Forderung(en)	128
XIII.	Besondere Anordnungen	132
XIV.	Anordnungen/sonstige Anordnungen	133
XV.	Antrag auf Überweisung	134
XVI.	Weitere Anträge/Hinweise	135
XVII.	Gerichts-, Rechtsanwalts- und Inkassokosten	136

C. Antrag auf Erlass eines Pfändungs- und Überweisungsbeschlusses wegen Unterhaltsforderungen (§ 2 Nr. 1 ZVFV Anlage 3) 137
    I. Antrag . . . 138
    II. Seite 2: Gläubigerbezeichnung . . . 140
    III. Seite 3, 4: Forderungsaufstellung . . . 141
    IV. Seite 8: Überjährige Rückstände . . . 143
    V. Notwendiger Unterhalt . . . 144
    VI. Pfandfreier Betrag . . . 145

D. Die formularmäßigen (Pfändungs-)Ansprüche . . . 145
    I. Anspruch A (an den Arbeitgeber) . . . 145
        1. Ziffer 1 – Arbeitseinkommen . . . 145
        2. Ziffer 2 – Lohnsteuer-/Kirchensteuerjahresausgleich . . . 145
    II. Anspruch B (an die Agentur für Arbeit bzw. Versicherungsträger) . . . 146
    III. Anspruch C (an das Finanzamt) . . . 146
        1. Allgemeines . . . 146
        2. Einkommensteuer . . . 150
        3. Kfz-Steuer . . . 151
        4. Umsatzsteuer . . . 151
        5. Körperschaftsteuer . . . 153
        6. Grunderwerbsteuer . . . 153
        7. Grundsteuer . . . 154
        8. Gewerbesteuer . . . 156
    IV. Anspruch D (an Kreditinstitute) . . . 157
        1. Guthaben auf Kontokorrent- und Girokonten – Anspruch Ziffer 1 . 157
        2. Sparguthaben/Festgeldkonten – Anspruch Ziffer 2 . . . 165
        3. Darlehnsvaluta aus Kreditgeschäft – Anspruch Ziffer 3 . . . 166
        4. Ansprüche aus zum Wertpapierkonto gehörenden Gegenkonto – Anspruch Ziffer 4 . . . 167
        5. Bankschließfach – Anspruch Ziffer 5 . . . 167
        6. Weitere pfändbare Ansprüche – Ziffer 6 . . . 169
            a) Allgemeine Ansprüche . . . 169
            b) Genossenschaft . . . 171
            c) Wertpapiere . . . 173

	aa) Sonderverwahrte Wertpapiere	173
	bb) Sammelverwahrte Wertpapiere	175
	cc) Pfändungsmuster	175
V.	Anspruch E (an Versicherungsgesellschaften)	177
1.	Allgemeines	177
	a) Personenversicherungen	177
	b) Schadenversicherungen	177
2.	Lebensversicherung	177
	a) Anspruch Ziffer 1	178
	aa) Zahlung der Versicherungssumme	178
	bb) Zahlung der Gewinnanteile (Überschussbeteiligung, § 153 VVG)	179
	cc) Zahlung des Rückkaufswertes (§ 169 VVG)	179
	b) Anspruch Ziffer 2	180
	c) Anspruch Ziffer 3	182
	d) Pfändungsmuster	184
	e) Pfändungsbeschränkungen	186
	aa) Renten, die aufgrund von Versicherungsverträgen gewährt werden, wenn diese Verträge zur Versorgung des Versicherungsnehmers oder seiner unterhaltsberechtigten Angehörigen eingegangen sind (§ 850 Abs. 3 lit. b ZPO)	186
	bb) Geförderte Altersvorsorgevermögen und Altersvorsorgebeiträge (§ 5 AltZertG, § 97 EStG)	186
	cc) Altersrenten (§ 851c ZPO)	188
	(1) Allgemeines	188
	(2) Anwendungsbereich	188
	(3) Die Voraussetzungen des § 851c Abs. 1 ZPO	189
	(4) Pfändungsschutz des Vorsorgevermögens (§ 851c Abs. 2 ZPO)	192
	(5) Notwendigkeit der regelmäßigen Anpassung	193
	(6) Additionsmöglichkeit mehrerer Ansprüche des Schuldners	193
	(7) Umwandlungsverlangen des Schuldners nach § 167 VVG	194
	(8) Pfändungsverfahren	195
	dd) Steuerlich gefördertes Altersvorsorgevermögen (§ 851d ZPO)	195
	(1) Regelungszweck	195
	(2) Laufende Leistungen	196
	(3) Umfang des Pfändungsschutzes	196

3.	Todesfalllebensversicherung/Sterbegeldversicherung.........	197
4.	Haftpflichtversicherung............................	200
5.	Rechtsschutzversicherung	201
6.	Unfallversicherung................................	201
7.	Direktversicherung................................	202

§ 5 Das Pfändungsverfahren........................... 207

A. Rechtsschutzbedürfnis 207
B. Bestimmtheit des Rechtsgrunds der zu pfändenden Forderung(en)...... 208
C. (Pfändungs-)Antrag.................................... 215
    I. Antragsform..................................... 215
    II. Unterschrift/Bevollmächtigung 215
    III. Prüfung durch das Gericht 216
    IV. Antrag auf Überweisungsbeschluss 216
    V. Entscheidung des Gerichts 217
        1. Antragsmängel 217
        2. Mehrere zu pfändende Forderungen 218
        3. Keine Anhörung 219
    VI. Unterschrift des Rechtspflegers........................ 220
    VII. Inhalt des Pfändungsbeschlusses 220
D. Wirksamwerden der Pfändung durch Zustellung des Pfändungsbeschlusses 222
    I. Allgemeines..................................... 222
    II. Durchführung der Zustellung 224
    III. Mehrere Drittschuldner – Gesamthandgemeinschaften 225
E. Pfändungswirkungen................................... 226
    I. Allgemeines..................................... 226
    II. Stellung des Vollstreckungsgläubigers 230
    III. Stellung des Vollstreckungsschuldners 231
    IV. Stellung des Drittschuldners.......................... 232
    V. Stellung Dritter 234
    VI. Pfändungsumfang/Nebenrechte........................ 234
    VII. Rechtsbehelfe 240
    VIII. Kosten/Gebühren 241
    IX. Pfandverwertung 243
        1. Allgemeines 243
        2. Die Überweisung einer Geldforderung (§ 835 ZPO) 244
        3. Das Verfahren der Überweisung 244
            a) Überweisung gleichzeitig mit der Pfändung 244
            b) Isolierter Überweisungsbeschluss 245
        4. Die Wirkungen der Überweisung zur Einziehung (§ 835 Abs. 1 Alt. 1 ZPO)..................................... 247

	a) Rechtsstellung des Gläubigers...................	247
	b) Rechtsstellung des Schuldners....................	250
	aa) Auskunfts- und Offenbarungspflicht (§ 836 Abs. 3 S. 1 und 2 ZPO)..............................	251
	bb) Pflicht zur Herausgabe von Urkunden (§ 836 Abs. 3 S. 1 ZPO).....................................	256
	cc) Rechtsstellung des Drittschuldners...............	264
5.	Die Wirkungen der Überweisung an Zahlungs statt (§ 835 Abs. 1 Alt. 2 ZPO)......................................	268
6.	Leistungssperre beim Guthabenkonto, das nicht P-Konto ist (§ 835 Abs. 3 S. 2 ZPO)............................	269
7.	Leistungssperre beim P-Konto (§ 835 Abs. 4 ZPO)..........	270
8.	Wartefrist bei nicht wiederkehrend zahlbaren Vergütungen und sonstigen Einkünften (§ 835 Abs. 5 ZPO).................	273
9.	Andere Verwertungsart (§ 844 ZPO)....................	274
	a) Verfahren..................................	274
	b) Verwertungsarten............................	275
	aa) Die öffentliche Versteigerung...................	275
	bb) Freihändiger Verkauf	276
	cc) Übertragung auf den Gläubiger.................	276
	dd) Überlassung des gepfändeten Rechts zur Ausübung an einen Dritten...............................	277
	ee) Muster – Antrag auf andere Verwertung	277
	c) Rechtsbehelfe	278
	d) Kosten/Gebühren	278
X. Die Drittschuldnererklärung (§ 840 ZPO)..................		279
1.	Regelungszweck..................................	279
2.	Voraussetzungen der Auskunftspflicht....................	280
3.	Erklärung des Drittschuldners	282
	a) Form der Erklärung	282
	b) Frist zur Abgabe der Erklärung	282
	c) Umfang der Erklärungspflicht....................	282
	aa) Erklärung nach § 840 Abs. 1 Nr. 1 ZPO...........	283
	bb) Erklärung nach § 840 Abs. 1 Nr. 2, 3 ZPO	285
	cc) Erklärung nach § 840 Abs. 1 Nr. 4 ZPO............	286
	dd) Erklärung nach § 840 Abs. 1 Nr. 5	286
4.	Keine Auskunftsklage des Gläubigers	287
5.	Wirkungen der Drittschuldnererklärung..................	288
6.	Schadensersatzanspruch des Vollstreckungsgläubigers (§ 840 ZPO Abs. 2 S. 2 ZPO)..................................	289

	a) Allgemeines	289
	b) Umfang	289
	c) Zuständigkeit	294
7.	Erklärungspflicht nach § 316 AO	295
8.	Kosten	295
9.	Muster	298
	a) Aufforderung zur Drittschuldnererklärung	298
	b) Drittschuldnererklärung	299
	c) Zahlungsaufforderung nach nicht fristgerechter Drittschuldnererklärung	299
XI.	§ 841 Pflicht zur Streitverkündung	300
1.	Folgen des Pflichtverstoßes	301
2.	Muster – Streitverkündung an den Vollstreckungsschuldner	301
XII.	Schadensersatz bei verzögerter Beitreibung (§ 842 ZPO)	302
1.	Grundsatz – Zweck	302
2.	Pflichtumfang	303
3.	Umfang der Schadensersatzpflicht	303
XIII.	Verzicht des Pfandgläubigers (§ 843 ZPO)	304
1.	Grundsatz – Zweck	304
2.	Verfahren	305
3.	Form	305
4.	Umfang	306
5.	Wirkung	307
6.	Gebühren – Kosten	308
7.	Muster	308
	a) Verzichtserklärung gegenüber Schuldner	308
	b) Verzichtsmitteilung an Drittschuldner	308
	c) Antrag auf Aufhebung der Pfändung und Überweisung	309
XIV.	Vorpfändung (§ 845 ZPO)	309
1.	Anwendungsbereich/Zulässigkeit	310
2.	Voraussetzungen	311
3.	Durchführung der Vorpfändung	313
	a) Gerichtsvollzieher fertigt Vorpfändungsbenachrichtigung selbst an	313
	b) Gläubiger fertigt Vorpfändungsbenachrichtigung selbst an	316
4.	Wirkungen	318
	a) Allgemeines	318
	b) Gläubigerkonkurrenz	320
	c) Oder-Konto	320
	d) Mehrfache Vorpfändung	321

e) Insolvenz	322
5. Rechtsbehelfe	324
6. Kosten/Gebühren	325
7. Muster – Isolierte Vorpfändung durch Gläubiger	327
XV. Mehrfache Pfändung (§ 853 ZPO)	328
1. Allgemeines	328
2. Voraussetzungen	329
3. Hinterlegungsverfahren	329
4. Wirkungen der Hinterlegung	331
5. Kosten der Hinterlegung	331
XVI. Klage bei mehrfacher Pfändung (§ 856 ZPO)	332
1. Normzweck	332
2. Klageverfahren	332
3. Rechtskraftwirkungen	335
4. Kosten	335
5. Muster – Klage auf Hinterlegung durch den Drittschuldner bei Mehrfachpfändung	335

§ 6 Die Pfändung von Arbeitseinkommen. 337

A. Allgemeines	337
B. Pfändungsschutz für Arbeitseinkommen (§ 850 ZPO)	337
C Begriff des Arbeitseinkommens	338
I. Dienst- und Versorgungsbezüge von Beamten	339
II. Arbeits- und Dienstlöhne	340
III. Ruhegelder und ähnliche nach dem einstweiligen oder dauernden Ausscheiden aus dem Dienst- oder Arbeitsverhältnis gewährte fortlaufende Einkünfte	344
IV. Hinterbliebenenbezüge	345
V. Sonstige Vergütungen für Dienstleistungen aller Art	346
VI. Dem Arbeitseinkommen gleichgestellte Bezüge	347
1. Karenzentschädigungen	347
2. Versicherungsrenten	348
VII. Praktische Ausfüllhinweise zum amtlichen Formular	349
1. Anspruch A (an Arbeitgeber)	349
2. Anspruch B	351
3. Anspruch G	352
4. Anordnungen	353
VIII. Der Umfang der Pfändung	354
1. Allgemeines	354
2. Künftige/fortlaufende Bezüge (§ 832 ZPO)	354
3. Im Voraus abgetretene Lohnforderung	355

		4.	Pfändungswirkungen	356
		5.	Arbeits- und Diensteinkommen (§ 833 Abs. 1 ZPO)	357
			a) Änderung im Dienstverhältnis	357
			b) Änderung des Dienstherrn	357
			c) Pfändungsfortwirkung bei Neubegründung des Arbeits-/Dienstverhältnisses binnen 9 Monaten (§ 833 Abs. 2 ZPO)...	358
D.	Unpfändbare Einkommensteile (§ 850a ZPO)			362
	I. Allgemeines			362
	II. Die einzelnen unpfändbaren Bezüge			364
		1.	Mehrarbeitsstunden (§ 850 Nr. 1 ZPO)	364
			a) Sinn und Zweck der Regelung	364
			b) Definition von Mehrarbeit	364
			c) Selbstständiger Schuldner	365
			d) Schuldner bezieht Altersrente und ist zusätzlich selbstständig	365
		2.	Urlaubsgeld, Zuwendungen aus besonderem Betriebsereignis, Treuegelder (§ 850a Nr. 2 ZPO)	366
			a) Urlaubsgeld	366
			aa) Definition von Urlaubsgeld	366
			bb) Urlaubsabgeltungsanspruch	367
			b) Zuwendungen aus besonderem Betriebsereignis	367
			c) Treuegelder	367
			d) „Rahmen des Üblichen"	368
		3.	Aufwandsentschädigungen, Auslösegelder, sonstige Zulagen (§ 850a Nr. 3 ZPO)	369
		4.	Weihnachtsvergütungen (§ 850a Nr. 4 ZPO)	375
		5.	Heirats- und Geburtshilfen (§ 850a Nr. 5 ZPO)	377
		6.	Erziehungsgelder, Studienbeihilfen und ähnliche Bezüge (§ 850a Nr. 6 ZPO)	380
		7.	Sterbe- und Gnadenbezüge aus Arbeits- oder Dienstverhältnissen (§ 850a Nr. 7 ZPO)	381
		8.	Blindenzulagen (§ 850a Nr. 8 ZPO)	381
E.	Bedingt pfändbare Forderungen (§ 850b ZPO)			381
	I. Normzweck und Anwendungsbereich			381
	II. Die bedingt pfändbaren Bezüge (§ 850b Abs. 1 ZPO)			383
		1.	Renten wegen Verletzung des Körpers oder der Gesundheit (§ 850b Abs. 1 Nr. 1 ZPO)	383
		2.	Unterhaltsrenten aufgrund gesetzlicher Vorschrift (§ 850b Abs. 1 Nr. 2 ZPO)	386

3. Fortlaufende Einkünfte des Schuldners aus Stiftungen oder sonst aufgrund der Fürsorge und Freigebigkeit eines Dritten oder aufgrund eines Altenteils oder Auszugsvertrags (§ 850b Abs. 1 Nr. 3 ZPO) . 389
   a) Allgemeines 389
   b) Altenteil 391
4. Bezüge aus Witwen-, Waisen-, Hilfs- und Krankenkassen, bestimmte Lebensversicherungen (§ 850b Abs. 1 Nr. 4 ZPO) 392
   a) Allgemeines 392
   b) Witwen-, Waisen-, Hilfs- und Krankenkassen 392
   c) Lebensversicherungen/Todesfalllebensversicherung/ Sterbegeldversicherung 393
5. Voraussetzungen der Pfändung nach § 850b Abs. 2 ZPO 394
6. Anhörung der Beteiligten (§ 850b Abs. 3 ZPO) 397
7. Praktische Ausfüllhinweise zum amtlichen Pfändungs- und Überweisungsbeschluss-Formular 399

F. Pfändungsgrenzen für Arbeitseinkommen (§ 850c ZPO) 399
   I. Allgemeines 399
   II. Zweck 400
   III. Anwendungsbereich 400
   IV. Unpfändbares Arbeitseinkommen: Grundfreibetrag (§ 850c Abs. 1 S. 1 ZPO) 402
   V. Unpfändbares Arbeitseinkommen: Freibetrag bei gesetzlichen Unterhaltspflichten (§ 850c Abs. 1 S. 2 ZPO) 403
   VI. Vorteil für nachrangige Gläubiger: Mietanteile in Pfändungsfreibeträgen 406
   VII. Pfändungsfreier Mehrverdienst (§ 850c Abs. 2, 3 ZPO) 407
   VIII. Dynamisierte Freibeträge (§ 850c Abs. 2a ZPO) 408
   IX. Durchführung der Pfändung 408
   X. Wegfall unterhaltsberechtigter Personen (§ 850c Abs. 4 ZPO) 410
      1. Gläubigerantrag 412
         a) Gleichzeitige Antragstellung 412
         b) Nachträgliche Antragstellung 413
      2. Eigene Einkünfte des Unterhaltsberechtigten 414
      3. Art der Einkünfte des Unterhaltsberechtigten 415
      4. Verfahren 416
      5. Entscheidung 419
         a) Unterhaltsberechtigter bleibt völlig unberücksichtigt 420
         b) Unterhaltsberechtigter bleibt teilweise unberücksichtigt 420
      6. Wirkungen 423
      7. Rechtsbehelfe 423

Inhaltsverzeichnis

G. Pfändbarkeit bei Unterhaltsansprüchen (§ 850d ZPO) 424
   I. Regelungsgehalt. 424
   II. Die privilegierten Gläubiger (§ 850d Abs. 1 S. 1
       ZPO)/Anwendungsbereich 424
   III. Übersicht: Gesetzliche Unterhaltsansprüche 425
   IV. Praktische Auswirkungen der Privilegierung bei der Lohnpfändung . 430
      1. „Normalgläubiger" pfändet zuerst, der Unterhaltsgläubiger
         pfändet später 431
      2. Unterhaltsgläubiger pfändet zuerst, „Normalgläubiger" pfändet
         später 431
   V. Besonderheit bei gleichzeitiger Einkommens- und P-Kontopfändung 432
   VI. Besonderheiten beim Unterhaltsvorschuss nach § 7 UVG 434
      1. § 7 UVG verdrängt § 850d Abs. 2 ZPO. 434
      2. Unterhaltsvorschusskasse vollstreckt mittels
         Vollstreckungsbescheid 436
   VII. Pfändungsumfang 439
   VIII. Ermittlung des notwendigen Unterhalts bzw. des pfänbaren Betrages 440
   IX. Ermittlung des pfändbaren Betrages 446
   X. Unterhaltsrückstände 452
   XI. Rangfolge bei der Vollstreckung mehrerer Unterhaltsberechtigter
       (§ 850d Abs. 2 ZPO) 453
   XII. Vorratspfändung 459
   XIII. Pfändungsverfahren 460
      1. Antrag 460
      2. Prozesskostenhilfe und Anwaltsbeiordnung 461
      3. Gläubigerbezeichnung 464
        a) Minderjährige Kinder 465
          aa) Gesetzliche Verfahrensstandschaft 465
          bb) Gewillkürte Verfahrensstandschaft 465
        b) Volljährige Kinder 466
          aa) Unterhaltstitel lautet auf Namen des Kindes 466
          bb) Unterhaltstitel lautet auf Namen des Elternteils 467
      4. Weitere Vollstreckung nach Volljährigkeit des Kindes 468
        a) Unterhaltstitel lautet auf Namen des Kindes 468
        b) Unterhaltstitel lautet auf Namen des Elternteils 468
      5. Unterhaltstitel auf Namen der Unterhaltsvorschussstelle 469
   XIV. Voraus-/Dauerpfändung 470
   XV. Rechtsbehelfe 473

Inhaltsverzeichnis

H. Berechnung des pfändbaren Einkommens (§ 850e ZPO). 474
   I. Regelungszweck 474
   II. Ermittlung des Nettoeinkommens (§ 850e Nr. 1 ZPO). 475
      1. Vorgehensweise 479
         a) Bruttomethode. 480
         b) Nettomethode 481
      2. Auswirkungen der unterschiedlichen Berechnungsmethoden bei der Lohnpfändung. 481
   III. Besonderheiten beim Lohnvorschuss 487
      1. Lohnvorschuss erfolgt nach Lohnpfändung. 487
      2. Lohnvorschuss erfolgt vor Lohnpfändung. 488
   IV. Besonderheiten beim Arbeitgeberdarlehen 490
      1. Darlehenshingabe erfolgt nach Lohnpfändung. 490
      2. Darlehenshingabe erfolgt vor Lohnpfändung. 491
   V. Besonderheiten bei Nachzahlung von Arbeitseinkommen 491
   VI. Addition mehrerer Arbeitseinkommen (§ 850e Nr. 2, 2a ZPO) 494
   VII. Addition von Arbeitseinkommen und Sozialleistungen (§ 850e Nr. 2a ZPO) 496
   VIII. Verfahren auf Zusammenrechnung 499
      1. Gleichzeitige Zusammenrechnung 499
      2. Nachträgliche Zusammenrechnung 503
   IX. Addition von Arbeitseinkommen und Naturalleistungen (§ 850e Nr. 3 ZPO) 506
   X. Addition mehrerer Einkommen bei Abtretung 511
   XI. Zusammentreffen von Unterhalts- und anderen Ansprüchen (§ 850e Nr. 4 ZPO). 512
   XII. Rechtsbehelfe 515
   XIII. Kosten 515
I. Änderung des unpfändbaren Betrages (§ 850f ZPO). 515
   I. Regelungszweck 515
   II. Anwendungsbereich. 517
   III. Erweiterter Pfändungsschutz (§ 850f Abs. 1 ZPO) 518
      1. Bedürftigkeitsgrenze (§ 850f Abs. 1 lit. a ZPO) 519
         a) Regelungszweck 519
         b) Berechnungsmethoden 519
      2. Besondere persönliche bzw. berufliche Bedürfnisse (§ 850f Abs. 1 lit. b ZPO). 525
         a) Persönliche Bedürfnisse. 525
         b) Berufliche Bedürfnisse 526

Inhaltsverzeichnis

  3. Besonderer Umfang von gesetzlichen Unterhaltspflichten (§ 850f Abs. 1 lit. c ZPO)................................. 529
  4. Verfahren.. 530
  5. Muster: Antrag auf Erhöhung der Pfändungsfreigrenze........ 531
 IV. Vollstreckung wegen vorsätzlich begangener unerlaubter Handlung (§ 850f Abs. 2 ZPO)................................. 531
  1. Anwendungsbereich................................ 531
  2. Besonderheit bei prozessualem Kostenerstattungsanspruch..... 532
  3. Prüfungskompetenz des Vollstreckungsgerichts............. 535
  4. Notwendiger Unterhalt des Schuldners und seiner Unterhaltsberechtigten............................. 539
  5. Gläubigerkonkurrenz................................ 542
 V. Erweiterte Lohnpfändung (§ 850f Abs. 3 ZPO).............. 544
 VI. Rechtsbehelfe....................................... 546
 VII. Kosten – Gebühren – Streitwert......................... 547
J. Änderung der Unpfändbarkeitsvoraussetzungen (§ 850g ZPO)........ 548
 I. Regelungszweck..................................... 548
 II. Anwendungsbereich................................... 548
 III. Änderungen der Verhältnisse............................ 549
 IV. Antrag... 551
 V. Verfahren.. 551
 VI. Wirkungen.. 553
 VII. Rechtsbehelfe...................................... 554
 VIII. Kosten... 554
K. Verschleiertes bzw. verschobenes Arbeitseinkommen (§ 850h ZPO) 555
 I. Regelungszweck..................................... 555
 II. Lohnverschiebung (§ 850h Abs. 1 ZPO).................. 556
  1. Anwendungsbereich................................ 556
  2. Pfändungsverfahren................................ 557
 III. Lohnverschleierung (§ 850h Abs. 2 ZPO).................. 559
  1. Regelungszweck.................................. 559
  2. Voraussetzungen................................... 560
 IV. Pfändungsverfahren................................... 564
 V. Musteranträge...................................... 564
  1. Musterantrag: Pfändung bei Wahl einer ungünstigen Steuerklasse durch Schuldner.............................. 564
  2. Pfändungsantrag bei Lohnverschiebung.................. 565
  3. Musterantrag: Pfändung bei Lohnverschleierung durch Schuldner 565
 VI. Wirkungen.. 566
 VII. Durchsetzung des gepfändeten Anspruchs.................. 567

VIII.	Gläubigerkonkurrenz	570
IX.	Rechtsbehelfe	572
X.	Kosten/Gebühren/Streitwert	573

L. Pfändungsschutz für sonstige Einkünfte (§ 850i ZPO) 573
    I. Allgemeines 573
    II. Regelungszweck 574
    III. Anwendungsbereich 574
        1. Einkünfte Selbstständiger 576
        2. Sonstige Einkünfte 577
    IV. Verfahren 580
        1. Belassung eines Freibetrages für den Schuldner (§ 850i Abs. 1 S. 1 ZPO) 581
        2. Angemessener Zeitraum 582
    V. Kein Rückwirkungsverbot 583
    VI. Heimarbeitervergütung (§ 850i Abs. 2 ZPO) 584
        1. Allgemeines 584
        2. Heimarbeitsmodelle 584
        3. Pfändungszugriff 585
        4. Muster: Pfändung der Heimarbeitsvergütung 586
    VII. Rechtsbehelfe 586
    VIII. Kosten/Gebühren 586

M. Lohnpfändung trifft auf Abtretung 587
    I. Allgemeines 587
    II. Rechtsfolgen der Abtretung: Arbeitgeber muss an Zessionar auskehren 587
    III. Teilabtretung: Pfändungsgläubiger kann noch Lohnanteile beanspruchen 588
    IV. Gehaltsabtretung ist auch bzgl. künftiger Ansprüche möglich 589
    V. Gegenmaßnahmen zur Prüfung der Wirksamkeit einer Abtretung ... 589
    VI. Teilzahlungsvereinbarung, Lohnabtretung und -pfändung 592

§ 7 Das Pfändungsschutzkonto (P-Konto, § 850k ZPO) 593

A. Allgemeines 593
B. Der Sockelfreibetrag (§ 850k Abs. 1 ZPO) 594
    I. Grundfall (§ 850k Abs. 1 S. 1 ZPO) 594
    II. Verlängertes Zahlungsmoratorium (§ 850k Abs. 1 S. 2 ZPO) 595
    III. Einmalige Ansparung (§ 850k Abs. 1 S. 3 ZPO) 597
    IV. Pfändungsschutz bei Umwandlung in P-Konto (§ 850k Abs. 1 S. 4 ZPO) 600
    V. Aufstockung des Sockelfreibetrages (§ 850k Abs. 2 ZPO) 600
        1. Der Schuldner gewährt aufgrund gesetzlicher Verpflichtung Unterhalt (§ 850k Abs. 2 Nr. 1 lit. a ZPO) 600

2. Schuldner nimmt Leistungen nach sozialrechtlichen Vorschriften auch für Personen, mit denen er in einer Bedarfsgemeinschaft lebt, entgegen (§ 850k Abs. 2 Nr. 1 lit. b ZPO) 601
3. Einmalige Sozialleistungen und Geldleistungen zum Ausgleich eines durch einen Körper- oder Gesundheitsschaden bedingten Mehraufwandes (§ 850k Abs. 2 Nr. 2 ZPO) 602
4. Kindergeld und andere Geldleistungen für Kinder (§ 850k Abs. 2 Nr. 3 ZPO) 602
VI. Besonderheiten bei deliktischem und prozessualem Kostenerstattungsanspruch 603
VII. Freibeträge bei Unterhaltsvollstreckung (§ 850k Abs. 3 ZPO) 605
VIII. Änderung des pfändbaren Betrages durch das Vollstreckungsgericht (§ 850k Abs. 4 ZPO) 607
   1. Allgemeines 607
   2. Besonderheit: gleichzeitige Pfändung von Konto und Arbeitseinkommen – schwankende Höhe des Arbeitseinkommens 612
   3. Nachzahlungen auf dem P-Konto 615
   4. Besonderheiten bei gleichzeitiger Einkommenspfändung wegen Deliktsansprüchen und P-Kontopfändung 616
IX. Leistungsverpflichtung des Kreditinstituts (§ 850k Abs. 5 ZPO).... 617
   1. Allgemeines 617
   2. Leistungsverpflichtung ohne Nachweis durch Schuldner (§ 850k Abs. 5 S. 1 ZPO) 617
   3. Leistungsverpflichtung aufgrund Nachweis durch Schuldner (§ 850k Abs. 5 S. 2 ZPO) 617
X. Einschränkung der Kontokorrentabrede und Verrechnungsmöglichkeit bei Kontoführungskosten (§ 850k Abs. 6 ZPO) 619
XI. Vertragsrechtliche Grundlage des Pfändungsschutzkontos (§ 850k Abs. 7 ZPO) 621
   1. Jederzeitige vertragliche Vereinbarung möglich (§ 850k Abs. 7 S. 1 ZPO) 621
   2. Kunde als natürliche Person (§ 850k Abs. 7 S. 1 ZPO) 621
   3. Höchstpersönliche Kontoeröffnung (§ 850k Abs. 7 S. 1 ZPO) ... 622
   4. Umwandlungszwang bei bereits bestehendem Girokonto (§ 850k Abs. 7 S. 2 ZPO) 622
   5. Umwandlung nach erfolgter Pfändung (§ 850k Abs. 7 S. 3 ZPO) . 623
XII. Berechtigung nur für ein Pfändungsschutzkonto (§ 850k Abs. 8 ZPO) 624
XIII. Bestimmungsrecht des Gläubigers in Missbrauchsfällen (§ 850k Abs. 9 ZPO) 626

XIV. Muster: Antrag auf Beseitigung bei mehreren missbräuchlich
geführten P-Konten 626
C. Anordnung der Unpfändbarkeit von Kontoguthaben auf dem
Pfändungsschutzkonto (§ 850l ZPO) 627
   I. Normzweck 627
   II. Voraussetzungen 628
     1. Antrag 628
     2. Nachweis, dass dem Konto sechs Monate vor Antragstellung
überwiegend unpfändbare Beträge gutgeschrieben wurden 628
     3. Unwahrscheinlichkeit von pfändbaren Beträgen in den nächsten
zwölf Monaten 629
   III. Verfahren 630
     1. Maximale Befristung bis zwölf Monate 630
     2. Versagung der befristeten Einstellung 632
   IV. Wirkungen der Anordnung 632
   V. Antrag auf Aufhebung der Anordnung (§ 850l S. 3 ZPO) 633
   VI. Muster 634
     1. Antrag auf befristete Unpfändbarkeit von P-Kontoguthaben
(§ 850l S. 1, 2 ZPO) 634
     2. Antrag auf Aufhebung von befristetem P-Kontoschutz (§ 850l S. 3
ZPO) 635

§ 8 Die Pfändung anderer Vermögensrechte (§ 857 ZPO) 637
A. Allgemeines 637
B. Anwendungsbereich 637
C. Die Anwendbarkeit der §§ 829 ff. ZPO (§ 857 Abs. 1 ZPO) 639
D. Fehlender Drittschuldner (§ 857 Abs. 2 ZPO) 640
E. Unveräußerliches Recht (§ 857 Abs. 3 ZPO) 641
F. Verwertung 642
G. Einzelfälle 643
   I. Anwartschaftsrechte, Anwartschaftsrecht bei Eigentumsvorbehalt und
Sicherungseigentum 643
     1. Durchführung der Rechtspfändung 645
     2. Pfändungswirkungen 645
     3. Durchführung der Sachpfändung 646
     4. Musteranträge 647
   II. Arzthonorare 648
     1. Arzt rechnet als Kassenarzt ab 648
     2. Arzt rechnet privat ab 649
     3. Muster: Pfändung von ärztlichen Honorarforderungen 649
   III. Auflassungsanwartschaft 650

Inhaltsverzeichnis

IV. Eigentumsverschaffungsanspruch an Grundstücken 655
V. Auseinandersetzungsanspruch bei Gemeinschaften 658
   1. Miteigentumsanteil bei Immobilien 658
   2. Miteigentumsanteil an beweglichen Sachen 660
   3. Mitberechtigungsanteil an Forderungen/Rechten. 660
   4. Muster – Pfändungsanträge 660
      a) Pfändung bei Bruchteilgemeinschaften. 660
      b) Pfändung bei Erbengemeinschaften. 661
      c) Pfändung bei Gesellschaften bürgerlichen Rechts (GbR/BGB-Gesellschaft) 661
      d) Pfändung bei beendeter Gütergemeinschaft. 661
      e) Pfändung bei beendeter und fortgesetzter Gütergemeinschaft . 662
VI. Strafgefangenengelder. 662
   1. Arten der Ansprüche von Strafgefangenen. 662
   2. Übersicht: Drittschuldner bei Strafgefangenenansprüchen. 664
   3. Muster: Pfändung von Gefangenenansprüchen in Thüringen, Mecklenburg-Vorpommern, Rheinland-Pfalz, Berlin 665
   4. Muster: Pfändung von Gefangenenansprüchen mit Ausnahme von Thüringen, Mecklenburg-Vorpommern, Rheinland-Pfalz, Berlin . 666
VII. (Dingliches) Wohnungsrecht. 667
   1. Anfechtungsklage erheben 668
   2. Musterklageantrag bei anfechtbarem Erwerb einer Grundbuchbelastung. 668
   3. Zwangsversteigerung durchführen 669
   4. Reaktionsmöglichkeit des Gläubigers. 670
VIII. Dauerwohn- und Dauernutzungsrecht. 671
   1. Definition und Inhalt. 671
   2. Pfändungsvarianten 672
      a) Schuldner ist Grundstückeigentümer 672
         aa) Problem: Zwangsverwaltung kann Entgeltpfändung zunichtemachen 673
         bb) Pfändungsantrag 673
      b) Schuldner ist Berechtigter 674
         aa) Muster: Antrag auf Eintragung der Pfändung in das Grundbuch. 675
         bb) Pfändungsantrag 675
IX. GmbH-Geschäftsanteil 677
   1. Pfändbarkeit 677
   2. Pfändungsantrag 678
X. Grunddienstbarkeiten 679

XI. Grundschuld, Reallast, Rentenschuld.................... 679
   1. Grundschuld 680
      a) Briefgrundschuld 680
      b) Buchgrundschuld 682
      c) Eigentümergrundschuld........................ 682
      d) Teileigentümergrundschuld 684
      e) Muster: Pfändung bei Eigentümergrundschuld 686
   2. Reallast..................................... 687
      a) Subjektiv-dingliche Reallast..................... 688
      b) Subjektiv-persönliche Reallast 690
      c) Muster: Pfändung bei subjektiv-persönlicher Reallast....... 690
      d) Muster: Pfändung der geschuldeten Einzelleistungen bei
         subjektiv-persönlicher Reallast.................... 692
   3. Rentenschuld 693
XII. Hinterlegungsansprüche 693
   1. Hinterlegungsgründe 694
   2. Pfändung.................................... 694
   3. Verwertung 695
   4. Muster: Pfändung bei Hinterlegung.................... 695
XIII. Hypothek.. 696
   1. Buchhypothek 696
      a) Musterformulierung: Grundbuchantrag 698
      b) Pfändungsmuster 698
   2. Briefhypothek 700
      a) Pfändungsmuster: Schuldner ist im Besitz des Briefs 702
      b) Pfändungsmuster: Dritter ist im Besitz des Briefs 704
      c) Musterformulierung: Grundbuchberichtigungsantrag auf
         Eintragung der Pfändung 705
XIV. Schuldrechtlicher Rückgewähranspruch.................... 706
   1. Definition und praktische Bedeutung................... 706
   2. Erfüllung des schuldrechtlichen Rückgewähranspruchs 709
   3. Pfändung des Anspruchs auf Rechnungslegung und Auskunft. ... 710
   4. Verwertung des gepfändeten Rückgewähranspruchs 711
   5. Pfändungsmuster............................... 713
XV. Nießbrauch 714
   1. Definition und Inhalt 714
   2. Musterformulierung/Grundbuchberichtigungsantrag auf Eintragung
      der Pfändung 715
   3. Muster: Pfändung eines Grundstücksnießbrauchs............ 718

Inhaltsverzeichnis

XVI. Internet-Domain.	719
1. Pfändbarkeit	719
2. Muster: Pfändung einer Internet-Domain.	721
XVII. Leasing	722
1. Bedingte Pfändbarkeit.	722
2. Muster: Pfändung aus Leasingvertrag.	722
XVIII. Schutzrechte	724
1. Gebrauchs-, Geschmacksmuster	724
2. Patent	724
a) Gläubiger weiß nicht, ob das Patent angemeldet ist.	725
b) Gläubiger weiß nicht, ob das Patent erteilt ist	726
c) Das Patent wurde erteilt	726
d) Muster: Pfändung von Patenten	727
3. Urheberrecht.	729
4. Marke (früher Warenzeichen).	729
XIX. Pflichtversicherung.	730
XX. Kommanditgesellschaftsanteil.	731
1. Definition.	731
2. Muster: Pfändung der Ansprüche an Kommanditgesellschaft.	732
XXI. Ansprüche eines Kommanditisten gegen die KG.	734
1. Pfändbare Ansprüche	734
2. Muster: Pfändung der Ansprüche gegen Kommanditisten	734
XXII. Lotsgeld.	735
1. Definition.	735
2. Drittschuldner bei Pfändung von Lotsgeldern.	736
3. Muster: Pfändung von Lotsgeldern.	737
XXIII. Haftentschädigung	738
1. Definition.	738
2. Muster: Pfändung von Haftentschädigungsansprüchen	739
XXIV. Pflichtteilsanspruch	741
1. Grundsätzliche Pfändbarkeit, bedingte Verwertbarkeit.	741
2. Muster: Pfändung von Pflichtteilsansprüchen, wenn die Voraussetzungen nach § 852 Abs. 1 ZPO vorliegen.	742
3. Muster: Pfändung von Pflichtteilsansprüchen, wenn die Voraussetzungen nach § 852 Abs. 1 ZPO nicht vorliegen	744
4. Muster: Antrag auf Überweisung des bereits gepfändeten Pflichtteilsanspruchs, wenn die Voraussetzungen nach § 852 Abs. 1 ZPO vorliegen.	747
XXV. Rückauflassung	749

XXVI. Soldatenansprüche.................................... 750
  1. Arten von Soldaten 750
  2. Muster: Pfändung von Ansprüchen bei Berufssoldaten 750
  3. Muster: Pfändung von Ansprüchen bei Zeitsoldaten 752
  4. Muster: Pfändung von Ansprüchen bei freiwilligem Wehrdienst . . 754
XXVII. Vollmacht.. 756
XXVIII. Notaranderkonto.................................. 756
  1. Isolierte Pfändung des Anspruchs auf Zahlung der
     Kaufpreisforderung................................ 757
  2. Isolierte Pfändung des Anspruchs auf Auszahlung vom
     Notaranderkonto.................................. 759
  3. Muster: Pfändung des Anspruchs auf Zahlung der
     Kaufpreisforderung/auf Auszahlung vom Notaranderkonto 759
XXIX. Miet- und Pachtforderungen 761
  1. Pfändbare Ansprüche bei Miet-, Pachtverhältnissen 761
  2. Pfändungsmuster bei Ansprüchen des Mieters gegen den Vermieter 762
  3. Mietgemeinschaften 763
  4. Pfändungsbeschränkungen 765
     a) Pfändungsschutz gem. § 850i ZPO.................... 765
     b) Pfändungsschutz bei Miet- und Pachtzinsen gem. § 851b ZPO . 765
        aa) Voraussetzungen 766
        bb) Schuldnerantrag.............................. 767
        cc) Verfahrensablauf 768
        dd) Unterbleiben der Pfändung..................... 768
        ee) Wirkungen 769
        ff) Kosten/Gebühren 769
        gg) Muster: Antrag auf Vollstreckungsschutz............ 769
  5. Konkurrenz bei Mobiliar-, Immobiliarvollstreckung und Insolvenz 771
     a) Pfändungen i.R.d. Mobiliarvollstreckung durch Einzelgläubiger 771
     b) Pfändungen i.R.d. Immobiliarvollstreckung 772
     c) Zwangsverwaltung und Insolvenz 774
XXX. Schuldner nutzt Konto eines Dritten 775

§ 9 Die Pfändung von Sozialleistungen 779
A. Allgemeines 779
B. Unpfändbarkeit von Dienst- und Sachleistungen (§ 54 Abs. 1 SGB I) 780
C. Pfändung einmaliger Geldleistungen (§ 54 Abs. 2 SGB I)............ 780
  I. Pfändung erfordert Billigkeitsprüfung 781
  II. Pfändung bei Zweckbestimmung möglich................... 782

D.	Unpfändbare Ansprüche (§ 54 Abs. 3 SGB I)	783
	I. Elterngeld- und Betreuungsgeld, Erziehungsgeld und vergleichbare Leistungen der Länder (§ 54 Abs. 3 Nr. 1 SGB I)	783
	II. Mutterschaftsgeld (§ 54 Abs. 3 Nr. 2 SGB I)	783
	III. Wohngeld (§ 54 Abs. 3 Nr. 2a SGB I)	784
	IV. Leistungen zum Ausgleich eines Körper- oder Gesundheitsschadens (§ 54 Abs. 3 Nr. 3 SGB I)	784
E.	Pfändung laufender Sozialleistungen	785
	I. Allgemeines	785
	II. Pfändungsverfahren	786
F.	Pfändung von Geldleistungen für Kinder	790
	I. Grundsatz	790
	II. Pfändbarkeit nur wegen gesetzlicher Unterhaltsansprüche der berücksichtigten Kinder	790
	III. Höhe des pfändbaren Betrages beim Kindergeld	792
	1. Vollstreckung nur durch Zahlkind – Zählkinder sind nicht vorhanden	792
	2. Vollstreckung durch Zahlkind – Zählkind(er) vorhanden	793
	3. Vollstreckung durch Zählkind	794
	4. Besonderheiten: Zusammenrechnung von Kindergeld mit Arbeitseinkommen bzw. Sozialleistungen	795
G.	Pfändung von Sozialleistungen und Pfändungsschutzkonto	795
H.	Pfändung einzelner Sozialleistungen	796
	I. Arbeitslosengeld I	796
	II. Arbeitslosengeld II	798
	III. Elterngeld	799
	IV. Insolvenzgeld	802
	1. Gläubiger hatte bereits Arbeitseinkommen gepfändet	802
	2. Gläubiger hatte Arbeitseinkommen noch nicht gepfändet	803
	3. Pfändungsmuster: Isolierte Pfändung von Insolvenzgeld	804
	V. Kurzarbeitergeld	804
	VI. Renten	806
	VII. Rentenanwartschaften	807

§ 10 Die Pfändung von Ansprüchen auf Herausgabe oder Leistung körperlicher Sachen … 809

A.	Allgemeines	809
B.	Herausgabe-, Leistungsansprüche (§ 846 ZPO)	809
C.	Pfändung des Herausgabeanspruchs auf eine bewegliche Sache (§§ 846, 847 ZPO)	810
	I. Zweck – Anwendungsbereich	810
	II. Pfändungsverfahren	811

  III. Pfändungswirkungen 812
  IV. Pfandverwertung. 815
  V. Rechtsbehelfe. 815
  VI. Kosten/Gebühren 815
D. Pfändung des Herausgabeanspruchs auf ein Schiff (§§ 846, 847a ZPO) . . . 816
E. Pfändung des Herausgabeanspruchs auf eine unbewegliche Sache (§§ 846, 848 ZPO) 816
  I. Zweck – Anwendungsbereich 816
  II. Pfändungsverfahren. 817
  III. Pfändungswirkungen 818
   1. Pfändung des (bloßen) Herausgabeanspruchs (§ 848 Abs. 1 und 3 ZPO) 818
   2. Pfändung des Übereignungsanspruchs vor Entstehung einer Auflassungsanwartschaft 818
   3. Pfändungsmängel 820
   4. Zwangsvollstreckung in das Grundstück 820
   5. Rechtsbehelfe. 821
   6. Kosten – Gebühren 821
Stichwortverzeichnis 823

Abkürzungsverzeichnis

A

a.A.	anderer Ansicht
AA	Arbeitsrecht aktiv
a.a.O.	am angeführten Ort
Abs.	Absatz
Abt.	Abteilung
AcP	Archiv für die civilistische Praxis (Zs.)
a.E.	am Ende
a.F.	alte Fassung
AFG	Arbeitsförderungsgesetz
AG	Amtsgericht
AGBG	Gesetz zur Regelung des Rechts der Allgemeinen Geschäftsbedingungen
AGS	Anwaltsgebühren spezial (Zs.)
ALG	Arbeitslosengeld
Alt.	Alternative
AltZertG	Altersvorsorgeverträge-Zertifizierungsgesetz
AMBl BY	Amtsblatt Bayern
ÄndG	Änderungsgesetz
AnfG	Anfechtungsgesetz
Anh.	Anhang
Anl.	Anlage
Anm.	Anmerkung
AnwBl.	Anwaltsblatt (Zs.)
AO	Abgabenordnung
AOK	Ortskrankenkasse
AP	Arbeitsrechtliche Praxis (Zs.)
ArbG	Arbeitsgericht

Abkürzungsverzeichnis

ArbGG	Arbeitsgerichtsgesetz
arg.	argumentum
ARST	Arbeitsrecht in Stichworten (Zs.)
Art.	Artikel
ATG	Altersteilzeitgesetz
AuA	Arbeit und Arbeitsrecht (Zs.)
Aufl.	Auflage
Az.	Aktenzeichen
AZR	Arbeit und Recht (Zs.)

B

BAG	Bundesarbeitsgericht
BaföG	Bundesausbildungsförderungsgesetz
BAGE	Sammlung der Entscheidungen des BAG (Zs.)
BauR	Zeitschrift für das Baurecht (Zs.)
BayHiVV	Vollzugsvorschriften zum Bayerischen Hinterlegungsgesetz
BayObLG	Bayerisches Oberstes Landesgericht
BayObLGZ	Amtliche Sammlung des Bayerischen Obersten Landesgerichts in Zivilsachen (Zs.)
BB	Betriebs-Berater (Zs.)
Bd.	Band
BeckRS	Beck-Rechtsprechung (Zs.)
BeckRS	Beck online Rechtsprechung
BEG	Bundesentschädigungsgesetz
Beschl.	Beschluss
betr.	betreffend
BetrAV	Betriebliche Altersversorgung (Zs.)
BetrAVG	Gesetz zur Verbesserung der betrieblichen Altersversorgung
Betrieb	Der Betrieb (Zs.)
BetrVG	Betriebsverfassungsgesetz

Abkürzungsverzeichnis

BFH	Bundesfinanzhof
BFHE	Sammlung der Entscheidungen des Bundesfinanzhofs
BFH/NV	Sammlung der Entscheidungen des Bundesfinanzhofs, nicht veröffentlicht
BGB	Bürgerliches Gesetzbuch
BGBl I/II	Bundesgesetzblatt Teil I/Teil II
BGH	Bundesgerichtshof
BGH LM	Lindenmaier-Möhring Nachschlagwerk des Bundesgerichtshofes (Zs.)
BGHR	Sammlung der BGH-Rechtsprechung in Zivil- und Strafsachen
BGHReport	Schnelldienste zur Zivilrechtsprechung des Bundesgerichtshofs und der Oberlandesgerichte s. auch OLG-Report
BGHZ	Entscheidungssammlung des BGH in Zivilsachen
BKGG	Bundeskindergeldgesetz
BKK	Betriebskrankenkassen
Bl.	Blatt
BNotO	Bundesnotarordnung
BR-Drucks	Bundesratsdrucksache
BSG	Bundessozialgericht
Bsp.	Beispiel
BT-Drucks	Bundestagsdrucksache
BVerfG	Bundesverfassungsgericht
BVerfGE	Sammlung der Entscheidungen des Bundesverfassungsgerichts (Zs.)
BVerfGG	Bundesverfassungsgerichtsgesetz
BverfGK	Neue amtliche Sammlung der Kammerentscheidungen des Bundesverfassungsgerichts (Zs.)
BVerwG	Bundesverwaltungsgericht
BVG	Bundesversorgungsgesetz
bzgl.	bezüglich
bzw.	beziehungsweise

C

CR	Computer und Recht (Zs.)

D

DAVorm	Der Amtsvormund (Zs.)
DB	Der Betrieb (Zs.)
DENIC	Deutsches Network Information Center
DepotG	Depotgesetz DGVZ Deutsche Gerichtsvollzieher-Zeitschrift (Zs.)
d.h.	das heißt
DIJuF	Deutsches Institut für Jugendhilfe und Familienrecht (Zs.)
DNotZ	Deutsche Notarzeitschrift (Zs.)
Drucks	Drucksache
DRV-KBS	Deutsche Rentenversicherung-Bahn-See
DS	Drittschuldner
DStR	Deutsches Steuerrecht (Zs.)
DWW	Deutsche Wohnungswirtschaft (Zs.)
DZWIR	Deutsche Zeitschrift für Wirtschaftsrecht (Zs.)

E

EBE	Eildienst Bundesgerichtliche Entscheidungen
EC	elektronisch kommutiert
EEG	Erneuerbare-Energien-Gesetz
EFG	Entscheidungen der Finanzgerichte (Zs.)
EGBGB	Einführungsgesetz zum BGB
EK	Ersatzkasse
EStG	Einkommensteuergesetz
EUR	Euro
e.V.	eingetragener Verein

EWiR	Entscheidungen zum Wirtschaftsrecht (Zs.)
EzA	Entscheidungssammlung zum Arbeitsrecht (Zs.)
EzFamR	Entscheidungssammlung zum Familienrecht (Zs.)
EzTöD	Entscheidungssammlung zum Tarifrecht im öffentlichen Dienst (Zs.)

F

f.	folgend
FA	Fachanwalt Arbeitsrecht (Zs.)
FamFG	Gesetz über das Verfahren in Familiensachen und in den Angelegenheiten der freiwilligen Gerichtsbarkeit
FamRB	Der Familienrechtsberater (Zs.)
FamRG	Kommentierung zum Familienrechtsgesetz
FamRZ	Zeitschrift für das gesamte Familienrecht (Zs.)
ff.	folgende
Fn	Fußnote
FoVo	Forderung und Vollstreckung (Zs.)
FPR	Familie Partnerschaft Recht (Zs.)
FuR	Familie und Recht (Zs.)

G

G	Gläubiger
GBl	Gesetzblatt
GBO	Grundbuchordnung
GbR	Gesellschaft bürgerlichen Rechts
gem.	gemäß
GenG	Genossenschaftsgesetz
GG	Grundgesetz
ggf.	gegebenenfalls
GKG	Gerichtskostengesetz

Abkürzungsverzeichnis

GmbH	Gesellschaft mit beschränkter Haftung
GmbHG	Gesetz betreffend die Gesellschaften mit beschränkter Haftung
grds.	grundsätzlich
GVFV	Verordnung über das Formular für den Vollstreckungsauftrag an den Gerichtsvollzieher
GVG	Gerichtsverfassungsgesetz
GVGA	Geschäftsanweisung für Gerichtsvollzieher
GVKostG	Gerichtsvollzieherkostengesetz
GVO	Gerichtsvollzieherordnung
GVBl	Gesetz- und Verordnungsblatt

H

HAG	Heimarbeitsgesetz
HaftpflG	Haftpflichtgesetz
HGB	Handelsgesetzbuch
HintG	Hinterlegungsgesetz
h.M.	herrschende Meinung
Hs.	Halbsatz

I

i.d.R.	in der Regel
i.H.v.	in Höhe von
IKK	Innungskrankenkasse
Information StW	Die Information für Steuerberater und Wirtschaftsprüfer (Zs.)
InsbürO	Zeitschrift für Insolvenzsachbearbeitung und Entschuldungsverfahren (Zs.)
InsO	Insolvenzordnung
InVo	Insolvenz & Vollstreckung (Zs.)
IP	Internetprotokoll
i.R.	im Rahmen

i.S.	im Sinne
ITRB	Der IT-Rechts-Berater (Zs.)
i.V.m.	in Verbindung mit

J

JA	Juristische Ausbildung (Zs.)
JAmt	Das Jugendamt (Zeitschrift für Jugendhilfe und FamR) (Zs.)
JBeitrO	Justizbeitreibungsordnung
JR	Juristische Rundschau (Zs.)
JurBüro	Das Juristische Büro (Zs.)
Juris-PK	Juris Praxiskommentar
JuS	Juristische Schulung (Zs.)
JZ	Juristenzeitung (Zs.)

K

KG	Kommanditgesellschaft
KGJ	Jahrbuch für Entscheidungen des Kammergerichts (Berlin) (Zs.)
KJHG	Kinder- und Jugendhilfegesetz
KKZ	Kommunal-Kassen-Zeitschrift (Zs.)
krit.	kritisch
KSchG	Kündigungsschutzgesetz
KTS	Zeitschrift für das Konkurs-, Treuhand- und Schiedsgerichtswesen
KV	Kostenverzeichnis

L

LAG	Landesarbeitsgericht
LAGE	Sammlung der Entscheidungen der Landesarbeitsgerichte (Zs.)

Abkürzungsverzeichnis

lfd. Nr.	laufende Nummer
LG	Landgericht
lit.	Buchstabe
LMK	kommentierte BGH-Rechtsprechung Lindenmaier-Möhring (Zs.)
LPartG	Lebenspartnerschaftsgesetz
LSG	Landessozialgericht
LuftVG	Luftverkehrsgesetz

M

M.E.	Meines Erachtens
MDR	Monatsschrift für Deutsches Recht (Zs.)
MittBayNot	Mitteilungen des Bayerischen Notarvereins (Zs.)
MittRhNotK	Mitteilungen der Rheinischen Notarkammer (Zs.) – jetzt RNotZ
MüKo	Münchener Kommentar
MuSchG	Mutterschutzgesetz
m.w.N.	mit weiteren Nachweisen

N

NATO	North Atlantic Treaty Organization (Organisation des Nordatlantikvertrages)
NdsRPfl	Niedersächsischer Rechtspfleger
n.F.	neue Fassung
NJ	Neue Justiz (Zs.)
NJW	Neue Juristische Wochenschrift (Zs.)
NJW-RR	NJW Rechtsprechungs-Report (Zs.)
NotBZ	Zeitschrift für die notarielle Beratungs- und Beurkundungspraxis (Zs.)
Nr.	Nummer

NVwZ (RR)	Neue Zeitschrift für Verwaltungsrecht Rechtsprechungsreport (Zs.)
NZA	Neue Zeitschrift für Arbeitsrecht (Zs.)
NzFam	Neue Zeitschrift für Familienrecht (Zs.)
NZI	Neue Zeitschrift für das Insolvenzrecht (Zs.)
NZM	Neue Zeitschrift für Miet- und Wohnungsrecht (Zs.)

O

OHG	Offene Handelsgesellschaft
OLG	Oberlandesgericht
OLGE	s. OLGRspr.
OLGR	OLG-Report
OLGRspr.	Rechtsprechung der OLG in Zivilsachen
OLGZ	Entscheidungen der OLG in Zivilsachen
OVG	Oberverwaltungsgericht
OWiG	Ordnungswidrigkeitengesetz

P

PartGG	Partnerschaftsgesellschaftsgesetz
PatG	Patentgesetz
P-Konto	Pfändungsschutzkonto
ProzRB	Der Prozessrechtsberater (Zs.)

R

RAGE	Amtliche Sammlung der Entscheidungen des RAG (Zs.)
RBeistand	Der Rechtsbeistand (Zs.)
Rdn	Randnummer innerhalb des Werks
RG	Reichsgericht
RGZ	Entscheidungssammlung des Reichsgerichts in Zivilsachen

Abkürzungsverzeichnis

RIW	Recht der internationalen Wirtschaft (Zs.)
Rn	Randnummer in anderen Veröffentlichungen
RNotZ	Rheinische Notar-Zeitschrift (vormals: Mitteilungen der Rheinischen Notarkammer) (Zs.)
Rpfleger	Der Deutsche Rechtspfleger (Zs.)
RPflG	Rechtspflegergesetz
r+s	Recht und Schaden (Zs.)
Rückst.	Rückstellung
RVG	Rechtsanwaltsvergütungsgesetz

S

S	Schuldner
S.	Seite oder Satz
s.	siehe
SchlHA	Schleswig-Holsteinische Anzeigen (Zs.)
SGB	Sozialgesetzbuch
sog.	sogenannte
SoldG	Gesetz über die Rechtsstellung der Soldaten
Sp.	Spalte
StGB	Strafgesetzbuch
str.	streitig
Str.	Straße
StrEG	Gesetz über die Entschädigung für Strafverfolgungsmaßnahmen: Strafrechtsreform Ergänzungsgesetz
StVG	Straßenverkehrsgesetz
StVollzG	Strafvollzugsgesetz
SVEV	Sozialversicherungsentgeltverordnung
SVG	Gesetz über die Sozialversicherung
SVLFG	Sozialversicherung für Landwirtschaft, Forsten und Gartenbau
StRehaG	Strafrechtliches Rehabilitierungsgesetz

T

TVöD-S	Tarifvertrag des öffentlichen Dienstes– Durchgeschriebene Fassung Sparkassen

U

u.a.	unter anderem
UdG	Urkundsbeamter der Geschäftsstelle
UNO	United Nations Organisation
UrhG	Urheberrechtsgesetz
USG	Unterhaltssicherungsgesetz
u.U.	unter Umständen
UVG	Unterhaltsvorschussgesetz

V

VerBAV	Veröffentlichungen des Bundesaufsichtsamts über das Versicherungswesen
VermBG	Vermögensbildungsgesetz
VersR	Versicherungsrecht (Zs.)
VGH	Verwaltungsgerichtshof
VG	Verwaltungsgericht
vgl.	vergleiche
VMBl	Ministerialblatt des Bundesministeriums der Verteidigung
VO	Verordnung
VVG	Versicherungsvertragsgesetz
VwGO	Verwaltungsgerichtsordnung
VwVG	Verwaltungs-Vollstreckungsgesetz
VUR	Verbraucher und Recht (Zs.)
VV	Vergütungsverzeichnis
VVG	Gesetz über den Versicherungsvertrag

Abkürzungsverzeichnis

W

WEG	Wohnungseigentumsgesetz
WM	Wertpapiermitteilungen (Zs.)
WoGG	Wohngeldgesetz
WRP	Wettbewerb in Recht und Praxis (Zs.)
WSG	Wehrsoldgesetz
WuM	Wohnungswirtschaft und Mietrecht (Zs.)
WuB	Entscheidungsanmerkungen zum Wirtschafts- und Bankrecht (Zs.)

Z

ZAP	Zeitschrift für die Anwaltspraxis
z.B.	zum Beispiel
ZBB	Zeitschrift für Bankrecht und Bankwirtschaft
ZD	Zeitschrift für Datenschutz (Zs.)
ZEV	Zeitschrift für Erbrecht und Vermögensnachfolge (Zs.)
ZfIR	Zeitschrift für Immobilienrecht (Zs.)
ZInsO	Zeitschrift für das gesamte Insolvenzrecht (Zs.)
ZIP	Zeitschrift für Wirtschaftsrecht und Insolvenzpraxis (Zs.)
ZMR	Zeitschrift für Miet- und Raumrecht (Zs.)
ZPO	Zivilprozessordnung
ZUM	Zeitschrift für Urheber und Medienrecht (Zs.)
ZVFV	Zwangsvollstreckungsformular-Verordnung
ZVG	Gesetz über die Zwangsversteigerung und Zwangsverwaltung
ZVI	Zeitschrift für Verbraucher-Insolvenz (Zs.)
zzgl.	zuzüglich
ZZP	Zeitschrift für Zivilprozess (Zs.)

Literaturverzeichnis

Baumbach/Lauterbach/Albers/Hartmann (Hrsg.), Zivilprozessordnung: ZPO, 76. Auflage 2018 (zitiert Baumbach/*Bearbeiter*, ZPO).

Bamberger/Roth (Hrsg.), Kommentar zum Bürgerlichen Gesetzbuch: BGB, 3. Auflage 2012 (zitiert Bamberger/Roth/*Bearbeiter*, BGB).

Baur/Stürner/Bruns (Hrsg.), Zwangsvollstreckungsrecht, 13. Auflage 2006.

Bock/Speck, Die Einkommenspfändung. Ein Handbuch des Rechts und des Verfahrens der Pfändung von Arbeitseinkommen und Einkünften aller Art, 1964.

Boewer/Bommermann, Lohnpfändung und Lohnabtretung in Recht und Praxis, 1987.

Boewer, Handbuch Lohnpfändung und Lohnabtretung, 3. Auflage 2015.

Brox/Walker, BGB, 42. Auflage 2018.

Dauner-Lieb/Heidel/Ring (Hrsg.), AnwaltKommentar BGB, 2005 (zitiert *Bearbeiter*, AnwaltKommentar BGB).

Demharter, Grundbuchordnung: GBO, 29. Auflage.

Dornbusch, Die Pfändung von Arbeitseinkommen in Fällen der Lohnverschiebung und Lohnverschleierung, Bonn 2005.

Dieterich/Hanau/Schaub (Hrsg.), Erfurter Kommentar zum Arbeitsrecht, 15. Auflage 2014 (zitiert ErfK/*Bearbeiter*).

Fechter (u.a.), Zwangsvollstreckungsrecht aktuell, 3. Auflage 2016.

Germelmann/Matthes/Prütting (Hrsg.), Arbeitsgerichtsgesetz: ArbGG, 6. Auflage (zitiert: Germelmann/Matthes/Prütting/*Bearbeiter*, ArbGG).

Gerold/Schmidt (Hrsg.), Rechtsanwaltsvergütungsgesetz: RVG, 20. Auflage 2012 (zitiert Gerold/Schmidt/*Bearbeiter*, RVG).

Giese/Warendorf (Hrsg.), Sozialgesetzbuch I, 2. Auflage 2007 (zitiert Giese, Sozialgesetzbuch I).

Goebel, Kontopfändung unter veränderten Rahmenbedingungen, 2009.

Goebel (Hrsg.), AnwaltFormulare Zwangsvollstreckung, 5. Auflage 2016.

Gottwald/Mock (Hrsg.), Zwangsvollstreckung, 7. Auflage 2015 (zitiert Gottwald/Mock/*Bearbeiter*).

*Hahn/Mugdan*s, Die gesamten Materialien zu den Reichs-Justizgesetzen 2. und 8. Band, 2. Auflage 1983.

Hahn/Mugdan, Die gesamten Materialien zur Zivilprozessordnung 2. Band, 1983.

Literaturverzeichnis

Hansens/Braun/Schneider (Hrsg.), Praxis des Vergütungsrechts, 2. Auflage 2007.

Hartung/Schons/Enders (Hrsg.), Rechtsanwaltsvergütungsgesetz: RVG, 3. Auflage 2017 (zitiert Hartung/Schons/Enders/*Bearbeiter*, RVG).

Hauck/Noftz, Sozialgesetzbuch (SGB) I, Stand Juni 2016 (zitiert Hauck/Noftz, SGB I).

Herberger/Martinek/Rüßmann/Weth (Hrsg.), juris PraxisKommentar BGB, 7. Auflage 2014 (zitiert juris PK-BGB/*Bearbeiter*).

Hümmerich/Boecken/Düwell, AnwaltKommentar Arbeitsrecht Band 2, 2. Auflage 2010 (zitiert AnwK-ArbR/*Bearbeiter*, Bd. 2).

Jurgeleit, Die Haftung des Drittschuldners, 2. Auflage 2004.

Keidel (Hrsg.), FamFG, 17. Auflage 2011(zitiert Keidel/*Bearbeiter*, FamFG).

Keller (Hrsg.), Handbuch des Zwangsvollstreckungsrechts, 2013.

Kindl/Meller-Hannich/Wolf (Hrsg.), Gesamtes Recht der Zwangsvollstreckung, 3. Auflage 2016 (zitiert Kindl/Meller-Hannich/Wolf/*Bearbeiter*).

Kirchhof/Söhn/Mellinghoff (Hrsg.), Einkommensteuergesetz, 2014.

Kirchhof (Hrsg.), Einkommensteuergesetz: EStG, 16. Auflage 2017 (zitiert: Kirchhof/ *Bearbeiter*, EStG).

Kopp/Schenke, Verwaltungsgerichtsordnung: VwGO, 10 Auflage (zitiert *Kopp/Schenke*, VwGO).

Körner/Leitherer/Mutschler (Hrsg.), Kasseler Kommentar zum Sozialversicherungsrecht, 99. Auflage 2018 (zitiert Kasseler Kommentar zum Sozialversicherungsrecht/ *Bearbeiter*).

Krahmer (Hrsg.), Sozialgesetzbuch I Handkommentar, 2. Auflage 2007 (zitiert LKP-SGB I/*Bearbeiter*).

Krüger/Rauscher (Hrsg.), Münchener Kommentar zur Zivilprozessordnung, 5. Auflage 2013 (zitiert MüKo-ZPO/*Bearbeiter*).

Langheid/Wandt (Hrsg.), Münchener Kommentar zum Versicherungsgesetz: VVG, 2. Auflage, 2016 (zitiert MüKo-VVG/*Bearbeiter*).

Mayer/Kroiß (Hrsg.), Rechtsanwaltsvergütungsgesetz: RVG, 7. Auflage 2018 (zitiert Mayer/Kroiß/*Bearbeiter*, RVG).

Musielak/Voit, Zivilprozessordnung, 14. Auflage 2017 (zitiert Musielak/Voit/*Bearbeiter*).

Mrozynski, SGB I – Sozialgesetzbuch Allgemeiner Teil, 3. Auflage 2010 (zitiert *Mrozynski*, SGB I).

Palandt, Bürgerliches Gesetzbuch: BGB, 77. Auflage 2018 (zitiert Palandt/*Bearbeiter*).

Peters Mes (Hrsg.), Beck'sches Prozessformularbuch, 13. Auflage 2016.

Prütting/Gehrlein (Hrsg.), ZPO, 9. Auflage 2017 (zitiert Prütting/Gehrlein/*Bearbeiter*).

Reetz, die Rechtsstellung des Arbeitgebers als Drittschuldner in der Zwangsvollstreckung (Schriften zum deutschen und europäischen Zivil-, Handels- und Prozessrecht), 1985.

Saenger (Hrsg.), Zivilprozessordnung Handkommentar, 7. Auflage 2017 (zitiert Hk-ZPO/*Bearbeiter*).

Saenger/Ulrich/Siebert (Hrsg.), Zwangsvollstreckung, 3. Auflage 2016 (zitiert Saenger/Ulrich/Siebert/*Bearbeiter*).

Schlegel/Volezke (Hrsg.), Juris Praxiskommentar SGB I, 3. Auflage 2018 (zitiert Schlegel/Voelzke/*Bearbeiter*, jurisPK-SGB I)

Schoch/Schneider/Bier, Verwaltungsgerichtsordnung: VwGO, 33. Auflage 2017 (zitiert Schoch/Schneider/Bier/*Bearbeiter*, VwGO).

Schoch/Schmidt-Aßmann/Pietzner, Verwaltungsgerichtsordnung: VwGO, Stand 2008 (zitiert Schoch/Schmidt/Aßmann/Pietzner/*Bearbeiter*, VwGO).

Schröder/Beckmann/Weber, Beihilfenvorschriften des Bundes und der Länder, 6. Auflage (zitiert *Bearbeiter*, Beihilfevorschriften des Bundes und der Länder)

Staudinger, Kommentar zum Bürgerlichen Gesetzbuch, 16. Auflage 2017 (zitiert Staudinger/*Bearbeiter*, BGB).

Stein/Jonas, Kommentar zur Zivilprozessordnung: ZPO, 22. Auflage 2013 (zitiert Stein/Jonas/*Bearbeiter*).

Stöber, Forderungspfändung, 16. Auflage 2013.

Stöber, Zwangsversteigerungsgesetz: ZVG, 21. Auflage 2016 (zitiert Stöber, ZVG).

Sudergat, Kontopfändung und P-Konto, 2. Auflage 2012.

Schimansky/Bunte/Lwoski (Hrsg.), Bankrechts-Handbuch, 4. Auflage 2011 (zitiert Schimansky/Bunte/Lwoski/*Bearbeiter*, Bankrechts-Handbuch).

Schuschke/Walker (Hrsg.), Vollstreckung und vorläufiger Rechtsschutz, 6. Auflage 2016 (zitiert Schuschke/Walker/*Bearbeiter*).

Thomas/Putzo, Zivilprozessordnung, 29. Auflage 2018 (zitiert Thomas/Putzo/*Bearbeiter*, ZPO).

Vorwerk/Wolf (Hrsg.), Beck'scher Online-Kommentar zur Zivilprozessordnung, 2017 (zitiert Vorwerk/Wolf/*Bearbeiter*, BeckOK-ZPO).

Walter, Lohnpfändungsrecht, 3. Auflage.

Literaturverzeichnis

Wannagat/Eichenhofer (Hrsg.), Sozialgesetzbuch, Stand 2009 (zitiert Wannagat/Bearbeiter, SGB).

Weiß, Das Pfändungsschutzkonto de lege lata et ferenda, 2014.

Westermann/Grunewald/Maier-Reimer (Hrsg.), Erman BGB, 15. Auflage 2017 (zitiert Erman/*Bearbeiter,* BGB).

Wieczorek/Schütze (Hrsg.), Zivilprozessordnung und Nebengesetze Großkommentar, 4. Auflage 2018 (zitiert Wieczorek/Schütze/*Bearbeiter*, ZPO).

Zöller (Hrsg.), Zivilprozessordnung, 31. Auflage 2016 (zitiert Zöller/*Bearbeiter*).

§ 1 Zwangsvollstreckung

A. Begriff

Der Vollstreckungsgläubiger, dem der Staat als Inhaber des Zwangsmonopols die Selbsthilfe verbietet,[1] ist zur Verwirklichung seines Anspruchs berechtigt, die staatlichen Vollstreckungsorgane in Anspruch zu nehmen. Der Staat als Träger der Vollstreckungsgewalt gewährleistet damit vollständigen Rechtsschutz und die Durchsetzung des Rechts des Gläubigers. Der Begriff der Zwangsvollstreckung beinhaltet somit ein staatliches Verfahren zur zwangsweisen Durchsetzung oder Sicherung von Leistungs- oder Haftungsansprüchen, die in einem zivilprozessualen Vollstreckungstitel verbrieft sind.

Die Durchsetzung von Ansprüchen aus bürgerlich-rechtlichen Streitigkeiten der ordentlichen Gerichtsbarkeit erfolgt nach den Vorschriften des 8. Buches der Zivilprozessordnung (§ 3 Abs. 1 EGZPO; § 13 GVG; §§ 704–898 ZPO). Die Vollstreckung in Ehesachen (§§ 111 Nr. 1, 121 FamFG) und Familienstreitsachen (§ 112 FamFG) erfolgt entsprechend den ZPO-Vorschriften (§ 120 Abs. 1 FamFG). Dies gilt bei der Vollstreckung wegen Geldforderungen auch in anderen Familiensachen (§ 95 Abs. 1 Nr. 1 FamFG).

Innerhalb der Zwangsvollstreckung **wegen Geldforderungen** ist unter Berücksichtigung des Vollstreckungsobjekts (Vollstreckungsgegenstand) zu unterscheiden zwischen:

- **Mobiliarvollstreckung** (Zwangsvollstreckung in das bewegliche Vermögen), §§ 803–863 ZPO mit der Unterteilung in:
- Zwangsvollstreckung in körperliche Sachen (**Fahrnisvollstreckung**), §§ 808 – 827 ZPO,
- Zwangsvollstreckung in Forderungen und andere Vermögensrechte (**Forderungsvollstreckung**), §§ 828 – 863 ZPO
- **Immobiliarvollstreckung** (Zwangsvollstreckung in das unbewegliche Vermögen), §§ 864 – 871 ZPO i.V.m. §§ 15 ff. – 146 ZVG

Die Forderungsvollstreckung ist somit ein Teil der Mobiliarvollstreckung, die ein Pfandrecht des Gläubigers entstehen lässt und damit die Basis der Verwertung bildet.

B. Parteien/Beteiligte des Vollstreckungsverfahrens

I. Allgemeines

Bei der Forderungsvollstreckung besteht ein **Dreiecksverhältnis**, in dem der Vollstreckungsgläubiger auf eine Forderung zugreift, die dem Vollstreckungsschuldner gegen einen Dritten (sog. Drittschuldner) zusteht.

---

1 BVerfG, NJW 1983, 559.

§ 1   Zwangsvollstreckung

5   Mit der Pfändung erlangt der Gläubiger ein Pfandrecht an der Geldforderung seines Schuldners gegen den Drittschuldner (§ 804 Abs. 1 ZPO). Die Verwertung erfolgt dann durch Überweisung (§ 835 ZPO) oder auch anderweitig (§ 844 ZPO). Besonderheiten gelten für die Pfändung der durch eine Hypothek gesicherten Forderung (§§ 830, 830a ZPO), derjenigen aus einem Wechsel oder aus anderen indossablen Papieren (§ 831 ZPO). Auch die Pfändung von Forderungen gegen mehrere Drittschuldner in einem Pfändungsbeschluss ist gesondert geregelt (§ 829 Abs. 1 S. 3 ZPO).

6   **Übersicht: Dreiecksverhältnis bei der Forderungspfändung**

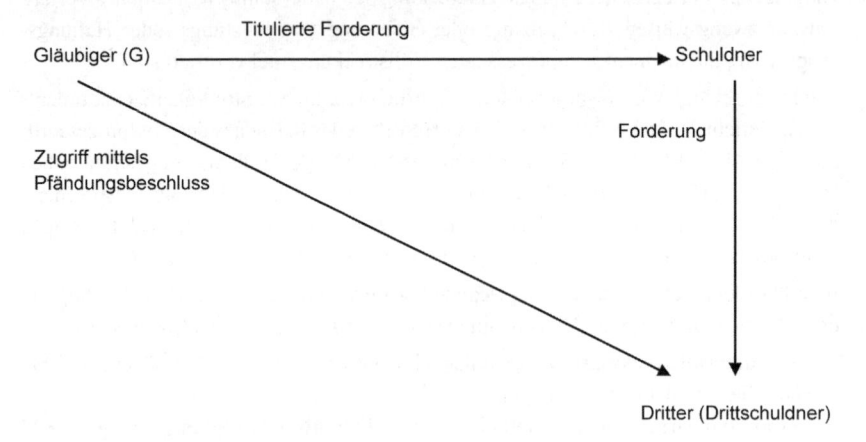

```
                    Titulierte Forderung
   Gläubiger (G) ─────────────────────────► Schuldner
              ╲                                │
               ╲                               │ Forderung
   Zugriff mittels╲                            │
   Pfändungsbeschluss╲                         │
                      ╲                        │
                       ╲                       ▼
                        ╲───────────► Dritter (Drittschuldner)
```

II.   Parteien des Vollstreckungsverfahrens

7   Als Parteien im Vollstreckungsverfahren sind sowohl der **Gläubiger** als auch der **Schuldner** zu betrachten.

Der **Gläubiger** (Vollstreckungsgläubiger) ist Inhaber einer titulierten Forderung. Ihm allein bzw. der in der Vollstreckungsklausel genannten Person steht der vollstreckbare Anspruch zu. Als **Schuldner** (Vollstreckungsschuldner) wird derjenige bezeichnet, gegen den die Zwangsvollstreckung betrieben wird.

III.   Beteiligte des Vollstreckungsverfahrens

8   Neben den Vollstreckungsparteien können auch **Dritte** in das Zwangsvollstreckungsverfahren involviert sein. Im Bereich der Forderungspfändung ist dies regelmäßig der **Drittschuldner** d.h. derjenige, der dem Vollstreckungsschuldner eine (Geld-)Forderung oder ein Recht schuldet. Zwar hat die Rechtsprechung im Rahmen des § 857 ZPO als Dritt-

B. Parteien/Beteiligte des Vollstreckungsverfahrens § 1

schuldner in einzelnen Fällen nicht nur Schuldner von Ansprüchen im technischen Sinne anerkannt, sondern auch Inhaber von Rechten, die von der Pfändung berührt werden. Solche Personen also, die an dem gepfändeten Recht außer dem Vollstreckungsschuldner irgendwie beteiligt sind,[2] so z.B. bei der Pfändung eines Miteigentumsanteils die übrigen Miteigentümer,[3] bei der Pfändung eines Erbteils die übrigen Miterben[4] sowie bei der Pfändung des Anwartschaftsrechts des Vorbehaltskäufers einer beweglichen Sache der Veräußerer.[5]

Taktischer Hinweis: 9

Da sich nicht immer eindeutig klären lässt, wer als Drittschuldner in Betracht kommt, sollten aus Gläubigersicht bei Inbetrachtkommen mehrerer Personen, diese als Drittschuldner im amtlichen Pfändungsformular aufgeführt werden, da die Pfändung bei mehreren Drittschuldnern erst mit der letzten Zustellung wirksam wird (vgl. § 829 Abs. 3 ZPO).[6]

---

2 BGH, NJW 1968, 493.
3 BGH, NJW 1954, 1325.
4 RGZ 49, 405 (407).
5 BGH, NJW 1954, 1325.
6 BGH, NJW 1998, 2904 = DB 1998, 1657 = DGVZ 1998, 154= = JurBüro 1998, 669 = KKZ 1999, 64 =MDR 1998= Rpfleger 1998, 435 =, 1049 WM 1998, 1533 = ZAP EN-Nr. 555/98 = ZInsO 1998, 287 = ZIP 1998, 1291.

§ 2 Begriff der Geldforderung

A. Allgemeines

Unter einer Geldforderung ist die Forderung auf **Leistung einer Geldsumme** zu verstehen. Sie ist darauf gerichtet, dass Geld in bestimmter Menge gezahlt, d.h. übereignet oder überwiesen wird. Hierbei wird nur der summenmäßig bestimmte Wert geschuldet.

Geldforderungen können aus unterschiedlichen Rechtsverhältnissen stammen und auf Zahlung in in- oder ausländischer Währung gerichtet sein.[1] Insoweit differenziert die Vorschrift des § 829 ZPO nicht: Ist die Geldforderung im Einzelfall überhaupt pfändbar und richtet sich die Zwangsvollstreckung nach den Regeln der ZPO, dann finden die §§ 829 ff. ZPO Anwendung. Von den Geldschulden abzugrenzen sind

- die Geldstückschuld, bei der ein bestimmtes Münzstück geschuldet ist. Sie ist Sachschuld.
- Die eigentliche (oder echte) Geldsortenschuld, bei der eine gewisse Anzahl (Menge) bestimmter Geldsorten, z.B. zehn verschiedener Münzen, geschuldet wird. Auch sie ist eine reine Sachschuld.

Beide Sachschulden werden nach den §§ 883, 884 ZPO vollstreckt.[2]

Wegen einer Geldforderung kann der Gläubiger, dessen Schuldner seinerseits von einem Dritten (Drittschuldner) eine Geldstück- oder Geldsortenschuld fordern kann, in eine solche Sachschuld nach §§ 846 ff. ZPO in den Herausgabeanspruch vollstrecken.

Ein Anspruch auf Befreiung von einer Verbindlichkeit, die in einer Geldforderung besteht, ist nicht als Geldforderung nach den §§ 803 ff. ZPO, §§ 829 ff. ZPO zu vollstrecken, sondern nach § 887 ZPO (vertretbare Handlung).[3]

B. Geldforderungen, die nicht nach §§ 829 ff. ZPO vollstreckt werden

Nicht nach den §§ 829 ff. ZPO sind zu vollstrecken:[4]

- Geldforderungen, auf die sich bei Grundstücken die Hypothek erstreckt (sog. **Hypothekenhaftungsverband**; vgl. §§ 1120 BGB[5]) unterliegen der Zwangsvollstreckung durch das Vollstreckungsgericht nach den §§ 829 ff. ZPO nur so lange,

---

1 OLG Düsseldorf, NJW 1988, 2185.
2 Gottwald/*Mock*, § 829 Rn 5.
3 Gottwald/*Mock*, § 829 Rn 6.
4 Gottwald/*Mock*, § 829 Rn 7.
5 Vgl. Rdn 10; § 8 Rdn 109 ff., § 8 Rdn 372 ff.

§ 2 Begriff der Geldforderung

wie nicht ihre Beschlagnahme im Wege der Zwangsvollstreckung in das unbewegliche Vermögen erfolgt ist.[6]

- **Verbriefte Forderungen** bei denen das Recht aus dem Papier dem Recht am Papier folgt, werden wie bewegliche Sachen nach § 808 Abs. 2 ZPO durch den Gerichtsvollzieher gepfändet und nach § 821 ZPO verwertet.
- **Forderungen aus Wechseln und anderen Papieren**, die durch **Indossament** übertragen werden können, werden nach § 831 ZPO wie bewegliche Sachen (§ 808 Abs. 2 ZPO) gepfändet, dann allerdings wie Forderungen nach § 835 ZPO verwertet;
- **Forderungen**, für die eine **Hypothek bestellt** ist: für diese Forderungen enthält § 830 ZPO (für Schiffshypotheken § 830a ZPO) über die Vorschrift des § 829 ZPO hinausgehende Sonderregelungen.

C. Betagte, bedingte und künftige Forderungen

5 In der Einzelzwangsvollstreckung können auch künftige sowie aufschiebend bedingte oder befristete Forderungen gepfändet werden, sofern ihr Rechtsgrund und der Drittschuldner im Zeitpunkt der Pfändung bestimmt sind.[7] Voraussetzung ist, dass solche Forderungen bestimmt genug bezeichnet oder hinreichend bestimmbar sind. Hierfür muss bereits eine **Rechtsbeziehung** zw. Schuldner und Drittschuldner bestehen, aus der die zukünftige Forderung nach ihrem Inhalt und nach der Person des Drittschuldners bestimmt werden kann.[8] Aus dem Pfändungsbeschluss muss sich daher auch die Pfändung (auch) zukünftiger Forderungen ausdrücklich ergeben. Insoweit hat eine schlüssige Darlegung durch den Gläubiger zu erfolgen.[9]

6 Pfändbar ist eine Geldforderung bereits **vor Fälligkeit**, wenn sie von einer Gegenleistung abhängig ist oder ein Zurückbehaltungsrecht besteht oder wenn sie unter einer aufschiebenden oder auflösenden Bedingung steht oder unter einer Zeitbestimmung geschuldet ist (§ 163 BGB).[10] Hierunter fallen z.B. künftige Miet-, Pacht- oder Erbbauansprüche, der

---

6 Eingehend hierzu Gottwald/*Mock*, § 829 Rn 14.
7 BGH, DGVZ 2003, 118 = JurBüro 2003, 438; = FamRZ 2003, 1010 = KKZ 2003, 121 = MDR 2003, 525)= NJW 2003, 1457 = Rpfleger 2003, 305 = Vollstreckung effektiv 2003, 130 WM 2003, 548 = ZInsO 2003, 330 = ZVI 2003, 110; Gottwald/*Mock*, § 829 Rn 8 m.w.N.
8 Vgl. z.B. BGH, NJW 1981, 1611 = WM1981, 542 = DB 1981, 1324 = ZIP 1981, 591 = BB 1981, 1051 = Rpfleger 1981, 290 = MDR 1981, 730 = JurBüro 1981, 1326; NJW 1982, 2193 = WM1982, 816 = DB 1982, 1714 = ZIP 1982, 932 = MDR 1982, 904 = BGHZ 84, 371; OLG Oldenburg, NJW-RR 1992, 512; zu zukünftigen Rentenansprüchen: vgl. BGH, Vollstreckung effektiv 2003, 130 = ZVI 2003, 110 =WM 2003, 548 = ZInsO 2003, 330=MDR 2003, 525 =NJW 2003, 1457 = Rpfleger 2003, 305 = KKZ 2003, 121 = FamRZ 2003, 1010 = DGVZ 2003, 118 = JurBüro 2003, 438.
9 OLG Köln, OLGZ 1987 206 = WM 1986, 1421.
10 BGH, NJW 1970, 241 = BGHZ 53, 29 = WM 1969, 1417; Gottwald/*Mock*, § 829 Rn 9.

Anspruch auf die Auszahlung künftiger Aktivsalden aus einem Giro- und Bankkontokorrentvertrag, der Anspruch auf künftige Versicherungsleistungen vor Eintritt des Versicherungsfalls, der künftig mögliche Anspruch auf Kostenerstattung ab Einreichung der Klage, der dem Schuldner möglicherweise verbleibende Erlösüberschuss bei einer Versteigerung durch den Gerichtsvollzieher oder auch bei der Zwangsversteigerung eines Grundstücks ab Einleitung des Zwangsversteigerungsverfahrens sowie der Anspruch eines Gesellschafters auf Auszahlung des Gewinnanteils für die kommenden Geschäftsjahre. Daneben unterliegen die den Tarifkunden gegenüber den Elektrizitätsversorgungsunternehmen zustehenden Rückerstattungsansprüche aus § 25 AVBEltV als zukünftige Forderungen der Pfändung.[11]

D. Naturalobligationen

Die gerichtliche Durchsetzbarkeit einer Forderung ist nicht Voraussetzung dafür, dass die Forderung pfändbar ist. Deshalb sind auch Naturalobligationen, soweit sie **auf Geld gerichtet** sind (wie etwa der Anspruch auf Ehemäklerlohn und Ansprüche aus Spiel und Wette), pfändbare Geldforderungen im Sinne der §§ 829 ff. ZPO.[12] Der Gläubiger allerdings kann die Erfüllung nicht erzwingen. Leistet der Drittschuldner hingegen an den Gläubiger, ist der Erwerb der Forderung nicht rechtsgrundlos.

7

E. Öffentlich-rechtliche Geldforderungen

Der Pfändung steht grds. nicht entgegen, dass die Forderung ihren Rechtsgrund im öffentlichen Recht hat bspw. als Steuererstattungsanspruch, als Anspruch auf Sozialleistungen oder als Anspruch auf Entschädigung aus Enteignung. Insoweit kommt es allerdings darauf an, ob die jeweiligen öffentlich rechtlichen Sondergesetze die Forderung im Einzelfall im Hinblick auf die besondere Zweckrichtung der Leistung nicht für generell oder teilweise unpfändbar erklären. Zu beachten sind hierbei insbesondere § 46 Abs. 6 AO[13] bzgl. der Pfändung von Steuererstattungsansprüchen, § 54 SGB I[14] bzgl. derjenigen von Sozialleistungen sowie die Pfändung von Entschädigungsansprüchen nach dem Bundesentschädigungsgesetz (vgl. § 14 BEG).

8

---

11 LG Koblenz, Rpfleger 2000, 339 = InVo 2000, 318.
12 Gottwald/*Mock*, § 829 Rn 10; *Stöber*, Rn 36 m.w.N.
13 Vgl. auch § 4 Rdn 125 ff.
14 Vgl. auch § 9.

F. Forderung des Gläubigers als Drittschuldner

9   Sind **Gläubiger und Drittschuldner identisch**, d.h. der Gläubiger will eine gegen sich selbst gerichtete Forderung des Schuldners pfänden, so ist dies grds. zulässig; der Gläubiger muss den Pfändungs- und Überweisungsbeschluss dann wegen § 829 Abs. 3 ZPO an sich selbst zustellen lassen.[15] Er kann aufgrund der Pfändung und Überweisung in der Regel selbst die Aufrechnung mit der ihm gegen den Schuldner zustehenden Forderung erklären.[16] Ein Rechtsschutzbedürfnis besteht für den Gläubiger jedenfalls dann, wenn eine Aufrechnung aus prozessualen oder materiellen Gründen unstatthaft ist. Ob dies auch möglich ist, wenn der Gläubiger ohne die Pfändung und Überweisung wegen eines materiellen Aufrechnungsverbotes nicht aufrechnen kann, ist umstritten. Während eine Ansicht eine Selbstpfändung uneingeschränkt für zulässig hält, verneint die andere Ansicht eine Selbstpfändung, wenn Aufrechnungsverbote entgegenstehen. Der BGH hält eine Pfändung in eigene Schuld jedenfalls dann für unbedenklich, wenn sie dazu dient, dem Gläubiger die Verrechnung in den Fällen zu ermöglichen, in denen die Aufrechnungsvoraussetzungen nicht vorliegen oder die Aufrechnung aus prozessualen Gründen unstatthaft ist, sofern nicht Aufrechnungsverbote entgegenstehen. Ob dies auch möglich ist, wenn der Gläubiger ohne die Pfändung und Überweisung wegen eines materiellen Aufrechnungsverbots nicht aufrechnen kann, ist umstritten. Zu bedenken ist aber, dass der Gläubiger i.d.R. auch zur Aufrechnung berechtigt ist, somit das Rechtsschutzbedürfnis der Pfändung in Frage zu stellen ist, da die Verwirklichung auf einem einfacheren Weg möglich ist. In diesen Fällen fehlt dann das Rechtsschutzinteresse.[17] Ein solches besteht für den Gläubiger jedoch wiederum, wenn eine Aufrechnung aus prozessualen (§ 767 Abs. 2 ZPO) oder materiellen (§§ 393–395 BGB) Gründen unstatthaft ist.[18] Während nach einer Ansicht[19] nur in diesen Fällen das erforderliche Rechtsschutzbedürfnis besteht, da sonst die Aufrechnung der einfachere und schnellere Weg zur Befriedigung der titulierten Forderung sei, bejaht die Gegenansicht[20] das Rechtsschutzbedürfnis mit der Begründung, die Pfändung der Gegenforderung habe für den Gläubiger erhebliche Vorteile ggü. der Aufrechnung; sie verschaffe dem Gläubiger insbesondere als Hoheitsakt größere Klarheit und Rechtssicherheit.[21]

---

15 BGH, Rpfleger 2011, 535 = FamRZ 2011, 1145 = JurBüro 2011, 497 = MDR 2011, 882 = NJW-RR 2011, 959 = WM 2011, 1141 = EBE/BGH 2011, BGH-Ls 444/11; OLG Köln, NJW-RR 1989, 190; OLG Stuttgart, Rpfleger 1983, 409; *Baumbach/Lauterbach/Albers/Hartmann*, § 829 Rn 38; Musielak/*Becker*, § 829 Rn 14; Gottwald/*Mock*, § 829 Rn 11; *Stöber*, Rn 33.
16 Vgl. BGH VersR 2011, 1056.
17 LG Düsseldorf, MDR 1964, 332.
18 Vgl. Musielak/*Becker*, § 829 Rn 8.
19 LG Düsseldorf, MDR 1964, 332.
20 OLG Köln, NJW-RR 1989, 190.
21 Vgl. *Rimmelspacher/Spellenberg*, JZ 1973, 271.

G. Forderungen in Bezug auf den sog. Hypothekenhaftungsverband

Forderungen, auf die sich die Hypothek erstreckt (sog. **Hypothekenhaftungsverband**) 10
unterliegen der Forderungspfändung nur bis zur Beschlagnahme im Wege der Immobiliarvollstreckung (§ 865 Abs. 2 S. 2 ZPO). Bei Miet- und Pachtzinsforderung gilt, dass diese i.R.d. Zwangsverwaltung (§ 148 ZVG, § 1123 BGB) erfasst werden, soweit sie laufend sind oder Ansprüche aus Rückständen aus dem letzten Jahr vor der Beschlagnahme bestehen; hiervon werden auch Forderungen aus einem Untermiet- oder Pachtverhältnis erfasst, wenn der Hauptmiet- oder Pachtvertrag wegen Vereitelung der Gläubigerrechte gem. § 138 Abs. 1 BGB nichtig ist.[22] Sittenwidrigkeit im Sinne des § 138 Abs. 1 BGB liegt dann vor, wenn das Hauptmiet- oder Pachtverhältnis allein dazu dient, Pacht- bzw. Mietforderungen dem Zugriff der Gläubiger zu entziehen. In diesem Fall ist dann ein Durchgriff auf die Forderung aus dem Unterpachtverhältnis bzw. Untermietverhältnis gerechtfertigt. Es ist daher ein planmäßiges Zusammenarbeiten mit eingeweihten Helfern erforderlich, um das wesentliche pfändbare Vermögen dem Zugriff des Gläubigers zu entziehen.[23] Bestehen dafür keine Anhaltspunkte, verbleibt es bei dem Grundsatz, dass die Beschlagnahme durch Anordnung der Zwangsverwaltung nur die Forderung aus dem Hauptpachtvertrag erfasst (§§ 148 Abs. 1 S. 1, 21 Abs. 2 ZVG),[24] was dazu führt, dass die Gläubiger des Eigentümers keinen Anspruch darauf haben, sich aus schuldnerfremdem Vermögen zu befriedigen. Werden die Erträge hingegen nicht auf den Unterverpächter verlagert, um sie dem Zugriff der Gläubiger des Eigentümers zu entziehen, verbleibt diesem der Anspruch auf Nutzungsentschädigung (§ 584b BGB) auf den dessen Gläubiger zugreifen können. Auf diesen Anspruch erstreckt sich dann auch die Beschlagnahme im Wege der Zwangsverwaltung.[25] Damit ist der Zweck sowohl des § 148 ZVG als auch des § 1123 Abs. 1 BGB erfüllt; der Gläubiger erhält dafür, dass der Grundstückseigentümer das ihm zustehende Benutzungs- und Fruchtziehungsrecht wirksam auf den Pächter übertragen hat (§ 152 Abs. 2 ZVG), den Zugriff auf die diese Einbuße ausgleichende Pachtzinsforderung.[26] Bei Anordnung der Zwangsversteigerung hingegen gilt dies nicht (§ 21 Abs. 2 ZVG).

---

22 BGH, Vollstreckung effektiv 2005, 103 = ZInsO 2005, 371 = Rpfleger 2005, 323 = ZMR 2005, 431 = MDR 2005, 773 = ZfIR 2005, 737 = WM 2005, 610; vgl. Goebel/*Mock*, § 9 Rn 16.
23 BGHZ 130, 314 m.w.N.
24 BGH, ZInsO 2006, 822 = WM 2006, 1634 = ZIP 2006, 1697 = NZM 2006, 677 = Rpfleger 2006, 614 = NJW-RR 2007, 265 = MDR 2007, 363.
25 BGH, NJW-RR 2003, 1308 zu § 557 Abs. 1 BGB a.F.; *Stöber*, ZVG § 148 Anm. 2.3 g.
26 BGH, ZInsO 2006, 822 = WM 2006, 1634 = ZIP 2006, 1697 = NZM 2006, 677 = Rpfleger 2006, 614 = NJW-RR 2007, 265 = MDR 2007, 363.

H. Nicht übertragbare Forderungen

11 Es gibt gesetzliche Pfändungsverbote sowie Abtretungsverbote. Diese sind von Amts wegen zu beachten. Pfändungsverbote wirken sich dabei sehr viel stärker aus als Abtretungsverbote: Normalerweise ist kein Gläubiger gezwungen, seine Forderungen abzutreten (oder sie rechtsgeschäftlich zu verpfänden). Die Abtretbarkeit kann sogar durch private Vereinbarung mit dem Schuldner ausgeschlossen werden (§ 399 S. 2 BGB; vgl. § 851 Abs. 2 ZPO). Demgegenüber entzieht ein Pfändungsverbot unbeteiligten Gläubigern die Möglichkeit des Zugriffs auf die Forderungen zur Haftungsverwirklichung. Ein Pfändungsverbot bezüglich des Einkommens durchbricht den Grundsatz, dass auch und vor allem das Entgelt für eine laufende Erwerbstätigkeit des Schuldners zur Erfüllung seiner Verbindlichkeiten zur Verfügung stehen soll (vgl. § 287 Abs. 2 InsO). Dies ist nur aus Gründen des Sozialstaatsprinzips (Art. 20 Abs. 1, 28 Abs. 1 GG) gerechtfertigt, um die eigene Lebensgrundlage des Schuldners durch Pfändungsfreibeträge (§§ 850 ff. ZPO) zu sichern. In weitergehendem Umfange ist eine solche Beschränkung des durch Art. 14 Abs. 1 GG geschützten Befriedigungsrechts der Gläubiger hingegen allenfalls zulässig, soweit sonstige, überwiegende Gründe das zwingend erfordern. Der Staat, der selbst das Zwangsvollstreckungsmonopol ausübt, darf den davon betroffenen Gläubigern das Einkommen bestimmter Schuldnerkreise nicht generell als Haftungsgrundlage entziehen. Dem entspricht es, dass § 851 Abs. 2 ZPO auch die durch § 399 BGB begründete Unübertragbarkeit nicht ohne Weiteres als Pfändungsverbot ausreichen lässt.[27]

I. Unpfändbarkeit (§ 851 Abs. 1 ZPO)

12 Eine Forderung ist regelmäßig nur pfändbar, wenn sie auch übertragbar ist (§ 851 Abs. 1 ZPO). Die Vorschrift ordnet eine **Unpfändbarkeit** und damit auch die Insolvenzfreiheit[28] von Forderungen an, sofern gesetzlich nichts anderes bestimmt ist. Die Norm ist im Zusammenhang mit § 400 BGB zu sehen, wonach eine Forderung nicht abgetreten werden kann, soweit sie der Pfändung nicht unterworfen ist. Die Vorschrift stellt allein darauf ab, ob eine Forderung als solche nicht übertragbar ist.[29] Eine Forderung ist dann nicht übertragbar, wenn die Leistung an einen anderen als den ursprünglichen Gläubiger nicht ohne Veränderung ihres Inhalts erfolgen kann. Dies ist der Fall,

---

27 BGH, NJW 1999, 1544.
28 BGH, NJW, 2001, 1490 = WM 2001, 202 = DB 2001, 138 = MDR 2001, 340 = BGHReport 2001, 170.
29 BGHZ 141, 173; BGH, Vollstreckung effektiv 2009, 44 = NJW-RR 2009, 411 = Rpfleger 2009, 90 = KKZ 2010, 159 = MDR 2009, 106 = BGHReport 2009, 312 = GuT 2010, 460; Gottwald/*Mock*, § 851 Rn 1.

H. Nicht übertragbare Forderungen § 2

- wenn die Leistung auf höchstpersönlichen Ansprüchen des Berechtigten beruht, die nur er selbst erheben kann,
- wenn – anders als bei höchstpersönlichen Ansprüchen – ein Gläubigerwechsel zwar rechtlich vorstellbar, das Interesse des Schuldners an der Beibehaltung einer bestimmten Gläubigerperson aber besonders schutzwürdig ist, oder
- wenn ohne Veränderung des Leistungsinhalts die dem Gläubiger gebührende Leistung mit seiner Person derart verknüpft ist, dass die Leistung an einen anderen Gläubiger als eine andere Leistung erscheinen würde.[30]

In allen diesen drei Fallgruppen ist die Abtretbarkeit ausgeschlossen, weil andernfalls die Identität der abgetretenen Forderung nicht gewahrt bliebe. 13

Hingegen genügt es nicht ohne weiteres dadurch eine Unpfändbarkeit anzunehmen, wenn eine Forderung ihrem Inhalt und ihrer Zweckbestimmung nach übertragbar ist und lediglich bestimmten Gläubigern die Abtretung verboten oder diese nur unter bestimmten Voraussetzungen gestattet wird. In derartigen Fällen kann erst eine Auslegung des beschränkenden Gesetzes ergeben, ob es sich zwingend auch gg. eine Pfändbarkeit richtet.[31] 14

Die **Unübertragbarkeit** kann sich aus **Vorschriften des materiellen Rechts** ergeben. Auf dieser Grundlage hat der BGH[32] z.B. die Pfändung der dem Milcherzeuger zustehenden Anlieferungs-Referenzmenge nicht nach § 851 Abs. 1 ZPO als ausgeschlossen gesehen, obwohl sie grds. nur innerhalb bestimmter Bereiche und nur an einen Übernehmer übertragbar ist, der entweder selbst oder durch seinen Ehegatten Milch oder Milcherzeugnisse an einen Käufer liefert oder mit der Milchlieferung beginnt (§§ 7 Abs. 5, 8 Abs. 3 MilchAbgV in der Fassung der Bekanntmachung vom 9.8.2004). Gleiches gilt bei der Betriebsprämie aus der GAP-Agrarreform.[33] 15

---

30 BGH, ZIP 2012, 34 = WM 2012, 46 = DB 2012, 110 = ZInsO 2012, 77 = MDR 2012, 188 = NJW 2012, 678; BGH, BGHZ 56, 228 = NJW 1971, 1750 = MDR 1971, 743 = WM 1971, 933 = BB 1971, 889; BGH, NJW 1986, 713, 714; BGH, NJW-RR 2010, 1235; Gottwald/*Mock*, § 851 Rn 2.
31 BGH, BGHZ 141, 173 = ZIP 1999, 621 = WM 1999, 787 = NJW 1999, 1544 = ZInsO 1999, 280 = Rpfleger 1999, 336 = DB 1999, 1258 = MDR 1999, 826 = InVo 1999, 205 = NZI 1999, 191 = KTS 1999, 372 = VersR 2000, 1247; BGH, WM 2013, 572 = ZIP 2013, 586 = ZInsO 2013, 547; BGH, WM 2014, 1141 = ZInsO 2014, 1213 = ZIP 2014, 1235 = ZVI 2014, 275 = MDR 2014, 861 = NZI 2014, 656 = Streit 2014, 72 = Verbraucherinsolvenz aktuell 2014, 60.
32 Vollstreckung effektiv 2007, 92 = MDR 2007, 485 = Rpfleger 2007, 272 = InVo 2007, 246 = NJW-RR 2007, 1219 = WM 2007, 2156 = KKZ 2008, 184 = BGHReport 2007, 318; Gottwald/*Mock*, § 851 Rn 4.
33 BGH, Vollstreckung effektiv 2009, 44 = Rpfleger 2009, 90 = AUR 2009, 28 = NJW-RR 2009, 411 = KKZ 2010, 159 = MDR 2009, 106 = BGHReport 2009, 312 = GuT 2010, 460.

II. Die Fallgruppen des § 851 Abs. 1 ZPO

1. Unpfändbarkeit kraft Gesetzes

16 Absolut unpfändbare Forderungen **kraft Gesetzes** sind:[34]
- **Dienstleistungsansprüche** (§ 613 S. 2 BGB); die Übertragbarkeit des Anspruchs auf eine Dienstleistung ist nach § 613 S. 2 BGB zwar nur „im Zweifel" ausgeschlossen. Der Anspruch kann übertragbar sein, wenn dies vereinbart ist oder es sich aus den Umständen ergibt.[35]
- **Sozialleistungen** gem. § 54 SGB I, XII.
- **Ansprüche** auf **Ausführung** eines **Auftrages** (§ 664 Abs. 1 BGB).
- Ansprüche, die den Gesellschaftern aus dem **Gesellschaftsverhältnis** gegeneinander zustehen (§ 717 S. 1 BGB).
- Ansprüche auf **Erteilung von Kontoauszügen** und **Rechnungsabschlüssen**.[36] Hierbei handelt es sich um einen selbstständigen Anspruch aus dem Girovertrag (§§ 666, 675 BGB). Dieser setzt keinen anderen Anspruch voraus, sondern dient unabhängig hiervon der Information des Auskunftsberechtigten über die Geschäfte, der der Auskunftsverpflichtete in seinem Interesse geführt hat. Dieser Anspruch ist nach höchstrichterlicher Rechtsprechung nach § 851 Abs. 1 ZPO, § 675, 613 Abs. 2 BGB nicht pfändbar.[37]
- Ansprüche auf **Arbeitnehmersparzulage** (§ 17 Abs. 1 S. 5 VermBG; vgl. BGBl I 1994, 407).
- der Anspruch auf **Erbauseinandersetzung** (§ 2042 BGB).
- **Akzessorische Gestaltungsrechte;**[38] solche Rechte erwirbt der Pfändungspfandgläubiger erst mit der Pfändung und Überweisung des Hauptrechts.[39]

---

34 Vgl. auch Gottwald/*Mock*, § 851 Rn 6.
35 BGH, WM 2013, 572 = ZIP 2013, 586 = ZInsO 2013, 547.
36 Vgl. BGH, MDR 2006, 220 = Vollstreckung effektiv 2006, 115 = NJW 2006, 217 = WM 2005, 2375 = Vollstreckung effektiv 2006, 25 = MDR 2006, 220 = Rpfleger 2006, 140; LG Dresden, JurBüro 2009, 663; LG Frankfurt/Main, MDR 1986, 594; LG Itzehoe, WM 1988, 884 ff; LG Frankfurt/Main, MDR 1986, 594.
37 BGH, MDR 2006, 220.
38 (BGH, NJW 1973, 1793 = MDR 1973, 1012 = WM 1973, 1270).
39 (BGH, NJW 1985, 2640 = WM 1985, 1106 = DB 1985, 2242 = JuS 1985, 991 = BauR 1985, 688 = MDR 1986, 302 = Grundeigentum 1986, 649; BGH, ZIP 1985, 1141 = BGHZ 95, 250 = WM 1985, 1318 = BB 1985, 1938 = NJW 1985, 2822 = DB 1985, 2503 = MDR 1986, 137; LG Wiesbaden, NJW-RR 1996, 59; zur Pfändung des Rückauflassungsanspruch vgl. BGH, NJW 2003, 1858 = Vollstreckung effektiv 2007, 88 = Rpfleger 2003, 372 = ZIP 2003, 1217 – InVo 2003, 284 = KTS 2003, 480 = KKZ 2004, 40 = WM 2003, 940).

H. Nicht übertragbare Forderungen § 2

- Ansprüche eines Arbeitnehmers aus einem **Versicherungsvertrag zur betrieblichen Altersversorgung** gem. § 2 Abs. 2 S. 3, 4 BetrAVG;[40] nach § 2 Abs. 2 S. 4 BetrAVG darf bei einer der Altersversorgung dienenden Direktversicherung der vor Eintritt des Versorgungsfalls und nach Erfüllung der Voraussetzungen des § 1b Abs. 1 und 5 BetrAVG aus dem Arbeitsverhältnis ausgeschiedene Arbeitnehmer die Ansprüche aus dem Versicherungsvertrag in Höhe des durch Beitragszahlungen des Arbeitgebers gebildeten geschäftsplanmäßigen Deckungskapitals oder, soweit die Berechnung des Deckungskapitals nicht zum Geschäftsplan gehört, des nach § 169 Abs. 3 und 4 VVG berechneten Wertes weder abtreten noch beleihen. Durch diese Verfügungsbeschränkungen soll im Rahmen des rechtlich Möglichen erreicht werden, die bestehende Anwartschaft im Interesse des Versorgungszwecks aufrecht zu erhalten, d.h. zu verhindern, dass der Arbeitnehmer die Anwartschaft liquidiert und für andere Zwecke verwendet. Das entspricht der Grundkonzeption der §§ 1b und 2 BetrAVG, die darauf ausgerichtet ist, die Versorgungsanwartschaft beim vorzeitigen Ausscheiden des Arbeitnehmers aufrecht zu erhalten und die Fälligkeit unangetastet zu lassen. Der Versorgungszweck der Anwartschaften soll möglichst lückenlos gesichert werden.[41] Eine Unpfändbarkeit greift hingegen nicht beim Anspruch auf Auszahlung der Versicherungssumme im Versicherungsfall.[42]
- Ansprüche aus **Lebensversicherungen**, bei denen es sich um eine **Direktversicherung** und eine Gehaltsumwandlungsdirektversicherung nach dem Gesetz zur Verbesserung der betrieblichen Altersversorgung handelt.[43]
- **Beitragsrückerstattungsforderung.**[44] Die Übertragbarkeit des Anspruches auf Beitragsrückgewähr ist durch Art. 17 S. 2 VersorG ausgeschlossen. Nach Art. 17 S. 1 VersorG können zwar Ansprüche auf laufende Geldleistungen übertragen oder verpfändet werden. Sonstige Leistungsansprüche können jedoch gem. Art. 17 S. 2 VersorG weder abgetreten noch verpfändet werden. Hierzu gehört als einmaliger Geldleistungsanspruch auch der Anspruch auf Beitragsrückgewähr.
- Die **Mitgliedschaft in einem Verein** ist unübertragbar (§ 38 BGB) und damit auch unpfändbar, wenn in der Satzung nichts anderes bestimmt ist (§ 40 BGB). Die mit der Pfändung eines Hauptrechts verbundene Beschlagnahme erstreckt sich allerdings

---

40 LG Stuttgart, JurBüro 2010, 155; OLG Stuttgart, NJW-RR 2001, 150; LG Bamberg, ZInsO 2006, 47; OLG Köln, InVo 2003, 198; zur Pfändbarkeit von Ansprüchen eines persönlich haftenden Gesellschafters aus einer betrieblichen Lebensversicherung Vgl. LG Wuppertal, WE 2001, 280.
41 BGH, Vollstreckung effektiv 2011, 29 = WM 2010, 2366 = MDR 2011, 67 = NJW-RR 2011, 283 = DGVZ 2012, 26 = BB 2010, 3097.
42 BGH, Vollstreckung effektiv 2009, 11; BGH, Vollstreckung effektiv 2011, 29 = WM 2010, 2366 = MDR 2011, 67 = NJW-RR 2011, 283 = DGVZ 2012, 26 = BB 2010, 3097.
43 LG Konstanz, Rpfleger 2008, 87.
44 VG München, 22.2.2001 – M 22 K 00.4772, n.v.; a.A. LG Düsseldorf, JurBüro 1985, 1901, wonach eine Pfändung erst möglich ist, wenn der Schuldner den Rückzahlungsanspruch geltend machen kann.

§ 2 Begriff der Geldforderung

ohne Weiteres auch auf alle Nebenrechte, die im Fall einer Abtretung des Hauptrechts nach §§ 412, 401 BGB auf den Gläubiger übergehen[45] ist der Ansicht, dass nicht alle von einem Geldinstitut geschuldeten Dienstleistungen personengebundenen Charakter i.S.d. § 613 S. 2 BGB haben. Insbes. sind die vom Gläubiger in der Hauptsache gepfändeten Ansprüche auf Auszahlung einer Geldsumme nicht auf eine Dienstleistung gerichtet. Es handelt sich um schlichte Geldforderungen die – wie andere Geldforderungen auch – grds. übertragbar und pfändbar sind. Der Umstand, dass das zugrunde liegende Rechtsverhältnis als Dienstleistungsvertrag einzuordnen ist, ändert daran nichts. Ist aber die Höchstpersönlichkeit der als Hauptforderung gepfändeten Leistung zu verneinen, gilt dies auch für unselbstständige Nebenrechte, die lediglich darauf abzielen, zugunsten des Gläubigers Gegenstand und Betrag des Hauptanspruchs zu ermitteln.

- Der **Versicherungsanspruch** gegen eine Rechtsschutzversicherung.[46]
- **Zugewinn**: Obwohl der (künftige) Zugewinnausgleichsanspruch schon vor seiner Entstehung rechtshängig gemacht werden kann, ist er ab diesem Zeitpunkt entgegen § 852 Abs. 1 ZPO noch nicht pfändbar.[47]

2. Unpfändbarkeit bei höchstpersönlichen Ansprüchen

17 Unpfändbar sind höchstpersönliche Ansprüche:[48]

- Anspruch auf Beratungsleistungen;[49]
- **Ehelicher Unterhaltsanspruch** gem. § 1360a BGB;[50] **Ausnahme**: bei Sonderbedarf wie z.B. einer notwendigen ärztlichen Behandlung ist für den Gläubiger, d.h. den behandelnden Arzt, pfändbar, wg. dessen Forderung der Sonderbedarf entstanden ist.[51]
- **Taschengeldanspruch**;[52]
- Ansprüche des Schuldners ggü. seinem Ehegatten auf **Mitwirkung** zur **gemeinsamen Steuerveranlagung** und Unterzeichnung der Steuererklärung;[53]

---

45 Hier: Pfändung der Ansprüche aus einem Girovertrag mit Kontokorrentabrede; BGH, InVo 2004, 108 = WM 2003, 1891 = ZVI 2003, 457 = NJW-RR 2003, 1555 = Rpfleger 2003, 669 = BGHReport 2003, 1373 = MDR 2004, 114 = KKZ 2004, 88 = FamRZ 2003, 1652; BGH BGHZ 84, 325 = WM 1982, 838 = DB 1982, 1716 = ZIP 1982, 935 = BB 1982, 1576 = NJW 1982, 2192 = MDR 1982, 928 = JurBüro 1982, 1338 = Rpfleger 1983, 77.
46 AG Stuttgart, VersR 2010, 942.
47 OLG Thüringen, ZInsO 2012, 2201 = ZVI 2012, 423 = FamRZ 2013, 657.
48 Vgl. auch Gottwald/*Mock*, § 851 Rn 7.
49 BGH, WM 2013, 572 = ZIP 2013, 586 = ZInsO 2013, 547; vgl. auch Rn 15 „Dienstleistungsansprüche".
50 LG Frankenthal, NJW-RR 2001, 1012; LG Braunschweig, Rpfleger 1997, 394.
51 LG Frankenthal, NJW-RR 2001, 1012; LG Frankenthal, InVo 2000, 393.
52 Vgl. auch § 6 Rdn 125 ff.; zur Unpfändbarkeit eines Taschengeldanspruch eines Maßregelvollzugspatienten nach § 14 Abs. 4 MRVG NRW vgl. LG Kleve, RuP 2009, 161.
53 LG Hechingen, FamRZ 1990, 1127.

H. Nicht übertragbare Forderungen § 2

- das Recht auf **Ausschlagung der Erbschaft**;[54]
- **Ansprüche** auf Abruf des Bankkunden gegen das Kreditinstitut aus einem **vereinbarten Dispositionskredit** („offene Kreditlinie"); nicht aber soweit der Kunde den Kredit in Anspruch nimmt;[55]
- Recht zur Zurücknahme hinterlegter Gegenstände (§ 377 Abs. 1 BGB);
- **Vorkaufsrecht** nach § 473 BGB oder § 1094 Abs. 1 BGB, falls die Übertragbarkeit nicht bes. vereinbart ist;[56]
- Recht auf Herabsetzung einer Vertragsstrafe;
- Befugnis, eine **günstigere Lohnsteuerklasse** zu wählen;[57]
- die Kompetenz zur **Abtretung einer Forderung**.[58]
- Bei einer **Lebensversicherung auf den Todesfall** kann ein Gläubiger des Versicherungsnehmers schon zu dessen Lebzeiten die Versicherungssumme pfänden und das Bezugsrecht eines Dritten widerrufen.[59]
- Das Recht aus einem **Vertragsangebot** kann jedenfalls dann gepfändet werden, wenn dem Angebotsempfänger die Befugnis eingeräumt ist, jenes Recht an einen Dritten abzutreten.[60]
- Wird ein **zukünftiger Rentenanspruch** gepfändet, so wird das **Rentenauskunftsrecht** nach § 109 SGB VI, welches kein höchstpersönliches Recht ist, als unselbstständiges Neben- bzw. Hilfsrecht durch den Pfändungs- und Überweisungsbeschluss mitgepfändet und überwiesen.[61]
- Die vom Europäischen Gerichtshof für Menschenrechte einem Individualbeschwerdeführer zugesprochene Entschädigung wegen der durch eine Menschenrechtsverletzung infolge überlanger Verfahrensdauer erlittenen **immateriellen Schäden**;[62] allerdings gilt, dass Ansprüche wegen immaterieller Schäden seit 1.7.1990 uneingeschränkt übertragbar und pfändbar sind, nachdem durch das Gesetz zur Änderung des Bürgerlichen Gesetzbuchs und anderer Gesetze vom 14.3.1990[63] § 847 Abs. 1

---

54 LG Hildesheim, NdsRpfl 2009, 186 = FamRZ 2009, 1440.
55 BGH, InVo 2001, 291; vgl. auch § 4 Rdn 165 ff.
56 RGZ 148, 105.
57 Stein/Jonas/*Brehm*, § 857, Rn 9.
58 MüKo-ZPO/*Smid*, § 857, Rn 10.
59 BGH, NJW 2003, 1858 = Vollstreckung effektiv 2007, 88 = Rpfleger 2003, 372 = ZIP 2003, 1217 = InVo 2003, 284 = KTS 2003, 480 = KKZ 2004, 40 = WM 2003, 940.
60 BGH, NJW 2003, 1858 = Vollstreckung effektiv 2007, 88 = Rpfleger 2003, 372 = ZIP 2003, 1217 = InVo 2003, 284 = KTS 2003, 480 = KKZ 2004, 40 = WM 2003, 940; RGZ 111, 46.
61 AG Diepholz, JurBüro 1998, 159; AG Heidelberg, JurBüro 1998, 159; AG Spaichingen, JurBüro 1998, 159; AG Sinsheim, JurBüro 1998, 159.
62 BGH, ZIP 2012, 34 = WM 2012, 46 = DB 2012, 110 = ZInsO 2012, 77 = MDR 2012, 188 = NJW 2012, 678; BGH, BGHZ 56, 228 = NJW 1971, 1750 = MDR 1971, 743 = WM 1971, 933 = BB 1971, 889; KG Berlin, ZIP 2009, 1873 = ZInsO 2009, 1812 = KGR Berlin 2009, 953.
63 BGBl I S. 478.

§ 2 Begriff der Geldforderung

S. 2 BGB a.F. mit Wirkung ab 1.7.1990 gestrichen worden war. Es ist deshalb allgemein anerkannt, dass **Schmerzensgeldansprüche** pfändbar sind. Dies gilt auch für Ansprüche gegen die Katholische Kirche, soweit sie auf den Ersatz immaterieller Schäden gerichtet sind.[64]

■ Hat der Schuldner ein Grundstück unentgeltlich auf seine Ehefrau übertragen, sich jedoch das Recht vorbehalten, es jederzeit ohne Angabe von Gründen zurückzuverlangen, kann ein Gläubiger dieses Recht des Schuldner jedenfalls zusammen mit dem künftigen oder aufschiebend bedingten und durch eine Vormerkung gesicherten **Rückauflassungsanspruch** pfänden und sich zur Einziehung überweisen lassen.[65] Die Pfändbarkeit eines Rückübertragungsanspruchs zu verlangen, ist nicht etwa wg. dessen Unveräußerlichkeit ausgeschlossen (§§ 851 Abs. 1, 857 Abs. 1). Das vereinbarte Recht ähnelt dem Wiederkaufsrecht (§ 456 BGB) oder einem Aneignungsrecht. Diese Rechte, bei denen es sich ebenfalls um selbstständige Gestaltungsrechte handelt, sind ohne weiteres übertragbar. Die Bevollmächtigung des Grundstückserwerbers durch den Verkäufer, die Auflassung zur Durchführung des dinglichen Vertrages zu erklären und alle notwendigen Erklärungen ggü. dem Grundbuchamt abzugeben bzw. entgegenzunehmen, ist als anderer Vermögensgegenstand gem. § 857 Abs. 1 ZPO i.V.m. § 851 ZPO als übertragbar pfändbar.[66]

3. Eingeschränkt pfändbare Forderungen

18 Hierzu zählen **zweckgebundene Ansprüche**. Diese sind dann unpfändbar, wenn der mit der versprochenen oder geschuldeten Leistung bezweckte Erfolg nicht erreicht werden kann, falls an den Gläubiger zur Befriedigung von dessen titulierter Forderung geleistet wird.[67] Solche Ansprüche können also, solange die Zweckbindung besteht, nur zugunsten desjenigen gepfändet werden, für den die Mittel bestimmt sind. Die **treuhandartige Gebundenheit** eines Anspruchs gehört nämlich zum **Inhalt der zu erbringenden Leistung**. Eine zweckwidrige Verwendung überlassener Mittel würde daher den Leistungsinhalt i.S.d. § 399, 1. Alt. BGB ändern, was Unpfändbarkeit zur Folge hätte.

---

64 BGH, WM 2014, 1141 = ZInsO 2014, 1213 = ZIP 2014, 1235 = ZVI 2014, 275 = MDR 2014, 861 = NZI 2014, 656 = Streit 2014, 72 = Verbraucherinsolvenz aktuell 2014, 60.
65 BGH, NJW 2003, 1858 = Vollstreckung effektiv 2007, 88 = Rpfleger 2003, 372 = ZIP 2003, 1217 = InVo 2003, 284 = KTS 2003, 480 = KKZ 2004, 40 = WM 2003, 940.
66 LG Koblenz, RNotZ 2001, 391; BayObLG, Rpfleger 1978, 372.
67 BGH, BGHZ 94, 316 = FamRZ 1985, 802 = JZ 1985, 803 = NJW 1985, 2263 = MDR 1985, 831; SG Berlin, Beschl. v. 16.10.2017 – S 173 AS 16394/15 ER –, juris.

H. Nicht übertragbare Forderungen § 2

Zweckgebunden sind:[68] **19**

- Ansprüche auf **Prozesskostenvorschuss** (§ 1360a Abs. 4 BGB[69]); diesen dürfen nur der Rechtsanwalt und die Staatskasse für die Prozesskosten pfänden;[70]
- **Honorarvorschüsse**;[71]
- **Aussonderungsanspruch** auf treuhänderisch verwahrte Sozialplanmittel;[72]
- Ansprüche auf Auszahlung eines **Baudarlehens**;[73]
- Ansprüche der **Rechte aus einem Vorvertrag auf Abschluss eines Grundstückskaufvertrags**: auch nach Pfändung der Rechte aus einem Vorvertrag auf Abschluss eines Grundstückskaufvertrages ist der Hauptvertrag (Grundstückskaufvertrag) nicht mit dem Pfändungsgläubiger, sondern unverändert zwischen den ursprünglichen Vertragspartnern abzuschließen. Der Schuldner kann diesen Anspruch aber nur mit Zustimmung des Pfändungsgläubigers geltend machen.[74]
- **Taschengeldanspruch eines Maßregelvollzugspatienten** nach § 14 Abs. 4 MRVG NRW;[75]
- **Kaufpreisforderung für eine Eigentumswohnung**, die für die Ablösung von Grundschulden bezweckt ist;[76]
- keine Pfändung in treuhänderisch zweckgebundenen Kaufpreis;[77]
- **Beihilfeansprüche** für Aufwendungen im Krankheitsfall, wenn ihre Forderung nicht dem konkreten Beihilfeanspruche zugrunde liegt (keine Anlassforderung) und dessen Anlassgläubiger noch nicht befriedigt sind;[78]
- **Freistellungsanspruch des Arbeitnehmers** ggü. dem Arbeitgeber von Ansprüchen wg. Schädigung Dritter bei gefahrengeneigter Arbeit;
- Heirats- und Geburtsbeihilfen gem. § 850a Nr. 5 ZPO;
- Ansprüche des Zeugen auf Zahlung eines **Auslagenvorschusses**;[79]

---

68 Gottwald/*Mock*, § 851 Rn 9.
69 BGH FamRZ 1985, 802 = NJW 1985, 803.
70 Vgl. BGH, NJW 1985, 2263; BGH, NJW 1976, 1407.
71 BGH, LM ZPO § 851 Nr. 3 = Rpfleger 1978, 248 = MDR 1978, 747 = BauR 1978, 499 = JR 1978, 420 = DB 1978, 1493 = WM 1978, 553.
72 BGH, ZIP 1998, 655 = WM 1998, 838 = NJW 1998, 2213 = MDR 1998, 790 = InVo 1998, 148 = Rpfleger 1998, 362.
73 Zöller/*Herget*, § 829 Rn 33, „Baudarlehn".
74 OLG Stuttgart, OLGR Stuttgart 2008, 494.
75 LG Kleve, RuP 2009, 161.
76 LG Köln, ZMR 2011, 320 = MietRB 2011, 50.
77 BGH, NJW 2000, 1270 = ZIP 2000, 265 = MDR 2000, 477 = Rpfleger 2000, 222 = DB 2000, 869 = InVo 2000, 170 = KKZ 2000, 278.
78 BGH, NJW-RR 2005, 720; vgl. auch BVerwG, NJW 1997, 3256; BGHZ 157, 195; BGH, WM 2004, 2316; BVerwG, DÖV 1990, 1021; OVG Nordrhein-Westfalen, 26.4.1996 – 6 A 3858/94; VG Aachen, 10.8.2006 – 1 K 545/06.
79 Zöller/*Herget*, § 851, Rn 3.

- **Aufbaudarlehen;**[80]
- Ansprüche auf Auskehrung beigetriebenen Kindesunterhalts;[81]
- **treuhänderischer Kaufpreis;**[82]
- umgelegte und deshalb als **Mietnebenkosten** gesondert ausgeworfene Bewirtschaftungskosten;[83]
- **Freistellungsansprüche**: einen derartigen Anspruch darf der Schuldner nur an den Gläubiger (oder dessen Rechtsnachfolger) der zu tilgenden Schuld abtreten; er wandelt sich dann in einen Zahlungsanspruch um.[84] Daher dürfen auch nur der Gläubiger oder dessen Rechtsnachfolger die Forderung auf Schuldbefreiung pfänden. Typisches Beispiel für einen Anspruch auf Befreiung von einer Verbindlichkeit ist der Anspruch des Haftpflichtversicherten gg. den Versicherer aus dem Versicherungsvertrag. Dieser ist nicht auf Zahlung, sondern auf Befreiung von der Verbindlichkeit des Versicherten ggü. dem Geschädigten gerichtet. Der Schuldbefreiungsanspruch ist grds. gem. § 851 Abs. 1 ZPO i.V.m. § 399, 1. Alt. BGB unpfändbar, da eine Übertragung der Forderung zwangsläufig eine Inhaltsänderung zur Folge hat: die Pflicht zur Freistellung besteht nämlich allein dem Schuldner der Verbindlichkeit gegenüber.[85] Eine **Ausnahme** gilt aber für den Geschädigten, dessen Forderung gerade durch die Leistung des Versicherers getilgt werden soll. Pfändet daher der Geschädigte den Schuldbefreiungsanspruch des Versicherten gg. den Versicherer und lässt sich diesen Anspruch überweisen, setzt der Anspruch sich in seiner Hand in einen Zahlungsanspruch an ihn als Einziehungsberechtigten um, d.h. der Geschädigte kann den Versicherer direkt auf Zahlung in Anspruch nehmen. Hierunter fällt auch der Anspruch des Schuldners gg. den Drittschuldner auf Freistellung von der gg. sie bestehenden titulierten Arztforderung wg. ärztlicher Leistungen bei der Entbindung eines Kindes.[86]

4. Bedingt pfändbare Forderungen (§ 851 Abs. 2 ZPO)

20   Die Regelung nach § 851 Abs. 2 ZPO bezweckt zu vermeiden, dass der Schuldner durch die Vereinbarung eines Abtretungsverbotes die Forderung dem **Zugriff seiner Gläubiger entzieht**.[87] Dies meint jedoch nicht Fälle des § 399 Alt. 1 BGB. Diese sind entgegen

---

80 BGHZ 25, 211.
81 BGH, ZIP 1998, 655; BGH, BGHZ 113, 90 = FamRZ 1991, 295 = NJW 1991, 839 = WM 1991, 878 = MDR 1991, 526 = NJW-RR 1991, 515.
82 BGH, Rpfleger 2005, 148.
83 OLG Celle, NJW-RR 2000, 460; VG Halle, 2.6.2003 – 5 B 16/03, n.v.; a.A. *Schmid*, ZMR 2000, 144.
84 Vgl. BGH, NJW 1994, 49; BGH, NJW 1993, 2232.
85 Vgl. BGH, NJW 1993, 2232.
86 LG Münster, Rpfleger 2005, 270.
87 BGH, BGHZ 56, 228 = NJW 1971, 1750 = MDR 1971, 743 = BB 1971, 889 = WM 1971, 933.

H. Nicht übertragbare Forderungen §2

des – zu weit gefassten – Wortlauts nicht vom Anwendungsbereich der Vorschrift umfasst.[88] Die Norm gilt ebenso **nicht für zweckgebundene Ansprüche**.[89]

Gem. § 399, 2. Alt. **BGB** sind Forderungen nicht übertragbar, deren Abtretung durch eine **Vereinbarung** zwischen Gläubiger und Schuldner dieser Forderung ausgeschlossen ist (zur Einschränkung vgl. § 354a HGB). Solche Forderungen dürfen jedoch gem. § 851 Abs. 2 ZPO **gepfändet** und **zur Einziehung** – nicht an Zahlungs statt – überwiesen werden, **wenn der geschuldete Gegenstand der Pfändung unterworfen** ist. Die Norm ermöglicht somit die Einzel- und Gesamtvollstreckung für den Fall eines **Abtretungsausschlusses**. Dadurch soll verhindert werden, dass die Vertragsparteien durch eine Vereinbarung des Abtretungsausschlusses ein Pfändungsverbot schaffen und Vermögen der Zwangsvollstreckung entziehen können. Ein Interesse des (Dritt-)Schuldners an der Unübertragbarkeit der Forderung muss dem Interesse des Gläubigers weichen, dem nicht verwehrt sein darf, auf die Forderung zuzugreifen.[90] Geldforderung, deren Abtretung Gläubiger und Schuldner durch Vereinbarung ausgeschlossen haben, können daher trotz der Unübertragbarkeit gepfändet werden, da Geld – in den Grenzen nach §§ 811, 850c ZPO – pfändbar ist. In diesem Fall sind Drittschuldnerinteressen sind nicht berührt.[91]

21

Trotz Abtretungsvereinbarung sind daher pfändbar:

22

- **Versorgungsansprüchen von RA in Baden-Württemberg**,[92]
- Honoraranspruchs wg. Steuerschulden von Rechtsanwälten,[93]
- **Lohnansprüche** derjenigen Arbeitnehmer, die erst **nach Abschluss einer Betriebsvereinbarung**, welche ein Lohnabtretungsverbot beinhaltet, in den Betrieb eintreten,[94]
- **Versorgungsansprüche**, auch wenn ihre Abtretung nach der Satzung einer Anstalt des öffentlichen Rechts unzulässig ist,[95]
- **Rentenansprüche**, auch wenn deren Übertragung durch Satzung einer Körperschaft öffentlichen Rechts ausgeschlossen ist.[96]

---

[88] BGH, NJW 2001, 1937; LG Köln, ZMR 2011, 320 = MietRB 2011, 50; MüKo-ZPO/*Smid*, § 851 Rn 8; Musielak/*Becker*, § 851 Rn 3; Zöller/*Herget*, § 851 Rn 3; Gottwald/*Mock*, § 851 Rn 12.
[89] BGH, NJW 1985, 2263 = FamRZ 1985, 802; vgl. Rn 18 f.
[90] BGH, ZIP 2012, 34 = WM 2012, 46 = DB 2012, 110 = ZInsO 2012, 77 = MDR 2012, 188 = NJW 2012, 678; BGH, BGHZ 56, 228 = NJW 1971, 1750 = MDR 1971, 743 = WM 1971, 933 = BB 1971, 889.
[91] Zöller/*Herget*, § 851, Rn 6; Gottwald/*Mock*, § 851 Rn 12.
[92] BGH, Vollstreckung effektiv 2005, 16 = WM 2004, 2316 = ; a.A. LG Ravensburg, NJW 2004, 1538.
[93] BFH, Vollstreckung effektiv 2005, 94.
[94] BAG, Rpfleger 1961, 15.
[95] OLG München, Rpfleger 1991, 262.
[96] LG Oldenburg, Rpfleger 1985, 449: Ärztekammer Niedersachsen.

§ 3 Die Voraussetzungen der Zwangsvollstreckung

A. Vollstreckungsvoraussetzungen

Das für die Forderungsvollstreckung zuständige Vollstreckungsgericht hat vor Beginn der Zwangsvollstreckung zu prüfen, ob diese überhaupt zulässig ist. Hierzu gehören insbesondere die Zuständigkeit der deutschen Gerichtsbarkeit (§§ 18 bis 20 GVG), die Parteifähigkeit (§ 50 ZPO), die Prozess- und Postulationsfähigkeit (§§ 50, 51, 78, 79 ZPO) und das allgemeine Rechtsschutzinteresse.

Größtenteils stimmen die Verfahrensvoraussetzungen der Zwangsvollstreckung mit den Sachurteilsvoraussetzungen (Prozessvoraussetzungen) des Erkenntnisverfahrens überein. Die Zulässigkeitsvoraussetzungen werden von Amts wegen geprüft. Ergibt sich die Unzulässigkeit der Zwangsvollstreckung, sind vorgenommene Vollstreckungsmaßnahmen fehlerhaft und damit anfechtbar.

B. Zuständigkeit

§ 828 ZPO regelt die Zuständigkeit für die Vornahme von Vollstreckungshandlungen des Gläubigers bzgl. der Zwangsvollstreckung wegen Geldforderungen in Forderungen und andere Vermögensrechte des Schuldners. Vollstreckungsorgan ist grds. das Vollstreckungsgericht (vgl. § 764 ZPO). In einer Reihe von Fällen ist der Gerichtsvollzieher im Verfahren der Forderungspfändung neben dem Vollstreckungsgericht ebenfalls Vollstreckungsorgan. Dazu gehören die Fälle nach §§ 830 Abs. 1 S. 2, 831, 836 Abs. 3 ZPO und § 847 ZPO. § 828 Abs. 3 ZPO regelt dabei die Abgabe bei Unzuständigkeit des angerufenen Vollstreckungsgerichts.

I. Sachliche Zuständigkeit

Zuständig ist **ausschließlich** (§ 802 ZPO) das **Amtsgericht als Vollstreckungsgericht** (§ 764 Abs. 1, 2 ZPO). Das gilt auch für die Pfändung aufgrund einstweiliger Verfügungen und ebenso, wenn ein Titel des Familiengerichts,[1] Sozial- oder Arbeitsgerichts vollstreckt werden soll.[2] Eine abweichende Vereinbarung gem. § 40 ZPO ist nicht wirksam.

---

[1] BGH, NJW 1979, 1048.
[2] Gottwald/*Mock*, § 828 Rn 2.

Soweit ein zulässiges Rechtsmittelverfahren anhängig ist, geht die Zuständigkeit kraft Devolutiveffekts auf das jeweilige Rechtsmittelgericht über.[3]

1. Arrest

5 Soll eine Forderung aufgrund eines Arrestbefehls gepfändet werden, ist Vollstreckungsgericht das **Arrestgericht** (§§ 919, 930 Abs. 1 S. 3 ZPO), also das den Arrest anordnende Gericht (§ 919 ZPO; Richter). Praktisch bedeutsam ist dies in den Fällen, in denen zugleich mit dem Arrestantrag ein Pfändungsantrag gestellt ist. Daher ist z.B. das Arbeitsgericht auch Vollstreckungsgericht für die Vollstreckung eines von ihm erlassenen Arrests (§ 62 Abs. 2 S. 1 ArbGG).[4]

6 Wird der Antrag auf Erlass eines Arrestbefehls mit dem Antrag auf Pfändung einer Forderung verbunden, kann auch das **Rechtsmittelgericht** gleichzeitig den Arrest anordnen und den Pfändungsbeschluss erlassen.[5]

7 Zu beachten ist, dass es sich im Rahmen einer solchen Verbindung aber um **verfahrensrechtlich selbstständige Vorgänge** handelt mit der Konsequenz, dass beiden Anordnungen – wiederum differenziert nach dem dualen System von Beschluss oder Urteilsarrest – jeweils nur die dafür vorgesehenen Rechtsmittel bzw. Rechtsbehelfe zugeordnet bleiben: dem Arrestbefehl selbst der Widerspruch bzw. die Berufung, während gegen die damit äußerlich verbundene Vollstreckungsmaßnahme einer Forderungspfändung ausschließlich mit der Erinnerung nach § 766 ZPO bzw. – nach Anhörung der Schuldnerseite wie regelmäßig bei einem Urteilsarrest – mit der sofortigen Beschwerde gem. § 793 ZPO vorgegangen werden kann.[6] Die unterschiedlichen Anfechtungsmöglichkeiten schließen einander nicht nur inhaltlich – also nach Gegenstand und Ziel – aus, sondern müssen auch jeweils eigenständig wahrgenommen werden.[7]

8 Die Zuständigkeit des Arrestgerichts endet jedoch, sobald ein Vollstreckungspfandrecht entstanden ist und damit die allgemeinen Vollstreckungsvoraussetzungen aufgrund einer vollstreckbaren Entscheidung in der Hauptsache vorliegen.[8]

---

3 BGH, WM 2017, 1422 = MDR 2017, 1081 = Rpfleger 2017, 636 = NJW-RR 2017, 1274; Wieczorek/Schütze/*Bittmann*, § 764 Rn 4; Zöller/*Herget*, § 764 Rn 1 und § 828 Rn 1; Wieczorek/Schütze/*Lüke*, ZPO, 4. Aufl., § 828 Rn 3a.
4 LAG Frankfurt/Main, DB 1965, 188; Stein/Jonas/*Brehm* Rn 12; *Stöber* Rn 441 a.E.
5 OLG München, MDR 2004, 1383; a.A. OLG Bamberg, WM 2013, 649.
6 OLG Bamberg, WM 2013, 649; grundlegend OLG Bamberg, ZWH 2012, 340; OLG Zweibrücken, FamRZ 2000, 966; OLG Frankfurt/Main, OLGZ 1981, 370; MüKo/*Drescher*, § 930 ZPO Rn 4; Stein/Jonas/*Grunsky*, § 930 Rn 5, 6 m.w.N.; *Stöber*, Rn 711 ff. beziehungsweise 729 ff.
7 OLG Bamberg, WM 2013, 649; OLG Zweibrücken, FamRZ 2000, 966.
8 OLG Hamm, MDR 2017, 1446.

Praxishinweis 9
Für die sich anschließende **Überweisung** (§ 835 ZPO) der Forderung ist das **Vollstreckungsgericht** zuständig.

2. Einstweilige Verfügung

Eine Forderungspfändung erfolgt hier durch das Vollstreckungsgericht, nicht durch das 10
Gericht, welches die einstweilige Verfügung erlassen hat.[9]

3. Beschwerdeverfahren

Im Beschwerdeverfahren ist Vollstreckungsgericht das **Beschwerdegericht** für Entscheidungen des Amtsgerichts (Vollstreckungsgericht). Insofern können Land- oder 11
Oberlandesgericht im Erinnerungs- oder Beschwerdeverfahren (§§ 793, 766 ZPO) einen Pfändungs- und Überweisungsbeschluss erlassen,[10] dies aber ebenso dem Rechtspfleger beim Vollstreckungsgericht überlassen (§ 573 Abs. 3 ZPO).

4. Verwaltungsrechtliche Entscheidungen

Für die Vollstreckung verwaltungsgerichtlicher, auf eine Geldforderung gerichteter Titel 12
in Geldforderungen oder andere Vermögensrechte ist aufgrund des Prinzips der Einheit von Erkenntnis- und Vollstreckungsverfahren das Verwaltungsgericht des ersten Rechtszugs Vollstreckungsgericht (§ 167 Abs. 1 S. 2 VwGO). Dies gilt auch für die von den Verwaltungsgerichten nach § 10 RVG erlassenen Vergütungsfestsetzungsbeschlüsse.[11]

Die Vollstreckung einer verwaltungsgerichtlichen Entscheidung zugunsten des Bundes, 13
eines Landes, eines Gemeindeverbandes, einer Gemeinde oder einer Körperschaft, Anstalt oder auch Stiftung des öffentlichen Rechts richtet sich nach dem Verwaltungsvollstreckungsgesetz; Vollstreckungsbehörde ist der Vorsitzende des Gerichts des ersten Rechtszugs (§ 169 Abs. 1 VwGO).

Die Vollstreckung verwaltungsgerichtlicher Entscheidungen gegen die öffentliche Hand 14
wegen einer Geldforderung regelt § 170 VwGO. Die Forderungsvollstreckung erfolgt

---

9 *Stöber*, Rn 441 m.w.N.
10 *Stöber*, Rn 735 m.w.N.
11 OVG Münster, NJW 1986, 1190; OVG Münster, JurBüro 1984, 1426; OVG Münster, NJW 1980, 2373; LG Meiningen, NJW-RR 1999, 152; LG Bochum, Rpfleger 1978, 426; LG Bonn, NJW 1977, 814; AG Hannover, Beschl. v. 16.12.2009 – 709 M 96463/09 –, juris; *Baumbach/Lauterbach/Albers/Hartmann*, § 828 Rn 10 und § 794 Rn 61; *Zöller/Herget* § 828 Rn 1; *Kopp/Schenke*, VwGO 10. Aufl. § 168 Rn 6; Schoch/Schmidt/Aßmann/*Pietzner*, VwGO § 168 Rn 30; *Stöber*, Rn 442; *Sommer*, Rpfleger 1978, 406.

durch das Verwaltungsgericht des ersten Rechtszugs als Vollstreckungsgericht (§ 167 Abs. 1 S. 2 VwGO).

5. Öffentlich-rechtliche Geldforderungen

15 Öffentlich-rechtliche Geldforderungen werden auf dem Verwaltungswege nach dem Verwaltungsvollstreckungsgesetz des Bundes oder der Länder vollstreckt. Das Verfahren richtet sich nach dem Verwaltungsvollstreckungsgesetz des Bundes (VwVG) oder nach den Verwaltungsvollstreckungsgesetzen der Länder. Besondere Bestimmungen enthält für die Finanzbehörden die Abgabenordnung (AO). In der abgaberechtlichen Vollstreckung nach den §§ 309 ff. AO tritt an die Stelle des Vollstreckungsgerichts die Vollstreckungsbehörde (§ 249 AO). Für die Gerichte und die Justizbehörden gilt die JBeitrO.

16 Für die Vollstreckung zugunsten der Behörden, Körperschaften, Anstalten und Stiftungen des öffentlichen Rechts aller Sozialleistungsbereiche des Sozialgesetzbuches (SGB) gilt das Bundes- oder jeweilige Landesvollstreckungsgesetz (§ 66 SGB X). Wenn ein Leistungsträger im Verwaltungswege vollstreckt (Vollstreckungstitel und -klausel sind nicht notwendig), ist die Inanspruchnahme und Mitwirkung des Vollstreckungsgerichts nicht möglich.[12]

17 Der Leistungsträger kann aus einem Verwaltungsakt vollstrecken, die Zwangsvollstreckung aber auch in entsprechender Anwendung der Regeln der Zivilprozessordnung durchführen (§ 66 Abs. 4 S. 1 SGB X). Für die Zwangsvollstreckung in Forderungen und andere Vermögensrechte ist dann das Amtsgericht als Vollstreckungsgericht zuständig. Als Vollstreckungstitel ist der Verwaltungsakt (meist Leistungsbescheid) des Leistungsträgers Grundlage der Zwangsvollstreckung. Zudem muss eine vollstreckbare Ausfertigung des Leistungsbescheids und deren Zustellung vorliegen (§§ 724 Abs. 1, 750 Abs. 1 ZPO). Die vollstreckbare Ausfertigung erteilt in diesen Fällen der Behördenleiter, sein allgemeiner Vertreter oder ein hierzu ermächtigter Angehöriger des öffentlichen Dienstes (§ 66 Abs. 4 S. 3 SGB X). Die Rechtsbehelfe bestimmen sich in diesen Fällen ebenfalls nach der Zivilprozessordnung. Der Leistungsträger hat somit die Wahl, ob die Vollstreckung im Verwaltungsverfahren oder im Verfahren vor den Zivilgerichten betreiben will.[13]

II. Funktionelle Zuständigkeit

18 Die Aufgaben des Vollstreckungsgerichts nimmt bei der Vollstreckung in Forderungen und andere Vermögensrechte funktionell der **Rechtspfleger** wahr (§ 20 Nr. 17 RPflG). Dies gilt grds. auch für die Forderungspfändung aufgrund eines Arrestbefehls (§ 20 Nr. 16 RPflG). Es kann daher bei der Arrestvollziehung grds. der Rechtspfleger beim Ar-

---

12 LG Bonn, JurBüro 1982, 1586.
13 Vgl. im Einzelnen *Stöber*, Rn 443.

B. Zuständigkeit § 3

restgericht (Amtsgericht, Land- oder auch Arbeitsgericht) einen Pfändungsbeschluss erlassen. Die Arrestpfändung kann allerdings – wie in der Praxis üblich – auf Antrag mit dem Erlass des Arrestbefehls verbunden werden. Dann erlässt das Prozessgericht, d.h. das den Arrestbefehl erlassende Gericht, den Pfändungsbeschluss.

> *Hinweis* 19
> Ein **Verstoß** gegen die funktionelle Zuständigkeit (z.B. der Gerichtsvollzieher erlässt anstatt des Rechtspflegers einen Pfändungs- und Überweisungsbeschluss, nicht hingegen bei Erlass durch den zuständigen Vollstreckungsrichter, vgl. § 8 Abs. 1 RpflG) bewirkt die **Nichtigkeit** der Pfändung.

III. Örtliche Zuständigkeit

1. Grundsatz: Zuständigkeit des Wohnsitzgerichts

Örtlich zuständig ist das Amtsgericht, bei dem der Vollstreckungsschuldner im Inland seinen allgemeinen Gerichtsstand (§§ 13 bis 19 ZPO) hat (§ 828 Abs. 2 HS 1 ZPO). Dieser wird gem. § 13 ZPO durch den Wohnsitz bestimmt. § 764 Abs. 2 ZPO, wonach das Gericht zuständig ist, in dessen Bezirk die Vollstreckungsmaßnahme stattfinden soll, ist deswegen nicht einschlägig.[14] 20

Ist der **Schuldner unbekannt verzogen**, richtet sich die Zuständigkeit des Vollstreckungsgerichts nach dessen letztem Wohnsitz.[15] 21

Bei **juristischen Personen** richtet sich der Gerichtsstand nach deren Sitz (§ 17 ZPO). 22

Als Sitz gilt, wenn sich nichts anderes ergibt, der Ort, wo die Verwaltung geführt wird (§ 17 Abs. 1 S. 2 ZPO). Dort ist dann auch beim Amtsgericht – Vollstreckungsgericht – als örtlich zuständigem Gericht ein Pfändungs- und Überweisungsbeschluss zu beantragen.[16]

2. Zeitpunkt

Für die örtliche Zuständigkeit kommt es auf den Zeitpunkt des Erlasses des Pfändungsbeschlusses an.[17] Mit Erlass[18] des Pfändungs- und Überweisungsbeschlusses tritt somit 23

---

14 OLG Jena, InVo 2001, 256.
15 LG Hamburg, Rpfleger 2002, 467 m. Anm. *Schmidt*; LG Halle, Rpfleger 2002, 467.
16 OLG Bamberg, Urt. v. 4.3.2017 – 8 SA 11/17; AG Charlottenburg, Beschl. v. 20.10.2017 – 31 M 5067/17 -, juris = FoVo 2018, 15.
17 OLG München, JurBüro 2010, 497 = Rpfleger 2011, 39; vgl. *Stöber*, Rn 453, 712 m.w.N.; a.A. Thomas/Putzo/ *Hüßtege*, Vorbem. § 704 Rn 28, § 828 Rn 3, wo unter Hinweis auf OLG Karlsruhe, JurBüro 2005, 553 auf die Antragstellung abgestellt wird; OLG Karlsruhe hat jedoch fälschlich den Beginn der Zwangsvollstreckung mit der Antragstellung gleichgesetzt.
18 Nicht erst mit Zustellung, vgl. BGHZ 25, 60; RGZ 12, 379; 65, 376; 67, 311.

eine **Zuständigkeitsverfestigung** in der Weise ein, dass ein **nachfolgender Wohnsitzwechsel** des Schuldners die einmal begründete Zuständigkeit des Vollstreckungsgerichts für weitere gerichtliche Handlungen im selben Vollstreckungsverfahrens unberührt lässt so z.B. bei Anträgen nach §§ 850c Abs. 4, 850e Nr. 2, 2a, 850f Abs. 1 ZPO.[19]

24   *Merke:*

- Wechselt der Schuldner seinen Wohnsitz **nach Antragstellung**, jedoch vor der Entscheidung durch das Vollstreckungsgericht, ist der Antrag wegen fehlender örtlicher Zuständigkeit als unzulässig zurückzuweisen.
- Findet der Wohnsitzwechsel jedoch erst nach Erlass des Pfändungsbeschlusses statt, bleibt das einmal zuständige Vollstreckungsgericht für die weiteren Entscheidungen im Verlaufe des Vollstreckungsverfahrens zuständig.[20]

3. Aufenthalt

25   Hat der Schuldner **keinen Wohnsitz**, kommt als zuständiges Vollstreckungsgericht das des Aufenthalts in Betracht.

Zum Nachweis bzw. Glaubhaftmachung dieser Voraussetzung genügt grds. die **Vorlage aktueller Auskünfte** des für den letzten bekannten Wohnort des Schuldners zuständigen **Einwohnermelde- und Postamts**. Zusätzlich geforderte Nachweise über weitere Ermittlungen erschweren im Regelfall die Zwangsvollstreckung in unzumutbarer Weise, da diese nur selten erfolgversprechend, für den Gläubiger aber mit einem erheblichen Zeit- und Kostenaufwand verbunden sind.[21] Insbesondere ist es dem Gläubiger nicht generell zumutbar, am letzten Wohnsitz oder Arbeitsplatz des Schuldners Nachforschungen über den derzeitigen Wohnsitz anzustellen. Weitere Ermittlungsauflagen können dem Gläubiger daher nur dann auferlegt werden, wenn sich aus den Zwangsvollstreckungsunterlagen ergibt, dass erfolgversprechende Ansätze für die Ermittlung des derzeitigen Aufenthaltsortes des unbekannt verzogenen Schuldners tatsächlich vorliegen. Dabei ist allerdings zu berücksichtigen, dass ein Schuldner, der sich der drohenden Zwangsvollstreckung dadurch entzieht, dass er seinen Wohnsitz wechselt ohne dies dem Einwohnermeldeamt anzuzeigen, nur in seltenen Fällen dem früheren Arbeitgeber, dem ehemaligen Vermieter oder den früheren Nachbarn seinen neuen Aufenthaltsort mitteilen wird. Verwandte des Schuldners, die den neuen Wohnsitz kennen, haben häufig kein Interesse, den Gläubiger bei der Zwangsvollstreckung zu unterstützen. Auch die Polizeidienststelle, die für den früheren Wohnsitz des Schuldners zuständig war, hat üblicherweise keine Erkennt-

---

19 BGH, Rpfleger 1990, 308; anders aber, wenn es sich um ein neues, selbstständiges Zwangsvollstreckungsverfahren handelt, vgl. OLG Karlsruhe, JurBüro 2005, 553; Zöller/*Herget*, § 828 Rn 2.
20 BGH, Rpfleger 1990, 308; OLG München, JurBüro 1985, 945.
21 BGH, WM 2003, 653 = ZInsO 2003, 271 = ZVI 2003, 158 = NJW 2003, 1530 = Rpfleger 2003, 307.

nisse über den neuen Aufenthalt. Auskünfte eines Sozialversicherungsträgers zum Aufenthaltsort des Schuldners kann das Vollstreckungsgericht – mit Ausnahme von Zwangsvollstreckungsverfahren in Unterhaltssachen – vom Gläubiger schon deshalb nicht verlangen, weil gem. § 67d Abs. 1, §§ 68 ff. SGB X solche an eine Privatperson wegen des Sozialgeheimnisses nicht erteilt werden dürfen.[22]

4. Inhaftierte

Eine **Inhaftierung begründet grds. keinen Wohnsitz**,[23] denn der bloße Antritt einer Strafhaft hat noch keine Aufgabe des Wohnsitzes zur Folge, so dass mit einem Aufenthalt des Schuldners in einer Justizvollzugsanstalt kein Wohnsitz begründet wird.   26

5. Soldaten

a) Berufssoldat

Ein Berufssoldat hat nach § 9 Abs. 1 BGB seinen Wohnsitz grds. an seinem Standort.   27

b) Wehrpflichtige

Deren bisheriger allgemeiner Wohnsitz bleibt auch während des Wehrdienstes maßgeblich (§ 9 Abs. 2 BGB).   28

c) Volljährige Zeit-/Berufssoldaten/Bundespolizisten/Zivilangestellte der Bundeswehr

Gesetzlicher Wohnsitz bei volljährigen bzw. Zeit-/Berufssoldaten i.s.d. § 9 BGB ist der **Standort** des Soldaten. Das ist grds der Ort, wo der Wehrdienst von ihm im Allgemeinen geleistet wird, i.d.R somit der Garnisonsort des Truppenteils dem der Soldat angehört. Bei Teilnahme an kurzfristigen Übungen außerhalb des Garnisonsorts des Truppenteils erfolgt kein Wechsel des gesetzlichen Wohnsitzes. Im Falle eines langfristigen Kommandos hat der Soldat seinen gesetzlichen Wohnsitz i.d.R. am Ort des Kommandos.[24] Etwas anders gilt bei vorübergehender Abkommandierung.[25] Soldaten, die keinem Truppenteil angehören, haben unter den Voraussetzungen des § 9 ihren gesetzlichen Wohnsitz grds. an dem Ort, wo sich ihre militärische Dienststelle befindet. Hat der Soldat im Inland keinen Standort (z.B. bei UNO- bzw. NATO Einsätzen), so bestimmt sich der gesetzliche Wohnsitz des § 9 BGB nach dem letzten inländischen Standort des Soldaten (§ 9 Abs. 1 S. 2 BGB).   29

---

[22] BGH, WM 2003, 653 = ZInsO 2003, 271 = ZVI 2003, 158 = NJW 2003, 1530 = Rpfleger 2003, 307.
[23] OLGR Oldenburg 1997, 59.
[24] RG JW 1938, 234; Staudinger/*Kannowski*, BGB § 9; Erman/*Saenger* § 9 BGB.
[25] Erman/*Saenger*, § 9 BGB.

30 Wer geschäftsunfähig oder in der Geschäftsfähigkeit beschränkt ist, kann ohne den Willen seines gesetzlichen Vertreters einen Wohnsitz weder begründen noch aufheben (§ 8 Abs. 1 BGB). Bei **minderjährigen Soldaten** verbleibt es daher zunächst beim zuständigen Wohnsitz Gericht zum Zeitpunkt ihrer Einberufung,[26] es sei denn dass der gesetzliche Vertreter in eine Wohnsitzverlegung einwilligt.

31 Dasselbe gilt bei Ärzten, Beamten, Reservisten mit Dienstgrad i.S. d § 1 Abs. 2 SoldatenG sowie **Zivilangestellten** der Bundeswehr. Diese sind keine Soldaten i.S.d. SoldatenG, so dass auf sie § 9 BGB nicht anwendbar ist. Zuständig ist somit deren **Wohnsitzgericht**.

32 Auch auf **Angehörige der Bundespolizei** (bis 2005 Bundesgrenzschutz) ist § 9 BGB nicht anwendbar, auch wenn dessen Vollzugsbeamte in Gemeinschaftsunterkünften untergebracht werden.[27] Die Bundespolizei ist gem. § 1 Abs. 1 BPolG eine Polizeitruppe des Bundes, die in ihrer Rechtsstellung mit der Bereitschaftspolizei der Länder vergleichbar ist; Angehörige der Bundespolizei sind also keine Soldaten.

33 *Hinweis*

Der Gläubiger kann die erforderlichen Informationen über das Personalamt der Bundeswehr in Erfahrung bringen. Es ist nur ein Nachweis des rechtlichen Interesses erforderlich.

d) Musterformulierung: Auskunftsbegehren an das Personalamt der Bundeswehr

34 Personalamt der Bundeswehr
StGrp S6/ZIP – Bw-Suchdienst –
Kölner Straße 262/Mudra-Kaserne
51149 Köln

Forderungsangelegenheit Gläubiger … ./. Schuldner …

Sehr geehrte Damen und Herren,

in vorbezeichneter Angelegenheit zeigen wir an, dass wir die rechtlichen Interessen des Gläubigers … vertreten. Aufgrund des in Kopie beigefügten Titels … des … vom … macht dieser derzeit eine Gesamtforderung i.H.v. …EUR gegen den im Betreff genannten Schuldner geltend.

Nach unserer Kenntnis ist der Schuldner …, geb. am …, letzte uns bekannte Anschrift …, Soldat. Zur Durchsetzung der Ansprüche unserer Partei bitten wir höflich um kurzfristige Mitteilung, in welcher Kaserne er stationiert ist und von welcher Wehrbereichsverwaltung er seine Soldatenbezüge erhält. Ferner bitten wir höflich um Bekanntgabe, ob er Be-

---

26 Vgl. §§ 8, 11 SoldatenlaufbahnVO.
27 Staudinger/*Bernd Kannowski*, BGB § 9.

rufs-, Zeitsoldat oder Wehrpflichtiger ist. Das rechtliche Interesse an der Auskunftserteilung wird ausdrücklich versichert.

Ein frankierter Rückumschlag ist in der Anlage beigefügt, ebenso eine Kopie des zugrunde liegenden Titels. Für Ihre Bemühungen bedanken wir uns im Voraus.

Mit freundlichen Grüßen

Rechtsanwalt

6. Fehlender Gerichtsstand in der Bundesrepublik

Hat der Schuldner in der Bundesrepublik keinen allgemeinen Gerichtsstand bzw. Aufenthalt, so ist das **Amtsgericht** zuständig, in dessen Bezirk der Schuldner des Schuldners (**Drittschuldner**) seinen **Wohnsitz** hat (§ 23 S. 2 ZPO).[28] Wenn für die Forderung eine **Sache als Sicherheit haftet**,[29] ist der Gerichtsstand wahlweise auch an dem Ort begründet, an dem sich die Sache befindet (§ 23 S. 2 HS 2 ZPO). Zuständiges Gericht ist das Gericht, in dessen Bezirk sich das Vermögen des Schuldners befindet bzw. das Gericht der belegenen Sache (**Drittschuldnergericht**). Forderungen sind dort belegen, wo der Drittschuldner seinen Firmensitz hat[30], wenn für die Forderung eine Sache zur Sicherheit haftet, der Ort, an dem sich die Sache befindet (§ 23 S. 2 ZPO). Der Gerichtsstand des Vermögens setzt voraus, dass die Partei Gegenstände besitzt, die dem Vollstreckungszugriff unterliegen,[31] was dann nicht der Fall ist, wenn das Vermögen der sachlichen Immunität unterliegt.[32]

35

7. Mehrere Gerichtsstände

Soweit der Gläubiger zwischen **mehreren Gerichtsständen** wählen kann, ist eine Abgabe an ein anderes Gericht dann nicht mehr möglich, wenn er sein Wahlrecht mit der an das ausgewählte Gericht adressierten Antragsschrift ausgeübt hat. Die (einmal) getroffene Wahl ist für das Verfahren endgültig und unwiderruflich.[33] Eine **Ausnahme** gilt bei der **Zwangsvollstreckung** in einen **Schiffspart**. Zuständiges Vollstreckungsgericht ist hier das Amtsgericht, bei dem das Register für das Schiff geführt wird (§ 858 Abs. 2 ZPO). Ebenso richtet sich die örtliche Zuständigkeit bei einer im Handelsregister eingetragenen Firma nach dem Ort der Registereintragung.

36

---

28 BAG, MDR 1997, 71.
29 Z.B. Kraft Pfand- bzw. Zurückbehaltungsrechts, Arrestes oder Vertrages; vgl. Zöller/*Vollkommer*, § 23 Rn 11.
30 LG Hagen, Beschluss v. 16.1.2008 – 3 T 377/07 – juris.
31 Vgl. BGH, NJW 1993, 2684 = WM 1993, 1109 = ZIP 1993, 1000 = DB 1993, 2020 = MDR 1994, 1146 = ZAP EN-Nr. 579/93.
32 OLG Frankfurt/Main, OLGR 1999, 147 = IPRax 1999, 461 = RIW 1999, 461.
33 PfälzOLG Zweibrücken, InVo 1999, 320 = JurBüro 1999, 553 = Rpfleger 1999, 499.

8. Partei kraft Amtes

37 Die Zuständigkeitsregelung des § 828 ZPO gilt auch dann, wenn eine Partei kraft Amtes (Insolvenz-,[34] Nachlass- oder Zwangsverwalter sowie Testamentsvollstrecker) Vollstreckungsschuldner ist. Maßgebend ist der **Wohnsitz der Partei kraft Amtes**, nicht etwa der des Gemeinschuldners oder der Erben.[35] Nach h.M.[36] gilt das auch für den **Nachlasspfleger**.

9. Internationale Zuständigkeit

38 Nach § 828 Abs. 2, 1. Alt. ZPO ist die deutsche internationale Zuständigkeit begründet, wenn der Vollstreckungsschuldner seinen Wohnsitz in der BRD hat. Soweit der Wohnsitz des Vollstreckungsschuldners im Ausland liegt, ist die zuständigkeitserweiternde Vorschrift des § 828 Abs. 2, 2. Alt. ZPO anzuwenden. Danach ist die internationale Zuständigkeit auch dann begründet, wenn der Drittschuldner nach der in Bezug genommenen Vorschrift des § 23 S. 2, 1. Alt. ZPO seinen Wohnsitz in der Bundesrepublik hat, wenn mithin die Forderung im Inland belegen[37] ist.[38] Die Vorschrift des § 23 S. 2 ZPO dient deshalb der Zuständigkeitserweiterung für die deutsche Gerichtsbarkeit.[39] Daher ist die deutsche internationale Zuständigkeit auch dann gegeben, wenn der Drittschuldner seinen Sitz im Ausland, der Vollstreckungsschuldner hingegen seinen Sitz im Inland hat.

39 Eine Prüfung der internationalen Zuständigkeit kann noch im Beschwerdeverfahren erfolgen.[40] Eine ausländische Lohnpfändung wirkt hingegen nicht gegen ein inländisches Arbeitsverhältnis.[41]

10. Ansprüche eines ausländischen Staates

40 Die internationale Zuständigkeit deutscher Gerichte für das Zwangsvollstreckungsverfahren setzt voraus, dass die Zwangsvollstreckung in Vermögen erfolgen soll, das sich im Inland befindet, denn nur darauf kann staatliche Zwangsgewalt ausgeübt werden.[42]

---

34 BGH, NJW 1984, 739 = MDR 1984, 201.
35 BGHZ 88, 331 = WM 1983, 1357 = ZIP 1984, 82 = JurBüro 1984 = MDR 1984, 201 = NJW 1984, 739 = ZZP 98, 86.
36 Vgl. Zöller/*Herget*, § 828 Rn 2 m.w.N.; a.A. LG Berlin, JR 1954, 464.
37 Vgl. Rdn 35.
38 OLG Zweibrücken, IPRax 2001, 456; allg. zum Problem der Belegenheit von Rechten und der Forderungspfändung im internationalen Verkehr: *Wengler* in Festschrift der Juristischen Fakultät der Freien Universität Berlin zum 41. Deutschen Juristentag in Berlin 1955, 285 (328).
39 BAG, InVo 1996, 327 = MDR 1997, 71.
40 OLGR, Köln 2004, 109.
41 BAG, MDR 1997, 71.
42 „Territorialitätsprinzip"; BGH, Rpfleger 2011, 223 = NJW-RR 2011, 647 = JZ 2011, 858 = MDR 2011, 194.

B. Zuständigkeit   § 3

Die Vollstreckungsimmunität ist eine Ausprägung des Grundsatzes der Staatenimmuni- 41
tät, der aus dem Grundsatz der souveränen Gleichheit der Staaten folgt. Nach heutigem
Völkerrecht sind staatliche Vermögenswerte vor Vollstreckungsmaßnahmen anderer
Staaten immun, soweit sie hoheitlichen Zwecken dienen.[43] Es besteht die allgemeine Regel des Völkerrechts im Sinne des Art. 25 GG, wonach die Zwangsvollstreckung durch
den Gerichtsstaat aus einem Vollstreckungstitel gegen einen fremden Staat, der über
ein nicht hoheitliches Verhalten (acta iure gestionis) dieses Staates ergangen ist, in Gegenstände dieses Staates ohne dessen Zustimmung unzulässig ist, soweit diese Gegenstände im Zeitpunkt des Beginns der Vollstreckungsmaßnahme hoheitlichen Zwecken
des fremden Staates dienen.[44] Ob ein Vermögensgegenstand hoheitlichen Zwecken dient,
richtet sich danach, ob er für eine hoheitliche Tätigkeit verwendet werden soll. Die Abgrenzung zwischen hoheitlichen oder nicht hoheitlichen Zwecken ist mangels entsprechender Kriterien im allgemeinen Völkerrecht grds. nach der Rechtsordnung des Gerichtsstaats vorzunehmen. Die Voraussetzungen der allgemein zu beachtenden Vollstreckungsimmunität sind demnach nicht gegeben, wenn die zu pfändende Forderung nicht
aus der Wahrnehmung hoheitlicher Zwecke resultiert, sondern aus der Teilnahme der
Schuldnerin am normalen Wirtschaftsleben auf dem Gebiet der BRD. Dies ist z.B.
dann der Fall, wenn der zu pfändende angebliche Anspruch des Schuldners gegen den
Drittschuldner der Vermietung bzw. Verpachtung von Ladenlokalen entspringt. Er findet
daher seine Grundlage im Bereich des geltenden Privatrechtes. Dem steht auch nicht entgegen, dass die erzielten Miet- bzw. Pachterlöse der Wahrnehmung der Aufgaben des
fremden Staates auf dem Gebiet der Wissenschaft und Kultur zur Verfügung gestellt werden. Es ist zu differenzieren zwischen dem Verwaltungsvermögen als dem Vermögen,
das unmittelbar bestimmten Verwaltungsaufgaben dient, und dem Finanzvermögen als
dem Vermögen von Rechtsträgern, das nicht unmittelbar bestimmten Verwaltungsaufgaben dient, sondern nur mittelbar durch Erträge zur Finanzierung der Verwaltung beiträgt,[45] nicht durch die Nutzung selbst, sondern durch die Erträgnisse, die es abwirft
und die zur Finanzierung der Verwaltung beitragen.[46] Die auf ausländischen Konten ver-

---

43 BGH, WM 2013, 1469 = RIW 2013, 629 = MDR 2013, 1122 = Rpfleger 2013, 688 =NJW-RR 2013, 1532;
   BVerfG, IPRax 2011, 389 = IPRspr 2008, Nr. 187, 588 = BVerfGK 14, 524; BGH NJW 2010, 769 = WM 2010,
   84 =NZM 2010, 55 = RIW 2010, 72 = Rpfleger 2010, 88 =MDR 2010, 109.
44 BVerfG, NJW 2012, 293 = WM2011, 2185 =IPRspr 2011, Nr. 176, 434 = BVerfGK 19, 122; BVerfGE 46, 342,
   392 ff. = NJW 1978, 485 = DB 1978, 342 = ZfZ 1978, 81 = Rpfleger 1978, 50 = DVBl 1978, 496 = AP Nr. 4 zum
   Art 25 GG = VerfRspr Art 25 GG, Nr. 18 =WM1978, 26; BGH NJW 2010, 769 = WM 2010, 84 =NZM 2010, 55
   = RIW 2010, 72 = Rpfleger 2010, 88 =MDR 2010, 109; BGH, Rpfleger 2011, 223 = NJW-RR 2011, 647 = JZ
   2011, 858 = MDR 2011, 194: Vollstreckung in Zoll- und Steuerforderungen der Republik Argentinien; BGH,
   JurBüro 2006, 159, hier: Zahlungsansprüche der Russischen Föderation aus Einräumung von Überflugrechten,
   Transitrechten und Einflugrechten.
45 Vgl. hierzu OLG Köln, IPRspr 2008, Nr. 187, 588 m.w.N.
46 OLG Köln, OLGR Köln 2004, 109.

walteten Währungsreserven eines Staates dienen ebenso hoheitlichen Zwecken.[47] Denn von der Vollstreckungsimmunität werden nicht nur die Gegenstände und Forderungen erfasst, deren Inhaber der fremde Staat selbst ist, sondern auch diejenigen, die formal-rechtlich zwar selbstständigen Staatsunternehmen, wie den Zentralbanken, zuzuordnen sind, deren Zweck jedoch hoheitlich ist. Ein Verzicht von Staaten auf ihre allgemeine Immunität sowohl für das Erkenntnis- als auch für das Vollstreckungsverfahren ist möglich.[48] Allein von der Unterwerfung unter die Jurisdiktion eines Staates oder von einem entsprechenden Immunitätsverzicht im Erkenntnisverfahren lässt sich jedoch nicht auf einen Immunitätsverzicht im Zwangsvollstreckungsverfahren, welches einen besonders intensiven Eingriff in die Souveränität des fremden Staates darstellt, schließen. Hinsichtlich der Annahme eines Verzichts auf die Vollstreckungsimmunität ist Zurückhaltung geboten.[49]

11. Mehrere Schuldner/Zuständigkeitsbestimmungen

42 Sind nach dem zu vollstreckenden Titel mehrere Schuldner mit **unterschiedlichen Gerichtsständen** vorhanden, so muss bei der Vollstreckung gegen jeden der Schuldner das für diesen zuständige Amtsgericht angerufen werden.

43 Steht die zu pfändende Forderung jedoch mehreren Schuldnern mit Wohnsitz in verschiedenen Amtsgerichtsbezirken gemeinschaftlich (nach Bruchteilen oder auch zur gesamten Hand) zu, so ist das zuständige Vollstreckungsgericht auf Antrag von dem gemeinschaftlichen höheren Gericht gem. § 36 Nr. 3 ZPO zu bestimmen.[50]

44 Das zuständige Gericht wird durch das im Rechtszug zunächst höhere Gericht auch dann bestimmt wenn verschiedene Gerichte, von denen eines für den Rechtsstreit zuständig ist, sich rechtskräftig für unzuständig erklärt haben (§ 36 Nr. 6 ZPO). Die Vorschrift ist nicht nur im Erkenntnisverfahren, sondern auch im Vollstreckungsverfahren anwendbar.[51] Der Schuldner ist in diesem Verfahren – zur Vermeidung einer Gefährdung des Vollstreckungserfolges – nicht zu beteiligen, sodass eine Anhörung unterbleibt.[52]

---

47 BGH, WM 2013, 1469 = RIW 2013, 629 =MDR 2013, 1122 = Rpfleger 2013, 688 =NJW-RR 2013, 1532.
48 BVerfGE, 117, 141, 152 = BGBl I 2007, 33 = WM 2007, 57 = DVBl 2007, 242 = RIW 2007, 206 = NJW 2007, 2605 = IPRax 2007, 438 = IPRspr 2006, Nr. 106, 206 = ZBB 2007, 61= VR 2007, 108.
49 BGH, NJW-RR 2006, 198 = Rpfleger 2006, 135 = TranspR 2006, 77= MDR 2006, 414 = InVo 2006, 158 = ZLW 2006, 253; OLG Köln, IPRax 2004, 251, 254 f.
50 BayObLGR 2005, 851; Rpfleger 1983, 288; BayObLGZ 1959, 270; Zöller/*Herget*, § 828 Rn 2 m.w.N.
51 BGH, NJW 1983, 1859.
52 BGH, NJW 1983, 1859; FamRZ 1980, 562, 563.

B. Zuständigkeit § 3

Taktischer Hinweis 45

Um Schwierigkeiten im Hinblick auf die Vollstreckung gegen mehrere Schuldner zu vermeiden, ist es ratsam durch das jeweils zuständige Vollstreckungsgericht gegen jeden einzelnen Schuldner einen gesonderten Beschluss zu erwirken. Da aber in der Regel nur eine vollstreckbare Titelausfertigung vorliegt, sollte, um Zeit zu sparen und parallel gegen verschiedene Schuldner vorgehen zu können, eine **weitere vollstreckbare Titelausfertigung** beantragt werden (vgl. § 733 ZPO).

12. Abgabe bei Zuständigkeitsverstoß

Sowohl für die sachliche als auch für die örtliche Zuständigkeit gilt, dass diese nach § 802 ZPO **ausschließlich** ist. Eine abweichende Vereinbarung bzgl. der Zuständigkeit des Vollstreckungsgerichts ist daher unzulässig (§ 40 Abs. 2 ZPO). Auch durch rügelose Einlassung (§ 39 ZPO) wird ein an sich unzuständiges Gericht nicht zuständig. 46

Ist das angegangene Gericht unzuständig, gibt es die Sache auf **Antrag** des Gläubigers an das zuständige Gericht ab. Die Abgabe ist nicht bindend (§ 828 Abs. 3 ZPO). Die Vorschrift ersetzt das bindende Verweisungsverfahren nach § 281 ZPO. Das unzuständige Gericht kann daher ohne Anhörung des Schuldners die Sache an das zuständige Gericht abgeben. Durch diese Verfahrensweise wird der Schuldner nicht beeinträchtigt, da der Gläubiger in diesem Stadium des Verfahrens „alleiniger Herr" desselben ist. Durch diese – für das Empfangsgericht **nicht bindende Abgabe** (§ 828 Abs. 3 S. 2 ZPO[53]) – hat der Schuldner auch weiterhin die Möglichkeit, die örtliche Zuständigkeit des Gerichts mit der Erinnerung nach § 766 ZPO zu rügen. Eine fälschliche Bezeichnung der Abgabe als Verweisung ist unschädlich und ändert nichts daran, dass ihr von Gesetzes wegen keine Bindungswirkung zukommt.[54] 47

Taktischer Hinweis 48

Ein **Verstoß** gegen die **sachliche** bzw. **örtliche Zuständigkeit** führt wegen Fehlerhaftigkeit zur **Anfechtungsberechtigung**, sodass die Pfändung daher im Rechtsbehelfsverfahren aufzuheben ist.

Der Antrag kann und sollte, auch wenn sich der Gläubiger nicht sicher ist, ob das angerufene Gericht zuständig ist, vorweg als Hilfsantrag gestellt werden. Das ist uneingeschränkt zu empfehlen, weil damit Rückfragen vermieden und das Vollstreckungsverfahren beschleunigt werden kann.

---

53 § 828 Abs. 3 ZPO ist lex specialis, vgl. OLG Zweibrücken, NJW-RR 2000, 929 = InVo 1999, 320 = Rpfleger 1999, 499; Zöller/*Herget*, § 828 Rn 3.
54 BayObLGR 2005, 851.

C. Allgemeine Vollstreckungsvoraussetzungen

49 Die Zwangsvollstreckung darf nur beginnen, wenn die Personen, für und gegen die sie stattfinden soll, in dem Urteil oder der ihm beigefügten Vollstreckungsklausel bezeichnet sind und das Urteil bereits zugestellt ist oder gleichzeitig zugestellt wird (§ 750 Abs. 1 ZPO).

I. Vollstreckungstitel

50 Der Vollstreckungstitel – als Grundlage der Forderungsvollstreckung – ist diejenige öffentliche Urkunde, in der der vollstreckbare bzw. zu vollstreckende Anspruch des Gläubigers gegen den Schuldner verbrieft ist. Er allein bestimmt Inhalt und Umfang der Zwangsvollstreckung und legt auch die Parteien des Zwangsvollstreckungsverfahrens fest. Er muss erkennen lassen, dass er **vollstreckbar** ist. Die in der Praxis wichtigsten Vollstreckungstitel sind:[55]

- **Endurteile**, soweit sie einen vollstreckungsfähigen Inhalt haben (sog. Leistungsurteile), § 704 ZPO (auch die dem Endurteil gleichgestellten Vorbehaltsurteile, § 302 Abs. 3, § 599 Abs. 3 ZPO). Von dem Titel „Endurteil" geht das Gesetz bei der Regelung der Vollstreckung aus und wendet die hierfür gegebenen Vorschriften auch auf die anderen Titel an (vgl. § 795 ZPO).
- Die in **§ 794 Abs. 1 ZPO** im Einzelnen aufgeführten Titel; im Verfahren nach dem FamFG gelten die aufgeführten Vollstreckungstitel dann, soweit die Beteiligten über den Gegenstand des Verfahrens verfügen können (§ 86 Abs. 1 Nr. 3 FamFG).
- **Arrest**befehle und Anordnungen **einstweiliger Verfügung**, §§ 928, 926 ZPO;
- Zuschlagsbeschluss in der Zwangsversteigerung, § 93 ZVG;
- Eintragungen in der Insolvenztabelle, § 201 Abs. 2 InsO;
- gerichtliche Beschlüsse nach dem FamFG (§ 86 Abs. 1 Nr. 1 FamFG);
- gerichtlich gebilligte Vergleiche nach dem FamFG (§§ 156 Abs. 2, 86 Abs. 1 Nr. 2 FamFG).

51 Der Vollstreckungstitel muss **vollstreckungsfähig** sein, d.h. er muss mit hinreichender Bestimmtheit Inhalt und Umfang bezeichnen sowie die Parteien der Zwangsvollstreckung festlegen. Vollstreckungsgläubiger und Vollstreckungsschuldner müssen dabei namentlich bezeichnet sein (§ 750 Abs. 1 S. 1 ZPO).

---

[55] Gottwald/*Mock*, Vorbemerkungen Rn 35 f.

C. Allgemeine Vollstreckungsvoraussetzungen §3

1. Besonderheiten bei notariellen Urkunden

In der Praxis kommt es immer wieder zur Vollstreckung aus **notariellen (Kaufvertrags-)Urkunden** gem. § 794 Abs. 1 Nr. 5 ZPO. Diese beinhalten oftmals folgende **Vollstreckungsunterwerfungserklärung**: 52

„*...wegen der in dieser Urkunde eingegangenen Zahlungsverpflichtungen, die eine bestimmte Geldsumme zum Gegenstand haben...* "

Eine solche Formulierung führt zu einem Verstoß gegen das **Konkretisierungsgebot** und damit zur **Nichtigkeit** der Unterwerfungserklärung.[56] 53

Nach § 794 Abs. 1 Nr. 5 ZPO kann aus der Urkunde über einen (Grundstücks-)Kaufvertrag nur vollstreckt werden, wenn sich der Schuldner darin „**wegen des zu bezeichnenden Anspruchs**" der sofortigen Zwangsvollstreckung unterworfen hat. 54

Der Anspruch in diesem Sinne ist nur genügend bezeichnet, wenn die Unterwerfungserklärung dem allgemeinen prozessualen **Bestimmtheitsgebot** genügt.[57] Diesem Gebot würde auch eine Erklärung entsprechen, in welcher sich der Schuldner wegen „aller" oder wegen „der" Zahlungsverpflichtungen aus der Urkunde der sofortigen Zwangsvollstreckung unterwirft.[58] 55

Der BGH[59] hat allerdings entschieden, dass § 794 Abs. 1 Nr. 5 ZPO mit dem Erfordernis der Bezeichnung des Anspruchs auch ein **Konkretisierungsgebot** vorsieht, das mit dem Bestimmtheitsgebot nicht gleichzusetzen ist, sondern eine **zusätzliche formelle Voraussetzung für die Erteilung der Vollstreckungsklausel** darstellt und durch eine Unterwerfung unter die sofortige Zwangsvollstreckung wegen „etwaiger Verpflichtungen zur Zahlung bestimmter Geldbeträge" nicht erfüllt wird. 56

Die Bezeichnung des Anspruchs ist damit nicht nur Voraussetzung für die Erteilung der Vollstreckungsklausel, sondern auch Voraussetzung dafür, dass die Urkunde überhaupt einen Vollstreckungstitel darstellt. Dass § 794 Abs. 1 Nr. 5 ZPO mit der Bezeichnung des Anspruchs etwas anderes meint als das Bestimmtheitsgebot, wird aus dem Vergleich der heute geltenden mit der vorherigen Fassung der Vorschrift deutlich. Nach § 794 Abs. 1 Nr. 5 ZPO a.F.[60] war eine Vollstreckungsunterwerfung nur wegen eines Anspruchs zulässig, der die Zahlung einer bestimmten Geldsumme oder die Leistung einer bestimmten Menge anderer vertretbarer Sachen oder Wertpapiere zum Gegenstand hat. Demgegenüber stellt die Vorschrift nunmehr nicht mehr darauf ab, auf welche Leistung der zu vollstreckende Anspruch gerichtet ist. Die Vollstreckungsunterwerfung ist vielmehr unab- 57

---

56 BGH, NJW 2015, 1181 = WM 2015, 985.
57 BGH, NJW 2015, 1181 = WM 2015, 985.
58 BGH, NJW 2015, 1181 = WM 2015, 985; *v. Rintelen*, RNotZ 2001, 2 (5).
59 BGH, NJW-RR 2012, 1342 = Rpfleger 2013, 37.
60 Geändert mit Wirkung zum 12.12.2008; BGBl I 2008, 2122.

hängig hiervon wegen jedes Anspruchs möglich, der einer vergleichsweisen Regelung zugänglich ist und nicht auf Abgabe einer Willenserklärung gerichtet ist oder den Bestand eines Mietverhältnisses über Wohnraum betrifft. Bei der Bezeichnung des Anspruchs kann es deshalb nur darum gehen zu verdeutlichen, wegen welcher Ansprüche der Schuldner sich der sofortigen Zwangsvollstreckung unterwerfen soll.

2. Besonderheiten bei Vollstreckungstiteln nach dem FamFG

58 Ein weiteres praktisches Problem bildet die Vollstreckung bei Titeln nach dem **FamFG**, insbesondere bei sog. **Familienstreitsachen**, bei denen der Schuldner zur Leistung von Unterhalt verpflichtet ist (§§ 112 Nr. 1, 231 Abs. 1 FamFG). Hierzu zählen auch Entscheidungen im **vereinfachten Verfahren über den Unterhalt Minderjähriger** (§§ 249 ff. FamFG).

59 In solchen Verfahren bestimmt § 116 Abs. 3 FamFG, dass Endentscheidungen (§ 38 i.V.m. § 113 Abs. 1 FamFG) mit Rechtskraft wirksam werden. Eine Anordnung der vorläufigen Vollstreckbarkeit ist für solche Familienstreitsachen gesetzlich nicht vorgesehen. Stattdessen besteht durch das Familiengericht die Möglichkeit, die **sofortige Wirksamkeit der Entscheidung anzuordnen** (§ 166 Abs. 3 S. 2 FamFG), wovon bei Unterhaltsentscheidungen im Regelfall Gebrauch gemacht werden soll (§ 166 Abs. 3 S. 3 FamFG). Liegen die Voraussetzungen nicht vor, muss der Gläubiger vor Beantragung der Vollstreckung dem Vollstreckungsgericht zunächst die **Rechtskraft nachweisen**, andernfalls liegt ein vollstreckungsrechtlicher Mangel vor.

60 *Taktischer Hinweis*

   Es ist daher den Prozessbevollmächtigten – zwecks **Vermeidung** eines **Regresses** – unbedingt anzuraten bereits im Erkenntnisverfahren hierauf zu achten und das Familiengericht darauf hinzuweisen, dass – gerade bei Unterhaltstiteln – die sofortige Wirksamkeit angeordnet wird.

61 Vorstehendes gilt jedoch **nicht** bei der Vollstreckung von **einstweiligen Anordnungen**.[61] Solche Entscheidungen stellen nämlich eine „Endentscheidung" i.S.d. § 116 Abs. 3 FamFG dar. Eine solche wird in § 38 Abs. 1 S. 1 FamFG definiert. Hierunter fallen auch Entscheidungen im Verfahren des einstweiligen Rechtsschutzes. Eine Eilentscheidung wird nämlich gem. § 120 Abs. 1 FamFG i.V.m. § 705 ZPO dann formell rechtskräftig, wenn sie nicht mehr angefochten werden kann. Ein Bedürfnis für die Anordnung der sofortigen Wirksamkeit nach § § 116 Abs. 3 S. 2 FamFG besteht somit nicht. Denn die sofortige Wirksamkeit von einstweiligen Anordnungen – gerade im Be-

---

61 LG Koblenz, Vollstreckung effektiv 2016, 98.

reich des Unterhalts – muss nicht angeordnet werden, da wiederum nach § 57 S. 1 FamFG hiergegen kein Rechtsmittel statthaft ist. Folge: eine erlassene einstweilige Anordnung ist daher nach (nachgewiesener) Zustellung an den Gegner sofort wirksam und daher vollstreckbar.

II. Vollstreckungsklausel

Die Vollstreckungsklausel (vollstreckbare Ausfertigung) ist der amtliche Vermerk: „Vorstehende Ausfertigung wird dem (Bezeichnung der Partei) zum Zwecke der Zwangsvollstreckung erteilt" (§ 725 ZPO). Die vollstreckbare Ausfertigung vertritt die Urschrift im Rechtsverkehr (§ 46 BeurkG), denn das Original des Vollstreckungstitels verbleibt stets bei der titelschaffenden Stelle (z.B. Gericht, Notar). Die erteilte vollstreckbare Ausfertigung gibt quasi dem Vollstreckungsorgan das OK, mit der Vollstreckung beginnen zu dürfen, wenn ggf. die anderen Vollstreckungsvoraussetzungen (Kalendertag, Sicherheitsleistung etc.) erfüllt sind. **62**

Die vollstreckbare Ausfertigung ist vom Urkundsbeamten der Geschäftsstelle (UdG) zu unterschreiben und mit dem Gerichtssiegel zu versehen. Da sich die Urschrift des Titels zumeist entweder bei den Gerichtsakten oder beim Notar befindet,[62] wird dem Gläubiger eine beglaubigte Abschrift erteilt (§§ 724, 795 ZPO). **63**

Keiner Vollstreckungsklausel bedürfen zur Vollstreckung: **64**

- **Vollstreckungsbescheide**, § 796 Abs. 1 ZPO,
- **Arrest**befehle und **einstweilige Anordnungen**, §§ 929 Abs. 1, 936 ZPO, 53 Abs. 1 FamFG und
- der auf die vollstreckbare Ausfertigung des Titels gesetzte **Kostenfestsetzungsbeschluss**, §§ 105, 795a ZPO, wenn nicht für oder gegen andere als die im Titel bezeichneten Personen vollstreckt werden soll.

Die Vollstreckungsklausel wird nur auf **Antrag** im sog. **Klauselverfahren** erteilt. Sie hat in der Regel nur deklaratorische Bedeutung. In bestimmten Fällen kommt ihr jedoch konstitutive Bedeutung zu: **65**

- bei der **titelergänzenden Klausel**, die in der Regel erforderlich sein wird, wenn der materielle Anspruch oder seine Vollstreckbarkeit nach dem Inhalt des Titels bedingt oder auch befristet sind (§ 726 ZPO),
- bei der **titelübertragenden Klausel**, die erforderlich ist, wenn die Zulässigkeit der Zwangsvollstreckung für oder gegen andere als die im Titel bezeichneten Personen ausgesprochen werden soll (§ 727 ZPO).

---

62 Vgl. auch Rdn 62.

III. Zustellung

66 Die Zustellung des Vollstreckungstitels besteht in der beurkundeten Übergabe einer Ausfertigung oder beglaubigten Abschrift des Titels an den Schuldner (§§ 166 Abs. 1, 177 ZPO). Sie muss spätestens bei Beginn der Zwangsvollstreckung erfolgen (§ 750 Abs. 1 ZPO). Die im Einzelnen notwendige Form der Zustellung folgt aus den §§ 166 bis 195 ZPO.

67 **Von Amts wegen** werden im Regelfall unter Vermittlung der Geschäftsstelle des Gerichts nur Urteile und die meisten der sonstigen einen Vollstreckungstitel bildenden Entscheidungen (z.B. der Kostenfestsetzungsbeschluss) zugestellt (§§ 317, 329 ZPO). Andere Vollstreckungstitel, insbesondere Prozessvergleiche, notarielle Urkunden, Arrestbefehle und einstweilige Anordnungen (§§ 922 Abs. 2, 935 ZPO) muss der **Vollstreckungsgläubiger selbst zustellen**. Der Vollstreckungsbescheid wird im Regelfall jedoch von Amts wegen zugestellt, wenn der Antragsteller dies im entsprechenden Vordruck auf Erlass des Vollstreckungsbescheids beantragt hat.

Entscheidungen und Aufforderungen im Zwangsvollstreckungsverfahren (vgl. z.B. §§ 829 Abs. 2, 835 Abs. 3, 843, 845 ZPO) hat die Partei (meist der Vollstreckungsgläubiger) zustellen zu lassen. Die Partei bedient sich dabei der Hilfe des Gerichtsvollziehers (§ 192 ZPO). Entbehrlich ist die vorherige Zustellung bei:

- der Anordnung von **Arrest** und **einstweiliger Verfügung**, §§ 929 Abs. 3, 936 ZPO,
- der **Vorpfändung**, § 845 ZPO.

68 Für bestimmte Fälle sieht das Gesetz eine **2-wöchige Wartefrist** zwischen der Zustellung und dem Beginn der Zwangsvollstreckung vor (§§ 798, 750 Abs. 3, 720a ZPO):

- bei selbstständigen **Kostenfestsetzungsbeschlüssen**,
- für vollstreckbar erklärten **Anwaltsvergleichen**,
- vollstreckbaren Urkunden,
- der **Sicherungsvollstreckung**.

D. Besondere Vollstreckungsvoraussetzungen

I. Eintritt eines Kalendertages

69 In den Fällen, in denen die Fälligkeit des im Titel zugesprochenen Anspruchs von dem Eintritt eines Kalendertages abhängig ist (z.B.: „... am 23.9.2018 zu zahlen"), ist der Eintritt dieses Kalendertages eine Voraussetzung der Zwangsvollstreckung (§ 751 Abs. 1 ZPO). Die vollstreckbare Ausfertigung wird dem Gläubiger gleichwohl erteilt, weil insoweit im Klauselverfahren keine Prüfung erfolgt (§ 726 ZPO). Der Gläubiger hat vielmehr den Nachweis des Eintritts der Bedingung durch öffentliche Urkunde zu führen. Das Ge-

D. Besondere Vollstreckungsvoraussetzungen § 3

setz lässt die Zwangsvollstreckung zu, sobald der benannte **Kalendertag abgelaufen** ist. Vollstreckungsvoraussetzung ist der Eintritt eines Kalendertages insbesondere

- bei Verurteilung zur künftigen Leistung (§§ 257, 259 ZPO),
- für wiederkehrende Leistungen (§ 258 ZPO),
- für die Zahlung einer Entschädigung nach Fristablauf sowie
- bei künftigen Leistungen aus sonstigen Titeln.[63]

Hinweis 70

§ 751 Abs. 1 ZPO verhindert grds. eine sog. **Vorratspfändung** bzw. **Vorzugspfändung**. Künftige Ansprüche sollen nicht durch ein Pfändungspfandrecht lange im Voraus gesichert werden können, während Gläubiger bereits fälliger Ansprüche mit nachrangigen Pfandrechten blockiert wären.[64]

II. Sicherheitsleistung

1. Allgemeines

Die Vollstreckung eines Urteils ist in den Fällen der §§ 709, 712 Abs. 2, 711 ZPO von 71 einer Sicherheitsleistung abhängig. Bei der Bestellung einer prozessualen Sicherheit kann das Gericht nach freiem Ermessen bestimmen, in welcher Art und Höhe die Sicherheit zu leisten ist. Soweit das Gericht eine Bestimmung nicht getroffen hat und die Parteien ein anderes nicht vereinbart haben, ist die Sicherheitsleistung zu leisten durch

- schriftliche, unwiderrufliche, unbedingte und unbefristete Bürgschaft eines im Inland zum Geschäftsbetrieb befugten Kreditinstituts oder
- durch Hinterlegung von Geld oder
- Wertpapieren, die nach § 234 Abs. 1, 3 BGB zur Sicherheitsleistung geeignet sind.

Ob Sicherheit in der Art, wie sie das Urteil bestimmt hat, geleistet ist, hat das Vollstreckungsorgan zu prüfen.[65] 72

2. Verfahren bei Sicherheitsleistung

Sowohl der Gläubiger als auch der Schuldner (zur Abwendung der Vollstreckung) sind 73 zur Leistung der Sicherheit berechtigt. Hierbei ist zu beachten, dass nach der Rechtsprechung des BGH[66] der aufgrund des Urteils vollstreckbare Betrag, der die Bemessungs-

---

63 OLG München, Rpfleger 1972, 321; LG Karlsruhe, FamRZ 1986, 379.
64 Gottwald/*Mock*, § 751 Rn 5 m.w.N.; vgl. auch ausführlich § 6 Rdn 284 ff., 329.
65 Schuschke/*Walker*, § 751 Rn 7.
66 BGH, Vollstreckung effektiv 2015, 23 = NJW 2015, 77 = MDR 2015, 179 = JurBüro 2015, 160 = WM 2015, 744 = FoVo 2015, 72.

grundlage für die Sicherheit nach § 711 S. 2 i.V.m. § 709 S. 2 ZPO ist, neben der Hauptforderung auch Nebenforderungen, insbesondere bereits aufgelaufene Zinsen umfasst, die bis zur Vollstreckung angefallen sind oder aber die Kosten des Rechtsstreits, soweit sie bereits durch einen Kostenfestsetzungsbeschluss beziffert sind. Das Vollstreckungsgericht hat diese Vorgaben zu beachten und zu überprüfen. Die Entscheidung des BGH birgt in der Praxis der Forderungsvollstreckung allerdings Probleme.[67]

a) Sicherheitsleistung des Schuldners

74 Die Anordnung der Sicherheit zur Abwendung der Zwangsvollstreckung für den Schuldner aus einem vorläufig vollstreckbaren Urteil muss der Vorgabe des § 711 S. 2 i.V.m. § 709 S. 2 ZPO entsprechen. Danach ist nämlich Sicherheit „in einem bestimmten Verhältnis zur Höhe des aufgrund des Urteils vollstreckbaren Betrags zu leisten". Der „vollstreckbare Betrag" in diesem Sinn sind letztlich die Beträge, die nur aufgrund des Urteils vollstreckt werden können. Das sind

- die Hauptforderung,
- Nebenforderungen, insbesondere bereits aufgelaufene Zinsen, die bis zur Vollstreckung angefallen sind und
- Kosten des Rechtsstreits, soweit sie bereits durch einen Kostenfestsetzungsbeschluss beziffert sind.

75 Der Schuldner, der zur Abwendung der Vollstreckung eine Sicherheit nach § 711 S. 2 ZPO stellen will, muss nach Ansicht des BGH[68] genau errechnen, welcher Gesamtbetrag zu einem bestimmten Zeitpunkt vollstreckbar ist oder sein wird. Um zukünftige Vollstreckungen vorsorglich abzuwenden, muss er dabei bei titulierten laufenden Zinsen auf einen in der Zukunft liegenden Zeitpunkt abstellen, was ihm auch zuzumuten ist. Es obliegt daher dem Schuldner notfalls bei Zeitablauf seine Sicherheiten zu erhöhen oder neue weitere Sicherheiten zu stellen, sofern er nicht sofort eine entsprechende dynamische Sicherheit stellt, die sich laufend erhöht.

b) Sicherheitsleistung des Gläubigers

76 Auch der Gläubiger ist berechtigt Sicherheitsleistung zu erbringen (§§ 709, 711 ZPO). Der Unterschied zur Sicherheitsleistung des Schuldners besteht allerdings darin, dass hierbei Sicherheit im Verhältnis zur Höhe des „jeweils zu vollstreckenden Betrags" zu leisten ist.

Hiermit soll klargestellt werden, dass der Schuldner im Gegensatz zum Gläubiger keine Möglichkeit erhalten soll, Teilsicherheiten (zur teilweisen Abwendung einer Vollstreckung) zu leisten. Da der Gläubiger in den Fällen des § 708 Nr. 4 bis 11 ZPO ohne Sicher-

---

67 Vgl. Rdn 74 f.
68 BGH, Vollstreckung effektiv 2015, 23 = NJW 2015, 77 = MDR 2015, 179 = JurBüro 2015, 160 = WM 2015, 744 = FoVo 2015, 72.

heitsleistung vollstrecken darf, ist es gerechtfertigt, vom Schuldner zu verlangen, dass er in Höhe des gesamten vollstreckbaren Betrags Sicherheit leistet, wenn er die Zwangsvollstreckung nach § 711 ZPO abwenden will.[69]

Der i.S.v. § 709 S. 2 ZPO „zu vollstreckende Betrag" ist dagegen mit dem aus dem Urteil „vollstreckbaren Betrag" identisch, wenn der Gläubiger die Geldforderung aus einem Urteil nicht nur teilweise, sondern vollständig vollstrecken möchte. Es macht für keinen Beteiligten einen Unterschied, ob es sich hierbei um Hauptforderungen oder Nebenforderungen, etwa bezifferte Kosten oder Zinsen oder die in einem Kostenfestsetzungsbeschluss (§§ 794 Abs. 1 Nr. 2, 795a, 798 ZPO) festgesetzten Kosten des Rechtsstreits handelt. Mindestens in Höhe der tatsächlich vollstreckten Gesamtsumme soll im Fall des § 709 S. 2 ZPO die u.U. notwendige Rückzahlung an den Schuldner abgesichert werden. In eben dieser Höhe soll im Fall der Abwendung der möglichen Vollstreckung nach § 711 S. 2 ZPO gesichert sein, dass der Betrag bei einer späteren Vollstreckung durch den Gläubiger realisiert werden kann.

Ebenso wie bei der Schuldnersicherheitsleistung muss das **Vollstreckungsorgan von Amts wegen** überprüfen, ob die vom Gläubiger erbrachte Sicherheitsleistung ausreichend ist. Der Gläubiger muss ebenso bei seinem Vollstreckungsantrag die konkrete zu diesem Zeitpunkt vollstreckbare Gesamtsumme (einschließlich etwaiger bis hierhin aufgelaufener titulierter Zinsen) aus dem Urteil (ggf. i.V.m. einem Kostenfestsetzungsbeschluss) errechnen und eine von ihm nach § 709 S. 2 ZPO zu leistende Sicherheit damit genau bestimmen.

Ein etwaiger verhältnismäßiger Aufschlag auf diese zu vollstreckenden oder vollstreckbaren Beträge muss dann nur weitere denkbare Schäden aus der erfolgten Vollstreckung (§ 709 S. 2 ZPO) oder der verursachten Verzögerung (§ 711 S. 2 ZPO) abdecken.[70]

c) Nachweis der Sicherheitsleistung

Die **(Teil-)Sicherheitsleistung** ist dem Vollstreckungsgericht durch öffentliche oder öffentlich beglaubigte Urkunden nachzuweisen (§§ 751 Abs. 2, 752 ZPO). Die Anforderungen an den erforderlichen Nachweis der Sicherheitsleistung sind anhand von Sinn und Zweck dieser Vorschrift zu bestimmen. Danach soll der Schuldner vor Vollstreckungsmaßnahmen geschützt sein, solange ihm nicht die für die Vollstreckbarkeit des Urteils erforderliche Sicherheitsleistung nachgewiesen worden ist.[71] Der Nachweis ist bei **Hinterlegung** durch die Bescheinigung der Hinterlegungsstelle über die Annahme und Quittung der Hinterlegungskasse möglich. Die Abschrift der Urkunde, mit der die Sicherheitsleis-

---

69 BT-Drucks 14/6036, 125.
70 BT-Drucks 14/6036, 125.
71 BGH, NJW 2008, 3220 = MDR 2008, 1364 = DGVZ 2008, 14; OLGR Köln, 2007, 481 = InVo 2007, 345; LG Bochum, Rpfleger 1985, 33.

tung nachgewiesen wird, muss dem Schuldner bereits zugestellt sein oder gleichzeitig zugestellt werden. Hängt die Zwangsvollstreckung von einer dem Gläubiger obliegenden Sicherheitsleistung durch **Bankbürgschaft** ab, so kann der Nachweis des Zugangs der Bürgschaftsurkunde durch Zustellung an den Schuldner durch den Gerichtsvollzieher[72] erfolgen. Der BGH[73] verlangt ein solches Vorgehen aus Gründen der Rechtsklarheit. § 751 Abs. 2 ZPO verlangt keinen weiteren Zustellungsnachweis, insbesondere keinen Nachweis der Bürgschaftsbestellung gegenüber dem Prozessbevollmächtigten des Schuldners, weshalb die Zustellung an diesen nicht erforderlich ist. Die **fehlende Zustellung** kann mit Ex-tunc-Wirkung **nachgeholt** werden.[74]

Auch bei vorheriger Sicherheitsleistung des Schuldners nach § 711 S. 1 ZPO entfällt mit Sicherheitsleistung des Gläubigers und entsprechendem Zustellungsnachweis nach § 751 Abs. 2 ZPO die Wirkung des § 839 ZPO.[75] Hat das Prozessgericht bei einem Urteil auf Abgabe einer Willenserklärung nur hinsichtlich der Vollstreckung wegen der Kosten eine Sicherheitsleistung angeordnet, muss der Nachweis nach § 751 Abs. 2 ZPO über die Sicherheitsleistung auch nur für die Vollstreckung aus der Kostenentscheidung erbracht werden.[76]

d) Entfallen der Sicherheitsleistung

81 Der **Nachweis** der Sicherheitsleistung **entfällt**, wenn

- der Schuldner auf die Voraussetzung der Vorschrift nach § 751 Abs. 2 ZPO verzichtet hat. In einem bloßen Schweigen liegt ein solcher Verzicht jedoch nicht.
- Die Rechtskraft des Urteils bescheinigt ist (§ 706 Abs. 1 ZPO),
- gem. §§ 534, 560, 718 ZPO die Vollstreckbarkeit ohne Sicherheitsleistung angeordnet worden ist,
- die Zurückweisung oder Verwerfung der Berufung gegen das Urteil der ersten Instanz vorläufig vollstreckbar belegt ist,
- die Sicherungsvollstreckung gem. § 720a ZPO durch den Gläubiger betrieben wird.[77]

e) Wirkungen der angeordneten Sicherheitsleistung

82 Ob die durch Urteil angeordnete Sicherheitsleistung erbracht ist, ist vom zuständigen Vollstreckungsorgan gem. §§ 756, 765 ZPO vor Beginn der Zwangsvollstreckung von

---

72 BGH, NJW 2008, 3220 = MDR 2008, 1364 = DGVZ 2008, 14; OLGR Köln, 2007, 481 = InVo 2007, 345; LG Bochum, Rpfleger 1985, 33; Gottwald/*Mock*, § 751 Rn 7.
73 BGHZ 131, 233, 237.
74 AG Augsburg, Beschluss v. 28.6.2010 – 1 M 11033/10; vgl. auch BGH NJW-RR 2008, 1018 zur Heilungsmöglichkeit von Mängeln bei der Titelzustellung im Zwangsversteigerungsverfahren.
75 AG Augsburg, Beschluss v. 28.6.2010 – 1 M 11033/10.
76 Schleswig-Holsteinisches OLG, NJW-RR 2010, 1103 = Rpfleger 2010, 264.
77 Vgl. auch die Ausführungen zu Rdn 89 ff.

D. Besondere Vollstreckungsvoraussetzungen § 3

Amts wegen zu prüfen, es sei denn der Vollstreckungsauftrag beschränkt sich auf eine Sicherungsvollstreckung nach § 720a ZPO.[78]

Bzgl. der Abwendungsbefugnis der Vollstreckung durch Sicherheitsleistung ist wie folgt zu unterscheiden: 83

aa) Schuldner macht von der Abwendungsbefugnis keinen Gebrauch

84

In diesem Fall kann der Gläubiger ungehindert vollstrecken. Er braucht keine Sicherheit zu leisten. Allerdings darf die Vollstreckung nicht zu einer Befriedigung führen. Insofern ist gepfändetes Geld gem. § 720 ZPO oder der Erlös gepfändeter Sachen zu hinterlegen. Im Rahmen der Forderungsvollstreckung ist zu beachten, dass die Forderung nur zur Einziehung überwiesen werden darf und nur mit der Wirkung, dass der Drittschuldner den gepfändeten Betrag hinterlegen muss (§ 839 ZPO). Diese Einschränkung muss in den Überweisungsbeschluss aufgenommen werden. Hinterlegt der Drittschuldner, wird er von seinen Verbindlichkeiten gegenüber dem Schuldner befreit. Den Anspruch auf Auszahlung gegen die Hinterlegungsstelle erwirbt der Schuldner, während der Gläubiger ein Pfandrecht an diesem Anspruch erlangt. Gläubiger und Schuldner können nur gemeinsam über den Hinterlegungsbetrag verfügen. Hat der Drittschuldner nicht Geld, sondern andere hinterlegungsfähige Gegenstände hinterlegt, die mit der Hinterlegung in das Eigentum des Schuldners übergehen, erwirbt der Gläubiger an diesen Gegenständen ein Pfandrecht.[79] Diese Beschränkungen entfallen allerdings, wenn der Gläubiger die Sicherheit leistet oder das zugrunde liegende Urteil rechtskräftig, aufgehoben oder hinsichtlich des Ausspruchs nach § 711 S. 1 ZPO abgeändert wird.

bb) Schuldner macht von der Abwendungsbefugnis Gebrauch

Wurde seitens des Schuldners die Sicherheitsleistung ordnungsgemäß und in richtiger Höhe erbracht, ist die Zwangsvollstreckung einstweilen unzulässig. Eine bereits begonnene Vollstreckung ist einzustellen (§ 775 Nr. 3 ZPO) bzw. getroffene Vollstreckungsmaßregeln aufzuheben (§ 776 ZPO). 85

cc) Gläubiger leistet seinerseits Sicherheit

Die Wirkungen der durch den Schuldner erbrachten Sicherheitsleistung treten nicht ein bzw. erlöschen, wenn der Gläubiger ebenfalls Sicherheitsleistung ordnungsgemäß und in richtiger Höhe erbringt. Der Gläubiger kann daher aus dem zugrunde liegenden Urteil so vollstrecken, als wäre es gem. § 709 S. 1 ZPO für vorläufig vollstreckbar erklärt.[80] Durch die Sicherheitsleistung des Schuldners wird die Sicherheitsleistung des Gläubigers 86

---

[78] Gottwald/*Mock*, § 709 ZPO, Rn 5; vgl. auch Rdn 89 ff.
[79] Gottwald/*Mock*, § 839 Rn 5.
[80] Gottwald/*Mock*, § 709 Rn 7.

nicht ausgeschlossen. Vielmehr erlischt nunmehr die mit der Sicherheitsleistung des Schuldners verbundene Wirkung und der Gläubiger kann wie bei einem Urteil vollstrecken, das nach § 709 ZPO für vorläufig vollstreckbar erklärt worden ist. Es ist daher unerheblich, wann der Gläubiger Sicherheit leistet.[81] Der Schuldner kann somit die von ihm zur Abwendung der Vollstreckung zuvor erbrachte Sicherheit nach § 109 ZPO zurückverlangen.

87 *Taktischer Hinweis*
In diesem Fall sollte der **Gläubiger** den **Anspruch des Schuldners gegen das jeweilige Bundesland**, bei dessen Amtsgericht die Hinterlegungsstelle eingerichtet ist, pfänden.[82]

3. Möglichkeiten der Vollstreckung bei angeordneter Sicherheitsleistung

88 **Ausgangsfall**

Gläubiger G ist im Besitz eines Urteils folgenden Tenors:

„*1. Der Beklagte wird verurteilt, an den Kläger 4.000 EUR nebst 5 % Zinsen über dem Basiszinssatz seit 15.5.2018 zu zahlen.*

2. Das Urteil ist gegen Sicherheitsleistung von 110 Prozent des jeweils zu vollstreckenden Betrags vorläufig vollstreckbar."

Was muss G unternehmen, um vollstrecken zu können?

89 Für G ergeben sich drei Handlungsmöglichkeiten:

- **Rechtskraft des Urteils abwarten:** G kann abwarten, bis der Titel gem. § 705 ZPO formell rechtskräftig ist. Insofern muss die Frist zur Einlegung der Berufung für den Beklagten ungenutzt abgelaufen sein. Die Berufungsfrist beträgt einen Monat. Sie ist eine Notfrist und beginnt mit der Zustellung des in vollständiger Form abgefassten Urteils, spätestens aber mit dem Ablauf von fünf Monaten nach der Verkündung (§ 517 ZPO). Der Nachweis der Rechtskraft erfolgt durch ein sog. Rechtskraftzeugnis (§ 706 Abs. 1 ZPO), welches der Gläubiger beantragen muss.

    Hinweis
    Diese Möglichkeit ist nicht zu empfehlen, vor allem wenn seitens des Schuldners Vermögenswerte vorhanden sind, auf die sich ein Zugriff lohnt. Zudem kommt es

---

[81] AG Augsburg, Beschl. v. 28.6.2010 – 1 M 11033/10 –, Rn 13, juris m.w.N.; OLG Zweibrücken Rpfleger 1999, 454: „Der Begriff „zuvor" bezieht sich nicht auf die Reihenfolge der Sicherheitsleistung, sondern nur auf die Zwangsvollstreckung; OLG Oldenburg Rpfleger 1985, 504; OLG Köln MDR 1993, 270.
[82] Vgl. § 8 Rdn 165 ff.; *ohne Autor*, Vollstreckung effektiv 2012, 44.

D. Besondere Vollstreckungsvoraussetzungen § 3

in der Praxis immer wieder vor, dass der Schuldner aus taktischen Gründen Rechtsmittel einlegt, um den Gläubiger an einer schnellen Vollstreckung zu hindern.

- **Erbringung der angeordneten Sicherheitsleistung:** Im vorliegenden Fall wurde durch das Gericht die vorläufige Vollstreckbarkeit durch Sicherheitsleistung i.H.v. 110 Prozent des jeweils zu vollstreckenden Betrags zugelassen. In diesem Zusammenhang ist allerdings § 751 Abs. 2 ZPO zu beachten. Danach darf mit der Zwangsvollstreckung nur begonnen oder sie nur fortgesetzt werden, wenn die Sicherheitsleistung durch eine öffentliche oder öffentlich beglaubigte Urkunde nachgewiesen und eine Abschrift dieser Urkunde bereits zugestellt ist oder gleichzeitig zugestellt wird.

Hinweis

Der Nachweis der Sicherheitsleistung führt im Ergebnis zu der Fiktion eines rechtskräftigen Urteils. G kann daraufhin mit voller Härte gegen den Schuldner vollstrecken. Dem Schuldner bleibt nur noch die Möglichkeit, die Vollstreckung entweder zu dulden oder die Forderung zumindest unter Vorbehalt zu zahlen und dadurch einer Vollstreckung zu entgehen.

Für G stellt sich allerdings die Frage, wie und in welcher Art die Sicherheitsleistung zu erbringen ist. Wird keine Bestimmung getroffen und haben die Parteien auch nichts anderes vereinbart, bestimmt sich die Art der Sicherheitsleistung nach § 108 Abs. 1 ZPO. Hiernach kommen folgende Möglichkeiten in Betracht:
- Stellen einer schriftlichen, unwiderruflichen, unbedingten und unbefristeten Bürgschaft eines im Inland zum Geschäftsbetrieb befugten Kreditinstituts,
- Hinterlegung von Geld oder
- Hinterlegung von Wertpapieren, die nach § 234 Abs. 1, 3 BGB zur Sicherheitsleistung geeignet sind.

Hinweis

Der nach § 751 Abs. 2 ZPO zu erbringende Nachweis ist bei Hinterlegung durch die Bescheinigung der Hinterlegungsstelle über die Annahme und Quittung der Hinterlegungskasse möglich. Die Abschrift der Urkunde, mit der die Sicherheitsleistung nachgewiesen wird, muss durch den Gerichtsvollzieher bereits zugestellt sein oder gleichzeitig zugestellt werden.

Erfolgt der Nachweis durch eine (Bank-)Bürgschaft, genügt es, dass die Bürgschaftsurkunde durch den Gerichtsvollzieher an den Schuldner zugestellt wird.[83]

---

[83] BGH, NJW 2008, 3220 = MDR 2008, 1364 = DGVZ 2008, 14; OLGR Köln, 2007, 481 = InVo 2007, 345; LG Bochum, Rpfleger 1985, 33.

Die Bürgschaftserklärung einer Bank bedarf weder einer Beglaubigung der Unterschriften noch des Nachweises der Vertretungsbefugnis der Unterzeichner.[84]

Wichtig

Das Vollstreckungsorgan muss von Amts wegen überprüfen, ob die vom Gläubiger geleistete Sicherheit ausreicht.[85] Der Gläubiger muss daher bei seinem Vollstreckungsantrag die **konkrete** *zu diesem Zeitpunkt* **vollstreckbare Gesamtsumme** *einschließlich etwaiger bis hierhin aufgelaufener titulierter Zinsen aus dem Urteil (ggf. i.V.m. einem Kostenfestsetzungsbeschluss) errechnen und die von ihm zu leistende Sicherheit damit genau bestimmen.*

Auf das Eingangsbeispiel bezogen müsste G bei Stellung eines Vollstreckungsantrags z.B. am 29.5.18 Sicherheitsleistung aus folgendem zu vollstreckenden Betrag erbringen:

Hauptforderung	4.000,00 EUR
Zinsen vom 15.5.18 bis 29.5.18	176,70 EUR
	4.176,70 EUR
Hiervon 110 Prozent als zu erbringende Sicherheitsleistung	**4.594,37 EUR**

- **Betreiben der Sicherungsvollstreckung**: Im betreffenden Fall bietet sich für G aber auch eine Sicherungsvollstreckung gem. § 720a ZPO an, um Verzögerungen bei der Vollstreckung zu vermeiden und vor allem, um ggf. anderen Gläubigern zuvorzukommen. Hierfür muss G keine Sicherheitsleistung erbringen. Durch den raschen Vollstreckungszugriff des Gläubigers auf das schuldnerische Vermögen ohne Sicherheitsleistung und vor Rechtskrafteintritt wird zudem das Risiko minimiert, dass Wertgegenstände des Schuldners schnell noch beiseite geschafft werden.

Hinweis

§ 720a ZPO ist insoweit eine Ausnahmevorschrift, als die Gläubigersicherheit nicht erbracht zu sein braucht, wobei der Gläubiger aber zunächst keine Befriedigung, sondern nur eine Sicherung erreicht. Zu beachten ist, dass der Titel dem Schuldner mindestens zwei Wochen vor Beginn der Zwangsvollstreckung zugestellt werden muss (§ 750 Abs. 3 ZPO). Eine Zustellung der Vollstreckungsklausel ist nur erforderlich, wenn eine titelergänzende oder titelumschreibende Klausel (§ 726 Abs. 1, §§ 727 ff. ZPO) besonderer Prüfung bedarf und als qualifizierte

---

[84] LG Hannover, DGVZ 89, 141.
[85] BGH, Beschl. v. 13.11.14 – VII ZB 16/13 =Vollstreckung effektiv 2015, 23 = NJW 2015, 77 = MDR 2015, 179 = JurBüro 2015, 160 = WM 2015, 744 = FoVo 2015, 72.

D. Besondere Vollstreckungsvoraussetzungen § 3

Klausel nicht vom Urkundsbeamten, sondern vom Rechtspfleger gem. den in § 750 Abs. 2 ZPO im Einzelnen angeführten Vorschriften erteilt wird. Bei der Sicherungsvollstreckung ist deshalb die Zustellung der einfachen Klausel nicht Voraussetzung für den Beginn der Zwangsvollstreckung.[86] Im Eingangsfall musste G daher die Vollstreckungsklausel nicht zwei Wochen vorher zustellen, sondern nur das Urteil.

Durch die Sicherungsvollstreckung darf der Gläubiger – **ohne Sicherheitsleistung** – keine vollendeten Tatsachen schaffen, indem er den gepfändeten Gegenstand verwertet und sich aus dem Erlös befriedigt. Es sind nur einige gesetzlich klar definierte Maßnahmen möglich:

- **Pfändung von beweglichem Vermögen (§ 720a Abs. 1 lit. a ZPO):** Hiernach kann der Gerichtsvollzieher bewegliche Sachen nach §§ 808 ff. ZPO pfänden. Zum beweglichen Vermögen zählen auch Forderungen und andere Vermögensrechte. Hier können Gläubiger ihre Ansprüche durch eine Forderungspfändung jedoch ohne Überweisung sichern. In diesem Fall erlässt das Vollstreckungsgericht einen Pfändungsbeschluss. Insofern ist bei den amtlichen Formularen die entsprechende Ankreuzmöglichkeit auf Seite 1 und 2 zu beachten. Sollte der Gläubiger die Sicherheitsleistung erbringen oder der Titel rechtskräftig werden, muss bei der sich anschließenden zu beantragenden Überweisung das amtliche Formular nicht verwendet werden (§ 2 S. 2 ZVFV)! **Ausnahmsweise** sind Verwertungsmaßnahmen möglich, wenn die Gefahr einer beträchtlichen Wertverringerung – z.B. bei Wertpapieren – oder unverhältnismäßig hoher Kosten bei Aufbewahrung einer Sache besteht. Auf Antrag kann das Vollstreckungsgericht dann anordnen, dass die Sache versteigert und der Erlös hinterlegt wird (§§ 720a Abs. 2, 930 Abs. 3 ZPO).
- **Pfändung von unbeweglichem Vermögen (§ 720a Abs. 1 lit. b ZPO):** Bei Pfändung von unbeweglichem Vermögen ist der Gläubiger berechtigt, ein Pfandrecht im Rahmen einer Sicherungshypothek zu erwirken. Das Verfahren richtet sich nach § 866 Abs. 3, §§ 867, 870a ZPO.
- **Vorpfändung:** Ohne Sicherheitsleistung zulässig ist auch eine Vorpfändung,[87] da sich die Pfändung bei der Sicherungsvollstreckung nach den allgemeinen Regeln richtet und auch die gleichen Wirkungen entfaltet wie jede Pfändung sonst (Verstrickung, Entstehung eines Pfändungspfandrechts). Der Gläubiger muss daher auch für

---

86 BGH, Vollstreckung effektiv 2006, 186.
87 OLG Rostock, JurBüro 2006, 382.

§ 3 Die Voraussetzungen der Zwangsvollstreckung

die Vorpfändung die im Urteil als Voraussetzung der vorläufigen Vollstreckbarkeit bestimmte Sicherheit nicht leisten.[88]

- **Abgabe der Vermögensauskunft**: Die erfolglose Sicherungsvollstreckung genügt schließlich, um den Schuldner nach §§ 802c, 807 ZPO zur Vermögensauskunft laden zu lassen, da diese Bestimmung nur an eine ordnungsgemäße Pfändung oder den Nachweis anknüpft, dass eine solche Pfändung nicht zur Befriedigung des Gläubigers führen werde.[89]

Der Schuldner ist befugt, die Zwangsvollstreckung durch Leistung einer (Gegen-)Sicherheit in Höhe des Hauptanspruchs abzuwenden, wegen dessen der Gläubiger vollstrecken kann, wenn nicht der Gläubiger vorher die ihm obliegende Sicherheit geleistet hat (§ 720a Abs. 3 ZPO). Die Höhe der Sicherheitsleistung des Schuldners bestimmt sich in diesem Fall allein nach der des titulierten Hauptanspruchs ohne Kosten und Zinsen. Leistet der Schuldner die Sicherheit, der Gläubiger aber nicht, gilt § 775 Nr. 3 i.V.m. § 776 ZPO bis zum Eintritt der formellen Rechtskraft.

> *Taktischer Hinweis*
> Die Abwendungsbefugnis des Schuldners beseitigt lediglich die Möglichkeit der Sicherungsvollstreckung des Gläubigers. Dieser wird nun gezwungen, die ihm obliegende Sicherheit zu erbringen, um vollstrecken zu können. Erbringt er sie, kann er dann uneingeschränkt vollstrecken. Eine Sicherheitsleistung des Schuldners ist daher sinnlos, wenn der Gläubiger seine Sicherheitsleistung bereits geleistet hat. Der Gläubiger kann also mit der ihm nach der Urteilsformel obliegenden Sicherheitsleistung die Vollstreckbarkeit des Titels nach seinem Belieben herbeiführen. Hat zunächst der Schuldner Sicherheit geleistet, entfällt mit der Leistung der Gläubigersicherheit ihr Anlass und die Sicherheit des Schuldners ist nach § 109 ZPO zurückzugeben.[90]

Merke: Immer, wenn der Gläubiger gleich vor der Zwangsvollstreckung die ihm auferlegte Sicherheit leistet, ist § 720a Abs. 3 ZPO bedeutungslos. Eine Sicherheitsleistung des Schuldners zur Abwendung der Zwangsvollstreckung ist nicht mehr möglich, weil der Gläubiger ja uneingeschränkt vollstrecken kann.

---

[88] Gottwald/*Gottwald*, Zwangsvollstreckung, a.a.O., § 720a Rn 8 m.w.N.
[89] BGH, Vollstreckung effektiv 2007, 83.
[90] OLG München, DGVZ 90, 185.

4. Der Antrag auf Sicherungsvollstreckung bei der Forderungsvollstreckung

In der Praxis muss eine **Sicherungsvollstreckung** in Forderungen des Schuldners mittels der amtlichen Formulare beantragt werden:

90

Antrag auf Erlass eines Pfändungs- und Überweisungsbeschlusses insbesondere wegen gewöhnlicher Geldforderungen

Es wird beantragt, den nachfolgenden Entwurf als Beschluss auf ☒ Pfändung ☐ und ☐ Überweisung zu erlassen.

☐ Zugleich wird beantragt, die Zustellung zu vermitteln (☐ mit der Aufforderung nach § 840 der Zivilprozessordnung – ZPO).
☐ Die Zustellung wird selbst veranlasst.

Taktischer Hinweis

91

In der Überschrift sind die Wörter „- und Überweisung" zu streichen.[91] Gläubiger sollten bei **mehreren Drittschuldnern** in verschiedenen Orten bzw. Gerichtsvollzieherbezirken ankreuzen „Die Zustellung wird selbst veranlasst". Dieses Vorgehen spart Zeit, da jeder Gerichtsvollzieher nun durch den Gläubiger eigens beauftragt wird und dadurch quasi parallel an die verschiedenen Drittschuldner zugestellt wird. Zu beachten ist hierbei aber, dass pro Drittschuldner eine weitere Beschlussausfertigung zu beantragen ist.

☒ **Pfändungs-** ☐ **und** ☐ **Überweisungs-Beschluss** in der Zwangsvollstreckungssache

92

Drittschuldner (genaue Bezeichnung des Drittschuldners: Firma bzw. Vor- und Zuname, vertretungsberechtigte Person/-en, jeweils mit Anschrift; Postfach- Angabe ist nicht zulässig; bei mehreren Drittschuldnern ist eine Zuordnung des Drittschuldners zu der/den zu pfändenden Forderung/-en vorzunehmen)

Herr/Frau/Firma [...]

93

---

91 Vgl. BGH, Vollstreckung effektiv 2014, 59 (74).

> Der Drittschuldner darf, soweit die Forderung gepfändet ist, an den Schuldner nicht mehr zahlen. Der Schuldner darf insoweit nicht über die Forderung verfügen, sie insbesondere nicht einziehen.
>
> ☐ **Zugleich wird dem Gläubiger die zuvor bezeichnete Forderung in Höhe des gepfändeten Betrags**
>
> ☐ zur Einziehung überwiesen   ☐ an Zahlungs statt überwiesen

94 *Taktischer Hinweis*
Hier darf nichts zur Überweisung eingetragen werden. § 720a Abs. 1 lit. a ZPO bestimmt nämlich, dass das *bewegliche Vermögen* – hierzu zählt auch die Forderungsvollstreckung – **nur gepfändet** werden darf. Zu beachten ist zudem, dass Gläubiger dem Schuldner den Titel mindestens zwei Wochen, bevor die Zwangsvollstreckung beginnt, zustellen müssen (§ 750 Abs. 3 ZPO).

95 Der Gläubiger muss die **Vollstreckungsklausel nur zustellen**, wenn eine titelergänzende oder titelumschreibende Klausel (§ 726 Abs. 1, §§ 727 ff. ZPO) besonders geprüft werden muss und diese als **qualifizierte Klausel** durch den Rechtspfleger gem. den in § 750 Abs. 2 ZPO im Einzelnen angeführten Vorschriften erteilt wird. Die Sicherungsvollstreckung setzt deshalb für den Beginn der Zwangsvollstreckung nicht voraus, dass die einfache Klausel zugestellt wird.[92]

96 *Taktischer Hinweis*
Sollte der Gläubiger die Sicherheitsleistung doch noch erbringen (§ 751 Abs. 2 ZPO ist zu beachten!) oder wird der Titel rechtskräftig, muss bei der sich anschließenden zu beantragenden Überweisung das amtliche Formular nicht verwendet werden (§ 2 S. 2 ZVFV).

III. Wartefrist

97 § 798 ZPO bestimmt, dass
- aus einem Kostenfestsetzungsbeschluss, der nicht auf das Urteil gesetzt ist,
- aus Beschlüssen nach § 794 Abs. 1 Nr. 4b ZPO sowie
- aus den nach § 794 Abs. 1 Nr. 5 ZPO aufgenommenen Urkunden

die Zwangsvollstreckung nur beginnen darf, wenn der Schuldtitel mindestens zwei Wochen vorher zugestellt ist. Die Wartefrist ist eine gesetzliche Frist und kann vom Gericht nicht

---

92 BGH, Vollstreckung effektiv 2006, 186.

verlängert oder abgekürzt werden (§ 224 Abs. 2 ZPO), wohl aber im Rahmen von Vollstreckungsvereinbarungen zwischen den Parteien. Sie wird nach § 222 ZPO berechnet.

Taktischer Hinweis 98
Die Wartefrist darf der Schuldner, bevor er freiwillig leistet, voll ausschöpfen. Insofern hat der Gläubiger die Kosten eines vorzeitig erteilten Vollstreckungsauftrags selbst zu tragen, wenn der Schuldner innerhalb der Zahlungsfrist einen Überweisungsauftrag erteilt hat und Deckung vorhanden ist.[93] Die **Vollstreckung vor Ablauf der Wartefrist** macht die Vollstreckungsmaßnahme zwar nicht nichtig oder unwirksam, aber **anfechtbar**.[94]

Durch den Ablauf der Wartefrist wird der Mangel geheilt; das **Pfandrecht** entsteht allerdings erst **nach Ablauf** der Wartefrist, was dazu führen kann, dass zwischenzeitliche Pfändungen vorrangig sind. Ein Rang kann somit durch die anfechtbare Pfändung nicht erreicht werden.

IV. Vollstreckung bei Leistungen Zug um Zug

Hängt die Zwangsvollstreckung von einer Zug um Zug zu bewirkenden Leistung des Gläubigers ab, so hat im Rahmen der Forderungsvollstreckung das Vollstreckungsgericht die Regelung des **§ 765 ZPO** zu beachten. Hiernach ist eine Vollstreckungsmaßregel nur unter bestimmten Voraussetzungen zulässig. 99

1. Nachweis der Gegenleistung oder des Annahmeverzuges durch den Gläubiger (§ 765 Nr. 1 ZPO)

Eine Vollstreckung durch das Vollstreckungsgericht, z.B. der Erlass eines Pfändungs- und Überweisungsbeschlusses, darf erst beginnen, wenn der Gläubiger durch qualifizierte Urkunde nachweist, dass er seine Gegenleistung bereits erbracht hat oder der Schuldner in Annahmeverzug ist[95] und dass er eine Abschrift dieser Urkunden dem Schuldner bereits hat zustellen lassen (§ 765 S. 1 ZPO). Der Nachweis der Zustellung erfolgt durch Zustellungsurkunde; bei Zustellung von Anwalt zu Anwalt genügt ein schriftliches Empfangsbekenntnis. Eine gleichzeitige Zustellung mit Vollstreckungsbeginn, wie sie der Gerichtsvollzieher als Vollstreckungs- und Zustellungsorgan selbst bewirken kann, scheidet hier aus.[96] Eine Zustellung von Nachweisurkunden ist nicht notwendig, wenn der Ge- 100

---

93 LG Hannover, DGVZ 1991, 57.
94 OLG Hamm, NJW 1974, 1516 = Rpfleger 1974, 121.
95 OLG Koblenz, Rpfleger 1997, 445.
96 Gottwald/*Gottwald*, § 765 Rn 2.

richtsvollzieher bereits mit der Vollstreckung des Titels begonnen und so die Erfüllung der besonderen Voraussetzungen der Zug-um-Zug-Vollstreckung zu beachten hatte. Dann kann dem Vollstreckungsgericht durch Vorlage einer beglaubigten Abschrift des Protokolls, das der Gerichtsvollzieher bei der Durchführung der Zwangsvollstreckung unter Beachtung des § 756 ZPO angefertigt hat, die Bewirkung der Gegenleistung oder der Annahmeverzug nachgewiesen werden.[97]

101 Das Vollstreckungsgericht hat selbstständig zu prüfen, ob bei einer Vollstreckung aus einem Zug-um-Zug-Titel Befriedigung oder Annahmeverzug bewiesen ist, ohne an die rechtliche Beurteilung des Gerichtsvollziehers gebunden zu sein. Der Annahmeverzug des Schuldners kann sich dabei auch aus dem Tatbestand des Leistungsurteils ergeben.[98]

2. Durchführung der Zwangsvollstreckung durch den Gerichtsvollzieher (§ 765 Nr. 2 ZPO)

102 Das Vollstreckungsgericht kann auch dann eine Vollstreckungsmaßregel anordnen, wenn der Gerichtsvollzieher die Vollstreckungsmaßnahme nach § 756 Abs. 2 ZPO durchgeführt hat und diese durch das Protokoll des Gerichtsvollziehers nachgewiesen ist. Das Protokoll muss dem Vollstreckungsgericht vorliegen. Einer Zustellung desselben an den Schuldner bedarf es nicht. Da nach § 756 ZPO der Gerichtsvollzieher die Zug-um-Zug-Vollstreckung auch dann einleiten kann, wenn der Schuldner auf dessen wörtliches Angebot erklärt, er werde nicht leisten, genügt dies auch für das Vollstreckungsgericht für die Vornahme einer Vollstreckungsmaßregel.

103 Diese Art der Vollstreckung kann in der Praxis nur dann auftreten, wenn die Zwangsvollstreckung durch den Gerichtsvollzieher nicht oder nicht vollständig zur Befriedigung des Gläubigers geführt hat.

V. Fehlen von Vollstreckungshindernissen

104 Der Zwangsvollstreckung können Hindernisse entgegenstehen, auch wenn die übrigen Vollstreckungsvoraussetzungen allesamt erfüllt sind. Solche Vollstreckungshindernisse führen entweder zur Einstellung oder zur Aufhebung von Vollstreckungsmaßnahmen. Besteht ein solches Vollstreckungshindernis bereits vor dem Beginn der Zwangsvollstreckung, ist deren Einleitung unzulässig. Zu unterscheiden ist zwischen **gesetzlichen Vollstreckungshindernissen**, deren Beachtung von Amts wegen vorzunehmen ist und den

---

[97] OLG Köln, NJW-RR 1991; Rpfleger 1986, 393; OLG Hamm, Rpfleger 1972, 148.; Gottwald/*Gottwald*, § 765 Rn 2.
[98] OLG Köln, NJW-RR 1991, 383.

vertraglichen Vollstreckungshindernissen, die nur auf entsprechendes Parteivorbringen berücksichtigt werden dürfen.

Vollstreckungshindernisse bleiben zunächst so lange unberücksichtigt bis sie dem zuständigen Vollstreckungsorgan nachgewiesen werden oder es dienstlich Kenntnis davon erlangt. 105

1. Tabellarischer Überblick: Vollstreckungshindernisse

Gesetzliche Hindernisse: Prüfung von Amts wegen	Vertragliche Hindernisse: Prüfung auf Parteivortrag
§§ 775, 776 ZPO § 929 Abs. 2 ZPO §§ 21 Abs. 2 Nr. 3, 88, 89 Abs. 1, 90 Abs. 1, 294 Abs. 1, 306 Abs. 2, 311 ff. InsO, § 51 GVGA	Vollstreckungsverträge: beschränkend ausschließend erweiternd

106

2. Gesetzliche Vollstreckungshindernisse

Die Möglichkeit gesetzlicher Hinderungsgründe wird durch § 775 ZPO abschließend erschöpft.[99] Andere Einstellungs-, Beschränkungs- und Aufhebungsgründe gibt es nicht. Liegen die in § 775 ZPO aufgeführten gesetzliche Vollstreckungshindernisse vor, so sind diese **von Amts wegen** zu beachten. Das weitere Vorgehen richtet nach § 776 ZPO. Hiernach ist **jede**[100] Vollstreckung entweder aufzuheben, d.h. rückgängig zu machen, oder einstweilen einzustellen, d.h. ein Tätigwerden durch das Vollstreckungsorgan zu verbieten, oder die Vollstreckung wird zunächst „eingefroren", ruht demnach. 107

Hinsichtlich der Voraussetzungen der jeweiligen Vollstreckungshindernisse wird an dieser Stelle auf die einschlägige Kommentarliteratur verwiesen. 108

3. Vertragliche Vollstreckungshindernisse

Vollstreckungsvereinbarungen sind in der Zwangsvollstreckung nur beschränkt zulässig, da diese in ein streng genormtes Verfahren eingreifen und daher zwingendes Recht berühren. Es bleibt allerdings den Parteien aufgrund der Dispositionsfreiheit überlassen, ob, wann und in was vollstreckt werden soll. Dabei ist die Stellung des Gläubigers als „Herr des Verfahrens" weniger schutzwürdig als die des Schuldners, der auf seine Rechtsstellung als Passivpartei nicht verzichten kann. 109

---

99 Gottwald/*Gottwald*, § 775 Rn 1; Zöller/*Herget*, a.a.O. Rn 1, a.A. *Schmidt v. Rhein*, DGVZ 88, 65.
100 Zöller/*Herget*, § 775 Rn 2.

110 Die getroffenen Vereinbarungen begründen Vollstreckungshindernisse, welche allerdings nur auf Vortrag hin vom jeweiligen Vollstreckungsorgan zu beachten sind. Ihre Grenzen finden solche Vereinbarungen allerdings dann, wenn zwingende gesetzliche Schutzvorschriften umgangen werden sollen, d.h. wenn die Vollstreckungsbefugnis zur Disposition des Gläubigers steht.[101]

a) Vollstreckungsbeschränkende Vereinbarungen

111 Verträge mit vollstreckungsbeschränkender Wirkung sind zwischen Schuldner und Gläubiger zulässig, soweit eine **zeitliche** und/oder **sachliche Beschränkung** der Vollstreckung stattfindet.[102] Hierunter fällt beispielsweise der Verzicht, in bestimmte Gegenstände nicht vor einem bestimmten Termin zu vollstrecken, oder die Vereinbarung, dass die Zwangsvollstreckung aus dem zu erwartenden Urteil nur in bestimmten Ausnahmefällen betrieben werden soll.[103]

Durch eine solche Vereinbarung nehmen die Parteien dem Titel zwar nicht die Vollstreckbarkeit, wohl aber wird durch sie dem Schuldner die Möglichkeit eröffnet, gegen die weitere Zwangsvollstreckung im Wege der Klage nach § 767 ZPO vorzugehen.[104]

Vollstreckt der Gläubiger entgegen einer mit dem Schuldner getroffenen vollstreckungsbeschränkenden oder -ausschließenden Abrede, so kann der Schuldner – sofern nicht eine Urkunde im Sinne des § 775 Nr. 4 ZPO vorgelegt werden kann – hiergegen mit der analogen Anwendung der Vollstreckungserinnerung (§ 766 ZPO) vorgehen.[105] Besteht allerdings Streit über die Existenz oder die Wirksamkeit der Abrede, so muss der Schuldner Vollstreckungsgegenklage (§ 767 ZPO) erheben.

b) Vollstreckungserweiternde Vereinbarungen

112 Dahingegen sind Verträge mit vollstreckungserweiterndem Inhalt Verträge zwischen den Vollstreckungsparteien **nichtig**, da sie die Vollstreckungsbefugnisse eines Gläubigers über die gesetzlich vorgesehenen Möglichkeiten erweitern.[106] Beispiele solcher Vereinbarungen sind die Vereinbarung, dass ohne Titel bzw. Klausel vollstreckt wird oder der Verzicht auf Vollstreckungsschutz.[107]

---

101 OLG Hamm, MDR 1968, 333 f.
102 BGH, NJW 1968, 700; OLG München, Rpfleger 1979, 466; OLG Hamm, MDR 1977, 675.
103 OLG Karlsruhe NJW-RR 1999, 941.
104 BGH, WM 1991, 1097 = MDR 1991, 668 = NJW 1991, 2295.
105 *Rellermeyer* in: Keller, Handbuch Zwangsvollstreckungsrecht, 1. Aufl. 2013, B. Die allgemeinen und besonderen Voraussetzungen der Zwangsvollstreckung, Rn 548 m.w.N.
106 *Baur/Stürner*, 10.3.
107 LG Limburg, NJW 1958, 597.

c) Vollstreckungsausschließende Vereinbarungen

Solche Vereinbarungen sind sowohl in der Rechtsprechung als auch in der Literatur umstritten.[108] Soweit lediglich Vollstreckungsmodalitäten in zeitlicher Art geregelt bzw. solche gänzlich ausgeschlossen werden (z.B. Ableisten der eidesstattlichen Versicherung),[109] ist dies wirksam. Wenn jedoch die Abmachung auf einen völligen Vollstreckungsausschluss hinzielt, so ist dies **unwirksam**.[110] Etwas anders gilt dann, wenn vor Schluss der letzten mündlichen Verhandlung teilweise auf die Zwangsvollstreckung verzichtet wird.[111]

113

VI. Grundsatz der Verhältnismäßigkeit

Der Eingriff durch die Zwangsvollstreckung in das grundgesetzlich geschützte Eigentum des Vollstreckungsschuldners darf das notwendige Maß nicht überschreiten. Der Zugriff ist begrenzt durch den Grundsatz der Verhältnismäßigkeit und das Übermaßverbot. Der Eigentumseingriff muss immer erforderlich und angemessen sein, um das Verfahrensziel zu erreichen. Zweck und Mittel müssen zueinander in einem vernünftigen Verhältnis stehen.

114

Insbesondere die Pfändung im Rahmen der Zwangsvollstreckung wegen Geldforderungen in das bewegliche Vermögen darf nicht weiter ausgedehnt werden, als es zur Befriedigung des Gläubigers und zur Deckung der Kosten der Zwangsvollstreckung erforderlich ist (vgl. auch § 803 ZPO). Insofern wird der Schuldner vor dem Verlust eines Vermögensgegenstandes geschützt[112] und bewahrt ihn somit vor unnötigen Einschränkungen seiner wirtschaftlichen Entscheidungsfreiheit. Dieser Schutz gilt für jede Pfändungsart, somit auch im Bereich der Forderungsvollstreckung. Als Schutzgesetz i.S.d. § 823 Abs. 2 BGB haftet der Staat dem Schuldner für den Schaden, der durch eine Überpfändung entsteht.[113]

115

Das Verbot wird bei der Forderungsvollstreckung allerdings nur in Ausnahmefällen **praktische Bedeutung** erlangen. Denn das Vollstreckungsgericht kann den Pfandwert bei Pfändung einer Forderung nicht schätzen. Auch dem Gläubiger wird es nur selten möglich sein, sichere Kenntnis über die Höhe und die Einbringlichkeit einer Forderung zu erlangen. Aufgrund dessen wird die Vollpfändung einer Forderung, auch wenn sie hö-

116

---

108 *Baur/Stürner*, a.a.O. m.w.N.
109 RG, JW 1933, 1904.
110 BGH, NJW 1968, 700; *Emmerich*, ZZP 82, 1969, 428; a.A. Brox/*Walker*, Rn 202.
111 BGH, NJW 1991, 2295 f.
112 BGH, WM 2011, 2135; BGHZ 151, 384, 387 = WM 2002, 1809 = ZIP 2002, 1595 = ZInsO 2002, 825 = NJW 2002, 3178 = MDR 2002, 1213 = KTS 2003, 166.
113 RGZ 143, 123.

her ist als die Vollstreckungsforderung des Gläubigers, grds. für zulässig erachtet. Aus den gleichen Gründen ist auch die Pfändung mehrerer Forderungen ohne Weiteres möglich und zulässig.[114]

---

114 Gottwald/*Mock*, § 803 Rn 7.

§ 4 Verbindliche Formulare für die Forderungspfändung

A. Der Pfändungsantrag

I. Allgemeines

Die Pfändung erfolgt nur aufgrund eines **Gläubigerantrags**. Dieser unterliegt keinem Anwaltszwang (§ 78 Abs. 3 ZPO). Der Antrag kann auch mündlich oder schriftlich zu Protokoll der Geschäftsstelle gestellt werden (§ 129a Abs. 1 ZPO). Er kann bis zu dem Zeitpunkt, zu dem der ergangene Beschluss existent wird, d.h. der Herausgabe aus dem gerichtlichen Geschäftsbereich, **geändert** werden.[1] 1

Der Antrag bedarf grds. einer **Originalunterschrift** des Gläubigers oder eines Bevollmächtigten. Wird der Antrag von einem **Bevollmächtigten** des Gläubigers gestellt, ist die Vollmacht nachzuweisen. Ist allerdings der Bevollmächtigte ein **Rechtsanwalt**, gilt § 88 Abs. 1, 2 ZPO. 2

Eine **eingescannte Unterschrift** in standardisierten Massenverfahren genügt nicht.[2] Das Vollstreckungsgericht hat daher bei fehlender Unterschrift frei zu würdigen, ob der Antrag ernstlich gewollt ist. Es kann bei begründeten Zweifeln, ob der ausgedruckte Antrag vom Prozessbevollmächtigten geprüft und verantwortlich gebilligt ist, eine Unterschrift verlangen.[3] Solche Zweifel können insbesondere in standardisierten Massenverfahren bestehen.[4] Die **fehlende Unterschrift** kann jedoch durch **Unterzeichnung der Beschwerdeschrift nachgeholt** werden, da hierdurch die Ernsthaftigkeit des Antrags hinreichend zum Ausdruck gebracht und der Formfehler geheilt wird.[5] 3

Der ordnungsgemäße Nachweis der Bevollmächtigung eines **Inkassounternehmens** kann ausschließlich durch Vorlage der Vollmacht im Original oder ersatzweise öffentlicher Beglaubigung erfolgen.[6] Die Vorlage einer einfachen Kopie reicht daher grds. nicht aus. 4

---

1 LG Frankfurt/Main, Beschl. v. 26.4.1990 – 2/9 T 393/90 – n.v.
2 LG Stuttgart, DGVZ 2014, 196; LG Trier, Urt. v. 15.5.2013 – 5 T 26/13 –, juris.
3 LG Leipzig, Beschl. v. 21.5.2013 – 08 T 249/13, 8 T 249/13 –, juris; Zöller/*Herget*, § 829, Rn 3.
4 LG Dortmund, Rpfleger 2010, 679 = FoVo 2011, 75.
5 LG Trier, Urt. v. 15.5.2013 – 5 T 26/13 –, juris.
6 AG Hannover, Beschluss v. 9.3.2012 – 705 M 55127/12 – juris; AG Hannover, NJW 2010, 3313; vgl. auch LG Hannover, Beschluss v. 6.6.2011 – 52 T 39/11; Beschl. v. 23.6.2009 – 55 T 47/09 -; LG Lüneburg, Beschl. v. 23.1.2009 – 6 T 7/09; LG Berlin, ZVI 2005, 200; LG Bielefeld, DGVZ 1993, 28; AG Hannover, Beschluss v. 16.5.2011, 705 M 55434/11; AG Celle, DGVZ 2009, 113; AG Nürtingen, Beschl. v. 9.6.2009 – 1 M 1611/09 – juris; AG Hannover, Beschl. v. 31.3.2009, 712 M 125227/09 – = BeckRS 2009 11533; Musielak/*Becker*, § 829 Rn 8 und Musielak/*Lackmann*, § 753 Rn 8; *Stöber*, Rn 470.

5 **Fehlende Vertretungsmacht** eines Bevollmächtigten macht die Pfändung jedoch nicht nichtig.[7] Ein derartiger Mangel kann nach seiner Beseitigung durch nachträgliche Genehmigung geheilt werden.

6 **Fehler** im Antrag gehen zulasten des Gläubigers so z.b., wenn der Antrag die Höhe der zu pfändenden Forderung in Buchstaben anders als in Ziffern angibt. Ein erlassener Pfändungs- und Überweisungsbeschluss ist dann nichtig, wenn keine dieser Angaben eindeutig als Schreibfehler zu erkennen ist.[8]

II. Verbindliche Form der Antragstellung

7 Nach § 829 Abs. 4 S. 1 ZPO ist das Bundesministerium der Justiz ermächtigt, durch Rechtsverordnung mit Zustimmung des Bundesrates Formulare für den Antrag auf Erlass eines Pfändungs- und Überweisungsbeschlusses einzuführen. Soweit solche Formulare eingeführt sind, **muss** sich der Antragsteller ihrer bedienen,[9] andernfalls ist der Antrag als unzulässig zurückzuweisen. Hierzu ist am 1.9.2012 die Zwangsvollstreckungsformular-Verordnung (ZVFV) in Kraft getreten.[10] Sie bestimmt die im Bereich der Forderungspfändung seit dem 1.3.2013 verbindliche Verwendung folgender Formulare:[11]

- Antrag auf Erlass eines Pfändungs- und Überweisungsbeschlusses wegen eines gesetzlichen Unterhaltsanspruchs nach § 850d ZPO (§ 2 Nr. 1 ZVFV Anlage 3)[12]
- Antrag auf Erlass eines Pfändungs- und Überweisungsbeschlusses wegen gewöhnlicher Geldforderungen (§ 2 Nr. 2 ZVFV Anlage 2)[13]

8 Die einheitlich gestalteten Formulare stehen sowohl in Papierform als auch in einer am PC ausfüllbaren und ausdruckbaren (aber leider nicht speicherbaren) Version auf den Websites des BMJ und der Landesjustizverwaltungen sowie auf dem Justizportal des Bundes und der Länder zur Verfügung.[14] Der ausgefüllte und unterschriebene Antrag

---

7 OLG Saarbrücken, Rpfleger 1991, 513.
8 OLG Frankfurt/Main, MDR 1977, 676.
9 BT-Drucks 15/4067 S. 36.
10 BGBl I 2012, 1822.
11 Vgl. auch Rdn 13 ff.
12 Abrufbar unter: http:www.bmj.de/SharedDocs/Downloads/DE/pdfs/Antrag_Erlass_Pfaendungs_Ueberweisungsbeschluss_Unterhaltsforderung.pdf?_blob=publicationFile; zu den Ausfüllhinweisen vgl. Rdn 102 ff.
13 Abrufbar unter: http:www.bmj.de/SharedDocs/Downloads/DE/pdfs/Antrag_Erlass_Pfaendungs_Ueberweisungsbeschluss_insbes_gewoehnl_Geldforderungen.pdf?_blob=publicationFile; zu den Ausfüllhinweisen vgl. Rdn 13 ff.
14 Z.B.: **gewöhnliche Geldforderungen**: http:www.bmj.de/SharedDocs/Downloads/DE/pdfs/Antrag_Erlass_Pfaendungs_Ueberweisungsbeschluss_insbes_gewoehnl_Geldforderungen.pdf?_blob=publicationFile; **Unterhaltsforderungen**: www.bmj.de/SharedDocs/Downloads/DE/pdfs/Antrag_Erlass_Pfaendungs_Ueberweisungsbeschluss_Unterhaltsforderung.pdf?_blob=publicationFile http.

A. Der Pfändungsantrag § 4

muss nebst Anlagen papiergebunden beim Gericht eingereicht werden, solange die Länder die Möglichkeit nach § 4 ZVFV, Formulare zu konzipieren, deren Daten dem Gericht zur Weiterverarbeitung übermittelt werden können, noch nicht umgesetzt haben.[15] Der Antrag kann auch in **elektronischer Form** gestellt werden (§§ 130a, 829a Abs. 2 ZPO). **Ziel** der Verwendung der verbindlichen Formulare soll insbesondere die Entlastung der Vollstreckungsgerichte sein. Durch Vereinheitlichung soll die Bearbeitung der Anträge bei Gericht effizienter werden.[16] In der Praxis wurde allerdings anfangs für Anträge auf Erlass eines Pfändungs- und Überweisungsbeschlusses das Begehren des Vollstreckungsgläubigers, im Rahmen der Forderungspfändung zügig ein Pfändungspfandrecht zu erwerben, durch teilweise übertriebenen Formalismus beeinträchtigt.[17] Die Gefahr lag für den Gläubiger darin, dass seinem Antrag wegen der Beanstandungen des Vollstreckungsgerichts nicht sofort, sondern erst nach Änderungen stattgegeben und dadurch möglicherweise das Pfandrecht wegen eines früheren Zugriffs anderer Gläubiger entwertet würde.

9

Taktischer Hinweis

10

Der BGH[18] hat in mehreren Entscheidungen die **Grenzen der den Formularzwang regelnden Normen** aufgezeigt, indem er die Verbindlichkeit des Formularzwangs eingeschränkt hat. Der Gläubiger ist vom **Formularzwang** dann **entbunden**, soweit das **Formular unvollständig, unzutreffend, fehlerhaft oder missverständlich** ist, weil die Garantie effektiven Rechtsschutzes ein wesentlicher Bestandteil des Rechtsstaats ist. In diesen, den **konkreten Fall** nicht zutreffend erfassenden Bereichen ist es daher möglich, wenn der Gläubiger im Formular **Streichungen, Berichtigungen oder Ergänzungen** vornimmt oder das Formular insoweit nicht nutzt, sondern auf **beigefügte Anlagen** verweist.

---

15 Musielak/*Voit*, Rn 2a.
16 BT-Drucks 13/341 S. 11.
17 Vgl. LG Mannheim, JurBüro 2014, 161; FoVo 2014, 33; Vollstreckung effektiv 2014, 24; LG Wuppertal, JurBüro 2014, 161; LG Koblenz, Vollstreckung effektiv 2013, 205; LG Kiel, DGVZ 2013, 132; LG Darmstadt, Beschl. v. 23.9.2013 – 5 T 415/13 –, juris; LG Düsseldorf, Beschl. v. 29.8.2013 – 25 T 373/13 –, juris; LG Mönchengladbach, Beschl. v. 13.8.2013 – 5 T 148/13 –, juris; LG Kassel, Beschl. v. 24.7.2013 – 3 T 353/13 –, juris; LG Bamberg, FoVo 2013, 154; LG Bremen, ZVI 2013, 385; LG Hannover, Beschl. v. 26.6.2013 – 55 T 38/13 –, juris; LG Mannheim, DGVZ 2013, 131; LG Leipzig, Besch. v. 21.5.2013 – 08 T 249/13, 8 T 249/13 –, juris; LG Mönchengladbach, Beschl. v. 17.5.2013 – 5 T 112/13 –, juris; LG Bielefeld, Beschl. v. 15.5.2013 – 23 T 275/13 –, juris; LG Trier, Urt. v. 15.5.2013 – 5 T 26/13 –, juris; LG Mainz. FoVo 2013, 111; LG Kiel. Rpfleger 2013, 463; LG Dortmund, Vollstreckung effektiv 2013, 123; LG Essen, Beschl. v. 28.3.2013 – 7 T 145/13 –, juris; LG München, KKZ 2013, 233.
18 BGH, Vollstreckung effektiv 2014, 59 = WM 2014, 512 = ZIP 2014, 645 = MDR 2014, 495 = JAmt 2014, 157 = Rpfleger 2014, 272 = ZVI 2014, 133 = ZInsO 2014, 856 = DGVZ 2014, 121; Vollstreckung effektiv 2014, 74 BGH, Beschluss v. 6.3.2014 – VII ZB 65/13 –, juris.

11 Aufgrund der **Mängellistung** durch den BGH hat das BMJ hat zum 1.11.2014 daher neue – überarbeitete – Formulare eingeführt. Hiernach dürfen soweit für den Antrag eine zweckmäßige Eintragungsmöglichkeit nicht besteht ein bzw. mehrere geeignete Freifelder sowie Anlagen genutzt werden (§ 3 Abs. 3 ZVFV). Inhaltliche und formale Umgestaltungen und Änderungen sind zwar weiterhin grds. unzulässig (vgl. § 3 Abs. 1 S. 1, 2 ZVFV). Wenn allerdings das Papierformat DIN A4 erhalten bleibt und die Reihenfolge und Anordnung der Formularfelder der einzelnen Seiten und die Seitenumbrüche nicht verändert werden, sind folgende Abweichungen zulässig:

1. unwesentliche Änderung der Größe der Schrift,
2. unwesentliche Änderung sonstiger Formularelemente und
3. Verwendung nur der Farben Schwarz und Weiß sowie von Grautönen, soweit die Lesbarkeit nicht beeinträchtigt wird (§ 3 Abs. 2 ZVFV).

B. Antrag auf Erlass eines Pfändungs- und Überweisungsbeschlusses insbesondere wegen gewöhnlicher Geldforderungen (§ 2 Nr. 2 ZVFV Anlage 2)

12 Die Verwendung des Formulars[19] ist für die Pfändung einer gewöhnlichen Geldforderung erforderlich. **Gewöhnliche Geldforderungen** sind in diesem Zusammenhang alle Ansprüche, die **nicht als Unterhaltsansprüche nach § 850d ZPO** einem erweiterten Pfändungszugriff des Gläubigers unterliegen. Obwohl es sich bei einem Anspruch aus einer vorsätzlich begangenen unerlaubten Handlung (§ 850f Abs. 2 ZPO; **Deliktsforderung**) ebenfalls um eine bevorrechtigte Forderung handelt, ist **nicht** das für § 850d ZPO vorgesehene Formular zu benutzen, sondern dass Formular für gewöhnliche Geldforderungen. Hinsichtlich der Bevorrechtigung im Rahmen einer Pfändung beim Arbeitgeber (Anspruch A) können unter „Sonstige Anordnungen" (Seite 8) u.a. Hinweise zur Pfändung nach § 850f Abs. 2 ZPO angebracht werden.[20]

13 Das Formular besteht insgesamt aus 9 Seiten. Der eigentliche Antrag ist hierbei auf Seite 1 zu finden. Die Seiten 2 bis 9 beinhalten dagegen lediglich einen Entwurf.

---

19 Abrufbar unter: http:www.bmj.de/SharedDocs/Downloads/DE/pdfs/Antrag_Erlass_Pfaendungs_Ueberweisungsbeschluss_insbes_gewoehnl_Geldforderungen.pdf?_blob=publicationFile.
20 Vgl. auch § 6 Rdn 479 f.

B. Antrag auf Erlass eines PfÜB wegen Geldforderungen § 4

I. Seite 1: Pfändungs- und/oder Überweisungsbeschluss?

> Antrag auf Erlass eines Pfändungs- und Überweisungsbeschlusses insbesondere wegen gewöhnlicher Geldforderungen
>
> **Es wird beantragt,** den nachfolgenden Entwurf als Beschluss auf ☐Pfändung ☐und ☐Überweisung zu erlassen.

Hier hat der Gläubiger im entsprechenden Feld zunächst anzukreuzen, ob er lediglich den
- Erlass eines **Pfändungsbeschlusses** (z.b. im Falle der Sicherungsvollstreckung gem. § 720a ZPO, der Arrestpfändung gem. § 930 ZPO, Pfändung eines Pflichtteils[21]) und/oder
- Erlass eines **Überweisungsbeschlusses** beantragt; die verbindliche Verwendung des amtlichen Formulars ist in diesem Fall allerdings nicht erforderlich (§ 2 ZVFV), sodass der Überweisungsantrag auch weiterhin formlos gestellt werden kann.[22]

II. Seite 1: Zustellung mit Aufforderung nach § 840 ZPO oder Selbstzustellung

> ☐ Zugleich wird beantragt, die Zustellung zu vermitteln (☐ mit der Aufforderung nach § 840 der Zivilprozessordnung – ZPO).
> ☐ Die Zustellung wird selbst veranlasst.

Die **Pfändung** entfaltet erst dann **Wirkung** und ist durch den **Drittschuldner** zu beachten, wenn diesem der Pfändungsbeschluss **zugestellt** ist (§ 829 Abs. 3 ZPO[23]). Wird neben dem Pfändungsbeschluss ein besonderer Überweisungsbeschluss erlassen (was regelmäßig der Fall ist), so ist dieser ebenfalls dem Drittschuldner zuzustellen (§ 121 Abs. 4 GVGA, § 835 Abs. 3 ZPO). Da die Zustellung niemals von Amts wegen, sondern immer nur auf Betreiben des Gläubigers erfolgt (sog. Zustellung im Parteibetrieb; vgl. § 192 Abs. 1 ZPO), muss der Gläubiger dies durch entsprechendes Ankreuzen im Formular kenntlich machen. Hierzu stehen dem Gläubiger zwei Alternativen zur Verfügung:

---

21 Vgl. BGH, Vollstreckung effektiv 2009, 80 = Rpfleger 2009, 393 = BGHReport 2009, 701 = NJW-RR 2009, 997 = ErbR 2009, 224 = JurBüro 2009, 377.
22 Vgl. auch § 5 Rdn 101.
23 Vgl. auch die Ausführungen zu § 5 Rdn 68 ff.

§ 4   Verbindliche Formulare für die Forderungspfändung

- Er kann die Geschäftsstelle des Vollstreckungsgerichts mit der Vermittlung der **Zustellung gem. § 840 ZPO**[24] beauftragen. Diese schaltet dann – anstelle des Gläubigers – den Gerichtsvollzieher ein
- Der Gläubiger kann aber auch die **Selbstzustellung** vornehmen. In diesem Fall darf dann aber die zuvor genannte Alternative nicht angekreuzt werden, andernfalls besteht ein Widerspruch und das Vollstreckungsgericht würde ggf. langwierige und zeitaufwendige Zwischenverfügung erlassen.

18   *Taktischer Hinweis*

Ein Gläubiger sollte sich von vornherein gut überlegen, wo er sein Kreuz setzt!

Die Entscheidung hängt im Wesentlichen von der **Anzahl der** auf Seite 3 aufgeführten **Drittschuldner** ab, insbesondere davon, ob diese in verschiedenen AG-Bezirken ansässig sind. Denn in der Praxis werden vielfach mehrere Ansprüche des Schuldners bei unterschiedlichen Drittschuldnern, die in verschiedenen Amtsgerichtsbezirken wohnen, gepfändet. Insofern muss der Gläubiger auf Seite 3 daher mehrere Drittschuldner unter Bezeichnung des zu pfändenden Anspruchs benennen. Regelmäßig wird hierbei durch den Gläubiger die **Zustellung** durch den Gerichtsvollzieher gem. **§ 840 ZPO** unter Vermittlung der Geschäftsstelle beantragt.

Hierbei sollte sich ein Gläubiger aber auch darüber Gedanken machen, bei welchem der zu bezeichnenden Drittschuldner mit größter Wahrscheinlichkeit die Pfändung erfolgreich sein wird bzw. sein könnte. Insofern spielt die **Reihenfolge der Benennung der Drittschuldner** eine große Rolle für den Pfändungserfolg. Der Grund liegt in der Regelung des § 121 Abs. 2 S. 7, 8, 9 GVGA, der die Zustellung des erlassenen Pfändungs- und Überweisungsbeschlusses regelt. Dort heißt es:

„[…]

Sollen mehrere Drittschuldner, die in verschiedenen Amtsgerichtsbezirken wohnen, aber in einem Pfändungsbeschluss genannt sind, zur Abgabe der Erklärungen aufgefordert werden, so führt zunächst der für den zuerst genannten Drittschuldner zuständige Gerichtsvollzieher die Zustellung an die in seinem Amtsgerichtsbezirk wohnenden Drittschuldner aus. Hiernach gibt er den Pfändungsbeschluss an den Gerichtsvollzieher ab, der für die Zustellung an die im nächsten Amtsgerichtsbezirk wohnenden Drittschuldner zuständig ist. Dieser verfährt ebenso, bis an sämtliche Drittschuldner zugestellt ist."

---

24 Zur Drittschuldnererklärung vgl. auch § 5 Rdn 187 ff.

B. Antrag auf Erlass eines PfÜB wegen Geldforderungen § 4

Beispiel 19

Gläubiger G pfändet wegen einer titulierten Forderung von 5.000 EUR nachfolgende Ansprüche des Schuldners:

Forderung aus Anspruch
☒ A (an Arbeitgeber)
☐ B (an Agentur für Arbeit bzw. Versicherungsträger)
Art der Sozialleistung: _____
Konto-/Versicherungsnummer: _____
☒ C (an Finanzamt)
☒ D (an Kreditinstitute)
☐ E (an Versicherungsgesellschaften)
Konto-/Versicherungsnummer: _____
☐ F (an Bausparkassen)
☐ G
☐ gemäß gesonderter Anlage(n) _____

Auf Seite 3 nimmt er folgende Eintragungen vor:

Drittschuldner (genaue Bezeichnung des Drittschuldners: Firma bzw. Vor- und Zuname, vertretungsberechtigte Person/-en, jeweils mit Anschrift; Postfach-Angabe ist nicht zulässig; bei mehreren Drittschuldnern ist eine Zuordnung des Drittschuldners zu der/den zu pfändenden Forderung/-en vorzunehmen)
Herr / Frau / Firma
XY-GmbH, Mainz (Anspruch A)
Finanzamt Koblenz ... (Anspruch C)
Postbank AG, Frankfurt/Main (Anspruch D)

Lösung

Nach Erlass des Pfändungs- und Überweisungsbeschlusses leitet die Geschäftsstelle des Vollstreckungsgerichts den Beschluss an die Gerichtsvollzieherverteilerstelle beim AG Mainz weiter. Der dort zuständige Gerichtsvollzieher stellt dem Drittschuldner (Arbeitgeber) den Pfändungs- und Überweisungsbeschlusses zu mit der Aufforderung die Drittschuldnererklärung abzugeben. Sobald dies erfolgt ist leitet er den Pfändungs- und Überweisungsbeschlusses weiter an den zuständigen Gerichtsvollzieher in Koblenz, der wiederum nach § 840 ZPO den Beschluss dem Finanzamt zustellt. Sodann wird der Beschluss an den jeweiligen Gerichtsvollzieher beim AG Frankfurt/Main weitergeleitet.

Fazit

Es erfolgt also im Rahmen der beantragten **Zustellung** nach **§ 840 ZPO** stets eine Abarbeitung in der **Reihenfolge der genannten Drittschuldner**. Bei mehreren Drittschuldnern dauert es daher entsprechend lange bis die Zustellung an den zuletzt genannten erfolgt ist. Es sollte daher der Drittschuldner als erstes genannt werden, bei dem der Gläubiger davon ausgehen kann, dass die Pfändung am ehesten Erfolg haben wird.

§ 4 Verbindliche Formulare für die Forderungspfändung

20 *Taktischer Hinweis*

Da also die beschriebene Vorgehensweise bei der Zustellung nach § 840 ZPO an mehrere Drittschuldner zu einer zeitlichen Verzögerung führt, sollte der Gläubiger zunächst unbedingt eine **Vorpfändung** gem. § 845 ZPO[25] beantragen, um dadurch ein Pfandrecht zu begründen. Hierbei muss allerdings beachtet werden, dass der Pfändungs- und Überweisungsbeschlusses dann innerhalb eines Monats dem jeweiligen Drittschuldner gem. § 829 Abs. 3 ZPO zugestellt sein muss, damit das Pfändungspfandrecht auf den Vorpfändungszeitpunkt zurückwirkt. Ist erkennbar, dass diese Frist nicht gewahrt werden kann, ist zu empfehlen eine erneute Vorpfändung zu erwirken.[26] Die Monatsfrist beginnt dann erneut zu laufen.

Eine weitere Option zur Sicherung des Gläubigers besteht aber auch in dem Antrag, dass die **Zustellung selbst veranlasst** wird.

21 *Taktischer Hinweis*

In diesem Zusammenhang sollte unbedingt mittels eines separaten Anschreibens an das Gericht pro aufgeführten Drittschuldner eine **weitere Ausfertigung** des erlassenen **Pfändungs- und Überweisungsbeschlusses** beantragt werden! Grund: nach Erlass des Pfändungs- und Überweisungsbeschlusses übersendet die Geschäftsstelle des Vollstreckungsgerichts die jeweilige Ausfertigung an den Gläubiger zurück. Dieser kann dann dem jeweiligen Gerichtsvollzieher im Bezirk der aufgeführten Drittschuldner eine Ausfertigung mit dem Auftrag zur Zustellung nach § 840 ZPO an den jeweiligen Drittschuldner übersenden. Hierdurch entstehen die jeweiligen Pfandrechte nahezu gleichzeitig.

22 Zu beachten ist hierbei, dass diese Variante **höhere Kosten** auslöst. Denn pro weiterer Ausfertigung des Pfändungs- und Überweisungsbeschlusses erfolgt auch jeweils eine gesonderte Zustellung an den Schuldner (vgl. §§ 829 Abs. 2 S. 2 ZPO, 121 Abs. 2 GVGA). Insofern fallen mehrfach Gerichtsvollzieherkosten an. Dies sollte zuvor im Rahmen einer Kosten-Nutzen-Analyse beachtet werden. Auch könnte es ggf. Probleme bei der Notwendigkeit im Rahmen des § 788 ZPO geben, sodass es hierbei eventuell zu Nachfragen bzw. Absetzungen durch das Vollstreckungsgericht kommen kann.

---

25 Vgl. § 5 Rdn 256 ff.
26 Vgl. auch § 5 Rdn 292 f.

III. Seite 1 des Formulars: Zusatzanträge

> Es wird gemäß dem nachfolgenden Entwurf des Beschlusses Antrag gestellt auf
> ☐ Zusammenrechnung mehrerer Arbeitseinkommen (§ 850e Nummer 2 ZPO)
> ☐ Zusammenrechnung von Arbeitseinkommen und Sozialleistungen (§ 850e Nummer 2a ZPO)
> ☐ Nichtberücksichtigung von Unterhaltsberechtigten (§ 850c Absatz 4 ZPO)
> ☐ _____

23

In diesem Teil des Formulars hat der Gläubiger die Möglichkeit insbesondere im Rahmen der Pfändung von Arbeitseinkommen (Anspruch A) **Zusatzanträge** zu stellen. Es werden hier folgende Antragsmöglichkeiten aufgeführt:

24

- Zusammenrechnung mehrerer Arbeitseinkommen (§ 850e Nr. 2 ZPO),[27]
- Zusammenrechnung von Arbeitseinkommen und Sozialleistungen (§ 850e Nr. 2a ZPO),[28]
- Nichtberücksichtigung von Unterhaltsberechtigten (§ 850c Abs. 4 ZPO).[29]

> *Taktischer Hinweis*
> Hat der Gläubiger die vorstehenden Anträge durch Ankreuzen gestellt, so müssen die Felder auf **Seite 7** des amtlichen Formulars ebenfalls ausgefüllt werden!

25

Im vierten **Freifeld** besteht darüber hinaus die Möglichkeit anderweitige Anträge zu stellen. Welche dies sind, lässt der Verordnungsgeber offen. Denkbar ist daher die Beantragung:

26

- der Zusammenrechnung von **mehreren Sozialleistungen** (§ 850e Nr. 2, 2a ZPO),[30]
- einer Pfändung wegen einer Forderung aus einer vorsätzlich begangenen unerlaubten Handlung (§ 850f Abs. 2 ZPO; **Deliktsanspruch**).[31] Im Textfeld kann dann z.B. eingetragen werden: „Änderung des unpfändbaren Betrages nach § 850f Abs. 2 ZPO." Auf

---

27 Vgl. auch § 6 Rdn 377 ff.
28 Vgl. auch § 6 Rdn 377 ff.
29 Vgl. auch § 6 Rdn 183 ff.
30 Vgl. auch § 6 Rdn 377 ff.
31 Vgl. § 6 Rdn 479 f.

§ 4 Verbindliche Formulare für die Forderungspfändung

Seite 8 des amtlichen Formulars kann unter „Sonstige Anordnungen" der Antrag näher begründet werden. Darüber hinaus können auch Anlagen benutzt werden.[32]

IV. Seite 1 des Formulars: Prozesskostenhilfe/Anlagen

27   Vgl. hierzu die Ausführungen zu § 850d ZPO.[33]

V. Seite 1 des Formulars: Kostenvorschuss

28

```
Anlagen:
☐ Schuldtitel und ___ Vollstreckungsunterlagen
☐ Erklärung über die persönlichen und wirt-
  schaftlichen Verhältnisse nebst ___ Belegen
☐ _____

  _____

☐ Verrechnungsscheck für Gerichtskosten
☐ Gerichtskostenstempler
```

29   Immer wieder problematisch in der gerichtlichen Praxis ist die Tatsache, dass beim Antrag auf Erlass eines Pfändungs- und Überweisungsbeschlusses nicht der erforderliche **Kostenvorschuss** nachgewiesen wird. § 12 Abs. 6 GKG bestimmt aber, dass über Anträge auf gerichtliche Handlungen der Zwangsvollstreckung gem. § 829 Abs. 1, §§ 835, 839, 846 bis 848, 857, 858, 886 -888 ZPO oder § 890 ZPO erst nach Zahlung der Gebühr für das Verfahren und der Auslagen für die Zustellung entschieden werden soll. Dies gilt **nicht** bei elektronischen Anträgen auf gerichtliche Handlungen der Zwangsvollstreckung gem. § 829a ZPO. Der Vorschuss beträgt derzeit 20 EUR (Nr. 2011 KV GKG). Es ist also ratsam dies bei der Antragstellung zu beachten und den Vorschuss direkt nachzuweisen. Dies kann durch Gerichtskostenstempler oder auch einen Verrechnungscheck erfolgen.

30   *Taktischer Hinweis*

*Oftmals unbekannt ist zudem, dass **keine Vorschusspflicht** bei der Vollstreckung von **arbeitsrechtlichen Titeln** besteht (§ 11 GKG). Da diese **Ausnahme** selbst durch die Vollstreckungsgerichte häufig nicht beachtet wird, sollte der Gläubiger bei Antragstellung unbedingt ggf. in einem gesonderten Anschreiben hierauf hinweisen. Das Ge-*

---

[32] Vgl. auch Fragen und Antworten: Formulare für die Zwangsvollstreckung; http://www.bmjv.de/DE/Themen/MarktundRecht/ZwangsvollstreckungPfaendungsschutz/_doc/_faq_zwangsvollstreckung.html?nn=1512734#[10].
[33] § 6 Rdn 293 ff.

richt muss demnach den Pfändungs- und Überweisungsbeschlusses zunächst erlassen. Sodann wird es regelmäßig die Zahlung beim Gläubiger anfordern. Um jedoch ggf. Problemen zu entgehen, ist es stets anzuraten die Einzahlung des Vorschusses direkt mit Antragstellung nachzuweisen.

VI. Seite 1 des Formulars: Einreichung ausgefüllter Seiten

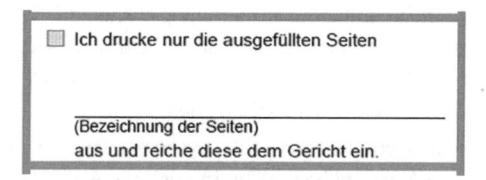

31

> ☐ Ich drucke nur die ausgefüllten Seiten
>
> _____
> (Bezeichnung der Seiten)
> aus und reiche diese dem Gericht ein.

Nach § 3 Abs. 4 ZVFV reicht es aus, wenn bei Gericht nur die vom Antragsteller im konkreten Einzelfall ausgefüllten Formularseiten eingereicht werden. Hierzu ist auf Seite 1 des Antragsformulars ein Feld eingeführt, in dem der Antragsteller angeben kann, welche Formularseiten sein Antrag umfasst. Dies soll dem Gericht die Möglichkeit geben, nachzuvollziehen, ob der Antrag vollständig eingereicht ist. Die Angabe ist jedoch nur optional.[34] Erfolgt sie nicht, soll dies nicht den Erlass des Beschlusses verzögern. Ungeachtet dessen, dass im Einzelfall also nicht alle Formularseiten eingereicht werden, umfasst der Antrag immer auch die nicht eingereichten Seiten. Dies führt aber letztlich zu der widersinnigen Konsequenz, dass das Vollstreckungsgericht die fehlenden Seiten, die ja Bestandteil des Antrags sind, eigens anfertigen muss und zwar in den Fällen, die für den Schuldner und Drittschuldner bedeutsam sind. Damit ist das Ziel der Justizentlastung weit verfehlt.

32

Beispiel

33

Gläubiger G vollstreckt in Arbeitseinkommen. Hierzu kreuzt er auf Seite 4 des Formulars „Forderung aus Anspruch A" an. Auf Seite 1 setzt er ein Kreuz vor der Formulierung „Ich drucke nur die ausgefüllten Seiten" und ergänzt 1–4, 8–9. Er lässt die Seiten 5, 6 und 7 weg.

Lösung

Das Vollstreckungsgericht muss im Beispiel die fehlenden Seiten, die für den Schuldner und Drittschuldner bedeutsam sind, eigens anfertigen. Dies betrifft hier die Seite 6. Denn dort wird auf die Berechnung des pfändbaren Nettoeinkommens

---

34 BR-Drucks 137/14, S. 29.

im Fall der Pfändung des Arbeitseinkommens hingewiesen. Diese Informationen sind sowohl für den Drittschuldner als auch den Schuldner bedeutsam. Würde diese Seite dem Drittschuldner nicht zugestellt, wüsste dieser nicht, wie er die pfändbaren Lohnanteile berechnen muss. Hinsichtlich der Seiten 5 und 7 muss seitens des Gerichts nichts erfolgen, da hier keinerlei Eintragungen vom Gläubiger vorgenommen wurden und diese Seiten auch für den vorliegenden Fall der Lohnpfändung irrelevant sind.

34 Die weitere Frage, die sich darüber hinaus aufdrängt ist, ob das Vollstreckungsgericht dem Gläubiger für die Herstellung der fehlenden, erforderlichen Seiten, die Kosten gem. Nr. 9000 Nr. 1b KV GKG als Auslage i.H.v. 0,50 EUR pro Seite in Rechnung stellen kann. In meiner Praxis habe ich dies mehrfach erlebt.

35 Die Berechnung der fehlenden Seiten als Auslage gem. Nr. 9000 Nr. 1b KV GKG ist m.E. jedoch fehlerhaft. Dieser Kostentatbestand greift nur unter der Voraussetzung, dass Kopien angefertigt worden sind, weil die Partei oder ein Beteiligter es unterlassen hat, die erforderliche Zahl von Mehrfertigungen beizufügen. Zwar hat es G im Beispiel zuvor (Rdn 33) unterlassen, die Seiten 5–7 einzureichen. Dies ist jedoch ausdrücklich durch § 3 Abs. 4 ZVFV gedeckt.

36 *Taktischer Hinweis*

Das Weglassen nicht benötigter Seiten durch den Gläubiger als Antragsteller ist nach Ansicht des Verordnungsgebers vor allem für gewerbsmäßig tätige Antragsteller von erheblicher Bedeutung, da sie zu einer deutlichen Senkung des Papierverbrauchs führt. Genau hier stellen sich in der Praxis jedoch wieder Monierungen ein. Denn wenn der Gläubiger aus Kostenersparnisgründen eine oder mehrere Seiten, die er nicht benötigt, weglässt und er dies nicht angibt – weil es ja optional ist – wird sich der Rechtspfleger ggf. die Frage stellen, weshalb diese Seiten fehlen. Folge: Es wird u.U. eine zeitaufwendige Zwischenverfügung ergehen. Insofern kann nur geraten werden, beim Weglassen einzelner Seiten dies im Formular stets anzugeben!

Auch wenn das Weglassen einzelner Seiten durch das Gesetz gedeckt ist, sollten Gläubiger zunächst bis zur Klärung der aufgetretenen Problematik weiterhin sämtliche Seiten des Vordrucks einreichen. Denn das Überprüfen des Ausfüllens des Formulars und ggf. die Auseinandersetzung mit dem Gericht hinsichtlich eventuell fehlerhafter Kostenberechnungen dürften in keinem Verhältnis zu den Mehrkosten bei Einreichung des vollständigen Formulars stehen.

VII. Seite 1 des Formulars: Datum/Unterschrift

Datum	(Unterschrift Antragsteller/-in)

Der Antrag bedarf grds. einer **Originalunterschrift**, sodass eine **eingescannte Unterschrift** in standardisierten Massenverfahren nicht genügt.[35] Das Vollstreckungsgericht hat daher bei fehlender Unterschrift frei zu würdigen, ob der Antrag ernstlich gewollt ist. Es kann bei begründeten Zweifeln, ob der ausgedruckte Antrag vom Prozessbevollmächtigten geprüft und verantwortlich gebilligt ist, eine Unterschrift verlangen.[36] Solche Zweifel können insbesondere in standardisierten Massenverfahren bestehen. Das LG Dortmund[37] hat überzeugend begründet, dass in Massenverfahren, die beim Gläubiger bzw. seinen Prozessbevollmächtigten im standardisierten Verfahren unter Verwendung von Computerprogrammen zur Erstellung der Antragsschriften und der Forderungsaufstellung betrieben werden, eine eingescannte Unterschrift nicht den sicheren Rückschluss darauf zulässt, dass der vermeintliche Verfasser der Antragsschrift diese überhaupt selbst erstellt oder sie auch nur selbst geprüft hat, bevor sie versandt worden ist. Im Interesse des Schuldnerschutzes ist es daher nicht hinnehmbar, dass eine Verantwortlichkeit für die Antragstellung nicht ausgemacht werden kann. Die **fehlende Unterschrift** kann jedoch durch **Unterzeichnung der Beschwerdeschrift nachgeholt** werden, da hierdurch die Ernsthaftigkeit des Antrags hinreichend zum Ausdruck gebracht und der Formfehler geheilt wird.[38]

37

38

VIII. Seite 2 des Formulars: Angaben zu den Parteien

Amtsgericht	
Anschrift:	
Geschäftszeichen:	
☐ Pfändungs- ☐ und ☐ Überweisungs-Beschluss in der Zwangsvollstreckungssache	

39

Dieser Abschnitt wird nach dem Ausfüllen der auf Seite 1 erforderlichen Daten am PC (Gerichtsbezeichnung, Beantragung eines Pfändungs- und Überweisungsbeschlusses oder nur einen Pfändungsbeschlusses) automatisch eingefügt.

40

---

35 LG Stuttgart, DGVZ 2014, 196; LG Trier, Urt. v. 15.5.2013 – 5 T 26/13 –, juris.
36 LG Leipzig, Beschl. v. 21.5.2013 – 08 T 249/13, 8 T 249/13 –, juris; Zöller/*Herget*, § 829 Rn 3.
37 LG Dortmund, Rpfleger 2010, 679 = FoVo 2011, 75.
38 LG Trier, Urt. v. 15.5.2013 – 5 T 26/13 –, juris.

§ 4 Verbindliche Formulare für die Forderungspfändung

41

[Formular mit Eingabefeldern für Gläubiger (des/der Herrn/Frau/Firma, vertreten durch Herrn/Frau/Firma, Aktenzeichen des Gläubigervertreters, Bankverbindung des Gläubigers / des Gläubigervertreters, IBAN, BIC: Angabe kann entfallen, wenn IBAN mit DE beginnt) und – nach „gegen" – für Schuldner (Herrn/Frau/Firma, vertreten durch Herrn/Frau/Firma, Aktenzeichen des Schuldnervertreters)]

42 Der Antrag muss die Bezeichnung **der Parteien und ihrer gesetzlichen Vertreter** enthalten. Alle mit der Zwangsvollstreckungsformular-Verordnung eingeführten Formulare sehen die Möglichkeit vor, Vertreter sowohl des Gläubigers als auch des Schuldners einzugeben (siehe dazu die Eingabefelder für die Bezeichnung von Gläubiger und Schuldner: „vertreten durch …"). In diese Formularfelder kann der Rechtsanwalt, der den Gläubiger bzw. Schuldner vertritt, eingetragen werden. Auch Angaben zur Vertretung einer Gesellschaft sind hier denkbar.

Bei dem Formular für den Antrag auf Erlass eines Pfändungs- und Überweisungsbeschlusses wegen Unterhaltsforderungen ist ein Eingabefeld für den gesetzlichen Vertreter des Gläubigers standardmäßig vorgesehen. Im Formular für den Antrag auf Erlass eines Pfändungs- und Überweisungsbeschlusses insbesondere wegen gewöhnlicher Geldforderungen ist ein solches Eingabefeld allerdings nicht enthalten. Aus Sicht des Bundesministeriums der Justiz und für Verbraucherschutz spricht aber nichts dagegen, in diesen beiden Formularen das Eingabefeld „vertreten durch" zur Eintragung des gesetzlichen Vertreters des Gläubigers zu nutzen, sofern es nicht für die Eintragung des

B. Antrag auf Erlass eines PfÜB wegen Geldforderungen § 4

Rechtsanwalts benötigt wird. Jedoch müsste dann ein zusätzlicher Hinweis angebracht werden, dass es sich um den gesetzlichen Vertreter handelt.[39]

Ist bei Antragstellung bekannt bzw. offenkundig, dass auch der **Schuldner einen Bevollmächtigten** hat, so ist dies im Antrag ebenfalls mit anzugeben. Dies spielt in der Praxis insbesondere bei Minderjährigen[40] bzw. bei unter Betreuung stehenden Personen eine Rolle. 43

Wie die **Parteibezeichnung** zu erfolgen hat – ob es insbesondere generell und zwingend der Angabe der Anschrift des Gläubigers bedarf, sofern nicht hinreichende Gründe gegenüber dem Vollstreckungsgericht glaubhaft gemacht sind, die ein Verschweigen dieser Angaben rechtfertigen – ist im Gesetz nicht ausdrücklich vorgeschrieben. Eine unmittelbare Anwendung der für das Erkenntnisverfahren vorgesehenen Vorschriften (§§ 313 Abs. 1 Nr. 1, 253 Abs. 2 Nr. 1 und Abs. 4, 130 Nr. 1 ZPO) kommt für den Antrag auf Durchführung der Zwangsvollstreckung nicht in Betracht.[41] Für die Klageschrift hat der BGH[42] angenommen, dass die Vorschrift des § 130 ZPO, auf welche für die Klageschrift in § 253 Abs. 4 ZPO verwiesen wird, ungeachtet der Fassung als bloße Ordnungsvorschrift zwingend die Angabe der ladungsfähigen Anschriften beider Parteien vorschreibt mit der Folge, dass die Klage unzulässig ist, wenn diese Angaben schlechthin oder ohne zureichenden Grund verweigert werden. Diese, für den Inhalt der Klageschrift vertretene Auffassung kann jedoch nicht ohne weiteres auf den Antrag auf Durchführung der Zwangsvollstreckung, also den Erlass eines Pfändungs- und Überweisungsbeschlusses übertragen werden. Die an den Inhalt einer Klageschrift zu stellenden strengen Anforderungen sind deshalb gerechtfertigt, weil die Klageschrift Anlass und Voraussetzung für das gerichtliche Verfahren ist, für das sie eine möglichst sichere Grundlage schaffen soll.[43] Eine vergleichbare Situation ist nicht gegeben, wenn ein Gläubiger bereits im Besitz eines Titels gegen seinen Schuldner ist – also bereits verfahrensrechtliche Beziehungen zwischen den Parteien bestehen und der Gläubiger in einem Zwangsvollstreckungsverfahren seine titulierten Rechte gegen den Schuldner durchsetzen will. Im Zwangsvollstreckungsverfahren ist es vor allem wesentlich, dass die **Identität der Parteien**, auch die des Gläubigers, **sichergestellt** ist. Der Schuldner muss davor geschützt werden, dass er nicht von einem Dritten unberechtigterweise mit einer Zwangsvollstreckung überzogen wird. Für die Feststellung der Identität kann 44

---

39 Vgl. Fragen und Antworten: Formulare für die Zwangsvollstreckung; http://www.bmjv.de/DE/Themen/MarktundRecht/ZwangsvollstreckungPfaendungsschutz/_doc/_faq_zwangsvollstreckung.html?nn=1512734#[10].
40 Vgl. § 1629 BGB.
41 KG Berlin, Rpfleger 1994, 425.
42 BGHZ 102, 232; zustimmend OLG Frankfurt/Main NJW 1992, 1178; KG Berlin, OLGZ 1991, 465.
43 BGHZ 102, 332, 335.

die Anschrift des Gläubigers von Bedeutung sein, weshalb es in jedem Falle empfehlenswert ist, in einem Antrag auf Erlass eines Pfändungs- und Überweisungsbeschlusses den Gläubiger mit seiner Anschrift zu bezeichnen. Indes ist es nicht grundsätzlich ausgeschlossen, dass die Identität des Gläubigers für die Antragstellung auch ohne Angabe der Anschrift festgestellt werden kann.[44] Bestehen an der Identität des Gläubigers keine Zweifel und ist auch sonst nichts dafür erkennbar, dass dem Schuldner daraus im Vollstreckungsverfahren Nachteile erwachsen können, dass der Gläubiger seine Anschrift verschweigt, hängt die Rechtmäßigkeit eines Pfändungs- und Überweisungsbeschlusses nicht davon ab, ob die von dem Gläubiger in dem Antrag angegebene Anschrift noch im Zeitpunkt der Antragstellung zutrifft oder ob der Gläubiger von vornherein die Angabe seiner derzeitigen Anschrift überhaupt verweigert.

45 Wird der Antrag von einem **Bevollmächtigten** des Gläubigers gestellt, ist die Vollmacht nachzuweisen. Ist allerdings der Bevollmächtigte ein **Rechtsanwalt**, gilt § 88 Abs. 1 und 2 ZPO. Der ordnungsgemäße Nachweis der Bevollmächtigung eines **Inkassounternehmens** kann ausschließlich durch Vorlage der Vollmacht im Original oder ersatzweise öffentlicher Beglaubigung erfolgen.[45] Die Vorlage einer einfachen Kopie reicht daher grds. nicht aus. **Fehlende Vertretungsmacht** eines Bevollmächtigten macht die Pfändung jedoch nicht nichtig.[46] Ein derartiger Mangel kann nach seiner Beseitigung durch nachträgliche Genehmigung geheilt werden.

46 Damit der Drittschuldner weiß wohin er pfändbare Beträge überweisen soll, ist die Angabe Bankverbindung erforderlich. **Die Angaben „IBAN" und „BIC"** (nur bei Auslandsüberweisung) sind erforderlich. Die Angabe „Kreditinstitut" wird nicht mehr benötigt, weil diese Information in der Angabe „IBAN" enthalten ist.

47 Wird der Gläubiger durch einen **Bevollmächtigten** vertreten, so ist dessen Bankverbindung anzugeben und zuvor das Kästchen „des Gläubigervertreters" anzukreuzen. Hierbei muss beachtet werden, dass es nicht Aufgabe des Vollstreckungsgerichts ist, eine beigefügte **Geldempfangsvollmacht** auf ihre Richtigkeit hin zu überprüfen. Es ist also Sache des Gläubigers bzw. dessen Vertreters und des Drittschuldners den Zahlungsverkehr untereinander zu regeln.

---

44 Vgl. auch *Stöber*, Rn 461, 492 f, 511.
45 AG Hannover, Beschl. v. 9.3.2012 – 705 M 55127/12 – juris; NJW 2010, 3313; vgl. auch LG Hannover, Beschl. v. 6.6.2011, 52 T 39/11; Beschl. v. 23.6.2009 – 55 T 47/09 -; LG Lüneburg, Beschl. v. 23.1.2009 – 6 T 7/09 -; LG Berlin, ZVI 2005, 200; LG Bielefeld, DGVZ 1993, 28; AG Hannover, Beschl. v. 16.5.2011 – 705 M 55434/11; Beschl. v. 31.3.2009 – 712 M 125227/09 - = BeckRS 2009 11533; AG Nürtingen, Beschl. v. 9.6.2009 -1 M 1611/09 – juris; AG Celle, DGVZ 2009, 113; Musielak/*Becker*, § 829 Rn 8; Musielak/*Lackmann*, § 753 Rn 8; *Stöber*, Rn 470.
46 OLG Saarbrücken, Rpfleger 1991, 513.

B. Antrag auf Erlass eines PfÜB wegen Geldforderungen § 4

Taktischer Hinweis 48

Insbesondere bei **Schuldnerbezeichnung** ist darauf zu achten, dass die **zustellungsfähige Anschrift** korrekt benannt wird. Denn für den Erlass des Pfändungs- und Überweisungsbeschlusses kommt es grds. auf den Wohnsitz des Schuldners an, den dieser im Zeitpunkt der Antragstellung hat. Ein Verstoß gegen die örtliche Zuständigkeit kann daher zur formellen Anfechtungsberechtigung führen, sodass ggf. die Pfändung im Rechtsbehelfsverfahren (§ 766 ZPO) aufzuheben ist.[47]

IX. Seite 2 des Formulars: Angaben zum Vollstreckungstitel

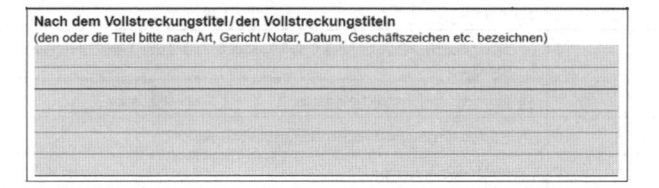

> Nach dem Vollstreckungstitel / den Vollstreckungstiteln
> (den oder die Titel bitte nach Art, Gericht/Notar, Datum, Geschäftszeichen etc. bezeichnen)

49

In diesem Teil des amtlichen Formulars sind Angaben zum jeweiligen Vollstreckungstitel erforderlich. Insofern sind bei mehreren Vollstreckungstiteln auch mehrere Angaben zu machen. 50

---

[47] Zur örtlichen Zuständigkeit vgl. auch § 3 Rdn 20 ff.

§ 4 Verbindliche Formulare für die Forderungspfändung

X. Seite 2 des Formulars: Forderungsaufstellung

51

	kann der Gläubiger von dem Schuldner nachfolgend aufgeführte Beträge beanspruchen:	
€	☐ Hauptforderung	☐ Teilhauptforderung
€	☐ Restforderung aus Hauptforderung	
€	☐ nebst ____ % Zinsen daraus / aus _____ Euro seit dem _____ ☐ bis _____	
€	☐ nebst Zinsen in Höhe von ☐ 5 Prozentpunkten ☐ 2,5 Prozentpunkten ☐ 8 Prozentpunkten ☐ ____ Prozentpunkten über dem jeweiligen Basiszinssatz daraus / aus _____ Euro seit dem _____ ☐ bis _____	
€	☐ Säumniszuschläge gemäß § 193 Absatz 6 Satz 2 des Versicherungsvertragsgesetzes	
€	☐ titulierte vorgerichtliche Kosten	☐ Wechselkosten
€	☐ Kosten des Mahn- / Vollstreckungsbescheides	
€	☐ festgesetzte Kosten	
€	☐ nebst ☐ 4 % Zinsen ☐ ____ % Zinsen daraus / aus _____ Euro seit dem _____ ☐ bis _____	
€	☐ nebst Zinsen in Höhe von ☐ 5 ☐ ____ Prozentpunkten über dem jeweiligen Basiszinssatz daraus / aus _____ Euro seit dem _____ ☐ bis _____	
€	☐ bisherige Vollstreckungskosten	
€	**Summe I**	
€ (wenn Angabe möglich)	☐ gemäß Anlage(n) _____ (zulässig, wenn in dieser Aufstellung die erforderlichen Angaben nicht oder nicht vollständig eingetragen werden können)	
€ (wenn Angabe möglich)	**Summe II** (aus Summe I und Anlage(n)) _____)	

52 Bei diesem Teil des amtlichen Formulars ergeben sich in der Praxis häufig auftretende Schwierigkeiten. Insbesondere geht es um die Frage, ob das Formular an dieser Stelle stets[48] auszufüllen ist, oder ob es ausreichend ist, dass der Gläubiger lediglich auf eine sich in der Anlage befindliche EDV-Forderungsaufstellung verweist.

53 In mehreren Entscheidungen hat der BGH[49] darauf hingewiesen, dass die den Formularzwang für Anträge auf Erlass eines Pfändungs- und Überweisungsbeschlusses regelnden

---

48 AG Hannover, Vollstreckung effektiv 2013, 117.
49 BGH, Vollstreckung effektiv 2014, 59, 74; 165; LG Neubrandenburg, JurBüro 2015, 101.

B. Antrag auf Erlass eines PfÜB wegen Geldforderungen § 4

Rechtsnormen verfassungskonform dahingehend ausgelegt werden können, dass der Gläubiger vom Formularzwang entbunden ist, soweit das Formular unvollständig, unzutreffend, fehlerhaft oder missverständlich ist. In diesen, den konkreten Fall nicht zutreffend erfassenden Bereichen ist es nicht zu beanstanden, wenn der Gläubiger im Formular Streichungen, Berichtigungen oder Ergänzungen vornimmt oder das Formular insoweit nicht nutzt, sondern auf beigefügte Anlagen verweist.

Der BGH[50] hat allerdings klargestellt, dass wenn die Forderungsaufstellung im amtlichen Formular eine **vollständige Eintragungsmöglichkeit bietet**, ausschließlich das **vorgegebene Formular zu nutzen ist**. Dies gilt selbst bei mehreren Hauptforderungen. Genau hierauf wird ein Antragsteller auf Seite 1 und speziell hinsichtlich der Angabe der zu vollstreckenden Forderungen auf Seite 3 des Formulars hingewiesen:

54

€	☐ gemäß Anlage(n) _____
(wenn Angabe möglich)	(zulässig, wenn in dieser Aufstellung die erforderlichen Angaben nicht oder nicht vollständig eingetragen werden können)

55

Daraus ergibt sich für den Gläubiger im Umkehrschluss, dass es insgesamt zulässig ist, auf eine in der **Anlage** beigefügte Forderungsaufstellung zu verweisen, wenn das **Antragsformular** für den Antrag hinsichtlich der zu vollstreckenden Forderungen auf Seite 3 **keine vollständige und zutreffende Eintragungsmöglichkeit bietet**. Dies gilt auch, wenn die zu vollstreckenden Forderungen teilweise in die vorgegebene Forderungsaufstellung hätten eingetragen werden können.[51] Der BGH löst damit ein häufig vorkommendes Problem: wenn ein Gläubiger aus mehreren Titeln zwar mit gleicher Verzinsung, aber mit unterschiedlichem Zinsbeginn vollstreckt, bietet nach Ansicht des BGH das Antragsformular auf Seite 3 keine vollständige und zutreffende Eintragungsmöglichkeit. Grund: Im Formular besteht keine Möglichkeit, mehrere (Kosten-)Forderungen nebst Zinsen mit gleicher Zinshöhe, aber unterschiedlichen Zinsläufen einzutragen. Es bietet auch nicht alternativ die Möglichkeit, ausgerechnete Zinsen einzutragen. Eine entsprechende Zeile ist nicht vorgesehen. In den Zeilen 9 und 10 können jeweils nur Beträge ggf. „nebst" Zinsen eingesetzt werden.

56

Taktischer Hinweis

57

Wollen Gläubiger eine eigene **(EDV-)Forderungsaufstellung** nutzen, sollten sie das Gericht gesondert im Freifeld auf Seite 9 bzw. 10 des jeweiligen amtlichen Formulars darauf hinweisen, dass eine Ausnahme zur BGH-Rechtsprechung vorliegt, andernfalls sind zeitraubende Zwischenverfügungen vorprogrammiert.

---

50 BGH, Vollstreckung effektiv 2016, 4; vgl. auch § 3 Abs. 3 S. 1 ZVFV.
51 BGH, Vollstreckung effektiv 2016, 152.

§ 4 Verbindliche Formulare für die Forderungspfändung

58

> ☒ nicht amtlicher Hinweis:
> Das Antragsformular bietet im vorliegenden Fall auf Seite 3 keine vollständige und zutreffende Eintragungsmöglichkeit. Daher darf der Gläubiger insgesamt auf eine in einer Anlage beigefügte Forderungsaufstellung verweisen, auch wenn eine zutreffende Eintragung der zu vollstreckenden Forderungen in die vorgegebene Forderungsaufstellung teilweise möglich ist (BGH 15.6.16, VII ZB 58/16).

59 Auf jeden Fall ist es aber unschädlich, wenn der Gläubiger neben der auf Seite 3 des amtlichen Formulars ausgefüllten Forderungsaufstellung noch **zusätzlich** eine per EDV erstellte Forderungsaufstellung beifügt. Hierbei muss jedoch unbedingt beachtet werden, dass die Summe der EDV-Forderungsaufstellung der auf Seite 3 einzutragenden Gesamtsumme entspricht.

60 Hat der Gläubiger **zulässigerweise** in Abweichung der BGH-Rechtsprechung[52] eine **(EDV-)Forderungsaufstellung** dem Antrag als **Anlage** beigefügt, so muss die Forderung nach **Hauptsache, Zinsen, Prozess- und Vollstreckungskosten** zumindest **bestimmbar** dargestellt sein. Dem genügt der Gläubiger, wenn darin diese Beträge aufgeschlüsselt sind. Ist zwar dem Antrag auf Erlass eines Pfändungs- und Überweisungsbeschlusses eine solche Forderungsaufstellung beigefügt, dem erlassenen Pfändungs- und Überweisungsbeschlusses jedoch nicht, ist dieser insoweit vom Antrag abweichende Beschluss nicht hinreichend bestimmt. Er ist dann aufzuheben.[53]

1. Teilvollstreckung

61 Was der Vollstreckungsantrag des Gläubigers bei einer **Teilvollstreckung** beinhalten muss, hängt von der jeweiligen Fallgestaltung ab.

a) Teilvollstreckung bezogen auf Haupt- und Nebenforderung und Kosten

62 Soll nur ein Teil bezogen auf Haupt-, Nebenforderung und Kosten vollstreckt werden, muss dem Vollstreckungsantrag, damit er bestimmt genug ist, eine Forderungsaufstellung beigefügt sein. Es ist zu verdeutlichen, welche Teilbeträge aus welcher Position konkret vollstreckt werden sollen. Der Gläubiger muss die Gesamtforderung darstellen und berechnen[54] und – ähnlich wie bei einer Teilklage – zweifelsfrei darstellen, auf welchen Teil dieser Forderung sich die Vollstreckung beziehen soll.

---

52 BGH, Vollstreckung effektiv 2016, 4.
53 BGH, JurBüro 2008, 606.
54 LG Bremen, JurBüro 13, 47; AG Hoyerswerda, Beschl. v. 2.7.07, 1 M 1115/07 n.v; Gottwald/*Mock*, § 829 ZPO, Rn 53.

b) Teilvollstreckung bezogen auf Hauptforderung(-en)

Bei einer Teilvollstreckung allein bezogen auf die Hauptforderung(en) sind ebenfalls unterschiedliche Fälle denkbar:[55]

- Soll aus einem Vollstreckungstitel teilvollstreckt werden, in dem nur **eine Hauptforderung** zzgl. Nebenforderung(en) tituliert worden ist und soll die **Vollstreckung ausschließlich auf einen Teil der Hauptforderung beschränkt** werden, ist eine Forderungsaufstellung entbehrlich, vorausgesetzt es sind keine auf die Hauptforderung zu verrechnenden Zahlungen des Schuldners ersichtlich. Der geltend gemachte Anspruch muss ferner tituliert und bereits im titelschaffenden Verfahren überprüft worden sein.[56] In dieser Fallkonstellation ist allein dadurch, dass der beizutreibende Teil angegeben ist, aus der titulierten Hauptforderung hinreichend erkennbar, woraus konkret vollstreckt werden soll.

- Vollstreckung aus einem Vollstreckungstitel, in dem **verschiedene Hauptforderungen mit Zug-um-Zug-Verpflichtung tituliert** sind: Hier ist es erforderlich, eine hinreichend bestimmte Aufstellung der Forderung(en) einzureichen. Es ist klarzustellen, woraus die Vollstreckung erfolgen soll.[57]

- Soll aus einem Vollstreckungstitel, in dem **mehrere Hauptforderungen** tituliert worden sind, teilweise vollstreckt werden, muss der Gläubiger im Vollstreckungsantrag seine Forderungsaufstellung beifügen. Er muss klarstellen, auf welche Teile welcher Hauptforderung sich die Vollstreckung bezieht. Auch hierbei muss erkennbar sein, woraus sich der beizutreibende Teilbetrag zusammensetzt und auf welche der titulierten Forderungen sich die Vollstreckung beziehen soll.[58] Hierdurch wird die Teilvollstreckung nicht unzumutbar erschwert.

Wie bei Teilklagen muss angegeben werden, wie sich der eingeklagte Betrag auf die einzelnen Ansprüche verteilen soll und in welcher Reihenfolge diese Ansprüche bis zu der geltend gemachten Gesamtsumme zur Entscheidung des Gerichts gestellt werden sollen.[59] Teilforderungen müssten demnach auch auf einen konkreten, bestimmten Teil einer Forderung bezogen sein. Für den Schuldner müssen die noch bestehende und die geltend gemachte Teilforderung klar erkennbar sein. Oft ist es nämlich so, dass aus Sicht des Schuldners den titulierten einzelnen Hauptforderungen unterschiedliches Gewicht beizumessen ist, z.B. wenn

---

55 Vgl. auch Gottwald/*Mock*, § 829 ZPO, Rn 53a.
56 BGH, JurBüro 2008, 606; OLG Köln, MDR 1982, 943.
57 BGH, JurBüro 2008, 606; NJW 08, 3147; LG Bremen, JurBüro 13, 47; Musielak/*Becker*, § 829 Rn 3; Gottwald/ *Mock*, § 829 Rn 53a.
58 BGH, JurBüro 2008, 606; LG Bremen, JurBüro 13, 47; Gottwald/*Mock*, § 829 Rn 53a.
59 BGH, JurBüro 2008, 606.

§ 4 Verbindliche Formulare für die Forderungspfändung

- sich an die jeweilige Hauptforderung unterschiedliche Zinsverpflichtungen anschließen,
- eine Hauptforderung aus einer vorsätzlichen unerlaubten Handlung herrührt, die vollstreckungsrechtlich (§ 850f Abs. 2 ZPO) oder insolvenzrechtlich (§ 302 Nr. 1 InsO) anders behandelt wird bzw. künftig behandelt werden könnte als eine „normale" Hauptforderung oder
- eine Nebenforderung quasi zur Hauptforderung gemacht worden ist, z.B. bei ausgerechneten Zinsen oder wenn – wie bereits ausgeführt – eine oder mehrere Hauptforderungen mit Zug-um-Zug-Verpflichtung tituliert worden sind, die auch vollstreckungsrechtlich besonders behandelt werden (§ 756 ZPO).

65 Soll aus einem **Titel, in dem eine oder mehrere Hauptforderungen sowie Nebenforderungen** tituliert worden sind, ein Teil vollstreckt werden und hat der Schuldner bereits teilweise geleistet, muss der Gläubiger im Vollstreckungsantrag hinreichend darstellen, inwieweit die Teilleistungen verrechnet worden sind.[60] Nur dann kann hinreichend bestimmt werden, woraus weiter teilweise vollstreckt werden soll.

2. Prüfung der Verrechnung von Zahlungen durch das Vollstreckungsgericht

66 Die praktische Frage und das damit verbundene Problem des Zeitverlustes für den Gläubiger, ob das Vollstreckungsgericht prüfen darf, ob der Gläubiger Zahlungen des Schuldners nach § 367 Abs. 1 ZPO verrechnet hat, hat der BGH[61] verneint. Das Vollstreckungsgericht ist im Rahmen des streng formalisierten Zwangsvollstreckungsverfahrens nicht befugt, eine vom Gläubiger vorgenommene Verrechnung an ihn geleisteter Zahlungen gem. § 367 Abs. 1 BGB auf ihre Richtigkeit zu überprüfen. Ob der Gläubiger entsprechend §§ 366, 367 BGB korrekt verrechnet und insoweit Erfüllung seiner Forderungen gem. § 362 Abs. 1 BGB eingetreten ist, ist eine materiell-rechtliche Frage. Folglich darf sie das Vollstreckungsorgan nicht prüfen. Dies muss vielmehr im Rahmen einer vom Schuldner zu erhebenden Vollstreckungsgegenklage geschehen.

67 *Taktischer Hinweis*
Hat der Schuldner daher Teilzahlungen geleistet, die zu einer Verrechnung nach § 367 Abs. 1 BGB führen und die der Gläubiger auch in seiner Forderungsaufstellung berücksichtigt hat, sollte auf die BGH-Entscheidung im amtlichen Formular auf Seite 9 bzw. 10 hingewiesen werden, um dadurch unnötige Zwischenverfügungen durch das Vollstreckungsgericht zu vermeiden:

---

60 Zöller/*Herget*, § 829 Rn 3.
61 BGH, Vollstreckung effektiv 2016, 152.

B. Antrag auf Erlass eines PfÜB wegen Geldforderungen § 4

> ☒ **nicht amtlicher Hinweis:**
> Das Vollstreckungsgericht ist im Rahmen des streng formalisierten Zwangsvollstreckungsverfahrens nicht befugt, eine vom Gläubiger vorgenommene Verrechnung an ihn geleisteter Zahlungen auf ihre Richtigkeit gemäß § 367 Abs. 1 BGB hin zu überprüfen (BGH 15.6.16, VII ZB 58/15).

XI. Drittschuldnerbezeichnung

68

> **Drittschuldner** (genaue Bezeichnung des Drittschuldners: Firma bzw. Vor- und Zuname, vertretungsberechtigte Person/-en, jeweils mit Anschrift; Postfach-Angabe ist nicht zulässig; bei mehreren Drittschuldnern ist eine Zuordnung des Drittschuldners zu der/den zu pfändenden Forderung/-en vorzunehmen)
> Herr/Frau/Firma

In diesem Zusammenhang wird zunächst auf die taktischen Ausführungen bei der Benennung **mehrerer Drittschuldner** verwiesen.[62] 69

Für die Wirksamkeit des Pfändungsbeschlusses ist die eindeutige Bezeichnung des Drittschuldners notwendig, um für die am Vollstreckungsverfahren Beteiligten und den Rechtsverkehr klarzustellen, welches Recht Gegenstand der Pfändung ist. Es muss deshalb aus dem Pfändungsbeschluss zweifelsfrei ersichtlich sein, gegen wen dem Schuldner die gepfändete Forderung zusteht.[63] Der Drittschuldner ist im Pfändungs- und Überweisungsbeschluss daher so zu bezeichnen, dass über seine Identität auch für Dritte kein Zweifel besteht.[64] Der Pfändungs- und Überweisungsbeschluss muss daher bei verständiger Auslegung erkennen lassen, gegen wen sich das Zahlungsverbot richtet. Denn erst die Zustellung des Pfändungs- und Überweisungsbeschlusses an den Drittschuldner ist gem. § 829 Abs. 3 ZPO i.V.m. § 835 Abs. 3 ZPO Voraussetzung einer wirksamen Pfändung und Überweisung.[65] 70

Diesen Anforderungen genügt i.d.R. der Antrag des Gläubigers, der die Drittschuldnerin als „Sparkasse ...." bezeichnet.[66] Denn nach den Sparkassengesetzen[67] sind Sparkassen rechtsfähige Anstalten des öffentlichen Rechts. Es ergibt sich damit aus dem Gesetz, 71

---

62 Rdn 17 ff.
63 BGH, Beschl. v. 2.12.2015 – VII ZB 36/13; NJW-RR 2006, 425; WM 1987, 1311, 1312; *Jurgeleit*, Die Haftung des Drittschuldners, 2. Aufl., Rn 20.
64 BGH, WM 1987, 1311; BAG, NJW 2009, 2324 = FoVo 2009, 246; OLG Brandenburg, JurBüro 2003, 48.
65 BAG, AP ZPO § 829 Nr. 3 = EzA ZPO § 829 Nr. 1.
66 BGH, FoVo 2016, 75 = Rpfleger 2016, 298.
67 Hier für Baden-Württemberg in der Fassung der Bekanntmachung vom 19.7.2005 (GBl. 2005, S. 587).

§ 4 Verbindliche Formulare für die Forderungspfändung

dass eine Drittschuldnerin als Sparkasse Trägerin von Rechten und Pflichten ist. Die Bezeichnung „Sparkasse" ist deshalb die Bezeichnung für eine Rechtsform, ohne dass es eines Zusatzes bedürfte.

72 Eine **ungenaue oder unrichtige Drittschuldnerbezeichnung** bewirkt aber nicht zwangsläufig die Nichtigkeit des Beschlusses, wenn trotz der ungenauen oder unrichtigen Bezeichnung zweifelsfrei feststeht, wer Drittschuldner ist.[68] Eine Erkennbarkeit des Drittschuldners im Pfändungsbeschluss ist daher auch dann gegeben und zu bejahen, wenn der Drittschuldner im Pfändungsbeschluss zwar nicht namentlich bezeichnet ist, jedoch auf sonstige Weise im Pfändungsbeschluss deutlich erkennbar gemacht ist, insbesondere durch Bezugnahme auf Verträge oder sonstige Urkunden oder auf andere Art so genau bezeichnet ist, dass er und alle dritten Personen das Zahlungsverbot als gegen ihn gerichtet erkennen können.[69] Nach diesen Grundsätzen sind auch **Geschäfts- und Betriebsbezeichnungen ohne Inhaberangabe**, wie z.B. „Hotel zur Post", „Marienapotheke", „Café am Hauptmarkt" auszulegen. Sie genügen grds. für eine ausreichende Drittschuldnerbezeichnung. Nur bei **offenkundiger Unrichtigkeit** der Geschäftsbezeichnung hat das Vollstreckungsgericht auf eine Ergänzung des Antrags hinzuwirken. In allen sonstigen Fällen kann von ihm eine Nachprüfung und Richtigstellung der Angaben des Gläubigers nicht verlangt werden.

73 *Taktischer Hinweis*

*Der Pfändungs- und Überweisungsbeschlusses kann in Bezug auf eine **unrichtige Drittschuldnerbezeichnung bei einer offensichtlichen Unrichtigkeit gem. § 319 ZPO berichtigt werden**.[70] Dies setzt allerdings voraus, dass Gläubiger und Schuldner identisch bleiben und nicht auch die Forderung berichtigt werden soll.*

74 In diesem Zusammenhang kommt es in der Praxis bei Bezeichnung einer **Gesellschaft bürgerlichen Rechts** (GbR) als Drittschuldnerin immer wieder vor, dass die Zustellung des Pfändungs- und Überweisungsbeschlusses an diese an deren Geschäftssitz erfolglos ist. In diesem Fall soll dann die Zustellung durch den Gerichtsvollzieher auch an die **Privatanschrift des Gesellschafters** erfolgen. Da der Drittschuldner weiter ausreichend erkennbar ist, ist nämlich eine bloße **Adressänderung** keine Veränderung in der Rechtsperson des Drittschuldners.[71]

---

[68] BAG, 15.11.1972 – 5 AZR 146/72 = AP ZPO § 850 Nr. 7; BGH, NJW 1967, 821; BB 1961, 302.
[69] RGZ 42, 325, 330; LG München II, Rpfleger 2006, 664.
[70] KG Berlin, VersR 2008, 69 m.w.N.
[71] AG Miesbach, JurBüro 2006, 441.

B. Antrag auf Erlass eines PfÜB wegen Geldforderungen § 4

Diese Ansicht verkennt allerdings, dass die GbR auch eine eigene Rechtspersönlichkeit sein kann. Daher ist bzgl. der Wirksamkeit einer Pfändung der Forderung gegenüber der GbR bzw. den persönlich haftenden Gesellschaftern zu differenzieren. Geht es nämlich um **Forderungen gegen die GbR in Form einer Außengesellschaft**,[72] die als solche unter einer eigenen Bezeichnung im Rechtsverkehr auftritt, so ist zu unterscheiden zwischen

- den Ansprüchen gegen die Gesellschaft selbst, soweit ihr eine eigene Rechtsfähigkeit zukommt bzw.

- den Ansprüchen gegen die Gesellschafter in ihrer gesamthänderischen Verbundenheit einerseits und der gesamtschuldnerischen Haftung der Gesellschafter mit ihrem sonstigen Privatvermögen.

Soll in einer solchen Konstellation der Anspruch gegen die Gesellschaft bzw. gegen die Gesamthandgemeinschaft gepfändet werden, so genügt für das Wirksamwerden des Pfändungs- und Überweisungsbeschlusses die Zustellung an den geschäftsführenden Gesellschafter (bzw. den zustellungsbevollmächtigten rechtsgeschäftlichen Vertreter der Gesellschaft, § 173 ZPO). 75

Sollen dagegen die Forderungen gegen den einzelnen, auch persönlich haftenden BGB-Gesellschafter gepfändet werden, so bedarf es der Zustellung eines Pfändungsbeschlusses an diesen.[73] 76

---

72 Vgl. auch BGH, NJW 2001, 1056.
73 BGH, NJW 1998, 2904 m.w.N.; OLG Brandenburg, JurBüro 2003, 48.

§ 4 Verbindliche Formulare für die Forderungspfändung

XII. Zu pfändende Forderung(en)

77

Forderung aus Anspruch
- ☐ A (an Arbeitgeber)
- ☐ B (an Agentur für Arbeit bzw. Versicherungsträger)
  Art der Sozialleistung: _____
  Konto-/Versicherungsnummer: _____
- ☐ C (an Finanzamt)
- ☐ D (an Kreditinstitute)
- ☐ E (an Versicherungsgesellschaften)
  Konto-/Versicherungsnummer: _____
- ☐ F (an Bausparkassen)
- ☐ G
- ☐ gemäß gesonderter Anlage(n)

Anspruch A (an Arbeitgeber)
1. auf Zahlung des gesamten gegenwärtigen und künftigen Arbeitseinkommens (einschließlich des Geldwertes von Sachbezügen)
2. auf Auszahlung des als Überzahlung jeweils auszugleichenden Erstattungsbetrages aus dem durchgeführten Lohnsteuer-Jahresausgleich sowie aus dem Kirchenlohnsteuer-Jahresausgleich für das Kalenderjahr _____ und für alle folgenden Kalenderjahre
3. auf
_____
_____
_____

Anspruch B (an Agentur für Arbeit bzw. Versicherungsträger)
auf Zahlung der gegenwärtig und künftig nach dem Sozialgesetzbuch zustehenden Geldleistungen. Die Art der Sozialleistungen ist oben angegeben.

Anspruch A und B
Die für die Pfändung von Arbeitseinkommen geltenden Vorschriften der §§ 850 ff. ZPO in Verbindung mit der Tabelle zu § 850c Absatz 3 ZPO in der jeweils gültigen Fassung sind zu beachten.

78

Anspruch C (an Finanzamt)
auf Auszahlung
1. des als Überzahlung auszugleichenden Erstattungsbetrages bzw. des Überschusses, der sich als Erstattungsanspruch bei Abrechnung der auf die Einkommensteuer (nebst Solidaritätszuschlag) und Kirchensteuer sowie Körperschaftsteuer anzurechnenden Leistungen für das abgelaufene Kalenderjahr _____ und für alle früheren Kalenderjahre ergibt
2. des Erstattungsbetrages, der sich aus dem Erstattungsanspruch zu viel gezahlter Kraftfahrzeugsteuer für das Kraftfahrzeug mit dem amtlichen Kennzeichen _____ ergibt

Erstattungsgrund:
_____
_____
_____

B. Antrag auf Erlass eines PfÜB wegen Geldforderungen §4

Anspruch D (an Kreditinstitute)

1. auf Zahlung der zu Gunsten des Schuldners bestehenden Guthaben seiner sämtlichen Girokonten (insbesondere seines Kontos _____) bei diesem Kreditinstitut einschließlich der Ansprüche auf Gutschrift der eingehenden Beträge; mitgepfändet wird die angebliche (gegenwärtige und künftige) Forderung des Schuldners an den Drittschuldner auf Auszahlung eines vereinbarten Dispositionskredits („offene Kreditlinie"), soweit der Schuldner den Kredit in Anspruch nimmt
2. auf Auszahlung des Guthabens und der bis zum Tag der Auszahlung aufgelaufenen Zinsen sowie auf fristgerechte bzw. vorzeitige Kündigung der für ihn geführten Sparguthaben und/oder Festgeldkonten, insbesondere aus Konto _____
3. auf Auszahlung der bereitgestellten, noch nicht abgerufenen Darlehensvaluta aus einem Kreditgeschäft, wenn es sich nicht um zweckgebundene Ansprüche handelt
4. auf Zahlung aus dem zum Wertpapierkonto gehörenden Gegenkonto, insbesondere aus Konto _____ , auf dem die Zinsgutschriften für die festverzinslichen Wertpapiere gutgebracht sind
5. auf Zutritt zu dem Bankschließfach Nr. _____ und auf Mitwirkung des Drittschuldners bei der Öffnung des Bankschließfachs bzw. auf die Öffnung des Bankschließfachs allein durch den Drittschuldner zum Zweck der Entnahme des Inhalts
6. auf _____

Hinweise zu Anspruch D:
Auf §835 Absatz 3 Satz 2 ZPO (Zahlungsmoratorium von vier Wochen) und §835 Absatz 4 ZPO wird der Drittschuldner hiermit hingewiesen.
Pfändungsschutz für Kontoguthaben und Verrechnungsschutz für Sozialleistungen und für Kindergeld werden seit dem 1. Januar 2012 nur für Pfändungsschutzkonten nach §850k ZPO gewährt.

Anspruch E (an Versicherungsgesellschaften)

1. auf Zahlung der Versicherungssumme, der Gewinnanteile und des Rückkaufwertes aus der Lebensversicherung/den Lebensversicherungen, die mit dem Drittschuldner abgeschlossen ist/sind
2. auf das Recht zur Bestimmung desjenigen, zu dessen Gunsten im Todesfall die Versicherungssumme ausgezahlt wird, bzw. auf das Recht zur Bestimmung einer anderen Person an Stelle der von dem Schuldner vorgesehenen
3. auf das Recht zur Kündigung des Lebens-/Rentenversicherungsvertrages, auf das Recht auf Umwandlung der Lebens-/Rentenversicherung in eine prämienfreie Versicherung sowie auf das Recht zur Aushändigung der Versicherungspolice

Ausgenommen von der Pfändung sind Ansprüche aus Lebensversicherungen, die nur auf den Todesfall des Versicherungsnehmers abgeschlossen sind, wenn die Versicherungssumme den in §850b Absatz 1 Nummer 4 ZPO in der jeweiligen Fassung genannten Betrag nicht übersteigt.

Anspruch F (an Bausparkassen)
aus dem über eine Bausparsumme von (mehr oder weniger) _____ Euro
abgeschlossenen Bausparvertrag Nr. _____ ,
insbesondere Anspruch auf
1. Auszahlung des Bausparguthabens nach Zuteilung
2. Auszahlung der Sparbeiträge nach Einzahlung der vollen Bausparsumme
3. Rückzahlung des Sparguthabens nach Kündigung
4. das Kündigungsrecht selbst und das Recht auf Änderung des Vertrags
5. auf _____

§ 4   Verbindliche Formulare für die Forderungspfändung

81

```
Anspruch G
(Hinweis: betrifft Anspruch an weitere Drittschuldner bzw. schon aufgeführte Drittschuldner,
soweit Platz unzureichend)
```

82 Der **Pfändungsbeschluss** ist als gerichtlicher Hoheitsakt **auslegungsfähig**.[74] Auslegungsgrundlage ist allein der objektive Inhalt des Pfändungsbeschlusses, weil auch für andere Personen als die unmittelbar Beteiligten – insbesondere für weitere Gläubiger – allein aus dem Pfändungsbeschluss erkennbar sein muss, welche Forderung gepfändet worden ist. Unerheblich ist im Interesse des sicheren Rechtsverkehrs z.b. auch, dass Gläubiger, Schuldner und Drittschuldner übereinstimmend wissen, dass der Schuldner nur über eine einzige Forderung gegen den Drittschuldner verfügt. Der Pfändungsbeschluss muss vielmehr die zu pfändende Forderungen und ihren Rechtsgrund so genau bezeichnen, dass bei verständiger Auslegung unzweifelhaft feststeht, welche Forderungen Gegenstand der Zwangsvollstreckung sein sollen. Die Auslegung hat somit vom Wortlaut auszugehen und nach objektiven Gesichtspunkten zu erfolgen. Ganz offenkundige Tatsachen können für die Auslegung oder zur Ergänzung des Beschlusses herangezogen werden, nicht jedoch außerhalb des Beschlusses liegende Umstände.[75] Es genügt nicht, dass der Pfändungsbeschluss die zu pfändende Forderung so bestimmt bezeichnet, dass bei

---

[74] BGH, ZInsO 2018, 1804 = MDR 2018, 1080 = NJW 2018, 2732; NJW 1988, 2543; BAG, NJW 2009, 2324; BAG 15.1.1975 – 5 AZR 367/74.
[75] BGH, Vollstreckung effektiv 2017, 146 = = FoVo 2017, 167;InVo 2005, 363 = WM 2005, 1037 = ZInsO 2005, 596 = ZIP 2005, 1198 = Rpfleger 2005, 450 = DZWIR 2005, 343 = BGHReport 2005, 1082 = ZVI 2005, 419 = MDR 2005, 1135 = NJW-RR 2005, 1361 = KKZ 2006, 178; MDR 2001, 1133 = WM 2001, 1223 = NJW 2001, 2976 = BGHReport 2001, 858 = KTS 2001, 476 = KKZ 2002, 39.

B. Antrag auf Erlass eines PfÜB wegen Geldforderungen § 4

verständiger Auslegung für die unmittelbar Beteiligten, also den Pfändungsgläubiger, den Schuldner und den Drittschuldner kein Zweifel zurückbleibt. Vielmehr darf auch für Dritte, z.B. andere Gläubiger, kein Zweifel bestehen, welche Forderungen vom Pfändungsbeschluss erfasst werden. Allerdings ist es nicht erforderlich, dass die Forderung in all ihren Einzelheiten gekennzeichnet wird und das Rechtsverhältnis, aus dem die gepfändete Forderung hergeleitet wird, gem. der wahren Rechtslage zutreffend bezeichnet wird. Es reicht aus, dass dieses **Rechtsverhältnis wenigstens in allgemeinen Umrissen angegeben** wird. Diese Einschränkungen sind geboten, weil der pfändende Gläubiger die zwischen dem Schuldner und dem Drittschuldner bestehenden Beziehungen oftmals nur oberflächlich kennt.[76]

In Anlehnung an diese obergerichtliche Rechtsprechung versucht das amtliche Formular an dieser Stelle die gängigsten pfändbaren Forderungen, z.b. gegen Arbeitgeber, Versicherungsträger oder Banken zu umfassen. Es ist jedoch nicht möglich, in dem verbindlichen Formular sämtliche Forderungen abzubilden, die der Pfändung unterliegen, ohne den Umfang eines solchen Formulars in nicht vertretbarer Weise zu sprengen. In den Kästen für „Anspruch A (an Arbeitgeber)", „Anspruch D (an Kreditinstitute)" und „Anspruch F (an Bausparkassen)" besteht daher die Möglichkeit, weitere Forderungen an den Arbeitgeber, die Kreditinstitute und Bausparkassen einzutragen. Unter „Anspruch G (an Sonstige)" können alle nicht genannten pfändbaren Ansprüche im Rahmen von § 829 ZPO eingetragen werden, die sich den anderen Rubriken (siehe Anspruch A und D) nicht zuordnen lassen, so z.B. Miet-, Kaufpreisansprüche. Sollten die Eintragungsmöglichkeiten nicht ausreichen, können Anlagen beigefügt werden.[77]

83

---

[76] Vgl. auch § 5 Rdn 52 ff.
[77] Hinsichtlich der einzelnen zu pfändenden Ansprüche wird auf die jeweiligen Ausführungen zu Rdn 119 ff. verwiesen.

§ 4 Verbindliche Formulare für die Forderungspfändung

XIII. Besondere Anordnungen

84

> ☐ **Es wird angeordnet**, dass zur Berechnung des nach § 850c ZPO pfändbaren Teils des Gesamteinkommens zusammenzurechnen sind:
>
> ☐ Arbeitseinkommen bei Drittschuldner (genaue Bezeichnung)
>
> _____ und
>
> ☐ Arbeitseinkommen bei Drittschuldner (genaue Bezeichnung)
>
> _____ .
>
> Der unpfändbare Grundbetrag ist in erster Linie den Einkünften des Schuldners bei Drittschuldner (genaue Bezeichnung)
>
> _____ zu entnehmen,
> weil dieses Einkommen die wesentliche Grundlage der Lebenshaltung des Schuldners bildet.

> ☐ **Es wird angeordnet**, dass zur Berechnung des nach § 850c ZPO pfändbaren Teils des Gesamteinkommens zusammenzurechnen sind:
>
> ☐ laufende Geldleistungen nach dem Sozialgesetzbuch von Drittschuldner (genaue Bezeichnung der Leistungsart und des Drittschuldners)
>
> _____ und
>
> ☐ Arbeitseinkommen bei Drittschuldner (genaue Bezeichnung)
>
> _____ .
>
> Der unpfändbare Grundbetrag ist in erster Linie den laufenden Geldleistungen nach dem Sozialgesetzbuch zu entnehmen. Ansprüche auf Geldleistungen für Kinder dürfen mit Arbeitseinkommen nur zusammengerechnet werden, soweit sie nach § 76 des Einkommensteuergesetzes (EStG) oder nach § 54 Absatz 5 des Ersten Buches Sozialgesetzbuch (SGB I) gepfändet werden können.

> ☐ Gemäß § 850c Absatz 4 ZPO wird **angeordnet**, dass
>
> ☐ der Ehegatte   ☐ der Lebenspartner/die Lebenspartnerin   ☐ das Kind/die Kinder
>
> bei der Berechnung des unpfändbaren Teils des Arbeitseinkommens
>
> ☐ nicht   ☐ nur teilweise
>
> als Unterhaltsberechtigte/-r zu berücksichtigen sind/ist.
>
> (Begründung zu Höhe und Art des eigenen Einkommens)
>
> _____
>
> _____

85 Das Ausfüllen der vorgegebenen Felder ist bedeutsam und muss erfolgen, wenn der Gläubiger zuvor auf Seite 1 die entsprechenden Zusatzanträge gem. **§§ 850e Nr. 2, 2a, 850c Abs. 4 ZPO** gestellt hat.[78]

---

78 vgl. auch § 6 Rdn 183 ff., 377 ff.

XIV. Anordnungen/sonstige Anordnungen

> ☒ Es wird angeordnet, dass
>
> ☐ der Schuldner die Lohn- oder Gehaltsabrechnung oder die Verdienstbescheinigung einschließlich der entsprechenden Bescheinigungen der letzten drei Monate vor Zustellung des Pfändungs- und Überweisungsbeschlusses an den Gläubiger herauszugeben hat
>
> ☐ der Schuldner das über das jeweilige Sparguthaben ausgestellte Sparbuch (bzw. die Sparurkunde) an den Gläubiger herauszugeben hat und dieser das Sparbuch (bzw. die Sparurkunde) unverzüglich dem Drittschuldner vorzulegen hat
>
> ☐ ein von dem Gläubiger zu beauftragender Gerichtsvollzieher für die Pfändung des Inhalts Zutritt zum Schließfach zu nehmen hat
>
> ☐ der Schuldner die Versicherungspolice an den Gläubiger herauszugeben hat und dieser sie unverzüglich dem Drittschuldner vorzulegen hat
>
> ☐ der Schuldner die Bausparurkunde und den letzten Kontoauszug an den Gläubiger herauszugeben hat und dieser die Unterlagen unverzüglich dem Drittschuldner vorzulegen hat
>
> ☐ _____

86

In diesem Teil des Formulars kann der Gläubiger entsprechende Anordnungen beantragen, die ihm dabei helfen die gepfändete Forderung auch durchzusetzen. Der Schuldner muss nämlich nach § 836 Abs. 3 S. 1 ZPO[79] die über die Forderung vorhandenen **Urkunden herausgeben**. Diese Herausgabepflicht betrifft Urkunden, die den Gläubiger als zur Empfangnahme der Leistung berechtigt legitimieren sowie solche, die den Bestand der Forderung beweisen oder sonst der Ermittlung oder dem Nachweis ihrer Höhe, Fälligkeit oder Einredefreiheit dienen.[80] Die vom Schuldner herauszugebenden Urkunden sind im Pfändungs- und Überweisungsbeschluss im Einzelnen zu bezeichnen, was allerdings auch noch später durch **Ergänzungsbeschluss** nachgeholt werden kann. Eine besondere Herausgabeanordnung ist dagegen grds. nicht erforderlich. Der Gläubiger kann eine solche Anordnung jedoch verlangen, wenn hierdurch die vom Schuldner herauszugebenden Urkunden näher bezeichnet werden sollen. Die Aufnahme einer Herausgabeanordnung im Pfändungs- und Überweisungsbeschluss ist nicht davon abhängig, dass der Gläubiger darlegt, dass er an der Herausgabe der über die Forderung vorhandenen Urkunden im Einzelfall ein besonderes Rechtsschutzinteresse hat.[81]

87

Das Formular gibt im Rahmen der Lohn- und Gehalts- (Anspruch A), Pfändung von Lebensversicherungsansprüchen (Anspruch E), Kontopfändung (Anspruch D), Pfändung bei Bausparkassen (Anspruch F) die Ankreuzmöglichkeit bereits vorformulierter

88

---

[79] Vgl. auch § 5 Rdn 130 ff.
[80] BGH, Vollstreckung effektiv 2012, 74 = ZBB 2012, 231 = LMK 2012, 333523 = DB 2012, 1507 = WM 2012, 542 = EBE/BGH 2012, 98 = NJW 2012, 1081 = ZInsO 2012, 599 = ZIP 2012, 890 = MDR 2012, 546 = DGVZ 2012, 95.
[81] BGH, Vollstreckung effektiv 2006, 147 = FoVo 2008, 161.

§ 4 Verbindliche Formulare für die Forderungspfändung

Texte vor. Im Hinblick auf die unter Anspruch G einzutragenden Pfändungsmöglichkeiten solcher Ansprüche, die gerade nicht im Formular aufgelistet werden, besteht darüber hinaus in einem freien Ankreuzfeld die Möglichkeit weitere Anordnungen einzutragen.

89

> ☐ Sonstige Anordnungen:
> _____
> _____
> _____
> _____

90 An dieser Stelle des Formulars können weitere Anordnungen, die nicht die Herausgabe bestimmter Unterlagen betreffen, durch den Gläubiger eingetragen werden. Dies betrifft z.B. Anordnungen nach § 850f Abs. 2 ZPO. Dies sehen die „Quick-Infos" des BMJ zum Ausfüllen des Formulars vor.

XV. Antrag auf Überweisung

91

> Der Drittschuldner darf, soweit die Forderung gepfändet ist, an den Schuldner nicht mehr zahlen. Der Schuldner darf insoweit nicht über die Forderung verfügen, sie insbesondere nicht einziehen.
> ☐ Zugleich wird dem Gläubiger die zuvor bezeichnete Forderung in Höhe des gepfändeten Betrages
> ☐ zur Einziehung überwiesen.   ☐ an Zahlungs statt überwiesen.

92 Dieser Abschnitt des Formulars betrifft zum einen im oberen Teil das erforderliche vorformulierte Drittschuldner- und Schuldnerverbot (sog. **Arrestatorium** und **Inhibitorium**, § 829 Abs. 1 ZPO).[82]

Im Weiteren muss der Gläubiger dann beim zeitgleichen Antrag auf Erlass eines Pfändungs- und Überweisungsbeschlusses[83] wählen, welche **Überweisungsart** er bevorzugt.

Hierbei kann er ankreuzen, dass die ihm die zuvor bezeichnete Forderung in Höhe des gepfändeten Betrages entweder „zur Einziehung" oder „an Zahlungs statt" überwiesen wird (§ 835 ZPO).[84]

---

82 Vgl. auch § 5 Rdn 35 ff.
83 Dies muss zunächst auf Seite 1 des Formulars beantragt werden.
84 Zu den unterschiedlichen Auswirkungen der Überweisungsarten vgl. auch § 5 Rdn 95 ff.

Die **Überweisung unterbleibt**, d.h. es ist kein Kreuz zu setzen, im Falle 93
- der Sicherungsvollstreckung (§ 720a ZPO),
- der Arrestpfändung (§ 930 ZPO) sowie mitunter
- im Falle der Pfändung eines Pflichtteils.[85]

In diesen Fällen erfolgt die Überweisung zeitlich später. Soweit die Forderung zuvor bereits durch Beschluss gepfändet worden ist, ist für den **nachträglichen Antrag auf Überweisung** der Forderung die **Nutzung des amtlichen Formulars nicht verbindlich** (§ 2 S. 2 ZVFV). 94

XVI. Weitere Anträge/Hinweise

95

Dieses Kästchen, das sich vor dem Ausfertigungsvermerk befindet, bietet sich für **zusätzliche Anträge oder Hinweise** an.[86] Dies sehen ebenfalls die „Quick-Infos" des BMJ zum Ausfüllen des Formulars vor. Dieses (Hinweis-)Kästchen befindet sich hinter dem Kästchen für den Überweisungsbeschluss zur Einziehung oder an Zahlung statt. Es befindet sich also am Schluss des Formulars und kann, wenn es als „**nichtamtlicher Hinweis**" bezeichnet ist, nicht mit einer gerichtlichen Anordnung verwechselt werden. Dort können z.b. **Hinweise zur Verrechnungsbestimmung**[87] angebracht werden, denn eine von § 367 BGB abweichende Verrechnung von Zahlungen ist für die Berechnung der Gesamthöhe der gepfändeten Forderung von Bedeutung und zur Bestimmbarkeit des Umfangs des Pfändungs- und Überweisungsbeschlusses für den Drittschuldner notwendig. Ebenfalls können dort Hinweise zur geltend gemachten **Inkassovergütung** angebracht werden.[88] 96

---

85 Vgl. BGH, Vollstreckung effektiv 2009, 80 = Rpfleger 2009, 393 = BGHReport 2009, 701 = NJW-RR 2009, 997 = ErbR 2009, 224 = JurBüro 2009, 377; vgl. auch § 8 Rdn 279 ff.
86 Zur Eintragung eines Hinweises zur Berechnung des pfändbaren Betrages aufgrund der sog. Nettomethode vgl. auch § 6 Rdn 350.
87 Vgl. auch Rdn 67 f.
88 Vgl. auch Rdn 101.

§ 4 Verbindliche Formulare für die Forderungspfändung

XVII. Gerichts-, Rechtsanwalts- und Inkassokosten

97

I. Gerichtskosten	
Gebühr gemäß GKG KV Nr. 2111	€
II. Anwaltskosten gemäß RVG	
Gegenstandswert:	€
1. Verfahrensgebühr VV Nr. 3309, ggf. i.V.m. Nr. 1008	€
2. Auslagenpauschale VV Nr. 7002	€
3. Umsatzsteuer VV Nr. 7008	€
Summe von II.	€
Summe von I. und II.:	€
☐ Inkassokosten gemäß § 4 Absatz 4 des Einführungsgesetzes zum Rechtsdienstleistungsgesetz (RDGEG) gemäß Anlage(n)	

98   Hier kann der durch den Antragsteller zu zahlende Gerichtskostenvorschuss i.h.v. derzeit 20 EUR geltend gemacht werden. Ebenso kann ein Rechtsanwalt, der den Gläubiger im Verfahren auf Erlass eines Pfändungs- und Überweisungsbeschlusses vertritt, an dieser Stelle seine Vergütungsansprüche gem. dem RVG eintragen. Diese Kosten stellen notwendige Kosten der Zwangsvollstreckung gem. § 788 Abs. 1 ZPO dar und können zugleich mit dem zur Zwangsvollstreckung stehenden Anspruch beigetrieben werden.

99   Ebenfalls dürfen **registrierte Inkassounternehmen**, die den Gläubiger vertreten, gem. § 4 Abs. 4 RDGEG i.V.m. § 788 ZPO ihre entstandenen Kosten in einer Anlage geltend machen, wenn an der entsprechenden Stelle des Formulars ein Kreuz gesetzt wird. Hierbei bestehen seitens der Inkassodienstleister zwei Varianten:

100   ■ entweder **die Verwendung einer gesonderten Anlage**

Musterformulierung/Berechnung der Inkassovergütung	
I. Gerichtskosten	
Gebühr gem. GKGKV Nr. 2111	20 EUR
II. Inkassokosten gem. § 4 Abs. 4 S. 1 RDGEG, § 788 ZPO	
Gegenstandswert:	… EUR
1. Verfahrensgebühr nach VV Nr. 3309, 1008	… EUR
2. Auslagenpauschale nach VV Nr. 7002	… EUR
3. Umsatzsteuer nach VV Nr. 7008	… EUR
Summe von II.	… EUR
Summe von I. und II.	… EUR

■ oder der in der Praxis bewährte nachfolgende **Hinweis im Formular** auf Seite 9 (vor der Unterschrift des Rechtspflegers): 101

> ☒ Der Gläubiger wird durch einen registrierten Inkassodienstleister nach dem Rechtsdienstleistungsgesetz (Az: ...) vertreten. Dessen Vergütung berechnet sich nach § 4 Abs. 4 RDGEG i.V.m. § 788 ZPO und in entsprechender Anwendung der Bestimmungen des Rechtsanwaltsvergütungsgesetzes. Die Vergütung ist unter "II. Anwaltskosten gem. RVG" aufgeführt

C. Antrag auf Erlass eines Pfändungs- und Überweisungsbeschlusses wegen Unterhaltsforderungen (§ 2 Nr. 1 ZVFV Anlage 3)

Mit diesem speziellen Formular[89] werden Forderungen des Schuldners wegen **gesetzlicher**[90] – also nicht vertraglicher – **Unterhaltsansprüche nach § 850d ZPO** gepfändet. 102

Das zehnseitige Formular umfasst ebenfalls wie das Formular für die Pfändung bei gewöhnlichen Geldforderungen die in der Praxis gängigsten pfändbaren Forderungen. Insofern wird auf die dortigen Ausführungen verwiesen. Der eigentliche Antrag befindet sich auf Seite 1. Die Seiten 2 bis 10 beinhalten dagegen lediglich einen Entwurf.

---

[89] Abrufbar unter: http:www.bmj.de/SharedDocs/Downloads/DE/pdfs/Antrag_Erlass_Pfaendungs_Ueberweisungsbeschluss_Unterhaltsforderung.pdf?_blob=publicationFile.

[90] Hierzu zählen auch Ansprüche nach § 7 UVG; AG Hannover, Beschl. v. 8.8.2014 – 705 M 55908/14.

§ 4 Verbindliche Formulare für die Forderungspfändung

I. Antrag

103

Raum für Kostenvermerke und Eingangsstempel

Amtsgericht _____

Vollstreckungsgericht

_____

_____

Antrag auf Erlass eines Pfändungs- und Überweisungsbeschlusses wegen Unterhaltsforderungen

Es wird beantragt, den nachfolgenden Entwurf als Beschluss auf ☐ Pfändung ☐ und ☐ Überweisung zu erlassen.

☐ Zugleich wird beantragt, die Zustellung zu vermitteln (☐ mit der Aufforderung nach § 840 der Zivilprozessordnung – ZPO).
☐ Die Zustellung wird selbst veranlasst.

Es wird gemäß dem nachfolgenden Entwurf des Beschlusses Antrag gestellt auf

☐ Zusammenrechnung mehrerer Arbeitseinkommen (§ 850e Nummer 2 ZPO)
☐ Zusammenrechnung von Arbeitseinkommen und Sozialleistungen (§ 850e Nummer 2a ZPO)

☐ _____

Es wird beantragt,

☐ Prozesskostenhilfe zu bewilligen

☐ Frau Rechtsanwältin / Herrn Rechtsanwalt

_____

beizuordnen.

☐ Prozesskostenhilfe wurde gemäß anliegendem Beschluss bewilligt.

Anlagen:

☐ Schuldtitel und ___ Vollstreckungsunterlagen
☐ Erklärung über die persönlichen und wirtschaftlichen Verhältnisse nebst ___ Belegen
☐ _____

_____

☐ Verrechnungsscheck für Gerichtskosten
☐ Gerichtskostenstempler

☐ Ich drucke nur die ausgefüllten Seiten

_____
(Bezeichnung der Seiten)
aus und reiche diese dem Gericht ein.

Datum   (Unterschrift Antragsteller / -in)

Hinweis:
Soweit für den Antrag eine zweckmäßige Eintragungsmöglichkeit in diesem Formular nicht besteht, können ein geeignetes Freifeld sowie Anlagen genutzt werden.

C. Antrag auf Erlass eines PfÜB wegen Unterhaltsforderungen § 4

Der Antrag unterscheidet sich hinsichtlich des Formulars zur Pfändung wegen gewöhnlicher Geldforderungen nur darin, dass ein Wegfall unterhaltsberechtigter Personen gem. § 850c Abs. 4 ZPO[91] nicht beantragt werden kann. Der Grund liegt darin, dass bei der Vollstreckung wegen gesetzlicher Unterhaltsansprüche nach § 850d ZPO der pfändungsfreie Betrag nicht nach der Lohnpfändungstabelle gem. § 850c Abs. 3 ZPO berechnet, sondern vom Vollstreckungsgericht individuell festgelegt wird.

104

Wegen des Ausfüllens des Antrages auf Seite 1 kann daher auf die Ausführungen zum Formular zur Vollstreckung wegen gewöhnlicher Forderungen Bezug genommen werden. Im Folgenden werden daher nur die Besonderheiten bei der Vollstreckung wegen gesetzlicher Unterhaltsforderungen dargestellt.

105

Taktischer Hinweis

106

Will der Gläubiger **bevorrechtigt** auf Teile des **Arbeitseinkommens** (Anspruch A) zugreifen, so muss er dies ausdrücklich oder konkludent **beantragen**. Der Unterhaltsgläubiger hat dabei die Wahl, ob er eine Pfändung nach § 850c ZPO oder nach § 850d ZPO betreiben möchte. Das amtliche Formular gem. § 2 Nr. 1 ZVFV besagt nämlich nicht, dass dieses ausschließlich für Pfändungen wegen gesetzlicher Unterhaltsansprüche nach § 850d ZPO zu verwenden ist, d.h. bei Benutzung dieses Formulars somit stets die Pfändung nach § 850d ZPO erfolgen soll. Der Formularvordruck ist vielmehr auch für Pfändungen nach § 850c ZPO entworfen worden. Das Formular enthält weder einen fest vorgegebenen Pfändungsantrag nach § 850d ZPO noch einen (durch Ankreuzen) wählbaren Pfändungsantrag nach § 850d ZPO.[92] Es bietet sich daher an, das gewollte Pfändungsvorrecht nach § 850d ZPO im **Antrag auf Seite 1 ausdrücklich kenntlich** zu machen (s. obige Abbildung).

Dass der erweiterte Vollstreckungszugriff gewünscht wird, kann dem Gericht aber auch dadurch konkludent dargelegt werden, dass auf Seite 8 des Formulars entsprechende Angaben gemacht werden (s. nachfolgende Abbildung). Solche Angaben sind nämlich nur dann notwendig, wenn gerade eine bevorrechtigte Pfändung nach § 850d ZPO gewollt ist.

---

91 Zu den Voraussetzungen vgl. § 6 Rdn 183 ff.
92 LG Hamburg, JAmt 2016, 403 = Vollstreckung effektiv 2017, 49.

§ 4 Verbindliche Formulare für die Forderungspfändung

(Ausschnitt aus Seite 8:)

Der Schuldner ist nach Angaben des Gläubigers	
☐ ledig.	☐ verheiratet / eine Lebenspartnerschaft führend.
☐ mit dem Gläubiger verheiratet / eine Lebenspartnerschaft führend.	☐ geschieden.

☐ Der Schuldner ist dem geschiedenen Ehegatten gegenüber unterhaltspflichtig
☐ _____

Der Schuldner hat nach Angaben des Gläubigers
☐ keine unterhaltsberechtigten Kinder.
☐ keine weiteren unterhaltsberechtigten Kinder außer dem Gläubiger.
☐ ____ unterhaltsberechtigtes Kind / unterhaltsberechtigte Kinder.
☐ ____ weiteres unterhaltsberechtigtes Kind / weitere unterhaltsberechtigte Kinder außer dem Gläubiger.
☐

107 Zur Beantragung der **Beiordnung** eines **Rechtsanwalts** im Rahmen von **Prozesskostenhilfe** vgl. die Ausführungen zu § 850d ZPO.[93]

II. Seite 2: Gläubigerbezeichnung

108

des / der Herrn / Frau	_____	
geboren am (Angabe des Geburtsdatums bei Minderjährigen sinnvoll)	_____	
gesetzlich vertreten durch Herrn / Frau	_____	
vertreten durch Herrn / Frau / Firma	_____	– Gläubiger –
Aktenzeichen des Gläubigervertreters _____		
Bankverbindung	☐ des Gläubigers	☐ des Gläubigervertreters
IBAN:	_____	
BIC: Angabe kann entfallen, wenn IBAN mit DE beginnt.	_____	

---

93 Vgl. § 6 Rdn 293 ff.

C. Antrag auf Erlass eines PfÜB wegen Unterhaltsforderungen § 4

Vielfach findet die Vollstreckung für **minderjährige Kinder** statt. Hier bietet das Formular die Möglichkeit das Geburtsdatum des Kindes einzutragen. Ebenso kann der gesetzliche Vertreter eingetragen werden, was erforderlich ist, wenn ein Elternteil in Verfahrensstandschaft vollstreckt (vgl. § 1629 Abs. 3 S. 1 BGB). **109**

III. Seite 3, 4: Forderungsaufstellung

Die Forderungsaufstellung beinhaltet die Möglichkeit folgende Angaben einzutragen: **110**

I. Unterhaltsrückstand	
€	☐ Unterhaltsrückstand für die Zeit vom _____ ☐ bis _____
€	☐ nebst ____ % Zinsen seit dem _____ ☐ bis _____
€	☐ nebst Zinsen in Höhe von 5 Prozentpunkten über dem jeweiligen Basiszinssatz seit dem _____ ☐ bis _____
€ (wenn Angabe möglich)	☐ gemäß Anlage(n) _____ (zulässig, wenn in dieser Aufstellung die erforderlichen Angaben nicht oder nicht vollständig eingetragen werden können)
II. Nur auszufüllen bei statischer Unterhaltsrente	
Unterhalt für	☐ Kind ☐ Ehegatten ☐ Lebenspartner/-in
	☐ Elternteil nach §1615l des Bürgerlichen Gesetzbuches (BGB) ☐ Eltern ☐ Enkel
	Der Unterhalt ist zu zahlen ☐ wöchentlich ☐ monatlich ☐ vierteljährlich
	☐ laufend ab _____ ☐ zahlbar am _____ (Wochentag bzw. bezifferten Tag des Monats oder des Jahres angeben) ☐ jeder Woche ☐ jeden Monats ☐ jeden Jahres ☐ bis _____
€	☐ Unterhalt bis zur Vollendung des **sechsten** Lebensjahres des Kindes
€	☐ Unterhalt von der Vollendung des **sechsten** Lebensjahres bis zur Vollendung des **zwölften** Lebensjahres des Kindes
€	☐ Unterhalt von der Vollendung des **zwölften** Lebensjahres bis zur Vollendung des **achtzehnten** Lebensjahres des Kindes
€	☐ Unterhalt von der Vollendung des **achtzehnten** Lebensjahres des Gläubigers an
€	☐ Unterhalt vom _____ bis _____
€	☐ Unterhalt vom _____ bis _____
€	☐ Unterhalt vom _____ bis _____
€ (wenn Angabe möglich)	☐ gemäß Anlage(n) _____ (vgl. Hinweis zu I.)

§ 4 Verbindliche Formulare für die Forderungspfändung

III. Nur auszufüllen bei dynamisierter Unterhaltsrente

☐ **Unterhalt**, veränderlich gemäß dem Mindestunterhalt nach § 1612a Absatz 1 BGB, zahlbar am Ersten jeden Monats, laufend ab _____ ☐ bis _____

_____ Prozent des Mindestunterhalts der **ersten Altersstufe**,

☐ abzüglich ☐ des hälftigen ☐ des vollen Kindergeldes für ein

☐ erstes/zweites ☐ drittes ☐ _____ Kind

☐ abzüglich Kindergeld in Höhe von _____ €
☐ abzüglich sonstiger kindbezogener Leistungen in Höhe von _____ €

(derzeitiger monatlicher Zahlbetrag des Unterhalts: _____ €) bis zur Vollendung des **sechsten** Lebensjahres des Kindes (Zeitraum vom _____ bis _____)

_____ Prozent des Mindestunterhalts der **zweiten Altersstufe**.

☐ abzüglich ☐ des hälftigen ☐ des vollen Kindergeldes für ein

☐ erstes/zweites ☐ drittes ☐ _____ Kind

☐ abzüglich Kindergeld in Höhe von _____ €
☐ abzüglich sonstiger kindbezogener Leistungen in Höhe von _____ €

(derzeitiger monatlicher Zahlbetrag des Unterhalts: _____ €) vom **siebenten** bis zur Vollendung des **zwölften** Lebensjahres des Kindes (Zeitraum vom _____ bis _____)

_____ Prozent des Mindestunterhalts der **dritten Altersstufe**,

☐ abzüglich ☐ des hälftigen ☐ des vollen Kindergeldes für ein

☐ erstes/zweites ☐ drittes ☐ _____ Kind

☐ abzüglich Kindergeld in Höhe von _____ €
☐ abzüglich sonstiger kindbezogener Leistungen in Höhe von _____ €

(derzeitiger monatlicher Zahlbetrag des Unterhalts: _____ €) ab dem **dreizehnten** Lebensjahr des Kindes (Zeit ab dem _____)

☐ gemäß Anlage(n) _____
(vgl. Hinweis Seite 3 zu I.)

IV. Kosten

_____ €	☐ festgesetzte Kosten	
_____ €	☐ nebst ☐ 4 % Zinsen ☐ ____ % Zinsen daraus/aus _____ Euro seit dem _____ ☐ bis _____	
_____ €	☐ nebst Zinsen in Höhe von ☐ 5 ☐ ____ Prozentpunkten über dem jeweiligen Basiszinssatz daraus/aus _____ Euro seit dem _____ ☐ bis _____	
_____ €	☐ bisherige Vollstreckungskosten	
_____ € (wenn Angabe möglich)	☐ gemäß Anlage(n) _____ (vgl. Hinweis Seite 3 zu I.)	

Wegen dieser Ansprüche einschließlich der künftig fällig werdenden Beträge sowie wegen der Kosten für diesen Beschluss (vgl. Kostenrechnung) und wegen der Zustellungskosten für diesen Beschluss wird/werden die nachfolgend aufgeführte/-n angebliche/-n Forderung/-en des Schuldners gegenüber dem Drittschuldner – einschließlich der künftig fällig werdenden Beträge – so lange gepfändet, bis der Gläubigeranspruch gedeckt ist.

C. Antrag auf Erlass eines PfÜB wegen Unterhaltsforderungen § 4

- **Unterhaltsrückstand**: (I.; Seite 3); hierbei handelt es sich um rückständige, aufgelaufene Unterhaltsbeträge, d.h. der Unterhaltsberechtigte erhält trotz Unterhaltstitels keinen Unterhalt mehr vom Unterhaltsschuldner. **111**
- **Statische Unterhaltsrente**: (II.; Seite 3); hierbei ist im Unterhaltstitel ein fester zu zahlender Betrag angegeben.
- **Dynamisierte Unterhaltsrente**: (III.; Seite 4); hierbei richtet sich der titulierte Unterhaltsanspruch nach der Düsseldorfer Tabelle. Wenn diese sich ändert, ändert sich auch automatisch der Unterhaltsbetrag im Titel, ohne eine Abänderungsklage herbeiführen zu müssen. In einem solchen dynamischen Unterhaltstitel wird der jeweilige Unterhalt je Einkommensgruppe festgelegt, bei der untersten Einkommensgruppe ist das z.B. der Mindestunterhalt (§ 1612a BGB). Es kann auch ein gewisser Prozentsatz des jeweiligen Mindestunterhalts festgesetzt werden, um zu dem Unterhalt zu gelangen, den die Parteien erstritten haben bzw. den das Gericht für nötig erachtet.
- **Kosten**: (IV.; Seite 4)

IV. Seite 8: Überjährige Rückstände

> ☐ Der erweiterte Pfändungsumfang gilt nicht für die Unterhaltsrückstände, die länger als ein Jahr vor Stellung des Pfändungsantrags vom _____ fällig geworden sind, weil nach Lage der Verhältnisse nicht anzunehmen ist, dass der Schuldner sich seiner Zahlungspflicht absichtlich entzogen hat.

112

Die Privilegierung nach § 850d ZPO ist gem. § 850d Abs. 1 S. 4 ZPO **temporär beschränkt**.[94] Die Norm regelt, dass der Gläubiger wegen **rückständiger Unterhaltsansprüche, die länger als ein Jahr vor dem Antrag** auf Erlass eines Pfändungs- und Überweisungsbeschlusses fällig geworden sind, die Bevorrechtigung nicht in Anspruch nehmen kann. Insoweit gelten dann die Freigrenzen nach § 850c ZPO. **113**

Hiervon besteht allerdings wiederum eine **Ausnahme**, wenn sich der **Unterhaltsschuldner** seiner Zahlungspflicht bzgl. des rückständigen Unterhalts **absichtlich entzogen** hat. Dann gilt weiterhin die Bevorrechtigung nach § 850d Abs. 1 ZPO auch für diese überjährigen Rückstände. Da der Schuldner die **Darlegungs- und Beweislast** dafür trägt, dass er sich seiner Zahlungspflicht nicht absichtlich entzogen hat,[95] muss deshalb der Gläubiger im Formular keine Angaben dazu machen, dass die bevorrechtigte Pfändung **114**

---

94 BAG, ZInsO 2013, 1214 = VuR 2013, 391 = NZA-RR 2013, 590 = GWR 2013, 256 = EzA-SD 2013, Nr. 12, 12 = ArbR 2013, 292 = FA 2013, 211 = ArbuR 2013, 325 = FamRZ 2014, 1104; im Einzelnen wird auch auf die Ausführungen § 6 Rdn 268 ff. verwiesen.
95 BGH, Vollstreckung effektiv 2005, 62 = NJW-RR 2005, 718 = InVo 2005, 235; LG Mühlhausen, 20.3.08 – 2 T 53/08 – juris; a.A. OLG Köln, NJW-RR 1993, 1156; Musielak/*Becker*, § 850d Rn 12; Zöller/*Herget*, § 850d Rn 5 *Stöber*, Rn 1090.

auch für ältere Rückstände gilt. Dies bedeutet, dass er an obiger Stelle im Formular kein Kreuz setzt.

115 *Taktischer Hinweis*
Die Möglichkeit für den Gläubiger anzuzeigen, dass überjährige Unterhaltsrückstände nicht dem Pfändungsprivileg unterfallen, kann sinnvoll sein, wenn dadurch die Chance besteht, dass die Motivation des Schuldners zur weiteren Ausübung seiner Erwerbstätigkeit erhalten bleibt.[96]

V. Notwendiger Unterhalt

116

Der Schuldner ist nach Angaben des Gläubigers	
☐ ledig.	☐ verheiratet/eine Lebenspartnerschaft führend.
☐ mit dem Gläubiger verheiratet/ eine Lebenspartnerschaft führend.	☐ geschieden.
☐ Der Schuldner ist dem geschiedenen Ehegatten gegenüber unterhaltspflichtig	
☐ _____	

Der Schuldner hat nach Angaben des Gläubigers
☐ keine unterhaltsberechtigten Kinder.
☐ keine weiteren unterhaltsberechtigten Kinder außer dem Gläubiger.
☐ ____ unterhaltsberechtigtes Kind/unterhaltsberechtigte Kinder.
☐ ____ weiteres unterhaltsberechtigtes Kind/weitere unterhaltsberechtigte Kinder außer dem Gläubiger.
☐ _____

117 Nach § 850d Abs. 1 S. 2 ZPO ist dem Schuldner bei der bevorrechtigten Lohnpfändung so viel zu belassen, wie er für seinen notwendigen Unterhalt und zur Erfüllung seiner laufenden gesetzlichen Unterhaltspflichten ggü. den dem Gläubiger vorgehenden Berechtigten oder zur gleichmäßigen Befriedigung der dem Gläubiger gleichstehenden Berechtigten bedarf.[97] Daher muss der Gläubiger bei ausreichender Kenntnis hierzu im Formular entsprechende Angaben machen, damit das Vollstreckungsgericht den pfändungsfreien Betrag auf Seite 9 eintragen kann. Diese Angaben sind nicht zu belegen. Bei etwaigen fahrlässigen Falschangaben steht dem Schuldner die Möglichkeit zu dies im Erinnerungsverfahren gem. § 766 ZPO zu klären. Möglich ist auch, dass der Pfändungsfreibetrag entsprechend § 850f Abs. 1 ZPO auf Antrag des Schuldners erhöht wird.

---

96 *Fechter*, Zwangsvollstreckungsrecht aktuell, 3. Auflage, § 3 Rn 111.
97 Zur Ermittlung vgl. § 6 Rdn 250 ff.

D. Die formularmäßigen (Pfändungs-)Ansprüche § 4

VI. Pfandfreier Betrag

118

```
Vom Gericht auszufüllen
                        Pfandfreier Betrag
Dem Schuldner dürfen von dem errechneten Nettoeinkommen bis zur Deckung des Gläubigeranspruchs
für seinen eigenen notwendigen Unterhalt _____ Euro monatlich verbleiben
    ☐  sowie _____ Euro monatlich zur Erfüllung seiner laufenden gesetzlichen Unter-
       haltspflichten gegenüber den Berechtigten, die dem Gläubiger vorgehen
    ☐  sowie zur gleichmäßigen Befriedigung der Unterhaltsansprüche der berechtigten Personen, die
       dem Gläubiger gleichstehen, _____ / _____ Anteile des Nettoeinkommens, das nach
       Abzug des notwendigen Unterhalts des Schuldners verbleibt, bis zur Deckung der gesamten
       Unterhaltsansprüche dieser Personen von zusammen monatlich _____ Euro.
       Gepfändet sind demzufolge _____ / _____ Anteile des _____ Euro
       monatlich übersteigenden Nettoeinkommens und das nach Deckung der eben genannten Unter-
       haltsansprüche von zusammen monatlich _____ Euro verbleibende Mehrein-
       kommen aus den bezeichneten _____ / _____ Anteilen.
Der sich hieraus ergebende dem Schuldner zu belassende Betrag darf nicht höher sein als der unter Be-
rücksichtigung der Unterhaltspflichten gemäß der Tabelle zu § 850c ZPO (in der jeweils gültigen Fassung)
pfandfrei verbleibende Betrag.
    ☐  Sonstige Anordnungen: _____
```

Dieser Teil des Formulars muss vom Gläubiger nicht ausgefüllt werden. Vielmehr trägt hier das Gericht bei Beantragung der bevorrechtigten Pfändung gem. § 850d ZPO den dem Schuldner für sich und seine Familie verbleibenden pfändungsfreien Betrag ein.[98]

119

D. Die formularmäßigen (Pfändungs-)Ansprüche

I. Anspruch A (an den Arbeitgeber)

1. Ziffer 1 – Arbeitseinkommen

Vgl. hierzu die Ausführungen zu § 6 Rdn 28 ff., 157 ff.

120

2. Ziffer 2 – Lohnsteuer-/Kirchensteuerjahresausgleich

Im Lohnsteuer-Jahresausgleich wird einbehaltene Lohnsteuer des Arbeitnehmers für das abgelaufene Kalenderjahr (Ausgleichsjahr; in Ausnahmefällen für einen kürzeren Zeitraum) erstattet. Unter den Voraussetzungen des § 42b EStG wird der Lohnsteuer-Jahresausgleich vom Arbeitgeber durchgeführt. Dieser zahlt dann nicht Arbeitseinkommen (zurück), sondern erfüllt einen Erstattungsanspruch aus dem Steuerschuldverhältnis. Daher wird der Erstattungsanspruch aus einem Lohnsteuer-Jahresausgleich von einer Pfändung

121

---

[98] Zu den unterschiedlichen Berechnungsmethoden vgl. § 6 Rdn 263 ff.

des Arbeitseinkommens (Anspruch Ziffer 1) nicht erfasst. Er kann und sollte jedoch stets gesondert (mit-)gepfändet werden.

Neben dem Lohnsteuer-Jahresausgleich hat der Arbeitgeber auch für den **Solidaritätszuschlag** und die **Kirchensteuer** einen Jahresausgleich vorzunehmen. Maßgebend sind die Steuerklasse und die Zahl der Kinderfreibeträge, die für den letzten Lohnzahlungszeitraum im Kalenderjahr als Lohnsteuerabzugsmerkmale abgerufen wurden.

122 Im Pfändungsbeschluss muss der jeweilige Erstattungsanspruch bezeichnet sein. **Drittschuldner** ist der **Arbeitgeber**, der den Jahresausgleich berechnet und den Ausgleichsbetrag erstattet.

123 *Taktischer Hinweis*

*Der **Anspruch auf Erstattung der Lohnsteuer** unterliegt nicht dem für Arbeitseinkommen geltenden Pfändungsschutz der §§ 850 ff. ZPO und ist somit **unbeschränkt pfändbar**. Er unterliegt auch **nicht** den Beschränkungen des § 46 Abs. 6 AO und kann daher schon im laufenden Ausgleichsjahr und als künftiger Anspruch auch für kommende Jahre gepfändet werden.*

124 Gegenstandslos wird die künftige Anspruchspfändung, wenn das Arbeitsverhältnis des Schuldners bei dem Drittschuldner endet. Denn der Pfändungsbeschluss wirkt immer nur gegen den Drittschuldner, der in ihm bezeichnet und dem er zugestellt ist.

II. Anspruch B (an die Agentur für Arbeit bzw. Versicherungsträger)

125 Es wird auf die Ausführungen § 9 Rdn 38 ff. verwiesen.

III. Anspruch C (an das Finanzamt)

1. Allgemeines

126 Bei der Frage der Pfändbarkeit von Ansprüchen auf Erstattung von Steuern und Abgaben muss zunächst danach unterschieden werden, ob der Anspruch sich, wie regelmäßig, gegen die Finanzbehörden oder ausnahmsweise gegen eine Privatperson (z.B. Lohnsteuerjahresausgleich durch den Arbeitgeber nach § 42b EStG) richtet. Soweit die Privatperson erstattungspflichtig ist, handelt es sich um eine gewöhnliche Geldforderung, die nach **Anspruch A Ziffer 2** (an Arbeitgeber) zu pfänden ist.

127 Richtet sich der Anspruch gegen die **Finanzbehörde**, ist § 46 AO zu beachten.

Danach unterliegt die Pfändung der gegenüber dem Finanzamt möglicherweise bestehenden öffentlich-rechtlichen Erstattungsansprüche, insbesondere aus der Einkommensteuerveranlagung und der „Antragsveranlagung" (früher: Lohnsteuerjahresausgleich) bestimmten (weiteren) Voraussetzungen. Der Antrag und dementsprechend der Ausspruch der Pfändung müssen den Regeln der Bestimmtheit entsprechen. Die konkrete Steuerart ist zu benennen. Ein Pfändungs- und Überweisungsbeschluss, in dem zur Kennzeichnung der angeblich gegenüber dem Finanzamt bestehenden Forderungen des Vollstreckungsschuldners außer dessen Steuernummer nur angegeben ist, „Erstattungsanspruch für das Jahr 1980 und 1981" genügt nicht den Anforderungen an die hinreichend bestimmte Bezeichnung des Anspruchs.[99]

Taktischer Hinweis   128

Der Pfändungs- und Überweisungsbeschlusses darf nicht erlassen werden, bevor der Erstattungsanspruch **entstanden** ist (§ 46 Abs. 6 S. 2 AO). Entstanden und pfändbar ist dieser aus dem Steuerschuldverhältnis (§ 37 Abs. 1 AO), wenn der Tatbestand verwirklicht ist, an den das Gesetz die Leistungspflicht knüpft (§ 38 AO). So ist z.B. die Einkommensteuer eine Jahressteuer; Veranlagungszeitraum ist das Kalenderjahr (§ 25 Abs. 1 EStG). Entsprechendes gilt für die Kirchensteuer und die Vermögenssteuer (§ 20 Vermögenssteuergesetz). Die entsprechenden Steuererstattungsansprüche entstehen dementsprechend erst mit Ablauf des jeweiligen Veranlagungszeitraums[100] d.h. am **1.1. eines Jahres für das abgelaufene Jahr**.

Ein ggf. **zu früh** erlassener Pfändungs- und Überweisungsbeschluss ist gem. § 46 Abs. 6 S. 2 AO **nichtig**; es entsteht kein Pfandrecht. Künftige Steuererstattungsansprüche können also nicht zulässigerweise gepfändet werden (§ 46 Abs. 6 S. 1 AO).

Beispiel   129

Der Gläubiger kann die Steuererstattungsansprüche für die Jahre vor 2018 jederzeit im Jahr 2018 pfänden. Den Steuererstattungsanspruch für das Steuerjahr 2018 kann er dagegen frühestens am 1.1.2019, wegen des Neujahrstages als Feiertag faktisch erst am 2.1.2019 pfänden.

Soweit er an diesem Tage keinen sofort zuzustellenden Pfändungs- und Überweisungsbeschluss erhalten kann, kann er auch eine Vorpfändung frühestens am 2.1.2019 ausbringen.

Taktischer Hinweis   130

Gerade beim Jahreswechsel sollten Gläubiger darauf achten, dass im alten Jahr noch die Erstattungsansprüche der vorherigen Jahre gepfändet werden und dann im Folgejahr der Erstattungsanspruch des Vorjahres, dadurch kann die Pfändung durch eine leichte zeitliche Verschiebung faktisch auf alle bisherigen Jahre ausgedehnt werden.

---

99 BFH, NJW 1990, 2645.
100 BFHE 161, 412; OLG Koblenz ZVI 2004, 614.

§ 4 Verbindliche Formulare für die Forderungspfändung

Dies hindert den Gläubiger allerdings nicht, den **Pfändungsantrag** bzw. die **Vorpfändungsbenachrichtigung** gem. § 845 ZPO[101] **schon vor dem Entstehen des Anspruchs** beim Vollstreckungsgericht bzw. Gerichtvollzieher **einzureichen**. Der Pfändungsbeschluss und die Vorpfändungsbenachrichtigung dürfen allerdings erst nach Entstehen des Anspruchs erlassen bzw. zugestellt werden.[102] Der Pfändungs- und Überweisungsbeschluss bzw. die Vorpfändungsbenachrichtigung sollten daher bereits kurz vor Jahresende beantragt werden, versehen mit dem **deutlich sichtbaren Hinweis**, diesen erst am 2.1. zu erlassen bzw. die Zustellung der Vorpfändungsbenachrichtigung erst dann vorzunehmen. Die Gerichte bzw. Gerichtvollzieher bearbeiten – wegen des hohen Antragsaufkommens – solche Anträge in der Regel bereits im Dezember, setzen aber das Datum 2.1. ein. Dadurch wird sichergestellt, dass der erlassene Pfändungs- und Überweisungsbeschluss bzw. die Vorpfändungsbenachrichtigung direkt am 2.1. durch den Gerichtsvollzieher dem Finanzamt zugestellt werden kann.

131 Die **Pfändung** wird mit der Zustellung des Pfändungs- und Überweisungsbeschlusses an die **zuständige Finanzbehörde wirksam** (§ 6 Abs. 2 AO). Bei der Pfändung eines Erstattungs- oder Vergütungsanspruchs gilt die **Finanzbehörde**, die über den Anspruch entschieden oder zu entscheiden hat, als **Drittschuldner** im Sinne der §§ 829, 845 ZPO (46 Abs. 7 AO). Dies ist das **für** den **Schuldner zuständige Finanzamt**. Die örtliche Zuständigkeit richtet sich, soweit nichts anderes bestimmt ist, nach den Vorschriften der §§ 18–29 AO (§ 17 AO).

132 *Taktischer Hinweis*

Für die Wirksamkeit des Pfändungsbeschlusses ist die eindeutige Bezeichnung des Drittschuldners notwendig, um für die am Vollstreckungsverfahren Beteiligten und den Rechtsverkehr klarzustellen, welches Recht Gegenstand der Pfändung ist. Es muss deshalb aus dem Pfändungsbeschluss zweifelsfrei ersichtlich sein, gegen wen dem Schuldner die gepfändete Forderung zusteht.[103] Bedeutsam ist dies, wenn es an einem Ort mehrere Finanzämter gibt.[104] Die Angabe der Anschrift des Schuldners genügt in einem solchen Fall nicht, wenn die Zuständigkeit des Finanzamts nach dem Inhalt des gepfändeten Anspruchs vom Wohnsitz des Schuldners zu einem bestimmten früheren Zeitpunkt abhängt.[105] Allerdings sind die Außenstellen (Nebenstellen) eines Finanzamtes und das Stammfinanzamt mit seinen übrigen Außenstellen als eine

---

101 Vgl. auch Rdn 133.
102 BFHE 161, 412; OLG Schleswig, Rpfleger 1978, 387; *Stöber*, Rn 370; a.A. LG Zweibrücken, MDR 1979, 325.
103 BGH, FoVo 2006, 75.
104 Vgl. OLG Hamm, MDR 1975, 852.
105 OLG Hamm, MDR 1975, 852.

D. Die formularmäßigen (Pfändungs-)Ansprüche § 4

Behörde anzusehen, sodass mit einer dieser Stellen das Finanzamt richtig bezeichnet ist. Eine Änderung der Zuständigkeit nach Wirksamwerden der Pfändung berührt die Beschlagnahmewirkungen nicht.[106]

Auch hier erfolgt die Zustellung regelmäßig im Parteibetrieb durch den Gerichtsvollzieher, der den Beschluss dem Vorsteher des Finanzamts übergibt (§ 173 ZPO). In der Praxis machen die Vorsteher von der Ermächtigung Gebrauch, einen Zustellungsbevollmächtigten für die Empfangnahme von Pfändungs- und Überweisungsbeschlüssen zu benennen.   **133**

Taktischer Hinweis   **134**
Eine **Vorpfändung** ist **möglich** (§ 845 ZPO; § 46 Abs. 7 AO). Sie setzt allerdings ebenfalls die Entstehung des Erstattungsanspruchs voraus (§ 46 Abs. 6 AO). Die Vorpfändung ist mit der vom Gerichtsvollzieher bewirkten Zustellung des die Vorpfändung enthaltenden Schreibens im Sinne des § 46 Abs. 6 AO „erlassen". Auf den Zeitpunkt, in dem das Schreiben dem Gerichtsvollzieher übergeben worden ist, kommt es nicht an.[107] Während bei gerichtlichen Pfändungsbeschlüssen nicht der Zeitpunkt der Zustellung maßgebend ist, sondern der Zeitpunkt, zu dem der unterschriebene Beschluss aus dem internen Geschäftsgang des Gerichts herausgelangt ist[108] (entsprechendes gilt bei behördlichen Pfändungsverfügungen[109]), geht einer Vorpfändung keine derartige hoheitliche Maßnahme voraus, sodass insoweit kein geeigneter Anknüpfungspunkt besteht. Vielmehr muss bei der entsprechenden Anwendung des § 46 Abs. 6 AO auf den Zeitpunkt abgestellt werden, in dem die Vorpfändung hoheitliche Wirkung entfaltet. Das ist der Zeitpunkt der Zustellung an den Drittschuldner, weil dann die Wirkung der Beschlagnahme eintritt.[110]

---

106 *Stöber*, Rn 368 m.w.N.
107 BGH, DB 2012, 228 = ZInsO 2012, 97 = Rpfleger 2012, 91 = DGVZ 2012, 30 = JurBüro 2012, 102 = Vollstreckung effektiv 2012, 21 = FoVo 2102, 33.
108 BGH, NJW 2005, 3724 = MDR 2006, 465.
109 BFHE 161, 412.
110 BGH, DB 2012, 228 = ZInsO 2012, 97 = Rpfleger 2012, 91 = DGVZ 2012, 30 = JurBüro 2012, 102 = Vollstreckung effektiv 2012, 21 = FoVo 2102, 33.

2. Einkommensteuer

135

Anspruch C (an Finanzamt)
auf Auszahlung
1. des als Überzahlung auszugleichenden Erstattungsbetrages bzw. des Überschusses, der sich als Erstattungsanspruch bei Abrechnung der auf die Einkommensteuer (nebst Solidaritätszuschlag) und Kirchensteuer sowie Körperschaftsteuer anzurechnenden Leistungen für das abgelaufene Kalenderjahr _____ und für alle früheren Kalenderjahre ergibt
2. des Erstattungsbetrages, der sich aus dem Erstattungsanspruch zu viel gezahlter Kraftfahrzeugsteuer für das Kraftfahrzeug mit dem amtlichen Kennzeichen _____ ergibt

Erstattungsgrund:

_____

_____

136 Unter Anspruch **C Ziffer 1** wird der **Einkommensteuererstattungsanspruch** des Schuldners gegenüber dem zuständigem **Finanzamt** als **Drittschuldner** (§ 46 Abs. 7 AO) gepfändet. Hierbei handelt es sich um eine Jahressteuer, die gem. § 36 Abs. 1 EStG entsteht, wenn das Kalenderjahr abgelaufen ist (vgl. § 25 Abs. 1 EStG), d.h. die Forderung ist frühestens ab dem 1.1. eines Jahres pfändbar.

137 Der Gläubiger kann allerdings aufgrund des Pfändungs- und Überweisungsbeschlusses weder einen Anspruch auf Vornahme von Verfahrenshandlungen im Steuerfestsetzungsverfahren gem. § 888 ZPO durch Haftantrag gegen den Schuldner vollstrecken noch nach § 887 ZPO ermächtigt werden, Verfahrenshandlungen des Schuldners im Steuerfestsetzungsverfahren selbst vorzunehmen.[111] Der BGH gab damit seine Entscheidung vom 12.12.2003[112] zum Nachteil des Gläubigers auf. Nach dieser Entscheidung konnte der Gläubiger nach der Pfändung und Überweisung eines Steuererstattungsanspruchs vom Schuldner nach § 836 Abs. 3 ZPO auch die Abgabe der Steuererklärung verlangen. Kam der Schuldner dem nicht nach, konnte der Anspruch nach § 888 ZPO durch Zwangsmittel, regelmäßig Zwangshaft, durchgesetzt werden. Die Praxis zeigte, dass der BGH damit die Möglichkeiten der Gläubiger nachhaltig gestärkt hatte und in einer Vielzahl von Fällen die Steuererklärung abgegeben wurde.

---

111 BGH, WM 2008, 931 = NJW 2008, 1675 = Rpfleger 2008, 372 = MDR 2008, 765 = BGHReport 2008, 717 = WuB VI D § 836 ZPO 2.08 = DGVZ 2008, 156 = KKZ 2010, 63 = Vollstreckung effektiv 2008, 100 = FamRZ 2008, 1174 = FamRB 2008, 240.
112 BGHZ 157, 195 = Vollstreckung effektiv 2004, 37 = WM 2004, 394 = BFH/NV 2004, Beilage 2, 160 = FamRZ 2004, 532 = ZVI 2004, 84 = BGHReport 2004, 556 = JurBüro 2004, 209 = InVo 2004, 147 = NWB Fach 19, 3171 = DGVZ 2004, 57 = Rpfleger 2004, 228 = ZIP 2004, 528 = NJW 2004, 954.

D. Die formularmäßigen (Pfändungs-)Ansprüche § 4

3. Kfz-Steuer

Die Kraftfahrzeugsteuer entsteht nach § 6 KraftStG mit dem Beginn der Steuerpflicht, die wiederum mit dem Entrichtungszeitraum beginnt, d.h. dem Zeitpunkt, in dem das Fahrzeug zugelassen wird. Die Steuer ist nach § 11 KraftStG grds. für ein Jahr im Voraus zu entrichten, in Ausnahmefällen auch halbjährlich oder vierteljährlich. **138**

Der Anspruch auf zu viel gezahlte Kfz-Steuer ist pfändbar vom Zeitpunkt der Leistungspflicht d.h. vom Entrichtungszeitraum an. **Zukünftige Ansprüche** können **nicht gepfändet** werden (§ 46 Abs. 1 S. 1 AO); eine solche Pfändung ist nichtig (§ 46 Abs. 6 S. 2 AO). **139**

Gepfändet wird der Anspruch – **fälschlicherweise!** – durch das amtliche Formular unter **C Ziffer 2**. Das **Finanzamt** ist **nicht** mehr **Drittschuldner!** **140**

Taktischer Hinweis **141**

Seit dem 1.1.2014 ist die **Zuständigkeit** für die Festsetzung, Erhebung und Vollstreckung der Kfz-Steuer von den Finanzämtern an den **Zoll als Bundesbehörde** übergegangen. Dieser ist **Drittschuldner** und **nicht** das **Finanzamt!** Diese Tatsache hat der Verordnungsgeber hinsichtlich der mit Wirkung zum 1.11.2014 geänderten amtlichen Formulare nicht beachtet. Nach wie vor ist der Anspruch auf Erstattung von Kfz-Steuer unter „Anspruch C Ziffer 2" aufgeführt.

Will der Gläubiger den Anspruch auf zu viel gezahlte Kfz-Steuer pfänden, so muss er dies über den **Anspruch G** vollziehen. Hierzu kann er die unter C Ziffer 2 vorhandene fehlerhafte Formulierung in den Anspruch G einfügen.

Wird parallel auch der Anspruch C Ziffer 1 (gegen Finanzamt) auf Steuererstattung gepfändet, sollte unbedingt darauf geachtet werden, dass der im amtlichen Formular unter C Ziffer 2 aufgeführte Kfz-Steuererstattungsanspruch gestrichen wird, andernfalls erfolgen ggf. zeitaufwendige gerichtliche Zwischenverfügungen.

4. Umsatzsteuer

Ist der Schuldner umsatzsteuerpflichtig, können ihm gegenüber dem Finanzamt Ansprüche auf Rückerstattung der Umsatzsteuer zustehen. **142**

Da Ansprüche aus dem Steuerschuldverhältnis entstehen, sobald der Tatbestand verwirklicht ist, an den das Gesetz die Leistungspflicht knüpft (§ 38 AO), entsteht die Umsatzsteuerschuld nach § 13 Abs. 1 UStG. mit Ablauf des Voranmeldezeitraums, in dem die Leistungen ausgeführt bzw. Entgelte vereinnahmt worden sind. Nach § 18 Abs. 1 UStG ist die Steuer bis zum zehnten Tag nach Ablauf des Voranmeldezeitraums fällig. Drittschuldner ist ebenfalls das Finanzamt. Anzukreuzen sind **„Anspruch C (an Finanzamt)"** und Anspruch **„G"**. Unter **„Anspruch G"** ist dann der Pfändungsausspruch einzutragen. **143**

§ 4 Verbindliche Formulare für die Forderungspfändung

144 *Taktischer Hinweis*

Gem. § 46 Abs. 6 AO darf ein Pfändungs- und Überweisungsbeschluss nicht erlassen werden, bevor der Anspruch entstanden ist, da er andernfalls nichtig wird. Gem. § 16 Abs. 1 UStG ist Besteuerungszeitraum grds. das Kalenderjahr. Nur in Ausnahmefällen kann ein kürzerer Zeitraum festgesetzt werden (§ 16 Abs. 4 UStG). Die Umsatzsteueranmeldung für den Besteuerungszeitraum hat unmittelbar nach Ablauf des Kalenderjahrs zu erfolgen. Die entsprechenden Steuererstattungsansprüche entstehen dementsprechend erst mit Ablauf des jeweiligen Veranlagungszeitraums[113] d.h. am **1.1. eines Jahres für das abgelaufene Jahr**. Ein **zu früh** erlassener Pfändungs- und Überweisungsbeschluss ist gem. § 46 Abs. 6 S. 2 AO **nichtig**; es entsteht kein Pfandrecht. Künftige Steuererstattungsansprüche können also nicht zulässigerweise gepfändet werden (§ 46 Abs. 6 S. 1 AO).

145

Forderung aus Anspruch

☐ A (an Arbeitgeber)

☐ B (an Agentur für Arbeit bzw. Versicherungsträger)
 Art der Sozialleistung: _____
 Konto-/Versicherungsnummer: _____

☒ C (an Finanzamt)

☐ D (an Kreditinstitute)

☐ E (an Versicherungsgesellschaften)
 Konto-/Versicherungsnummer: _____

☐ F (an Bausparkassen)

☒ G

☐ gemäß gesonderter Anlage(n) _____

146

Anspruch G
(Hinweis: betrifft Anspruch an weitere Drittschuldner bzw. schon aufgeführte Drittschuldner, soweit Platz unzureichend)

auf Auszahlung des Überschusses, der sich bei der Abrechnung der auf der Umsatzsteuer entfallenden Abzüge, insbesondere der Vorsteuer und von Überzahlungen aufgrund von Umsatzsteuervoranmeldungen für das Jahr ... und frühere Jahre sowie die Monate ... ergibt (Umsatzsteuererstattungsanspruch)

---

113 BFHE 161, 412; OLG Koblenz ZVI 2004, 614.

D. Die formularmäßigen (Pfändungs-)Ansprüche § 4

5. Körperschaftsteuer

Die Körperschaftsteuer ist eine Jahressteuer (§ 7 Abs. 3 S. 1 KStG). Auf die Durchführung der Besteuerung einschließlich der Anrechnung, Entrichtung und Vergütung der Körperschaftsteuer sowie die Festsetzung und Erhebung sind die Vorschriften des Einkommensteuergesetzes entsprechend anzuwenden. Insofern kann auf die Ausführungen zur Einkommenssteuer verweisen werden.[114] Gepfändet wird der Anspruch mittels **Anspruch C Ziffer 1**. 147

6. Grunderwerbsteuer

Grunderwerbsteuer entsteht regelmäßig beim Erwerb von Immobilien, z.b. beim Abschluss eines Kaufvertrages oder durch das Meistgebot in der Zwangsversteigerung (vgl. auch § 1 GrEstG). Darüber hinaus entsteht gem. § 14 GrEstG die Steuer in **besonderen Fällen**, 148

- wenn die Wirksamkeit eines Erwerbsvorgangs von dem Eintritt einer Bedingung abhängig ist, mit dem Eintritt der Bedingung;
- wenn ein Erwerbsvorgang einer Genehmigung bedarf, mit der Genehmigung.

Eine Rückerstattung oder Nichtfestsetzung der Grunderwerbsteuer kommt in folgenden Fällen in Betracht: 149

- Der Erwerbsvorgang wird innerhalb von drei Jahren seit der Entstehung der Steuerschuld durch Vereinbarung, durch Ausübung eines vorbehaltenen Rücktrittsrechtes oder eines Wiederkaufsrechtes rückgängig gemacht. Voraussetzung für die Rückerstattung ist, dass der Verkäufer wieder die volle Verfügungsmacht über das Grundstück erlangt. Erfolgt die Aufhebung des Erwerbs lediglich zum Zweck der gleichzeitigen Übertragung des Grundstückes bzw. des Übereignungsanspruches auf eine vom Käufer ausgewählte dritte Person zu den vom Käufer bestimmten Bedingungen und Preisen, ohne dass der Verkäufer in irgendeiner Weise sein früheres Verfügungsrecht wiedererlangt, ist der frühere Erwerbsvorgang trotz formaler Aufhebung nicht rückgängig gemacht.
- Der Erwerbsvorgang wird rückgängig gemacht, weil die Vertragsbestimmungen durch einen Vertragsteil nicht erfüllt wurden.
- Das Rechtsgeschäft, das den Anspruch auf Übereignung begründen sollte, ist unwirksam und das wirtschaftliche Ergebnis des unwirksamen Rechtsgeschäftes wird beseitigt.
- Die Gegenleistung für das Grundstück wird einvernehmlich innerhalb von drei Jahren seit der Entstehung der Steuerschuld nachträglich herabgesetzt.
- Wenn die Gegenleistung für das Grundstück aufgrund der Mängelhaftung nach § 437 BGB gemindert wird.

---

114 Vgl. Rdn 134 ff.

§ 4 Verbindliche Formulare für die Forderungspfändung

- Das geschenkte Grundstück muss aufgrund eines Rechtsanspruches herausgegeben werden.
- Ein von Todes wegen (Erbschaft) erworbenes Grundstück muss herausgegeben werden.

150 Anzukreuzen sind „**Anspruch C (an Finanzamt)**" und Anspruch „**G**". Unter „**Anspruch G**" ist dann der Pfändungsausspruch einzutragen.

151

Forderung aus Anspruch

☐ A (an Arbeitgeber)

☐ B (an Agentur für Arbeit bzw. Versicherungsträger)
Art der Sozialleistung: _____
Konto-/Versicherungsnummer: _____

☒ C (an Finanzamt)

☐ D (an Kreditinstitute)

☐ E (an Versicherungsgesellschaften)
Konto-/Versicherungsnummer: _____

☐ F (an Bausparkassen)

☒ G

☐ gemäß gesonderter Anlage(n) _____

152

Anspruch G
(Hinweis: betrifft Anspruch an weitere Drittschuldner bzw. schon aufgeführte Drittschuldner, soweit Platz unzureichend)

Der Anspruch auf Rückerstattung der Grunderwerbsteuer.
Der Erwerbsvorgang wurde innerhalb von drei Jahren seit der Entstehung der Steuerschuld durch
Ausübung eines vorbehaltenen Rücktrittsrechtes rückgängig gemacht. Dadurch hat der Schuldner
als Verkäufer wieder die volle Verfügungsmacht über das Grundstück erlangt.

7. Grundsteuer

153 Oftmals unbekannt ist die Tatsache, dass gem. § 33 GrStG Immobilienbesitzer als Vermieter einen Teil der Grundsteuer von der Gemeinde bzw. in Berlin, Hamburg und Bremen vom Finanzamt zurückerstattet erhalten können, wenn die Immobilien leer stehen oder die Mieteinnahmen ausbleiben. Voraussetzung dafür ist,

- dass die **Einnahmen** aus einer Immobilie für mehrere Monate auf die Hälfte oder weniger der (orts-)üblichen Miete sinken.

D. Die formularmäßigen (Pfändungs-)Ansprüche § 4

- dass der Immobilienbesitzer den **Einnahmeausfall nicht verschuldet** hat. Insofern muss also ein unvorhergesehenes und vorübergehendes Ereignis vorliegen.

Beispiele hierfür sind: 154
- der **Mieter** ist **zahlungsunfähig** und eine Pfändung bleibt fruchtlos,
- der Mieter ist nicht greifbar, weil es sich um einen sog. **Mietnomaden** handelt, der ohne zu zahlen von Wohnung zu Wohnung zieht,
- **Feuer/Wasser** hat die Immobilie zerstört,
- die Immobilie/Wohnung steht **wegen struktureller Ursachen** leer, z.B. wegen eines allgemeinen Bevölkerungsrückgangs oder eines Überangebots auf dem Immobilienmarkt.

Erstattet werden: 155
- ¼ der Grundsteuer, wenn der **Mietrohertrag** um mindestens die Hälfte gesunken ist.
- ½ der Grundsteuer, wenn Immobilienbesitzer **keine Miete** mehr einnimmt.

Taktischer Hinweis 156

Gläubiger sollten im Rahmen der Pfändung von steuerrechtlichen Ansprüchen des Schuldners auch in Betracht ziehen, dass hier Rückerstattungsansprüche seitens des Schuldners entstehen können. Solche Ansprüche sind also pfändbar. Zwei Dinge sind allerdings hierbei zu beachten:

- in den **Stadtstaaten** Berlin, Hamburg und Bremen ist das **Finanzamt** als **Drittschuldner** zu bezeichnen; somit sind „**Anspruch C (an Finanzamt)**" und Anspruch „**G**" anzukreuzen. Unter „**Anspruch G**" ist dann der Pfändungsausspruch einzutragen.
- In den übrigen Bundesländern sind **Drittschuldner** die **Steuerämter der Städte, Kommunen** bzw. **Gemeinden**. Somit ist Anspruch „G" anzukreuzen. Unter „**Anspruch G**" ist dann der Pfändungsausspruch einzutragen.
- Eine Erstattung kommt nur in Betracht, wenn der **Schuldner** einen entsprechenden **Antrag** gestellt hat (§ 34 Abs. 2 GrStG). Dieser ist bis zum **31.3.** für das abgelaufene Jahr einzureichen. Das Pfändungspfandrecht des Gläubigers erstreckt sich dabei nicht auf die Ausübung des Antragsrechts des Schuldners, da dieses ein höchstpersönliches Recht darstellt.

157

Anspruch G
(Hinweis: betrifft Anspruch an weitere Drittschuldner bzw. schon aufgeführte Drittschuldner, soweit Platz unzureichend)

Der Anspruch auf Rückerstattung der Grundsteuer.

8. Gewerbesteuer

158 Die Gewerbesteuer ist grds. eine Jahressteuer (§ 14 S. 2 GewStG). Besteht die Gewerbesteuerpflicht nicht während des ganzen Kalenderjahrs, so tritt an die Stelle des Kalenderjahrs der Zeitraum der Steuerpflicht (abgekürzter Erhebungszeitraum; § 14 S. 3 GewStG).

159 Die Gewerbesteuer entsteht, soweit es sich nicht um Vorauszahlungen (§ 21 GewStG) handelt, mit Ablauf des Erhebungszeitraums für den die Festsetzung vorgenommen wird.

160 Der Anspruch auf Erstattung überzahlter Gewerbesteuer entsteht mit dem Ablauf des Erhebungszeitraums, für den die Festsetzung der Steuer vorgenommen wird.[115] Die entsprechenden Steuererstattungsansprüche entstehen aber erst mit Ablauf des jeweiligen Veranlagungszeitraums,[116] d.h. grds. am **1.1. eines Jahres für das abgelaufene Jahr**. Ein **zu früh** erlassener Pfändungs- und Überweisungsbeschluss ist gem. § 46 Abs. 6 S. 2 AO **nichtig**; es entsteht kein Pfandrecht. Künftige Steuererstattungsansprüche können also nicht zulässigerweise gepfändet werden (§ 46 Abs. 6 S. 1 AO).

161 Anzukreuzen sind **„Anspruch C (an Finanzamt)"** und Anspruch „G". Unter **„Anspruch G"** ist dann der Pfändungsausspruch einzutragen.

162

Forderung aus Anspruch
☐ A (an Arbeitgeber)
☐ B (an Agentur für Arbeit bzw. Versicherungsträger)   Art der Sozialleistung: _____   Konto-/Versicherungsnummer: _____
☒ C (an Finanzamt)
☐ D (an Kreditinstitute)
☐ E (an Versicherungsgesellschaften)   Konto-/Versicherungsnummer: _____
☐ F (an Bausparkassen)
☒ G
☐ gemäß gesonderter Anlage(n) _____

163

Anspruch G
(Hinweis: betrifft Anspruch an weitere Drittschuldner bzw. schon aufgeführte Drittschuldner, soweit Platz unzureichend)
Der Anspruch auf Rückerstattung von Gewerbesteuer für das/die abgelaufene(n) Kalenderjahre...

---

[115] OVG Münster, NJW 1980, 1068.
[116] BFHE 161, 412; OLG Koblenz, ZVI 2004, 614.

IV. Anspruch D (an Kreditinstitute)

Hinsichtlich des unter Anspruch D aufgeführten **Zahlungsmoratoriums** gem. **§ 835 Abs. 3 S. 2 ZPO** und **§ 835 Abs. 4 ZPO** wird auf § 5 Rdn 162 ff., 165 ff. verwiesen. Bzgl. des Pfändungsschutzes beim sog. **P-Konto** auf § 7; vgl. auch Ausführungen unter „Zusätzlich pfändbare Ansprüche betreffend „Anspruch D" (an Kreditinstitute)", § 5 Rdn 11–13.

164

Anspruch D (an Kreditinstitute)

1. auf Zahlung der zu Gunsten des Schuldners bestehenden Guthaben seiner sämtlichen Girokonten (insbesondere seines Kontos _____) bei diesem Kreditinstitut einschließlich der Ansprüche auf Gutschrift der eingehenden Beträge; mitgepfändet wird die angebliche (gegenwärtige und künftige) Forderung des Schuldners an den Drittschuldner auf Auszahlung eines vereinbarten Dispositionskredits („offene Kreditlinie"), soweit der Schuldner den Kredit in Anspruch nimmt
2. auf Auszahlung des Guthabens und der bis zum Tag der Auszahlung aufgelaufenen Zinsen sowie auf fristgerechte bzw. vorzeitige Kündigung der für ihn geführten Sparguthaben und/oder Festgeldkonten, insbesondere aus Konto _____
3. auf Auszahlung der bereitgestellten, noch nicht abgerufenen Darlehensvaluta aus einem Kreditgeschäft, wenn es sich nicht um zweckgebundene Ansprüche handelt
4. auf Zahlung aus dem zum Wertpapierkonto gehörenden Gegenkonto, insbesondere aus Konto _____ , auf dem die Zinsgutschriften für die festverzinslichen Wertpapiere gutgebracht sind
5. auf Zutritt zu dem Bankschließfach Nr. _____ und auf Mitwirkung des Drittschuldners bei der Öffnung des Bankschließfachs bzw. auf die Öffnung des Bankschließfachs allein durch den Drittschuldner zum Zweck der Entnahme des Inhalts
6. auf

Hinweise zu Anspruch D:
Auf § 835 Absatz 3 Satz 2 ZPO (Zahlungsmoratorium von vier Wochen) und § 835 Absatz 4 ZPO wird der Drittschuldner hiermit hingewiesen.
Pfändungsschutz für Kontoguthaben und Verrechnungsschutz für Sozialleistungen und für Kindergeld werden seit dem 1. Januar 2012 nur für Pfändungsschutzkonten nach § 850k ZPO gewährt.

165

1. Guthaben auf Kontokorrent- und Girokonten – Anspruch Ziffer 1

Die in das **Kontokorrent** eingestellten Einzelforderungen sind unpfändbar.[117] Die Kontokorrentabrede beinhaltet, dass diese Einzelforderung nicht abgetreten werden dürfen. Zwar würde bei der Vereinbarung eines Abtretungsverbots gem. §§ 399, 2. Alt. BGB, 851 Abs. 2 ZPO zumindest im Falle der Vereinbarung eines Geldkontokorrents jede Einzelforderung dennoch wegen der Pfändbarkeit von Geld pfändbar sein. Von diesem Grundsatz macht § 357 HGB jedoch eine Ausnahme, denn diese Vorschrift geht davon aus, dass nur Salden aus dem Kontokorrent pfändbar sind.[118]

166

---

117 BGH, NJW 1982, 1150 = WM 1982, 233 = BB 1982, 399 = ZIP 1982, 292 = DB 1982, 1002 = JurBüro 1982, 853 = MDR 1982, 574 = JuS 1982, 626.
118 Vgl. BGH, NJW 1981, 1611 = DB 1981, 1324 = WM 1981, 542 = ZIP 1981, 591 = BB 1981, 1051 = Rpfleger 1981, 290 = MDR 1981, 730 = JurBüro 1981, 1326 = JuS 1981, 846.

§ 4 Verbindliche Formulare für die Forderungspfändung

167 Der **Zustellungssaldo**, d.h. der Saldo zum Zeitpunkt des Wirksamwerdens der Pfändung (vgl. § 829 Abs. 3 ZPO), ist hingegen gem. § 357 HGB pfändbar. Unerheblich ist, dass zu diesem Zeitpunkt die laufende Kontokorrentperiode noch nicht beendet und eine Saldierung noch nicht fällig ist. Die Pfändung in das laufende Kontokorrent bewirkt, dass das Konto lediglich buchungstechnisch und auch nur im Verhältnis zwischen Bank und dem Gläubiger im Zeitpunkt der Pfändung vorläufig abgeschlossen wird.[119] Ebenfalls pfändbar, soweit dies zusätzlich beantragt ist, ist der Saldo am Ende der laufenden Rechnungsperiode.[120] Pfändbar sind auch die zukünftigen Salden. Die Pfändung richtet sich beim Bank- und Sparkassenkontokorrent nicht nach § 357 HGB, sondern nach den §§ 829 ff. ZPO. Erfasst werden also, soweit der Pfändungsbeschluss dies anordnet, die künftigen Guthabensalden zum Ablauf der jeweiligen Abrechnungsperioden sowie Festgeldkonten.[121] Eine Beschränkung bei Pfändung in ein „**Oder-Konto**" (s. Rdn 170 ff.) gilt nicht, sodass der Mitinhaber eines Oder-Kontos bei einer Vollstreckung gegen. einen anderen Kontoinhaber dem Gläubiger nicht entgegenhalten kann, der positive Saldo stehe ihm im Innenverhältnis allein zu.[122] Der Hinweis des Schuldners auf eine Abrede im Innenverhältnis ist im Wege eines formalen Erinnerungsverfahrens nach § 766 ZPO nicht zu prüfen. Dies kann als Interventionsrecht nur vom nicht schuldnerischen Ehegatten durch Drittwiderspruchsklage nach § 771 ZPO geltend gemacht werden.[123]

168 Erwirbt die kontokorrentführende Bank erst nach der Pfändung des Kontokorrentsaldos durch einen Gläubiger des Bankkunden eine Forderung gegen diesen, so kann sie den „Zustellungssaldo" auch nicht aufgrund ihres AGB-Pfandrechts mit Wirkung gegenüber dem Pfändungsgläubiger um den Betrag der Forderung verringern.[124]

169 Beim Girokonto kann zwischen den förmlichen Rechnungsabschlüssen über ein Guthaben verfügt werden. Dieser Anspruch auf Auszahlung des Guthabens ist pfändbar.[125]

---

119 BGH, NJW 1981, 1611 DB 1981, 1324 = WM 1981, 542 = ZIP 1981, 591 = BB 1981, 1051 = Rpfleger 1981, 290 = MDR 1981, 730 = JurBüro 1981, 1326 = JuS 1981, 846.
120 BGHZ 84, 371 = WM 1982, 816 = DB 1982, 1714 = ZIP 1982, 932 = JZ 1982, 609 = BB 1982, 1575 = NJW 1982, 2193 = MDR 1982, 904; siehe auch LG Oldenburg, JurBüro 1982, 620; BGH, NJW 1988, 2543 = ZIP 1988, 871 = BB 1988, 1284 = WM 1988, 950 = MDR 1988, 859 = NJW 1988, 727 = Rpfleger 1988, 418 = JuS 1989, 65; BGHZ 93, 71 = WM 1985, 78 = ZIP 1985, 150 = BB 1985, 294 = DB 1985, 545 = NJW 1985, 863 = JurBüro 1985, 701 = EWiR 1985, 25 = MDR 1985, 404 = WuB I A Nr. 19 AGB-Banken 1.85.
121 OLG Köln, Vollstreckung effektiv 2000, 21.
122 OLG Nürnberg, JurBüro 2002, 497; a.A. OLG Koblenz, NJW-RR 1990, 1385.
123 *Goebel*, Vollstreckung effektiv 2002, 64.
124 BGH, MDR 1997, 878 = WM 1997, 1324 = ZIP 1997, 1231 = NJW 1997, 2322 = BB 1997, 1501 = DB 1997, 1969 = Rpfleger 1997, 487 = KTS 1997, 636 = KKZ 1998, 165; OLG Düsseldorf WM 1984, 489 und Ergänzung BGH, IX ZR 44/84, BGHZ 93, 71, 78.
125 BGH, NJW 1982, 2193 = WM 1982, 816 = DB 1982, 1714 = ZIP 1982, 932 = MDR 1982, 904 = BGHZ 84, 371; BFH, NJW 1984, 1919 = DB 1984, 1076 = BB 1984, 906 = ZIP 1984, 692 = ZfZ 1984, 174 = WM 1984, 864 = HFR 1984, 262 = Information StW 1984, 306 = DStR 1984, 375; vgl. auch OLG Celle, ZIP 1981, 496; LG Göttingen, Rpfleger 1980, 237; LG Detmold, Rpfleger 1978, 150.

D. Die formularmäßigen (Pfändungs-)Ansprüche § 4

Bei der Berechnung des jeweiligen Guthabens sind die Ein- und Abgänge des Tages, an dem der Pfändungsbeschluss an den Drittschuldner zugestellt wurde, sowie die bis zu diesem Tage fälligen Kontoführungsgebühren, Überziehungsprovisionen und Sollzinsen mit dem bisherigen Kontostand zu saldieren; nicht aber auch künftige Ansprüche der Bank, die an diesem Tage zwar dem Grunde nach absehbar waren, jedoch erst später zur Entstehung gebracht worden sind.[126] Ergibt sich am Tag der Zustellung nach der zulässigen Berechnung ein Debetsaldo, dann geht die Pfändung ins Leere, weil ein Guthaben nicht besteht. Daran ändert sich auch nichts, wenn an diesem Tag erhebliche Gutschriften auf dem Konto zu verzeichnen waren.[127] Die Vorauspfändung von Kontoguthaben für künftig fällig werdende Unterhaltsansprüche ist unter der aufschiebenden Bedingung des Eintritts der Fälligkeit zulässig.[128] Gestattet eine Bank dem Kunden nach der Pfändung des gegenwärtigen Saldos und vor der Entstehung eines neuen Guthabens Verfügungen über das Konto, so kann sie das so entstandene Debet mit neuen Habenposten verrechnen, weil dann ein Auszahlungsanspruch des Kunden nicht besteht.[129] Die Pfändung und Überweisung/Einziehung von Tagesguthaben auf einem Girokonto umfasst dem Umfange nach die auf dem Kontoinhaber erteilten Tagesauszügen festgehaltenen Tagessalden; sie richtet sich ihrem Umfang nach nicht nach den Daten der Wertstellung von Soll- und Habenposten.[130]

Bei einem Kontokorrent- oder Girokonto wird in der Regel mit dem Kreditinstitut die Einräumung eines **Überziehungskredits** bis zu einem bestimmten Limit (**offene Kreditlinie**) vereinbart. Ein solcher Kredit kann aber auch dergestalt eingeräumt werden, dass die Bank die Kontoüberziehung stillschweigend bis zu einem bestimmten Betrag duldet. Die bloße Duldung der Überziehung des Kontos des Schuldners gibt dem Schuldner ggü. der Bank aber noch keinen Darlehensanspruch, sodass auch kein derartiger Anspruch gepfändet werden kann.[131] Ein Darlehensvertrag kommt in derartigen Fällen vielmehr erst dadurch zustande, dass die Bank trotz fehlender Deckung eine tatsächliche Auszahlung an den Schuldner leistet.[132]

170

---

126 OLG Düsseldorf, ZIP 1984, 566.
127 BFH, NJW 1984, 1919 = DB 1984, 1076 = BB 1984, 906 = ZIP 1984, 692 = ZfZ 1984, 174 = WM 1984, 864 = HFR 1984, 262 = Information StW 1984, 306 = DStR 1984, 375.
128 BGH, NJW 2004, 369 = Vollstreckung effektiv 2004, 60 = ZBB 2004, 59 = ZVI 2003, 646 = FamRZ 2004, 183 = BGHReport 2004, 193 = Rpfleger 2004, 169 = FPR 2004, 143 = MDR 2004, 413 = WuB VI E § 751 ZPO 1.04 = KKZ 2004, 68 = FF 2004, 25 = InVo 2004, 193.
129 OLG Frankfurt/Main, InVo 1998, 133.
130 OLG Frankfurt/Main, NJW-RR 1994, 878.
131 Vgl. BGH, NJW 1985, 1218.
132 Vgl. BGH, NJW 1985, 1218 = WM 1985, 344 = ZIP 1985, 339 = BB 1985, 611 = DB 1985, 1018 = EWiR 1985, 119 = JZ 1985, 487 = MDR 1985, 576 = JuS 1985, 997; OLG Frankfurt/Main, NJW-RR 1994, 878.

§ 4 Verbindliche Formulare für die Forderungspfändung

171 Die Pfändung in eine offene Kreditlinie ist nach der Rechtsprechung des BGH zulässig.[133] Die ausgebrachte Pfändung erfasst daher auch den Anspruch auf Auszahlung des von der Drittschuldnerin eingeräumten Kredits oder Darlehens in der noch nicht zur Auszahlung gelangten Höhe. Dazu gehören auch Ansprüche aus einem dem Schuldner eingeräumten Dispositionskredit. Diese sind pfändbar, soweit der Schuldner den Kredit durch Abruf eines Geldbetrages, d.h. durch eine Abhebung, Überweisung oder Zustimmung zu Lastschriften, in Anspruch nimmt. Mit dem Abruf entsteht ein Zahlungsanspruch des Schuldners gegen die Bank, der dem Gläubigerzugriff im Wege der Pfändung offensteht.[134] Der BGH geht davon aus, dass die Vereinbarung eines Dispositionskredits dem Vollstreckungsschuldner grds. einen Anspruch auf Auszahlung der vereinbarten Kreditmittel gegen das Kreditinstitut gibt. Dieser Anspruch auf Auszahlung des zugesagten Darlehens sei – als künftig entstehender und fällig werdender Anspruch – grds. abtretbar und damit auch pfändbar. Soweit im Schrifttum angenommen werde, ein Dispositionskredit sei zweckgebunden und damit nicht pfändbar, treffe dies aus unterschiedlichen Gründen nicht zu. Von einer treuhänderischen Bindung könne nicht die Rede sein und auch nicht von einer einseitigen Zweckbestimmung. Diese müsse zwischen der Bank und dem Kreditnehmer ausdrücklich vereinbart werden. Dem Schuldner werde mit der Zulässigkeit der Pfändung auch nicht ein Kredit aufgedrängt.

172 *Taktischer Hinweis*

Das Recht, den Kredit in irgendeiner Form (Barauszahlung, Überweisung oder Scheckbegebung) abzurufen, unterliegt nach herrschender Meinung nicht der Verwertung. Da es keine Pflicht – etwa aufgrund der Pfändung – des Schuldners gibt, den Kredit tatsächlich abzurufen, und er dies nach der Pfändung auch nicht mehr tun wird, führt die Pfändung nicht zu einziehbaren Beträgen.[135] Zudem hat der BGH die Frage, ob das Abrufrecht des Pfändungsschuldners selbstständig pfändbar ist und durch den Vollstreckungsgläubiger ausgeübt werden kann, ausdrücklich offen gelassen. Die Rechtsprechung hat – soweit ersichtlich – stets die Auffassung vertreten, dass das Abrufrecht weder gepfändet[136] noch aufgrund der Pfändung vom Vollstreckungsgläubiger ausgeübt werden kann.[137] Im Regelfall wird die Pfändung daher nicht zur Befriedigung führen, den Vollstreckungsschuldner u.U. aber in die Insolvenz treiben. Die Pfändung des Dispositionskredits ist daher wegen der eintretenden Kontoblockade nur ein „Druckmittel" für den Vollstreckungsgläubiger, mehr aber auch nicht.

---

133 BGH, Vollstreckung effektiv 2002, 90 = WM 2001, 898 = ZIP 2001, 825 = DB 2001, 1085 = Rpfleger 2001, 357 = MDR 2001, 1014 = KKZ 2001, 205 = FamRZ 2001, 1214.
134 BGH, Vollstreckung effektiv 2002, 90 = WM 2001, 898 = ZIP 2001, 825 = DB 2001, 1085 = Rpfleger 2001, 357 = MDR 2001, 1014 = KKZ 2001, 205 = FamRZ 2001, 1214.
135 *Goebel*, Vollstreckung effektiv 2001, 72.
136 LG Münster, Rpfleger 2002, 632.
137 LG Hamburg, NJW 1986, 998 = Rpfleger 1986, 265.

D. Die formularmäßigen (Pfändungs-)Ansprüche § 4

Der Anspruch eines Bankkunden gegen eine Bank aus der Bankverbindung auf **Rech-** **173**
nungslegung und **Erteilung von Kontoauszügen** für ein Girokonto ist pfändbar.[138]
Mit der Pfändung des Hauptanspruchs wird auch der Anspruch auf Auskunft und Rechnungslegung gepfändet,[139] jedoch kann die Erteilung von Kontoauszügen nicht angeordnet werden.[140] Die Pfändbarkeit dieses „Auskunftsanspruchs" ist eingeschränkt, wenn durch die Offenlegung gegenüber dem Gläubiger höchstpersönliche Geheimnisse oder auch Betriebsgeheimnisse des Schuldners zu offenbart würden. Für diese Ansprüche gilt § 851 Abs. 1 ZPO. Kontoauszüge erlangt der Gläubiger nur über nachfolgende Anordnung auf Seite 7 bzw. 8 des amtlichen Formulars.

174

☒ **Es wird angeordnet, dass**

☐ der Schuldner die Lohn- oder Gehaltsabrechnung oder die Verdienstbescheinigung einschließlich der entsprechenden Bescheinigungen der letzten drei Monate vor Zustellung des Pfändungs- und Überweisungsbeschlusses an den Gläubiger herauszugeben hat

☐ der Schuldner das über das jeweilige Sparguthaben ausgestellte Sparbuch (bzw. die Sparurkunde) an den Gläubiger herauszugeben hat und dieser das Sparbuch (bzw. die Sparurkunde) unverzüglich dem Drittschuldner vorzulegen hat

☐ ein von dem Gläubiger zu beauftragender Gerichtsvollzieher für die Pfändung des Inhalts Zutritt zum Schließfach zu nehmen hat

☐ der Schuldner die Versicherungspolice an den Gläubiger herauszugeben hat und dieser sie unverzüglich dem Drittschuldner vorzulegen hat

☐ der Schuldner die Bausparurkunde und den letzten Kontoauszug an den Gläubiger herauszugeben hat und dieser die Unterlagen unverzüglich dem Drittschuldner vorzulegen hat

☒ - der Schuldner die dem Drittschuldner vorgelegten Bescheinigungen und Belege, die zu einer Erhöhung des Pfändungsfreibetrags nach § 850k Abs. 2, 5 ZPO führen, herausgeben muss (BGH, Vollstreckung effektiv 2013, 78);
- der Schuldner die Kontoauszüge, nach seiner Wahl auch Kopien hiervon an den Gläubiger herausgeben muss, die Buchungsvorgänge betreffen, die ab Zustellung des Pfändungs- und Überweisungsbeschlusses an die Drittschuldnerin (§ 829 Abs. 3 ZPO) erfolgt sind (BGH, Vollstreckung effektiv 2012, 74). Insofern sind Schwärzungen einzelner Buchungen unzulässig (BGH, Vollstreckung effektiv 2012, 78).

Bei einem Oder-Konto (i.d.R. bei Ehegatten, Lebenspartnern) sind die Kontoinhaber hin- **175**
sichtlich des Auszahlungsanspruchs Gesamtgläubiger im Sinne des § 428 BGB, sodass jeder aufgrund seiner eigenen Forderungsinhaberschaft Auszahlung des gesamten Kontoguthabens an sich verlangen kann.[141] Die Kontoinhaber sind als Gesamtgläubiger berechtigt. Jeder einzelne kann hinsichtlich der gesamten Einlage die Auszahlung des gesamten Saldos verlangen und zwar stets an sich allein. Zwar kann das kontoführende Kreditinstitut entgegen der dispositiven Regelung des § 428 BGB nicht „nach seinem Belieben" an einen der Gläubiger leisten. Dieses Wahlrecht wird im Kontovertrag verkehrstypisch dahingehend abbedungen (§ 157 BGB), dass das Kreditinstitut nur an den-

---

138 LG Itzehoe, NJW-RR 1988, 1394.
139 LG Cottbus, JurBüro 2002, 659.
140 LG Frankfurt/Main, Rpfleger 1986, 186.
141 BGH, NJW 2018, 2632; BGH, WM 2002, 1683; BGH, NJW 1985, 1218 = WM 1985, 344 = ZIP 1985, 339 = BB 1985, 611 = DB 1985, 1018 = EWiR 1985, 119 = JZ 1985, 487 = MDR 1985, 576 = JuS 1985, 997.

jenigen leisten kann, der die Leistung fordert.[142] Eine Leistung an den nicht fordernden Gesamtgläubiger hätte keine schuldbefreiende Wirkung. Der Gläubiger darf daher mit der Pfändung des Kontos auf das gesamte auf diesem Konto vorhandene Guthaben zugreifen.[143] Der BGH hat dabei allerdings offen gelassen, ob der von der Pfändung nicht betroffene Kontoinhaber weiterhin über die Einlageforderung verfügen kann und das Kreditinstitut zur Leistung an ihn berechtigt und verpflichtet bleibt, solange der Betrag noch nicht an den Vollstreckungsgläubiger ausgezahlt ist.[144] Da es sich beim Oder-Konto um Gesamtgläubigerschaft handelt, kann hier nicht von einer Pfändung nach Kopfteilen ausgegangen werden.[145] Daher dürfte auch die Pfändung und Überweisung den anderen Kontoinhaber, der nicht Vollstreckungsschuldner ist, nicht daran hindern, über ein eventuelles Guthaben zu verfügen, weil das Verfügungsverbot immer nur Vollstreckungsschuldner betrifft, nicht dagegen den Kontomitinhaber.[146] Solange jedenfalls der nicht schuldnerische Kontomitinhaber keine Auszahlung verlangt, muss das Kreditinstitut dem Auszahlungsbegehren des Pfändungsgläubigers bei Vorliegen der entsprechenden Voraussetzungen in vollem Umfang nachkommen.[147] Denn in der Zustellung des Pfändungs- und Überweisungsbeschlusses an das Kreditinstitut ist ein Leistungsverlangen des Vollstreckungsgläubigers i.H.d. gepfändeten Betrags an Stelle des sonst berechtigten Schuldners zu sehen.[148] Das Forderungsrecht des anderen Gesamtgläubigers erlischt dann, wenn das Leistungsverlangen des anderen Pfändungsgläubigers tatsächlich erfüllt wurde.[149]

176

Hinweis

Nach ganz überwiegender und zutreffender Ansicht ist das Kreditinstitut bei **kollidierenden Weisungen** der Mitinhaber eines Oder-Kontos in den Fällen, in denen sich eine zeitliche Priorität der Weisungen ausmachen lässt, hieran gebunden.[150] Aus dem Prioritätsprinzip werden allerdings unterschiedliche Schlussfolgerungen gezogen. Zum Teil wird

---

142 BGH, NJW 2018, 2632 m.w.N.; OLG Nürnberg, NJW 1961, 510, 511; KG, WM 1976, 65, 67; OLG Dresden, WM 2001, 1148, 1149; LG Frankfurt/Main, WM 2004, 1282, 1283.
143 BGH, NJW 1985, 1218 = WM 1985, 344 = ZIP 1985, 339 = BB 1985, 611 = DB 1985, 1018 = EWiR 1985, 119 = JZ 1985, 487 = MDR 1985, 576 = JuS 1985, 997.
144 BGH, NJW 1985, 1218 = WM 1985, 344 = ZIP 1985, 339 = BB 1985, 611 = DB 1985, 1018 = EWiR 1985, 119 = JZ 1985, 487 = MDR 1985, 576 = JuS 1985, 997; *Goebel*, Vollstreckung effektiv 2008, 37.
145 A.A. OLG Koblenz, NJW-RR 1990, 1385.
146 OLG Stuttgart, InVo 2002, 339; *Stöber*, Rn 341; *Goebel*, Vollstreckung effektiv 2008, 37.
147 *Goebel*, Vollstreckung effektiv 2008, 37; *Wagner*, WM 1991, 1145.
148 *Goebel*, Vollstreckung effektiv 2008, 37; *Vallender*, InVo 96, 286.
149 BGH, NJW 2018, 2632.
150 BGH, NJW 2018, 2632; a.A. LG Hannover, WM 1972, 638, 639; *Hüffer/van Look*, Rechtsfragen zum Bankkonto, 4. Aufl., Rn 152; *Rieder*, WM 1987, 29, 32.

D. Die formularmäßigen (Pfändungs-)Ansprüche § 4

angenommen, es komme darauf an, werdie Leistung als Erster verlangt habe.[151] Eine andere Ansicht stellt hingegen vorrangig darauf ab, welches Verlangen bei ordnungsgemäßer Bearbeitung zuerst zur Erfüllung gelangen würde; nur wenn nicht zu erkennen sei, welche der Verfügungen bei ordnungsgemäßem Geschäftsgang zuerst zur Erfüllung anstehe, komme es auf die zeitliche Reihenfolge des Eingangs der Weisungen an.[152] Der BGH[153] hat diese Frage offengelassen. Die zuerst genannte Auffassung trifft nach meinem Dafürhalten jedoch zu. Lag die Anweisung des weiteren Kontoinhabers daher schon vor der Pfändung vor, ist diese auszuführen. Erfolgt diese erst nach der Pfändung, muss der Kontomitinhaber zurückstehen.

Die Verfügung des Mitinhabers eines Oder-Kontos über eine (auch) ihm zustehende Auszahlungsforderung gegen die Bank soll nach einer Entscheidung des OLG Dresden[154] trotz einer die Auszahlungsforderung des anderen Kontomitinhabers betreffenden Vorpfändung gem. § 845 ZPO wirksam sein.[155] Hier sei die Forderung zwar bereits gepfändet. Dem Auszahlungsverlangen des Schuldners stehe der Sachverhalt aber erst gleich, wenn es auch zur Überweisung komme. Dies geschehe nicht mit der Vorpfändung, sondern erst mit der Zustellung des eigentlichen Pfändungs- und Überweisungsbeschlusses. Eine a.A. vertritt insoweit das OLG Stuttgart,[156] welches davon ausgeht, dass der Pfändungs- und Überweisungsbeschluss in seiner Gänze auf den Zeitpunkt der Zustellung der Vorpfändung zurückwirke.[157] **177**

Weil nach § 430 BGB die Gesamtgläubiger im Zweifel zu gleichen Teilen berechtigt sind, hat der nicht schuldnerische Kontomitinhaber grds. gegen den Schuldner einen Ausgleichsanspruch auf den ihm zustehenden Anteil.[158] Allerdings muss dies im Einzelfall **178**

---

151 OLG Celle, WM 1995, 1871; BeckOK-BGB/*Gehrlein*, Stand: 1.11.2017, § 428 Rn 2; *Canaris* in Großkomm. HGB, 4. Aufl., Bankvertragsrecht Erster Teil, Rn 225; *Einsele* in Festschrift Nobbe, 2009, S. 27, 41; *Gernhuber*, WM 1997, 645, 649; jurisPK-BGB/*Rüßmann*, 8. Aufl., § 428 Rn 14; *Merz/Peterek* in Kümpel/Wittig, Bank- und Kapitalmarktrecht, 4. Aufl., Rn 6.728; *Pohlmann*, Das von Ehegatten geführte Oder-Konto, 2002, S. 63; Staudinger/*Looschelders*, BGB, Neubearb. 2017, § 428 Rn 24, 27; *Streißle*, EWiR 2004, 901, 902; *Wagner*, WM 1991, 1145, 1146.
152 LG Frankfurt/Main, WM 2004, 1282, 1283 f.; BeckOGK/*Kreße*, BGB, Stand: 1.11.2017, § 428 Rn 17; *Gößmann/Walgenbach* in BuB, Stand: Juli 2015, Rn 2/139; MüKo-BGB/*Bydlinski*, 7. Aufl., § 428 Rn 4; *Schwintowski* in Schwintowski, Bankrecht, 4. Aufl., § 6 Rn 18.
153 NJW 2018, 2632.
154 BGH, MDR 2001, 580.
155 *Goebel*, Vollstreckung effektiv 2008, 37.
156 OLG Stuttgart, InVo 1999, 150.
157 *Goebel*, Vollstreckung effektiv 2008, 37.
158 OLG Düsseldorf, FamRZ 1982, 607; *Stöber*, Rn 340; *Goebel*, Vollstreckung effektiv 2008, 37.

geprüft werden. Bei **intakter Ehe** besteht nicht zwingend ein Ausgleichsanspruch.[159] Zwar kommt auch hier § 430 BGB zur Anwendung, der einen Ausgleichsanspruch aber nur gewährt, wenn nichts anders bestimmt ist. In einer intakten Ehe wird sich regelmäßig aus ausdrücklicher oder konkludenter Vereinbarung, Zweck und Handhabung des Kotos oder den Vorschriften über die eheliche Lebensgemeinschaft ergeben, dass ein anderes im Sinne des § 430 BGB bestimmt ist.[160] Fraglich kann nur sein, gegen wen sich der Ausgleichsanspruch richtet, sofern er besteht. Einerseits wird vertreten, dass der Gläubiger den Auszahlungsanspruch des Schuldners nur belastet mit dem Ausgleichsanspruch des weiteren Kontoinhabers erwirbt, weshalb sich der Ausgleichsanspruch nach § 430 BGB gegen den Vollstreckungsgläubiger richtet.[161] Andererseits hat das OLG Stuttgart[162] entschieden, dass sich der Ausgleichsanspruch nicht gegen den Pfändungsgläubiger, sondern allein gegen den Schuldner richtet. Durch den Pfändungs- und Überweisungsbeschluss erwerbe der Gläubiger allein den Auszahlungsanspruch gegen das Kreditinstitut, ohne an die Stelle des Schuldners in der vertraglichen Beziehung zwischen ihm und dem weiteren Kontoinhaber einzurücken.

179 Das OLG Frankfurt/Main[163] hat entschieden, wenn das Guthaben auf einem Oder-Konto von **Ehegatten** aus einer **Steuererstattung** resultiere, eine von der regelmäßig hälftigen Berechtigung anderweitige Bestimmung im Sinne des § 430 BGB naheliege. Bei einer intakten Ehe bzw. Lebenspartnerschaft besteht allerdings nicht zwingend ein Ausgleichsanspruch.[164] Zwar kommt auch hier § 430 BGB zur Anwendung, der einen Ausgleichsanspruch aber nur gewährt, wenn nichts anderes bestimmt ist. Bei einer intakten Ehe bzw. Lebenspartnerschaft liegt es nahe, dass anderes bestimmt ist. Fraglich ist nur, gegen wen sich der Ausgleichsanspruch richtet, sofern er besteht.

180 Steht eine Forderung **mehreren Schuldnern als Gläubigern gemeinschaftlich** zu, so ist ihre Pfändung aufgrund eines nur gegen einen von ihnen als Schuldner ergangenen Titels nicht zulässig. Dies ist bei einem **Und-Konto** der Fall. Hierbei können die Gläubiger nur gemeinsam über das Guthaben verfügen und die Bank kann dementsprechend nur an alle Kontoinhaber gemeinschaftlich mit befreiender Wirkung leisten. Das Guthaben steht den mehreren Inhabern gemeinschaftlich als unteilbare Forderung zu.[165] Selbstständige

---

159 BGH, NJW 1990, 705 = DB 1990, 215 = ZIP 1990, 86 = JZ 1990, 147 = WM 1990, 239 = DAVorm 1990, 143 = FamRZ 1990, 370 = MDR 1990, 422 = ZAP Fach 11 R, 15–16 = NJW-RR 1990, 393 = FuR 1990, 107 = EWiR 1990, 665 = ZBB 1990, 158.
160 BGH, NJW 1990, 705.
161 *Stöber*, Rn 339; *Goebel*, Vollstreckung effektiv 2008, 37.
162 OLG Stuttgart, InVo 2002, 339; *Wagner*, WM 1991, 1145.
163 OLG Frankfurt/Main, Vollstreckung effektiv 2012, 128.
164 BGH, NJW 1990, 705 = DB 1990, 215 = ZIP 1990, 86 = JZ 1990, 147 = WM 1990, 239 = DAVorm 1990, 143 = FamRZ 1990, 370.
165 *Stöber*, Rn 163a.

Rechte der Mitinhaber an der ganzen Einlagenforderung bestehen nicht. Die Pfändung eines Guthabens auf einem Und-Konto setzt demnach entsprechend § 736 ZPO einen **Titel gegen sämtliche Kontomitinhaber** und einen entsprechenden **Pfändungs- und Überweisungsbeschluss** voraus.[166] Will der Gläubiger nur eines von mehreren Kontomitinhabern auf das auf den Vollstreckungsschuldner entfallene Kontoguthaben zugreifen, muss und kann er zusätzlich dessen Anspruch auf Aufhebung der Gemeinschaft, Erlösteilung und Erlösauszahlung gem. § 749 BGB pfänden.[167] Diesbezüglich sind die anderen Kontomitinhaber Schuldner und damit Drittschuldner, somit also Zustellungsadressaten i.S.v. §§ 829, 857 ZPO.

2. Sparguthaben/Festgeldkonten – Anspruch Ziffer 2

Forderungen, über die ein **Sparbuch** ausgestellt ist, werden wie gewöhnliche Geldforderungen nach § 829 ZPO gepfändet und nach § 835 ZPO verwertet. Gibt der Schuldner das Sparbuch nicht freiwillig an den Gläubiger heraus, kann dieser es aufgrund des Pfändungs- und Überweisungsbeschlusses vom Gerichtsvollzieher im Wege der **Hilfspfändung** nach § 836 Abs. 3 S. 2 ZPO wegnehmen lassen. Mit der Pfändung hat der Gläubiger das Recht erworben, den Sparvertrag fristgerecht bzw. entgegen der vertraglichen Festlegung vorzeitig zu kündigen.

181

Ebenso ist die Forderung aus einem nach dem Spar-Prämiengesetz begünstigten **Prämiensparvertrag** pfändbar. Mit der Pfändung des Prämiensparguthabens hat der Gläubiger allerdings das Recht erworben, den Prämiensparvertrag fristgerecht bzw. entgegen der vertraglichen Festlegung vorzeitig zu kündigen. Die hierzu ergangene gegenteilige Rechtsprechung[168] dürfte durch den klaren Wortlaut unter Anspruch D (an Kreditinstitute) Ziffer 2 obsolet sein.

182

Der Anspruch aus Ziffer 2 erfasst auch Ansprüche aus **Festgeldkonten**. Mit einem Festgeldkonto kann man für einen festgelegten Zeitraum Geld mit festen Zinsen anlegen. Mit der Pfändung hat der Gläubiger das Recht erworben, den Vertrag fristgerecht bzw. entgegen der vertraglichen Festlegung vorzeitig zu kündigen.

183

---

166 BGH WM 1973, 894 = BGHZ 61, 72; LG Berlin, Grundeigentum 2015, 1223; Schimansky/Bunte/Lwoski/ *Bitter*, Bankrechts-Handbuch § 33 Rn 113; MüKo-ZPO/*Smid*, § 829 Rn 10; *Wagner*, WM 1991, 1145.
167 LG Berlin, Grundeigentum 2015, 1223; *Stöber*, Rn 62.
168 LG Karlsruhe, MDR 1980, 765 = Justiz 1980, 473; AG Bad Neuenahr-Ahrweiler, WM 1988, 297.

§ 4 Verbindliche Formulare für die Forderungspfändung

184 Auf Seite 7 bzw. 8 des amtlichen Formulars ist Folgendes anzukreuzen:

> ☒ **Es wird angeordnet, dass**
>
> ☐ der Schuldner die Lohn- oder Gehaltsabrechnung oder die Verdienstbescheinigung einschließlich der entsprechenden Bescheinigungen der letzten drei Monate vor Zustellung des Pfändungs- und Überweisungsbeschlusses an den Gläubiger herauszugeben hat
>
> ☒ der Schuldner das über das jeweilige Sparguthaben ausgestellte Sparbuch (bzw. die Sparurkunde) an den Gläubiger herauszugeben hat und dieser das Sparbuch (bzw. die Sparurkunde) unverzüglich dem Drittschuldner vorzulegen hat
>
> ☐ ein von dem Gläubiger zu beauftragender Gerichtsvollzieher für die Pfändung des Inhalts Zutritt zum Schließfach zu nehmen hat
>
> ☐ der Schuldner die Versicherungspolice an den Gläubiger herauszugeben hat und dieser sie unverzüglich dem Drittschuldner vorzulegen hat
>
> ☐ der Schuldner die Bausparurkunde und den letzten Kontoauszug an den Gläubiger herauszugeben hat und dieser die Unterlagen unverzüglich dem Drittschuldner vorzulegen hat
>
> ☐ _____

3. Darlehnsvaluta aus Kreditgeschäft – Anspruch Ziffer 3

185 Von den Fällen des Nichtausschöpfens einer Kreditlinie ist der Fall zu unterscheiden, dass der Schuldner einen konkreten Kredit beantragt, zugesagt, erhalten und möglicherweise bereits auf seinem Konto gutgeschrieben bekommen hat. Ob in diesen Anspruch vollstreckt werden kann, hängt davon ab, ob der Kredit zweckgebunden verwendet werden muss oder zur freien Verfügung des Schuldners steht. Nur im letzteren Fall ist er als Geldforderung pfändbar.[169] Im Übrigen ist er – als zweckgebundener Kredit – unpfändbar; das gilt nur dann nicht, wenn er von denjenigen Gläubigern gepfändet werden soll, deren Forderung nach der Zweckvereinbarung durch den Kredit gerade abgedeckt werden sollte, soweit die Pfändung ausschließlich der Befriedigung dieser Forderung dient (sog. **Anlassgläubiger**).

---

169 LG Münster, InVo 2001, 31.

4. Ansprüche aus zum Wertpapierkonto gehörenden Gegenkonto – Anspruch Ziffer 4

In einem Wertpapierdepot werden lediglich Bestände sowie Zu- und Abgänge gebucht. Um Wertpapiere handeln zu können, wird ein Girokonto als Gegenkonto benötigt. Dort werden Kaufpreise, Veräußerungserlöse sowie Dividendengutschriften und Zinsen verbucht. Mittels Anspruch D Ziffer 4 werden lediglich die Zinsgutschriften für festverzinsliche Wertpapiere gepfändet. Nicht gepfändet werden hingegen die Wertpapiere selbst bzw. aus einem Wertpapierdepot (s. hierzu Rdn 196 ff.)

186

5. Bankschließfach – Anspruch Ziffer 5

Im Einzelnen ist Folgendes zu beachten:

187

- **Schuldner hat Alleinbesitz am Inhalt des Bankschließfachs:** Zwischen der Bank und ihrem Kunden, dem Schuldner wird ein Mietvertrag[170] über die Nutzung eines in den Räumen des Kreditinstituts befindlichen Schließfachs abgeschlossen. Die AGB der Banken regeln des Weiteren, dass sowohl die Bank als auch der Schuldner im Besitz je eines Schlüssels zu diesem Fach sind. Zudem gilt, dass nur unter Mitwirkung der Bank dem Schuldner der Zugang zum Fach möglich ist (sog. Mitgewahrsam).[171] Diese Regelung dient ausschließlich dazu, die Öffnung des Bankschließfachs durch einen unbefugten Dritten zu verhindern. Die Bank hat jedoch keinen Mitbesitz am Inhalt des Schließfachs. Dieser steht ausschließlich im alleinigen Besitz des Schuldners. Deshalb ist es falsch, wenn ein Gläubiger den Herausgabeanspruch des Schuldners gegen die Bank entsprechend § 846 ff. ZPO pfänden würde. Ein solcher Anspruch existiert nicht.[172] Es besteht lediglich ein Anspruch auf Zutritt zum Bankschließfach und auf Mitwirkung der Bank bei der Öffnung. Nur dieser unterliegt der Pfändung.

Taktischer Hinweis

Um erfolgreich in den Inhalt eines Bankschließfachs zu vollstrecken, müssen Gläubiger daher wie folgt vorgehen:

- Der Gläubiger muss zunächst beim Vollstreckungsgericht einen Pfändungs- und Überweisungsbeschluss erwirken (Anspruch D Ziffer 5). Drittschuldner ist das Kreditinstitut. Infolge der Pfändung darf dem Schuldner der Zutritt zum Bankschließfach nicht mehr gestattet werden.

---

170 RGZ 141, 99.
171 Musielak/*Becker*, § 808 Rn 8 m.w.N.
172 *Stöber*, Rn 1753 m.w.N.

§ 4 Verbindliche Formulare für die Forderungspfändung

■ Auf Seite 7 bzw. 8 des amtlichen Formulars ist Folgendes anzukreuzen:

> ☒ **Es wird angeordnet, dass**
> ☐ der Schuldner die Lohn- oder Gehaltsabrechnung oder die Verdienstbescheinigung einschließlich der entsprechenden Bescheinigungen der letzten drei Monate vor Zustellung des Pfändungs- und Überweisungsbeschlusses an den Gläubiger herauszugeben hat
> ☐ der Schuldner das über das jeweilige Sparguthaben ausgestellte Sparbuch (bzw. die Sparurkunde) an den Gläubiger herauszugeben hat und dieser das Sparbuch (bzw. die Sparurkunde) unverzüglich dem Drittschuldner vorzulegen hat
> ☒ ein von dem Gläubiger zu beauftragender Gerichtsvollzieher für die Pfändung des Inhalts Zutritt zum Schließfach zu nehmen hat
> ☐ der Schuldner die Versicherungspolice an den Gläubiger herauszugeben hat und dieser sie unverzüglich dem Drittschuldner vorzulegen hat
> ☐ der Schuldner die Bausparurkunde und den letzten Kontoauszug an den Gläubiger herauszugeben hat und dieser die Unterlagen unverzüglich dem Drittschuldner vorzulegen hat
> ☐

■ In einem weiteren Schritt ist sodann der **Gerichtsvollzieher** zu beauftragen, das Stahlkammerfach zu öffnen und den Inhalt zu pfänden (§ 808 ZPO). Der zuvor erlassene Überweisungsbeschluss, der dem Sachpfändungsauftrag beizufügen ist, ermächtigt diesen, das Zutrittsrecht des Schuldners auszuüben. Der Gerichtsvollzieher pfändet also den Inhalt des Safes und verwertet diesen regelmäßig durch Versteigerung. Den zur Öffnung notwendigen Schlüssel zum Stahlkammerfach kann er sich, ohne dass es einer Anordnung des Vollstreckungsgerichts bedarf, nach § 758 ZPO beschaffen. Dies bedeutet, er darf ihn dem Schuldner wegnehmen. Ist der Schlüssel nicht auffindbar, ist der Gerichtsvollzieher befugt, das Fach gewaltsam zu öffnen § 758 Abs. 3 ZPO. Eine richterliche Durchsuchungsanordnung gem. § 758a ZPO ist nicht erforderlich.[173]

188 Die beiden zuvor genannten Schritte sollten direkt miteinander verbunden werden. Indem bereits dem Antrag auf Erlass des Pfändungs- und Überweisungsbeschlusses zugleich auch ein Sachpfändungsauftrag an den Gerichtsvollzieher beigefügt wird, lässt sich wertvolle Zeit sparen. Denn der mit der Zustellung des Pfändungsbeschlusses beauftragte Gerichtsvollzieher kann dann sogleich auf den Inhalt des Bankschließfachs zugreifen und diesen pfänden. In diesem Fall sollte der Gläubiger aus Zeitersparnisgründen stets die Zustellung des Pfändungs- und Überweisungsbeschlusses selbst durch direkte Beauftragung des Gerichtsvollziehers vornehmen und nicht über die Gerichtsvollzieherverteilerstelle laufen lassen.

189 Nachdem das Vollstreckungsgericht den Pfändungs- und Überweisungsbeschluss erlassen hat und dem Gläubiger die entsprechende Ausfertigung nebst Vollstreckungsunterla-

---

173 BGH, NJW 2003, 1032; *Stöber*, Rn 1754.

D. Die formularmäßigen (Pfändungs-)Ansprüche | § 4

gen zugesandt wurde, muss der Gläubiger diese Unterlagen dem anliegenden Sachpfändungsauftrag an den Gerichtsvollzieher beifügen.

Muster: Pfändungsauftrag an Gerichtvollzieher

190

C	die Anlage/-n
	Dazu bitte die Hinweise zum Ausfüllen und Einreichen des Vollstreckungsauftrags (Anlage 2 des Formulars) beachten.
	☐ Vollstreckungstitel
	(Titel bitte nach Art, Gericht/Notar/Behörde, Datum und Geschäftszeichen bezeichnen)
	.... des Amts-, Land-, Oberlandesgerichts ... vom Az:

	☑ Vollmacht
	☑ Geldempfangsvollmacht
	☑ Forderungsaufstellung gemäß der Anlage 1 des Formulars
	☐ Forderungsaufstellung gemäß sonstiger Anlage/-n des Gläubigers/Gläubigervertreters _____
	☐ Anwaltskosten für weitere Vollstreckungsmaßnahmen gemäß zusätzlicher Anlage/-n _____
	☐ Inkassokosten gemäß § 4 Absatz 4 des Einführungsgesetzes zum Rechtsdienstleistungsgesetz (RDGEG) gemäß Anlage/n _____
	☑ Pfändungs- und Überweisungsbeschluss des AG ... vom ..., Az: ... M ... / ...
	☐

wegen der aus der Anlage/den Anlagen ersichtlichen Forderung/-en zur Durchführung des folgenden Auftrags/der folgenden Aufträge:

D	☑ Zustellung

K	☑ Pfändung körperlicher Sachen

O	weitere Aufträge
	☑ Es wird beantragt die Zustellung des beigefügten Pfändungs- und Überweisungsbeschlusses an den Drittschuldner vorzunehmen und das benannte Bankschließfach - notfalls gewaltsam bzw. durch Schlüsselwegnahme (§ 758 Abs. 3 ZPO) - zu öffnen und seinen Inhalt zu pfänden und zu verwerten
	☐
	☐

6. Weitere pfändbare Ansprüche – Ziffer 6

a) Allgemeine Ansprüche

Der unter Anspruch D vorgegebene Pfändungstext erfasst nur teilweise gegenüber einem Kreditinstitut pfändbare Ansprüche. Soweit daher Ansprüche nicht im amtlichen Pfändungstext aufgeführt sind, können diese entweder beim „Anspruch D" unter der Ziffer 6 im amtlichen Formular auf Seite 5 bzw. 6 oder auf Seite 6 bzw. 7 (Anspruch G) eingefügt werden. Gläubiger können auch auf eine Anlage verweisen, soweit der

191

169

Platz unter „G" nicht ausreicht. Folgende weitere pfändbare Ansprüche wären hier einzutragen:[174]

- Ansprüche auf dem Konto eines Dritten (sog. Kontoleihe → pfändbar ist hier regelmäßig der schuldrechtliche Auszahlungsanspruch des Leistungsberechtigten gegen den Kontoinhaber);
- (P-)Konto (§ 850k);
- auf Annahme von Geld für die Schuldnerin, jeglichen Guthabens auf Konten der Schuldnerin;
- über den gegenwärtigen und jeden künftigen Aktivsaldo (Überschuss), welcher sich aufgrund der Saldoziehung zum Zustellungszeitpunkt dieses Beschlusses an den Drittschuldner und zum Zeitpunkt des Abschlusses der Rechnungsperiode ergibt;
- auf Rückzahlung jeglichen, auch des künftigen Guthabens, auf Prämienauszahlung samt Zinsen und Zinseszinsen und auf Auszahlung der Zinsen aus Sparverträgen;
- auf Kündigung der zwischen der Schuldnerin und dem Drittschuldner geschlossenen Verträge, namentlich Darlehens-, Sicherungsübereignungs-, Hinterlegungs- und Spareinlagen jeglicher Art ...
- aus der Spareinlage auf dem Sparkonto mit der Nr. ..., insbesondere die Forderung auf Rückzahlung der Einlagen und die Auszahlung von Zinsen bei Fälligkeit des durch das Guthaben gesicherten Rückzahlungsanspruchs auf die Mietkaution für die Wohnung in der ... Straße Nr. ... im ... Geschoss ...

192 *Taktischer Hinweis*

Hinsichtlich der Bestimmtheit der Forderung muss der Pfändungsbeschluss regelmäßig den Rechtsgrund der Forderung in allgemeinen Umrissen bezeichnen. Bei der Pfändung von Forderungen des Schuldners gegen eine Bank reicht es aus, wenn die im Pfändungsbeschluss enthaltene Aufzählung hinreichend verdeutlicht, dass es sich um Ansprüche aus bankmäßiger Verbindung handelt und die einzelnen Bankgeschäfte, die erfasst werden sollen, ebenfalls hinreichend deutlich beschrieben werden. Fehlen solche Angaben zum Rechtsgrund, ist die Forderung zu unbestimmt. In diesem Zusammenhang schaden nichtssagende Bezeichnungen, wie z.B. „aus jedem Rechtsgrund" oder „aus Verträgen oder sonstigen Rechtsgründen". Wenn Gläubiger aber hinreichend verdeutlichen, dass es um Ansprüche aus bankmäßiger Verbindung geht und man die einzelnen Bankgeschäfte, die erfasst werden sollen, eindeutig beschreibt, ist dies ausreichend.[175]

---

174 Vgl. BGH, Vollstreckung effektiv 2017, 146.
175 BGH, Vollstreckung effektiv 2017, 146.

D. Die formularmäßigen (Pfändungs-)Ansprüche § 4

b) Genossenschaft

Die Praxis lehrt, dass regelmäßig eventuell beim Kreditinstitut bestehende Genossenschaftsanteile nicht mitgepfändet werden (z.B. bei Volks- und Raiffeisenbanken). Dadurch gehen dem Gläubiger zusätzlich realisierbare Ansprüche verloren. Ein Zugriff ist vor allem bedeutsam, wenn andere Gläubiger ein vorrangiges Pfandrecht, aber hierauf nicht zugegriffen haben. Dann „schiebt" sich der nachrangige Gläubiger vor die vorrangigen Gläubiger. **193**

Eine Genossenschaft ist ein Verein mit freier und wechselnder Mitgliederzahl, dessen Zweck darauf gerichtet ist, Erwerb und Wirtschaft der Mitglieder (= Genossen) zu fördern (§ 1 Abs. 1 GenG). Sie wird beim AG im Genossenschaftsregister im zuständigen Handelsregister mit dem Zusatz „eG" (= eingetragene Genossenschaft; § 3 GenG) eingetragen. Im Hinblick auf die Durchsetzung ihrer Ansprüche sollten Gläubiger in das Satzungsstatut Einblick nehmen. Dieses muss der Schuldner nach § 836 Abs. 3 ZPO dem Gläubiger herausgeben. Entsprechendes sollte daher im Pfändungs- und Überweisungsbeschluss mit angeordnet werden. **194**

Folgende Ansprüche können gepfändet werden: **195**

- **Anspruch auf Geschäftsguthaben**: Dies ist der Anspruch eines ausgeschiedenen Genossen (Schuldner) auf Auszahlung des ihm durch Auseinandersetzung mit der Genossenschaft zustehenden Guthabens. Die Auseinandersetzung muss durch Bilanzierung erfolgen. Das Guthaben ist dann binnen sechs Monaten nach dem Ausscheiden dem Gläubiger auszuzahlen (§ 73 Abs. 2 GenG).
- **Anspruch auf Ergebnisrücklage**: Das Statut kann festlegen, dass dem ausscheidenden Genossen, der seinen Geschäftsanteil voll eingezahlt hat, ein Anteil auf Auszahlung einer Ergebnisrücklage (sog. Reservefond) zusteht (§ 73 Abs. 3 GenG). Ob dies der Fall ist, kann der Gläubiger durch Einblick in die Satzung feststellen.
- **Anspruch auf Gewinnbeteiligung**: Der Gewinn ergibt sich aus dem Überschuss der Aktiv- und Passivposten. Diesbezüglich ist eine Bilanz aufzustellen. Soweit der Anspruch auf die Gewinnauszahlung dem Geschäftsguthaben zugeschrieben werden muss (§ 19 Abs. 1 S. 3 GenG), kann er nur mit diesem zusammen gepfändet werden.
- **Anspruch auf Liquidationsguthaben**: Wird die Genossenschaft aufgelöst, empfiehlt es sich, bei einer Liquidation auch die sich hieraus ergebenden Liquidationsguthaben (§ 91 GenG) mit zu pfänden. Die Auflösungsgründe sind unterschiedlich und ergeben sich z.B. aus §§ 78 ff., 101 GenG.

| § 4 | Verbindliche Formulare für die Forderungspfändung |

196 Im Fall der Pfändung und Überweisung des Geschäftsguthabens ist der **Gläubiger berechtigt**, anstelle des Schuldners die **Mitgliedschaft** gegenüber der Genossenschaft **zu kündigen** (§ 66 Abs. 1 GenG). Die Kündigung durch den Gläubiger findet gem. § 65 Abs. 2 S. 1 GenG nur zum Schluss des Geschäftsjahrs (nicht Kalenderjahrs) statt. Sie muss mindestens drei Monate vorher erfolgen, wobei das Statut eine längere, maximal jedoch fünfjährige Frist vorsehen kann (§ 65 Abs. 2 S. 2, 3 GenG).

197 Gläubiger müssen aber die folgenden Besonderheiten beachten:

- Der Pfändungs- und Überweisungsbeschluss muss der Genossenschaft als Drittschuldnerin, vertreten durch mindestens ein Vorstandsmitglied, zugestellt werden (§ 25 Abs. 1 S. 3 GenG).
- Der zugrunde liegende Titel darf nicht nur vorläufig vollstreckbar sein (§ 66 Abs. 1 GenG).
- Innerhalb der letzten sechs Monate vor Erlass des Pfändungs- und Überweisungsbeschlusses muss gegen den Schuldner fruchtlos in das bewegliche und in das unbewegliche Vermögen vollstreckt worden sein. Hierbei reicht es aus, dass die Fruchtlosigkeit objektiv feststeht, sodass der Hinweis auf andere schon vollstreckende Gläubiger oder eine bereits abgegebene Vermögensauskunft genügt.
- Der Kündigungserklärung muss eine amtlich beglaubigte Abschrift des Titels sowie der Urkunden über die fruchtlose Vollstreckung beiliegen (§ 66 Abs. 2 GenG).
- Eine Beschränkung des Kündigungsrechts durch den Gläubiger besteht in den Fällen, in denen er bereits durch einen oder mehrere Geschäftsanteile befriedigt wurde (§ 67b GenG). Dies ist für den Schuldner dann die weniger einschneidende Maßnahme, als das gänzliche Ausscheiden aus der Genossenschaft.

198 Der Gläubiger sollte daher seinen Antrag auf Erlass eines Pfändungs- und Überweisungsbeschluss beim Anspruch D (an Kreditinstitute) standardmäßig unter Ziffer 6 bzw. „Anspruch G" wie folgt ergänzen:

199 „Auf Auszahlung bei Auseinandersetzung der Genossenschaft; gegen die Genossenschaft auf laufende Auszahlung der Gewinnanteile; gegen die Genossenschaft auf Auszahlung des Anteils am Reservefonds; gegen die Genossenschaft auf Auszahlung des Anteils am Vermögen im Falle einer Liquidation."

D. Die formularmäßigen (Pfändungs-)Ansprüche § 4

Zugleich ist auf Seite 7 bzw. 8 des amtlichen Formulars Folgendes einzutragen: 200

> ☒ Es wird angeordnet, dass
>
> ☐ der Schuldner die Lohn- oder Gehaltsabrechnung oder die Verdienstbescheinigung einschließlich der entsprechenden Bescheinigungen der letzten drei Monate vor Zustellung des Pfändungs- und Überweisungsbeschlusses an den Gläubiger herauszugeben hat
>
> ☐ der Schuldner das über das jeweilige Sparguthaben ausgestellte Sparbuch (bzw. die Sparurkunde) an den Gläubiger herauszugeben hat und dieser das Sparbuch (bzw. die Sparurkunde) unverzüglich dem Drittschuldner vorzulegen hat
>
> ☐ ein von dem Gläubiger zu beauftragender Gerichtsvollzieher für die Pfändung des Inhalts Zutritt zum Schließfach zu nehmen hat
>
> ☐ der Schuldner die Versicherungspolice an den Gläubiger herauszugeben hat und dieser sie unverzüglich dem Drittschuldner vorzulegen hat
>
> ☐ der Schuldner die Bausparurkunde und den letzten Kontoauszug an den Gläubiger herauszugeben hat und dieser die Unterlagen unverzüglich dem Drittschuldner vorzulegen hat
>
> ☒ der Schuldner die Genossenschaftssatzung (Statut) an den Gläubiger herausgeben muss

c) Wertpapiere

Wertpapiere werden i.d.R. bei einem Kreditinstitut zur Verwahrung in einem Wertpapierdepot aufbewahrt. Die Einzelheiten regelt das Gesetz über die Verwahrung und Anschaffung von Wertpapieren (DepotG). Hier werden grds. zwei Arten der Verwahrung unterschieden: 201

aa) Sonderverwahrte Wertpapiere

Die Sonderverwahrung nach § 2 DepotG ist dadurch gekennzeichnet, dass die Wertpapiere unter äußerlich erkennbarer Bezeichnung des Hinterlegers (= Schuldner) gesondert verwahrt werden. 202

Der Schuldner bleibt als Hinterleger Eigentümer der Wertpapiere, die er zurückfordern kann. Diesen Herausgabeanspruch kann der Gläubiger nach §§ 857, 829, 846 ZPO pfänden.

Im Pfändungs- und Überweisungsbeschluss ist dabei die zu pfändende Forderung hinreichend genau bestimmt, wenn der Anspruch auf Herausgabe von Wertpapieren aus Sonder- oder Drittverwahrung samt dem Miteigentumsanteil von Stücken im Sammelbestand aus einem bestimmten Vertrag über Wertpapierverwahrung gepfändet werden soll. Die Aufnahme der Depotkontonummer bzw. Bezeichnung der Wertpapiere in den Pfändungs- und Überweisungsbeschluss ist nicht erforderlich, da dies für die Kontenermittlung nicht notwendig ist.[176] Dies würde zudem die Anforderungen an den Gläubiger überspannen, der genauere Kenntnisse in der Regel nicht haben kann.[177]

---

176 BGH, Rpfleger 2008, 266; AG Pforzheim, JurBüro 1992, 703.
177 BGH, Rpfleger 2008, 266.

§ 4 Verbindliche Formulare für die Forderungspfändung

203 *Taktischer Hinweis*

Da es sich bei dem Wertpapier um eine körperliche Sache handelt, ist zu beachten, dass nach **§ 847 ZPO von Amts wegen angeordnet** werden muss, dass sie an einen vom Gläubiger zu beauftragenden – namentlich genannten – **Gerichtsvollzieher herauszugeben** ist. Dies bedeutet, dass der Gerichtsvollzieher vom Gläubiger ausdrücklich zur Empfangnahme ermächtigt werden muss §§ 754, 757 ZPO. Diese Anordnung kann auch noch nachträglich erfolgen. Sie hat auf die Wirksamkeit der Pfändung allerdings keinen Einfluss.

Sollte der Schuldner die Vermögensauskunft abgegeben haben, muss er sowohl die Depotnummer als auch die einzelnen Wertpapiere angeben. Sollte dies nicht der Fall sein, sollte der Gläubiger eine Nachbesserung des Vermögensverzeichnisses beantragen. Wertvolle Hinweise können auch Depotscheine oder Kontoauszüge geben. Diese unterliegen zwar nicht der eigentlichen Pfändung durch den Gerichtsvollzieher, können aber bei einer Mobiliarzwangsvollstreckung von diesem im Wege der **Hilfspfändung** vorläufig in Besitz genommen werden (§ 106 S. 3 GVGA). Gläubiger sollten daher den Gerichtsvollzieher im Zwangsvollstreckungsauftrag standardmäßig per EDV-Textbaustein darauf hinweisen.

204 Die **Verwertung** erfolgt nach **§ 847 Abs. 2 ZPO**. Danach sind auf die Verwertung der gepfändeten Wertpapiere die Vorschriften über die Verwertung gepfändeter Sachen anzuwenden. **§ 821 ZPO** ist zu beachten. Hiernach sind Wertpapiere, wenn Sie einen Börsen- oder Marktpreis haben, vom Gerichtsvollzieher aus freier Hand zum Tageskurs zu verkaufen. Haben sie einen solchen Preis nicht, werden sie nach den allgemeinen Bestimmungen der §§ 814 ff., 817, 817a ZPO im Wege der öffentlichen Versteigerung versteigert. Ihr gewöhnlicher Verkaufswert ist gem. § 813 ZPO zu schätzen. Hiermit kann ein Sachverständiger beauftragt werden.

205 *Taktischer Hinweis*

Bei der Verwertung sollte der Gläubiger auf den Tageskurs achten und – wenn die Kurse besonders niedrig sind – durch die Bewilligung der einstweiligen Einstellung der Zwangsvollstreckung einen günstigeren Zeitpunkt der Verwertung abwarten. Dies dient einerseits dem Gläubiger, der in größerem Umfang mit seiner Forderung befriedigt wird. Andererseits ist dies auch für den Schuldner vorteilhaft, da er in größerem Umfang von seiner Schuld befreit wird. Ist der Gläubiger allerdings selbst daran interessiert, die Wertpapiere zu erwerben, kann er dies durch einen Antrag auf anderweitige Verwertung gem. **§ 844 ZPO** beim Vollstreckungsgericht bewerkstelligen.[178]

---

178 Vgl. auch § 5 Rdn 171 ff.

Unter Anrechnung auf seine Forderung können ihm diese zu Eigentum übertragen werden.

bb) Sammelverwahrte Wertpapiere

In der Praxis häufiger anzutreffen ist die Sammelverwahrung nach § 5 DepotG. Hier verwahrt das Kreditinstitut die Wertpapiere des Hinterlegers (= Schuldner) ungetrennt von seinen Beständen und den Wertpapierbeständen Dritter in einem einzigen Depot.

Bei der Sammelverwahrung wird der Schuldner nach § 6 Abs. 1 DepotG mit dem Zeitpunkt des Eingangs der Wertpapiere beim verwahrenden Kreditinstitut Miteigentümer nach Bruchteilen an den zum Sammelbestand des Verwahrers gehörenden Wertpapieren derselben Art. Wichtig ist für den Gläubiger hierbei, dass der Anteil des Schuldners als Hinterleger an dieser Gemeinschaft nach Bruchteilen nach § 857 ZPO pfändbar und verwertbar ist.[179] Der Pfändungsbeschluss muss bzgl. der Wertpapiere hinreichend bestimmt sein. Es muss zweifelsfrei erkennbar sein, dass es um alle Wertpapiere geht, die die jeweilige Drittschuldnerin für den Schuldner verwahrt. Eine nähere Bezeichnung der Wertpapiere oder Nennung der betroffenen Depotnummern ist hingegen nicht erforderlich und würde die Anforderungen an den Gläubiger überspannen, der genauere Kenntnisse in der Regel nicht haben kann.

Drittschuldner bleibt wegen der Spezialregelungen zum Sammeldepot allein der Verwahrer d.h. das **Kreditinstitut**, nicht dagegen die anderen Miteigentümer. Nach § 7 DepotG richtet sich der Anspruch des Schuldners als Miteigentümer nach Bruchteilen nicht – wie üblich – auf die Aufhebung der Gemeinschaft, sondern nur auf Auslieferung von Wertpapieren entsprechend des Nennbetrags bzw. der Stückzahl der in Verwahrung gegebenen Wertpapiere. Der Gläubiger ist an diese Modifizierung des Schuldnerrechts gebunden. D.h., sein Anspruch reicht nicht weiter. Den Auslieferungsanspruch des Schuldners kann der Gläubiger geltend machen, wenn ihm der Depotanteil zur Einziehung überwiesen wurde. Nach § 743 Abs. 1 BGB erstreckt sich der Miteigentumsanspruch auch auf die „Früchte", d.h. auf die Dividenden, Zinsen und sonstige Erträge.

cc) Pfändungsmuster

Drittschuldner (genaue Bezeichnung des Drittschuldners: Firma bzw. Vor- und Zuname, vertretungsberechtigte Person/-en, jeweils mit Anschrift; Postfach-Angabe ist nicht zulässig; bei mehreren Drittschuldnern ist eine Zuordnung des Drittschuldners zu der/den zu pfändenden Forderung/-en vorzunehmen)
Herr/Frau/Firma
genaue Bezeichnung des Kreditinstituts

---

179 BGH, Rpfleger 2008, 266 = MDR 2008, 338 = BGHReport 2008, 402 = NJW-RR 2008, 494; BGHZ 160, 121, 124; *Stöber*, Rn 1787e.

§ 4 Verbindliche Formulare für die Forderungspfändung

210

Forderung aus Anspruch

☐ A (an Arbeitgeber)
☐ B (an Agentur für Arbeit bzw. Versicherungsträger)
    Art der Sozialleistung: _____
    Konto-/Versicherungsnummer: _____
☐ C (an Finanzamt)
☒ D (an Kreditinstitute)
☐ E (an Versicherungsgesellschaften)
    Konto-/Versicherungsnummer: _____
☐ F (an Bausparkassen)
☒ G
☐ gemäß gesonderter Anlage(n) _____

211

Anspruch G
(Hinweis: betrifft Anspruch an weitere Drittschuldner bzw. schon aufgeführte Drittschuldner, soweit Platz unzureichend)

auf Herausgabe des Miteigentumsanteils des Schuldners nach §§ 7, 8 DepotG als Hinterleger an den im Sammeldepot Nr. ... verwahrten Wertpapieren in Form von Aktien der ... im Umfang von ... Stück dieser Aktien,

der aus dem Wertpapiervertrag/Investmentfonds bzw. Immobilienfonds (Nr. ...) bei dem im Rahmen der Anlage von Vermögenswirksamen Leistungen gem. § 2 Abs. 1 Nr. 1 VermBG bestehenden Anteile an einem Wertpapier bzw. Immobilienfonds. Gepfändet wird insbesondere der Anspruch auf Auszahlung des sich nach Ende des Sparvertrages durch Verkauf erworbenen Anteile ergebenden Guthabens sowie die Auszahlung der Erlöse, Zinsen und Boni, sowie des Gegenwerts sonstiger anfallender Erträge,

auf Auslieferung der ihm als Hinterleger gebührenden Wertpapiermenge aus dem Sammelbestand Depot Nr. ...,

auf die Bereitstellung und Auszahlung des Fruchtanteils, insbesondere des Gegenwerts von Zins- und Dividendenanteilsscheinen und sonstiger Erträge aus den herauszugebenden Wertpapieren...

auf Herausgabe der in Sonderverwahrung aufbewahrten folgenden Wertpapiere: ...

212

☒ Es wird angeordnet, dass

☐ der Schuldner die Lohn- oder Gehaltsabrechnung oder die Verdienstbescheinigung einschließlich der entsprechenden Bescheinigungen der letzten drei Monate vor Zustellung des Pfändungs- und Überweisungsbeschlusses an den Gläubiger herauszugeben hat

☐ der Schuldner das über das jeweilige Sparguthaben ausgestellte Sparbuch (bzw. die Sparurkunde) an den Gläubiger herauszugeben hat und dieser das Sparbuch (bzw. die Sparurkunde) unverzüglich dem Drittschuldner vorzulegen hat

☐ ein von dem Gläubiger zu beauftragender Gerichtsvollzieher für die Pfändung des Inhalts Zutritt zum Schließfach zu nehmen hat

☐ der Schuldner die Versicherungspolice an den Gläubiger herauszugeben hat und dieser sie unverzüglich dem Drittschuldner vorzulegen hat

☐ der Schuldner die Bausparurkunde und den letzten Kontoauszug an den Gläubiger herauszugeben hat und dieser die Unterlagen unverzüglich dem Drittschuldner vorzulegen hat

☒ die im Depot verwahrten Wertpapiere an einen vom Gläubiger zu beauftragenden Gerichtsvollzieher herauszugeben sind.

| D. Die formularmäßigen (Pfändungs-)Ansprüche | § 4 |

Der Drittschuldner darf, soweit die Forderung gepfändet ist, an den Schuldner nicht mehr zahlen. Der Schuldner darf insoweit nicht über die Forderung verfügen, sie insbesondere nicht einziehen.

☒ Zugleich wird dem Gläubiger die zuvor bezeichnete Forderung in Höhe des gepfändeten Betrages

☒ zur Einziehung überwiesen.   ☐ an Zahlungs statt überwiesen.

213

V. Anspruch E (an Versicherungsgesellschaften)

Versicherungsansprüche des Schuldners werden durch den Anspruch E gepfändet. **214**

1. Allgemeines

Es sind zwei Grundtypen von Versicherungsverträgen zu unterscheiden: **215**

a) Personenversicherungen

Im Versicherungsfall wird die vertraglich vereinbarte Versicherungssumme als Kapital oder Rente ausgezahlt, z.B. bei der **216**

- Lebensversicherung (§§ 150 ff. VVG),
- Unfallversicherung,
- Privaten Rentenversicherung.

b) Schadenversicherungen

Der Vermögensschaden wird entsprechend des vereinbarten Versicherungsvertrages ersetzt, z.B. **217**

- Feuerversicherung,
- Haftpflichtversicherung (§§ 100 ff. VVG),
- Hausratsversicherung,
- andere Sachversicherungen (Kfz).

2. Lebensversicherung

Für die Wirksamkeit der Pfändung spielt es keine Rolle, ob die Bedingungen für die Ansprüche aus etwaigen Versicherungsverträgen zum Zeitpunkt der Pfändung bereits eingetreten waren. Auch bedingte, betagte und künftige Forderungen können wirksam gepfändet werden. Deshalb können sämtliche Rechte aus einer (Lebens-)Versicherung gepfändet werden, ohne dass es darauf ankommt, ob der Versicherungsfall bereits eingetreten oder die **218**

Versicherung gekündigt ist.[180] Allerdings gilt es zu beachten, dass ein auf Pfändung von Ansprüchen aus Versicherungsverträgen bei einer Lebensversicherungsgesellschaft gerichteter Pfändungs- und Überweisungsbeschluss, der die gepfändeten Forderungen nur abstraktgenerell ohne Bezug auf einen konkreten Versicherungsvertrag bezeichnet, regelmäßig dahingehend auszulegen ist, dass er lediglich uneingeschränkt pfändbare Forderungen umfasst, nicht aber solche, die zum Zeitpunkt des Erlasses des Pfändungs- und Überweisungsbeschlusses nicht oder nur nach Maßgabe des § 850b Abs. 1 Nr. 1 ZPO pfändbar waren.[181] Insofern muss der Gläubiger hierauf achten und im Zweifel eine Pfändbarkeit durch ausdrückliche gerichtliche Anordnung gem. § 850b Abs. 2, 3 ZPO herbeiführen.

a) Anspruch Ziffer 1
219 Nach **Ziffer 1** werden folgende Ansprüche des Schuldners gepfändet:

aa) Zahlung der Versicherungssumme
220 Die Versicherungssumme ist eines der wesentlichen Merkmale bei einer Lebensversicherung. Sie gibt an, welche Versicherungsleistung durch die Versicherung bei einem Versicherungsfall zu erbringen ist. Die Höhe des Betrages wird bei Vertragsschluss zwischen Versicherungsgesellschaft und Versicherungsnehmer festgelegt. Bei der kapitalbildenden Lebensversicherung wird die Versicherungssumme auch als Ablaufleistung bezeichnet, die dem Versicherungsnehmer am Ende der Laufzeit zur Verfügung steht. Bei der Lebensversicherung gibt es zwei Versicherungsfälle, in deren Rahmen es zu einer Auszahlung der Versicherungssumme kommt:
1. Tod des Versicherungsnehmers: es wird die komplette vertraglich festgelegte Summe an die Hinterbliebenen ausgezahlt.
2. Ablauf der Versicherung (Erlebensfall): die auszuzahlende Versicherungssumme setzt sich zusammen aus der Garantiesumme, die zum Zeitpunkt der Vertragsunterzeichnung festgeschrieben wurde und der **Überschussbeteiligung** (Rdn 222).

221 Im Unterschied zur kapitalbildenden Lebensversicherung wird die Versicherungssumme bei einer Risikolebensversicherung nur im Todesfall des Versicherungsnehmers ausgezahlt. Es wird also kein Vermögen aufgebaut, auf das nach Ablauf der Laufzeit, beispielsweise zum Zwecke der Altersvorsorge, zurückgegriffen werden könnte.

---

180 BGH, Vollstreckung effektiv 2018, 169 = ZInsO 2018, 1804 = MDR 2018, 1080 = NJW 2018, 2732 = NZI 2018, 705; BGH, NJW 2012, 1510.
181 BGH, Vollstreckung effektiv 2018, 169 = ZInsO 2018, 1804 = MDR 2018, 1080 = NJW 2018, 2732 = NZI 2018, 705.

bb) Zahlung der Gewinnanteile (Überschussbeteiligung, § 153 VVG)

Dem Versicherungsnehmer steht gem. § 153 VVG eine Beteiligung an dem Überschuss und an den Bewertungsreserven (Überschussbeteiligung) zu, es sei denn, die Überschussbeteiligung ist durch ausdrückliche Vereinbarung ausgeschlossen.

222

cc) Zahlung des Rückkaufswertes (§ 169 VVG)

Wird eine Versicherung, die Versicherungsschutz für ein Risiko bietet, bei dem der Eintritt der Verpflichtung des Versicherers gewiss ist, durch Kündigung des Versicherungsnehmers, durch Rücktritt oder Anfechtung des Versicherers aufgehoben, hat der Versicherer den Rückkaufswert zu zahlen.

223

Hinweis

224

Ansprüche aus einer Lebensversicherung sind grds. pfändbar, und zwar vor wie nach Eintritt des Versicherungsfalls, wenn die aus ihr resultierenden Ansprüche zum Vermögen des Schuldners gehören. Beschränkungen insoweit bestehen nach §§ 850 Abs. 3 lit. b, 850b Abs. 1 Nr. 4 ZPO und für die Lebensversicherung von Handwerkern.[182]

Zum Vermögen des Schuldners (Versicherungsnehmers) gehören die Ansprüche, wenn im Versicherungsvertrag ein begünstigter Dritter nicht benannt ist oder die Begünstigung eines Dritten widerrufen werden kann. Hat der Schuldner seine Rechte aus einer Lebensversicherung vor der Pfändungsmaßnahme wirksam an den Versicherer zur Sicherung eines von diesem gewährten Darlehens abgetreten, kann eine Pfändung den Anspruch nicht mehr erfassen und geht ins Leere.[183] Die Abtretung hat in diesen Fällen die Vereinigung von Forderung und Schuld zur Folge (Konfusion). Jedoch kann von einem Fortbestehen der Forderung trotz Konfusion ausgegangen werden, wenn dies der Interessenlage der Parteien entspricht. Dies wird regelmäßig der Fall sein, wenn die Lebensversicherung auch zur Altersvorsorge dient.[184] Die Pfändung wird auch nicht durch eine Rückabtretung der Forderung wirksam.[185] Die Pfändung eines Anspruchs auf den Rückkaufswert einer Lebensversicherung umfasst nicht den Anspruch des Versicherungsnehmers auf Rückabtretung seiner Forderung.[186]

---

182 Für vor dem 1.1.1962 abgeschlossene, Lebensversicherungen von Handwerkern gilt der Pfändungsschutz gem. § 22 Abs. 1 der 1. DVO HWG.
183 BGH, NJW 1987, 1703 = JR 1987, 415 m. Anm. *Gerhardt*; NJW 1988, 495; OLG Frankfurt/Main, InVo 2002, 114.
184 OLG Düsseldorf, NJW-RR 1999, 1406.
185 OLG Frankfurt/Main, InVo 2002, 114.
186 OLG Düsseldorf, NJW-RR 1999, 1406.

b) Anspruch Ziffer 2

225 Nach **Ziffer 2** wird das sog. **Bestimmungsrecht (Widerrufsrecht)** des Schuldners gepfändet.

226 Gem. § 159 Abs. 1 VVG kann der Versicherungsnehmer ohne Zustimmung des Versicherers widerruflich einen **Dritten als Bezugsberechtigten** bezeichnen sowie an die Stelle des so bezeichneten Dritten **einen anderen** setzen.

227 Der widerruflich als bezugsberechtigt bezeichnete Dritte erwirbt das Recht auf die Leistung des Versicherers erst mit dem Eintritt des Versicherungsfalles. Ein unwiderruflich als bezugsberechtigt bezeichneter Dritter erwirbt das Recht auf die Leistung des Versicherers hingegen bereits mit der Bezeichnung als Bezugsberechtigter.

228 Besondere Bedeutung erlangt das Bestimmungsrecht im Rahmen von Zwangsvollstreckungsmaßnahmen, da die rechtzeitige Ausübung darüber entscheidet, wem die Versicherungsleistung nach Eintritt des Versicherungsfalls zusteht.

229 *Hinweis*

Der Pfändungs- und Überweisungsbeschluss auf Auszahlung einer Lebensversicherung und des Rechts zur Erklärung des Widerrufs einer Bezugsberechtigung enthält als staatlicher Hoheitsakt **nicht die konkludente Erklärung des Widerrufs der Bezugsberechtigung**. Auch mit der Zustellung des Pfändungs- und Überweisungsbeschlusses an den Drittschuldner wird nicht zugleich schlüssig der Widerruf des bestehenden Bezugsrechts erklärt.[187] Beim Widerruf handelt es sich um eine vom Versicherungsnehmer gegenüber dem Versicherer abzugebende empfangsbedürftige Willenserklärung. Sie kann schon deshalb nicht im Pfändungs- und Überweisungsbeschluss als einem vom Gericht vorgenommenen Hoheitsakt enthalten sein. Das Gericht nimmt selbst keine Ausübung derjenigen Gestaltungsrechte vor, die es pfändet und an den Gläubiger überweist. Weder gibt es Willenserklärungen für den Gläubiger ab noch übermittelt es mit seinem Beschluss im Pfändungsantrag enthaltene Willenserklärungen des Antragstellers als Bote, sondern es trifft eigenständige Anordnungen. Der dem Beschluss zugrunde liegende Antrag auf Erlass des Pfändungs- und Überweisungsbeschlusses ist an das Gericht und nicht an den Versicherer gerichtet.

230 Wird der Anspruch auf die Versicherungsleistung gepfändet, dann geht über den Pfändungsausspruch nach Ziffer 2 die bestehende Widerrufsberechtigung auf den Gläubiger als **Nebenrecht** aus dem Versicherungsvertragsverhältnis über.

---

[187] BGH, FamRZ 2012, 444 = VersR 2012, 425 = zfs 2012, 340 = RuS 2012, 347; OLGR Dresden, 2007, 772; a.A. OLG Köln, VersR 2002, 1544.

D. Die formularmäßigen (Pfändungs-)Ansprüche § 4

Taktischer Hinweis 231
Das Widerrufsrecht muss der Gläubiger alsbald nach der Pfändung ausüben, wenn er verhindern will, dass der Anspruch auf die Versicherungsleistung im Versicherungsfall in der Person des Begünstigten entsteht (§ 152 VVG).

Bei Einräumung eines **unwiderruflichen Bezugsrechts** auf den Erlebensfall erwirbt 232
der Bezugsberechtigte die Ansprüche aus dem Versicherungsvertrag grds. sofort, sodass die Lebensversicherung für den Gläubiger des Versicherungsnehmers nicht pfändbar ist. Es gilt nichts anderes als bei der kapitalbildenden Lebensversicherung auf den Todesfall.[188]

Taktischer Hinweis 233
Daher ist seitens des Gläubigers die Form der unwiderruflichen Einräumung der Bezugsberechtigung zu prüfen. Der Schuldner und Versicherungsnehmer kann nämlich über die Ansprüche aus dem Versicherungsvertrag im Rahmen seiner Gestaltungsfreiheit unterschiedlich verfügen, insbesondere auch das unwiderrufliche Bezugsrecht gegenständlich und zeitlich einschränken.[189] Er könnte z.b. den Rückkaufswert vom unwiderruflichen Bezugsrecht auf den Erlebensfall ausnehmen und bestimmen, dass der Rückkaufswert nach Kündigung vor Ablauf der Versicherung ihm verbleibt oder dem für den Todesfall eingesetzten Bezugsberechtigten oder einem beliebigen Dritten zustehen solle. In diesem Fall können die Ansprüche auch noch beim Schuldner gepfändet werden. Die entsprechenden **Informationen** muss der Schuldner nach **§ 836 Abs. 3 ZPO** oder im Verfahren der Vermögensauskunft mitteilen. Letztlich muss auch der **Drittschuldner** hierüber nach **§ 840 ZPO** Auskunft geben.

Wenn man mit dem BGH davon ausgeht, dass der unwiderruflich Bezugsberechtigte 234
sämtliche Ansprüche auf die Versicherungsleistungen sofort erworben hat, also den Rückkaufswert und die künftig entstehenden Ansprüche, folgen hieraus weitere wichtige Konsequenzen für den Gläubiger:
- Der Gläubiger des Bezugsberechtigten kann diesen Vermögenserwerb pfänden und nach Fälligkeit der Lebensversicherung einziehen.
- Der Gläubiger kann mittels Vermögensauskunft herausfinden, ob eine solche unwiderrufliche Bezugsberechtigung bzgl. einer von einem Dritten abgeschlossenen Le-

---

188 BGH, VersR 2003, 1021 = Vollstreckung effektiv 2004, 11.
189 BGH VersR 2001, 883 = NJW-RR 2001, 1105 = BGHReport 2001, 548 = NVersZ 2001, 352 = WM 2001, 1513 = RuS 2001, 342 = LM VVG § 166 Nr. 17 (9/2001) = MDR 2001, 988 = VuR 2001, 328 = ZIP 2001, 1776 = zfs 2001, 469; BGH, VersR 1996, 1089 = ZIP 1996, 1356 = BB 1996, 1579 = LM VVG § 166 Nr. 16 = NJW 1996, 2731 = RuS 1996, 419 = VerBAV 1996, 252 = BetrAV 1996, 284 = MDR 1996, 1243.

bensversicherung besteht. Da das amtliche Vermögensverzeichnis diese Frage nicht enthält, ist sie dem Schuldner als ergänzende Frage zugleich mit dem Antrag auf Abgabe der Vermögensauskunft oder im Ergänzungsverfahren nachträglich zu stellen.

■ Erwirbt der Dritte durch die Bestimmung des Schuldners als „unwiderruflich Bezugsberechtigter" einen unmittelbaren Vermögenswert, ist dieser zugleich aus dem Vermögen des Schuldners entfallen. Damit liegt in der unwiderruflichen Einsetzung als Bezugsberechtigter eine Rechtshandlung, die den Gläubiger des Schuldners unmittelbar und objektiv benachteiligt. Folge: Es besteht die Möglichkeit der Anfechtung dieser Einsetzung nach § 3 AnfG oder – wenn sie ohne Gegenleistung, d.h. unentgeltlich erfolgte – auch unter den Voraussetzungen des § 4 AnfG.

c) Anspruch Ziffer 3

235 Anspruch E Ziffer 3 bestimmt „das Recht zur Kündigung des Lebens-/Rentenversicherungsvertrages". Aus dieser Formulierung ist zu entnehmen, dass ein Kündigungsrecht hinsichtlich anderer gepfändeter Versicherungsansprüche nicht besteht. Der BGH hat allerdings entschieden, dass im Rahmen der Zwangsvollstreckung eine Versicherung gekündigt werden darf. Eine Ausnahme gilt nur dann, wenn die Versicherung nach der Art des Vertrages besonderen Pfändungsschutzvorschriften unterfällt.[190] Für die Frage, ob der Gläubiger sich daher das Kündigungsrecht bei anderen als den in Ziffer 3 aufgeführten Lebens-/Rentenversicherungsverträge gesondert pfänden und sich überweisen lassen kann, kommt es darauf an, ob die Rechte des Schuldners aus dem Versicherungsvertrag diesem wirtschaftlich zustehen und ob ein Pfändungsverbot greift. Insofern ist bei einer Kfz-Versicherung eine solche Pfändbarkeit gegeben.[191] Grund: Da im Fall der Kündigung des Versicherungsvertrages dem Schuldner ein Recht auf Rückzahlung bereits gezahlter Versicherungsprämien zustehen würde und ein solcher Anspruch seiner Art nach pfändbar ist, muss auch das Recht zur Kündigung des Vertrages dem Gläubiger mitüberwiesen werden können. Denn wie der BGH[192] bereits in seinem Urt. v. 17.2.1966 betont hat, ist das Kündigungsrecht akzessorisch zu dem nach Kündigung entstehenden Rückgewähranspruch. Folgerichtig kann der Gläubiger auch nicht isoliert die Überweisung des Kündigungsrechts beantragen, sondern gerade in Verbindung mit dem in Zukunft möglicherweise entstehenden Anspruch auf Beitragsrückerstattung.

236 *Hinweis*

Der Pfändung steht vorliegend auch nicht entgegen, dass es sich bei der Kfz-Versicherung um eine Pflichtversicherung handelt. Denn durch die Kfz-Haftpflichtversicherung sollen Unfallgeschädigte geschützt werden. Dagegen ist nicht der Schutz

---

190 NJW 2012, 678; BGH, Vollstreckung effektiv 2017, 201; LG Aurich, JurBüro 2018, 436.
191 LG Aurich, JurBüro 2018, 436.
192 NJW 1966, 1071.

des Kraftfahrzeughalters vor eventuellen Gläubigern bezweckt. Kündigt ein Gläubiger den Versicherungsvertrag daher aufgrund eines Pfändungs- und Überweisungsbeschlusses, wozu er gem. § 836 Abs. 1 ZPO berechtigt ist, so ist es Sache des Schuldners, das nunmehr nicht versicherte Fahrzeug nicht mehr zu benutzen oder eine neue Versicherung abzuschließen.

Gem. § 168 Abs. 1 VVG kann der Versicherungsnehmer das Versicherungsverhältnis jederzeit für den Schluss der laufenden Versicherungsperiode kündigen. Dieses **Kündigungsrecht** unterliegt der Pfändung durch den Gläubiger. Dadurch kann der Gläubiger den **Rückkaufswert** gegenüber dem Versicherer als Drittschuldner beanspruchen. 237

Das Kündigungsrecht kann nicht selbstständig, sondern nur zusammen mit dem Recht auf den Rückkaufswert übertragen und gepfändet werden.[193] Im Falle der Kündigung, die der Gläubiger mit der Überweisung des Anspruchs aussprechen kann, erstreckt sich die Pfändung auch auf den Anspruch nach § 169 VVG. 238

Gleiches gilt bei Einräumung eines unwiderruflichen Bezugsrechts auf den Erlebensfall. Da der Bezugsberechtigte die Ansprüche aus dem (Renten-)Versicherungsvertrag sofort erwirbt, gehört dazu grds. ebenfalls auch der **Rückkaufswert** nach Kündigung des Vertrages. Nach den Versicherungsbedingungen kann der Versicherungsnehmer über die Ansprüche aus dem Versicherungsvertrag durch Abtretung, Verpfändung und Einräumung eines Bezugsrechts verfügen. Wem in welchem Umfang ein Bezugsrecht und die daraus folgenden Ansprüche auf die Versicherungsleistungen zustehen, bestimmt der Versicherungsnehmer durch einseitige, empfangsbedürftige Willenserklärung gegenüber dem Versicherer, die Verfügungscharakter hat.[194] Der Gestaltungswille richtet sich bei einem unwiderruflichen Bezugsrecht regelmäßig auf den sofortigen Rechtserwerb. Nur so kann nämlich erreicht werden, dass die Ansprüche auf die Versicherungsleistungen aus dem Vermögen ausgesondert und dem Zugriff der Gläubiger des Versicherungsnehmers (Schuldner) entzogen werden.[195] Diese Grundsätze gelten bei der Kapital bildenden (gemischten) Lebensversicherung nicht nur für das unwiderrufliche Bezugsrecht auf den Todesfall, sondern in gleicher Weise für das unwiderrufliche Bezugsrecht auf den Erlebensfall.[196] Eine Pfändung der Ansprüche aus der Lebensversicherung des Schuldners geht in diesen Fällen somit ins Leere. 239

Zudem erwirbt der Gläubiger durch Pfändung das Recht auf **Umwandlung** der Versicherung **in eine prämienfreie Versicherung** (§ 165 VVG). Damit der Versicherer nicht zur aufwändigen und – auch für die Versichertengemeinschaft nachteiligen – kostenungünstigen (Fort-)Führung von Kleinstlebensversicherungen verpflichtet ist, kann allerdings 240

---

193 BGH, NJW 2003, 2679.
194 BGH, NJW-RR 1989, 21 = MDR 1989, 144 = VersR 1988, 1236.
195 BGHZ 45, 162 = NJW 1966, 1071 = MDR 1966, 483.
196 BGH, NJW 2003, 2679.

§ 4 Verbindliche Formulare für die Forderungspfändung

gem. § 165 Abs. 1 S. 1 VVG vereinbart werden, dass die Umwandlung des Versicherungsvertrages in eine prämienfreie Versicherung nur bei Erreichen einer dafür vereinbarten Mindestversicherungsleistung erfolgt. Wird diese nicht erreicht, ist der Rückkaufswert (§ 169 VVG) einschließlich der Überschussanteile nach § 168 VVG zu erstatten (§ 165 Abs. 1 S. 2 VVG).

241 Der Gläubiger kann aber auch die Prämien anstelle des Versicherungsnehmers zahlen; die Annahme dieser Zahlungen kann der Versicherer nicht ablehnen (§ 34 Abs. 1 VVG). Die gezahlten Prämien sind Kosten der Zwangsvollstreckung nach § 788 ZPO, die entweder separat festgesetzt oder zugleich mit dem vollstreckbaren Anspruch beigetrieben werden können. Auch hieran besteht ein Pfandrecht (§ 34 Abs. 2 VVG).

d) Pfändungsmuster

242

> **Drittschuldner** (genaue Bezeichnung des Drittschuldners: Firma bzw. Vor- und Zuname, vertretungsberechtigte Person/-en, jeweils mit Anschrift; Postfach-Angabe ist nicht zulässig; bei mehreren Drittschuldnern ist eine Zuordnung des Drittschuldners zu der/den zu pfändenden Forderung/-en vorzunehmen)
>
> Herr/Frau/Firma
> genaue Bezeichnung der Versicherungsgesellschaft

243

> **Forderung aus Anspruch**
>
> ☐ A (an Arbeitgeber)
>
> ☐ B (an Agentur für Arbeit bzw. Versicherungsträger)
>   Art der Sozialleistung: _____
>   Konto-/Versicherungsnummer: _____
>
> ☐ C (an Finanzamt)
>
> ☐ D (an Kreditinstitute)
>
> ☒ E (an Versicherungsgesellschaften)
>   Konto-/Versicherungsnummer: _____
>
> ☐ F (an Bausparkassen)
>
> ☐ G
>
> ☐ gemäß gesonderter Anlage(n) _____

D. Die formularmäßigen (Pfändungs-)Ansprüche § 4

244

> **Anspruch E (an Versicherungsgesellschaften)**
> 1. auf Zahlung der Versicherungssumme, der Gewinnanteile und des Rückkaufwertes aus der Lebensversicherung/den Lebensversicherungen, die mit dem Drittschuldner abgeschlossen ist/sind
> 2. auf das Recht zur Bestimmung desjenigen, zu dessen Gunsten im Todesfall die Versicherungssumme ausgezahlt wird, bzw. auf das Recht zur Bestimmung einer anderen Person an Stelle der von dem Schuldner vorgesehenen
> 3. auf das Recht zur Kündigung des Lebens-/Rentenversicherungsvertrages, auf das Recht auf Umwandlung der Lebens-/Rentenversicherung in eine prämienfreie Versicherung sowie auf das Recht zur Aushändigung der Versicherungspolice
>
> Ausgenommen von der Pfändung sind Ansprüche aus Lebensversicherungen, die nur auf den Todesfall des Versicherungsnehmers abgeschlossen sind, wenn die Versicherungssumme den in § 850b Absatz 1 Nummer 4 ZPO in der jeweiligen Fassung genannten Betrag nicht übersteigt.

245

> ☒ **Es wird angeordnet, dass**
> ☐ der Schuldner die Lohn- oder Gehaltsabrechnung oder die Verdienstbescheinigung einschließlich der entsprechenden Bescheinigungen der letzten drei Monate vor Zustellung des Pfändungs- und Überweisungsbeschlusses an den Gläubiger herauszugeben hat
> ☐ der Schuldner das über das jeweilige Sparguthaben ausgestellte Sparbuch (bzw. die Sparurkunde) an den Gläubiger herauszugeben hat und dieser das Sparbuch (bzw. die Sparurkunde) unverzüglich dem Drittschuldner vorzulegen hat
> ☐ ein von den Gläubiger zu beauftragender Gerichtsvollzieher für die Pfändung des Inhalts Zutritt zum Schließfach zu nehmen hat
> ☒ der Schuldner die Versicherungspolice an den Gläubiger herauszugeben hat und dieser sie unverzüglich dem Drittschuldner vorzulegen hat
> ☐ der Schuldner die Bausparurkunde und den letzten Kontoauszug an den Gläubiger herauszugeben hat und dieser die Unterlagen unverzüglich dem Drittschuldner vorzulegen hat
> ☐

Taktischer Hinweis **246**

Der Besitz von **Versicherungspolice/Versicherungsschein** ist für den Gläubiger zur Durchsetzung seines Anspruchs wesentlich. Er kann diese Urkunde vom Schuldner gem. § 836 Abs. 3 ZPO – notfalls durch Beauftragung des Gerichtsvollziehers gem. § 883 ZPO – herausverlangen.

Mit der dem Versicherer vertraglich eingeräumten Berechtigung an den Inhaber des Versicherungsscheins mit befreiender Wirkung zu leisten, ohne aber diesem gegenüber zur Leistung verpflichtet zu sein, wird der Versicherungsschein zu einem qualifizierten Legitimationspapier i.S.d. § 808 BGB. Die Legitimationswirkung des § 808 Abs. 1 S. 1 BGB erstreckt sich auf die vertraglich versprochenen Leistungen. Eine solche ist bei einer Lebensversicherung aber nicht nur die Leistung der Versicherungssumme im Versicherungsfall, sondern auch die **Leistung des Rückkaufswerts nach Kündigung** des Vertrages; denn das Recht auf Rückkaufswert ist nur eine andere Erscheinungsform des Rechts auf die Versicherungssumme.[197] Demgemäß erstreckt sich die Legitimationswirkung des Versicherungsscheins als Urkunde i.S. des § 808 BGB auch auf das Kündigungsrecht zur Erlangung des Rückkaufswerts. Der Versicherer kann den Inhaber des Versicherungsscheins deshalb schon nach § 808 BGB – und unabhängig davon, dass sich die Inhaberklausel auch auf Verfügungen über

---
[197] BGH, JurBüro 2009, 613.

die Rechte aus dem Versicherungsvertrag erstreckt als zur Kündigung berechtigt ansehen, wenn dieser die Auszahlung des Rückkaufswerts erstrebt.[198] Damit nimmt die Inhaberklausel dem Versicherer das Risiko der Doppelzahlung und der Uneinbringlichkeit seiner Kondiktion gegen den vermeintlichen Gläubiger ab.

247

> Der Drittschuldner darf, soweit die Forderung gepfändet ist, an den Schuldner nicht mehr zahlen. Der Schuldner darf insoweit nicht über die Forderung verfügen, sie insbesondere nicht einziehen.
>
> ☒ Zugleich wird dem Gläubiger die zuvor bezeichnete Forderung in Höhe des gepfändeten Betrages
>
> ☒ zur Einziehung überwiesen.   ☐ an Zahlungs statt überwiesen.

e) **Pfändungsbeschränkungen**
aa) **Renten, die aufgrund von Versicherungsverträgen gewährt werden, wenn diese Verträge zur Versorgung des Versicherungsnehmers oder seiner unterhaltsberechtigten Angehörigen eingegangen sind (§ 850 Abs. 3 lit. b ZPO)**

248 Vgl. hierzu die Ausführungen zu § 6 Rdn 25 ff..

bb) **Geförderte Altersvorsorgevermögen und Altersvorsorgebeiträge (§ 5 AltZertG, § 97 EStG)**

249 Das im Rahmen eines Altersvorsorgevertrags nach § 82 Abs. 1 S. 1 EStG, § 1 AltZertG gebildete Altersvorsorgevermögen ist aufgrund der steuerlichen Förderung einschließlich der Erträge, der laufenden Beiträge sowie der staatlichen Zulage gem. § 851 ZPO unpfändbar[199] (sog **Riester-Verträge**). Dies ergibt sich aus § 97 S. 1 EStG, wonach diese Ansprüche nicht übertragbar sind. Entscheidend ist gem. § 82 Abs. 1 S. 1 EStG, dass der Zulage berechtigte Schuldner entsprechende Beiträge oder Tilgungsleistungen zugunsten eines auf seinen Namen lautenden Vertrags erbringt, der nach § 5 AltZertG zertifiziert ist. Es kommt nicht darauf an, ob der Vertrag zusätzlich die Anforderungen des § 851c ZPO erfüllt.[200] Zwar unterscheidet sich die Pfändbarkeit eines für eine Altersversorgung angesparten Kapitals danach, ob der Schuldner dieses Kapital in einem Altersvorsorgevertrag im Sinne der §§ 1, 5 AltZertG oder in einem den Anforderungen des § 851c Abs. 1 ZPO entsprechenden Vertrag angelegt hat. Dies ist jedoch Folge der gesetzgeberischen Wertentscheidung. Die unter-

---

198 BGH, VersR 2000, 709.
199 OLG Frankfurt/Main, ZInsO 2012, 1522; LG Dortmund, Urt. v. 21.4.2016 – 2 S 32/15, n.v.; LG Aachen, ZInsO 2014, 1451;; Prütting/Gehrlein/*Ahrens*, § 851 Rn 6, § 851d Rn 6; Musielak/Voit/*Becker*, ZPO, § 851d Rn 3a; Zöller/*Herget*, § 829 Rn 33 Stichwort „Altersvorsorge", § 851d Rn 2; MüKo-ZPO/*Smid*, § 851d Rn 4; MüKo-VVG/*Heiß/Mönnich*, Vor § 150 Rn 105; Kirchhof/*Fischer*, EStG, 16. Aufl., § 97 Rn 1; *Myßen/Obermair* in: Kirchhof/Söhn/Mellinghoff, Einkommensteuergesetz, 2014, § 97 Rn A 2, B 1; *Meller-Hannich* in Kindl/Meller-Hannich/Wolf, Gesamtes Recht der Zwangsvollstreckung, § 851 Rn 6; *Stöber*, Rn 70.
200 BGH, Vollstreckung effektiv 2018, 59 = InsbürO 2018, 118 = NZI 2018, 162 = DGVZ 2018, 60 = NJW 2018, 1166 = Rpfleger 2018, 278 = FoVo 2018, 30.

D. Die formularmäßigen (Pfändungs-)Ansprüche § 4

schiedliche Behandlung führt zu keinem Wertungswiderspruch, weil die Arten möglicher Altersvorsorgeverträge im Sinne der §§ 1, 5 AltZertG sich inhaltlich teilweise deutlich von Verträgen im Sinne des § 851c Abs. 1 ZPO unterscheiden und § 851c Abs. 2 ZPO einerseits und § 851 ZPO, § 97 S. 1 EStG andererseits entsprechend den unterschiedlichen gesetzlichen Zwecksetzungen unterschiedliche Bestimmungen zur Höhe und zur Art der Ansammlung des unpfändbaren Kapitals schaffen.[201]

Taktischer Hinweis   250

Pfändungsschutz für das **angesparte Kapital** besteht bei einem Altersvorsorgevertrag gem. § 851 Abs. 1 ZPO, § 97 EStG nur, soweit die vom Schuldner erbrachten Altersvorsorgebeiträge **tatsächlich gefördert** werden und den **Höchstbetrag** (§ 10a Abs. 1 S. 1 EStG) **nicht übersteigen**. Nach der gesetzlichen Wertentscheidung in § 97 S. 1 EStG ist maßgeblicher Aspekt für den Pfändungsschutz nicht die Förderfähigkeit, sondern die tatsächlich gewährte Förderung. Die Vorschrift stellt ausdrücklich auf das geförderte Altersvorsorgevermögen und die geförderten Altersvorsorgebeiträge ab. Der Pfändungsschutz ergibt sich nur aus der Regelung im Einkommensteuerrecht, das die Voraussetzungen für die Förderung regelt. Dies folgt weiter aus der Zwecksetzung des § 97 S. 1 EStG, der mit den Zulagen die Förderung in den Vordergrund stellt. Es ist zudem deshalb erforderlich, weil nur die tatsächlich erfolgte Förderung eine verlässliche Entscheidung darüber ermöglicht, inwieweit Pfändungsschutz – etwa bei mehreren Altersvorsorgeverträgen (vgl. § 87 EStG) oder bei vom Schuldner für verschiedene Beitragsjahre (§ 88 EStG) geleisteten Altersvorsorgebeiträgen – besteht. Da der Anspruch auf die Zulage bereits mit Ablauf des Kalenderjahres entsteht, in dem die Altersvorsorgebeiträge geleistet worden sind (§ 88 EStG), die Gewährung der Zulage aber davon abhängt, ob ein entsprechender Antrag gestellt wird (§ 89 EStG), ist es für die rechtssichere Festlegung, unter welchen Voraussetzungen das angesparte Kapital eines Altersvorsorgevertrags pfändbar ist, gerechtfertigt, darauf abzustellen, ob der **Schuldner im Zeitpunkt der Pfändung bereits** einen **Antrag auf Zulage gestellt hat**. **Unpfändbar** ist das Kapital aus einem Altersvorsorgevertrag gem. § 851 Abs. 1 ZPO, § 97 S. 1 EStG daher **erst dann**,

- wenn der Altersvorsorgevertrag im maßgeblichen Zeitpunkt der Pfändung förderfähig war,
- ein Antrag auf eine Zulage (§ 89 EStG) für die entsprechenden Beitragsjahre (§ 88 EStG) bereits gestellt war und
- die Voraussetzungen für eine Zulage (§§ 83 ff EStG) vorliegen.

Ist trotz Zulagenantrag keine Förderung gewährt oder eine gewährte Zulage vollständig zurückgefordert worden, unterliegt der Altersvorsorgevertrag insoweit ab diesem

---

[201] BGH, Vollstreckung effektiv 2018, 59 = InsbürO 2018, 118 = NZI 2018, 162 = DGVZ 2018, 60 = NJW 2018, 1166 = Rpfleger 2018, 278 = FoVo 2018, 30.

Zeitpunkt der Zwangsvollstreckung. Eine lediglich gekürzte Gewährung von Zulagen oder teilweise Rückforderung gewährter Zulagen – etwa weil der Mindesteigenbeitrag (§ 86 EStG) nicht erbracht wurde – ist hingegen unschädlich.[202]

cc) Altersrenten (§ 851c ZPO)
(1) Allgemeines

251 § 851c ZPO wurde durch das Gesetz zum Pfändungsschutz der Altersvorsorge vom 26.3.2007[203] mit Wirkung zum 31.3.2007 eingefügt. Bezweckt wird der **Schutz von Einkünften** bzw. des **Vermögens Selbstständiger hinsichtlich deren Altersvorsorge**. Betroffen sind vor allem private Altersvorsorgen, insbesondere Lebensversicherungen und private Rentenversicherungen.[204]

(2) Anwendungsbereich

252 Der Schutz entfällt, wenn durch Abtretung die Bezugsrechte der Lebensversicherung widerrufen und somit im Weiteren der versorgungsrechtliche Charakter aufgehoben wird.[205] Unter wirtschaftlichen Gesichtspunkten und nach dem Sinn und Zweck des Gesetzes, der Alterssicherung Selbstständiger dienende Vermögenswerte gegen einen schrankenlosen Vollstreckungszugriff abzuschirmen,[206] ist es gerechtfertigt, § 851c Abs. 1 ZPO auch **zugunsten eines Pfandgläubigers** jedenfalls dann anzuwenden, wenn er im Versicherungsvertrag als versicherte Person benannt ist und die Rentenversicherung der Rückdeckung einer ihm als Gesellschafter-Geschäftsführer gegebenen Pensionszusage dient.[207]

253 Es ist allein darauf abzustellen, ab welchem **Zeitpunkt der Altersvorsorgecharakter des Vertrages gesichert** ist, nämlich dann, wenn die Vertragslage so gestaltet wurde, dass der Schuldner Vermögenswerte nicht mehr zweckwidrig dem Gläubigerzugriff entziehen kann.[208] Die Sicherung eines bereits angesparten Deckungskapitals für die Zwecke der Altersversorgung des Schuldners einerseits und der effektiven Unterbindung von Möglichkeiten, diese Mittel zweckwidrig dem Zugriff der Gläubiger zu entziehen, ist gerade bei einem bereits angesparten erheblichen Deckungskapitals von weit größerer Bedeutung als die Sicherung des erst künftig anzusparenden Kapitalstocks. Dies gilt

---

202 BGH, Vollstreckung effektiv 2018, 59 = InsbürO 2018, 118 = NZI 2018, 162 = DGVZ 2018, 60 = NJW 2018, 1166 = Rpfleger 2018, 278 = FoVo 2018, 30.
203 BGBl I, S. 368.
204 LG Münster, Beschl. v. 2.10.2015 – 5 T 373/15 –, Rn 20, juris.
205 LG Dortmund, 20.1.2009, 2 O 153/08 – juris.
206 Vgl. BT-Drucks 16/866 S. 7.
207 BGH WM 2012, 1870 = ZIP 2012, 1933.
208 BGH, Vollstreckung effektiv 2011, 74 = MDR 2011, 128 = NJW-RR 2011, 493; OLG Stuttgart, ZInsO 2012, 281 = NZI 2012, 250 = ZVI 2012, 68 = DB 2012, 174 = Verbraucherinsolvenz aktuell 2012, 21; OLG Köln ZVI 2012, 68 = ZInsO 2012, 281 = NZI 2012, 250.

umso mehr, als der BGH[209] ausdrücklich klargestellt hat, dass nur das **angesammelte Kapital** dem **Pfändungsschutz** unterliegt, **nicht** jedoch die **liquiden Mittel, um** diese **Kapitalansammlung zu bewirken.** Der Anwendungsbereich der Vorschrift erstreckt sich hingegen **nicht** auf **pensionsberechtigte Berufssoldaten.** Eine teleologische Auslegung auf Immobilienanlagen verbietet sich.[210] Ebenso werden nicht erfasst Berufsunfähigkeitsrenten einer (privaten) Berufsunfähigkeits-Versicherung Selbstständiger, wenn diese Leistungen nur bis zu einer bestimmten Altersgrenze verspricht. Diese Leistungen sind pfändbar.[211]

Der Pfändungsschutz für **Kapitallebensversicherung mit Rentenwahlrecht** besteht nur bei tatsächlich vereinbarter Altersversorgung. Eine Pfändung erstreckt sich auch auf das Rentenwahlrecht.[212] Die Leistungen aus dem Vertrag müssen gem. § 851c Abs. 1 Nr. 1 bis 4 ZPO in regelmäßigen Zeitabständen und nicht vor Vollendung des 60. Lebensjahres oder bei Eintritt der Berufsunfähigkeit erbracht werden. Um bereits bestehende Versicherungsverträge für eine pfändungsgeschützte Altersvorsorge einsetzen zu können, ist es dem Versicherungsnehmer möglich, jederzeit für den Schluss der laufenden Versicherungsperiode die Umwandlung seiner Versicherung in eine nach § 851c Abs. 1 ZPO privilegierte Versicherung zu verlangen (§ 167 S. 1 VVG). Eine solche Umwandlung ist jedoch nur dann zulässig, wenn Rechte Dritter nicht entgegenstehen, wenn also insbesondere der Schuldner nicht die Ansprüche aus diesem Vertrag an seine Gläubiger abgetreten hat oder die Gläubiger diese Ansprüche gepfändet haben.[213] Ggf. ist im Rahmen eines **Insolvenzverfahrens** eine **Anfechtbarkeit** gegeben, wenn einziger Sinn der Umwandlung im Ausschluss von Pfändungsmaßnahmen und dem Erlangen von Insolvenzschutz liegt.[214]

254

(3) Die Voraussetzungen des § 851c Abs. 1 ZPO

§ **851c Abs. 1 ZPO** stellt auf Ansprüche auf Leistungen ab, die aufgrund von Verträgen erbracht werden.[215] Die Norm regelt die **Voraussetzungen,** die ein **Vertrag,** der der finanziellen Absicherung des Schuldners im Alter dienen soll, erfüllen muss, damit die Leistungen aus diesem Vertrag vor einem unbeschränkten Gläubigerzugriff geschützt sind. Damit die Renten nur wie Arbeitseinkommen gem. den §§ 850–850g ZPO gepfändet

255

---

209 BGH Vollstreckung effektiv 2011, 130 = FamRZ 2011, 1224 = ZBB 2011, 292 = VuR 2011, 316 = DB 2011, 1390 = WM 2011, 1180 = ZIP 2011, 1235 = ZInsO 2011, 1153 = MDR 2011, 813 = BetrAV 2011, 485 = VersR 2011, 1160 = Rpfleger 2011, 534 = DZWIR 2011, 388; im Ergebnis ebenso LG Bonn, ZVI 2009, 214.
210 BFH, 8.12.2008 – VII B 81/08 – juris.
211 OLG Hamm, ZInsO 2009, 2339.
212 BFH, ZAP EN-Nr. 761/2007 = Rpfleger 2007, 672.
213 Vgl. BT-Drucks 16/886 S. 14.
214 LG München I, ZInsO 2013, 352 = ZVI 2013, 160.
215 BGH WM 2012, 1870 = ZIP 2012, 1933.

werden können, müssen folgende Voraussetzungen im Zeitpunkt der Pfändung **kumulativ** vorliegen.[216]

256 **Nr. 1**: die **Leistung** wird in **regelmäßigen Zeitabständen lebenslang** und nicht vor Vollendung des 60. Lebensjahres oder nur bei Eintritt der Berufsunfähigkeit gewährt. Eine zeitlich beschränkte Berufsunfähigkeitsrente erfasst die Regelung, wenn diese Bestandteil einer lebenslange Rente ist. Dies gilt nicht, wenn nach Ende der Berufsunfähigkeitsversicherung keine Altersrente einsetzt;[217] eine Kapitallebensversicherung mit Einmalzahlung scheidet ebenso aus.[218]

257 **Nr. 2: über die Ansprüche aus dem Vertrag darf nicht verfügt werden.**[219] Insofern scheidet eine Abtretung[220] bzw. Verpfändung aus.[221] Widerruft ein Versicherungsnehmer im Zusammenhang mit der Abtretung die bisherigen Bezugsrechte, so nimmt er ihr den versorgungsrechtlichen Charakter, um sie nun zur Gläubigerbefriedigung bzw. -absicherung verwenden zu können.[222] Ein Abtretungsverbot, aufgrund dessen eine Unpfändbarkeit der Altersrente aus einem Lebensversicherungsvertrag anzunehmen wäre, ist allerdings nicht gegeben, wenn nach dem Versicherungsvertrag eine Abtretung erst mit der schriftlichen Anzeige durch den Berechtigten wirksam werden soll. In diesem Fall ist von der grds. Abtretbarkeit und Verpfändbarkeit auszugehen.[223]

258 **Nr. 3: die Bestimmung von Dritten ist mit Ausnahme von Hinterbliebenen als Berechtigte ausgeschlossen.** Die ZPO definiert den Begriff des Hinterbliebenen nicht. In der Literatur werden darunter der Ehegatte, die Kinder und Pflegekinder verstanden,[224] weiterhin überwiegend auch der eingetragene Lebenspartner.[225] Ein Lebensgefährte fällt demgemäß nicht in den Kreis der Hinterbliebenen[226] und lässt daher bei Benennung den Pfändungsschutz entfallen. Entfällt allerdings das Bezugsrecht des Dritten (Lebensge-

---

216 Vgl. BT-Drucks 16/886 S. 8; BGH, Vollstreckung effektiv 2015, 173; VuR 2010, 38 = RuS 2009, 472; OLG Hamm, ZInsO 2009, 2339.
217 BGH, Vollstreckung effektiv 2011, 74 = MDR 2011, 128 = NJW-RR 2011, 493; BGH WM 2012, 1870 = ZIP 2012, 1933; Zöller/*Herget*, § 851c, Rn 2.
218 LG Dortmund, 20.1.2009 – 2 O 153/08 – juris.
219 Vgl. BT-Drucks 16/886 S. 14.
220 LG Dortmund v. 20.1.2009 – 2 O 153/08 – juris.
221 OLG München, Beschl. v. 18.7.2016 – 25 U 2009/16 – juris.
222 OLG Frankfurt/Main, VersR 1996, 614.
223 BGH, VuR 2010, 38.
224 Zöller/*Herget*, § 851c, Rn 2; MüKo-ZPO/*Smid*, § 851c, Rn 3.
225 Musielak/*Becker*, § 851c, Rn 2; Thomas/Putzo/*Hüßtege*, § 851c, Rn 7; *Stöber*, Rn 71a; *Hasse*, VersR 2007, 870, 885; *Helwich*, JurBüro 2007, 286, 288; *Holzer*, ZVI 2007, 113, 116; DStR 2007, 767, 769 f.;*Pape*, ZAP Fach 14, S. 529, 532; *Stöber*, NJW 2007, 1242, 1245.*Smid*, FPR 2007, 443, 446; *Wimmer*, ZInsO 2007, 281, 283 f.
226 BGH, Vollstreckung effektiv 2011, 74 = WM 2011, 128 = NZI 2011, 67 = FamRZ 2011, 291 = Rpfleger 2011, 220 = ZEV 2011, 204 = JurBüro 2011, 214 = MDR 2011, 128 = NJW-RR 2011, 493 unter Hinweis auf die Entstehungsgeschichte der Regelung; BT-Drucks 16/3844 S. 12.

fährte) nach der vertraglichen Regelung später (unwiderruflich), greift der Pfändungsschutz ab diesem Zeitpunkt wieder.[227]

Lediglich *Hartmann*[228] geht – allerdings ohne Begründung – darüber hinaus, indem er jeden Verwandten unabhängig vom Verwandtschaftsgrad in den Kreis der Hinterbliebenen aufnimmt, daneben aber auch den Ehegatten und den Lebensgefährten.

Nr. 4: die **Zahlung einer Kapitalleistung, ausgenommen eine Zahlung für den Todesfall, wurde nicht vereinbart.**[229] Nach der Rechtsprechung des BGH[230] hindert es den Pfändungsschutz nach § 851c Abs. 1 ZPO nach dem Sinn und Zweck dieser Vorschrift nicht, wenn dem Schuldner vertraglich ein Kapitalisierungsrecht eingeräumt war, dieses Recht zur Zeit der Pfändung aber nicht mehr bestand.

Taktischer Hinweis

Die vorgenannten Voraussetzungen hat der Gesetzgeber geschaffen um sicherzustellen, dass der Pfändungsschutz auf solches Vorsorgekapital beschränkt wird, das von dem Berechtigten unwiderruflich seiner Altersvorsorge gewidmet ist. Ist das nicht der Fall, besteht kein Anspruch auf Pfändungsschutz nach dieser Vorschrift. Insoweit kommt es nicht darauf an, ob der Vertrag überhaupt Regelungen enthält, die die Voraussetzungen des § 851c Abs. 1 ZPO betreffen. Maßgebend für die Gewährung von Vollstreckungsschutz nach dieser Vorschrift ist daher vielmehr, ob auch unter Berücksichtigung solcher vertraglichen Regelungen in ihrer konkreten Ausgestaltung im Zeitpunkt der Pfändung sichergestellt ist, dass die Altersvorsorgefunktion der vertraglichen Leistungen gewährleistet ist. Kann sich hingegen nach der Vertragslage eine Situation, der die Voraussetzungen des § 851c Abs. 1 ZPO entgegenwirken wollen, und die darin besteht, dass der Schuldner Vermögenswerte zweckwidrig dem Gläubigerzugriff entzieht, nicht mehr verwirklichen, ist der Altersvorsorgecharakter des Vertrags gesichert. Dem Schuldner kann dann Pfändungsschutz gewährt werden.[231] Diese Kriterien für die Zweckbindung des Vertrages an eine Altersvorsorge sind notwendig, aber auch ausreichend, um einen Missbrauch des Pfändungsschutzes zu Lasten von Gläubigern zu verhindern. Eine Einschränkung der Gläubigerrechte, wie sie die Norm vorsieht, lässt sich daher nur mit der Altersvorsorgefunktion für den Schuldner legitimieren. Kann dieser Zweck – etwa durch den vorzeitigen Tod des Schuldners – nicht mehr erreicht werden, so ist es geboten, den Gläubigern den Zugriff auf das ursprünglich der Alterssicherung dienende Kapital wieder zu ermöglichen. Da kein Be-

---

227 BGH, Vollstreckung effektiv 2011, 74 = MDR 2011, 128 = NJW-RR 2011, 493.
228 Baumbach/Lauterbach/Albers/*Hartmann*, § 851c, Rn 7.
229 OLG Frankfurt/Main, VersR 2012, 169; *Stöber*, NJW 2007, 1242 (1244).
230 BGH, Vollstreckung effektiv 2011, 74 = MDR 2011, 128 = NJW-RR 2011, 493; OLG Stuttgart, ZInsO 2012, 281 = NZI 2012, 250 = ZVI 2012, 68 = DB 2012, 174 = Verbraucherinsolvenz aktuell 2012, 21.
231 BGH, Vollstreckung effektiv 2011, 74 = MDR 2011, 128 = NJW-RR 2011, 493.

zugsberechtigter bestimmt werden darf, fällt die Kapitalleistung, soweit die Vererblichkeit nicht vertraglich ausgeschlossen wurde, in den Nachlass und damit den Erben zu, die auch für die Schuldner des Erblassers einzustehen haben.

(4) Pfändungsschutz des Vorsorgevermögens (§ 851c Abs. 2 ZPO)

261 Der **Pfändungsschutz des Vorsorgevermögens** ist in § 851c Abs. 2 ZPO geregelt. Die Regelung befasst sich nicht mit dem Leistungsanspruch, sondern nur mit dem **Aufbau** eines Vorsorgevermögens, das in gestaffelter Höhe unpfändbar sein soll.[232] Die Norm schützt nur das für eine private Altersvorsorge im Sinne des § 851c Abs. 1 ZPO eingezahlte **Deckungskapital** (§ 851c Abs. 2 S. 1 ZPO) und die nach Eintritt des Versicherungsfalls ausgezahlten Rentenbeträge vor der Pfändung. Fehlt es daran, ist auch keine Unpfändbarkeit des angesammelten Vermögens anzunehmen. Ein Pfändungsschutz der zum weiteren Aufbau des Deckungskapitals bestimmten Anteile der laufenden Bezüge des Schuldners ist mit der Vorschrift nicht verbunden. Ein solcher ergibt sich auch nicht aus einer direkten oder entsprechenden Anwendung des § 850f Abs. 1 lit. b ZPO.[233]

262 *Taktischer Hinweis*

Geschützt ist allerdings **nur das angesammelte Deckungskapital**, das erforderlich ist, um im Versicherungsfall eine i. H. d. Pfändungsfreigrenzen **unpfändbare Rente zu erhalten**. Von einem Pfändungsschutz auch für die monatlichen Beiträge vor ihrer Einzahlung ist weder im Gesetzestext noch in der Gesetzesbegründung die Rede. Insofern werden **Beiträge in der Ansparphase** vom **Schutzzweck nicht erfasst**. Die Norm führt auch nicht dazu, dass die Pfändungsfreigrenze um die monatlich zu leistenden Beträge für eine Versicherung i.S.v. Abs. 1 der Vorschrift zu erhöhen ist.[234]

263 Die **Höhe des pfändungsgeschützten Vorsorgekapitals** ist **progressiv** ausgestaltet. Mit zunehmendem Alter erhöhen sich nicht nur der absolute Betrag, der unpfändbar ist, sondern auch die Annuitäten, die pfändungssicher akkumuliert werden können. Der Deckungsstock wird so abgesichert, dass im Fall einer regelmäßigen Beitragszahlung mit Vollendung des 67. Lebensjahres eine Rente erwirtschaftet werden kann, deren Höhe in etwa der Pfändungsfreigrenze entspricht. Die progressive Ausgestaltung des pfändungsgeschützten Vorsorgekapitals verhindert, dass z.B. bereits ein 20-Jähriger durch eine hohe Einmalzahlung Vermögen vollständig dem Zugriff seiner Gläubiger entzieht.

---

232 OLG Frankfurt/Main, VersR 2012, 169.
233 BGH, VuR 2011, 396; BGH, Vollstreckung effektiv 2011, 130 = WM 2011, 1180 = ZIP 2011, 1235 = ZInsO 2011, 1153 = MDR 2011, 813 = Rpfleger 2011, 534 = NJW-RR 2011, 1617 = DGVZ 2012, 28; OLG Frankfurt/Main, VersR 2012, 169.
234 LG Bonn v. 4.3.2009, 6 T 221/08 – juris.

D. Die formularmäßigen (Pfändungs-)Ansprüche § 4

Ausschlaggebend ist dabei der Gedanke, dass bei einem wirtschaftlichen Scheitern in jungen Jahren der Schuldner noch ausreichend Zeit hat, eine ergänzende Altersvorsorge aufzubauen. Andererseits kann ein älterer Versicherungsnehmer, der einen Versicherungsvertrag später geschlossen hat oder der die zur Abdeckung der Altersvorsorge notwendigen Prämien nicht geleistet hat oder leisten konnte, **durch Einmalzahlungen** das fehlende Deckungskapital **ausgleichen**.

Ein Schuldner darf zum Aufbau einer angemessenen Alterssicherung – nach seinem Lebensalter gestaffelt – jährlich einen bestimmten Betrag unpfändbar bis zu einer Gesamtsumme von 256.000 EUR ansammeln. Voraussetzung ist, dass der zugrunde liegende Vertrag der detaillierten und sehr restriktiven Ausgestaltung des Altersvorsorgevertrages in § 851c Abs. 1 Nr. 1 bis 4 ZPO entspricht. Danach müssen die Leistungen aus dem Vertrag in regelmäßigen Zeitabständen und nicht vor Vollendung des 60. Lebensjahres oder bei Eintritt der Berufsunfähigkeit erbracht werden. Dieses Erfordernis **schließt** die **Kapitallebensversicherung mit Einmalzahlung** aus dem Pfändungsschutz **aus**. 264

(5) Notwendigkeit der regelmäßigen Anpassung
Da eine langfristige Prognose über die Entwicklung von Kapitalmarktzinsen, Sterblichkeitsrisiko und Pfändungsfreigrenzen nicht möglich ist, sind der Berechnung des Deckungskapitals von 194.000 EUR, das zur Absicherung einer dem unpfändbaren Einkommen entsprechenden Altersrente erforderlich ist, die **zum Zeitpunkt des Inkrafttretens des Gesetzes maßgeblichen Berechnungswerte** (Garantiezins i.H.v. 2,75 %, die aktuelle Sterbetafel, die aktuelle Pfändungstabelle, die üblichen Abschluss-, Inkasso- und Verwaltungskosten) zugrunde gelegt worden. 265

Das in § 851c Abs. 2 ZPO aufgeführte pfändungsfreie Deckungskapital ist, da die Berechnungswerte einer ständigen Veränderung unterliegen, regelmäßig zu überprüfen und anzupassen. Entsprechend § 850c Abs. 2 S. 1 ZPO wird auch ein über den Grundfreibetrag hinausgehender Anteil des Vorsorgekapitals vor einer Pfändung geschützt, um dem Versicherten einen Anreiz zu geben, für eine finanzielle Absicherung im Alter zu sorgen. 266

(6) Additionsmöglichkeit mehrerer Ansprüche des Schuldners
§ 851c Abs. 3 ZPO bestimmt eine entsprechende Anwendbarkeit des § 850e Nr. 2 und 2a ZPO. Bezieht demnach der Schuldner mehrfach Leistungen aus den in § 851c Abs. 1 ZPO genannten Alters-, Berufsunfähigkeitsrenten, oder besteht ein Anspruch auf solche Leistungen neben dem von Arbeitseinkommen (§ 850 Abs. 2 ZPO) so ist zunächst jeder Anspruch des Schuldners zur Bemessung des unpfändbaren Betrages gesondert zu behandeln, da dieser einen eigenen Vermögenswert darstellt. Auf Antrag des Gläubigers können jedoch zur Bemessung eines einheitlichen pfandfreien Betrages diese Ansprüche addiert werden. 267

193

(7) Umwandlungsverlangen des Schuldners nach § 167 VVG

268 Um bereits bestehende Versicherungsverträge für eine pfändungsgeschützte Altersvorsorge einsetzen zu können, ermöglicht es § 167 S. 1 VVG dem Versicherungsnehmer, jederzeit für den Schluss der laufenden Versicherungsperiode die Umwandlung seiner Versicherung in eine nach § 851c Abs. 1 ZPO privilegierte Versicherung zu verlangen.[235] § 167 VVG selbst sieht keinerlei Einschränkungen vor, die unterhalb bestimmter Versicherungssummen eine Umwandlung ausschließen und ist daher uneingeschränkt auch bei geringen Versicherungssummen anwendbar.[236]

269 Das Umwandlungsverlangen ist nach der gesetzlichen Regelung ausdrücklich nur für den Schluss der laufenden Versicherungsperiode möglich. Pfändungsschutz besteht aber erst dann, wenn sämtliche der in § 851c ZPO geregelten Voraussetzungen im Zeitpunkt der Pfändung vorliegen. § 167 VVG schafft **kein Gestaltungsrecht**, sondern gibt dem Versicherungsnehmer nur einen Anspruch darauf, die Lebensversicherung in eine Versicherung umzuwandeln, die die Kriterien des § 851c Abs. 1 ZPO erfüllt.

270 Die Umwandlung hängt nach der gesetzgeberischen Wertung weiter davon ab, dass Rechte Dritter nicht entgegenstehen, insbesondere die Ansprüche aus dem Vertragsverhältnis nicht abgetreten oder gepfändet sind.[237] Dies gilt für jede beliebige Lebensversicherung. Angesichts der vielgestaltigen Formen von Lebensversicherungen ist eine Umwandlung indes häufig nur möglich, wenn verschiedene Versicherungsbestimmungen angepasst werden. Welchen konkreten Inhalt die neuen Bestimmungen haben, steht zum Zeitpunkt des Verlangens oft nicht fest; er ergibt sich weder aus § 167 VVG noch aus § 851c Abs. 1 ZPO. Insbesondere wird das Verlangen des Versicherungsnehmers praktisch kaum jemals so bestimmt sein, dass der Versicherer es mit einem einfachen „Ja" annehmen kann und muss. Im Gegenteil besteht häufig – insbesondere bei Kapitallebensversicherungen – ein Spielraum für die Parteien, welche Anpassung gewünscht wird. Insoweit hängt die Anpassung davon ab, auf welche Variante sich die Parteien einigen.[238]

271 Die Vorschrift des § 167 VVG erweitert den von § 851c ZPO gewährten Pfändungsschutz nicht. Sie legt nicht den Zeitpunkt des Pfändungsschutzes fest, sondern verschafft lediglich dem Versicherungsnehmer materiell-rechtlich einen Anspruch, eine Lebensversicherung in eine den Anforderungen des § 851c ZPO entsprechende Versicherung umzu-

---

235 BT-Drucks 16/886 S. 14 zu § 173 VVG a.F.; BGH, Vollstreckung effektiv 2015, 173 = NJW 2015, 3506 = NZI 2015, 942 = InsbürO 2015, 532 = Rpfleger 2016, 110.
236 LG Hannover, VuR 2018, 316.
237 BGH, Vollstreckung effektiv 2015, 173 = NJW 2015, 3506 = NZI 2015, 942 = InsbürO 2015, 532 = Rpfleger 2016, 110; BFH, Rpfleger 2007, 672; Begründung der Bundesregierung zum Entwurf eines Gesetzes zum Pfändungsschutz der Altersvorsorge und zur Anpassung des Rechts der Insolvenzanfechtung, BT-Drucks 16/886, S. 14.
238 Vgl. z.B. die Konstellation OLG Hamm, r+s 2011, 261.

wandeln. Die Vorschrift bestimmt nur, unter welchen Voraussetzungen der Versicherer hierzu verpflichtet ist und auf welche Weise dies erreicht werden kann.

(8) Pfändungsverfahren
Die vom Normzweck erfassten Versicherungsverträge dürfen nur **wie Arbeitseinkommen gepfändet** werden (§ 851c Abs. 1 ZPO). Insofern gilt die Regelung des § 832 ZPO sowie § 850c ZPO für Gläubiger gewöhnlicher Forderungen, §§ 850d, 850f Abs. 2 ZPO für Gläubiger von gesetzlichen Unterhaltsansprüchen bzw. Gläubiger von Forderungen aus einer vorsätzlich begangenen unerlaubten Handlung. Im ersten Fall genügt daher der Verweis auf die Lohnpfändungstabelle nach § 850c Abs. 3 ZPO (Blankettbeschluss). Im Falle der §§ 850d, 850f Abs. 2 hat das Vollstreckungsgericht die dem Schuldner verbleibenden laufenden Leistungen zu bezeichnen.
Zur Wahrung des Existenzminimums ist zudem § 850f Abs. 1 ZPO anwendbar.

272

Die **Pfändungsbeschränkungen** nach § 851c Abs. 1 ZPO sind grds. von Amts wegen durch das Vollstreckungsgericht zu beachten. Insofern hat der Gläubiger seinen Sachvortrag schlüssig darzulegen, wenn er eine Pfändung der genannten Ansprüche „wie Arbeitseinkommen" beantragt. Da der Gläubiger i.d.R. die Schuldnerverhältnisse nicht näher kennt, sind Angaben über das Versicherungsverhältnis nach § 851c Abs. 1 Nrn. 1–4 ZPO nicht näher darzulegen. Im Umkehrschluss hat allerdings eine nähere Darlegung und damit die Möglichkeit für das Gericht eine Schlüssigkeitsprüfung vorzunehmen zu erfolgen, wenn der Gläubiger die Pfändung der in § 851c Abs. 1 ZPO genannten Versicherungsverträge ohne die Beschränkung für Arbeitseinkommen beantragt.

273

dd) Steuerlich gefördertes Altersvorsorgevermögen (§ 851d ZPO)
(1) Regelungszweck
§ 851d ZPO wurde durch das **Gesetz zum Pfändungsschutz der Altersvorsorge** vom 26.3.2007 (BGBl I, S. 368) mit Wirkung zum 31.3.2007 eingefügt.

274

Renten aus **steuerlich gefördertem Altersvorsorgevermögen** unterfallen i.d.R. nicht dem Pfändungsschutz aus § 851c ZPO, da die steuerliche Förderung an andere Voraussetzungen anknüpft.[239] Für den überwiegenden Teil dieser steuerlich geförderten Verträge ergibt sich ein Pfändungsschutz aus § 850 Abs. 3 lit. b ZPO. Danach können Renten, die aufgrund von Versicherungsverträgen gewährt werden, die zur Versorgung des Versicherungsnehmers oder seiner unterhaltsberechtigten Angehörigen eingegangen sind, nur wie Arbeitseinkommen gepfändet werden. Diesen Pfändungsschutz können Selbstständige, Freiberufler und Nichterwerbstätige nicht in Anspruch nehmen, da § 850 ZPO nur den abhängig Beschäftig-

275

---

239 BGH, Vollstreckung effektiv 2018, 59 = InsbürO 2018, 118 = NZI 2018, 162 = DGVZ 2018, 60 = NJW 2018, 1166 = Rpfleger 2018, 278 = FoVo 2018, 30.

ten schützen will. Die Norm des § 851d ZPO will diese Lücke **für freiberuflich Tätige oder überhaupt nicht berufstätige Personen** schließen.

276 Die Regelung ergänzt die Vorschrift des **§ 850i ZPO**. Grund dafür ist, dass § 850i ZPO durch das Gesetz zur Reform des Kontopfändungsschutzes vom 7.7.2009 mit Wirkung ab 1.7.2010 geändert worden ist.[240] Danach hat der Gesetzgeber den Pfändungsschutz auf „sonstige Einkünfte, die kein Arbeitseinkommen sind", erweitert. Entgegen der alten Fassung von § 850i ZPO[241] wird von der Regelung auch jegliche nicht wiederkehrende Vergütung für persönliche Arbeiten und Dienste erfasst. Der Schuldner kann sich daher sowohl darauf berufen, dass die Einkünfte nach § 851d ZPO geschützt sind, als auch darauf, dass ihm nach § 850i ZPO so viel verbleiben muss, wie ihm bei der Pfändung fortlaufender Einkünfte aus Arbeitseinkommen verbliebe.[242] Es ist daher im Einzelfall zu prüfen, ob es sich bei § 851d ZPO im Verhältnis zu § 850i ZPO um eine abschließende Sonderregelung handelt oder ob sie einen ergänzenden Pfändungsschutz für bestimmte Einkünfte gewährt.

(2) Laufende Leistungen
277 Laufende Leistungen aus steuerlich gefördertem Altersvorsorgevermögen (einschließlich eventueller Zulagen und seiner Erträge) dienen der finanziellen Absicherung des Schuldners im Alter. Dies gilt für Rentenzahlungen aus einer Basisrentenversicherung, die die Voraussetzungen des § 10 Abs. 1 Nr. 2b EStG erfüllt, genauso wie für Leistungen, soweit sie auf einem nach § 10a EStG und Abschnitt XI EStG geförderten Altersvorsorgevermögen beruhen. In diesen Fällen dient das **Vorsorgekapital** der **Altersversorgung**. Die Verwendung des Vorsorgekapitals für eine lebenslange Altersvorsorge wird durch die entsprechenden gesetzlichen Vorgaben im Einkommensteuerrecht und im AltZertG sichergestellt. Der Vermögensaufbau wird insoweit staatlich gefördert.

278 Der Pfändungsschutz von laufenden Leistungen, die auf einem nach § 10a EStG/Abschnitt XI EStG geförderten Altersvorsorgevermögen beruhen, gilt unabhängig davon, ob es sich um laufende Leistungen aus zertifizierten Rentenversicherung, Bank- oder Fondssparplänen handelt. Entscheidend ist insoweit, dass die Leistungen auf **steuerlich gefördertem Kapital** beruhen.

(3) Umfang des Pfändungsschutzes
279 Dem Pfändungsschutz unterliegen **nur laufende Leistungen**. Hierzu gehören auch monatliche Leistungen, wenn bis zwölf Monatsleistungen zu einer Auszahlung zusammen-

---

240 BGBl I 2009, S. 1707.
241 Vgl. dazu BGH, ZIP 2008, 1944.
242 BGH, DB 2014, 1737 = WM 2014, 1485 = ZIP 2014, 1542 = ZInsO 2014, 1609; *Ahrens*, ZInsO 2010, 2357 (2359).

gefasst werden.²⁴³ **Nicht** erfasst wird damit insbesondere eine in gewissem Umfang zu Beginn der Auszahlungsphase nach dem AltZertG mögliche **Einmalkapitalauszahlung**. Kein Pfändungsschutz besteht außerdem, wenn der Berechtigte von der steuerlich zulässigen Möglichkeit der Abfindung einer Kleinbetragsrente Gebrauch macht, da es sich insoweit nicht um laufende Leistungen handelt.

Die nach § 10a EStG/Abschnitt XI EStG geförderte Altersvorsorgevermögen einschließlich seiner Erträge, die geförderten laufenden Altersvorsorgebeiträge und der Anspruch auf die Zulage sind gem. § 97 EStG nicht übertragbar und damit auch nicht pfändbar. Ein entsprechender Pfändungsschutz ist für das gem. § 10 Abs. 1 Nr. 2b EStG steuerlich geförderte Altersvorsorgevermögen (Rürup-Rente) selbst nicht vorgesehen. 280

3. Todesfalllebensversicherung/Sterbegeldversicherung

Die nachfolgende Anmerkung zum Anspruch E bestimmt eine Ausnahme der Pfändung bei sog. Todesfalllebensversicherungen bzw. Sterbegeldversicherung: 281

> Ausgenommen von der Pfändung sind Ansprüche aus Lebensversicherungen, die nur auf den Todesfall des Versicherungsnehmers abgeschlossen sind, wenn die Versicherungssumme den in § 850b Absatz 1 Nummer 4 ZPO in der jeweiligen Fassung genannten Betrag nicht übersteigt.

Bei der Sterbegeldversicherung handelt es sich um eine Kapitallebensversicherung, die lebenslänglich abgeschlossen wurde und im Todesfall an einen bei Abschluss benannten Begünstigten ausgezahlt wird. Die Versicherungssumme ist meistens gering, da sie bezweckt, den Hinterbliebenen die Beerdigungskosten zu ersparen. Diese werden von der Sterbegeldversicherung im Todesfall des Versicherten übernommen. 282

Taktischer Hinweis 283

Für einen Gläubiger kann eine solche Versicherung u.U. dennoch pfändbar sein. Der BGH²⁴⁴ hat klargestellt: Eine Sterbegeldversicherung ist nur pfändbar, wenn die Versicherungssumme den Betrag von 3.579 EUR übersteigt. Somit ist die Höhe des Rückkaufswerts entscheidend für den Erfolg des Gläubigers. Da die monatlichen Raten nicht besonders hoch sind, liegt die Versicherungssumme regelmäßig nur im Bereich der als durchschnittlich angesehenen Beerdigungskosten i.H.v. 3.579 EUR. Entscheidend ist daher für einen Gläubiger, wie hoch der Rückkaufswert zum Zeitpunkt der Pfändung ist. Liegt dieser unter dem o.g. Betrag, kann nicht gepfändet werden.

---

243 Gottwald/*Mock*, § 851d Rn 4.
244 NJW-RR 2008, 412 = RuS 2008, 120 = BGHReport 2008, 400 = Rpfleger 2008, 267 = JurBüro 2008, 212 = DB 2008, 1040 = Vollstreckung effektiv 2016, 15 = FoVo 2009, 23.

§ 4 Verbindliche Formulare für die Forderungspfändung

284 Der BGH[245] hat sich zudem auch mit der Frage beschäftigt, ob der volle Anspruch oder nur der den o.g. Sockelbetrag übersteigende Teil pfändbar ist. Er stellte klar: Nur der **Betrag über der Versicherungssumme von 3.579 EUR ist pfändbar.** Hier muss dann ggf. anteilig an den Gläubiger ausgekehrt werden.

285 *Beispiel*

Schuldner S hat eine Sterbegeldversicherung i.H.v. 8.000 EUR abgeschlossen. Gläubiger G pfändet die Ansprüche hieraus. Zum Zeitpunkt der Pfändung beträgt der Rückkaufswert 2.000 EUR.[246]

Lösung

Da es einen Unterschied zwischen dem Todesfallwert (8.000 EUR) und dem Rückkaufswert (2.000 EUR) gibt, folgt daraus nicht, dass im Kündigungsfall der volle Rückkaufswert bis zu 3.579 EUR gepfändet werden darf. Denn in dieser Höhe besteht Unpfändbarkeit. Es ist vielmehr anteilig auf den entsprechenden Teil des Rückkaufswerts abzurechnen. Im o.g. Beispiel bedeutet dies: Der pfändbare Betrag liegt bei 25 % von 2.000 EUR, somit bei 500 EUR (da 2.000 EUR 25 % von 8.000 EUR sind).

286 *Taktischer Hinweis*

In diesem Zusammenhang ist allerdings stets § **850b Abs. 1 Nr. 4, Abs. 2 ZPO** zu beachten. Danach ist zunächst im Rahmen der **Billigkeitsprüfung** – nachdem zuvor der Schuldner angehört wurde – gerichtlich festzustellen, dass der Höchstbetrag überschritten wird und der überschießende Betrag pfändbar ist.

287 Die Pfändbarkeit einer die Summe von 3.579 EUR übersteigenden Versicherung kann sich daher nur nach § 850b Abs. 2 ZPO ergeben. Das bedeutet: Das Vollstreckungsgericht muss festgestellt haben, dass die Pfändung billig ist. Hiernach können eigentlich unpfändbare Bezüge nach den für Arbeitseinkommen geltenden Vorschriften gepfändet werden, wenn die Vollstreckung in das sonstige bewegliche Vermögen des Schuldners den Gläubiger nicht vollständig befriedigt hat oder voraussichtlich nicht dazu führen wird.

288 Des Weiteren muss die Pfändung nach den Umständen des Falls billig sein, insbesondere nach der Art des beizutreibenden Anspruchs und der Höhe der Bezüge. Nur wenn positiv feststeht, dass diese besonderen Voraussetzungen für die Pfändung vorliegen, darf sie auch zugelassen werden.[247] Dies ist regelmäßig zu verneinen, wenn der Schuldner sozialhilfebedürftig würde. Es ist auch zu verneinen, wenn die Angehörigen des Schuldners im

---

245 NJW-RR 2008, 412 = RuS 2008, 120 = BGHReport 2008, 400 = Rpfleger 2008, 267 = JurBüro 2008, 212 = DB 2008, 1040 = Vollstreckung effektiv 2016, 15 = FoVo 2009, 23.
246 Vgl. Vollstreckung effektiv, 2016, 15.
247 BGH, Vollstreckung effektiv 2004, 163.

D. Die formularmäßigen (Pfändungs-)Ansprüche § 4

Fall einer Pfändung der Ansprüche auf staatliche Hilfe angewiesen wären, um die Bestattungskosten zu bestreiten. Hierzu muss der Gläubiger somit vortragen.

Taktischer Hinweis 289
Es ist Gläubigern somit nicht zu empfehlen, übereilt zu pfänden. Vielmehr sollten sie zunächst – ggf. im Wege des Verfahrens über die Vermögensauskunft – ermitteln, in welcher Höhe ein pfändbarer Betrag verfügbar ist. Sofern sich der Rückkaufswert nicht über dem freigegebenen Rahmen von 3.579 EUR bewegt, sollte von einer Pfändungsmaßnahme abgesehen werden.

Pfändungsmuster 290

Drittschuldner (genaue Bezeichnung des Drittschuldners: Firma bzw. Vor- und Zuname, vertretungsberechtigte Person/-en, jeweils mit Anschrift; Postfach-Angabe ist nicht zulässig; bei mehreren Drittschuldnern ist eine Zuordnung des Drittschuldners zu der/den zu pfändenden Forderung/-en vorzunehmen)
Herr/Frau/Firma
genaue Bezeichnung der Versicherungsgesellschaft

291

Forderung aus Anspruch

☐ A (an Arbeitgeber)

☐ B (an Agentur für Arbeit bzw. Versicherungsträger)
   Art der Sozialleistung:
   Konto-/Versicherungsnummer:

☐ C (an Finanzamt)

☐ D (an Kreditinstitute)

☒ E (an Versicherungsgesellschaften)
   Konto-/Versicherungsnummer:

☐ F (an Bausparkassen)

☒ G

☐ gemäß gesonderter Anlage(n)

292

Anspruch G
(Hinweis: betrifft Anspruch an weitere Drittschuldner bzw. schon aufgeführte Drittschuldner, soweit Platz unzureichend)
Anspruch G
(Hinweis: betrifft Anspruch an weitere Drittschuldner bzw. schon aufgeführte Drittschuldner, soweit Platz unzureichend)
aus Versicherungsvertrag, insbesondere Sterbegeldversicherung, einschließlich der Ansprüche auf Zahlung der Versicherungssumme und eventueller Gewinnanteile sowie auf Auszahlung des bei Aufhebung oder Kündigung des Vertrags sich ergebenden Rückkaufswerts.

§ 4 Verbindliche Formulare für die Forderungspfändung

293

☒ **Es wird angeordnet, dass**
☐ der Schuldner die Lohn- oder Gehaltsabrechnung oder die Verdienstbescheinigung einschließlich der entsprechenden Bescheinigungen der letzten drei Monate vor Zustellung des Pfändungs- und Überweisungsbeschlusses an den Gläubiger herauszugeben hat
☐ der Schuldner das über das jeweilige Sparguthaben ausgestellte Sparbuch (bzw. die Sparurkunde) an den Gläubiger herauszugeben hat und dieser das Sparbuch (bzw. die Sparurkunde) unverzüglich dem Drittschuldner vorzulegen hat
☐ ein von dem Gläubiger zu beauftragender Gerichtsvollzieher für die Pfändung des Inhalts Zutritt zum Schließfach zu nehmen hat
☒ der Schuldner die Versicherungspolice an den Gläubiger herauszugeben hat und dieser sie unverzüglich dem Drittschuldner vorzulegen hat
☐ der Schuldner die Bausparurkunde und den letzten Kontoauszug an den Gläubiger herauszugeben hat und dieser die Unterlagen unverzüglich dem Drittschuldner vorzulegen hat
☐

294

Der Drittschuldner darf, soweit die Forderung gepfändet ist, an den Schuldner nicht mehr zahlen. Der Schuldner darf insoweit nicht über die Forderung verfügen, sie insbesondere nicht einziehen.

☒ **Zugleich wird dem Gläubiger die zuvor bezeichnete Forderung in Höhe des gepfändeten Betrages**

☒ zur Einziehung überwiesen.   ☐ an Zahlungs statt überwiesen.

295

☒ Nicht amtlicher Hinweis:

Die Pfändung entspricht gem. § 850b Abs. 2 ZPO der Billigkeit weil ... (Begründung)

4. Haftpflichtversicherung

296 Ansprüche aus einer Haftpflichtversicherung (§§ 149 ff. VVG) des Schuldners als Versicherungsnehmer gegen den Versicherer sind nicht auf Zahlung, sondern auf Befreiung des Versicherungsnehmers (Versicherten) von der Haftpflichtschuld gerichtet. Der Befreiungsanspruch ist für Gläubiger des Versicherten nicht pfändbar. Nur der Verletzte (Haftpflichtgläubiger) kann als Gläubiger wegen seines auf die Zahlung einer Geldforderung gerichteten Schadensersatzanspruchs diesen Schuldbefreiungsanspruch gegen den Versicherten pfänden.[248]

297 Pfändbar werden Ansprüche des Schuldners aus einer Haftpflichtversicherung nur dann, wenn der Versicherte von der ihm im Rahmen der Versicherungsbedingungen eingeräumten Befugnis, den Haftpflichtgläubiger selbst zu befriedigen, Gebrauch macht. Damit wandelt sich der Befreiungsanspruch in einen Zahlungsanspruch gegen den Versiche-

---

248 BGH, VersR 1963, 421.

rer um, der dann wie jede Geldforderung gepfändet werden kann.²⁴⁹ Pfändbar ist auch der Anspruch auf Prämienrückvergütung und Erstattung eines zu viel gezahlten Betrags.²⁵⁰

5. Rechtsschutzversicherung

Auch der Anspruch aus einer Rechtsschutzversicherung ist auf die Befreiung von einer Schuld gerichtet. Als solcher Anspruch ist er – gleich dem aus der Haftpflichtversicherung – nicht pfändbar. Auch hier gilt, dass der Anspruch sich in einen Zahlungsanspruch umwandelt, wenn der Versicherte den Gläubiger (z.b. Rechtsanwalt) befriedigt. 298

Der beantragten Pfändung steht nicht entgegen, dass der Schuldner aus den Rechtsschutzversicherungsverträgen gegen den Drittschuldner möglicherweise überhaupt keine Zahlungs-, sondern allenfalls grds. unpfändbare Freistellungsansprüche zustehen. Da es nach dem Vorbringen der Gläubigerin möglich ist, dass der Schuldner Kosten, von denen er vom Drittschuldner Freistellung verlangen kann, bereits selbst bezahlt hat, können ihm pfändbare Zahlungsansprüche gegen den Drittschuldner zustehen.²⁵¹ 299

6. Unfallversicherung

Bei Ansprüchen aus Unfallversicherung (§ 179 VVG) ist zunächst zu unterscheiden, ob die Versicherung gegen Unfälle, die dem Versicherungsnehmer selbst zustoßen, oder gegen solche, die Dritten zustoßen (z.b. Insassenunfallversicherung) abgeschlossen wurde. 300

Ansprüche aus einer Eigenversicherung gehören immer zum Vermögen des Versicherungsnehmers. Sie sind demnach vor und nach Eintritt des Versicherungsfalles pfändbar. Die das Risiko Dritter versichernde Unfallversicherung zählt wirtschaftlich zum Vermögen des Dritten. Steht dieser bereits fest (§ 179 Abs. 3 VVG), so kann die Forderung auch nur noch von den Gläubigern des Dritten gepfändet werden. Steht allerdings – wie bei der Insassenunfallversicherung – der Dritte vor Eintritt des Schadensfalles noch nicht fest, verwaltet der Versicherungsnehmer den Anspruch – des (noch) unbekannten Dritten – treuhänderisch für diesen (§§ 76, 80 VVG). Dann zählt der Anspruch formal zum Vermögen des Versicherten und kann von dessen Gläubigern gepfändet werden. Der Dritte als Begünstigter kann dann im Falle des Schadenseintritts Drittwiderspruchsklage nach § 771 ZPO erheben.²⁵² 301

---

249 Vgl. BGH, NJW 1968, 836.
250 AG Sinzig, NJW-RR 1986, 967.
251 OLG Hamm, Betrieb 1984, 1345 = WM 1984, 704.
252 Vgl. *Stöber*, Rn 214 bis 217.

7. Direktversicherung

302 Ist eine Lebensversicherung in Form einer Direktversicherung abgeschlossen worden, d.h. zahlt der Arbeitgeber die Versicherungsprämie für eine Kapitallebensversicherung, handelt es sich um eine von verschiedenen Möglichkeiten der betrieblichen Altersversorgung. Die maßgeblichen Regelungen hierzu finden sich im Gesetz über die betriebliche Altersversorgung (BetrAVG), insbesondere in § 1b Abs. 2 und § 2 BetrAVG.

303 Die Direktversicherung als Teil der betrieblichen Altersversorgung nach dem BetrAVG ist von der Riesterrente[253] oder privaten Kapitallebensversicherungen[254] zu unterscheiden. Ggf. muss erst über die Auskunftsansprüche nach §§ 840, 836 Abs. 3 ZPO oder im Verfahren der Vermögensauskunft der Charakter einer Versicherung geklärt werden.

304 Bei den Zahlungen des Arbeitgebers in der Ansparphase handelt es nicht um Arbeitseinkommen.[255] Insofern werden diese Zahlungen – auch wenn sie faktisch Teil des Arbeitsentgelts sind – von der Pfändung des Arbeitseinkommens nicht erfasst. Sie bleiben daher bei der Berechnung des pfändbaren Arbeitseinkommens nach § 850c ZPO außer Betracht. Ungeachtet dessen sollte der Gläubiger den Drittschuldner nach § 840 ZPO und den Schuldner nach § 836 Abs. 3 ZPO sowie im Rahmen des Verfahrens zur Vermögensauskunft auffordern, Auskunft darüber zu erteilen, inwieweit eine Direktversicherung (oder insgesamt eine betriebliche Altersversorgung) besteht und welche Beträge hier gezahlt werden. So kann überprüft werden, ob eine betriebliche Altersversorgung, eine Entgeltumwandlung oder eine Lohnverschiebung nach § 850h ZPO vorliegt.

305 Der Arbeitnehmer kann nach § 1a BetrAVG vom Arbeitgeber verlangen, dass seine künftigen Ansprüche auf Entgelt bis zu 4 % der jeweiligen Beitragsbemessungsgrenze in der Rentenversicherung (mtl. 5.600 EUR; jährlich 67.200 EUR, somit max. 224 EUR/Monat bzw. 2.688 EUR/Jahr) für eine betriebliche Altersversorgung und damit auch für eine Einzahlung in eine Direktversicherung verwendet werden. Diese **Beträge** sind in der Ansparphase **grds. unpfändbar**. Der Gläubiger kann allerdings prüfen, ob tatsächlich nur 4 % der jeweiligen Beitragsbemessungsgrenze in die Rentenversicherung eingezahlt werden. Der **überschießende Anteil** stellt eine **Lohnzahlungsabrede** dar, die nach § 850h Abs. 1 ZPO sowohl von der Pfändung des Arbeitseinkommens erfasst wird als auch bei der Berechnung des pfändungsfreien Betrags zu berücksichtigen ist. Nach Auffassung des BAG[256] kann die Entgeltumwandlung auch noch erfolgen, nachdem das Arbeitseinkommen bereits durch den Gläubiger gepfändet wurde. Bei einer solchen Vereinbarung han-

---

[253] *Goebel*, Vollstreckung effektiv 2002, 84.
[254] *Dumslaff*, Vollstreckung effektiv 2003, 139; *Goebel*, Vollstreckung effektiv 2000, 132.
[255] BAG, NZA 1998, 707 = BAGE 88, 28 = AP Nr. 14 zu § 850 ZPO = DB 1998, 1039 = BB 1998, 1009 = MDR 1998, 721 = VersR 1999, 80 = KKZ 1999, 63 = HFR 1999, 499.
[256] BAG, NZA 1998, 707 = BAGE 88, 28 = AP Nr. 14 zu § 850 ZPO = DB 1998, 1039 = BB 1998, 1009 = MDR 1998, 721 = VersR 1999, 80 = KKZ 1999, 63 = HFR 1999, 499; ebenso *Stöber*, Rn 919.

D. Die formularmäßigen (Pfändungs-)Ansprüche § 4

delt es sich nicht um eine Lohnverwendungsabrede, die nur belastet mit dem Pfändungspfandrecht möglich wäre, sondern um eine von der Pfändung nicht berührte Änderung des Arbeitsvertrags. Der Schuldner hat damit als Arbeitnehmer die Möglichkeit, sich der Pfändung des Gläubigers durch die Entgeltumwandlung zu entziehen, ohne dass der Gläubiger dies verhindern kann. Eine Anfechtung nach dem AnfG kommt zumeist nicht in Betracht.

In der **Auszahlungsphase**, d.h. nach Eintritt des Versicherungsfalls, handelt es sich bei der Leistung aus der Direktversicherung um Arbeitseinkommen nach § 850 Abs. 3 lit. b ZPO, das dem Pfändungsschutz der §§ 850 ff. ZPO unterworfen ist. Dabei ist zu unterscheiden: 306

- Wird die Versicherungsleistung in regelmäßig wiederkehrenden Zahlungen als Rente erbracht, unterliegt sie dem Pfändungsschutz nach § 850c ZPO. Allerdings kommt eine Zusammenrechnung mit anderen Renten nach § 850e ZPO in Betracht, sodass sich daraus ein pfändbarer Betrag ergeben kann.
- Wird die Versicherungsleistung in einer Summe erbracht, greift der Pfändungsschutz des § 850c ZPO grds. nicht. Die Versicherungsleistung ist in vollem Umfang pfändbar. Der Schuldner hat allerdings die Möglichkeit, Pfändungsschutz nach § 850i ZPO für nicht regelmäßig wiederkehrende Leistungen zu beantragen. Hier ist eine umfassende Würdigung der Verhältnisse des Schuldners und der Interessen des Gläubigers vorzunehmen. Zu beidem sollte der Gläubiger vortragen.

Endet das Arbeitsverhältnis – gleich aus welchem Grund – vor dem Eintritt des Versicherungsfalls, endet auch die Verpflichtung des Arbeitgebers, die Beiträge für die Direktversicherung zu zahlen. Der **Arbeitnehmer** erhält jedoch nach § 2 Abs. 1 und 2 BetrAVG die **unwiderrufliche Bezugsberechtigung** aus der Direktversicherung. Der BGH[257] hat entschieden, dass der Anspruch des Arbeitnehmers auf Auszahlung der Versicherungssumme aus einer **Firmendirektversicherung** bereits vor Eintritt des Versicherungsfalls als zukünftige Forderung pfändbar ist. Die von der überwiegenden Meinung[258] bis dahin vertretene Unpfändbarkeit ist damit hinfällig geworden.   307

Gem. § 2 Abs. 2 S. 4 BetrAVG darf bei einer der Altersversorgung dienenden Direktversicherung der vor Eintritt des Versorgungsfalls und nach Erfüllung der Voraussetzungen des § 1b Abs. 1 und 5 BetrAVG aus dem Arbeitsverhältnis ausgeschiedene Arbeitnehmer die Ansprüche aus dem Versicherungsvertrag in Höhe des durch Beitragszahlungen des   308

---

257 BGH, Vollstreckung effektiv 2011, 29 = FoVo 2011, 9 = BB 2011, 639 = ArbRB 2011, 76 = DB 2010, 2799 = EBE/BGH 2010, 394 = MDR 2011, 67 = RuS 2011, 32 = BetrAV 2011, 104 = ZIP 2011, 350 = NJW-RR 2011, 283 = Rpfleger 2011, 165 = VersR 2011, 371 = BetrAV 2011, 181 = FamRZ 2011, 479 = VuR 2011, 109 = EzA § 851 ZPO 2002 Nr. 1 = DGVZ 2012, 26.
258 LG Konstanz, Rpfleger 2008, 87; OLG Köln, OLGR 2003, 54 = InVO 2003, 198; LG Nürnberg-Fürth, Beschl. v. 12.8.2009 – 5 T 5747/09.

§ 4 Verbindliche Formulare für die Forderungspfändung

Arbeitgebers gebildeten geschäftsplanmäßigen Deckungskapitals oder, soweit die Berechnung des Deckungskapitals nicht zum Geschäftsplan gehört, des nach § 169 Abs. 3 und 4 VVG berechneten Wertes weder abtreten noch beleihen. Durch diese Verfügungsbeschränkungen soll erreicht werden, dass die bestehende Anwartschaft im Interesse des Versorgungszwecks aufrechterhalten wird, d.h. es soll verhindert werden, dass der Arbeitnehmer die Anwartschaft liquidiert und für andere Zwecke verwendet.[259] Hierbei hat der BGH[260] zunächst offen gelassen, ob bereits der zukünftige Anspruch gepfändet werden kann. Diese Frage hat er nunmehr im Sinne des Gläubigers bejaht. Künftige Forderungen können gepfändet werden, sofern ihr Rechtsgrund und der Drittschuldner im Zeitpunkt der Pfändung bestimmt sind.[261] Dies ist gegeben, wenn ein künftiger Anspruch auf Auszahlung der Versicherungssumme aus einem bestimmten Versicherungsvertrag gepfändet wird. Zwar spricht § 2 Abs. 2 S. 4 BetrAVG unterschiedslos von „Ansprüchen aus dem Versicherungsvertrag" und differenziert nicht zwischen gegenwärtigen und künftigen Forderungen. Der Wortlaut steht aber einer am Gesetzeszweck orientierten Auslegung nicht entgegen, dass künftige Forderungen vom Pfändungsverbot nicht umfasst sein sollen. Nach Eintritt des Versicherungsfalls fällige Forderungen hat die Norm nicht im Blick. § 2 BetrAVG enthält Regelungen hinsichtlich der vom vorzeitig ausgeschiedenen Arbeitnehmer erworbenen Versorgungsanwartschaft, also für die Zeit vor Eintritt des Versicherungsfalls. § 2 Abs. 2 S. 4 BetrAVG will verhindern, dass der Arbeitnehmer vor diesem Zeitpunkt die Anwartschaft liquidiert und anderweitig verwendet. Daraus folgt: Der Gesetzeszweck hindert Gläubiger nicht mittels Pfändung auf die mit Eintritt des Versicherungsfalls fälligen Ansprüche als künftige Forderungen zuzugreifen. So wird einerseits die Anwartschaft als solche nicht beeinträchtigt. Andererseits wird dem Umstand Rechnung getragen, dass auch schuldrechtliche Forderungen zu den Eigentumsrechten im Sinne von Art. 14 Abs. 1 GG gehören und der verfassungsrechtlich gewährleistete Schutz sich insbesondere auf das Befriedigungsrecht des Gläubigers erstreckt.[262] Dieses wäre in erheblichem Maße beeinträchtigt, wenn man dem Schuldner durch ein Pfändungsverbot hinsichtlich seiner zukünftigen Forderungen die Möglichkeit eröffnen

---

259 BGH, Vollstreckung effektiv 2009, 11 = WM 2008, 2265 = MDR 2009, 105 = Rpfleger 2009, 94 = NJW-RR 2009, 211 = BGHReport 2009, 260 = JurBüro 2009, 105 = EBE/BGH 2008, 380 = KKZ 2010, 202.

260 BGH, Vollstreckung effektiv 2011, 29 = FoVo 2011, 9 = BB 2011, 639 = ArbRB 2011, 76 = DB 2010, 2799 = EBE/BGH 2010, 394 = MDR 2011, 67 = RuS 2011, 32 = BetrAV 2011, 104 = ZIP 2011, 350 = NJW-RR 2011, 283 = Rpfleger 2011, 165 = VersR 2011, 371 = BetrAV 2011, 181 = FamRZ 2011, 479 = VuR 2011, 109 = EzA § 851 ZPO 2002 Nr. 1 = DGVZ 2012, 26.

261 BGH, Vollstreckung effektiv 2009, 11 = WM 2008, 2265 = MDR 2009, 105 = Rpfleger 2009, 94 = NJW-RR 2009, 211 = BGHReport 2009, 260 = JurBüro 2009, 105 = EBE/BGH 2008, 380 = KKZ 2010, 202; Vollstreckung effektiv 2003, 130 = ZVI 2003, 110 = WM 2003, 548 = ZInsO 2003, 330 = MDR 2003, 525 = NJW 2003, 1457 = Rpfleger 2003, 305 = KKZ 2003, 121 = FamRZ 2003, 1010 = DGVZ 2003, 118 = JurBüro 2003, 438.

262 BGH, Vollstreckung effektiv 2007, 118 = WM 2007, 1033 = FamRZ 2007, 1012 = Rpfleger 2007, 404 = JurBüro 2007, 380 = MDR 2007, 907 = InVo 2007, 411 = ZVI 2007, 522 = KKZ 2007, 280.

D. Die formularmäßigen (Pfändungs-)Ansprüche § 4

würde, am Tag des Eintritts des Versicherungsfalls durch frühzeitige Verfügungen über seine Versorgungsansprüche die erst dann zulässige Pfändung durch den Gläubiger ins Leere laufen zu lassen. Ein anderes Verständnis des § 2 Abs. 2 S. 4 BetrAVG würde gleich gelagerten Fällen widersprechen. So sind z.B. künftige Ansprüche auf betriebliches Ruhegeld auf der Grundlage einer betrieblichen Direktzusage pfändbar,[263] ebenso zukünftige Ansprüche gegen einen Träger der gesetzlichen Rentenversicherung.[264] Es ist nicht ersichtlich, dass der Gesetzgeber dies bei Firmendirektversicherungen anders gesehen hat und eine davon abweichende Regelung treffen wollte. Nach dieser gläubigerfreundlichen Auffassung darf ein Gläubiger den künftigen Anspruch des Schuldners auf Auszahlung der Versicherungsleistung pfänden und sich zur Einziehung überweisen lassen. Da es sich nicht um eine Rente, sondern um eine Kapitalleistung handelt, steht dem Schuldner Vollstreckungsschutz nur nach § 850i ZPO zu.[265] Die Direktversicherung als Teil der betrieblichen Altersversorgung nach dem BetrAVG ist von der Riesterrente oder privaten Kapitallebensversicherungen zu unterscheiden. Ggf. muss erst über die Auskunftsansprüche nach §§ 840, § 836 Abs. 3 ZPO oder im Verfahren der eidesstattlichen Versicherung der Charakter einer Versicherung geklärt werden.

Die grds. Unpfändbarkeit der Direktversicherung erfasst allerdings nur den Fall, dass allein der Arbeitgeber Leistungen in die Direktversicherung erbracht hat, die dann nach § 851 ZPO unpfändbar sind. Etwas anderes gilt, wenn der Schuldner überschießende eigene Leistungen erbracht hat, um den späteren Wert der Versicherung zu erhöhen. Dieser Anteil ist abtretbar und damit auch pfändbar. Der Gläubiger kann also die angeblichen Ansprüche aus der Direktversicherung pfänden, soweit diese auf überschießenden Leistungen des Schuldners beruhen. Auf die Pfändung muss das Versicherungsunternehmen den Vertrag aufspalten. Soweit die Arbeitgeberanteile betroffen sind, bleibt es bei der Unpfändbarkeit nach § 851 ZPO. Soweit jedoch die zusätzlichen Zahlungen des Arbeitnehmers betroffen sind, handelt es sich um eine einfache Lebensversicherung, die wie dargestellt pfändbar ist. In der Auszahlungsphase ist die Direktversicherung als Arbeitseinkommen nach § 850 Abs. 3 lit. b ZPO zu behandeln und unterliegt den gleichen Pfändungsmöglichkeiten wie die Leistung aus einer Direktversicherung eines nicht vorzeitig ausgeschiedenen Arbeitnehmers, also § 850c ZPO.

309

---

263 BGH, NJW-RR 1989, 286 = ZIP 1989, 110 = DB 1989, 420 = BetrAV 1989, 70 = MDR 1989, 446.
264 BGH, Vollstreckung effektiv 2009, 11 = WM 2008, 2265 = MDR 2009, 105 = Rpfleger 2009, 94 = NJW-RR 2009, 211 = BGHReport 2009, 260 = JurBüro 2009, 105 = EBE/BGH 2008, 380 = KKZ 2010, 202; Vollstreckung effektiv 2003, 130 = ZVI 2003, 110 = WM 2003, 548 = ZInsO 2003, 330 = MDR 2003, 525 = NJW 2003, 1457 = Rpfleger 2003, 305 = KKZ 2003, 121 = FamRZ 2003, 1010 = DGVZ 2003, 118 = JurBüro 2003, 438.
265 Vgl. BGH, Vollstreckung effektiv 2009, 11 = WM 2008, 2265 = MDR 2009, 105 = Rpfleger 2009, 94 = NJW-RR 2009, 211 = BGHReport 2009, 260 = JurBüro 2009, 105 = EBE/BGH 2008, 380 = KKZ 2010, 202.

§ 5 Das Pfändungsverfahren

A. Rechtsschutzbedürfnis

Der Gläubiger benötigt zur Durchsetzung seines Anspruchs i.R.d. Forderungspfändung ein Rechtsschutzbedürfnis.[1]

Bei der Entscheidung über einen Antrag auf Erlass eines Pfändungs- und Überweisungsbeschlusses prüft dabei das zuständige Vollstreckungsgericht nicht, ob die zu pfändende Forderung tatsächlich besteht; es hat lediglich zu prüfen, ob diese nach dem Sachvortrag des Gläubigers dem Schuldner gegen den Drittschuldner zustehen kann und ob sie nicht unpfändbar ist.[2] Der Sachvortrag des Gläubigers ist dabei zunächst als wahr zu unterstellen. Da der zu pfändende Anspruch nicht begründet, sondern lediglich bezeichnet wird, darf der Rechtspfleger deshalb den Antrag nur **ausnahmsweise** ablehnen, wenn dem Schuldner der Anspruch aus tatsächlichen oder rechtlichen Gründen offenbar nicht zustehen kann oder ersichtlich unpfändbar ist. Deshalb pfändet das Vollstreckungsgericht auch nur die „angebliche Forderung" des Schuldners gegen den Drittschuldner.

In seinem Antrag darf der Gläubiger jedoch nicht gegen die Wahrheitspflicht des § 138 Abs. 1 ZPO, welche es verbietet, Erklärungen wider besseres Wissen abzugeben, verstoßen. Er darf daher grds. Tatsachen behaupten, über die er keine positive Kenntnis hat und im Regelfall auch nicht haben kann, die er aber nach Lage der Dinge für wahrscheinlich und möglich hält.[3] Nur eine willkürliche, „ins Blaue hinein" aufgestellte Behauptung einer Forderung ohne jeden Anhaltspunkt für ihr Bestehen ist unbeachtlich.

Ein **Rechtsschutzbedürfnis fehlt**,[4]

- wenn dem Vollstreckungsgericht positiv bekannt ist, dass die nach dem Sachvortrag des Gläubigers zu pfändende Forderung tatsächlich nicht besteht oder unpfändbar ist;[5]
- wenn der Drittschuldner nach Zustellung des vorläufigen Zahlungsverbots die Forderung bezahlt hat;[6]

---

1 Gottwald/*Mock*, § 829 Rn 44.
2 BGH, Vollstreckung effektiv 2004, 93 = Rpfleger 2004, 427 = JurBüro 2004, 391 = NJW 2004, 2096; BGH, WM 2008, 649 = MDR 2008, 530 = NVwZ 2008, 592 = FamRZ 2008, 877 = FoVo, 2008, 160 = Rpfleger 2008, 318 = JurBüro 2008, 549.
3 BGH, Vollstreckung effektiv 2004, 93 = Rpfleger 2004, 427 = JurBüro 2004, 391 = NJW 2004, 2096; BGH NJW 1986, 246 = ZIP 1985, 1503 = VersR 1986, 160 = DB 1986, 379 = MDR 1986, 230.
4 Gottwald/*Mock*, § 829 Rn 45 m.w.N.
5 LG Aurich, DGVZ 2003, 90; im Ergebnis ebenso LG Münster, WM 1989, 968.
6 LG Frankenthal, Rpfleger 1985, 245.

§ 5 Das Pfändungsverfahren

- im Falle der Auszahlung des zur Abwendung der Zwangsvollstreckung hinterlegten Geldes. Denn gem. § 233 BGB erwirbt der Gläubiger an zur Abwendung der Vollstreckung hinterlegtem Geld ein Pfandrecht. Für die Pfändung des Auszahlungsanspruchs des Schuldners gem. §§ 829, 835 ff ZPO fehlt ihm wegen des kraft Gesetzes erworbenen Pfandrechts somit das Rechtsschutzbedürfnis.[7]

5 Ein **Rechtsschutzbedürfnis besteht**,[8]
- wenn die Wohnanschrift des Schuldners in einem Vollstreckungsbescheid von der im Antrag auf Erlass des Pfändungs- und Überweisungsbeschluss abweicht und deshalb angebliche Zweifel an der Identität zw. Titelschuldner und Vollstreckungsschuldner bestehen;[9]
- bei Pfändung von Forderungen des Schuldners gegen bis zu drei Kreditinstitute in einem Antrag auf Erlass eines Pfändungs- und Überweisungsbeschluss;[10]
- bei Pfändung einer zuvor bereits an eine Hypothekenbank zur Sicherheit abgetretene Forderung;[11]
- bei einer gerichtsbekannten Vermögensauskunft des Schuldners;[12]
- bei Vollstreckung wegen einer **geringen Restforderung**;[13]
- bei einem jugendlichen Schuldner auch bei Annahme einer möglichen Verjährung des Titels vor einem Renteneintritt; insofern ist eine Rentenpfändung zulässig;[14]
- für einen Antrag auf Erlass eines Pfändungs- und Überweisungsbeschlusses trotz derzeitiger Unterschreitung der Pfändungsfreigrenzen.[15]

B. Bestimmtheit des Rechtsgrunds der zu pfändenden Forderung(en)

6 Die Zwangsvollstreckung wegen Geldforderungen führt nicht zu einer Verhaftung des Vermögens des Schuldners im Ganzen, sondern wird durch die Pfändung bestimmter einzelner Vermögensgegenstände vollzogen.[16] Nach ständiger Rechtsprechung des BGH muss der Pfändungsbeschluss die gepfändete Forderung und ihren rechtlichen Grund

---

7 AG Mosbach, Rpfleger 2011, 284 = FoVo 2011, 154.
8 Gottwald/*Mock*, § 829 Rn 46 m.w.N.
9 LG Dresden, JurBüro 2001, 604.
10 BGH, Vollstreckung effektiv 2004, 93 = Rpfleger 2004, 427 = JurBüro 2004, 391 = NJW 2004, 2096.
11 OLG Köln, OLGZ 1994, 477.
12 BGH, NJW-RR 2003, 1650 = BGHR 2003, 1375 = InVo 2003, 487 = WM 2003, 1875 = ZVI 2003, 458 = Rpfleger 2003, 595 = NJW-RR 2003, 1650 = KKZ 2004, 89 = MDR 2003, 1378.
13 LG Bochum, Rpfleger 1994, 117 = ZKF 1994, 206.
14 LG Augsburg, FamRZ 2004, 1223.
15 LG Ellwangen, DGVZ 2003, 90.
16 LG Mühlhausen, Beschl. v. 19.3.2009 – 2 T 52/09 – juris.

B. Bestimmtheit des Rechtsgrunds der zu pfändenden Forderung(en) § 5

so genau bezeichnen, dass bei verständiger Auslegung unzweifelhaft feststeht, welche Forderung Gegenstand der Zwangsvollstreckung sein soll.[17] Das Rechtsverhältnis, aus dem die Forderung hergeleitet wird, muss wenigstens in allgemeinen Umrissen angegeben werden. Übermäßige Anforderungen dürfen nicht gestellt werden, weil der Gläubiger die Verhältnisse des Schuldners in der Regel nur oberflächlich kennt. Ungenauigkeiten sind daher unschädlich, sofern eine sachgerechte Auslegung ergibt, welche bestimmte Forderung gemeint ist.[18] Die Auslegung ist nach objektiven Gesichtspunkten im Wesentlichen nach dem Inhalt des Pfändungsbeschlusses vorzunehmen. Die Bestimmbarkeit des Pfändungsgegenstandes muss sich bei einer nach § 133 BGB vorzunehmenden, nicht am buchstäblichen Sinne haftenden Auslegung des Beschlusses aus diesem selbst ergeben. **Außerhalb des Beschlusses liegende Umstände** können für die Auslegung nicht herangezogen werden,[19] weil das auf eine unzulässige Ergänzung des unvollständigen und deshalb unwirksamen Pfändungsakts hinausliefe. Es reicht deshalb nicht, wenn sich der Inhalt des Beschlusses erst aus Urkunden ergibt, die nicht Bestandteil des Beschlusses sind.[20] Daraus folgt nicht, dass ein Pfändungs- und Überweisungsbeschluss nicht in der Weise erlassen werden darf, dass das **amtliche Formular** durch **Anlagen** ergänzt wird, die angeheftet sind.[21] Maßgeblich ist allein, ob in Bezug genommene Urkunden Bestandteil des Beschlusses sind. Ist das der Fall, ist eine Bezugnahme grds. unbedenklich. Der Pfändungs- und Überweisungsbeschluss ist daher auch dann wirksam, wenn im amtlichen Formular auf angeheftete Anlagen verwiesen wird, in denen die gepfändete Forderung bezeichnet ist.[22] Die Anlagen als solche müssen nicht unterschrieben werden.

Es genügt daher nicht, dass der Pfändungsbeschluss die gepfändete Forderung aus Sicht der unmittelbar Beteiligten, also des Pfändungsgläubigers, des Schuldners und des Drittschuldners hinreichend deutlich bezeichnet. Vielmehr müssen auch Dritte, insbesondere weitere Gläubiger des Schuldners, erkennen können, welche Forderung betroffen ist.[23] Für einen Pfändungsbeschluss nach § 720a ZPO gilt insoweit nichts ande-

7

---

17 BGH, DB 2017, 1509 = WM 2017, 1256.
18 BGH, Vollstreckung effektiv 2018, 169 = ZInsO 2018, 1804 = MDR 2018, 1080 = NJW 2018, 2732 =NZI 2018, 705.
19 OLG Saarbrücken, OLGR Saarbrücken 2006, 973, OLG Karlsruhe, NJW 1998, 549.
20 BGH, MDR 1980, 569 = ZIP 1980, 284 = Rpfleger 1980, 183 = WM 1980, 628 = NJW 1980, 1754 = DB 1980, 1118; BGH, BGHZ 93, 82 = WM 1985, 397 = NJW 1985, 1031 = MDR 1985, 407 = DB 1985, 1581; a.A. LG München II, WM 1982, 283; OLG Köln, MDR 1970, 150.
21 A.A. LAG Hamm, VuR 2013, 229.
22 BGH, WM 2008, 929 = MDR 2008, 826 = BGHReport 2008, 778 = NZI 2008, 512 = NJW-RR 2008, 1164 = ZVI 2008, 442 = Vollstreckung effektiv 2008, 105 = Versicherung und Recht kompakt 2008, 107 = ZAP EN-Nr. 562/2008 = FoVo 2008, 159.
23 BGH, DB 2017, 1509 = WM 2017, 1256.

res als für einen Pfändungs- und Überweisungsbeschluss nach § 829 ZPO oder eine Vorpfändung nach § 845 ZPO.[24]

8 Gleiches gilt für die Bezeichnung einer Forderung in einer Pfändungs- und Einziehungsverfügung des Finanzamts nach § 309 AO,[25] ebenso für die Pfändung und Einziehung von Geldforderungen durch kommunale Vollstreckungsbehörden.[26]

9 Für die ausreichende und zuverlässige Erkennbarkeit des benannten Drittschuldners reicht daher auch die Geschäfts- und Betriebsbezeichnung ohne Angabe des Inhabers oder der Rechtsform aus. Nur bei **offenkundiger Unrichtigkeit** hat das Vollstreckungsgericht auf eine **Ergänzung des Antrags** hinzuwirken.[27]

10 Der Bestimmtheitsgrundsatz gilt auch bei der **Pfändung** eines **Herausgabeanspruchs**.[28] Soweit ohne weitere Begründung vertreten wird, bei der Pfändung eines Herausgabeanspruchs genüge die Benennung der herauszugebenden Sache,[29] ist dem nicht zu folgen. Ohne Bezeichnung des Rechtsgrunds können Einschränkungen der Pfändbarkeit, wie sie sich aus § 851 ZPO oder § 852 ZPO ergeben können, nicht geprüft werden und es ist nicht feststellbar, ob und inwieweit unselbstständige Nebenrechte eines Anspruchs, wie insbesondere eine Vormerkung, von der Pfändung erfasst werden.

11 **Hinsichtlich der Bestimmtheit eines Pfändungsbeschlusses bei Pfändung angeblicher Forderungen gegen eine Bank** hat der BGH[30] entschieden, dass es ausreicht, wenn die im Pfändungsbeschluss enthaltene Aufzählung hinreichend verdeutlicht, dass es sich um Ansprüche aus bankmäßiger Verbindung handelt und die einzelnen Bankgeschäfte, die erfasst werden sollen, ebenfalls hinreichend deutlich beschrieben werden. Der Umfang der Pfändung ist dabei hinreichend bestimmt, auch wenn im Pfändungsbeschluss Angaben dazu fehlen, welche von möglicherweise mehreren Forderungen in welcher Höhe, ggf. auch in welcher Reihenfolge von der Pfändung erfasst sein sollen.[31] Eine Forderungspfändung in Höhe des Anspruchs des Gläubigers hat regelmäßig die Bedeutung einer **Teilpfändung**, wenn die gepfändete Forderung die Forderung des Gläubigers übersteigt. Werden **mehrere Forderungen** des Schuldners teilweise bis zur Höhe der zu vollstreckenden Schuld gepfändet, erfasst die Pfändung jede der Forderungen des Schuldners bis zur Höhe der Schuld, deretwe-

---

24 BGH, WM 2005, 1037.
25 OLG Düsseldorf, InVo 1999, 256.
26 VG München, Beschl. v. 30.11.2005 – M 10 S 05.2069 – juris.
27 LG München II, Rpfleger 2006, 664.
28 BGH, NJW 2000, 3218 = WM 2000, 1861 = Rpfleger 2000, 505 = MDR 2000, 1273 = KTS 2001, 629 = KKZ 2001, 190 = JurBüro 2001, 53; BGH, Vollstreckung effektiv 2007, 136 = ZIP 2007, 983 = WM 2007, 949 = Rpfleger 2007, 405 = JurBüro 2007, 383 = MDR 2007, 908 = NJW 2007, 3132 = FoVo 2008, 115; Gottwald/ *Mock*, § 829 Rn 35, 68.
29 *Stöber*, Rn 2016.
30 DB 2017, 1509 = WM 2017, 1256.
31 BGH, DB 2017, 1509 = WM 2017, 1256.

B. Bestimmtheit des Rechtsgrunds der zu pfändenden Forderung(en) § 5

gen die Pfändung erfolgt ist. Jede der gepfändeten Forderungen unterliegt der Pfandverstrickung in Höhe der Schuld. Der Gläubiger braucht weder die Schuld auf die gepfändeten Forderungen verteilen, noch muss er sich an der Höhe der zu pfändenden Forderungen orientieren. Vielmehr darf er zur Durchsetzung seines Anspruchs mehrere, seine Forderung insgesamt übersteigende Forderungen, des Schuldners in voller Höhe pfänden.[32] Dem Schuldner verbleibt jedoch die Möglichkeit, wegen einer etwaigen Überpfändung Erinnerung nach § 766 ZPO zu erheben.[33]

Die Entscheidungen des BGH betreffen die Fälle, in denen die amtlichen Pfändungsformulare noch nicht existierten. Diese sind erst seit dem 1.3.2013 zu verwenden.[34] Seit diesem Zeitpunkt können Ansprüche des Schuldners gegenüber seiner Bank durch den „Anspruch D" (an Kreditinstitute) gepfändet werden. Der dort vorgegebene Pfändungstext erfasst aber nur teilweise die Ansprüche im betreffenden Fall des BGH. Folge: soweit die dort aufgeführten Ansprüche nicht im amtlichen Pfändungstext aufgeführt sind, können diese entweder beim „Anspruch D" (an Kreditinstitute) unter der Nr. 6 im amtlichen Formular auf Seite 5 bzw. 6 oder Seite 6, 7 (Anspruch G) eingefügt werden. Möglich ist auch die Verwendung einer Anlage, soweit der Platz unter G nicht ausreicht.

12

Zusätzlich pfändbare Ansprüche betreffend „Anspruch D" (an Kreditinstitute)

13

Anspruch G
(Hinweis: betrifft Anspruch an weitere Drittschuldner bzw. schon aufgeführte Drittschuldner, soweit Platz unzureichend)
- auf Annahme von Geld für den Schuldner, jeglichen Guthabens auf Konten des Schuldners;
- über den gegenwärtigen und jeden künftigen Aktivsaldo (Überschuss), welcher sich auf Grund der Saldoziehung zum Zustellungszeitpunkt dieses Beschlusses an den Drittschuldner und zum Zeitpunkt des Abschlusses der Rechnungsperiode ergibt;
- auf Rückzahlung jeglicher, auch des künftigen Guthabens, auf Prämienauszahlung samt Zinsen und Zinseszinsen und auf Auszahlung der Zinsen aus Sparverträgen;
- auf Kündigung der zwischen der Schuldnerin und dem Drittschuldner geschlossenen Verträge, namentlich Darlehens-, Sicherungsübereignungs-, Hinterlegungs- und Spareinlagen jeglicher Art ..."
(vgl. BGH 27.4.17, IX ZR 192/15)

Erfolgt die Vollstreckung aus einem **Titel**, der **verschiedene Forderungen** zum Gegenstand hat, die jeweils **Zug um Zug gegen Herausgabe unterschiedlicher Gegenstände** zu erfüllen sind, lediglich wegen eines **Teilbetrages**, muss der Pfändungs- und Überweisungsbeschluss erkennen lassen, wegen welcher dieser Forderungen vollstreckt werden soll.[35] Ein Antrag auf Erlass eines Pfändungs- und Überweisungsbeschluss, der diesen Anforderungen nicht genügt, ist zurückzuweisen,[36] da sich sonst bei einer erfolgreichen

14

---

32 BGH, DB 2017, 1509 = WM 2017, 1256 = Vollstreckung effektiv 2017, 146; BGH, NJW 1975, 738 f.; BGH, NJW 2018, 2732 = DGVZ 2018, 205.
33 BGH, NJW 2018, 2732 = DGVZ 2018, 205.
34 BGBl I S. 1822; Vollstreckung effektiv 2013, 39.
35 Zur Teilvollstreckung vgl. auch § 4 Rdn 64 ff.
36 BGH, Vollstreckung effektiv 2008, 201 = WM 2008, 1748 = NJW 2008, 3147 = MDR 2008, 1183 = Rpfleger 2008, 581 = JurBüro 2008, 609 = DGVZ 2008, 184 = ZAP EN-Nr. 678/2008 = BGHReport 2008, 1199.

Vollstreckung nicht feststellen lässt, hinsichtlich welcher Forderung(en) der Gläubiger befriedigt worden ist.

15 Bloße **vorvertragliche Beziehungen** zwischen dem Schuldner und Dritten reichen für eine pfändungsrechtliche Bestimmbarkeit einer **künftigen Forderung** des Schuldners nicht aus, wenn der Schuldner noch die Möglichkeit hatte, mit anderen Personen als dem Drittschuldner einen Vertrag zu schließen, weil in diesen Fällen die Person des Drittschuldners ungewiss ist.[37] Bei der Pfändung **künftiger Kaufpreisforderungen** gilt, dass die Wirksamkeit einer Pfändung künftiger Kaufpreisansprüche aus Warenlieferungen davon abhängt, ob sich die entsprechenden Warenlieferungen im Rahmen einer laufenden Geschäftsbeziehung bewegen, die bspw. in Gestalt von Abnahme- oder Rabattvereinbarungen oder in anderen Sonderkonditionen ein engeres Band zwischen den Parteien knüpfen, welches den Schluss erlaubt, dass der Schuldner mit Wahrscheinlichkeit auch über den Zeitpunkt der Pfändung hinaus Warenlieferungen vornehmen wird. In einer solchen Konstellation ist das Entstehen der künftigen Forderung nicht nur bloße Aussicht auf einen Vertragsschluss, sondern bereits hinreichend konkret, sodass der Drittschuldner zum Zeitpunkt der Pfändung keinen ernsthaften Zweifeln über die Identität der künftigen Forderung aus der präsenten Geschäftsbeziehung unterliegt.[38]

16 Bei **checklistenartigen Formularanträgen**, die es seit der Einführung der verbindlichen Formulare zum 1.3.2013 nur noch über den „**Anspruch G**" und über **Anlagen** gibt, mit verschiedenartigen Ansprüchen und zahlreichen Nebenansprüchen, muss der Gläubiger die konkreten Ansprüche des Schuldners durchsehen und offensichtlich nicht existierende Ansprüche streichen. In einem solchen vorformulierten Antragsformular aufgeführte Sparkonten, Wertpapierdepots, Kreditzusagen oder Bankstahlfächer ohne weiteren substantiierten Vortrag zu pfänden, ist demnach zu unbestimmt, da von einem Pfändungsantrag „ins Blaue hinein" auszugehen ist. Dasselbe gilt bei völlig substanzlosen Behauptungen und Vermutungen, die erkennbar jegliche Einzelfallprüfung vermissen lassen.[39] Insoweit muss der Gläubiger die Teile der Formulierungen bzw. Anlage(n) streichen, die im konkreten Fall ohne Bedeutung sind.[40]

17 Der **Bestimmtheitsgrundsatz** ist **nicht erfüllt**:[41]
- bei der Formulierung „**aus jedem Rechtsgrunde**": dies reicht i.d.R. auch dann nicht aus, wenn der Schuldner nur eine einzige Forderung gegen den Drittschuldner hat.[42]

---

37 Gottwald/*Mock*, § 829 Rn 39 m.w.N.
38 OLG Saarbrücken, OLGR Saarbrücken 2006, 973; Gottwald/*Mock*, § 829 Rn 39.
39 LG Aurich, Rpfleger 1997, 394; LG Düsseldorf, JurBüro 1981, 1260; Gottwald/*Mock*, § 829 Rn 40.
40 LG Aurich, Rpfleger 1997, 394; Gottwald/*Mock*, § 829 Rn 40.
41 Vgl. auch Gottwald/*Mock*, § 829 Rn 41.
42 BGH, BGHZ 13, 42.

B. Bestimmtheit des Rechtsgrunds der zu pfändenden Forderung(en) § 5

- wenn sich die Bezeichnung darin erschöpft, dass pauschal sämtliche **Rückübertragungsansprüche** gepfändet werden.[43] Gleiches gilt, wenn zwar eine Auflistung von Ansprüchen erfolgt, diese aber letztlich einer pauschalen Angabe gleichkommt.
- bei Pfändung des „**Anspruchs auf Rückübertragung und Rückgabe von Sicherheiten**", „**auf Übertragung aller gegebenen Sicherheiten**".[44]
- bei der „**Vollstreckung von Transferleistungen**".[45] Hierbei ist mangels Bezeichnung eines diesbezüglichen Rechtsverhältnisses zwischen Schuldner und Drittschuldner nicht verständlich, welcher Lebenssachverhalt diesen Ansprüchen zugrunde liegt.
- bei der Pfändung von „**Forderung aus Lieferungen und sonstigen Leistungen**".[46]
- bei der Pfändung von Ansprüchen „**auf Herausgabe von Wertpapieren**" und „**auf Zutritt zu einem Bankstahlfach**".[47]
- bei Bezeichnung „**offene Kreditlinie**".[48]
- bei der Bezeichnung „**aus Kontoverbindung**".[49]
- bei allgemein gehaltenen Angaben „**fortlaufende Geldleistungen nach dem SGB**".[50]
- bei pauschalen Bezeichnungen „derzeitige und künftige Forderungen aller Leistungsansprüche aus Sozialversicherung", „**sämtliche laufende Geldleistungen nach SGB in (Arbeitsförderung) gem. § 54 SGB wie Arbeitseinkommen nach § 850c ZPO**" oder „angebliche Ansprüche auf Geldleistungen gem. der §§ 19 und 25 SGB, soweit sie gem. § 54 SGB pfändbar sind".[51]
- bei Pfändung eines Anspruchs auf „**Rückgewähr von kapitalersetzenden Leistungen in Form einer persönlich abgegebenen Bürgschaft des Drittschuldners**" (§§ 32a und 32b GmbHG bzw. in analoger Anwendung).[52]

Der **Bestimmtheitsgrundsatz** ist hingegen **erfüllt**:[53]   18

- bei Bezeichnung „**aller Guthaben aus Konten** bzw. Salden, insbesondere aus der **in laufender Rechnung (Kontokorrent) bestehenden Geschäftsverbindung** ...".

---

43 AG Kerpen, WM 1996, 888; LG Landshut, JurBüro 1994, 30.
44 OLG Thüringen, ZInsO 2015, 2346; OLG Koblenz, Rpfleger 1988, 72; LG Aachen, Rpfleger 1990, 215; LG Bochum, NJW 1986, 3149; LG Limburg, Rpfleger 1986, 487; a.A. LG Berlin, Rpfleger 1991, 28; LG Bielefeld, Rpfleger 1987, 116.
45 BGH, JurBüro 2010, 440.
46 OLG Karlsruhe, NJW 1998, 549.
47 LG Bochum, WM 1997, 394.
48 LG Essen, NJW-RR 2002, 553.
49 LG Berlin, WM 1986, 803.
50 LG Mühlhausen, Beschl. v. 19.3.2009 – 2 T 52/09 – juris.
51 LG Mühlhausen, Beschl. v. 19.3.2009 – 2 T 52/09 – juris.
52 OLG Koblenz, InVo 2003, 329.
53 Gottwald/*Mock*, § 829 Rn 43 m.w.N.

Diese Pfändung umfasst auch das Guthaben aus einem bei dieser Bank bestehenden Festgeldkonto.[54]
- bei Angabe „**Zahlung von Werklohnforderungen**", es sei denn, wenn aus objektiver Sicht nahe liegt und für den Drittschuldner erkennbar ist, dass damit alle (im Zeitpunkt des Erlasses des Pfändungs- und Überweisungsbeschluss bestehenden) Forderungen des Schuldners gegen die Drittschuldner auf Werkvergütung gemeint sind.[55]
- bei der Pfändung von Ansprüchen aus einem **Lebensversicherungsvertrag**, wenn entweder das Vertragsverhältnis durch unverwechselbare Angaben – z.b. die Versicherungsnummer – individualisiert wird oder aber der Drittschuldner eine Bestimmung des Gegenstands der Vollstreckung durch unterscheidungsfähige persönliche Daten des Schuldners – z.B. durch das Geburtsdatum oder durch den Geburtsnamen des Schuldners zusätzlich zum Vornamen – zweifelsfrei ermöglicht wird; die bloße Angabe des Vor- und Nachnamens sowie der derzeitigen Anschrift des Schuldners reicht nicht.[56]
- bei der Pfändung von **Bankguthaben**, wenn „**alle Forderungen, insbesondere das Guthaben auf dem Konto Nr. ...**" genannt werden.[57]
- bei der Bezeichnung „**die Ansprüche auf Auszahlung der Überschüsse aus der Verwertung von Sicherheiten und von Teilen hiervon**".[58]
- bei **Steuererstattungsansprüchen** genügt die Angabe „**für das abgelaufene Kalenderjahr und alle früheren Kalenderjahre**".[59]
- bei der Vollstreckung aufgrund eines Titels betreffend **dynamisierten Unterhalts** (§ 1612a BGB) ist es nicht notwendig, den Betrag bestimmt zu bezeichnen. Es genügt vielmehr, wenn der Antrag den Prozentsatz des Regelbetrags der jeweiligen Altersstufe abzüglich des Kindergeldanteils enthält.[60]
- bei **Pfändung des Rückgewähranspruchs** bzgl. einer **Grundschuld**, wenn lediglich die Angabe der Gemarkung fehlt.[61]

---

54 OLG Köln, NJW-RR 1999, 1224 = InVo 1999, 256 = Rpfleger 1999, 403 = JurBüro 1999, 493.
55 BGH, NJW 1983, 886 = BGHZ 86, 337 = EBE/BGH 1983, 59 = WM 1983, 217 = Rpfleger 1983, 118 = ZIP 1983, 362 = Information StW 1983, 194 = MDR 1983, 486 = JR 1983, 318; OLG Frankfurt/Main, Urt. v. 15.6.1989 – 3 U 123/88 – n.v.
56 LG Aachen, Urt. v. 10.8.1990 – 5 S 205/90 – juris.
57 AG Groß-Gerau, MDR 1981, 1025.
58 BGH, NJW 1981, 1505 = WM 1981, 581 = ZIP 1981, 487 = JZ 1981, 444 = Rpfleger 1981, 292 = MDR 1981, 742 = LM Nr. 9 zu § 1191 BGB = BGHWarn 1981, 185; AG Pforzheim, JurBüro 1992, 501.
59 BFH, Rpfleger 1999, 501 = InVo 2000, 59.
60 Thüringer OLG, NJW-RR 2000, 1027 = Rpfleger 2000, 225 = DAVorm 2000, 258 = DAVorm 2000, 1137 = FuR 2001, 40 = FamRZ 2000, 1167.
61 BGH, MDR 1991, 1201 = Rpfleger 1991, 381 = NJW-RR 1991, 1197 = KTS 1991, 464 = KKZ 1993, 37 = ZBB 1991, 268.

C. (Pfändungs-)Antrag

I. Antragsform

Die Pfändung ist durch den Gläubiger ausdrücklich zu beantragen. Der Antrag kann entweder schriftlich direkt beim Vollstreckungsgericht eingereicht oder aber mündlich zu Protokoll der Geschäftsstelle angebracht werden (§ 496 ZPO). Elektronische Antragstellung ist möglich (vgl. § 130a ZPO). Wird der Antrag **nicht in elektronischer Form** gestellt, sind die in der Anlage 2 und 3 ZVFV eingeführten **amtlichen Formulare zwingend** zu verwenden (§ 829 Abs. 4 S. 1 ZPO, § 2 ZVFV).[62] Der Antrag unterliegt keinem Anwaltszwang (§ 78 Abs. 3 ZPO). Er kann bis zu dem Zeitpunkt, zu dem der ergangene Beschluss existent wird und das Gericht verlässt, **geändert** oder zurückgenommen werden.[63]

19

II. Unterschrift/Bevollmächtigung

Der Antrag bedarf grds. einer **Originalunterschrift**, sodass eine **eingescannte Unterschrift** in standardisierten Massenverfahren nicht genügt.[64] Das Vollstreckungsgericht hat daher bei fehlender Unterschrift frei zu würdigen, ob der Antrag ernstlich gewollt ist. Es kann bei begründeten Zweifeln, ob der ausgedruckte Antrag vom Prozessbevollmächtigten geprüft und verantwortlich gebilligt ist, eine Unterschrift verlangen.[65] Solche Zweifel können insbesondere in standardisierten Massenverfahren bestehen. Das LG Dortmund[66] hat hierzu überzeugend begründet, dass in Massenverfahren, die beim Gläubiger bzw. seinen Prozessbevollmächtigten im standardisierten Verfahren unter Verwendung von Computerprogrammen zur Erstellung der Antragsschriften und der Forderungsaufstellung betrieben werden, eine eingescannte Unterschrift nicht den sicheren Rückschluss darauf zulässt, dass der vermeintliche Verfasser der Antragsschrift diese überhaupt selbst erstellt oder sie auch nur selbst geprüft hat, bevor sie versandt worden ist. Im Interesse des Schuldnerschutzes ist es nicht hinnehmbar, dass eine Verantwortlichkeit für die Antragstellung nicht ausgemacht werden kann. Die fehlende Unterschrift kann jedoch durch Unterzeichnung der Beschwerdeschrift nachgeholt werden, da hierdurch die Ernsthaftigkeit des Antrags hinreichend zum Ausdruck gebracht und der Formfehler geheilt wird.[67]

20

---

62 Vgl. auch die Ausführungen zu § 4 Rdn 13 ff.
63 LG Frankfurt/Main, 26.4.1990 – 2/9 T 393/90 – n.v.
64 LG Stuttgart, DGVZ 2014, 196; LG Trier, Urt. v. 15.5.2013 – 5 T 26/13 –, juris.
65 LG Leipzig, Beschl. v. 21.5.2013 – 08 T 249/13 – juris; Zöller/*Herget*, § 829 Rn 3.
66 Rpfleger 2010, 679 = FoVo 2011, 75.
67 LG Trier, Urt. v. 15.5.2013 – 5 T 26/13 – juris.

§ 5 Das Pfändungsverfahren

21 **Fehlende Vertretungsmacht** des Bevollmächtigten macht die Pfändung nicht nichtig.[68] Ein derartiger Mangel kann nach seiner Beseitigung durch Genehmigung geheilt werden. Ein Beschluss, durch den die Vollstreckungsmaßnahme jedoch aufgehoben wird, entfaltet grds. sofort Wirkung mit den Folgen,

- dass die aufgehobene Vollstreckungsmaßnahme endgültig beseitigt ist,
- dass sie durch die Aufhebung der Aufhebungsentscheidung nicht wiederhergestellt werden kann und
- dass die Fortführung der Vollstreckung eine Neuvornahme erfordert.

III. Prüfung durch das Gericht

22 Vor der Entscheidung prüft das Vollstreckungsgericht (Rechtspfleger; § 20 Nr. 17 RpflG) das Vorliegen der allgemeinen und der besonderen Vollstreckungsvoraussetzungen und deren Nachweis.[69] Ob die zu pfändende Forderung besteht, wird grds. nicht überprüft.[70] Lediglich das Bestehen eines Rechtsschutzbedürfnisses[71] unterliegt der Prüfung. Ob der Zwangsvollstreckung ein **wirksamer Titel** zugrunde liegt, beurteilt sich nicht allein nach den Angaben im Pfändungsbeschluss, sodass auch eine falsche Bezeichnung unschädlich sein kann, wenn sie durch die bekannten tatsächlichen Umstände widerlegt wird.[72] Das Vollstreckungsgericht hat grds. von der Rechtmäßigkeit eines rechtskräftigen Vollstreckungstitels auszugehen; das gilt auch dann, wenn der Schuldner Verfassungsbeschwerde gegen den Titel erhoben hat.[73] Maßgebend für die Beurteilung der Rechtmäßigkeit eines Pfändungs- und Überweisungsbeschlusses ist die Sach- und Rechtslage zum Zeitpunkt der Entscheidung über das gegen den Beschluss eingelegte Rechtsmittel.[74]

IV. Antrag auf Überweisungsbeschluss

23 Auf Antrag des Gläubigers wird die Forderung durch **Überweisungsbeschluss** verwertet. In der Praxis werden Pfändungs- und Überweisungsbeschluss **regelmäßig im verbindlichen Formular** verbunden, sodass das Gericht zugleich auch über den Antrag auf Überweisungsbeschluss entscheidet.

---

68 OLG Saarbrücken, Rpfleger 1991, 513.
69 Musielak/*Becker*, § 829 Rn 8; Zöller/*Herget*, § 829 Rn 4.
70 LG Düsseldorf, JurBüro 2004, 215.
71 Vgl. auch Rdn 2 ff.
72 OLG Köln, NJW-RR 1989, 190.
73 LG Bochum, Rpfleger 1985, 448.
74 BGH, Vollstreckung effektiv 2009, 11 = JurBüro 2009, 105 = WM 2008, 2265 = MDR 2009, 105 = Rpfleger 2009, 94 = NJW-RR 2009, 211 = BGHReport 2009, 260 = KKZ 2010, 202 = FoVo 2009, 62.

V. Entscheidung des Gerichts

Über den **Pfändungsantrag** entscheidet das **Vollstreckungsgericht** durch **Beschluss** (§ 764 Abs. 3 ZPO). Die Garantie effektiven Rechtsschutzes als wesentlicher Bestandteil des Rechtsstaats[75] verlangt dabei, dass über den Antrag schnellst möglichst zu entscheiden ist. Im Gesetz ist dies nicht ausdrücklich geregelt. Allerdings regelt § 121 Abs. 1 S. 3 HS 1 GVGA, dass dem Gerichtsvollzieher eine beschleunigte Zustellung des erlassenen Beschlusses an den Drittschuldner obliegt. Um diesen Grundsatz erfüllen zu können, ist vorab zunächst eine beschleunigte Entscheidung erforderlich. Der Beschluss muss nicht begründet werden, wenn er in vollem Umfang wie beantragt erlassen wurde.

Ausnahmen bestehen:

- wenn über bedingt pfändbare Forderungen zu entscheiden ist, weil die Frage, ob die Pfändung der Billigkeit entspricht (§ 850b Abs. 2 ZPO), im gerichtlichen Ermessen steht,[76]
- wenn der Antrag – teilweise – abgewiesen wird.

Dabei regelt das Gesetz allerdings nicht die Form und den Inhalt des die Pfändung ablehnenden Beschlusses. Es versteht sich allerdings von selbst, dass eine Entscheidungsformel und die „Absetzungsgründe" enthalten sein müssen. Dies gilt vor allem in den Fällen, in denen der Schuldner (ausnahmsweise) angehört wurde und eine Abwägung der individuellen Parteiinteressen vorzunehmen ist (auch bei § 850b Abs. 2 ZPO; § 54 Abs. 2, 3 Nr. 2, 2a SGB I). Die Begründung hat eine Zusammenfassung der Erwägungen zu enthalten, auf denen die Entscheidung in tatsächlicher und rechtlicher Hinsicht beruht (ähnlich dem § 313 Abs. 3 ZPO). Sie hat dem Antragsteller und dem Rechtsmittelgericht eine Grundlage für die Überprüfung der Entscheidung zu geben.[77] Da die amtlichen Formulare hierfür keinen Platz vorsehen, wird in der Praxis durch die Vollstreckungsgerichte regelmäßig eine Anlage zum Beschluss erlassen.

Der Beschluss ist dem antragstellenden Gläubiger formlos mitzuteilen (§ 329 Abs. 2 ZPO), wenn dem Antrag in vollem Umfange stattgegeben wird; er ist förmlich zuzustellen, wenn der Antrag ganz oder teilweise abgelehnt wird (§ 329 Abs. 3 ZPO).

1. Antragsmängel

Bevor das Vollstreckungsgericht den Antrag – teilweise – zurückweist, hat es den Gläubiger über bestehende Mängel aufzuklären und binnen einer angemessenen Frist die Gelegenheit zur Abhilfe zu geben (vgl. § 139 ZPO). Bedeutsam ist dies vor allem bei

---

75 BVerfGE 107, 395, 401; BGH WM 2014, 512 = Vollstreckung effektiv 2014, 59.
76 Vgl. auch § 6 Rdn 144 ff.
77 *Stöber*, Rn 476.

„schwerwiegenden Mängeln" wie z.B. das Nichtvorliegen von Vollstreckungsvoraussetzungen (Titel, Klausel, Zustellung etc.) oder wenn das Gericht Zweifel an der Pfändbarkeit einer Forderung hat (vgl. § 851 ZPO). Hier erfolgt regelmäßig eine gerichtliche Zwischenverfügung.

29 *Taktischer Hinweis*

In der Praxis kommt es in diesem Zusammenhang immer wieder zu der Problematik, dass das Gericht aber auch bei **„nicht schwerwiegenden Mängeln"** eine **Zwischenverfügung** erlässt und somit eine Entscheidung quasi „unnötig" hinausschiebt und daher ggf. ein Pfandrecht an der Forderung dadurch unbewusst vereitelt, dass zwischenzeitlich ein anderer Gläubiger pfändet. In der Praxis bestehen oftmals solche „nicht schwerwiegenden Mängel" in Bezug auf die im Antrag geltend gemachten **„bisherigen Vollstreckungskosten"**. Diese werden häufig nicht oder nicht in der geltend gemachten Höhe glaubhaft gemacht. Das hat vielfach zur Folge, dass die Gerichte per Zwischenverfügung den Gläubiger auffordern den Mangel zu beheben. Die Akte liegt dann u.U. mehrere Wochen (i.d.R. 1 Monat) zur weiteren Bearbeitung auf Frist. Der in der Literatur zu findende Hinweis[78] den Gläubiger hierüber ggf. telefonisch oder mittels kurzer Frist zur Mangelbehebung zu veranlassen ist m.E. jedoch lebensfremd und bildet eher die Ausnahme.

Gläubigern wird daher angeraten bei solchen „nicht schwerwiegenden Mängeln" in einem kurzen **Anschreiben an das Gericht** darauf hinzuweisen, dass ohne Rückfragen Absetzungen vorgenommen werden können.

30 *Musteranschreiben an das Gericht*

In Bezug auf die geltend gemachten Vollstreckungskosten können diese

☐ ganz

☐ bis zu einem Betrag i.H.v. ... EUR

ohne Rückfragen abgesetzt und daher der beantragte Beschluss erlassen werden.

2. Mehrere zu pfändende Forderungen

31 Es entspricht der bisher h.M., dass die **Pfändung von mehreren Forderungen** gegen **einen** oder **mehrere Drittschuldner** in **einem Pfändungsbeschluss** zusammengefasst werden kann.[79] Da der Pfändungsbeschluss jeden Drittschuldner namentlich zu bezeichnen hat, führt dies dazu, dass jeder der betroffenen Drittschuldner mit der Zustellung des Pfändungsbeschlusses Kenntnis von den anderen mit ihm betroffenen Drittschuldnern er-

---

78 *Stöber*, Rn 480.
79 Zöller/*Herget*, § 829 Rn 6a.

hält. Nach der Auffassung des Gesetzgebers bestehen dabei **datenschutzrechtliche** Bedenken. Gem. § 829 Abs. 1 S. 3 ZPO ist die Aufnahme **mehrerer Drittschuldner** in einen Pfändungsbeschluss – nach pflichtgemäßer Beurteilung des Vollstreckungsgerichts – allerdings möglich. Durch die Fassung als Sollvorschrift und die Berücksichtigung der Interessen der Drittschuldner wird jedoch deutlich gemacht, dass es sich hier nicht um ein zwingendes Gebot für das Gericht handelt, sondern dass das Gericht von der Regel abweichen darf und unter Berücksichtigung des Rechts auf informationelle Selbstbestimmung auch muss, wenn konkrete Anhaltspunkte dafür vorliegen, dass besondere schutzwürdige Belange von Drittschuldnern dieses fordern. In diesen Fällen sind die Verfahren in entsprechender Anwendung des § 145 ZPO zu trennen und die Forderungen gegen die unterschiedlichen Drittschuldner in jeweils einem gesonderten Beschluss zu pfänden. Die dadurch entstehenden Mehrkosten sind notwendige Kosten der Zwangsvollstreckung nach § 788 ZPO. Eine getrennte Antragstellung bzw. Verfahrenstrennung kann schließlich geboten sein, wenn zum Gesuch der Pfändung einer Forderung der Schuldner zu hören ist (z.B. § 850b Abs. 3 ZPO), im Übrigen jedoch eine Anhörung des Schuldners zu unterbleiben hat (§ 834 ZPO).[80]

3. Keine Anhörung

Vor der Entscheidung ist der **Schuldner** grds. nicht (§ 834 ZPO), der **Drittschuldner nie zu hören**. Dadurch soll verhindert werden, dass der Schuldner vor der Beschlagnahme d.h. Wirksamwerden der Pfändung[81] durch eine rasche Verfügung über die Forderung den von dem Gläubiger erstrebten Pfändungszugriff vereitelt. Darin liegt kein Verstoß gegen Art. 103 Abs. 1 GG, denn der Überraschungseffekt rechtfertigt den Aufschub.[82] Eine **Ausnahme** besteht dann, wenn eine nur bedingt pfändbare Forderung (§ 850b Abs. 3 ZPO) oder eine grds. unpfändbare Forderung aufgrund von Ausnahmebestimmungen (z.B. § 850f Abs. 2 ZPO; § 54 Abs. 2 und 3 Nr. 2, 2a SGB I) im Einzelfall gepfändet werden soll. **32**

Streitig ist, ob bei Erlass eines einheitlichen Pfändungs- und Überweisungsbeschlusses der Schuldner auch vor Erlass des Überweisungsbeschlusses gesondert angehört werden muss, da ansonsten sein verfassungsmäßiger Anspruch auf Erteilung rechtlichen Gehörs nach Art. 103 Abs. 1 GG verletzt sein könnte. Eine Anhörung des Schuldners **nach der Pfändung und vor der Überweisung** wird durch § 834 ZPO hingegen zumindest vor Erlass eines **gesonderten** Überweisungsbeschluss (z.B. bei der Sicherungsvollstreckung gem. § 720a ZPO oder Arrestpfändung gem. § 930 ZPO) nicht verboten.[83] Hieraus **33**

---

80 LG Berlin, Rpfleger 1993, 67; Zöller/*Herget*, § 829 Rn 6a.
81 OLG Köln, NJW-RR 1988, 1467; OLG Hamm, Rpfleger 1957, 24.
82 BVerfGE 57, 346, 358 = NJW 1981, 2111; 9, 89, 95 = NJW 1959, 427; BayObLG NJW-RR 1986, 421.
83 Vgl. OLG Düsseldorf, Rpfleger 1982, 192; Musielak/*Becker*, § 834 Rn 2; Zöller/*Herget*, § 834 Rn 2; *Münzberg*, Rpfleger 1982, 329.

wird vereinzelt gefolgert, der Schutzzweck des § 834 ZPO sei nach der Pfändung erreicht, sodass der Schuldner vor Erlass des Überweisungsbeschlusses als einer neuen Entscheidung i.S.d. Art. 103 Abs. 1 GG angehört werden müsse.[84] Nach h.M. ist aber eine Anhörung des Schuldners auch vor Erlass des üblichen, mit dem Pfändungsbeschluss verbundenen Überweisungsbeschluss (Überweisung zur Einziehung) nicht erforderlich, da die Überweisung nur die Verwertung der Forderung ermöglicht, ohne ein eigenständiges Recht zu schaffen.[85] Eine Anhörung kann im Erinnerungsverfahren (§ 766 ZPO) nachgeholt werden.

VI. Unterschrift des Rechtspflegers

34 Der Pfändungs- und Überweisungsbeschluss bedarf zu seiner Wirksamkeit der **Unterschrift des Rechtspflegers**.[86] Eine Abzeichnung mit einer Paraphe genügt nicht.[87] Umfasst das Formular beigefügte **Anlagen**, wird eine Unterschrift des Rechtspflegers an der in einem Pfändungs- und Überweisungsbeschlussformular vorgesehenen Stelle diesem Zweck gerecht, wenn das Formular ausreichend deutlich auf bestimmte Anlagen verweist und diese Anlagen nachgeheftet sind.[88] Denn durch diese Unterschrift wird nicht nur die Kontrollfunktion gewahrt, sondern vor allem auch nach außen deutlich zum Ausdruck gebracht, dass die Anlagen von der Willensbildung des Rechtspflegers umfasst sind. Es ist hingegen nicht notwendig, dass die Anlagen als Einschalttext vor die Unterschrift des Rechtspflegers unter das Formular eingegliedert werden. Auch ist nicht zu fordern, dass der Rechtspfleger nachgeheftete Anlagen unterschreibt.

VII. Inhalt des Pfändungsbeschlusses

35 Der **Pfändungsbeschluss** hat zu **bezeichnen**:
- das **Vollstreckungsgericht** sowie Ort und Zeit des Beschlusserlasses (Datum) und das Aktenzeichen des Gerichts; hinsichtlich des Gerichtsortes sind vom Gläubiger im amtlichen Formular im Antrag (Seite 1) und i.d.R. im Beschluss (Seite 2) bereits Angaben gemacht.

---

84 *Hoeren*, NJW 1991, 410.
85 Musielak/*Becker*, § 834 Rn 2; Zöller/*Herget*, § 834 Rn 2; *Kahlke*, NJW 1991, 2688.
86 BGH, BGHZ 137, 49, 51 = WM 1997, 2319 = ZIP 1997, 2126 = NJW 1998, 609 = Rpfleger 1998, 123 = MDR 1998, 298 = KTS 1998, 223 = VersR 1998, 1299 = ZAP EN-Nr. 913/97 = EWiR 1998, 175 = DB 1998, 416 = NJ 1998, 148 = DStR 1998, 1106.
87 Zöller/*Herget*, § 829 Rn 6a.
88 BGH, WM 2008, 929 = MDR 2008, 826 = BGHReport 2008, 778 = NZI 2008, 512 = NJW-RR 2008, 1164 = ZVI 2008, 442 = Vollstreckung effektiv 2008, 105 = Versicherung und Recht kompakt 2008, 107 = ZAP EN-Nr. 562/2008 = FoVo 2008, 159.

C. (Pfändungs-)Antrag § 5

- die **Parteien**, also Vollstreckungsgläubiger und Vollstreckungsschuldner mit ihren gesetzlichen Vertretern und ggf. Prozessbevollmächtigten (Seite 2 des amtlichen Formulars) sowie Drittschuldner. Die Parteibezeichnung muss ohne Zweifel erkennen lassen, für wen die Vollstreckung erfolgt und gegen wen (in wessen Vermögen) sie sich richtet.
- den **vollstreckbaren Anspruch** des Gläubigers nach Hauptsache, Zinsen und anderen Nebenleistungen, Prozesskosten, bisherige Zwangsvollstreckungskosten und Kosten des Pfändungsbeschlusses[89] und außerdem nach dem vollstreckbaren Schuldtitel.
- die genau **zu pfändende Forderung** des Schuldners an den Drittschuldner bzw. den zu pfändenden sonstigen Anspruch oder das Vermögensrecht (Seite 4, bzw. 5 des amtlichen Formulars).
- das sog. **Arrestatorium**,[90] das dem Drittschuldner verbietet, an den Schuldner zu leisten (§ 829 Abs. 1 S. 1 ZPO; ein Fehlen macht die Pfändung – abgesehen von den Fällen des § 857 Abs. 2 ZPO – **unheilbar nichtig**) und
- das sog. **Inhibitorium**,[91] durch welches dem Schuldner verboten wird, über die Forderung zu verfügen (§ 829 Abs. 1 S. 2 ZPO).

Im amtlichen Formular sind die zuletzt genannten Voraussetzungen unabänderlich bereits vorgegeben: 36

> Der Drittschuldner darf, soweit die Forderung gepfändet ist, an den Schuldner nicht mehr zahlen. Der Schuldner darf insoweit nicht über die Forderung verfügen, sie insbesondere nicht einziehen.
> ☐ Zugleich wird dem Gläubiger die zuvor bezeichnete Forderung in Höhe des gepfändeten Betrages
> ☐ zur Einziehung überwiesen. ☐ an Zahlungs statt überwiesen.

Das Arrestatorium kann nicht nachgeschoben werden, sondern es ist ein neuer Pfändungsbeschluss zu erlassen. § 829 Abs. 1 S. 1 ZPO ist nur eine Ermächtigungsnorm und enthält einen verbindlichen Handlungsauftrag an das Vollstreckungsgericht (§ 828 Abs. 1 ZPO). Die Norm enthält die Aufforderung an das Vollstreckungsgericht, den Drittschuldner mit dem ausdrücklich angeordneten „Verbot, an den Vollstreckungsschuldner zu leisten", zu belegen.[92] Vor dem Hintergrund dieses ausdrücklich aufzuerlegenden Verbots wird für den Drittschuldner unmissverständlich klar, was er zu tun bzw. zu unterlassen hat. Das Leistungsverbot ist dem Drittschuldner klar und unmissverständlich aufzuerlegen; das folgt schon aus dem Prinzip der Formalisierung der Zwangsvollstreckung. Der Gesetzgeber hat sich deshalb in § 829 Abs. 1 S. 1 ZPO für ein Leistungsverbot an den Drittschuldner ent- 37

---

89 Zur Teilvollstreckung Vollstreckung eines Restbetrages und einer Forderungsaufstellung vgl. § 4 Rdn 64 ff.
90 Vgl. auch Rdn 37.
91 Vgl. auch Rdn 38.
92 AG Frankfurt/Main, Urt. v. 8.8.2012 – 31 C 2224/11 – juris.

schieden, weil dieses Leistungsverbot bei der dort geregelten Pfändung von Geldforderungen das dem Schuldner auferlegte Verfügungsverbot hinsichtlich der Forderung im Sinne eines Erhalts des Pfändungsgegenstands komplettiert. Ohne das Verbot an den Drittschuldner, auf die gepfändeten Forderungen zu leisten, wäre der Vollstreckungsgläubiger nicht vor einem Erlöschen der gepfändeten Forderung infolge Erfüllung (§ 362 Abs. 1 BGB) und dem daher einhergehenden „Entzug" des Pfändungsgegenstandes geschützt. Dass sich der Gesetzgeber für ein Leistungsverbot an den Drittschuldner entschieden hat, wirkt sich auch auf die **Rechtsfolgen eines Verstoßes des Drittschuldners gegen** dieses **Leistungsverbot** aus: Denn nach der klaren gesetzgeberischen Konzeption begründet ein Verstoß des Drittschuldners gegen das Leistungsverbot keinen Anspruch des Vollstreckungsgläubigers gegen diesen auf Schadensersatz wegen „Pflichtverletzung". Vielmehr ist eine Leistung des Drittschuldners an den Schuldner, die entgegen der auf § 829 Abs. 1 S. 1 ZPO gestützten – notwendigerweise klaren und unmissverständlichen – Anordnung des Vollstreckungsgerichts im Pfändungsbeschluss erfolgt, gegenüber dem durch die Norm (alleine) geschützten Vollstreckungsschuldner „unwirksam", und zwar nach § 136, 135 Abs. 1 S. 1 BGB. Diese – **relative** – **Unwirksamkeit** hat zur Folge, dass der Gläubiger den Drittschuldner weiter erfolgreich auf Leistung in Anspruch nehmen kann und der Pfändungsgegenstand „Geldforderung des Vollstreckungsschuldners gegen den Drittschuldner" *ihm gegenüber* weiter Bestand hat. Kurz gesagt: Eine Klage des Vollstreckungsgläubigers gegen den Drittschuldner ist auf Leistung bzw. Bereitstellung des Pfändungsgegenstands statt auf Schadensersatz in Geld zu richten.[93]

38 Das **Gebot an den Schuldner**, sich jeder Verfügung über die Forderung zu enthalten, ist zwar ebenfalls zwingender Bestandteil des Pfändungsbeschlusses, abgesehen von den Fällen des § 857 Abs. 2 ZPO jedoch **nicht Wirksamkeitsvoraussetzung** der Pfändung. Anders als das Verbot an den Drittschuldner kann es nachgeholt werden.

D. Wirksamwerden der Pfändung durch Zustellung des Pfändungsbeschlusses

I. Allgemeines

39 Die Pfändung einer Forderung wird erst mit **Zustellung** des Pfändungsbeschlusses an den **Drittschuldner wirksam** (§ 829 Abs. 3 ZPO).[94] Dies gilt auch, wenn der Gläubiger selbst Drittschuldner ist. Er muss den Beschluss daher durch den Gerichtsvollzieher an sich selbst zustellen lassen (vgl. § 121 Abs. 1 S. 6 GVGA). Die Zustellung an den Drittschuld-

---

93 AG Frankfurt/Main, Urt. v. 8.8.2012 – 31 C 2224/11 –, juris.
94 Vgl. auch BGH, WM 2008, 1460 = ZIP 2008, 1488 = NZI 2008, 563 = ZVI 2008, 392 = NJW-RR 2008, 1441 = MDR 2008, 1239 = BGHReport 2008, 1202 = UV-Recht Aktuell 2008, 1475 = NZA 2009, 110; BAG, ZIP 2014, 91 = DB 2014, 129 = ZInsO 2014, 141 = ZTR 2014, 94 = NZI 2014, 129.

D. Wirksamwerden der Pfändung durch Zustellung des Pfändungsbeschlusses § 5

ner ist dabei regelmäßig vor der Zustellung an den Schuldner durchzuführen, wenn nicht der Auftraggeber ausdrücklich etwas anderes verlangt. Diese Zustellung ist zu beschleunigen (§ 121 Abs. 1 GVGA). Ist ein **Drittschuldner nicht vorhanden**, wird die Pfändung mit der Zustellung des im Pfändungsbeschluss enthaltenen Verfügungsverbots an den Schuldner wirksam (§ 857 Abs. 2 ZPO).

Die **Zustellung** an den **Drittschuldner** erfolgt im **Parteibetrieb** (durch den Gerichtsvollzieher nach den §§ 191 ff. ZPO), **nicht von Amts wegen**. Der Gläubiger kann allerdings schon im Pfändungsantrag die Geschäftsstelle des Vollstreckungsgerichts um Vermittlung der Zustellung ersuchen. Diese schaltet dann anstelle des Gläubigers den Gerichtsvollzieher ein (§ 192 Abs. 3 ZPO).[95] Hinsichtlich der Durchführung der Zustellung gelten die allgemeinen Regeln. Eine Ersatzzustellung ist möglich,[96] auch an den Schuldner für den Drittschuldner.[97] Ebenso ist eine **öffentliche Zustellung** an den Drittschuldner zulässig, da dieser „Person" i.S.v. § 185 ZPO ist.[98] Die **Bestellung eines Abwesenheitspflegers** für einen Drittschuldner **zwecks Zustellung** an diesen ist hingegen unzulässig, da die Zustellung lediglich dem Interesse des Gläubigers dient.[99]

40

Die Zustellung muss an den im Pfändungsbeschluss konkret bezeichneten Drittschuldner erfolgen, nicht an dessen „Nachfolger" (z.B. an den neuen Arbeitgeber des Schuldners). Wer als Drittschuldner gemeint ist, muss ausreichend erkennbar sein. Denn die **korrekte Drittschuldnerbezeichnung**[100] ist für die Wirksamkeit des Pfändungsbeschlusses notwendig, um für die am Vollstreckungsverfahren Beteiligten und den Rechtsverkehr klarzustellen, welches Recht Gegenstand der Pfändung ist. Es muss deshalb aus dem Pfändungsbeschluss zweifelsfrei ersichtlich sein, gegen wen dem Schuldner die gepfändete Forderung zusteht.[101] Was noch genügt und bei verständiger Auslegung des Pfändungs- und Überweisungsbeschlusses erkennen lässt, ist nicht immer einfach zu bestimmen und muss der Einzelfallentscheidung vorbehalten bleiben. Die Bezeichnung, „Sparkasse" ist dabei bspw. ausreichend.[102] Eine **Auslegung** ist **möglich**. Ist z.B. die Firma des Drittschuldners so bezeichnet, dass der Drittschuldner im Wege der Auslegung bestimmt werden kann, ist an diesen zuzustellen, ohne dass es einer genauen Bezeichnung des Inhabers bedarf.[103] Nach §§ 191, 182 Abs. 2 Nr. 1 ZPO muss die Zustellungsurkunde die Person bezeichnen, an die zugestellt werden soll. Dies ist z.B. bei einer Sparkasse als juristischer

41

---

95 Vgl. auch § 4 Rdn 18 ff.
96 LG Siegen, JurBüro 1995, 161; *Noack*, DGVZ 1981, 33.
97 Str. LG Bonn, DGVZ 1998, 12; a.A. OLG Celle, InVo 2002, 468 = DGVZ 2003, 8.
98 Zöller/*Herget*, § 829 Rn 15 m.w.N.
99 OLG Zweibrücken, MDR 1987, 586 = Rpfleger 1987, 201 = FamRZ 1987, 523.
100 Vgl. auch § 4 Rdn 69 ff.
101 BGH, WM 2016, 224 = ZIP 2016, 237; NJW-RR 2006, 425 = WM 2006, 41 = Rpfleger 2006, 133; BGH, WM 1987, 1311, 1312; *Jurgeleit*, Die Haftung des Drittschuldners, 2. Aufl., Rn 20.
102 BGH, WM 2016, 224 = ZIP 2016, 237 = Vollstreckung effektiv 2016, 54.
103 LG Leipzig, DGVZ 1998, 91; vgl. auch *Stöber*, Rn 517 bis 521.

Person ihr gesetzlicher Vertreter. Das ist i.d.R. der Vorstand. Dem BGH[104] genügt es dabei, wenn bei einer Zustellung an den gesetzlichen Vertreter einer juristischen Person in deren Geschäftslokal ausschließlich die Gesellschaft in der Zustellungsurkunde bezeichnet wird.[105]

II. Durchführung der Zustellung

42   Dem Drittschuldner ist nicht das unterschriebene Original **zuzustellen**, sondern eine ungekürzte **Ausfertigung** oder **beglaubigte Abschrift** des Beschlusses, die erkennen lässt, dass ein Rechtspfleger den Beschluss unterschrieben hat.[106] Dabei ist nicht erforderlich, dass der Name des Rechtspflegers in der Ausfertigung wiedergegeben wird. So ist es unschädlich, dass sich in der Ausfertigung lediglich der Vermerk „gez: Unterschrift" befindet. Dies wird namentlich dann der Fall sein, wenn der Ausfertigende den Namenszug desjenigen, der die Entscheidung erlassen hat, nicht lesen konnte.[107] Eine solche Formulierung lässt erkennen, dass die in der Ausfertigung wiedergegebene Entscheidung tatsächlich ergangen ist. Auch in einem solchen Fall wird durch den Ausfertigungsvermerk die Übereinstimmung der Ausfertigung mit der Urschrift bezeugt.[108]

43   In der Zustellungsurkunde ist der Zeitpunkt der Zustellung nach Stunde und Minute anzugeben. Bei Zustellung durch die Post wird nach § 26 GVGA zu verfahren.

44   Ist der Gerichtsvollzieher mit der Zustellung **mehrerer Pfändungsbeschlüsse an denselben Drittschuldner** beauftragt, so stellt er sie alle in dem gleichen Zeitpunkt zu und vermerkt in den einzelnen Zustellungsurkunden, welche Beschlüsse er gleichzeitig zugestellt hat. Lässt ein **Gläubiger** eine **Forderung pfänden, die dem Schuldner gegen ihn selbst zusteht**, so ist der Pfändungsbeschluss dem Gläubiger wie einem Drittschuldner zuzustellen (§ 121 Abs. 1 S. 6 GVGA).

45   Ist ein **Drittschuldner nicht vorhanden** (z.B. bei Pfändung von Urheber- und Patentrechten), so ist die Pfändung mit der Zustellung des Pfändungsbeschlusses an den Schuldner erfolgt (§ 857 ZPO; § 121 Abs. 3 S. 5 GVGA).

46   Wird neben dem Pfändungsbeschluss ein **besonderer Überweisungsbeschluss** erlassen, so ist dieser ebenfalls dem Drittschuldner und sodann unter entsprechender Anwendung der Vorschriften § 121 Abs. 4 GVGA dem Schuldner zuzustellen (§ 835 Abs. 3 ZPO).

---

104 WM 2016, 224 = ZIP 2016, 237 = Vollstreckung effektiv 2016, 54.
105 BGHZ 134, 343, für juristische Personen des öffentlichen Rechts Stein/Jonas/*Roth*, § 182 Rn 5.
106 BGH, WM 1981, 1035 = NJW 1981, 2256 = Rpfleger 1981, 437 = MDR 1982, 138; OLG München, Urt. v. 12.3.2015 – 23 U 1960/14 – juris; MüKo-ZPO/*Smid*, § 829 Rn 36.
107 Vgl. RGZ 164, 52, 56.
108 Vgl. RGZ 159, 25, 27.

D. Wirksamwerden der Pfändung durch Zustellung des Pfändungsbeschlusses § 5

Hat der Gerichtsvollzieher die Zustellung im Fall des § 121 Abs. 1 GVGA durch die **Post** bewirken lassen, so überprüft er die Zustellungsurkunde an den Drittschuldner nach ihrem Eingang und achtet darauf, ob die Zustellung richtig durchgeführt und mit genauer Zeitangabe beurkundet ist. Ist die Zustellung durch die Post fehlerhaft, so stellt er umgehend erneut zu. Sofern es die Umstände erfordern, wählt er dabei die persönliche Zustellung (§ 121 Abs. 5 GVGA).

47

Nach der Zustellung an den Drittschuldner stellt der Gerichtsvollzieher **von Amts wegen** den Pfändungsbeschluss mit einer beglaubigten Abschrift der Urkunde über die Zustellung an den Drittschuldner – im Fall der Zustellung durch die Post mit einer beglaubigten Abschrift der Postzustellungsurkunde – auch ohne besonderen Auftrag sofort dem **Schuldner** zu (§ 829 Abs. 2 S. 2 ZPO). Ersatzzustellung an den Drittschuldner ist möglich. § 178 Abs. 2 ZPO steht dem nicht entgegen.[109] Muss die **Zustellung im Ausland** bewirkt werden, so geschieht sie durch Aufgabe zur Post (§ 829 Abs. 2 S. 3 ZPO i.V.m. § 184 ZPO). Da die Zustellung an den Schuldner kein Wirksamkeitserfordernis der Pfändung ist,[110] ist dies möglich. Zustellungsmängel haben insoweit deshalb auch keinerlei Einfluss auf die Pfändung. Die Zustellung an den Schuldner unterbleibt, wenn eine öffentliche Zustellung (§ 185 ZPO) erforderlich ist (§ 829 Abs. 2 S. 2 ZPO). Zum Nachweis für die Voraussetzungen der öffentlichen Zustellung genügt grds. die Vorlage aktueller Auskünfte des für den letzten bekannten Wohnsitz des Schuldners zuständigen Einwohnermelde- oder Postamts.[111]

48

Auf ausdrückliches Verlangen des Gläubigers ist dem Schuldner schon vor Zustellung an den Drittschuldner zuzustellen (§ 121 Abs. 3 S. 4 GVGA); wirksam wird die Pfändung jedoch damit nicht, sondern erst nach Zustellung an den Drittschuldner gem. § 829 Abs. 3 ZPO.[112]

49

III. Mehrere Drittschuldner – Gesamthandgemeinschaften

Stehen auf der Drittschuldnerseite mehrere Drittschuldner bzw. eine **Gesamthandsgemeinschaft**, muss der Pfändungsbeschluss jedem Drittschuldner bzw. Gesamthandschuldner mitgeteilt werden; die Pfändung wird hier erst mit der letzten Zustellung wirksam.[113] Handelt es sich bei der Gesamthandsgemeinschaft um eine **Gesellschaft bürger-**

50

---

109 Zöller/*Herget*, § 829 Rn 15.
110 BGH, NJW 2000, 730 = BB 2000, 216 = MDR 2000, 297 = LM BGB § 675 Nr. 269 (4/2000) = NZA 2000, 214 = DB 2000, 871 = AP Nr. 4 zu § 275 BGB = BGHR BGB § 675 Anwaltshaftung 25 = VersR 2001, 59 = GI 2001, 169 = EBE/BGH 2000, BGH-Ls 29/00 = BRAK-Mitt 2000, 75 = FA 2000, 85; RG JW 1900, 426.
111 BGH, NJW 2003, 1530 = WM 2003, 653 = ZInsO 2003, 271 = ZVI 2003, 158 = Rpfleger 2003, 307 = BGH-Report 2003, 563 = MDR 2003, 708 = KKZ 2003, 169 = JurBüro 2003, 442 = KTS 2003, 467 = BB 2003, 760 = NJ 2003, 366 = EzFamR aktuell 2003, 197 = ProzRB 2003, 208.
112 Zöller/*Herget*, § 829 Rn 15a.
113 BGH, NJW 1998, 2904 = WM 1998, 1533 = ZIP 1998, 1291 = DB 1998, 1657 = MDR 1998, 1049 = Rpfleger 1998, 435 = DGVZ 1998, 154 = KKZ 1999, 64 = ZAP EN-Nr. 555/98 = ZInsO 1998, 287 = JurBüro 1998, 669.

lichen Rechts, kann die Pfändung alternativ auch dadurch bewirkt werden, dass dem geschäftsführenden Gesellschafter ein Pfändungsbeschluss zugestellt wird, in welchem den Gesellschaftern verboten wird, an den Schuldner zu zahlen.[114] Zur Pfändung der Forderung gegen den einzelnen, auch persönlich haftenden BGB-Gesellschafter bedarf es hingegen der Zustellung des Pfändungsbeschlusses an ihn.[115]

51 *Taktischer Hinweis*
Es ist darauf zu achten, dass bei mehreren Drittschuldnern die Zustellung möglichst gleichzeitig erfolgt.[116]

War der Schuldner im Rechtsstreit durch einen **Prozessbevollmächtigten** vertreten, so **muss** an diesen – nicht an den Schuldner persönlich – zugestellt werden (§ 172 ZPO). Das gilt ausnahmsweise nur dann nicht, wenn dem Vollstreckungsgericht oder dem Gerichtsvollzieher zweifelsfrei bekannt ist, dass die Vollmacht des Prozessbevollmächtigten erloschen ist.[117] Für den beim Prozessgericht nicht zugelassenen Rechtsanwalt gilt keine Ausnahme.

E. Pfändungswirkungen

I. Allgemeines

52 Die Pfändung einer bereits entstandenen Forderung ist zu dem Zeitpunkt vorgenommen, in dem der Pfändungsbeschluss dem Drittschuldner zugestellt wird, weil damit die rechtlichen Wirkungen der Pfändung gem. § 829 Abs. 3 ZPO eintreten.[118] Dasselbe gilt für die Zustellung einer Pfändungs- und Einziehungsverfügung des Finanzamtes (§ 309 Abs. 2 S. 1 AO). Wie auch bei der Sachpfändung führt die Pfändung einer Forderung zu deren Beschlagnahme (**Verstrickung**).[119]

53 Die Forderung wird verstrickt, wenn

- sie tatsächlich besteht (sonst geht die Pfändung „ins Leere"; auch keine Heilung bei späterem Forderungserwerb analog § 185 Abs. 2 BGB),

---

114 BGH, NJW 1998, 2904 = WM 1998, 1533 = ZIP 1998, 1291 = DB 1998, 1657 = MDR 1998, 1049 = Rpfleger 1998, 435 = DGVZ 1998, 154 = KKZ 1999, 64 = ZAP EN-Nr. 555/98 = ZInsO 1998, 287 = JurBüro 1998, 669.
115 BGH, NJW 1998, 2904 = WM 1998, 1533 = ZIP 1998, 1291 = DB 1998, 1657 = MDR 1998, 1049 = Rpfleger 1998, 435 = DGVZ 1998, 154 = KKZ 1999, 64 = ZAP EN-Nr. 555/98 = ZInsO 1998, 287 = JurBüro 1998, 669.
116 Vgl. auch § 4 Rdn 17 ff.
117 *Stöber*, Rn 540.
118 BGH, WM 2008, 1460 = ZIP 2008, 1488 = NZI 2008, 563 = ZVI 2008, 392 = NJW-RR 2008, 1441 = MDR 2008, 1239 = BGHReport 2008, 1202 = UV-Recht Aktuell 2008, 1475 = NZA 2009, 110; BAG, ZIP 2014, 91 = DB 2014, 129 = ZInsO 2014, 141 = ZTR 2014, 94 = NZI 2014, 129.
119 Gottwald/*Mock*, § 829 Rn 79 f.

E. Pfändungswirkungen § 5

- sie im Pfändungsbeschluss hinreichend bestimmt bezeichnet worden ist,
- der Pfändungsbeschluss das Arrestatorium[120] (Zahlungsverbot für Drittschuldner, § 829 Abs. 1 S. 1 ZPO) enthält,
- der Pfändungsbeschluss vom Vollstreckungsgericht als funktionell zuständigem Vollstreckungsorgan erlassen und
- der Pfändungsbeschluss dem Drittschuldner zugestellt worden ist (vgl. § 829 Abs. 3 ZPO[121]).

Die Verstrickung der Forderung begründet ein **Veräußerungsverbot** im Sinne des § 136 BGB, das Verfügungen des Vollstreckungsschuldners über die gepfändete Forderung dem Vollstreckungsgläubiger gegenüber relativ unwirksam macht.[122] Sie führt zur Sicherstellung der Forderung im Interesse des Vollstreckungsgläubigers durch die Begründung eines staatlichen Herrschaftsverhältnisses.[123] Sie allein ermächtigt grds. zur Verwertung der Forderung (§ 835 ZPO) durch Überweisung. Die Trennung zwischen Pfändung und Pfandverwertung ermöglicht so – auch bei der Forderungspfändung – einen Vollstreckungszugriff mit Pfändung auch in den Fällen, in denen sich die Verwertung noch verbietet (Sicherungsvollstreckung, § 720a ZPO; Arrestvollziehung, § 930 ZPO).

54

Die **Verstrickungswirkungen** bleiben auch bei einer **unwirksamen Vollstreckung erhalten**. Diese bleibt trotz Unwirksamkeit der Zwangssicherung bestehen.[124] Die Unwirksamkeit erfasst nur die materiell-rechtliche Wirkung der Pfändung, somit das Pfändungspfandrecht, nicht aber die Verstrickung.[125] Eine Leistung ist dem Drittschuldner daher nicht ohne Verstrickungsbruch möglich, sodass zunächst eine förmliche Beseitigung der Beschlagnahmewirkung erforderlich ist.[126] Hierzu kann das Vollstreckungsorgan die Vollstreckungsmaßnahme von Amts wegen oder auf Antrag eines Beteiligten uneingeschränkt aufheben und damit die Verstrickung beseitigen. Die Verstrickung wird auch beseitigt, sofern das Vollstreckungsorgan die Vollziehung des Pfändungs- und Überweisungsbeschlusses bis zur Aufhebung des Insolvenzverfahrens aussetzt, ohne die Pfändung insgesamt aufzuheben. Dies ergibt sich bereits aus § 836 Abs. 2 ZPO. Hiernach gilt der Überweisungsbeschluss, auch wenn er mit Unrecht erlassen ist, zugunsten des Drittschuldners dem Schuldner gegenüber solange als rechtsbeständig bis er aufgehoben wird und die Aufhebung zur Kenntnis des Drittschuldners gelangt. Solange die öffentlich-rechtliche Verstrickung nicht gerichtlich aufgehoben worden ist, bleibt das Pfändungs-

55

---

120 Vgl. auch Rdn 37.
121 Vgl. auch Rdn 39 ff.
122 BGHZ 100, 36 = WM 1987, 434 = DB 1987, 778 = NJW 1987, 1703 = MDR 1987, 494 = JuS 1987, 911; Gottwald/*Mock*, § 829 Rn 79 f.
123 BGH, JurBüro 2018, 49 = Vollstreckung effektiv 2018, 26.
124 BGH JurBüro 2018, 49 = Vollstreckung effektiv 2018, 26.
125 BGH, Rpfleger 2011, 626 = ZVI 2011, 457 = DGVZ 2012, 77 = Vollstreckung effektiv 2011, 202.
126 *Fink*, ZInsO 2000, 353, 354.

pfandrecht wirksam. Erst wenn und soweit die Pfändung aufgehoben wird und damit die öffentlich-rechtliche Verstrickung beseitigt wurde, bedarf es einer erneuten Zustellung des Pfändungs- und Überweisungsbeschlusses.[127]

56 Durch die Pfändung der Forderung entsteht an dieser das für den Rang des Gläubigers (§ 804 Abs. 3 ZPO) entscheidende **Pfändungspfandrecht**. Die Bedeutung des Pfändungspfandrechts liegt vor allem in der rangwahrenden Funktion. Wird nämlich eine Forderung von mehreren Gläubigern gepfändet, bestimmt sich die Rangfolge nach der zeitlichen Reihenfolge der Pfändungen; diese Rangordnung ist dann später entscheidend dafür, in welcher Reihenfolge die Gläubiger aus der Forderung befriedigt werden. Die unterschiedlichen Theorien zum Pfändungspfandrecht wirken sich bei der Forderungspfändung im Wesentlichen nicht aus, da einerseits die Problematik der Pfändung schuldnerfremder Sachen nicht besteht (die Pfändung einer nicht dem Schuldner zustehenden Forderung geht „ins Leere") und andererseits auch derjenige, der das Pfändungspfandrecht allein den Regeln des öffentlichen Rechts unterstellt, wegen der (anders als bei der Sachpfändung) unzulänglichen Regelung des Pfändungspfandrechts an Forderungen in der ZPO ohne Rückgriff auf die privatrechtlich Bestimmungen des Pfandrechts an Rechten (§§ 1273 ff. BGB) nicht auskommt.[128]

57 Die **Wirkungen** der Verstrickung und der Entstehung eines Pfändungspfandrechts sowie des mit einer Vollstreckung verbundenen relativen Verfügungsverbots (§ 135 BGB) aufgrund Zustellung eines Pfändungs- und Überweisungsbeschlusses beziehen sich allerdings **nur auf die Vollstreckung wegen des dort in Rede stehenden Betrags** und nicht auf spätere Vollstreckungsversuche von Gläubigern (auch desselben Gläubigers) in denselben Vollstreckungsgegenstand.[129]

58 Mängel im Pfändungsverfahren stehen der wirksamen Pfändung in der Regel nicht entgegen; sie machen den Vollstreckungsakt lediglich anfechtbar, nicht jedoch nichtig.[130] Auch die fehlende Vertretungsmacht eines Bevollmächtigten bei Antragstellung führt nicht zur Nichtigkeit des Pfändungs- und Überweisungsbeschlusses.[131]

59 Eine **wirksame Beschlagnahme** setzt voraus, dass die gepfändete **Forderung** des Vollstreckungsschuldners (Gläubiger der Forderung) **gegen** den **Drittschuldner tatsächlich besteht**.[132] Steht die Forderung nicht dem Schuldner, sondern einem anderen als Gläubi-

---

127 BGH, JurBüro 2018, 49 = Vollstreckung effektiv 2018, 26.
128 Vgl. BGH, NJW 1968, 2059 = MDR 1968, 913 = BB 1968, 1015 = WM 1968, 1045.
129 LG Bonn, WM 2003, 1530.
130 LG Münster, Rpfleger 1991, 379; Gottwald/*Mock*, § 829 Rn 82.
131 OLG Saarbrücken, Rpfleger 1991, 513.
132 BGH, Rpfleger 2017, 99 = DGVZ 2017, 35 = ZIP 2017, 399 = MDR 2017, 14 = Vollstreckung effektiv 2017, 22 = FoVo 2017, 32.

ger zu, geht die ausgesprochene Pfändung ins Leere und es wird der Anspruch des Dritten gegen den Drittschuldner nicht berührt.[133] Die Pfändung bewirkt, anders als die Pfändung schuldnerfremder beweglicher Sachen, daher keine Verstrickung. Der wirkungslose Pfändungs- und Überweisungsbeschluss gewährt dem Vollstreckungsgläubiger somit nicht die Befugnis, die Forderung gem. § 836 Abs. 1 ZPO beim Drittschuldner einzuziehen. Sie hindert weder den neuen Gläubiger daran, anderweitige Verfügungen über die ihm abgetretene Forderung zu treffen, noch den Drittschuldner, mit befreiender Wirkung an den neuen Gläubiger zu leisten.[134]

Taktischer Hinweis 60

Ob eine zu pfändende Forderung besteht, wird im Zwangsvollstreckungsverfahren nur in geringem Umfang überprüft. Eine Pfändung muss immer dann erfolgen, wenn dem Schuldner die Forderung nach irgendeiner vertretbaren Rechtsansicht zustehen kann.[135] Bei der Entscheidung prüft daher das zuständige Vollstreckungsgericht grds. nicht, ob die zu pfändende Forderung besteht; es prüft nur, ob diese nach dem Sachvortrag des Gläubigers dem Schuldner gegen den Drittschuldner zustehen kann und ob sie nicht unpfändbar ist.[136] Der **Sachvortrag des Gläubigers ist** dabei **als wahr zu unterstellen.** Der Pfändungsantrag darf daher nur **ausnahmsweise** abgelehnt werden, wenn dem Schuldner der Anspruch aus tatsächlichen oder rechtlichen Gründen offenbar nicht zustehen kann oder ersichtlich unpfändbar ist.[137] Diese Maßstäbe gelten auch hinsichtlich der Frage, ob eine Forderung des Schuldners sich gegen den in dem Pfändungsantrag bezeichneten Drittschuldner richtet. Die Frage, gegen welchen von mehreren in Betracht kommenden Drittschuldnern sich ein zu pfändender Anspruch richtet, ist grds. nicht Gegenstand des Vollstreckungsverfahrens. Eine Entscheidung hierzu im Vollstreckungsverfahren würde die möglichen Drittschuldner nicht binden; eine solche Wirkung kann erst i. R. d. Einziehungsklage herbeigeführt werden. Daher

---

133 Vgl. BGHZ 100, 36 = WM 1987, 434 = DB 1987, 778 = NJW 1987, 1703 = MDR 1987, 494 = JuS 1987, 911; LG Hagen, Beschluss v. 16.1.2008 – 3 T 377/07 u.3 T 405/07; Gottwald/*Mock*, § 829 Rn 84.
134 BGHZ 100, 36 = WM 1987, 434 = DB 1987, 778 = NJW 1987, 1703 = MDR 1987, 494 = JuS 1987, 911.
135 BGH, Vollstreckung effektiv 2015, 162 = FoVo 2015, 160 = WM 2015, 1427 = ZInsO 2015, 1568 = MDR 2015, 1037 = Rpfleger 2015, 714 = NJW-RR 2015, 1406 = InsbürO 2015; BGH, ZVI 2012, 453 = Rpfleger 2013, 158 = NZI 2013, 194 = JurBüro 2013, 323; BGH, WM 2008, 649 = MDR 2008, 530 = NVwZ 2008, 592 = FamRZ 2008, 877 = BGHReport 2008, 570 = NJW-RR 2008, 733 = Rpfleger 2008, 318 = JurBüro 2008, 549 = KKZ 2009, 253 = ZAP EN-Nr. 303/2008 = FamRB 2008, 271 = FamRB 2008, 272 = JA 2008, 647 = FoVo 2008, 160.
136 BGH, NJW-RR 2003, 1650 = WM 2003, 1875 = ZVI 2003, 458 = Rpfleger 2003, 595 = ZFE 2003, 346 = FamRZ 2003, 1652 = MDR 2003, 1378 = KKZ 2004, 89 = ProzRB 2003, 327 = EzFamR aktuell 2003, 293 = NJ 2004, 23.
137 BGH, NJW 2004, 2096 = Vollstreckung effektiv 2004, 93 = WM 2004, 934 = FamRZ 2004, 872 = ZVI 2004, 284 = BGHReport 2004, 11= Rpfleger 2004, 427 = JurBüro 2004, 391.

muss es dem Gläubiger möglich sein, einen Anspruch gegen sämtliche in Betracht kommende Drittschuldner zum Gegenstand eines Pfändungs- und Überweisungsbeschlusses zu machen. Eine Einschränkung kann nur insoweit erfolgen, als ein Anspruch sich offenbar, d.h. nach keiner vertretbaren Rechtsauffassung, nicht gegen den angeblichen Drittschuldner richten kann. Der Prüfung unterliegt allein die Frage, ob nach dem schlüssigen Vorbringen des Gläubigers die Forderung dem Schuldner zustehen kann und ob sie als Gegenstand der Zwangsvollstreckung im Schuldnervermögen pfändbar ist.[138]

II. Stellung des Vollstreckungsgläubigers

61 Der Gläubiger darf vor der Verwertung (Überweisungsbeschluss) noch nicht über das Recht verfügen, da er weder Forderungsinhaber wird, noch zu diesem Zeitpunkt bereits – ohne Überweisung nach § 835 ZPO – einziehungsbefugt ist. Dieses Einziehungsverbot schließt auch die Kündigung einer noch nicht fälligen Forderung des Schuldners durch den Gläubiger aus.[139]

62 Der Gläubiger erlangt im Wesentlichen die gleiche Rechtsstellung, die ein Pfandgläubiger nach den Regeln des Bürgerlichen Gesetzbuches vor der Fälligkeit der gesicherten Forderung (Pfandreife, §§ 1273 ff. BGB) innehat. Ihm sind diejenigen Rechtshandlungen erlaubt, die den Zugriff auf die gepfändete Forderung sichern und die Verwertung vorbereiten. Er ist u.a. befugt, auf die Feststellung des Bestehens der gepfändeten Forderung gegen den Drittschuldner zu klagen,[140] bei Gefährdung einen Arrest zu erwirken oder auch den Forderungserwerb Dritter anzufechten. Dagegen hat er die Möglichkeit bei Fälligkeit der gepfändeten Forderung von dem Drittschuldner Leistung an sich und den Vollstreckungsschuldner gemeinsam zu verlangen oder auf Hinterlegung für beide (§ 1281 BGB) zu klagen.[141] Liegt für die dem Pfändungsgläubiger überwiesene Forderung schon ein vollstreckbarer Titel zugunsten des Schuldners vor, dann kann der Pfändungsgläubiger diesen Titel gem. § 727 ZPO auf sich umschreiben lassen.[142]

---

138 Vgl. BGH, NJW-RR 2003, 1650 = WM 2003, 1875 = ZVI 2003, 458 = Rpfleger 2003, 595 = ZFE 2003, 346 = FamRZ 2003, 1652 = MDR 2003, 1378 = KKZ 2004, 89 = ProzRB 2003, 327 = EzFamR aktuell 2003, 293 = NJ 2004, 23.
139 RGZ 153, 224; Zöller/*Herget*, § 829 Rn 17; Gottwald/*Mock*, § 829 Rn 91.
140 RGZ 73, 277.
141 RGZ 104, 13; 108, 320; Zöller/*Herget*, § 829 Rn 17.
142 BGHZ 86, 337 = WM 1983, 217 = Rpfleger 1983, 118 = ZIP 1983, 362 = NJW 1983, 886 = MDR 1983, 486 = JurBüro 1983, 543; BGHZ 58, 25 = WM 1972, 163 = NJW 1972, 428 = Rpfleger 1972, 90 = MDR 1972, 319 = WM 1972, 163.

III. Stellung des Vollstreckungsschuldners

Die wirksame Beschlagnahme entzieht die Forderung der Verfügungsbefugnis des Schuldners. Er bleibt auch nach der Pfändung der eigentliche Gläubiger der gepfändeten Forderung. Eine für den Gläubiger gepfändete und ihm überwiesene Forderung verbleibt daher im Vermögen des (Pfändungs-)Schuldners. Lediglich die Überweisung (§ 835 ZPO) bewirkt, dass er die Forderung nicht mehr für sich einziehen, also nicht Leistung an sich verlangen kann.[143] Insofern darf er z.b. nach Pfändung der im Versicherungsvertrag verkörperten Rechte das Rentenwahlrecht nicht mehr zum Nachteil des Gläubigers ausüben.[144]

63

Verboten sind dem Schuldner insbesondere Einziehung, Stundung, Erlass, Aufrechnung, Übertragung,[145] vertragsmäßige Aufhebung, Erhebung der Klage gegen den Drittschuldner auf Leistung an sich selbst[146] oder Minderung, auch wenn die Verfügung nicht auf Beeinträchtigung des Gläubigers zurückgeht oder wenn eine Verfügung im technischen Sinn des Gesetzes nicht vorliegt wie z.b. bei Rücknahme einer Kündigung.[147]

64

Rechtshandlungen, die also weder den Bestand des Pfandrechts noch den der gepfändeten Forderung beeinträchtigen, sind dem Schuldner infolge der bei ihm verbliebenen Berechtigung gestattet. Dazu gehören auch Vollstreckungsmaßnahmen, die lediglich der Sicherung der Forderung dienen, wie die Arrest – und Sicherungsvollstreckung, §§ 930, 720 a ZPO.[148] Danach ist eine Pfändung in das bewegliche Vermögen zulässig. Ebenso kann in diesem Rahmen die Abgabe der Vermögensauskunft nach §§ 802c, 807 ZPO verlangt werden. Eine Klage aus eigenem Recht auf Leistung an den Pfändungsgläubiger ist ebenfalls zulässig. Das Rechtsschutzbedürfnis für eine solche Klage folgt schon aus dem Interesse des Schuldners von der dem Pfändungsgläubiger gegenüber bestehenden Verbindlichkeit befreit zu werden. Da sich die Prozessführungsbefugnis daraus ergibt, dass ihm die Forderung (noch) gehört, benötigt er insoweit keine Erklärung des Gläubigers, die ihm eine entsprechende Berechtigung erteilt.[149] Diese Rechtsstellung bleibt auch dann erhalten, wenn die Forderung des Schuldners mehrfach gepfändet worden ist. Aus § 829 Abs. 1 S. 2 ZPO folgt, dass seine Verpflichtung sich darauf erstreckt, die Rechte aller Pfändungsgläubiger und damit auch das unter ihnen bestehende Rangverhältnis

65

---

143 BGH, Rpfleger 2001, 435 = WM 2001, 1075 = NJW 2001, 2178 = ZIP 2001, 1217 = MDR 2001, 1075 = KTS 2001, 463 = JZ 2002, 44 = KKZ 2002, 41 = JR 2002, 234 = BB 2001, 1328 = DB 2001, 2143 = JurBüro 2001, 557 = JA 2001, 830; Gottwald/*Mock*, § 829 Rn 93.
144 BFH, JurBüro 2008, 44.
145 OLG Stuttgart NJW 2013, 2125 = FamRZ 2013, 1658.
146 LAG Rheinland-Pfalz, Urt. v. 24.9.2015 – 2 Sa 39/15 – juris.
147 Zöller/*Herget*, § 829 Rn 18.
148 LG Berlin, MDR 1989, 76; OLG Oldenburg, JurBüro 1998, 103 = OLGR Oldenburg, 1997, 278 = MDR 1998, 61.
149 BGHZ 114, 138 = WM 1991, 1125 = MDR 1991, 736 = NJW 1991, 3148 = VersR 1991, 1062.

(§ 804 Abs. 3 ZPO) zu beachten. Sind diese Interessen gewahrt, gibt es keinen Grund, ihm bei mehrfacher Pfändung die Klage auf Zahlung an die Pfändungsgläubiger zu versagen. Der Klageantrag muss lediglich zweifelsfrei das Rangverhältnis unter den Gläubigern kennzeichnen, damit dieses bei der Vollstreckung beachtet wird.

66 Hat der Schuldner bereits vor Wirksamwerden der Pfändung den Drittschuldner verklagt, so hat er die Klage auf Zahlung an den Gläubiger oder auf Hinterlegung des Betrags zu ändern und kann daher nicht mehr Zahlung an sich verlangen.[150] Er ist berechtigt, wenn er vorher die Forderung gegen den Drittschuldner noch nicht gerichtlich geltend gemacht hat, den Drittschuldner auf Erfüllung der gepfändeten Forderung an den/die Pfändungsgläubiger zu verklagen. Behauptet hierbei der Schuldner, dass die Befriedigung der Pfändungsgläubiger die Forderung gegen den Drittschuldner nicht vollständig aufzehre, kann er darüber hinaus auf Zahlung nach Befriedigung der Pfändungsgläubiger an sich selbst klagen. Die Klageanträge müssen dabei die einzelnen Pfändungsgläubiger ihrem Rang entsprechend bezeichnen, die Höhe ihrer Forderungen beziffern, den vom Drittschuldner zu leistenden Gesamtbetrag angeben und die Erklärung enthalten, dass an den Kläger nur der nach Befriedigung der Pfändungsgläubiger verbleibende Restbetrag auszukehren ist.[151]

67 **Unberührt** von der Pfändung bleibt das zwischen dem **Schuldner und Drittschuldner bestehende Rechtsverhältnis**, aus dem sich die gepfändete Forderung ergibt.[152] Der Schuldner ist mithin weiterhin befugt, sein Dienstverhältnis oder das Mietverhältnis zu kündigen oder die Erbschaft auszuschlagen. Auch kann er die Forderung in der Insolvenz des Drittschuldners oder in einem Zwangsversteigerungsverfahren gegen diesen anmelden, einen Arrest zu ihrer Sicherung erwirken oder an der Bestellung einer vertraglichen Sicherheit für die Forderung mitwirken sowie bewegliches Vermögen des Drittschuldners pfänden lassen.[153]

IV. Stellung des Drittschuldners

68 Mit Zustellung des Pfändungsbeschlusses an den Drittschuldner wird die Pfändung wirksam (§ 829 Abs. 3 ZPO). Die Zustellung gem. § 829 Abs. 3 ZPO kann eine Pfändung aber nur hinsichtlich solcher Forderungen bewirken, die der Pfändungsbeschluss auch erfasst. Inhalt und Umfang eines Pfändungs- und Überweisungsbeschlusses sind dabei – soweit

---

150 LG Berlin, MDR 1986, 327.
151 BGH, Rpfleger 2001, 435 = WM 2001, 1075 = NJW 2001, 2178 = ZIP 2001, 1217 = MDR 2001, 1075 = KTS 2001, 463 = JZ 2002, 44 = KKZ 2002, 41 = JR 2002, 234 = BB 2001, 1328 = DB 2001, 2143 = JurBüro 2001, 557 = JA 2001, 830.
152 *Stöber*, Rn 562.
153 OLG Oldenburg, JurBüro 1998, 103 = MDR 1998, 61.

sich dies nicht aus dessen Wortlaut eindeutig ergibt – durch Auslegung zu ermitteln.[154] Der Drittschuldner hat das Arrestatorium zu beachten (§ 829 Abs. 1 S. 1 ZPO). Er kann daher nach wirksamer Pfändung der Forderung nicht mehr mit befreiender Wirkung an seinen Gläubiger (Vollstreckungsschuldner) leisten. Leisten darf er vor Überweisung (§ 835 ZPO) nur noch an Gläubiger und Schuldner gemeinsam (§ 1281 BGB). Wenn beide eine fällige Forderung nicht zusammen einziehen, kann Hinterlegung erfolgen (§ 372 BGB; Befreiung bei Verzicht auf Rücknahme, § 378 BGB).[155] Nur die wirksame Überweisung der Forderung begründet nach § 836 Abs. 1 ZPO die alleinige Einziehungsbefugnis des Vollstreckungsgläubigers.[156] Leistet der Drittschuldner verbotswidrig an den Schuldner, tritt im Verhältnis zum Gläubiger daher keine Erfüllungswirkung ein (§ 135 Abs. 1, § 136 BGB). Ein gutgläubiger lastenfreier Erwerb (§ 135 Abs. 2 BGB) scheidet aus, weil das Gesetz bei Forderungen keinen Gutglaubensschutz des Erwerbers vorsieht. Ebenso wird er bei verbotswidriger Verfügung gegenüber dem Gläubiger nur dann befreit, wenn die Pfändung ihm zu diesem Zeitpunkt unbekannt war.[157]

Ein **Verstoß** gegen das **Veräußerungsverbot** (vgl. §§ 136, 135 BGB) hat zur Folge, dass der Pfändungsgläubiger so gestellt werden muss, wie er stehen würde, wenn eine verbotswidrige Zahlung an den Schuldner nicht bewirkt worden wäre, wobei allerdings der Drittschuldner zulässige Einwendungen gegen die gepfändete Forderung durch eine verbotswidrige Zahlung an den Schuldner nicht verliert.[158] Hat der Drittschuldner verbotswidrig an den keine Empfangszuständigkeit mehr besitzenden Schuldner bezahlt, ohne analog § 407 BGB von seiner Verpflichtung frei geworden zu sein, so hat er gegenüber dem Pfändungsgläubiger nicht erfüllt (§ 362 BGB). Daher darf der Drittschuldner nicht einfach an den Schuldner aufgrund dessen Obsiegens im Prozess zahlen, wenn ihm die Pfändung und Überweisung der Forderung an den Pfändungsgläubiger bekannt ist. Hat er einen entsprechenden Vortrag im Prozess unterlassen, sodass deshalb ein materiell unrichtiges Urteil auf Leistung an den Schuldner ergangen ist, so kann er im Hinblick auf § 767 Abs. 2 ZPO eine Vollstreckungsgegenklage gegen den Schuldner nicht mehr erheben. Dann bleibt ihm nur der Weg der Hinterlegung zugunsten des Schuldners und des Pfändungsgläubigers (§ 372 BGB, wobei zur Erfüllung ein Verzicht auf das Recht der Rücknahme erfor-

69

---

154 BGH, ZInsO 2018, 1804 = MDR 2018, 1080 = NJW 2018, 2732; NJW 1988, 2543; BAG, NJW 2009, 2324; BAG 15.1.1975 – 5 AZR 367/74.; vgl. auch § 4 Rdn 83.
155 Zöller/*Herget*, § 829 Rn 19.
156 BGHZ 100, 36 = WM 1987, 434 = DB 1987, 778 = NJW 1987, 1703 = MDR 1987, 494 = JuS 1987, 911.
157 §§ 1275, 407 BGB analog; vgl. RGZ 87, 412; BGHZ 86, 337 = WM 1983, 217 = Rpfleger 1983, 118 = ZIP 1983, 362 = NJW 1983, 886 = MDR 1983, 486 = JurBüro 1983, 543; BGHZ 58, 25 = WM 1972, 163 = NJW 1972, 428 = Rpfleger 1972, 90 = MDR 1972, 319 = WM 1972, 163; KG Berlin, WM 2013, 1407.
158 BGHZ 86, 337 = WM 1983, 217 = Rpfleger 1983, 118 = ZIP 1983, 362 = NJW 1983, 886 = MDR 1983, 486 = JurBüro 1983, 543; BGHZ 58, 25 = WM 1972, 163 = NJW 1972, 428 = Rpfleger 1972, 90 = MDR 1972, 319 = WM 1972, 163.

derlich ist, § 378 BGB), weil der Pfändungsgläubiger eine Leistung an den Schuldner nicht gegen sich gelten lassen muss.[159]

70 Im Übrigen wird die Rechtsstellung des Drittschuldners nicht beeinträchtigt. **Einwendungen und Einreden** können dem Gläubiger entgegengehalten werden. Der Drittschuldner hat überdies die nicht einklagbare[160] Obliegenheit, auf Verlangen des Gläubigers gem. § 840 ZPO eine Drittschuldnererklärung[161] abzugeben.

71 **Klauseln in allgemeinen Geschäftsbedingungen** von Kreditinstituten, in denen für die Bearbeitung und Überwachung von Pfändungsmaßnahmen gegen Kunden von diesen ein Entgelt gefordert wird, verstoßen regelmäßig gegen § 307 Abs. 2 Nr. 1 BGB.[162]

V. Stellung Dritter

72 Dritte, denen die gepfändete Forderung schon zum Zeitpunkt der Pfändung – sei es allein oder als Gesamtgläubiger – neben dem Schuldner zustand, werden durch die Pfändung in ihrer Rechtsposition nicht berührt. Gleiches gilt, wenn sie vor der Pfändung die Forderung durch Abtretung oder Verpfändung erlangt haben.[163] Dabei kommt es nicht darauf an, ob die Abtretung dem Drittschuldner angezeigt worden ist.[164]

VI. Pfändungsumfang/Nebenrechte

73 Die Pfändung umfasst die Forderung in ihrem tatsächlichen Bestand zum Zeitpunkt der Zustellung des Arrestatoriums im Pfändungs-und Überweisungsbeschluss an den Drittschuldner. Die Pfändung in Höhe des Anspruchs des Gläubigers hat regelmäßig die Bedeutung einer **Teilpfändung**, wenn die gepfändete Forderung die Forderung des Gläubigers übersteigt. Folge: Werden mehrere Forderungen des Schuldners teilweise bis zur Höhe der zu vollstreckenden Schuld gepfändet, erfasst die Pfändung jede der Forderungen des Schuldners bis zur Höhe der Schuld, derentwegen die Pfändung erfolgt ist.[165] Jede

---

159 BGHZ 86, 337 = WM 1983, 217 = Rpfleger 1983, 118 = ZIP 1983, 362 = NJW 1983, 886 = MDR 1983, 486 = JurBüro 1983, 543; RGZ 84, 286.
160 BGH, NJW 1984, 1901 = BGHZ 91, 126 = WM 1984, 702 = EBE/BGH 1984, 193–195 = ZIP 1984, 751 = JZ 1984, 673 = Rpfleger 1984, 324 = MDR 1984, 752 = JurBüro 1984, 1351 = DGVZ 1984, 137 = JuS 1984, 895 = JR 1984, 466.
161 Vgl. auch Rdn 187 f.
162 BGH, NJW 1999, 2276 = WM 1999, 1271 = ZIP 1999, 1090 = BB 1999, 1520 = VuR 1999, 303 = MDR 1999, 1147 = Rpfleger 1999 = DGVZ 1999, 154 = KKZ 1999, 231 zu § 9 AGBG a.F.; die AGBG-Regelungen sind zum 1.1.2002 außer Kraft getreten und befinden sich nunmehr in den §§ 305–310 BGB; vgl. auch BGBl I S. 3138, 3187.
163 BGHZ 86, 340 = WM 1983, 213 = ZIP 1983, 334 = NJW 1983, 1123 = MDR 1983, 484 = JuS 1983, 637 = DB 1983, 932; Gottwald/*Mock*, § 829 Rn 106.
164 OLG Hamm, Rpfleger 1978, 186.
165 Gottwald/*Mock*, § 829 Rn 112.

der gepfändeten Forderungen unterliegt also der Pfandverstrickung in Höhe der Schuld. Der Gläubiger braucht bei der Pfändung ebenso wenig die Schuld auf die gepfändeten Forderungen zu verteilen, wie in dem Fall, dass er zulässigerweise für seinen Anspruch mehrere, diesen insgesamt übersteigende Forderungen des Schuldners in voller Höhe gepfändet hat.[166] Insofern gilt, dass die Forderung auch dann ganz erfasst wird, wenn der Pfändungsbeschluss keine Beschränkung der Höhe nach enthält und der titulierte Anspruch einschließlich der Kosten niedriger ist. Wird die Forderung jedoch, wie dies in der Praxis überwiegend der Fall ist, nur wegen und bis zur Höhe der zu vollstreckenden Forderung gepfändet, so ist der die Vollstreckungsforderung übersteigende Teil der gepfändeten Forderung weder beschlagnahmt noch mit einem Pfändungspfandrecht belastet.[167] Zudem prüft das Vollstreckungsgericht weder das Bestehen noch die Durchsetzbarkeit der zu pfändenden Forderung. Liegt im Einzelfall daher tatsächlich eine **Überpfändung** vor, kann der Schuldner dies mit der Erinnerung (§ 766 ZPO) geltend machen. Dieser Rechtsbehelf steht ihm auch bei einer Übersicherung des Gläubigers zu.

Ein im Streit **zwischen Schuldner und Drittschuldner ergehendes Urteil** wirkt gem. 74 § 325 ZPO grds. auch für und gegen den Gläubiger, der die streitige Forderung nach Rechtshängigkeit des Rechtsstreits gepfändet hat; der Pfändungsgläubiger ist insoweit Rechtsnachfolger des Schuldners und muss das Ergebnis des Streits um die Forderung gegen sich gelten lassen.[168]

Von dieser Rechtskrafterstreckung ist auch ein Anerkenntnisurteil nicht von vornherein 75 ausgenommen, sofern es nicht auf kollusiven Zusammenwirken zwischen Schuldner und Drittschuldner beruht.[169] Denn dem Drittschuldner, der zu der Überzeugung gelangt, den Rechtsstreit um das Bestehen der Forderung nicht gewinnen zu können, wird durch die zwischenzeitlich erfolgte Pfändung nicht das Recht genommen, die kostengünstige Variante der Beendigung des Rechtsstreits durch Anerkenntnis zu wählen. § 829 Abs. 1 S. 1 ZPO steht nicht entgegen, es sei denn, der Drittschuldner würde fälschlich den Klageanspruch des Schuldners auf Zahlung an sich – statt auf Zahlung an den Pfändungsgläubiger – anerkennen. Ein derartiges Anerkenntnisurteil müsste der Pfändungsgläubiger ebenso wenig gegen sich gelten lassen wie ein die Klage abweisendes Urteil, das nur deshalb ergangen ist, weil der auf Zahlung an sich klagende Schuldner die nach der Pfändung notwendig gewordene Umstellung des Klageantrags auf Zahlung an den Pfändungsgläubiger versäumt hat.[170] Dies gilt auch in dem umgekehrten Fall der ne-

---

166 BGH, Vollstreckung effektiv 2017, 146; BGH, NJW 1975, 738 = WM 1975, 194.
167 BGH, NJW 1975, 738; WM 1975, 194; a.A. *Stöber*, Rn 762.
168 Vgl. BGHZ 86, 337 = WM 1983, 217 = Rpfleger 1983, 118 = ZIP 1983, 362 = NJW 1983, 886 = MDR 1983, 486 = JurBüro 1983, 543; RGZ 84, 286; OLG München, Beschluss v. 17.12.2008 – 31 31 Wx 080/08 – juris.
169 Vgl. BGH, NJW 1989, 39 = WM 1988, 1460 = MDR 1988, 1053 = KTS 1988, 830 = AnwBl 1988, 649; RGZ 145, 328 (335).
170 OLG München, Beschl. v. 17.12.2008 – 31 Wx 80/08, 31 Wx 080/08 m.w.N. – juris.

gativen Feststellungsklage, in dem sich das Anerkenntnis allerdings zum Nachteil des Pfändungsgläubigers auswirkt. Auch in diesem Fall stellt das vom Drittschuldner erklärte Anerkenntnis – als einseitige Prozesshandlung – weder eine verbotene Verfügung des Schuldners dar, die dem Pfändungsgläubiger gegenüber unwirksam wäre (§ 829 Abs. 1 S. 2, §§ 135, 136 BGB), noch eine dem Drittschuldner verbotene Zahlung an den Schuldner (§ 829 Abs. 1 S. 1 ZPO). Auch bei dieser Konstellation tritt deshalb, vom Ausnahmefall des kollusiven Zusammenwirkens zwischen Schuldner und Drittschuldner abgesehen, Rechtskrafterstreckung auf den Pfändungsgläubiger ein. Dass insoweit kein auf einer gerichtlichen Prüfung der materiellen Berechtigung des geltend gemachten Anspruchs beruhendes streitiges Endurteil vorliegt, hat der Pfändungsgläubiger hinzunehmen. Denn die Prozessparteien des Rechtsstreits sind nicht gehalten, allein mit Rücksicht auf die während der Rechtshängigkeit erfolgte Pfändung des streitbefangenen Anspruchs den Rechtsstreit in jedem Fall – entgegen ihrer Überzeugung – streitig zu Ende zu führen oder gar den Weg durch die Instanzen zu gehen.[171] Deshalb begegnet auch ein Rechtsmittelverzicht, grds. keinen Bedenken.[172] Im Übrigen kann der Pfändungsgläubiger durch die ihm zustehende Möglichkeit der Nebenintervention (§§ 66, 265, 325 ZPO) im Prozess der Hauptparteien mitwirken und so i.R.d. gesetzlichen Bestimmungen auf den Prozessverlauf Einfluss nehmen.

76 Die Pfändung einer **künftigen sowie aufschiebend bedingten oder befristeten Forderung** ist möglich, sofern ihr Rechtsgrund und der Drittschuldner im Zeitpunkt der Pfändung bestimmt sind.[173]

77 Mit einem Pfändungsbeschluss über den Anspruch des Schuldners gegen den Drittschuldner auf Schadensersatz wegen Nichterfüllung eines notariellen Kaufvertrags wird nicht der Anspruch des Schuldners gegen den Drittschuldner auf Zahlung des Kaufpreises aus diesem Vertrag erfasst.[174]

78 Bei **fortlaufenden Bezügen** wie z.B. Arbeitseinkommen, rentenähnlichen Bezügen (§ 850b ZPO), wiederkehrende Sozialleistungen sowie Miet- und Pachtforderungen gilt: Das Pfandrecht, dass durch die Pfändung einer Gehaltsforderung oder einer ähnlichen in fortlaufenden Bezügen bestehenden Forderung erworben wird, erstreckt sich auch auf die nach der Pfändung fällig werdenden Beträge (§ 832 ZPO)[175]. Endet das Arbeits- oder Dienstverhältnis und begründen Schuldner und Drittschuldner innerhalb von neun Mona-

---

171 Vgl. BGH, NJW 1989, 39 = WM 1988, 1460 = MDR 1988, 1053 = KTS 1988, 830 = AnwBl 1988, 649; OLG München, Beschluss v. 17.12.2008 – 31 Wx 80/08, 31 Wx 080/08 m.w.N. – juris.
172 Vgl. BGH, NJW 1989, 39 = WM 1988, 1460 = MDR 1988, 1053 = KTS 1988, 830 = AnwBl 1988, 649.
173 BGH, Vollstreckung effektiv 2003, 130; LG Itzehoe, NJW-RR 1987, 819.
174 BGH, Rpfleger 2000, 221 = WM 2000, 489 = NJW 2000, 1268 = MDR 2000, 476 = DB 2000, 1119; LG Heilbronn, JurBüro 2002, 268 m.w.N.
175 Vgl. auch § 6 Rdn 48 ff.

ten ein solches neu, so erstreckt sich die Pfändung auf die Forderung aus dem neuen Arbeits- oder Dienstverhältnis (§ 833 Abs. 2 ZPO[176]).

Pfändbar ist nur die eigentliche Forderung als Hauptrecht. Insofern unterliegen **Nebenrechte** einer Forderung nicht der Pfändung. Ist die Höchstpersönlichkeit der als Hauptforderung gepfändeten Leistung zu verneinen, gilt dies auch für unselbstständige Nebenrechte, da diese lediglich darauf abzielen, zugunsten des Gläubigers Gegenstand und Betrag des Hauptanspruch zu ermitteln.[177] Sie sind rechtlich unselbstständig, können also nicht allein gepfändet oder übertragen werden. Die mit der Pfändung verbundene Beschlagnahme erstreckt sich vielmehr ohne Weiteres auf alle Nebenrechte, die im Falle einer Abtretung nach § 412, § 401 BGB mit auf den neuen Gläubiger übergehen; einer gesonderten Neben- oder Hilfspfändung bedarf es dazu nicht.[178] Neben den in § 401 BGB ausdrücklich genannten Rechten wird diese Vorschrift unter anderem auf solche Hilfsrechte entsprechend angewandt, die zur Geltendmachung oder Durchsetzung einer Forderung erforderlich sind.[179] Solche Nebenrechte sind insbesondere

■ Ansprüche auf **Auskunft und Rechnungslegung**, die darauf abzielen, Gegenstand und Betrag des Hauptanspruchs zu ermitteln.[180] So ist der Auskunfts- und Rechnungslegungsanspruch bzgl. eines Versicherungsverhältnisses – z.b. gegenüber dem Arbeitsamt – als Nebenrecht mitpfändbar.[181] Auch der Auskunfts- und Rechnungslegungsanspruch gegen das kontoführende Bankinstitut[182] und der Auskunfts- und Rechnungslegungsanspruch bzgl. der Nebenkostenvorauszahlungen des Schuldners gegen dessen Vermieter, der sich aus dem zwischen den Parteien geschlossenen Mietvertrag ergibt, sind als Nebenrechte zu qualifizieren.[183] Einer Neben- oder Hilfspfändung bedarf es nicht. Die Mitpfändung kann jedoch in dem das Hauptrecht pfändenden Beschluss ausgesprochen werden.[184] Dagegen wird der Anspruch des Kontoin-

---

176 Vgl. auch § 6 Rdn 57 ff.
177 BGH, InVo 2004, 108 = ZIP 2003, 1771 = WM 2003, 1891 = NJW-RR 2003, 1555 = Rpfleger 2003, 669 = MDR 2004, 114 = KKZ 2004, 88 = FamRZ 2003, 1652 = JuS 2004, 253 = ZAP EN-Nr. 780/2003.
178 BGH, WM 2013, 271 = EBE/BGH 2013, 50 = NJW 2013, 539 = MDR 2013, 367 = DGVZ 2013, 75 = Rpfleger 2013, 280 = JurBüro 2013, 271 = KKZ 2013, 281 = ZInsO 2013, 264 = ZIP 2013, 436 = FA 2013, 80 = LMK 2013, 343558 = FamRB 2013, 77 = Vollstreckung effektiv 2013, 59 = FoVo 2013, 56; vgl. BGH, NJW-RR 2012, 434 = Vollstreckung effektiv 2012, 79 = FoVo 2012, 95 = VuR 2012, 274; BGH, NJW-RR 2003, 1555 = Rpfleger 2003, 669 = BGHReport 2003, 1373 = MDR 2004, 114 = WuB VI E § 829 ZPO 1.04 = KKZ 2004, 88 = InVo 2004, 108.
179 BGH, NJW-RR 2012, 434 = Vollstreckung effektiv 2012, 79 = FoVo 2012, 95 = VuR 2012, 274.
180 BGH, NJW-RR 2003, 1555 = Rpfleger 2003, 669 = BGHReport 2003, 1373 = MDR 2004, 114 = WuB VI E § 829 ZPO 1.04 = KKZ 2004, 88 = InVo 2004, 108; Gottwald/*Mock*, § 829 Rn 115.
181 AG Calw, JurBüro 2001, 109.
182 BGH, Vollstreckung effektiv 2006, 25 = ZIP 2005, 2252; AG Halle-Saalkreis, JurBüro 2005, 383; BGH, WM 2003, 1891.
183 AG Essen, Vollstreckung effektiv 2013, 113.
184 BGH, Vollstreckung effektiv 2006, 25 = ZIP 2005, 2252; LG Cottbus, InVo 2003, 244.

§ 5 Das Pfändungsverfahren

habers auf **Erteilung von Kontoauszügen** und Rechnungsabschlüssen nicht erfasst. Dieser ist vielmehr ein selbstständig zu pfändender Anspruch aus dem Girovertrag.[185] Die Pflicht zur Auskunft erstreckt sich auf alle erheblichen Umstände im Hinblick auf Entstehung, Bestand und Durchsetzbarkeit der Forderung, Nebenrechte und Schuldner, auch auf Einwendungen desselben. Sie umfasst insbesondere die Nennung von Leistungsort und Leistungszeit, Wohnsitz und Aufenthalt des Schuldners, überhaupt jedes Umstandes, dessen Kenntnis für den Zessionar zur Einziehung der Forderung erforderlich ist. Inhalt und Umfang der Auskunft hängen von den Umständen des Einzelfalls ab. Zu erteilen sind nur die zur Geltendmachung erforderlichen Auskünfte, also grds. von vorneherein alle relevanten Umstände. Im Allgemeinen sind belangreiche Umstände, die überraschend auftreten oder als ungewöhnlich gelten können, ohne Befragen mitzuteilen, weil insoweit nicht erwartet werden kann, dass der Zedent nachfragt. Die Auskunftspflicht des Zedenten bezieht sich nach § 402 BGB auf Umstände, die für die Geltendmachung der Forderung von Bedeutung sind. Dazu gehören auch Hinweise zur Entkräftung von Einwendungen des Schuldners der abgetretenen Forderung.[186]
- der Anspruch auf **Erteilung einer Lohnabrechnung**, wenn es der Abrechnung bedarf, um den Anspruch auf Lohnzahlung geltend machen zu können.[187]
- Ansprüche aus einer für die Forderung bestellten **Bürgschaft** oder einem diese sichernden **Schuldbeitritt**.[188]
- gesetzliche, rechtsgeschäftliche und durch Zwangsvollstreckung erlangte **Pfandrechte**,[189] Rentenbescheide[190] und Lohnbescheinigungen.[191]

---

185 BGH, Vollstreckung effektiv 2006, 25 = ZIP 2005, 2252; a.A. LG Stuttgart, Rpfleger 1994, 471; LG Aachen, JurBüro 1991, 873; LG Hildesheim, JurBüro 1988, 547; LG Frankfurt/Main, WM 1986, 1008; LG Itzehoe, WM 1988, 994; AG Meldorf, SchlHA 1987, 152 = WM 1987, 1503; a.A. LG Cottbus, InvO 2003, 244; AG Rendsburg, WM 1987, 1179.
186 OLG Saarbrücken, Urt. v. 27.10.2016 – 4 U 46/15 – juris.
187 BGH, WM 2013, 271 = EBE/BGH 2013, 50 = NJW 2013, 539 = MDR 2013, 367 = DGVZ 2013, 75 = Rpfleger 2013, 280 = JurBüro 2013, 271 = KKZ 2013, 281 = ZInsO 2013, 264 = ZIP 2013, 436 = FA 2013, 80 = LMK 2013, 343558 = FamRB 2013, 77 = Vollstreckung effektiv 2013, 59 = FoVo 2013, 56.
188 Zum Umfang eines Pfändungs- und Überweisungsbeschlusses gegen einen Vermieter als Drittschuldner bei unmittelbarer Zahlung der Miete durch das Jobcenter vgl. AG Essen, Vollstreckung effektiv 2013, 113.
189 OLG Nürnberg, JurBüro 2001, 606 = KKZ 2002, 194 = keine isolierte Pfändung des Pfändungspfandrechts; Zöller/*Herget*, § 829 Rn 20 m.w.N.
190 AG Dortmund, JurBüro 2007, 499.
191 BGH, Vollstreckung effektiv 2007, 41 = NJW 2007, 606 = DGVZ 2007, 26 = WM 2007, 454 = ZVI 2007, 63 = BGHReport 2007, 363 = MDR 2007, 607 = Rpfleger 2007, 209 = KKZ 2010, 43 FoVo 2008, 162 zur Urkundenherausgabe bei der Forderungsvollstreckung; vgl. auch BGH, FamRZ 2006, 1272 = Vollstreckung effektiv 2006, 147 = FamRB 2006, 365 = KKZ 2009, 183 = MDR 2007, 50 = NJW-RR 2006, 1576 = JurBüro 2006, 547 = DGVZ 2006, 134 = WM 2006, 1684.

E. Pfändungswirkungen § 5

- **Gestaltungsrechte**, insbesondere bei einer Vollstreckung in eine Lebensversicherung das Recht zum Widerruf einer Bezugsberechtigung.[192]
- **Zinsen** der gepfändeten Forderung, insbesondere auch Verzugszinsen, nicht jedoch die rückständigen Zinsen.[193] *Stöber*[194] empfiehlt gleichwohl – und dem sollte man sich auch anschließen – einen Antrag dahin gehend zu stellen, dass auch die rückständigen Zinsen mitgepfändet werden sollen. Spricht das Vollstreckungsgericht die Pfändung auch rückständiger Zinsen aus, sind damit Unklarheiten beseitigt.
- Anspruch des **Handelsvertreters auf Erteilung eines Buchauszugs** und des darauf beruhenden Anspruchs auf **Vorauszahlung der Erstellungskosten**: Die isolierte Pfändung der Rechte aus § 887 ZPO in Verbindung mit dem Anspruch des Handelsvertreters aus § 87c Abs. 2 HGB ist nichtig. Diese Rechte sind als unselbstständige Nebenrechte untrennbar mit dem Provisionsanspruch verbunden und können nicht unabhängig von diesen geltend gemacht werden.[195]
- das Recht auf Kündigung von Darlehens- und anderen Verträgen über den Anspruch auf Auszahlung eines Guthabens aus diesem Vertrag.[196]
- Bei Abwicklung der Kaufpreiszahlung über ein **Notaranderkonto** erstreckt sich das mit der **Pfändung des Kaufpreisanspruchs** entstandene Pfandrecht auf den **Auszahlungsanspruch des Verkäufers gegen den Notar**:[197] Die Einschaltung des Notars zur Abwicklung des Kaufpreises soll sicherstellen, dass die Ansprüche der Parteien Zug-um-Zug erfüllt werden. Die Vertragspartner sollen vor rechtlichen Nachteilen geschützt werden, die mit Inhalt und Zweck der getroffenen Regelung nicht vereinbar sind. Der Auszahlungsanspruch gegen den Notar entsteht daher im Zuge der Vertragsabwicklung. Er hängt somit, solange die Kaufpreisforderung noch nicht erloschen ist, eng und unmittelbar mit ihr zusammen. Der Anspruch gegen den Notar wird nur deshalb begründet, weil der Verkäufer von seinem Vertragspartner nicht Zahlung an sich verlangen kann. Er ergänzt daher die vertragliche Forderung. Die Abtretung des Kaufpreisanspruchs führt deshalb entsprechend § 401 BGB auch zum Übergang des Auskehranspruchs gegen den Notar. Folge: Eine zusätzliche Pfändung des Auskehranspruchs ist nicht erforderlich.

Keine Nebenrechte im Sinne des § 401 Abs. 1 BGB sind alle selbstständigen Sicherungsrechte, wie das Sicherungs- und Vorbehaltseigentum, die Sicherungsgrundschuld und die

80

---

192 OLG Köln, VersR 2002, 1544.
193 OLG Düsseldorf, Rpfleger 1984, 473 = WM 1984, 1431.
194 *Stöber*, Rn 696.
195 BGH, Vollstreckung effektiv 2017, 204 = FoVo 2018, 17 = DB 2017, 2540 = ZIP 2017, 2014 = ZInsO 2017, 2376 = NJW 2017, 3525.
196 LG Wuppertal, JurBüro 2017, 377.
197 BGH, Vollstreckung effektiv 2017, 42 = JurBüro 2017, 49.

zur Sicherung abgetretene Forderung. In diese selbstständigen Sicherungsrechte muss auch selbstständig vollstreckt werden. Dabei ist allerdings immer das Recht des vertragstreuen Sicherungsgebers, den Zugriff durch Klage nach § 771 ZPO abzuwenden, zu beachten.[198]

VII. Rechtsbehelfe

81 Hat das Vollstreckungsgericht die Pfändbarkeit einer Forderung zu Unrecht bejaht, ist die Pfändung zwar anfechtbar, die Wirksamkeit des Pfändungs- und Überweisungsbeschlusses im Verhältnis vom Gläubiger zum Drittschuldner wird hiervon jedoch nicht berührt.[199] Als Staatsakt sind fehlerhafte Pfändungsbeschlüsse – bis zur Grenze der Nichtigkeit – dennoch wirksam und müssen folglich beachtet werden.[200]

82 Der **Gläubiger** kann die **sofortige Beschwerde** gem. § 793 ZPO erheben, gleichgültig, ob sein Antrag ganz oder teilweise zurückgewiesen wurde.

83 Der **Schuldner**, soweit er nicht angehört wurde (§ 834 ZPO), kann gem. § 766 ZPO **formelle Mängel** mit der unbefristeten **Erinnerung** geltend machen. Das Gleiche gilt auch für den Drittschuldner. Materiell-rechtliche Einwendungen gegen den vollstreckbaren Anspruch müssen mittels Vollstreckungsabwehrklage gem. § 767 ZPO geltend gemacht werden. Soweit es sich um Dritte handelt, können diese Drittwiderspruchsklage gem. § 771 ZPO erheben.

84 Der Rechtspfleger kann der Erinnerung abhelfen und ggfs. eine einstweilige Anordnung nach § 766 Abs. 1 S. 2 ZPO treffen. Gegen die Entscheidung des Rechtspflegers im Hinblick auf die einstweilige Einstellung ist die befristete Rechtspflegererinnerung nach § 11 Abs. 2 RPflG möglich, weil gegen diese Entscheidung, hätte sie der Richter beim Amtsgericht getroffen, kein Rechtsmittel gegeben wäre.[201] Hilft der Rechtspfleger nicht ab, hat hierüber der Richter beim Amtsgericht, nicht die Beschwerdekammer des Landgerichts, abschließend zu entscheiden.[202] Gegen die Entscheidung des Richters beim Amtsgericht ist das Rechtsmittel der sofortigen Beschwerde nach § 793 ZPO gegeben. Ist eine Anhörung des Schuldners erfolgt, ist die sofortige Beschwerde zulässig (§§ 11 Abs. 1 RPflG, § 793 ZPO).

---

198 Zöller/*Herget*, § 829 Rn 20; Gottwald/*Mock*, § 829 Rn. 118.
199 LG Lüneburg, JurBüro 2008, 497; Gottwald/*Mock*, § 829 Rn 225.
200 LG Hamburg, JurBüro 2008, 667; *Stöber*, Rn 748 m.w.N.; Gottwald/*Mock*, § 829 Rn 225.
201 OLG Köln, InVo 1999, 396; Gottwald/*Mock*, § 829 Rn 225.
202 OLG Köln, NJW-RR 2001, 69.

VIII. Kosten/Gebühren

An **Gerichtskosten** für den Erlass eines Pfändungs- und Überweisungsbeschlusses entsteht eine Festgebühr von 20 EUR gem. Nr. 2111 KV GKG. Hierfür besteht **Vorschusspflicht** gem. § 12 Abs. 6 GKG. Dies gilt nicht bei elektronischen Anträgen auf gerichtliche Handlungen der Zwangsvollstreckung gem. § 829a ZPO. Die Vorschusspflicht entfällt ebenso bei arbeitsgerichtlichen Titeln (vgl. § 11 GKG). Innerhalb des Rechtszuges gelten mehrere Verfahren als nur ein Verfahren, wenn sie denselben Anspruch und Gegenstand betreffen. 85

Der Gläubiger, der den Erlass eines Pfändungs- und Überweisungsbeschlusses beantragt, muss diesen Antrag lediglich einfach an das Vollstreckungsgericht übersenden. Weder für die Anfertigung von Ablichtungen des Antrages auf Erlass eines Pfändungs- und Überweisungsbeschlusses noch für die Anfertigung von Abschriften des erlassenen Pfändungs- und Überweisungsbeschlusses durch das Vollstreckungsgericht besteht ohne einen dahingehenden Antrag des Gläubigers eine Rechtsgrundlage. Aus § 133 Abs. 1 S. 1 ZPO folgt nichts Abweichendes, weil im Verfahren zum Erlass eines Pfändungs- und Überweisungsbeschlusses gem. § 834 ZPO weder der Schuldner noch der Drittschuldner vor Erlass der Entscheidung angehört werden müssen. Das weitere Verfahren über die Zustellung des Pfändungs- und Überweisungsbeschlusses wird von dem antragstellenden Gläubiger durch Beauftragung des Gerichtsvollziehers betrieben. Soweit der Gläubiger dem Gerichtsvollzieher die hierfür notwendigen Abschriften nicht zur Verfügung stellt, kann der Gerichtsvollzieher die notwendigen Abschriften selbst herstellen. Eine analoge Anwendung des § 133 Abs. 1 S. 1 ZPO scheidet daher aus.[203] 86

Für den **Gerichtsvollzieher** fällt eine Gebühr nach Nr. 100 KV als Anlage zu § 9 GVKostG i.H.v. 10 EUR an; bei mehreren Drittschuldnern handelt es sich um mehrere Aufträge, weshalb die Gebühr mehrfach entsteht (Nr. 2 Abs. 5 DB-GVKostG). Bei der Zustellung eines Pfändungs- und Überweisungsbeschlusses an Schuldner und Drittschuldner handelt es sich um zwei Aufträge,[204] weshalb neben den Zustellungsgebühren gem. Nrn. 100, 101 KV als Anlage zu § 9 GVKostG auch zwei Auslagenpauschalen nach Nr. 713 KV als Anlage zu § 9 GvKostG anzusetzen sind.[205] Dem Gerichtsvollzieher steht für die Erstellung der an den Schuldner zuzustellenden Abschriften eines Pfändungs- und Überweisungsbeschlusses die Dokumentenpauschale gem. Nr. 700 Ziffer 1 lit. a KV als Anlage zu § 9 GVKostG zu, weil es sich um eine Zustellung im Parteibetrieb handelt.[206] Die Zustellung an den Schuldner gem. § 829 Abs. 2 S. 2 ZPO ist als eine Zustellung auf 87

---

[203] AG Bad Segeberg, NJW-RR 2014, 510; Gottwald/*Mock*, § 829 Rn 226.
[204] AG Recklinghausen, DGVZ 2001, 155.
[205] AG Bergheim, DGVZ 2002, 31.
[206] AG Bad Segeberg, NJW-RR 2014, 510; AG Ansbach, DGVZ 2007, 76; AG Deggendorf, DGVZ 2007, 76.

§ 5 Das Pfändungsverfahren

Betreiben der Partei i.S.d. §§ 191 ff. ZPO zu qualifizieren, nicht aber als Zustellung vom Amts wegen gem. §§ 166 ff. ZPO.[207]

88 Der **Rechtsanwalt** erhält eine 0,3 Verfahrensgebühr gem. Nr. 3309 RVG VV; hierdurch wird auch der Antrag auf Überweisung (§ 835 ZPO) – selbst bei getrennter Antragstellung – abgegolten (§ 18 Abs. 1 Nr. 1 RVG[208]); der Gegenstandswert bestimmt sich gem. § 25 Abs. 1 Nr. 2 RVG.

89 Wird **künftig fällig werdendes Arbeitseinkommen** nach § 850d Abs. 3 ZPO gepfändet, sind die noch nicht fälligen Ansprüche nach § 51 Abs. 1 S. 1 FamGKG und § 9 ZPO zu bewerten (§ 25 Abs. 1 Nr. 1 RVG). Das ist der Jahresbetrag der wiederkehrenden Leistungen oder deren geringerer Gesamtbetrag, nach § 9 ZPO für die dort genannten Schadensersatzrenten der 3 1/2 -fache Jahresbetrag oder der geringere Gesamtbetrag. Entsprechendes gilt in anderen Fällen der Vorratspfändung nach Maßgabe des § 850d Abs. 3 ZPO (Fälle des § 850b ZPO) und bei Pfändung laufender Geldleistungen nach § 54 SGB I. Begrenzt wird der Wert bei höherem Vollstreckungsanspruch durch den geringeren Wert der Forderung, deren Pfändung beantragt ist oder bewirkt werden soll (§ 25 Abs. 1 Nr. 1 RVG).

90 In der Praxis kommt es immer wieder zu Situationen, dass einem Rechtsanwalt nur die **Mindestgebühr** von **15 EUR** (§ 13 Abs. 2 RVG) zuerkannt wird, wenn die Pfändung ins „Leere" geht, also letztlich nicht werthaltig ist. Welche Auswirkungen die fehlende Werthaltigkeit der zu pfändenden Forderung auf die nach § 25 Abs. 1 Nr. 1 RVG im Vollstreckungsverfahren entstandenen Gebühren hat, ist aber umstritten.[209]

91 Die Gegenmeinung[210] stellt bei einem wertlosen Pfändungsobjekt auf den Wert der zu vollstreckenden Forderung ab. Eine dritte Meinung[211] hält den höchsten während der Zwangsvollstreckungsmaßnahme ermittelten Wert des Vollstreckungsobjekts für maßgeblich, der mangels anderweitiger Grundlagen ggf. durch anwaltliche Schätzung zu ermitteln sei.

92 Entscheidend für die Berechnung anwaltlicher Gebühren sind vielmehr die Erwartungen des Gläubigers („Welchen Erfolg kann er sich von der Durchführung der Pfändungsmaßnahme versprechen?"[212]). Im Regelfall hat ein Gläubiger stets die Erwartung, dass die

---

207 H.M. AG Haßfurt, Beschluss v. 11.5.2006 – 3 M 909/06; AG Deggendorf, Beschluss v. 27.2.2007 – 1 M 106/07; Musielak/*Becker*, ZPO, § 829 Rn 15; Stein/Jonas/*Brehm*, § 829 Rn 59; Thomas/Putzo, § 829 Rn 25; Baumbach/*Lauterbach/Albers/Hartmann*, § 829 Rn 50; *Dressel*, RPfl. 1993, 100 m.w.N.
208 Zöller/*Herget*, § 829 Rn 43.
209 Dafür: OLG Karlsruhe, RVG prof. 2011, 93; OLG Köln, Rpfleger 2001, 149; JurBüro 1979, 1903; LG Stuttgart, DGVZ 2013, 185; LG Hamburg, ZMR 2009,697; LG Kiel, SchlHA 1990, 12; Gerold/Schmidt/*Müller-Rabe*, RVG, § 25 Rn 8.
210 LG Hamburg, AnwBl 2006, 499; LG Koblenz, Vollstreckung effektiv 2005, 157; LG Düsseldorf, RVGreport 2005, 358.
211 Hartung/Römermann/*Schons*, RVG, § 25 Rn 9 bis 15.
212 LG Koblenz, Vollstreckung effektiv 2005, 157.

Pfändung seine Forderung erfüllt. Deshalb ist der Wert der gepfändeten Forderung in solchen Fällen nicht geringer als der der zu vollstreckenden Forderung. Darüber hinaus ist zu beachten, dass es der Systematik des RVG widerspricht, die Höhe des Anwaltshonorars vom Erfolg der anwaltlichen Tätigkeit abhängig zu machen. Dies gilt umso mehr, als für die Bewertung einer Gebühren auslösenden Tätigkeit in der Regel auf den Zeitpunkt abzustellen ist, in dem mit dieser Tätigkeit begonnen wird, da die Gebühren in diesem Zeitpunkt entstehen,[213] auch wenn der Gebührenanspruch nach § 8 Abs. 1 S. 1 RVG erst mit Beendigung der anwaltlichen Tätigkeit fällig wird.

Die unter Rdn 90 aufgeführte Ansicht bedeutet letztlich für die Vollstreckungsgerichte einen höheren Arbeitsaufwand. Grund: Meist kann der Gläubiger nämlich bei Antragstellung mangels Informationen über die Höhe der zu pfändenden Forderung keine Angaben machen. Er muss daher zunächst als Wert für die Berechnung der anwaltlichen Gebühren letztlich die zu vollstreckende Forderung angeben. Wenn sich dann im Nachhinein erst durch weitere Vollstreckungsmaßnahmen herausstellt, dass der Gläubiger durch die vorherige Maßnahme nicht befriedigt wurde, somit die Pfändung quasi nutzlos war und das Vollstreckungsgericht nunmehr den Wert für die anwaltlichen Gebühren der vorherigen Maßnahme auf null reduziert, stellt dies eine nicht hinnehmbare Mehrarbeit dar. 93

Der **Drittschuldner** kann die ihm durch die Pfändung entstandenen Kosten in der Regel nicht vom Vollstreckungsgläubiger oder -schuldner ersetzt verlangen, soweit sich nicht aus besonderen Vereinbarungen etwas anderes ergibt. 94

Die dem **Gläubiger** notwendig erwachsenen Kosten (Gerichtsgebühr, Anwaltsgebühr, Auslagen für Zustellungen pp.) hat der Schuldner als **Kosten der Zwangsvollstreckung nach § 788 ZPO** zu ersetzen. 95

IX. Pfandverwertung

1. Allgemeines

Der Gläubiger erlangt durch die Pfändung der Forderung (§ 829 ZPO) lediglich ein Pfandrecht an der Forderung seines Schuldners gegen den Drittschuldner. Will der Gläubiger aus der gepfändeten Forderung **Befriedigung** erlangen, muss ihm vom Vollstreckungsgericht das Recht zur Verwertung eingeräumt werden. Insofern gehört eine wirksame Pfändung zum Tatbestand der Überweisung.[214] Im Hinblick auf die **Verwertung** der gepfändeten Forderung sieht das Gesetz drei Wege vor: 96

---

[213] OLG Karlsruhe, RVG prof. 2011, 93.
[214] BGH, NJW 1994, 3225 = BGHZ 127, 146 = WM 1994, 2033 = ZIP 1994, 1720 = Rpfleger 1995, 119 = KTS 1995, 86 = ZZP 108, 250 = KKZ 1995, 140.

- die Überweisung der Forderung an den Gläubiger **zur Einziehung** (§ 835 Abs. 1 Alt. 1 ZPO),
- die Überweisung der Forderung an den Gläubiger **an Zahlungs statt** (§ 835 Abs. 1 Alt. 2 ZPO) und
- **andere Arten** der **Verwertung** (§ 844 ZPO).

2. Die Überweisung einer Geldforderung (§ 835 ZPO)

97 Die Vorschrift ist anzuwenden, soweit diese nicht nur der Sicherung dient,[215] insbesondere wenn Pfändung und Überweisung zeitgleich ergehen. **Nicht anzuwenden** ist die Regelung bei der **Sicherungsvollstreckung** (§ 720a ZPO) und der **Arrestpfändung** (§ 930 ZPO). Hier wird nämlich die Pfändung der Forderung **isoliert angeordnet**. Ein auf einen Arrest gestützter Überweisungsbeschluss ist somit nichtig.[216] § 835 ZPO bewirkt einen **Forderungsübergang** und somit eine Rechtsnachfolge.[217] Dieser steht dem gesetzlichen Forderungsübergang gleich.[218]

3. Das Verfahren der Überweisung

98 Die **Form der Verwertung** richtet sich nach dem **Antrag des Gläubigers**. Das gilt gleichermaßen für beide Alternativen nach § 835 Abs. 1 ZPO. Der Gläubiger muss die Überweisung **ausdrücklich beantragen**. Insofern bestimmt er die Durchsetzung der gepfändeten Forderung selbst. Fehlt ein Überweisungsantrag, so darf das Vollstreckungsgericht (§§ 828, 764 ZPO) keine Auswahl darüber treffen, welche Form der Überweisung zu wählen ist. Es ist vielmehr verpflichtet, den Gläubiger zu einer Ergänzung seines Antrages anzuhalten.

a) Überweisung gleichzeitig mit der Pfändung

99 Die amtlichen Pfändungsformulare sehen auf Seite 1 die Möglichkeit vor die Überweisung gleichzeitig mit der Pfändung zu beantragen.

---

215 Gottwald/*Mock*, § 835 Rn 4 m.w.N.
216 BGHZ 121, 98 = WM 1993, 429 = NJW 1993, 735 = VersR 1993, 456 = HV-INFO 1993, 792 = JA 1993, 186 = MDR 1993, 578 = Rpfleger 1993, 292 = KTS 1993, 280 = KKZ 1993, 194 = ZZP 107, 98 = JA 1994, 89 = JR 1995, 148.
217 OVG Nordrhein-Westfalen, Beschluss v. 10.10.2014 – 2 D 11/11.NE – juris.
218 OLG Hamm, Versicherung und Recht kompakt 2008, 169.

> **Antrag auf Erlass eines Pfändungs- und Überweisungsbeschlusses wegen Unterhaltsforderungen**
>
> **Es wird beantragt,** den nachfolgenden Entwurf als Beschluss auf ☒ Pfändung ☒ und ☒ Überweisung zu erlassen.
>
> ☐ Zugleich wird beantragt, die Zustellung zu vermitteln (☐ mit der Aufforderung nach § 840 der Zivilprozessordnung – ZPO).
>
> ☐ Die Zustellung wird selbst veranlasst.

Auf Seite 2 des amtlichen Formulars muss dann aber auch Nachfolgendes angekreuzt werden: **100**

> ☒ Pfändungs- ☒ und ☒ Überweisungs-Beschluss
> in der Zwangsvollstreckungssache

Zudem muss dann auf Seite 9 bzw. 10 zugleich eine der beiden Überweisungsalternativen nach § 835 Abs. 1 ZPO angekreuzt werden. **101**

> Der Drittschuldner darf, soweit die Forderung gepfändet ist, an den Schuldner nicht mehr zahlen. Der Schuldner darf insoweit nicht über die Forderung verfügen, sie insbesondere nicht einziehen.
>
> ☐ Zugleich wird dem Gläubiger die zuvor bezeichnete Forderung in Höhe des gepfändeten Betrages
>
> ☐ zur Einziehung überwiesen.   ☐ an Zahlungs statt überwiesen.

b) Isolierter Überweisungsbeschluss

Soweit die Forderung bereits durch Beschluss gepfändet worden ist (z.B. im Wege der Sicherungsvollstreckung; § 720a Abs. 1 lit. a ZPO), ist für den **nachträglichen Antrag auf Überweisung** dieser Forderung die **Nutzung der amtlichen Pfändungsformulare nicht verbindlich** (§ 829 Abs. 3 S. 1, § 2 S. 2 ZVFV). Dennoch kann aber auch das amtliche Formular für die gesonderte Überweisung verwendet werden. Dabei ist Folgendes zu beachten: **102**

Bei der Formulierung „Antrag auf Erlass eines Pfändungs- und Überweisungsbeschlusses ..." muss die Formulierung „Pfändungs-„ gestrichen werden, weil bereits ein Pfändungsbeschluss erlassen wurde. Es darf daher nur die Überweisung beantragt werden. **103**

§ 5 Das Pfändungsverfahren

> **Antrag auf Erlass eines Pfändungs- und Überweisungsbeschlusses wegen Unterhaltsforderungen**
>
> **Es wird beantragt,** den nachfolgenden Entwurf als Beschluss auf ☐ Pfändung ☐ und ☒ Überweisung zu erlassen.
>
> ☐ Zugleich wird beantragt, die Zustellung zu vermitteln (☐ mit der Aufforderung nach § 840 der Zivilprozessordnung – ZPO).
> ☐ Die Zustellung wird selbst veranlasst.

104 Weiterhin muss auf Seite 1 der Hinweis auf den **als Anlage beigefügten zuvor erlassenen Pfändungsbeschluss** erfolgen:

> **Anlagen:**
> ☐ Schuldtitel und ___ Vollstreckungsunterlagen
> ☐ Erklärung über die persönlichen und wirtschaftlichen Verhältnisse nebst ___ Belegen
> ☒ Pfändungsbeschluss des Amtsgerichts ... vom Az: ... M /. ...

105 Auf Seite 2 darf nur die Überweisung angekreuzt werden:

> ☐ Pfändungs- ☐ und ☒ Überweisungs-Beschluss
> in der Zwangsvollstreckungssache

106 *Taktischer Hinweis*

Nachfolgender im Formular vorgesehener Pfändungsausspruch muss gestrichen werden, weil bereits ein Pfändungsbeschluss erlassen wurde!

> Wegen dieser Ansprüche einschließlich der künftig fällig werdenden Beträge sowie wegen der Kosten für diesen Beschluss (vgl. Kostenrechnung) und wegen der Zustellungskosten für diesen Beschluss wird/werden die nachfolgend aufgeführte/-n angebliche/-n Forderung/-en des Schuldners gegenüber dem Drittschuldner – einschließlich der künftig fällig werdenden Beträge – so lange gepfändet, bis der Gläubigeranspruch gedeckt ist.

Zudem muss dann auch auf Seite 9 bzw. 10 eine der beiden Überweisungsalternativen nach § 835 Abs. 1 ZPO angekreuzt werden.

> Der Drittschuldner darf, soweit die Forderung gepfändet ist, an den Schuldner nicht mehr zahlen. Der Schuldner darf insoweit nicht über die Forderung verfügen, sie insbesondere nicht einziehen.
>
> ☐ Zugleich wird dem Gläubiger die zuvor bezeichnete Forderung in Höhe des gepfändeten Betrages
>
> ☐ zur Einziehung überwiesen.   ☐ an Zahlungs statt überwiesen.

E. Pfändungswirkungen § 5

Achtung: Neue örtliche Zuständigkeit kann eintreten! Maßgeblicher Zeitpunkt für die Beurteilung der **örtlichen Zuständigkeit** ist der **Beginn der Zwangsvollstreckung**. Wird der Antrag auf Überweisung der zuvor gepfändeten Forderung daher nicht mit dem Pfändungsantrag verbunden, sondern erst später – nach der Forderungspfändung – gesondert gestellt, kommt es für die örtliche Zuständigkeit des Vollstreckungsgerichts gem. § 828 Abs. 2 ZPO auf den allgemeinen Gerichtsstand des Schuldners zum Zeitpunkt des Überweisungsantrags an. Dass der vorausgegangene Pfändungsbeschluss von einem anderen Gericht erlassen wurde, spielt hierbei keine Rolle.[219]

107

Eine Anhörung des Schuldners erfolgt i.d.R. nicht, da in der Praxis die Pfändung und Überweisung zumeist zeitgleich ergehen und daher das **Anhörungsverbot** gem. § 834 ZPO gilt. **Nach** wirksamer Pfändung ist hingegen eine Anhörung bei **einem isolierten Überweisungsbeschluss** nicht ausgeschlossen.[220] Die Anhörung darf in diesem Fall aber erst dann erfolgen, wenn der vorausgegangene Pfändungsbeschluss durch die Zustellung an den Drittschuldner Wirksamkeit erlangt hat (vgl. § 829 Abs. 3 ZPO). Die Überweisung wird gem. § 835 Abs. 3 S. 1, § 829 Abs. 3 ZPO ebenfalls auf Betreiben des Gläubigers im Parteibetrieb mit Zustellung des Überweisungsbeschlusses an den Drittschuldner wirksam.[221]

108

4. Die Wirkungen der Überweisung zur Einziehung (§ 835 Abs. 1 Alt. 1 ZPO)

Die Überweisung ersetzt nach § 836 Abs. 1 ZPO die förmlichen Erklärungen des Schuldners, von denen nach den Vorschriften des bürgerlichen Rechts die Berechtigung zur Einziehung der Forderung abhängig ist.[222]

109

a) Rechtsstellung des Gläubigers

Die **Überweisung zur Einziehung** einer Geldforderung ist in der Praxis der **Regelfall**. Sie entspricht der Form der Verwertung rechtsgeschäftlich verpfändeter Forderungen. Der Forderungspfandgläubiger ist nach Eintritt der Pfandreife gem. § 1282 Abs. 1 S. 1 BGB zur Einziehung der Forderung gegenüber dem Schuldner berechtigt.[223] Sie macht den **Gläubiger nicht** zum **Inhaber der gepfändeten Forderung**[224] und führt, anders

110

---

219 OLG Karlsruhe, JurBüro 2005, 553.
220 Musielak/*Becker*, § 834 Rn 2; *Münzberg*, Rpfleger 1982, 329 (332) zu OLG Düsseldorf, Rpfleger 1982, 192.
221 BGH, Rpfleger 2017, 99 = DGVZ 2017, 35 = ZIP 2017, 399 = MDR 2017, 14 = Vollstreckung effektiv 2017, 22 = FoVo 2017, 32.
222 Vgl. auch BGH, Rpfleger 2017, 99 = DGVZ 2017, 35 = ZIP 2017, 399 = MDR 2017, 14 = Vollstreckung effektiv 2017, 22 = FoVo 2017, 32.
223 BGH, Rpfleger 2017, 99 = DGVZ 2017, 35 = ZIP 2017, 399 = MDR 2017, 14 = Vollstreckung effektiv 2017, 22 = FoVo 2017, 32.
224 BGH, NJW 1978, 1914 = MDR 1978, 743 = Rpfleger 1978, 300 = DB 1978, 1783 = BauR 1978, 486 = JR 1978, 504 = JuS 1978, 780 = WM 1978.

als die Überweisung an Zahlungs statt (§ 835 Abs. 1 Alt. 2 ZPO), auch dann nicht zur Befriedigung des Gläubigers, wenn die gepfändete Forderung besteht und nicht einredebehaftet ist. Vielmehr ist der Gläubiger erst dann befriedigt, wenn er vom Drittschuldner die von diesem auf die gepfändete Forderung geschuldete Zahlung erhält.[225] Er kann bei Zahlungsunfähigkeit des Drittschuldners also auch in andere Vermögenswerte des Schuldners vollstrecken, ohne seinen Titel verbraucht zu haben.

111 Die Überweisung führt **nicht** zu einer **Prozessstandschaft**, sondern zu einer **materiellen Verfügungsgewalt**[226] mit der Folge, dass der **Gläubiger** befugt ist, **im eigenen Namen** (und nicht als Vertreter des Schuldners) und **für eigene Rechnung** die gepfändete Forderung und die dazu gehörenden **Nebenrechte** wie Auskunfts- und Rechnungslegungsanspruch[227] gegenüber dem Drittschuldner geltend zu machen und die Forderung einzuziehen. Er kann daher die Erfüllung des Anspruchs verlangen, sofern der Anspruch fällig ist.[228] Er darf alle auf die Befriedigung aus der gepfändeten Forderung gerichteten **Handlungen ausführen**[229] so etwa kündigen, mahnen, gegenüber einer Forderung des Drittschuldners gegen ihn selbst mit der gepfändeten Forderung aufrechnen oder auf Leistung an sich selbst klagen (sog. **Einziehungsklage**[230]). Bei einer bereits titulierter Forderung kann eine Umschreibung auf den Namen des Gläubigers gem. § 727 ZPO erfolgen. Das **Einziehungsrecht** ist hingegen kein selbstständiges Vermögensrecht und **unterliegt nicht der Pfändung**.[231] Als Nebenrecht besteht es in Akzessorietät zur Pfändung.[232]

112 Mit Überweisung der gepfändeten Forderung ist **nicht** die **Befugnis** verbunden, die **Rechtslage zum Nachteil des Schuldners zu verändern**. Eine dem Drittschuldner vom Pfändungsgläubiger gewährte Stundung ist grds. dem Schuldner gegenüber wirkungslos, es sei denn, der Gläubiger übernimmt die finanziellen Auswirkungen der Stundung.[233] Das Einziehungsrecht ist der Höhe nach durch die titulierte Forderung begrenzt.[234] Der Gläubiger kann deshalb Zahlung nur bis zur Höhe des zu vollstreckenden Betrages verlangen.

---

225 BGH WM 2011, 993 = ZInsO 2011, 980 = MDR 2011, 754 = VersR 2011, 1056 = NJW 2011, 2649 = ZGS 2011, 294 = JurBüro 2011, 498 = JuS 2011, 1032.
226 OLG Köln, Rpfleger 2003, 370.
227 OLG Karlsruhe, NJW-RR 1998, 990; AG Calw, JurBüro 2001, 109.
228 OLG Brandenburg, 20.12.2007 – 5 Wx 11/07– juris, m.w.N.
229 BGHZ 82, 28 = WM 1981, 1338 = JZ 1982, 24 = ZIP 1981, 1380 = NJW 1982, 173 = JurBüro 1982, 63 = DB 1982, 325 = Rpfleger 1982, 73 = MDR 1982, 221 = JuS 1982, 300 = BB 1982, 1446.
230 S. Rdn 113 ff.
231 OLG Stuttgart, Rpfleger 1983, 409; LG Leipzig, Rpfleger 2000, 401.
232 OLG Stuttgart, Rpfleger 1983, 409; a.A. LG Osnabrück, NJW 1956, 1076.
233 BGH, NJW 1978, 1914 = Rpfleger 1978, 300 = DB 1978, 1783 = BauR 1978, 486 = JR 1978, 504 = JuS 1978, 780 = LM Nr. 9 zu § 208 BGB = BGHWarn 1978, Nr. 113 = WM 1978, 632 = MDR 1978, 743; RGZ 169, 54.
234 Musielak/*Becker*, § 835 Rn 10; Gottwald/*Mock*, § 835 Rn 12.

E. Pfändungswirkungen § 5

Wird die zugrunde liegende titulierte Forderung des Gläubigers anschließend abgetreten, erwirbt der Zessionar mit der Forderung auch das durch den Überweisungsbeschluss zugunsten des Zedenten als Pfandgläubiger begründete Einziehungsrecht an der gepfändeten Forderung des Schuldners gegen den Drittschuldner. Das durch die Überweisung begründete Einziehungsrecht des Zedenten ist Ausfluss des ihm infolge der Pfändung zustehenden Pfandrechts und geht ebenso wie dieses nach § 401 Abs. 1 BGB mit der Abtretung der Forderung auf den Zessionar über.[235]

113

Als in der Praxis bedeutsamstes Recht umfasst die Überweisung zur Einziehung auch das Recht des Vollstreckungsgläubigers, die Forderung des Vollstreckungsschuldners gegen den Drittschuldner in eigenem Namen einzuklagen. Zahlt der Drittschuldner nicht freiwillig, dann ist er auf den Klageweg auch angewiesen, da der Pfändungs- und Überweisungsbeschluss keinen Vollstreckungstitel gegen den Drittschuldner darstellt. Der Gläubiger macht im sog. **Einziehungsprozess** die ihm überwiesene Forderung in eigenem Namen und auf Leistung an sich geltend. Grundlage für die Einziehung der gepfändeten Forderung ist nicht das Entstehen eines Pfändungspfandrechts, sondern die Verstrickung. Deshalb kann die bloße Anfechtbarkeit des Pfändungs- und Überweisungsbeschlusses bzw. der Umstand, dass ein Pfändungspfandrecht nicht entstanden ist, im Einziehungsprozess solange nicht berücksichtigt werden, wie die Verstrickung fortdauert.[236] Im Einziehungsprozess ist der Gläubiger verpflichtet, dem Schuldner den Streit zu verkünden (§ 841 ZPO).

114

Schwebt zum Zeitpunkt, in dem der Pfändungs- und Überweisungsbeschluss wirksam wird, zwischen dem Vollstreckungsschuldner und dem Drittschuldner betreffend der Forderung ein Rechtsstreit, kann der Vollstreckungsschuldner den Rechtsstreit zu Ende führen, muss aber seinen Klageantrag auf Leistung an den Vollstreckungsgläubiger umstellen (§ 265 ZPO). Mit Zustimmung des Drittschuldners (Beklagten) kann der Vollstreckungsgläubiger den Prozess anstelle des Vollstreckungsschuldners (Klägers) übernehmen (§ 265 Abs. 2 S. 2 ZPO). Er kann aber auch dem Rechtsstreit auf Seiten des Vollstreckungsschuldners als Nebenintervenient beitreten (§§ 265 Abs. 2, 66, 69 ZPO). Schließlich kann er mit Zustimmung des Drittschuldners die Hauptintervention erheben (§§ 265 Abs. 2, 64 ZPO).

115

Das **allgemeine Rechtsschutzbedürfnis** für die Klage des Vollstreckungsgläubigers gegen den Drittschuldner fehlt, wenn der Vollstreckungsschuldner bereits gegen den Drittschuldner einen Titel über die gepfändete Forderung erlangt hat, weil der Vollstreckungsgläubiger diesen nach § 727 ZPO auf sich selbst umschreiben lassen kann. Gibt der Voll-

116

---

235 BGH, Rpfleger 2017, 99 = DGVZ 2017, 35 = ZIP 2017, 399 = MDR 2017, 14 = Vollstreckung effektiv 2017, 22 = FoVo 2017, 32.
236 OLG Saarbrücken, InVo 2005, 66; vgl. auch BGH JurBüro 2018, 49 = Vollstreckung effektiv 2018, 26.

streckungsschuldner diesen nicht freiwillig an den Vollstreckungsgläubiger heraus, kann dieser ihn nach § 836 Abs. 3 S. 1 ZPO wegnehmen lassen.

117 Wird während des Rechtsstreites die rechtshängige Klageforderung von einem Drittgläubiger gepfändet und diesem zur Einziehung überwiesen, so kann der Kläger die Forderung nicht mehr einziehen und Zahlung an sich verlangen.[237] Hat der Vollstreckungsgläubiger den Schuldner ermächtigt, einen von ihm gepfändeten und zur Einziehung überwiesenen Schadensersatzanspruch aus einem Verkehrsunfall gegen einen Versicherer als Drittschuldner im Wege der gewillkürten Prozessstandschaft klageweise geltend zu machen, dann kann der Schuldner im Klageantrag nicht Zahlung an sich, sondern nur an den Pfändungspfandgläubiger verlangen.[238]

118 Ist die **Forderung** des Schuldners gegen den Drittschuldner von **mehreren Gläubigern gepfändet** und jedem von ihnen **überwiesen** worden, ist jeder Gläubiger berechtigt, gegen den Drittschuldner Klage auf Hinterlegung des geschuldeten Betrags zu erheben (§§ 856 Abs. 1, 853 ZPO). Jeder Gläubiger für den der Anspruch gepfändet ist, kann sich dem klagenden Gläubiger im Prozess gegen den Drittschuldner als Streitgenosse anschließen (§ 856 Abs. 2 ZPO). Der **Gläubiger** hat zum Schutz des Schuldners die **Pflicht, die Forderung ohne schuldhaftes Zögern beizutreiben** (soweit möglich insbesondere vor Zahlungsunfähigkeit des Drittschuldners oder Verjährung der gepfändeten Forderung), sonst wird er dem Schuldner gegenüber schadensersatzpflichtig nach § 842 ZPO.[239] Um diese Schadensersatzpflicht zu vermeiden, kann er nach § 843 ZPO auf die durch die Pfändung und Überweisung zur Einziehung erworbenen Rechte verzichten und sich anschließend an andere Vermögenswerte des Schuldner halten (vgl. § 843 S. 1 ZPO) oder gar dieselbe Forderung erneut pfänden.[240]

119 Ist die Zwangsvollstreckung aus dem Titel, der dem Pfändungs- und Überweisungsbeschluss zugrunde liegt, **einstweilen eingestellt**, ohne dass die bisher getroffenen Vollstreckungsmaßnahmen aufgehoben wurden (§§ 775 Nr. 2, 776 S. 2 ZPO), so ist das Einziehungsrecht des Gläubigers **lediglich gehemmt**, aber nicht untergegangen. Ein bereits rechtshängiger Einziehungsprozess ist nach § 148 ZPO bis zur Entscheidung über die Fortsetzung der Zwangsvollstreckung auszusetzen.

b) Rechtsstellung des Schuldners

120 Der **Schuldner bleibt Inhaber der gepfändeten Forderung**. Die Überweisung bewirkt lediglich, dass er die Forderung nicht mehr für sich einziehen, also nicht Leistung an sich

---

237 LG Berlin, MDR 1986, 327.
238 OLGR Düsseldorf 2003, 280; a.A. OLG Düsseldorf, 1995, 87: eine ungeachtet dessen erhobene Klage des Schuldners ist mangels Prozessführungsbefugnis unzulässig.
239 LAG Hamm, Betrieb 1988, 1703.
240 Vgl. Zöller/*Herget*, § 843 Rn 3.

verlangen kann.[241] Verboten sind dem Schuldner allein Verfügungen zum Nachteil des pfändenden Gläubigers. Rechtshandlungen, die weder den Bestand der Pfandrechte noch den der gepfändeten Forderung beeinträchtigen, sind ihm gestattet. Dazu gehören Vollstreckungsmaßnahmen, die lediglich der Sicherung der Forderung dienen, wie z.B. Arrest und Sicherungsvollstreckung (§§ 930, 720a ZPO[242]). Eine Pfändung in das bewegliche Vermögen ist zulässig. Ebenso kann die Abgabe der Vermögensauskunft nach § 802c ZPO verlangt werden.[243] Der Schuldner ist berechtigt, auf Leistung an den Pfändungsgläubiger zu klagen, und zwar aus eigenem Recht. Das Rechtsschutzbedürfnis für eine solche Klage folgt schon aus dem Interesse des Schuldners, von der dem Pfändungsgläubiger gegenüber bestehenden Verbindlichkeit befreit zu werden. Da sich die Prozessführungsbefugnis schon daraus ergibt, dass ihm die Forderung (noch) gehört, benötigt er insoweit keine Erklärung des Gläubigers, die ihm eine entsprechende Berechtigung erteilt.[244] Diese Rechtsstellung bleibt auch dann erhalten, wenn die Forderung des Schuldners mehrfach gepfändet worden ist. Aus § 829 Abs. 1 S. 2 ZPO folgt, dass seine Verpflichtung sich nunmehr darauf erstreckt, die Rechte aller Pfändungsgläubiger und damit auch das unter ihnen bestehende Rangverhältnis (§ 804 Abs. 3 ZPO) zu beachten. Der Klageantrag muss lediglich zweifelsfrei das Rangverhältnis unter den Gläubigern kennzeichnen, damit dieses bei der Vollstreckung beachtet wird. Zehrt die Befriedigung des Gläubigers die gepfändete Forderung nicht vollständig auf, kann der Schuldner auch auf Zahlung an sich selbst nach Befriedigung der Gläubiger klagen.[245]

aa) Auskunfts- und Offenbarungspflicht (§ 836 Abs. 3 S. 1 und 2 ZPO)
Der Schuldner ist verpflichtet, dem Gläubiger die zur Geltendmachung der gepfändeten Forderung nötigen Auskünfte zu erteilen (§ 836 Abs. 3 ZPO). Der **Auskunftsanspruch besteht neben der Erklärungspflicht nach § 840 ZPO**.[246] Er kann nicht weiter gehen, als dies gesetzlich gefordert wird. Nur der Schuldner ist primäre Auskunftsquelle.[247]

---

241 BGH, NJW 2001, 2178 = Rpfleger 2001, 435 = MDR 2001, 1075; RGZ 83, 116 (118 f.); BGHZ 82, 28 (31); 114, (138, 141).
242 OLG Oldenburg, JurBüro 1998, 103; LG Berlin MDR 1989, 76.
243 KG MDR 1989, 745; OLG Oldenburg, JurBüro 1998, 103.
244 BGH, NJW 2001, 2178 = Rpfleger 2001, 435 = MDR 2001, 1075 m.w.N.
245 BGH, NJW 2001, 2178 = BGHZ 147, 225 = WM 2001, 1075 = ZIP 2001, 1217 = BGHReport 2001, 526 = Rpfleger 2001, 435 = MDR 2001, 1075 = KTS 2001, 463 = KKZ 2002, 41 = JR 2002, 234.
246 BGH, Vollstreckung effektiv 2012, 74 = NJW 2012, 1081 = ZInsO 2012, 599 = ZIP 2012, 890 = MDR 2012, 546 = DGVZ 2012, 95 = ZD 2012, 273 = JurBüro 2012, 323 = NJ 2012, 303; Vollstreckung effektiv 2007, 41 = NJW 2007, 606 = DGVZ 2007, 26 = FoVo 2008, 162; OLG Hamm, JurBüro 1995, 163; LG Köln, WM 2013, 1410; LG Stendal, Rpfleger 2009, 397 (398); LG Landshut, Rpfleger 2009, 39; LG Stuttgart, InVo 2002, 514; LG Koblenz, DGVZ 1997, 126.
247 BGH, Vollstreckung effektiv 2006, 25 = WM 2005, 2375 = ZIP 2005, 2252 = NJW 2006, 217 = BB 2006, 121 = MDR 2006, 220 = Rpfleger 2006, 140 = ZZP 119, 347 = KKZ 2007, 115.

§ 5 Das Pfändungsverfahren

122   Die Auskunftspflicht gilt für alle erheblichen Tatsachen und wesentlichen Umstände zur gerichtlichen und außergerichtlichen Geltendmachung der Forderung und zu ihrer Durchsetzung.[248] Insofern besteht keine Auskunftsverpflichtung des Schuldners zu vorrangig pfändenden Gläubigern eines Bankkontos.[249] Ebenso begründet der Auskunftsanspruch kein Einsichtsrecht in Prozesskostenhilfeunterlagen des – ein Klageverfahren nach § 767 ZPO gegen die Vollstreckung aus einem Unterhaltstitel betreibenden – Gegners.[250] Neben einem wirksam ergangenen Pfändungs- und Überweisungsbeschluss muss zudem ein **Rechtsschutzbedürfnis** bestehen. Dieses fehlt, wenn der Gläubiger zur Durchsetzung der Forderung der Auskunft gar nicht bedarf. Denn § 836 Abs. 3 S. 1 ZPO erlaubt **keine Ausforschung** der allgemeinen Lebensverhältnisse des Schuldners und möglicher weiterer Forderungen.[251] Für Letztere ist nur das Offenbarungsverfahren nach § 836 Abs. 3 ZPO heranzuziehen. Das Rechtsschutzbedürfnis fehlt bereits, wenn der Gläubiger sicher die erforderlichen Kenntnisse hat, z.B. aufgrund vorliegender Urkunden oder der Drittschuldnererklärung nach § 840 ZPO,[252] zum anderen wenn nur ein Pfändungsbeschluss vorliegt, also bei der Sicherungsvollstreckung (§ 720a ZPO) sowie bei der Vorpfändung (§ 845 ZPO).

123   Die Verpflichtung betrifft vor allem **Auskünfte**, die für die erfolgreiche Einziehung der gepfändeten Forderung **notwendig** sind,[253] wie z.B. Angaben zum Grund und Umfang (Betrag in EUR) der Forderung, Leistungsort, Fälligkeitszeitpunkt, eventuell Titulierung der Forderung (Titelumschreibung möglich[254]), ob der Anspruch vertraglich anerkannt worden oder rechtshängig geworden ist,[255] Angaben zu Beweismitteln zum Nachweis der Forderung, Angaben über mangelnde Berechtigung von Einwendungen des Drittschuldner ggf. die Forderung, Benennung vorrangiger Pfändungen oder Abtretungen der Forderung, Angaben über steuererhebliche Tatsachen, soweit der Gläubiger im Wege der Ersatzvornahme zur Abgabe der Steuererklärung ermächtigt wird, Angaben über widerrufliche oder unwiderrufliche Bezugsrechte Dritter an der Forderung sowie die Mitteilung von Daten zur Berechnung der Forderung, Angaben zur Abtretung von Teilen des Arbeitseinkommens und Angaben, ob und in welchem Umfang Unterhaltsansprüche gegen den Schuldner bestehen.[256] Auch zum Auskunftsanspruch gehören die

---

248 BGH Vollstreckung effektiv 2009, 94 (116); Zöller/*Herget*, § 836 Rn 10.
249 AG Donaueschingen, DGVZ 2013, 97.
250 OLG Brandenburg, MDR 2010, 1217.
251 LG Verden, Rpfleger 2010, 95 = FoVo 2010, 138; *Goebel*, Vollstreckung effektiv 2005, 1.
252 LG Hannover, JurBüro 1986, 302; AG Bonn, Rpfleger 1963, 125; a.A. Musielak/*Becker*, § 840 Rn 18 m.w.N.
253 Vgl. LG Verden, Rpfleger 2010, 95 = FoVo 2010, 138; Zöller/*Herget* § 836 Rn 10.
254 BGHZ 82, 28 = WM 1981, 1338 = ZIP 1981, 1380 = NJW 1982, 173 = JurBüro 1982, 63 = DB 1982, 325 = Rpfleger 1982, 73 = MDR 1982, 221 = BB 1982, 1446 = JuS 1982, 300.
255 Bei Pfändung eines Pflichtteilsanspruchs vgl. BGH, Vollstreckung effektiv 2009, 94 (116).
256 LG Hildesheim, DGVZ 2001, 87.

E. **Pfändungswirkungen** § 5

Bekanntgabe des Namens und der ladungsfähigen Anschrift des Schuldners und die Benennung des Namens und der ladungsfähigen Anschrift des von der Bank in Anspruch genommenen Bürgen, auf den der Abtretungs- und Sicherungsvertrag übertragen wurde.[257]

Der Schuldner ist verpflichtet, seine Auskunft zu ergänzen, wenn sich die Verhältnisse in relevanter Form nach der Pfändung geändert haben.[258] **124**

Die Verpflichtung erstreckt sich **nicht** auf die uneingeschränkte Preisgabe von **schutzwürdigen persönlichen Daten**.[259] Bei der **Pfändung des zukünftigen Rentenanspruchs** ist nicht der Anspruch des Schuldners auf **Renteninformationen und Rentenauskünfte** nach § 109 SGB VI mitgepfändet.[260] Diese Ansprüche dienen weder der Durchsetzung der gepfändeten zukünftigen Rentenansprüche noch gefährdet ihre Trennung von den Rentenansprüchen deren Realisierung. Sie können auch nicht gesondert gepfändet werden,[261] da diese Ansprüche keine Vermögensrechte im Sinne von § 857 ZPO darstellen. **125**

Erteilt der **Schuldner** die **Auskunft nicht freiwillig**, ist er verpflichtet, sie auf **Antrag** des Gläubigers zu **Protokoll** des zuständigen **Gerichtsvollziehers** (§ 802e ZPO) zu erteilen und deren Richtigkeit und Vollständigkeit an Eides statt zu versichern (§ 836 Abs. 3 S. 2 ZPO). Zur **Beschleunigung der Zwangsvollstreckung** und zur Vermeidung weiterer Kosten wegen Klageerhebung wird die früher notwendige Klageerhebung und die sich anschließende Vollstreckung dadurch ersetzt, dass der **Auskunftsanspruch im Verfahren nach** § 802f Abs. 4 ZPO und der §§ 802g bis 802i, 802j Abs. 1 und 2 ZPO verfolgt werden kann. **126**

Voraussetzung für das Verlangen zur Abgabe der eidesstattlichen Versicherung ist das Vorliegen eines Pfändungsbeschlusses und die Weigerung des Schuldners, die Auskunft (außergerichtlich) freiwillig zu erteilen. Letzteres hat der Gläubiger glaubhaft zu machen (z.B. dürfte die Vorlage einer Abschrift eines Aufforderungsschreibens an den Schuldner **127**

---

257 LG München II, InVo 2001, 64; JurBüro 1998, 604.
258 *Goebel*, Vollstreckung effektiv 2005, 1.
259 BFH, NJW 2005, 1308 = BB 2005, 814 = BFHReport 2005 = FamRZ 2005, 980 = InVo 2005, 317 = AGS 2005, 362 m. Anm.; OLG Stuttgart, NJW 1994, 2838; *Mock*, NJW-Spezial 2005, 240 = JurBüro 2005, 610; aber: AG Verden, JurBüro 1997, 211 m. Anm. *Behr* = Pfändung durchbricht Sozialgeheimnis der §§ 67ff. SGB X.
260 BGH, Vollstreckung effektiv 2012, 74; OLG Celle, JurBüro 1998, 156; LG Leipzig, Rpfleger 2005, 96; LG Siegen, JurBüro 1999, 158; LG Berlin, JurBüro 1998, 157; LG Mannheim, JurBüro 1998, 158; LG Bochum, JurBüro 1998, 160; AG Gelsenkirchen, JurBüro 1998, 603; AG Nienburg, JurBüro 1998, 158; jurisPK-SGB I/*Pflüger*, 2. Aufl., § 54 Rn 37; *Schmidt*, Rpfleger 2005, 97; *Stöber*, Rn 1369d; a.A. LG Bochum, JurBüro 2009, 270; LG Dresden, JurBüro 2009, 45 f.; AG Linz, JurBüro 2010, 215; AG Siegen, JurBüro 1998, 603; AG Singen, JurBüro 1998, 159; AG Sinsheim, JurBüro 1998, 159; AG Spaichingen, JurBüro 1998, 160; AG Heidelberg, JurBüro 1998, 160; AG Diepholz, JurBüro 1998, 160; AG Verden, JurBüro 1997, 211; einschränkend *Behr*, JurBüro 1998, 156 f.
261 BGH, Vollstreckung effektiv 2012, 74.

genügen). Erweist sich eine Auskunft des Schuldners in der Auseinandersetzung zwischen Gläubiger und Drittschuldner bei der Geltendmachung der Forderung als unzureichend, hat der Schuldner seine Auskunft nachzubessern. Der Schuldner ist dabei verpflichtet, Angaben in einem beigefügten **Fragebogen** zu machen, soweit dies vom Inhalt und Umfang her angemessen ist. Die Angaben können dem Schuldner, sollte er die Auskunft nicht freiwillig erstatten, ebenfalls im Wege der eidesstaatlichen Versicherung abgenommen werden.[262] Die Auskunft ist zu Protokoll des Gerichtsvollziehers zu geben (§ 762 ZPO). Anwendbar sind:

- **Ergänzungsverfahren** bei lückenhafter, den Gläubiger nicht befriedigender Auskunft,
- **Haftbefehl** bei Verweigerung und
- **Erinnerungsverfahren**, falls der Schuldner dem Auskunftsverlangen prinzipiell oder graduell widerspricht.

128 Verletzt der Schuldner die Auskunftspflicht, macht er sich gegenüber dem Pfändungsgläubiger nach materiellem Recht schadensersatzpflichtig, und zwar unabhängig davon, dass für den nämlichen Schaden auch der Drittschuldner nach § 840 Abs. 2 S. 2 ZPO haften kann.

129 *Taktischer Hinweis*

*Die Mitwirkungspflichten des Schuldners müssen vom **Gläubiger** aktiviert werden. Er muss den **Schuldner** daher **ausdrücklich** zur Erteilung von Auskünften nach § 836 Abs. 3 ZPO **auffordern**. Der Gläubiger kann und sollte das Auskunftsverlangen bereits schon mit der deklaratorischen Zustellung des Pfändungs- und Überweisungsbeschlusses an den Schuldner stellen (vgl. § 829 Abs. 2 S. 2 ZPO). Möglich ist dies auch später, etwa erst nach der Vorlage der Drittschuldnererklärung, um gezielte Fragen stellen zu können. Zu beachten ist dabei, dass der Zugang des Auskunftsverlangens dokumentiert wird, weil dies eine Nachweisvoraussetzung für das weitere Offenbarungsverfahren bei verweigerter Mitwirkung ist. Für das weitere Verfahren reicht die Glaubhaftmachung der Absendung durch Vorlage einer eidesstattlichen Versicherung oder des Einlieferungsbeleges bei der Post.[263] Zur Vorbereitung dessen sollte der jeweils die Postsendung aufgebende Mitarbeiter dies mittels Aktenvermerk festhalten, damit später keine Schwierigkeiten entstehen. Auch hier gilt: Eine telefonische Kontaktaufnahme kann effektiver sein als die förmliche Einleitung des Offenbarungsverfahrens.[264] Anders als bei der Drittschuldnererklärung ist der Gerichtsvollzieher aber nicht verpflichtet, die ursprüngliche Auskunft des Schuldners entgegen zu nehmen.*

---

262 AG Sigmaringen, DGVZ 2007, 190.
263 *Stöber*, Rn 622.
264 Vgl. auch *Goebel*, Vollstreckung effektiv 2005, 1.

Vielmehr muss diese vom Schuldner unmittelbar an den Gläubiger oder dessen Bevollmächtigten übersandt werden.

Muster – Antrag zur Abgabe der eidesstattlichen Versicherung gem. § 836 Abs. 3 ZPO 130

An das

Amtsgericht ...

– Gerichtsvollzieherverteilungsstelle –

In der Zwangsvollstreckungssache

des ....Vollstreckungsgläubigers

gegen

den Vollstreckungsschuldner

zeige ich an, dass ich den Gläubiger vertrete. Namens und in dessen Vollmacht stelle ich den Antrag,

einen Termin zur Abgabe der eidesstattlichen Versicherung zu bestimmen und die in § 836 Abs. 3 S. 2 ZPO vorgesehen eidesstattliche Versicherung zu Protokoll zu nehmen. Dabei bitte ich dem Schuldner folgenden Fragenkatalog vorzulegen:

1. Welche Unterhaltsverpflichtungen bestehen?
2. Werden Naturalleistungen bezogen?
3. Werden Urlaubszuschüsse gezahlt?
4. Welche Kündigungsfristen bestehen?
5. Werden regelmäßige Überstunden geleistet?
6. Welche Dauer der Betriebszugehörigkeit ist gegeben?
7. Welche Treueprämien werden gezahlt?

(eventuell weitere Fragen entsprechend dem Einzelfall)

Begründung

Der Gläubiger hat gem. beigefügtem Pfändungs- und Überweisungsbeschluss des Vollstreckungsgerichts – Amtsgerichts – ... vom ... (Az.: ... M .../...) das zukünftige Arbeitseinkommen des Schuldners gegen den Drittschuldner ... gepfändet und sich überweisen lassen.

Mit Schreiben vom ... hat der Gläubiger den Schuldner mit Fristsetzung bis zum ... aufgefordert, im Hinblick auf die Geltendmachung der gepfändeten Forderung Angaben über den Umfang und sonstige Einzelheiten Auskunft zu erteilen, insbesondere hat er die obigen Fragen gestellt.

Der Schuldner hat auf dieses Schreiben bis heute nicht geantwortet. Er ist deshalb nach § 836 Abs. 3 S. 2 ZPO verpflichtet, insoweit die eidesstattliche Versicherung abzugeben. Von dem Protokoll der eidesstattlichen Versicherung werden Abschriften erbeten.

Sollte der Schuldner im Termin nicht erscheinen oder die Abgabe der eidesstattlichen Versicherung ohne Grund verweigern, wird weiter beantragt, **Haftbefehl** gem. § 802g ZPO gegen ihn zu erlassen und eine Ausfertigung des Haftbefehls zu erteilen.

Sollte der Gerichtsvollzieher des angegangenen Gerichts nicht zuständig sein, bitten wir, diesen Antrag an das zuständige Gericht abzugeben (weiterzuleiten) und uns davon zu benachrichtigen.

gez. Rechtsanwalt

bb) Pflicht zur Herausgabe von Urkunden (§ 836 Abs. 3 S. 1 ZPO)

131 Der Schuldner muss die über die **Forderung vorhandenen Urkunden herausgeben** (§ 836 Abs. 3 S 1 ZPO). Diese Herausgabepflicht betrifft Urkunden, die den Gläubiger als zur Empfangnahme der Leistung berechtigt legitimieren, sowie solche, die den Bestand der Forderung beweisen oder sonst der Ermittlung oder dem Nachweis ihrer Höhe, Fälligkeit oder Einredefreiheit dienen.[265] Die Auskunfts- und Herausgabepflicht dient den Interessen des Gläubigers, die zur Durchsetzung der (gepfändeten) Forderung notwendigen Informationen zu erhalten.[266] Der Gläubiger soll hierdurch in die Lage versetzt werden, die Aussichten einer Drittschuldnerklage überprüfen und notfalls eine solche exakt beziffern zu können. Unnötige und risikobehaftete Drittschuldnerklagen sollen dadurch vermieden werden. Aus diesem Sinn und Zweck folgt, dass die Vorschrift weit auszulegen ist. Die Norm beschränkt die Herausgabepflicht nicht auf Urkunden aus der Zeit nach der Pfändung.

132 Entscheidend ist, ob die Urkunden Beweis- und Überprüfungszwecken im Hinblick auf die gepfändete Forderung dienen. Für das Bestehen dieser Pflicht bzgl. der entsprechen-

---

265 BGH, Vollstreckung effektiv 2012, 74 = ZBB 2012, 231 = LMK 2012, 333523 = DB 2012, 1507 = WM 2012, 542 = EBE/BGH 2012, 98 = NJW 2012, 1081 = ZInsO 2012, 599 = ZIP 2012, 890 = MDR 2012, 546 = DGVZ 2012, 95 = ZD 2012, 273 = JurBüro 2012, 323 = NJ 2012, 303; BGH, Vollstreckung effektiv 2012, 74; Vollstreckung effektiv 2007, 41 = NJW 2007, 606 = DGVZ 2007, 26 = WM 2007, 454 = NZA-RR 2007, 142 = ZVI 2007, 63 = FamRZ 2007, 462 = BGHReport 2007, 363 = MDR 2007, 607 = InVo 2007, 245 = Rpfleger 2007, 209 = KKZ 2010, 43 = FA 2007, 82 = FamRB 2007, 137 = FoVo 2008, 162.

266 BGH, Vollstreckung effektiv 2012, 74 = ZBB 2012, 231 = LMK 2012, 333523 = DB 2012, 1507 = WM 2012, 542 = EBE/BGH 2012, 98 = NJW 2012, 1081 = ZInsO 2012, 599 = ZIP 2012, 890 = MDR 2012, 546 = DGVZ 2012, 95 = ZD 2012, 273 = JurBüro 2012, 323 = NJ 2012, 303; BGH, Vollstreckung effektiv 2007, 41 = NJW 2007, 606 = DGVZ 2007, 26 = WM 2007, 454 = NZA-RR 2007, 142 = ZVI 2007, 63 = FamRZ 2007, 462 = BGHReport 2007, 363 = MDR 2007, 607 = InVo 2007, 245 = Rpfleger 2007, 209 = KKZ 2010, 43 = FA 2007, 82 = FamRB 2007, 137 = FoVo 2008, 162; BGH, Vollstreckung effektiv 2007, 41 = NJW 2007, 606 = DGVZ 2007, 26 = WM 2007, 454 = NZA-RR 2007, 142 = ZVI 2007, 63 = FamRZ 2007, 462 = BGHReport 2007, 363 = MDR 2007, 607 = InVo 2007, 245 = Rpfleger 2007, 209 = KKZ 2010, 43 = FA 2007, 82 = FamRB 2007, 137 = FoVo 2008, 162; BGH, WM 2013, 639 = MDR 2013, 548 = ZIP 2013, 902 = FamRZ 2013, 877 = DGVZ 2013, 110 = NJW-RR 2013, 766 = Rpfleger 2013, 402 = KKZ 2013, 142 = JurBüro 2013, 386 = Vollstreckung effektiv 2013, 74 = Vollstreckung effektiv 2013, 78 = ZBB 2013, 184 = NJW 2013, 2038.

E. Pfändungswirkungen § 5

den Urkunden ist ihre Aufführung im Überweisungsbeschluss nicht von Belang. Bedeutung erlangt dies erst bei der möglichen Vollstreckung. Eine Befugnis des Gläubigers, eine darüber hinausgehende Mitwirkung des Schuldners bei der Beitreibung, insbesondere **rechtsgestaltende Handlungen** zu verlangen und zu erzwingen, ist der Vorschrift nicht zu entnehmen.[267]

Unter die herauszugebenden Urkunden fallen: **133**

- **Bescheide über öffentlich-rechtliche Leistungen und Rentenbescheide**[268]
- **Bescheinigung einer Schuldnerberatungsstelle** im Sinne von § 305 Nr. 1 InsO[269]
- Nachweise, welche gem. § 850k Abs. 2, Abs. 5 S. 2 ZPO zur Erhöhung der Pfändungsfreibeträge (**P-Konto**) führen können.[270] Der Gläubiger kann im Umfang seines Herausgabeanspruchs die Bezeichnung der herauszugebenden Urkunden im Pfändungs- und Überweisungsbeschluss verlangen. Zwar ist eine den Vollstreckungszugriff ermöglichende genaue Bezeichnung i.S.v. § 836 Abs. 3 S. 5 ZPO nicht möglich, da nicht feststeht, welche Urkunden der Schuldner dem Kreditinstitut vorlegen kann. Der Gläubiger hat aber ein berechtigtes Interesse an einer Herausgabeanordnung im Pfändungs- und Überweisungsbeschluss, die eine Bestimmung durch den Schuldner ermöglicht.[271]
- **Sparbücher**[272]
- **Versicherungspolicen**[273]
- Schuldscheine, Mietverträge, Arbeitsverträge

---

267 Zur Vornahme von Verfahrenshandlungen im Steuerfestsetzungsverfahren vgl. BGH, Vollstreckung effektiv 2008, 100 = FoVo 2008, 160 = FamRB 2008, 240 = FamRZ 2008, 1174 = KKZ 2010, 63 = DGVZ 2008, 156 = BGHReport 2008, 717 = MDR 2008, 765 = Rpfleger 2008, 372 = WM 2008, 931 = NJW 2008, 1675 = BGHZ 176, 79.
268 BGH, WM 2013, 639 = MDR 2013, 548 = ZIP 2013, 902 = FamRZ 2013, 877 = DGVZ 2013, 110 = NJW-RR 2013, 766 = Rpfleger 2013, 402 = KKZ 2013, 142 = JurBüro 2013, 386 = Vollstreckung effektiv 2013, 74 = Vollstreckung effektiv 2013, 78 = ZBB 2013, 184 = NJW 2013, 2038; LG Regensburg, Rpfleger 2002, 468; LG Stuttgart, InVo 2002, 514; LG Essen, JurBüro 2001, 153; AG Dortmund, JurBüro 2008, 100; AG Wuppertal, JurBüro 2007, 495.
269 BGH, WM 2013, 639 = MDR 2013, 548 = ZIP 2013, 902 = FamRZ 2013, 877 = DGVZ 2013, 110 = NJW-RR 2013, 766 = Rpfleger 2013, 402 = KKZ 2013, 142 = JurBüro 2013, 386 = Vollstreckung effektiv 2013, 74 = Vollstreckung effektiv 2013, 78 = ZBB 2013, 184 = NJW 2013, 2038.
270 BGH, WM 2013, 639 = MDR 2013, 548 = ZIP 2013, 902 = FamRZ 2013, 877 = DGVZ 2013, 110 = NJW-RR 2013, 766 = Rpfleger 2013, 402 = KKZ 2013, 142 = JurBüro 2013, 386 = Vollstreckung effektiv 2013, 74 = Vollstreckung effektiv 2013, 78 = ZBB 2013, 184 = NJW 2013, 2038; LG Dresden, FoVo 2011, 149.
271 Vgl. BGH, Vollstreckung effektiv 2006, 147 = WM 2006, 1684 = FamRZ 2006, 1272 = DGVZ 2006, 134 = BGHReport 2006, 1325 = ZVI 2006, 391 = JurBüro 2006, 547 = NJW-RR 2006, 1576 = MDR 2007, 50 = KKZ 2009, 183 = FamRB 2006, 365 = FoVo 2008, 161 m.w.N.
272 AG Gummersbach, Beschl. v. 20.10.2016 – 61 M 1986/16; AG Bremen, JurBüro 1998, 605.
273 OLG Frankfurt/Main, JurBüro 1977, 855; LG Darmstadt, DGVZ 1991, 9.

- **Lohn- und Gehaltsabrechnungen**[274] bzw. **Verdienstbescheinigungen**[275]
- **Geschäftsführeranstellungsverträge**[276]
- **Vereinbarungen über Sicherungsabtretungen**[277]
- **Nachweise über vorrangige Pfändungen**[278]
- **Schuldanerkenntnis des Drittschuldners, Belege über Ratenzahlungen**[279]
- **Kontoauszüge:** Hat der Gläubiger Ansprüche des Schuldners gegen ein Kreditinstitut gepfändet, die sowohl auf Auszahlung der positiven Salden gerichtet sind als auch auf die Auszahlung des dem Schuldner eingeräumten Kredits, muss in den Pfändungs- und Überweisungsbeschluss auf Antrag des Gläubigers die Pflicht zur Herausgabe sämtlicher Kontoauszüge aufgenommen werden.[280] Eine Anordnung des Vollstreckungsgerichts im Pfändungs- und Überweisungsbeschluss dahingehend, dass dem Schuldner gestattet wird, Schwärzungen in den Kontoauszügen vorzunehmen, kommt nicht in Betracht.[281] Diese sind somit herauszugeben, soweit sie dem Gläubiger die Einziehung der Forderung in dem dargestellten Sinn erleichtern,[282] wobei die Herausgabe von Kopien der Kontoauszüge genügt.[283] Die gesamten Kontoauszüge sind grds. geeignet, die einredefreie Forderung des Gläubigers gegen das Kreditinstitut zu belegen und insoweit die Durchsetzung der Forderung zu erleichtern. In Rechtsprechung und Literatur ist allerdings strittig, ob und inwieweit die Anordnung auf Herausgabe der Kontoauszüge zu beschränken ist. Die Anordnung ist auch nicht wegen des Verbots einer unzulässigen **Ausforschungspfändung** einzuschränken. Die vom Schuldner vorzulegenden Kontoauszüge können zwar mehr Informationen ent-

---

274 BGH, Vollstreckung effektiv 2007, 41: ab den letzten 3 Monaten vor Zustellung des Pfändungs- und Überweisungsbeschlusses; LG Köln, DGVZ 2002, 186; a.A. LG Bochum, JurBüro 2000, 437.
275 OLG Hamm, JurBüro 1995, 163; LG Stuttgart, Rpfleger 1998, 166; LG Augsburg, JurBüro 1996, 386; LG Koblenz, JurBüro 1996, 664; *Stöber*, Rn 945d.
276 LG Heidelberg, JurBüro 1995, 383.
277 LG Paderborn, JurBüro 2002, 159; LG München II, InVo 2001, 64; LG Stuttgart, 4.11.1997 – 10 T 404/97 – juris.
278 LG Frankfurt/Main, InVo 2002, 516; LG Stuttgart, Rpfleger 1998, 166; LG Bielefeld, JurBüro 1995, 384.
279 LG Hof, DGVZ 1991, 138.
280 BGH, Vollstreckung effektiv 2012, 74 = ZBB 2012, 231 = LMK 2012, 333523 = DB 2012, 1507 = WM 2012, 542 = EBE/BGH 2012, 98 = NJW 2012, 1081 = ZInsO 2012, 599 = ZIP 2012, 890 = MDR 2012, 546 = DGVZ 2012, 95 = ZD 2012, 273 = JurBüro 2012, 323 = NJ 2012, 303; BGH, Vollstreckung effektiv 2012, 74; BGH, JurBüro 2013, 41.
281 BGH, Vollstreckung effektiv 2012, 78.
282 BGH, Vollstreckung effektiv 2012, 74; vgl. auch BGHZ 165, 53 = Vollstreckung effektiv 2006, 115 = DB 2006, 276 = WM 2005, 2375 = NJW 2006, 217 = Vollstreckung effektiv 2006, 25 = MDR 2006, 220 = Rpfleger 2006, 140 = KKZ 2007, 115; LG Landshut, Rpfleger 2009, 39; LG Stendal, Rpfleger 2009, 397; LG Wuppertal, DGVZ 2007, 90; a.A. LG Stuttgart, Rpfleger 2008, 211; AG Singen, ZVI 2011, 262; AG Göppingen, DGVZ 1989, 29; Abgrenzung BGHZ 165, 53; LG Konstanz, ZVI 2011, 257; LG Verden, Rpfleger 2010, 95; AG Dresden, JurBüro 2009, 610; AG Wuppertal, DGVZ 2006, 93.
283 Vgl. Zöller/*Herget*, § 836 Rn 14; *Stöber*, Rn 624.

halten, als der Gläubiger für die Zwangsvollstreckung benötigt. Das hat der Schuldner auf der Grundlage der weit auszulegenden Vorschrift des § 836 Abs. 3 S. 1 ZPO[284] aber grds. hinzunehmen. Eine gewisse Ausforschung ist auch sonst dem Zwangsvollstreckungsverfahren nicht fremd.[285] In Rechtsprechung und Literatur werden unterschiedliche Auffassungen vertreten. Zum Teil wird die Herausgabepflicht ohne Einschränkungen bejaht,[286] zum Teil wird sie insgesamt verneint.[287] Vertreten werden auch vermittelnde Ansichten, die eine Herausgabepflicht unter Einschränkungen annehmen.[288] Eine etwaige **Verletzung** des Rechts des Schuldners **auf Geheimhaltung oder informationelle Selbstbestimmung** durch Preisgabe der in den Kontoauszügen enthaltenen Informationen muss der Schuldner im Wege der **Erinnerung** nach § 766 ZPO geltend machen. Der Gerichtsvollzieher kann aber in entsprechender Anwendung des § 765a Abs. 2 ZPO die Herausgabe der Kontounterlagen an den Gläubiger um bis zu eine Woche aufschieben.

- **Vollstreckungstitel**, sofern sich solche Titel im Besitz des Schuldners befinden.[289]

Nicht unter die Herausgabepflicht fallen: **134**

- **EC-Karten**[290]
- **Lohnsteuerkarten** nur i.R.d. Drittschuldnerprozesses oder wenn der Gläubiger am Steuerfestsetzungsverfahren beteiligt ist.[291] Datenschutzbestimmungen nach §§ 67ff. SGB 10 stehen nicht entgegen. In Ausnahmefällen kann der Sozialleistungsträger vor Herausgabe eines Leistungsbescheides Daten, die der Gläubiger zur Geltendmachung der gepfändeten Forderung nicht benötigt, durch Schwärzung anonymisieren.[292]

---

284 BGH, DGVZ 2007, 26 = WM 2007, 454 = BGHReport 2007 = MDR 2007, 607 = Rpfleger 2007, 209 = Vollstreckung effektiv 2007, 41 = FoVo 2008, 162.
285 Vgl. BGH, NJW 2004, 2096 = Vollstreckung effektiv 2004, 93 = ZIP 2004, 1380 = Rpfleger 2004, 572 = MDR 2004, 834 = JurBüro 2004, 391 = WM 2004, 934; *Bitter*, WuB VI E. § 829 ZPO 4.04.
286 LG Stendal, Rpfleger 2009, 397; LG Landshut, Rpfleger 2009, 39; LG Wuppertal, DGVZ 2007, 90; Musielak/*Becker*, § 836 Rn 7; Zöller/*Herget*, § 836 Rn 13.
287 LG Duisburg, Beschl. v. 31.1.2012 – 7 T 7/12 – juris; LG Dresden, JurBüro 2010, 663; LG Stuttgart, Rpfleger 2008, 211; AG Singen, ZVI 2011, 262 f.; AG Göppingen, DGVZ 1989, 29.
288 AG Wuppertal, DGVZ 2006, 93 – herauszugeben sind nur Auszüge über den positiven Saldo; ebenso LG Verden, Rpfleger 2010, 9; *Stöber*, Rn 623b– Herausgabepflicht mit der Möglichkeit zur Schwärzung einzelner Buchungen; ebenso AG Dresden, JurBüro 2009, 610; *Kohte/Busch*, VuR 2006, 66 (67) – Herausgabe des Kontoauszugs, aus dem sich der Quartalssaldo ergibt; LG Konstanz, ZVI 2011, 257 – Herausgabeanordnung erst nach Vorlage von Drittschuldnerauskünften.
289 BGH, JurBüro 2010, 440; vgl. auch AG Dortmund, JurBüro 2008, 100; AG Wuppertal, JurBüro 2007, 495; LG Regensburg, Rpfleger 2002, 468; LG Essen, JurBüro 2001, 153.
290 BGH, DGVZ 2003, 120 = NJW 2003, 1256 = JurBüro 2003, 440 = InVo 2003, 242; LG Frankfurt/Oder – 6 (a) T 143/99; LG Stuttgart, Rpfleger 1994, 471; einschränkend LG Münster, InVo 2001, 31, das eine Herausgabepflicht an die Bank, nicht an den Gläubiger, für gegeben erachtet; a.A. LG Dortmund, DGVZ 1992, 188.
291 BGH, Vollstreckung effektiv 2004, 37; a.A. BGH, Vollstreckung effektiv 2008, 100 = NJW 2008, 1675.
292 AG Wuppertal, JurBüro 2007, 495.

§ 5 Das Pfändungsverfahren

135 Die vom Schuldner herauszugebenden Urkunden sind im Pfändungs- und Überweisungsbeschluss im Einzelnen zu bezeichnen.[293] Eine besondere Herausgabeanordnung ist grds. nicht erforderlich. Der Gläubiger kann eine solche Anordnung jedoch verlangen, wenn hierdurch die vom Schuldner herauszugebenden Urkunden näher bezeichnet werden sollen.[294] Die Aufnahme einer Herausgabeanordnung im Pfändungs- und Überweisungsbeschluss ist nicht davon abhängig, dass der Gläubiger ein besonderes Rechtsschutzinteresse an der Herausgabe über die Forderung vorhandenen Urkunden im Einzelfall darlegt.[295]

136 *Taktische Hinweise*

Auf Seite 8 bzw. 9 des vorgeschriebenen Vordrucks sind bereits zulässige Herausgabeanordnungen nach § 836 Abs. 3 ZPO vorgesehen.

```
☐ Es wird angeordnet, dass
    ☐ der Schuldner die Lohn- oder Gehaltsabrechnung oder die Verdienstbescheinigung ein-
      schließlich der entsprechenden Bescheinigungen der letzten drei Monate vor Zustellung des
      Pfändungs- und Überweisungsbeschlusses an den Gläubiger herauszugeben hat
    ☐ der Schuldner das über das jeweilige Sparguthaben ausgestellte Sparbuch (bzw. die Sparur-
      kunde) an den Gläubiger herauszugeben hat und dieser das Sparbuch (bzw. die Sparurkunde)
      unverzüglich dem Drittschuldner vorzulegen hat
    ☐ ein von dem Gläubiger zu beauftragender Gerichtsvollzieher für die Pfändung des Inhalts Zutritt
      zum Schließfach zu nehmen hat
    ☐ der Schuldner die Versicherungspolice an den Gläubiger herauszugeben hat und dieser sie
      unverzüglich dem Drittschuldner vorzulegen hat
    ☐ der Schuldner die Bausparurkunde und den letzten Kontoauszug an den Gläubiger herauszuge-
      ben hat und dieser die Unterlagen unverzüglich dem Drittschuldner vorzulegen hat
    ☐ _____
      _____
      _____
      _____
      _____
```

Diese betreffen die Ansprüche A, B, D und F. Soweit unter G oder „gemäß gesonderten Anlage(n)" Ansprüche gepfändet werden, können in dem vorhandenen Freifeld bzw. mittels Anlage durch den Gläubiger weitere Herausgabeanordnungen beantragt werden.

---

[293] BGH, Vollstreckung effektiv 2006, 147 = WM 2006, 1684 = FamRZ 2006, 1272 = DGVZ 2006, 134 = BGHReport 2006, 1325 = ZVI 2006, 391 = JurBüro 2006, 547 = NJW-RR 2006, 1576 = MDR 2007, 50 = KKZ 2009, 183 = FamRB 2006, 365 = FoVo 2008, 161 m.w.N.; LG Hannover, Rpfleger 1994, 221; LG Berlin, Rpfleger 1993, 294; LG Darmstadt, DGVZ 1991, 9.
[294] Vgl. OLG Zweibrücken, JurBüro 1995, 660 (661); LG Heidelberg, JurBüro 1995, 383.
[295] Vgl. LG Augsburg, JurBüro 1996, 386; LG Paderborn, JurBüro 1995, 382; LG Berlin, Rpfleger 1993, 294; *Behr*, JurBüro 1994, 327 (328); a.A. LG Mainz, Rpfleger 1994, 309.

E. Pfändungswirkungen § 5

Wenn auf Seite 3 unten **mehrere Drittschuldner** eingetragen werden, müssen sowohl die zu pfändenden Forderungen auf den Seiten 4 bis 6 bzw. 5 bis 7 sowie die Anordnungen auf den Seiten 8 und 9 den einzelnen Drittschuldnern **zugeordnet** werden.[296]

137

Darüber hinaus wird im Rahmen der **Pfändung von Arbeitseinkommen** („Anspruch A an Arbeitgeber") regelmäßig die zuerst aufgeführte Formulierung angekreuzt:

138

> ☒ Es wird angeordnet, dass
>> ☒ der Schuldner die Lohn- oder Gehaltsabrechnung oder die Verdienstbescheinigung einschließlich der entsprechenden Bescheinigungen der letzten drei Monate vor Zustellung des Pfändungs- und Überweisungsbeschlusses an den Gläubiger herauszugeben hat

Nach dem Wortlaut dieser Formulierung steht dem Gläubiger gem. § 836 Abs. 3 ZPO allerdings nur die Gehalts- bzw. Lohnabrechnung der letzten drei Monate vor Zustellung des Pfändungs- und Überweisungsbeschlusses an den Drittschuldner zu. Der Gläubiger hat hingegen keinen Anspruch auf Herausgabe der laufenden Gehalts- bzw. Lohnabrechnungen.[297] Diese amtliche Formulierung, die sich offensichtlich an die Rechtsprechung des BGH[298] anlehnt, entspricht aber nicht dem, was der BGH entscheiden hat. Der Leitsatz der BGH-Entscheidung gibt nämlich Folgendes wieder:

139

> *„Hat der Gläubiger Ansprüche des Schuldners auf gegenwärtiges und künftiges Arbeitseinkommen pfänden und sich zur Einziehung überweisen lassen, hat der Schuldner **außer den laufenden Lohnabrechnungen** regelmäßig auch die letzten drei Lohnabrechnungen aus der Zeit vor Zustellung des Pfändungs- und Überweisungsbeschlusses an den Gläubiger herauszugeben."*

140

Da das Formular an dieser Stelle unvollständig ist, kann der Gläubiger hier Ergänzungen vornehmen.[299] Ein Gläubiger sollte die oben verwendete Formulierung folgendermaßen abändern:

141

> ☒ Es wird angeordnet, dass
>> ☒ der Schuldner außer den laufenden Lohn- Gehaltsabrechnungen auch die Lohn- oder Gehaltsabrechnung oder die Verdienstbescheinigung einschließlich der entsprechenden Bescheinigung der letzten drei Monate vor Zustellung des Pfändungs- und Überweisungsbeschlusses an den Gläubiger herauszugeben hat (BGH, 20.12.2006, VII ZB 58/06).

---

296 Vgl. BGH, Vollstreckung effektiv 2014, 59 = FoVo 2014, 46 = Vollstreckung effektiv 2014, 74.
297 A.A. LG Ulm, Vollstreckung effektiv 2016, 3 = DGVZ 2015, 226; AG Leipzig, Vollstreckung effektiv 2016, 136 = JurBüro 2016, 325: Formulierung im amtlichen Formular ist i.S.d. BGH-Rechtsprechung auszulegen, sodass auch die laufenden Lohnabrechnungen von der Herausgabeverpflichtung erfasst werden.
298 BGH, NJW 2007, 606 = Grundeigentum 2007, 289 = DGVZ 2007, 26 = WM 2007, 454 = NZA-RR 2007, 142 = ZVI 2007, 63 = FamRZ 2007, 462 = Vollstreckung effektiv 2007, 41.
299 BGH, Vollstreckung effektiv 2014, 59 (74).

§ 5 Das Pfändungsverfahren

142 Grds. hat der Schuldner das **Original** der **Urkunde** herauszugeben. Nur wenn es ausnahmsweise an einem Rechtsschutzbedürfnis fehlt und überwiegende Belange des Schuldners gegen eine Herausgabe des Originals sprechen, reicht eine beglaubigte Abschrift. Nach Gebrauch ist die Urkunde des Schuldners grds. **zurückzugeben**. **Ausnahme**: Der Drittschuldner hat mit dem Forderungsausgleich einen Anspruch auf Herausgabe der Urkunde (z.B. Schuldschein). Die Übergabe der Urkunde an den Drittschuldner ist dann von diesem zu quittieren und die Quittung dem Schuldner zu übergeben nachdem sich der Gläubiger eine beglaubigte Abschrift gefertigt hat.[300]

143 Bei **Verweigerung der Urkundenherausgabe** kann diese auf Gläubigerantrag unter genauer Bezeichnung der jeweiligen Urkunde[301] durch den Gerichtsvollzieher nach § 883 ZPO vollstreckt werden (§ 836 Abs. 3 S. 3 ZPO). Titel ist der Überweisungsbeschluss.[302] Der Überweisungsbeschluss bedarf zur Vollstreckung keiner Vollstreckungsklausel. Er ist allerdings vor der Vollstreckung nach § 750 ZPO zuzustellen. Befindet sich die Urkunde im Besitz eines **Dritten**, der zur **Herausgabe bereit** ist, so kann der Gerichtsvollzieher diese dem Dritten gem. § 809 ZPO analog wegnehmen.[303]

144 *Taktischer Hinweis*

Wenn der Gläubiger hinsichtlich der Urkundenherausgabe den Gerichtsvollzieher beauftragt, muss das verbindliche **Gerichtsvollzieherformular nicht** verwendet werden. Dieses gilt **ausschließlich** für die **Vollstreckung von Geldforderungen** (§ 1 Abs. 1 S. 1 GVFV). Bei allen anderen Vollstreckungsarten darf daher weiterhin ein formloser Auftrag an den Gerichtsvollzieher gestellt werden, also auch bei der Vollstreckung nach § 836 Abs. 3 ZPO. Da Grundlage nicht der Ursprungstitel ist, der eine Zahlungsverpflichtung enthält, sondern der zuvor erlassene Überweisungsbeschluss, handelt sich somit gerade nicht um eine Geldvollstreckung im Sinne der GVFV. Weigert sich der Gerichtsvollzieher dennoch, können Gläubiger hiergegen mittels Erinnerung nach § 766 ZPO vorgehen.

145 Ist der Dritte **nicht zur Herausgabe bereit**, kann der Gläubiger den Herausgabeanspruch gegen den Dritten nach § 886 ZPO pfänden und sich überweisen lassen und sodann die Herausgabe betreiben. I.R.d. Einziehungsprozesses kann sich der Gläubiger aber auch gegenüber. dem erkennenden Gericht auf die Urkunde beziehen und das Gericht auffordern, dem Drittschuldner nach § 142 ZPO aufzugeben, die Urkunde vorzulegen.[304]

---

300 *Goebel*, Vollstreckung effektiv 2005, 1.
301 Bei Lohnabrechnung genügt, dass die nächste Abrechnung herauszugeben ist; OLG Hamm, JurBüro 1995, 163.
302 A.A. BGH, Vollstreckung effektiv 2008, 100 = NJW 2008, 1675: Steuerfestsetzungsverfahren.
303 *Stöber*, Rn 625a.
304 *Goebel*, Vollstreckung effektiv 2005, 1.

E. Pfändungswirkungen § 5

Nach Ablieferung an den Vollstreckungsgläubiger gehen die Urkunden nicht in das Eigentum desselben über. Er muss sie vielmehr nach Beendigung der Zwangsvollstreckung an den Schuldner zurückgeben. Bei Überweisung an Zahlungs statt gilt für die Schuldurkunden im eigentlichen Sinne allerdings die Bestimmung des § 952 BGB.

Muster – Antrag auf Hilfspfändung gem. § 836 Abs. 3 S. 3 ZPO

An das

Amtsgericht ...

– Gerichtsvollzieherverteilungsstelle –

In der Zwangsvollstreckungssache

Vollstreckungsgläubiger

gegen

Vollstreckungsschuldner

zeige ich an, dass ich den Gläubiger vertrete.

Namens und in dessen Vollmacht beantrage §§ 836 Abs. 3 S. 3, 883 ZPO im Wege der Hilfspfändung dem Schuldner folgende Urkunde (genaue Bezeichnung) wegzunehmen und dem Gläubiger zu übergeben.

Begründung

Der Gläubiger hat gem. beigefügtem Pfändungs- und Überweisungsbeschluss des Vollstreckungsgerichts – Amtsgerichts – ... vom ... (Az.: ... M .../...) die Forderung des Schuldners gegen den Drittschuldner auf ... gepfändet und sich überweisen lassen.

Beweis: Ausfertigung des Pfändungs- und Überweisungsbeschluss des Vollstreckungsgerichts – Amtsgerichts – ... vom ... (Az.: ... M .../...)

Im Pfändungs- und Überweisungsbeschluss wurde angeordnet, dass der Schuldner gem. § 836 Abs. 3 S. 1 ZPO dem Gläubiger die Urkunde ... (Genaue Bezeichnung) herauszugeben hat.

Der Gläubiger hat den Schuldner mit Schreiben vom ... aufgefordert die Urkunde an den Gläubiger auszuhändigen.

Beweis: Schreiben des Gläubigers an den Schuldner vom ...

Da der Schuldner bis dato dem Herausgabeverlangen des Gläubigers nicht nachgekommen ist, kann der Gläubiger die Herausgabevollstreckung beantragen.

gez. Rechtsanwalt

cc) Rechtsstellung des Drittschuldners

148 Der Drittschuldner hat ein berechtigtes Interesse an Rechtssicherheit. Dies ergibt sich aus § 836 Abs. 2 ZPO.[305] Der Anwendungsbereich dieser Vorschrift ist nach ihrem **Schutzzweck** abzugrenzen und erstreckt sich nach Wortlaut, Systematik und Zweck dieser Regelung nur auf von deutschen Vollstreckungsgerichten erlassene Überweisungsbeschlüsse.[306] Nur solche schützen das Vertrauen des gutgläubigen Drittschuldners darauf, an den im Überweisungsbeschluss genannten Gläubiger befreiend leisten zu dürfen.[307] Hiernach gilt der Überweisungsbeschluss, auch wenn er zu Unrecht erlassen wurde, zugunsten des Drittschuldners dem Schuldner gegenüber solange als rechtsbeständig, bis er aufgehoben wird und die Aufhebung zur Kenntnis des Drittschuldners gelangt.[308] Daraus folgt, dass der Drittschuldner im Vertrauen auf den Überweisungsbeschluss an den Gläubiger leisten darf, ansonsten müsste er zugunsten von Gläubiger und Schuldner hinterlegen. Der Drittschuldner wird dadurch dem Schuldner gegenüber auch dann befreit, wenn sich später herausstellt, dass der Überweisungsbeschluss fehlerhaft war.

149 Dieser Schutzzweck gilt auch im **Insolvenzverfahren**, weil die Frage, ob es sich tatsächlich um eine Vollstreckungsmaßnahme eines einzelnen Insolvenzgläubigers und eine Vollstreckung in die Insolvenzmasse handelt, im Einzelfall Streitfragen aufwerfen kann.[309] Die Antwort ist für den Drittschuldner nicht stets erkennbar. Gleiches gilt für den Zeitpunkt, zu dem die Vollstreckungsmaßnahme durchgeführt worden ist. Da §§ 88, 89 InsO nur bestimmte Vollstreckungsmaßnahmen verbieten, ist es für den an der Vollstreckung nicht beteiligten Drittschuldner erforderlich, auf rechtssichere Weise Gewissheit zu erhalten, ob die gepfändeten Forderungen noch der Verstrickung unterliegen oder nicht.[310]

150 Zwar bezieht sich der Wortlaut des § 836 Abs. 2 ZPO nur auf das Rechtsverhältnis zwischen Drittschuldner und Pfändungsschuldner. Nach richtiger Auffassung des BGH ist diese Bestimmung jedoch auch auf das Verhältnis zwischen Drittschuldner und Pfändungsgläubiger des Schuldners anzuwenden.[311] Da ein Pfändungsgläubiger mit der Pfän-

---

305 BGH, WM 2011, 1378.
306 LSG Niedersachsen-Bremen, IPRspr 2012, Nr. 287, 656.
307 BGH, NJW 1994, 3225 = WM 1994, 2033 = ZIP 1994, 1720 = Rpfleger 1995, 119 = KTS 1995, 86 = ZZP 108, 250 = KKZ 1995, 140; LAG Schleswig-Holstein, Urt. v. 6.3.2014 – 4 Sa 295/13 –, juris, OLG Thüringen, FuR 2012, 449.
308 BSG, KKZ 1993, 96; LAG Nordrhein-Westfalen, Urt. v. 25.10.2015 – L 11 KA 18/14 –, Rn 27, juris; LAG Nürnberg, AE 2014, 255; Verwaltungsgericht München, Urt. v. 6.12.2004 – M 12 K 03.4720; LG Lüneburg, JurBüro 2008, 497.
309 BGH, DGVZ 2017, 238 = Rpfleger 2018, 93 = NJW-Spezial 2017, 757 = JurBüro 2018, 49 = Vollstreckung effektiv 2018, 26.
310 BGH, DGVZ 2017, 238 = Rpfleger 2018, 93 = NJW-Spezial 2017, 757 = JurBüro 2018, 49 = Vollstreckung effektiv 2018, 26.
311 BGHZ 66, 394 = DB 1976, 1669 = WM 1976, 980 = Rpfleger 1976, 298 = KTS 1977, 40; LAG Schleswig-Holstein, Urt. v. 6.3.2014 – 4 Sa 295/13 –, juris.

dung und Überweisung einer Forderung dem Drittschuldner gegenüber an die Stelle seines ursprünglichen Gläubigers, des Pfändungsschuldners tritt, rechtfertigt sich die Annahme, dass auch jedem Pfändungsgläubiger gegenüber die vom Gesetz für den Drittschuldner gewollte Schutzwirkung eintritt. Diese Schutzwirkung umfasst auch den durch den Zeitpunkt der Pfändung bestimmten Rang einer Forderungsüberweisung.

Ist der **Überweisungsbeschluss von vornherein** – also schon vor der Aufhebung – **unwirksam**, d.h. nichtig, kann es an einer **Schutzbedürftigkeit des Drittschuldners fehlen**. Das ist der Fall, wenn dieser die Tatsachen kennt, welche die Unwirksamkeit begründen und aus ihnen in vergleichbarer Eindeutigkeit wie bei einer Aufhebung auf die Rechtsfolge der Unwirksamkeit schließen muss. Wenn sich dem Drittschuldner daher schon aus dem bekannten Sachverhalt ohne Weiteres ernsthafte Zweifel an der Rechtswirksamkeit der hoheitlichen Beschlagnahme aufdrängen müssen, ist ihm zuzumuten, diese Zweifel von einem Rechtskundigen ausräumen oder bestätigen zu lassen. Ein Drittschuldner, der solchen auf der Hand liegenden Bedenken nicht nachgeht, sondern sich rechtsblind stellt, wird nicht geschützt.[312] Dies ist beispielsweise der Fall, wenn der Überweisungsbeschluss wegen **eines offenkundigen schweren Fehlers nichtig** ist. Der BGH hat eine derartige Offenkundigkeit in einem Fall angenommen, in welchem einer Bank ein Überweisungsbeschluss zugestellt wurde, der als zugrundeliegenden Titel ausdrücklich einen kraft Gesetzes unzureichenden (§§ 916 Abs. 1, 930 ZPO) Arrestbefehl nannte.[313] Dahingegen hat der BGH entschieden, dass ein Drittschuldner, welcher an einen Vollstreckungsschuldner leistet, obwohl sich aus der Bezeichnung der Forderung im Pfändungs- und Überweisungsbeschluss, der Vollstreckungsschuldner nicht zweifelsfrei als Gläubiger der Forderung ergibt, auf eigene Gefahr leistet. Dieser kann er entgehen, indem er den geschuldeten Betrag nach Maßgabe der §§ 372 ff. BGB hinterlegt.[314] Denn auf die materielle Berechtigung des Vollstreckungsschuldners kann sich die Wirkung einer Pfändung, die stets nur sein angebliches Recht erfasst, nie erstrecken.

151

Der Schutz des **Drittschuldners gilt nur gegenüber** dem **Schuldner**. Ist bereits die Pfändung ins Leere gegangen, weil die Forderung zu diesem Zeitpunkt einem Dritten zugestanden hat, wird der Drittschuldner bei einer Zahlung an den Gläubiger diesem Dritten als Forderungsinhaber gegenüber nicht befreit; hier können dem Drittschuldner höchstens

152

---

312 Vgl. BGH, NJW 1993, 933 = WM 1993, 379 = MDR 1993, 214 = ZIP 1993, 517 = VersR 1993, 436 = DB 1993, 479 = ZAP Fach 2, 135 = JuS 1993, 780; NJW 1993, 2741 = WM 1993, 1896 = MDR 1993, 1244 = DB 1993, 2326.
313 BGHZ 121, 98 = WM 1993, 429 = NJW 1993, 735 = JA 1993, 186 = MDR 1993, 578 = Rpfleger 1993, 292 = KTS 1993, 280 = KKZ 1993, 194 = ZZP 107, 98 = ZAP EN-Nr. 215/93; dazu *Summ*, WuB VI E. § 836 ZPO 1.93; *Walker*, ZZP 107 (105).
314 BGH, NJW 1988, 495 = DB 1987, 1933 = WM 1987, 979 = MDR 1987, 1021 = Rpfleger 1987, 464 = JuS 1988, 909 = KTS 1987, 744 = EWiR 1987, 1143 = JA 1987, 569; NJW 1987, 1703 = BGHZ 100, 36 = WM 1987, 434 = DB 1987, 778 = MDR 1987, 494 = JZ 1987, 931 = JR 1987, 410 = ZZP 101, 426 = ZIP 1987, 601 = JuS 1987, 911 = KTS 1987, 295 = JA 1987, 377.

– und auch nur, falls die Wirkungslosigkeit der Pfändung auf eine Abtretung der Forderung vor Zustellung des Pfändungsbeschlusses an den Drittschuldner zurückzuführen ist – dieser also letztlich keine Kenntnis hatte – die §§ 408 Abs. 2, 407 BGB helfen.

153 Der **Vollstreckungsschuldner** verliert gem. § 836 Abs. 2 ZPO seine **Forderung gegen den Drittschuldner**.[315] Für den Drittschuldner gelten analog § 412 BGB allerdings auch die dort genannten Schutzvorschriften. Er kann daher Einwendungen gegenüber dem Schuldner (§§ 393, 1257, 404 BGB) und dem Gläubiger geltend machen und letzterem gegenüber somit auch mit eigenen Forderungen aufrechnen, weil die Überweisung die für § 387 BGB erforderliche Gegenseitigkeit herstellt.[316] Hinsichtlich der **Aufrechnung** gilt, dass die Forderungen bereits vor der Zustellung des Überweisungsbeschlusses bestanden haben müssen, nicht erst nach der Pfändung und später als die gepfändete Forderung fällig geworden sind.[317] **Einwendungen**, die jedoch **nur** dem **Schuldner gegen den Gläubiger zustehen**, kann der **Drittschuldner** hingegen **nicht** geltend machen. Er kann aber die Nichtigkeit des Pfändungs- und Überweisungsbeschluss geltend machen[318] und dem Gläubiger auch die Einstellung der Zwangsvollstreckung entgegenhalten, was den Drittschuldner wiederum zur Hinterlegung verpflichtet. Bei der Pfändung von Forderungen auf Zahlung gegenwärtiger und künftiger Geldleistungen ist der Drittschuldner dem Gläubiger zur Auskunfts- und Rechnungslegung verpflichtet.[319]

154 Nach h.M. ist der Schutz auch auf den Fall der **Mehrfachpfändung** bzgl. des **Rangs der Überweisung** entsprechend anzuwenden.[320] Werden daher dem Drittschuldner bspw. nacheinander zwei dieselbe Forderung betreffende Überweisungsbeschlüsse zugunsten verschiedener Gläubiger zugestellt, darf er mit befreiender Wirkung an den Gläubiger zahlen, dessen Pfändungsbeschluss ihm zuerst zugestellt worden ist (§ 804 Abs. 3 ZPO) und wird auch dann befreit, wenn gerade dieser Pfändungsbeschluss oder der zugehörige Überweisungsbeschluss später aufgehoben wird. Der Schutz des Drittschuldners nach § 836 Abs. 2 ZPO ist auch dann geboten, wenn dieser an einen seinem Pfandrecht nach nachrangigen Gläubiger leistet, die **Rangvorberechtigung** anderer Gläubiger ihm aber **unbekannt** war.[321] Damit soll der Drittschuldner, der nach einem ihm zugestellten Pfändungs- und Überweisungsbeschluss verfährt, bei einer Aufhebung des Pfändungs- und Überwei-

---

315 BGH, NJW 1994, 3225 = WM 1994, 2033 = ZIP 1994, 1720 = Rpfleger 1995, 119 = KTS 1995, 86 = ZZP 108, 250 = KKZ 1995, 140.
316 Musielak/*Becker*, § 835 Rn 13.
317 BGH, MDR 1980, 303 = Rpfleger 1980, 98 = NJW 1980, 584 = DRsp I(128) 129 = BauR 1980, 182 = WM 1980, 83 = DB 1980, 733 = JR 1980, 278.
318 BAG, NJW 1989, 2148 = ZIP 1989, 738 = DB 1989, 1631 = MDR 1989, 852 = NZA 1989, 821 = EWiR 1989, 621 = ZAP EN-Nr. 130/89.
319 AG Calw, JurBüro 2001, 109.
320 BGHZ 66, 394 = DB 1976, 1669 = WM 1976, 980 = Rpfleger 1976, 298 = KTS 1977, 40; RGZ 164, 162; OLG Hamm, EWiR 1990, 619; Thomas/Putzo/*Seiler*, § 836 Rn 9.
321 LAG Köln, AE 2007, 174.

sungsbeschlusses vor Ansprüchen des Schuldners für die Zeit vor Bekanntwerden des Aufhebungsbeschlusses geschützt werden. Ein solcher Schutz ist auch bei einer dem Drittschuldner unbekannten Rangbevorrechtigung anderer Gläubiger geboten.[322] Bei Unsicherheit hat der Drittschuldner im Zweifel – auf Verlangen des Gläubigers ist er hierzu verpflichtet – zu **hinterlegen** (§ 853 ZPO).

Zahlt der Drittschuldner fehlerhafterweise an einen nachrangigen Gläubiger, ist er gem. §§ 407, 408 BGB geschützt. Bleibt der Drittschuldner dem vorrangigen Gläubiger verpflichtet, kann er von dem nachrangigen wegen Zweckverfehlung aus § 812 BGB Herausgabe verlangen und muss sich nicht an den Schuldner halten.[323]

155

Gelangt der Pfändungs- und Überweisungsbeschluss trotz wirksamer Zustellung nicht zur Kenntnis des Drittschuldners (etwa, weil er durch Niederlegung zugestellt und die Benachrichtigung über die Niederlegung dem Drittschuldner entwendet wird, bevor er sie zur Kenntnis nehmen kann), sind nach h.M. die §§ 1275, 407 BGB entsprechend anzuwenden, sodass der Drittschuldner durch Zahlung an den Schuldner auch dem Gläubiger gegenüber befreit wird.[324]

156

Dem **Drittschuldner** stehen im **Einziehungsprozess** alle **materiell-rechtlichen Einwendungen** gegen den Zahlungsanspruch zu, die er auch dem Schuldner gegenüber bis zur Überweisung der Forderung hätte geltend machen können.[325] Hinsichtlich der **Aufrechnung** gilt, dass die Forderungen bereits vor der Zustellung des Überweisungsbeschlusses bestanden haben müssen, nicht erst nach der Pfändung und später als die gepfändete Forderung fällig geworden sind.[326] **Förmliche Mängel** des Vollstreckungsverfahrens können im Einziehungsprozess nur dann geltend gemacht werden, wenn sie die Nichtigkeit der Pfändung und Überweisung zur Folge haben.[327] Der Drittschuldner kann mit Erfolg im Einziehungsprozess geltend machen, der Beschluss sei ihm nicht wirksam zugestellt worden, die Überweisung sei wegen Verstoßes gegen § 46 Abs. 6 AO nichtig oder/und sie sei im Pfändungs- und Überweisungsbeschluss nicht bestimmt genug bezeichnet gewesen.[328] Förmliche Fehler im Vollstreckungsverfahren, die nicht die Unwirksamkeit des Pfändungs- und Überweisungsbeschlusses nach sich ziehen, son-

157

---

322 Vgl. dazu BAG, NJW 1990, 2641.
323 BGH, NJW 1994, 3225 = WM 1994, 2033 = ZIP 1994, 1720 = Rpfleger 1995, 119 = KTS 1995, 86 = ZZP 108, 250 = KKZ 1995, 140; Musielak/*Becker*, § 835 Rn 16; a.A. OLG München, VersR 1978, 951; Thomas/Putzo/ *Seiler*, § 836 Rn 5.
324 BGHZ 86, 337 = WM 1983, 217 = Rpfleger 1983, 118 = ZIP 1983, 362 = NJW 1983, 886 = MDR 1983, 486 = JR 1983, 318 = JurBüro 1983, 543 = DB 1983, 1146 = JuS 1983, 471; Thomas/Putzo/*Seiler*, § 836 Rn 5.
325 § 404 BGB; OLG Stuttgart, NJW 1960, 204.
326 BGH, MDR 1980, 303 = Rpfleger 1980, 98 = NJW 1980, 584 = DRsp I(128) 129 = BauR 1980, 182 = WM 1980, 83 = DB 1980, 733 = JR 1980, 278.
327 BAGE 61, 109 = ZIP 1989, 738 = ARST 1989, 135 = DB 1989, 1631 = NJW 1989, 2148 = MDR 1989, 852 = NZA 1989, 821.
328 OLG Frankfurt/Main, Rpfleger 1983, 322.

dern nur dessen Anfechtung ermöglichen, sind im Einziehungsprozess so lange ohne Belang, wie die Anfechtung nicht erfolgreich durchgeführt wurde. In diesen Fällen führt erst die Aufhebung des Pfändungs- und Überweisungsbeschlusses zum Verlust des Einziehungsrechts des Gläubigers.

5. Die Wirkungen der Überweisung an Zahlungs statt (§ 835 Abs. 1 Alt. 2 ZPO)

158 Die Überweisung an Zahlungs statt spielt in der gerichtlichen Praxis kaum eine Rolle. Sie darf nur zum **Nennwert** erfolgen (§ 835 Abs. 1 ZPO). Deshalb ist sie in den Fällen unzulässig, in denen die gepfändete Forderung keinen Nennwert hat. Diese Art der Überweisung kommt folglich **nur bei Geldforderungen** in Betracht. **Unzulässig** ist sie, wenn die Forderung von einer Gegenleistung abhängig oder nur nach § 851 Abs. 2 ZPO pfändbar ist. In einigen Fällen schließt das Gesetz ausdrücklich die Überweisung an Zahlungs statt aus: So darf sie nicht erfolgen, wenn der Schuldner nach §§ 711 S. 1, 712 Abs. 1 S. 1 ZPO die Vollstreckung gegen Sicherheitsleistung oder Hinterlegung abwenden darf oder wenn Ansprüche auf Herausgabe oder Leistung körperlicher Sachen gepfändet worden sind (§§ 839, 846, 849 ZPO).

159 Der **Vollstreckungsgläubiger** wird – wie bei der rechtsgeschäftlichen Abtretung einer Forderung nach den §§ 398 ff. BGB – **Inhaber der überwiesenen Forderung** einschließlich der dazugehörenden Nebenrechte (§ 401 BGB), allerdings nur in Höhe der zu vollstreckenden Forderung. Wie bei der Überweisung zur Einziehung ist auch hier der Überweisungsbeschluss kein Titel, sodass der Vollstreckungsgläubiger, wenn der Drittschuldner sich weigert zu leisten, diesen verklagen muss. Die Stellung des Drittschuldners ist hier die gleiche wie im Einziehungsprozess bei der zur Einziehung überwiesenen Forderung.

160 *Taktischer Hinweis*

Besteht die gepfändete Forderung im Zeitpunkt der Überweisung, so geht sie in Höhe der Überweisung auf den Gläubiger über mit der Wirkung, dass er wegen seiner Forderung an den Schuldner als befriedigt anzusehen ist (§ 835 Abs. 2 ZPO), unabhängig davon, ob es ihm gelingt, die Forderung beizutreiben oder auch nicht. Die Vollstreckungsforderung erlischt also, wenn die überwiesene Forderung rechtlich existiert und ihr keine Einwendungen des Drittschuldners entgegenstehen. Ist die Forderung deshalb nicht durchsetzbar, weil der Drittschuldner zahlungsunfähig ist, bleibt es beim Erlöschen der Vollstreckungsforderung. Der Vollstreckungsgläubiger trägt danach zwar nicht das Risiko für den Bestand der Forderung, jedoch das **Insolvenzrisiko** des Drittschuldners. Dies ist der Grund, weshalb diese Art der Überweisung in der Praxis so gut wie nicht vorkommt. Nachstehendes Beispiel soll die Gefahren dieser Überweisungsform verdeutlichen:

Beispiel – Einziehung an Zahlungs statt **161**
Gläubiger G lässt sich die Forderung des Schuldners S gegen seinen Arbeitgeber (=Drittschuldner) D auf Zahlung von Lohn wegen eines titulierten Anspruchs von 5.000 EUR an Zahlungs statt überweisen. Kurz darauf beantragt D wegen Zahlungsunfähigkeit die Eröffnung eines Insolvenzverfahrens. G kann daher seine Forderung gegen D nicht mehr realisieren, da er als befriedigt gilt. Er trägt somit das Insolvenzrisiko und hat Pech gehabt.
Eine weitere Vollstreckung aus diesem Titel ist somit ausgeschlossen!

Das Beispiel zeigt drastisch, welche Gefahren bei einer Überweisung an Zahlungs statt auf den Gläubiger lauern. Daher ist diese Art der Überweisung nicht zu empfehlen, es sei denn, ein Gläubiger ist sich 100prozentig sicher, dass er die Forderung gegenüber dem Drittschuldner realisieren kann. **162**

6. Leistungssperre beim Guthabenkonto, das nicht P-Konto ist (§ 835 Abs. 3 S. 2 ZPO)

Handelt es sich bei dem gepfändeten Guthaben um Guthaben, welches sich **nicht** auf einem **Pfändungsschutzkonto** (P-Konto; § 850k Abs. 7 ZPO) befindet, ist § 835 Abs. 3. S. 2 ZPO zu beachten. Die Norm regelt, dass aus bei einem Geldinstitut **gepfändetes Guthaben** eines Schuldners erst **4 Wochen nach der Zustellung des Überweisungsbeschlusses** – nicht Pfändungsbeschluss – an den Gläubiger geleistet oder der Betrag hinterlegt werden darf, vorausgesetzt der Schuldner ist eine **natürliche Person** (nicht juristische Personen). Damit soll dem Vollstreckungsschuldner ausreichend Zeit eingeräumt werden, ein P-Konto nach § 850k ZPO einzurichten bzw. einen Schutzantrag vor Auszahlung nach § 765a ZPO bzw. ggf. eine einstweilige Anordnung gem. § 732 Abs. 2 ZPO zu erwirken. Das Verbot gilt **kraft Gesetzes**, also auch dann, wenn es im Überweisungsbeschluss nicht erwähnt wurde und auch unabhängig davon, ob der Schuldner im Einzelfall ein P-Konto errichtet. Die Auszahlungssperre gilt nur **einmalig** hinsichtlich solcher Guthaben, die bei Zustellung des Überweisungsbeschlusses noch vorhanden sind.[329] Nicht geregelt ist, ob der Anwendungsbereich sich auch auf die Fälle erstreckt, in denen Zahlungen nach Zustellung des Überweisungsbeschlusses auf dem gepfändeten Konto gutgeschrieben werden und die Vierwochenfrist noch nicht abgelaufen ist. Nach dem Zweck der Auszahlungssperre wird dies auch für Nicht-P-Konten anzunehmen sein.[330] **163**

Die Auszahlungssperre ist bei **jeder Gutschrift** innerhalb des betreffenden Zeitraums von eingehenden Zahlungen nur auf **Antrag** durch das Vollstreckungsgericht anzuord- **164**

---
[329] BT-Drucks 16/7615 S. 18.
[330] Zöller/*Herget*, § 835 Rn 12 m.w.N.

nen. Hiermit wird dem Schutzbedürfnis von Schuldnern mit unregelmäßigen oder saisonalen Zahlungseingängen Rechnung getragen und unverhältnismäßig hoher Aufwand bei den Kreditinstituten vermieden.

165 Ein **Verstoß** gegen das Verbot führt dazu, dass der **Drittschuldner** gegenüber dem Schuldner nicht frei und daher **schadensersatzpflichtig** (§§ 135, 823 Abs. 2 BGB) wird, wenn ein Antrag nach § 850k ZPO rechtzeitig gestellt und erfolgreich ist. § 835 Abs. 3 S. 2 ZPO ist auszulegen, da sein Wortlaut weiter geht als § 850k ZPO dies zulässt. Während § 835 Abs. 3 S. 2 ZPO nämlich von „Guthaben" spricht, erfasst § **850k ZPO** nur solche **Guthaben, welche aus regelmäßig wiederkehrenden Einkünften** nach §§ 850 ZPO bis 850b ZPO resultieren.

7. Leistungssperre beim P-Konto (§ 835 Abs. 4 ZPO)

166 Bei einem **Pfändungsschutzkonto** (P-Konto) gilt **eine temporäre Auszahlungssperre** bei **künftigen Guthaben** (§ 835 Abs. 4 ZPO). Hierdurch wird die Regelung nach § 835 Abs. 3 ZPO verdrängt. Die Vorschrift bezweckt die Regelung des sog. **Monatsanfangsproblems**.[331]

167 Gem. § 850k Abs. 1 S. 2 ZPO gehört das gesperrte Guthaben nach § 835 Abs. 4 ZPO zu dem Guthaben nach § 850k Abs. 1 S. 1 ZPO, über das der Schuldner in Höhe seines Freibetrags verfügen darf.[332] Insofern kann Guthaben, das aufgrund der Regelung in § 835 Abs. 4 ZPO erst nach Ablauf des auf den Zahlungseingang folgenden Monats an den Gläubiger geleistet werden darf, unter den Voraussetzungen des § 850k Abs. 1 S. 3 ZPO in den hierauf folgenden Monat, somit in den **übernächsten Monat** nach dem Zahlungseingang, **übertragen** werden und erhöht in diesem Monat den Pfändungsfreibetrag.[333]

168 *Taktischer Hinweis*

*Die Anwendung des § 850k Abs. 1 S. 3 ZPO auf Guthaben im Sinne von § 835 Abs. 4, § 850k Abs. 1 S. 2 ZPO führt jedoch **nicht** zur **zweimaligen Anwendung** einer vom Gesetzgeber nur einmalig vorgesehenen Übertragungsmöglichkeit. Infolgedessen scheidet eine nochmalige Übertragung – in den 3. Monat – aus, sodass dann Guthaben an den Pfändungsgläubiger auszukehren ist.*

Die durch § 850k Abs. 1 S. 3 ZPO geschaffene Möglichkeit, im Falle eines nicht ausgeschöpften Freibetrags das betreffende Guthaben pfändungsfrei in den Folgemonat

---

331 Vgl. auch § 7 Rdn 5 ff;Gottwald/*Mock*, § 835 Rn 30 m.w.N.
332 BGH, FoVo 2018, 11; Rpfleger 2015, 290 = KKZ 2015, 117 = DZWIR 2015, 292 = InsbürO 2015, 151 = Vollstreckung effektiv 2015, 20 = FoVo 2015, 30 = ZBB 2015, 71 = Vollstreckung effektiv 2015, 46.
333 A.A. LG Bielefeld, Urt. v. 10.7.2013 – 21 S 202/12 – juris.

zu übernehmen, soll den Schuldner lediglich in die Lage versetzen, in **begrenztem Umfang Guthaben anzusparen**, um auch solche Leistungen der Daseinsvorsorge bezahlen zu können, die nicht monatlich, sondern in größeren Zeitabständen zu vergüten sind.[334] Die Regelung **verändert** somit den **Freibetrag**.

Die **Auszahlungssperre des § 835 Abs. 4 ZPO** bis zum Ablauf des Folgemonats bezweckt hingegen zusammen mit der Regelung in § 850k Abs. 1 S. 2 ZPO, dass Zahlungseingänge dem Schuldner in dem Zeitraum tatsächlich zur Verfügung stehen, für den sie bestimmt sind. Der Schuldner soll nicht dadurch schlechter stehen, dass ihm Leistungen zur Sicherung des Lebensunterhalts nicht erst in dem Monat, für den die Leistungen gedacht sind, sondern bereits im Vormonat überwiesen werden. Er kann deshalb noch im Monat nach dem Leistungsempfang über das dadurch gebildete Guthaben im Rahmen seines Freibetrags verfügen.[335] Soll daher ein Guthaben, das aus Gutschriften im Vormonat herrührt, einem Guthaben aus Gutschriften im laufenden Monat gleichstehen, weil der Schuldner aus der Auszahlung im Vormonat keinen Nachteil erleiden soll, dann darf auch bzgl. der Möglichkeit, Guthaben pfändungsfrei in den nachfolgenden Monat zu übertragen, kein Unterschied bestehen. Verweigerte man dem Schuldner, der seine Einkünfte bereits im Vormonat erhält, die Möglichkeit, Guthaben nach Maßgabe des § 850k Abs. 1 S. 3 ZPO anzusparen, wäre er gegenüber dem Schuldner, der die Leistung in dem Monat erhält, für den sie bestimmt ist, in einer Weise benachteiligt, für die kein rechtfertigender Grund erkennbar ist.[336] Die Norm **verändert** somit **nicht den Freibetrag**, über den der Schuldner in einem Monat verfügen kann, und ermöglicht deshalb kein Ansparen von Guthaben über diesen Freibetrag hinaus. Sie stellt lediglich sicher, dass dem Schuldner aus einer überpünktlichen Zahlung insbesondere von Leistungen zur Sicherung des Lebensunterhalts keine Nachteile erwachsen.

Die bisherige Rechtsprechung des BGH[337] steht dieser Auffassung nicht entgegen. Diese Entscheidungen befassen sich gerade nicht mit der Frage, ob ein nach § 835 Abs. 4 ZPO gesperrtes Guthaben am Ende der Sperrfrist gem. § 850k Abs. 1 S. 3 ZPO pfändungsfrei in den darauf folgenden Monat übertragen werden kann. Sie klären lediglich, dass durch den Drittschuldner ein Guthaben auf einem P-Konto i.S.v. § 850k Abs. 7 ZPO am Monatsende nur insoweit an den Gläubiger ausbezahlt werden darf, als dieses den dem Schuldner gem. § 850k Abs. 1 ZPO zustehenden monatlichen Frei-

---

334 Vgl. Begründung zum Regierungsentwurf des § 850k ZPO, BT-Drucks 16/7615, S. 13, (18 f.).
335 Begründung der Beschlussempfehlung des Rechtsausschusses zu § 835 Abs. 4 und § 850k Abs. 1 S. 2 ZPO, BT-Drucks 17/4776, S. 8 f.
336 BGH, FoVo 2018, 11; Rpfleger 2015, 290 = KKZ 2015, 117 = DZWIR 2015, 292 = InsbürO 2015, 151 = Vollstreckung effektiv 2015, 20 = FoVo 2015, 30 = ZBB 2015, 71 = Vollstreckung effektiv 2015, 46.
337 WuM 2011, 529 = NZI 2011, 717 = JurBüro 2012, 41; FamRZ 2012, 362 = WuM 2012, 113.

betrag für den Folgemonat übersteigt.[338] Somit kann der Schuldner über die auf dem Pfändungsschutzkonto eingegangenen Sozialleistungen, die zur Bestreitung des Lebensunterhalts im Folgemonat bestimmt sind, auch dann verfügen, wenn der monatliche Freibetrag des Kalendermonats gem. § 850k Abs. 1 ZPO zu diesem Zeitpunkt bereits ausgeschöpft ist, soweit die eingegangenen Sozialleistungen den Freibetrag des Folgemonats nicht überschreiten.[339] Für einen Schutz lediglich künftiger Forderungen gibt es keinen Anhaltspunkt, insbesondere folgt dies nicht aus der Formulierung des § 835 Abs. 4 S. 1 ZPO zur Pfändung eines „künftigen Guthabens". Sie bezieht sich eindeutig nicht auf die Art der eingehenden Leistungen, sondern nimmt lediglich Bezug auf den Pfändungsumfang bei Kontoguthaben, der sich nach § 833a ZPO auch auf künftige Saldenforderungen erstreckt. Das künftige Guthaben im Sinne des § 835 Abs. 4 S. 1 ZPO kann dementsprechend durch jeden nach Wirksamwerden der Pfändung und Zustellung des Überweisungsbeschlusses auf dem P-Konto eingehenden Betrag entstehen, auf den sich die Pfändung erstreckt. Eingeschlossen sind damit auch einmalige und nicht regelmäßig wiederkehrende Zahlungseingänge.[340] Eine für den Pfändungsumfang maßgebliche Regelung über die Art der eingehenden Forderungen beinhaltet § 835 Abs. 4 S. 1 ZPO nicht.[341]

169 *Merke*

Zusammenfassend ist somit klarzustellen, dass § 835 Abs. 4 ZPO zunächst bewirkt, dass nach der Pfändung eingehendes Guthaben für den dort genannten Zeitraum separiert wird (Moratorium); nach Ablauf dieses Zeitraums wird es über § 850k Abs. 1 S. 2 ZPO als Guthaben im Sinne des § 850k Abs. 1 S. 1 ZPO definiert, d.h. es ist im jeweiligen Einzelfall zu prüfen, ob es über dem monatlichen Freibetrag liegt und deshalb nicht pfändbar ist. Der Schuldner muss also in der verlängerten Frist die Höhe des für ihn geltenden Gesamtfreibetrags klären. Erhöht sich der persönliche Freibetrag des Schuldners im Folgemonat beispielsweise durch Entstehen von Unterhaltspflichten, muss das kontoführende Institut als Drittschuldner somit diesen individuellen Freibetrag in der geänderten Höhe bereithalten. Dies gilt aber nur, wenn der Schuldner die Änderungen rechtzeitig und ordnungsgemäß nach § 850k Abs. 5 ZPO nachgewiesen hat. Der jeweilige Freibetrag des Schuldners kann sich zum einen aus dem im laufenden Kalendermonat vorhandenen Guthaben sowie aus dem Guthaben zusammensetzen, das nach § 835 Abs. 4 ZPO für den Gläubiger separiert wurde. Ausgeschlossen

---

338 BGH, WuM 2012, 113 = FamRZ 2012, 362.
339 BGH, WuM 2011, 529 = NZI 2011, 717 = JurBüro 2012, 41.
340 Vgl. Zöller/*Herget*, § 835 Rn 15.
341 LG Bonn, FoVo 2014, 135.

E. Pfändungswirkungen § 5

werden soll hingegen, dass dem Schuldner ein doppelter Freibetrag im Monat aus bestehendem und künftigen Guthaben zusteht.

Taktischer Hinweis **170**
Um die Belange des Gläubigers zu wahren, bestimmt § 835 Abs. 4 S. 2 ZPO, dass in **Ausnahmefällen** auf Antrag des Gläubigers durch die Bank **zurückbehaltenes Guthaben** bereits **vor dem Ende des verlängerten Zahlungsmoratoriums** ausgezahlt werden kann. Hierzu ist es erforderlich, dass dem Gläubiger durch ein Abwarten der verlängerten Auszahlungsfrist ein **unzumutbarer Nachteil** entsteht. Der Gesetzgeber geht davon aus, dass dies nur der Fall ist, wenn die Härte für den Gläubiger eindeutig schwerer wiegt als das Schuldnerinteresse. Letzteres ist nach Ansicht des Gesetzgebers regelmäßig gegeben, wenn staatliche Transferleistungen zur Existenzsicherung auf dem P-Konto gutgeschrieben werden.[342] Ein Ausnahmefall dürfte sich praktisch nur auf die Anwendbarkeit der **Delikts-** und **gesetzlichen Unterhaltsansprüche** gem. § 850f Abs. 2 ZPO, § 850d Abs. 1 ZPO beschränken. Liegt ein solcher Ausnahmefall zugunsten des Gläubigers vor, hat dies jedoch keine Auswirkungen auf das Pfändungspfandrecht. Folge: An einen nachrangigen Gläubiger darf daher nicht mehr ausgezahlt werden, als er beim Ablauf des Moratoriums erhalten hätte.[343] Vorrangige Gläubiger sind zuerst zu befriedigen. Insofern macht es für einen nachrangigen Gläubiger keinen Sinn, eine abweichende Anordnung zu beantragen.

8. Wartefrist bei nicht wiederkehrend zahlbaren Vergütungen und sonstigen Einkünften (§ 835 Abs. 5 ZPO)

Die Regelung soll gewährleisten, dass der Schuldner, der Pfändungsschutz bei der Pfändung seiner Einkünfte nach § 850i ZPO begehrt, mit seinem Antrag nicht zu spät kommt, weil der Drittschuldner bereits an den Gläubiger geleistet hat.[344] In diesem Zusammenhang ist darauf hinzuweisen, dass, soweit die ZPO im Achten Buch die Begriffe „Einkommen" und „Einkünfte" verwendet, diese autonom und gerade nicht wie im Einkommensteuergesetz zu definieren sind. Eine entsprechende Regelung für die Verfahren nach der Abgabenordnung ist mit der Ergänzung von § 314 AO (Artikel 4 Nr. 1) geschaffen worden. Voraussetzung zur Anwendbarkeit ist, dass der Schuldner als natürliche Person nicht wiederkehrend zahlbare Einkünfte erzielen muss, die kein Arbeitseinkommen sind.[345] **171**

---

342 BT-Drucks 17/4776 S. 9.
343 BT-Drucks 17/4776 S. 9.
344 BT-Drucks 16/7615 S. 18.
345 Musielak/*Becker*, § 835 Rn 15b; Gottwald/*Mock*, § 835 Rn 37 m.w.N.

9. Andere Verwertungsart (§ 844 ZPO)

172 Ist die gepfändete Forderung bedingt oder betagt oder ist ihre Einziehung wegen der Abhängigkeit von einer Gegenleistung oder aus anderen Gründen mit Schwierigkeiten verbunden, so kann das Gericht auf Antrag anstelle der Überweisung eine andere Art der Verwertung anordnen (§ 844 Abs. 1 ZPO), um somit trotz auftretender Schwierigkeiten zu einem möglichst hohen Erlös zu gelangen. Die andere Verwertungsart kommt daher nur dann in Frage, wenn eine Verwertung durch Überweisung nicht zweckmäßig oder wirtschaftlich vertretbar ist. Zu berücksichtigen ist dabei nicht nur das Interesse des Gläubigers an der alsbaldigen Befriedigung, sondern auch der Schutz des Schuldners vor einer „Verschleuderung" seines Vermögens.[346] Der Gesetzeswortlaut zeigt bereits, dass das Vollstreckungsgericht nicht verpflichtet ist, dem Antrag auf Anordnung anderweitiger Verwertung stattzugeben. Es ist auch dann nicht dazu verpflichtet, wenn bei Ablehnung des Antrags die Verwertung (zunächst) scheitert.[347] Dies folgt aus dem im Zwangsvollstreckungsrecht gegebenen Gebot rechtsstaatlicher Verfahrensgestaltung, insbesondere des Grundsatzes der Verhältnismäßigkeit. Das Interesse des Gläubigers an einer alsbaldigen Befriedigung ist dabei gegen das schutzwürdige Interesse des Schuldners abzuwägen, der den Pfandgegenstand nicht verschleudert sehen möchte.[348] Bestehen erhebliche Schwierigkeiten für die Errechnung eines Mindestpreises, so ist im Interesse vor allem des Schuldners eine Anordnung abzulehnen.[349]

173 In der **Praxis** kommt die Anordnung nach dieser Vorschrift lediglich in **wenigen Fällen** vor. Sie ist hauptsächlich praktisch geboten bei der **Pfändung von Geschäftsanteilen einer GmbH**.[350]

a) Verfahren

174 Die andere Verwertungsart darf **nicht von Amts wegen angeordnet** werden. Erforderlich ist ein **Antrag** des Vollstreckungsgläubigers, des Schuldners oder des Schuldners des Pfandgegenstands, sofern dieser nicht Drittschuldner ist (vgl. § 857 Abs. 2 ZPO). Der Antrag kann schriftlich oder zu Protokoll der Geschäftsstelle gestellt werden. Der Antrag kann auch nach einer Überweisung zur Einziehung gestellt werden, nicht jedoch nach einer solchen an Zahlungs statt.[351] Der Antragsteller hat die Schwierigkeit der Verwertung darzulegen sowie die andere Art der Verwertung aufzuzeigen. Der Antrag ist an das Vollstreckungsgericht zu richten (§§ 828, 802 ZPO). Es entscheidet durch den Rechtspfleger

---

346 OLG Stuttgart, DGVZ 1964, 182.
347 Vgl. OLG Stuttgart, DGVZ 1964, 182; *Noack*, MDR 1970, 890; *Polzius*, DGVZ 1987, 33.
348 Hinsichtlich GmbH-Geschäftsanteil vgl. OLGR Düsseldorf 2001, 129; *Stöber*, Rn 1466.
349 OLG Stuttgart, DGVZ 1964, 182; *Noack*, MDR 1970, 890.
350 Gottwald/*Mock*, § 844 Rn 2; Zur Verwertung des gepfändeten GmbH-Geschäftsanteils vgl. auch BGH, NJW-RR 2010, 924; Vollstreckung effektiv 2006, 187; *Goebel*, Vollstreckung effektiv 2002, 164.
351 KG, KGJ 28, 126; *Stöber*, Rn 1467.

bei freigestellter mündlicher Verhandlung (§§ 764 Abs. 3, 128 Abs. 4 ZPO; § 20 Nr. 17 RPflG) durch Beschluss. Der ohne mündliche Verhandlung erlassene Beschluss ist bei Ablehnung des Antrags dem Antragsteller zuzustellen, dem Antragsgegner formlos mitzuteilen. Bei Anordnung der Maßnahme ist der Beschluss dem Antragsteller, dem Antragsgegner, dem Drittschuldner wie auch etwaigen sonstigen Beteiligten zuzustellen (§ 329 Abs. 3 ZPO).

Vor Erlass des dem Antrag stattgebenden Beschlusses ist der Gegner (Schuldner oder Gläubiger) zu hören, sofern nicht die Zustellung im Ausland oder eine öffentliche Zustellung erforderlich ist (§ 844 Abs. 2 ZPO). Dritte oder auch der Drittschuldner müssen nicht angehört werden. Bei seiner Entscheidung darf der Rechtspfleger nicht nach eigenem Ermessen derart vom Antrag abweichen, dass er anstelle der beantragten anderweitigen Verwertung eine andere Art der Verwertung anordnet. Im Falle der Ablehnung des Antrags ist der Schuldner nicht zu hören.[352]

b) Verwertungsarten

Als Verwertungsarten kommen insbesondere in Betracht

- die öffentliche Versteigerung der gepfändeten Forderung,
- die freihändige Veräußerung,[353]
- die Überweisung an Zahlungs statt zu einem Schätzwert der Forderung (auch unter dem Nennwert)[354] und
- die **Überlassung des Rechts zur Ausübung** an einen Dritten (Verwaltung oder Verpachtung) gegen Entgelt (vgl. § 857 Abs. 4 ZPO).

Nicht möglich ist im Rahmen der anderen Verwertungsarten, dem Gläubiger Rechte zu verschaffen, die über den Rahmen des von der Pfändung erfassten Rechts hinausgehen.[355] So darf z.B. nicht angeordnet werden, dass eine teilweise gepfändete Forderung zum vollen Betrag versteigert werden kann. Unzulässig ist auch eine Anordnung, nach der bestimmt würde, dass die Ersatzforderung des Gläubigers gegen den Schuldner am Pfandrecht teilhat, ebenso die Einräumung des Vorrangs im Grundbuch.

aa) Die öffentliche Versteigerung

Die öffentliche Versteigerung wird hoheitlich durch den Gerichtsvollzieher nach den Regeln §§ 814 ff. ZPO, §§ 97 Nr. 3, 98 Abs. 1 GVGA durchgeführt. Dies setzt zunächst eine

---

352 Streitig; *Stöber*, Rn 1470; a.A. Musielak/*Becker* Rn 2; MüKo-ZPO/*Smid*, § 844 Rn 5.
353 Zur Verwertung der Forderung einer gepfändeten Lebensversicherung durch Verkauf vgl. *Goebel*, Vollstreckung effektiv 2000, 132.
354 Zur Verwertung des gepfändeten Anspruchs des Domaininhabers gg. die Vergabestelle aus dem Registrierungsvertrag vgl. BGH, Vollstreckung effektiv 2005, 178 = WM 2005, 1849 = MMR 2005, 685 = NJW 2005, 3353 = BGHReport 2005, 1484 = MDR 2005, 1311 = Rpfleger 2005, 678 = JurBüro 2006, 42 = KKZ 2007, 112 = JuS 2006, 86; LG Mönchengladbach, InVo 2005, 199; AG Bad Berleburg, CR 2003, 224.
355 MüKo-ZPO/*Smid*, § 844 Rn 11.

Wertfestsetzung durch das Vollstreckungsgericht – nicht den Gerichtsvollzieher – voraus.[356] Dies ist damit zu begründen, dass der Gerichtsvollzieher rechtlich und tatsächlich mit der Wertbestimmung – und damit mit der Bestimmung eines Mindestgebots für die Zwangsversteigerung – überfordert ist, denn es fehlt ihm i.d.R. an der Kenntnis der wertbestimmenden Faktoren, wie z.b. an Kenntnissen über die Vermögenslage und die Ertragsaussichten bei einer Gesellschaft. Solche Grundlagen der Wertbestimmung sind dem Vollstreckungsgericht – ggf. nach Einschaltung eines Sachverständigen – (leichter) zugänglich.[357] Die **Kosten** eines Sachverständigen sind durch den Gläubiger vorzuschießen und können als notwendige Kosten gem. **§ 788 ZPO** festgesetzt werden.

179 Wird dem Meistbietenden, der auch der Gläubiger sein kann, das Recht zugeschlagen, erfolgt dessen Übertragung erst durch Zahlung und nicht bereits mit Zuschlagserteilung (vgl. § 817 Abs. 2 ZPO). Einer eventuell notariellen Beurkundung nach § 313 BGB bedarf es nicht, da die Übertragung alle Formerfordernisse ersetzt.[358] Will der Ersteher als Berechtigter ggf. in das Grundbuch eingetragen werden, hat er hierzu beim Grundbuchamt einen Antrag zu stellen. Das Protokoll des Gerichtsvollziehers, aus dem der Zuschlag hervorgeht, i.V.m. dem Zahlungsnachweis ersetzt die Eintragungsbewilligung in der Form nach § 29 GBO.[359]

180 Zulässig ist es auch die Versteigerung durch eine **andere Person** als den Gerichtsvollzieher durchzuführen (z.B. Notar, Auktionator; § 825 Abs. 2 ZPO). Jene Person wird allerdings nur **privatrechtlich** und nicht hoheitlich tätig.[360] Die gerichtliche Anordnung enthält daher lediglich die Ermächtigung, einen Kaufvertrag über das Recht abzuschließen.

bb) Freihändiger Verkauf

181 Der **freihändige Verkauf** erfolgt auf Anordnung des Vollstreckungsgerichts ebenfalls durch den Gerichtsvollzieher oder eine Privatperson. Gleichfalls sind hier die mit dem Erwerber nach materiellem Recht für den Rechtsübergang notwendigen Verträge formgerecht abzuschließen.[361] Bei einer beabsichtigten Grundbucheintragung gilt § 29 GBO.

cc) Übertragung auf den Gläubiger

182 Die Übertragung auf den Gläubiger erfolgt durch **Übernahme an Zahlungs statt**. Das Gericht überträgt das Recht gegen einen festzusetzenden Betrag (z.B. Schätzwert unter-

---

356 LG Krefeld, Rpfleger 1979, 147; AG Witzenhausen, DGVZ 1995, 174; AG Elmshorn, DGVZ 1993, 190; a.A. LG Hannover, DGVZ 1990, 140; Gottwald/*Mock*, § 844 Rn 7.
357 Zur Voraussetzung der anderweitigen Verwertung eines GmbH-Geschäftsanteils vgl. LG Gießen, JurBüro 1999, 49 sowie *Goebel*, Vollstreckung effektiv 2000, 132.
358 Zur anderweitigen Verwertung bei einem Dauerwohn- beziehungsweise Dauernutzungsrecht vgl. *Dumslaff*, Vollstreckung effektiv 2003, 133.
359 Gottwald/*Mock*, § 844 Rn 8.
360 BGH, NJW 1992, 2570 = ZIP 1992, 1175 = WM 1992, 1626.
361 *Stöber*, Rn 1476.

halb des Nennwerts) unter Anrechnung auf die Vollstreckungsforderung. Bei der Überweisung an Zahlungs statt zu einem geringeren Wert als dem Nennwert richtet sich die Wirksamkeit der Anordnung nach den allgemeinen Bestimmungen (§§ 835, 837a ZPO). Eine Befriedigung tritt in Höhe dieses festgesetzten Betrags ein.

dd) Überlassung des gepfändeten Rechts zur Ausübung an einen Dritten
Das gepfändete Recht kann auch durch eine andere Person ausgeübt werden, soweit **Nutzungsrechte** (z.b. Nießbrauch, Wohnrecht etc.[362]) gepfändet wurden. Die Sache ist dann an einen **Verwalter** (z.b. Rechtsanwalt, Gerichtsvollzieher, Notar etc.) herauszugeben (vgl. § 857 Abs. 4 ZPO). In analoger Anwendung der ZwVvO steht diesen Personen hierfür eine angemessene Vergütung zu.

183

ee) Muster – Antrag auf andere Verwertung
An das

184

Amtsgericht

– Vollstreckungsgericht –

Az.: ...

Antrag auf andere Verwertung, § 844 ZPO

In der Zwangsvollstreckungssache

Vollstreckungsgläubigers

gegen

Vollstreckungsschuldner

zeige ich an, dass ich den Gläubiger vertrete. Namens und in Vollmacht desselben beantrage ich, die anderweitige Verwertung des mit Pfändungsbeschluss vom ..., Az. ..., gepfändeten Gesellschaftsanteils des Vollstreckungsschuldners an der ... GmbH nach § 844 ZPO in der Weise anzuordnen, dass

- die Verwertung des Gesellschaftsanteils durch öffentliche Versteigerung durch den Gerichtsvollzieher angeordnet wird.
- die Verwertung des Gesellschaftsanteils durch freihändige Veräußerung an ... zum Wert von ... angeordnet wird.
- der Gesellschaftsanteil dem Gläubiger an Zahlungs statt zu einem Wert von ... unter Verrechnung auf die Vollstreckungsforderung übertragen wird.

Begründung
Der Gläubiger hat nach § 60 Abs. 1 GmbHG nach Pfändung des Gesellschaftsanteils kein gesetzliches Kündigungsrecht. Der Gesellschaftsvertrag der Drittschuldnerin sieht diese

---

362 Zur anderweitigen Verwertung bei einem Dauerwohn- beziehungsweise Dauernutzungsrecht vgl. *Dumslaff*, Vollstreckung effektiv 2003, 133.

Möglichkeit entsprechend § 60 Abs. 2 GmbHG ebenfalls nicht vor. Eine Verwertung des Gesellschaftsanteils ist deshalb nur im Wege der anderweitigen Verwertung nach § 844 ZPO möglich.

(ggf.: Zum Zeitpunkt der Beantragung und des Erlasses des Pfändungs- und Überweisungsbeschlusses ging der Gläubiger noch davon aus, dass eine Kündigungsmöglichkeit im Sinne von § 60 Abs. 2 GmbHG im Gesellschaftsvertrag vorgesehen ist. Nachdem dies jedoch nicht der Fall ist, ist die angeordnete Überweisung zur Einziehung aufzuheben und durch die Anordnung der anderweitigen Verwertung nach § 844 ZPO zu ersetzen.)

Die gewählte Form der anderweitigen Verwertung begründet sich wie folgt: ...

gez. Rechtsanwalt

c) Rechtsbehelfe

185 Die Anordnung der anderweitigen Verwertung ist nicht Vollstreckungsakt, sondern eine Entscheidung des Vollstreckungsgerichts, da sie die Anhörung des Schuldners voraussetzt und eine Abwägung der gegenseitigen Interessen erfordert. Sie ist damit grds. mit der **sofortigen Beschwerde** (§§ 793, 567 ff. ZPO) und nicht mit der **Erinnerung** nach § 766 ZPO anfechtbar.[363] Entscheidet wie üblich der Rechtspfleger, ist dessen Entscheidung ebenfalls mit der sofortigen Beschwerde (§ 11 Abs. 1 RPflG i.V.m. §§ 793, 567 ff. ZPO) anfechtbar. Ergeht die Anordnung auf Betreiben und Antrag des Schuldners, so kann der Gläubiger, in allen Fällen auch der eventuell beschwerte Drittschuldner den Rechtsbehelf der befristeten Erinnerung (sofortigen Beschwerde) geltend machen. Der die anderweitige Verwertung ablehnende Beschluss kann von den Antrag stellenden Betroffenen ebenfalls mit der befristeten Erinnerung (sofortigen Beschwerde) angefochten werden.

d) Kosten/Gebühren

186 Die Entscheidung des Gerichts über die anderweitige Verwertung löst **keine Gerichtsgebühr** aus. Der **Gerichtsvollzieher** erhält im Falle des § 825 Abs. 1 ZPO für seine Mitwirkung bei der Veräußerung die Gebühr i.H.v. 52 EUR nach KV Nr. 300 GvKostG. Daneben können Auslagen anfallen (KV Nr. 711, 713 GvKostG).

187 Die Tätigkeit des **Rechtsanwalts** ist im Regelfall von der allgemeinen 0,3-Verfahrensgebühr nach Nr. 3309 RVG VV mit abgegolten (§ 18 Abs. 1 Nr. 1 RVG). **Ausnahme:** der Rechtsanwalt ist erstmalig mit der Angelegenheit beauftragt. In diesem Fall entsteht die Gebühr Nr. 3309 VV RVG gesondert. Die **Kosten** können als notwendige Kosten gem. **§ 788 ZPO** festgesetzt werden. Dies gilt auch für die Kosten eines Sachverständigen, welche i.d.R. durch den Gläubiger vorzuschießen sind.

---

[363] Gottwald/*Mock*, § 844 Rn 12.

X. Die Drittschuldnererklärung (§ 840 ZPO)

1. Regelungszweck

Zweck der Auskunftspflicht ist es, dem Gläubiger Informationen darüber zu verschaffen, welchen Risiken er bei der Rechtsverfolgung begegnen wird. Insbesondere geht es für den Gläubiger darum, zu erfahren, ob der Drittschuldner die gepfändete Forderung als begründet anerkennt und erfüllen wird oder ob er sie bestreitet und der Gläubiger sie deshalb nur im Erkenntnis- oder Vollstreckungsverfahren durchsetzen kann.[364] Die Beantwortung der Fragen steht dabei nicht ausschließlich im Interesse des Gläubigers, sondern stellt darüber hinaus auch eine dem öffentlichen Recht zuzuordnende und aus den allgemeinen staatsbürgerlichen Pflichten des Drittschuldners abzuleitende Auskunftspflicht dar.[365] Sie ist somit Ausdruck staatlicher Ordnungsinteressen und soll eine Gerichtsbelastung durch unnötige Prozesse verhindern. Der Gläubiger soll nicht gezwungen werden, auf einen bloßen Verdacht hin den vermuteten Drittschuldner mit einer Klage zu überziehen. Insoweit steht die Erteilung der Auskunft nicht zur Disposition des Drittschuldners. Der Drittschuldner ist nicht schutzbedürftig, da er die Auskünfte regelmäßig ohne größeren Zeit- und Kostenaufwand erteilen kann.[366]

188

Die Belange des Gläubigers werden insbesondere dadurch gewahrt, dass er seine finanziellen **Risiken** zur ebenfalls verpflichtenden (vgl. § 842 ZPO) Forderungsdurchsetzung **minimiert**. Dem Gläubiger soll so schnell wie möglich Klarheit über seine Befriedigungsaussichten verschafft werden.[367] Die Erklärungspflicht besteht **neben** dem **Auskunftsanspruch** nach § 836 Abs. 3 S. 1 ZPO.[368] Zur Vorlage von Belegen, Unterlagen usw. ist der Drittschuldner hingegen nicht verpflichtet.[369] Die Vorschrift lässt materiell-

189

---

364 BGH, NJW 2000, 652 = WM 1999, 2545 = ZIP 2000, 16 = EBE/BGH 2000, 6 = NJW 2000, 651= BB 2000, 169 = MDR 2000, 285 = Rpfleger 2000, 167 = VuR 2000, 139 = SBE Z I 10 c = DB 2000, 515–516 = InVo 2000, 168 = LM BGB § 315 Nr. 55 (7/2000) = KKZ 2000, 232; LG Mönchengladbach, JurBüro 2009, 273 m.w.N.
365 Vgl. OLG Schleswig, NJW-RR 1990, 448; MüKo-ZPO/*Smid*, § 840 Rn 2.
366 LAG Mecklenburg-Vorpommern, JurBüro 2017, 543.
367 AG Wipperfürth, JurBüro 2002, 439.
368 BGH, WM 2012, 514 = NJW-RR 2012, 434 = MDR 2012, 605 = WuB VI D § 857 ZPO 1.12 = FamRZ 2012, 973 = NZS 2012, 507 = JurBüro 2012, 326 = DGVZ 2012, 162 = Vollstreckung effektiv 2012, 79 = FoVo 2012, 95 = VuR 2012, 274; OLG Hamm, JurBüro 1995, 163; LG Dessau-Roßlach, Urt. v. 22.12.2010 – 2 O 362/10 – juris; LG Stendal, Rpfleger 2009, 397 (398); LG Landshut, Rpfleger 2009, 39; LG Stuttgart, InVo 2002, 514; LG Koblenz, DGVZ 1997, 126; Zöller/*Herget*, § 836 Rn 11; MüKo-ZPO/*Smid*, § 836 Rn 18; *Stöber*, Rn 623; a.A. § 840 ZPO ist vorrangig: OLG Hamm, DGVZ 1994, 188; LG Dresden, JurBüro 2010, 663; LG Koblenz, FoVo 2010, 35; LG Bochum, JurBüro 2009, 270; LG Stuttgart, RPfleger 2008, 211 = FoVo 2008, 24 = ZIP 2008, 1321; LG Koblenz, JurBüro 1996, 663; LG Köln, JurBüro 1996, 439; vgl. auch Gottwald/*Mock*, § 840 Rn 1.
369 BGHZ 165, 53 = Vollstreckung effektiv 2006, 115 = DB 2006, 276 = WM 2005, 2375 = NJW 2006, 217 = Vollstreckung effektiv 2006, 25 = MDR 2006, 220 = Rpfleger 2006, 140 = KKZ 2007, 115; LG Köln, WM 2013, 1410; LG Duisburg, Beschluss v. 31.1.2012 – 7 T 7/12 – juris; *Stöber*, Rn 646a.

rechtliche Auskunfts- und Rechnungslegungsansprüche, die den Drittschuldner treffen und von der Pfändung der Forderung gem. § 401 BGB miterfasst werden, unberührt.[370] Insofern kann die Mitpfändung der Lohnabrechnung bei der Pfändung eines Anspruchs auf Lohnzahlung klarstellend (nachträglich) angeordnet werden.

2. Voraussetzungen der Auskunftspflicht

190   Die Vorschrift des § 840 ZPO setzt eine **formell wirksame Pfändung** (§ 829 Abs. 3 ZPO), nicht aber eine Überweisung (§ 835 ZPO) voraus.[371] Insofern besteht eine Auskunftspflicht erst, wenn eine ordnungsgemäße Zustellung des Pfändungsbeschlusses an den Drittschuldner erfolgt ist,[372] auch wenn die Pfändung des Gläubigers ins Leere geht.[373] Grund dafür ist, dass ein Pfändungsbeschluss in einem streng formalisierten Verfahren ergeht, in dem der Rechtspfleger nicht prüft, ob der vom Gläubiger genannte Anspruch des Schuldners tatsächlich besteht. Vielmehr genügt es, dass dem Schuldner die Forderung aus irgendeinem Rechtsgrund zustehen kann.[374] Es wird immer nur eine „angebliche" Forderung gepfändet.

Eine Pfändung im Wege der **Sicherungsvollstreckung** (§ 720a ZPO) oder **Arrestpfändung** (§ 930 ZPO) ist ausreichend. Gleiches gilt bei Einstellung der Zwangsvollstreckung unter Aufrechterhaltung der Pfändung. Die Auskunftsverpflichtung besteht **nicht** bei einer **Vorpfändung** nach § 845 ZPO,[375] ebenso nicht bei einer Abtretung.[376]

191   *Merke*

Da die Auskunftspflicht also nicht an den Bestand einer gepfändeten Forderung anknüpft, sondern daran, dass der in Anspruch Genommene zugleich Drittschuldner sein könnte, ist insofern jeder als Drittschuldner bezeichnete zur Auskunft verpflichtet.[377]

---

370 BGH, WM 2013, 271 = NJW 2013, 539 = MDR 2013, 367 = DGVZ 2013, 75 = Rpfleger 2013, 280 = JurBüro 2013, 271 = KKZ 2013, 281 = Vollstreckung effektiv 2013, 59 = FoVo 2013, 56; *Schuschke/Walker*, Vollstreckung und Vorläufiger Rechtsschutz, § 840 Rn 2; *Wieczorek/Schütze-Lüke*, ZPO, § 840 Rn 2.
371 OLG Schleswig, NJW-RR 1990, 448; BGH, NJW 1977, 1199 = BGHZ 68, 289 = Rpfleger 1977, 202 = DB 1977, 1043 = BB 1977, 867 = MDR 1977, 746 = JR 1977, 462 = JZ 1977, 802 = LM Nr. 1 zu § 840 ZPO = WM 1977, 537; LG Frankfurt/Main, K&R 2011, 524 = ZUM-RD 2011, 492 = CR 2012, 132 = ITRB 2011, 257; fehlt z.b., wenn Schuldner für Drittschuldner wegen falscher Anschrift nicht identifizierbar ist, es sei denn, das Unvermögen des Drittschuldners ist ausschließlich auf seine mangelhafte Organisation zurückzuführen; vgl. OLG Stuttgart, WM 1993, 2021.
372 BGH, WM 2018, 863 = NJW-RR 2018, 637 = ZInsO 2018, 1262.
373 OLG Schleswig, NJW-RR 1990, 448; LG Mönchengladbach, JurBüro 2009, 273.
374 OLG Schleswig, NJW-RR 1990, 448.
375 BGH, Rpfleger 1977, 202 = DB 1977, 1043 = NJW 1977, 1199 = BB 1977, 867 = MDR 1977, 746 = JZ 1977, 802; OLG Frankfurt/Main, NZG 2006, 914; AG Heilbronn DGVZ 2017, 57; LG Essen, JurBüro 2018, 213; Gottwald/*Mock*, § 844 Rn 2.
376 BGH, WM 2018, 91 = ZInsO 2018, 92 = NZA 2018, 126 = BB 2018, 180 = FA 2018, 63.
377 OLG Schleswig, NJW-RR 1990, 448.

E. Pfändungswirkungen § 5

Bei **Gesamtschuldnern** bzw. **Bruchteilschuldnern** ist jeder einzelne Drittschuldner, **192** bei **akzessorischen Rechten** sowohl der dingliche als auch persönliche Drittschuldner,[378] verpflichtet. Das Auskunftsverlangen muss in der Zustellungsurkunde bzw. auf deren Rückseite – anders als nach § 316 AO in der Pfändungsverfügung – enthalten sein. § 840 Abs. 2 S. 1 ZPO setzt nur eine Aufnahme in der Urkunde voraus. Eine besondere Platzierung, Hervorhebung oder Erläuterung ist im Gesetz nicht vorgesehen.[379] Das Auskunftsverlangen muss stets vom **Gerichtsvollzieher** (§ 121 Abs. 2 GVGA) zugestellt werden,[380] weil § 840 Abs. 3 ZPO bestimmt, dass der Drittschuldner die Gelegenheit haben muss, die Drittschuldnererklärung **unmittelbar** bei der Zustellung des Pfändungsbeschlusses dem Gerichtsvollzieher gegenüber zu erklären. Da der Gerichtsvollzieher somit als Zustellungsorgan ausdrücklich bezeichnet ist, würde die Zustellung durch andere (z.b. Postbeamte) dem Drittschuldner diese Möglichkeit nehmen. Unterbleibt die Zustellung zur Aufforderung zusammen mit der Zustellung des Überweisungsbeschlusses, dann kann sie auch **nachträglich** durch den Gerichtsvollzieher erfolgen.[381] Ob der Drittschuldner beabsichtigt, die Erklärung unmittelbar abzugeben oder – wie bei Unternehmen üblich – gegenüber dem Gläubiger später schriftlich vornimmt, ist unerheblich. Auch eine **Ersatzzustellung** nach §§ 181 ff. ZPO muss durch den Gerichtsvollzieher bewirkt werden.[382] Eine Ersatzzustellung des für den Drittschuldner bestimmten Pfändungsbeschlusses durch Übergabe an den Vollstreckungsschuldner, der vom Gerichtsvollzieher im Geschäftslokal des Drittschuldners angetroffen wird und erklärt, dort beschäftigt zu sein, ist in entsprechender Anwendung des § 185 ZPO unwirksam.[383] Eine **Postzustellung** ist ebenfalls **nicht ausreichend**.[384] Ebenso ist eine **öffentliche Zustellung nicht zulässig**.[385] Im Pfändungs- und Überweisungsbeschluss muss der Geschäftsinhaber des Drittschuldners nicht bezeichnet werden. Die Angabe des Geschäfts ohne Inhaberangabe genügt für eine ausreichende Drittschuldnerbezeichnung und die Zustellung des Beschlusses.[386]

---

378 Vgl. Zöller/*Herget*, § 840 Rn 4; Gottwald/*Mock*, § 844 Rn 5.
379 AG Oranienburg, DGVZ 2010, 174.
380 OLG Köln, Rpfleger 2003, 670; LG Tübingen, MDR 1974, 677; AG Itzehoe, DGVZ 1994, 126; MüKo-ZPO/
    Smid, § 840 Rn 7; *Stöber*, Rn 633; a.A. *Quardt*, JurBüro 1960, 287.
381 ArbG Rendsburg, BB 1961, 1322.
382 AG Itzehoe, DGVZ 1994, 126.
383 OLG Köln, InVo 2002, 111.
384 LG Tübingen, MDR 1974, 677; AG Oranienburg, DGVZ 2010, 174; AG Itzehoe, DGVZ 1994, 126 für die
    Niederlegung.
385 MüKo-ZPO/*Smid*, § 840 Rn 6; Gottwald/*Mock*, § 844 Rn 6.
386 LG Leipzig, DGVZ 1998, 91.

3. Erklärung des Drittschuldners

a) Form der Erklärung

193 Die Erklärung ist gegenüber dem Gläubiger bzw. dessen Bevollmächtigtem abzugeben. Es bedarf **keiner bestimmten Form**. Schriftform ist anzuraten, damit der Drittschuldner die durch ihn zu beweisende Erfüllung nachweisen kann.[387] Bei sofortiger Abgabe gegenüber dem Gerichtsvollzieher ist die Erklärung in die Zustellungsurkunde aufzunehmen und vom Drittschuldner nach Durchsicht oder nach Vorlesung zu unterschreiben (§ 121 Abs. 2 GVGA). Eine Verweigerung der Abgabe bzw. der Unterschrift ist im Protokoll zu vermerken. In diesem Fall kann der Gläubiger annehmen, dass die Forderung besteht und Hindernisse nach § 840 Abs. 1 Nrn. 2, 3 ZPO nicht bestehen.[388] Bei **mehreren Drittschuldnern** in einem Pfändungsbeschluss, die in verschiedenen Amtsgerichts-Bezirken wohnen, hat der Gerichtsvollzieher des zuerst genannten Drittschuldners die Erklärung aufzunehmen. Danach erfolgt Abgabe an die Gerichtsvollzieher, welche für die anderen Drittschuldner zuständig sind (§ 121 Abs. 2 GVGA). Nach Zustellung können Erklärungen gegenüber dem Gerichtsvollzieher schriftlich oder zu Protokoll abgegeben werden. Hierzu ist der Gerichtsvollzieher nicht verpflichtet.[389] Der Gerichtsvollzieher muss nicht eigens den Gläubiger hierzu aufsuchen.[390]

b) Frist zur Abgabe der Erklärung

194 Die Frist zur Abgabe der Erklärung beträgt **zwei Wochen** und beginnt mit Zustellung des Pfändungsbeschlusses. Die Fristberechnung erfolgt nach § 222 ZPO. Die Frist ist eine Überlegungsfrist[391] und wird daher bei rechtzeitigem Zugang der Erklärung beim Gläubiger bzw. Abgabe gegenüber dem Gerichtsvollzieher gewahrt.[392] Fristwahrung ist vom Drittschuldner zu beweisen. Fristverlängerung mit Zustimmung des Gläubigers ist möglich.[393]

c) Umfang der Erklärungspflicht

195 Der Umfang richtet sich in erster Linie nach der Aufforderung und bewegt sich nur im Rahmen der Fragen des § 840 Abs. 1 Nrn. 1–5 ZPO. Die Auskunftsverpflichtung ist umstritten.[394] Geheimhaltungspflichten entfallen.[395]

---

387 Musielak/*Becker*, § 840 Rn 4.
388 LAG Hamburg, NJW-RR 1986, 743; Musielak/*Becker*, § 840 Rn 4.
389 LG München, DGVZ 1976, 187; AG Würzburg, DGVZ 1977, 78.
390 OLG Frankfurt/Main, DGVZ 1978, 156; OLG Hamm, DGVZ 1977, 188.
391 Zöller/*Herget*, § 840 Rn 9.
392 BGH, NJW 1981, 990 = BGHZ 79, 275 = WM 1981, 232 = AP Nr. 2 zu § 840 ZPO = DB 1981, 638 = ZIP 1981, 207 = MDR 1981, 493 = JR 1981, 245 = JuS 1981, 541 = BB 1981, 1367 = JurBüro 1981, 1501 = RuS 1981, 217; OLG Düsseldorf, WM 1981, 1148; Musielak/*Becker*, § 840 Rn 4 m.w.N.; a.A. = rechtzeitige Absendung ist ausreichend.
393 Zöller/*Herget*, § 840 Rn 9.
394 Vgl. *Behr*, JurBüro 1998, 626.
395 BGHZ 141, 173 = ZIP 1999, 621 = EBE/BGH 1999, 125 = WM 1999, 787 = NJW 1999, 1544 = DStR 1999, 681 = ZInsO 1999, 280.

aa) Erklärung nach § 840 Abs. 1 Nr. 1 ZPO

Der Drittschuldner hat anzugeben, ob, inwieweit und in welcher Höhe[396] er die gepfändete **196** Forderung als begründet anerkennt und zu einer Zahlung bereit ist. Eine Erklärung darüber, ob die Forderung begründet ist, ist nicht geschuldet und löst dementsprechend bei **Nichtanerkennung** der Forderung auch **keine Schadensersatzverpflichtung** gem. § 840 Abs. 2 S. 2 ZPO aus.[397] Urkundenvorlage ist nicht erforderlich.[398] Diese Grundsätze gelten auch für den Fall des Bestehens einer **Aufrechnungslage**.[399] In der Literatur wird allerdings erwogen, dass der Drittschuldner, der aufgrund einer zulässigen Aufrechnung nicht zu einer Leistung bereit ist, dies erklären müsse.[400] Da § 840 Abs. 1 Nr. 1 ZPO den Drittschuldner verpflichte, sich zu seiner Zahlungsbereitschaft zu erklären, müsse er offenlegen, wenn er die Forderung zwar als begründet anerkenne, die Zahlungsbereitschaft aufgrund einer möglichen Aufrechnung aber verneine.[401] Der Wortlaut der Norm ist allerdings hinsichtlich des Umfangs der Auskunftspflicht eng auszulegen. Dies folgt aus dem Sinn und Zweck der Bestimmung, welcher vor dem Hintergrund der Pfändung zu beurteilen ist. Die Vorschrift soll dem Pfändungsgläubiger die Entscheidung erleichtern, ob er aus der gepfändeten angeblichen Forderung seines Schuldners gegen den Drittschuldner vorgehen soll oder nicht.[402] Er soll in groben Zügen Informationen dahin erhalten, ob die gepfändete Forderung als begründet anerkannt und erfüllt wird, Dritten zusteht oder ob sie bestritten und deshalb nicht oder nur im Erkenntnis- und Vollstreckungsverfahren

---

396 A.A. AG Bocholt, AGS 2008, 521.
397 BGH, WM 2013, 331 = ZInsO 2013, 342 = ZIP 2013, 594 = MDR 2013, 368 = DGVZ 2013, 76 = JurBüro 2013, 269 = Rpfleger 2013, 349 = KKZ 2013, 282 = Vollstreckung effektiv 2013, 63 = FoVo 2013, 113; BGH, WM 2010, 379 = MDR 2010, 346 = AGS 2010, 201 m. Anm. *Mock* = Rpfleger 2010, 331 = NJW 2010, 1674 = JurBüro 2010, 268 = DGVZ 2010, 192 = KKZ 2011, 180 = Vollstreckung effektiv 2010, 52.
398 BGHZ 86, 23 = WM 1983, 12 = ZIP 1983, 34 = DB 1983, 334 = NJW 1983, 687 = MDR 1983, 398 = JurBüro 1983, 1025; a.A. *Bauer*, JurBüro 1975, 437; *Foerste*, NJW 1999, 904.
399 BGH, WM 2013, 331 = ZInsO 2013, 342 = ZIP 2013, 594 = MDR 2013, 368 = DGVZ 2013, 76 = JurBüro 2013, 269 = Rpfleger 2013, 349 = KKZ 2013, 282 = Vollstreckung effektiv 2013, 63 = FoVo 2013, 113; vgl. Stein/Jonas/*Brehm*, § 840 Rn 9; Hk-ZV/*Bendtsen*, § 840 Rn 9; Hk-ZPO/*Kemper*, § 840 Rn 7; Gottwald/*Mock*, § 840 Rn 9 f.; Thomas/Putzo/*Seiler* § 840 Rn 5; *Jurgeleit*, Die Haftung des Drittschuldners, Rn 37 ff; *Mümmler*, JurBüro 1986, 334 (335); vgl. auch OLG München, NJW 1975, 174 (175); LG Braunschweig, NJW 1962, 2308; *Schuschke* § 840 Rn 7; MüKo-ZPO/*Smid*, § 840 Rn 12; a.A. *Foerste*, NJW 1999, 904 (906 ff); *Linke*, ZZP 87 (1974), 285 (288); *Reetz*, Die Rechtsstellung des Arbeitgebers als Drittschuldner in der Zwangsvollstreckung, S. 26 ff.
400 LG Aachen, ZIP 1981, 784 (787); Prütting/Gehrlein/*Ahrens*, ZPO, § 840 Rn 12; Zöller/*Herget*, § 840 Rn 5; *Stöber*, Rn 642a.
401 BGH, WM 2013, 331 = ZInsO 2013, 342 = ZIP 2013, 594 = MDR 2013, 368 = DGVZ 2013, 76 = JurBüro 2013, 269 = Rpfleger 2013, 349 = KKZ 2013, 282 = Vollstreckung effektiv 2013, 63 = FoVo 2013, 113.
402 BGHZ 98, 291 = NJW 1987, 64; BGH, = FamRZ 2006, 1195 = WM 2006, 1341= Rpfleger 2006, 480 = BGHReport 2006, 1132 = ZVI 2006, 442 = InVo 2006, 433 = NJW-RR 2006, 1566 = MDR 2006, 1370 = AGS 2007, 269 = KKZ 2009, 236; BGHZ 91, 126 = JZ 1984, 673 = NJW 1984, 1901 = Rpfleger 1984, 324 = MDR 1984, 752 = JurBüro 1984, 1351 = DGVZ 1984, 137 = JuS 1984, 895.

durchzusetzen ist.[403] Hierzu ist letztlich die Erklärung ausreichend, dass die Forderung nicht anerkannt wird.

197 Erkennt der Drittschuldner die Forderung an oder gibt er dem Pfändungsgläubiger keine Antwort, darf dieser ohne Weiteres davon ausgehen, dass die gepfändete Forderung beigetrieben werden kann. Ergibt später die Einlassung des Drittschuldners im Einziehungsprozess, dass die geltend gemachte Forderung nicht besteht oder nicht durchsetzbar ist, kann der Pfändungsgläubiger auf die Schadensersatzklage übergehen und erreichen, dass aufgrund des § 840 Abs. 2 S. 2 ZPO der Drittschuldner verurteilt wird, die bisher entstandenen Kosten zu ersetzen.[404] Erkennt der Drittschuldner demgegenüber die Forderung nicht an, kann der Pfändungsgläubiger nicht ohne Weiteres davon ausgehen, dass die Forderung beigetrieben werden kann. Dies genügt als Warnung vor einem unnützen Einziehungsprozess.

198 Eine Verpflichtung des Drittschuldners zu weitergehenden Auskünften würde dem Pfändungsgläubiger demgegenüber das allgemeine Prozessrisiko abnehmen oder erleichtern, wenn dieser klagt, obwohl die Drittschuldner die Forderung nicht anerkennt.[405] Dem Drittschuldner darf nicht abverlangt werden, vorprozessual sein etwaiges Verteidigungsvorbringen weitgehend offenzulegen, um eine mögliche Haftung aus § 840 Abs. 2 S. 2 ZPO auszuschließen. Auch könnte er bereits dann zum Schadensersatz verpflichtet sein, wenn er irrtümlich den Sachverhalt unvollständig erfasst oder die Rechtslage unzutreffend beurteilt und die gepfändete Forderung aus diesem Grund nicht anerkennt. Entsprechende umfassende Auskünfte könnte er vielfach auch erst nach Einholung von Rechtsrat erteilen. Es gibt jedoch keinen Grund, den Drittschuldner über den durch die Pfändung gezogenen Rahmen hinaus mit derart weitgehenden Auskunftspflichten zu belasten und den Pfändungsgläubiger so gegenüber dem Drittschuldner günstiger zu stellen als einen neuen Gläubiger nach der Abtretung (§§ 398 ff. BGB) gegenüber dem Schuldner.[406] Denn auch nach einer Abtretung muss der Schuldner nach den §§ 398ff. BGB dem neuen Gläubiger keine Auskunft über den Bestand der Forderung erteilen oder die Substantiie-

---

403 BGHZ 91, 126 = JZ 1984, 673 = NJW 1984, 1901 = Rpfleger 1984, 324 = MDR 1984, 752 = JurBüro 1984, 1351 = DGVZ 1984, 137 = JuS 1984, 895.
404 BGH, WM 2013, 331 = ZInsO 2013, 342 = ZIP 2013, 594 = MDR 2013, 368 = DGVZ 2013, 76 = JurBüro 2013, 269 = Rpfleger 2013, 349 = KKZ 2013, 282 = Vollstreckung effektiv 2013, 63 = FoVo 2013, 113; BGH, WM 1981, 232 = AP Nr. 2 zu § 840 ZPO = DB 1981, 638 = ZIP 1981, 207 = MDR 1981, 493 = JR 1981, 245 = JuS 1981, 541 = BB 1981, 1367 = JurBüro 1981, 1501 = RuS 1981, 217; BGH, BGHZ 91, 126 = JZ 1984, 673 = NJW 1984, 1901 = Rpfleger 1984, 324 = MDR 1984, 752 = JurBüro 1984, 1351 = DGVZ 1984, 137 = JuS 1984, 895; Gottwald/*Mock*, § 840 Rn 9b.
405 Vgl. *Stöber*, Rn 642.
406 BGH, WM 2013, 331 = ZInsO 2013, 342 = ZIP 2013, 594 = MDR 2013, 368 = DGVZ 2013, 76 = JurBüro 2013, 269 = Rpfleger 2013, 349 = KKZ 2013, 282 = Vollstreckung effektiv 2013, 63 = FoVo 2013, 113; BGHZ 91, 126 = JZ 1984, 673 = NJW 1984, 1901 = Rpfleger 1984, 324 = MDR 1984, 752 = JurBüro 1984, 1351 = DGVZ 1984, 137 = JuS 1984, 895; vgl. auch *Hahn/Mugdan*, Die gesamten Materialien zur Zivilprozessordnung, 2. Bd., S. 850.

rung einer Einziehungsklage ermöglichen oder erleichtern. Die für die Geltendmachung der Forderung nötige Auskunft muss der neue Gläubiger im Zweifel gem. § 402 BGB vielmehr beim bisherigen Gläubiger einholen. Für die gepfändete Forderung entspricht dem inhaltlich die mit der BGB-Novelle in die Zivilprozessordnung aufgenommene Bestimmung des § 836 Abs. 3 ZPO.[407]

Der Wortlaut von § 840 Abs. 1 Nr. 1 ZPO unterscheidet hinsichtlich der Erklärungspflicht schließlich auch nicht zwischen dem Einwand der Aufrechnung und anderen Einwendungen. Der Drittschuldner muss daher auch nicht ausnahmsweise auf den Einwand der Aufrechnung hinweisen, wenn er die gepfändete Forderung wegen einer zu seinen Gunsten bestehenden Aufrechnungslage nicht freiwillig erfüllt und deshalb nicht anerkennt,[408] zumal er zunächst auch aus anderen Gründen von einer Anerkennung der Forderung absehen kann. Auch kann die Aufrechnungslage erst nach Abgabe der Drittschuldnererklärung eintreten. Es würde die Anforderungen an den Drittschuldner überspannen, ihm für diesen Fall auch noch die Pflicht zur Aktualisierung seiner Auskunft gegenüber dem Pfändungsgläubiger aufzuerlegen.

Zur Informationspflicht gehört auch, dass der Drittschuldner den Gläubiger darüber aufklärt, ob eine laufende Zwangsvollstreckungsmaßnahme des Schuldners gegen ihn läuft. Denn § 840 Abs. 1 Nr. 1 ZPO beinhaltet, dass der Drittschuldner darauf hinweisen muss, wenn er eine Forderung deshalb als nicht (mehr) begründet ansieht, weil sie bereits erfüllt hat.[409]

Unzureichend ist es zu erklären, dass vorerst mit Zahlungen nicht zu rechnen sei.[410] Anspruch auf **Auskunfts-** bzw. **Rechnungslegung** bestehen im Rahmen der Pfändung als **Nebenrecht**.[411] Besteht eine Forderung nach Auskunft des Drittschuldners nicht, müssen auch keine Gründe dafür angegeben werden, warum die Forderung nicht existiert.[412]

bb) Erklärung nach § 840 Abs. 1 Nr. 2, 3 ZPO

Nach den **Nrn. 2, 3** muss der Drittschuldner mitteilen, ob und welche Ansprüche anderer Personen an der Forderung bestehen bzw. ob und wegen welcher Ansprüche die Forderung für andere Gläubiger gepfändet ist. Hinsichtlich dieser Angaben hat der Drittschuldner daher sämtliche Abtretungen, Vor- und Verpfändung, Übergänge kraft Gesetzes sowie Namen und Anschriften der Zessionare unter Angabe der zugrunde liegenden An-

---

407 Vgl. *Hahn/Mugdan*, Die gesammelten Materialien zu den Reichs-Justizgesetzen, 8. Bd., S. 155 f.
408 BGH, WM 2013, 331 = ZInsO 2013, 342 = ZIP 2013, 594 = MDR 2013, 368 = DGVZ 2013, 76 = JurBüro 2013, 269 = Rpfleger 2013, 349 = KKZ 2013, 282 = Vollstreckung effektiv 2013, 63 = FoVo 2013, 113; Gottwald/*Mock*, § 840 Rn 9c.
409 LG Memmingen, InVo 2006, 435 = NJW-RR 2006, 998.
410 LAG Hannover, NJW 1974, 768.
411 AG Calw, JurBüro 2001, 109; a.A. LG Itzehoe, ZIP 1988, 1540.
412 OLG Frankfurt/Main, OLGR Frankfurt 2007, 327.

sprüche dem Grunde und der Höhe nach mitzuteilen.[413] Hierunter fällt auch die eigene Aufrechnungsmöglichkeit des Drittschuldners gegenüber dem Schuldner. Dies wird insbesondere bei Arbeitgeberdarlehen oder Gehaltsvorschüssen der Fall sein, damit die Möglichkeit der Prüfung einer Anfechtung gem. § 3 AnfG; § 138 InsO besteht.[414] Die anderen Gläubiger, die Art und Höhe ihrer Vollstreckungsforderung sowie der Pfändungsbeschluss nebst Gericht und Aktenzeichen und dessen Zustellung sind zu bezeichnen ebenso sind Vorpfändungen anzugeben.

cc) Erklärung nach § 840 Abs. 1 Nr. 4 ZPO

203 Der Drittschuldner hat anzugeben, ob innerhalb der letzten zwölf Monate im Hinblick auf das Konto, dessen Guthaben gepfändet worden ist, nach § 850l ZPO[415] die Unpfändbarkeit angeordnet worden ist. Dies gilt nicht nur für Entscheidungen des Vollstreckungsgerichts, sondern auch für die von Vollstreckungsbehörden in entsprechender Anwendung von § 850l ZPO (vgl. § 309 Abs. 3 AO) getroffenen Anordnungen. Damit werden Vollstreckungsgläubiger in einem unaufwendigen Verfahren über die Erfolglosigkeit ihres Vollstreckungsversuchs informiert.[416] Nicht verlangt ist nach dem Gesetzeswortlaut jedoch Auskunft darüber, ob ein Antrag abgelehnt wurde oder über einen Antrag noch nicht entschieden ist.[417]

204 *Taktischer Hinweis*

Die zu erteilenden Informationen versetzen den Gläubiger in die Lage vom Schuldner nach § 836 Abs. 3 ZPO über vorgehende Pfändungen entsprechende Unterlagen zu beschaffen, um diese dann auf ihre rechtliche Wirkung ggf. durch zusätzliche Einsichtnahme in die zugrunde liegende Behördenakte gem. § 299 ZPO zu überprüfen. Zeitgleich kann überprüft werden, ob ein Antrag nach § § 850l ZPO auf Aufhebung einer ergangenen Anordnung über eine zeitweilige Freistellung des gepfändeten Kontoguthabens erfolgversprechend ist, weil z.B. die Voraussetzungen nach § 850l ZPO nicht mehr gegeben sind oder weil ein nachrangiger Gläubiger überwiegende Belange für eine Aufhebung für sich in Anspruch nehmen kann.

dd) Erklärung nach § 840 Abs. 1 Nr. 5

205 Der Drittschuldner hat anzugeben, ob es sich bei dem gepfändeten Konto um ein **Pfändungsschutzkonto** (§ 850k Abs. 7 ZPO) handelt. Damit gelangt der Vollstreckungsgläubiger möglichst schnell an Informationen darüber, ob er von einem dem Schuldner auto-

---

413 LAG Hannover, NJW 1974, 768.
414 Hierzu ausführlich *Goebel*, Vollstreckung effektiv 2001, 23; Vollstreckung effektiv 2001, 37; Gottwald/ *Mock*, § 840 Rn 12.
415 Vgl. auch § 7 Rdn 84 ff.
416 BT-Drucks 16/12714 S. 19 li. Sp.
417 Zöller/*Herget*, § 840 ZPO Rn 7a.

matisch gewährten Pfändungsschutz auszugehen hat. Da der Umstand, ob es sich bei der von der Pfändung betroffenen Kontoverbindung um ein P-Konto handelt, schnell und einfach festzustellen ist, werden die Kreditinstitute durch diese zusätzliche Angabe nur unerheblich belastet. Es muss daher in der Erklärung das betreffende Konto mit Kontonummer aufgeführt werden. Im Hinblick auf die weiteren, für die Bemessung der Höhe des Pfändungsschutzes im Einzelfall relevanten Umstände, wie z.b. Unterhaltspflichten des Schuldners oder eigene Einkünfte der Unterhaltsberechtigten, steht dem Gläubiger hingegen nur der allgemeine Auskunftsanspruch gegen den Schuldner nach § 836 Abs. 3 ZPO zu.[418]

Taktischer Hinweis 206

Die zu gewährende Auskunft ist insbesondere für das Bestimmungsrecht des Gläubigers in den Fällen relevant, in denen der Schuldner missbräuchlich mehrere Pfändungsschutzkonten führt. Die Wirkungen weiterer P-Konten können dann durch den Gläubiger nach § 850k Abs. 9 ZPO beseitigt werden.[419] Das Bestimmungsrecht ist dabei gegenüber dem Vollstreckungsgericht auszuüben. In seinem Antrag hat der Gläubiger die betroffenen Kreditinstitute zu bezeichnen und die Tatsache, dass es sich bei den dort für den Schuldner geführten Konten um P-Konten handelt, glaubhaft zu machen. Mit Rücksicht auf die erheblichen Wirkungen für den Schuldner soll für die Glaubhaftmachung nur die Vorlage entsprechender Drittschuldnererklärungen gem. Abs. 1 Nr. 5, § 316 Abs. 1 Nr. 5 AO genügen (§ 850k Abs. 9 S. 2 ZPO).

4. Keine Auskunftsklage des Gläubigers

Der Pfändungsgläubiger hat keinen einklagbaren Anspruch auf die Drittschuldnererklärung.[420] Dies ist nur bei Vorliegen einer eindeutigen gesetzlichen Regelung möglich. Die Auskunftserteilung ist lediglich eine **nicht einklagbare Obliegenheit**;[421] eine gesetzlich einklagbare Handlungspflicht fehlt. Vielmehr ist eine **Leistungsklage** zu erheben.[422] Die Aktivlegitimation einer solchen Klage ist gegeben, wenn spätestens zum maßgeblichen Zeitpunkt der gerichtlichen Entscheidung ein wirksam zugestellter Überweisungsbeschluss vorliegt. Das Rechtsschutzbedürfnis entfällt auch nicht durch die Abgabe der Erklärung, da diese kein konstitutives oder deklaratorisches Schuldanerkenntnis darstellt.[423] 207

---

418 BT-Drucks 16/7615 S. 18 li. Sp.
419 Vgl. § 7 Rdn 79 ff.
420 BGHZ 91, 126.
421 BGH, NJW-RR 2006, 1566; OLG Thüringen, Beschluss v. 7.2.2011 – 4 W 65/11 – juris; KG Berlin, Beschluss v. 6.10.2011 – 8 W 61/11 – juris.
422 Gottwald/*Mock*, § 840 Rn 18.
423 VG Ansbach, Gerichtsbescheid v. 30.3.2006 -. AN 1 K 04.00729 – n.v.

5. Wirkungen der Drittschuldnererklärung

208 Die Drittschuldnererklärung enthält **kein Schuldanerkenntnis** und **keine Leistungsverpflichtung**.[424] Als reine **Wissenserklärung** erleichtert sie dem Gläubiger lediglich die Erfüllung der Darlegungslast hinsichtlich des Bestehens des gepfändeten Anspruchs.[425] Sie beruht auf der allgemeinen Zeugnispflicht und dient als staatsbürgerliche Pflicht der Gewährleistung einer im Interesse der Allgemeinheit liegenden funktionsfähigen Forderungsvollstreckung.[426] Belege durch den Drittschuldner müssen daher nicht erteilt werden.[427] Ein Widerruf der erteilten Auskünfte im Einziehungsprozess bewirkt bei Bestreiten durch den Drittschuldner, dass infolge einer **Beweislastumkehr** diesen die Beweislast trifft. Der Drittschuldner muss daher beweisen, dass die gepfändete Forderung nicht besteht bzw. mit Einwendungen oder Einreden behaftet ist.[428] Die Frage, ob in diesem Zusammenhang eine Erklärung eines Dritten dem Drittschuldner zuzurechnen ist, ist nach den Grundsätzen über die Wissenszurechnung in entsprechender Anwendung des § 166 BGB zu beurteilen. Wissensvertreter des Drittschuldners ist der Dritte nicht bereits deshalb, weil der Pfändungs- und Überweisungsbeschluss an ihn im Wege der Ersatzzustellung zugestellt worden ist. An dieser Beurteilung ändert sich auch nichts dadurch, dass der Dritte (z.B. Ehepartner des Drittschuldners) den Beschluss durch den Gerichtsvollzieher nicht lediglich entgegengenommen, sondern auch eine Drittschuldnererklärung abgegeben hat.[429] Zwar ist der Schuldner gem. § 836 Abs. 3 ZPO verpflichtet, dem Gläubiger die zur Geltendmachung der Forderung nötige Auskunft zu erteilen und die über die Forderung vorhandenen Urkunden herauszugeben. Es besteht aber in aller Regel kein Anspruch des Gläubigers gegenüber dem Schuldner, auch die Lohnabrechnung des Drittschuldners heraus zu verlangen.[430] Insoweit bietet die Erklärungspflicht nach § 840 ZPO dem Gläubiger eine näher liegende Möglichkeit, die entsprechende Auskünfte zu erhalten.[431] Leistet der Drittschuldner an den Vollstreckungsgläubiger, weil er

---

424 BGH, Vollstreckung effektiv 2007, 29; FG Baden-Württemberg, EFG 2005, 82.
425 BGHZ 69, 328 = InVo 1997, 193.
426 BGH, BGHR ZPO § 840 Abs. 1, Drittschuldnererklärung 2, u.H. auf *Hahn*, Die gesamten Materialien zu den Reichs-Justizgesetzen 2. Aufl. 2. Bd. 1. Abt. S. 459; BVerwG, Rpfleger 1995, 261 u.a.; OLG Stuttgart, Jur-Büro 2011, 443.
427 LG Dresden, JurBüro 2009, 663; Gottwald/*Mock*, § 840 Rn 19; *Stöber*, Rn 646 a; *Scherer*, Rpfleger 1995, 446 (447).
428 OLG Hamm, InVo 1997, 1930.
429 OLGR Hamm 1996, 260.
430 A.A. LG Koblenz, FoVo 2010, 35.
431 LG Hannover, HV-INFO 1989, 1130; Rpfleger 1986, 143; a.A. LG Oldenburg, Rpfleger 1996, 36: der Gläubiger muss sich nicht auf die Auskunftserteilung des Drittschuldners nach § 840 verweisen lassen.

irrtümlich davon ausgeht, dass die gepfändete und zur Einziehung überwiesene Forderung besteht, kann er den gezahlten Betrag vom Vollstreckungsgläubiger **kondizieren**.[432]

6. Schadensersatzanspruch des Vollstreckungsgläubigers (§ 840 ZPO Abs. 2 S. 2 ZPO)

a) Allgemeines

Voraussetzung für einen Schadensersatzanspruch ist eine wirksame Pfändung.[433] Diese Voraussetzung ist im Einziehungsverfahren vom Prozessgericht zu prüfen.[434] Unterlässt es der Drittschuldner, die geforderten Angaben zu machen, so kann der Gläubiger von der Beitreibbarkeit des gepfändeten Anspruchs ausgehen und diesen – bei einem solventen Drittschuldner – ohne Kostenrisiko einklagen.[435] Der Drittschuldner ist dem Gläubiger gegenüber zum **Schadensersatz** verpflichtet, der **bis zur verspäteten Auskunft** entstanden ist.[436] Wenn der Gläubiger auch nach der Auskunftserteilung den Prozess wegen des gepfändeten Anspruchs fortführt, kann dies dazu führen, dass auch wegen der bis dahin entstandenen Prozesskosten ein Schadenersatzanspruch gemäß § 840 ZPO ausscheidet.[437]

209

210

b) Umfang

Ein Schadensersatzanspruch besteht nur, wenn hierdurch die Schadensposten entstehen. Das ist nicht der Fall, wenn diese Kosten auch bei rechtzeitiger Abgabe der Erklärung entstanden wären.[438]

Der Umfang der Schadenersatzpflicht richtet sich nach § 249 BGB. Zu ersetzen sind danach nur Schäden, die durch den Entschluss des Gläubigers verursacht sind, die gepfän-

211

212

---

432 BGHZ 82, 28 = WM 1981, 1338 = JZ 1982, 24 = ZIP 1981, 1380 = NJW 1982, 173 = JurBüro 1982, 63 = DB 1982, 325 = BauR 1982, 71= Rpfleger 1982, 73 = MDR 1982, 221; NJW 2002, 2871 = BGHZ 151, 127 = WM 2002, 1545 = EBE/BGH 2002, 242 = ZIP 2002, 1419 = BKR 2002, 687 = MDR 2002, 1149 = FamRZ 2002, 1325 = BGHReport 2002, 895 = Rpfleger 2002, 574.
433 OLG Köln, Rpfleger 2003, 670.
434 Vgl. Stöber, Rn 663.
435 BGH, Rpfleger 2006, 480 = Vollstreckung effektiv 2012, 28 = ZVI 2006, 442 = InVo 2006, 433 = NJW-RR 2006, 1566 = MDR 2006, 1370= AGS 2007, 269 = KKZ 2009, 236; LAG Nürnberg, BB 2014, 1203.
436 BGHZ 98, 291 = NJW 1987, 64; OLG Thüringen, Beschluss v. 7.2.2011 – 4 W 65/11 – juris; OLG Köln, InVo 2003, 390; AG Wuppertal, Vollstreckung effektiv 2013, 40; Musielak/*Becker*, § 840 Rn 12; Gottwald/*Mock*, § 840 Rn 20.
437 OLG Köln, Rpfleger 2003, 670: hier die Kosten der 1. Instanz, wenn der Kläger den Prozess in der 2. Instanz fortführt: „Für die nach der Auskunftserteilung des Beklagten in der mündlichen Verhandlung 1. Instanz entstandenen Prozesskosten ist das vorherige Verhalten des Beklagten daher nicht mehr kausal."
438 AG Frankfurt/Main, Urt. v. 8.8.2012 – 31 C 2224/11 – juris.

dete Forderung gegen den Drittschuldner geltend zu machen oder davon abzusehen.[439] Die **Obliegenheitsverletzung** muss **kausal** für den Schaden sein und setzt **Verschulden** voraus.[440] Dabei trägt der Drittschuldner die Darlegungs- und Beweislast dafür, dass die Nichterteilung bzw. die nicht rechtzeitige Erteilung der Auskunft nicht auf einem Verschulden seinerseits beruht.[441] Der Drittschuldner hat, wenn nichts anderes bestimmt ist oder sich ergibt, Vorsatz und Fahrlässigkeit zu vertreten (§ 276 Abs. 1 S. 1 BGB). Fahrlässig handelt, wer die im Verkehr erforderliche Sorgfalt außer Acht lässt (§ 276 Abs. 2 BGB). Zur im Geschäftsverkehr üblichen Sorgfalt gehört es insbesondere auch, durch entsprechende organisatorische Maßnahmen und Einweisung von Mitarbeitern die Bearbeitung der eingehenden Geschäftspost sicherzustellen. Abgesehen davon hat der Schuldner ein Verschulden der Personen, deren er sich zur Erfüllung seiner Verbindlichkeit bedient, in gleichem Umfang zu vertreten wie eigenes Verschulden (§ 278 S. 1 BGB). Es fehlt regelmäßig an einem Verschulden des Drittschuldners, wenn dieser die Frage so beantwortet, wie sie der Gerichtsvollzieher gestellt und in der Zustellungsurkunde entsprechend angekreuzt hat.[442] Der Gläubiger ist so zu stellen, als habe er vom Drittschuldner ordnungsgemäß Auskunft erhalten.[443]

213 An einer Kausalität fehlt es, wenn die Entscheidung des Gläubigers, klageweise gegen den Drittschuldner vorzugehen, erst nach Abgabe der Drittschuldnererklärung getroffen wird, auch wenn die Erklärung verspätet abgegeben wurde. Der Drittschuldner haftet nicht für diejenigen Schäden, die dem Gläubiger dadurch entstanden sind, dass er auf die Richtigkeit der Auskunft des Drittschuldners vertraut hat. Denn die Auskunft bezweckt lediglich, dem Gläubiger die Entscheidung darüber zu erleichtern, ob er aus der gepfändeten angeblichen Forderung gegen den Drittschuldner vorgehen soll oder nicht. Nur zu diesem Zweck und in dem durch die Pfändung gezogenen Rahmen ist dem an den Rechtsbeziehungen zwischen dem Gläubiger und dessen Schuldner im Allgemeinen nicht beteiligten Drittschuldner[444] die Auskunftsverpflichtung und die Haftung aus deren Nichterfüllung auferlegt. Diese geht daher nicht weiter, als den Gläubiger nach § 249 BGB so zu stellen, wie er bei der Erfüllung der Auskunftsverpflichtung durch den Dritt-

---

[439] BGHZ 98, 291 = NJW 1987, 64 = JZ 1987, 46 = DB 1986, 2533 = WM 1986, 1392 = ZIP 1986, 1422 = JA 1987, 148 = JurBüro 1987, 371 = MDR 1987, 138; OLG Koblenz, WM 2013, 1025 = FoVo 2013, 175; KG Berlin, Beschluss v. 6.10.2011 – 8 W 61/11 – juris.
[440] BGHZ 79, 275; BGH, Vollstreckung effektiv 2012, 28 = ZIP 2006, 1317 = FamRZ 2006, 1195 = WM 2006, 1341 = Rpfleger 2006, 480 = BGHReport 2006, 1132 = ZVI 2006, 442 = InVo 2006, 433 = NJW-RR 2006, 1566 = MDR 2006, 1370 = AGS 2007, 269 = KKZ 2009, 236; BGH, NJW 1981, 990; BAG, NJW 1990, 2643; LAG Mecklenburg-Vorpommern, JurBüro 2017, 543; LAG Rheinland-Pfalz, Urt. v. 11.6.2008 – 7 Sa 61/08.
[441] BGH, NJW 1981, 990; BAG, NJW 1990, 2643; LAG Mecklenburg-Vorpommern, JurBüro 2017, 543.
[442] LAG Düsseldorf, AP Nr. 7 zu § 840.
[443] BGH, NJW 1987, 64; KG Berlin, Beschl. v. 6.10.2011 – 8 W 61/11 – juris.
[444] BGHZ 69, 328.

schuldner gestanden hätte,[445] der sich ausschließlich über die für die Vollstreckung in die gepfändete angebliche Forderung bedeutsame Umstände zu erklären hatte. Eine Verpflichtung auf Ersatz anderer Schäden als der durch den Entschluss des Gläubigers verursachten, die gepfändete Forderung gegen den Drittschuldner geltend zu machen oder davon abzusehen, begründet § 840 Abs. 2 ZPO hingegen nicht. Ein Anspruch des Gläubigers gegen den Drittschuldner kann auch nicht daraus abgeleitet werden, dass er die Forderung zu Unrecht nicht anerkannt hat.[446]

Bei **sittenwidrig vorsätzlicher Schädigung** kann eine Haftung nach § 826 BGB in Betracht kommen.[447] Hiernach ist derjenige, der in einer gegen die guten Sitten verstoßenden Weise einem anderen vorsätzlich Schaden zufügt, dem anderen zum Schadensersatz verpflichtet. Eine solche vorsätzliche sittenwidrige Schädigung" ist z.B. dann gegeben, wenn die Zahlungsverweigerung des Drittschuldners auf der falschen Erklärung beruht, dass eine Sicherungsabtretung vorliege, um auf diese Weise die pfändbaren Ansprüche dem Gläubigerzugriff dadurch zu entziehen, dass die Forderung tatsächlich an den Schuldner ausgezahlt wird. In solchen Fällen sollte sich der Gläubiger den Abtretungsvertrag vorlegen lassen, um ggf. einen Anfechtungsanspruch nach § 3 AnfG prüfen zu können. Dies kommt insbesondere bei den dem Schuldner nahe stehenden Personen in Betracht (vgl. § 138 InsO). **214**

Der Schadensersatz umfasst Ersatz der folgenden Positionen: **215**

■ **Kosten** eines vom Gläubiger gegen den Drittschuldner **unnötigerweise geführten Einziehungsprozesses** der vom Gläubiger deshalb begonnen wird, weil ihm Einwendungen nicht mitgeteilt werden.[448] Ergibt die Einlassung des Drittschuldners in dem vom Pfändungsgläubiger im Vertrauen auf die Existenz und Beitreibbarkeit des gepfändeten Anspruches eingeleiteten Drittschuldnerverfahren, dass die geltend gemachte Forderung nicht besteht oder nicht durchsetzbar ist, so kann der Pfändungsgläubiger im selben Prozess nach § 263 ZPO auf die Schadensersatzklage übergehen und eine Verurteilung des Drittschuldners auch für die bisher entstandenen „vergeblichen Prozesskosten" erreichen. Eine darüber hinausgehende Schutzwirkung kommt § 840 ZPO nicht zu.[449] Insbesondere vermag das Unterbleiben einer ordnungsgemä-

---

445 BGHZ 69, 333.
446 BGH, Vollstreckung effektiv 2012, 28 = ZIP 2006, 1317 = FamRZ 2006, 1195 = WM 2006, 1341= Rpfleger 2006, 480 = BGHReport 2006, 1132 = ZVI 2006, 442 = InVo 2006, 433 = NJW-RR 2006, 1566 = MDR 2006, 1370 = AGS 2007, 269 = KKZ 2009, 236.
447 BGH, JurBüro 1987, 371 = BGHZ 98, 291= NJW 1987, 64 =JZ 1987, 46 = DB 1986, 2533 =WM 1986, 1392 = ZIP 1986, 1422 = JA 1987, 148 = MDR 1987, 138 = WuB 1987, VI E § 840 ZPO 1.87 = JR 1987, 195 = Information StW 1987, 95.
448 BGH, NJW-RR 2006, 1566; OLG Stuttgart, Rpfleger 1990, 265; LG Stuttgart, Rpfleger 1990, 265.
449 LAG Nürnberg, BB 2014, 1203.

ßen Drittschuldnerauskunft nicht die sonstigen Tatbestandsvoraussetzungen einer erfolgreichen Drittschuldnerklage zu ersetzen, insbesondere das Vorliegen einer pfändbaren Forderung in ausreichender Höhe und das Fehlen anderweitig vorrangiger Pfändungen. Der Anspruch zielt also nicht darauf, den Gläubiger so zu stellen, als wenn die Forderung bestünde[450] und erst recht nicht, als wenn sie wirksam gepfändet worden wäre. Dies gilt auch für die im arbeitsgerichtlichen Verfahren der ersten. Instanz entstandenen Gerichts- und Anwaltskosten, da nach § 103 ZPO der § 12a Abs. 1 S. 1 ArbGG als nur prozessualer Kostenerstattungsanspruch im Drittschuldnerprozess keine Anwendung findet.[451] Der Anspruch erfasst aber nur diejenigen Kosten, die aus Sicht einer verständigen Partei als **erforderlich** anzusehen sind. Eine verständige Partei darf grds. annehmen, dass der gepfändete Anspruch besteht, wenn der zur Erklärung aufgeforderte Drittschuldner schweigt. Sie kann aber keine weitergehenden Schlüsse oder Befugnisse aus jenem Schweigen ziehen.[452] War die erhobene Zahlungsklage unbegründet, weil der Gläubiger zunächst gehalten gewesen wäre, die Gesellschaft bürgerlichen Rechts zu kündigen und sodann die Auseinandersetzung nach den hierfür anerkannten Maßgaben zu betreiben statt sogleich auf Zahlung eines Geldbetrages zu klagen, steht die Unbegründetheit in keiner Beziehung zu der unterbliebenen Auskunft. Die unnütz aufgewandten Prozesskosten kann der Gläubiger deshalb nicht aus § 840 Abs. 2 S. 2 ZPO vom Schuldner erstattet verlangen.[453]

- Der Drittschuldner haftet dem Gläubiger für die **Kosten einer außergerichtlichen anwaltlichen Aufforderung zur Zahlung der gepfändeten Forderung**. Die Zahlungsaufforderung ist eine Vorstufe der gerichtlichen Geltendmachung des Anspruchs und von der wiederholten Aufforderung zur Abgabe der Drittschuldnererklärung zu unterscheiden, deren Kosten nicht von der Ersatzpflicht des § 840 Abs. 2 S. 2 ZPO umfasst sind.[454] Die verspätete Abgabe der Drittschuldnererklärung ist für den Schaden des Gläubigers in Gestalt außergerichtlicher Anwaltskosten für die Zahlungsaufforderung kausal geworden, wenn der Auftrag zur außergerichtlichen Geltendmachung der gepfändeten Forderung nach fruchtlosem Ablauf der Frist zur Abgabe der Drittschuldnererklärung und vor deren verspäteter tatsächlichen Abgabe er-

---

450 BGHZ 69, 238 = NJW 1978, 44, 45; KG Berlin, Beschl. v. 6.10.2011 – 8 W 61/11 – juris.
451 BAG, 16.11.2005, 3 AZB 45/05; BAGE 65, 139 = NZA 1991, 27 = NJW 1990, 2643; OLG Koblenz, JurBüro 1991, 2; AG Wermelskirchen, JurBüro 2012, 547.
452 OLG Stuttgart, JurBüro 2011, 443.
453 OLG Stuttgart, JurBüro 2011, 443.
454 BGH, NJW-RR 2006, 1566 = ZIP 2006, 1317 = FamRZ 2006, 1195 = WM 2006, 1341 = Rpfleger 2006, 480 = BGHReport 2006, 1132 = ZVI 2006, 442 = MDR 2006, 1370 = AGS 2007, 269 = KKZ 2009, 236 = Vollstreckung effektiv 2012, 28; OLG Dresden, Vollstreckung effektiv 2011, 38; AG Bremen, NJW-Spezial 2012, 380.

teilt wurde.[455] Die Beauftragung eines Rechtsanwalts mit der außergerichtlichen Zahlungsaufforderung begründet keinen Verstoß gegen die Schadensminderungspflichten des Gläubigers, wenn der Drittschuldner nicht zuvor zu erkennen gegeben hat, dass er ohne gerichtliche Inanspruchnahme nicht leisten werde. **Nicht** unter die Schadensersatzverpflichtung fallen **Kosten der vorgerichtlichen Rechtsverfolgung,** insbesondere für die Aufforderung an den Drittschuldner, die **Erklärung abzugeben.**[456]

- Umfasst sind auch **Schäden infolge der Säumnis des Gläubigers,** andere Vollstreckungsmöglichkeiten rechtzeitig zu ergreifen (etwa die Pfändung anderer Einkünfte des Schuldners) und der Tatsache, dass die Quelle zwischenzeitlich versiegt ist (z.b. durch die vorrangige Abtretung oder Pfändung eines Dritten[457]). Hierzu gehört **nicht** das Unterlassen einer Pfändung gegen den Schuldner aus anderen Titeln.[458]

- Ergibt die Einlassung des Drittschuldners, dass die geltend gemachte Forderung nicht besteht oder nicht durchsetzbar ist, so kann der Pfändungsgläubiger im selben Prozess gemäß § 263 ZPO auf die Schadensersatzklage übergehen und erreichen, dass aufgrund des § 840 Abs. 2 S. 2 ZPO der Drittschuldner verurteilt wird, die bisher entstandenen Kosten, insbesondere die des Erkenntnisverfahrens über die gepfändete Forderung, in vollem Umfang zu erstatten.[459] Dies gilt jedoch nicht bei unzulässiger Verdachts- oder Ausforschungspfändung.[460]

- Wenn der Drittschuldner nach Zustellung eines Pfändungs- und Überweisungsbeschlusses seiner Auskunftspflicht nicht nachkommt, er deshalb auf Zahlung vom Gläubiger verklagt wird und sich im Laufe des Drittschuldnerprozesses herausstellt, dass die gepfändete Forderung nicht besteht, so kann die Klage auf einen Feststellungsantrag dahingehend umgestellt werden, dass der Drittschuldner verpflichtet ist, dem Kläger den Schaden zu ersetzen, der ihm durch die verspätete Drittschuldnererklärung entstanden ist. Dazu gehören auch die dem Gläubiger durch den Rechtsstreit entstandenen Kosten.[461]

---

455 Anschluss an BGH, NJW 2010, 1674 zu § 788 ZPO = AGS 2010, 201 m. Anm. *Mock* = WM 2010, 379 = MDR 2010, 346 = JurBüro 2010, 268 = Rpfleger 2010, 331 = DGVZ 2010, 192 = KKZ 2011, 180 = Vollstreckung effektiv 2010, 52.
456 BGH, Vollstreckung effektiv 2007, 29.
457 Vgl. BGH, JurBüro 1982, 63; OLG Düsseldorf, InVo 1996, 184; LAG Köln, 2009, 548; Zöller/*Herget*, § 840 Rn 13.
458 BGH, JurBüro 1987, 371.
459 BGH, NJW-RR 2006, 1566 = ZIP 2006, 1317 = FamRZ 2006, 1195 = WM 2006, 1341 = Rpfleger 2006, 480 = BGHReport 2006, 1132 = ZVI 2006, 442 = MDR 2006, 1370 = AGS 2007, 269 = KKZ 2009, 236 = Vollstreckung effektiv 2012, 28; OLG Frankfurt/Main, Urt. v. 28.10.2009 – 1 U 37/09 – juris; AG Wipperfürth, JurBüro 2002, 439.
460 AG München, WM 1988, 174.
461 AG Oranienburg, JurBüro 2010, 494.

c) Zuständigkeit

216 Da der Schadensersatzanspruch ein in der Zivilprozessordnung geregelter seiner Natur nach materiell-rechtlicher Schadensersatzanspruch ist,[462] sind **sachlich** die **allgemeinen Zivilgerichte zuständig**. Dies gilt auch, wenn ein Lohnanspruch des Schuldners gegen den Drittschuldner gepfändet worden ist.[463] Denn zwischen dem Pfändungsgläubiger und dem Drittschuldner als Arbeitgeber bestehen keine arbeitsrechtlichen Beziehungen, welche nach §§ 2, 2a ArbGG die Zuständigkeit der Gerichte für Arbeitssachen begründen.[464]

217 Aus prozessökonomischen Gründen bleiben die **Arbeitsgerichte** zuständig, wenn **hilfsweise** zusammen mit Ansprüchen aus dem Arbeitsverhältnis Schadensersatzansprüche gefordert werden, z.B. wenn die Leistungsklage auf eine Schadensersatzklage umgestellt wird,[465] ebenso für Klagen des Pfändungsgläubigers gegen den Drittschuldner auf Auskunft und Schadensersatz, wenn sie im Wege der Zusammenhangsklage mit der Lohnklage geltend gemacht werden.[466]

218 Selbst wenn der **Gläubiger den Drittschuldnerprozess verlieren** sollte, sind seine **Anwaltskosten** nach §§ 788, 103 ZPO als notwendige Kosten der Zwangsvollstreckung gegen den Schuldner festsetzbar. Wird während des Drittschuldnerprozesses Auskunft erteilt, sollte der Rechtsstreit jedoch nicht einseitig vom Kläger für erledigt erklärt werden. Die Leistungsklage ist in diesem Fall von Anfang an unbegründet.[467]

219 *Taktischer Hinweis*

Am besten dürfte es in dieser Situation sein, auf einen **Feststellungsantrag** *umzustellen. Die Erfahrung zeigt, dass hierfür der Schaden in den seltensten Fällen genau und richtig ermittelt werden kann. Bei falscher Berechnung müsste diese Klage z.T. mit einer Kostenbelastung des Gläubigers abgewiesen werden. Der Feststellungsantrag sollte deshalb unbeziffert ergehen, was zulässig ist. So können nach der Kostenentscheidung, der Gerichtskostenrechnung und dem Kostenfestsetzungsverfahren zu Lasten des Drittschuldners verbleibende Kosten in Ruhe errechnet werden. Denkbar ist auch die Möglichkeit*

---

462 LG Ellwangen, Vollstreckung effektiv 2010, 19.
463 LAG Baden-Württemberg, NZA-RR 2005, 273; AG Geilenkirchen, JurBüro 2003, 661.
464 BAGE 47, 138 = DB 1985, 766 = WM 1985, 526 = NZA 1985, 289 = NJW 1985, 1181 = BlStSozArbR 1985, 152 = ARST 1985, 93 = MDR 1985, 523 = ZIP 1985, 563 = JZ 1985, 628.
465 Musielak/*Becker*, § 840 Rn 15 m.w.N.
466 ArbG Dessau-Roßlau, JurBüro 2012, 496; JurBüro 2012, 466; *Germelmann/Matthes/Prütting/Müller-Glöge*, ArbGG, 6. Auflage, S. 3 Rn 8.
467 BGH, NJW 1981, 990 = BGHZ 79, 275 = WM 1981, 232 = AP Nr. 2 zu § 840 ZPO = DB 1981, 638 = ZIP 1981, 207 = MDR 1981, 493 = JR 1981, 245 = JuS 1981, 541 = BB 1981, 1367 = JurBüro 1981, 1501 = RuS 1981, 217); der Gläubiger als Kläger trägt die Kosten. Eine Kostenentscheidung nach §§ 91a, 93 ZPO scheidet aus BGH, NJW 1981, 990 = BGHZ 79, 275 = WM 1981, 232 = AP Nr. 2 zu § 840 ZPO = DB 1981, 638 = ZIP 1981, 207 = MDR 1981, 493 = JR 1981, 245 = JuS 1981, 541 = BB 1981, 1367 = JurBüro 1981, 1501 = RuS 1981, 217; Zöller/*Herget*, § 840 Rn 14; a.A. nur Musielak/*Becker*, § 840 Rn 15.

einer Klagerücknahme. Insofern bekommt der Kläger auch im Hinblick auf § 254 BGB keine Schwierigkeiten. Zwar hat er nach § 269 Abs. 3 ZPO (zunächst) die Kosten zu tragen. Die zu zahlenden Kosten können jedoch vom Drittschuldner im Rahmen einer Vollstreckungsgegenklage zurückverlangt werden. Dies sollte dem Gegner vor Stellung eines Kostenfestsetzungsantrages entgegengehalten werden.

7. Erklärungspflicht nach § 316 AO

Die Vorschrift des § 316 AO trifft eine dem § 840 ZPO entsprechende Regelung. Danach ist der Drittschuldner verpflichtet, sich gegenüber der **Vollstreckungsbehörde** zu erklären, ob er die Forderung anerkennt beziehungsweise ob er auf sie hin Zahlung zu leisten bereit ist (§ 316 Abs. 1 Nr. 1 AO), welche Ansprüche anderer Personen wegen der nämlichen Forderung erhoben werden (Nr. 2) und ob andere Pfändungen der Forderung vorliegen (Nr. 3), ob innerhalb der letzten 12 Monate im Hinblick auf das Konto, dessen Guthaben gepfändet worden ist, nach § 850l ZPO die Unpfändbarkeit des Guthabens angeordnet worden ist (Nr. 4) und ob es sich bei dem Konto, dessen Guthaben gepfändet worden ist, um ein Pfändungsschutzkonto im Sinne von § 850k Abs. 7 ZPO handelt (Nr. 5). Schließlich bestimmt § 316 Abs. 2 S. 2 AO entsprechend § 840 Abs. 2 S. 2 ZPO eine Schadensersatzpflicht des Drittschuldners bei Nicht- oder Falscherfüllung der Erklärungs- und Auskunftspflichten. Darüber hinaus kann der Drittschuldner zur Abgabe der Erklärung durch Zwangsgeld angehalten werden.

220

8. Kosten

Der **Gerichtsvollzieher** erhält für die persönliche Zustellung der Aufforderung nach § 840 Abs. 1 ZPO eine Gebühr i.H.v. 10,00 EUR nach KV Nr. 100 GvKostG. Für die Aufnahme der Erklärungen, die der Drittschuldner zu Protokoll des Gerichtsvollziehers gibt, werden Schreibauslagen erhoben (KV Nr. 700 GvKostG). Im Übrigen erhält der Gerichtsvollzieher Wegegeld nach KV Nr. 711 GvKostG. Schließlich kommt noch die Auslagenpauschale nach KV Nr. 713 GvKostG in Betracht.

221

Der **Rechtsanwalt** des **Vollstreckungsgläubigers** erhält für die Aufforderung an den Drittschuldner die 0,3 Verfahrensgebühr nach Nr. 3309 VV RVG. Hat er diese allerdings – wie im Regelfall – i.R.d. Vollstreckungsmandats bereits verdient, fällt durch diese Handlung keine neue weitere Gebühr an (§§ 18 Abs. 1 Nr. 1, 19 Abs. 1 RVG). Das gilt selbst dann, wenn er wegen der Auskunft mehrfach schreiben und mahnen muss. Wird er gesondert, d.h. außerhalb des Vollstreckungsmandats beauftragt entsteht eine Verfahrensgebühr i.H.v. 0,8 gem. Nr. 3403 VV RVG (Einzeltätigkeit)[468]. Allerdings erhält der

222

---

468 A.A. 0,3 Verfahrensgebühr gem. Nr. 3309 RVG VV; AnwK-RVG/*N. Schneider*, VV 3403–3404 Rn 8.

Anwalt gem. § 15 Abs. 6 RVG nicht mehr als der mit der gesamten Angelegenheit beauftragte Anwalt, somit 0,3.

223 Der Rechtsanwalt des **Drittschuldners**, der in dessen Auftrag die Auskunft nach § 840 Abs. 1 ZPO erteilt und die entsprechende Korrespondenz führt, erhält hingegen eine Geschäftsgebühr nach Nr. 2300 VV RVG bzw. im Rahmen der Einzeltätigkeit 0,8 Verfahrensgebühr gem. Nr. 3403 VV RVG. Die Begrenzung nach § 15 Abs. 6 RVG gilt auch hier. Für die Vertretung des Drittschuldners im Einziehungsprozess und im Rechtsstreit der negativen Feststellungsklage erhält der Rechtsanwalt die allgemeinen Gebühren nach Nr. 3100 VV RVG.

224 Alle weiteren Tätigkeiten des Rechtsanwalts gegenüber dem Drittschuldner (Einziehungsprozess, Schadensersatzklage nach § 840 Abs. 2 S. 2 ZPO, Abwehr einer negativen Feststellungsklage des Drittschuldners) werden von der Gebühr nicht mitumfasst und sind deshalb nach den allgemeinen Bestimmungen zu vergüten (Nrn. 3100 ff., 2300 VV RVG).

225 Führt der Gläubiger einen **Drittschuldnerprozess**, so können die dort entstandenen notwendigen Kosten, soweit sie nicht beim Drittschuldner beigetrieben werden können, im Verfahren nach **§ 788 ZPO gegen den Schuldner festgesetzt** werden.[469] Dies gilt auch für die dem Gläubiger in **Vorbereitung** eines nicht von vornherein aussichtslosen Drittschuldnerprozesses entstandener notwendiger Kosten. Bei der Drittschuldnerklage bzw. Vorbereitung einer solchen handelt es sich um eine Zwangsvollstreckungsmaßnahme, die aufgrund des **Verursacherprinzips** zu Lasten des Schuldners geht. Das gilt hinsichtlich entstandener Anwaltskosten auch dann, wenn der Drittschuldnerprozess vor dem ArbG geführt wird. § 12a ArbGG, wonach vor dem Arbeitsgericht im Urteilsverfahren des ersten Rechtszugs unter anderem kein Anspruch der obsiegenden Partei auf Erstattung der Kosten für die Hinzuziehung eines Prozessbevollmächtigten besteht, steht dem nicht entgegen, da die Vorschrift allein sozialpolitisch motiviert ist. Sie soll den arbeitsgerichtlichen Prozess des ersten Rechtszugs verbilligen und auf diese Weise das Kostenrisiko der Parteien beschränken.[470] Diese Zielsetzung betrifft nur die Parteien des Arbeitsgerichtsprozesses, somit also Gläubiger und Drittschuldner. Sie lässt sich nicht auf die Frage übertragen, welche Kosten i.R.d. § 788 ZPO im Verhältnis zwischen Gläubiger und Schuldner festzusetzen sind. Die Kostenfestsetzung nach §§ 788 Abs. 2, 103 ff. ZPO ist dem Rechtspfleger übertragen, der prüfen muss, ob die entstandenen Kosten notwendig waren und ob der Drittschuldnerprozess nicht von vornherein aussichtslos war.

---

[469] BGH, Vollstreckung effektiv 2006, 124 = ZVI 2006, 54 = Rpfleger 2006, 204 = NJW 2006, 1141 = WM 2006, 1029 = MDR 2006, 831 = DGVZ 2006, 131; LG Traunstein, Rpfleger 2005, 551.

[470] BAG, NJW 1990, 2643 = ZIP 1990, 1094 = DB 1990, 1826 = MDR 1990, 1043 = KKZ 1991, 9 = NZA 1991, 27 = WM 1991, 333 = JA 1991, 370 = EWiR 1990, 1037.

In Abgrenzung zur Entscheidung des OLG Stuttgart[471] betont der BGH[472] dabei, dass es sich nur um eine summarische Prüfung handelt, bei der auf den Zeitpunkt der Klageerhebung abzustellen ist.

Weigert sich der Ehepartner des Schuldners als Drittschuldner, die gepfändeten Renten an den Gläubiger zu zahlen, der sodann eine Drittschuldnerklage erhebt, die nur daran scheitert, dass keine dem Schuldner zustehenden Beträge mehr auf dem Konto des Ehepartners eingehen, weil der Schuldner zwischenzeitlich ein eigenes Konto eingerichtet hat, so sind die Kosten der Drittschuldnerklage dem Ehepartner aufzuerlegen.[473]

226

Taktischer Hinweis

227

In der Vollstreckungspraxis kommt es immer wieder zu der Situation, **dass innerhalb der Zweiwochenfrist der Drittschuldner die Erklärung** nach § 840 ZPO **nicht abgibt**. Der Rechtsanwalt des Gläubigers erinnert dann ggf. schriftlich an die Abgabe der Erklärung und berechnet hierfür gem. Nr. 2300 VV RVG eine Geschäftsgebühr, die er vom Drittschuldner wegen Verzugs erstattet verlangt. Der Gläubiger hat jedoch keinen Anspruch auf diese Gebühr.[474] Denn unterlässt es der Drittschuldner, die geforderten Angaben zu machen, kann der Gläubiger grds. von der Beitreibbarkeit des gepfändeten Anspruchs ausgehen und diesen – bei einem solventen Drittschuldner – ohne Kostenrisiko einklagen.[475] Insofern kann der Gläubiger eine Leistungsklage erheben und diesbezüglich den Drittschuldner zuvor zur freiwilligen Zahlung auffordern. Der Drittschuldner haftet dem Gläubiger daher auch für die **Kosten** der **außergerichtlichen anwaltlichen Aufforderung zur Zahlung** der gepfändeten Forderung. Diese Zahlungsaufforderung ist somit eine Vorstufe der gerichtlichen Geltendmachung des Anspruchs und von der wiederholten Aufforderung zur Abgabe der Drittschuldnererklärung zu unterscheiden. Die verspätete Abgabe der Drittschuldnererklärung ist nämlich für den Schaden des Gläubigers in Gestalt außergerichtlicher Anwaltskosten für die Zahlungsaufforderung kausal geworden, wenn der Antrag zur außergerichtlichen Geltendmachung der gepfändeten Forderung nach fruchtlosem Ablauf der Frist zur Abgabe der Drittschuldnererklärung und vor deren verspäteter tatsächlichen Abgabe erteilt wurde.

Da die Kosten der vorgerichtlichen Rechtsverfolgung für die Aufforderung an den Drittschuldner, die Erklärung abzugeben, nicht unter die Schadenersatzverpflichtung gem.

228

---

471 Rpfleger 1996, 117.
472 BGH, Vollstreckung effektiv 2006, 124 = ZVI 2006, 54 = Rpfleger 2006, 204 = NJW 2006, 1141 = WM 2006, 1029 = MDR 2006, 831 = DGVZ 2006, 131; LG Traunstein, Rpfleger 2005, 551.
473 LG Wuppertal, JurBüro 2010, 664.
474 BGH, Vollstreckung effektiv 2012, 28; AG Bremen, Vollstreckung effektiv 2011, 38.
475 BGH, Vollstreckung effektiv 2012, 28.

§ 840 Abs. 2 S. 2 ZPO fallen,[476] sollten Gläubigervertreter in derartigen Fällen unmittelbar nach fruchtlosem Ablauf der Zweiwochenfrist den Drittschuldner zur Zahlung auffordern. Gleichzeitig können sie von diesem wegen Verzugs eine Geschäftsgebühr nach Nr. 2300 VV RVG (0,5 bis 2,5) oder ggf. nach Nr. 2301 VV RVG (= Schreiben einfacher Art: 0,3) verlangen.

9. Muster

a) Aufforderung zur Drittschuldnererklärung

229 An den

(Name und Anschrift des Drittschuldners)

In der Zwangsvollstreckungssache

Gläubiger ./. Schuldner

fordere ich Sie auf, binnen zwei Wochen nach der Zustellung dieses Schreibens und des Pfändungsbeschlusses des AG ... vom ... (Az.: ...) dem (Vollstreckungs-) Gläubiger gegenüber zu erklären:

- ob und wieweit Sie die gepfändete Forderung des ... als begründet anerkennen und ob Sie zur Zahlung derselben an mich bereit sind,
- ob und welche Ansprüche andere Personen u.U. an die genannte Forderung machen sowie
- ob und wegen welcher Ansprüche die Forderung bereits für andere Gläubiger des ... gepfändet ist,
- ob innerhalb der letzten zwölf Monate im Hinblick auf das Konto, dessen Guthaben gepfändet worden ist, nach § 850l ZPO die Unpfändbarkeit des Guthabens angeordnet worden ist,
- ob es sich bei dem Konto, dessen Guthaben gepfändet worden ist, um ein Pfändungsschutzkonto im Sinne von § 850k Abs. 7 ZPO handelt.

Vorsorglich weise ich darauf hin, dass Sie dem (Vollstreckungs-)Gläubiger für den aus der Nichterfüllung der Ihnen durch Gesetz auferlegten Auskunftsverpflichtung entstehenden Schaden haften (§ 840 Abs. 2 S. 2 ZPO). Sollte ein solcher Schaden durch die Nichtbeantwortung dieser Aufforderung entstehen, werde ich Sie dafür – notfalls im Klagewege – haftbar machen, ebenso wenn Auskunft unrichtig, lückenhaft, irreführend oder verspätet ist.

gez. Rechtsanwalt

---

[476] BGH, Vollstreckung effektiv 2007, 29.

b) Drittschuldnererklärung

An den   **230**

(Name und Anschrift des Vollstreckungsgläubigers)

In der Zwangsvollstreckungssache

Gläubiger ./. Schuldner

(Az.: ...)

gebe ich innerhalb der gesetzlichen Frist und hiermit folgende Drittschuldnererklärung ab.

1. Die gepfändete Forderung ist durch einen Kaufvertrag begründet und fällig (oder: zwar begründet, aber noch nicht fällig, weil der ... vorleistungspflichtig ist und seine Leistung noch nicht erbracht, aber für morgen angekündigt hat; oder: ist zwar begründet und fällig gewesen, aber durch eine Aufrechnung mit einer Forderung i.H.v. EUR ... in voller Höhe am ... erloschen).
2. Andere Personen machen keine Ansprüche an die Forderung geltend.
3. Die Forderung ist auch nicht für andere Gläubiger gepfändet (oder: der ... in ... hat wegen einer angeblichen Forderung gegen den Schuldner die Forderung desselben gegen mich gepfändet; nämlicher Pfändungs- und Überweisungsbeschluss des AG ... in ..., Az.: ..., ist mir am ... zugestellt worden).
4. Innerhalb der letzten zwölf Monate ist/ist nicht die Unpfändbarkeit des Guthabens gem. § 850l ZPO angeordnet worden,
5. bei dem gepfändeten Konto handelt es sich um ein/kein Pfändungsschutzkonto im Sinne von § 850k Abs. 7 ZPO.

gez. (Unterschrift des Drittschuldners)

c) Zahlungsaufforderung nach nicht fristgerechter Drittschuldnererklärung

Einschreiben/Rückschein   **231**

An den

Drittschuldner ...

In der Zwangsvollstreckungsangelegenheit

Gläubiger ./. Schuldner

nehme ich Bezug auf den Ihnen durch den Gerichtsvollzieher ... am ... zugestellten Pfändungs- und Überweisungsbeschluss des Amtsgerichts ... vom ..., Az. ... M ... ./. ...

Gem. § 840 Abs. 1 S. 1 ZPO sind Sie ab Zustellung des Pfändungs- und Überweisungsbeschlusses verpflichtet, dem Gläubiger gegenüber eine Drittschuldnererklärung abzugeben. Diese Frist hat am ... begonnen und endete am ...

Da Sie innerhalb der Frist keine Drittschuldnererklärung abgegeben haben, kann der Gläubiger nun von der Beitreibbarkeit des gepfändeten Anspruchs ausgehen.

Infolgedessen werden Sie hiermit unter Fristsetzung von ... Wochen/Monate(en) aufgefordert, unter Angabe des Aktenzeichens auf eines der unten stehenden Konten den Betrag i.H.v. ... EUR zu zahlen.

Im Falle der Nichtzahlung werden wir unserem Mandanten empfehlen, den Anspruch gerichtlich geltend zu machen.

Darüber hinaus haften Sie gem. § 840 Abs. 2 S. 2 ZPO als Drittschuldner dem Gläubiger für den aus der Nichterfüllung Ihrer Erklärungsverpflichtung entstandenen Schaden. Hierunter fallen die Kosten dieser außergerichtlichen anwaltlichen Aufforderung zur Zahlung der gepfändeten Forderung.

Auch diese Kosten sind innerhalb der gesetzten Frist zu zahlen. Diese werden wie folgt beziffert

1,3 Geschäftsgebühr, Nr. 2300 VV RVG aus ... EUR	... EUR
Auslagenpauschale, Nr. 7002 VV RVG	... EUR
19 % USt., Nr. 7008 VV RVG	... EUR
Summe	... EUR

gez. Rechtsanwalt

XI. § 841 Pflicht zur Streitverkündung

232
Der Gläubiger, der die Forderung im Drittschuldnerprozess einklagt, ist verpflichtet, dem Schuldner gerichtlich den Streit zu verkünden (§§ 72 ff. ZPO), sofern nicht eine Zustellung im Ausland oder eine öffentliche Zustellung erforderlich wird. Eine für oder gegen den Gläubiger ergehende Entscheidung berührt nämlich auch die Interessen des Schuldners, weshalb ihm Gelegenheit zu geben ist, sich am Rechtsstreit zu beteiligen. Es soll ihm ermöglicht werden, Entscheidungen zu seinen Lasten durch eigenes vom Prozessgericht zu beachtendes tatsächliches Vorbringen (Beweisantritt, Vorlage von Urkunden pp.) abzuwenden. Die Verpflichtung besteht sowohl bei der Überweisung zur Einziehung als auch bei der Überweisung an Zahlungs statt.[477]

233
§ 841 ZPO schließt nicht aus, dass der Schuldner auf Seiten des beklagten Drittschuldners dem Streit bei tritt; was insbesondere in Streitigkeiten nach § 850h Abs. 2 ZPO der Fall sein wird, da der Grundgedanke des § 841 ZPO auf diese im Allgemeinen nicht zutrifft. Der Schuldner wird i.d.R. kein Interesse am Obsiegen seines Gläubigers, sondern nur an dem des Drittschuldners, mit dem er die Lohnverschleierung abgesprochen hat, haben.[478]

---

[477] Zöller/*Herget*, § 841 Rn 1; Gottwald/*Mock*, § 841 Rn 1.
[478] LAG Tübingen, AP Nr. 3 zu § 850h.

E. Pfändungswirkungen § 5

In **den Fällen**, in denen der Schuldner gegen den Drittschuldner klagt, ist die Bestimmung des § 841 ZPO **nicht anzuwenden**. Der gegen den Drittschuldner klagende Schuldner ist daher nicht verpflichtet, dem Gläubiger in weiteren Fällen den Streit zu verkünden. § 841 ZPO dient lediglich der Kompensation der Kompetenzverlagerung aufgrund der §§ 829, 835 ZPO und enthält keinen allgemeinen Rechtsgedanken.

234

1. Folgen des Pflichtverstoßes

Unterlässt der Gläubiger die Streitverkündung und verliert er den Prozess gegen den Drittschuldner, dann macht er sich u.U. dem Schuldner gegenüber **schadensersatzpflichtig**.[479] Der Gläubiger muss sich so behandeln lassen, als ob er mit Unterstützung des Schuldners geklagt hätte. Dessen Anspruch geht daher auf Freistellung von der titulierten Forderung in der Höhe, in der die überwiesene Forderung bei sachgerechter Prozessführung hätte durchgesetzt werden können. Voraussetzung für den Schadensersatzanspruch ist, dass gegen den Schuldner nunmehr vom Gläubiger wegen des Ausfalls anderweitig vollstreckt wird und dass den Gläubiger der Vorwurf der mangelhaften Prozessführung (§ 68 ZPO) trifft.[480] Den Schuldner trifft in dem Schadensersatzprozess die Beweislast für den Bestand der Forderung. Der Gläubiger kann sich damit entlasten, dass er den Prozess auch mit der Streitverkündung verloren hätte, was er nachweisen muss.

235

Ist die Forderung an **Zahlungs statt überwiesen**, steht dem Schuldner die Klage nach § 767 ZPO mit der Behauptung offen, die Forderung habe bestanden und mit ihrer Überweisung sei der titulierte Anspruch befriedigt. Will der Schuldner den titulierten Anspruch des Gläubigers, den dieser nach Klageabweisung im Einziehungsprozess weiter verfolgt, durch Aufrechnung mit seinem Schadensersatzanspruch wegen Unterlassung der Streitverkündung zu Fall bringen, hat er ebenfalls die Klage nach § 767 ZPO zu erheben.

236

2. Muster – Streitverkündung an den Vollstreckungsschuldner

An das

237

Amts-/Landgericht

Az.: …

In dem Rechtsstreit (Rubrum einfügen)

verkünde ich namens des Klägers dem … (Vollstreckungsschuldner) den Streit und fordere ihn auf, dem Rechtsstreit auf Seiten des Klägers als Nebenintervenient beizutreten.

---

479 RGZ 83, 121.
480 Musielak/*Becker*, § 841 Rn 3 m.w.N.; Gottwald/*Mock*, § 841 Rn 3.

§ 5 Das Pfändungsverfahren

Begründung

Mit der am ... zugestellten Klage hat der Kläger gegen den Beklagten (Drittschuldner) eine Forderung i.H.v. EUR ... nebst ... % Zinsen seit dem ... geltend gemacht. Dabei handelt es sich um eine Forderung des Streitverkündungsempfängers (Vollstreckungsschuldners), die der Kläger durch Pfändungs- und Überweisungsbeschluss des AG ... vom ... (Az.: ...) gepfändet und sich zur Einziehung hat überweisen lassen.

Mit Schriftsatz vom ... hat der Beklagte auf die Klage erwidert.

Das Gericht hat frühen ersten Termin bestimmt auf den ..., ... Uhr, Saal ...

Beglaubigte Abschriften der Klageschrift wie der Klageerwiderung sind zur Information des Streitverkündungsempfängers in der Anlage beigefügt.

Beglaubigte Abschriften dieser Streitverkündungsschrift sind für den Beklagten ebenfalls beigefügt.

gez. Rechtsanwalt

XII. Schadensersatz bei verzögerter Beitreibung (§ 842 ZPO)

1. Grundsatz – Zweck

238 Die Vorschrift des § 842 ZPO normiert eine weitere **Schadensersatzpflicht** des Vollstreckungsgläubigers gegenüber dem Schuldner,[481] wenn ihm die Forderung **zur Einziehung überwiesen**[482] wurde. Da bei der Überweisung an Zahlungs statt die Forderung in das Vermögen des Gläubigers übergeht, er also das Insolvenzrisiko alleine trägt, kann ein Schaden für den Schuldner nicht entstehen. § 842 ZPO findet somit keine Anwendung. Das ist bei der Überweisung zur Einziehung anders. Hier ist der Vollstreckungsgläubiger erst dann befriedigt, wenn ihm die Einziehung auch tatsächlich gelungen ist; es trägt daher allein der Schuldner das Risiko des Forderungsausfalls, etwa wegen zwischenzeitlich eingetretener Verschlechterung der Vermögensverhältnisse des Drittschuldners (Insolvenzrisiko). Auf der anderen Seite kann der Schuldner im Falle der Pfändung und Überweisung der Forderung zur Einziehung die Beitreibung nur in wenigen Ausnahmefällen selbst beschleunigen, indem er z.B. den Drittschuldner auf Leistung an den Gläubiger verklagt. Ein eigenes Interesse wird er daran ohnehin nur dann haben, wenn er mit einem Überschuss rechnen kann, also seine Forderung gegen den Drittschuldner höher ist als die durch den Vollstreckungsschuldner titulierte Forderung. In diesen Fällen kann der

---

481 MüKo-ZPO/*Smid*, § 842 Rn 1; Gottwald/*Mock*, § 842 Rn 1.
482 Bei der Überweisung an Zahlungs statt geht die Forderung in das Vermögen des Gläubigers über, den deshalb das Insolvenzrisiko allein trifft; § 842 ZPO findet somit keine Anwendung.

Schuldner gegen den Drittschuldner auf Zahlung nach Befriedigung des/der Pfändungsgläubiger klagen.[483] Dies ist ihm aber dann nicht mehr möglich, wenn der Gläubiger bereits einen Titel gegen den Drittschuldner bzgl. der Forderung erlangt hat und daraus die Vollstreckung betreiben kann oder betreibt. Auf die Vollstreckung hat der Schuldner nunmehr keinen Einfluss. Aus diesem Grund ist der **Vollstreckungsgläubiger**, dem die Forderung zur Einziehung überwiesen ist, nach der Vorschrift **verpflichtet**,[484] die **Beitreibung der Forderung nicht zu verzögern**. Ist dies dennoch der Fall, ist er dem Schuldner gegenüber zum Ersatz des daraus entstehenden (Verzögerungs-)Schadens verpflichtet.

Merke 239

Den die Vollstreckung selbst betreibenden Gläubiger, der zuvor anwaltlich vertreten war, hat der **Anwalt** auf die sich aus der Vorschrift ergebende Pflicht und die Folgen der Pflichtverletzung **hinzuweisen**, andernfalls kann er sich selbst schadensersatzpflichtig machen.[485]

2. Pflichtumfang

Die **Pflicht zur zügigen Einziehung** der Forderung gilt für das **gerichtliche** wie für das 240 **außergerichtliche** Beitreibungsverfahren. Eine Haftung besteht nur bei **Verschulden** (§ 276 BGB).[486] § 278 BGB ist anwendbar, sodass der Gläubiger auch für das Verschulden von Erfüllungsgehilfen (z.B. des beauftragten Rechtsanwalts) wie für eigenes Verschulden haftet. Ein eventuelles **Mitverschulden** des Schuldners, das z.B. in der verspäteten Herausgabe von Urkunden an den Gläubiger liegen kann, ist nach § 254 BGB zu berücksichtigen.[487]

3. Umfang der Schadensersatzpflicht

Die Vorschrift des § 842 ZPO setzt zur Begründung einer Schadensersatzpflicht einen 241 **Rechtsverlust** des Schuldners gegenüber dem Drittschuldner voraus, nimmt jedoch keinen Einfluss auf den Inhalt der Rechtsbeziehung zwischen beiden. Die Verantwortlichkeit des Gläubigers nach § 842 ZPO kann daher nicht dazu führen, schon das Entstehen

---

483 BGH, Rpfleger 2001, 435 = BGHZ 147, 225 = EBE/BGH 2001, 172 = WM 2001, 1075 = NJW 2001, 2178 = ZIP 2001, 1217 = BGHReport 2001, 526 = ZflR 2001, 685 = MDR 2001, 1075 = InVo 2001, 326 = KTS 2001, 463 = JZ 2002, 44 = KKZ 2002, 41 = LM ZPO § 829 Nr. 45 (3/2002) = BGHR ZPO § 259 Pfändungsschuldner 1 = BGHR ZPO § 835 Schuldner 1 = JR 2002, 234.
484 OLG Hamm, DB 1988, 1703.
485 BGH, WM 1958, 531.
486 LAG Hamm, DB 1988, 1703.
487 Vgl. LAG Hamm, DB 1988, 1703.

eines sekundären Ersatzanspruchs des Schuldners gegen den Rechtsanwalt zu verneinen.[488] Der Umfang des Schadensersatzanspruchs richtet sich nach § 249 BGB.[489] Zu ersetzen ist der Schaden, der dem Schuldner durch die verspätete Beitreibung entstanden ist. Der Schaden kann darin bestehen, dass die Forderung nicht mehr beizutreiben ist oder nicht ersatzfähige Zinsen und Kosten beim Schuldner entstehen. Die materielle Schadensersatzpflicht gibt dem Schuldner keine vollstreckungsrechtlichen Einwendungen. Insbesondere kann er wegen der schuldhaften Verzögerung der Beitreibung der Forderung durch den Vollstreckungsgläubiger nicht die Aufhebung des Pfändungs- und Überweisungsbeschlusses betreiben. Mit der **Schadensersatzforderung** kann der Schuldner – wie mit dem Anspruch aus § 841 ZPO – gegen die Forderung aus dem Titel des Vollstreckungsgläubigers **aufrechnen** (§§ 387 ff. BGB) und diese Einwendung im Wege der **Klage nach § 767 ZPO** geltend machen.

XIII. Verzicht des Pfandgläubigers (§ 843 ZPO)

1. Grundsatz – Zweck

242 Die Aufhebung eines Beschlusses, durch den der Anspruch des Schuldners gegen Drittschuldner gepfändet worden ist, sieht das Gesetz nicht ausdrücklich vor. Der Gläubiger kann allerdings auf die durch Pfändung und Überweisung zur Einziehung erworbenen Rechte verzichten, wodurch insbesondere Beweisschwierigkeiten vermieden werden sollen.[490]

243 *Taktischer Hinweis*

Droht dem Gläubiger eine Vollstreckungsabwehrklage (§ 767 ZPO) bzw. eine Haftung nach § 842 ZPO, sollte er sinnvoller Weise auf die Rechte aus dem Pfändungs- und Überweisungsbeschluss verzichten, da hierdurch das Rechtsschutzbedürfnis für eine solche Klage entfällt.[491]

---

488 BGH, MDR 1996, 206 = ZIP 1996, 28 = NJW 1996, 48 = DB 1995, 2597 = AnwBl 1996, 640 = EWiR 1996, 19 = NJW-RR 1996, 180.
489 Musielak/*Becker*, § 842 Rn 2; MüKo-ZPO/*Smid*, § 842 Rn 3 m.w.N.; Gottwald/*Mock*, § 842 Rn 4.
490 BGH, NJW 2002, 1788 = ZVI 2002, 110 = BKR 2002, 419 = BGHReport 2002, 656 = InVo 2002, 333 = DB 2002, 1655 = LM BGB § 162 Nr. 13 (11/2002) = KKZ 2002, 244 = KTS 2002, 543 = KKZ 2003, 13 = ZIP 2002, 840 = WM 2002, 999; BGH, NJW 1986, 977 = BB 1986, 276 = DB 1986, 537 = WM 1986, 366 = JZ 1986, 301; NJW 1983, 886 = WM 1983, 217 = Rpfleger 1983, 118 = ZIP 1983, 362 = Information StW 1983 = MDR 1983, 486 = JR 1983, 318; Gottwald/*Mock*, § 843 Rn 1.
491 OLG Saarbrücken, Beschl. v. 26.4.2016 – 1 W 10/16 – juris.

2. Verfahren

Der Verzicht erfolgt durch eine dem **Schuldner und dem Drittschuldner** (§ 843 S. 3 ZPO) **zuzustellende Erklärung.** Es ist anerkannt, dass ein Verzicht auch in sonstiger Weise durch gültige Willenserklärung des aus dem Pfändungs- und Überweisungsbeschluss Berechtigten erfolgen kann, also ohne Einhaltung der vorgeschriebenen Form.[492]

Taktischer Hinweis

Hat der Gläubiger die Rechte aus dem Pfändungs- und Überweisungsbeschluss aufgegeben, ist es nach richtiger Auffassung zulässig, beim Vollstreckungsgericht zu beantragen, den ergangenen Beschluss zur Klarstellung aufzuheben.[493] Die Erklärung, den Antrag auf Erlass eines Pfändungs- und Überweisungsbeschlusses zurückzunehmen, steht dabei einem Verzicht gleich.

Erforderlich ist die Aufhebung deswegen, weil der gerichtliche Ausspruch, dass der ergangene Pfändungs- und Überweisungsbeschluss aufgehoben wird, der Sicherheit des Rechtsverkehrs dient und ein berechtigtes Interesse der Beteiligten daran besteht, Rechtsklarheit herbeizuführen. Gerade dem Schuldner ist daran gelegen, die Wirkungen des § 836 Abs. 2 ZPO, wonach der Überweisungsbeschluss zugunsten des Drittschuldners dem Schuldner gegenüber so lange als rechtsbeständig gilt, bis der Drittschuldner von der Aufhebung erfahren hat, so schnell wie möglich zu beseitigen. Davon abgesehen ist der Pfändungsbeschluss geeignet, das Ansehen des Schuldners bei dem bzw. den Drittschuldnern zu beeinträchtigen. Denn ggf. bleiben die geschäftlichen Beziehungen zu den genannten Personen belastet, bis diese davon in Kenntnis gesetzt werden, dass sich die Zwangsvollstreckung erledigt hat.

3. Form

Der Verzicht erfolgt durch eine dem Schuldner im Wege der **Parteizustellung** (§ 192 Abs. 2 ZPO) zuzustellende Erklärung, wobei bereits die Zustellung an den Schuldner den Verzicht wirksam macht, während die Zustellung an den Drittschuldner allein keine Wirkung entfaltet.[494] Ein sachlich-rechtlicher **Verzicht** durch **einfache Erklärung**, also

---

492 BAG, DB 1963, 420; BGH, NJW 1983, 886 = WM 1983, 217 = Rpfleger 1983, 118 = ZIP 1983, 362 = Information StW 1983 = MDR 1983, 486 = JR 1983, 318; BGH, NJW 1986, 977 = BB 1986, 276 = DB 1986, 537 = WM 1986, 366 = JZ 1986, 301.
493 BGH, NJW 2002, 1788 = ZVI 2002, 110 = BKR 2002, 419 = BGHReport 2002, 656 = InVo 2002, 333 = DB 2002, 1655 = LM BGB § 162 Nr. 13 (11/2002) = KKZ 2002, 244 = KTS 2002, 543 = KKZ 2003, 13 = ZIP 2002, 840 = WM 2002, 999; OLG Köln, JurBüro 1995, 387; Gottwald/*Mock*, § 842 Rn 2; Musielak/*Becker*, § 843 Rn 3; Stein/Jonas/*Brehm*, § 843 Rn 5; Zöller/*Herget*, § 843 Rn 3; *Stöber*, Rn 682; a.A. OLG München, BayJMBl 1954, 159.
494 Niedersächsisches Finanzgericht, EFG 2018, 175.

ohne Zustellung, **kann** aber nach Lage des Falles ebenfalls **genügen**, weil die Norm des § 843 ZPO nur den unbedingt formell gültigen Weg aufzeigt und die Möglichkeit von Beweisschwierigkeiten beseitigt.[495] Auf den Verzicht des Gläubigers müssen die Grundsätze einer empfangsbedürftigen Willenserklärung angewendet werden. Eine solche setzt voraus, dass die Erklärung an den Erklärungsempfänger, den Schuldner, gerichtet wird und der Erklärende davon ausgeht, dass die Erklärung den Empfänger erreichen wird. Fehlt es daran, bleibt die Erklärung auch dann wirkungslos, wenn sie dem richtigen Empfänger zugeht.[496] Auf ein Pfändungspfandrecht an einer Forderung kann der Gläubiger nicht nur in den Formen des § 843 ZPO, sondern auch durch eine sonstige Willenserklärung gegenüber dem Schuldner verzichten. Auch auf einen solchen Verzicht kann sich der Drittschuldner dann im Einziehungserkenntnisverfahren berufen.[497]

4. Umfang

247 Ein Verzicht auf die Pfändung beinhaltet zwangsläufig auch einen solchen auf Überweisung. Wurde hingegen allein auf das Recht aus der Überweisung verzichtet, bleibt die Forderung beschlagnahmt und das Pfändungspfandrecht an ihr bestehen. Der Vollstreckungsgläubiger verliert daher nur seine durch die Überweisung erworbenen Befugnisse (§ 835 ZPO). Erfolgte die Pfändung und Überweisung an Zahlungs statt ist ein Verzicht nicht möglich, weil diese Art der Überweisung den Übergang der Forderung auf den Vollstreckungsgläubiger und die Befriedigung desselben bewirkt hat.[498]

248 **Kein Verzicht** ist der Rücktritt eines Pfändungsgläubigers hinter einen ihm im Rang nachfolgenden Gläubiger (**Rangrücktritt**). Dieser Rücktritt und damit die Änderung des Ranges erfolgt ohne die Mitwirkung des Schuldners durch Einigung zwischen den an der Rangänderung beteiligten Gläubigern. Hat der zurücktretende Gläubiger dem Drittschuldner die Rangänderung angezeigt, so wird dieser bei der Leistung an den anderen Gläubiger geschützt (§ 409 BGB). Auch die inhaltliche Beschränkung einer Vollstreckungsmaßnahme oder teilweise Bewilligung, dass eine Vollstreckungsmaßnahme aufgehoben oder die Zwangsvollstreckung einstweilig eingestellt wird beinhaltet keinen Verzicht.[499] In diesem Falle geht das Pfändungspfandrecht auch nicht auf sonstige Weise verloren.[500]

---

495 BGH, NJW 1983, 886 = WM 1983, 217 = Rpfleger 1983, 118 = ZIP 1983, 362 = Information StW 1983 = MDR 1983, 486 = JR 1983, 318; OLG München, InVo 2000, 64; RGZ 139, 172; RG, JW 1935, 3541; BAG, Betrieb 1963, 420.
496 OLG München, OLGR München 1998, 14.
497 BAG, DB 1963, 420.
498 Stöber, Rn 677.
499 Vgl. zur Ruhendstellung einer Kontopfändung: BGH, Vollstreckung effektiv, 2016, 51 = InsbürO 2016, 168 = JurBüro 2016, 209 = Rpfleger 2016, 299 = FoVo 2016, 108.
500 OLG Düsseldorf, InVo 1999, 57.

Außer i.R.d. § 843 ZPO kann der Gläubiger durch den Abschluss eines **Erlassvertrags** (§ 397 BGB) mit dem Drittschuldner auf die Einziehung der gepfändeten Beträge verzichten. Ein solcher Vertrag braucht dem Schuldner nicht zugestellt zu werden.[501]   249

5. Wirkung

Ein Verzicht ist **unwirksam**, wenn er unter einer **auflösenden Bedingung** abgegeben wird.[502] Eine bedingte Erklärung führt zur Unwirksamkeit der Prozesshandlung.   250

Zu unterscheiden ist der Verzicht nach § 843 S. 1 ZPO vom Verzicht auf die titulierte Forderung:[503]   251

- Verzichtet der Gläubiger auf die **titulierte Forderung**, so erlischt diese (§ 397 BGB). Mit der Forderung erlischt dann auch das an ihr zuvor erworbene Pfändungspfandrecht, weil es vom Bestand der Forderung abhängig ist. Die Verstrickung der Forderung allerdings besteht weiter fort. Ggf. hat der Schuldner sie im Wege der Klage nach § 767 ZPO zu beseitigen.
- Bei einem **Verzicht** nach § 843 S. 1 ZPO bleibt die **titulierte Forderung** des Vollstreckungsgläubigers gegen seinen Schuldner **bestehen**. Der Gläubiger kann daher in anderes Vermögen des Schuldners vollstrecken und dieselbe Forderung erneut pfänden.[504] Auch der gegen den Schuldner erworbene Titel bleibt vom Verzicht unberührt.

Der Verzicht kann sich sowohl auf die Rechte der **Pfändung und** der **Überweisung** erstrecken als auch auf die Rechte **allein** aus der **Überweisung**. Im Falle des vollständigen Verzichts wird die Verstrickung aufgehoben und das Pfändungspfandrecht an der Forderung erlischt, ohne dass es einer Aufhebung des Pfändungs- und Überweisungsbeschlusses bedarf.[505] Ist allein auf das Recht aus der Überweisung verzichtet worden, bleibt die Forderung beschlagnahmt und das Pfändungspfandrecht an ihr bestehen. Der Vollstreckungsgläubiger verliert daher nur seine durch die Überweisung erworbenen Befugnisse (§ 835 ZPO).   252

Die Verzichterklärung, welche als Prozesshandlung grds. unwiderruflich ist, wird im Falle der wirksamen Zustellung bzw. mit Bekanntgabe gegenüber dem Schuldner wirksam. Erst dann erlöschen Verstrickung und Pfandrecht,[506] die Pfändungsmaßnahme ist aufzuheben. Nachrangige Gläubiger rücken dadurch in die freiwerdende Position des ver-   253

---

501 LAG Berlin, AP Nr. 1 zu § 843.
502 OLG München, InVo 2000, 64, hier: Verzicht nur während des Konkursverfahrens.
503 Vgl. auch *Mock*, Vollstreckung effektiv 2018, 77.
504 Musielak/*Becker*, § 843 Rn 3; AG Berlin-Neukölln, DGVZ 1986, 78.
505 VG Aachen, Urt. v. 10.2.2010 – 7 K 1535/08 – juris; *Stöber*, Rn 679.
506 LG München II, AGS 2013, 539.

zichtenden Gläubigers ein. Dies gilt insbesondere auch dann, wenn der vorrangige Gläubiger auf die Überweisung oder Einziehung nur teilweise verzichtet.[507]

6. Gebühren – Kosten

254 Der **Gerichtsvollzieher** erhält für die Zustellung der Verzichtserklärung an den Schuldner und den Drittschuldner je die Zustellungsgebühr i.H.v. 10,00 EUR nach KV Nr. 100 der Anlage zu § 9 GvKostG und daneben Auslagenerstattung nach KV Nrn. 711, 713 der Anlage zu § 9 GvKostG. Hat der **Rechtsanwalt** die 0,3 Verfahrensgebühr nach Nr. 3309 VV RVG bereits – wie im Regelfall – verdient, bekommt er für die Verzichtserklärung und die Beauftragung des Gerichtsvollziehers mit der Zustellung keine weitere Gebühr (§§ 19 Abs. 1, 18 Abs. 1 Nr. 1 RVG). Die Kosten eines Verzichts hat nach **§ 788 ZPO** der **Gläubiger** zu tragen, falls er nicht nachweist, dass die Vollstreckungsmaßnahmen auch im Hinblick auf den Verzicht bzw. die Rücknahme sachlich notwendig waren.[508]

7. Muster

a) Verzichtserklärung gegenüber Schuldner

255 An den Schuldner

Sehr geehrte/r Herr/Frau,

Hiermit teile ich Ihnen mit, dass ich als Gläubiger gem. § 843 S. 1 ZPO auf die Rechte aus dem

( ) Pfändungs- und Überweisungsbeschluss des Amtsgerichts ... vom ..., Az: ... M ... ./. ... verzichte und daraus keine Rechte mehr herleite.

( ) Überweisungsbeschluss des Amtsgerichts ... vom ..., Az: ... M ... ./. ... verzichte und daraus keine Rechte mehr herleite. Hierdurch bleibt jedoch die Forderung beschlagnahmt und das Pfändungspfandrecht an ihr bestehen.

Nicht umfasst vom Verzicht sind die Ansprüche aus der titulierten Forderung.

gez. Gläubiger

b) Verzichtsmitteilung an Drittschuldner

256 An den Drittschuldner

Sehr geehrte/r Herr/Frau,

Hiermit teile ich Ihnen gem. § 843 S. 3 ZPO mit, dass ich als Gläubiger gegenüber dem Schuldner durch Erklärung vom ... auf die Rechte aus dem

---

507 BAGE, NJW 1975, 1575 = DB 1975, 1130 = WM 1975, 871.
508 OLG Köln, InVo 1996, 78.

( ) Pfändungs- und Überweisungsbeschluss des Amtsgerichts ... vom ..., Az: ... M ... ./.
... verzichtet habe und daraus keine Rechte mehr herleite.

( ) Überweisungsbeschluss des Amtsgerichts ... vom ..., Az: ... M ... ./. ... verzichtet habe und daraus keine Rechte mehr herleite. Hierdurch bleibt jedoch die Forderung beschlagnahmt und das Pfändungspfandrecht an ihr bestehen.

Anlage

Verzichtserklärung vom ...

Gez. Gläubiger

c) Antrag auf Aufhebung der Pfändung und Überweisung

An das Amtsgericht

– Vollstreckungsgericht –

Az: ... M ... ./. ...

Sehr geehrte Damen und Herren

Ich beantrage zur Klarstellung den

( ) Pfändungs- und Überweisungsbeschluss

( ) den Überweisungsbeschluss

vom ... aufzuheben und dem Drittschuldner eine Beschlussausfertigung zuzustellen.

Begründung

Der Gläubiger hat gegenüber dem Schuldner durch Erklärung vom ... auf die Rechte aus dem,

( ) Pfändungs- und Überweisungsbeschluss des Amtsgerichts ... vom ..., Az: ... M ... ./.
... verzichtet und leitet daraus keine Rechte mehr her.

( ) Überweisungsbeschluss des Amtsgerichts ... vom ..., Az: ... M ... ./. ... verzichtet und leitet daraus keine Rechte mehr her. Hierdurch bleibt jedoch die Forderung beschlagnahmt und das Pfändungspfandrecht an ihr bestehen.

Nach Ansicht des BGH (BGH, NJW 2002, 1788) kann das Vollstreckungsgericht den ergangenen Beschluss zur Klarstellung aufheben.

Anlage

Verzichtserklärung vom ...

Gez. Gläubiger

XIV. Vorpfändung (§ 845 ZPO)

Schon **vor der Pfändung** kann der Vollstreckungsgläubiger durch den Gerichtsvollzieher dem Drittschuldner und dem Schuldner die Benachrichtigung, dass die Pfändung bevorstehe, zustellen lassen mit der Aufforderung an den Drittschuldner, nicht an den Schuldner zu zahlen und an den Schuldner, sich jeder Verfügung über die Forderung zu enthalten (sog. **Vorpfändung**, § 845 Abs. 1 S. 1 ZPO auch **vorläufiges Zahlungsverbot** genannt).

259 Da der Gläubiger auf die Bearbeitung eines beantragten Pfändungsbeschlusses durch das Vollstreckungsgericht keinen Einfluss hat, bezweckt die Vorschrift den Schutz des Gläubigers vor eventuellen Verzögerungen der Zwangsvollstreckung in Forderungen und andere Vermögensrechte. Zudem soll der Gläubigeranspruch vor vollstreckungsvereitelnden Maßnahmen des Schuldners gesichert werden. Denn nicht nur Rangnachteile kann der Gläubiger durch die verzögerte Bearbeitung seines Pfändungsantrags erleiden, sondern der durch den Titel in der Hand des Gläubigers bereits „gewarnte" Schuldner könnte Außenstände noch schnell einziehen (und verbrauchen) oder Forderungen durch Abtretung „in Sicherheit bringen", und dadurch den Erfolg der Zwangsvollstreckung verhindern. Durch die Möglichkeit der Vorpfändung kann der Gläubiger die Zwangsvollstreckung daher frühzeitig sichern, ohne durch die Wartefristen des § 750 Abs. 3 ZPO[509] gehindert zu sein. Das Gesetz gibt dem Gläubiger daher die Möglichkeit, ohne Inanspruchnahme des Vollstreckungsgerichts im Wege **privater Zwangsvollstreckungsmaßnahmen** beschleunigt den **Eintritt der Pfändungswirkung herbeizuführen**. Er kann hierzu dem Drittschuldner und dem Vollstreckungsschuldner durch den Gerichtsvollzieher eine Mitteilung von der bevorstehenden Pfändung zustellen lassen, muss allerdings die **Pfändung** selbst binnen **eines Monats bewirken** (§ 845 Abs. 2 S. 1 ZPO). Sinn hat eine Vorpfändung daher nur, wenn innerhalb eines Monats nach der Zustellung der Benachrichtigung an den Drittschuldner die eigentliche Pfändung bewirkt wird, weil die Wirkungen der Vorpfändung sonst wegfallen.

1. Anwendungsbereich/Zulässigkeit

260 Der Anwendungs- und Zulässigkeitsbereich der Vorschrift erstreckt sich[510]

- auf die Pfändung von **Geldforderungen** (§ 829 ZPO), auch wenn für diese eine Hypothek besteht (§§ 830, 830a ZPO),[511]
- auf den Anspruch auf Herausgabe oder Leistung einer körperlichen Sache (§§ 846 ff. ZPO),

---

509 BGHZ 93, 71 = WM 1985, 78 = ZIP 1985, 150 = BB 1985, 294 = DB 1985, 545 = NJW 1985, 863 = Information StW 1985, 186 = JurBüro 1985, 701 = EWiR 1985, 25 = MDR 1985, 404 und § 798 ZPO: BGH, NJW 1982, 1150 = WM 1982, 233 = EBE/BGH 1982, 67 = BB 1982, 399 = ZIP 1982, 292 = JZ 1982, 295 = DB 1982, 1002 = Information StW 1982, 233 = JurBüro 1982, 853 = MDR 1982, 574 = JuS 1982, 626; vgl. auch Rdn 265.
510 Gottwald/*Mock*, § 845 Rn 2, 3 m.w.N.
511 Zöller/*Herget*, § 845 Rn 1.

- auf die Vollstreckung in sonstige Vermögenswerte (§ 857 ZPO),
- auf die **Sicherungsvollstreckung nach § 720a ZPO**.[512] Hat allerdings der Schuldner Sicherheit zur Abwendung der Sicherungsvollstreckung in Höhe des Hauptanspruchs erbracht (§ 720a Abs. 3 ZPO), kann der Gläubiger die Vorpfändung nur noch dann in die Wege leiten, wenn er selbst Sicherheit geleistet hat.[513]
- auf **Arrest** und **einstweiliger Verfügung** (sog. Leistungs- oder Befriedigungsverfügung). In diesen Fällen ist aber die Vollziehungsfrist zu wahren. Liegt dagegen ein vollstreckbarer Titel nicht vor, so kann eine gleichwohl vorgenommene Vorpfändung, wenn später ein Titel entstehen sollte, nicht mit Wirkung ex nunc geheilt werden.

Mit **Pfändung** im Sinne der Vorschrift ist nur eine solche **durch Pfändungsbeschluss** des Gerichtes gem. § 829 Abs. 1 ZPO gemeint.[514] Daher ist § 845 ZPO **unanwendbar** bei Wertpapieren, Wechseln und anderen Forderungen, deren Pfändung nicht dem Vollstreckungsgericht, sondern dem Gerichtsvollzieher nach § 831 ZPO obliegt.[515] Die Vorpfändung spricht ersichtlich von einer nachfolgenden „Pfändung" der genannten Forderungen und verweist in diesem Zusammenhang auf § 840 ZPO, der nur für den Fall der Zwangsvollstreckung in das bewegliche Vermögen gilt, nicht jedoch für den Fall der Zwangsvollstreckung in das unbewegliche Vermögen. Es ist auch nicht möglich, eine im Rahmen einer Zwangsvollstreckung in bewegliches Vermögen ausgesprochene Vorpfändung mit einem nachfolgenden Zahlungsverbot in der Zwangsverwaltung, somit der Zwangsvollstreckung in das unbewegliche Vermögen, in ihrer Wirkung zu kombinieren. Dies ist nach dem Gesetz, wie sich aus § 865 Abs. 2 S. 2 ZPO ergibt, jedenfalls in den Fällen, in denen die Zwangsverwaltung Mietforderungen erfasst, auf die sich gem. §§ 1123, 1192 BGB auch die Grundschuld erstreckt, nicht möglich.[516]

261

2. Voraussetzungen

Die Vorpfändung setzt zumindest einen **vorläufig vollstreckbaren Titel** voraus. Ein Arrestbefehl oder eine einstweilige Verfügung sind daher ausreichend.

262

---

512 BGHZ 93, 71 71 = WM 1985, 78 = ZIP 1985, 150 = BB 1985, 294 = DB 1985, 545 = NJW 1985, 863 = Information StW 1985, 186 = JurBüro 1985, 701 = EWiR 1985, 25 = MDR 1985, 404.
513 A.A. Zöller/*Herget*, § 845 Rn 2.
514 AG Heilbronn, ZfIR 2008, 770.
515 OLG Frankfurt/Main, MDR 1994, 843; OLG Köln, Rpfleger 1991, 241; Musielak/*Becker*, § 845 Rn 1; Gottwald/*Mock*, § 845 Rn 5.
516 AG Heilbronn, ZfIR 2008, 770.

263 Taktischer Hinweis

Eine vollstreckbare Ausfertigung braucht der Gläubiger nicht im Besitz zu haben und der Titel muss auch noch nicht zugestellt sein.[517] Dies ist selbst erfahrenen Gerichtsvollziehern nicht immer geläufig, wie ich es selbst in der Praxis bereits mehrfach erlebt habe. Es ist daher im Zweifel sinnvoll den jeweiligen Gerichtsvollzieher hierauf ggf. telefonisch hinzuweisen, um weitere Verzögerungen zu vermeiden.

264 Bei einer **künftigen Forderung** muss bereits eine **Rechtsbeziehung** zwischen Schuldner und Drittschuldner **bestehen**, welche die Pfändung ermöglicht.[518] Die Vorpfändung eines **Steuererstattungsanspruchs** ist daher erst mit der vom Gerichtsvollzieher bewirkten Zustellung des die Vorpfändung enthaltenden Schreibens i.S.d. § 46 Abs. 6 AO erlassen. Auf den Zeitpunkt, an dem das Schreiben dem Gerichtsvollzieher übergeben worden ist, kommt es daher nicht an.[519]

265 Die Entscheidung des BGH[520] bestätigt die Gerichtsvollzieherpraxis hinsichtlich der **Vorpfändung von Steuererstattungsansprüchen** gegenüber den Finanzämtern. Da regelmäßig zum Ende eines Kalenderjahres das Arbeitspensum bei den Vollstreckungsgerichten um ein Vielfaches höher ist als im übrigen Jahr, gehen nämlich vielfach Gläubiger im Hinblick auf die am 1.1. eines Jahres fällig werdenden Steuererstattungsansprüche des Vorjahres dazu über, vordatierte vorläufige Zahlungsverbote einzureichen. Der Gerichtsvollzieher nimmt diese also bereits im „alten Jahr" entgegen, stellt sie aber regelmäßig erst am ersten Werktag des neuen Jahres dem Finanzamt als Drittschuldner zu. Entscheidend für die (Vor-)Pfändung ist somit die tatsächliche Zustellung des vorläufigen Zahlungsverbots durch den Gerichtsvollzieher.

266 Taktischer Hinweis

Der **Rechtsanwalt** ist allerdings verpflichtet, darauf zu achten, ob dem **Mandanten** wegen eines materiell-rechtlichen oder prozessualen Fristablaufs ein **Rechtsverlust droht** und hat dem durch geeignete Maßnahmen entgegenzuwirken.[521] Er ist verpflichtet, auf die **Vollzugsfrist des § 845 Abs. 2 ZPO zu achten**, eine ausreichende **Fristenkontrolle** durchzuführen, für die Lesbarkeit der Vollstreckungsunterlagen zu sorgen und möglichen Verzögerungen durch Fehler oder Versäumnisse des Gerichts entgegenzuwirken. Dazu kann es, einer guten anwaltlichen Übung entspre-

---

517 Vgl. § 802a Abs. 2 Nr. 5 ZPO; LG Halle/Saale, Urt. v. 17.10.2008 – 5 O 267/07 – juris; LG Frankfurt/Main, JurBüro 1983, 623 = Rpfleger 1983, 32; AG Gelnhausen, JurBüro 1999, 101.
518 Zöller/*Herget*, § 845 Rn 2.
519 BGH = WM 2011, 2333 = MDR 2012, 54 = Rpfleger 2012, 91 = DGVZ 2012, 30 = Vollstreckung effektiv 2012, 21 = FoVo 2012, 33.
520 Vollstreckung effektiv 2012, 21 = BFH/NV 2012, 541 = FoVo 2012, 33 = DGVZ 2012, 30; vgl. auch § 4 Rdn 128 f.
521 OLG Hamm, InVo 1998, 229.

chend, gehören, zur Wahrung des sichersten Weges bei Fristsachen auf die Eilbedürftigkeit und das Datum des Fristablaufs deutlich hinzuweisen oder ggf. bei drohendem Fristablauf Nachforschungen beim Vollstreckungsgericht anzustellen.[522]

Die **besonderen Zwangsvollstreckungsvoraussetzungen** (Sicherheitsleistung, Vorliegen von Nachweisurkunden und deren Zustellung; vgl. § 751 Abs. 2 ZPO) müssen für eine Vorpfändung nicht erfüllt sein.[523] Ebenso bedarf es nicht des Abwartens des Fristablaufs nach § 798 ZPO[524] oder der Frist nach § 750 Abs. 3 ZPO.[525] Unschädlich ist es, wenn nach einem Wechsel des Vollstreckungsgläubigers oder -schuldners der Titel noch nicht umgeschrieben ist.[526] 267

Dagegen muss eine **Bedingung** i.S.d. § 726 ZPO eingetreten, ein für die Leistung bestimmter Kalendertag abgelaufen (§ 751 Abs. 1 ZPO), die Voraussetzung der Vollstreckung bei Leistung Zug um Zug (§ 765 ZPO) eingetreten und die zu pfändende Forderung bei Zustellung der Vorpfändung an den Drittschuldner bereits pfändbar sein. Insofern scheidet eine Vorpfändung eines Steuererstattungsanspruchs vor dessen Entstehen (1.1. eines Jahres) aus. 268

Für den Inhalt eines vorläufigen Zahlungsverbotes gilt dasselbe wie für einen Pfändungs- und Überweisungsbeschluss.[527] Jedoch ist die Angabe des Schuldtitels nicht zwingend, weshalb die falsche Bezeichnung unschädlich ist.[528] Allerdings dürfte es in der Praxis sicherlich keine Probleme bereiten, die korrekte Titelbezeichnung zu benennen. 269

3. Durchführung der Vorpfändung

a) Gerichtsvollzieher fertigt Vorpfändungsbenachrichtigung selbst an

Der **Gerichtsvollzieher** kann als **staatliches Zwangsvollstreckungsorgan**[529] eine Vorpfändung ausbringen. Hierzu muss er **ausdrücklich** vom Gläubiger schriftlich oder münd- 270

---

522 Vgl. BGH, NJW-RR 1990, 1241 = WM 1990, 1917 = EWiR 1990, 1193 = MDR 1991, 240 = VersR 1991, 422 = JR 1991, 366 = NJ 1990, 561.
523 LG Saarbrücken, Beschl. 19.2.2004 – 5 T 80/04 – n.v.; vgl. OLG Rostock, DGVZ 2006, 91; AG Augsburg, Beschl. v. 13.1.2012 – 1 M 10227/12 – BeckRS 2012, 02000; Gottwald/*Mock*, § 845 Rn 6; MüKo-ZPO/*Smid*, § 845 Rn 2; *Stöber*, Rn 798.
524 BGH, NJW 1982, 1150 = WM 1982, 233 = BB 1982, 399 = ZIP 1982, 292 = JZ 1982, 295 = DB 1982, 1002 = JurBüro 1982, 853 = MDR 1982, 574 = JuS 1982, 626.
525 LG Frankfurt/Main, JurBüro 1983, 623; KG, MDR 1981, 412.
526 RGZ 71, 182; Zöller/*Herget*, § 845 Rn 2; Gottwald/*Mock*, § 845 Rn 6.
527 BGH, Vollstreckung effektiv 2017, 146 = FoVo 2017, 167; BGH, InVo 2005, 363 = WM 2005, 1037 = ZInsO 2005, 596 = ZIP 2005, 1198 = Rpfleger 2005, 450 = DZWIR 2005, 343 = BGHReport 2005, 1082 = ZVI 2005, 419 = MDR 2005, 1135 = NJW-RR 2005, 1361 = KKZ 2006, 178; MDR 2001, 1133 = WM 2001, 1223 = NJW 2001, 2976 = BGHReport 2001, 858 = KTS 2001, 476 = KKZ 2002, 39.
528 OLG Köln, NJW-RR 1989, 190; AG Augsburg, Beschl v. 13.1.2012 - 1 M 10227/12 – BeckRS 2012, 02000.
529 *Arnold*, MDR 1979, 358; *Gilleßen/Jakobs*, DGVZ 1979, 103; *Hornung*, Rpfleger 1979, 284; a.A. *Münzberg*, DGVZ 1979, 161 = Vertreter des Gläubigers.

lich **beauftragt** worden sein (§§ 845 Abs. 1 S. 2, 802a Abs. 2 Nr. 5 ZPO), was zumeist gleichzeitig im Rahmen eines Sachpfändungsauftrages erfolgt. Er fertigt dann nach Prüfung der Zwangsvollstreckungsvoraussetzungen (zum Verfahren des Gerichtsvollziehers vgl. § 126 GVGA; Titel, ggf. Pfändungsverbote bzw. -beschränkungen) selbstständig nach Ermittlung entsprechender Forderungen eine Vorpfändung an und stellt diese dem jeweiligen Drittschuldner zu.[530] Die Beauftragung an den Gerichtsvollzieher kann aber auch einzeln erfolgen. In diesem Fall muss der Gläubiger die genauen Angaben wie Drittschuldnerbezeichnung sowie zu pfändende Forderung dem Gerichtsvollzieher mitteilen. **Mehrere Vorpfändungen** gegen dieselbe Forderung sind gleichzeitig zu behandeln.

271 Die Anfertigung der Vorpfändung durch den Gerichtsvollzieher bezieht sich **nur** auf **Geldforderungen** (§ 829 ZPO). Für die Anfertigung bei der Vollstreckung in **andere Vermögenswerte** ist der **Gerichtsvollzieher unzuständig** (§ 857 Abs. 7 ZPO). Eine örtliche Zuständigkeit des Gerichtsvollziehers ist nicht gegeben. Der **Gläubiger kann** daher **jedem Gerichtsvollzieher** den Auftrag zur Anfertigung der Pfändungsbenachrichtigung erteilen (§§ 2 ff. GVO). Liegen dem Gerichtsvollzieher Aufträge für die Zustellung eines vorläufigen Zahlungsverbots und eines Pfändungs- und Überweisungsbeschlusses vor, so hat er nicht zu prüfen, ob sich der Auftrag auf Zustellung des vorläufigen Zahlungsverbots aufgrund des Pfändungs- und Überweisungsbeschluss erledigt hat bzw. ob die Zustellung des vorläufigen Zahlungsverbots neben der Zustellung des Pfändungs- und Überweisungsbeschluss zweckmäßig oder erforderlich ist.[531] Hat der Gläubiger durch sog. Kombi-Auftrag den Gerichtsvollzieher damit beauftragt, ein vorläufiges Zahlungsverbot zu fertigen und zuzustellen, sofern Ansprüche des Schuldners gegen Dritte bekannt werden (hier: bei Abnahme der Vermögensauskunft) und eine sofortige Beschlagnahme geboten erscheint, ist eine Vorpfändung (hier: von Steuerrückerstattungsansprüchen gegen das Finanzamt, eines Anspruchs auf Mietkautionsrückzahlung und eines Kontoguthabens) gerechtfertigt, auch wenn nur geringe Erfolgsaussichten bestehen.[532]

272 Der Auftrag an den Gerichtsvollzieher ist als **Eilsache** (§ 5 Abs. 1 GVGA) zu behandeln. In dem zu verwendenden Gerichtsvollzieherauftrag – **wegen Geldforderungen!** – ist das **Modul J** – Vorpfändung (§ 845 ZPO) – vorgesehen.

---

530 A.A. eine selbstständige Forderungsermittlung durch den Gerichtsvollzieher scheidet aus; Zöller/*Herget*, § 845 Rn 4.
531 AG Ratingen, DGVZ 2003, 175.
532 LG Wiesbaden, DGVZ 2003, 156.

J	Vorpfändung (§ 845 ZPO)	273
	Anfertigung der Benachrichtigung über die Vorpfändung und Zustellung sowie unverzügliche Mitteilung über die Vorpfändung ☐ für pfändbare Forderungen, die der Gerichtsvollzieherin/dem Gerichtsvollzieher bekannt sind oder bekannt werden ☐ für folgende Forderungen: [...]	

Hinweis 274

Hierbei öffnen sich für den Gläubiger **zwei Möglichkeiten**:

■ Der Gerichtsvollzieher fertigt eine Vorpfändung an, nachdem ihm entsprechende Forderungen bekannt geworden sind und er die Vollstreckungsvoraussetzungen (§ 126 GVGA) geprüft hat. Dann stellt er sie dem Drittschuldner zu.

■ Der Gerichtsvollzieher kann aber auch hinsichtlich dem Gläubiger bekannter Forderungen einzeln beauftragt werden. Hier muss der Gläubiger dem Gerichtsvollzieher die genauen Angaben mitteilen, z.b. die Drittschuldnerbezeichnung und die zu pfändende(n) Forderung(en). Dann muss der Gläubiger im zweiten Kästchen ein Kreuzchen setzen. Der Gerichtsvollzieher fertigt nun eine Vorpfändungsbenachrichtigung an und stellt sie dem Drittschuldner zu.

Taktischer Hinweis 275

Die Vorpfändung muss alle Anforderungen des späteren Pfändungs- und Überweisungsbeschlusses erfüllen, d.h. Gläubiger, Schuldner, Drittschuldner, Forderung, wegen derer vollstreckt wird, sowie die Forderung, die gepfändet werden soll, angeben. Die Bezeichnung der zu pfändenden Forderung muss dabei so hinreichend sein, dass über die Identität der Vorpfändung mit der Pfändung selbst später keine Zweifel aufkommen können.[533] Die gepfändete Forderung muss wenigstens in allgemeinen Umrissen angegeben werden, damit sie von anderen unterschieden werden kann.[534] Insbesondere Arbeitgeber als Drittschuldner sollten hierauf aus Fürsorge gegenüber

---

[533] BGH, Vollstreckung effektiv 2017, 146 = FoVo 2017, 167; BGH, InVo 2005, 363 = WM 2005, 1037 = ZInsO 2005, 596 = ZIP 2005, 1198 = Rpfleger 2005, 450 = DZWIR 2005, 343 = BGHReport 2005, 1082 = ZVI 2005, 419 = MDR 2005, 1135 = NJW-RR 2005, 1361 = KKZ 2006, 178; MDR 2001, 1133 = WM 2001, 1223 = NJW 2001, 2976 = BGHReport 2001, 858 = KTS 2001, 476 = KKZ 2002, 39.

[534] BGHZ 13, 42; BGHZ 93, 82 = WM 1985, 397 = NJW 1985, 1031 = MDR 1985, 407 = DB 1985, 1581; BGH, MDR 2001, 1133 = WM 2001, 1223 = BB 2001, 1436 = NJW 2001, 2976 = VersR 2001, 504 = WuB VI E § 845 ZPO 2.01 = BGHReport 2001, 858 = InVo 2001, 377.

ihrem Arbeitnehmer als Schuldner achten und bei Verstößen dieses mit der **Erinnerung** gem. **§ 766 ZPO** rügen.

276 Es ist ohne Bedeutung, ob sämtliche Ansprüche des Schuldners gegen den Drittschuldner gepfändet werden sollen oder ob der Schuldner gegenüber dem Drittschuldner nur über eine Forderung verfügt. Der BGH[535] hat Umschreibungen, nach denen Forderungen aus allen Rechtsgründen gepfändet werden sollen, als zu unbestimmt verworfen. In zwei höchstrichterlichen Entscheidungen[536] ist es allerdings als ausreichend angesehen worden, dass das Rechtsverhältnis ansatzweise umrissen wird („Forderung aus Lieferungen und Leistungen [Bohrarbeiten]"; „[Steuer-Nr. ...] Erstattungsanspruch für das Jahr 1980 und 1981").

277 Die Benachrichtigung durch den Gerichtsvollzieher muss die Erklärungen enthalten, dass

- eine bestimmte Pfändung unmittelbar bevorsteht,
- der Drittschuldner nicht mehr an den Schuldner zahlen darf und
- dem Schuldner die Verfügung über die Forderung, insbesondere deren Einziehung, verboten ist.

b) Gläubiger fertigt Vorpfändungsbenachrichtigung selbst an

278 Wird das vorläufige Zahlungsverbot durch den Vollstreckungsgläubiger oder dessen Vertreter selbst angefertigt, muss ebenfalls der Gerichtsvollzieher ausdrücklich mit der **Zustellung** der Urschrift des zuzustellenden Schriftstücks beauftragt werden (§§ 191 ff. ZPO). Eine **formlose Mitteilung** durch den Gläubiger selbst, Boten oder die Post ist **unwirksam**,[537] ebenso die Übermittlung durch Telefax[538] oder öffentliche Zustellung.

279 Dieser Fall ist nicht durch das Modul J geregelt. Der Gläubiger muss vielmehr im amtlichen Gerichtsvollzieherauftrag im **Modul C** im Freifeld (ganz unten) „Vorpfändungsbenachrichtigung" eintragen. Zusätzlich muss im **Modul D** (Zustellung) ein Kreuz gesetzt werden.

---

535 BGHZ 13, 42.
536 BGH, NJW 1983, 886 = WM 1983, 217 = Rpfleger 1983, 118 = BGHZ 86, 337 = ZIP 1983, 362 = MDR 1983, 486; BFH, NJW 1990, 2645 = BFHE 157, 32 = DB 1989, 1707 = EWiR 1989, 1245 = BB 1990, 125 = KKZ 1990, 49.
537 OLG Koblenz, DGVZ 1984, 58.
538 Zöller/*Herget*, § 845 Rn 3 m.w.N.; a.A. *Müller*, DGVZ 1996, 85.

C	die Anlage/-n Dazu bitte die Hinweise zum Ausfüllen und Einreichen des Vollstreckungsauftrags (Anlage 2 des Formulars) beachten	280
	x Vollstreckungstitel(Titel bitte nach Art, Gericht/Notar/Behörde, Datum und Geschäftszeichen bezeichnen)	
	☐ Vollmacht	
	☐ Geldempfangsvollmacht	
	☐ Forderungsaufstellung gemäß der Anlage 1 des Formulars	
	☐ Forderungsaufstellung gemäß sonstiger Anlage/-n des Gläubigers/Gläubigervertreters [...]	
	☐ Anwaltskosten für weitere Vollstreckungsmaßnahmen gemäß zusätzlicher Anlage/-n [...]	
	☐ Inkassokosten gemäß § 4 Abs. 4 des Einführungsgesetzes zum Rechtsdienstleistungsgesetz (RDGEG) gemäß Anlage/-n [...]	
	☐ [...]	
	x Vorpfändungsbenachrichtigung	
D	x Zustellung	

Hat der Gläubiger die von ihm selbst verfasste Pfändungsanzeige unzulässiger Weise mit einem Auskunftsverlangen verbunden, darf der Gerichtsvollzieher deren Zustellung nicht aus diesem Grund ablehnen. Er darf den Drittschuldner jedoch auf die Unrichtigkeit des Auskunftsverlangens hinweisen und dessen Auskünfte nicht zu Protokoll nehmen.[539]

281

Taktischer Hinweis

282

Der Vollstreckungsgläubiger sollte mindestens drei bzw. mehrere Exemplare des vorläufigen Zahlungsverbotes an den Gerichtsvollzieher übersenden, nämlich eine Ausfertigung jeweils für den Gerichtsvollzieher, den Schuldner und den Drittschuldner. Bei mehreren Drittschuldnern ist je eine Ausfertigung mehr beizufügen. Gläubiger gewinnen Zeit, indem sie den anschließenden Pfändungsbeschluss durch persönliche Beauftragung des Gerichtsvollziehers zustellen lassen und nicht die Vermittlung durch die Geschäftsstelle des Gerichts beantragen. In diesem Fall ist der Gerichtsvollzieher lediglich Zustellorgan. Gem. § 121 Nr. 4 GVGA hat er nicht zu prüfen, ob ein

---

[539] AG Bayreuth, FoVo 2017, 13.

§ 5 Das Pfändungsverfahren

vollstreckbarer Titel vorliegt, dieser zugestellt und mit der Vollstreckungsklausel versehen ist.

4. Wirkungen

a) Allgemeines

283 Die Zustellung des vorläufigen Zahlungsverbots an den Drittschuldner hat die Wirkungen eines **Arrests** (§ 930 ZPO) sowie einer Beschlagnahme im Wege der Zwangsvollstreckung.[540] Entsprechendes gilt für die Sicherungsvollstreckung nach § 720a ZPO.[541] Sie begründet den **Rang** eines **auflösend bedingten Pfändungspfandrechts**, das durch eine Pfändung innerhalb eines Monats seit Zustellung des vorläufigen Zahlungsverbots entsteht.[542] Sie muss daher für ihre Wirksamkeit die gleichen Anforderungen erfüllen wie der Pfändungs- und Überweisungsbeschluss.[543] Eine **Heilung** einer **unwirksamen Vorpfändung** tritt jedoch nicht durch eine nachfolgende wirksame Pfändung der Forderung ein. Das Pfändungspfandrecht entsteht nämlich erst nach Zustellung des entsprechenden Beschlusses an den Drittschuldner. Eine Heilung von **Zustellungsmängeln** nach § 187 ZPO hingegen ist nur möglich, wenn dem Gerichtsvollzieher bei der Durchführung der Zustellung Fehler unterlaufen sind.[544]

284 Erfolgt die anschließende Pfändung nur wegen eines **Teilbetrages**, so entsteht auch nur in dieser Höhe ein Pfandrecht. Wegen des überschießenden Teilbetrages besteht keine Beschlagnahmewirkung.[545] Die Vorpfändung begründet **keine Einziehungsbefugnis** an der Forderung. Der Drittschuldner ist daher weder verpflichtet, die vorgepfändeten Beträge an den Gläubiger zu überweisen, noch die Drittschuldnererklärung gem. § 840 ZPO abzugeben.[546] Diese Verpflichtung entsteht erst durch Zustellung des Pfändungsbeschlusses.[547]

285 Die **Pfändung** der **Forderung** gilt **rückwirkend** ab dem Tag der Zustellung des vorläufigen Zahlungsverbots, sofern **binnen eines Monats** dem Drittschuldner der endgültige Pfändungs- und Überweisungsbeschluss **zugestellt wird** (§ 829 Abs. 3 ZPO) und die

---

540 BGHZ 87, 166 = ZIP 1983, 618 = WM 1983, 599 = NJW 1983, 1738 = MDR 1983, 663 = DB 1983, 2410 = BB 1984, 178.
541 BGH, NJW 1985, 863.
542 § 845 Abs. 2 i.V.m. §§ 804, 930 Abs. 1 ZPO; BGH, NJW 2001, 2976 = WM 2001, 1223 = BB 2001, 1436 = VersR 2001, 504 = BGHReport 2001, 858 = InVo 2001, 377 = MDR 2001, 1133 = KTS 2001, 476 = KKZ 2002, 39 = DGVZ 2002, 58 = ZAP EN-Nr. 470/2001 = DB 2001, 2601; Gottwald/*Mock*, § 845 Rn 11.
543 BGH, Vollstreckung effektiv 2012, 21 = FoVo 2012, 33 = JurBüro 2012, 102 = DGVZ 2012, 30 = Rpfleger 2012, 91 = ZInsO 2012, 97 = DB 2012, 228 = MDR 2012, 54 = WM 2011, 2333.
544 LG Marburg, DGVZ 1983, 119.
545 VG Ansbach, Urt. v. 14.12.2006 – AN 1 K 06.02162 – juris.
546 AG Bayreuth, FoVo 2017, 13.
547 BGH, Rpfleger 1977, 202 = DB 1977, 1043 = NJW 1977, 1199 = BB 1977, 867 = MDR 1977, 746 = JZ 1977, 802.

E. Pfändungswirkungen § 5

Pfändung im Zeitpunkt ihrer Vornahme wirksam ist. Insofern muss die Pfändung z.B. in besonderen Fällen (z.B. bei § 830 ZPO) nach den entsprechenden Formvorschriften bewirkt werden. Deshalb kann ein Pfändungs- und Überweisungsbeschluss im Anschluss an eine vom Gläubiger bewirkte Vorpfändung auch dann nicht mehr erlassen werden, wenn ein Insolvenzverfahren zwar erst nach der Vorpfändung, aber vor Erlass der Pfändung wirksam geworden ist.[548] Ebenso begründet bei einer durch eine Buchhypothek gesicherten Forderung die Zustellung des Pfändungsbeschlusses an den Drittschuldner vor Eintragung der Pfändung im Grundbuch keinen Pfändungsrang. Die Zustellung des Pfändungsbeschlusses an den Drittschuldner ist ebenfalls nicht als rangwahrende Vorpfändung im Sinne des § 845 ZPO anzusehen.[549]

Taktischer Hinweis 286

Auch wenn der Drittschuldner aufgrund der Vorpfändung zunächst keine Zahlungen leisten darf, so muss er jedoch die pfändbaren Beträge solange „einfrieren" bis ihm der gerichtliche Pfändungs- und Überweisungsbeschluss zugestellt wurde (§ 829 Abs. 3 ZPO).

Beispiel 287

Dem Arbeitgeber wurde am 16.4. ein vorläufiges Zahlungsverbot zugestellt.

Lösung

Wenn nach der arbeitsvertraglichen Vereinbarung der Lohn am 1. des Monats fällig wird, muss er am 01.05. die nach § 850c ZPO pfändbaren Lohnanteile zunächst zurückbehalten. Er darf diese weder an den Gläubiger noch an den Schuldner auskehren. Wird ihm bis zum 17.05. der Pfändungs- und Überweisungsbeschluss zugestellt (§ 829 Abs. 3 ZPO), muss er die zurückbehaltenen Beträge an den Gläubiger ausbezahlen. Anderenfalls muss er sie an den Schuldner auszahlen.

Die **Berechnung** der **Monatsfrist** erfolgt gem. § 222 ZPO, § 187 Abs. 1 BGB. Der Tag der Zustellung der Vorpfändungsbenachrichtigung wird nicht mitgerechnet. 288

Beispiel 289

Dem Arbeitgeber wurde am 16.4. ein vorläufiges Zahlungsverbot zugestellt.

Lösung

Die Berechnung der Monatsfrist beginnt am 17.4. und endet am 17.5. Am letzten Tag der Frist muss also dem Arbeitgeber der Pfändungs- und Überweisungsbeschluss zugegangen sein (§ 829 Abs. 3 ZPO).

---

548 LG Karlsruhe, Rpfleger 1997, 268.
549 OLG Köln, Rpfleger 1991, 241 m. Anm. *Hintzen*.

§ 5 Das Pfändungsverfahren

290   *Taktischer Hinweis*

Um die Frist zu wahren, sollte das Gericht – am besten farblich markiert – in dem Antrag auf Erlass des Pfändungs- und Überweisungsbeschluss darauf hingewiesen werden, dass bereits ein vorläufiges Zahlungsverbot läuft. Wird die Monatsfrist nämlich versäumt, ist die Vorpfändung wirkungslos. Ferner verliert der Gläubiger seine Rangstelle.[550] Insofern besteht für einen Rechtsanwalt die Gefahr eines Regresses, zumal eine Wiedereinsetzung in den vorigen Stand gem. §§ 230 ff. ZPO nicht in Betracht kommt.

b) Gläubigerkonkurrenz

291   Insbesondere bei einer Gläubigerkonkurrenz ist seitens des Drittschuldners Vorsicht geboten. Bei der Pfändung der Forderung durch einen weiteren Gläubiger des Schuldners oder bei der Verpfändung der Forderung zwischen Zustellung der Vorpfändung und der rechtzeitig nachfolgenden Pfändung hat nämlich der vorpfändende Gläubiger die bessere Rangstellung (§ 804 Abs. 3 ZPO). Der vorpfändende Gläubiger hat somit zunächst ein befristetes **Rangvorrecht** gegenüber später pfändenden Gläubigern. Die nachfolgende Pfändung nimmt den Rang des Arrestpfandrechts ein. Im Falle einer weiter gehenden endgültigen Pfändung beschränkt sich die rangwahrende Arrestwirkung der Vorpfändung auf die vorgepfändeten Forderungen.[551]

292   *Beispiel*

Dem Arbeitgeber wurde am 16.4. ein vorläufiges Zahlungsverbot durch G1 zugestellt. Am 25.04. wird ihm ein durch G2 erwirkter Pfändungs- und Überweisungsbeschluss zugestellt (§ 829 Abs. 3 ZPO).

Lösung

Wird der Lohn am 1. des Monats fällig, muss der Arbeitgeber für G1 die nach § 850c ZPO pfändbaren Lohnanteile vom 1.05. bis zum 17.5. zurückbehalten. Bis zu diesem Zeitpunkt kann nämlich der Pfändungs- und Überweisungsbeschluss des G1 zugestellt sein. Ist dies der Fall, steht G1 infolge seines besseren Rangs gegenüber G2 der pfändbare Betrag zu. Anderenfalls kann G2 hierauf zugreifen, da am 17.5. das vorläufige Zahlungsverbot seine Wirksamkeit und damit G1 seine Rangstelle verliert.[552]

c) Oder-Konto

293   Nach der Vorpfändung sind grds. vom Schuldner getroffenen Verfügungen über die Forderung und jede Leistung des Drittschuldners an den Schuldner dem Gläubiger gegenüber

---

550 OLG Hamm, InVo 1998, 229.
551 BGH, BB 2001, 1436.
552 OLG Hamm, InVo 1998, 229.

unwirksam. Dies gilt allerdings nicht für eine Verfügung eines **Mitinhabers eines Oder-Kontos**[553] über eine (auch) ihm zustehende Auszahlungsforderung gegen die Bank trotz einer die Auszahlung des anderen Mitinhabers betreffenden Vorpfändung des Oder-Kontos.[554] Insofern besteht ggf. gegen die Bank ein Schadensersatzanspruch aus positiver Vertragsverletzung, wenn die Bank nach der Vorpfändung eines Oder-Kontos bereits vor Zustellung des Überweisungsbeschlusses die Geldkarte des nicht betroffenen Kontoinhabers gesperrt hat und eine Auszahlung des Guthabens am Schalter verweigert.[555]

d) Mehrfache Vorpfändung

Verzögert sich die nachfolgende Pfändung oder kann die Frist aus sonstigen Gründen nicht eingehalten werden, besteht die Möglichkeit der **erneuten Vorpfändung**. Diese kann beliebig oft wiederholt werden. Jede wirksame Vorpfändung löst dann erneut die Monatsfrist aus. Die Wiederholung der Vorpfändung wirkt jedoch nicht rückwirkend auf den Zeitpunkt der früheren Vorpfändung. Somit muss der Gläubiger auch Verfügungen des Schuldners oder Drittschuldners gegen sich gelten und ggf. anderweitige Pfändung vorgehen lassen, die zwar nach der ersten, aber schon vor der neuen Vorpfändung erfolgt sind.[556] Der Vorteil der erneuten Zustellung einer Vorpfändung kann sich allerdings bei einer **Lohnpfändung** zeigen: greift nämlich der Gläubiger i.R.d. Vorpfändung auf das Arbeitseinkommen des Schuldners zu, besteht die Besonderheit, dass der Drittschuldner zunächst den nach § 850c ZPO pfändbaren Anteil am Arbeitseinkommen zurückbehalten muss.[557] Im Fall einer wiederholten Vorpfändung erfasst diese dann auch die zuvor zurückbehaltenen Lohnanteile, **soweit sie noch nicht ausgezahlt** wurden.

294

Beispiel
Am 16.4. wurde ein vorläufiges Zahlungsverbot zugestellt.
Lösung
Wird der Lohn am Monatsersten fällig, muss der Arbeitgeber am 1.5. die nach § 850c ZPO pfändbaren Lohnanteile zunächst zurückbehalten.
Merkt der Gläubiger, dass er die Monatsfrist nicht einhalten kann, lässt er dem Drittschuldner erneut eine Vorpfändung zustellen. Dies hat zur Folge, dass die wiederum am 1.6. fälligen Lohnzahlungen in Höhe des pfändbaren Betrags einzufrieren sind. Wird hinsichtlich der zweiten Vorpfändung binnen eines Monats dem Drittschuldner der gerichtliche Pfändungs- und Überweisungsbeschluss zugestellt, muss der Arbeit-

295

---

553 Vgl. auch § 4 Rdn 170 ff.
554 OLG Dresden, InVo 2001, 295; LG Frankfurt/Oder, Urt. v. 2.8.2002 – 5 S 247/01 – n.v.; a.A. OLG Stuttgart, InVo 1999, 150.
555 LG Frankfurt/Oder, Urt. v. 2.8.2002 – 5 S 247/01 – n.v.
556 *Stöber*, Rn 808; Gottwald/*Mock*, § 845 Rn 17.
557 *Stöber*, Rn 858.

geber die zuvor zurückbehaltenen und noch nicht ausgezahlten zwei pfändbaren Monatsbeträge an den Gläubiger auszahlen.

e) Insolvenz

296 Die Vorpfändung und ihre nachfolgende Hauptpfändung können in unterschiedliche Phasen eines **Insolvenzverfahrens** fallen.

■ **Rückschlagsperre**: Nach h.M.[558] entfällt die Wirkung der Vorpfändung, wenn die Zustellung der nachfolgenden Pfändung im Rahmen eines eröffneten Insolvenzverfahrens in die Frist der sog. **Rückschlagsperre** (§ 88 InsO) fällt. Die nachfolgende Pfändungsmaßnahme muss vielmehr mit der Zustellung an den Drittschuldner (§ 829 Abs. 3 ZPO) tatsächlich Wirksamkeit erlangen. Die Pfändung muss daher Bestand haben. Daran fehlt es, wenn die Zwangsvollstreckungsmaßnahme nach § 88 InsO die Wirksamkeit verliert.[559]

■ **Krisenhafte Zeit**: Der für den die Einzelzwangsvollstreckung betreibenden Gläubiger gefährliche Zeitraum ist insbesondere derjenige, der **3 Monate vor** der **Insolvenzantragstellung** besteht. (sog. **Krise**). Nach BGH-Rechtsprechung ist eine während dieser kritischen Zeit im Wege der Zwangsvollstreckung erlangte Sicherheit oder Befriedigung als inkongruent anzusehen und damit anfechtbar.[560] Die Anfechtungsvorschriften begründen die Möglichkeit, Verringerungen des Schuldnervermögens rückgängig zu machen, die vor Eröffnung des Insolvenzverfahrens erfolgt sind. Um dieses Ziel zu erreichen, verschafft die Insolvenzordnung in § 143 Abs. 1 S. 1 InsO einen **Rückgewähranspruch** in Form eines schuldrechtlichen Verschaffungsanspruchs.[561] Die Insolvenzmasse soll dadurch so gestellt werden, als hätte es die anfechtbare Rechtshandlung nicht gegeben.

■ **Vorpfändung und Hauptpfändung fallen in die Krise**: Werden beide Pfändungen während der Krise vorgenommen, sind sie jeweils anfechtbar und wirkungslos.

■ **Vorpfändung und Hauptpfändung liegen vor der Krise**: Liegen sowohl Vor- als auch Hauptpfändung vor der Krise, genießen sie in der Insolvenz des Schuldners Bestandsschutz und sind anfechtungs- und daher insolvenzfest. Der Gläubiger hat somit ein Recht auf **abgesonderte Befriedigung** gem. § 50 Abs. 1 InsO mit der Folge, dass ein Anspruch darauf besteht, dass er aus dem **Erlös der Forderung vorzugsweise**

---

558 RGZ 151, 265 – für das frühere Vergleichsverfahren; LG Karlsruhe Rechtspfleger 1997, 268; Gottwald/*Mock*, § 845 Rn 20; Musielak/*Becker*, ZPO, § 845 Rn 9; Zöller/*Herget*, § 845 Rn 5; *Stöber*, Rn 805.
559 LG Detmold, Rpfleger 2007, 274.
560 BGHZ 136, 309, 311 ff.; 157, 350, 353; WM 2002, 1193 = ZIP 2002, 1159 = BB 2002, 1338 = ZInsO 2002, 581 = NZI 2002, 378 = NJW 2002, 2568 = MDR 2002, 1027 = BGHReport 2002, 803 = DB 2002, 1993 = KTS 2002, 562; *Mock*, Vollstreckung effektiv 2008, 41.
561 BGH, NZI 2007, 42 = ZIP 2006, 2176 = ZInsO 2006, 1217 = NJW-RR 2007, 121 = MDR 2007, 490.

aus der Insolvenzmasse befriedigt wird. Insoweit befindet sich ein solcher Gläubiger außerhalb der quotalen Ausschüttungen an die Insolvenzgläubiger.[562]

- **Vorpfändung liegt vor der Krise, Hauptpfändung fällt in die Krise**: Es stellt sich die Frage der Insolvenzfestigkeit, wenn die Vorpfändung außerhalb, die nachfolgende Hauptpfändung aber innerhalb des Anfechtungszeitraumes liegt. Aus dem Grundsatz, dass die Pfändung der Forderung rückwirkend ab dem Tag der Zustellung des vorläufigen Zahlungsverbots gilt, sofern binnen eines Monats dem Drittschuldner der endgültige Pfändungs- und Überweisungsbeschluss zugestellt wird folgt, dass der Gläubiger in der Insolvenz eine sichere Position haben müsste. Der BGH[563] hat diese Ansicht verneint. Er ist vielmehr der Auffassung, dass eine zuvor ausgebrachte Vorpfändung ihre Wirkung verliert, wenn die Hauptpfändung in die „kritische" Zeit fällt und nach § 131 InsO anfechtbar ist. Sie begründet somit keine Insolvenzfestigkeit, da hierfür die Wirksamkeit der Hauptpfändung Voraussetzung ist. Um eine Insolvenzfestigkeit zu begründen, kommt es in derartigen Fällen auf die Vorschrift des § 140 Abs. 1 InsO an. Diese bestimmt, dass eine Rechtshandlung dann wirksam wird, wenn ihre rechtlichen Wirkungen eintreten. Im Fall der Vorpfändung ist daher für den Insolvenzbestand die wirksame Hauptpfändung notwendig. Beide Pfändungen sind Ausdruck des Prioritätsgrundsatzes in der Zwangsvollstreckung. Innerhalb der Krise der Insolvenz hat dieser jedoch dem Gläubigergleichbehandlungsgrundsatz zu weichen. Aus diesem Grund hat die Vorpfändung insolvenzrechtlich keine Auswirkungen, abgestellt werden muss auf die Hauptpfändung.

Übersicht: Vorpfändung, Insolvenz, Einzelzwangsvollstreckung[564]

297

Zeitpunkt Vorpfändung	Zeitpunkt Hauptpfändung	Wirkungen
Innerhalb der letzten drei Monate vor InsO-Antragstellung	Innerhalb der letzten drei Monate vor InsO-Antragstellung	Beide Rechtshandlungen sind anfechtbar und wirkungslos
Vor den letzten drei Monaten vor InsO-Antragstellung	Vor den letzten drei Monaten vor InsO-Antragstellung	Beide Rechtshandlungen sind nicht anfechtbar und damit insolvenzfest; der Gläubiger hat ein Absonderungsrecht (§ 50 Abs. 1 InsO)

---

562 *Mock*, Vollstreckung effektiv 2008, 41.
563 *Mock*, Vollstreckung effektiv 2008, 41.
564 Gottwald/*Mock*, § 845 Rn 25; *Mock*, Vollstreckung effektiv 2008, 41.

Zeitpunkt Vorpfändung	Zeitpunkt Hauptpfändung	Wirkungen
Vor den letzten drei Monaten vor InsO-Antragstellung	Innerhalb der letzten drei Monate vor InsO-Antragstellung	Vorpfändung verliert durch Anfechtbarkeit der Hauptpfändung ihre Wirkung

5. Rechtsbehelfe

298 Da es sich bei der Vorpfändung um eine Zwangsvollstreckungsmaßnahme handelt, kann sie vom Schuldner und Drittschuldner gem. § 766 ZPO mit der **Erinnerung** angefochten werden. Auch gegen die Weigerung des Gerichtsvollziehers, eine Vorpfändung auf Antrag anzufertigen oder zuzustellen, findet zugunsten des Gläubigers die Erinnerung gem. § 766 ZPO statt. Das Rechtsschutzinteresse hierfür entfällt, wenn keine rechtzeitige Pfändung binnen der Monatsfrist erfolgt,[565] weil die Vorpfändung infolge der Fristversäumung ihre Wirkung verliert. Wurde die **Pfändung** bereits durch Zustellung des Pfändungs- und Überweisungsbeschlusses **bewirkt**, ist gegen die Vorpfändung grds. kein Rechtsbehelf mehr gegeben. Der Schuldner muss sich dann gegen den Pfändungsbeschluss selbst wenden.[566] Eine Ausnahme besteht jedoch, wenn der Schuldner ein Interesse am Wegfall der rangwahrenden Vorpfändung dartut. Ein bloßes Interesse am Wegfall der Kostenbelastung reicht dafür aber nicht aus.[567]

299 Die Erinnerung ist zulässig und begründet, wenn eine diplomatische Vertretung eines **ausländischen Staates** hinsichtlich der Ansprüche aus gepfändeten Bankkonten **diplomatische Immunität** genießt, weil diese Konten der diplomatischen Vertretung des Staates zur Wahrnehmung der amtlichen Funktion dienen. Es fehlt dann für die erfolgte Vorpfändung an der deutschen Gerichtsbarkeit.[568]

300 Haben sich im Erinnerungsverfahren gegen eine Vorpfändung **verschiedene Vollstreckungsgerichte** rechtskräftig für örtlich unzuständig erklärt, ist gem. § 36 Abs. 1 Nr. 6 ZPO als zuständiges Gericht das Amtsgericht als Vollstreckungsgericht zu bestimmen, bei dem der Schuldner im Inland seinen allgemeinen Gerichtsstand hatte.[569]

301 Hat das Amtsgericht auf Erinnerung hin die **Vorpfändung aufgehoben**, entfallen deren Wirkungen gem. §§ 776, 775 Abs. 1 Nr. 1 ZPO. Der Gläubiger kann gegen den Aufhebungsbeschuss, der Erinnerungsführer gegen den die Erinnerung zurückweisenden Be-

---

565 OLG Köln, Rpfleger 1991, 261.
566 LG Zwickau, IHR 2007, 209.
567 OLG Köln, Rpfleger 1991, 261.
568 BGH, JurBüro 2007, 550.
569 OLG Hamm, DGVZ 2012, 13 = FoVo 2011, 173.

schluss **sofortige Beschwerde** gem. §§ 567, 467 ff. ZPO einlegen. Das Beschwerdegericht kann allerdings die Wirkungen der Vorpfändung nicht wiederherstellen.[570] Es kann eine erneute Vorpfändung nicht aussprechen, da eine Vorpfändung – anders als andere Zwangsvollstreckungsmaßnahmen – nicht auf Antrag durch ein Gericht oder sonstige staatliche Stellen, sondern gem. § 845 ZPO nur vom Gläubiger selbst ausgebracht werden kann. Die Entscheidung des Beschwerdegerichts, dass die Aufhebung der Vorpfändung nicht gerechtfertigt gewesen ist, ermöglicht dem Gläubiger lediglich das erneute Ausbringen einer Vorpfändung. Dabei steht, weil es sich um eine neue Zwangsvollstreckungsmaßnahme handelt, der Beschluss des Beschwerdegerichts weder der erneuten Geltendmachung der bisherigen Einwendungen noch neuen Einwendungen entgegen.[571]

Vollstreckungsabwehrklage kann gegen eine Vorpfändung durch einen Gläubiger des Vollstreckungsgläubigers erhoben werden, da gem. § 845 Abs. 2 ZPO die Benachrichtigung über eine bevorstehende Pfändung die Wirkung eines Arrestes hat und der Vollstreckungsgläubiger selbst nicht mehr befugt ist, die Forderung einzuziehen.[572] Gegen die mit der Pfändung und Überweisung bewirkte (alleinige) Einziehungsbefugnis kann der Kläger die Arrestwirkung der Vorpfändung nur mit der Vollstreckungsgegenklage geltend machen.[573]   302

6. Kosten/Gebühren

Da das Gericht nicht tätig wird, entstehen für die Vorpfändung keine **Gerichtskosten**. Auch das Erinnerungsverfahren nach § 766 ZPO ist gerichtsgebührenfrei. Der **Gerichtsvollzieher** erhält für das Anfertigen einer Vorpfändung auf Antrag des Gläubigers eine Gebühr i.H.v. 16 EUR gem. Nr. 200 KV GvKostG sowie 3,00 EUR gem. Nr. 101 KV GvKostG. Daneben kann er Auslagen nach Nr. 711, 713 KV GvKostG erheben. I.R.d. Zustellung eines vorläufigen Zahlungsverbots wegen zu pfändender Ansprüche auf Zahlung von Arbeitseinkommen und sonstiger auf Vertag beruhender Entschädigungen ist eine nicht ausdrücklich erwähnte Mietkaution nicht erfasst. Die insoweit angefallenen Kosten der Zustellung an den Drittschuldner sind niederzuschlagen.[574]   303

Die Vorpfändung und die nachfolgende Pfändung derselben Forderung bilden wegen des inneren Zusammenhangs für den Rechtsanwalt des Gläubigers eine gebührenrecht-   304

---

570 OLG Köln, DGVZ 1989, 39; vgl. auch OLG Hamm, Rpfleger 1957, 354.
571 OLG Thüringen, InVo 2001, 452.
572 OLG Brandenburg, Beschl. v. 7.5.2007 – 15 WF 441/06 – juris.
573 BAG, NJW 1997, 1868 = NZA 1997, 563 = KTS 1997, 314 = DB 1997, 684 = BB 1997, 636 = ArbuR 1997, 169.
574 AG Koblenz, DGVZ 2010, 239.

liche Angelegenheit.[575] Er erhält daher die 0,3 Verfahrensgebühr nach Nr. 3309 VV RVG nur einmal (§ 18 Abs. 1 Nr. 1 RVG). Die **wiederholte Vorpfändung derselben Forderung** wegen Versäumung der Monatsfrist des § 845 Abs. 2 ZPO stellt wegen des inneren Zusammenhangs grds. ebenfalls eine einzige Angelegenheit dar.[576] Mussten die **Vorpfändungen** jedoch zu unterschiedlichen Zeiten und an unterschiedlichen Orten beantragt werden, sodass dadurch mehrere Vollstreckungsangelegenheiten gegeben sind, entfällt der Anspruch des Rechtsanwalts auf mehrere Vollstreckungsgebühren nicht dadurch, dass die nachfolgenden Pfändungsbeschlüsse einheitlich beantragt werden konnten.[577] Zu beachten ist allerdings, dass eine Notwendigkeit und damit eine Erstattungsfähigkeit gem. § 788 ZPO für eine Antragstellung an unterschiedlichen Orten grds. nicht besteht, weil gem. § 22 GVO mit der Vorpfändung jeder beliebige Gerichtsvollzieher in Deutschland beauftragt werden kann, wobei die notwendigen Zustellungen dann gem. §§ 192, 194, 168 ZPO durch die Post erfolgen können. **Mehrere Vorpfändungen gegen verschiedene Drittschuldner** stellen hingegen wiederum jeweils eine besondere Angelegenheit im Sinne von § 18 Abs. 1 Nr. 1 RVG dar, sodass die Gebühr nach Nr. 3309 VV RVG nebst Auslagenpauschale für jede Vorpfändung gesondert entsteht. Vollstreckungen gegen mehrere Drittschuldner sind jeweils eigenständige Vollstreckungsmaßnahmen, da jede für sich – je nach Bestand und Liquidität der gepfändeten Forderungen – unabhängig voneinander zur Befriedigung der Gläubigerin führen kann.[578]

305 Die für eine Vorpfändung zur Vollstreckung eines Zahlungsurteils anfallende Gebühr nach Nr. 3309 VV RVG kann gem. **§ 11 RVG** durch das Vollstreckungsgericht **festgesetzt** werden.[579] In der Literatur wird zwar die Auffassung vertreten, dass die Festsetzbarkeit nach § 11 RVG davon abhänge, dass ein gerichtliches Verfahren anhängig gemacht wird; der bloße Pfändungsauftrag z.B. an den Gerichtsvollzieher dürfe hingegen nicht ausreichend sein, da dem Gericht in diesem Fall die ausreichende Sachkenntnis fehle.[580] Falls damit gemeint sein soll, dass Kosten der Zwangsvollstreckung nur insoweit nach § 11 RVG festgesetzt werden sollen, als diese im Zusammenhang mit einer vollstreckungsgerichtlichen Vollstreckungshandlung stehen, ist dem jedoch nicht zu folgen. Aus

---

575 OLG Köln InVo 2001, 148 = Rpfleger 2001, 149; Gerold/Schmidt/*Müller-Rabe*, RVG, VV 3309 Rn 395; Mayer/Kroiß/*Rohn*, RVG, § 18 Rn 28, 32; Hansens/Braun/Schneider/*Volpert*, Teil 17 Rn 106.
576 BGH InVo 2005, 33 (unter II.2.b) = AGS 2004, 437 = Rpfleger 2005, 53 = JurBüro 2005, 53.
577 OLG Köln InVo 2001, 148 = Rpfleger 2001, 149; Mayer/Kroiß/*Rohn*, RVG, § 18 Rn 33; *Mock*, Vollstreckung effektiv 2008, 41.
578 BGH, AnwBl 2004, 728 = AGS 2004, 437 = Rpfleger 2005, 53 = NJW-RR 2005, 78 = InVo 2005, 33 = BGHReport 2005, 132 = JurBüro 2005, 36 = Vollstreckung effektiv 2005, 21; LG Bonn, Beschl. v. 9.9.2011 – 4 T 336/11 – BeckRS 2011, 29118.
579 LG Freiburg, AGS 2012, 340 = JurBüro 2012, 442 = RVGreport 2012, 295 = NJW-Spezial 2012, 507.
580 Vgl. *Mayer* in: Mayer/Kroiß, § 11 Rn 16 Stichwort „Zwangsvollstreckung" unter Verweis auf BT-Drucks 15/1971 S. 189.

§ 788 Abs. 2 ZPO ergibt sich nämlich auch, dass der Gesetzgeber die von ihm auch i.R.d. § 11 RVG vorausgesetzte Sachkunde[581] beim Vollstreckungsgericht allgemein als gegeben annimmt.

Die Kosten der Vorpfändung sind i.d.R. **notwendige Kosten der Zwangsvollstreckung** gem. § 788 ZPO.[582] Sie sind daher vom Schuldner als Kosten der Zwangsvollstreckung zu tragen, wenn sie sich als „notwendig" erweisen.[583] Ob das der Fall ist, bemisst sich stets nach den Umständen des Einzelfalls. Die Voraussetzungen der **Erstattung** sind jedenfalls gegeben, wenn der Gläubiger berechtigten Anlass hatte, die Vorpfändung auszubringen.[584] Dies ist etwa der Fall, wenn der Gläubiger begründeten Anlass zur Besorgnis hatte, ohne Vorpfändung sei eine Vollstreckungsforderung nicht zu realisieren. Ausgeschlossen ist die Erstattbarkeit hingegen dann, wenn der Gläubiger keine Gründe für die besondere Eilbedürftigkeit angeben kann.[585]

306

7. Muster – Isolierte Vorpfändung durch Gläubiger

An

307

1. den Drittschuldner
2. den Schuldner

In der Zwangsvollstreckungssache

Gläubiger ./. Schuldner

steht dem Vollstreckungsgläubiger nach dem vollstreckbaren Versäumnisurteil des Amtsgerichts ... vom ... gegen ... (Schuldner) ein Anspruch auf Zahlung von EUR ... nebst Zinsen i.H.v. fünf Prozentpunkten über dem Basiszinssatz hieraus seit dem ... und Kosten von insgesamt EUR ... zu. Hinzu kommen weitere Zinsen ab dem folgenden Tag.

Wegen der vorgenannten Beträge steht die Pfändung der angeblichen Forderung des Schuldners aus einem Kaufvertrag mit dem ... (Drittschuldner) vom ... i.H.v. EUR ... bevor.

Namens und in Vollmacht des Gläubigers benachrichtige ich Sie hiermit von der bevorstehenden Pfändung und fordere Sie auf: als Drittschuldner nicht mehr an den Schuldner

---

581 BT-Drucks 15/1971 S. 189.
582 LG Landau, AGS 2008, 263.
583 Vgl. OLG Frankfurt/Main, MDR 1994, 843.
584 OLG München, NJW 1973, 2070; OLG Hamburg, JurBüro 1990, 533; KG, Rpfleger 1987, 216; 2001, 149; *Mümmler*, JurBüro 1979, 973; a.A. nur, wenn eine Konkurrenz mit anderen Gläubiger droht oder der Schuldner im Begriff ist, vollstreckungsfähige Rechte dem Zugriff des Gläubiger zu entziehen: OLG Dresden, FamRZ 2003, 1943 = InVo 2001, 295.
585 MüKo-ZPO/*Smid*, § 845 Rn 20; *Stöber*, Rn 812.

zu leisten, als Vollstreckungsschuldner sich jeder Verfügung über die Forderung, insbesondere ihrer Einziehung, zu enthalten.

Vorsorglich sei darauf hingewiesen, dass diese Benachrichtigung die Wirkung eines Arrestes hat, sofern die Pfändung innerhalb eines Monats nach Zustellung dieses Schreibens bewirkt wird (§ 845 Abs. 2 ZPO).[586]

gez. Rechtsanwalt

XV. Mehrfache Pfändung (§ 853 ZPO)

1. Allgemeines

308 Ist eine Geldforderung für mehrere Gläubiger gepfändet, so ist der **Drittschuldner** zu seinem eigenen Schutz[587] berechtigt und auf Verlangen eines Gläubigers, dem die Forderung überwiesen wurde, verpflichtet, unter Anzeige der Sachlage und unter Aushändigung der ihm zugestellten Beschlüsse an das Amtsgericht, dessen Beschluss ihm zuerst zugestellt ist, den **Schuldbetrag zu hinterlegen** (vgl. § 853 ZPO). Grund ist, dass der Drittschuldner Gefahr läuft, an den nicht berechtigten Gläubiger zu leisten und mehrfach leisten zu müssen, da ihn seine Leistung nicht befreit.[588] Das Hinterlegungsverlangen des Gläubigers stellt eine besondere Art des Einziehungsprozesses dar.[589] Damit sind dann die Voraussetzungen für ein Verteilungsverfahren nach den §§ 872 ff. ZPO geschaffen.

309 Der Anwendungsbereich des § 853 ZPO ergibt sich zwar nach seinem Wortlaut erst bei einer mehrfachen Pfändung. Ein **Schutzbedürfnis** des Drittschuldner besteht allerdings auch bei einer **Beschlagnahme nach § 111b StPO**, soweit eine Zwangsvollstreckung der Tatopfer nach § 111g Abs. 1, 2 StPO in Betracht kommt.[590] Darüber hinaus ist eine Hinterlegung auch dann zulässig, wenn Unklarheit über die Wirksamkeit einer Pfändungsmaßnahme besteht,[591] nicht dagegen, wenn die Forderung des Schuldners gepfändet und außerdem an einen Gläubiger abgetreten ist.[592] In solchen Fällen kann eine Hinterlegung lediglich nach § 372 BGB erfolgen, bei der dann allerdings ein Verteilungsverfahren gem. §§ 872 ff. ZPO nicht stattfindet. Der Unterschied zu § 853 ZPO besteht darin, dass nach § 372 BGB ein Schuldner Geld für den Gläubiger hinterlegen kann, wenn er infolge einer nicht auf Fahrlässigkeit beruhenden Ungewissheit über die Person des Gläubigers seine Verbindlichkeit nicht oder nicht mit Sicherheit erfüllen kann. Hierbei muss jedoch

---

586 S. auch oben Rdn 276 ff.
587 MüKo-ZPO/*Smid*, § 853, Rn 1; Gottwald/*Mock*, § 853 Rn 1.
588 OLG Düsseldorf, Rpfleger 1992, 214.
589 OLGR Stuttgart 1999, 242.
590 OLG Düsseldorf, Rpfleger 1992, 214.
591 OLGR Frankfurt 2004, 250.
592 RGZ 144, 393; LG Münster, Rpfleger 1995, 78; AG Köln, MDR 1966, 931.

der Hinterlegende deutlich zum Ausdruck bringen, dass der Antrag auf Annahme des Betrages zur Hinterlegung gestellt werde, weil die Person des Gläubigers strittig sei.[593] § 853 ZPO gilt bei der **Abgabenvollstreckung** nach § 320 AO dann entsprechend, wenn die Forderung durch die Behörde im Verwaltungsvollstreckungsverfahren gepfändet worden ist. Da eine Überweisung (vgl. § 835 ZPO) nicht erforderlich ist, kommt eine Hinterlegung auch im Rahmen einer **Sicherungsvollstreckung** gem. § 720a ZPO oder einer **Arrestvollziehung** nach § 930 ZPO in Betracht.

2. Voraussetzungen

Damit der Drittschuldner eine Hinterlegung vornehmen kann, muss die Pfändung einer **Geldforderung desselben Schuldners für mehrere Gläubiger** vorliegen.[594] Pfändet also nur ein einziger Gläubiger, kommt eine Hinterlegung nach § 853 ZPO nicht in Betracht.

310

3. Hinterlegungsverfahren

Der Drittschuldner, der sich mehreren Pfändungsgläubigern gegenüber sieht, hat bei Unsicherheit zwei Möglichkeiten:

311

- entweder er hinterlegt **freiwillig** (1. Alt; „kann") oder
- er hinterlegt **auf Verlangen eines Gläubigers**, dem die Forderung überwiesen wurde (2. Alt.). In diesem Fall bedarf es für das Hinterlegungsverlangen eines Gläubigers keiner bestimmten Form. Kommt der Drittschuldner dem Verlangen nicht nach, so ist jeder Gläubiger berechtigt, Klage gem. **§ 856 ZPO** zu erheben.

Hinweis

312

Hinterlegen darf der Drittschuldner nur denjenigen Teil der Forderung seines Gläubigers (des Schuldners), der der Pfändung unterworfen ist. Zu hinterlegen ist bei der Hinterlegungsstelle eines Amtsgerichtes, da § 853 ZPO keine örtliche Zuständigkeit beinhaltet.

Taktischer Hinweis

313

Es empfiehlt sich allerdings beim Amtsgericht des Leistungsortes gem. § 374 Abs. 1 BGB zu hinterlegen. Die Hinterlegung erfolgt unter Anzeige der Sachlage und Aushändigung der dem Drittschuldner zugestellten Pfändungsbeschlüsse an das Amtsgericht als Vollstreckungsgericht (Rechtspfleger; § 20 Nr. 17 RPflG), dessen Beschluss ihm zuerst zugestellt wurde. Hat das Rechtsmittelgericht den (ersten) Pfändungsbeschluss er-

---

593 OLG Köln, InVo 1998, 327.
594 OLGR Köln 1998, 38; im Ergebnis ebenso ArbG Köln, Urt. v. 11.5.2011 – 2 Ca 9664/10 –, juris.

§ 5 Das Pfändungsverfahren

lassen, so ist das Amtsgericht zuständig, das zur Entscheidung über den Antrag erstinstanzlich zuständig war. Die Anzeige der Sachlage unter Beifügung der vollständigen Unterlagen hat für die befreiende Wirkung der Hinterlegung **konstitutive Wirkung**.[595] Anzeige und Hinterlegung sind auch Voraussetzungen eines ggf. im Anschluss erfolgenden Verteilungsverfahrens. Zudem erfolgt ggf. ein Verteilungsverfahren nach § 872ff. ZPO (bei nicht ausreichendem Erlös) nämlich nur unter diesen Voraussetzungen.[596] Bei Ablehnung der Anzeigenannahme durch das Gericht können sowohl der Drittschuldner als auch die beteiligten Gläubiger die befristete Erinnerung gem. § 11 Abs. 1 S. 2 RPflG einlegen.[597]

314 Das Verfahren ist geregelt in den einzelnen **Hinterlegungsgesetzen der Länder**. Folgende Bundesländer haben Hinterlegungsvorschriften erlassen:

- **Bayern**: Bayerisches Hinterlegungsgesetz BayHintGvom 23.11.2010; in Kraft seit dem 1.12.2010 (BayGVBl. Nr. 20/2010 v. 30.11.2010, S. 738) mit Vollzugsvorschriften zum Bayerischen Hinterlegungsgesetz (BayHiVV) (Bekanntmachung des Bayerischen Staatsministeriums der Justiz und für Verbraucherschutz vom 4.11.2010, 3860 – I – 12445/2009)
- **Baden-Württemberg**: Hinterlegungsgesetz für das Land Baden-Württemberg (HintG BW, Artikel 1 des Gesetzes v. 11.5.2010 (GBl S. 398), in Kraft getreten am 1.12.2010)
- **Brandenburg**: Brandenburgisches Hinterlegungsgesetz BbgHintG, v. 3. 11.2010; in Kraft seit dem 1.12.2010 (GVBl.I/10, Nr. 37)
- **Bremen**: Hinterlegungsgesetz Bremen (BremHintG, v. 31.8.2010; in Kraft seit dem 1.12.2010 (Brem.GBl S. 458)
- **Hamburg**: Hinterlegungsgesetz (HambHintG, Gesetz v. 25.11.2010 zur Einführung eines Hinterlegungsgesetzes und zur Änderung weiterer Gesetze (HmbGVBl. Nr. 43 vom 30.11.2010, S. 614)
- **Hessen**: Hessisches Hinterlegungsgesetz (HessHintG, v. 8.10.2010; in Kraft seit dem 1.12.2010 (GVBl. I 2010, 306; Gliederungs-Nr.: 234–5)
- **Mecklenburg-Vorpommern**: Hinterlegungsgesetz des Landes Mecklenburg-Vorpommern (HintG M-V, v. 9.11.2010; in Kraft seit dem 1.12.2010 (verkündet als Artikel 1 des Gesetzes zur Einführung eines Hinterlegungsgesetzes und zur Änderung anderer Gesetze vom 9.11.2010; GVOBl. M-V S. 642)
- **Nordrhein-Westfalen**: Hinterlegungsgesetz für das Land Nordrhein-Westfalen (HintG NRW) vom 16.3.2010 [mit Wirkung ab dem 1.12.2010] (GV. NRW, Ausgabe 2010 Nr. 11 vom 30.3.2010 Seite 183 bis 210) [8] sowie Ausführungsvorschriften

---

595 OLGR Köln, 1998, 38.
596 LG Berlin, Rpfleger 1981, 453.
597 OLG Frankfurt/Main, Rpfleger 1977, 1849.

zum Hinterlegungsgesetz (AVHintG NRW) (AV d. JM vom 11.11.2010 (3860 – II. 36), JMBl. NRW. S. 319)
- **Rheinland-Pfalz**: Hinterlegungsordnung vom 12.10.1995
- **Saarland**: Hinterlegungsgesetz des Saarlandes (SaarlHintG, v. 18.11.2010; in Kraft seit dem 1.12.2010 (Abl. Nr. 33/2010 v. 25.11.2010, S. 1409)
- **Sachsen**: Sächsisches Hinterlegungsgesetz (SächsHintG, v. 11.6.2010; in Kraft seit dem 1.12.2010 (SächsGVBl. Nr. 7/2010 v. 30.6.2010, S. 154))
- **Sachsen-Anhalt**: Hinterlegungsgesetz des Landes Sachsen-Anhalt (HintG LSA, v. 22.3.2010; in Kraft seit dem 1.12.2010 (GVBl. LSA S. 150; BS LSA 300.22)
- **Schleswig-Holstein**: Hinterlegungsgesetz (HintG SH) mit Verwaltungsvorschriften zum Hinterlegungsgesetz (VVHintG, Av. d. MJGI v. 12.11.2010, JMBl. 2010, 393)
- **Thüringen**: Thüringer Hinterlegungsgesetz (ThürHintG, v. 9.9.2010; in Kraft seit dem 1.12.2010 (GVBl. Nr. 10 vom 28.9.2010 S. 294)

Taktischer Hinweis 315

Um als Drittschuldner einer doppelten Inanspruchnahme zu entgehen, sollte dieser in jedem Fall die Hinterlegung unter Verzicht auf die Rücknahme erklären und sämtliche Beteiligten von der Hinterlegung in Kenntnis setzen.

4. Wirkungen der Hinterlegung

Die Hinterlegung wirkt **schuldbefreiend** nach § 378 BGB, aber nur gegenüber dem Gläubiger, der mit seiner Forderung in der Anzeige des Drittschuldners nach § 853 ZPO unter Beifügung der ihm zugestellten Beschlüsse genannt ist. Eine Hinterlegung ohne eine Anzeige hat keine befreiende Wirkung.[598] Dem hinterlegenden Drittschuldner kann gegenüber einem nachrangigen und deshalb nicht berechtigten Gläubiger, der im Hinterlegungsverfahren befriedigt worden ist, ein Anspruch aus ungerechtfertigter Bereicherung nach § 812 Abs. 1 S. 1, 1. Alt. BGB zustehen. Reicht der hinterlegte Betrag für sämtliche Gläubiger aus, so kann die Hinterlegungsstelle mit Zustimmung der Beteiligten eine Auszahlung vornehmen. Ist der hinterlegte Betrag nicht ausreichend, um sämtliche Gläubiger zu befriedigen, so findet ein durch das Vollstreckungsgericht durchzuführendes Verteilungsverfahren gem. § 872ff. ZPO statt. 316

5. Kosten der Hinterlegung

Die **Kosten** der Hinterlegung sind solche der Zwangsvollstreckung nach § 788 ZPO, die normalerweise vom Schuldner zu tragen sind. Seine eigenen Kosten kann der Drittschuld- 317

---

598 OLGR Köln, 1998, 38.

ner vom Hinterlegungsbetrag abziehen. Hat der er den Abzug unterlassen, kann er die Kosten im Verteilungsverfahren geltend machen oder er muss sie im Klageweg erstreiten.

XVI. Klage bei mehrfacher Pfändung (§ 856 ZPO)

1. Normzweck

318 Die Vorschrift des § 856 ZPO normiert die Befugnisse jedes **Überweisungsgläubigers**, die Erfüllung der dem Drittschuldner durch die §§ 853 bis 855a ZPO auferlegten Pflichten im Fall der **Mehrfachpfändung** im Wege der Klage durchzusetzen. Die Befugnis zur Erhebung der Einziehungsklage bleibt jedoch von der Regelung unberührt.[599]

Darüber hinaus dient die Regelung auch dem **Schutz des Drittschuldners**. Dieser wäre ansonsten gezwungen, mehrfach einen Prozess über denselben Anspruch zu führen[600] und hätte ein entsprechendes Kosten- und Ausfallrisiko zu tragen.

2. Klageverfahren

319 Die Klage auf Hinterlegung von Geld kann jeder Gläubiger stellen, dem der Anspruch zur Einziehung oder an Zahlungs statt überwiesen wurde.[601] Ist eine Klage erhoben, kann sich ein anderer Pfändungsgläubiger der Klage als notwendiger Streitgenosse anschließen (§ 856 Abs. 2 ZPO). Voraussetzung für die Klage eines Gläubigers gegen den Drittschuldner ist, dass der Gläubiger **aktivlegitimiert** ist. Dies setzt voraus, dass die Forderung des Schuldners gegen den Drittschuldner vom Gläubiger gepfändet und überwiesen wurde (vgl. §§ 835, 849 ZPO). Die Klage ist im Fall des § 853 ZPO auf Hinterlegung des Geldes gerichtet und erfordert die Bezifferung der zu hinterlegenden Klagesumme,[602] im Fall der §§ 854, 855, 855a ZPO auf Herausgabe der Sache an den Gerichtsvollzieher, Sequester bzw. Treuhänder und bei Übereignungsansprüchen auf Übereignung an den Schuldner. Einem **nachrangigen Pfändungsgläubiger** steht es jedoch frei, statt auf Hinterlegung zu klagen, seine Klage direkt auf Leistung an den Bestberechtigten zu richten (gesetzliche Prozessstandschaft[603]).

320 Haben **mehrere Pfändungspfandgläubiger**, denen der gepfändete Zahlungsanspruch jeweils zur Zahlung überwiesen worden ist, **gleichzeitig Zahlungsklage** gegen den Dritt-

---

599 MüKo-ZPO/*Smid*, § 856 Rn 1; Gottwald/*Mock*, § 856 Rn 1.
600 LG München I, Urt. v. 15.2.2012 – 15 O 9246/11; *Hahn*, Die gesamten Materialien zu den Reichs-Justizgesetzen, Berlin 1880, zweiter Band: Materialien zur Civilprozeßordnung, S. 461, Begründung des Entwurfs zu § 700 CPO: „Andererseits darf durch die mehrfache Pfändung die Lage des Drittschuldners nicht dahin verschlechtert werden, dass er sich gegen jeden Gläubiger besonders zu verteidigen hat". § 700 CPO-Entwurf wurde unverändert als § 753 CPO im Jahre 1877 Gesetz und ist inhaltsgleich mit dem heutigen § 856 ZPO.
601 LG München I, Urt. v. 15.2.2012 – 15 O 9246/11 – juris m.w.N.
602 Vgl. ArbG Wiesbaden, ARST 1982, 77.
603 LAG Berlin, BB 1991, 144.

E. Pfändungswirkungen § 5

schuldner erhoben, so steht beiden Klagen das Prozesshindernis doppelter Rechtshängigkeit (§ 261 Abs. 3 Nr. 1 ZPO) entgegen. Eine streitgenössische Klage ist in einem solchen Fall nur mit dem Klageziel der Hinterlegung (§§ 853, 856 Abs. 2 ZPO) zulässig.[604] Das Prozesshindernis der doppelten bzw. mehrfachen Rechtshängigkeit im Falle der Klage mehrerer Gläubiger gegen mehrere Drittschuldner kann auch noch im Berufungsverfahren dadurch beseitigt werden, dass die Leistungsanträge entsprechend § 853 ZPO auf Hinterlegung der zu zahlenden, zugunsten der jeweiligen Kläger titulierten Beträge umgestellt werden. Dabei können die jeweiligen Kläger nur Hinterlegung des jeweils zu ihren Gunsten titulierten Betrages beanspruchen, nicht dagegen Hinterlegung der Summe des insgesamt zu ihren Gunsten hinterlegten Betrages. Haben die Kläger gegen die Drittschuldner Zahlungsansprüche geltend gemacht, die im Gesamtbetrag die zu ihren Gunsten titulierten Forderungen weit übersteigen, so genügt es nicht, die haupt- und hilfsweise gestellten Zahlungsanträge auf entsprechende Hinterlegungsanträge umzustellen. Die Kläger müssen vielmehr mit ihren Anträgen bestimmen, zu welchem absoluten Betrag jeder einzelne der Drittschuldner zu verurteilen ist, wobei die Summe dieser absoluten Beträge nicht den Gesamtbetrag der zugunsten der Kläger titulierten Forderungen übersteigen darf.[605]

Für die Klage ist derselbe **Rechtsweg** gegeben, wie für eine Klage des Schuldners gegen den Drittschuldner, sodass für eine Klage des Gläubigers auf Hinterlegung des gepfändeten Arbeitsentgelts das Arbeitsgericht zuständig ist.[606] Denn durch die Überweisung zur Einziehung wird der Charakter des Anspruchs nicht geändert. Für die Klage des Gläubigers gegen den Drittschuldner bleibt daher das Gericht sachlich und örtlich zuständig, bei dem der Schuldner seine Forderung gegen den Drittschuldner nach den gesetzlichen Bestimmungen über Rechtsweg und Zuständigkeit geltend machen müsste.[607] Mit dem Pfändungs- und Überweisungsbeschluss wird dem Gläubiger lediglich das Recht zur Einziehung erteilt. Daraus folgt, dass auch bei einer Klage nach § 856 ZPO der gepfändete Anspruch des Schuldners streitgegenständlich bleibt, was sich schon daraus ergibt, dass der Drittschuldner alle Einwendungen, die den Bestand des gepfändeten Anspruchs berühren, erheben darf.[608] Nach a.A.[609] wird in einer Klage nach § 856 ZPO nur ein eigener gesetzlicher Anspruch des Gläubigers gegen den Drittschuldner eingeklagt. Diese Auffassung übersieht jedoch, dass die in den §§ 853 bis 855a ZPO normierten Hinterlegungs- und Herausgabepflichten des Drittschuldners nicht unabhängig von einer ihn treffenden Leis-

321

---

604 OLG Brandenburg, Urt. v. 8.11.2011 – 6 U 102/09 –, juris; OLG München, WM 2007, 760; LG München I, Urt. v. 15.2.2012 – 15 O 9246/11 –, juris.
605 OLG Brandenburg, Urt. v. 8.11.2011 – 6 U 102/09 –, juris.
606 OLGR Stuttgart, 1999, 242.
607 VGH Hessen, NJW 1992, 1253.
608 Stein/Jonas/*Brehm*, § 856 Rn 6; MüKo-ZPO/*Smid*, § 856 ZPO Rn 9; Gottwald/*Mock*, § 856 Rn 4 m.w.N.
609 *Mewing*, Beck'sches Prozessformularbuch III. B. 16 S. 989.

tungspflicht etwa nur als verfahrensrechtliche Pflichten bestehen.[610] Das Hinterlegungsverlangen des Klägers nach § 853 ZPO stellt vielmehr nur eine besondere Art des Einziehungsprozesses dar.[611]

322 Dem **Schuldner** ist der **Streit zu verkünden** (vgl. § 841 ZPO). Mehrere Gläubiger bilden eine **notwendige Streitgenossenschaft** (§ 856 Abs. 4, § 62 ZPO). Jeder Gläubiger ist berechtigt, sich dem Kläger als Streitgenossen anzuschließen (§ 856 Abs. 2 ZPO). Dies erfolgt, indem der Gläubiger den Anschluss in der mündlichen Verhandlung schriftsätzlich (§ 70 Abs. 1 ZPO) erklärt oder indem dem Drittschuldner ein Schriftsatz zugestellt wird.

323 *Taktischer Hinweis*

Da dem „weiteren" Pfändungsgläubiger als Kläger somit ein einfacheres Verfahren offensteht sein Klageziel zu erreichen, fehlt bei anderweitiger Anhängigkeit einer Klage das Rechtsschutzbedürfnis. Denn § 856 Abs. 2 ZPO verhütet unnütze Wiederholungen desselben Prozesses.[612]

324 Nach § 856 Abs. 3 ZPO hat der Drittschuldner dem Gericht die weiteren Gläubiger zu benennen und zu beantragen, dass diejenigen Gläubiger zum Termin geladen werden, die keine Klage erhoben haben oder sich der Klage nicht angeschlossen haben. Zweck der Vorschrift ist es, auch diesen Gläubigern rechtliches Gehör wegen der Entscheidung nach § 856 Abs. 1 ZPO zu gewähren, was im Hinblick auf Art. 103 Abs. 1 GG schon deshalb notwendig ist, weil das Urteil nach § 856 Abs. 4 ZPO für und gegen sämtliche Gläubiger wirkt.[613]

325 Vertreten wird allerdings auch die Auffassung, dass für die Erhebung der Einrede der anderweitigen Rechtshängigkeit durch den Drittschuldner die Benennung der übrigen Gläubiger generell nicht erforderlich ist. Denn die Wirkung des § 856 Abs. 4 ZPO tritt nur zugunsten der Gläubiger ein. Zu Lasten der Gläubiger kann sich der Drittschuldner nur dann auf die Rechtskraftwirkung berufen, wenn vorher der Gläubiger selbst geklagt hat, sich angeschlossen hat oder beigeladen wurde (§ 856 Abs. 5 ZPO).[614] Insoweit liegt es in der Hand des Drittschuldners, ob er durch Unterlassen der Mitteilung der übrigen Gläubiger den Schutz nach § 856 Abs. 4 ZPO verliert. Für die Erhebung der Einrede gegenüber einem weiteren **klagenden** Gläubiger ist dies ohne Bedeutung.[615]

---

610 MüKo-ZPO/*Smid*, § 856 ZPO Rn 9.
611 *Schuschke*, Vollstreckung und vorläufiger Rechtsschutz, § 856 Rn 2.
612 LG München I, Urt. v. 15.2.2012 – 15 O 9246/11 – juris.
613 LG München I, Urt. v. 15.2.2012 – 15 O 9246/11 – juris; MüKo-ZPO/*Smid*, § 856, Rn 5.
614 Vgl. auch LG München I, Urt. v. 15.2.2012 – 15 O 9246/11 –, juris; Thomas/Putzo/*Seiler*, § 856, Rn 4 f.
615 S.a. *Hahn*, Die gesamten Materialien zu den Reichs-Justizgesetzen, Berlin 1880, zweiter Band: Materialien zur Civilprozeßordnung S. 461: Der Entwurf verpflichtet „den Drittschuldner (...)" die Gläubiger „zum Prozesse beizuladen, so daß eine gegen alle Gläubiger wirksame Entscheidung erzielt wird. Eine Pflichtverletzung auf Seiten des Drittschuldners zöge als Folge nach sich, daß die Rechte des nicht beigeladenen Gläubigers durch den Prozess nicht beeinträchtigt werden".

Die Klage ist **begründet**, wenn die Voraussetzungen der Mehrfachpfändung tatsächlich vorliegen und die Forderung des Schuldners darüber hinaus fällig ist. Darüber hinaus ist die Klage auch **unbegründet**, wenn es sich tatsächlich nicht um eine Mehrfachpfändung handelt, die gepfändete Forderung von Anfang an nicht bestanden hatte und daher ins Leere ging oder die Forderung nur von einem Gläubiger wirksam gepfändet wurde.

326

3. Rechtskraftwirkungen

Die ergangene Entscheidung wirkt **zulasten** und nur gegen die klagenden Gläubiger bzw. diejenigen, die gem. § 856 Abs. 2 ZPO beigetreten oder nach § 856 Abs. 3 ZPO geladen waren. Darüber hinaus wirkt die Entscheidung **zugunsten aller Gläubiger** (vgl. § 856 Abs. 4, 5 ZPO). Dies hat zur Folge, dass auch solche Gläubiger eine vollstreckbare Ausfertigung beantragen und sodann die Zwangsvollstreckung betreiben können, die nicht am Verfahren beteiligt waren.[616]

327

4. Kosten

Die Klage zählt nicht zur Vollstreckungsangelegenheit und ist daher nicht mit der Gebühr nach Nr. 3309 VV RVG abgegolten. Sie ist vielmehr eine gesonderte bürgerliche Rechtsstreitigkeit i.S.d. Teils 3 nach VV RVG, sodass der beauftragte **Rechtsanwalt** die Verfahrens- und Terminsgebühr, ggf. Einigungsgebühr (Nrn. 1000, 1003 VV RVG) zu beanspruchen hat. An **Gerichtskosten** fallen die Gebühren Nrn. 1210 ff. VV GKG an. Die Streitverkündung an den Schuldner durch den Rechtsanwalt der klagenden Partei gehört gebührenrechtlich zum Rechtszug (§ 19 Abs. 1 S. 1 RVG).

328

5. Muster – Klage auf Hinterlegung durch den Drittschuldner bei Mehrfachpfändung

An das
Amts-/Landgericht
Klage nach § 856 ZPO mit Streitverkündung
In dem Rechtsstreit
Kläger ./. Beklagter
wegen Hinterlegung nach § 853 ZPO

329

---

616 A.A. OLG Saarbrücken, NJW-RR 1990, 1472 = der nicht beteiligte Pfändungsgläubiger kann analog § 727 ZPO die Umschreibung verlangen; dass er schon zum Zeitpunkt der Rechtshängigkeit der Drittschuldnerklage Pfändungsgläubiger des Schuldners war, steht dem nicht entgegen.

§ 5 Das Pfändungsverfahren

Namens und in Vollmacht des Klägers erhebe ich Klage und beantrage,

1. den Beklagten zu verurteilen, den pfändbaren Teil der Bezüge seines Angestellten … für die Monate von … bis … und auch für die folgenden Monate bis zur Abdeckung der vorletzten beim Beklagten vorliegenden Lohnpfändung für den Lohn des … bei der Hinterlegungsstelle des Amtsgerichts in … zu hinterlegen,
2. den Beklagten zu verurteilen, diese Hinterlegung mit der Tatsache der Mehrfachpfändung und unter Aushändigung der dem Beklagten zugestellten Pfändungs- und Überweisungsbeschlüsse bzgl. des Arbeitslohnes des … dem Amtsgericht anzuzeigen, dessen Lohnpfändung ihm zuerst zugestellt wurde.

Dem … (Arbeitnehmer) verkünde ich den Streit mit der Aufforderung, dem Rechtsstreit auf Seiten des Klägers beizutreten.

Begründung

Der Kläger hat wegen eines titulierten Anspruchs gegen den Streitverkündungsempfänger dessen Lohnanspruch gegen den Beklagten durch Pfändungs- und Überweisungsbeschluss vom …, dem Beklagten zugestellt am …, gepfändet.

Beweis: Kopie sämtlicher Vollstreckungsunterlagen

Der Beklagte hat nach der Zustellung des Pfändungs- und Überweisungsbeschlusses lediglich angegeben, „dass Vorpfändungen vorlägen". Nähere Angaben hat er nicht gemacht, weshalb der Kläger ihn durch Schreiben des Unterzeichners vom …, zugestellt nach § 132 BGB am …, unter Fristsetzung bis … aufgefordert hat, die pfändbaren Lohnteile des Streitverkündungsempfängers nach § 853 ZPO zu hinterlegen.

Beweis: Schreiben vom … nebst Zustellungsnachweis beigefügt in Kopie

Der Beklagte ist der Aufforderung jedoch nicht nachgekommen, weshalb die Erhebung der Klage geboten ist.

Wegen der bisherigen Weigerung zur Hinterlegung besteht die Besorgnis, dass der Beklagte dies auch in Zukunft nicht tun werde, weshalb auch die Hinterlegung künftiger Beträge beantragt ist.

Eine beglaubigte Ausfertigung der Klageschrift für den Streitverkündungsempfänger ist beigefügt.

gez. Rechtsanwalt

§ 6 Die Pfändung von Arbeitseinkommen

A. Allgemeines

Arbeitseinkommen, das in Geld zahlbar ist, ist eine **Geldforderung** des Arbeitnehmers und wird grds. nach den allgemeinen Regeln gem. § 829 ZPO gepfändet. Der (un)pfändbare Teil bestimmt sich gem. § 850 Abs. 1 ZPO nach Maßgabe der §§ 850a bis 850i ZPO.[1] Bzgl. des Umfangs der Pfändung sind die Sonderregelungen der §§ 832, 833, 850 Abs. 4 ZPO zu beachten.[2]

1

Die Pfändung erfolgt durch das Vollstreckungsgericht (§§ 802, 828 ZPO). Das ist stets das Amtsgericht (Rechtspfleger) und nicht das Arbeitsgericht oder das Verwaltungsgericht. Auch für die Verwertung gelten die allgemeinen Regeln (§§ 835, 844 ZPO). Ein Einziehungsprozess ist – falls notwendig – vor dem Gericht zu führen, vor dem auch der Schuldner seine Ansprüche gegen den Drittschuldner geltend machen müsste. Das kann das Zivilgericht, wird aber meist das Arbeitsgericht oder auch das Verwaltungsgericht (bei öffentlich-rechtlichen Bezügen) sein.

2

B. Pfändungsschutz für Arbeitseinkommen (§ 850 ZPO)

Die Verfahrensvorschriften der §§ 829 ff. ZPO werden bei der Pfändung des Arbeitseinkommens ergänzt durch Vorschriften über den **Pfändungsschutz** aus sozialen Gründen. Soweit die Pfändung grds. unpfändbaren Einkommens – ausnahmsweise – zugelassen wird (vgl. §§ 850b Abs. 2, § 850f Abs. 2 ZPO), enthalten diese Vorschriften auch **ergänzende Verfahrensregeln.**

3

Die **Pfändungsschutzvorschriften** dienen dem **öffentlichen Interesse** an einer sozialen Sicherung des Schuldners und sollen diesem ermöglichen, ein **menschenwürdiges Leben** zu führen. Die Pfändungsschutzbestimmungen können weder vertraglich noch durch Verzicht abbedungen werden.[3] Damit sind für den Gläubiger Schranken errichtet, die auf dem Schutzgedanken des Sozialstaatsprinzips aufbauen. Der unbeschränkte Zugriff auf das Vermögen des Schuldners könnte diesem sonst die Existenzgrundlage entziehen und ihn damit in die Sozialhilfe verfallen lassen.

4

Pfändet das Vollstreckungsgericht eine **Forderung**, die der **Pfändung nicht unterliegt**, wird die Forderung gleichwohl verstrickt, und es entsteht ein **Pfändungspfandrecht**.[4]

5

---

1 LAG Rheinland-Pfalz, Urt. v. 20.2.2014 – 5 Sa 543/13 – juris; LAG Mecklenburg-Vorpommern, Urt. v. 6.3.2018 – 2 Sa 114/17 –, juris.
2 Vgl. Rdn 48 f., 58 ff., 184 ff.
3 KG, NJW 1960, 682; Gottwald/*Mock*, § 850 Rn 3 m.w.N.
4 Gottwald/*Mock*, § 850 Rn 4 m.w.N.

Der Pfändungsbeschluss ist wegen des Verstoßes gegen die Pfändungsgrenzen der §§ 850 ff. ZPO nicht nichtig, sondern lediglich anfechtbar. Das entstehende Pfandrecht ist im Hinblick auf die Aufhebung des Beschlusses auflösend bedingt.

C Begriff des Arbeitseinkommens

6 Gem. § 850 Abs. 2 ZPO sind Arbeitseinkommen
- Dienst- und Versorgungsbezüge der Beamten,
- Arbeits- und Dienstlöhne,
- Ruhegelder und ähnliche nach dem Ausscheiden aus dem Dienst- oder Arbeitsverhältnis gewährte fortlaufende Einkünfte,
- Hinterbliebenenbezüge sowie
- sonstige Vergütungen für Dienstleistungen aller Art, die die Erwerbstätigkeit des Schuldners vollständig oder zu einem wesentlichen Teil in Anspruch nehmen.

7 Die zwangsvollstreckungsrechtlichen Begrifflichkeiten des Einkommens und der Einkünfte sind autonom. Zur **Auslegung**, ob Dienst- oder Arbeitseinkommen vorliegt, können auch die Regelungen der § 19 EStG, § 14 SGB IV herangezogen werden.[5] Abzustellen ist nicht darauf, ob das Entgelt aufgrund eines freien oder abhängigen Dienstverhältnisses gewährt wird. Es kommt auch nicht darauf an, ob der Entgelt- oder der Alimentierungszweck überwiegt.[6] Wesentlich ist vielmehr, dass es sich um **wiederkehrende** und **einmalige Bezüge**,[7] zahlbare **Vergütungen** für selbstständige oder unselbstständige Dienste handelt, die die **Existenzgrundlage des Dienstpflichtigen** bilden.[8] Insofern muss die Erwerbstätigkeit des Schuldners vollständig oder zu einem wesentlichen Teil in Anspruch genommen werden.[9]

8 Der Begriff des Arbeitseinkommens ist daher weit auszulegen,[10] was die Regelung des § 850 Abs. 2 ZPO zeigt. Arbeitseinkommen i.S.v. § 850 ff. ZPO sind **in Geld zahlbare Entgelte**[11] für Leistungen, die von persönlich oder wirtschaftlich Abhängigen erbracht werden, wozu insbesondere – aber nicht nur – Arbeitnehmer zählen. Zum Entgelt zählen wiederkehrende und einmalige Bezüge, die aufgrund eines Arbeits- oder Dienstverhältnisses geschuldet sind. Auch **sonstige Vergütungen** zählen hierzu, wenn die Dienste,

---

5 A.A. LG Stuttgart, NJW-RR 2012, 1277.
6 BAG, Rpfleger 1960, 247 = DB 1959, 1007 = WA 1959, 167 = RdA 1960, 79; LG Bielefeld, FamRZ 1958, 383.
7 LG Stuttgart, NJW-RR 2012, 1277.
8 BGH, NJW-RR 2004, 644 = WM 2004, 444 = BGHReport 2004, 555 = Rpfleger 2004, 232 = MDR 2004, 587 = InVo 2004, 281; BGHZ 96, 324; BB 1978, 275 = JZ 1978, 200 = DB 1978, 481 = DB 1978, 482 = Rpfleger 1978, 54 = NJW 1978, 756 = MDR 1978, 387; BAG, NJW 1962, 1221.
9 BGH, Vollstreckung effektiv 2017, 46.
10 LArbG Berlin-Brandenburg, NZI 2014, 463.
11 Der Anspruch auf eine nicht in Geld zahlbare Vergütung, z.B. Sach- oder Naturalleistung, ist gem. §§ 846, 847 ZPO zu pfänden. Ein Pfändungsschutz folgt dann aus § 811 Abs. 1 ZPO.

mit denen sie erzielt werden, die Erwerbstätigkeit eines Schuldners vollständig oder zu einem wesentlichen Teil in Anspruch nehmen.[12]

Gleichgültig ist, ob es sich um Haupt- oder Nebentätigkeiten handelt, ob die Tätigkeit in geistiger oder körperlicher Arbeit besteht und ob dem Dienst- bzw. Arbeitsverhältnis deutsches oder ausländisches Recht zugrunde liegt, ebenso, ob es sich um Einkünfte aus Schwarzarbeit, Vergütung für eine Diensterfindung[13] oder faktische Verträge handelt.[14] Erfasst sind ebenso Schadensersatzforderungen, die ein Schuldner hat, weil sein Arbeitgeber gegen Pflichten aus dem Nachweisgesetz verstoßen hat und deshalb Vergütungsansprüche des Schuldners aufgrund einer tariflichen Ausschlussfrist verfallen sind.[15] Vom Begriff des Arbeitseinkommens ist daher nicht nur die laufende Arbeitsvergütung erfasst. 9

Gem. § 850 Abs. 4 ZPO erfasst die Pfändung des in Geld zahlbaren Arbeitseinkommens **alle Vergütungen, die dem Schuldner aus der Arbeitsleistung zustehen**, ohne Rücksicht auf ihre Benennung oder Berechnungsart.[16] Die Vergütungen können für bereits geleistete Arbeit schon verdient, jedoch noch nicht bezahlt oder noch nicht fällig oder als Vergütung zu erwarten sein, die der Schuldner durch künftige Arbeitsleistung noch verdienen muss (§ 832 ZPO). 10

I. Dienst- und Versorgungsbezüge von Beamten

Als **Beamte** i.S.d. § 850 Abs. 2 ZPO sind nicht nur die in ein förmliches Beamtenverhältnis nach § 2 BBG, § 2 BRRG Berufenen – unabhängig davon, ob diese auf Zeit, Lebenszeit, auf Probe oder Widerruf berufen wurden und ob sie Beamte des Bundes, der Länder, Gemeinden, Gemeindeverbände sowie sonstigen Körperschaften, Anstalten und Stiftungen des öffentlichen Rechts sind –, sondern auch Richter (§ 1 Abs. 1 Nr. 2 BBesG, § 1 BeamtVG), Berufssoldaten und Soldaten auf Zeit (§ 1 Abs. 1 Nr. 3 BBesG, § 30 SoldatenG), Minister, die Abgeordneten des Europaparlaments, des Bundestages und der Landtage[17] und die – ohne Beamte im staatsrechtlichen Sinne zu sein – in einem öffentlich-rechtlichen Rechtsverhältnis mit fortlaufenden Bezügen zum Staat oder zu einer der genannten Einrichtungen stehenden Personen. 11

Dienst- und Versorgungsbezüge sind als vermögensrechtliche Ansprüche alle wiederkehrenden oder einmaligen Bezüge, die Beamte nach den Besoldungs- und Versorgungsgesetzen erhalten, insbesondere Grundgehalt und darauf zu zahlende Zuschüsse sowie Orts- 12

---

12 BGH NJW 1986, 2362; BGH NJW 1978, 756.
13 Ideenprämie; vgl. BGH, Rpfleger 2004, 361; BAG, NJW 2009, 167.
14 BAG, NJW 1977, 1608; LAG Düsseldorf, DB 1969, 931.
15 BAG, ZInsO 2009, 1359 = NJW 2009, 2324 = MDR 2009, 989.
16 BAG ZInsO 2009, 1359 = NJW 2009, 2324 = MDR 2009, 989.
17 Vgl. auch BGH, NJW-RR 2004, 643 = WM 2004, 444 = BGHReport 2004, 555 = Rpfleger 2004, 232 = MDR 2004, 587 = InVo 2004, 281.

§ 6 Die Pfändung von Arbeitseinkommen

zuschläge, Zulagen und Vergütungen, Arbeitnehmerbeiträge zur VBL,[18] Auslandsdienstbezüge, Sonderzuwendungen einschließlich Leistungsprämien und Urlaubsgeld, der Wehrsold der Wehrpflichtigen, der Sold der Zivildienstleistenden, das Entlassungsgeld der Soldaten,[19] Abgeordnetendiäten, Ruhegehalt oder Unterhaltsfreibetrag, Hinterbliebenenversorgung und Übergangsgeld; nicht hierzu zählt das Kindergeld nach §§ 62 ff. EStG.

13 Soweit die Besoldungsansprüche des Beamten der Zwangsvollstreckung unterliegen, also pfändbar sind, sind sie vom Insolvenzverfahren erfasst, sodass dem Betreffenden kein Auszahlungsanspruch zusteht.Soweit die Besoldungsansprüche hingegen nach den §§ 850a, 850c, 850e ZPO unpfändbar und auch nicht aufgrund vorrangiger steuerrechtlicher und sozialversicherungsrechtlicher Vorschriften an das zuständige Finanzamt bzw. den zuständigen Sozialversicherungsträger abzuführen sind, verbleibt es beim beamtenrechtlichen Auszahlungsanspruch.[20]

II. Arbeits- und Dienstlöhne

14 Zu den Arbeits- und Dienstlöhnen zählen alle **wiederkehrenden oder einmaligen Bezüge**, die als Gegenleistung für die persönlich erbrachte Arbeitsleistung gewährt werden. Maßgeblich ist in erster Linie die wirtschaftliche Abhängigkeit des Leistungserbringers, sodass es z.b. auf eine Unterscheidung zwischen Arbeitnehmern, Arbeitern oder Angestellten nicht ankommt.

15 Zu Arbeits- und Dienstlöhnen zählen insbesondere:
- **Entgelte**, welche **bei Arbeitsunfähigkeit** infolge unverschuldeter Krankheit weiter gezahlt werden[21]
- **Urlaubsgeld**[22]
- **Einkommen**, welches **nach beendetem Arbeitsverhältnis** gezahlt wird, z.B. **Sozialplanabfindungen** nach § 112 BetrVG,[23] gesetzliche **Abfindungsansprüche Abfindungen nach §§ 9, 10 KSchG**,[24] oder **vertraglich vereinbarte Abfindungsansprüche**.[25]

---

18 LAG Baden-Württemberg, Urt. v. 8.10.2008 – 22 Sa 63/07 – juris.
19 OLG Hamm, OLGZ 1984, 457; str.
20 VG Düsseldorf, Urt. v. 15.6.2012 – 26 K 5884/11 – juris.
21 Zöller/*Herget*, § 850 Rn 6; Gottwald/*Mock*, § 850 Rn 10.
22 BAG, NJW 1966, 222.
23 BAG, NJW 1992, 1664; OLG Düsseldorf, MDR 1980, 63.
24 BAG, MDR 1980, 346 = DB 1980, 358 = NJW 1980, 800; LAG Hessen, AA 2013, 162.
25 BGH, Vollstreckung effektiv 2010, 145 = WM 2010, 1129 = ZInsO 2010, 1088 = ZIP 2010, 1186 = NZI 2010, 564; BAG, ZIP 2014, 1938 = ZInsO 2014, 2038 = EBE/BAG 2014, 162 = NZI 2014, 870 = DB 2014, 2478 = MDR 2014, 1271 = DZWIR 2014, 545 = NZA 2014, 1155 = NZG 2014, 1353; NZA 1997, 563 = NJW 1997, 1868 = KTS 1997, 314; MDR 1980, 346 = DB 1980, 358 = NJW 1980, 800; LAG Hessen, AA 2013, 162; a.A. BFH, DZWIR 2010, 419 = ZVI 2010, 393 = BFH/NV 2010, 1856; Sächsisches FG, ZInsO 2010, 817; LG Bochum, ZInsO 2010, 1801 = ZVI 2010, 479 = VuR 2011, 24 = Verbraucherinsolvenz aktuell 2010, 93.

Eine Abfindung ist eine nicht wiederkehrend zahlbare Vergütung i.S.v. § 850i ZPO;[26] sie wird nicht als Gegenleistung für die in einem bestimmten Zeitraum erbrachte Arbeitsleistung geleistet.[27]

- Abschlagszahlungen der kassenärztlichen Vereinigung[28]
- **Ausbildungsbeihilfe eines Strafgefangenen**[29]
- Bezüge von Vorstandsmitgliedern einer AG[30] und Geschäftsführen einer GmbH[31]
- Entgelt in Form des **Bedienungsgeldes des Kellners**, das dieser für den Wirt vereinnahmt und erst nach erfolgter Abrechnung behalten darf[32]
- Einnahmen des Taxifahrers[33]
- Einnahmen des Auslieferungsfahrers[34]
- Gratifikationen, Gewinnanteile, Jahres- oder Saisontantiemen[35]
- **Einnahmen aus Lizenzverträgen** für die Nutzung eines vom Arbeitnehmer persönlich entwickelten Produkts[36]
- **Entgelt** aus **Lizenzfussballspielen** der Bundesliga[37]
- **Werklohnforderungen des selbstständigen Schuldners** gegen den Drittschuldner, wenn er ausschließlich für diesen tätig ist und die Werkleistungen zu einem wesentlichen Teil persönlich erbringt[38]
- **Vermögenswirksame Leistungen** sind nicht übertragbar und damit unpfändbar, sie bilden dennoch Bestandteile des Arbeitseinkommens (§ 2 Abs. 7 5. VermBG); das gebildete **Sparguthaben** hingegen ist nicht als Arbeitseinkommen voll pfändbar.
- **Lohnsteuer.**[39]

Kein Arbeitseinkommen i.S.d. § 850 Abs. 2 ZPO sind: **16**

- Trinkgelder[40]
- Bergmannsprämien[41]
- Kindergeld

---

26 Vgl. umfassend *Hergenröder,* ZVI 2006, 173.
27 BAG, NZA 1997, 563 = NJW 1997, 1868 = KTS 1997, 314.
28 OLG Nürnberg, JurBüro 2002, 603; FG Münster Verbraucherinsolvenz aktuell 2018, 71 m.w.N.
29 LG Kleve, ZInsO 2013, 836.
30 BGH, NJW 1978, 756.
31 OLG Rostock, NJW-RR 1995, 173.
32 LG Hildesheim, BB 1963, 1117.
33 LAG Düsseldorf, DB 1972, 1540.
34 BAG, DB 1978, 942.
35 Musielak/*Becker,* § 850 Rn 5; zur **Sparkassensonderzahlung** vgl. LAG Hamm, EzTöD 130 § 18.4 TVöD-S Nr. 4.
36 BGH, KKZ 2005, 102.
37 BAG, NJW 1980, 470.
38 LG Kaiserslautern, Beschl. v. 24.6.2005 – 1 T 332/04 – juris.
39 Vgl. auch Rdn 16.
40 OLG Stuttgart, MDR 2002, 294 m.w.N.
41 Zöller/*Herget,* § 850 Rn 16.

§ 6 Die Pfändung von Arbeitseinkommen

- Insolvenzausfallgeld (§§ 141a ff. AFG)
- **Arbeitnehmersparzulage**: sie setzt Arbeitseinkommen voraus, stellt ein solches jedoch nicht dar; Drittschuldner ist nicht der Arbeitgeber, sondern das Finanzamt.
- Einspeisevergütung nach §§ 16 ff. EEG[42]
- **Lohn- Einkommenssteuer**: Diese stellt einen öffentlich-rechtlichen Anspruch dar;[43] **Ausnahme**: Wenn der Arbeitgeber den Lohnsteuerjahresausgleich seines Arbeitnehmers nach § 42b EStG durchführt. Der sich insoweit ergebende Erstattungsanspruch gehört vollstreckungsrechtlich zum Arbeitseinkommen des Arbeitnehmers.[44] Der Anspruch auf Erstattung überzahlter Lohn- bzw. Einkommenssteuer hat zwar seinen Ursprung im Arbeitsverhältnis, denn auch die Lohnsteuer zählt zum (Brutto-)Lohn. Doch bereits zum Zeitpunkt der Einbehaltung der Lohnsteuer durch den Arbeitgeber verändert sich die Rechtsnatur des vom Arbeitgeber einbehaltenen und an das Finanzamt abzuführenden Teils des Arbeitslohnes. Es entsteht ein Lohnsteueranspruch des Staates, also ein öffentlich-rechtlicher Anspruch aus dem Steuerverhältnis (§ 37 Abs. 1 AO). An dem öffentlich-rechtlichen Rechtscharakter ändert sich auch nichts, wenn sich der Steueranspruch des Staates in einen Erstattungsanspruch des Steuerpflichtigen nach § 37 Abs. 2 AO umkehrt.[45] Das Arbeitseinkommen hat demgegenüber seinen Rechtsgrund in einem zivilrechtlichen oder beamtenrechtlichen Rechtsverhältnis. Der Gesetzgeber lässt bei der Erläuterung des Bezügebegriffes die Steuererstattungsansprüche nicht nur unerwähnt. Vielmehr folgt gleichermaßen aus dem Verweis auf den Begriff des Arbeitseinkommens, dass Steuererstattungsansprüche von der gesetzlichen Regelung nicht erfasst sind. Somit sind Erstattungsansprüche des Arbeitnehmers wegen überzahlter Einkommensteuer (Lohnsteuer) nicht Bestandteil des Arbeitseinkommens im Sinne der §§ 850 ff. ZPO.[46] Im **Insolvenzverfahren** gehört der Anspruch zur Insolvenzmasse, wenn der die Erstattungsforderung begründende Sachverhalt vor oder während des Insolvenzverfahrens verwirklicht worden ist.[47]

---

42 LG Stuttgart, NJW-RR 2012, 1277.
43 AG Bersenbrück, ZVI 2012, 353.
44 LAG Hamm, BB 1989, 634; Sächs. FG, Urt. v. 8.12.2009 – 1 K 604/08 – juris; vgl. auch **Anspruch A Nr. 2** im amtlichen Pfändungsformular.
45 Hessisches FG, EFG 2005, 331.
46 BFH v. 10.4.2006 – VII B 199/05, BFH/NV 2006, 1447; v. 27.10.1998 -VII B 101/98; BFH/NV 1999, 738; v. 26.9.1995 – VII B 117/95; BFH/NV 1996, 281; AG Göttingen, ZInsO 2004, 456; AG Dortmund, ZInsO 2002, 685. Gottwald/*Mock*, § 850 Rn 11.
47 BGH, ZInsO 2006, 139.

C Begriff des Arbeitseinkommens § 6

■ **Strafgefangenengelder** auf Auszahlung des **Eigengeldes**.[48] Gepfändet wird lediglich der Anspruch des Schuldners auf Auszahlung seines Eigengeldes und nicht sein Anspruch auf Arbeitsentgelt aus § 43 Abs. 2 S. 1 StVollzG.[49] Denn dieser nicht auf Barauszahlung, sondern nach Maßgabe des § 52 StVollzG auf Gutschrift auf den für den Gefangenen zu führenden Konten gerichtete Anspruch ist mit der Erteilung der Gutschriften erfüllt und damit erloschen.

■ Beiträge zur **betrieblichen Altersversorgung (Direktversicherung**[50]). Es handelt sich nicht um eine Leistung, die an den Arbeitnehmer in Geld zahlbar ist.[51] Durch die Vereinbarung betrieblicher Altersversorgung entstehen zwar Belastungen des Arbeitgebers, da dieser zur Erfüllung des Versorgungsversprechens einen Versicherungsvertrag schließt und als Schuldner dieses Vertrages die mit der Versicherung vereinbarten Prämien zu zahlen hat, jedoch keine Ansprüche des Arbeitnehmers gegen den Arbeitgeber auf Arbeitseinkommen i.S.d. § 850 Abs. 2 ZPO. Der Arbeitgeber schuldet dem Arbeitnehmer von vornherein kein an ihn zu zahlendes Arbeitsentgelt, sondern nur Leistungen nach dem Recht der betrieblichen Altersversorgung.

■ **Prämien zu einer Direktversicherung im Wege der Gehaltsumwandlung**:[52] Dies gilt auch dann, wenn Arbeitgeber und Arbeitnehmer die ursprüngliche Entgeltvereinbarung nachträglich einverständlich dergestalt geändert haben, dass an die Stelle eines Teiles des Barentgelts ein Versorgungsversprechen treten soll, es sei denn, der Arbeitnehmer durfte infolge einer vorangegangenen Privatinsolvenz keine Verfügung über sein künftiges Einkommen treffen, die die Ansprüche der Gläubiger gefährdet (§ 81 Abs. 2 InsO). Vereinbaren die Arbeitsvertragsparteien, dass der Arbeitgeber für den Arbeitnehmer eine Direktversicherung abschließt und ein Teil der künftigen Entgeltansprüche des Arbeitnehmers durch Entgeltumwandlung für seine betriebliche Altersversorgung verwendet wird (§ 1a Abs. 1 BetrAVG), liegt insoweit kein

---

48 Auch nicht analog; vgl. BGH, NJW 2015, 2493 = ZInsO 2015, 1671 = MDR 2015, 950 = FamRZ 2015, 1473 = ZVI 2015, 383 = NZI 2015, 1026 = Rpfleger 2016; Vollstreckung effektiv 2013, 186 = FamRZ 2013, 1734 = Verbraucherinsolvenz aktuell 2013, 84 = FoVo 2013, 217 = WM 2013, 1752 = ZInsO 2013, 1845 = MDR 2013, 1248 = NJW 2013, 3312 = NZI 2013, 940 = ZVI 2013, 430 = Rpfleger 2014, 39 = DGVZ 2014, 14 = KKZ 2014, 60; WM 2004, 1928 = Rpfleger 2004, 711 = NJW 2004, 3714 = JurBüro 2004, 671 = BGHReport 2005, 61 = MDR 2005, 48 = ZVI 2004, 735 = InVo 2005, 16 = KKZ 2005, 104; vgl. auch OLG Hamburg, NStZ-RR 2011, 126.
49 Durch das Gesetz zur Änderung des Grundgesetzes vom 28.8.06 (BGBl I 06, S. 2034; Föderalismusreformgesetz 2006) wurde der Strafvollzug der konkurrierenden Gesetzgebung des Bundes (Art. 72 GG) entzogen und der Kompetenz der Ländergesetzgebung (Art. 70 Abs. 1 GG) zugeordnet. Danach sind die Länder befugt, eigene Strafvollzugsgesetze zu erlassen. Für Länder, die dies noch nicht beschlossen haben, gilt nach wie vor das (Bundes-)Strafvollzugsgesetz.
50 LAG Rheinland-Pfalz, AuA 2009, 177.
51 BAG, DB 2008, 2603 = NJW 2009, 167 = ZVI 2008, 525 = EzA § 850a ZPO 2002 Nr. 1 = BetrAV 2009, 79 = NZA 2009, 747 = SAE 2009, 206; LArbG Berlin-Brandenburg, NZI 2014, 463; LAG Mecklenburg-Vorpommern, NZA-RR 2011, 484.
52 BAG, MDR 1998, 721; LAG Mecklenburg-Vorpommern, NZA-RR 2011, 484 = LAGE § 850 ZPO 2002 Nr. 1; LAG München, ZInsO 2008, 760.

pfändbares Arbeitseinkommen mehr vor.[53] Bei einer solchen Vereinbarung entstehen i.H.d. Belastungen des Arbeitgebers, der zur Erfüllung seines Versorgungsversprechens einen Versicherungsvertrag schließt und als Schuldner dieses Vertrags die mit dem Versicherer vereinbarten Prämien zu zahlen hat, keine Ansprüche des Arbeitnehmers gegen den Arbeitgeber auf Arbeitseinkommen i.S.v. § 850 Abs. 2 ZPO mehr, die abgetreten oder der Pfändung unterliegen können.[54]

- **Vorsteuererstattungsansprüche**[55]
- Vergütung, die ein Arbeitnehmer für die Überlassung des Rechts zur Benutzung seiner freien Erfindung von seinem Arbeitgeber erhält.[56]

III. Ruhegelder und ähnliche nach dem einstweiligen oder dauernden Ausscheiden aus dem Dienst- oder Arbeitsverhältnis gewährte fortlaufende Einkünfte

17 Erforderlich aber auch ausreichend ist, dass der Schuldner die Vergütung als wiederkehrende Leistungen von dem Dienstherrn für seine Erwerbstätigkeit oder nach Beendigung des Dienstverhältnisses für seine Altersversorgung erhält. Nach dem mit § 850 Abs. 2 ZPO vorausgesetzten wirtschaftlichen Schutzbedürfnis und dem mit der Vorschrift verfolgten Zweck, die Versorgung des dienstverpflichteten Schuldners sicherzustellen,[57] ist eine vom Dienstherrn nach Eintritt in den Ruhestand bezogene Vergütung, die der Schuldner im Anschluss an die Erwerbstätigkeit als Altersversorgung erhält und die seine Existenzgrundlage sichert, dem Pfändungsschutz von Arbeitseinkommen zu unterstellen.[58]

18 Mit **Ruhegeldern** sind **nicht gesetzliche Renten** gemeint, sondern lediglich solche, die aufgrund des Arbeits- bzw. Dienstvertrags geschuldet werden, wie z.B. Betriebsrenten und Beamtenpensionen. Hierzu zählen auch Versorgungsbezüge von Vorstandsmitgliedern einer AG oder von Geschäftsführern einer GmbH,[59] Ansprüche eines Handelsvertre-

---

53 BAG, NJW 2009, 167 m.w.N.; BAGE 88, 28; LAG Niedersachsen, Urt. v. 19.8.10 – 4 Sa 970/09 B– juris m.w.N.
54 BAGE 88, 28.
55 FG Nürnberg, Urt. v. 11.9.2012 – 2 K 1153/10 – juris.
56 BGHZ 93, 82 = WM 1985, 397 = NJW 1985, 1031 = MDR 1985, 407 = DB 1985, 1581.
57 BGH, NJW 1978, 756.
58 BGH, Vollstreckung effektiv 2017, 47 = DB 2017, 119 = ZInsO 2017, 161 = ZIP 2017, 201 = NJW-RR 2017, 161.
59 BGH, NJW-RR 1989, 286; BAG, ArbR 2013, 212 = GWR 2013, 191 = FA 2013, 149 = ArbRB 2013, 202 = AuA 2014, 245 = NZA 2013, 1279 = MDR 2013, 798; LAG Düsseldorf, LAGE § 1 BetrAVG Rechtsmissbrauch Nr. 5.

ters auf Fixum und Provision,[60] Ansprüche eines GmbH-Geschäftsführers und Mehrheitsgesellschafters auf fortlaufende Ruhegeldzahlungen aus einem mit der GmbH geschlossenen Pensionsvertrag[61] und Leistungen der Zusatzversorgungsanstalt des Bundes und der Länder. Auch das **Vorruhestandsgeld** wird wie Arbeitseinkommen gepfändet (§ 7 Abs. 3 VRG). Hierbei handelt es sich um Geldleistungen, die aufgrund Tarifvertrags oder Einzelvereinbarung nach Beendigung des Erwerbslebens regelmäßig

- vom früheren Arbeitgeber,
- einer Ausgleichskasse der Arbeitgeber oder
- einer gemeinsamen Einrichtung der Tarifvertragsparteien

gezahlt werden.

Der Arbeitnehmer scheidet somit aus dem Erwerbsleben aus und erhält vom Arbeitgeber einen Ausgleich in Form monatlicher Lohnersatzleistungen. **19**

Praxishinweis **20**
Bei einer Pfändung solcher Bezüge ist unbedingt auf die **korrekte Drittschuldnerbezeichnung** zu achten: Hatte der Gläubiger zunächst das Pfandrecht an der Forderung aus dem Arbeitseinkommen erwirkt d.h. zu der Zeit, zu welcher der Schuldner noch aktiv gearbeitet hat, dann erstreckt sich das Pfandrecht hieran gem. § 832 ZPO nur dann, wenn der ehemalige Arbeitgeber die Ruhegelder nach Eintritt in den Ruhestand selbst auszahlt. Zahlt hingegen eine **andere Rechtspersönlichkeit** z.B. eine Pensions- oder Ausgleichskasse, erstreckt sich das Pfandrecht aus der früheren Pfändung gerade nicht hierauf. Folge: Der Gläubiger muss eine **erneute Pfändung** bewirken.

IV. Hinterbliebenenbezüge

Zu den Hinterbliebenenbezügen gehören nach dem Tod des Arbeitnehmers bzw. Dienstverpflichteten durch den Arbeitgeber oder an dessen Stelle tretende Versorgungseinrichtung an den/die Hinterbliebenen (Witwe/r; Kinder) gewährte Leistungen. Nicht hierzu zählen Leistungen der gesetzlichen Rentenversicherung. Zu derartigen Ansprüchen zählen auch **Witwenrenten**, soweit sie den jeweils pfändungsfreien Betrag gem. §§ 850c ff. ZPO übersteigen.[62] Es handelt sich nicht um nur bedingt pfändbare Bezüge i.S.v. § 850b Abs. 1 Nr. 4 ZPO aus Witwen-, Waisen-, Hilfs- und Krankenkassen, die ausschließlich **21**

---

60 BGH, Vollstreckung effektiv 2017, 47 = DB 2017, 119 = ZInsO 2017, 161 = ZIP 2017, 201 = NJW-RR 2017, 161; BAG, Urt. v 10.2.62 – 5 AZR 77/61 =AP § 850 ZPO Nr. 3 mit zust Anm *Pohle* = NJW 1962, 1221.
61 BGH, Vollstreckung effektiv 2017, 47 = DB 2017, 119 = ZInsO 2017, 161 = ZIP 2017, 201 = NJW-RR 2017, 161; OLG Oldenburg, ZIP 2018, 1311; Gottwald/*Mock*, § 850 Rn 12.
62 LG Köln, NJW-RR 1990, 13.

oder zu einem wesentlichen Teil zu Unterstützungszwecken gewährt werden. Mit den zuletzt genannten Bezügen sind reine Unterstützungsgelder für Notfälle gemeint.

V. Sonstige Vergütungen für Dienstleistungen aller Art

22 Wenn die **Dienste vollständig oder zu einem wesentlichen Teil die Erwerbstätigkeit des Schuldners darstellen**, ohne dass eine persönliche oder wirtschaftliche Abhängigkeit des Schuldners vorliegen muss, sind es Arbeitseinkünfte. Die zu zahlende Vergütung muss – nicht notwendig in gleichen Abständen – wiederkehrend sein (bei nicht wiederkehrend zahlbaren Vergütungen vgl. § 850i Abs. 1 ZPO). Gleichgültig ist, ob es sich um selbstständige oder unselbstständige Dienste handelt. Maßgeblich ist vielmehr, ob sie die **Existenzgrundlage** des Schuldners bilden.[63] Erfasst werden daher folgende Ansprüche:[64]

- **Vergütungsansprüche** der Ärzte, Zahnärzte,[65] Tierärzte, Hebammen, Krankengymnasten, Rechtsanwälte, Notare, Architekten, Maler, Komponisten, Schriftsteller und Erfinder. Deren Einkünfte werden wie laufendes Arbeitseinkommen behandelt, soweit es sich aufgrund vertraglicher Vereinbarung (etwa bei einem Dauermandat nur eines Arbeitgebers) um wiederkehrende zahlbare Vergütungen handelt.[66]
- Einnahmen aus **Lizenzverträgen** für die Nutzung eines vom Schuldner persönlich entwickelten Produkts[67]
- Einkünfte des Vorstands einer AG oder des Geschäftsführers einer GmbH[68]
- Einkünfte des Zimmervermieters und Pensionsinhabers, wenn die Vergütung großenteils für Dienste gewährt wird und alleiniges Einkommen des Schuldners ist
- Einkünfte von Vertragsspielern von Sportvereinen, wenn es sich um ihre wesentliche Erwerbstätigkeit handelt[69]
- Einkünfte des Handelsvertreters auf Fixum und Provision[70]
- Einkünfte des Versicherungsvertreters auf Garantiezahlung während des Aufbaus seiner Agentur[71]

---

63 BGH, Vollstreckung effektiv 2017, 47 = DB 2017, 119 = ZInsO 2017, 161 = ZIP 2017, 201 = NJW-RR 2017, 161; FamRZ 2004, 790; BGHZ 96, 324; BAG, NJW 1962, 1221.
64 Gottwald/*Mock*, § 850 Rn 15.
65 BGHZ 96, 324.
66 Arg. e contrarium aus BGH, NJW-RR 2004, 644.
67 BGH, KKZ 2005, 102.
68 BGH BGH, NJW 1981, 2465; 1978, 756.
69 OLG Düsseldorf, MDR 1953, 559.
70 BAG, NJW 1962, 1221; BayObLG, NJW 2003, 2181; *Treffer*, MDR 1998, 384.
71 LG Berlin, Rpfleger 1962, 217.

C Begriff des Arbeitseinkommens § 6

- Einkünfte des **Kassen(zahn)arztes**, wenn die kassenärztliche Tätigkeit seine wesentliche Erwerbstätigkeit ist[72]
- Vergütungen aus fortlaufenden Werk- (Transport-) oder Geschäftsbesorgungsverträgen.[73]

Anders ist es regelmäßig bei **Vergütungsansprüchen beigeordneter Rechtsanwälte** nach § 11a ArbGG oder § 121 ZPO, weil es sich nicht um auf Dauer angelegte Tätigkeiten handelt.[74]

23

VI. Dem Arbeitseinkommen gleichgestellte Bezüge

1. Karenzentschädigungen

Gem. **§ 850 Abs. 3 lit. a ZPO** sind Bezüge, die ein Arbeitnehmer zum Ausgleich für Wettbewerbsbeschränkungen für die Zeit nach Beendigung seines Dienstverhältnisses beanspruchen kann (sog. Karenzentschädigung), dem **Arbeitseinkommen gleichgestellt**.[75] Ihre rechtliche Grundlage findet sich z.B. in §§ 74, 82a, 89b, 90a HGB; § 133 GewO. Wird diese Entschädigung allerdings nicht in fortlaufenden Raten, sondern als **einmaliger Betrag** ausgezahlt, findet die Vorschrift des § 850 Abs. 3 lit. a ZPO keine Anwendung. Der Pfändungsschutz bestimmt sich dann nach **§ 850i ZPO**.[76]

24

Der Pfändungsschutz der Altersvorsorge besteht auch für **private Vorsorgeverträge** eines Selbstständigen, es sei denn, es werden durch eine Abtretung die Bezugsrechte der Lebensversicherung widerrufen und somit der versorgungsrechtliche Charakter aufgehoben. Der Pfändungsschutz besteht **nicht** bei einer **Versicherung**, nach der nur die Möglichkeit und nicht eine tatsächlich vereinbarte **Kapitalabfindung** (Ausnahme: § 850b Abs. 1 Nr. 4 ZPO) besteht,[77] ebenso **nicht** bei **Versicherungsrenten der gesetzlichen Rentenversicherung** (hier gilt § 54 SGB I), und **Berufsunfähigkeitszusatzversicherungen**.[78] Hinsichtlich Renten aus Körper- bzw. Gesundheitsverletzung, Unterhaltsrenten sowie Altenteilsrenten vgl. §§ 850a Abs. 1 Nr. 3, 850b Nrn. 1, 2 ZPO.

---

72 BGHZ 96, 324; LSG Nordrhein-Westfalen, ZInsO 2012, 1903.
73 BAG, Rpfleger 1975, 220.
74 *Stöber*, Rn 888 m.w.N.
75 Vgl. OLG Rostock, NJW-RR 1995, 173.
76 Gottwald/*Mock*, § 850 Rn 17.
77 BFH, Rpfleger 2007, 672 = BB 2007, 2275 = WM 2007, 2332 = RuS 2007, 514 = FamRZ 2007, 2068 = InVo 2007, 505 = JurBüro 2008, 44 = KKZ 2008, 157 = VersR 2008, 1279 = ZAP EN-Nr. 761/2007 = ZIP 2007, 2008 = DB 2007, 2354 = DStR 2007, 1817; NJW 1992, 527 m.w.N.; LG Dortmund, Urt. v. 20.1.2009 – 2 O 153/08; FG München, Versicherung und Recht kompakt 2011, 163.
78 OLG Oldenburg, NJW-RR 1994, 479.

2. Versicherungsrenten

25 Gem. § 850 Abs. 3 lit. b ZPO sind Renten, die aufgrund von Versicherungsverträgen gewährt werden, wenn diese Verträge zur Versorgung des Versicherungsnehmers oder seiner unterhaltsberechtigten Angehörigen eingegangen sind, ebenfalls dem **Arbeitseinkommen gleichgestellt**.

26 Die Norm erfasst ausschließlich solche **Renten, die eine Ruhegehalt- oder Hinterbliebenenversorgung** nach Art des § 850 Abs. 2 ZPO ersetzen.[79] Da § 850 Abs. 2 ZPO lediglich Renten- und Ruhegelder aus einem abhängigen Beschäftigungsverhältnis schützt, muss es sich i.R.d. § 850 Abs. 3 lit. b ZPO ebenfalls um Versicherungsleistungen handeln, die aus Anlass des Ausscheidens aus einem Dienst- oder Arbeitsverhältnis begründet wurden. Vor diesem Hintergrund können nur Versicherungsrenten solcher Personen, die bei Abschluss des Versicherungsvertrages entweder Beamte oder Arbeitnehmer waren oder in einem arbeitnehmerähnlichen Beschäftigungsverhältnis standen, einem schützenswerten Arbeitseinkommen gleichgestellt werden.[80]

27 In Rechtsprechung und Schrifttum wird allerdings die Frage, ob **private Versicherungsrenten von selbstständig oder freiberuflich tätig gewesenen Personen** nach § 850 Abs. 3 lit. b ZPO Arbeitseinkommen darstellen und ihnen infolge dieser Einordnung Pfändungsschutz zukommt, kontrovers beurteilt. Überwiegend wird angenommen, dass Versorgungsrenten von Versicherungsnehmern, die einen selbstständigen Beruf ausgeübt haben, nicht als Arbeitseinkommen im Sinne der Regelung zu verstehen sind.[81] Nach der Gegenansicht, die den Beschäftigungsstatus des Versicherungsnehmers als nachrangig ansieht und aus sozialen Erwägungen den Versorgungscharakter der Leistungen in den Vordergrund rückt, sind auch Versicherungsrenten früherer Freiberufler den in § 850 Abs. 3 lit. b ZPO genannten Bezügen gleichzustellen.[82] Der BGH[83] folgt unter Hinweis auf den Wortlaut und die Systematik der Vorschrift der ersten Auffassung. Vor diesem

---

79 OLG Sachsen-Anhalt, VersR 2012, 1287.
80 BGH, Vollstreckung effektiv 2011, 17 = Rpfleger 2010, 674; Vollstreckung effektiv 2008, 51 = ZIP 2008, 338 = FamRZ 2008, 404 = Rpfleger 2008, 150.
81 OLG Köln, VersR 2013, 1248; OLG Naumburg, VersR 2012, 1287; OLG Sachsen-Anhalt, Urt. v. 17.11.2011 – 4 U 101/10; OLG Frankfurt/Main, VersR 1996, 614; LAG Hamm, ZInsO 2010, 1024; LG Dortmund, ZVI 2010, 395; LG Traunstein, ZInsO 2010, 1939; LG Frankfurt/Oder Rpfleger 2002, 322 f; LG Braunschweig NJW-RR 1998, 1690; FG München, Versicherung und Recht kompakt 2011, 163; Musielak/*Becker*, § 850 Rn 13; Gottwald/*Mock*, § 850 Rn 19a; Thomas/Putzo/*Hüßtege*, § 850 Rn 9; Hk-ZPO/*Kemper*, § 850 Rn 17; MüKo-ZPO/*Smid*, § 850 Rn 39 ff; *Stöber*, Rn 892; *Berner*, Rpfleger 1957, 193 (197).
82 Stein/Jonas/*Brehm*, § 850 Rn 48; Wieczorek/*Lüke*, § 850 Rn 71; Boewer/*Bommermann*, Lohnpfändung und Lohnabtretung 1987 Rn 394; Bock/*Speck*, Einkommenspfändung 1964 S. 54; *Walter*, Lohnpfändungsrecht, S. 71; v. *Gleichenstein* ZVI 2004, 149 (152 f.).
83 Vollstreckung effektiv 2008, 51 = NJW-Spezial 2008, 86 = EWiR 2008, 383 = DB 2008, 53 = WM 2008, 171 = ZInsO 2008, 40 = ZVI 2008, 14 = Rpfleger 2008, 150 = MDR 2008, 288 = NJW-RR 2008, 496 = BGHReport 2008, 306.

Hintergrund können nur Versicherungsrenten solcher Personen, die bei Abschluss des Versicherungsvertrags entweder Beamte oder Arbeitnehmer waren oder in einem arbeitnehmerähnlichen Beschäftigungsverhältnis standen, Arbeitseinkommen gleichgestellt werden. Fortlaufende Renteneinkünfte freiberuflich oder überhaupt nicht berufstätig gewesener Personen sind demgegenüber kein Arbeitseinkommen. Dies ergibt sich letztlich auch aus der Tatsache, dass der Gesetzgeber für bestimmte Rentenversicherungen einen Schutz in §§ 851c und 851d ZPO geschaffen hat. Verfassungsrechtliche Bedenken sieht der BGH insoweit nicht, da ein Selbstständiger einerseits aufgrund der höheren Erwerbschancen nicht so schutzwürdig sei und andererseits die Möglichkeit habe, sich der gesetzlichen Rentenversicherung und deren Schutz zu unterwerfen.

VII. Praktische Ausfüllhinweise zum amtlichen Formular

Um Ansprüche aus Arbeitseinkommen bzw. diesen gleichgestellte Ansprüche zu pfänden, muss der Gläubiger im amtlichen Formular wahlweise nachfolgende Positionen ankreuzen: 28

1. Anspruch A (an Arbeitgeber)

29

Forderung aus Anspruch
☒ A (an Arbeitgeber)

Vgl. auch die Ausführungen zu § 4 Rdn 119 ff. Zum Begriff des Arbeitseinkommens vgl. § 850 Abs. 2–4 ZPO. 30

31

Anspruch A (an Arbeitgeber)
1. auf Zahlung des gesamten gegenwärtigen und künftigen Arbeitseinkommens (einschließlich des Geldwertes von Sachbezügen)
2. auf Auszahlung des als Überzahlung jeweils auszugleichenden Erstattungsbetrages aus dem durchgeführten Lohnsteuer-Jahresausgleich sowie aus dem Kirchenlohnsteuer-Jahresausgleich für das Kalenderjahr _____ und für alle folgenden Kalenderjahre
3. auf _____ Herausgabe der Lohnabrechnungen, nach Wahl der Drittschuldnerin auch Faxkopien hiervon

Unter 3. sollten Gläubiger die dort dargestellte Formulierung eintragen. Denn der BGH[84] hat entscheiden, dass bei der Pfändung eines Anspruchs auf Lohnzahlung der Anspruch auf Erteilung einer **Lohnabrechnung** einen unselbstständigen Nebenanspruch darstellt, wenn es der Abrechnung bedarf, um den Anspruch auf Lohnzahlung 32

---

84 BGH, Vollstreckung effektiv 2013, 59.

§ 6 Die Pfändung von Arbeitseinkommen

geltend machen zu können. Wenn nicht ausgeschlossen ist, dass dem Schuldner gegen den Drittschuldner derartige Ansprüche auf Lohnabrechnung zustehen, werden diese angeblichen Ansprüche des Schuldners gegen den Drittschuldner (Arbeitgeber) bei einer Lohnpfändung mitgepfändet. Auf Antrag des Gläubigers kann das Vollstreckungsgericht die Mitpfändung im Pfändungs- und Überweisungsbeschluss sogar noch nachträglich – klarstellend – aussprechen.

33 **Musterformulierung/nachträgliche Ergänzung des Pfändungs- und Überweisungsbeschlusses**

An das

Amtsgericht – Vollstreckungsgericht

Az. ... M ... ./. ...

Der Pfändungs- und Überweisungsbeschluss des Amtsgerichts ... vom ..., Az. ... M ... ./. ... wird dahingehend ergänzt, dass auch die angeblichen Forderungen des Schuldners gegen den Drittschuldner auf monatliche Übersendung der Lohnabrechnungen, nach Wahl der Drittschuldner auch Faxkopien hiervon, gepfändet und dem Gläubiger zur Einziehung überwiesen werden.

Begründung

Durch Pfändungs- und Überweisungsbeschluss vom ... wurden die angeblichen Ansprüche des Schuldners auf Zahlung von Arbeitseinkommen gegen die Drittschuldnerin ... gepfändet und dem Gläubiger zur Einziehung überwiesen.

Bei der Pfändung eines Anspruchs auf Lohnzahlung stellt der Anspruch auf Erteilung einer Lohnabrechnung einen unselbstständigen Nebenanspruch dar, wenn es der Abrechnung bedarf, um den Anspruch auf Lohnzahlung geltend machen zu können. Wenn nicht ausgeschlossen ist, dass dem Schuldner gegen den Drittschuldner derartige Ansprüche auf Lohnabrechnung zustehen, werden diese angeblichen Ansprüche des Schuldners gegen den Drittschuldner (Arbeitgeber) bei einer Lohnpfändung mitgepfändet. In derartigen Fällen der Mitpfändung kann das Vollstreckungsgericht auf Antrag des Gläubigers die Mitpfändung im Pfändungs- und Überweisungsbeschluss klarstellend aussprechen (BGH VE 13, 59).

Es wird daher gebeten, den Pfändungs- und Überweisungsbeschluss klarstellend zu ergänzen und anschließend

- die Zustellung über die dortige Gerichtsvollzieherverteilerstelle zu veranlassen.
- den ergänzten Pfändungs- und Überweisungsbeschluss in dreifacher Ausfertigung an meine Kanzleiadresse zuzusenden, damit die Zustellung von hieraus veranlasst werden kann.

gez. Rechtsanwalt

C Begriff des Arbeitseinkommens § 6

Folge: der Gläubiger hat einen unmittelbaren Anspruch gegen den Drittschuldner (Arbeitgeber) auf Herausgabe der Lohnabrechnung. Dieser Anspruch besteht neben dem Anspruch gegen den Schuldner gem. § 836 Abs. 3 S. 1 ZPO.[85]

2. Anspruch B

> ☒ **B (an Agentur für Arbeit bzw. Versicherungsträger)**
> Art der Sozialleistung: _____
> Konto-/Versicherungsnummer: _____

34

Hier müssen auf jeden Fall die „Art der Sozialleistung" (Rente; Krankengeld etc.) und wenn bekannt die „Konto-/Versicherungsnummer" eingetragen werden, was sich ebenfalls aus dem amtlichen Formular ergibt.

35

> **Anspruch B (an Agentur für Arbeit bzw. Versicherungsträger)**
> auf Zahlung der gegenwärtig und künftig nach dem Sozialgesetzbuch zustehenden Geldleistungen.
> Die Art der Sozialleistungen ist oben angegeben.

36

In der Praxis führt ein Vergessen regelmäßig zu zeitaufwendigen Zwischenverfügungen. 37

Unter **Anspruch B**[86] fallen: 38

1. Ansprüche an die Agentur für Arbeit

Das sind Ansprüche auf:
- Arbeitslosengeld I und II,
- Teilarbeitslosengeld,
- Unterhaltsgeld bei Weiterbildung,
- Übergangsgeld bei Behinderung,
- Ausbildungsgeld bei Behinderung,
- Insolvenzgeld und Kurzarbeitergeld.

2. Ansprüche an Versicherungsträger für Ansprüche nach dem **Sozialgesetzbuch**

Hierunter fallende **Sozialversicherungsträger** sind Institutionen und Stellen, die aufgrund eines Versicherungsverhältnisses Leistungen der sozialen Sicherheit erbringen. Hierzu gehören die gesetzlichen Krankenkassen, die Deutsche Rentenversicherung Bund sowie die Berufsgenossenschaften. In Deutschland existieren folgende Sozialversicherungsträger:

- Krankenkassen (Allgemeine Ortskrankenkassen – AOK; Betriebskrankenkassen – BKK; Innungskrankenkassen – IKK; Ersatzkassen – EK),
- bei den Krankenkassen angesiedelte Pflegekassen,

---

85 Zum Herausgabeanspruch nach § 836 Abs. 3 S. 1 ZPO gegen den Schuldner vgl. auch § 5 Rdn 130 ff.
86 Vgl. auch die Ausführungen zu § 9 Rdn 1 ff.

§ 6 Die Pfändung von Arbeitseinkommen

- Rentenversicherungsträger unter dem Namen Deutsche Rentenversicherung,
- Unfallversicherungsträger,
- neun gewerbliche Berufsgenossenschaften,
- See-Berufsgenossenschaft,
- Gemeindeunfallversicherungsverbände,
- Unfallkasse des Bundes und weitere Unfallkassen,
- Verbundträger,
- Deutsche Rentenversicherung Knappschaft-Bahn-See (DRV-KBS) und
- Sozialversicherung für Landwirtschaft, Forsten und Gartenbau (SVLFG).

3. Anspruch G

39 Alle **nicht unter A oder B fallenden Ansprüche**, die pfändungsrechtlich als Arbeitseinkommen gelten, können mittels des Anspruchs G gepfändet werden.

40

☒ G

Anspruch G
(Hinweis: betrifft Anspruch an weitere Drittschuldner bzw. schon aufgeführte Drittschuldner, soweit Platz unzureichend)

41 **Hinweis**: Ein häufiger Fehler in der Vollstreckungspraxis besteht in diesem Zusammenhang darin, dass **Rentenansprüche** von der **Versorgungsanstalt des Bundes** und der **Länder** bzw. **Zusatzversorgungsansprüche** der **Städte** regelmäßig im amtlichen Formular unter Anspruch B eingetragen werden. Solche Rentenansprüche stellen jedoch gerade keine Rente des gesetzlichen Rententrägers dar. Sie werden vielmehr den Arbeitnehmern des öffentlichen Dienstes im Wege einer privatrechtlichen Versicherung als zusätzliche Alters- und Hinterbliebenenversorgung gewährt. Solche Zusatzversorgungsansprüche sind zwar demnach für die Zwangsvollstreckung Arbeitseinkommen im Sinne des § 850 Abs. 3 lit. b ZPO.[87] Diese Überlegungen gelten auch für die von der Zusatzversorgungskasse einer Stadt gezahlte Rente. Auch diese Rente ist pfändungsrechtlich keine Sozialleistung sondern Arbeitseinkommen im Sinne des § 850 Abs. 3 lit. b ZPO. Folge: Sie sind gerade keine Sozialleistung und fallen somit nicht unter Anspruch B, sondern unter **Anspruch G**.

---

87 *Stöber*, Rn 894.

C Begriff des Arbeitseinkommens § 6

4. Anordnungen

In der Praxis findet sich regelmäßig nachfolgende Anordnung: 42

> ☒ Es wird angeordnet, dass
> ☒ der Schuldner die Lohn- oder Gehaltsabrechnung oder die Verdienstbescheinigung einschließlich der entsprechenden Bescheinigungen der letzten drei Monate vor Zustellung des Pfändungs- und Überweisungsbeschlusses an den Gläubiger herauszugeben hat

Diese Formulierung lehnt sich an Rechtsprechung des BGH[88] an, entspricht aber nicht dem, was der BGH entschieden hat. Der BGH hat vielmehr in seinem Leitsatz Folgendes erklärt: 43

„Hat der Gläubiger Ansprüche des Schuldners auf gegenwärtiges und künftiges Arbeitseinkommen pfänden und sich zur Einziehung überweisen lassen, hat der Schuldner außer den laufenden Lohnabrechnungen regelmäßig auch die letzten drei Lohnabrechnungen aus der Zeit vor Zustellung des Pfändungs- und Überweisungsbeschlusses an den Gläubiger herauszugeben." 44

Da das Formular unvollständig ist, darf Gläubiger diesbzgl. Ergänzungen vornehmen.[89] Daher sollte der Gläubiger die oben aufgeführte amtlich verwendete Formulierung folgendermaßen abändern: 45

46

> ☒ Es wird angeordnet, dass
> ☐ der Schuldner die Lohn- oder Gehaltsabrechnung oder die Verdienstbescheinigung einschließlich der entsprechenden Bescheinigungen der letzten drei Monate vor Zustellung des Pfändungs- und Überweisungsbeschlusses an den Gläubiger herauszugeben hat
> ☐ der Schuldner das über das jeweilige Sparguthaben ausgestellte Sparbuch (bzw. die Sparurkunde) an den Gläubiger herauszugeben hat und dieser das Sparbuch (bzw. die Sparurkunde) unverzüglich dem Drittschuldner vorzulegen hat
> ☐ ein von dem Gläubiger zu beauftragender Gerichtsvollzieher für die Pfändung des Inhalts Zutritt zum Schließfach zu nehmen hat
> ☐ der Schuldner die Versicherungspolice an den Gläubiger herauszugeben hat und dieser sie unverzüglich dem Drittschuldner vorzulegen hat
> ☐ der Schuldner die Bausparurkunde und den letzten Kontoauszug an den Gläubiger herauszugeben hat und dieser die Unterlagen unverzüglich dem Drittschuldner vorzulegen hat
> ☒ der Schuldner außer den laufenden Lohn- Gehaltsabrechnungen auch die Lohn- oder Gehaltsabrechnung oder die Verdienstbescheinigung einschließlich der entsprechenden Bescheinigung der letzten drei Monate vor Zustellung des Pfändungs- und Überweisungsbeschlusses an den Gläubiger herauszugeben hat (BGH, 20.12.2006, VII ZB 58/06, Vollstreckung effektiv 2007, 41).

---

88 BGH, Vollstreckung effektiv 2007, 41.
89 BGH, Vollstreckung effektiv 2014, 59, 74.

§ 6 Die Pfändung von Arbeitseinkommen

VIII. Der Umfang der Pfändung

1. Allgemeines

47 Die **Pfändung** des in Geld zahlbaren Arbeitseinkommens **erfasst alle Vergütungen**, die dem Schuldner aus der Arbeits- oder Dienstleistung zustehen, **ohne Rücksicht auf ihre Benennung oder Berechnungsart** (§ 850 Abs. 4 ZPO). Die wirksame (vgl. 829 Abs. 3 ZPO) Pfändung erfasst alle nach den vorstehenden Ausführungen zum Arbeitseinkommen zählenden Ansprüche des Schuldners, gleich ob sie in verschiedenen Vorschriften des Arbeits- oder Dienstvertrags ihre Grundlage haben (und deshalb unterschiedlich z.b. als Lohn, Prämie, Fixum, Akkordlohn, Erfolgsbeteiligung, Inkasso- oder Leistungsprämien bezeichnet werden) und wie sich ihre Art und Höhe zusammensetzt. Die zu pfändende Forderung ist durch die Bezeichnung des Arbeitsverhältnisses und des Drittschuldners hinreichend bestimmt. Die bei dem jeweiligen Arbeitnehmer im Einzelnen in Betracht kommenden Vergütungsteile, gleich wie sie bezeichnet sind und auf welcher Rechtsgrundlage sie geschuldet werden, stellen lediglich Rechnungsposten dar.

2. Künftige/fortlaufende Bezüge (§ 832 ZPO)

48 Für das zum Zeitpunkt der Pfändung bestehende Arbeitsverhältnis werden von der Pfändung auch diejenigen Teile des Arbeitseinkommens oder ähnlichen Bezüge (d.h. solche, die pfändungsrechtlich Arbeitseinkommen sind[90]) erfasst, die künftig fällig werden – hierzu zählen auch künftige Forderungen[91] – und/oder von Umständen abhängig sind, die im Zeitpunkt der Fälligkeit noch nicht absehbar waren (§ 832 ZPO; **Ausnahme:** Vollstreckungsgericht ordnet etwas anderes an[92]), sowie Nachzahlungsansprüche für zurückliegende Zeiträume.[93] Die im Rahmen eines Arbeitsverhältnisses nach bestimmten Zeiträumen entstehenden Forderungen sollen durch einen einzigen Pfändungs- und Überweisungsbeschluss erfasst werden können.[94] Hierdurch wird bezweckt, bei gleichbleibendem Drittschuldner eine Vielzahl von Pfändungen der einzelnen, jeweils nach einem bestimmten Zeitraum neu entstehenden, Forderungen an wiederkehrenden Bezügen zu vermeiden.[95] Dieser Zweck wird erreicht, wenn das Pfändungspfandrecht an später entstehenden Bezügen mit dem Entstehungszeitpunkt des Gehaltsanspruchs erworben wird, m.a.W. die Gehaltsforderung nur belastet mit dem Pfändungspfandrechtecht entsteht.[96] Ausreichend

---

90 Vgl. Rdn 6 ff.
91 BGH, ZVI 2008, 433; BAG NJW 1993, 2699.
92 OLG Karlsruhe, NJW-RR 1993, 242.
93 BAG, ZInsO 2008, 869 = MDR 2008, 886 = ZVI 2008, 401 m.w.N.; OLG Frankfurt/Main, Urt. v. 16.3.2007 –
    2 U 100/04 – juris; Geißler, Rpfleger 1987, 5 m.w.N.
94 BAGE 3, 199, 200 f. = AP Nr. 1 zu § 832 ZPO, zu 1 der Gründe.
95 BAG, NJW 1993, 2699.
96 LG Bonn, Urt. v. 24.10.2007 – 5 S 44/07 – juris.

ist, dass der Entstehungstatbestand der Forderung bereits gesetzt wurde, selbst wenn die Forderung befristet, bedingt oder von einer Gegenleistung abhängig ist. Es genügt, dass die wiederkehrenden Ansprüche aus einem einheitlichen Arbeitsverhältnis entspringen. Damit ist der Schuldgrund als solcher gegeben. Erforderlich ist also nicht, dass im Zeitpunkt der Zustellung des beantragten Pfändungs- und Überweisungsbeschlusses dem Schuldner bereits eine fällige Gehaltsforderung gegen seinen Arbeitgeber oder Dienstherrn zusteht.[97]

Taktischer Hinweis 49
Die beschriebenen Wirkungen treten auch dann ein, wenn der Schuldner als Arbeitnehmer nach der Pfändung in einen anderen Unternehmensteil z.b. Zweigniederlassung wechselt. Ein solcher „Arbeitsplatzwechsel" führt demnach nicht zu einer Tätigkeit bei einem anderen Drittschuldner.

Wird allerdings die Vergütung eines Arbeitnehmers gepfändet und dem Gläubiger zur Einziehung überwiesen, so wird der Pfändungs- und Überweisungsbeschluss gegenstandslos, wenn das Arbeitsverhältnis beendet wird. Wird jedoch später ein neues Arbeitsverhältnis begründet, so erfasst der erste Pfändungs- und Überweisungsbeschluss dann die Vergütungsansprüche, wenn beide Arbeitsverhältnisse in einem inneren Zusammenhang stehen. Gleiches gilt bei Unterbrechung des Arbeitsverhältnisses infolge einer **Freiheitsstrafe**,[98] ebenso bei Beendigung und Neueinstellung, um die Pfändung zu umgehen.[99] Hinsichtlich der Neubegründung eines Arbeitsverhältnisses innerhalb eines **Zeitraums von neun Monaten** vgl. § 833 Abs. 2 ZPO.[100]

3. Im Voraus abgetretene Lohnforderung

Werden die Vergütungsforderungen eines Schuldners an einen Dritten abgetreten, so erfasst 50
ein Pfändungs- und Überweisungsbeschluss nicht die abgetretenen Arbeitsentgeltansprüche.[101] An einer bereits abgetretenen Forderung kann durch einen späteren Pfändungs- und Überweisungsbeschluss kein Pfändungspfandrecht begründet werden.[102] Denn die Pfändung einer dem Schuldner nicht mehr zustehenden Forderung ist unwirksam.[103] Die spätere

---

97 BGH, NJW 2003, 1457 = ZVI 2003, 110 = ZInsO 2003, 330 = MDR 2003, 525 = InVo 2003, 192 = BGHReport 2003, 519 = Rpfleger 2003, 305 = KKZ 2003, 121 = FamRZ 2003, 1010 = DGVZ 2003, 118 = JurBüro 2003, 438 = KTS 2003, 398 = ZAP EN-Nr. 330/2003 = DB 2003, 1509 = ProzRB 2003, 144; BAG, NJW 1993, 2699.
98 LG Essen, MDR 1963, 226.
99 BAG, NJW 1993, 2701 = ZIP 1993, 1103 = DB 1993, 1625 = NZA 1993, 792 = MDR 1993, 1122 = Rbeistand 1993, 60 = WM 1994, 176 = KKZ 1994, 75 = EWiR 1993, 725; AP Nr. 2 zu § 832 ZPO; OLG Düsseldorf, JurBüro 1985, 1219; LSG Nordrhein-Westfalen, Urt. v. 28.1.1981 – L 12 Ar 163/78 – juris.
100 Vgl. Rdn 57 ff.
101 BAGE 73, 9 = NZA 1993, 706 = NJW 1993, 2699.
102 BAG, DB 1980, 835 = ZIP 1980, 287 = MDR 1980, 522 = WM 1980, 661.
103 BGH, NJW 1988, 495; BGHZ 56, 339 = VersR 1971, 1031.

Rückabtretung der abgetretenen Forderung an den Zedenten ändert daran nichts und führt nicht dazu, dass die frühere erfolglose Pfändung nunmehr die Forderung erfasst.[104]

51 *Hinweis*

Vorstehendes gilt allerdings nicht bei der Pfändung von **fortlaufenden Bezügen**. Hierbei geht der BGH von der grds. Wirksamkeit der Pfändung trotz vorhergehender Abtretung aus und wendet den Grundsatz der Priorität zugunsten des zeitlich Letzteren an, soweit die Forderung zurückabgetreten wurde.[105] Nach § 832 ZPO genügt auch hierbei für die Pfändung fortlaufender Bezüge, dass deren Entstehungsgrund gesetzt wird.[106]

Die unterschiedliche rechtliche Bewertung von Pfändungen in einmalige Forderungen gegenüber Pfändungen von laufendem Arbeitseinkommen rechtfertigt sich aus der Besonderheit fortlaufender zukünftiger Bezüge. Zum Zeitpunkt der Zustellung des Pfändungs- und Überweisungsbeschlusses ist bei bereits fälligen Forderungen feststellbar, ob die Forderung besteht und wer Forderungsinhaber ist. Bei künftigen Arbeitseinkommen ist dies gerade nicht der Fall. Es steht zum Zeitpunkt der Pfändung nicht fest, ob die künftig fälligen Beträge des Arbeitseinkommens entstehen und in welcher Person sie entstehen. Das Arbeitsverhältnis kann wirksam gekündigt werden. Der Schuldner kann den Untergang seines Gehaltsanspruchs durch rechtswidrige Nichterfüllung seiner Arbeitspflicht herbeiführen (§ 325 Abs. 1 BGB). Der Pfändungsgläubiger kann dabei den Schuldner weder zur Arbeitsleistung zwingen noch ihm sein Kündigungsrecht nehmen.[107]

4. Pfändungswirkungen

52 Das wirksame **Pfandrecht erstreckt** sich automatisch auf alle künftig fällig werdenden Raten, die gegen **denselben Drittschuldner** bestehen.[108] Falls der Drittschuldner mit befreiender Wirkung erfüllt oder aufgerechnet hat, erlischt das Pfandrecht an der betreffenden Rate, setzt sich aber an den nächsten Zahlungen fort. Die Pfändung bleibt so lange bestehen, bis die titulierte Forderung nebst Zinsen und Kosten vollständig getilgt ist. Er-

---

104 BGHZ 56, 339 = VersR 1971, 1031.
105 BGH, DB 1976, 919 = WM 1976, 470 = BB 1976, 575 = NJW 1976, 1090.
106 BAGE 72, 238 = ZIP 1993, 940 = EBE/BAG 1993, 82 = HV-INFO 1993, 1693 = EzA § 832 ZPO Nr. 1 = NJW 1993, 2699 = NZA 1993, 813 = KTS 1993, 487 = Rpfleger 1993, 456 = WM 1993, 2263 = JuS 1994, 80 = WuB VI E § 829 ZPO 2.94 = JurBüro 1994, 364 = KKZ 1994, 142.
107 BAG, NJW 1993, 2699.
108 BGH, NJW 2003, 1457 = ZVI 2003, 110 = ZInsO 2003, 330 = MDR 2003, 525 = InVo 2003, 192 = BGH-Report 2003, 519 = Rpfleger 2003, 305 = KKZ 2003, 121 = FamRZ 2003, 1010 = DGVZ 2003, 118 = JurBüro 2003, 438 = KTS 2003, 398 = ZAP EN-Nr. 330/2003 = DB 2003, 1509 = ProzRB 2003, 144; NJW-RR 1989, 286 = ZIP 1989, 110 = DB 1989, 420 = BetrAV 1989, 70 = MDR 1989, 446 = KTS 1989, 389 = WM 1989, 71 = EWiR 1989, 75 = GmbHR 1989, 86.

C Begriff des Arbeitseinkommens § 6

fasst werden alle nach der Zustellung fällig werdenden Forderung des Schuldners, auch wenn der Drittschuldner im Zeitpunkt der Zustellung Ermittlungen über Art und Höhe der Forderung anstellen muss und er infolgedessen zunächst noch weiter an den Schuldner zahlt.[109]

5. Arbeits- und Diensteinkommen (§ 833 Abs. 1 ZPO)

Grds. bleibt die schuldnerische Lohn- und Gehaltsforderung auch dann noch beschlagnahmt, wenn hinsichtlich ihrer Höhe Änderungen eintreten. Wäre das nicht der Fall, wären Abänderungsbeschlüsse notwendig, was unwirtschaftlich wäre und dazu noch die Rechtsdurchsetzung der Gläubiger beeinträchtigen würde. 53

a) Änderung im Dienstverhältnis

Grds. enden die Pfändungswirkungen, sobald der Schuldner ein neues Arbeits-/Dienstverhältnis mit einem anderen Arbeitgeber/Dienstherrn neu begründet und dadurch ein **Drittschuldnerwechsel** eintritt (§ 833 Abs. 1 S. 2 ZPO). Zur **Ausnahme** vgl. § 833 Abs. 2 ZPO. Dies gilt nicht 54

- bei einer Versetzung in ein anderes Amt,
- der Übertragung eines neuen Amtes sowie
- bei einer Gehaltserhöhung (§ 833 Abs. 1. S. 1 ZPO).

Die Regelung beschränkt das Bestimmtheitserfordernis und bezweckt eine **Entbehrlichkeit von Änderungsbeschlüssen**. Anzuwenden ist die Regelung für Dienstbezüge von Beamten, nicht hingegen für andere fortlaufende Bezüge nach § 832 ZPO.[110] Sie gilt auch für Privatangestellte und Arbeiter, sofern sie sich in dauernder Anstellung befinden und nicht ausschließlich für den sog. „öffentlichen Dienst". 55

b) Änderung des Dienstherrn

§ 833 Abs. 1 S. 2 ZPO sieht vor, dass die Pfändung das Einkommen des Schuldners nach einer Änderung des Dienstherrn nicht erfasst. Es ist aber anerkannt,[111] dass es davon Ausnahmen gibt, nämlich für den Fall der **Betriebsübernahme** nach § 613a BGB,[112] der Gesamtrechtsnachfolge oder der Umwandlung/des Rechtsformwechsels etwa von einer OHG in eine juristische Person, beim Wechsel der Bank, beim Wechsel vom Landes- oder Kommunaldienst in den Bundesdienst oder umgekehrt sowie vom Bundes- oder Landesdienst in den Privatdienst. Dies wird damit begründet, dass in solchen Fällen bei wirtschaftlicher Betrachtung das Arbeitsverhältnis mit Ausnahme der Person des Ver- 56

---

109 AG Speyer, KKZ 1990, 215.
110 Thomas/Putzo/*Seiler*, § 833 Rn 1; Gottwald/*Mock*, § 833 Rn 3.
111 Vgl. LAG Hessen, MDR 2000, 232 = NZA 2000, 615.
112 OLG Oldenburg, Urt. v. 31.5.2012 – 8 U 43/12 –, juris; LArbG Hamm, DB 1976, 440.

tragspartners in seiner Gesamtheit unverändert erhalten bleibt; die Pfändung ziele in erster Linie auf den Arbeitslohn und nicht auf den zur Lohnzahlung Verpflichteten. Nur bei einer wirklichen Änderung des Dienstherrn, mit dem ein neues Arbeitsverhältnis begründet wird und gegen den sich das Zahlungsverbot des § 829 Abs. 1 ZPO auch bei wirtschaftlicher Betrachtung nicht richtet und nicht richten kann, erlischt die Pfändung und es muss neu gepfändet werden.

c) Pfändungsfortwirkung bei Neubegründung des Arbeits-/Dienstverhältnisses binnen 9 Monaten (§ 833 Abs. 2 ZPO)

57

§ 833 Abs. 2 ZPO bezweckt die **Fortgeltung der Pfändung** bei branchenüblichen, saisonbedingten Unterbrechungen, falls innerhalb eines Zeitraums von **9 Monaten** ein neues Arbeitsverhältnis zwischen Drittschuldner und Schuldner begründet wird. Hier wird ein **einheitliches Rechtverhältnis** vermutet.[113] Entgegen des Gesetzeswortlauts gilt dies auch bei **Sozialleistungen nach dem SGB**.[114] Im Interesse der Rechtssicherheit wird die Dauer der Unterbrechung auf 9 Monate befristet. Die Frist läuft vom Ende bis zum (Wieder-)Beginn des Arbeits- oder Dienstverhältnisses. Für ihre Berechnung gilt § 222 ZPO, der auf die §§ 187 bis 193 BGB verweist. Unerheblich ist dabei der Zeitpunkt der Kündigung und des Vertragsschlusses. Es kommt nicht auf die tatsächliche – d.h. Dauer der – Beschäftigung, sondern den rechtlichen Bestand des Dienst- oder Arbeitsverhältnisses an.[115]

58 Als **Folge** lebt die vorherige Pfändung mit all ihren Rechten aus der Vergangenheit wieder auf. Es spielt keine Rolle, weshalb das frühere Arbeitsverhältnis beendet (z.B. Kündigung, Aufhebungsvertrag, Zeitablauf etc.) und später wieder neu begründet wurde. Daher lebt die Pfändung auch wieder auf, wenn bei Beendigung des Arbeitsverhältnisses die spätere Wiederbeschäftigung gar nicht beabsichtigt (z.B. bei fristloser Kündigung) oder der Schuldner zwischenzeitlich bei einem anderen Arbeitgeber beschäftigt war.[116] Diese Wirkungen bleiben auch bei einer **Rechtsnachfolge** erhalten, so z.B. bei Verschmelzung (§§ 1, 2 UmwG), Aufspaltung zur Aufnahme einer Neugründung (§§ 1, 123 UmwG), Ausgliederung aus dem Vermögen eines Einzelkaufmanns (§ 152 UmwG), Vermögensübertragung (§ 1 Abs. 1 Nr. 3, §§ 174 ff. UmwG), Formwechsel (§§ 1 Abs. 1 Nr. 4, 190 ff., § 202 Abs. 1 UmwG), Betriebsübergang (§ 613a BGB).[117] Durch die Pfän-

---

113 BAG, NJW 1993, 2701 = ZIP 1993, 1103 = DB 1993, 1625 = NZA 1993, 792 = MDR 1993, 1122 = Rbeistand 1993, 60 = WM 1994, 176 = KKZ 1994, 75 = EWiR 1993, 725.
114 BGH, Vollstreckung effektiv 2004, 62 = ProzRB 2004, 64 = ZAP EN-Nr. 811/2003 = KKZ 2004, 142 = MDR 2004, 293 = JurBüro 2004, 100 = Rpfleger 2004, 111 = FamRZ 2004, 102 = BGHReport 2004, 67 = NJW 2003, 3774 = WM 2003, 2347.
115 Gottwald/*Mock*, § 833 Rn 5.
116 *Stöber*, Rn 970; Gottwald/*Mock*, § 833 Rn. 6.
117 Hessisches LAG, MDR 2000, 232.

C Begriff des Arbeitseinkommens § 6

dungsfortwirkung der Altpfändung bleiben deren Wirkungen für den Gläubiger erhalten. Zwischenzeitlich neu ergangene Pfändungen durch Drittgläubiger gehen dem Erstgläubiger im Range nach (§ 804 Abs. 3 ZPO). Darüber hinaus bleibt der **Umfang der Ursprungspfändung** gewahrt. Deshalb bleiben z.b. gerichtliche Anordnungen nach §§ 850c Abs. 4, 850e Nr. 2, 2 a, 850h ZPO erhalten. Sie sind vom Drittschuldner ohne zusätzliche gerichtliche Anordnung zu beachten.

Taktischer Hinweis für Drittschuldner 59

Zu berücksichtigen ist, dass sich der **Bestand und die Höhe** der Forderung des Gläubigers zwischenzeitlich entweder durch Zahlungen oder andere Vollstreckungsmaßnahmen geändert haben können. Der Drittschuldner wird sich dann an den Gläubiger wenden und sich über den Fortbestand der Forderung erkundigen müssen. Das bedeutet eine weitere Belastung des Drittschuldners als Arbeitgeber. Er muss die Unterlagen aufbewahren und bei einer (Wieder-)Einstellung die zuvor bestehenden Pfändungen berücksichtigen. Bleibt die Höhe der Forderung zwischen Gläubiger und Schuldner streitig, wird es Sache des Schuldners sein, seinen Erfüllungseinwand im Rahmen der §§ 775, 767 ZPO darzulegen und ggf. zu beweisen.

Für die Geltendmachung der Rechte aus § 833 Abs. 2 ZPO ist ein Beschluss des Vollstreckungsgerichts nicht notwendig, da sich die Folgen aus dem Gesetz ergeben. Der Drittschuldner hat also von sich aus die Wirkungen der ehemaligen und nun fortgesetzten Pfändung zu beachten.

Taktischer Hinweis für Gläubiger 60

Drittschuldner kennen oftmals die Existenz dieser Regelung nicht und erkennen somit auch deren weitreichenden Folgen nicht. Daher ist es ratsam, sich als Gläubiger von sich aus mit dem Drittschuldner in Verbindung zu setzen und diesen auf die rechtliche Situation hinzuweisen. Ein entsprechendes Anschreiben sollte dabei per Einschreiben/Rückschein verfasst werden, um gegebenenfalls den Verzug für die Geltendmachung von Schadenersatzansprüchen nachzuweisen. Diese sind berechtigt, wenn der Drittschuldner nachweisbar auf die rechtlichen Folgen der Pfändungsfortwirkung hingewiesen wurde, diesem Hinweis jedoch nicht Folge geleistet hat.

Musterformulierung 1: Anschreiben an Drittschuldner 61

An den Drittschuldner

Einschreiben/Rückschein

Lohnpfändung gegen Arbeitnehmer (Schuldner/in)

Sehr geehrte Damen und Herren

§ 6 Die Pfändung von Arbeitseinkommen

Durch Ihnen am ... zugestellten Pfändungs- und Überweisungsbeschluss des Amtsgerichts ... vom ... Az: ... M ... ./. ..., wurden die Lohn-/Gehaltsansprüche des/der Herr/Frau ... gegen Sie als Arbeitgeber wirksam gepfändet.

Nachdem Sie durch Schreiben vom ... mitgeteilt haben, dass infolge eines Ausscheidens des/der Schuldners/in aus Ihrem Unternehmen keine pfändbaren Beträge mehr abgeführt werden können, teilen wir Ihnen daraufhin mit, dass nach Auskunft des/der Schuldners/in diese(r) wieder bei Ihnen beschäftigt ist. In diesem Zusammenhang wird ausdrücklich auf die Regelung des § 833 Abs. 2 ZPO hingewiesen. Dort heißt es:

„Endet das Arbeits- oder Dienstverhältnis und begründen Schuldner und Drittschuldner innerhalb von neun Monaten ein solches neu, so erstreckt sich die Pfändung auf die Forderung aus dem neuen Arbeits- oder Dienstverhältnis."

Es wird daher gebeten unverzüglich mitzuteilen, seit wann der/die Schuldner/in wieder bei Ihnen arbeitet, da wir ab diesem Zeitpunkt für den Gläubiger die pfändbaren Lohn-/Gehaltsansprüche beanspruchen. Es wird ausdrücklich daraufhingewiesen, dass eine Nichtbeachtung zur Schadensersatzpflicht führt. Dies gilt auch, wenn Sie zwischenzeitlich andere nachrangige Gläubiger befriedigt haben.

Gez. Rechtsanwalt

62 Um Problemen einer Pfändungsfortwirkung nach § 833 Abs. 2 ZPO im Vorfeld zu entgegnen, sollte der Gläubiger Folgendes beachten:

- Bei Beantragung eines Pfändungs- und Überweisungsbeschlusses bzgl. des Anspruchs A (an Arbeitgeber) sollte als Textbaustein § 833 Abs. 2 ZPO ausdrücklich mit aufgeführt werden. Hierzu kann das Freifeld im amtlichen Formular auf Seite 9 bzw. 10 verwendet werden.

63

> ☑ Endet das Arbeits- oder Dienstverhältnis und begründen Schuldner und Drittschuldner innerhalb von neun Monaten ein solches neu, so erstreckt sich die Pfändung auf die Forderung aus dem neuen Arbeits- oder Dienstverhältnis (§ 833 Abs. 2 ZPO).

64
- Teilt ein Drittschuldner nach Wirksamwerden der Pfändung irgendwann mit, der Schuldner sei ausgeschieden oder scheide aus seinem Unternehmen aus, sollte der Drittschuldner nochmals gesondert – per Einschreiben/Rückschein – auf die Regelung des § 833 Abs. 2 ZPO hingewiesen werden.

C Begriff des Arbeitseinkommens § 6

Musterformulierung 2: Anschreiben an Drittschuldner 65
An den Drittschuldner
Einschreiben/Rückschein
Lohnpfändung gegen Arbeitnehmer (Schuldner/in)
Sehr geehrte Damen und Herren
Durch Ihnen am ... zugestellten Pfändungs- und Überweisungsbeschluss des Amtsgerichts ... vom ... Az: ... M ... ./. ..., wurden die Lohn-/Gehaltsansprüche des/der Herr/Frau ... gegen Sie als Arbeitgeber wirksam gepfändet.

Nachdem Sie mitgeteilt mit Schreiben vom ... haben, dass infolge eines Ausscheidens des/der Schuldners/in aus Ihrem Unternehmen keine pfändbaren Beträge mehr abgeführt werden können, möchten wir Sie auf die Regelung nach § 833 Abs. 2 ZPO ausdrücklich hinweisen. Dort heißt es:

„Endet das Arbeits- oder Dienstverhältnis und begründen Schuldner und Drittschuldner innerhalb von neun Monaten ein solches neu, so erstreckt sich die Pfändung auf die Forderung aus dem neuen Arbeits- oder Dienstverhältnis."

Um eventuelle Regressansprüche zu vermeiden, bitten wir Sie daher jetzt schon zu beachten, dass unsere Pfändung im Falle einer Widerbeschäftigung etwaigen nachrangigen Gläubigern im Range vorgeht und daher pfändbaren Beträge an uns auszukehren sind.

Gez. Rechtsanwalt

- Ist dem Gläubiger von vornherein bekannt, dass der Schuldner saisonabhängig beschäftigt und das Arbeitsverhältnis beendet ist, sollte der Drittschuldner auch nach Ablauf der Neun-Monats-Frist vorsorglich nochmals angeschrieben werden, ob der Schuldner dort wieder tätig ist und § 833 Abs. 2 ZPO nicht inzwischen hätte berücksichtigt werden müssen. 66

Musterformulierung 3: Anschreiben an Drittschuldner 67
An den Drittschuldner
Einschreiben/Rückschein
Lohnpfändung gegen Arbeitnehmer (Schuldner/in)
Sehr geehrte Damen und Herren
Durch Ihnen am ... zugestellten Pfändungs- und Überweisungsbeschluss des Amtsgerichts ... vom ... Az: ... M ... ./. ..., wurden die Lohn-/Gehaltsansprüche des/der Herr/Frau ... gegen Sie als Arbeitgeber wirksam gepfändet.
Aufgrund der saisonbedingten Tätigkeit des/der Schuldners/in ist zu vermuten, dass diese/r ggf. aus Ihrem Unternehmen kurzfristig ausscheidet, um dann später wieder eingestellt zu werden.

In diesem Zusammenhang möchten wir Sie auf die Regelung nach § 833 Abs. 2 ZPO ausdrücklich hinweisen. Dort heißt es:

„Endet das Arbeits- oder Dienstverhältnis und begründen Schuldner und Drittschuldner innerhalb von neun Monaten ein solches neu, so erstreckt sich die Pfändung auf die Forderung aus dem neuen Arbeits- oder Dienstverhältnis."

Um eventuelle Regressansprüche zu vermeiden, bitten wir Sie daher jetzt schon zu beachten, dass unsere Pfändung im Falle einer Widerbeschäftigung etwaigen nachrangigen Gläubigern im Range vorgeht und daher pfändbaren Beträge an uns auszukehren sind.

Gez. Rechtsanwalt

D. Unpfändbare Einkommensteile (§ 850a ZPO)

I. Allgemeines

68   In § 850a ZPO werden **besondere Einkommensteile**, die nach den unter Rdn 6 ff. angeführten Grundsätzen **Arbeitseinkommen** darstellen, aus sozialen Gründen oder mit Rücksicht auf die Zweckgebundenheit für **absolut unpfändbar** erklärt und somit gänzlich der Pfändung entzogen.

69   *Taktischer Hinweis für Drittschuldner*
Die Bezüge bleiben somit bei der Ermittlung des pfändbaren Arbeitseinkommens (§§ 850c bis 850g ZPO) völlig unberücksichtigt (§ 850e Nr. 1 ZPO). Sie kommen demgemäß auch bei der Berechnung des Pfändungsfreibetrags nicht zum Ansatz. Der Arbeitgeber (Drittschuldner) hat die nach dieser Vorschrift unpfändbaren Bezüge vom Arbeitseinkommen abzusetzen und in voller Höhe an den Schuldner (seinen Gläubiger) auszuzahlen. Die Unpfändbarkeitsregelung des § 850a ZPO gilt auch für eine tarifliche Jahressonderzahlung.[118]

70   Sinn der Regelung ist es zum einen, den **Schuldner vor einer Kahlpfändung zu schützen**. Insoweit hat der Einsatz der Arbeitskraft zur Beschaffung des Lebensunterhalts Vorrang vor der Inanspruchnahme sozialer Leistungen. Aus diesem Grunde wird dem Schuldner, in dessen Arbeitseinkommen vollstreckt wird, ein Teil pfandfrei belassen, der ihm und seiner Familie die Führung eines menschenwürdigen Lebens ermöglicht und ihn in der Motivation stärkt, aus eigener Kraft seinen Lebensunterhalt zu verdienen.[119] Zum anderen soll der Schuldner einen Anreiz für die Ausübung bestimmter Tätigkeiten erhalten (§ 850a Nr. 1, 3 ZPO), bestimmte Aufwendungen sollen ausgeglichen

---

118 ArbG Dortmund, Urt. v. 24.4.2013 – 8 Ca 228/13 – juris.
119 LAG Bremen, Urt. v. 15.11.2011 – 4 Sa 41/11 – juris; Zöller/*Herget*, § 850, Rn 1 m.w.N.

D. Unpfändbare Einkommensteile (§ 850a ZPO) § 6

werden (§ 850a Nr. 3, 4 ZPO) und es sollen ihm bestimmte Zuwendungen aus sozialen Gründen belassen (§ 850a Nr. 2 – 8 ZPO) werden.[120] Hierdurch soll sichergestellt werden, dass dem Arbeitnehmer als Schuldner die erfassten Bezüge in vollem Umfang erhalten bleiben. Diese Beträge werden von der Pfändung des (gesamten) Arbeitseinkommens nicht umfasst und können daher auch nicht selbstständig ge- oder verpfändet werden. Mit den aufgeführten Zahlungen wird somit überwiegend ein bestimmter Aufwand des Arbeitnehmers ausgeglichen.[121] Die Auflistung in § 850a ZPO ist nicht abschließend, darf jedoch aus Gründen des Gläubigerschutzes nicht weit ausgelegt werden.[122] Der Pfändungsschutz bleibt auch dann erhalten, wenn der Drittschuldner von sich aus eine Hinterlegung der unpfändbaren Forderung vornimmt.[123] Ebenso scheidet eine Aufrechnung aus.[124]

Taktischer Hinweis 71

Wird allerdings die Zwangsvollstreckung wegen **gesetzlicher Unterhaltsansprüchen** betrieben, schränkt § 850d Abs. 1 ZPO die Unpfändbarkeit nur der in § 850a Nr. 1, 2 und 4 ZPO genannten Bezüge ein. Die anderen genannten Bezüge bleiben auch dem Vollstreckungszugriff der Unterhaltsgläubiger entzogen.

Grundlage der Berechnung des Pfändungsbetrags bildet das monatliche **Nettoein-** 72 **kommen** (§ 850e Nr. 1 ZPO; sog. **Nettomethode**).[125]

---

120 BAG, NJW-Spezial 2013, 500 = ZAP EN-Nr. 406/2013 = ArbR 2013, 420 = Vollstreckung effektiv 2013, 153 = FA 2013, 268 = FA 2013, 275 = ArbuR 2013, 371 = MDR 2013, 985 = NJW 2013, 2924 = ZTR 2013, 509 = Rpfleger 2013, 627 = JurBüro 2013, 601; BAG, DB 2012, 1157 = ZTR 2012, 344 = Rpfleger 2012, 451 = JurBüro 2012, 493 = EzA § 850a ZPO 2002 Nr. 2 = EzTöD 130 § 18.4 TVöD-S Nr. 5 = NZA 2012, 1246.
121 BAG, DB 2012, 1157 = ZTR 2012, 344 = Rpfleger 2012, 451 = JurBüro 2012, 493 = ArbR 2012, 246 = FA 2012, 183 = öAT 2012, 141 = FoVo 2012, 151.
122 VG Wiesbaden, ZInsO 2014, 796 = ZVI 2014, 277; ArbG Dortmund, Urt. v. 24.4.2013 – 8 Ca 228/13 -, juris, Rn 34; Zöller/*Herget*, § 850a Rn 1; vgl. zur restriktiven Auslegung von Ausnahmevorschriften allgemein OLG Hamm, Beschluss, vom 17.6.2016 – 4 Ws, 181/16, LAG Köln, Urt. v. Urt. v. 22.11.2016 – 12 Sa 524/16 -, juris, Rn 94; juris, Rn 6; LSG NRW, Urt. v. 18.4.2012 – L 11 KR 660/11 KL -, juris, Rn 24; *Schwacke*, Juristische Methodik, 4. Auflage 2003, S. 91; a.A. LAG Bremen, Urt. v. 15.11.2011, 4 Sa 41/11 – juris: Was mit der Leistung letztlich erbracht werden soll, ist vielmehr durch Auslegung zu ermitteln. Somit müssen bei ernsthaften Zweifeln die Auslegungsalternativen und ihre praktischen Konsequenzen herausgearbeitet werden. Sodann ist sorgfältig abzuwägen, welche der Alternativen am zweckmäßigsten und gerechtesten ist und am besten in den Gesamtzusammenhang der Rechtsordnung einfürt.
123 LG Aachen, JurBüro 1982, 1424.
124 LAG Mecklenburg-Vorpommern, VD 2012, 34; LAG Sachsen-Anhalt, Urt. v. 14.12.2010 – 6 Sa 74/10 – juris; LAG Mecklenburg-Vorpommern, Urt. v. 30.8.2011 – 5 Sa 11/11 – juris.
125 BAG, ZInsO 2013, 1485 = NZA 2013, 859 = MDR 2013, 985 = NJW 2013, 2924 = ZTR 2013, 509 = Rpfleger 2013, 627 = JurBüro 2013, 601 = ArbR 2013, 420 = Vollstreckung effektiv 2013, 153 = FA 2013, 268; vgl. auch Rdn 342 ff. – auch zur Bruttomethode.

II. Die einzelnen unpfändbaren Bezüge
1. Mehrarbeitsstunden (§ 850 Nr. 1 ZPO)
a) Sinn und Zweck der Regelung

73 Nach § 850a Nr. 1 ZPO sind die für die Leistung von Mehrarbeitsstunden gezahlten Teile des Arbeitseinkommens **zur Hälfte unpfändbar**.

74 Sinn und Zweck dieser Regelung ist es, einem **abhängig beschäftigten Schuldner** die Sinnhaftigkeit einer überobligatorischen Tätigkeit wirtschaftlich erkennbar zu machen. Er soll motiviert werden, über seine eigentlichen Einnahmen hinaus zum eigenen und zum Wohle der Gläubiger Einkünfte zu erzielen. Ein Schuldner, der die Vergütung für die Mehrarbeit insgesamt an seine Gläubiger abgeben muss, hat keinen Anreiz, in seiner Freizeit oder während seines Ruhestandes zu arbeiten. Bei einer angemessenen Aufteilung der schuldnerischen Einnahmen aus einer überobligatorischen Tätigkeit zwischen Schuldner und Gläubiger haben beide Seiten etwas davon. Jede gewinnbringende Aktivität des Schuldners wird dadurch gefördert.[126]

b) Definition von Mehrarbeit

75 **Mehrarbeit** ist dabei jede Arbeit, die über den üblichen Umfang hinaus geleistet wird, etwa in Form von Überstunden und Sonntagsarbeit, aber auch erlaubte regelmäßige Tätigkeiten bei einem weiteren Arbeitgeber.[127] Maßstab sind die normalen Arbeitszeiten des Betriebs, die im Tarifvertrag, im Arbeitsvertrag oder in der Dienstordnung festgeschriebene Vollbeschäftigungszeit. Die Norm greift nur ein, wenn die zeitlich geleistete Mehrarbeit durch einen als solchen ausgewiesenen oder ausweisbaren zusätzlichen Bezug des Schuldners neben dem üblichen Lohn entgolten ist. Deswegen werden etwa Mehrarbeitsleistungen von Beamten, soweit nicht eine Vergütung nach § 88 S. 4 BBG in Verbindung mit § 48 BBesG und der Bundesmehrarbeitsverordnung gezahlt wird, und nicht gesondert entgoltene Überstunden von Angestellten nicht erfasst. Auch wenn der Schuldner die geleistete Mehrarbeit durch Inanspruchnahme von Freizeit ausgleicht, greift § 850a Nr. 1 ZPO nicht ein.[128]

76 *Taktischer Hinweis*
*Gehört die Arbeitszeit an Sonn- und Feiertagen zur gewöhnlichen, weil vereinbarten Arbeitszeit, so ist der hierfür erhaltene Lohn zuzüglich eventuell Zusatzleistungen wie z.B. Akkord- bzw. Prämienlohn voll pfändbar.[129] Milchgeld zählt nicht hierzu.[130] Der **Gläubiger sollte** hier unbedingt seinen **Informationsanspruch nach § 836 Abs. 3 ZPO** gegen-*

---

126 BGH, ZInsO 2014, 1488 = WM 2014, 1432 = DB 2014, 1676; vgl. *Ahrens*, ZInsO 2010, 2357.
127 Gottwald/*Mock*, § 850a Rn 5 m.w.N.
128 BGH, ZInsO 2014, 1488 = WM 2014, 1432 = DB 2014, 1676.
129 Musielak/*Becker*, § 850a Rn 2; Gottwald/*Mock*, § 850a Rn 5.
130 LAG München, AMBl BY 1968, C1.

D. Unpfändbare Einkommensteile (§ 850a ZPO) § 6

über dem Schuldner geltend machen und die **Herausgabe des Arbeitsvertrags** verlangen,[131] um herauszufinden, wann und wie Überstunden zu leisten und zu vergüten sind.

c) Selbstständiger Schuldner

Diese Voraussetzungen liegen bei einem **Selbstständigen** regelmäßig nicht vor. Dessen Arbeitszeit ist weder durch Tarifvertrag, Arbeitsvertrag, Dienstordnung oder auf sonstige Weise geregelt; deswegen lässt sich ein üblicher Umfang seiner Arbeit nicht bestimmen. Ebenso wenig wird eine zeitlich geleistete Mehrarbeit durch als solche ausgewiesene oder ausweisbare zusätzliche Einnahmen des Schuldners entgolten.[132]

77

d) Schuldner bezieht Altersrente und ist zusätzlich selbstständig

Erhält der (Insolvenz-)Schuldner **Altersrente** und ist **daneben zur Aufbesserung der Rente selbstständig tätig**, so können auf entsprechenden Antrag hin gem. § 850a Nr. 1 ZPO Einnahmen aus der selbstständigen Tätigkeit als Mehrarbeitsvergütung bis zur Hälfte pfandfrei gestellt werden.[133] Der BGH begründet dies damit, dass die Vorschrift des § 850i ZPO durch das Gesetz zur Reform des Kontopfändungsschutzes vom 7.7.2009 mit Wirkung ab 1.7.2010 geändert worden ist. Danach hat der Gesetzgeber den Pfändungsschutz nicht nur auf alle selbst erzielten, eigenständig erwirtschafteten Einkünfte (die kein Arbeitseinkommen sind) erweitert,[134] sondern zudem die Ungleichbehandlung von abhängig Beschäftigten und selbstständig tätigen Personen beseitigt[135] und den Vollstreckungsschutz für sonstige Einkünfte an den Pfändungsregelungen für das laufende Arbeitseinkommen ausgerichtet. Entgegen des § 850i ZPO in der Fassung bis zum 30.6.2010 wird von der Neuregelung auch jegliche nicht wiederkehrende Vergütung für persönliche Arbeiten und Dienste erfasst, sodass seit dem 1.7.2010 auch Pfändungsschutz bei einer Vergütung für Dienste bestehen kann, die ein vollbeschäftigter Schuldner in seiner Freizeit erbringt. Richtig ist deswegen, den Rechtsgedanken des § 850a Nr. 1 ZPO nach dessen Sinn und Zweck anzuwenden. Denn der bei dieser Regelung bestehende Motivationsgedanke kommt auch bei Schuldnern zur Anwendung, die das Rentenalter überschritten haben. Von ihnen kann eine Erwerbstätigkeit nicht mehr erwartet werden. Wollen Gläubiger an dem Geschick eines Schuldners teilhaben, freiberuflich Honorare zu erwirtschaften, müssen diesem Anreize geboten werden, wirtschaftlich tätig zu werden.

78

---

131 Vgl. auch *Leißing*, Vollstreckung effektiv 2000, 6.
132 BGH, ZInsO 2014, 1488 = WM 2014, 1432 = DB 2014, 1676; a.A. VG Wiesbaden, ZInsO 2014, 796 = ZVI 2014, 277 wenn ein **Versorgungsempfänger zusätzliches Arbeitseinkommen** erzielt. Das Gericht orientiert sich am reinen Gesetzeswortlaut. Der Begriff **Mehr**arbeit setze voraus, dass es eine bereits geleistete Arbeit gibt.
133 BGH, ZInsO 2014, 1488 = WM 2014, 1432 = DB 2014, 1676.
134 BGH, DB 2014, 1737 = WM 2014, 1485; *Ahrens*, ZInsO 2010, 2357, 2359.
135 Begründung zum Entwurf eines Gesetzes zur Reform des Kontopfändungsschutzes vom 19.12.2007, BT-Drucks 16/7615 S. 18 zu Nr. 7.

2. Urlaubsgeld, Zuwendungen aus besonderem Betriebsereignis, Treuegelder (§ 850a Nr. 2 ZPO)

a) Urlaubsgeld

79 Der vom Vollstreckungsgericht nach §§ 850 ff. ZPO formularmäßig erlassene Pfändungs- und Überweisungsbeschluss erfasst grds. auch den Anspruch des Arbeitnehmers auf das dem normalen Arbeitslohn entsprechende Urlaubsentgelt.[136] Es ergibt sich insbesondere aus § 850a Nr. 2 ZPO über die Unpfändbarkeit eines zusätzlichen Urlaubsgeldes im Umkehrschluss, dass die ZPO das dem normalen Lohn entsprechende Urlaubsentgelt als einen Teil des Arbeitseinkommens im Sinne des § 850 ZPO ansieht.[137]

80 Das Gesetz bezweckt eine Unpfändbarkeit der Leistung aus sozialen Gründen und zielt darauf, anlässlich des Urlaubs entstehende Mehraufwendungen ganz oder teilweise abzudecken.[138] Urlaubsgeld wird aus besonderem Anlass gewährt, daher soll es auch dem Arbeitnehmer zukommen.[139] Es kommt nicht darauf an, ob der Schuldner das Geld auch tatsächlich in entsprechender Höhe für urlaubsbedingte Mehraufwendungen ausgibt. Eine Darlegung konkreter urlaubsbedingter Mehraufwendungen ist nicht erforderlich. Vielmehr wird als Urlaubsgeld ein Pauschalbetrag ausgezahlt. Insofern reicht es zur Anwendung des Schutzes aus, wenn das Urlaubsgeld jährlich mit der Junivergütung in einer Summe bezahlt wird.[140]

aa) Definition von Urlaubsgeld

81 Unter Urlaubsgeld – nicht **Urlaubsanspruch**[141] – ist eine **Sonderzuwendung mit Gratifikationscharakter** zu verstehen, die der Arbeitnehmer über sein sonstiges Einkommen hinaus vom Arbeitgeber als Zuschuss zur Ermöglichung der Erholung erhält.[142] Das Urlaubsgeld wird aus besonderem Anlass gewährt, daher soll es auch dem Arbeitnehmer zukommen.[143] Nur Leistungen, die zur Abdeckung von Urlaubsaufwendungen gedacht sind, sind privilegiert, nicht jedoch wegen anderer Zwecke geleistete Bezüge (es sei denn, eine andere spezielle Regelung der §§ 850a bis 850i ZPO sieht eine Unpfändbarkeit vor). Dem Tatbestandsmerkmal „Dauer" des Urlaubs kommt angesichts des eindeutigen Zwecks nur eine konkretisierende Funktion zu. Wenn Urlaubsaufwendungen (teilweise) abgedeckt

---

136 BAG, DB 1965, 1864 = BB 1965, 1456 = NJW 1966, 222.
137 BAG, DB 1965, 1864 = BB 1965, 1456 = NJW 1966, 222; MDR 1972, 940 = NJW 1972, 1703 = AP Nr. 16 zu § 249 BGB = DB 1972, 1632.
138 LAG Nürnberg, ArbuR 2007, 107.
139 BGH, WM 2012, 1040 = ZIP 2012, 1086 = ZInsO 2012, 970 = EBE/BGH 2012, 178 = NZI 2012, 457 = ZVI 2012, 240 = NJW-RR 2012, 825 = MDR 2012, 805 = Rpfleger 2012, 554; Musielak/*Becker*, § 850a Rn 3; Zöller/*Herget*, § 850a Rn 3; *Stöber*, Rn 985; Gottwald/*Mock*, § 850a Rn 6.
140 LAG Nürnberg, ArbuR 2007, 107.
141 *Stöber*, Rn 988 m.w.N.: er ist höchstpersönlicher Natur und als solcher nicht abtretbar und damit unpfändbar (§ 851 Abs. 1 ZPO).
142 LAG Hamm, EzTöD 130 § 18.4 TVöD-S Nr. 4; Gottwald/*Mock*, § 850a Rn 6 m.w.N.
143 BGH, NJW-RR 2012, 825 = MDR 2012, 805 = Rpfleger 2012, 554 m.w.N.

D. Unpfändbare Einkommensteile (§ 850a ZPO) § 6

werden sollen, dann ist selbstverständlich, dass diese nur für die Dauer des Urlaubs anfallen können (und nicht für einen längeren Zeitraum). Dies will § 850a Nr. 2 ZPO klarstellen. Die entscheidungserhebliche Frage, ob „Urlaubsgeld", das als fester Betrag zu einem bestimmten Fälligkeitstag bezahlt wird, unter § 850a Nr. 2 ZPO fällt, ist nicht ausdrücklich geregelt. Die Vorschrift bedarf damit der Auslegung.

bb) Urlaubsabgeltungsanspruch
Zu unterscheiden vom Urlaubsgeld ist der Urlaubsabgeltungsanspruch. Dieser entsteht, 82
wenn der Urlaub aus irgendwelchen Gründen nicht genommen werden kann und deswegen ein Anspruch gegen den Arbeitgeber besteht. Er ist ein reiner Zahlungsanspruch, der Verfallsfristen unterliegt, pfändbar und vererbbar ist und über den der Arbeitnehmer (Schuldner) in einem Vertrag verfügen kann.[144] Nach h.M. unterliegt er der vollen Pfändbarkeit,[145] soweit er nach § 850c Abs. 1 ZPO die Pfändungsfreigrenzen für den Zeitraum übersteigt, für den er gezahlt wird.[146] Maßgeblich ist somit der Zeitraum, für den der Urlaub abzugelten ist. Dabei ist davon auszugehen, dass die Urlaubsabgeltung für einen Zeitraum nach Beendigung des Arbeitsverhältnisses geleistet wird.[147] Der pfändbare Betrag berechnet sich nach dem **Nettobetrag** (§ 850e Nr. 1 S. 1 ZPO).

b) Zuwendungen aus besonderem Betriebsereignis
Unter den Begriff der Zuwendungen aus Anlass eines besonderen Betriebsereignisses fallen 83
Sonderleistungen, die der Arbeitgeber nicht regelmäßig, sondern aus einem bestimmten, besonderen Anlass, z.B. einem Betriebsjubiläum oder einem ganz außergewöhnlichen Erfolg des Betriebes gewährt.[148] Regelmäßig gezahlte Erfolgsbeteiligungen sind demgegenüber keine Zuwendungen aus Anlass eines besonderen Betriebsereignisses, auch dann nicht, wenn sie an eine bestimmte Dauer der Betriebszugehörigkeit geknüpft sind.[149]

c) Treuegelder
Hierunter fallen die einem Arbeitnehmer vom Arbeitgeber aus Anlass langjähriger 84
Betriebszugehörigkeit gewährten Zuwendungen, insbesondere Zahlungen anlässlich

---

144 BAG, BB 2001, 2378 = NZA 2002, 323 = InVo 2002, 155 = KKZ 2002, 111 = JurBüro 2003, 214; LAG, Berlin-Brandenburg AA 2016, 162 m.w.N.; vgl. auch BAG, NJW 2016, 1837 = MDR 2016, 892; AnwK-ArbR/*Düwell*, Bd. 2 § 7 BUrlG Rn 141; ErfK/*Gallner*, § 7 BUrlG Rn 81; *Schubert*, RdA 2014, 9 (14 ff.); *Höpfner*, RdA 2013, 65 (69 f.).
145 BAG, InVo 2002, 155; LAG Hessen, Urt. v. 7.9.2007 – 10 Sa 149/07 – juris; LG Leipzig, JurBüro 2003, 215; LG Münster, JurBüro 99, 551.
146 LAG Rheinland-Pfalz, Urt, v. 14.10.2014 – 7 Sa 85/14 – juris m.w.N.
147 BAG, NZA 2002, 323.
148 BAG, NJW 2009, 167 = DB 2008, 2603 = ZVI 2008, 525 = NZA 2009, 747 = BB 2008, 2401; Zöller/*Herget*, § 850a Rn 1; Gottwald/*Mock*, § 850a Rn 1; *Boewer*, Handbuch Lohnpfändung, Rn 483.
149 BAG, NJW 2009, 167; LG Berlin, Rpfleger 1959, 132; Musielak/*Becker*, § 850a Rn 3.

eines Dienst-[150] oder Arbeitsjubiläums.[151] Das Treuegeld soll dem Arbeitnehmer Anreiz für das Festhalten am Arbeitsverhältnis bieten. Damit soll eine Fluktuation des Arbeitskräftebestandes vermieden werden, was den Arbeitgeber davon entbindet, am freien Arbeitsmarkt ständig neue Arbeitskräfte suchen und einarbeiten zu müssen.[152] Allerdings ist nicht jede Sonderzahlung, die auch die Honorierung vergangener und/oder künftiger Betriebstreue bezweckt, ein Treuegeld i.S.v. § 850a Nr. 2 ZPO. Ist der Anspruch auf eine Weihnachtsvergütung i.S.v. § 850a Nr. 4 ZPO mit einer Stichtags- oder Rückzahlungsklausel verknüpft, bewirke eine solche vergangenheits- und/oder zukunftsbezogene Anspruchsvoraussetzung für die Weihnachtsvergütung noch nicht, dass es sich bei dieser Sonderzahlung um unpfändbares Treugeld i.S.v. § 850a Nr. 2 ZPO handelt. Ebenso verhält es sich, wenn mit der Sonderzahlung einerseits im Bezugszeitraum geleistete Arbeit zusätzlich vergütet werden soll, andererseits aber die Sonderzahlung auch die Honorierung vergangener und/oder zukünftiger Betriebstreue bezweckt.[153]

85   Auch die Mitarbeiter-Erfolgsbeteiligung nach einer Betriebsvereinbarung kann kein Arbeitseinkommen i.S.v. § 850 Abs. 2 ZPO und kein Treuegeld i.S.v. § 850a Nr. 2 ZPO darstellen, weil diese vor allem die Belegschaft am Unternehmenserfolg beteiligen soll. Wenn als Kenngrößen für die Beteiligung am Unternehmenserfolg die Betriebsvereinbarung die Umsatzrendite, die Produktivität sowie die Qualität und den Gesundheitsstand nennt, schließt dies die Annahme eines Treugeldes i.S.v. § 850a Nr. 2 ZPO aus.[154]

d) „Rahmen des Üblichen"

86   Die unter § 850a Nr. 2 ZPO genannten Ansprüche sind nur unpfändbar, soweit sie den Rahmen des Üblichen nicht übersteigen. Ein darüber hinausgehender Betrag kann gepfändet werden. Durch die Beschränkung auf den Rahmen des Üblichen soll eine Lohnverschleierung verhindert werden,[155] also eine Umgehung des § 850c ZPO in der Weise, dass das pfändbare Einkommen zugunsten unpfändbaren Einkommens vermindert wird. Ob der im Umfang des geltenden Rechts angeordnete Schutz des Urlaubsgeldes rechtspolitisch angemessen und aufrechtzuerhalten ist, hat der Gesetzgeber zu entscheiden. Solange die derzeit geltende Fassung des § 850a Nr. 2 ZPO in Kraft ist, ist sie von den Gerichten anzuwenden, mag auch bei hohen Einkommen und Urlaubsgeldern im Verhältnis zu nicht privilegierten

---

150 Vgl. für **Beamte**: Verordnung über die Gewährung von Dienstjubiläumszuwendungen (Dienstjubiläumsverordnung – DJubV) v. 18.12.2014 (BGBl 2014, 2267; **Soldaten**: Verordnung über die Gewährung von Jubiläumszuwendungen an Soldatinnen und Soldaten (Soldatenjubiläumsverordnung – SJubV) v. 24.7.2002 (BGBl 2002, 2806).
151 BAG, NJW 2009, 167 = DB 2008, 2603 = ZVI 2008, 525 = NZA 2009, 747 = BB 2008, 2401.
152 BAG, Urt. v. 18.1.1990 – 6 AZR 485/88 – juris.
153 BAG, NJW 2009, 167 = DB 2008, 2603 = ZVI 2008, 525 = NZA 2009, 747 = BB 2008, 2401.
154 BAG, NJW 2009, 167 = DB 2008, 2603 = ZVI 2008, 525 = NZA 2009, 747 = BB 2008, 2401.
155 BGH, WM 2012, 1040 = ZIP 2012, 1086 = ZInsO 2012, 970 = EBE/BGH 2012, 178 = NZI 2012, 457 = ZVI 2012, 240 = NJW-RR 2012, 825 = MDR 2012, 805 = Rpfleger 2012, 554.

D. Unpfändbare Einkommensteile (§ 850a ZPO) § 6

Gläubigern der Pfändungsschutz unangemessen großzügig erscheinen, zumal solche Gläubiger gegenüber dem Fiskus und den Sozialversicherungsträgern insoweit benachteiligt werden, als dass Urlaubsgeld steuer- und sozialversicherungspflichtiges Arbeitsentgelt darstellt.

Taktischer Hinweis 87
Die Üblichkeit ist grds. anhand der Verhältnisse in gleichartigen Unternehmen zu prüfen.[156] Herangezogen werden kann auch **§ 11 Abs. 1 BUrlG**. Liegt somit das Urlaubsgeld der **letzten 13 Wochen vor Urlaubsantritt** über dem durchschnittlichen Einkommen, ist der das Übliche übersteigende Betrag pfändbar.

(1) [1]Das Urlaubsentgelt bemisst sich nach dem durchschnittlichen Arbeitsverdienst, das der 88
Arbeitnehmer in den letzten dreizehn Wochen vor dem Beginn des Urlaubs erhalten hat, mit
Ausnahme des zusätzlich für Überstunden gezahlten Arbeitsverdienstes. [2]Bei Verdiensterhöhungen nicht nur vorübergehender Natur, die während des Berechnungszeitraums oder des Urlaubs eintreten, ist von dem erhöhten Verdienst auszugehen. [3]Verdienstkürzungen, die im Berechnungszeitraum infolge von Kurzarbeit, Arbeitsausfällen oder unverschuldeter Arbeitsversäumnis eintreten, bleiben für die Berechnung des Urlaubsentgelts außer Betracht. [4]Zum Arbeitsentgelt gehörende Sachbezüge, die während des Urlaubs nicht weitergewährt werden, sind für die Dauer des Urlaubs angemessen in bar abzugelten.

Die Grenze von 500 EUR, die nach § 850a Nr. 4 ZPO gilt, ist nach der klaren gesetzlichen 89
Beschränkung dieser Grenze auf den Sonderfall von Weihnachtsvergütungen nicht auf
das Urlaubsgeld nach § 850a Nr. Nr. 2 ZPO übertragbar.[157]

3. Aufwandsentschädigungen, Auslösegelder, sonstige Zulagen (§ 850a Nr. 3 ZPO)

Nach § 850a Nr. 3 ZPO unpfändbar sind Aufwandsentschädigungen, Auslösungsgelder 90
und sonstige soziale Zulagen für auswärtige Beschäftigungen,[158] das Entgelt für selbstgestelltes Arbeitsmaterial, Gefahrenzulagen sowie Schmutz- und Erschwerniszulagen, soweit diese Bezüge den Rahmen des Üblichen nicht übersteigen.

Eine **unpfändbare Aufwandsentschädigung** liegt nur dann vor, wenn nach der vertrag- 91
lichen Vereinbarung oder der gesetzlichen Regelung der Zweck der Zahlung ist, tatsächlichen Aufwand des Schuldners auszugleichen.[159] Der Grund hierfür besteht darin, dass
die Aufwandsentschädigungen in Wirklichkeit kein Entgelt für eine Arbeitsleistung dar-

---
156 Gottwald/*Mock*, § 850a Rn 8 m.w.N.; *Stöber*, Rn 986, 990.
157 BGH, WM 2012, 1040 = ZIP 2012, 1086 = ZInsO 2012, 970 = EBE/BGH 2012, 178 = NZI 2012, 457 = ZVI 2012, 240 = NJW-RR 2012, 825 = MDR 2012, 805 = Rpfleger 2012, 554.
158 Bzgl. Botschaft, NATO, UNO, Kaufkraftausgleich vgl. LAG Düsseldorf, ZTR 2017, 46 = AA 2017, 18.
159 BGH, Vollstreckung effektiv 2017, 131 = DGVZ 2017, 204 = Rpfleger 2017, 470.

stellen, sondern den Ersatz für tatsächlich entstandene Auslagen, für die der Empfänger der Vergütung bereits seine Gegenleistung aus seinem Vermögen erbracht hat oder noch erbringen muss. Der Schuldner soll davor geschützt werden, dass ihm der Gegenwert für seine tatsächlichen Aufwendungen durch die Pfändung noch einmal entzogen und dass ihm damit letztlich die Fortführung seiner Tätigkeit unmöglich gemacht wird, weil er die dafür erforderlichen Auslagen nicht mehr aufbringen kann.[160] Die Aufwandsentschädigungen werden somit für Aufwendungen gezahlt, die im Zusammenhang mit einer Tätigkeit notwendig werden und die nicht mit dem eigentlichen Entgelt für die Tätigkeit bereits abgegolten sind. Entscheidend ist auch nicht, wie die Zahlung in der Abrechnung bezeichnet wird. Es kommt allein darauf an, ob nach der vertraglichen Vereinbarung oder der gesetzlichen Regelung der Zweck der Zahlung ist, tatsächlichen Aufwand des Schuldners auszugleichen. Dies hat der Schuldner darzulegen.

92 **Kein Aufwand** im Sinne der Regelung liegt vor, wenn die Tätigkeit des Schuldners selbst vergütet werden soll, wie z.B.:

- Erstattungen für das Überlassen eines Fahrzeuges: Diese stellen tatsächlich Arbeitseinkommen dar und sind daher pfändbar.[161]
- Aufwandsentschädigungen für eine **ehrenamtliche Tätigkeit**, mit denen aber tatsächlich der Lebensunterhalt im Wesentlichen bestritten wird (Vollzeittätigkeit).[162]

93 *Taktischer Hinweis*

Die Mehraufwandsentschädigung soll die geldlichen und sonstigen Aufwendungen abdecken, zu denen der ehrenamtlich Tätige für eigene Zwecke, aber im Interesse der Wahrnehmung der ehrenamtlichen Funktion, abverlangt werden. Hierzu gehören etwa
- die Deckung des erhöhten persönlichen Bedarfs an Kleidung und Verzehr (Repräsentationsaufwand),
- an Zeitungen,
- Zeitschriften,
- Büchern,
- Schreibmitteln sowie
- der Ausgleich des Haftungsrisikos.[163]

94 Somit ist auch bei dem ehrenamtlich Tätigen zu unterscheiden, ob ein tatsächlich entstandener Aufwand abgegolten oder Verdienstausfall ausgeglichen werden soll. Letzterer ersetzt das Arbeitseinkommen und ist deswegen grds. pfändbar. Ist die Aufwandsentschä-

---

160 Vgl. BGH, NJW 1986, 2362, 2363.
161 Vgl. LAG Hannover, LAGE § 850e ZPO 2002 Nr. 1.
162 VG Ansbach, Rpfleger 2006, 419.
163 BGH, Beschl. v. 06.04.17 – IX ZB 40/16; BezG Frankfurt/Oder, Rpfleger 1993, 457; LG Dessau-Roßlau, NVwZ-RR 2013, 565; LG Würzburg, Beschl. v. 12.2.2010 – 9 T 2518/09, n.v. Rn 11.

D. Unpfändbare Einkommensteile (§ 850a ZPO) § 6

digung so hoch, dass der Entgeltcharakter im Vordergrund steht, besteht ebenfalls keine Unpfändbarkeit,[164] da somit der Rahmen des Üblichen überschritten ist. So sind die Ansprüche

- auf Ersatz der Fahrt-, Verpflegungs-, Übernachtungskosten,
- der Auslagen für die Reisevorbereitung,
- der Telefon- und Bürokosten (vgl. etwa §§ 5 bis 7 JVEG) unpfändbar im Sinne von § 850a Nr. 3 Fall 1 ZPO.

Etwas anderes gilt jedoch dann, wenn der Schuldner für Zeitversäumnis oder Verdienstausfall entschädigt wird (vgl. etwa §§ 16, 18 JVEG). Diese Zahlungen entschädigen den Schuldner dafür, dass er in der Zeit, in der er seiner ehrenamtlichen Tätigkeit nachgeht, seine Erwerbs- und Arbeitskraft nicht gewinnbringend einsetzen kann. Damit ersetzen sie das Arbeitseinkommen und sind pfändbar (vgl. § 3 Nr. 12 S. 2 EStG). 95

- Reise- und Umzugskosten, Tage- und Übernachtungsgelder, soweit sie im Rahmen der Lohnsteuer-Richtlinien als steuerfreie Pauschbeträge anerkannt werden.[165] Dies gilt nicht, wenn offensichtlich ist, dass durch hohe Pauschsätze Einkommen verschleiert werden soll.[166] 96
- Spesenzahlungen als Aufwendungsersatzleistungen des Arbeitgebers[167]
- Trennungsentschädigungen und Verpflegungskostenzuschüsse, Sitzungsgelder[168]
- Aufwandsentschädigungen von Kreistagsabgeordneten,[169] Vergütung für ehrenamtliche Tätigkeiten nach § 10 Abs. 7 VZG (Volkszählungsgesetz)[170]
- Kilometergeld, wenn ein Arbeitgeber seinem Arbeitnehmer für die betriebliche Verwendung seines privaten Personenkraftwagens gewährt, die den Rahmen des üblichen nicht übersteigen[171]
- Verpflegungszuschuss[172]
- **Erschwerniszulagen**: hierunter fallen Zuschläge nach § 8 TV für Nacht-, Sonntags- und Feiertagsarbeit. Sie sind unpfändbare Erschwerniszulagen i.S.v. § 850a Nr. 3 ZPO. Dies entspricht der in Rechtsprechung und Schrifttum überwiegend vertretenen Auffassung, wonach unter den Begriff der Erschwerniszulage i.S.v. § 850a Nr. 3 ZPO auch Zulagen für ungünstige Arbeitszeiten, jedenfalls für Nachtarbeit, fallen und nicht nur Zuschläge, die für besondere Erschwernisse der Arbeitsleistung als solche

---

164 Kindl/*Meller-Hannich/Wolf*, ZPO, § 850a Rn 17.
165 BAG, DB 1971, 1923.
166 LG Essen, MDR 1970, 516.
167 LAG Mecklenburg-Vorpommern, VD 2012, 34;Urt. v. 30.8.2011 – 5 Sa 11/11 – juris.
168 OLG Düsseldorf, Rpfleger 1978, 461.
169 LG Dessau-Roßlau, NVwZ-RR 2013, 565 = VuR 2013, 67.
170 OLG Düsseldorf, NJW 1988, 977.
171 LAG Düsseldorf, DB 1970, 256.
172 AG Daun, zfm 2015, 198.

§ 6 Die Pfändung von Arbeitseinkommen

gezahlt werden.[173] Der Begriff Erschwernis in § 850a Nr. 3 ZPO ist allerdings autonom und losgelöst von der jeweiligen tarifvertraglichen Einordnung der Zulagen auszulegen.[174]

97 Die in der **Praxis bestehenden Streitigkeiten** erstrecken sich in diesem Zusammenhang vor allem auf die Frage der (Un-)Pfändbarkeit der sog. **Nachtschichtzulage**. Grds. ist die Leistung von Arbeit zur Nachtzeit generell eine mit gesundheitlichen Risiken für den Schuldner verbundene Erschwernis.[175] Nicht erforderlich ist, dass mit dieser Arbeit besondere, über die ungünstige Lage der Arbeitszeit hinausgehende Erschwernisse verbunden sind. Der BGH[176] hat die Streitfrage dahingehend geklärt, dass Nachtarbeitszuschläge nur dann als Erschwerniszulagen unpfändbar sind, soweit der Arbeitgeber sie dem Schuldner steuerfrei im Sinne von § 3b EStG gewährt.[177] Das BAG[178] hat sich dieser Auffassung angeschlossen, die Anwendbarkeit des § 3b EStG allerdings noch auf **Zuschläge für Sonntags-, Feiertagsarbeit** erweitert.

98 Das praktische Problem besteht darin, dass gem. § 850a Nr. 3 ZPO solche Zulagen nur insoweit pfändbar sind, soweit sie den **Rahmen des Üblichen** übersteigen. Bei diesem zunächst unbestimmten Rechtsbegriff greifen der BGH und das BAG auf die in § 3b Abs. 1 EStG geregelte Steuerfreiheit von Nachtarbeitszuschlägen zurück. Soweit die dort aufgeführten Zuschläge steuerfrei sind, sind sie auch nicht pfändbar:

99 **§ 3b Abs. 1 EStG: Steuerfreie Zuschläge (Sonntags-, Feiertags- oder Nachtarbeit)**
1) Steuerfrei sind Zuschläge, die für tatsächlich geleistete Sonntags-, Feiertags- oder Nachtarbeit neben dem Grundlohn gezahlt werden, soweit sie
1. für Nachtarbeit 25 %,
2. vorbehaltlich der Nummern 3 und 4 für Sonntagsarbeit 50 %,
3. vorbehaltlich der Nummer 4 für Arbeit am 31. Dezember ab 14 Uhr und an den gesetzlichen Feiertagen 125 %,
4. für Arbeit am 24. Dezember ab 14 Uhr, am 25. und 26. Dezember sowie am 1. Mai 150 %
des Grundlohns nicht übersteigen.

---

173 BAG, DB 2017, 2745 = ZInsO 2017, 2451 = NJW 2017, 3675 = InsbürO 2017, 511 = NZA 2017, 1548 = Rpfleger 2018, 36 m.w.N.
174 BGH, Vollstreckung effektiv 2016, 189; BAG, DB 2017, 2745 = ZInsO 2017, 2451 = NJW 2017, 3675 = InsbürO 2017, 511 = NZA 2017, 1548 = Rpfleger 2018, 36.
175 BGH, Vollstreckung effektiv 2016, 189 = NJW 2016, 2812 = FoVo 2016, 212; gilt auch für die **Zulage für Dienst zu ungünstigen Zeiten** und die **Wechselschichtzulage**; vgl. Rn 9 der BGH-Entscheidung.
176 BGH, Vollstreckung effektiv 2016, 189 = NJW 2016, 2812 = FoVo 2016, 212; im Ergebnis ebenso BAG, DB 2017, 2745 = ZInsO 2017, 2451 = NJW 2017, 3675 = InsbürO 2017, 511 = NZA 2017, 1548 = Rpfleger 2018, 36.
177 Dies gilt nicht für eine tarifvertragliche (Flug-)Zulage, die „zur Abgeltung der Erschwernisse durch Sonntags-, Feiertags – und Nachtarbeit" gewährt wird; vgl. LAG Düsseldorf, ZTR 2017, 46 = AA 2017, 18.
178 BAG, Vollstreckung effektiv 2018, 110 = NJW 2017, 3675 = InsbürO 2017, 511 = NZA 2017, 1548 = Rpfleger 2018, 36 = ZTR 2018, 735 = DGVZ 2018, 37.

D. Unpfändbare Einkommensteile (§ 850a ZPO) § 6

Taktischer Hinweis 100
Es kommt nach dem Wortlaut des § 850a Nr. 3 ZPO nicht darauf an, ob die Zahlung von (Nachtarbeits-)zuschlägen für die vom Schuldner ausgeübte Tätigkeit üblich ist. Maßgeblich ist vielmehr, ob diese Leistungen dem § 3b EStG unterliegen. Nur dann bewegen sich diese Zahlungen im Üblichen. Im Umkehrschluss bedeutet dies, dass sie z.B. unüblich sein können, wenn zwischen Leistungen und dem eigentlichen Lohn ein krasses Missverhältnis besteht.

Um eine verdeckte Lohnzahlung auszuschließen, sollten Gläubiger daher den Arbeitsvertrag des Schuldners einsehen. Zudem sollten Gläubiger im Rahmen der Lohnpfändung unbedingt darauf achten, dass sie den Anspruch des Schuldners auf Herausgabe der Lohnabrechnung mit pfänden. Dies ist zulässig, wenn es der Abrechnung bedarf, um den Anspruch auf Lohnzahlung geltend machen zu können.[179] 101

Alternativ dazu können Gläubiger aber auch zusätzlich im amtlichen Formular unter der Rubrik „Es wird angeordnet, dass ...", anordnen lassen, dass der Schuldner verpflichtet ist, die laufenden Lohnabrechnungen ab Zustellung des Pfändungs-und Überweisungsbeschlusses sowie die letzten 3 Lohnabrechnungen vor Zustellung des Pfändungs-und Überweisungsbeschlusses an den Gläubiger herauszugeben. Hierdurch werden Gläubiger in die Lage versetzt, die genauen, korrekten pfändbaren Ansprüche zu ermitteln.[180] 102

- **Samstagszuschläge**: sie fallen nicht unter den besonderen Pfändungsschutz,[181] sind somit der Pfändung nicht entzogen; sie stellen **keine Erschwerniszulage** dar. Denn im Arbeitsrecht ist der Samstag ein normaler Werktag (vgl. § 3 Abs. 2 BUrlG). Besondere gesundheitliche oder soziale/familiäre Beeinträchtigungen sind nicht erkennbar. Der Gesetzgeber hat hierzu keine Regelung getroffen. 103

Hinweis
Die Wertung des Verordnungsgebers aus § 3 Abs. 2 EZulV oder entsprechenden landesrechtlichen Vorschriften kann nicht auf Arbeitnehmer übertragen werden, da sie eine beamtenrechtliche Regelung betrifft. Angesichts dieser unterschiedlichen Beschäftigtengruppen gäbe es auch keinen Anspruch auf Gleichbehandlung. Die EZulV ist eine spezifisch besoldungsrechtliche Regelung (vgl. § 1 EZulV), wie auch die unterschiedlichen Fallgestaltungen zeigen, in denen bspw. eine Zulage für Dienst zu ungünstigen Zeiten zwar auch für Samstage gewährt wird (al-

---

[179] BGH, WM 2013, 271 = EBE/BGH 2013, 50 = NJW 2013, 539 = MDR 2013, 367 = DGVZ 2013, 75 = Rpfleger 2013, 280 = JurBüro 2013, 271 = KKZ 2013, 281 = ZInsO 2013, 264 = ZIP 2013, 436 = FA 2013, 80 = LMK 2013, 343558 = FamRB 2013, 77 = Vollstreckung effektiv 2013, 59 = FoVo 2013, 56.
[180] Vgl. auch § 4 Rdn 87 ff.; § 5 Rdn 137 ff.
[181] BAG, DB 2017, 2745 = ZInsO 2017, 2451 = NJW 2017, 3675 = InsbürO 2017, 511 = NZA 2017, 1548 = Rpfleger 2018, 36; *Grote*, ZInsO 2016, 1801, 1803; a.A. *Ahrens*, NJW 2016, 2812, 2814.

lerdings nur für Dienst ab 12:00 Uhr bzw. 13:00 Uhr, § 3 Abs. 2 Nr. 2 und 3 EZulV), bestimmte Beamte davon aber ausgenommen sind (vgl. § 5 EZulV). Eine allgemeingültige, über besoldungsrechtliche Fragen hinausgehende Wertung, die auch für den Ausgleich der unterschiedlichen Interessen von Schuldner und Gläubiger bei einer Pfändung von Bedeutung wäre, kann dem nicht entnommen werden.

- **Zuschläge für Vorfeiertagsarbeit**: hier gilt das gleiche wie für Samstagszuschläge betreffend die Arbeit am 24. und 31. Dezember. Es handelt sich aus gesetzgeberischer Sicht arbeitszeitlich um reguläre Werktage[182] und **keine Erschwerniszulage**.
- **Schicht- und Wechselschichtzulagen**: diese sollen zwar durchweg besondere Belastungen ausgleichen.[183] Eine Sonderstellung wie die Nacht-, Sonntags- und Feiertagsarbeit hat der Gesetzgeber der reinen Schichtarbeit aber nicht eingeräumt. Er hat – anders als bei der Nachtarbeit – insbesondere keinen Anlass gesehen, gesetzlich verpflichtend Zulagen oder andere Ausgleichsleistungen hierfür zu regeln. Die Belastungen der Wechselschichtarbeit werden jedenfalls zum Teil bereits durch Nachtarbeitszuschläge ausgeglichen. Im Übrigen gibt es kein zuverlässiges Abgrenzungskriterium dafür, was – angesichts einer Vielzahl denkbarer Arbeitszeitmodelle – als Schichtarbeit mit der Folge eines pfändungsrechtlich privilegierten Zuschlags anzusehen ist. Angesichts der drohenden Uferlosigkeit dieses Begriffs hat hier das im Pfändungsrecht auch zu berücksichtigende Gläubigerinteresse vorrangige Bedeutung. Schichtzulagen als solche können somit **nicht** als **Erschwerniszulagen** i.S.v. § 850a Nr. 3 ZPO angesehen werden.[184]
- **(Beamtenrechtliche) Auslandszulagen**: Es geht bei dem Auslandszuschlag (vgl. § 53 BBesG) um einen Ausgleich für materiellen Mehraufwand und allgemeine dienstortbezogene immaterielle Belastungen durch die Verwendung im Ausland. Der Zuschlag wird grds. gezahlt für den Besoldungsempfänger selbst und für gem. § 53 Abs. 4 BBesG berücksichtigungsfähige, grds. unterhaltsberechtigte Personen, wie Ehegatten und Kinder. Bei der Einkommensermittlung zur Bemessung des Unterhalts ist der Auslandszuschlag (BBesG § 55) anzurechnen. Die durch den Auslandsaufenthalt bedingten Mehraufwendungen mindern die Leistungsfähigkeit daher nur im Umfange ihres **tatsächlichen Anfalls**.[185] Zulagen sind nicht bereits deswegen üblich, weil sie entsprechend gesetzlicher Bestimmungen, insbesondere des BBesG,

---

182 BAG, DB 2017, 2745 = ZInsO 2017, 2451 = NJW 2017, 3675 = InsbürO 2017, 511 = NZA 2017, 1548 = Rpfleger 2018, 36.
183 BAG, FA 2014, 221.
184 BAG, DB 2017, 2745 = ZInsO 2017, 2451 = NJW 2017, 3675 = InsbürO 2017, 511 = NZA 2017, 1548 = Rpfleger 2018, 36.
185 BGH, MDR 1980, 385 = DAVorm 1980, 286.

D. Unpfändbare Einkommensteile (§ 850a ZPO) § 6

gezahlt werden. Zulagen an Angehörige gehobener und hoher Gehaltsgruppen, etwa Auslandszuschläge, Mietzuschüsse, Aufwendungsersatz für repräsentative Aufwendungen usw. korrespondieren mit der Höhe der Grundgehälter und können im Falle der Notwendigkeit der Zwangsvollstreckung nicht ausnahmslos als soziale Zulagen im Sinne der gesetzlichen Bestimmungen angesehen werden.[186]

- **Ansprüche von Kassenzahnärzten** gegen seine Kassenzahnärztliche Vereinigung unterliegen nicht der § 850a Nr. 3 ZPO.[187]
- **Entschädigung für Mehraufwendungen während einer Arbeitsgelegenheit**: Erhält der Schuldner von einem Drittschuldner einen Nebenverdienst, handelt es sich nicht um eine Entschädigung für Mehraufwendungen i.S.d. § 16d Abs. 7 S. 1 SGB II.[188] Der BGH hat dabei offen gelassen, ob eine Mehraufwandsentschädigungen nach § 16d Abs. 7 S. 1 SGB II unpfändbar ist.[189]

4. Weihnachtsvergütungen (§ 850a Nr. 4 ZPO)

Unpfändbar nach § 850a Nr. 4 ZPO sind „Weihnachtsvergütungen" bis zum Betrage der Hälfte des monatlichen Arbeitseinkommens, höchstens aber bis zum Betrag von 500 EUR. Weihnachtsvergütung in diesem Sinne ist nicht nur die klassische Weihnachtsgratifikation, die der Arbeitgeber als Beitrag zu den erhöhten Aufwendungen des Arbeitnehmers leistet, sondern kann auch eine **Sondervergütung** für erbrachte Arbeit sein, sofern sie **aus Anlass des Weihnachtsfests** bzw. zweckgerichtet im Zusammenhang mit Weihnachten gezahlt wird.[190] Dies ergibt die Auslegung der Norm. Es muss sich um Zuwendungen des Arbeitgebers handeln, auf die der Schuldner einen Rechtsanspruch hat. Das Weihnachtsgeld muss zwar nicht als solches gekennzeichnet, jedoch durch seine zeitliche Nähe zur Weihnacht in seiner Zweckbindung ausweisbar, also erkennbar sein.[191] **Freiwillige Leistungen** zählen daher **nicht** dazu.

104

---

186 LG Kiel, Beschl. v. 24.9.2013 – 13 T 44/13 – juris.
187 BGH, NJW 1986, 2632 = JurBüro 1986, 552.
188 BGH, ZAP EN-Nr. 400/2014.
189 Unpfändbar: LG Kassel, JurBüro 2010, 607; LG Dresden, NJW-RR 2009, 359; pfändbar: LG Bautzen, FamRZ 2009, 1941; LG Görlitz, JAmt 2007, 328; JAmt 2006, 320; JAmt 2006, 51.
190 BAG, JurBüro 2017, 156 = ArbuR 2016, 297 = FA 2016, 251; BVerwG, DÖV 2014, 1448 zur Jahressonderzahlung nach § 20 Abs. 1 des Tarifvertrags für den öffentlichen Dienst der Länder; OVG Berlin, ZInsO 2018, 179 zur jährlichen Sonderzahlung nach dem Berliner Sonderzahlungsgesetz; BAG, FoVo 2012, 151 zur Jahressonderzahlung an Beschäftigte kommunaler Arbeitgeber; VG Düsseldorf, ZInsO 20.12.2016 – 23 K 449/16 – juris Rn 30, 53; VGH München, Beschlüsse vom 5.10.2007 – 3 ZB 07.1510 – Rn 6, juris und vom 24.10.2007 – 3 ZB 06.2358 – Rn 4, juris zur Anlassbezogenheit bzw. Zweckbindung als Erfordernis für eine Weihnachtsvergütung; OVG Koblenz, Urt. v. 17.8.2012 – 10 A 10330/12; Stein/Jonas/*Brehm*, § 850a Rn 27; Gottwald/*Mock*, § 850a Rn 17 m.w.N; Thomas/Putzo/*Seiler*, § 850a Rn 5.
191 BayVGH, Beschl. v. 25.10.2007 – 3 ZB 06.2358– juris m.w.N.; ArbG Dortmund, Urt. v. 24.4.2013 – 8 Ca 228/13 –, juris.

375

§ 6 Die Pfändung von Arbeitseinkommen

105 Der Normzweck des § 850a Nr. 4 ZPO bestätigt, dass nur typischerweise zur Deckung des erhöhten Aufwands zu Weihnachten geleistete Zuwendungen der Pfändung entzogen sein können. Der Wortteil „Vergütung" lässt darauf schließen, dass auch Zuwendungen mit Vergütungscharakter wie z.b. Abschluss- oder Jahresprämien oder ein **13. Monatsgehalt** dem Pfändungsschutz unterfallen können.[192]

106 *Taktischer Hinweis*

Daher ist es auch für den Gläubiger wichtig, sich den Arbeitsvertrag i.R.d. Informationsanspruchs gem. § 836 Abs. 3 ZPO aushändigen zu lassen.

107 Keine Weihnachtsvergütung ist

- die Zahlung des **13. oder 14. Monatsgehalts**, wenn die Zahlung aufgrund bereits geleisteter Dienste erfolgt. Dies bedeutet, dass hierfür kein Pfändungsschutz besteht. Über den Zweck des 13./14. Monatsgehalts entscheidet die vertragliche Vereinbarung. Die Vereinbarung einer Unpfändbarkeit ist nicht möglich.[193]
- **Sparkassensonderzulage**[194]
- die nordrhein-westfälische[195]/bayrische[196] Sonderzahlung
- Monatliche Sonderzahlungen nach dem Landessonderzahlungsgesetz vom 29.10.2003 (GBl S 693):[197] es handelt sich nicht um Weihnachtsvergütungen im Sinne des § 850a Nr. 4 ZPO, weil sie nicht aus Anlass des Weihnachtsfestes, sondern über das Jahr hinweg monatlich zusammen mit den Versorgungsbezügen gezahlt werden und deshalb nicht dazu dienen, besondere Anschaffungen zum Weihnachtsfest zu ermöglichen.
- **Jahressonderzahlung nach § 20 TVöD/VKA**:[198] Der Wortlaut der Tarifnorm, von dem vorrangig auszugehen ist,[199] enthält keinen Hinweis darauf, dass die Jahressonderzahlung nach § 20 TVöD/VKA aus Anlass von Weihnachten gezahlt wird. Vielmehr deutet die Bezeichnung darauf hin, dass es sich um eine Leistung handelt, die für das gesamte Kalenderjahr erbracht wird. Dafür, dass sie zweckbestimmt zu Weihnachten geleistet werden soll, gibt der Wortlaut jedenfalls keinen Anhaltspunkt. Auch aus der Systematik der tariflichen Regelungen und dem tariflichen Gesamtzusammenhang ist eine solche Zweckbestimmung nicht zu entnehmen.

---

192 BAG, JurBüro 2017, 156 = ArbuR 2016, 297 = FA 2016, 251.
193 BAG, NJW 1964, 1640.
194 BAG, DB 2012, 1157 = ZTR 2012, 344 = Rpfleger 2012, 451 = JurBüro 2012, 493 = ArbR 2012, 246 = FA 2012, 183 = öAT 2012, 141 = FoVo 2012, 151.
195 VG Arnsberg, Urt. v. 22.7.2015 – 13 K 358/14 – juris.
196 BayVGH, Beschl. v. 24.10.2007 – 3 ZB 06.2358 –, juris; BayVGH, Beschl. v. 5.10.2007 – 3 ZB 07.1510 – juris; vgl. auch OVG Berlin-Brandenburg, Beschl. v. 21.1.2008 – OVG 4 S 58.07 – juris.
197 VG Karlsruhe, Urt. v. 6.6.2005 – 3 K 788/04 – juris.
198 BAG, JurBüro 2017, 156 = ArbuR 2016, 297 = FA 2016, 251; LAG München, AiB 2016, Nr. 3, 61–62; LAG Köln, AA 2015, 108; LG Görlitz, JurBüro 2015, 100.
199 BAG, NZA-RR 2015, 583.

D. Unpfändbare Einkommensteile (§ 850a ZPO) § 6

Dem Schuldner muss bei der Berechnung des pfändbaren Betrags **mindestens die Hälfte** **108**
des monatlichen Einkommens, höchstens jedoch **500 EUR netto**[200] (250,00 EUR bei
der Vollstreckung wegen gesetzlicher Unterhaltsansprüche;[201] vgl. § 850d Abs. 1 S. 2
Hs. 2 ZPO) verbleiben. Denn § 850e Nr. 1 ZPO spricht nur von den „nach § 850a ZPO
der Pfändung entzogenen Beträgen". § 850a Nr. 4 ZPO wiederum erwähnt nur das Weihnachtsgeld als unpfändbaren Betrag. Dadurch, dass das Weihnachtsgeld wie jedes Arbeitseinkommen als Bruttozahlung geschuldet ist, und dass § 850e ZPO zunächst die unpfändbaren Bezüge nach § 850a ZPO als Abzug erwähnt und danach die Steuer- und Sozialversicherungsabzüge, ergibt sich eindeutig aus dem Wortlaut und der Systematik der §§ 850a, 850e ZPO, dass von einem Arbeitseinkommen brutto der unpfändbare Betrag brutto und von diesem Gesamtbruttobetrag die Steuer und die Sozialabgaben abzuziehen sind. Das bedeutet, dass das Weihnachtsgeld mit dem Bruttobetrag abgezogen und somit nicht um anteilige Steuern gekürzt wird, wobei die auf die Weihnachtsvergütung entfallenden Steuern und Sozialbeiträge dem übrigen Bruttoeinkommen zu entnehmen sind.[202] Der überschüssige Rest ist dem übrigen Arbeitseinkommen des Schuldners für den Monat, in dem er ausgezahlt wird – also i.d.R. November oder Dezember – hinzuzurechnen.

5. Heirats- und Geburtshilfen (§ 850a Nr. 5 ZPO)

Die finanzielle Unterstützung bei Heirat oder Geburt ist grds. unpfändbar, sofern die Voll- **109**
streckung wegen anderer als der aus Anlass der Heirat oder Geburt entstandenen Ansprüche betrieben wird. Die Pfändung ist daher zulässig, wenn die Vollstreckung gerade wegen einer aus Anlass der Heirat oder Geburt entstandenen Forderung betrieben wird (sog. **Anlassforderung).** In dieser Fallgestaltung erfüllt die Pfändung den Zweck der Leistung **(Zweckbindung).** Daher ist das Einkommen des Schuldners nicht um eventuell Heirats- und Geburtshilfen zu mindern, wenn z.B. der Säuglings- oder Brautausstatter wegen eines Kaufpreisanspruchs oder ein Arzt oder eine Hebamme wegen Behandlungskosten bei dem Schuldner pfändet.

Beamtenrechtliche Ansprüche auf Beihilfe im Krankheitsfall sind nach ständiger **110**
Rechtsprechung des BVerwG[203] höchstpersönlicher Natur und daher weder abtretbar noch pfändbar noch einer Aufrechnung zugänglich (§§ 394, 399 BGB, § 851 Abs. 1 ZPO). Allerdings hat das BVerwG selbst an der Herleitung dieses Rechtsinhalts aus der Fürsorgepflicht des Dienstherrn in Gegenüberstellung zu den Besoldungs- und Versorgungs-

---
200 LG Mönchengladbach, JurBüro 2007, 218; a.A. = brutto: LAG Rheinland-Pfalz, JurBüro 2009, 268; LG Hannover, JurBüro 2008, 327.
201 Nicht beim erweiterten Vollstreckungszugriff gem. § 850f Abs. 2 ZPO; LG Darmstadt, InVo 2003, 293.
202 Gottwald/*Mock*, § 850a Rn 17 m.w.N.
203 BVerwG, NJW 1997, 3256 = DÖD 1997, 254 = NWVBl 1997, 457 = ZTR 1997, 431 = JA 1998, 18 = NVwZ 1998, 81.

ansprüchen Zweifel erkennen lassen.[204] In der Rechtsprechung des BGH sind seit Langem außer der Höchstpersönlichkeit von Ansprüchen die Fälle der Zweckbindung als Pfändungshindernisse anerkannt, die den Gläubigerzugriff gem. § 851 Abs. 1 ZPO ausschließen, soweit er mit dem zum Rechtsinhalt gehörenden Anspruchszweck unvereinbar wäre.[205] Der allgemeine Rechtsgedanke der Zweckbindung als dauerndes oder vorübergehendes, jedenfalls aber nach dem jeweiligen Zweck der Bindung beschränktes Pfändungshindernis steht überdies hinter der Regelung zur beschränkten Pfändbarkeit von Ansprüchen in § 850a Nr. 5 ZPO. Diese Beihilfen sind nach ihrem Zweck nur einer Pfändung durch Gläubiger zugänglich, die gerade wegen ihrer aus Anlass des privilegierten Zwecks entstandenen Ansprüche gegen den Beihilfegläubiger vollstrecken.[206] Sowohl nach § 850a Nr. 5 ZPO als auch nach Beihilfevorschriften des Bundes wird daher die Pfändbarkeit von Beihilfeansprüchen wegen deren Zweckbindung ausdrücklich für den Fall anerkannt, in dem der Vollstreckungsgläubiger wegen einer Forderung pfändet, die als Aufwand des Beamten dem konkreten Beihilfeanspruch zugrunde liegt (Anlassforderung). In dieser Fallgestaltung erfüllt die Pfändung gerade den Zweck der Beihilfegewährung, weil sie zur (teilweisen) Befriedigung des Anlassgläubigers einer bestimmten – hier medizinischen – Tätigkeit dienen kann, von deren Aufwand die konkrete Beihilfeleistung entlasten soll.[207] Aus der Zweckbindung der beamtenrechtlichen Krankenbeihilfe ergibt sich, dass ein Anlassgläubiger den Beihilfeanspruch seines Schuldners allerdings nur solange pfänden kann, als nach Rechnungstellung und Einreichung des Beihilfeantrags der korrespondierende Beihilfeanspruch gegen den Dienstherrn noch besteht. Hat der Dienstherr die Beihilfe an den Schuldner bereits ausgezahlt, sodass der konkrete Beihilfeanspruch durch die Zahlung erloschen ist, greift gegen den nicht mehr begünstigten Vollstreckungsgläubiger für die weiteren gegenwärtigen und zukünftigen Beihilfeansprüche aufgrund von anderen krankheitsbedingten Aufwendungen des Beamten das Pfändungshindernis der Zweckbindung ein. Denn dieses begünstigt nunmehr allein die späteren Anlassforderungen beihilfefähiger Aufwendungen.[208]

---

204 BVerwG, Buchholz 270, § 16 BhV Nr. 2.
205 Vgl. § 2 Rdn 19 ff.
206 BGH, WM 2005, 181 = Vollstreckung effektiv 2006, 217 = JurBüro 2005, 159 = BGHReport 2005, 470 = MDR 2005, 535 = NJW-RR 2005, 720 = KKZ 2005, 211.
207 BGH, WM 2005, 181 = Vollstreckung effektiv 2006, 217 = JurBüro 2005, 159 = BGHReport 2005, 470 = MDR 2005, 535 = NJW-RR 2005, 720 = KKZ 2005, 211; vgl. LG Münster, Rpfleger 1994, 473; LG Hannover, AnwBl. 1993, 355; Stein/Jonas/*Brehm*, § 851 Rn 23; *Mildenberger*, Beihilfevorschriften des Bundes und der Länder, Bd. I § 1 Rn 19; *Stöber*, Rn 880a.
208 BGH, WM 2005, 181 = Vollstreckung effektiv 2006, 217 = JurBüro 2005, 159 = BGHReport 2005, 470 = MDR 2005, 535 = NJW-RR 2005, 720 = KKZ 2005, 211.

D. Unpfändbare Einkommensteile (§ 850a ZPO) | § 6

Taktischer Hinweis **111**

Die dargestellten Zweifel sollten einen Gläubiger dennoch veranlassen solche öffentlich-rechtliche Ansprüche zu pfänden, auch wenn diese ggf. als höchstpersönlich und damit unpfändbar gelten. Denn die Höchstpersönlichkeit und die Zweckbindung sind im Einzelfall zu untersuchen. Ggf. sollte im Rechtsmittelweg die Pfändbarkeit des Anspruchs geltend gemacht werden.

Ungeachtet dessen kann der Gläubiger wegen einer Leistung, für die der Schuldner Beihilfe erlangen kann, sich nur dadurch schützen, dass er sich die Beihilfeleistung abtreten lässt und diese Abtretung unmittelbar gegenüber der Beihilfestelle offenlegt. Insoweit dürfte die Forderung des Schuldners gegenüber der Beihilfestelle im Verhältnis zum Anlassgläubiger jedenfalls keinen höchstpersönlichen Charakter haben, welcher zur Unpfändbarkeit führen könnte. Der BGH[209] hat hierzu in einem obiter dictum ausgeführt: „Eine solche Abtretung hält der Senat nach § 400 BGB für wirksam. Ihr stehen insoweit auch keine Bedenken wegen der Auskunftspflicht des bisherigen Gläubigers (§ 402 BGB) und des Schutzes seiner medizinischen Daten entgegen."

Beachtet werden muss, dass die Abtretung nach § 398 BGB einen Vertrag darstellt, sodass sie vom Gläubiger angenommen werden muss. Verzichtet er auf die Unterzeichnung der Abtretungserklärung, besteht die Gefahr, dass der Schuldner die Beihilfeleistung erlangt und zweckwidrig verwendet.

Musterformulierung: Abtretung von Beihilfeansprüchen **112**

Hiermit tritt ... (Schuldner) dem dies annehmenden ... (Gläubiger) seine gesamten Ansprüche auf Gewährung von Beihilfe aus der Behandlung vom ... gem. der Rechnungsstellung vom ... ab.

Zugleich verpflichtet sich der Schuldner, die Beihilfe unmittelbar, spätestens binnen 4 Wochen ab Unterzeichnung gegenüber der für ihn zuständigen Beihilfestelle geltend zu machen.

Die Vertragsparteien sind sich einig, dass der Gläubiger berechtigt ist, die Abtretung gegenüber der für den Schuldner zuständigen Beihilfestelle offenzulegen.

... (Ort, Datum)
... (Unterschrift Schuldner) ... (Unterschrift Gläubiger)

---

[209] BGH, WM 2005, 181 = Vollstreckung effektiv 2006, 217 = JurBüro 2005, 159 = BGHReport 2005, 470 = MDR 2005, 535 = NJW-RR 2005, 720 = KKZ 2005, 211.

6. Erziehungsgelder, Studienbeihilfen und ähnliche Bezüge (§ 850a Nr. 6 ZPO)

113 Erziehungsgelder (vgl. § 54 Abs. 3 Nr. 1 SGB I) und Studienbeihilfen sind als **zweckgebundene Leistungen** unpfändbar, gleichgültig, ob sie aus öffentlicher oder privater Hand gezahlt werden. Hierzu zählen auch Stipendien, die mit der Auflage gewährt werden, nach Abschluss des Studiums in den Dienst der zahlenden Stelle einzutreten,[210] ebenso wie ein vom Träger der Jugendhilfe als Teil des Pflegegeldes an die Pflegeeltern für ein in deren Haushalt aufgenommenes Kind ausgezahlter „Anerkennungsbetrag".[211] Zu Letzterem gehört auch das Pflegegeld für Erziehung, also der Vollzeitpflegebetrag.[212] Es handelt sich vielmehr um öffentliche Beihilfen, die wie Erziehungsgelder und Studienbeihilfen unmittelbar der Erziehung und Ausbildung der Pflegekinder dienen. Dementsprechend wird der Erziehungsbeitrag auch im Anwendungsbereich des § 76 BSHG nicht als Einkommen angesehen und mindert einen etwaigen Sozialhilfeanspruch der Pflegeeltern nicht.[213] Nicht unter den Anwendungsbereich der Norm fällt die **Ausbildungsbeihilfe** eines **Strafgefangenen** i.S.v. § 44 StVollzG.[214]

114 *Taktischer Hinweis*

In der Praxis kommt es immer wieder vor, dass durch die Jugendhilfe der Sozial- und Jugendämter rückwirkend ausbezahlte Anspruch auf **Vollzeitpflegegeld** einem **Pfändungsschutzkonto** des Schuldners gutgeschrieben werden. Regelmäßig wird daher gem. § 850k Abs. 4 ZPO i.V.m. 850a Nr. 6 ZPO eine Freigabe solcher Gelder durch den Schuldner beantragt. Hierbei haben Gläubiger im Wege der Anhörung zu beachten, dass solche Gelder an die Pflegeeltern durch die Auszahlung von Pauschbeträgen erfolgen (vgl. §§ 27, 33, 39 SGB VIII). Das Pflegegeld unterteilt sich dabei in Kosten für den Sachaufwand und Kosten für die eigentliche Pflege und Erziehung und ist nach Altersgruppen zwischen 714 EUR und 875 EUR gestaffelt.[215] Im Hinblick auf die BGH-Rechtsprechung[216] sollten Gläubiger daher überprüfen, ob es sich bei den Zahlungen tatsächlich um die Auszahlung eines „Anerkennungsbetrages" handelt. Ist dies nicht der Fall, so ist eine entsprechende Gutschrift auf dem Pfändungsschutzkonto des Schuldners pfändbar.

---

210 OVG Nordrhein-Westfalen, FamRZ 1975, 296.
211 BGH, Vollstreckung effektiv 2006, 197 = MDR 2006, 355 = Rpfleger 2006, 24 = ZVI 2005, 588 = NJW-RR 2006, 5 = WM 2006, 238 = JurBüro 2006, 99; LG Offenburg, Beschl. v. 11.5.2012 – 4 T 107/12 – juris.
212 AG Konstanz, FoVo 2016, 214.
213 OVG Nordrhein-Westfalen, FamRZ 1996, 900.
214 LG Kleve, ZInsO 2013, 836 = ZVI 2013, 273.
215 AG Konstanz, FoVo 2016, 214.
216 BGH, Vollstreckung effektiv 2006, 197 = MDR 2006, 355 = Rpfleger 2006, 24 = ZVI 2005, 588 = NJW-RR 2006, 5 = WM 2006, 238 = JurBüro 2006, 99.

7. Sterbe- und Gnadenbezüge aus Arbeits- oder Dienstverhältnissen (§ 850a Nr. 7 ZPO)

Hierher gehören **nur Bezüge aus einem Arbeits- oder Dienstverhältnis**, die der **Arbeitgeber** (Dienstherr) aus dem bezeichneten Anlass gewährt.[217] Ansprüche aus Sozialversicherung, deren Pfändung sich nach § 54 SGB I richtet, sowie solche aus Sterbekassen und auf den Todesfall abgeschlossenen Kleinlebensversicherungen, die unter § 850b Abs. 1 Nr. 4 ZPO fallen, zählen nicht hierzu. Das Sterbegeld für Beamte und Richter, sowie das der Soldaten ist unpfändbar (§ 51 Abs. 3 BeamtVG, § 48 Abs. 2 SoldatenVersG). Allerdings kann hier der Dienstherr bestimmte Ansprüche mit dem Sterbegeld verrechnen. Die unter § 850a Nr. 7 ZPO fallenden Bezüge können auch nicht für die Unterhaltsgläubiger gepfändet werden, da § 850d Abs. 1 ZPO nicht auf § 850a Nr. 7 ZPO verweist.[218]

115

8. Blindenzulagen (§ 850a Nr. 8 ZPO)

Unter Blindenzulagenulagen fallen die aus dem Dienst- oder Arbeitsverhältnis herrührenden Zulagen privater Art sowie die zusätzlichen Blindenhilfen nach Landesrecht (LandesblindenG), soweit sie nicht auf das Bundesversorgungsgesetz Bezug nehmen oder selbst die Unpfändbarkeit anordnen.[219] Für die Blindenzulagen nach § 35 BVG gilt der Pfändungsschutz nach §§ 54, 55 SGB I. Die Blindenbeihilfen nach dem § 72 SGB XII sind schon nach § 17 Abs. 1 SGB XII unpfändbar. Auch die unter § 850a Nr. 8 ZPO fallenden Zulagen können nicht durch die Unterhaltsgläubiger gepfändet werden, da § 850d Abs. 1 ZPO nicht auf § 850a Nr. 8 ZPO verweist.[220]

116

E. Bedingt pfändbare Forderungen (§ 850b ZPO)

I. Normzweck und Anwendungsbereich

§ 850b ZPO regelt Besonderheiten für die Zwangsvollstreckung in bestimmte Renten und rentenähnliche Bezüge, die wie Arbeitseinkommen (vgl. § 850 ZPO) dem Lebensunterhalt des Schuldners dienen.[221] Die Regelung dient daher der Existenzsicherung[222] des

117

---

217 Gottwald/*Mock*, § 850a Rn 21 m.w.N.
218 Gottwald/*Mock*, § 850a Rn 21.
219 Gottwald/*Mock*, § 850a Rn 22 m.w.N.
220 Gottwald/*Mock*, § 850a Rn 22.
221 BGH, NJW-RR 2007, 1390 = FamRZ 2007, 1646 = MDR 2007, 1218 = Rpfleger 2007, 614 = JurBüro 2007, 607 = ZVI 2007, 553.
222 BGH, WM 2010, 271 = ZInsO 2010, 188 = Rpfleger 2010, 233 = MDR 2010, 408 = ZVI 2010, 102; BGHZ 70, 206 = BB 1978, 427 = NJW 1978, 950 = Rpfleger 1978, 131 = EBE/BGH 1978, 114 = DB 1978, 788 = VersR 1978, 447 = RuS 1978, 117 = DRsp IV(424) 104 = MDR 1978, 839 = WM 1978, 356; Zöller/*Herget*, § 850b ZPO Rn 1; MüKo-ZPO/*Smid*, § 850b Rn 1.

Schuldners, indem eine **grds. Unpfändbarkeit** bestimmt wird. Erfasst werden nicht nur Renten, Einkünfte und Bezüge von Arbeitnehmern und Beamten, sondern auch von anderen Personen, insbesondere **Selbstständigen**.[223] Die Bezüge i.S.d. § 850b ZPO sind im Gegensatz zu § 850a ZPO **relativ unpfändbar**. Sie stellen **kein Arbeitseinkommen** dar,[224] werden als Renten oder rentenähnliche Bezüge aber **wie Arbeitseinkommen behandelt**, weil sie dem Lebensunterhalt des Schuldners zu dienen bestimmt sind. Dies betrifft unter anderem (Unterhalts-)Renten, fortlaufende Einkünfte aus Stiftungen und Bezüge aus Witwen-, Waisen-, Hilfs- und Krankenkassen, die zu Unterstützungszwecken gewährt werden. Diese Leistungen können aufgrund einer gerichtlichen Entscheidung wie Arbeitseinkommen gem. §§ 850, 850, 850d ZPO dann gepfändet werden, wenn durch die Vollstreckung in das sonstige Vermögen des Schuldners die Forderung nicht in voller Höhe getilgt werden kann und die Pfändung der Billigkeit entspricht (vgl. § 850b Abs. 2 ZPO).

118 Vom Schutz der Regelung wird der Schuldner auch dann erfasst, wenn **bevorrechtigte Unterhaltsgläubiger** vollstrecken und zwar selbst dann, wenn die Forderung, wegen derer die Vollstreckung betrieben wird, auf einer vom Gläubiger zum Zwecke des Unterhalts des Schuldners erbrachten Leistung beruht.[225] Der dem Schuldner vom Gesetzgeber umfassend gewährte Schutz seiner Existenzgrundlage für den Fall einer Körper- oder Gesundheitsverletzung beschränkt sich damit nicht auf bereits entstandene Ansprüche.[226] Die Regelung des § 850b ZPO ist auch im **Insolvenzverfahren** – obwohl vom Wortlaut des § 36 Abs. 1 S. 2 InsO nicht gedeckt – mit der Maßgabe anzuwenden, dass bedingt pfändbare Bezüge des Schuldners in die Insolvenzmasse fallen, soweit dies nach den Umständen des Falles, insbesondere nach der Art des beizutreibenden Anspruchs und der Höhe der Bezüge der Billigkeit entspricht.[227]

---

223 BGH, JurBüro 2010, 610 = Vollstreckung effektiv 2011, 17 = Rpfleger 2010, 674.
224 BGH, Vollstreckung effektiv 2005, 127 = WM 2005, 1185 = NJW-RR 2005, 869 = FamRZ 2005, 1083 = JurBüro 2005, 381 = Rpfleger 2005, 446 = MDR 2005, 1015; OLG Hamm, Beschluss v. 6.10.2011 – 8 WF 215/11, II-8 WF 215/11 – juris.
225 BGHZ 113, 90 = NJW 1991, 839.
226 OLG Hamm, ZInsO 2006, 878; OLG Jena, VersR 2000, 1005.
227 BGH, DB 2014, 594 = VersR 2014, 452 = ZIP 2014, 688 = MDR 2014, 470 = WM 2014, 748 = RuS 2014, 183 = FamRZ 2014, 752 = NZI 2014, 369 = ZInsO 2014, 833 = ZVI 2014, 197 = NJW-RR 2014, 683; BGH, ZInsO 2010, 188 = WM 2010, 271 = ZIP 2010, 293 = NZI 2010, 141 = Rpfleger 2010, 233 = MDR 2010, 408 = FoVo 2010, 52; a.A. LG Heilbronn, Rpfleger 2009, 640; LG Hildesheim, ZInsO 2009, 1961; vgl. auch Gottwald/*Mock*, § 850b Rn 3.

II. Die bedingt pfändbaren Bezüge (§ 850b Abs. 1 ZPO)
1. Renten wegen Verletzung des Körpers oder der Gesundheit (§ 850b Abs. 1 Nr. 1 ZPO)

Die Regelung des § 850b Abs. 1 Nr. 1 ZPO ist unabdingbar und stellt sicher, dass Rentenansprüche dem Schuldner verbleiben, um seine Existenz zu sichern.[228] Hierbei handelt es sich um **wiederkehrende Geldleistungen**. Erfasst werden dabei nicht nur bereits fällige, sondern auch künftige Ansprüche.[229] Deshalb kann in die der Vorschrift unterfallenden Forderungen nicht ohne ausdrückliche Gestattung im Wege der Zwangsvollstreckung eingegriffen werden. Im Einzelnen sind unpfändbar:

119

- „Renten, die wegen einer Verletzung des Körpers oder der Gesundheit zu entrichten sind", z.b. aus §§ 618, 843 BGB, § 62 Abs. 3 HGB, § 8 HaftpflG, § 13 StVG, § 38 LuftVG, § 30 Abs. 2 AtomG.
- **Unfall- und Invaliditätsrenten**, die auf **vertraglicher Grundlage** gewährt werden.[230] Dies gilt gleichermaßen für vertragliche Rentenansprüche wegen Berufsunfähigkeit gegen Versicherungsgesellschaften.[231] Denn auch diese Rente soll die materiellen Lebensbedingungen des Versicherten, die durch die Gesundheitsbeeinträchtigung gefährdet ist, sichern.
- eine Berufsunfähigkeitszusatzrente.[232]
- Die aufgrund einer Stiftungsvereinbarung gezahlte **Invalidenpension** ist unpfändbar, wenn sie aufgrund eines Arbeitsverhältnisses erlangt wurde.[233]
- die **Rente aus einer Lebensversicherung mit Berufsunfähigkeitszusatzversicherung** (BUZ).[234]

Nicht anzuwenden ist die Regelung:

120

- auf das **Unfallruhegehalt eines Beamten**.[235] Dieses knüpft zwar an einen Dienstunfall an und bewirkt häufig, wenn auch nicht stets, eine Aufstockung des „normalen"

---

228 BGH, WM 2010, 163 = NJW 2010, 374 = VersR 2010, 237 = RuS 2010, 71 = MDR 2010, 267 = zfs 2010, 162.
229 BGH, NJW 2010, 374 = WM 2010, 163 = MDR 2010, 267 = Versicherung und Recht kompakt 2010, 35 = VuR 2010, 238 = RuS 2010, 71; OLG Hamm, ZInsO 2006, 878; OLG Jena, VersR 2000, 1005; Gottwald/Mock, § 850b Rn 6, 8.
230 BGHZ 70, 206 = BB 1978, 427 = NJW 1978, 950 = Rpfleger 1978, 131 = EBE/BGH 1978, 114 = DB 1978, 788 = VersR 1978, 447 = RuS 1978, 117 = DRsp IV(424) 104 = MDR 1978, 839 = WM 1978, 356.
231 KG Berlin, zfs 2004, 330.
232 OLG Karlsruhe, InVo 2002, 238; ThürOLG Jena, InVo 2001, 298; AG Köln, JurBüro 2002, 326.
233 LG Mainz, ZVI 2003, 174.
234 OLG Karlsruhe, InVo 2002, 238; OLG Jena, VersR 2000, 1005; OLG Köln, VersR 1998, 222; OLG München, VersR 1997, 1520; OLG Oldenburg, VersR 1994, 846; LG Köln, ZInsO 2013, 1428; VersR 2013, 1389 = NZI 2014, 29; LG Dortmund, RuS 2012, 248; a.A. Stöber Rn 892, auch wenn der Betrag als Rückstand in einer Summe gezahlt wird (BGH, NJW 1988, 819 = zfs 1988, 107 = NJW-RR 1988, 470 = BGHWarn 1987, Nr. 281 = MDR 1988, 125).
235 OVG Saarland, NJW 2006, 2873.

Ruhegehalts (§ 36 Abs. 3 BeamtVG). Dennoch wird das Unfallruhegehalt nicht wegen einer Verletzung des Körpers oder der Gesundheit"gezahlt, da es nicht dem Schadensausgleich bzw. dem Ersatz unfallbedingter Mehraufwendungen dient, sondern insgesamt eine **Leistung mit Alimentationscharakter** darstellt.

- auf die reine **Altersrente**[236]
- auf einen **Verletztenrente aus der gesetzlichen Unfallversicherung**[237]
- auf Ansprüche aus einer mit einer **Berufsunfähigkeitszusatzversicherung abgeschlossenen Lebensversicherung.**[238] Dies gilt insbesondere dann, wenn die Berufsunfähigkeitszusatzversicherung nicht selbstständig abgeschlossen, sondern nur als unselbstständiger Annex zum Lebensversicherungsvertrag mit vereinbart ist. Dann unterliegen auch die Ansprüche aus der Lebensversicherung dem gesetzlichen Abtretungs- bzw. Pfändungsverbot nach §§ 850b ZPO, 400 BGB.[239] Allerdings ist diese Frage in der Rechtsprechung umstritten: Das OLG Jena[240] hat schon die alleinige Abtretung der Rechte aus einem Lebensversicherungsvertrag, der mit einer Berufsunfähigkeits-Zusatzversicherung verbunden ist, als unwirksam erachtet. Beide Versicherungen bildeten eine Einheit, sodass die Abtretung der Ansprüche aus der Lebensversicherung auch diejenigen aus der Berufsunfähigkeits-Zusatzversicherung erfasse. Da diese aber nach § 850b Abs. 1 Nr. 1 ZPO unpfändbar und daher nicht abtretbar seien, führe dies nach § 139 BGB zur Unwirksamkeit der Abtretung auch bzgl. der Lebensversicherung. Dagegen hat das OLG Köln[241] selbst für den Fall, dass sowohl Ansprüche aus der Lebens- wie auch aus der Berufsunfähigkeits-Zusatzversicherung abgetreten werden, eine Unwirksamkeit der Abtretung von Ansprüchen aus der Lebensversicherung verneint. § 139 BGB greife nicht ein, wenn nichts dafür spreche, dass beide Abtretungen miteinander stehen und fallen sollten. Wenn die Lebensversicherung als Kreditsicherheit diene, sei anzunehmen, dass die Abtretung der sich aus ihr ergebenden Ansprüche unabhängig von der Berufsunfähigkeits-Zusatzversicherung erfolgt wäre. In diesem Sinne hat auch das OLG Saarbrücken[242] entschieden, dass eine Abtretung der Ansprüche aus beiden Verträgen nicht ohne Weiteres zu einer Gesamtnichtigkeit führe. Vor dem Hintergrund des § 139 BGB müsse geprüft werden, ob die Vereinbarung zerlegbar sei und ob die Parteien ggf. die selbstständige Geltung eines Teils gewollt hätten. Die Zerlegbarkeit sei anzunehmen, da § 850b Abs. 1 Nr. 1 ZPO nur sicherstellen solle, dass dem Schuldner bestehende Rentenansprüche verblieben, um seine Existenz zu sichern, aber nicht verbiete, andere An-

---

236 OLG München, Beschl. v. 18.7.2016 – 25 U 2009/16 –, juris.
237 LSG Stuttgart, UV-Recht Aktuell 2014, 760; LG Heilbronn, Verbraucherinsolvenz aktuell 2016, 6.
238 OLG Frankfurt/Main, RuS 2008, 386.
239 OLG Hamm, ZInsO 2006, 878; Abgrenzung, OLG Jena, RuS 2001, 477; OLG München, VersR 1997, 1520; KG, VersR 2003, 490.
240 OLG Jena, VersR 2000, 1005.
241 OLG Köln, VersR 1998, 222.
242 OLG Saarbrücken, VersR 1995, 1227.

E. Bedingt pfändbare Forderungen (§ 850b ZPO) § 6

sprüche zu pfänden. Der mutmaßliche Parteiwille lasse sich in der Regel aus dem Sicherungszweck der Abtretung ableiten. Der BGH[243] hält die Abtretung der Ansprüche allein aus der Lebensversicherung für wirksam. Zwar verstoße eine Abtretung von Ansprüchen aus der Berufsunfähigkeitsversicherung gegen § 850b Abs. 1 Nr. 1 ZPO. Dies gilt unabhängig davon, ob der Versicherungsfall der Berufsunfähigkeit zum Zeitpunkt der Abtretung bereits eingetreten war oder nicht. Denn von § 850b Abs. 1 Nr. 1 ZPO werden nicht nur bereits fällige, sondern auch künftige Ansprüche erfasst. Dies gelte jedoch nicht für die Abtretung der Ansprüche aus der Lebensversicherung, denn es könne dahinstehen, ob es sich bei einer auf beide Versicherungsverträge bezogenen Abtretung um ein einheitliches Rechtsgeschäft i.S.v. § 139 BGB handelt, d.h. ob das eine Geschäft nicht ohne das andere gewollt ist. Nimmt man ein solches nicht an,[244] steht die Nichtigkeit der Abtretung von Ansprüchen aus der Berufsunfähigkeits-Zusatzversicherung der Wirksamkeit der Abtretung von Ansprüchen aus der Lebensversicherung von vornherein nicht entgegen. Denn § 139 BGB gilt nicht für selbstständig nebeneinander stehende Rechtsgeschäfte. Geht man dagegen von einem einheitlichen Geschäft aus, ist bei Nichtigkeit eines Teils der gesamte Vertrag nur dann nichtig, wenn anzunehmen ist, dass er ohne den nichtigen Teil nicht geschlossen worden wäre. Dies ist anhand der Umstände des Einzelfalls zu prüfen. Die Abtretung der Ansprüche aus beiden Versicherungsverträgen kann jedoch in eine Abtretung der Ansprüche aus der Berufsunfähigkeits-Zusatzversicherung und in eine Abtretung der Ansprüche aus der Lebensversicherung zerlegt werden. Letztere wird nicht von § 850b Abs. 1 Nr. 1, § 400 BGB erfasst und kann somit selbstständig wirksam sein. Dies folgt nicht zuletzt aus dem Umstand, dass die Lebensversicherung als Hauptversicherung in ihrem Bestand unabhängig vom Bestehen der Berufsunfähigkeits-Zusatzversicherung ist.

- auf **Kapitalabfindungen**, die anstelle von Schadensersatzrenten vereinbart werden[245]
- auf ein in **Rentenform zu zahlenden Schmerzensgeld**[246]
- auf **Renten nach den Sozialversicherungsgesetzen** und nach dem BVG, für die § 54 SGB I eine abschließende Sonderregelung enthält
- auf eine **Beitragsbefreiung bei einer Lebensversicherungen**, da diese keine Rente ist (wiederkehrende Geldleistung).[247] Die Befreiung von der Beitragspflicht dient nicht der Sicherung des Lebensunterhalts, sondern vielmehr der Aufrechterhaltung der Lebensversicherung bzw. des Lebensversicherungsvertrages bis zum Erlebensfall; der Versicherungsnehmer wird so behandelt, als ob er den Beitrag unverändert weitergezahlt hätte. Zudem dient eine Lebensversicherung nicht (immer) oder nicht

---

243 BGH, WM 2010, 163 = NJW 2010, 374 = VersR 2010, 237 = RuS 2010, 71 = MDR 2010, 267 = zfs 2010, 162.
244 So OLG Köln, VersR 1998, 222.
245 OLG Hamburg, ZInsO 2012, 978; *Stöber*, Rn 1008.
246 *Stöber*, Rn 1009.
247 OLG Hamburg, ZInsO 2012, 978.

nur der Existenzsicherung, sondern anderen Zwecken, wie der Vermögensanlage, Vermögensbildung, Altersversorgung oder Kapitalabsicherung.

2. Unterhaltsrenten aufgrund gesetzlicher Vorschrift (§ 850b Abs. 1 Nr. 2 ZPO)

121 Die Norm des § 850b Abs. 1 Nr. 2 ZPO erfasst nach ihrem Zweck, aber auch nach ihrer geschichtlichen Entwicklung[248] – entgegen ihrem Wortlaut der (Unterhalts-)Renten – generell **Unterhalts-Forderungen**, die im Rahmen und aufgrund einer **gesetzlichen Unterhaltsverpflichtung**[249] geschuldet werden, und damit auch **einmalig zu zahlende Unterhaltsbeträge**.[250] Dies ist anerkannt für **Unterhaltsrückstände**[251] und wurde zudem vom BGH[252] für den Anspruch eines Ehegatten auf Erstattung der ihm als Folge eines begrenzten Realsplittings erwachsenen steuerlichen Nachteile bejaht. § 850b Abs. 1 Nr. 2 ZPO gilt ebenso für einen Anspruch auf **Unterhaltsabfindung**.[253]

122 Der **Erstattungsanspruch** oder **Freistellungsanspruch** des unterhaltsberechtigten Ehegatten aus dem **begrenzten Realsplitting** (§ 10 Abs. 1a Nr. 1a EStG) ist ein Anspruch i.R.d. gesetzlichen Unterhaltsrechtsverhältnisses, der als solcher Unterhaltsqualität besitzt. Der Ausgleichsanspruch sichert den Unterhaltsanspruch des Berechtigten. Das führt ebenfalls zu seiner Unpfändbarkeit.[254]

123 Soweit die Ansprüche auf **gesetzlichen Vorschriften** beruhen, unterliegen sie auch nicht der Aufrechnung nach § 394 BGB.[255] Das **Aufrechnungsverbot** des § 394 BGB i.V.m. § 850b Abs. 1 Nr. 2 ZPO gilt auch zugunsten von **Trägern öffentlicher Sozialleistungen**, soweit diese Leistungen der Sozialhilfe oder Leistungen zur Sicherung des Lebensunterhalts im Rahmen der Grundsicherung für Arbeitsuchende erbracht haben und der Unterhaltsanspruch des Hilfeempfängers auf sie übergegangen ist.[256] Im Einzelfall kann allerdings der **Arg-**

---

248 Dazu OLG Düsseldorf, FamRZ 1982, 498.
249 BGH, FPR 2002, 559 = FamRZ 2002, 1179 = MDR 2002, 1125 = BGHReport 2002, 875 = NJW-RR 2002, 1513 = EzFamR aktuell 2002, 276 = FamRB 2002, 321.
250 BGH, NJW 1997, 1441 = MDR 1997, 479 = FamRZ 1997, 544 = FuR 1997, 135 = EzFamR aktuell 1997, 130; z.B. §§ 1361, 1569 ff., 1589, 1601, 1615a, 1615l, 1963, 1969 BGB; OLG Hamm, FamFR 2012, 345.
251 BGH, NJW 1960, 572 = BGHZ 31, 210 = MDR 1960, 292 = JZ 1960, 215.
252 NJW 1997, 1441 = MDR 1997, 479 = FamRZ 1997, 544 = FuR 1997, 135 = EzFamR aktuell 1997, 130.
253 BGH, FPR 2002, 559 = FamRZ 2002, 1179 = MDR 2002, 1125 = BGHReport 2002, 875 = NJW-RR 2002, 1513 = EzFamR aktuell 2002, 276 = FamRB 2002, 321.
254 BGH, NJW 2005, 2223 = FamRZ 2005, 1162 = FuR 2005, 370 = BGHReport 2005, 1195 = MDR 2005, 1112; OLG Schleswig Holstein, StE 2008, 627.
255 BGH, FPR 2002, 559 = FamRZ 2002, 1179 = MDR 2002, 1125 = BGHReport 2002, 875 = NJW-RR 2002, 1513 = EzFamR aktuell 2002, 276 = FamRB 2002, 321; OLG Thüringen, FuR 2012, 449; OLG Celle, NJW 1962, 1731; AG Flensburg, SchlHA 2013, 447; AG Gummersbach, FamRZ 1998, 177.
256 BGH, MDR 2013, 850 = FamRZ 2013, 1202 = NJW 2013, 2592 = KKZ 2013, 257 = FPR 2013, 555 = DNotZ 2013, 938 = StuB 2013, 596 = FF 2013, 331 = FamRB 2013, 256 = FA 2013, 241 = FuR 2013, 533 = JA 2013, 707 = FamFR 2013, 405 = Familienrecht kompakt 2013, 182.

listeinwand dem Aufrechnungsverbot entgegenstehen.[257] Grds. verliert ein Unterhaltsanspruch seinen Charakter als gesetzlichen Anspruch i.S.v. § 850b Abs. 1 Nr. 2 ZPO nicht schon deshalb, weil die Parteien ihn zum Gegenstand einer vertraglichen Regelung machen. Dies ist jedenfalls dann der Fall, wenn die Parteien den Bestand des gesetzlichen Anspruchs unberührt lassen und ihn lediglich inhaltlich nach Höhe, Dauer und Modalitäten der Unterhaltsgewährung näher festlegen und präzisieren.[258] Für die Unpfändbarkeit eines Unterhaltsanspruchs und damit auch für die Möglichkeit, gegen einen solchen Anspruch aufzurechnen, bleibt dagegen dann kein Raum, wenn die Vertragsparteien die von ihnen gewollte Unterhaltspflicht völlig auf eine vertragliche Grundlage gestellt und den Zahlungsanspruch damit seines Wesens als eines gesetzlichen Anspruchs entkleidet haben.[259] Allerdings wird sich eine solche Willensrichtung der Vertragsparteien nur bei **Vorliegen besonderer dafür sprechender Umstände** annehmen lassen. Der Unterhaltspflichtige kann jedoch den Unterhaltsanspruch zum Zwecke der Aufrechnung nach den Regeln des Zugriffs auf Arbeitseinkommen pfänden, wenn er wegen seiner Gegenforderung einen Titel hat, die Vollstreckung daraus aussichtslos erscheint und die Pfändung der Billigkeit entspricht.[260]

Während der Unterhaltsanspruch eines Ehegatten grds. unpfändbar ist, ist der **Anspruch auf Freistellung von Verpflichtungen aus seinem Sonderbedarf**, z.B. wegen einer ärztlichen Behandlung, jedoch für den Gläubiger, der den Sonderbedarf abgedeckt hat (z.B. den behandelnden Arzt) der Pfändung unterworfen.[261]

124

Der **Taschengeldanspruch** – auch derjenige des haushaltsführenden Ehegatten – ist gem. § 850b Abs. 1 Nr. 2, Abs. 2 ZPO stets **bedingt pfändbar**.[262] Der Höhe nach beträgt er **mindestens 5 %** des **anrechenbaren Einkommens des unterhaltspflichtigen Ehegatten**.[263]

125

---

257 OLG Hamm, FamFR 2012, 345.
258 BGH, NJW 1997, 1441 = MDR 1997, 479 = FamRZ 1997, 544 = FuR 1997, 135 = EzFamR aktuell 1997, 130; NJW 1960, 572.
259 BGH, NJW 1997, 1441 = MDR 1997, 479 = FamRZ 1997, 544 = FuR 1997, 135 = EzFamR aktuell 1997, 130; NJW 1984, 2350 = FamRZ 1984, 874 = WM 1984, 1372 = MDR 1985, 137.
260 OLG Hamm, FamRZ 2005, 995.
261 LG Münster, Rpfleger 2005, 270; LG Frankenthal, NJW-RR 2001, 1021.
262 BGH, NJW 2004, 2450; Rpfleger 1998, 254 = FamRZ 1998, 608 = JuS 1998, 649; OLG Hamm, InVo 2002, 191; SchlHOLG, InVo 2002, 189; OLG Stuttgart, Rpfleger 2001, 557 = JurBüro 2001, 656 = InVo 2002, 36; LG Stuttgart, JurBüro 2001, 45; KG Berlin, InVo 1999, 401; LG Berlin, JurBüro 2001, 46; JurBüro 2001, 269; LG Wuppertal, JurBüro 2000, 102; LG Essen, JurBüro 1999, 493; LG Duisburg, JurBüro 1997, 491; LG Stuttgart, JurBüro 1996, 104; AG Lemgo, JurBüro 1996, 385; OLG Köln, Rpfleger 1995, 76 = FamRZ 1995, 309; NJW 1993, 3335; wie hier die h.M OLG Celle, FamRZ 1991, 726; OLG Frankfurt/Main, FamRZ 1991, 727; OLG Köln, FamRZ 1991, 587; OLG Hamm, FamRZ 1990, 547; OLG München, NJW-RR 1988, 894; OLG Bamberg, Rpfleger, 1988, 154; LG Bielefeld, JurBüro 1995, 47; LG Frankfurt/Main, JurBüro 1995, 606; OLG Stuttgart, OLGZ 1983, 347; LG Würzburg, JurBüro 1994, 406; LG Dortmund, JurBüro 1990, 1060 m. Anm. *Mümmler*; LG Wuppertal, Rpfleger 1987, 254; *Stöber*, Rn 1015 m.w.N.; a.A. LG Braunschweig, Rpfleger 1997, 394 = NJW-FER 1997, 281.
263 BGH, Rpfleger 1998, 254; OLG Nürnberg, Rpfleger 1998, 294 = InVo 1998, 228; LG Stuttgart, JurBüro 1996, 104; AG Detmold, JurBüro 1997, 44.

§ 6 Die Pfändung von Arbeitseinkommen

Im Rahmen der Billigkeitsprüfung sind vor allem die wirtschaftlichen und finanziellen Verhältnisse der Ehegatten, insbesondere des Drittschuldners, von Belang. Allgemein anerkannt ist, dass eine Pfändung bei kleinen und mittleren Einkommen nur ausnahmsweise in Betracht kommt)[264] und die Vorschrift des § 850d Abs. 2 ZPO als Ausnahme von der Regel der Unpfändbarkeit restriktiv auszulegen und anzuwenden ist.[265]

126 *Taktischer Hinweis*
Kommt die **Pfändung eines Taschengeldanspruch** im Rahmen einer **Billigkeitsprüfung** gem. § 850b Abs. 2 ZPO in Betracht,[266] hat der Schuldner im Verfahren zur Abgabe der Vermögensauskunft das **Nettoeinkommen des Ehepartners** anzugeben.[267] Insofern kommt bei Nichtbeachtung seitens des Gläubigers eine **Nachbesserung** in Betracht.

127 Für die Pfändbarkeit des Taschengeldanspruchs kommt es zudem nicht darauf an, ob, wann und wie viel der unterhaltspflichtige Lebenspartner an Taschengeld ausbezahlt.[268] Ob der Taschengeldanspruch, der einem Ehegatten als Teil seines Unterhalts (§ 1360a BGB) zusteht, der Pfändung nach § 850b Abs. 1 Nr. 2, Abs. 2 ZPO unterliegt, haben vielmehr die Fachgerichte (i.d.R. das Familiengericht) auf der Grundlage des einfachen Rechts zu entscheiden. Jedenfalls verstößt eine Pfändung des Taschengeldanspruchs nicht gegen Art. 6 Abs. 1 GG.[269]

128 Die Pfändung des Taschengeldanspruchs wirkt fort, auch wenn der Schuldner zwischenzeitlich kurzfristig eigenes Einkommen erzielt hat und damit für diese Zeiten ein Taschengeldanspruch nicht bestanden haben sollte.[270]

129 Die Pfändung des Taschengeldanspruchs entspricht allerdings nur dann der **Billigkeit** (vgl. § 850b Abs. 2 ZPO), wenn im Vergleich zu durchschnittlichen Fällen besondere Umstände vorliegen,[271] was dann der Fall ist, wenn wegen Ansprüchen aus vorsätzlich begangener unerlaubter Handlung vollstreckt wird[272] und wenn dieser einschließlich des übrigen Unterhaltsanspruchs die Pfändungsfreigrenze des § 850c ZPO übersteigt.[273] Unbillig-

---

264 Brandenburgisches OLG, InVo 2002, 469 = JurBüro 2002, 160 = MDR 2002, 356; LG Stuttgart, JurBüro 2004, 617; LG Kleve, JurBüro 2002, 550; LG Mönchengladbach, Rpfleger 2002, 469.
265 SchlHOLG, InVo 2002, 189.
266 Vgl. auch Rdn 156.
267 BGH, NJW 2004, 2452 = FamRZ 2004, 1279 = WM 2004, 1591 = JurBüro 2004, 494 = Rpfleger 2004, 575 = DGVZ 2004, 135 = FPR 2004, 590 = MDR 2004, 1259 = KKZ 2004, 248 = Vollstreckung effektiv 2004, 162.
268 LG Tübingen, JurBüro 2001, 46.
269 BVerfG, FamRZ 1986, 773.
270 LG Münster, JurBüro 2000, 49.
271 OLG Hamm, InVo 2002, 191; OLG Nürnberg, Rpfleger 1998, 294.
272 OLG Hamm, InVo 2002, 191; LG Karlsruhe, InVo 2002,430.
273 OLG Stuttgart, Rpfleger 2001, 557 = JurBüro 2001, 656 = InVo 2002, 36; LG Siegen, JurBüro 2002, 609; LG Oldenburg, JurBüro 2002, 48; LG Stuttgart, JurBüro 2001, 45; LG Karlsruhe, JurBüro 2000, 548; LG Heilbronn, JurBüro 2000, 156; Rpfleger 1999, 550.

keit ist aber nicht allein deshalb anzunehmen, dass einer hohen titulierten Forderung ein relativ geringwertiger Taschengeldanspruch entgegensteht, weil damit Schuldner, die hoch verschuldet sind, besser gestellt würden als Schuldner, die ihre finanziellen Möglichkeiten nur in geringem Maße überschritten haben.[274] Unbillig ist die Pfändung des Taschengeldanspruchs hingegen nicht, wenn die Befriedigung der Forderung durch den pfändbaren Teil des Taschengeldes voraussichtlich einen längeren Zeitraum – hier Jahre – dauern wird.[275] Reicht allerdings der errechnete monatliche Taschengeldanspruch nicht aus, um die hohen Zinsen des titulierten Anspruchs abzudecken, kann angeordnet werden, dass die an den Gläubiger abzuführenden Beträge zunächst nur mit der titulierten Hauptschuld zu verrechnen sind.[276] Der Anspruch steht nicht nur dem erwerbslosen Ehegatten zu, sondern kann auch für bei zuverdienenden Ehegatten in Betracht kommen. Er besteht jedoch nur dann, wenn das dem weniger verdienenden Ehegatten zustehende Taschengeld höher ist als sein Eigeneinkommen. Vergleichbar mit dem Barunterhaltsanspruch eines getrennt lebenden oder geschiedenen Ehegatten, der seinen eheangemessenen Unterhaltsbedarf ganz oder zum Teil durch seinen Eigenverdienst decken kann und insoweit keinen Zahlungsanspruch mehr gegen den anderen Ehegatten hat, wird auch der Taschengeldbedarf durch den Eigenverdienst des Gläubigerehegatten ganz oder teilweise gedeckt, sodass insoweit kein weiterer Zahlungsanspruch gegen den Schuldnerehegatten besteht.[277]

3. Fortlaufende Einkünfte des Schuldners aus Stiftungen oder sonst aufgrund der Fürsorge und Freigebigkeit eines Dritten oder aufgrund eines Altenteils oder Auszugsvertrags (§ 850b Abs. 1 Nr. 3 ZPO)

a) Allgemeines

Unter die Regelung fallen **fortlaufende** – nicht einmalige[278] – **Einkünfte**, die der Schuldner aus **Stiftungen** oder aufgrund eines zu seinen Gunsten zwischen dem zuwendenden **Dritten** und einem weiteren Dritten geschlossenen Vertrags oder aufgrund letztwilliger Verfügung als Vermächtnisnehmer erhält, soweit diese Bezüge auf der Fürsorge und Freigebigkeit des Dritten (Erblassers) beruhen. **Nicht** unter die Norm fallen Ruhegeldbezüge, Regelbeihilfen der Staatsbediensteten. Bei solchen Ansprüchen fehlt es bereits an der Freiwilligkeit.

---

274 LG Stuttgart, JurBüro 2001, 45.
275 OLG Stuttgart, Rpfleger 1997, 447; LG Stuttgart, JurBüro 2001, 45; LG Duisburg, JurBüro 1997, 491; LG Dortmund, JurBüro 1997, 45.
276 OLG Stuttgart, Rpfleger 1997, 447.
277 BGH, Rpfleger 1998, 254.
278 *Stöber*, Rn 1016.

§ 6 Die Pfändung von Arbeitseinkommen

131 Ebenfalls unanwendbar ist die Regelung auf Einkünfte, die ein Vorerbe aufgrund seiner Vorerbenstellung erzielt,[279] da dieser letztlich wahrer Erbe der Substanz ist. Der dogmatische Grund dafür findet sich darin, dass der Vorerbe, auch wenn ihm die Verwaltung entzogen ist, Eigentümer des Nachlasses ist, während die Pfändungsschutzvorschrift der § 850b Abs. 1 Nr. 3 ZPO die Zwangsvollstreckung in Forderungen betrifft, also das Vorhandensein eines Drittschuldners voraussetzt.[280] Solche Einkünfte unterliegen daher dem Pfändungsschutz grds. dann nicht, wenn es sich um **unmittelbare Nutzungsziehungen** aus der Vorerbenstellung handelt. Insoweit erzielt der Vorerbe die Einkünfte nämlich aufgrund seiner eigenen, vom Willen des Erblassers unabhängigen Verwertungsentschließung hinsichtlich des Nachlasses. Ist hingegen der Nachlass so festgelegt, dass der Vorerbe die Nutzungen nicht selbst ohne Weiteres an sich ziehen kann, sondern nur auf ihre Herausgabe gegen einen Dritten Anspruch hat, kann der Anspruch gem. § 850b Abs. 1 Nr. 3 ZPO beschränkt pfändbar sein.[281]

132 Eine **Ausgleichszahlung**, die i.R.d. **Hausratsverfahrens** angeordnet wurde, hat keinen Unterhaltscharakter gem. § 850b Abs. 1 Nr. 2 ZPO, sondern eher die Funktion einer Abstandszahlung. Ihre Unpfändbarkeit ergibt sich aber aus einer entsprechenden Anwendung des § 850b Abs. 1 Nr. 3 ZPO.[282]

133 *Taktischer Hinweis*

Gibt der Schuldner – wie oftmals – im Vermögensverzeichnis an, dass er von einem Geschwisterteil und/oder Lebensgefährten unterhalten wird, so muss er Namen und Anschrift der Leistenden sowie Art und Umfang der Unterhaltsleistungen angeben, damit der Gläubiger prüfen kann, ob eine Pfändung nach §§ 850b oder 850h ZPO möglich ist. Insbesondere muss der Gläubiger – da die Unterhaltsleistungen nicht auf gesetzlicher Unterhaltspflicht beruhen – anhand der Leistungsangaben prüfen können, ob die Unterhaltsleistungen der Lebensgefährtin als Entgelt für Arbeitsleistungen (Haushaltsführung) des Schuldners anzusehen sind und die von Geschwistern erbrachten Leistungen aufgrund von Fürsorge und Freigiebigkeit erfolgen.[283]

---

279 OLG Frankfurt/Main, ZEV 2001, 157; a.A. LG Gießen, Rpfleger 2000, 169: ist der Schuldner Vorerbe und erhält er fortlaufende Erträge aus der Erbschaft, sind diese nicht nach § 850b Abs. 1 Nr. 3 ZPO unpfändbar, weil Rechtsgrund der Einkünfte die eigene Rechtsstellung des Schuldners als Vorerbe ist, die er mit dem Tode des Erblassers erlangt hat. Auf „Fürsorge und Freigiebigkeit eines Dritten" i.S.v. § 850b Abs. 1 Nr. 3 ZPO geht allenfalls die Erbeinsetzung zurück; vgl. auch Gottwald/*Mock*, § 850b Rn 15.
280 OLG Frankfurt/Main, ZEV 2001, 157 m.w.N.; *Herzfelder*, JW 1919, 119.
281 OLG Frankfurt/Main, NJW-RR 2001, 367.
282 OLG Hamm, FamRZ 1988, 745.
283 AG Bocholt, JurBüro 1994, 405.

b) Altenteil

Der **Begriff des Altenteils** in § 850b Abs. 1 Nr. 3 entspricht demjenigen in Art. 96 EGBGB.[284] Es handelt sich um einen historisch gewachsenen Rechtsbegriff, der in verschiedenen Bestimmungen als gegeben und bekannt vorausgesetzt wird (vgl. Art. 96 EGBGB, § 49 GBO). Ein Altenteilsvertrag hat i.d.R. die Gewährung von Unterhalt zum Inhalt, wobei dem Altenteiler ein Wohnrecht an einem bestimmten Teil eines überlassenen Grundstücks gewährt wird. Dem Übernehmer soll ein Gut oder ein Grundstück überlassen werden, kraft dessen Nutzung er sich eine eigene Lebensgrundlage schaffen und gleichzeitig den dem Altenteiler geschuldeten Unterhalt erwirtschaften kann. Der Grundzug eines Altenteils besteht somit in einem Nachrücken der folgenden Generation in eine wenigstens teilweise existenzbegründende Wirtschaftseinheit.

Erforderlich ist, dass ein Beteiligter einem anderen nach Art einer vorweggenommenen Erbfolge seine wirtschaftliche Lebensgrundlage überträgt, um dafür in die persönliche Gebundenheit eines abhängigen Versorgungsverhältnisses einzutreten, während der Übernehmer eine wirtschaftlich selbstständige Stellung erlangt.[285] Solche Ansprüche aus **Altenteils- oder Auszugsverträgen** beinhalten aufgrund einer persönlichen Beziehung einen Versorgungsanspruch gegen. den Übernehmer eines Grundstücks bzw. Hofes und fallen daher unter § 850b Abs. 1 Nr. 3 ZPO.[286] Auf eine dingliche Sicherung kommt es hierbei nicht an.[287] Ein **Nießbrauch** an einem Hausgrundstück, der im Übergabevertrag als Grundlage der Altersversorgung des Übergebers bestellt worden ist, stellt kein Altenteil dar und unterliegt daher der Pfändung.[288]

Auch städtische Grundstücke können mit einem Altenteil belastet werden. Dabei kann sich der Unterhalt auf einen Teil des gesamten notwendigen Unterhalts des Altenteilers, etwa auf die Gewährung der Wohnung, beschränken.[289] Dieser Versorgungszweck des Vertrags lässt das sonst übliche Gleichgewichtsverhältnis von Leistung und Gegenleistung in den Hintergrund treten.[290] Tritt dagegen bei einer Versorgungsvereinbarung der Charakter eines gegenseitigen Vertrags mit beiderseitigen etwa gleichwertigen Leistungen in den Vordergrund, handelt es sich nicht um einen Altenteilsvertrag.[291] Das gilt auch

---

284 BGH, NJW-RR 2007, 1390 = FamRZ 2007, 1646 = MDR 2007, 1218 = Rpfleger 2007, 614 = JurBüro 2007, 607 = ZVI 2007, 553.
285 BGH, NJW 2003, 1325 = MDR 2003, 348 = ZEV 2003, 210 = WM 2003, 1483; WM 2000, 586 = MittBayNot 2000, 223 = MittRhNotK 2000, 203 = ZEV 2001, 30; NJW-RR 1989, 451 = WM 1989, 70 = MittBayNot 1989, 81 = ZfF 1990, 234.
286 OLG Hamm, Rpfleger 1969, 396.
287 BGH, NJW 1970, 282 = BGHZ 53, 41 = MDR 1970, 128 = WM 1969, 1492 = LM Nr. 3/4 zu § 850b ZPO.
288 LG Oldenburg, Rpfleger 1982, 298.
289 BGH, MDR 1964, 741 = LM Nr. 6 zu Art 15 Preuß AGBG.
290 Vgl. BayObLG, MDR 1975, 941.
291 BGH, NJW 1981, 2568; NJW 1970, 282 = BGHZ 53, 41 = MDR 1970, 128 = WM 1969, 1492 = LM Nr. 3/4 zu § 850b ZPO; MDR 1964, 741.

dann, wenn ein Teil der Gegenleistung für die Grundstücksübereignung Züge aufweist, die auch einem Altenteil eigen sind. Denn eine Grundstücksübertragung wird noch nicht allein durch eine Wohnrechtsgewährung mit Pflege- und Versorgungsverpflichtungen zum Altenteilsvertrag.[292]

4. Bezüge aus Witwen-, Waisen-, Hilfs- und Krankenkassen, bestimmte Lebensversicherungen (§ 850b Abs. 1 Nr. 4 ZPO)

a) Allgemeines

137 Durch die Norm werden **öffentliche oder private Bezüge** aus den genannten Kassen erfasst, wenn sie ganz oder zu einem wesentlichen Teil der **Unterstützung** des Schuldners dienen.[293] **Gesetzliche Sozialleistungen** (z.B. AOK) genießen den Pfändungsschutz nach § 54 SGB I.[294]

b) Witwen-, Waisen-, Hilfs- und Krankenkassen

138 Unter die Norm fallen Bezüge aus nicht gesetzlichen (vgl. § 54 SGB I) **Krankenkassen** (Krankenhaustagegeld[295]), einmalige Leistungen der Krankenkasse[296] und Bezüge aus einer Hilfskasse,[297] sofern sie ausschließlich oder zu einem wesentlichen Teil zu Unterstützungszwecken gewährt werden. Hierzu zählen auch **einmalige Ansprüche** gegen einen **privaten Krankenversicherungsträger**, die auf Erstattung der Kosten für ärztliche Behandlungsmaßnahmen im Krankheitsfall gerichtet sind,[298] ebenso wie Ansprüche auf Pflegegeld und Ersatz von Krankheitskosten gegen **private Pflegeversicherungen**.[299]

---

292 BGH, NJW-RR 1989, 451.
293 BGH, NJW 1988, 2670 = BGHZ 104, 309 = ZIP 1988, 897 = WM 1988, 1119 = MDR 1988, 938 = Rpfleger 1988, 491 = VuR 1988, 269 = DB 1988, 2145 = AnwBl 1988, 589; Stein/Jonas/*Brehm*, § 850b Rn 19.
294 OLG Köln, Rpfleger 1990, 130.
295 OLG Oldenburg, Rpfleger 1983, 33.
296 LG Lübeck, Rpfleger 1993, 207; allerdings müssen die Gelder zu Unterstützungszwecken gewährt werden; vgl. hierzu LG Frankenthal, ZInsO 2016, 866.
297 Einkommensersatzleistungen gem. Satzung eines Versorgungswerk: ihre Funktion besteht darin, das Mitglied während der Dauer der Heilmaßnahme finanziell zu unterstützen und den durch sie bedingten Einkommensausfall zu kompensieren; vgl. OVG Nordrhein-Westfalen, Beschluss v. 30.10.2012 – 17 E 768/12 – juris.
298 BGH, DB 2014, 594 = VersR 2014, 452 = ZIP 2014, 688 = MDR 2014, 470 = WM 2014, 748 = RuS 2014, 183 = FamRZ 2014, 752 = NZI 2014, 369 = ZInsO 2014, 833 = ZVI 2014, 197 = NJW-RR 2014, 683; Vollstreckung effektiv 2007, 166 = Rpfleger 2007, 520 = DGVZ 2007, 137 = MDR 2007, 1219 = WM 2007, 2017 = ZVI 2007, 521 = NJW-RR 2007, 1510 = BGHReport 2007, 1150 = KKZ 2008, 209; OLG Schleswig-Holstein, ZVI 2015, 214 = VuR 2015, 272 = DGVZ 2016, 10; OLG Frankfurt/Main, VersR 2013, 990; LG Köln VersR 2013, 1389; LG Dortmund, Versicherung und Recht kompakt 2012, 80 = RuS 2012, 248; r+s 2012, 248; AG Kiel, ZInsO 2012, 226; *Senger/Finke*, ZInsO 2012, 997 (1000); a.A. LG Köln, NJW-RR 2004, 552.
299 SG Karlsruhe, ZInsO 2016, 1442; SG Hamburg, Versicherung und Recht kompakt 2012, 206 = VuR 2014, 35.

E. Bedingt pfändbare Forderungen (§ 850b ZPO) § 6

Quartalsmäßig gezahlte **freiwillige Bonusleistungen** der Krankenkasse an den Bezieher von Arbeitslosengeld II für gesundheitsbewusstes Verhalten sind hingegen pfändbar.[300] Die **Rente aus einer privaten Rentenversicherung** unterfällt grds. dem Pfändungsschutz, nicht aber der an die Stelle des Rentenanspruchs tretende Anspruch auf Kapitalabfindung.[301] Gleiches gilt für Ansprüche auf nach dem Tod des Berechtigten noch ausstehenden Leistungen.[302] Gegenüber dem Anspruch des Versicherungsnehmers auf Ersatz von Krankheitskosten kann der Krankenversicherer nicht mit einem ihm nach seiner Meinung zustehenden Rückforderungsanspruch aufrechnen;[303] woraus Unpfändbarkeit folgt.

139

140

Die Pfändung einer zu Unterstützungszwecken gewährten **Witwenrente** entspricht nur der **Billigkeit**, wenn sich einerseits der Gläubiger in einer besonderen Notlage befindet und es sich andererseits um größere Bezüge des Schuldners handelt.[304]

c) Lebensversicherungen/Todesfalllebensversicherung/ Sterbegeldversicherung

Der Gesetzgeber will mit der Pfändungsschutzbestimmung der § 850b Abs. 1 Nr. 4 ZPO auch solche Versicherungen erfassen, die dazu dienen, beim Tode des Versicherungsnehmers anfallende Ausgaben, vor allem Bestattungskosten, abzudecken. Die Leistungen aus der Lebensversicherung sollen daher nach Sinn und Zweck des Gesetzes die Kosten aus Anlass des Todesfalles decken.[305] Weder die Angehörigen des Versicherungsnehmers noch der Staat sollen mit diesen Kosten belastet werden. Damit erfasst die Vorschrift insbesondere sog. **Sterbegeldversicherungen**, welche die eigenen Beerdigungskosten des Versicherten abdecken sollen, aber zugunsten eines Angehörigen abgeschlossen werden. Die Todesfallversicherungen fallen deshalb auch nicht in die Insolvenzmasse.[306]

141

Kapitallebensversicherungen, deren **Versicherungssummen in einem Betrag ausgezahlt** werden, werden von der Vorschrift nicht erfasst. Diese sind unbeschränkt pfändbar.[307] Denn der Pfändungsschutz erfasst grds. Arbeitseinkommen und bestimmte gleich-

142

---

300 AG Hanau, ZVI 2007, 368.
301 LG Dortmund, ZInsO 2007, 1357.
302 KG, OLGZ 1985, 86.
303 LG Köln, NJW 2004, 1341.
304 OLG Celle, MDR 1999, 1087.
305 BT-Drucks 8/693 S. 47; BGH, NJW-RR 2008, 412 = WM 2008, 450 = ZVI 2008, 49 = FamRZ 2008, 605 = MDR 2008, 337 = RuS 2008, 120 = BGHReport 2008, 400 = Rpfleger 2008, 267 = JurBüro 2008, 212 = DB 2008, 1040 = KKZ 2010, 41 = NJW-Spezial 2008, 231= Vollstreckung effektiv 2016, 15.
306 Vgl. auch § 4 Rdn 274 ff.
307 BGH, NJW 2002, 755 = ZIP 2002, 226 = WM 2002, 279 = BGHReport 2002, 258 = MDR 2002, 477 = Rpfleger 2002, 272 = KTS 2002, 323 = KKZ 2002, 151 = ZBB 2002, 118.

§ 6 Die Pfändung von Arbeitseinkommen

gestellte fortlaufende Bezüge des Vollstreckungsschuldners, nicht aber Einkommen unter anderem. aus Kapitalvermögen. Dies ist verfassungsrechtlich nicht zu beanstanden.[308] Rechte aus einer Kapitalversicherung über mehr als 3.579 EUR, die zur Versorgung des Arbeitnehmers und seiner Hinterbliebenen eingegangen wurden, sind voll pfändbar; dies gilt auch für eine von der Rentenversicherungspflicht befreiende Kapitallebensversicherung.[309] Volle Pfändbarkeit besteht darüber hinaus, wenn nicht die Rentenleistungen, sondern der **Rückkaufwert** aus einer Kapitallebensversicherung geltend gemacht wird.[310]

143 Ansprüche aus einer **Handwerker-Lebensversicherung** nach § 22 der Verordnung zur Durchführung und Ergänzung des Gesetzes über die Altersversorgung für das Deutsche Handwerk vom 13.7.1939[311] waren bis zum 31.12.1961 bis zu einem Höchstbetrag i.H.v. 10.000 DM unpfändbar. Dieser Rechtszustand hat sich durch das Inkrafttreten des Handwerkerversorgungsgesetz am 1.1.1962 geändert.[312] Allerdings hat der ehemalige Pfändungsschutz für Lebensversicherungen, die am 1.1.1962 beim Inkrafttreten des **HwVG** pfändungsfrei gewesen sind, weiterhin Bestand.[313]

5. Voraussetzungen der Pfändung nach § 850b Abs. 2 ZPO

144 Der Gesetzgeber hat mit § 850b Abs. 2 ZPO die Möglichkeit geschaffen, den Vollstreckungsgläubiger treffende Härten zu mildern, wenn

- es sich einerseits um größere Bezüge des Schuldners,
- andererseits um eine besondere Notlage des Gläubigers handelt.[314]

145 Nach dieser Vorschrift können die nach § 850b Abs. 1 ZPO grds. unpfändbaren Bezüge nach den für Arbeitseinkommen geltenden Vorschriften gepfändet werden, wenn die Vollstreckung in das sonstige bewegliche Vermögen des Schuldners zu einer vollständigen Befriedigung nicht geführt hat oder voraussichtlich nicht führen wird und wenn die Pfändung nach den Umständen des Falles, insbesondere nach der Art des beizutreibenden Anspruchs und der Höhe der Bezüge, der Billigkeit entspricht.

146 Die Entscheidung, ob ein Fall des § 850b Abs. 2 ZPO vorliegt, kann – nach Anhörung der Beteiligten – nur im Vollstreckungsverfahren erfolgen. Die Zuständigkeit des Vollstreckungsgerichts ist insoweit ausschließlich (§§ 802, 828 Abs. 1 ZPO).[315]

---

308 Vgl. i.E. BFH, BFH/NV 1999, 443.
309 BFH, NJW 1992, 527; VG Arnsberg, VersR 1969, 920.
310 OLG Brandenburg, InVo 2003, 183.
311 RGBl I 1255, 1. DV/HVG.
312 HwVG; BGBl I 737.S
313 BGH, MDR 1966, 43: Ergänzung zu BGHZ 35, 26; OLG Düsseldorf, VersR 1967, 750.
314 BGH, BGHZ 53, 41 = NJW 1970, 282 = MDR 1970, 128 = WM 1969, 1492.
315 BGH, ZInsO 2018, 1804 = MDR 2018, 1080 = NJW 2018, 2732.

E. Bedingt pfändbare Forderungen (§ 850b ZPO) § 6

Die **Aufzählung** ist **nicht abschließend** („insbesondere"). Nur wenn positiv feststeht, **147** dass zusätzlich diese besonderen Voraussetzungen für die Pfändung vorliegen, darf die Pfändung der grds. unpfändbaren Bezüge zugelassen werden.[316] Die in der Norm aufgeführten **Bezüge** sind daher **relativ unpfändbar, solange** eine **Pfändbarkeit** durch das Vollstreckungsgericht (Rechtspfleger, § 20 Nr. 17 RPflG) im Rahmen einer Entscheidung **nicht angeordnet** wurde. Voraussetzung einer solchen konstitutiven[317] Anordnung sind:

- **Gläubigerantrag**: Erforderlich ist zunächst ein **Antrag** des Gläubigers, der auf die Pfändung einer der in § 840b Abs. 1 Nr. 1 bis 4 ZPO genannten Bezüge gerichtet ist. Im Antrag sind die Tatsachen schlüssig darzulegen und notfalls zu beweisen, die die Voraussetzungen des § 850b Abs. 2 ZPO erfüllen. Dabei genügt lediglich die Angabe des Gesetzestextes nicht.

- **unvollständige Gläubigerbefriedigung**:[318] Die Voraussetzungen des § 850b Abs. 2 ZPO sind gegeben, wenn eine Vollstreckung in das sonstige bewegliche Vermögen des Schuldners nicht zu einer vollständigen Befriedigung des Gläubigers führt bzw. voraussichtlich geführt hätte, wobei der Nachweis einer erfolglosen Pfändung weder die Abgabe einer Vermögensauskunft voraussetzt, noch durch diese erbracht wird. Pauschalierungen sind unzulässig. Der BGH[319] lässt ausdrücklich offen, ob allein mit dem Hinweis auf die Abgabe der Vermögensauskunft die Aussichtslosigkeit der Vollstreckung in das sonstige bewegliche Vermögen nachgewiesen ist.[320] Der Gläubiger hat die erfolglose Vollstreckung glaubhaft zu machen bzw. darzulegen dass eine solche nicht erfolgversprechend ist. Letzteres ist z.B. dann gegeben, wenn der zuständige Gerichtsvollzieher bereits für andere Gläubiger gegen denselben Schuldner vollstreckt hat, was durch **Unpfändbarkeitsbescheinigung** gem. § 63 GVGA nachgewiesen werden kann. Diese darf allerdings nicht älter als 6 Monate sein.[321] Eine Vollstreckung verspricht auch dann keinen Erfolg, wenn gg. den Schuldner wegen eines anderen Gläubigers im Schuldnerverzeichnis bereits ein Haftbefehl eingetragen wurde.[322]

---

316 BGH, Vollstreckung effektiv 2005, 127 = WM 2005, 1185 = NJW-RR 2005, 869 = FamRZ 2005, 1083 = JurBüro 2005, 381 = Rpfleger 2005, 446 = MDR 2005, 1015; a.A. BGH, NJW 2004, 2450; Rpfleger 1998, 254 = FamRZ 1998, 608 = JuS 1998, 649; OLG Schleswig, Rpfleger 2002, 87; LG Düsseldorf, JurBüro 2003, 655; LG Karlsruhe, JurBüro 2003, 656 = InVo 2004, 198.
317 BGH, ZInsO 2018, 1804 = MDR 2018, 1080 = NJW 2018, 2732; BGH, NJW 1982, 515; BGH, NJW 1970, 282 = MDR 1970, 128 = WM 1969, 1392.
318 OLG Celle, InVo 1999, 289.
319 NJW 2004, 2450 = DB 2004, 1829 = Vollstreckung effektiv 2004, 153 = ZAP EN-Nr. 582/2004 = Vollstreckung effektiv 2004, 163 = Rpfleger 2004, 503 = FPR 2004, 588 = MDR 2004, 1144 =InVo 2004, 412.
320 LG Meiningen, Beschl. v. 18.7.2007 – 4 T 164/07 – juris.
321 LG Berlin, ZVI 2003, 72; LG Hamburg, DGVZ 2002, 124.
322 Str., OLG Oldenburg, JurBüro 2004, 157; LG Braunschweig, Rpfleger 1998, 77; AG Bochum, DGVZ 2000, 141; vgl. Goebel/*Goebel*, § 2 Rn 19 m.w.N.

395

■ **Billigkeit der Pfändung:** was im Einzelnen zur Billigkeit der Pfändung darzulegen ist, ergibt sich aus den Umständen des Einzelfalls[323] und ist durch den Gläubiger zu begründen.[324] Dazu gehört zunächst die nähere Beschreibung des Anspruchs, dessentwegen die Zwangsvollstreckung betrieben wird. Soweit es ferner um die in der Person des Schuldners liegenden Umstände geht, ist die Darlegungslast des Gläubigers eingeschränkt, er muss aber grobe Angaben über die Einkommensverhältnisse des Schuldners, über die allgemeine Herkunft der Einkünfte des Schuldners und des Ehegatten und die Zahl der Kinder machen. Notfalls ist er gehalten, sich diese Informationen im Wege der Einleitung eines Verfahrens auf Abgabe der Offenbarungsversicherung zu verschaffen.[325] Die Anforderungen an den Gläubigervortrag sind allerdings nicht zu überspannen.[326] Neben der Höhe der Bezüge und der wirtschaftlichen Situation von Schuldner und Gläubiger können vor allem Art und Umstände der Entstehung der beizutreibenden Forderung von Bedeutung sein. Es müssen demnach **besondere Umstände** die Pfändung rechtfertigen. So kann die Pfändung zur Beitreibung privilegierter Ansprüche im Sinne der §§ 850d, 850f Abs. 2 ZPO der Billigkeit entsprechen.[327] Die Billigkeit der Pfändung eines Taschengeldanspruchs ist nur dann anzunehmen, wenn zu einer Leistungsfähigkeit auf Seiten des Schuldners eine Bedürftigkeit auf Gläubigerseite kommt.[328] Gegen eine zugunsten des Gläubigers zu treffende Billigkeitsentscheidung kann sprechen, dass der Schuldner sozialhilfebedürftig würde. Gleiches kann für den Fall gelten, dass die Angehörigen des Schuldners bei Pfändung der Ansprüche aus einer auf seinen Todesfall abgeschlossenen Lebensversicherung zur Bestreitung der Bestattungskosten auf Sozialhilfe angewiesen wären.[329] Die Pfändung der Ansprüche des Schuldners auf **Erstattung der Kosten für künftige ärztliche Behandlungsmaßnahmen** gegen einen Krankenversicherer kommt aufgrund von Billigkeitserwägungen nach § 850b Abs. 2 ZPO grds. nicht in Betracht. Die **Pfändung einer Witwenrente** ist unbillig, wenn die Forderung des Gläubigers verhältnismäßig gering ist und der Schuldner für sich und seine min-

---

323 BGH, NJW-RR 2008, 412 = WM 2008, 450 = ZVI 2008, 49 = FamRZ 2008, 605 = MDR 2008, 337 = RuS 2008, 120 = BGHReport 2008, 400 = Rpfleger 2008, 267 = JurBüro 2008, 212 = DB 2008, 1040 = KKZ 2010, 41 = NJW-Spezial 2008, 231 = Vollstreckung effektiv 2016, 15.
324 OLG Stuttgart, Rpfleger 1983, 288.
325 OLG Stuttgart, Rpfleger 1983, 288; a.A. OLG Hamm, NJW 1979, 1369.
326 Zöller/*Herget*, § 850b Rn 12 bis 15.
327 BGH, NJW-RR 2008, 412 = WM 2008, 450 = ZVI 2008, 49 = FamRZ 2008, 605 = MDR 2008, 337 = RuS 2008, 120 = BGHReport 2008, 400 = Rpfleger 2008, 267 = JurBüro 2008, 212 = DB 2008, 1040 = KKZ 2010, 41 = NJW-Spezial 2008, 231 = Vollstreckung effektiv 2016, 15; OLG Hamm, RPfleger 2002, 161; OLG Schleswig, RPfleger 2002, 87, 88.
328 LG Meiningen, JurBüro 2011, 664 = VUR 2012, 237.
329 BGH, NJW-RR 2008, 412 = WM 2008, 450 = ZVI 2008, 49 = FamRZ 2008, 605 = MDR 2008, 337 = RuS 2008, 120 = BGHReport 2008, 400 = Rpfleger 2008, 267 = JurBüro 2008, 212 = DB 2008, 1040 = KKZ 2010, 41 = NJW-Spezial 2008, 231 = Vollstreckung effektiv 2016, 15.

E. Bedingt pfändbare Forderungen (§ 850b ZPO) § 6

derjährigen Kinder ergänzender Hilfe zum Lebensunterhalt bedarf.[330] Entspricht die Pfändung der Billigkeit, kann der Schuldner wegen eigener Forderungen auch den gegen ihn gerichteten Anspruch des Gläubigers auf Zahlung von Unterhaltsrückständen pfänden.[331]

6. Anhörung der Beteiligten (§ 850b Abs. 3 ZPO)

§ 850b Abs. 3 ZPO weist die Besonderheit auf, dass das Vollstreckungsgericht entgegen der allgemeinen Regel des § 834 ZPO **vor** seiner **Entscheidung** die Beteiligten (Schuldner, Drittschuldner) **hören soll**. Auch wenn der Wortlaut („soll") nicht zwingend scheint, hat stets eine Anhörung stattzufinden.[332] Hierdurch ist der Schuldner hinreichend **geschützt** und kann der konkret zu beurteilende Einzelfall in die gerichtliche Ermessensentscheidung einfließen.[333] Die Anhörung kann dabei schriftlich oder durch freigestellte mündliche Verhandlung erfolgen. **148**

Bestreitet der Schuldner den Vortrag des Gläubigers, ist dieser gehalten, seine Angaben zu beweisen.[334] **149**

Die **Entscheidung** des Vollstreckungsgerichts ergeht durch **Beschluss** und ist stets zu begründen.[335] Dies gilt vor allem im Hinblick auf die Frage der **Billigkeit**.[336] Die Billigkeitsentscheidung ist daher Rechtsgrundlage der Pfändung.[337] Ohne eine Entscheidung nach § 850b Abs. 2 ZPO ist die Pfändung unwirksam. Das bedeutet, dass die Voraussetzungen zweifelsfrei erfüllt sein müssen, um ein Recht auf Pfändung einer Forderung nach § 850b Abs. 1 ZPO zu begründen. Daraus folgt, dass die Pfändung jedenfalls dann endgültig rechtswidrig ist, wenn weder sie selbst, noch die in diesem Zusammenhang zwischen dem Drittschuldner, dem Vollstreckungsschuldner und dem Vollstreckungsgläubiger gewechselten Schriftsätze, noch der übrigen Akteninhalt Anhaltspunkte dafür bieten, dass der von § 850b Abs. 2 ZPO als Pfändungsvoraussetzung bestimmte Abwägungs- und Entscheidungsprozess stattgefunden haben könnte, weil nicht einmal die in § 850b Abs. 3 **150**

---

330 OLG Celle, MDR 1999, 1087; zur Billigkeitsprüfung beim **Taschengeldanspruch** vgl. Rdn 129.
331 BGH, Vollstreckung effektiv 2007, 166 = Rpfleger 2007, 557 = DGVZ 2007, 137 = MDR 2007, 1219 = VersR 2007, 1435 = WM 2007, 2017 = ZVI 2007, 521 = NJW-RR 2007, 1510 = BGHReport 2007, 1150 = InVo 2007, 509 = WuB VI D § 850b ZPO 1.08 = KKZ 2008, 209; LG Kassel, JurBüro 2005, 439.
332 BGH, Vollstreckung effektiv 2005, 127 = WM 2005, 1185 = NJW-RR 2005, 869 = FamRZ 2005, 1083 = JurBüro 2005, 381 = Rpfleger 2005, 446 = MDR 2005, 1015; a.A. LG Düsseldorf, JurBüro 2003, 655; LG Karlsruhe, JurBüro 2003, 656 = InVo 2004, 198.
333 AG Cloppenburg, JurBüro 2007, 382.
334 OLG Nürnberg, Rpfleger 1998, 294; OLG Hamm, MDR 1975, 587.
335 BGH, Vollstreckung effektiv 2018, 169 = ZInsO 2018, 1804 = MDR 2018, 1080 = NJW 2018, 2732 = NZI 2018, 705.
336 OLG Düsseldorf, Rpfleger 1983, 255 = JurBüro 1983, 1575; AG Cloppenburg, JurBüro 2007, 382.
337 FG Sachsen-Anhalt, VuR 2011, 431.

ZPO vorgesehene Anhörung in Betracht gezogen wurde. Ist das unterblieben, hat das Beschwerdegericht den Pfändungs- und Überweisungsbeschluss aber nicht schon aus diesem Grund aufzuheben, sondern kann eigene Feststellungen dazu treffen, ob die Voraussetzungen des § 850b Abs. 2 ZPO zum Zeitpunkt des Erlasses des Pfändungs- und Überweisungsbeschlusses vorgelegen haben, denn die Beschwerdeinstanz ist eine volle zweite Tatsacheninstanz.[338]

151 Im **Insolvenzverfahren** ist **§ 850b Abs. 2 ZPO nicht unmittelbar anwendbar**, weil durch diese Regelung sichergestellt werden soll, dass die individuellen Belange des vollstreckenden Gläubigers – etwa seine über die allgemeinen Verhältnisse hinausgehende Schutzbedürftigkeit – Berücksichtigung finden. Daher ist im Insolvenzverfahren eine solche Abwägung zugunsten einzelner Gläubiger ausgeschlossen.[339] Dennoch bedarf es nach § 36 Abs. 1 S. 2 InsO, § 850i Abs. 1 ZPO einer wertenden Entscheidung des Gerichts, ob und wie Pfändungsschutzvorschriften der §§ 850 ff. ZPO unter Abwägung der Belange von Schuldner und Gläubiger zur Anwendung kommen.[340]

152 Lässt das Vollstreckungsgericht die Pfändung von Bezügen im Sinne des § 850b Abs. 1 ZPO zu, kann dies durch **Blankettbeschluss** entsprechend § 850c Abs. 3 S. 2 ZPO bewirkt werden, wenn der Schuldner sich im Anhörungsverfahren nicht geäußert hat.[341]

153 *Taktischer Hinweis*

*Es ist also zunächst Aufgabe des Schuldners, sich auf die beschränkte Leistungsfähigkeit zu berufen und auf bestehende Unterhaltsverpflichtungen hinzuweisen. Erst wenn sich der Schuldner substantiiert erklärt hat, obliegt es dem Gläubiger, die bei der Feststellung des nach der Tabelle zu § 850c ZPO pfändbaren Betrages zu berücksichtigenden Unterhaltsberechtigten zahlenmäßig bestimmt zu bezeichnen. Dem Gläubiger obliegt es auch, neben den weiteren Voraussetzungen des § 850b Abs. 2 ZPO darzulegen und zu **beweisen**, dass die vom Schuldner behaupteten Unterhaltsverpflichtungen nicht bestehen. Hierbei sollte ggf. ein zuvor abgegebenes Vermögensverzeichnis ausgewertet werden. Im Zweifel kann der Gläubiger über einen Antrag nach § 850c Abs. 4 ZPO[342] eine (teilweise) Nichtberücksichtigung der zunächst zu berücksichtigenden Person erreichen.*

---

338 LG Meiningen, Vollstreckung effektiv 2013, 129.
339 BGH, ZInsO 2014, 1488 = WM 2014, 1432 = DB 2014, 1676; vgl. *Ahrens*, ZInsO 2010, 2357 (2362).
340 BGH, ZIP 2010, 293 = WM 2010, 271 = NZI 2010, 141 = Rpfleger 2010, 233 = MDR 2010, 408 = ZVI 2010, 102 = InsVZ 2010, 144 = NJW-RR 2010, 474.
341 BGH, Vollstreckung effektiv 2005, 127 = WM 2005, 1185 = NJW-RR 2005, 869 = FamRZ 2005, 1083 = JurBüro 2005, 381 = Rpfleger 2005, 446 = MDR 2005, 1015.
342 Vgl. auch Rdn 183 ff.

7. Praktische Ausfüllhinweise zum amtlichen Pfändungs- und Überweisungsbeschluss-Formular

Beantragt der Gläubiger unter Berufung auf die Ausnahmeregelung nach § 850b Abs. 2 ZPO die Pfändung aus **Billigkeitsgründen**, so muss er dazu vortragen. Hierzu kann im amtlichen Formular das letzte Kästchen, das sich vor dem Ausfertigungsvermerk befindet, verwendet werden. Es lässt auch Hinweise des Gläubigers zu, was die „Quick-Infos" des BMJ zum Ausfüllen des Formulars vorsehen (dort heißt es: *„Setzen Sie bitte ein Kreuz für weitere Anträge oder Hinweise"*).

Dieses (Hinweis-)Kästchen befindet sich hinter dem Kästchen mit dem Zahlungsverbot an den Drittschuldner sowie dem Verfügungs- und Einziehungsverbot an den Schuldner und auch hinter dem Überweisungsbeschluss zur Einziehung oder an Zahlungs statt. Es befindet sich also am Schluss des Formulars und kann, wenn es als „nichtamtlicher Hinweis" bezeichnet ist, nicht mit einer gerichtlichen Anordnung verwechselt werden.

Seite 9 bzw. 10 des amtlichen Formulars: Musterformulierung zur Billigkeitspfändung beim Taschengeldanspruch

154

155

156

[X] Nicht amtlicher Hinweis: Der Taschengeldanspruch ist nach § 850b Abs. 2 ZPO pfändbar (BGH, 19.3.04, IXa ZB 57/03). Die Vollstreckung in das sonstige Vermögen hat nicht zu einer Befriedigung des Gläubigers geführt. Insoweit wird Bezug genommen auf (Zutreffendes auswählen):
( ) die in Kopie beigefügte Fruchtlosigkeitsbescheinigung des Gerichtsvollziehers vom ...
( ) das in beglaubigter Abschrift beigefügte Vermögensverzeichnis vom ... nebst der Abgabe der eidesstattlichen Versicherung des Schuldners ...
Die Pfändung entspricht auch der Billigkeit. Es ist zu berücksichtigen (Zutreffendes auswählen):
( ) dass der Gläubiger auf die Befriedigung zur Bestreitung seines eigenen Unterhalts dringend angewiesen ist.
( ) dem Anspruch eine Deliktsforderung zugrunde liegt

F. Pfändungsgrenzen für Arbeitseinkommen (§ 850c ZPO)

I. Allgemeines

§ 850c ZPO normiert für jegliche Pfändung von Arbeitseinkommen[343] den Maßstab, nach dem bei Pfändung des **wiederkehrend zahlbaren Arbeitseinkommens** durch **gewöhnliche Gläubiger**[344] der dem Schuldner als pfändungsfrei zu belassende Teil zu berechnen ist und ermöglicht so die Feststellung dessen, was an die Gläubiger ausgezahlt werden kann und darf.

Die Regelung behält auch im Rahmen der Pfändung von Guthaben bei einem **Pfändungsschutzkonto** (P-Konto) (vgl. § 850k Abs. 4 ZPO) sowie im **Insolvenzverfahren** (§ 36

157

158

---

343 Im amtlichen Formular: „Anspruch A (an Arbeitgeber)".
344 Hiervon abzugrenzen sind die nach §§ 850d, 850f Abs. 2 ZPO privilegierten Gläubiger; vgl. Rdn 217 ff., 470 ff.

Abs. 1 S. 2 InsO) Gültigkeit. Hierüber entscheidet dann das Insolvenzgericht als besonderes Vollstreckungsgericht. Die Norm des § 850c ZPO gilt auch im **Verwaltungsvollstreckungsverfahren**.[345]

II. Zweck

159 § 850c ZPO bezweckt die **Sicherung des Lebensunterhalts** bzgl. der Pfändung durch **gewöhnliche Gläubiger** in dem Zeitraum, für den das Arbeitseinkommen gezahlt wird. Die Pfändungsgrenzen sollen sicherstellen, dass der Arbeitnehmer innerhalb des Abrechnungszeitraums über ein bestimmtes Mindesteinkommen verfügt. Er soll auf dieses unpfändbare Mindesteinkommen im Hinblick auf andere Verpflichtungen – z.B. Mietzins- und Darlehensverbindlichkeiten – vertrauen dürfen.[346] Bei monatlicher Zahlung wird das Arbeitseinkommen für den gesamten Monat gezahlt ohne Beschränkung auf die tatsächlich geleistete Arbeitszeit. Das gilt auch, wenn das Arbeitsverhältnis im Lohnzahlungszeitraum beginnt oder wieder vor dessen Ablauf endet. Auch dann bleibt es bei dem Freibetrag für den ganzen Monat.[347] Entscheidend ist der regelmäßige monatliche Auszahlungszeitraum. Die Pfändungsgrenzen für Arbeitsentgelt, das wöchentlich oder täglich geschuldet wird, sind nicht maßgeblich.[348]

III. Anwendungsbereich

160 Die Pfändungsgrenzen des § 850c ZPO gelten nur für die Pfändung des **in Geld zahlbaren Arbeitseinkommens** (§ 850 ZPO) selbst.[349] Aus Vereinfachungsgründen werden in einer Tabelle als Anlage zur Vorschrift – die Pfändungsfreigrenzen, d.h. die Feststellung, was einem Gläubiger auszuzahlen ist, geregelt. Denn eine Pfändungsmaßnahme darf im Interesse der Allgemeinheit nicht dazu führen, dass der Schuldner seinen notwendigen Lebensunterhalt ganz oder teilweise aus öffentlichen Mitteln der Sozialhilfe bestreiten muss.[350] Dem Schuldner soll von seinem Einkommen noch genügend erhalten bleiben, um sich und seine Familie versorgen zu können und dadurch den Arbeitsanreiz zu erhalten.

---

345 VG Düsseldorf, Urt. v. 22.12.2011 – 26 K 816/11 – juris.
346 BAG, ZInsO 2009, 1412 = BAGE 130, 101 = NZA 2009, 861 = MDR 2009, 1133 = KKZ 2010, 132; Gottwald/*Mock*, § 850c Rn 2.
347 BAG, Urt. v. 4.4.1989 – 8 AZR 689/87 – juris.
348 Ebenso ArbG Frankfurt/Main, NJW-RR 1999, 723; ArbG Münster, DB 1990, 2332; Zöller/*Herget*, § 850c Rn 3 m.w.N. zu der Kontroverse; Gottwald/*Mock*, § 850c Rn 2.
349 BGH, WM 2004, 1928 = Rpfleger 2004, 711 = NJW 2004, 3714 = JurBüro 2004, 671 = BGHReport 2005, 61 = MDR 2005, 48 = ZVI 2004, 735 = InVo 2005, 16 = KKZ 2005, 104.
350 Vgl. BT-Drucks 14/6812 S. 8, 9, 40.

F. Pfändungsgrenzen für Arbeitseinkommen (§ 850c ZPO) § 6

Praxishinweis **161**
Der dem Schuldner zu belassene **Pfändungsfreibetrag** richtet sich zum einen nach dessen gem. § 850e Nr. 1, 3 ZPO zu berechnenden **Nettoeinkommen**,[351] zum anderen nach der **Anzahl** seiner **unterhaltsberechtigten Angehörigen**. Bei den Freigrenzen handelt es sich lediglich um Kalkulationsgrundlagen, die im Gesetz selbst nur mit ihrem Endbetrag, nicht aber mit ihren Einzelposten Niederschlag gefunden haben.[352] Hinsichtlich der Pfändungsfreigrenzen wegen Forderungen aus gesetzlichen Unterhaltsansprüchen gilt – nur auf Antrag – § 850d ZPO, wegen vorsätzlich begangener unerlaubter Handlungen gilt § 850f Abs. 2 ZPO.[353]

Die Vorschrift ist auch anwendbar bei der Pfändung **laufender Sozialleistungen** als **162** Lohnersatzleistungen (vgl. § 54 Abs. 4 SGB I).[354] Damit unterliegen diese den §§ 850 ff. ZPO. Ihr pfändungsfreier Teil bestimmt sich ebenso nach § 850c ZPO.[355] Anderweitige Bestimmungen, die die Pfändbarkeit von laufenden, auf Geld gerichteten Sozialleistungsansprüchen betreffen und ihren Besonderheiten Rechnung tragen, enthält das SGB I – über die Regelung in § 54 Abs. 4 SGB I hinaus – nicht.[356] **In welcher Höhe die Einkünfte pfändbar** sind, ist § 850c Abs. 1, 2 und 3 ZPO i.V.m. der dem Gesetz als **Anlage beigefügten (Lohnpfändungs-)Tabelle** zu entnehmen. Der Gesetzgeber hat darin feste Beträge bestimmt, die den pfändungsfreien Teil des Arbeitseinkommens ausmachen. An diese ist das Vollstreckungsgericht grds. gebunden. Mit der Festlegungen der Pfändungsgrenzen nach § 850c ZPO werden nur typisierte Regelungen getroffen. Diese können individuelle Problemlagen bei Schuldner oder Gläubiger nicht ausreichend auffangen. Diese von Amts wegen zu berücksichtigenden Grenzen sind ohne weiteres vom Drittschuldner zu beachten und im Interesse eines effizienten Zwangsvollstreckungsverfahrens erforderlich. Zum Ausgleich der dabei auftretenden Probleme ist das Antragsverfahren nach § 850f ZPO eingerichtet, in dem der Freibetrag der erweitert

---

351 Vgl. zur Berechnung Rdn 336 ff.
352 BGH, WM 2004, 338.
353 Vgl. Rdn 217 ff., 470 ff.
354 BGH, WM 2012, 2247 = ZInsO 2012, 2247 = EBE/BGH 2012, 382 = MDR 2013, 57 = ZVI 2012, 453 = Rpfleger 2013, 158 = NZI 2013, 194 = JurBüro 2013, 323 = Vollstreckung effektiv 2013, 2.; im amtlichen Formular: „Anspruch B (an Agentur für Arbeit bzw. Versicherungsträger)".
355 BGH, WM 2004, 338; LG Leipzig, InVo 2003, 489; *Giese*, Sozialgesetzbuch I, § 54 Rn 11; *Hauck/Noftz*, SGB, I K § 54 Rn 26; *Mrozynski*, SGB I, § 54 Rn 20; Wannagat/*Thieme*, SGB, AT § 54 Rn 9; *Stöber*, Rn 1362; vgl. auch BSGE 61, 274.
356 Zur zulässigen Pfändung von **Arbeitslosengeld II** vgl. BGH, WM 2012, 2247 = ZInsO 2012, 2247 = EBE/ BGH 2012, 382 = MDR 2013, 57 = ZVI 2012, 453 = Rpfleger 2013, 158 = NZI 2013, 194 = JurBüro 2013, 323 = Vollstreckung effektiv 2013, 2; BGH NJW-RR 2011, 706 = Vollstreckung effektiv 2011, 43 = WM 2011, 76 = MDR 2011, 127 = FamRZ 2011, 208 = ZFSH/SGB 2011, 90 = Rpfleger 2011, 164 = WuB VI D § 850f ZPO 1.11 = JurBüro 2011, 213 = DGVZ 2012, 10 = KKZ 2012, 22 = ZInsO 2012, 601.

(§ 850f Abs. 1 ZPO[357]) oder durch eine weitere Einschränkung des Freibetrages die Reichweite des Zugriffs des Gläubigers auf das Arbeitseinkommen des Schuldners ausgedehnt (§ 850f Abs. 2[358] und 3,[359] § 850c Abs. 4 ZPO[360]) werden kann.[361]

163 **Nicht anzuwenden** ist die Regelung des § 850c ZPO bei den nicht unter den Begriff des Arbeitseinkommens fallenden Ansprüchen.[362]

IV. Unpfändbareres Arbeitseinkommen: Grundfreibetrag (§ 850c Abs. 1 S. 1 ZPO)

164 Zur Sicherung des Existenzminimums des Arbeitnehmers und seiner unterhaltsberechtigten Familienangehörigen bestimmt § 850c Abs. 1 ZPO einen unpfändbaren Grundbetrag. Dieser ist entsprechend den Unterhaltspflichten des Arbeitnehmers gestaffelt und nach oben begrenzt. Für den Teil des Arbeitseinkommens, der diesen Grundbetrag übersteigt, gelten die weiteren Pfändungsbeschränkungen des § 850c Abs. 2 ZPO.[363]

165 Bei einem **alleinstehenden**, sich selbst versorgenden **Schuldner** gelten die Freigrenzen gem. § 850c Abs. 1 S. 1 ZPO. Hiernach ist ein bestimmter Grundbetrag unpfändbar.[364]

166 Merksätze

- Maßgeblich zur Berechnung des pfändbaren und damit unpfändbaren Lohnes ist stets das **Nettoeinkommen**, welches sich nach § 850e Nr. 1, 3 ZPO berechnet.[365]
- **Mehrere Einkommen**, wozu auch Sozialleistungen[366] (z.B. Renten, Krankengeld etc.) zählen, sind auf **Antrag** hin **zusammenzurechnen** (§ 850e Nr. 2, 2a ZPO). Dies gilt auch, wenn der Schuldner während des Abrechnungszeitraums die Arbeitsstelle wechselt.
- **Nachzahlungen** sind dem Zeitraum zuzuschlagen, für den (nicht in dem) sie erfolgen.[367] Gleiches gilt für Weihnachtsgeld in den Grenzen nach § 850a Nr. 4 ZPO. Ob für den Auszahlungszeitraum monatliches, wöchentliches oder tägliches Einkommen zugrunde zu legen ist, richtet sich allein nach der zwischen Schuldner und Drittschuldner vereinbarten Abrechnung.[368]

---

357 Vgl. Rdn 437 ff.
358 Vgl. Rdn 470 ff.
359 Vgl. Rdn 503 ff.
360 Vgl. Rdn 183 ff.
361 LG Stuttgart, Beschl. v. 2.7.2018 – 19 T 167/17 – juris.
362 Vgl. auch Rdn 6 ff., 16 ff.
363 LAG Köln, AA 2013, 108.
364 Seit 1.7.17: 1.139,99 EUR.
365 Zur Berechnung des pfändbaren Betrages aufgrund der sog. Nettomethode vgl. auch Rdn 345 ff.
366 Vgl. auch § 9 Rdn 1 ff.
367 LAG Düsseldorf, DB 1956, 259; ArbG Wetzlar, BB 1988, 2320; vgl. auch Rdn 367 ff.
368 BSG, NJW 1993, 811.

F. Pfändungsgrenzen für Arbeitseinkommen (§ 850c ZPO) § 6

- Ändert sich der Auszahlungsmodus bei laufender Lohnpfändung, tritt automatisch der neue Grundfreibetrag an die Stelle des bisherigen.

V. Unpfändbareres Arbeitseinkommen: Freibetrag bei gesetzlichen Unterhaltspflichten (§ 850c Abs. 1 S. 2 ZPO)

Gem. § 850c Abs. 1 S. 2 ZPO erhöht sich der Pfändungsfreibetrag nach dem eindeutigen Wortlaut der Regelung nur, wenn der Schuldner aufgrund einer gesetzlichen Verpflichtung seinem Ehegatten (§§ 1360, 1360a, 1361 BGB), einem früheren Ehegatten (§§ 1569 bis 1586a BGB, §§ 26 Abs. 1, 37 Abs. 1, 39 Abs. 2 EheG), seinem Lebenspartner i.S.d. LPartG, einem früheren Lebenspartner i.S.d. LPartG, einem Verwandten oder einem Elternteil Unterhalt gewährt, d.h. **tatsächlich**[369] **leistet**. Wenn also Schuldner z.B. im Rahmen der Abgabe der Vermögensauskunft angeben, dass sie für ihre Kinder keinen Unterhalt zahlen, so bleiben diese bei der Berechnung des pfändbaren Betrages gem. § 850c Abs. 1 S. 2 ZPO unberücksichtigt.[370]

167

Taktischer Hinweis

168

Nur gesetzliche, nicht auch vertragliche **Unterhaltspflichten** oder freiwillige Unterhaltsleistungen sind dabei zu berücksichtigen.[371] Ebenso wenig fallen solche Unterhaltsrenten hierunter, welche der Schuldner als Schadensersatz bezahlen muss. Auch freiwillige Zahlungen an Stiefkinder oder Pflegekinder oder den Partner einer nichtehelichen Lebensgemeinschaft führen nicht zur Erhöhung des Pfändungsfreibetrags, auch wenn diese Personen im Haushalt des Schuldners wohnen.[372] Ebenso kommt eine analoge Anwendung des § 850c Abs. 1 S. 2 ZPO auch dann **nicht** in Betracht, wenn der Schuldner **freiwillig im Rahmen einer Bedarfsgemeinschaft** (vgl. § 9 Abs. 2 S. 1 SGB II) seinem Lebensgefährten Unterhalt gewährt.[373]

---

369 BGH, NJW-RR 2007, 938 = FamRZ 2007, 1008 = Rpfleger 2007, 403 = InVo 2007, 289 = BGHReport 2007, 728 = MDR 2007, 973 = JurBüro 2007, 443 = WM 2007, 1420 = VuR 2007, 393 = KKZ 2007, 278 = FamRB 2007, 236 = FuR 2007, 320 = FoVo 2008, 202; BAG DB 1966, 545 = BB 1966, 409 = NJW 1966, 903 = FamRZ 1966, 233; BAG, NJW 2008, 2606 = NZA 2008, 896 = DB 2008, 2088 = JurBüro 2008, 492; NJW 1989, 2958; BayVWGH, Beschl. v. 1.10.2014 – 3 ZB 12.461 – juris; LG Kassel, JurBüro 2004, 558; LG Göttingen, JurBüro 1999, 271; AG Hannover, Beschl. v. 22.7.2010 – 705 M 55600/10 – juris; AG Bad Schwalbach, JurBüro 2010, 554.
370 LG Braunschweig, JurBüro 2013, 273; LG Amberg, JurBüro 2011, 605; LG Stuttgart, JurBüro 2003, 156; LG Essen, ZVI 2002, 273.
371 BGH, NJW 2018, 954 = FoVo 2017, 210; LG Osnabrück, JurBüro 1999, 45; ebenso nicht bei nichtehelichen Partner vgl. SG Lübeck, NZS 2012, 195.
372 BGH, NJW 2018, 954 = FoVo 2017, 210; Musielak/Voit/*Becker*, § 850c Rn 4 f; Zöller/*Herget*, § 850c Rn 5; MüKo-ZPO/*Smid*, § 850c Rn 10; Gottwald/*Mock*, § 850c Rn 12.
373 BGH, NJW 2018, 954 = FoVo 2017, 210.

§ 6 Die Pfändung von Arbeitseinkommen

169 Merksätze

- Der Schuldner leistet auch dann tatsächlich Unterhalt, wenn der Unterhaltsgläubiger wegen seiner gesetzlichen Unterhaltsansprüche vollstreckt. Denn das Gesetz unterscheidet nicht zwischen freiwilliger Leistung und einer solchen Leistung aufgrund vollstreckungsrechtlicher Maßnahmen. Eine vertragliche Ausgestaltung des gesetzlichen Unterhalts schadet ebenfalls nicht.
- Auch wenn die erste Person ein Kind ist, gilt für dieses der erhöhte Freibetrag nach der Tabellenstufe 1 und nicht der geringere Betrag der 2. Stufe.[374]
- Der erhöhte Freibetrag gilt ebenfalls, wenn beide Ehegatten/Lebenspartner verdienen und bei beiden gepfändet wird.[375] Unerheblich ist dabei, ob das Einkommen des Ehegatten/Lebenspartners unter oder über demjenigen des Schuldners liegt.[376] Ggf. ist ein Antrag nach § 850c Abs. 4 ZPO möglich, weil die Grundnorm des § 850c Abs. 1 ZPO den anderen Ehegatten, selbst wenn er ein höheres Einkommen erzielt als der Schuldner, grds. als berücksichtigungsfähige Person wertet. Solange eine solche Bestimmung nicht getroffen ist, verbleibt es dabei, dass der Ehegatte, jedenfalls wenn er in häuslicher Gemeinschaft mit dem Schuldner lebt, als unterhaltsberechtigte Person zu berücksichtigen ist und die hierauf entfallenden Beträge nicht der Pfändung unterliegen.[377]

170 *Taktischer Hinweis*

Nach der Rechtsprechung des BGH[378] ist es für die Gewährung der erhöhten vorgesehenen Freibeträge ohne Belang, ob die Unterhaltsleistungen, die der Schuldner aufgrund seiner gesetzlichen Unterhaltspflicht tatsächlich – ggf. auch nur teilweise – erbringt, den jeweiligen Pauschalbetrag tatsächlich erreichen oder sogar übersteigen. Eine **Reduzierung** der in § 850c Abs. 1 S. 2 ZPO genannten **Pauschalbeträge auf den tatsächlich geleisteten Unterhaltsbetrag** kommt danach grds. auch dann nicht

---

374 Vgl. BGH, NJW-RR 2004, 1370 = WM 2004, 1744 = Rpfleger 2004, 574 = ZVI 2004, 494 = JurBüro 2004, 614 = MDR 2004, 1382; OLG Thüringen, Beschluss v. 25.7.2014 – 1 WF 277/14 –, juris; a.A. LG Verden, InVo 2003, 24; LG Augsburg, JurBüro 2003, 155.
375 BAG, MDR 1975, 695 = DB 1975, 1370 = FamRZ 1975, 488 = WM 1975, 468 = Rpfleger 1975, 298; Gottwald/*Mock*, § 850c Rn 12.
376 BAGE 42, 54; NJW 1966, 903 = DB 1966, 545 = BB 1966, 409 = FamRZ 1966, 233.
377 BGH, WM 2011, 2372 = ZInsO 2012, 30 = ZIP 2012, 95 = MDR 2012, 123 = NJW 2012, 393 = FamRZ 2012, 216 = ZVI 2012, 15 = Rpfleger 2012, 222. = NJW-Spezial 2012, 54–55 = Verbraucherinsolvenz aktuell 2012, 12 = Vollstreckung effektiv 2012, 39 = FoVo 2012, 114.
378 BGH, Vollstreckung effektiv 2011, 2 = WM 2010, 2231 = FamRZ 2010, 2071 = MDR 2010, 1489 = Rpfleger 2011, 163 = JurBüro 2011, 104 = DGVZ 2011, 69 = FF 2011, 88 = FamFR 2010, 536 = FamRB 2011, 142.

F. Pfändungsgrenzen für Arbeitseinkommen (§ 850c ZPO) § 6

in Betracht, wenn der Schuldner seiner gesetzlichen Unterhaltspflicht **nicht in vollem Umfang** genügt.[379] Im Interesse einer praktikablen Gestaltung der Zwangsvollstreckung hat der Gesetzgeber bewusst davon abgesehen, die Zubilligung der unterhaltsbedingten Freibeträge von einzelfallbezogenen Feststellungen zur Höhe der Unterhaltsverpflichtung abhängig zu machen.[380] Zu einer **Herabsetzung** der Freibeträge kann es daher **nur in besonders gelagerten Einzelfällen** kommen, in denen sich die Inanspruchnahme des dem unterhaltsverpflichteten Schuldner gem. § 850c Abs. 1 S. 2 ZPO bewusst eingeräumten Vollstreckungsfreiraums als unbillig erweist und deshalb die Verwirklichung des mit der Einführung von Pauschalbeträgen verfolgten Zwecks ausnahmsweise hinter dem Vollstreckungsinteresse des Gläubigers zurücktreten muss.

Im **Verhältnis zwischen Ehegatten** kommt es bei der Anwendung des § 850c Abs. 1 ZPO nicht darauf an, ob der Erwerbstätige tatsächlich einen Geldbetrag für den Unterhalt seines Partners abzweigt, also aus seinem Einkommen mehr aufwendet, als er für seinen eigenen Unterhalt benötigt. Zu berücksichtigen ist der Ehegatte bereits dann, wenn der Schuldner aufgrund beiderseitiger Verständigung angemessen zum Familienunterhalt (§ 1360 S. 1 BGB) beiträgt. Dies gilt, wenn seine Einkünfte aus eigener Erwerbstätigkeit über den Einkünften des Ehegatten liegen, wie auch dann, wenn sein Einkommen niedriger ist als das Arbeitseinkommen des Ehegatten. Jedenfalls bei Eheleuten, die in häuslicher Gemeinschaft leben, ist von gegenseitigen Unterhaltsleistungen, durch welche die Kosten des Familienunterhalts gemeinsam bestritten werden, grds. auszugehen. Ein Ausgleich ist nur durch Bestimmung des Vollstreckungsgerichts im Rahmen einer Billigkeitsprüfung nach § 850c Abs. 4 ZPO möglich.[381]

171

---

379 BGH, NJW-RR 2007, 938 = FamRZ 2007, 1008 = Rpfleger 2007, 403 = InVo 2007, 289 = BGHReport 2007, 728 = MDR 2007, 973 = JurBüro 2007, 443 = WM 2007, 1420 = VuR 2007, 393 = KKZ 2007, 278 = FamRB 2007, 236 = FuR 2007, 320 = FoVo 2008, 202; OLG Thüringen, Beschl. v. 25.7.2014 – 1 WF 277/14 –, juris; AG Brake, Beschl. v. 7.1. 2013 – 6 M 1418/12 –, juris.
380 BGH, NJW-RR 2007, 938 = FamRZ 2007, 1008 = Rpfleger 2007, 403 = InVo 2007, 289 = BGHReport 2007, 728 = MDR 2007, 973 = JurBüro 2007, 443 = WM 2007, 1420 = VuR 2007, 393 = KKZ 2007, 278 = FamRB 2007, 236 = FuR 2007, 320 = FoVo 2008, 202.
381 BGH, WM 2011, 2372 = ZInsO 2012, 30 = ZIP 2012, 95 = MDR 2012, 123 = NJW 2012, 393 = FamRZ 2012, 216 = ZVI 2012, 15 = Rpfleger 2012, 222. = NJW-Spezial 2012, 54–55 = Verbraucherinsolvenz aktuell 2012, 12 = Vollstreckung effektiv 2012, 39 = FoVo 2012, 114; BAG ZIP 1983, 1247 = DB 1983, 1263 = WM 1983, 739 = MDR 1983, 788 = ARST 1983, 157 = BlStSozArbR 1983, 277 = SAE 1984, 32.

VI. Vorteil für nachrangige Gläubiger: Mietanteile in Pfändungsfreibeträgen

172 In den Pfändungsfreibeträgen sind bereits Mietanteile i.H.v. ca. 22 % der tatsächlichen Miete enthalten.[382] Erfährt z.b. ein Gläubiger bei der Lohnpfändung per Drittschuldnererklärung, dass in Höhe der pfändbaren Einkommensteile bereits eine vorrangige Lohnabtretung zugunsten des Vermieters des Schuldners wegen der monatlichen Wohnraummiete vorliegt, kann sich der nachrangige Pfändungsgläubiger diese Tatsache zunutze machen.

173 Beim Zusammentreffen einer Lohnpfändung mit einer vorgehenden Abtretung von Teilen des Einkommens wegen Verbindlichkeiten, für deren Erfüllung bereits ein Anteil im Pfändungsfreibetrag nach der Tabelle zu § 850c ZPO berücksichtigt ist – z.b. für Miete –, ist entscheidend: Aufgrund der Abtretung zur Befriedigung des Mietanspruchs muss sich der Pfändungsfreibetrag reduzieren. Denn die Miete wird bereits durch die Abtretung bezahlt. Der nach der amtlichen Tabelle pfändungsfreie Betrag wird somit zu Unrecht erhöht berücksichtigt, wenn er nicht um einen bereits bezahlten Mietanteil gekürzt wird. Diesen Anteil kann sich der nachrangige Gläubiger zunutze machen.

174 *Taktischer Hinweis*
Der Pfändungsgläubiger kann beim Vollstreckungsgericht einen klarstellenden Beschluss dahingehend erwirken, dass sich der pfändungsfreie Betrag um einen bereits in der Lohnpfändungstabelle enthaltenen Mietanteil verringert. In Höhe dieses Teiles kann somit die nachrangige Lohnpfändung noch greifen.[383] Sie kommt nur dem antragstellenden Gläubiger zugute.

175 Die Abtretung ist anteilig auf den pfändbaren und den unpfändbaren Teil aufzuteilen. Dies berücksichtigt sowohl Schuldnerinteressen (Pfändungsgrenzen) als auch Gläubigerinteressen (Auslegung der Abtretung). Eine volle Anrechnung nur auf den einen oder anderen Teil ginge einseitig zu Lasten entweder des Schuldners oder des Gläubigers.[384] Als zusätzlich pfändbarer Betrag können deshalb bei geringen und mittleren Einkommen grds. etwa 22 % des Einkommens angesetzt werden.

---

382 LG Detmold, Rpfleger 1992, 74; AG Frankfurt/Main, JurBüro 1997, 438; AG Heidelberg, JurBüro 1997, 439; AG Dortmund, Rpfleger 1995, 222; *Mock*, Vollstreckung effektiv 2001, 60; Gottwald/*Mock*, § 850c Rn 16; *Behr*, JurBüro 1997, 291; *Remmert*, NZI 2008, 70.
383 LG Detmold, Rpfleger 1992, 74; LG Hagen, Rpfleger 1989, 73; AG Frankfurt/Main, JurBüro 1997, 438; AG Heidelberg, JurBüro 1997, 439; Gottwald/*Mock*, § 850c Rn 16 m.w.N.
384 LG Hagen, Rpfleger 1989, 73.

F. Pfändungsgrenzen für Arbeitseinkommen (§ 850c ZPO) § 6

Antrag auf Verringerung des Pfändungsfreibetrags bei vorrangiger Lohn-Abtretung wegen Mietzinsansprüchen 176

An das

AG

– Vollstreckungsgericht –

Az: M .../...

In der Zwangsvollstreckungssache

... ./. ...

wird im Wege eines klarstellenden Beschlusses beantragt festzustellen, dass bereits 22 % des bereinigten Einkommens als Mietanteile (= ... EUR) in der amtlichen Lohnpfändungstabelle enthalten sind und sich in dieser Höhe der pfändungsfreie Betrag verringert.

Gründe

Durch Pfändungs- und Überweisungsbeschluss vom ... wurde das Arbeitseinkommen des Schuldners bei der Drittschuldnerin gepfändet. Per Drittschuldnererklärung vom ... gab der Arbeitgeber an, dass bereits zugunsten von Mietzinsansprüchen eine vorrangige Lohnabtretung existiert.

Beweis: Drittschuldnererklärung vom ...

Aus anliegender Abtretungsurkunde ist ersichtlich, dass die Monatsmiete ... EUR beträgt. Insofern ist der Schuldner doppelt bevorteilt, da bereits in den pfändungsfreien Beträgen nach § 850c ZPO Mietanteile von ca. 22 % enthalten sind. Insofern verringert sich der pfändungsfreie Betrag zugunsten des nachrangigen Gläubigers (vgl. LG Hagen Rpfleger 1989, 73; LG Detmold Rpfleger 1992, 74).

Gez. Rechtsanwalt

VII. Pfändungsfreier Mehrverdienst (§ 850c Abs. 2, 3 ZPO)

Von einem Teil des Mehrverdienstes verbleiben dem Schuldner allein $3/10$, dem ersten Unterhaltsberechtigten $2/10$, dem zweiten bis fünften Unterhaltsberechtigten jeweils $1/10$. Somit ist max. $9/10$ des Mehrverdienstes unpfändbar, sodass stets $1/10$ pfändbar ist. 177

Merke 178

Der durch § 850c Abs. 1, Abs. 2 S. 1 ZPO nicht erfasste Teil des Arbeitseinkommens ist uneingeschränkt pfändbar (§ 850c Abs. 2 S. 2 ZPO). Insofern ist der Mehrbetrag, der das Nettoeinkommen i.H.v. 3.020,06 EUR monatlich (695,03 EUR wöchentlich; 139,01 EUR täglich) übersteigt, uneingeschränkt pfändbar. In diesem Fall muss der pfändbare Betrag durch den Drittschuldner selbst festgestellt werden. Andernfalls können die Beträge mit den Abrundungen (§ 850c Abs. 3 ZPO) aus der Pfändungstabelle abgelesen werden.

VIII. Dynamisierte Freibeträge (§ 850c Abs. 2a ZPO)

179 Im **Zweijahresrhythmus** werden die Pfändungsfreibeträge jeweils zum 1.7. dynamisiert. Der in § 850c Abs. 2a S. 1 HS. 1 ZPO bezeichnete Vergleichszeitraum (Vorjahreszeitraum) umfasst dabei die 2 Jahre, die seit dem letzten Zeitpunkt der Anpassung der Pfändungsfreigrenzen vergangen sind.[385] Dies ergibt sich aus dem Wortlaut der Gesetzesbestimmung und dem Sinnzusammenhang.[386] Das Bundesministerium der Justiz gibt diese Beträge im BGBl bekannt. Die Anpassung orientiert sich dabei an der prozentualen Entwicklung des Grundfreibetrages[387] nach § 32a Abs. 1 Nr. 1 EStG. Die Bekanntmachung hat lediglich deklaratorische Wirkung.[388]

IX. Durchführung der Pfändung

180 Die Pfändung vollzieht sich durch einen sog. **Blankettbeschluss**.[389] Dieser nimmt lediglich Bezug auf die Tabelle nach § 850c Abs. 3 ZPO und enthält keine näheren Angaben über den genauen pfändbaren Betrag. Auf Seite 4 bzw. 5 des amtlichen Formulars heißt es im grau unterlegten Kasten:

> **Anspruch A und B**
> Die für die Pfändung von Arbeitseinkommen geltenden Vorschriften der §§ 850 ff. ZPO in Verbindung mit der Tabelle zu § 850c Absatz 3 ZPO in der jeweils gültigen Fassung sind zu beachten.

181 Die betragsmäßige Feststellung des pfändbaren Einkommens bleibt somit dem Drittschuldner unter Berücksichtigung der gesetzlichen Pfändungsfreigrenzen für Arbeitseinkommen nach den §§ 850 ff. ZPO überlassen.[390] Im Gesetz fehlt hierzu eine ausdrückliche Regelung.

182 *Taktische Hinweise*

- Das Vollstreckungsgericht beziffert beim Erlass eines Blankettbeschlusses weder den Betrag, der vom Drittschuldner an den Gläubiger abzuführen ist, noch enthält der Beschluss Angaben über die Anzahl der unterhaltsberechtigten Personen. Der

---

385 BGH, Vollstreckung effektiv 2006, 55 = BGHZ 166, 48 = WM 2006, 488 = NJW 2006, 777 = Rpfleger 2006, 202 = FamRZ 2006, 483 = ZVI 2006, 146 = JurBüro 2006, 267 = MDR 2006, 1069.
386 BVerfGE 54, 277; 62, 1; 88, 145.
387 Seit 1.1.17: 8.802,00 EUR; BGBl I 2016, S. 3000.
388 BGH, Vollstreckung effektiv 2006, 55 = BGHZ 166, 48 = WM 2006, 488 = NJW 2006, 777 = Rpfleger 2006, 202 = FamRZ 2006, 483 = ZVI 2006, 146 = JurBüro 2006, 267 = MDR 2006, 1069.
389 Zur Zulässigkeit eines sog. „Blankettbeschlusses" gem. § 850c Abs. 3 S. 2 ZPO vgl. BGHZ 166, 48 = Vollstreckung effektiv 2006, 55 = WM 2006, 488 = NJW 2006, 777 = Rpfleger 2006, 202 = FamRZ 2006, 483 = ZVI 2006, 146 = JurBüro 2006, 267 = MDR 2006, 1069; BayVWGH, Beschl. v. 1.10.2014 – 3 ZB 12.461 – juris.
390 BayVWGH, Beschl. v. 1.10.2014 – 3 ZB 12.461 –, juris; VG Würzburg Beschl. v. 9.6.2005 – W 5 E 05.455 – juris.

F. Pfändungsgrenzen für Arbeitseinkommen (§ 850c ZPO) § 6

Gläubiger braucht daher in seinem Antrag auch **keine Angaben** über die Unterhaltspflichten des Schuldners zu machen.

- Der **Drittschuldner** hat regelmäßig die Höhe des pfändbaren Betrages selbst zu berechnen und deren Grundlagen zu ermitteln.[391] Dabei wird dem Arbeitgeber als Drittschuldner die Aufklärungslast – und das damit verbundene Risiko – für ihm nicht zugängliche Tatsachen zur Frage gesetzlicher Unterhaltspflichten auferlegt. Er hat nicht selbst materielle Fragen des Unterhaltsrechts eigenverantwortlich aufzuklären. Vielmehr kann er regelmäßig den Angaben des Schuldners als Arbeitnehmer vertrauen und sein Verhalten daran ausrichten. Es ist ggf. Sache des Gläubigers, die streitige Frage der Unterhaltslast in einem Verfahren nach § 850c Abs. 4 ZPO vom Vollstreckungsgericht klären zu lassen.[392] Dementsprechend braucht er **etwaigen Zweifeln an der bestehenden Unterhaltspflicht** und der **Gewährung von Unterhalt** nicht von sich aus nachzugehen und eigene Nachforschungen anzustellen. Der Drittschuldner, dem von seinem Arbeitnehmer z.B. mitgeteilt wird, dass er verheiratet ist und eine bestimmte Zahl **minderjähriger Kinder** zu unterhalten hat, kann deshalb bei der Berechnung des pfändbaren Teils des Arbeitseinkommens von einer dementsprechenden Zahl unterhaltsberechtigter Personen ausgehen. Diesen Personen ist der Schuldner nach §§ 1360, 1603 BGB nämlich auch dann zum Unterhalt verpflichtet, wenn dadurch sein eigener Unterhalt gefährdet wird. Er kann sich bei der Berechnung des pfändbaren Arbeitseinkommens somit i.d.R. auf die Eintragungen in der Lohnsteuerkarte (heute: Lohnsteuerabzugsmerkmale) bzw. auf sonstige Lohn-/Personalunterlagen verlassen.[393] **Ausnahmen** bestehen dann, wenn sich objektive Zweifel am Bestehen von bei Lohnsteuerabzug zu berücksichtigenden Unterhaltspflichten ergeben.[394] Dann besteht für den Drittschuldner die Verpflichtung Ermittlungen anzustellen – etwa durch Befragung des Arbeitnehmers. Dies ist unter anderem der Fall, wenn der Drittschuldner **volljährige oder verheiratete Kinder** oder **sonstige Angehörige** als **unterhaltsberechtigte Personen berücksichtigen** will. Hier muss er i.d.R. nachprüfen, ob entsprechende Unterhaltsansprüche bestehen, d.h. nach dem Arbeitseinkommen der betreffenden Personen fragen und prüfen, ob das Arbeitseinkommen des Arbeitnehmers ausreicht, ohne Gefährdung des eigenen angemessenen Unterhalts die Unterhaltsleistungen zu erbringen.[395] Eine

---

391 Vgl. § 850e ZPO; SG Trier, JurBüro 2011, 326 = NZS 2011, 236.
392 BAG, DB 1983, 1263 = WM 1983, 739 = MDR 1983, 788; BayVWGH, Beschl. v. 1.10.2014 – 3 ZB 12.461 – juris.
393 BAG, DB 1975, 1370 = MDR 1975, 695 = FamRZ 1975, 488 = WM 1975, 468 = Rpfleger 1975, 298; LAG Mainz, BB 1966, 741.
394 LAG Hamm, Urt. v. 14.11.2012 – 2 Sa 474/12 – juris.
395 BAGE 53, 359 = BB 1987, 550 = DB 1987, 794 = NJW 1987, 1573 = MDR 1987, 524.

solche Auslegung steht im Einklang mit den im Lohnpfändungsrecht besonders wichtigen Grundsätzen der Rechtsklarheit und Praktikabilität.[396] Dem entspricht es, dass sämtliche Beteiligten, insbesondere Gläubiger und Drittschuldner, leicht und zuverlässig feststellen können, welcher Teil des Arbeitseinkommens des Schuldners gepfändet ist; hierzu gehört auch, dass sich unschwer ermitteln lässt, ob bestimmte unterhaltsberechtigte Personen nach der Pfändungstabelle zu berücksichtigen sind. Im Regelfall, von dem für die Festlegung der Maßstäbe der Lohnpfändung als einem Massenverfahren grds. auszugehen ist, haben Gläubiger und Drittschuldner auch gar nicht die Möglichkeit, die für die Prüfung einer gesetzlichen Unterhaltspflicht erforderlichen Feststellungen zu treffen, weil sie meist die Familien- und Vermögensverhältnisse des Schuldners und seiner Angehörigen nicht näher kennen.[397] **Bekannt gewordene Änderungen**, welche zu einer **Änderung des Pfändungsbetrages** führen, müssen allerdings durch den Drittschuldner beachtet werden. Andernfalls kann er aufgrund der bisherigen Schuldnerverhältnisse leisten. Bei einer Überzahlung an den Gläubiger ist er durch § 409 BGB geschützt. Zahlt er zu wenig aus, gilt § 407 BGB.

- Bestehen **Zweifel** über die **Zahl der unterhaltsberechtigten Personen**, ist das Vollstreckungsgericht auf **Antrag** hin verpflichtet nach Anhörung der Beteiligten in den Beschluss nähere Angaben zur Ermittlung des pfändbaren Betrages aufzunehmen, erforderlichenfalls auch darüber, wer als Unterhaltsberechtigter zu berücksichtigen ist. **Antragsberechtigt** bei einer nachträglichen Klarstellung sind der Schuldner, der Gläubiger und der Drittschuldner, zu dessen Schutz ein solcher klarstellender Beschluss dient.[398] Im **Zweifel** sollte der Drittschuldner den streitigen Betrag wegen Gläubigerungewissheit gem. § 372 BGB beim Amtsgericht **hinterlegen**.

X. Wegfall unterhaltsberechtigter Personen (§ 850c Abs. 4 ZPO)

183 Praktisch relevant sind die Fälle, in denen unterhaltsberechtigte Personen des Schuldners eigene Einkünfte beziehen. § 850c Abs. 4 ZPO eröffnet dem Gläubiger dann die Möglichkeit, die Pfändbarkeit des Einkommens des Schuldners zu erweitern. Das Vollstreckungsgericht[399] kann klarstellen, dass ein unterhaltsberechtigter Angehöriger des Schuldners

---

396 BAGE 53, 359 = BB 1987, 550 = DB 1987, 794 = NJW 1987, 1573 = MDR 1987, 524; BayVWGH, Beschl. v. 1.10.2014 – 3 ZB 12.461 – juris.
397 BAGE 42, 54 = DB 1983, 1263 = WM 1983, 739 = MDR 1983, 788; BayVWGH, Beschl. v. 1.10.2014 – 3 ZB 12.461 – juris.
398 LAG Hamm, Urt. v. 14.11.2012 – 2 Sa 474/12 – juris; LG Essen, NJW 1969, 668; *Stöber*, Rn 1057.
399 § 850c Abs. 4 ZPO ist auf eine **Forderungsabtretung** entsprechend anwendbar. Zuständig ist auch in diesem Fall das **Prozessgericht**, da ein Vollstreckungsverfahren nicht existiert. Was von den Parteien gewollt ist, muss wiederum durch Auslegung der Vereinbarung ermittelt werden; BGH, Vollstreckung effektiv 2009, 187 = Rpfleger 2009, 627.

F. Pfändungsgrenzen für Arbeitseinkommen (§ 850c ZPO) § 6

mit eigenem Einkommen bei der Berechnung des unpfändbaren Betrages des Arbeitseinkommens ganz oder teilweise nicht zu berücksichtigen ist.

Die Vorschrift ermöglicht eine Erweiterung des nach § 850c Abs. 1 bis 3 ZPO (an sich) unpfändbaren bzw. nicht abtretbaren Teils einer Forderung. Hierdurch kann der Gläubiger in den Genuss höherer pfändbarer Beträge gelangen. Denn der pfändbare Betrag nach der Lohnpfändungstabelle bemisst sich unter anderem auch nach der Anzahl der unterhaltsberechtigten Personen des Schuldners.

184

Beispiel 1

185

Der Schuldner S. ist verheiratet und hat ein minderjähriges Kind zu versorgen. Das Nettoeinkommen des S beträgt 2.500 EUR monatlich. Der Ehegatte E verdient monatlich 1.500 EUR.

Lösung

Sowohl der Ehegatte E als auch das Kind sind bei der Berechnung des unpfändbaren Betrags nach der Lohnpfändungstabelle mit zu berücksichtigen. Bei einem Nettoeinkommen von 2.500 EUR ergibt sich bei der Berücksichtigung von zwei Unterhaltsberechtigten (Spalte 2 der Tabelle) ein pfändbarer monatlicher Betrag von 280,70 EUR. Da der E jedoch genügend Einkünfte hat, um sich selbst zu versorgen, kann daher dessen Berücksichtigung bei Anwendung der Tabelle ausgeschlossen werden. Folge: der pfändbare Betrag bemisst sich nunmehr nach der Spalte 1 der Tabelle, sodass jetzt monatlich 469,75 EUR pfändbar sind. Für den Gläubiger ergibt sich somit ein monatlich pfändbarer Mehrbetrag von 189,05 EUR.

Taktischer Hinweis

186

Ein ergehender Gerichtsbeschluss wirkt allerdings nur für denjenigen Gläubiger, der auch einen entsprechenden Antrag nach § 850c Abs. 4 ZPO gestellt hat.[400] Andere, ggf. auch vorrangige Gläubiger profitieren zunächst nicht davon. Genau hierin liegt in der Praxis ein Vorteil. Denn vorrangige Gläubiger, die ggf. Zahlungen aufgrund ihrer ausgebrachten Pfändung erhalten, werden über Nichtberücksichtigungsanträge nachrangiger Gläubiger nicht informiert. Insofern hat der Drittschuldner die vorrangige Pfändung des früheren Gläubigers zwar zu beachten. Aber dessen pfändbaren Beträge sind geringer als diejenigen des nachrangigen Pfändungsgläubigers, der einen Antrag nach § 850c Abs. 4 ZPO gestellt hat.

---

400 LG Mönchengladbach, JurBüro 2003, 490.

§ 6 Die Pfändung von Arbeitseinkommen

187

Beispiel 2

Der Schuldner S. ist verheiratet und hat ein minderjähriges Kind zu versorgen. Das Nettoeinkommen des S beträgt 2.500 EUR monatlich. Der Ehegatte E des S verdient monatlich 1.500 EUR. Gläubiger G1 pfändet in das Arbeitseinkommen des S. G2 pfändet ebenfalls das Arbeitseinkommen und beantragt, dass der E gem. § 850c Abs. 4 ZPO nicht mitberücksichtigt wird bei der Berechnung des unpfändbaren Betrages. Das Gericht erlässt für G2 einen Nichtberücksichtigungsbeschluss.

Lösung

- Aus der Sicht des G1 wird sowohl die E als auch das Kind bei der Berechnung des unpfändbaren Betrags nach der Lohnpfändungstabelle mit berücksichtigt. Bei einem Nettoeinkommen von 2.500 EUR ergibt sich daher bei der Berücksichtigung von zwei Unterhaltsberechtigten (Spalte 2 der Tabelle) ein pfändbarer monatlicher Betrag von 280,70 EUR.

- Aus der Sicht des G2 wird die E hingegen nicht berücksichtigt. Folge: der pfändbare Betrag bemisst sich nunmehr nach der Spalte 1 der Tabelle, sodass monatlich 469,75 EUR pfändbar sind.

- **Folge**: G1 erhält monatlich 280,70 EUR. G2 hingegen erhält nicht 469,75 EUR, da ihm G1 im Rang aufgrund des besseren Pfandrechts vorgeht. Er erhält vielmehr die Differenz zum Betrag von 469,75 EUR zu 280,75 EUR, somit monatlich 189,05 EUR.

1. Gläubigerantrag

188 Die (teilweise) Außerachtlassung einer unterhaltsberechtigten Person erfordert zwingend einen Antrag des Gläubigers. Fehlt ein solcher, werden unterhaltsberechtigte Angehörige bei der Ermittlung der abzuführenden Beträge bei der Anwendung der Lohnpfändungstabelle mitberücksichtigt. Dies gilt selbst dann, wenn das Einkommen des Mitverdieners das des Schuldners übersteigt[401] oder berufstätige Lebenspartner gesamtschuldnerisch haften.

a) Gleichzeitige Antragstellung

189 Verlangt der Gläubiger direkt mit dem Erlass eines Pfändungs- und Überweisungsbeschlusses die (teilweise) Nichtberücksichtigung eines Unterhaltsberechtigten, so muss er dies im amtlichen Formular wegen gewöhnlicher Geldforderungen[402] auf Seite 1 beantragen.

---

401 Vgl. BGH, WM 2011, 2372 = ZInsO 2012, 30 = ZIP 2012, 95 = MDR 2012, 123 = NJW 2012, 393 = FamRZ 2012, 216 = ZVI 2012, 15 = Rpfleger 2012, 222. = NJW-Spezial 2012, 54–55 = Verbraucherinsolvenz aktuell 2012, 12 = Vollstreckung effektiv 2012, 39 = FoVo 2012, 114.

402 § 2 Nr. 2 ZVFV; im amtlichen Formular wegen gesetzlicher Unterhaltsforderungen gibt es keine Möglichkeit zur Antragstellung nach § 850c Abs. 4 ZPO.

F. Pfändungsgrenzen für Arbeitseinkommen (§ 850c ZPO) § 6

```
┌─────────────────────────────────────────────────┐
│                                                 │
│   Raum für Kostenvermerke und Eingangsstempel   │   Antrag auf Erlass eines Pfändungs- und
│                                                 │   Überweisungsbeschlusses insbesondere
│                                                 │   wegen gewöhnlicher Geldforderungen
│   Amtsgericht _____          │
│                                                 │   Es wird beantragt, den nachfolgenden Entwurf
│   Vollstreckungsgericht                         │   als Beschluss auf ☐ Pfändung ☐ und
│                                                 │   ☐ Überweisung zu erlassen.
│   _____                      │
│                                                 │   ☐ Zugleich wird beantragt, die Zustellung zu
│   _____                      │      vermitteln ( ☐ mit der Aufforderung nach
│                                                 │      § 840 der Zivilprozessordnung – ZPO).
│                                                 │   ☐ Die Zustellung wird selbst veranlasst.
│                                                 │
│                                                 │   Es wird gemäß dem nachfolgenden Entwurf des
│                                                 │   Beschlusses Antrag gestellt auf
│                                                 │   ☐ Zusammenrechnung mehrerer Arbeitseinkom-
│                                                 │      men (§ 850e Nummer 2 ZPO)
│                                                 │   ☐ Zusammenrechnung von Arbeitseinkommen
│                                                 │      und Sozialleistungen
│                                                 │      (§ 850e Nummer 2a ZPO)
│                                                 │   ☒ Nichtberücksichtigung von Unterhaltsberech-
│                                                 │      tigten (§ 850c Absatz 4 ZPO)
│                                                 │   ☐
└─────────────────────────────────────────────────┘
```

190

Praxishinweis 191
Auf **Seite 7 des amtlichen Formulars** muss der Gläubiger **zusätzlich genauere Angaben** zu der vom Vollstreckungsgericht vorzunehmenden Anordnung darüber machen
- welche und ob die Person(en) ganz oder teilweise unberücksichtigt bleiben soll,
- welche Höhe das eigene Einkommen der Person(en) hat,
- welcher Art das eigene Einkommen der Person(en) ist.

```
┌─────────────────────────────────────────────────────────────────┐
│  ☐  Gemäß § 850c Absatz 4 ZPO wird angeordnet, dass             │
│     ☐ der Ehegatte   ☐ der Lebenspartner/die Lebenspartnerin   │
│     ☐ das Kind/die Kinder                                       │
│     bei der Berechnung des unpfändbaren Teils des Arbeitseinkommens │
│     ☐ nicht                    ☐ nur teilweise                  │
│     als Unterhaltsberechtigte/-r zu berücksichtigen sind/ist.   │
│     (Begründung zu Höhe und Art des eigenen Einkommens)         │
│                                                                 │
│                                                                 │
│                                                                 │
└─────────────────────────────────────────────────────────────────┘
```

192

b) Nachträgliche Antragstellung
Stellt der Gläubiger erst nach Erlass des Pfändungsbeschlusses den Antrag (sog. **Nachtrags-** 193
verfahren), hat eine Anhörung des Schuldners zu erfolgen (arg. ex § 834 ZPO). Bestreitet der Schuldner auch hierbei die Angaben des Gläubigers, so hat dieser gleichfalls Beweis anzutreten. Eine Ausnahme gilt, wenn der Schuldner sich im Anhörungsverfahren nicht äußert. Das Schweigen des Schuldners ist dann als Zustimmung zum Gläubigerantrag zu werten.[403]

---

[403] LG Münster, JurBüro 1990, 1363; LG Dortmund, 5.12.1989 – 9 T 692/89; 8.3.1990 – 9 T 128/90 n.v.

§ 6 Die Pfändung von Arbeitseinkommen

2. Eigene Einkünfte des Unterhaltsberechtigten

194 Schon nach ihrem Wortlaut erfasst die Vorschrift des § 850c Abs. 4 ZPO alle **Arten von Einkünften**.[404]

195 Es gibt keinerlei Anhaltspunkte dafür, dass bestimmte Einkünfte von vornherein außer Betracht gelassen werden sollen. Nach der amtlichen Begründung des Entwurfs eines Vierten Gesetzes zur Änderung der Pfändungsfreigrenzen vom 28.2.1978[405] will § 850c Abs. 4 ZPO die Berücksichtigung des Unterhaltsberechtigten, der eigene Einkünfte bezieht, flexibel gestalten. Die Vorschrift soll dem Gericht bei seiner Ermessensentscheidung genügend Raum lassen, um den Umständen des Einzelfalles Rechnung zu tragen.[406]

196 Der Gläubiger hat schlüssig und substantiiert vorzutragen, welche eigenen Einkünfte die unterhaltsberechtigte Person hat.[407] Allgemeine Hinweise, bspw. auf die Unterhaltsberechtigung des Kindes gegenüber dem Kindesvater, genügen diesen Anforderungen nicht.

197 *Taktischer Hinweis*

Um das eigene Einkommen des Unterhaltsberechtigten darzulegen reicht es aus, dass z.B. auf die Angaben einer bereits abgegebenen **Vermögensauskunft** *verwiesen wird.*[408] *In diesem Zusammenhang hat der BGH entschieden, dass bei der Aufstellung des Vermögensverzeichnisses und Abgabe der eidesstattlichen Versicherung der Schuldner Angaben zu den Einkünften der Unterhaltsberechtigten jedenfalls dann zu machen hat, wenn in Betracht kommt, dass diese Personen bei der Berechnung des unpfändbaren Teils des Arbeitseinkommens ganz oder teilweise unberücksichtigt bleiben. Sind die erforderlichen Angaben unterblieben, kann* **Nachbesserung** *verlangt werden.*[409] *Ausreichend ist auch der Hinweis, dass das Einkommen des Schuldners nach der Steuerklasse IV zu versteuern ist. Dies lässt nämlich den Schluss zu, dass die Ehegatten ein gleich hohes Einkommen haben. Die Steuerklasse IV ist vornehmlich Ehepartnern vorbehalten.*[410]

198 Eine **Beweisführung** durch den Gläubiger ist grds. nicht erforderlich. Etwas anderes gilt nur dann, wenn durch den Schuldner ausdrücklich bestritten wird, dass Einkommen er-

---

[404] BGH, Vollstreckung effektiv 2015, 112 = FoVo 2015, 157 = Rpfleger 2015, 656.
[405] BGBl I 333.
[406] BT-Drucks 8/693 S. 49.
[407] LG Duisburg, Beschl. v. 24.8.12 – 7 T 101/12- juris.
[408] Vgl. LG Wuppertal, JurBüro 2008, 270 bei Einkommen zwischen 120,00 EUR u. 150,00 EUR.
[409] BGH, Vollstreckung effektiv 2004, 169 = WM 2004, 1593 = FamRZ 2004, 1369 = BGHReport 2004, 1316 = NJW 2004, 2979 = Rpfleger 2004, 575 = DGVZ 2004, 136 = MDR 2004, 1141 = JurBüro 2004, 556.
[410] AG Leipzig, JurBüro 2018, 216.

F. Pfändungsgrenzen für Arbeitseinkommen (§ 850c ZPO) § 6

zielt wird. Dann ist es Sache des Gläubigers zu beweisen, dass die Voraussetzungen des § 850c Abs. 4 ZPO vorliegen.[411] Schuldner, Drittschuldner oder die unterhaltsberechtigte Person sind nicht anzuhören (§ 834 ZPO).[412] Nicht schlüssige Anträge sind zurückzuweisen, insbesondere solche auf bloßen Verdacht hin, z.b. mit der Begründung, dass ein Unterhaltsberechtigter zu einer eigenen Erwerbstätigkeit verpflichtet sei und daher eigene Einkünfte erzielen müsse.

3. Art der Einkünfte des Unterhaltsberechtigten

Die Einkünfte müssen geeignet sein, den Lebensbedarf des nicht schuldnerischen Unterhaltsberechtigten mit abzudecken und den Schuldner dadurch hinsichtlich seiner Unterhaltsverpflichtung zu entlasten. Hierzu zählen z.b. selbstständige bzw. unselbstständige Einkünfte, Lohn, Gehalt, Ausbildungsvergütung, Renten-, Zins- oder Mieteinkünfte, Sach- und Naturalleistungen, ebenso Arbeitslosen- sowie Krankengeld. Hierzu gehört auch der von anderen Unterhaltsverpflichteten **gezahlte Bar-**,[413] sowie **Naturalunterhalt**.[414] Ist der sozialhilferechtliche Bedarf eines unterhaltsberechtigten Kindes des Schuldners bei Zusammenrechnung des Kindergeldes, das als zweckgebundene, existenzsichernde Leistung für dieses Kind zu verwenden ist, und der Ausbildungsvergütung des Kindes gedeckt, ist das Kind bei der Berechnung des unpfändbaren Betrages unberücksichtigt zu lassen.[415]

199

Nicht zu den zu berücksichtigenden **Einkünften** zählen:[416]

200

- **zweckgebundene Ansprüche** wie z.b. BAföG, Kindergeld:[417]
  Für die Frage, ob ein sich in der **Ausbildung befindliches Kind** eines Schuldners bei der Bemessung des pfändungsfreien Einkommens zu berücksichtigen ist, ist regelmäßig auf

---

411 LG Lübeck, Beschl. v. 28.1.2010 – 7 T 586/09 – juris; Gottwald/*Mock*, § 850c Rn 23; Musielak/*Becker* § 850c Rn 10; Zöller/*Herget* § 850c Rn 14; MüKo-ZPO/*Smid* § 850c Rn 24; in der Sache auch LG Leipzig JurBüro 2003, 324.
412 Vgl. LG Duisburg, Beschl. v. 24.8.2012 – 7 T 101/12 – juris.
413 BGH, WM 2009, 1153 = ZInsO 2009, 1071 = FamRZ 2009, 1137 = Rpfleger 2009, 526 = MDR 2009, 1004 = BGHReport 2009, 954 = NJW-RR 2009, 1279 = DGVZ 2009, 185 = KKZ 2010, 179 = NJW-Spezial 2009, 455; ZVI 2005, 254 = WM 2005, 1186 = Rpfleger 2005, 371 = InVo 2005, 279 = BGHReport 2005, 1013 = JurBüro 2005, 438 = MDR 2005, 1013 = ZInsO 2005, 887 = NJW-RR 2005, 1239; Vollstreckung effektiv 2015, 112 = FoVo 2015, 157 = Rpfleger 2015, 656; LG Tübingen, Rpfleger 2008, 514; LG Kassel, JurBüro 2007, 664; LG Ellwangen, Rpfleger 2006, 88; LG Detmold, Rpfleger 2001, 142; Musielak/*Becker*, § 850c Rn 11; Zöller/*Herget*, § 850c Rn 12; Hk-ZPO/*Kemper*, § 850c Rn 14; MüKo-ZPO/*Smid*, § 850c Rn 20; a.A. LG Bayreuth, MDR 1994, 621.
414 BGH, Rpfleger 2015, 656.
415 AG Dresden, JurBüro 2014, 104.
416 Gottwald/*Mock*, § 850c Rn 24.
417 A.A. LG Arnsberg, FamRZ 2014, 874; vgl. LG Hechingen, FamRZ 2012, 150 unter Verweis auf BGH, Urt. v. 18.4.1984 – IV b ZR 80/82 und die in § 54 Abs. 3 SGB I genannten Ansprüche.

den **Bedarf des Kindes sowie dessen Einkünfte** abzustellen. Insoweit sind Leistungen aus BAföG, das Kindergeld sowie Einkünfte aus studienfördernden Nebenarbeiten einzusetzen. Davon sind angemessene Mietzahlungen sowie Studiengebühren und der durchschnittliche Bedarf für die Lebenshaltungskosten abzusetzen. Deckt dieser Betrag den Bedarf, so ist das Kind regelmäßig nicht bei der Bemessung des pfändbaren Einkommens zu berücksichtigen.[418] Zwar hat der BGH[419] ausgeführt, dass **Kindergeld** kein Einkommen des Kindes ist. Diese Rechtsprechung ist jedoch durch den seit dem 1.1.2008 geltenden § 1612b BGB, wonach das Kindergeld zur Deckung des Barbedarfes des Kindes zu verwenden ist, überholt. Auch nach Ziff. 3 der Hammer Unterhaltsrichtlinien mindert das Kindergeld den Bedarf des Kindes. Das volljährige Kind hat gegen den Empfänger des Kindergeldes einen Anspruch auf Auszahlung. Danach wird nach dieser neuen Gesetzesregelung das Kindergeld dem Einkommen zugerechnet.[420]

- **Erziehungsgeld** und **vergleichbare Leistungen der Länder** sowie **Elterngeld** bis zur Höhe der nach § 10 des Bundeselterngeld- und Elternzeitgesetzes anrechnungsfreien Beträge.[421]
- **Mutterschaftsgeld** nach § 13 Abs. 1 des Mutterschutzgesetzes, soweit das Mutterschaftsgeld nicht aus einer Teilzeitbeschäftigung während der Elternzeit herrührt, bis zur Höhe des Erziehungsgeldes nach § 5 Abs. 1 des Bundeserziehungsgeldgesetzes oder des Elterngeldes nach § 2 des Bundeselterngeld- und Elternzeitgesetzes, soweit es die anrechnungsfreien Beträge nach § 10 des Bundeselterngeld- und Elternzeitgesetzes nicht übersteigt.
- **Wohngeld**, soweit nicht die Pfändung wegen Ansprüchen erfolgt, die Gegenstand der §§ 9 und 10 des Wohngeldgesetzes sind.
- Geldleistungen, die dafür bestimmt sind, den durch einen Körper- oder Gesundheitsschaden bedingten Mehraufwand auszugleichen.
- Einspeisevergütung nach §§ 16 ff. EEG.[422]

4. Verfahren

201 Es entscheidet das Vollstreckungsgericht (Rechtspfleger) – nicht das Prozessgericht[423] – durch Beschluss nach **billigem Ermessen**.

---

418 LG Arnsberg, FamRZ 2014, 874.
419 BGH, NJW RR 2006, 568 = VuR 2006, 30 = FamRZ 2006, 203 = WM 2006, 239 = ZVI 2006, 19 = BGH-Report 2006, 263 = Rpfleger 2006, 142 = InVo 2006, 115.
420 LG Arnsberg, FamRZ 2014, 874.
421 Vgl. auch AG Wermelskirchen, JurBüro 2011, 21 = Bezieht die unterhaltsberechtigte Ehefrau des Schuldners Elterngeld – hier: i.H.v. monatlich 558 EUR – bleibt sie bei der Berechnung des unpfändbaren Teils des Arbeitseinkommens gänzlich unberücksichtigt.
422 LG Stuttgart, Beschl. v. 24.7.2012 – 19 T 78/12 – juris.
423 **Ausnahme**: Forderungsabtretung; vgl. BGH, Vollstreckung effektiv 2009, 187 = Rpfleger 2009, 627.

F. Pfändungsgrenzen für Arbeitseinkommen (§ 850c ZPO) | § 6

Die zu treffende Bestimmung hat unter Einbeziehung aller **wesentlichen Umstände des Einzelfalles** und nicht lediglich nach festen Berechnungsgrößen zu erfolgen.[424] Die Frage, ab welcher Höhe ein eigenes Einkommen des Unterhaltsberechtigten seine Berücksichtigung bei der Bestimmung der Pfändungsfreibeträge aus Arbeitseinkommen des Unterhaltspflichtigen ausschließt, ist vom Gesetzgeber bewusst nicht im Einzelnen geregelt worden.[425] Bei der Entscheidung ist vielmehr

- der **angemessene Lebensbedarf** des Unterhaltsberechtigten,
- der durch das eigene Einkommen **bereits gedeckte Unterhaltsbedarf** und
- ein ggf. vom Schuldner **noch zu deckender Differenzbetrag** des Unterhaltsbedarfs

zu berücksichtigen.

202

Im Wesentlichen werden folgende unterschiedliche Ansichten vertreten:

203

- **Grundfreibetrag**: Nach einer Auffassung ist vom vollstreckungsrechtlichen Grundfreibetrag des § 850c Abs. 1 S. 1 ZPO (zzt. 1.139,99 EUR) für den nicht unterhaltspflichtigen Schuldner auszugehen.[426] Dies entspräche der Intention des Gesetzgebers. Diese Ansicht habe gegenüber einer Berücksichtigung des Unterhaltsbedarfs den großen Vorteil, dass sich der in Betracht kommende Betrag ohne Weiteres aus § 850c Abs. 1 S. 1 ZPO entnehmen lasse und sich damit eine umständliche Feststellung des jeweiligen Sozialhilfeanspruchs bzw. eine Anwendung der regional unterschiedlichen Unterhaltstabellen erübrige. Bei Unterschreitung des Grundfreibetrags sei das eigene Einkommen teilweise anzurechnen, indem es zum Grundfreibetrag ins Verhältnis gesetzt werde und der entsprechende Anteil des Differenzbetrages zwischen der für alle Unterhaltsberechtigten geltenden und der vorhergehenden Tabellenstufe dem pfändbaren Betrag nach der für alle Unterhaltsberechtigten geltenden Tabellenstufe hinzuzurechnen sei.
- **Hartz-IV-Satz**: Nach einer weiteren Meinung ist ein Unterhaltspflichtiger dann nicht mehr zu berücksichtigen, wenn dessen Einkommen den Hartz-IV-Satz zzgl. eines

---

424 BGH, ZInsO 2009, 2351 = FamRZ 2010, 123 = NZI 2010, 578; NJW-RR 2006, 568; Vollstreckung effektiv 2004, 119; LG Hechingen, FamRZ 2012, 150; LG Kassel, JurBüro 2010, 216.
425 BT-Drucks 8/693 S. 48 f; BGH, NZI 2011, 979 = JurBüro 2012, 161 = FuR 2012, 143; BGH, WM 2011, 2372 = ZInsO 2012, 30 = ZIP 2012, 95 = MDR 2012, 123 = NJW 2012, 393 = FamRZ 2012, 216 = ZVI 2012, 15 = Rpfleger 2012, 222. = NJW-Spezial 2012, 54–55 = Verbraucherinsolvenz aktuell 2012, 12 = Vollstreckung effektiv 2012, 39 = FoVo 2012, 114.
426 Grundlegend OLG Oldenburg, JurBüro 1995, 48; so auch LG Darmstadt, Rpfleger 2002, 370; LG Erfurt, Rpfleger 1996, 469 m. Anm. *Hintzen*LG Marburg, JurBüro 1999, 662; LG Saarbrücken, JurBüro 1995, 492; LG Braunschweig, JurBüro 1995, 217.

Besserstellungszuschlags überschreitet.[427] Der Unterhaltsberechtigte müsse aus seinen Einkünften seinen Lebensbedarf bestreiten können. Dieser Bedarf sei zweckmäßigerweise nach den Regelungen des SGB zu bemessen. Da es bei der nach § 850c ZPO zu berücksichtigenden Unterhaltsverpflichtung nicht darum gehe, lediglich den notwendigen Unterhalt der Angehörigen des Schuldners zu sichern, sondern einen gewöhnlichen Unterhalt, sei es erforderlich und ausreichend, den Sozialhilfebedarf zu erhöhen.

- **Unterhaltsrechtliche Leitlinien**: Des Weiteren wird die Ansicht vertreten, dass der Unterhaltsberechtigte bei der Berechnung des pfändbaren Teils des Arbeitseinkommens nicht zu berücksichtigen sei, wenn seine eigenen Einkünfte so hoch seien, dass sich nach den unterhaltsrechtlichen Leitlinien kein Unterhaltsanspruch mehr gegen den Schuldner ergebe.[428]

- **Keine schematisierende Entscheidung**: Der BGH[429] vertritt die Ansicht, dass eine Berücksichtigung des Berechtigten, der eigene Einkünfte beziehe, absichtlich flexibel gestaltet worden sei, um dem Gericht bei seiner Ermessensentscheidung genügend Raum zu lassen, den Umständen des Einzelfalles Rechnung zu tragen. Bei der Ermessensausübung hat das Gericht seine Entscheidung unter Abwägung der wirtschaftlichen Lage des Gläubigers und des Schuldners sowie der von ihm unterhaltenen Angehörigen zu treffen. Dabei können Pfändungsfreibeträge und Unterhaltstabellen Anhaltspunkte für die Ausübung des Ermessens geben; eine einseitige Orientierung an bestimmten Berechnungsmodellen scheidet jedoch aus, weil sie dem Sinn des § 850c Abs. 4 ZPO widerspricht. Ermessensfehlerhaft ist es lediglich, dieselbe Berechnungsformel unterschiedslos auf verschiedenartige Fallgestaltungen anzuwenden.[430] Zu berücksichtigen ist einerseits, dass Einkünfte des Angehörigen auch nicht mittelbar zur Tilgung von Verbindlichkeiten des Schuldners dienen sollen. Andererseits muss ein vom Schuldner abhängiger Unterhaltsberechtigter gewisse Abstriche von seiner Lebensführung hinnehmen, wenn der Unterhaltsverpflichtete Schulden zu tilgen hat. Bei der Ermessensentscheidung hat das Gericht darüber hinaus zu beachten, dass der Grundfreibetrag des § 850c Abs. 1 ZPO regelmäßig auch dazu dient, zu einem erheblichen Teil (ca. 22 %) die **Wohnungsmiete** und an-

---

427 20 % = LG Koblenz, Rpfleger 2008, 513 = über 592,35 EUR; LG Heilbronn, JurBüro 2003, 660; LG Traunstein, JurBüro 2003, 155, 548; LG Leipzig, JurBüro 2002, 97; 211; InVo 2003, 409; LG Rottweil, JurBüro 2000, 47; LG Bielefeld, DGVZ 2000, 87; Rpfleger 2000, 402; AG Schorndorf, JurBüro 2008, 551 = bei Einkünften zw. 300,00 EUR u. 380,00 EUR zzgl. Kindergeld; 50 % = LG Verden, JurBüro 2013, 491; im Ergebnis ebenso LG Oldenburg, Beschluss v. 17.8.2010 – 6 T 629/10 n.v.; AG Delmenhorst, JurBüro 2013, 658; 30 % – 50 %: LG Hannover, Beschl. v. 5.3.2013 – 55 T 15/13 – juris.
428 LG München II, JurBüro 2001, 657; LG Osnabrück, JurBüro 1996, 271; LG Kiel, JurBüro 1995, 384.
429 BGH, NZI 2011, 979 = JurBüro 2012, 161 = FuR 2012, 143.
430 BGH, Vollstreckung effektiv 2005, 131 = ProzRB 2005, 176 = FamRB 2005, 297 = NJW 2005, 3282.

dere Grundkosten des Haushalts abzudecken.[431] Diese Kosten erhöhen sich bei mehreren Personen nicht proportional zur Personenzahl.

Hinweis 204

In diesem Zusammenhang ist zu beachten, dass es bei der Ermessensentscheidung des Gerichts nicht gerechtfertigt ist, sich einseitig am Grundfreibetrag des § 850c Abs. 1 S. 1 ZPO auszurichten, wenn **der Unterhaltsberechtigte mit dem Schuldner in einem Haushalt lebt**. In derartigen Fällen kommt in Betracht, bei der Berechnung des Freibetrages des Unterhaltsberechtigten die nach den sozialrechtlichen Regelungen die Existenzsicherung gewährleistenden Sätze heranzuziehen. Dabei ist allerdings zu berücksichtigen, dass die Regelungen über die Pfändungsfreigrenzen dem Schuldner und seinen Unterhaltsberechtigten nicht nur das Existenzminimum sichern sollen, sondern eine deutlich darüber liegende Teilhabe am Arbeitseinkommen erhalten bleiben muss. Bei einer Orientierung an den sozialrechtlichen Regelungen ist daher i.R.d. Ermessensausübung ein Zuschlag in Würdigung aller Umstände des Einzelfalls vorzunehmen. Regelmäßig wird es nicht zu beanstanden sein, wenn das Vollstreckungsgericht diesen Zuschlag in einer Größenordnung von 30–50 % annimmt.[432]

Führt der Unterhaltsberechtigte hingegen einen eigenen Haushalt und hat aus seinem Einkommen Mietzahlungen und die weiteren Grundkosten des Haushalts zu leisten, wird sein Lebensbedarf in der Regel so hoch sein wie der des Schuldners selbst. In derartigen Fällen ist es naheliegend und wird es regelmäßig billigem Ermessen entsprechen, als Orientierungshilfe den Grundfreibetrag des § 850c Abs. 1 ZPO zugrunde zu legen.[433] 205

5. Entscheidung

Der zu begründende und zuzustellende (§ 329 Abs. 3 ZPO) Beschluss muss erkennen lassen, ob der Entscheidung Rückwirkung auf den Zeitpunkt des Wirksamwerdens des Pfändungsbeschlusses zukommen soll. Aus ihm muss hervorgehen, dass das Gericht eine Billigkeitsentscheidung vorgenommen hat, d.h. Gläubiger- und Schuldnerbelange gegeneinander abgewogen hat. Der Abänderungsbeschluss wird erst mit Zustellung an den Drittschuldner wirksam.[434] 206

---

431 Vgl. auch Rdn 172 ff.
432 LG Chemnitz, JurBüro 2010, 550.
433 BGH, Vollstreckung effektiv 2005, 131 = ProzRB 2005, 176 = FamRB 2005, 297 = NJW 2005, 3282; *Hintzen*, NJW 1995, 1861 (1865).
434 LG Mönchengladbach, JurBüro 2003, 490.

§ 6 Die Pfändung von Arbeitseinkommen

a) Unterhaltsberechtigter bleibt völlig unberücksichtigt

207 Fällt der Unterhaltsberechtigte bei der Berechnung des unpfändbaren Betrages gänzlich weg, so ordnet das Gericht dies ausdrücklich an. Insofern vermindert sich die Anzahl der unterhaltsberechtigten Personen bei der Anwendung der Tabelle zu § 850c ZPO.

208 In diesem Fall erlässt das Vollstreckungsgericht nach entsprechender Antragstellung und Glaubhaftmachung der Voraussetzungen durch den Gläubiger z.B. wie folgt

> ☒ Gemäß § 850c Absatz 4 ZPO wird **angeordnet**, dass
> ☒ der Ehegatte ☐ der Lebenspartner/die Lebenspartnerin ☐ das Kind/die Kinder
> bei der Berechnung des unpfändbaren Teils des Arbeitseinkommens
> ☒ nicht ☐ nur teilweise
> als Unterhaltsberechtigte/-r zu berücksichtigen sind/ist.
> (Begründung zu Höhe und Art des eigenen Einkommens)
> aus dem in Kopie beigefügten Vermögensverzeichnis vom ..., Az: DR II .../ ... ergibt sich, dass der Ehegatte des Schuldner eigene Einkünfte in Höhe von 1.500 EUR monatlich bezieht.

den entsprechenden Pfändungs- und Überweisungsbeschluss. Es kann dabei zur Begründung auch auf eine zusätzliche Anlage verweisen.

b) Unterhaltsberechtigter bleibt teilweise unberücksichtigt

209 Beantragt der Gläubiger einer gewöhnlichen Forderung gem. § 850c Abs. 4 ZPO die teilweise Nichtberücksichtigung einer Unterhaltspflicht, kann das Gericht dies bereits bei Erlass des Pfändungs- und Überweisungsbeschlusses im **amtlichen Formular auf Seite 7** unten im grün unterlegten Feld anordnen. Das Gericht hat hierbei den **pfändungsfreien Anteil** am Einkommen des Schuldners genau **zahlenmäßig** zu bezeichnen.[435] Die Berechnung des pfändbaren Betrages erfolgt dann in drei Schritten:[436]

210 Schritt 1:

Zunächst bleibt die nur teilweise zu berücksichtigende Unterhaltspflicht bei der Feststellung des nach der Tabelle des § 850c Abs. 3 ZPO pfändbaren Betrages unter Berücksichtigung der übrigen Unterhaltspflichten außer Betracht. Im Klartext: Es wird so getan, als ob sie nicht existieren würde.

211 Schritt 2:

Der sich aus Schritt 1 ergebende pfändungsfreie Betrag wird wegen der nur teilweisen Unterhaltspflicht um den vom Gericht festgesetzten weiteren Betrag erhöht.

212 Schritt 3:

Die Vergleichsberechnung ist anzustellen: der ermittelte Betrag ist demjenigen gegenüberzustellen, der dem Gläubiger nach der Tabelle des § 850c Abs. 3 ZPO bei voller Be-

---

[435] § 850c Abs. 4 HS 2; OLG Celle, MDR 1966, 596.
[436] Vgl. *Schulenburg*, Vollstreckung effektiv 2018, 48.

F. Pfändungsgrenzen für Arbeitseinkommen (§ 850c ZPO) § 6

rücksichtigung der Unterhaltspflichten des Schuldners zustehen würde. Denn der bei teilweiser Nichtberücksichtigung ermittelte Betrag darf nicht geringer als derjenige nach der Tabelle bei voller Berücksichtigung der Unterhaltspflichten sein.

Beispiel 3: Teilweise Nichtberücksichtigung einer Unterhaltspflicht 213
Der Schuldner bezieht ein Nettoeinkommen von 2.186,18 EUR. Er leistet nicht nur seinem 17jährigen Kind (Max Mustermann), sondern auch seiner getrenntlebenden Ehefrau (Maria Mustermann) mtl. Unterhalt. Die Ehefrau hat eigenes Einkommen von mtl. 800 EUR. Der Gläubiger beantragt daher gem. § 850c Abs. 4 ZPO, dass die Ehefrau bei der Bestimmung des pfändbaren Betrages teilweise nicht zu berücksichtigen ist. Das Gericht hat auf Seite 7 Folgendes angeordnet:[437]

Vom Gericht auszufüllen
(wenn ein Unterhaltsberechtigter nur teilweise zu berücksichtigen ist):
Bei der Feststellung des nach der Tabelle zu § 850c Absatz 3 ZPO pfändbaren Betrages bleibt die Unterhaltspflicht des Schuldners gegenüber **Maria Mustermann** außer Betracht. Der pfändbare Betrag ist deshalb ausschließlich unter Berücksichtigung der übrigen Unterhaltsleistungen des Schuldners festzustellen.
Der nach der Tabelle unpfändbare Teil des Arbeitseinkommens des Schuldners ist wegen seiner teilweise zu berücksichtigenden gesetzlichen Unterhaltspflicht gegenüber **seiner Ehefrau Maria Mustermann** _____ um weitere
☒ _____ 100.00 € monatlich
☐ _____ € wöchentlich
☐ _____ € täglich
zu erhöhen.

Lösung: Die konkrete Berechnung des pfändbaren Betrages ist wie folgt durchzuführen:
- Bei der Ermittlung des pfändbaren Betrages nach der Tabelle des § 850c ZPO wird anstelle von zwei Unterhaltspflichten des Schuldners lediglich eine Unterhaltspflicht (Kind Max) zugrunde gelegt. Bei einem Nettoeinkommen von 2.186,18 EUR ergibt das einen monatlich pfändbaren Betrag von 309,75 EUR.
- anschließend ist der unpfändbare Betrag des Schuldners für die teilweise nicht zu berücksichtigende Unterhaltspflicht (Ehefrau Maria) um 100,00 EUR zu erhöhen d.h. der pfändbare Betrag von 309,75 EUR wird also um 100,00 EUR gemindert. Folge: zugunsten des Gläubigers ergibt sich somit ein pfändbarer Betrag von mtl. 209,75 EUR.
- Vergleichsberechnung: der dem Gläubiger bei voller Berücksichtigung von zwei Unterhaltspflichten nach der Tabelle des § 850 Abs. 3 ZPO zustehende Betrag be-

---
437 Vgl. *Schulenburg*, Vollstreckung effektiv 2018, 48.

trägt 152,70 EUR. Der ermittelte Betrag von 209,75 EUR ist somit nicht geringer als der Betrag nach der Tabelle des § 850c Abs. 3 ZPO.

214 *Beispiel 2: Teilweise Nichtberücksichtigung sämtlicher Unterhaltspflichten*
Wie Beispiel 1. Allerdings bezieht nunmehr das nicht mehr im Schuldnerhaushalt lebende 17jährige Kind Max auch eigenes Einkommen aus einer Ausbildungsvergütung von 650 EUR. Der Gläubiger beantragt gem. § 850c Abs. 4 ZPO, dass beide Unterhaltspflichten bei der Bestimmung des pfändbaren Betrages teilweise nicht zu berücksichtigen sind. Das Gericht ordnet auf Seite 7 Folgendes an:[438]

> **Vom Gericht auszufüllen**
> (wenn ein Unterhaltsberechtigter nur teilweise zu berücksichtigen ist):
>
> Bei der Feststellung des nach der Tabelle zu § 850c Absatz 3 ZPO pfändbaren Betrages bleibt die Unterhaltspflicht des Schuldners gegenüber **Max Mustermann und Maria Mustermann** außer Betracht. Der pfändbare Betrag ist deshalb ausschließlich unter Berücksichtigung der übrigen Unterhaltsleistungen des Schuldners festzustellen.
>
> Der nach der Tabelle unpfändbare Teil des Arbeitseinkommens des Schuldners ist wegen seiner teilweise zu berücksichtigenden gesetzlichen Unterhaltspflicht gegenüber **seinem Sohn Max Mustermann seiner Ehefrau Maria** _____ um weitere
>
> [x] _____ 450.00 € monatlich
>
> [ ] _____ € wöchentlich
>
> [ ] _____ € täglich
>
> zu erhöhen.

Lösung: Die konkrete Berechnung des pfändbaren Betrages ist wie folgt durchzuführen:
- Bei der Ermittlung des pfändbaren Betrages nach der Tabelle des § 850c ZPO werden anstelle von zwei Unterhaltspflichten des Schuldners null Unterhaltspflichten zugrunde gelegt. Bei einem Nettoeinkommen von 2.186,18 EUR ergibt sich ein pfändbarer Betrag von 732,34 EUR.
- der Betrag 732,34 EUR ist aufgrund der beiden teilweise nicht zu berücksichtigenden Unterhaltspflichten um 450,00 EUR zu mindern. Zugunsten des Gläubigers ergibt sich danach ein pfändbarer Betrag von mtl. 282,34 EUR.
- Vergleichsberechnung: Der dem Gläubiger bei voller Berücksichtigung von zwei Unterhaltspflichten nach der Tabelle des § 850 Abs. 3 ZPO zustehende Betrag beträgt 152,70 EUR. Der ermittelte Betrag von 282,34 EUR ist somit nicht geringer als der Betrag nach der Tabelle des § 850c Abs. 3 ZPO.

---

438 Vgl. *Schulenburg*, Vollstreckung effektiv 2018, 48.

6. Wirkungen

Die erfolgte Festsetzung durch das Vollstreckungsgericht bindet den Drittschuldner[439] und im Einziehungsverfahren (Drittschuldnerprozess) das Prozessgericht.[440] Insofern nimmt das Vollstreckungsgericht originär vollstreckungsrechtliche Aufgaben wahr[441] und hat im Unterschied zu einer Interpretation des der Vollstreckung zugrunde liegenden Titels in keine materielle Prüfung[442] einzutreten. Die von dem Vollstreckungsgericht zu treffende Entscheidung ist einem Feststellungsurteil, das ebenfalls in Anwendung der im Erkenntnisverfahren einen Fremdkörper bildenden §§ 850g, 850c ZPO erginge, gleichwertig.[443]

215

7. Rechtsbehelfe

Gegen den ablehnenden Beschluss steht dem Gläubiger die sofortige Beschwerde (§ 11 Abs. 1 RPflG i.V.m. den §§ 793, 567 ff. ZPO) zu. Gegen den stattgebenden Beschluss steht Schuldner und Drittschuldner die sofortige Beschwerde (§ 11 Abs. 1 RPflG i.V.m. den §§ 793, 567 ff. ZPO) zu.[444] Wurde der Schuldner nicht angehört (§ 834 ZPO), kann er Erinnerung nach § 766 ZPO erheben. Der Angehörige mit eigenem Einkommen ist kein Verfahrensbeteiligter. Ihm steht daher auch kein Rechtsbehelf zu.[445] Der Angehörige mit eigenem Einkommen, der entgegen der Entscheidung nach § 850c Abs. 4 ZPO Berücksichtigung finden will, kann anstelle der Erinnerung einen Antrag nach § 850g S. 2 ZPO stellen. Gegenüber der Einlegung eines Rechtsbehelfs ist dies der speziellere Weg.[446] Wenn über die Höhe des pfändungsfreien Einkommens des Schuldners das **Insolvenzgericht** als besonderes Vollstreckungsgericht (§ 36 Abs. 4 S. 1 InsO) entscheidet, bestimmt sich dann auch der Rechtsmittelzug nach den vollstreckungsrechtlichen Vorschriften.[447] Demnach ist gegen die Entscheidung des Insolvenzgerichts die sofortige Be-

216

---

439 LAG Hamm (Westfalen), Urt. v. 14.11.2012 – 2 Sa 474/12.
440 LAG Niedersachsen, JurBüro 2004, 217; OLG Karlsruhe, FamRZ 2010, 56.
441 BGH, MDR 2008, 828 = WM 2008, 933 = ZInsO 2008, 506 = NZI 2008, 384 = ZVI 2008, 262 = DZWIR 2008, 339 = BGHReport 2008, 826 = Rpfleger 2008, 525 = VuR 2008, 314 = NJW-RR 2008, 1578; vgl. BGHZ 36, 11 = MDR 1962, 37 = ROW 1962, 164 = WM 1961, 1358.
442 Vgl. BGHZ 152, 166 = EBE/BGH 2002, 378 = WM 2002, 2385 = BB 2002, 2468 = ZVI 2002, 420 = BGH-Report 2003, 48 = ZInsO 2002, 1183 = NJW 2003, 515 = Rpfleger 2003, 91 = InVo 2003, 70.
443 BGH, MDR 2008, 828 = WM 2008, 933 = ZInsO 2008, 506 = NZI 2008, 384 = ZVI 2008, 262 = DZWIR 2008, 339 = BGHReport 2008, 826 = Rpfleger 2008, 525 = VuR 2008, 314 = NJW-RR 2008, 1578.
444 LG Frankfurt/Main, Rpfleger 1989, 400.
445 A.A. OLG Oldenburg, Rpfleger 1991, 261; OLG Stuttgart, Rpfleger 1987, 255.
446 A.A. MüKo-ZPO/*Smid*, § 850c Rn 36 m.w.N.
447 BGH, WuM 2011, 486; ; WM 2006, 539 = ZIP 2006, 340 = DB 2006, 387 = ZInsO 2006, 139 = ZVI 2006, 58 = Rpfleger 2006, 218 = DZWIR 2006, 174 = NJW 2006, 1127; WM 2004, 834 = ZVI 2004, 197 = BB 2004, 853 = ZInsO 2004, 391 = NZI 2004, 278 = DZWIR 2004, 208 = MDR 2004, 766 = BGHReport 2004, 910 = Rpfleger 2004, 436 = InVo 2004, 511.

schwerde eröffnet (§ 793 ZPO), während die Entscheidung des Beschwerdegerichts nur bei Zulassung der Rechtsbeschwerde anfechtbar ist (§ 574 Abs. 1 S. 1 Nr. 2 ZPO).

G. Pfändbarkeit bei Unterhaltsansprüchen (§ 850d ZPO)

I. Regelungsgehalt

217 § 850d Abs. 1 ZPO regelt allein die Pfändbarkeit von **Arbeitseinkommen**[448] mit erweiterten Zugriffsmöglichkeiten der Gläubiger, die wegen ihrer Bedürftigkeit von dem Schuldner in besonderem Maße abhängig sind.[449] Die Norm ist nicht auf jede Vollstreckungsmaßnahme anwendbar.

218 § § 850d Abs. 2 ZPO regelt dagegen die **Konkurrenz** mehrerer vorrangig nach § 850d Abs. 1 ZPO Berechtigter. Gleichzeitig sieht die Vorschrift eine Sonderbehandlung bestimmter Gläubiger vor; diese erhalten in § 850d Abs. 3 ZPO erweiterte Pfändungsmöglichkeiten wegen **künftig fällig** werdender Ansprüche, die bereits zugleich mit der Pfändung wegen fälliger Ansprüche gepfändet und überwiesen werden können (sog. **Vorratspfändung**).

II. Die privilegierten Gläubiger (§ 850d Abs. 1 S. 1 ZPO)/ Anwendungsbereich

219 Hinter der für **gesetzliche Unterhaltsansprüche** angeordneten Herabsetzung der Pfändungsfreigrenzen steht der **Zweck**, den Gläubiger, der seinen Unterhalt nicht selbst bestreiten kann, nicht auf die staatliche Sozialfürsorge zu verweisen. Stattdessen soll er privilegiert Zugriff auf das **Arbeitseinkommen** des ihm gegenüber unterhaltspflichtigen Schuldners nehmen dürfen.[450] Allerdings ist die vollstreckungsrechtliche Bevorzugung des Unterhaltsgläubigers **temporär** auf solche Unterhaltsforderungen **beschränkt**, die **nicht länger als ein Jahr vor dem Antrag auf Erlass des Pfändungsbeschlusses fällig** geworden sind und sonst nur für die Fälle zugelassen, in denen sich der Unterhaltsschuldner seiner Zahlungsverpflichtung absichtlich entzogen hat (§ 850d Abs. 1 S. 3 ZPO).

---

448 Vgl. auch Rdn 6 ff.
449 BGH, NJW 2003, 2832 = FamRZ 2003, 1176 = Rpfleger 2003, 514; Gottwald/*Mock*, § 850d Rn 1.
450 BGH, Vollstreckung effektiv 2009, 169 = FamRZ 2009, 1483 JurBüro 2009, 549 = AGS 2009, 559; FamRZ 2005, 1564 Rpfleger 2005, 676 = Vollstreckung effektiv 2006, 5; BAG, ZInsO 2013, 1214 = VuR 2013, 391 = NZA-RR 2013, 590 = GWR 2013, 256 = EzA-SD 2013, Nr. 12, 12 = ArbR 2013, 292 = FA 2013, 211 = ArbuR 2013, 325 = FamRZ 2014, 1104; BAGE 23, 226 = DB 1971, 1165 = MDR 1971, 696 = ARST 1971, 124 = Rpfleger 1971, 304 = BB 1971, 1281= NJW 1971, 2094 = SozArb 1972, 67 = SAE 1972, 117.

G. Pfändbarkeit bei Unterhaltsansprüchen (§ 850d ZPO) § 6

Privilegiert sind insbesondere **familienrechtlich Ansprüche,**[451] die „**kraft Gesetzes**" dem Gläubiger als titulierte Unterhaltsansprüche zustehen. Bevorrechtigt ist der Gläubiger, wenn er Verwandter in gerader Linie (§ 1601 BGB), insbesondere Kind, Adoptivkind, ehelich erklärtes Kind, jetziger oder früherer Ehegatte, jetziger oder früherer Lebenspartner (§§ 5, 12, 16 LPartG), Elternteil oder Elternteil nach §§ 1615l oder 1615n BGB ist.

220

Hinweis

221

Praktisch bedeutsam ist dies insbesondere dann, wenn der **Titel keine Gründe** enthält, d.h. beim Anerkenntnis- oder Versäumnisurteil, beim Prozess- oder Anwaltsvergleich oder auch bei einer vollstreckbaren notariellen Urkunde. Der BGH[452] fordert im Rahmen der nach § 850d ZPO bevorrechtigten Unterhaltsvollstreckung die Vorlage eines Vollstreckungstitels, aus dem sich – ggf. im Wege der Auslegung – ergibt, dass der Vollstreckung ein **gesetzlicher Unterhaltsanspruch zugrunde liegt**, nicht hingegen, dass der Gläubiger gegenüber anderen Unterhaltsberechtigten bevorrechtigt ist. Ein **Vollstreckungsbescheid** ist hierfür **nicht ausreichend**.[453]

Die Bevorrechtigung des Gläubigers gem. **§ 850d Abs. 2 ZPO in Verbindung mit § 1609 BGB** gegenüber anderen Unterhaltsberechtigten muss sich hingegen nicht aus dem Titel ergeben. Die **Rangfolge mehrerer Unterhaltsberechtigter** hat das Vollstreckungsorgan (Rechtspfleger) bei der Bemessung des dem Schuldner pfandfrei zu belassenden Einkommensanteils nach § 850d Abs. 1 S. 2 ZPO selbstständig zu prüfen und festzulegen.

III. Übersicht: Gesetzliche Unterhaltsansprüche

Unter die gesetzlichen Unterhaltsansprüche fallen

222

- Anspruch auf **Prozesskostenvorschuss** nach § 1360a Abs. 4 BGB:[454] Nach der gesetzlichen Überschrift zu § 1360a BGB handelt es sich ebenso wie nach seiner inhaltlichen Ausgestaltung um einen gesetzlichen Unterhaltsanspruch. Eine Differenzierung zwischen den gesetzlichen Unterhaltsansprüchen lässt sich § 850d ZPO nicht entnehmen.[455] Gleiches gilt für einen **Sonderbedarf** nach §§ 1613 Abs. 2, 1615h

---

451 BGH, Rpfleger 2004, 111 = BGHReport 2004, 129 = FamRZ 2004, 185 = FPR 2004, 110 = NJW-RR 2004, 362 = MDR 2004, 294.
452 BGH, MDR 2012, 1370 = FamRZ 2012, 1799 = Rpfleger 2012, 696 = NJW 2013, 239 = FoVo 2013, 31.
453 BGH, Vollstreckung effektiv 2016, 116 = MDR 2016, 811 = FoVo 2016, 132 = NJW 2016, 1663; diese Rechtsprechung ist durch eine Gesetzesänderung in § 7 Abs. 5 UVG obsolet geworden; vgl. auch Rdn 241.
454 BGH, Rpfleger 2009, 629 = Vollstreckung effektiv 2009, 169 = FoVo 2009, 202 = NJW-Spezial 2009, 725 = AGS 2009, 559; OLG Düsseldorf, FamRZ 1968, 208; LG Aachen, FamRZ 1963, 48; Musielak/*Becker*, § 850d Rn 2; *Stöber*, Rn 1084.
455 A.A. LG Bremen, FamRZ 1970, 407; LG Essen, Rpfleger 1960, 250.

BGB, nach § 1615k BGB, für den Anspruch der Ehefrau auf **Wirtschaftsgeld** in der sog. Hausfrauenehe[456] sowie für den Anspruch der nichtehelichen Mutter auf Ersatz der **Schwangerschafts- und Entbindungskosten** nach § 1615k BGB.

- **Ansprüche aus Unterhaltsverträgen** zwischen Ehegatten, soweit diese mit den gesetzlichen Unterhaltspflichten identisch sind. Ein darüber hinausgehender Betrag nimmt an der Privilegierung nicht teil und ist somit nach § 850c ZPO zu vollstrecken.[457] Die Unterhaltsansprüche verlieren ihren Charakter als gesetzliche nicht dadurch, dass die Parteien solche Ansprüche vertraglich – z.B. in Form eines Prozessvergleichs – regeln.[458]
- **Umgangskosten**: Nach § 28 Abs. 1 S. 1 SGB XII kann der Bedarf des notwendigen Lebensunterhalts abweichend von den Regelsätzen festgelegt werden, wenn er im Einzelfall seiner Höhe nach unabweisbar von einem durchschnittlichen Bedarf abweicht. Das kann der Fall sein, wenn Kosten eines Umgangsrechts entstehen.[459] Das Umgangsrecht des nichtsorgeberechtigten Elternteils steht unter dem Schutz des Art. 6 Abs. 2 S. 1 GG. Die Rechtsposition erwächst aus dem natürlichen Elternrecht und der damit verbundenen Elternverantwortung[460] und ist dementsprechend im Rahmen der Zwangsvollstreckung in angemessener Weise zu berücksichtigen.
- **Schadensersatzansprüche**, die dem Unterhaltsberechtigten wegen **Entziehung bevorrechtigter gesetzlicherer Unterhaltsansprüche** zustehen (z.B. aus §§ 3 Abs. 2, 7 HaftpflG, §§ 10 Abs. 2, 13 StVG, §§ 35, 38 LuftVG, § 28 AtG). Hierbei ist es unerheblich, ob eine vorsätzliche sittenwidrige Schädigung gegeben ist.[461] In all diesen Fällen ist zu beachten, dass der Unterhaltsanspruch nur insoweit von der Privilegierung profitiert, wie dieser als gesetzlicher Unterhaltsanspruch auch tatsächlich besteht.

223 Keine Privilegierung besteht

- Bei **Lebensgefährten** in nichtehelicher Lebensgemeinschaft sowie **Stiefkindern**, auch wenn eine solche vertraglich vereinbart wurde. **Ausnahme**: die Lebensgefährtin ist Mutter eines gemeinsamen Kindes nach § 1615l BGB.

---

456 LG Essen, MDR 1964, 416.
457 BGH, Beschl. v. 6.9.12 – VII ZB 84/10 – juris; OLG Frankfurt/Main, JurBüro 1980, 788; *Stöber*, Rn 1077.
458 BGH, MDR 2012, 1370 = FamRZ 2012, 1799 = Rpfleger 2012, 696 = NJW 2013, 239 = FoVo 2013, 31; Rpfleger 2009, 629 = Vollstreckung effektiv 2009, 169 = FoVo 2009, 202 = NJW-Spezial 2009, 725 = AGS 2009, 559; RGZ 164, 65, 68; *Hoffmann*, NJW 1973, 1111 (1113).
459 BGH, FamRZ 2010, 1798 = Grundeigentum 2011, 683 = WuM 2011, 238 = VuR 2010, 437 = FF 2010, 508; a.A. BGH, FamRZ 2004, 873; LG Augsburg, Beschl. v. 10.12.2010 – 042 T 4132/10 – juris; LG Mönchengladbach, Rpfleger 2006, 270.
460 BVerfG, NJW 1995, 1342 = EzFamR aktuell 1994, 462 = FamRZ 1995, 86 = NVwZ 1995, 681.
461 A.A. MüKo-ZPO/*Smid*, § 850d Rn 5, der Gläubiger muss ggf. nach § 850f Abs. 2 ZPO vorgehen.

G. Pfändbarkeit bei Unterhaltsansprüchen (§ 850d ZPO) § 6

- Bei einem Anspruch aus **schuldrechtlichem Versorgungsausgleich**.[462] Solche Ansprüche sind anders als der laufende Unterhaltsanspruch von der Bedürftigkeit des Berechtigten unabhängig. Sie beruhen auf dem Gedanken der hälftigen Teilhabe des einen Ehegatten an dem in der Ehezeit erworbenen Überschuss am Versorgungssystem aufseiten des anderen Ehegatten.
- Bei **Kapitalansprüchen** zur **Abfindung von Unterhalt** und zwar auch dann, wenn sie in Raten gezahlt werden.
- Bei einem **Unterhaltsanspruch**, der **gesetzlich** auf einen **Dritten übergegangen** ist (z.B. Erbe des Unterhaltsberechtigten, Bürge). Ein solcher Anspruch verliert mit dem Übergang der titulierten Unterhaltsforderung seinen Charakter als Unterhaltsleistung, sodass auch der Schutzzweck von § 850d ZPO nicht mehr tangiert ist. Der neue Gläubiger kann daher nur im Rahmen von § 850c ZPO vollstrecken. **Ausnahmen**: Ersatzansprüche des Trägers der Sozialhilfe (§§ 94, 116 ff. SGB XII, 33 Abs. 1 S. 1 SGB II),[463] des Trägers der **Jugendhilfe** (§ 94 Abs. 3 S. 2 KJHG)[464] und der nach § 37 BAföG oder der **Familienkassen** gem. § 7 Abs. 1 S 1 UVG[465] **übergegangene Unterhaltsansprüche** nebst dessen Kosten. § 412 BGB bestimmt nämlich, dass auf den gesetzlichen Forderungsübergang die Vorschriften der §§ 399–404, 406–410 BGB entsprechende Anwendung finden.[466] Hierfür spricht auch der Zweck des § 850d Abs. 1 ZPO. Der Übergang des Vorzugsrechts scheitert daher nicht an der Höchstpersönlichkeit des Unterhaltsanspruchs. Dies betrifft allerdings nicht den **unterhaltsrechtlichen Auskunftsanspruch**.[467]
- Bei **Unterhaltsgläubigern**, soweit ihre Ansprüche **Insolvenzforderungen** sind. Diese dürfen auch nicht den **massefreien Differenzbetrag** zwischen § 850c ZPO und § 850d ZPO vollstrecken.[468] Gerade **rückständige Unterhaltsforderungen** fallen hierunter. Auf diese Forderungen findet § 89 Abs. 2 InsO keine Anwendung.[469] Vielmehr greift das allgemeine Vollstreckungsverbot des § 89 Abs. 1 InsO. Denn die insoweit eindeutige Regelung des § 89 Abs. 1 InsO steht im Einklang damit,

---

462 BGH, FamRZ 2005, 1564 = ZVI 2005, 404 = WM 2005, 1993 = Rpfleger 2005, 676 = BGHReport 2005, 1418 = MDR 2005, 1434 = InVo 2006, 60 = Vollstreckung effektiv 2006, 5 = JurBüro 2005, 554 = FamRB 2005, 363 = ProzRB 2005, 289 = Familienrecht kompakt 2006, 115.
463 BGH, Rpfleger 2004, 111 = BGHReport 2004, 129 = FamRZ 2004, 185 = FPR 2004, 110 = NJW-RR 2004, 362 = MDR 2004, 294; BAGE 323, 226 = DB 1971, 1165 = MDR 1971, 696 = ARST 1971, 124 = Rpfleger 1971, 304 = BB 1971, 1281 = NJW 1971, 2094 = SozArb 1972, 67 = SAE 1972, 117.
464 LG Erfurt, Rpfleger 1997, 74.
465 BGH, WM 2014, 2052 = MDR 2014, 1349 = NZFam 2014, 1035 = Vollstreckung effektiv 2014, 209 = FF 2014, 512.
466 Vgl. auch BGH, NJW-RR 2004, 362; NJW 1986, 1688.
467 BGH, DAVorm 1986, 418 = JZ 1986, 554 = FamRZ 1986, 568 = NJW 1986, 1688 = MDR 1986, 740.
468 BT-Drucks 12/2443 S. 137; BGH, ZInsO 2008, 39; ZInsO 2006, 1166; OLG Zweibrücken, ZInsO 2001, 625; AG Dortmund, ZInsO 2005, 836; *Steder*, ZIP 1999, 1874 (1881).
469 BT-Drucks 12/2443 S. 137; OLG Zweibrücken, ZInsO 2001, 625.

§ 6 Die Pfändung von Arbeitseinkommen

dass Unterhaltsschuldner hinsichtlich rückständiger Unterhaltsansprüche, die vor der Eröffnung des Insolvenzverfahrens entstanden sind, mit den rückständigen Unterhaltsansprüchen an der Restschuldbefreiung teilnehmen und insoweit Restschuldbefreiung erlangen können, es sei denn, dass die Forderung aus einer vorsätzlich pflichtwidrigen Verletzung einer gesetzlichen Unterhaltspflicht zur Insolvenztabelle angemeldet und auch als solche festgestellt wurde (§§ 174 Abs. 2, 175 InsO). In diesem Fall erreicht der Schuldner keine Restschuldbefreiung (§ 302 Nr. 1 InsO).

Hinweis

§ 89 Abs. 2 InsO erweitert das Vollstreckungsverbot nur für solche Gläubiger, die **nicht Insolvenzgläubiger** sind. Die Regelung gilt daher für **Neugläubiger**, die **nach** der **Verfahrenseröffnung** Unterhaltsansprüche erlangt haben und diese nicht im Verfahren geltend machen können. Für solche Neugläubiger, die grds. nach § 89 Abs. 2 S. 1 InsO von einer Vollstreckung ausgeschlossen sind, sieht § 89 Abs. 2 S. 2 InsO eine Durchbrechung des Vollstreckungsverbots insoweit vor, als es um den **massefreien Differenzbetrag zwischen § 850c ZPO und § 850d ZPO** geht. Wegen ihrer besonderen Schutzbedürftigkeit wird das Vollstreckungsverbot daher zugunsten solcher Neugläubiger, die im Insolvenzverfahren nicht berücksichtigt werden und infolge der Einbeziehung des Neuerwerbs in die Insolvenzmasse (§ 35 InsO) keinen realistischen Vollstreckungszugriff auf das insolvenzfreie Vermögen haben, im Umfang der erweiterten pfändbaren Beträge gelockert.[470] Hingegen soll Unterhalts- und Deliktsgläubigern, die ohnehin an der gemeinschaftlichen Befriedigung im Insolvenzverfahren beteiligt sind, nicht ein zusätzlicher Vollstreckungszugriff gestattet werden. Weiterhin gilt die Vorschrift des § 89 InsO auch nicht in der **Wohlverhaltensperiode**. Für diesen Zeitraum bestimmt nämlich § 294 Abs. 1 InsO, dass Zwangsvollstreckungsmaßnahmen ebenfalls für einzelne Insolvenzgläubiger in das Vermögen des Schuldners nicht zulässig sind.[471] Da der Schuldner nach Aufhebung des Insolvenzverfahrens die Verwaltungs- und Verfügungsbefugnis über sein Vermögen zurückerhält, ist keine Differenzierung nach Insolvenzmasse und sonstigem Vermögen des Schuldners – wie in § 89 Abs. 1 InsO – mehr erforderlich. Im Übrigen verweist für den Zeitraum der Wohlverhaltensperiode § 292 Abs. 1 S. 3 InsO auf die Vorschrift des § 36 Abs. 1 S. 2 InsO. Dort ist eine Geltung des § 850d ZPO ausgeschlossen. Der Gesetzgeber hat zudem auch von einer Anwendbarkeit der Vorschrift des § 850f Abs. 2 ZPO ausdrücklich abgesehen, da sie die Pfändbarkeit lediglich zugunsten bestimmter Gläubiger erweitert. Des Weiteren wird den Interessen der Gläubiger durch die Privilegierung nach § 302 InsO ausrei-

---

470 OLG Zweibrücken, ZInsO 2001, 625.
471 AG Göttingen, ZInsO 2005, 668.

G. Pfändbarkeit bei Unterhaltsansprüchen (§ 850d ZPO) § 6

chend Rechnung getragen. Auch eine teleologische Reduktion der Vorschrift kommt nicht in Betracht.

- Bei Kostenbeitragsforderungen nach §§ 91 SGB VIII.[472]
- Bei Schadensersatzansprüchen gem. § 844 Abs. 2 BGB aus fahrlässig begangener unerlaubter Handlung.[473]
- Bei einem **prozessualen Kostenerstattungsanspruch**.[474] Ein solcher prozessualer Kostenerstattungsanspruch des unterhaltsrechtlichen Erkenntnisverfahrens stellt keinen gesetzlichen Unterhaltsanspruch dar. Der Anspruch entsteht vielmehr eigenständig nach §§ 91 ff. ZPO unabhängig vom Gegenstand der dem jeweiligen Verfahren zugrunde liegenden Klageforderung, der nur im Rahmen der §§ 93a bis 93d ZPO als Anknüpfungspunkt für die dort normierten Sondertatbestände der Kostenverteilung Bedeutung erlangt. Etwas anderes ergibt sich auch nicht aus § 367 Abs. 1 BGB, wonach Zahlungen des Schuldners vorrangig auf Zinsen und (Prozess-)Kosten anzurechnen sind. Der Kostenerstattungsanspruch des Gläubigers wird auch nicht dadurch zu einem gesetzlichen Unterhaltsanspruch, dass er kraft gesetzlicher Anordnung vor diesem getilgt wird, wenn der Unterhaltsschuldner unterscheidungslos auf beide Forderungen zahlt. Zudem widerspricht eine solche Auslegung der gesetzgeberischen Intention. Der Unterhaltsgläubiger muss auch nicht die Kosten des Unterhaltsprozesses aus eigenen Mitteln auslegen. Er kann nämlich entweder vom Schuldner einen Prozesskostenvorschuss (§§ 1360a Abs. 4, 1610 BGB) oder mangels Leistungsfähigkeit des Schuldners Verfahrenskostenhilfe (§ 114 ff. ZPO) beantragen. Hierdurch ist sichergestellt, dass dem Gläubiger durch die Finanzierung des Unterhaltsprozesses nicht zusätzlich Mittel entzogen werden, die er für seinen angemessenen laufenden Unterhalt benötigt. Diese Auffassung steht auch nicht im Widerspruch dazu, dass der Prozesskostenvorschuss unter das Vollstreckungsprivileg nach § 850d Abs. 1 ZPO fällt. Ein solcher setzt nämlich die Leistungsfähigkeit des Schuldners voraus, die in einem Erkenntnisverfahren geprüft wird. Dies ist beim Kostenerstattungsanspruch aber gerade nicht der Fall.

---

472 AG Augsburg, Beschl. v. 22.2.2012 – 2 M 25028/11 – juris.
473 BGH, Vollstreckung effektiv 2006, 212 = ZIP 2006, 1604 = JurBüro 2007, 98 = MDR 2007, 177 = ZInsO 2006, 1166 = InVo 2006, 443 = BGHReport 2006, 1389 = Rpfleger 2006, 617 = NZI 2006, 593 = FamRZ 2006, 1373 = WM 2006, 1730 = ZVI 2006, 347.
474 BGH, Vollstreckung effektiv 2009, 169 = AGS 2009, 559 = FoVo 2009, 202; gilt **nicht** für den Fall des **§ 850f Abs. 2 ZPO**, wenn der Gläubiger wegen seiner Ansprüche auf Erstattung von Prozesskosten und Kosten der Zwangsvollstreckung sowie Verzugszinsen bevorrechtigt vollstrecken will; BGH, Vollstreckung effektiv 2009, 169 = AGS 2009, 559 = FoVo 2009, 202; zu den Auswirkungen wenn Unterhalts- und Deliktsgläubiger aufeinandertreffen vgl. Ausführungen und Beispiele zu Rdn 472 ff.

224 *Hinweis*

Die vom BGH[475] vertretene Ansicht verschlechtert somit die Situation eines Unterhaltsgläubigers derart, dass dieser nunmehr **nicht** mehr **bevorrechtigt** wegen seines **prozessualen Kostenerstattungsanspruchs** in Arbeitseinkommen vollstrecken kann. Insofern muss er wegen solcher Ansprüche seine Pfändung nach § 850c ZPO beschränken und ist wie ein „Normalgläubiger" zu behandeln. Dies hat zur Folge, dass er wegen seiner Kosten wesentlich später Befriedigung erlangt.

225 *Taktischer Hinweis*

Diese Problemlösung besteht für den Gläubiger jedoch bereits im Erkenntnisverfahren. Die Praxis lehrt, dass Unterhaltsprozesse vielfach durch einen **Vergleich** beendet werden. In einem solchen Vergleich sollte daher versucht werden zu regeln, dass bei einer notwendig werdenden Vollstreckung der Gläubiger das Vollstreckungsprivileg des § 850d Abs. 1 ZPO auch für die angefallenen Prozesskosten ausüben kann. Im Fall des **§ 850f Abs. 2 ZPO** hat der BGH ausdrücklich zugelassen, dass der Schuldner durch Abgabe einer freiwilligen Erklärung dem Vollstreckungsprivileg unterwerfen kann.[476] Es ist kein Grund erkennbar, weshalb dieser Grundsatz nicht auch i.R.d. § 850d Abs. 1 ZPO Anwendung finden sollte.

IV. Praktische Auswirkungen der Privilegierung bei der Lohnpfändung

226 Die praktischen Auswirkungen der bevorrechtigte Lohnpfändung zeigen sich besonders dann, wenn Lohnpfändungsgläubiger nach § 850c ZPO („Normalgläubiger") mit Unterhaltsgläubigern (§ 850d ZPO) zusammentreffen. Dies ist immer wieder fehlerträchtig. Denn es kommt dabei zwischen Gläubigern und Arbeitgebern als Drittschuldner regelmäßig zu Problemen, da häufig die unzutreffende Ansicht vorherrscht, ein Unterhaltsgläubiger nach § 850d ZPO verdränge stets alle anderen Gläubiger. Es muss aber wie folgt unterschieden werden:[477]

---

475 BGH, Vollstreckung effektiv 2009, 169 = AGS 2009, 559 = FoVo 2009, 202.
476 BGHZ, 152, 162 = NJW 2003, 819 = WRP 2003, 374 = MDR 2003, 357 = ZIP 2003, 577; NJW 2005, 1663 = Vollstreckung effektiv 2005, 97 = ZInsO 2005, 538 = FamRZ 2005, 974 = Rpfleger 2005, 370 = ZVI 2005, 253 = WM 2005, 1326 = VuR 2005, 225 = InVo 2005, 326 = JurBüro 2005, 437 = MDR 2005, 1014; BGH, BGHZ 152, 166 = EBE/BGH 2002, 378 = WM 2002, 2385 = BB 2002, 2468 = ZVI 2002, 420 = BGHReport 2003, 48 = ZInsO 2002, 1183 = NJW 2003, 515 = Rpfleger 2003, 91 = InVo 2003, 70.
477 Vgl. auch *Mock*, Vollstreckung effektiv 2017, 60.

G. Pfändbarkeit bei Unterhaltsansprüchen (§ 850d ZPO) § 6

1. „Normalgläubiger" pfändet zuerst, der Unterhaltsgläubiger pfändet später

Pfändet zuerst ein Gläubiger nach § 850c ZPO und später ein Unterhaltsgläubiger wegen gesetzlicher Unterhaltsansprüche gem. § 850d ZPO, geht das frühere Pfandrecht des Gläubigers gem. § 850c ZPO dem des Unterhaltsgläubigers vor (vgl. § 804 ZPO). Dies bedeutet: Der „Normalgläubiger" erhält die pfändbaren Beträge nach der Lohnpfändungstabelle gem. § 850c Abs. 3 ZPO. Der Unterhaltsgläubiger kann hingegen in den sog. Vorrechtsbereich vordringen: Ihm steht die Differenz zwischen dem unpfändbaren Betrag nach § 850c Abs. 3 ZPO und dem vom Gericht für den Schuldner festgesetzten notwendigen Selbstbehalt zu. 227

Beispiel: „Normalgläubiger" pfändet zuerst 228

S verdient monatlich 2.500 EUR netto und ist ledig. Gläubiger G1 pfändet in die Lohnansprüche des S beim Arbeitgeber D. Der Pfändungs- und Überweisungsbeschluss wird dem D. am 9.2. zugestellt. G2 pfändet wegen übergegangener gesetzlicher Unterhaltsansprüche gem. § 7 UVG ebenfalls in den Lohn. Das Gericht setzt den notwendigen Selbstbehalt des S auf 850 EUR monatlich fest. Dieser Pfändungs- und Überweisungsbeschluss wird dem D am 15.3. zugestellt. Welche Beträge muss D an wen abführen?

Lösung

D muss den ihm zuerst zugestellten Pfändungs- und Überweisungsbeschluss nach § 850c Abs. 3 ZPO beachten:

pfändbarer Betrag G1 gem. Lohnpfändungstabelle Spalte 0 bei monatlich 2.500 EUR	998,28 EUR
unpfändbarer Betrag (2.500 EUR ./. 998,28 EUR)	1.501,72 EUR
G2 erhält als nachrangiger Gläubiger die Differenz zwischen	
dem unpfändbaren Betrag nach § 850c Abs. 3 ZPO und	1.501,72 EUR
dem notwendigen Selbstbehalt gem. § 850d Abs. 1 ZPO	./. 850,00 EUR
pfändbar Betrag G2	651,72 EUR

2. Unterhaltsgläubiger pfändet zuerst, „Normalgläubiger" pfändet später

Anders zu beurteilen ist die Situation, wenn der Unterhaltsgläubiger zuerst pfändet. Dieser blockiert aufgrund seines besseren Pfandrechts den „Normalgläubiger" gem. § 850c ZPO. Für diesen bleibt nichts mehr übrig. 229

§ 6 Die Pfändung von Arbeitseinkommen

230 Beispiel: *Abwandlung – Unterhaltsgläubiger pfändet zuerst*
S verdient monatlich 2.500 EUR netto und ist ledig. G1 pfändet wegen übergegangener gesetzlicher Unterhaltsansprüche gem. § 7 UVG in die Lohnansprüche des S beim Arbeitgeber D. Das Gericht setzt den notwendigen Selbstbehalt des S auf 850 EUR monatlich fest. Dieser Pfändungs- und Überweisungsbeschluss wird dem D am 15.3. zugestellt. G2 pfändet ebenfalls in die Lohnansprüche des S beim Arbeitgeber D. Dieser Pfändungs- und Überweisungsbeschluss wird dem D am 19.3. zugestellt. Welche Beträge muss D an wen abführen?

Lösung

Der Arbeitgeber muss die ihm zuerst zugestellte Pfändung nach § 850d ZPO (G1) beachten. G1 erhält folgende Beträge:

Nettolohn monatlich	2.500 EUR
unpfändbarer notwendiger Selbstbehalt gem. § 850d Abs. 1 ZPO	./. 850 EUR
pfändbar somit	
G2 geht leer aus.	1.650 EUR

V. Besonderheit bei gleichzeitiger Einkommens- und P-Kontopfändung

231 Oftmals vollstrecken Unterhaltsgläubiger nach § 850d ZPO gleichzeitig wegen Unterhaltsansprüchen in Anspruch A (an Arbeitgeber) und Anspruch D (an Kreditinstitute). Dabei ist zu beachten, dass der dem Schuldner bei dem Anspruch A (Arbeitgeber) zu belassenden notwendigen Selbstbehalt nicht auch automatisch für sein gepfändetes Pfändungsschutzkonto[478] (P-Konto) gilt.

232 Vielmehr betrifft der im Pfändungs- und Überweisungsbeschluss festgelegte notwendige Selbstbehalt grds. nur die Pfändung in den Anspruch A. Dies ergibt sich aus dem vom Gericht auf Seite 9 des amtlichen Formulars einzutragenden pfandfreien Betrag (dort ist die Rede von „Nettoeinkommen").

Vom Gericht auszufüllen
Pfandfreier Betrag
Dem Schuldner dürfen von dem errechneten Nettoeinkommen bis zur Deckung des Gläubigeranspruchs für seinen eigenen notwendigen Unterhalt _____ Euro monatlich verbleiben

---

[478] Derzeitiger Sockelfreibetrag gem. § 850k Abs. 1 ZPO: 1.133,80 EUR, vgl. auch AG Kaufbeuren, Vollstreckung effektiv 2016, 2.

G. Pfändbarkeit bei Unterhaltsansprüchen (§ 850d ZPO) § 6

Beispiel 233

Gläubiger G beantragt wegen Unterhaltsforderungen gem. § 850d ZPO einen Pfändungs- und Überweisungsbeschluss betreffend das Arbeitseinkommen (Anspruch A) und gleichzeitig in die Bankverbindung (Anspruch D). Das Vollstreckungsgericht setzt den dem Schuldner S notwendig zu belassenden Selbstbehalt auf 850 EUR fest. S verdient monatlich 1.500 EUR netto. Der Arbeitgeber des S führt als Drittschuldner den pfändbaren Betrag von 650 EUR (= 1.500 EUR./.850 EUR) an G ab. Den unpfändbaren Betrag von 850 EUR überweist er auf die als P-Konto geführte Bankverbindung des S. Zum Zeitpunkt der Gutschrift befindet sich noch ein Betrag von 100 EUR aus einer Nebenkostenerstattung auf dem Konto, sodass nach Gutschrift des unpfändbaren Einkommens dort 950 EUR vorhanden sind.

Lösung

G kann von der Bank nicht die Überweisung von 100 EUR (950 EUR./.850 EUR) beanspruchen. Grund: Der vom Vollstreckungsgericht festgesetzte Pfändungsfreibetrag von 850 EUR ist von der Bank im Rahmen der Kontopfändung nicht zu beachten.

Taktischer Hinweis 234

Begehrt der Gläubiger daher bei der gleichzeitigen Pfändung von Einkommen und P-Konto, dass sich der für das Arbeitseinkommen durch das Vollstreckungsgericht festgesetzte notwendige Selbstbehalt d.h. der geringere Freibetrag (im Beispiel = 850 EUR) auch auf die P-Kontopfändung erstreckt, so kann auf **Antrag** durch das Gericht auf Seite 9 unter „Sonstige Anordnungen", bzw. Seite 10 (vor der Unterschrift des Rechtspflegers) eine anderweitige bzw. zusätzliche Regelung getroffen werden. Dort kann nämlich angeordnet werden, dass sich der verringerte Freibetrag auch auf den Anspruch D erstreckt. Hat der Gläubiger das ggf. nicht beachtet, kann er dies auch noch nachträglich beantragen und zwar dahingehend, dass der dem Schuldner i.R.d. P-Kontos zu belassende Grundfreibetrag nach § 850d i.V.m. § 850k Abs. 4 ZPO herabgesetzt wird.

Muster: Erstreckung des Freibetrages auch auf P-Konto bei Beantragung des Pfän- 235
dungs- und Überweisungsbeschlusses/Seite 9 des amtlichen Formulars

> ☒ Nicht amtlicher Hinweis: Es wird angeordnet, dass sich der durch das Gericht festgesetzte notwendige Selbstbehalt zugunsten des Schuldners und seiner unterhaltspflichtigen Personen auch auf den gepfändeten Anspruch D erstreckt.

236 **Musterformulierung/Nachträglicher Antrag auf Herabsetzung**

An das Amtsgericht
– Vollstreckungsgericht –
Az. ... M ... ./. ...
In der Zwangsvollstreckungsangelegenheit
Gläubiger ...
gegen
Schuldner ...
wird beantragt:
Es wird angeordnet, dass sich der durch das Gericht festgesetzte notwendige Selbstbehalt zugunsten des Schuldners und seiner unterhaltspflichtigen Personen auch auf den gepfändeten Anspruch D (an Kreditinstitute) erstreckt.

Gründe:
Durch Pfändungs- und Überweisungsbeschluss des AG vom ... wurde der Anspruch des Schuldners gegen den Drittschuldner aus Anspruch A (an Arbeitgeber) und Anspruch D (an Kreditinstitute) gepfändet. Das Gericht hat bzgl. Anspruch A den dem Schuldner notwendigen Selbstbehalt auf ... EUR festgesetzt. Da der notwendige Selbstbehalt nicht den Anspruch D betrifft, wird dies hiermit nachträglich gem. §§ 850d i.V.m. 850k Abs. 4 ZPO beantragt.

Gez. Rechtsanwalt

VI. Besonderheiten beim Unterhaltsvorschuss nach § 7 UVG

1. § 7 UVG verdrängt § 850d Abs. 2 ZPO

237 Im Anwendungsbereich des § 7 UVG (Unterhaltsvorschussgesetz) werden die Vorschriften der **§ 850d Abs. 2 ZPO, § 1609 BGB** zum Rangverhältnis der Unterhaltsansprüche durch die speziellere Vorschrift des § 7 Abs. 3 S. 2 UVG verdrängt.[479] Danach kann der Übergang eines Unterhaltsanspruchs nicht zum Nachteil des Unterhaltsberechtigten geltend gemacht werden, soweit dieser für eine spätere Zeit, für die er keine Unterhaltsleistung nach dem UVG erhalten hat oder erhält, Unterhalt von dem Unterhaltspflichtigen verlangt. Ein **Unterhaltsverlangen** i.S.d. § 7 Abs. 3 S. 2 UVG setzt dabei einen Zugriff des unmittelbar Unterhaltsberechtigten auf das Vermögen des Schuldners voraus. Das ist anzunehmen:

---

[479] BGH, WM 2014, 2052 = MDR 2014, 1349 = NZFam 2014, 1035 = Vollstreckung effektiv 2014, 209 = FF 2014, 512.

G. Pfändbarkeit bei Unterhaltsansprüchen (§ 850d ZPO) § 6

- wenn der Unterhaltsberechtigte den Schuldner im Wege der Zwangsvollstreckung auf Befriedigung seiner Unterhaltsforderung in Anspruch nimmt und insoweit z.B. einen Vollstreckungsantrag stellt. Ist dies der Fall, muss das Vollstreckungsgericht den in § 7 Abs. 3 S. 2 UVG gesetzlich angeordneten Vorrang stets von Amts wegen beachten. **Folge**: Die Vollstreckung der Unterhaltskasse aus übergegangenem Recht muss entsprechend beschränkt oder ganz abgelehnt werden. Im Rahmen der Beantragung eines Pfändungs- und Überweisungsbeschlusses müssen demnach die vorrangigen Gläubiger durch Heraufsetzung des pfandfrei zu belassenden Betrags geschützt werden.
- wenn der Unterhaltsberechtigte Unterhaltsansprüche gegenüber dem Schuldner gerichtlich oder außergerichtlich geltend macht und der Schuldner daraufhin Unterhaltsleistungen an ihn tatsächlich erbringt.

Taktischer Hinweis 238

In der Praxis sind bei der Forderungspfändung wegen gesetzlicher Unterhaltsansprüche (vgl. § 2 Nr. 1 ZVFV) auf Seite 8 unten im letzten Kasten des amtlichen Pfändungs- und Überweisungsbeschluss-Formulars alternativ folgende Anhaben zu machen:

```
Der Schuldner hat nach Angaben des Gläubigers
☐  keine unterhaltsberechtigten Kinder.
☐  keine weiteren unterhaltsberechtigten Kinder außer dem Gläubiger.
☐  ___ unterhaltsberechtigtes Kind/unterhaltsberechtigte Kinder.
☐  ___ weiteres unterhaltsberechtigtes Kind/weitere unterhaltsberechtigte Kinder außer dem Gläubiger.
☐
```

Selbst wenn hier tatsächlich Angaben gemacht werden, es aber letztlich nicht feststeht, ob der unmittelbar Unterhaltsberechtigte Unterhalt gem. § 7 Abs. 3 S. 2 UVG im obigen Sinne verlangt und ob der Schuldner Unterhaltszahlungen tatsächlich leistet, kann die **Unterhaltsvorschusskasse** als Gläubigerin Ansprüche des Schuldners gegen Dritte auch wegen des zur Erfüllung der Unterhaltsverpflichtung gegenüber dem vorrangigen Unterhaltsberechtigten erforderlichen Betrags wegen der bestehenden rückständigen Unterhaltsforderungen zunächst pfänden und sich zur Einziehung überweisen lassen. Es ist dann **zunächst kein erhöhter Pfändungsfreibetrag festzusetzen**![480] Es ist nämlich grds. Sache des Schuldners oder der durch das Gesetz Begünstigten, solche Einwendungen vorzubringen, die die Pfändung beschränken oder unzulässig machen. Das gilt auch für den Einwand, die Zwangsvollstreckung benachteilige Unterhaltsberechtigte, die Unterhalt vom Schuldner i.S.d. § 7 Abs. 3 S. 2 UVG verlangten. Nur wenn solche, diesen Einwand begründenden Tatsachen dem **Vollstreckungsgericht positiv bekannt** sind, muss es sie von Amts wegen berücksichtigen! Zu weiteren Nachforschungen ist das Gericht nicht verpflichtet.

---

[480] *Mock*, Vollstreckung effektiv 2014, 209.

2. Unterhaltsvorschusskasse vollstreckt mittels Vollstreckungsbescheid

239 Die Praxis lehrt, dass die Unterhaltsvorschusskassen bei den Jugendämtern – d.h. das jeweilige **Bundesland** – regelmäßig bestehende und übergegangene Unterhaltsrückstände nach § **7 UVG** mittels Vollstreckungsbescheid titulieren lassen und die Vollstreckungsgerichte oftmals die Lohnpfändung nach § 850d Abs. 1 ZPO beschließen. Der BGH[481] hat hierzu entschieden, dass das Vollstreckungsprivileg nach § 850d Abs. 1 S. 1 ZPO **nicht** durch die Vorlage eines **Vollstreckungsbescheides** nachgewiesen werden kann.

240 Der BGH fordert vielmehr, dass um den Nachweis der Vollstreckungsprivilegierung eines Unterhaltsanspruchs zu erbringen, der Gläubiger einen Titel vorlegen muss, aus dem sich – ggf. im Wege der Auslegung – ergibt, dass der Vollstreckung ein Unterhaltsanspruch der in § 850d Abs. 1 S. 1 ZPO genannten Art zugrunde liegt.

241 Diese Rechtsprechung ist allerdings durch das „Gesetz zur Neuregelung des bundesstaatlichen Finanzausgleichssystems ab dem Jahr 2020 und zur Änderung haushaltsrechtlicher Vorschriften"[482] seit dem 18.8.2017 obsolet geworden. Denn durch § 7 Abs. 5 UVG hat die Unterhaltsvorschusskasse, welche die Zwangsvollstreckung aus einem Vollstreckungsbescheid betreibt, zum Nachweis des nach § 7 Abs. 1 UVG übergegangenen Unterhaltsanspruchs dem Vollstreckungsantrag den **Bescheid gem. § 9 Abs. 2 UVG** beizufügen. Diese Gesetzesänderung ist ausweislich der Gesetzesmaterialien ausdrücklich als Reaktion auf die Rechtsprechung des BGH[483] zu verstehen.[484] Damit hat der Gesetzgeber deutlich gemacht, dass er – abweichend von der grundsätzlichen Verteilung der Aufgaben zwischen Erkenntnis- und Vollstreckungsverfahren[485] – dem Gläubiger im Vollstreckungsverfahren die Möglichkeit geben will, die Vollstreckungsprivilegierungen eines Unterhaltsanspruches nach § 850d Abs. 1 S. 1 ZPO zu behaupten und nachzuweisen. Insofern nähert der Gesetzgeber die Zwangsvollstreckung dieser übergegangenen Ansprüche der Vollstreckung öffentlich-rechtlicher Titel an, bei denen sich das Vollstreckungsorgan auf Angaben der an Recht und Gesetz gebundenen Verwaltung verlässt.[486]

242 *Taktischer Hinweis*

Nur Unterhaltsgläubiger nach § 7 UVG (d.h. das jeweilige Bundesland! – nicht hingegen die Kommunen, Städte, Gemeinden) können somit trotz ihrer in einem Vollstreckungsbescheid titulierten Ansprüche **bevorrechtigt** in das Arbeitseinkommen des Schuldners gem. § 850d Abs. 1 ZPO **vollstrecken**. Hierzu müssen der Vollstreckungsbescheid sowie der Bewilligungsbescheid nach § 9 Abs. 2 UVG dem Vollstreckungs-

---

481 BGH, Vollstreckung effektiv 2016, 116 = MDR 2016, 811 = FoVo 2016, 132 = NJW 2016, 1663.
482 BGBl I 17, 3122.
483 BGH, Vollstreckung effektiv 2016, 116 = MDR 2016, 811 = FoVo 2016, 132 = NJW 2016, 1663.
484 Vgl. BT-Drucks 18/12589 S. 157.
485 Vgl. BGH NJW 2013, 239.
486 LG Dresden, JAmt 2018, 155; LG Leipzig, NZFam 2018, 420; LG Hannover, FamRZ 2018, 615.

G. Pfändbarkeit bei Unterhaltsansprüchen (§ 850d ZPO) § 6

gericht vorgelegt werden. Diese Nachweisfunktion erfasst auch Vollstreckungsbescheide, die vor dem 18.8.2017 erlassen wurden und gilt daher für alle Forderungsarten, auf die § 850d ZPO unmittelbar oder mittelbar anwendbar ist.[487]

Im Einzelnen kann es für Unterhaltsgläubiger zu folgenden Situationen kommen: 243
- **Vollstreckungsgericht erlässt Zwischenverfügung:** Gibt das Gericht dem Gläubiger einen Hinweis, dass mittels Vollstreckungsbescheid der Unterhaltsanspruch nicht nachgewiesen werden kann, sollte der Gläubiger auf eine rasche rechtsmittelfähige Entscheidung über die Herabsetzung des Pfändungsfreibetrages nach § 850d ZPO drängen und im Übrigen um Erlass des beantragten Pfändungs- und Überweisungsbeschlusses gem. § 850c ZPO bitten. Hierdurch sichert sich der Gläubiger zumindest gegenüber potentiellen anderen Gläubigern rangwahrend (vgl. § 804 Abs. 3 ZPO) sein Pfandrecht hinsichtlich der Beträge nach der Lohnpfändungstabelle, die auch für andere Gläubiger pfändbar sind.
- **Vollstreckungsgericht erlässt Pfändungs- und Überweisungsbeschluss gem. § 850c ZPO** – Beschwerdefrist ist noch nicht abgelaufen: Erlässt das Vollstreckungsgericht den Pfändungs- und Überweisungsbeschluss nach § 850c ZPO (sog. Blankettbeschluss), lehnt also eine bevorrechtigte Pfändung nach § 850d ZPO ab, sollte der Gläubiger hiergegen innerhalb der Notfrist von 2 Wochen sofortige Beschwerde einlegen (§ 793 ZPO) und zur Begründung auf die eingetretene Gesetzesänderung hinweisen.

> *Taktischer Hinweis*
>
> Das Gericht hat über das zulässige Rechtsmittel ausdrücklich zu belehren (§ 232 ZPO); die Praxis zeigt allerdings, dass dies nicht immer erfolgt. Versäumt der Gläubiger also die 2-Wochen-Notfrist, weil die vorgeschriebene Belehrung nicht oder unrichtig erteilt wurde, braucht er sein fehlendes Verschulden nicht glaubhaft zu machen (vgl. § 232 S. 2 ZPO). Diese Vermutung ist unwiderleglich, gilt aber nur, wenn der ursächliche Zusammenhang zwischen Belehrungsmangel und Fristversäumnis glaubhaft gemacht ist.[488] Eine Widereinsetzung ist daher ausgeschlossen, wenn der Gläubiger wegen vorhandener Kenntnis über seinen Rechtsbehelf keiner Unterstützung durch eine Rechtsbehelfsbelehrung bedarf, z.B. bei anwaltlicher Vertretung[489] oder bei Behörden.[490]

---

[487] LG Dessau-Roßlau, NZFam 2018, 278 = JAmt 2018, 270.
[488] BGHZ 180, 199.
[489] BT-Drucks 17/10490 S. 14; BGH, NJW-RR 10, 1297.
[490] BGH, NJW 13, 1308; vgl. Zöller/*Greger*, § 233 ZPO Rn 23.

§ 6 Die Pfändung von Arbeitseinkommen

- **Vollstreckungsgericht erlässt Pfändungs- und Überweisungsbeschluss gem. § 850c ZPO – Beschwerdefrist ist bereits abgelaufen:** Erlässt das Vollstreckungsgericht den Pfändungs- und Überweisungsbeschluss nach § 850c ZPO und der Gläubiger versäumt trotz ordnungsgemäßer Belehrung durch das Vollstreckungsgericht sofortige Beschwerde einzulegen, so ist der Beschluss rechtskräftig. Allerdings ist es dem Gläubiger unbenommen auf seine Rechte aus dem Pfändungs- und Überweisungsbeschluss zu verzichten (§ 843 ZPO)[491] und einen erneuten Pfändungs- und Überweisungsbeschluss gem. § 850d ZPO zu beantragen und hierbei auf die eingetretene Gesetzesänderung hinzuweisen.

244 *Taktischer Hinweis*

Die Gefahr bei einem solchen Vorgehen besteht allerdings darin, dass der Unterhaltsgläubiger durch den Verzicht u.U. seine erste bzw. vorrangige Rangposition verliert und dadurch ggf. nachrangige Gläubiger aufrücken. Der neu erlassene Pfändungs- und Überweisungsbeschluss nach § 850d ZPO sichert dem Unterhaltsgläubiger zwar dann pfändbare Beträge, auf die ein nach § 850c ZPO pfändender Gläubiger nicht zugreifen kann. Allerdings können diese mitunter geringer sein als die Beträge, die ihm nach § 850c ZPO zugestanden haben.

245 *Beispiel 1*

S verdient monatlich 2.500 netto und ist ledig. G1 pfändet wegen übergegangener gesetzlicher Unterhaltsansprüche gem. § 7 UVG in die Lohnansprüche des Schuldners beim D. Der Pfändungs- und Überweisungsbeschluss wird dem D am 9.2.2018 zugestellt. G2 pfändet wegen eines Darlehnsanspruch ebenfalls in den Lohn. Das Gericht erlässt für G1 einen Beschluss nach § 850c ZPO und lehnt die bevorrechtigte Pfändung gem. § 850d ZPO ab.

Lösung

Der D hat die zuerst zugestellte Pfändung von G1 nach § 850c Abs. 3 ZPO zu beachten.
G1 erhält folgende Beträge:
pfändbarer Betrag gem. Lohnpfändungstabelle Spalte 0 bei monatlich 2.500 EUR   998,28 EUR
unpfändbarer Betrag (2.500 EUR ./. 998,28 EUR)   1.501,72 EUR

G2 erhält erst nach Befriedigung des G 1 pfändbare Beträge.

---

491 Vgl. *Mock*, Vollstreckung effektiv 2018, 77.

G. Pfändbarkeit bei Unterhaltsansprüchen (§ 850d ZPO) § 6

Beispiel 2: Abwandlung 246

In Abwandlung zu Beispiel 1 verzichtet G1 nach fruchtlosem Ablauf der Rechtsmittelfrist auf sein Pfandrecht und beantragt unter Hinweis auf die Gesetzesänderung in § 7 Abs. 5 UVG erneut die Pfändung gem. § 850d ZPO. Das Gericht erlässt den Pfändungs- und Überweisungsbeschluss und setzt den Freibetrag gem. § 850d ZPO auf 850 EUR fest.

Lösung

Infolge des Verzichts hat D nunmehr den ursprünglichen G2 als G1 zu bedienen. Dieser rückt aufgrund des Verzichts auf und steht somit vor dem G2 (ehemals G1).

G1 (aufgerückter Gläubiger) erhält folgende Beträge:

pfändbarer Betrag gem. Lohnpfändungstabelle Spalte 0 bei monatlich 2.500 EUR	998,28 EUR
unpfändbarer Betrag (2.500 EUR ./. 998,28 EUR)	1.501,72 EUR
G2 (Unterhaltsgläubiger) erhält als nachrangiger Gläubiger die Differenz zwischen dem unpfändbaren Betrag nach § 850c Abs. 3 ZPO	1.501,72 EUR
und dem notwendigen Selbstbehalt gem. § 850d Abs. 1 ZPO	./.850,00 EUR
pfändbar somit	651,72 EUR

Folge: G2 erhält als bevorrechtigter Gläubiger weniger. Denn hätte er auf sein Pfandrecht als ehemaliger vorrangiger Gläubiger nicht verzichtet, so stünden ihm anstatt 651,72 EUR insgesamt 998,28 EUR zu.

VII. Pfändungsumfang

Nach dem Gesetz ist dem Schuldner so viel zu belassen, wie er für seinen notwendigen Unterhalt und zur Erfüllung seiner laufenden gesetzlichen Unterhaltspflichten gegenüber den dem Gläubiger vorgehenden Berechtigten oder zur gleichmäßigen Befriedigung der dem Gläubiger gleichstehenden Berechtigten bedarf (§ 850d Abs. 1 S. 2, 3 ZPO). Von den in § 850a Nr. 1, 2 und 4 ZPO genannten Bezügen hat dem Schuldner mindestens die Hälfte des nach § 850a ZPO unpfändbaren Betrages zu verbleiben. Zweck der Regelung des § 850d Abs. 1 S. 2 ZPO ist, dass die dem vollstreckenden Unterhaltsgläubiger vorrangigen oder gleichstehenden Gläubiger durch die Vollstreckung nicht benachteiligt werden.[492] 247

Für den Schuldner ist somit der für seinen **notwendigen Unterhalt** und zur Deckung seiner laufenden gesetzlichen Verpflichtungen benötigte Betrag anzusetzen. Das Gesetz nennt dafür keine Beträge, weil die Lebensverhältnisse nicht überall die dieselben sind 248

---

[492] BGH, Vollstreckung effektiv 2011, 13 = WM 2010, 1754 = FamRZ 2010, 1654 = ZVI 2010, 348 = MDR 2010, 1214 = DGVZ 2010, 211 = JurBüro 2010, 661 = Rpfleger 2011, 38 = KKZ 2011, 237 = FamRB 2010, 365 = FamFR 2010, 419 = FoVo 2011, 55.

und die Pfändungsgrenzen deshalb individuell nach den konkreten Verhältnissen des Schuldners von dem Vollstreckungsgericht zu bestimmen sind. Es handelt sich daher nicht um eine feststehende Größe, sondern um einen „gleitenden Begriff", der nach den Umständen des Einzelfalls zu konkretisieren ist.

249 **Hinweis**

Mit der durch das Vollstreckungsgericht von Amts wegen zu ermittelnden Pfändungsfreigrenze nach § 850d ZPO werden nur typisierte Regelungen getroffen. Diese können individuelle Problemlagen bei Schuldner oder Gläubiger nicht ausreichend auffangen. Diese Pfändungsfreigrenze ist ohne Weiteres vom Drittschuldner zu beachten und im Interesse eines effizienten Zwangsvollstreckungsverfahrens erforderlich. Zum Ausgleich der dabei auftretenden Probleme ist das Antragsverfahren nach § 850f ZPO eingerichtet, in dem der Freibetrag nach § 850d ZPO erweitert (§ 850f Abs. 1 ZPO[493]) werden kann.[494]

VIII. Ermittlung des notwendigen Unterhalts bzw. des pfänbaren Betrages

250 Bei der Bemessung des pfandfreien Betrags sind grds. die gesetzlichen Unterhaltspflichten des Schuldners in Höhe des dem Unterhaltsberechtigten zustehenden Betrags zu berücksichtigen, auch wenn der Schuldner seiner Unterhaltspflicht nicht in vollem Umfang genügt.[495]

251 In der Literatur besteht zunächst weitgehend Einigkeit, dass die gesetzliche Unterhaltspflicht nur berücksichtigt werden kann, wenn der Unterhalt **tatsächlich**[496] geleistet wird.[497] Umstritten ist allerdings, ob die Berücksichtigung nur in Höhe der tatsächlichen Unterhaltszahlungen erfolgen kann[498] oder in Höhe des gesetzlichen Anspruchs.[499]

---

493 Vgl. Rdn 437 ff.
494 LG Stuttgart, Beschl. v. 2.7.2018 – 19 T 167/17 – juris.
495 BGH, Vollstreckung effektiv 2011, 13 = WM 2010, 1754 = FamRZ 2010, 1654 = ZVI 2010, 348 = MDR 2010, 1214 = DGVZ 2010, 211 = JurBüro 2010, 661 = Rpfleger 2011, 38 = KKZ 2011, 237 = FamRB 2010, 365 = FamR 2010, 419 = FoVo 2011, 55; zweifelnd BGH, WM 2014, 2052 = MDR 2014, 1349 = NZF 2014, 1035 = Vollstreckung effektiv 2014, 209 = FF 2014, 512.
496 Vgl. Gottwald/*Mock*, § 850d Rn 22; PG/*Ahrens*, § 850d Rn 29; Musielak/*Becker*, ZPO, § 850d Rn 7; Stein/Jonas/*Brehm*, § 850d Rn 22; MüKo-ZPO/*Smid*, § 850d Rn 25; *Schuschke/Walker/Kessal-Wulf*, § 850d Rn 8; *Wieczorek/Schütze/Lüke*, § 850d Rn 36 f.; *Stöber*, Rn 1091; im Ergebnis auch BGH, WM 2014, 2052 = MDR 2014, 1349 = Vollstreckung effektiv 2014, 209 = FF 2014, 512.
497 LG Mühlhausen, 7.3.08 – 2 T 29/08 – juris m.w.N; AG Bad Oldesloe, ZVI 2007, 470; Musielak/*Becker*, § 850d Rn 7.
498 So MüKo-ZPO/*Smid*, § 850d Rn 27; vgl. auch LG Berlin, DAmtsV 1976, 661.
499 Zöller/*Herget*, § 850d Rn 11, 11a; *Stöber*, Rn 1098, 1102; vgl. auch OLG Frankfurt, NJW-RR 2000, 220, LG Detmold, Rpfleger 2000, 340.

G. Pfändbarkeit bei Unterhaltsansprüchen (§ 850d ZPO) § 6

Der BGH[500] folgt der zuletzt genannten Ansicht. Eine Berücksichtigung in Höhe des gesetzlichen Anspruchs hat zu erfolgen, weil Wortlaut sowie Sinn und Zweck der Regelung des § 850d Abs. 1 S. 2 ZPO dafür sprechen. Die Norm stellt nämlich ohne Einschränkung auf den Bedarf für die Erfüllung der den Schuldner treffenden Unterhaltsverpflichtung ab. Dem Gesetz kann also nicht entnommen werden, dass für die Bestimmung des pfandfreien Betrags nur der Betrag maßgebend sein soll, den der Schuldner tatsächlich leistet. Denn Zweck der Regelung ist, dass die dem vollstreckenden Unterhaltsgläubiger vorrangigen oder gleichstehenden Gläubiger durch die Vollstreckung nicht benachteiligt werden. Durch die Berücksichtigung des pfandfreien Betrags soll diesen weiteren Unterhaltsberechtigten die Möglichkeit eröffnet werden, ihren Unterhaltsanspruch in größtmöglichem Umfang realisieren zu können, entweder durch freiwillige Leistungen des Schuldners oder im Wege der Zwangsvollstreckung. Beides ist nur dann gewährleistet, wenn dem Schuldner der für die Erfüllung seiner Unterhaltspflicht erforderliche Betrag ungeschmälert zur Verfügung steht. Auch wenn er tatsächlich nur weniger leistet, muss den weiteren Unterhaltsberechtigten aber die Möglichkeit erhalten bleiben, ihren Unterhaltsanspruch durchzusetzen. Dies ist nicht gegeben, wenn nur der tatsächlich geleistete Unterhalt bei der Bemessung des pfandfreien Betrags angesetzt würde. Denn dann wäre der Differenzbetrag zwischen dem geschuldeten und dem geleisteten Unterhalt der Pfändung unterworfen. Dadurch würde der die Zwangsvollstreckung betreibende Unterhaltsgläubiger bevorzugt, obwohl § 850d Abs. 1 S. 2 ZPO eine gleichmäßige Befriedigung aller gleichberechtigten Unterhaltsgläubiger gewährleisten soll.[501]

252

Für den Begriff des **notwendigen Unterhalts** in § 850d Abs. 1 S. 2 ZPO hat der BGH entschieden, dass dieser der **Höhe** nach grds. dem **notwendigen Lebensunterhalt im Sinne des 3. und 11. Kapitels des Zwölften Buches Sozialgesetzbuch** entspricht.[502] Hierbei kommt es auf die Sach- und Rechtslage zum Zeitpunkt der Entscheidung durch das Beschwerdegericht an. Denn die Festsetzung des pfandfreien Betrages soll gewährleisten, dass der Schuldner trotz verschärfter Pfändung seines Arbeitseinkommens in der Zukunft seinen notwendigen Unterhalt zu decken vermag. Bei Ermittlung der angemessenen Höhe dieses Betrages besteht keine Bindung an die Empfehlungen des Deutschen Vereins für öffentliche und private Fürsorge.[503]

253

---

500 BGH, Vollstreckung effektiv 2011, 13 = WM 2010, 1754 = FamRZ 2010, 1654 = ZVI 2010, 348 = MDR 2010, 1214 = DGVZ 2010, 211 = JurBüro 2010, 661 = Rpfleger 2011, 38 = KKZ 2011, 237 = FamRB 2010, 365 = FamFR 2010, 419 = FoVo 2011, 55; Gottwald/*Mock*, § 850d Rn 20.
501 Vgl. Zöller/*Herget*, § 850d Rn 11a; Gottwald/*Mock*, § 850d Rn 22.
502 BGH, WM 2018, 1655 = ZInsO 2018, 2015 = NZM 2018, 784; BGH, Vollstreckung effektiv 2011, 43 = DGVZ 2012, 10 = NJW-RR 2011, 706 = JurBüro 2011, 213 = Rpfleger 2011, 164; NJW-RR 2008, 733 = WM 2008, 649 = FoVo 2008, NJW 2003, 2918 = FamRZ 2003, 1466 = Rpfleger 2003, 593 = Vollstreckung effektiv 2005, 117; SG Hannover, Urt. v. 23.6.2014 – S 74 AS 176/13 – juris.
503 BGHZ 156, 30 = NJW 2003, 2918 = FamRZ 2003, 1466 = Rpfleger 2003, 593 = BGHReport 2003, 1237 = ZFE 2003, 344 = InVo 2003, 442 = FamRZ 2003, 1743 = MDR 2004, 53 = ZVI 2003, 648 = FuR 2004, 78 = KTS 2004, 74 = KKZ 2004, 223 = Vollstreckung effektiv 2005, 117 = FPR 2004, 145 = JuS 2004, 169.

§ 6 Die Pfändung von Arbeitseinkommen

254 Der ausgehend von §§ 28, 40 SGB XII i.V.m. der Verordnung zur Durchführung des § 28 SGB XII durch die Länder festgesetzte Regelsatz für Empfänger von Leistungen nach dem Zwölften Buch Sozialgesetzbuch entspricht dem des § 20 Abs. 2 S. 1, Abs. 4 SGB II i.V.m. der Bekanntmachung über die Höhe der Regelleistung nach § 20 Abs. 2 S. 1 des Zweiten Buches Sozialgesetzbuch und beträgt seit dem 1.1.2018 416 EUR. Bestandteil des notwendigen Unterhalts ist somit ein Betrag in Höhe des Regelsatzes nach dem Zwölften bzw. Zweiten Buch Sozialgesetzbuch.[504] Durch diese Vorschriften soll das Existenzminimum gesichert werden. Dieses ist im Zwangsvollstreckungsrecht grds. ebenso zu bestimmen wie im Sozialrecht. Die Regelleistung nach dem Zweiten Buch Sozialgesetzbuch, die der Höhe und der Herleitung nach dem Regelbedarf im Zwölften Buch Sozialgesetzbuch entspricht, ist Bestandteil des untersten Netzes der sozialen Sicherung,[505] in welches im Wege der Zwangsvollstreckung nicht eingegriffen werden kann. Das Sozialstaatsgebot des Art. 20 Abs. 1 GG erteilt dem Gesetzgeber den Auftrag, jedem ein menschenwürdiges Existenzminimum zu sichern. Dieses umfasst sowohl die physische Existenz des Menschen, also Nahrung, Kleidung, Hausrat, Unterkunft, Heizung,[506] Hygiene und Gesundheit, als auch die Sicherung der Möglichkeit zur Pflege zwischenmenschlicher Beziehungen und zu einem Mindestmaß an Teilhabe am gesellschaftlichen, kulturellen und politischen Leben, denn der Mensch als Person existiert notwendig in sozialen Bezügen.[507] Dieser Begriff des Existenzminimums gilt grds. auch im Vollstreckungsverfahren.[508] Ansprüche auf Arbeitslosengeld II dürfen damit im Ergebnis auch wegen der in § 850d Abs. 1 S. 1 ZPO genannten Unterhaltsansprüche nicht gepfändet werden. Für Ansprüche auf die nicht zur Sicherung des notwendigen Lebensunterhalts geleisteten **Zuschläge** nach **§ 24 SGB II** gilt dies jedoch nicht. Der Gesetzgeber mutet es dem Vollstreckungsschuldner damit zu, die ihm nach dieser Vorschrift zustehenden finanziellen Leistungen zur Erfüllung der in § 850d Abs. 1 S. 1 ZPO genannten Unterhaltverpflichtungen einzusetzen.[509]

---

504 LG Hannover, JurBüro 2007, 100; Musielak/*Becker*, § 850d Rn 5 f.; Zöller/*Herget*, § 850d Rn 7; MüKo-ZPO/*Smid*, § 850d Rn 25; *Stöber*, Rn 1094, 1176b, 1176d.
505 Gesetzentwurf der Bundesregierung vom 1.10.2003, BT-Drucks 15/1636 S. 7 unter Verweis auf BT-Drucks 15/1514 S. 52.
506 BGHZ 156, 30 = NJW 2003, 2918 = Vollstreckung effektiv 2005, 117 = FPR 2004, 145 = KKZ 2004, 223 = MDR 2004, 53 = FamRZ 2003, 1743 = InVo 2003, 442 = ZFE 2003, 344 = BGHReport 2003, 1237 = Rpfleger 2003, 593 = FamRZ 2003, 1466; **Miet- und Heizkosten** sind nach ihrem **tatsächlichen Aufwand** zu berücksichtigen.
507 BVerfG, NJW 2010, 505 = GuT 2010, 18 = FamRZ 2010, 429 = NZS 2010, 270 = JZ 2010, 515 = VR 2010, 172 = BB 2010, 500 = FamRB 2010, 119 = NVwZ 2010, 580 = FuR 2010, 335 = JuS 2010, 844 = JA 2010, 476.
508 BGH, Vollstreckung effektiv 2011, 43 = KKZ 2012, 22 = DGVZ 2012, 10 = NJW-RR 2011, 706 = JurBüro 2011, 213 = Rpfleger 2011, 164 = FamRZ 2011, 208 = MDR 2011, 127 = WM 2011, 76 NJW-RR 2008, 733 = WM 2008, 649 = MDR 2008, 530 = NVwZ 2008, 592 = FamRZ 2008, 877 = Rpfleger 2008, 318 = JurBüro 2008, 549 = KKZ 2009, 253 = FoVo 2008, 160; BGHZ 162, 234 = FamRZ 2005, 608 = NJW 2005, 1279 = ZVI 2005, 188 = BGHReport 2005, 713 = Rpfleger 2005, 312 = ZInsO 2005, 433 = MDR 2005, 812 = NJW-Spezial 2005, 296 = Familienrecht kompakt 2005, 95.
509 OVG Lüneburg, DVBl 2010, 796 = DÖV 2010, 613; Gottwald/*Mock*, § 850d Rn 22.

G. Pfändbarkeit bei Unterhaltsansprüchen (§ 850d ZPO) § 6

Hinweis 255

In der Praxis bestehen immer wieder Probleme bei der **Bemessung der Kosten der Unterkunft** des Schuldners. Die Angemessenheit solcher Kosten ist dabei nach den konkreten Umständen des Einzelfalls unter Berücksichtigung der örtlichen Gegebenheiten konkret zu ermitteln.[510]

Taktischer Hinweis 256

Der BGH[511] gibt bei der Angemessenheit der Kosten für die Unterkunft folgende Leitlinien vor:

1. Schuldner lebt allein

Die Aufwendungen für die Unterkunft ist nach den konkreten Umständen des Einzelfalls unter Berücksichtigung der örtlichen Gegebenheiten konkret zu ermitteln. Hiernach sind im Rahmen der Einkommenspfändung die Kosten für Unterkunft und Heizung am **ortsüblichen Mietpreisniveau** in folgender Reihenfolge zu ermitteln:

- **Rückgriff auf qualifizierten Mietspiegel (§ 558d BGB)**: Ein qualifizierter Mietspiegel ist ein Mietspiegel, der nach anerkannten wissenschaftlichen Grundsätzen erstellt und von der Gemeinde oder von Interessenvertretern der Vermieter und der Mieter anerkannt worden ist. Er ist im Abstand von zwei Jahren der Marktentwicklung anzupassen.
- **Rückgriff auf Mietspiegel nach § 558c BGB**: Ein **Mietspiegel** ist eine Übersicht über die ortsübliche Vergleichsmiete, soweit die Übersicht von der Gemeinde oder von Interessenvertretern der Vermieter und der Mieter gemeinsam erstellt oder anerkannt worden ist. Mietspiegel können für das Gebiet einer Gemeinde oder mehrerer Gemeinden oder für Teile von Gemeinden erstellt werden. Er soll im Abstand von zwei Jahren der Marktentwicklung angepasst werden. Gleichgestellt ist der unmittelbare Rückgriff aus einer Mietdatenbank nach § 558e BGB.
- **Rückgriff auf Mietdatenbank nach § 558e BGB**: Eine **Mietdatenbank** ist eine zur Ermittlung der ortsüblichen Vergleichsmiete fortlaufend geführte Sammlung von Mieten, die von der Gemeinde oder von Interessenvertretern der Vermieter und der Mieter gemeinsam geführt oder anerkannt wird und aus der Auskünfte gegeben werden, die für einzelne Wohnungen einen Schluss auf die ortsübliche Vergleichsmiete zulassen.

2. Schuldner lebt mit anderen Personen in einer Wohnung zusammen

Die Höhe des angemessenen Bedarfs des Schuldners für Unterkunft und Heizung ist **fiktiv** nach den Kosten zu ermitteln, die der Schuldner nach den **konkreten Umstän-**

---
510 BGH, WM 2018, 1655 = ZInsO 2018, 2015 = NZM 2018, 784.
511 BGH, WM 2018, 1655 = ZInsO 2018, 2015 = NZM 2018, 784.

§ 6 Die Pfändung von Arbeitseinkommen

den des Einzelfalls zur Deckung seines eigenen Wohnbedarfs aufwenden müsste. Dabei ist darauf abzustellen, dass hierzu die **fiktiv anfallenden Wohn- und Heizkosten für eine alleinstehende Person** anzusetzen sind. Die Aufwendungen des Schuldners für Unterkunft und Heizung sind in diesem Fall nicht nach dem sozialrechtlichen Kopfteilprinzip zu verteilen.

257 *Hinweis*

In seiner Ursprungsentscheidung vom 23.7.2009 hat der BGH[512] zu § 850f Abs. 1 lit. a ZPO zusätzlich noch hilfsweise einen Rückgriff auf die Miethöchstgrenzen aus der Tabelle zu § 8 WoGG a.F. erlaubt. Durch das Erste Gesetz zur Änderung des Wohngeldgesetzes (BGBl I 08, 2963) wurde die Regelung allerdings zum 1.1.2009 aufgehoben. Diese Bezugnahme hat der BGH im Rahmen des § 850d Abs. 1 S. 2 ZPO nicht vorgenommen.

258 In der Praxis herrscht Unsicherheit, wie diese Entscheidung umzusetzen ist. Es stellt sich nämlich die Frage, ob die vom BGH aufgestellten Grundsätze bereits beim Antrag auf Erlass des Pfändungs- und Überweisungsbeschlusses durch das Vollstreckungsgericht zu prüfen sind, oder ob sich erst nach Erlass und Zustellung des Pfändungs- und Überweisungsbeschlusses an den Schuldner durch diesen ggf. im Wege eines Abänderungsantrags eine solche Prüfungspflicht ergibt. Die Entscheidung des BGH ist zu dieser Frage nicht eindeutig. Zwar ist die Entscheidung im Rahmen eines vom Schuldner eingeleiteten Beschwerdeverfahrens ergangen. Der BGH stellt aber nur klar, dass die Angemessenheit der Aufwendungen für die Unterkunft nach den konkreten Umständen des Einzelfalls unter Berücksichtigung der örtlichen Gegebenheiten konkret zu ermitteln ist.

259 Folgt man der Ansicht, dass durch das Vollstreckungsgericht bereits vor Erlass des beantragten Pfändungs- und Überweisungsbeschlusses quasi eine Amtsermittlung besteht, würde dadurch die bevorrechtigte Vollstreckung nach § 850d ZPO zulasten des Gläubigers verschoben bzw. ausgehebelt werden. Es müsste zum Schutz des Gläubigers zunächst die Pfändung nach § 850c ZPO erlassen werden, um sodann im Nachgang durch das Gericht das Vorliegen der vom BGH geforderten Voraussetzungen zu prüfen. Insofern müsste dieses also irgendwie Informationen z.B. über die Wohnungsgröße des Schuldners erhalten, um sodann die Aufwendungen für die Unterkunft des Schuldners konkret ermitteln zu können. Was aber passiert, wenn es keine/n (qualifizierten) Mietspiegel oder Mietdatenbank für den Bezirk, in dem der Schuldner lebt, gibt? Dann kann das Gericht eine Pfändung nach § 850d ZPO nicht erlassen. Somit wäre das Pfändungsvorrecht des Gläubigers ausgehebelt! In der Praxis ist es zudem utopisch, dass ein Gläubiger über solche Informationen verfügt. Ermittlungen dahingehend führen nur

---

512 Vollstreckung effektiv 2009, 173; vgl. auch Rdn 447 ff.

G. Pfändbarkeit bei Unterhaltsansprüchen (§ 850d ZPO) § 6

zu unnötigen Zeitverzögerungen und damit zu einem Nachteil des Gläubigers. Darüber hinaus dürfte eine solche Art der Informationsbeschaffung über den privaten Bereich des Schuldners aus datenschutzrechtlichen Gründen fragwürdig sein, zumal solche Daten nicht im Kontext zu seiner titulierten Unterhaltsverpflichtung stehen.

Taktischer Hinweis 260

Eine Ermittlungspflicht besteht daher nur dann, wenn der Schuldner nach Erlass eines Beschlusses gem. § 850d ZPO Einwendungen gegen die Berechnung des durch das Vollstreckungsgericht festgelegten pfandfreien Betrages aufgrund seiner tatsächlichen Verhältnisse durch Vorlage entsprechender Unterlagen erhebt. Insofern ist er in einem Abänderungsverfahren darlegungs- und beweispflichtig. In diesem Zusammenhang hat der BGH[513] ausgeführt:

„Der Gläubiger ist nicht gehalten, solche Voraussetzungen für die Pfändung nach § 850d Abs. 1 S. 1 ZPO vorzutragen, die ihm nicht bekannt sind und die er auch nicht ohne weiteres kennen muss. Denn das würde sein Recht, im Wege der Zwangsvollstreckung auf das Vermögen des Schuldners zuzugreifen, von vornherein in unangemessener Weise beschränken. Der Vollstreckungserfolg des Gläubigers, der auf ihn übergegangene rückständige Unterhaltsforderungen vollstreckt, wäre darüber hinaus möglicherweise gefährdet, wenn er zur Erfüllung einer ihm obliegenden Darlegung, [...] vorab Auskünfte bei dem Unterhaltberechtigten oder dem Unterhaltsverpflichteten einholen müsste. Es ist nach den allgemeinen prozessualen Grundsätzen der Darlegungs- und Beweislast, die auch im Zwangsvollstreckungsverfahren Anwendung finden, vielmehr grundsätzlich Sache des Schuldners [...], solche Einwendungen vorzubringen, die die Pfändung beschränken oder unzulässig machen."

Dem **berufstätigen Schuldner** – nicht arbeitssuchendem Schuldner[514] – ist daneben einerseits als Anreiz für die Fortsetzung der Berufstätigkeit, andererseits aber auch zum Ausgleich berufsbedingten Aufwendungen wie etwa Fahrtkosten[515] grds. auch ein pauschalierter sog. **„Besserstellungszuschlag"** in angemessener Höhe zu belassen, dessen Höhe in Anlehnung an § 82 Abs. 3 SGB XII vom Vollstreckungsgericht festzusetzen ist.[516] In der Rechtsprechung werden für durchschnittliche Fahrtstrecken zur Arbeit unter- 261

---

513 BGH, Vollstreckung effektiv 2014, 209 = FoVo 2015, 15.
514 AG Baden-Baden, JurBüro 2016, 381.
515 Vgl. zu dieser Doppelfunktion insbesondere LG Dessau-Roßlau, Beschl. v. 29.8.2011 – 1 T 175/11 – juris.
516 Vgl. Zöller/*Stöber*, § 850d Rn 7 mit umfangreichen Rechtsprechungsnachweisen.

§ 6 Die Pfändung von Arbeitseinkommen

schiedliche pauschale Besserstellungen von Erhöhungen des Regelsatzes um 25 ,[517] 30 %,[518] 40[519] bis hin zu 50 %[520] angesetzt. Mangels anderweitiger Anhaltspunkte sind bei langen Arbeitswegen die Regelungen der Durchführungsverordnung (DV) zu § 82 SGB XII heranzuziehen. Nach § 3 Abs. 6 Nr. 2a DV zu § 82 SGB XII sind bei Benutzung eines eigenen Kraftfahrzeuges für jeden vollen Kilometer, den die Wohnung von der Arbeitsstätte entfernt liegt 5,20 EUR anzusetzen, jedoch nicht mehr als 40 km.[521]

262 Bei der Berechnung sind auch die **Betriebskostenvorauszahlungen** für die bedarfsgerechte Nutzung der Wohnung des Schuldners in Höhe der tatsächlich erbrachten Aufwendungen zu berücksichtigen. Diese sind nicht im Regelsatz enthalten, es sei denn, der Sozialhilfeträger gilt im Rahmen seiner Ermächtigung nach § 29 Abs. 2 SGB XII für seinen Bereich die Leistungen für die Unterkunft einschließlich der Betriebskosten durch eine monatliche Pauschale ab.[522] Der **mit dem Erwerb einer selbstgenutzten Eigentumswohnung verbundene Aufwand** bleibt hingegen bei der Bestimmung des notwendigen Unterhalts grds. unberücksichtigt.[523] Denn solche Darlehensverpflichtungen des Schuldners sind wegen ihres schlechteren Ranges im vorliegenden Zusammenhang nicht zu berücksichtigen,[524] auch wenn sie dazu dienen, die Wohnbedürfnisse des Schuldners abzudecken. Dies geht den zu vollstreckenden Unterhaltsansprüche aber nicht vor. Kann der Schuldner seinen Darlehens- und Unterhaltsverpflichtungen mit dem verfügbaren Einkommen nicht gleichermaßen nachkommen, muss er zuerst Letztere berichtigen und sein **Wohnungseigentum notfalls veräußern**. In den Beträgen des WoGG sind gem. § 5 Abs. 2 WoGG allerdings noch nicht die Kosten der Heizung enthalten, die daher im Zweifel zu schätzen sind, soweit diese nicht nachgewiesen werden.[525]

IX. Ermittlung des pfändbaren Betrages

263 Wie bereits dargestellt, wird bei der Pfändung wegen einer Unterhaltsforderung anstelle der Bezugnahme auf die Tabelle des § 850c ZPO der dem Schuldner zu verbleibende pfandfreie Betrag vom Vollstreckungsgericht grds. individuell festgesetzt (§ 850d Abs. 1 S. 2 ZPO). Dabei darf der dem Schuldner zu belassende Freibetrag nicht höher sein als der unter Berücksichtigung der Unterhaltspflichten gem. der Tabelle zu § 850c ZPO pfandfrei verbleibende Betrag. Der **ermittelte notwendige Unterhalt** i.S.d.

---

517 BGH, NJW – RR 2008, 733 = FoVo 2008, 160; LG Kassel, JurBüro 2005, 379.
518 LG Stuttgart, FamRZ 2005, 1103.
519 LG Detmold, FamRZ 2009, 1083.
520 LG Mönchengladbach, RPfleger 2006, 28.
521 LG Bamberg, JAmt 2017, 249.
522 BGH, FamRZ 2010, 1798 = Grundeigentum 2011, 683 = WuM 2011, 238 = VuR 2010, 437 = FF 2010, 508.
523 LG Kassel, JurBüro 2005, 379.
524 Zöller/*Herget*, § 850d Rn 7.
525 Vgl. LG Kassel, JurBüro 2005, 379 = durchschnittliche monatliche Belastung beträgt 60,00 EUR.

G. Pfändbarkeit bei Unterhaltsansprüchen (§ 850d ZPO) § 6

§ 850d Abs. 1 S. 2 ZPO ist daher stets **mit** dem **einschlägigen absoluten Pfändungsfreibetrag** nach § 850c ZPO zu **vergleichen**. Folge: ist der ermittelte Unterhalt höher als der Freibetrag, ist der unpfändbare Betrag grds. mit dem durch § 850c ZPO bestimmten Betrag anzusetzen (§ 850d Abs. 1 S. 3 ZPO).[526] Übersteigt der Freibetrag den notwendigen Unterhalt, ist Letzterer für die Festsetzung des unpfändbaren Arbeitseinkommens maßgebend. Dies allein entsprechend der Zielsetzung der bes. Unterhaltsvollstreckungsvorschriften.[527]

Beispiel 264

Der Schuldner ist verheiratet und verdient netto monatlich 1.800 EUR. Im Rahmen der Unterhaltsvollstreckung setzt das Vollstreckungsgericht den notwendigen Unterhalt gem. § 850d Abs. 1 ZPO auf 1.690 EUR fest.

Lösung

Der unpfändbare Betrag nach der Lohnpfändungstabelle gem. § 850c Abs. 3 S. 1 ZPO beträgt 1.680,25 EUR; pfändbar wären somit 119,75 EUR; nach der Festlegung des Vollstreckungsgerichts beträgt hingegen der unpfändbare Betrag 1.690 EUR. Pfändbar wären daher für den Unterhaltsgläubiger lediglich 110 EUR (= 1.800 EUR − 1.690 EUR); somit stünde der Unterhaltsgläubiger gegenüber einem „Normalgläubiger", der nach der Lohnpfändungstabelle 119,75 EUR erhalten würde, schlechter. Daher erhält der Unterhaltsgläubiger mindestens den pfändbaren Betrag nach Lohnpfändungstabelle.

■ Das Gericht bestimmt i.d.R. auf Seite 9 im grün unterlegten Feld des amtlichen Formulars nach § 2 Nr. 1 ZVFV oder in einer Anlage zum Beschluss anhand der Angaben des Gläubigers den dem Schuldner für seinen eigenen Unterhalt zur Verfügung zu stellenden Unterhaltsbetrag („*für seinen eigenen notwendigen Unterhalt [...] EUR monatlich* ").

Folge: Der für den Gläubiger pfändbare Betrag errechnet sich danach aus der Differenz des Freibetrages zum Nettoeinkommen.

■ Gehen Unterhaltspflichten des Schuldners dem pfändenden Gläubiger gem. § 850d Abs. 2 ZPO i.V.m. § 1609 BGB vor, wird vom Gericht für diese Personen ein weiterer unpfändbarer Betrag bestimmt („*sowie [...] EUR monatlich zur Erfüllung seiner laufenden gesetzlichen Unterhaltspflichtigen* ").

Folge: Der für den Gläubiger pfändbare Betrag errechnet sich aus der Differenz zwischen Nettoeinkommen und der Summe aus Grundfreibetrag + des weiteren Freibetrages für die vorgehende(n) Unterhaltspflicht(en).

---

526 Vgl. auch LG Hamburg, NJW-RR 1992, 264; LG Stuttgart, Rpfleger 1990, 173.
527 LG Hamburg, NJW-RR 1992, 264.

■ Gehen dem pfändenden Gläubiger die Unterhaltspflichten nicht vor, sondern sind sie gleichrangig (§ 1609 BGB), muss der zur gleichmäßigen Befriedigung notwendige Anteil am Nettoeinkommen vom Gericht festgesetzt werden (*„sowie zur gleichmäßigen Befriedigung der Unterhaltsansprüche der berechtigten Personen"*).
Gleichmäßige Befriedigung bedeutet dabei **nicht** eine **kopfteilige Aufteilung**. Vielmehr wird der Anteil anhand der Höhe der mtl. Unterhaltsforderung des Gläubigers und der gleichberechtigten Unterhaltsberechtigten bestimmt.[528] Dabei ist eine gerichtliche Anordnung, die den pfändungsfreien Betrag nicht weiter ziffernmäßig festsetzt, grds. zulässig.[529]

Folge: Der für den Gläubiger pfändbare Betrag errechnet sich jetzt aus der Differenz zwischen den dem Schuldner für seinen eigenen notwendigen Unterhalt zu belassenden unpfändbaren Freibetrag und dem Anteil am darüber hinausgehenden Nettoeinkommen, der dem Gläubiger nach der gerichtlichen Anordnung zur gleichmäßigen Befriedigung zugebilligt wird.

265 *Beispiel 3: Berechnung bei gleichstehender Unterhaltspflicht – „Mangelfall"*
Der Schuldner bezieht ein Nettoeinkommen von 1.457,67 EUR. Er leistet an seinen 12-jährigen Sohn Leon Barunterhalt von 370 EUR (467 EUR abzüglich 97 EUR hälftiges Kindergeld). Sein weiteres 5-jähriges Kind Moritz vollstreckt laufenden Kindesunterhalt von 251 EUR (348 EUR abzüglich 97 EUR hälftiges Kindergeld). Das Gericht trifft folgende Anordnung:[530]

---

528 *Stöber*, Rn 1102 m.w.N.
529 BGH, Vollstreckung effektiv 2018, 23 zu § 850k Abs. 3 ZPO i.V.m. § 850d ZPO im Rahmen einer Kontopfändung.
530 Vgl. *Schulenburg*, Vollstreckung effektiv 2018, 48.

G. Pfändbarkeit bei Unterhaltsansprüchen (§ 850d ZPO) | § 6

Vom Gericht auszufüllen

Pfandfreier Betrag

Dem Schuldner dürfen von dem errechneten Nettoeinkommen bis zur Deckung des Gläubigeranspruchs für seinen eigenenen notwendigen Unterhalt __932,00__ Euro monatlich verbleiben

☐ sowie _____ Euro monatlich zur Erfüllung seiner laufenden gesetzlichen Unterhaltspflichten gegenüber den Berechtigten, die dem Gläubiger vorgehen

☒ sowie zur gleichmäßigen Befriedigung der Unterhaltsansprüche der berechtigten Personen, die dem Gläubiger gleichstehen, __370__ Anteile des Nettoeinkommens, das nach Abzug des notwendigen Unterhalts des Schuldners verbleibt, bis zur Deckung der gesamten Unterhaltsansprüche dieser Personen von zusammen monatlich __370,00__ Euro. Gepfändet sind demzufolge __251__ Anteile des __932,00__ Euro monatlich übersteigenden Nettoeinkommens und das nach Deckung der eben genannten Unterhaltsansprüche von zusammen monatlich __370,00__ Euro verbleibende Mehreinkommen aus den bezeichneten __370__ Anteilen.

Der sich hieraus ergebene dem Schuldner zu belassende Betrag darf nicht höher sein als der unter Berücksichtigung der Unterhaltspflichtigen gemäß der Tabelle zu § 850c ZPO (in der jeweils gültigen Fassung) pfandfrei verbleibende Betrag.

☐ Sonstige Anordnungen: _____

_____

_____

_____

_____

Lösung: Neben den dem Schuldner für seinen eigenen notwendigen Unterhalt zu belassenden Betrag von 932 EUR ist ihm von dem darüber hinausgehenden Nettoeinkommen ein weiterer Bruchteil von 370/621 (370 EUR + 251 EUR = 621 EUR) zur gleichmäßigen Befriedigung seines Sohnes Leon im Verhältnis zu seinem vollstreckenden Sohn Moritz zu belassen. Dieser Bruchteil darf dabei den maximal für die vorgehende(n) Unterhaltspflichten zu gewährenden Betrag (hier: nur Sohn Leon mit 370 EUR) nicht überschreiten (*„bis zur Deckung der gesamten Unterhaltsansprüche dieser Personen"*).

Berechnung:

Nettoeinkommen:	1.457,67 EUR
abüglich Freibetrag für den eigenen notwendigen Unterhalt:	./. 932,00 EUR
Zwischensumme:	525,67 EUR
abzüglich Freibetrag für vorgehende Unterhaltspflicht (370/621):	./. 313,20 EUR
(max. 370 EUR für vorgehende Unterhaltspflicht Sohn Leon)	
pfändbar für Sohn Moritz somit:	212,47 EUR

Dem Schuldner verbleiben somit insgesamt 1.245,20 EUR (932 EUR + 313,20 EUR). Der dem Schuldner nach der Tabelle zu § 850c ZPO wegen einer Unterhaltspflicht zu gewährende Freibetrag von 1.870,26 EUR wird dabei nicht überschritten.

266 *Beispiel 4: Berechnung bei gleichstehender Unterhaltspflicht*[531]
Der Schuldner bezieht ein Nettoeinkommen von 2.186,18 EUR. Er leistet an seinen 12-jährigen Sohn Leon Barunterhalt von 394 EUR (491 EUR abzüglich 97 EUR hälftiges Kindergeld). Sein weiteres 5-jähriges Kind Moritz vollstreckt rückständigen und laufenden Kindesunterhalt von 269 EUR (366 EUR abzüglich 97 EUR hälftiges Kindergeld).

Berechnung:

Nettoeinkommen:	2.186,18 EUR
abzüglich Freibetrag für den eigenen notwendigen Unterhalt:	./. 932,00 EUR
Zwischensumme:	1.254,18 EUR
abzüglich Freibetrag für vorgehende Unterhaltspflicht (394/663):	./. 745,32 EUR
(max. 394 EUR für vorgehende Unterhaltspflicht Sohn Leon)	
pfändbar für Sohn Moritz somit:	867,37 EUR

Dem Schuldner verbleiben somit insgesamt 1.326 EUR (932 EUR + 394 EUR). Der dem Schuldner nach der Tabelle zu § 850c ZPO wegen einer Unterhaltspflicht zu gewährende Freibetrag von 1.870,26 EUR wird dabei nicht überschritten. Da der Freibetrag für den Sohn Leon vollständig aus dem gewährten Freibetrag von 394/663 getilgt wird, erhält der vollstreckende Sohn Max den übersteigenden Betrag.

267 *Beispiel 5: Berechnung bei mehreren gleichstehenden Unterhaltspflichten*[532]
Der Schuldner bezieht ein Nettoeinkommen von 2.186,18 EUR. Er leistet an seine beiden 12-jährigen Kinder (Zwillinge Leon und Lisa) Barunterhalt von jeweils 394 EUR (491 EUR abzüglich 97 EUR hälftiges Kindergeld), insgesamt somit 788 EUR. Sein weiteres 5-jähriges Kind Moritz vollstreckt rückständigen und laufenden Kindesunterhalt von 269 EUR (366 EUR abzüglich 97 EUR hälftiges Kindergeld). Das Gericht trifft die folgende Anordnung:

---

531 Vgl. *Schulenburg*, Vollstreckung effektiv 2018, 48.
532 Vgl. *Schulenburg*, Vollstreckung effektiv 2018, 48.

G. Pfändbarkeit bei Unterhaltsansprüchen (§ 850d ZPO) § 6

Vom Gericht auszufüllen

Pfandfreier Betrag

Dem Schuldner dürfen von dem errechneten Nettoeinkommen bis zur Deckung des Gläubigeranspruchs für seinen eigenenen notwendigen Unterhalt __932,00__ Euro monatlich verbleiben

☐ sowie _____ Euro monatlich zur Erfüllung seiner laufenden gesetzlichen Unterhaltspflichten gegenüber den Berechtigten, die dem Gläubiger vorgehen

☒ sowie zur gleichmäßigen Befriedigung der Unterhaltsansprüche der berechtigten Personen, die dem Gläubiger gleichstehen, __788__ Anteile des Nettoeinkommens, das nach Abzug des notwendigen Unterhalts des Schuldners verbleibt, bis zur Deckung der gesamten Unterhaltsansprüche dieser Personen von zusammen monatlich __788,00__ Euro. Gepfändet sind demzufolge __269__ Anteile des __932,0__ Euro monatlich übersteigenden Nettoeinkommens und das nach Deckung der eben genannten Unterhaltsansprüche von zusammen monatlich __788,0__ Euro verbleibende Mehreinkommen aus den bezeichneten __788__ Anteilen.

Der sich hieraus ergebene dem Schuldner zu belassene Betrag darf nicht höher sein als der unter Berücksichtigung der Unterhaltspflichtigen gemäß der Tabelle zu § 850c ZPO (in der jeweils gültigen Fassung) pfandfrei verbleibende Betrag.

☐ Sonstige Anordnungen:

_____

_____

_____

_____

Berechnung:

Nettoeinkommen:	2.186,18 EUR
abzüglich Freibetrag für den eigenen notwendigen Unterhalt:	./. 932,00 EUR
Zwischensumme:	1.254,18 EUR
abzüglich Freibetrag für vorgehende Unterhaltspflicht (778/1.057):	./. 935,00 EUR
begrenzt auf max. 788 EUR für vorgehende Unterhaltspflichten:	147,00 EUR
pfändbar für Sohn Moritz somit:	471,82 EUR

Dem Schuldner verbleiben somit insgesamt 1.720,00 EUR (932 EUR + 788 EUR). Der dem Schuldner nach der Tabelle zu § 850c ZPO wegen zwei Unterhaltspflichten zu gewährende Freibetrag von 2.027,30 EUR wird dabei nicht überschritten. Da der Freibetrag für die Zwillinge Leon und Lisa vollständig aus dem gewährten Freibetrag von 788/1.057 getilgt wird, erhält der vollstreckende Sohn Moritz den übersteigenden Betrag.

X. Unterhaltsrückstände

268 Das Vorrecht des § 850d ZPO gilt grds. zeitlich unbeschränkt.[533] § **850d Abs. 1 S. 4 ZPO** regelt hierzu eine Ausnahme. Die **Privilegierung** ist hiernach **temporär beschränkt**. Die Norm regelt, dass wegen **rückständiger Unterhaltsansprüche**, die länger als **ein Jahr vor dem Antrag auf Erlass eines Pfändungs- und Überweisungsbeschlusses fällig geworden** sind, der Gläubiger die Bevorrechtigung nicht in Anspruch nehmen kann. Insoweit gelten dann die Freigrenzen nach § 850c ZPO. Das entspricht dem gesetzgeberischen Zweck der Vorschrift. Denn für rückständigen Unterhalt, der wegen des Zeitablaufs nicht mehr dazu dienen kann, seinen aktuellen Unterhaltsbedarf zu befriedigen, bedarf der Unterhaltsgläubiger keiner vollstreckungsrechtlichen Privilegierung, weil dann die Gefahr nicht besteht, dass er wegen ausbleibender Zahlungen des Schuldners auf Sozialleistungen angewiesen ist.[534] Daraus ergibt sich, dass nur der unterhaltsbedürftige Gläubiger bevorzugt Zugriff auf das Arbeitseinkommen des Unterhaltsschuldners nehmen kann. **Maßgeblich** für die Beurteilung der im Sinne der Regelung bestehenden Rückstände ist der Zeitpunkt des **Eingangs des Antrags** auf Erlass eines Pfändungsbeschluss beim Gericht.[535]

269 *Taktischer Hinweis*

Hat sich der Schuldner jedoch seiner Zahlungspflicht bzgl. des rückständigen Unterhalts absichtlich entzogen, gilt eine **Ausnahme** mit der Folge, dass auch wegen dieser älteren Rückstände privilegiert nach § 850d Abs. 1 ZPO vollstreckt werden kann. Dies gilt auch, wenn der Unterhalt der Höhe nach feststeht, es sei denn, besondere Umstände lassen die Unterhaltspflicht zweifelhaft erscheinen.[536]

„**Absichtlich entzogen**" hat sich der Schuldner seiner Zahlungsverpflichtung bereits schon dann, wenn er trotz bestehender Zahlungsmöglichkeit (Zahlungsfähigkeit) die ihm zur Verfügung stehenden Mittel für andere Zwecke als Unterhaltsleistungen verwendet und so die zeitnahe Realisierung der entstehenden Rückstände zumindest wesentlich erschwert.[537]

---

533 BAG, ZInsO 2013, 1214 = VuR 2013, 391 = NZA-RR 2013, 590 = GWR 2013, 256 = EzA-SD 2013, Nr. 12, 12 = ArbR 2013, 292 = FA 2013, 211 = ArbuR 2013, 325 = FamRZ 2014, 1104.
534 BGH, Vollstreckung effektiv 2009, 169 = FamRZ 2009, 1483 = MDR 2009, 1190 = FPR 2009, 477 = NJW-RR 2009, 1441 = JurBüro 2009, 549 = AGS 2009, 559 = FoVo 2009, 202 = NJW-Spezial 2009, 725 = FamRB 2009, 372 = ZFE 2010, 2 = FamFR 2009, 20; FamRZ 2005, 1564 = ZVI 2005, 404 = WM 2005, 1993 = Rpfleger 2005, 676 = MDR 2005, 1434 = Vollstreckung effektiv 2006, 5 = JurBüro 2005, 554.
535 KG Berlin, MDR 1986, 767.
536 KG Berlin, Rpfleger 1986, 394.
537 BGH, Vollstreckung effektiv 2005, 62 = NJW-RR 2005, 718 = InVo 2005, 235; BAG, ZInsO 2013, 1214 = VuR 2013, 391 = NZA-RR 2013, 590 = GWR 2013, 256 = EzA-SD 2013, Nr. 12, 12 = ArbR 2013, 292 = FA 2013, 211 = ArbuR 2013, 325 = FamRZ 2014, 1104; LG Konstanz, InVo 2004, 110; KG Berlin, MDR 1986, 767; a.A. OLG Köln, NJW-RR 1993, 1156.

G. Pfändbarkeit bei Unterhaltsansprüchen (§ 850d ZPO) | § 6

Erfasst die erweiterte Pfändung wegen gesetzlicher Unterhaltsansprüche überjährige Rückstände, trägt der **Schuldner** bzw. Drittschuldner[538] die **Darlegungs- und Beweislast** dafür, dass er sich seiner Zahlungspflicht nicht absichtlich entzogen hat.[539] Im Zweifel muss er dies im Wege des Erinnerungsverfahrens nach § 766 ZPO darlegen, wenn das Gericht bzgl. der überjährigen Rückstände die Vollstreckungsprivilegierung anordnet. Problematisch ist für Gläubiger, dass die Rechtsprechung davon ausgeht, dass das subjektive Element der Absicht bereits entfallen soll, wenn der Schuldner der Auffassung gewesen ist, aus Rechtsgründen nicht zur Unterhaltszahlung verpflichtet zu sein.[540] Solche Einwände lassen sich natürlich jederzeit konstruieren.

Taktischer Hinweis   **270**

Da der Schuldner die Darlegungs- und Beweislast dafür trägt, dass er sich seiner Zahlungspflicht nicht absichtlich entzogen hat, muss deshalb der Gläubiger im amtlichen Formular auf Seite 8 grds. keine Angaben dazu machen, dass die bevorrechtigte Pfändung auch für ältere Rückstände gilt. Dies bedeutet, dass er an der nachfolgend dargestellten Stelle im Formular daher kein Kreuz setzen sollte!

> ☐ Der erweiterte Pfändungsumfang gilt nicht für die Unterhaltsrückstände, die länger als ein Jahr vor Stellung des Pfändungsantrags vom _____ fällig geworden sind, weil nach Lage der Verhältnisse nicht anzunehmen ist, dass der Schuldner sich seiner Zahlungspflicht absichtlich entzogen hat.

Allerdings gilt es auch zu beachten, dass die Möglichkeit für den Gläubiger, anzuzeigen, dass überjährige Unterhaltsrückstände nicht dem Pfändungsprivileg unterfallen, dann für den Gläubiger sinnvoll sein kann, wenn dadurch die Chance besteht, dass die Motivation des Schuldners zur weiteren Ausübung seiner Erwerbstätigkeit erhalten bleibt.[541]

XI. Rangfolge bei der Vollstreckung mehrerer Unterhaltsberechtigter (§ 850d Abs. 2 ZPO)

Das Gesetz zur Änderung des Unterhaltsrechts vom 21.12.2007[542] hat mit Wirkung zum 1.1.2008 die Rangordnung bei der Vollstreckung konkurrierender Unterhaltsgläubiger in   **271**

---

538 BAG, ZInsO 2013, 1214 = VuR 2013, 391 = NZA-RR 2013, 590 = GWR 2013, 256 = EzA-SD 2013, Nr. 12, 12 = ArbR 2013, 292 = FA 2013, 211 = ArbuR 2013, 325 = FamRZ 2014, 1104.
539 BGH, Vollstreckung effektiv 2005, 62 = NJW-RR 2005, 718 = InVo 2005, 235; LG Mühlhausen, Bechl. v. 20.3.08 – 2 T 53/08 – juris; a.A. OLG Köln, NJW-RR 1993, 1156; Gottwald/*Mock*, § 850d Rn 29; Musielak/*Becker*, § 850d Rn 12; Zöller/*Herget*, § 850d Rn 5; *Stöber*, Rn 1090.
540 LG Braunschweig, JurBüro 1986, 1422.
541 *Fechter*, Zwangsvollstreckungsrecht aktuell, § 3 Rn 111.
542 BGBl I 2007 S. 3189.

§ 6 Die Pfändung von Arbeitseinkommen

§ 850d Abs. 2 ZPO modifiziert. Diese Novellierungen bringen für pfändende Unterhaltsgläubiger Veränderungen mit sich. Die Möglichkeit des § 850d Abs. 2 ZPO a.f., wonach das Vollstreckungsgericht das Rangverhältnis der Berechtigten zueinander auf Antrag nach billigem Ermessen in anderer Weise festsetzen konnte, ist weggefallen.[543] Treffen daher konkurrierende Unterhaltsgläubiger im Rahmen einer Lohnpfändung aufeinander, gilt das Prioritätsprinzip nach § 804 Abs. 3 ZPO nicht. Vielmehr gilt die in § 850d Abs. 2 ZPO festgelegte Reihenfolge gem. § 1609 BGB und § 16 des LPartG, wobei mehrere gleich nahe Berechtigte untereinander den gleichen Rang haben. Insofern gilt nach § 1609 BGB folgende Abfolge:

1. Minderjährige unverheiratete Kinder und Kinder i.S.d. § 1603 Abs. 2 S. 2 BGB;
2. Elternteile, die wegen der Betreuung eines Kindes unterhaltsberechtigt sind oder im Fall einer Scheidung wären sowie Ehegatten und geschiedene Ehegatten bei einer Ehe von langer Dauer; bei der Feststellung einer Ehe von langer Dauer sind auch Nachteile i.S.d. § 1578b Abs. 1 S. 2 und 3 BGB zu berücksichtigen;
3. Ehegatten und geschiedene Ehegatten, die nicht unter Nr. 2 fallen;
4. Kinder, die nicht unter Nr. 1 fallen;
5. Enkelkinder und weitere Abkömmlinge;
6. Eltern;
7. weitere Verwandte der aufsteigenden Linie; unter ihnen gehen die Näheren den Entfernteren vor.

272 Die **Bevorrechtigung** des Gläubigers gem. § 850d Abs. 2 ZPO i.V.m. § 1609 BGB gegenüber anderen Unterhaltsberechtigten muss sich **nicht aus** dem **Titel ergeben**. Die Rangfolge mehrerer Unterhaltsberechtigter hat das Vollstreckungsorgan vielmehr bei der Bemessung des dem Schuldner pfandfrei zu belassenden Einkommensanteils nach § 850d Abs. 1 S. 2 ZPO selbstständig zu prüfen und festzulegen.[544] Damit macht die Vorschrift die Prüfung der materiell-rechtlichen Rangfolge zum Gegenstand des Vollstreckungsverfahrens; anderenfalls könnte der dem Schuldner nach § 850d Abs. 1 S. 2 ZPO zu belassende Einkommensanteil im Vollstreckungsverfahren nicht bestimmt werden. Auch die Gesetzesmaterialien belegen, dass die materiell-rechtliche Rangfolge mehrerer Unterhaltsberechtigter im Vollstreckungsverfahren zu prüfen ist. Im Entwurf des Gesetzes zur Änderung des Unterhaltsrechts ist die Neufassung von § 850d Abs. 2 ZPO wie folgt begründet worden: „Die in § 850d Abs. 2 ZPO enthaltene Rangfolge zwischen pfändenden Unterhaltsgläubigern wird, da die materiell-rechtliche Regelung und das Zwangsvollstreckungsrecht übereinstimmen müssen, mit der neuen,

---

543 AG Hannover, Beschl. v. 23.2.2009 – 705 M 55666/07 – juris.
544 BGH, FoVo 2013, 31 = NJW 2013, 239; *Stöber*, Rn 1109, 1113; *Stöber*, Festgabe für Vollkommer 2006, S. 363 (380); *Wolf/Hintzen*, Rpfleger 2008, 337 ff.

G. Pfändbarkeit bei Unterhaltsansprüchen (§ 850d ZPO) § 6

durch den Entwurf geschaffenen unterhaltsrechtlichen Rangfolge (§ 1609 BGB, § 16 LPartG) in Einklang gebracht."[545]
Die Folgen sind in der Praxis unterschiedlich, je nachdem welche Rangstellung der pfändende Unterhaltsgläubiger nunmehr einnimmt. Eine Verbesserung besteht in der Praxis vor allem bei der Vollstreckung Minderjähriger gegenüber Ehegatten, da letztere die 3. Rangposition gegenüber den erstrangigen Kindern einnehmen.[546]

Beispiel

Das minderjährige, nicht eheliche Kind K. pfändet am 5.7.2007 i.R.d. bevorrechtigten Vollstreckung wegen rückständiger Unterhaltsansprüche i.H.v. 2.000,00 EUR und laufenden monatlichen Ansprüchen i.H.v. 300,00 EUR in das Arbeitseinkommen des Schuldners S. Zum Haushalt des S. gehören der 20-jährige Sohn X., der noch zur Schule geht, die 13-jährige Tochter T. sowie die Ehefrau E. S. verdient monatlich netto 2.500,00 EUR.

Lösung

Das Vollstreckungsgericht musste nach alter Rechtslage zunächst gem. § 850d Abs. 1 ZPO den dem Schuldner notwendigen Selbstbehalt und zudem Unterhaltsbeträge für die im Haushalt des Schuldners lebenden Familienangehörigen festsetzen. Nach § 850d Abs. 2 ZPO a.F. waren die im Haushalt des Schuldners lebenden Personen (im Beispiel: X., T. und E.) gleichrangig, sodass folgende Freibeträge nach der damaligen Regelsatzverordnung festgesetzt werden konnten:

Schuldner	351,00 EUR
Ehegatte	313,00 EUR
volljähriges Kind	280,00 EUR
minderjähriges Kind	211,00 EUR
Warmmiete (geschätzt)	800,00 EUR
unpfändbar somit	**1.955,00 EUR**

Nach der jetzigen Rechtslage sind beide im Haushalt des S. lebenden Kinder sowie das pfändende Kind gleichberechtigt (§ 1609 Nr. 1 BGB). Die Ehefrau hingegen ist nachrangig (§ 1609 Nr. 3 BGB). Daraus folgt, dass diese bei der Berechnung des unpfändbaren Betrags nach § 850d Abs. 1 ZPO nicht mehr zu berücksichtigen ist. Somit ergeben sich folgende Beträge:[547]

---

545 BT-Drucks 16/1830 S. 36 li. Sp.; vgl. auch schon BT-Drucks 5/3719 S. 50 re. Sp.
546 *Mock*, Vollstreckung effektiv 2008, 153.
547 Zur Vereinfachung wurden die noch zum 1.1.2008 geltenden Regelsätze genommen.

455

§ 6 Die Pfändung von Arbeitseinkommen

Schuldner	391,00 EUR
volljähriges Kind	313,00 EUR
minderjähriges Kind	261,00 EUR
Warmmiete (geschätzt)	800,00 EUR
unpfändbar somit	**1.765,00 EUR**

Die Rechtslage seit dem 1.8.2008 bringt dem pfändenden Gläubiger somit einen zusätzlichen pfändbaren Betrag von 190 EUR.

275 Wenn hingegen **Gläubiger aus Rangklasse 3** vollstrecken und daneben noch Gläubiger aus Rangklasse 1 oder 2 vorhanden sind, tritt zu Lasten des Unterhaltsgläubigers eine **Schlechterstellung** ein.

276 *Beispiel*

Der geschiedene Ehegatte A. vollstreckt wegen rückständigen Unterhalts i.H.v. 2.000,00 EUR und laufenden monatlichen Unterhalts i.H.v. 300,00 EUR in das Arbeitseinkommen des Schuldners S. Zum Haushalt des S. gehört der 20-jährige Sohn Y., der noch zur Schule geht, die 13-jährige Tochter Z. sowie die Ehefrau E. S. verdient monatlich netto 2.500,00 EUR.

Lösung

Nach alter Rechtslage waren die im Haushalt des Schuldners lebenden Personen gleichrangig, sodass folgende Freibeträge nach der damals geltenden Regelsatzverordnung festgesetzt werden konnten:

Schuldner	353,00 EUR
volljähriges Kind	280,00 EUR
minderjähriges Kind	211,00 EUR
Warmmiete (geschätzt)	800,00 EUR
unpfändbar somit	**1.955,00 EUR**

Seit dem 1.1.2008 gehen die minderjährige Tochter (Z.), sowie der 20-jährige Sohn (Y.; § 1609 Nr. 1 BGB) dem pfändenden geschiedenen Ehegatten (E.; § 1609 Nr. 2 BGB) vor. Der neue Ehegatte (E.) geht dem geschiedenen Ehegatten (A.) nach (§ 1609 Nr. 3 BGB). Die Folge ist, dass ein Zugriff im Rahmen einer bevorrechtigten Pfändung nach § 850d ZPO nicht möglich ist. Die einzige Möglichkeit sich einen Zugriff zu verschaffen, ergibt sich i.R.d. § 850d ZPO dadurch, dass die nach § 850a

G. Pfändbarkeit bei Unterhaltsansprüchen (§ 850d ZPO) § 6

Nr. 1, 2 und 4 ZPO genannten Bezüge teilweise für pfändbar erklärt werden.[548] Unpfändbar sind daher:

¼ von geleisteten Überstunden;

die Hälfte des Urlaubsgeldes und

¼ des Weihnachtsgeldes, max. jedoch 250,00 EUR.

Insofern erhöht sich lediglich das zu errechnende Nettoeinkommen gegenüber einem „normalen Gläubiger", der nach § 850c ZPO pfändet. 277

Taktischer Hinweis 278

Der nachrangige „Normalgläubiger" ist gegenüber einem Unterhaltsgläubiger seit dem 1.1.2008 schlechter gestellt als dies nach der alten Regelung der Fall war. Grund: Der für den Unterhaltsgläubiger abzuschöpfende pfändbare Betrag verringert sich wesentlich, was zur Folge hat, dass der „Normalgläubiger" wesentlich später an der Reihe ist. Ein nachrangiger „Normalgläubiger" muss daher bei der dargestellten Konstellation unbedingt darauf achten, ob der Schuldner tatsächlich Unterhaltsleistungen an die i.R.d. Lohnpfändungstabelle zu berücksichtigen Unterhaltsberechtigten erbringt. Ist dies nicht der Fall, muss er beantragen, dass der fälschlicherweise berücksichtigte Unterhaltsberechtigte gem. § 850c Abs. 4 ZPO wegfällt.[549] Insofern kann zur Informationsgewinnung hierüber das Verfahren zur **Vermögensauskunft** gem. § 802c ZPO genutzt werden. Dort wird nämlich im amtlichen Formular ZP 325 nach solchen Daten ausdrücklich gefragt.

Familienstand	☐ ledig	☐ verheiratet	☐ getrennt lebend	Bezieht Ihre Ehegattin/ Ehegatte - Lebenspartnerin/ Lebenspartner eigenes Einkommen?		
☐ eingetr. Lebenspartnerschaft		☐ geschieden	☐ verwitwet	☐ nein	☐ ja, Höhe:	EUR
				☐ unbekannt		
				Name des Ehe-/ Lebenspartners/ der Ehe-/ Lebenspartnerin		

279

Art und Höhe des an die Kinder geleisteten Unterhalts (Naturalunterhalt und/ oder Geldbetrag):
☐ Derzeit keine Zahlung möglich
☐ Naturalunterhalt
☐ mtl.   EUR

Andererseits ist es aber auch im Rahmen einer bereits erfolgten Lohnpfändung möglich und sinnvoll, den Schuldner hierzu nach § 836 Abs. 3 ZPO zu befragen. Der Schuldner hat gegenüber dem Gläubiger eine **Auskunftsverpflichtung**. 280

---

548 Vgl. *Wolf/Hintzen*, Rpfleger 2008, 338.
549 *Mock*, Vollstreckung effektiv 2000, 119.

§ 6 Die Pfändung von Arbeitseinkommen

281 Der amtliche Vordruck auf Erlass eines Pfändungs- und Überweisungsbeschlusses verlangt zudem auf Seite 8 nachfolgende Angaben vom Gläubiger:

Der Schuldner ist nach Angaben des Gläubigers	
☐ ledig.	☐ verheiratet/eine Lebenspartnerschaft führend.
☐ mit dem Gläubiger verheiratet/ eine Lebenspartnerschaft führend.	☐ geschieden.
☐ Der Schuldner ist dem geschiedenen Ehegatten gegenüber unterhaltspflichtig	
☐ _____	
Der Schuldner hat nach Angaben des Gläubigers	
☐ keine unterhaltsberechtigten Kinder.	
☐ keine weiteren unterhaltsberechtigten Kinder außer dem Gläubiger.	
☐ ___ unterhaltsberechtigtes Kind/unterhaltsberechtigte Kinder.	
☐ ___ weiteres unterhaltsberechtigtes Kind/weitere unterhaltsberechtigte Kinder außer dem Gläubiger.	
☐ _____	

282 Der Gläubiger muss bei ausreichender Kenntnis im Formular entsprechende Angaben machen, damit das Vollstreckungsgericht den pfändungsfreien Betrag auf Seite 9 eintragen kann. Diese Angaben sind allerdings nicht zu belegen. Bei etwaigen fahrlässigen Falschangaben steht dem Schuldner die Möglichkeit zu, dies im Erinnerungsverfahren gem. § 766 ZPO zu klären. Möglich ist auch, dass der Pfändungsfreibetrag entsprechend § 850f Abs. 1 ZPO auf Antrag des Schuldners erhöht wird.

283 *Taktischer Hinweis*

Die Praxis lehrt, dass hier oftmals die Angaben ungenügend sind. Z.B. lautet der Eintrag „Der Schuldner hat nach Angaben des Gläubigers zwei weitere unterhaltsberechtigte Kinder außer dem Gläubiger". Dies ist zu wenig und führt automatisch zu einer Beanstandung durch das Gericht.

Der Sinn der Angaben auf Seite 8 des amtlichen Formulars liegt gerade in § 850d Abs. 2 ZPO: Treffen nämlich konkurrierende Unterhaltsgläubiger bei einer Lohnpfändung aufeinander, gilt – wie bereits dargestellt – nicht das Prioritätsprinzip nach § 804 Abs. 3 ZPO. Vielmehr gilt gem. § 850d Abs. 2 ZPO die Reihenfolge nach § 1609 BGB und § 16 LPartG, wobei mehrere gleich nahe Berechtigte untereinander den gleichen Rang haben. Da aber das Vollstreckungsorgan die richtige Rangfolge mehrerer Unterhaltsberechtigter bei der Bemessung des dem Schuldner pfandfrei zu belassenden Einkommensanteils nach § 850d Abs. 1 S. 2 ZPO selbstständig prüfen und festlegen muss, sind daher durch den Unterhaltsgläubiger unbedingt folgende weitere Angaben ggf. mittels Anlage zu machen, nämlich:

G. Pfändbarkeit bei Unterhaltsansprüchen (§ 850d ZPO)   § 6

- derzeitiger Familienstand des Schuldners,
- Namen und Geburtsdaten sowie das Verwandtschaftsverhältnis der weiteren Personen, denen der Schuldner zum Unterhalt verpflichtet ist,
- die Höhe von eigenen Einkünften der weiteren Personen, denen der Schuldner zum Unterhalt verpflichtet ist und
- eine Erklärung dazu, ob der Schuldner seine weiteren Unterhaltspflichten erfüllt bzw. diesen regelmäßig nachkommt.

XII. Vorratspfändung

§ 850d Abs. 3 ZPO sieht eine **Sonderbehandlung bestimmter Gläubiger** vor. Diese erhalten erweiterte Pfändungsmöglichkeiten wegen **künftig fällig werdender Ansprüche**, die bereits zugleich mit der Pfändung wegen fälliger Ansprüche gepfändet und überwiesen werden können (sog. Vorratspfändung). Der Gläubiger erwirbt somit ein Pfandrecht wegen seiner noch nicht fälligen Forderung. 284

Hinweis 285

Die Vorschrift stellt eine **Ausnahmeregelung zu § 751 ZPO** dar, wonach eine Vollstreckung zunächst die Anspruchsfälligkeit voraussetzt. Denn künftige Ansprüche sollen nicht durch ein Pfändungspfandrecht lange im Voraus gesichert werden können, während Gläubiger bereits fälliger Ansprüche mit nachrangigem Pfandrecht blockiert wären, nur weil sie ihren Titel später erlangt haben.[550] Die von § 850d Abs. 3 ZPO bevorrechtigten Gläubiger erhalten damit **erweiterte Pfändungsmöglichkeiten** wegen bereits **fälliger Unterhaltsansprüche** bzw. fälliger **Ansprüche auf Rentenzahlungen** wegen **Körper- oder Gesundheitsverletzung** in Arbeitseinkommen.

Zukünftige Forderungen sind bereits pfändbar, wenn schon eine **Rechtsbeziehung** zwischen Schuldner und Drittschuldner besteht, aus der die spätere Forderung nach ihrem Inhalt und der Person des Drittschuldners bestimmt werden kann.[551] 286

Für die **Zulässigkeit** der Vorratspfändung kommt es auf das Vorhandensein und die gleichzeitige Beitreibung fälliger Ansprüche im Zeitpunkt des Erlasses des Pfändungsbeschlusses an, nicht erst auf den Zeitpunkt der Zustellung. Die zulässige Vorratspfän- 287

---

550 BGH, Vollstreckung effektiv 2004, 60 = WM 2003, 2408 = NJW 2004, 369 = ZVI 2003, 646 = FamRZ 2004, 183 = BGHReport 2004, 193 = Rpfleger 2004, 169 = FPR 2004, 143 = MDR 2004, 413 = KKZ 2004, 68 = FF 2004, 25 = InVo 2004, 193 = DB 2004, 650.
551 BGHZ 53, 29 = WM 1969, 1417 = NJW 1970, 241; BGHZ 147, 193 = WM 2001, 898 = ZIP 2001, 825 = DB 2001, 1085 = Rpfleger 2001, 357 = MDR 2001, 1014 = KKZ 2001, 205 = FamRZ 2001, 1214.

dung kann daher auch dann noch wirksam gemacht werden, wenn der Schuldner zwischen Erlass des Pfändungsbeschlusses und Zustellung die Rückstände bezahlt hat.[552]

XIII. Pfändungsverfahren

288 Es ist für den Antrag auf Erlass eines Pfändungs- und Überweisungsbeschlusses **zwingend** das gesetzlich vorgegebene Muster gem. § 2 Nr. 1 ZVFV zu verwenden (§ 829 Abs. 4 ZPO).

1. Antrag

289

---

[552] LG Mühlhausen, Beschl. v. 2.10.2010 – 2 T 194/10 – juris; Gottwald/*Mock*, § 850d Rn 39; Zöller/*Herget*, § 850d Rn 22; MüKo-ZPO/*Smid*, § 850d Rn 33 ff.; *Stöber*, Rn 688, m.w.N.

G. Pfändbarkeit bei Unterhaltsansprüchen (§ 850d ZPO) § 6

Will der Gläubiger bevorrechtigt auf Teile des Arbeitseinkommens (Anspruch A) zugreifen, so muss er dies **beantragen**. Der Unterhaltsgläubiger hat dabei die **Wahl**, ob er eine Pfändung nach § 850c ZPO oder nach § 850d ZPO betreiben möchte. Das amtliche Formular gem. § 2 Nr. 1 ZVFV besagt nämlich nicht, dass dieser Formularvordruck ausschließlich für Pfändungen wegen gesetzlicher Unterhaltsansprüche nach § 850d ZPO zu verwenden ist, d.h. bei Benutzung dieses Formulars stets die Pfändung nach § 850d ZPO erfolgen soll. Der **Formularvordruck** ist vielmehr **auch für Pfändungen nach § 850c ZPO** entworfen worden. Das Formular enthält weder einen fest vorgegebenen Pfändungsantrag nach § 850d ZPO noch einen (durch Ankreuzen) wählbaren Pfändungsantrag nach § 850d ZPO.[553] Es bietet sich daher an, das gewollte Pfändungsvorrecht nach § 850d ZPO im **Antrag auf Seite 1 ausdrücklich kenntlich** zu machen (s. obige Abbildung).

Dass der erweiterte Vollstreckungszugriff gewünscht wird, kann dem Gericht aber auch dadurch dargelegt werden, dass auf **Seite 8** des Formulars entsprechende Angaben gemacht werden (s. nachfolgende Abbildung). Solche Angaben sind nämlich nur dann notwendig, wenn gerade eine bevorrechtigte Pfändung nach § 850d ZPO gewollt ist.

290

291

292

2. Prozesskostenhilfe und Anwaltsbeiordnung

Oft wird bereits im Erkenntnisverfahren wegen der Unterhaltsansprüche vom Familiengericht Verfahrenskostenhilfe bewilligt und ein Rechtsanwalt beigeordnet wurde. Diese Bewilligung erstreckt sich nicht automatisch auf die Zwangsvollstreckung. Hierfür muss gesondert Verfahrenskostenhilfe beantragt und bewilligt und ein Rechtsanwalt beigeordnet werden (§§ 114, 119 Abs. 2 ZPO). Das amtliche Formular sieht dies auch so vor.

293

---

553 LG Hamburg, JAmt 2016, 403 = Vollstreckung effektiv 2017, 49.

§ 6 Die Pfändung von Arbeitseinkommen

294

> Es wird beantragt,
>
> ☐ Prozesskostenhilfe zu bewilligen
>
> ☐ Frau Rechtsanwältin / Herrn Rechtsanwalt
> _____
> beizuordnen.
>
> ☐ Prozesskostenhilfe wurde gemäß anliegendem Beschluss bewilligt.
>
> **Anlagen:**
>
> ☐ Schuldtitel und ___ Vollstreckungsunterlagen
> ☐ Erklärung über die persönlichen und wirtschaftlichen Verhältnisse nebst ___ Belegen

295 In Verfahren ohne Anwaltszwang ist nach § 121 Abs. 2 ZPO ein Rechtsanwalt beizuordnen, wenn die Partei dies beantragt und die Vertretung durch einen Rechtsanwalt erforderlich erscheint. Dies ist der Fall, wenn Umfang, Schwierigkeit und Bedeutung der Sache Anlass zu der Befürchtung geben, der Hilfsbedürftige werde nach seinen persönlichen Fähigkeiten nicht in der Lage sein, seine Rechte sachgem. wahrzunehmen und die notwendigen Maßnahmen in mündlicher oder schriftlicher Form zu veranlassen.[554] Danach hängt die Notwendigkeit der Beiordnung eines Rechtsanwalts einerseits von der Schwierigkeit der im konkreten Fall zu bewältigenden Rechtsmaterie und andererseits von den persönlichen Fähigkeiten und Kenntnissen des Antragstellers ab.[555]

296 Insbesondere bei der **Pfändung wegen Unterhaltsansprüchen** spielt dies eine große Rolle. Nach Auffassung des BGH liegt es nahe, dass ein juristisch nicht ausgebildeter Antragsteller bei der Pfändung wegen Unterhaltsansprüchen, insbesondere beim Vorhandensein mehrerer Unterhaltsberechtigter, auch mit Hilfe der Rechtsantragstelle häufig kaum in der Lage sein wird, einen korrekten Antrag zu stellen. Jedenfalls für Verfahren der erweiterten Pfändung von Arbeitslohn oder Lohnersatzleistungen darf dem Gläubiger daher nicht ohne Prüfung des Einzelfalls die Beiordnung eines Rechtsanwalts mangels Erforderlichkeit versagt werden. Der BGH[556] betont, dass bei der vorzunehmenden Einzelfallprüfung zu beachten ist, dass die rechtlichen Schwierigkeiten bei der Pfändung aus einem Unterhaltstitel wegen § 850d ZPO es in der Regel geboten erscheinen lassen, einen Rechtsanwalt beizuordnen.

---

554 BGH, Vollstreckung effektiv 2012, 185 = AGS 2012, 580; vgl. auch BGH, NJW 2006, 1204 = FuR 2006, 309.
555 BVerfG, WuM 2011, 352; BGH, NJW 2003, 3136.
556 BGH, Vollstreckung effektiv 2012, 185 = AGS 2012, 580; vgl. auch BGH, NJW 2006, 1204 = FuR 2006, 309.

G. Pfändbarkeit bei Unterhaltsansprüchen (§ 850d ZPO) § 6

Taktischer Hinweis 297

Von der Beiordnung eines Rechtsanwalts kann daher nur in **Ausnahmefällen**, insbesondere bei einem juristisch vorgebildeten oder wirtschaftlich erfahrenen Gläubiger abgesehen werden. Dies ist im Einzelfall durch das Vollstreckungsgericht zu prüfen.

Diese Grundsätze dürften auch bei der Geltendmachung von Ansprüchen aus einer vorsätzlich begangenen unerlaubten Handlung (**Deliktsforderungen**) gem. § 850f Abs. 2 ZPO anzuwenden sein. Auch hierfür gilt das Verfahren der erweiterten Pfändung von Arbeitslohn oder Lohnersatzleistungen.

Es bestehen für einen Gläubiger folgende Antragsmöglichkeiten: 298

■ Für den Fall, dass Prozesskostenhilfe noch nicht bewilligt und ein Rechtsanwalt noch nicht beigeordnet wurde, kann für die beantragte Pfändungsmaßnahme Prozesskostenhilfe beantragt werden unter gleichzeitiger Beantragung der Beiordnung eines Rechtsanwalts. Hierbei ist zu beachten, dass als Anlage zum Antrag unbedingt die Erklärung über die persönlichen und wirtschaftlichen Verhältnisse des Gläubigers nebst der erforderlichen Belege beigefügt ist.

299

> Es wird beantragt,
>
> ☒ Prozesskostenhilfe zu bewilligen
>
> ☒ Frau Rechtsanwältin / Herrn Rechtsanwalt
>
> beizuordnen.

■ Wurde bereits Prozesskostenhilfe durch einen gesonderten Beschluss bewilligt, muss dies dem Vollstreckungsgericht durch entsprechendes Ankreuzen unter Beifügung des bewilligenden Prozesskostenhilfebeschlusses als **Anlage** zum Antrag zur Kenntnis gebracht werden. Hierbei ist unbedingt zu beachten, dass eine **Anwaltsbeiordnung gesondert zu beantragen** ist! 300

301

> Es wird beantragt,
>
> ☐ Prozesskostenhilfe zu bewilligen
>
> ☒ Frau Rechtsanwältin / Herrn Rechtsanwalt
>
> beizuordnen.
>
> ☒ Prozesskostenhilfe wurde gemäß anliegendem Beschluss bewilligt.

3. Gläubigerbezeichnung

302

des / der Herrn / Frau	_____
geboren am (Angabe des Geburtsdatums bei Minderjährigen sinnvoll)	_____
gesetzlich vertreten durch Herrn / Frau	_____
vertreten durch Herrn / Frau / Firma	_____ – Gläubiger –
Aktenzeichen des Gläubigervertreters	_____
Bankverbindung	☐ des Gläubigers ☐ des Gläubigervertreters
IBAN:	_____
BIC: Angabe kann entfallen, wenn IBAN mit DE beginnt.	_____

303 Vielfach findet die Vollstreckung für **minderjährige Kinder** statt. Hier bietet das Formular die Möglichkeit das Geburtsdatum des Kindes einzutragen. Ebenso kann der gesetzliche Vertreter eingetragen werden, was erforderlich ist, wenn ein Elternteil in **Verfahrensstandschaft** vollstreckt (vgl. § 1629 Abs. 3 S. 1 BGB).

304 *Taktischer Hinweis*

Besteht ein Titel auf Zahlung von Kindesunterhalt zugunsten des Kindes, eines Elternteils oder des Jugendamts, stellt sich allerdings regelmäßig die Frage, welche Auswirkungen das Erreichen der Volljährigkeit des bislang minderjährigen Kindes auf die

G. Pfändbarkeit bei Unterhaltsansprüchen (§ 850d ZPO) § 6

Vollstreckbarkeit des Unterhaltstitels hat. Insbesondere bei einer bereits eingeleiteten Vollstreckungsmaßnahme müssen Gläubiger einiges beachten.[557]

a) Minderjährige Kinder

Entscheidend ist zunächst, wer nach der erteilten Vollstreckungsklausel Vollstreckungsgläubiger ist: Grds. steht Kindesunterhalt dem minderjährigen Kind allein im eigenen Namen zu, weshalb dieses, vertreten durch seinen gesetzlichen Vertreter, Vollstreckungsgläubiger der titulierten Forderung ist. Unerheblich ist dabei, von wem das minderjährige Kind vertreten wird, ob es also z.B. durch einen Elternteil (§§ 1626, 1629 BGB) oder das Jugendamt als Beistand (vgl. § 1712 Abs. 1 Nr. 2 BGB) vertreten wird.

305

Hier gibt es aber zwei Besonderheiten:

aa) Gesetzliche Verfahrensstandschaft

§ 1629 Abs. 3 S. 1 BGB sieht eine Besonderheit für den Fall vor, dass die Eltern des Kindes miteinander verheiratet sind bzw. eine Lebenspartnerschaft zwischen ihnen besteht und sie getrennt leben oder eine Ehesache (Verfahren auf Scheidung, Aufhebung oder Feststellung des Nicht-/Bestehens der Ehe, § 121 FamFG) bzw. Lebenspartnerschaftssache (Aufhebung oder Feststellung des Nicht-/Bestehens der Lebenspartnerschaft, § 269 Nr. 1 und 2 FamFG) zwischen ihnen beim Familiengericht anhängig ist. Nach § 1629 Abs. 3 S. 1 BGB besteht eine sog. gesetzliche Verfahrensstandschaft des Elternteils des unterhaltsberechtigten minderjährigen Kindes. Der Elternteil kann dabei den Anspruch auf Kindesunterhalt nicht im Namen des Kindes, sondern ausschließlich im eigenen Namen geltend machen. Folge: Der **Elternteil** und nicht das minderjährige Kind ist **Vollstreckungsgläubiger**, unabhängig davon, ob der Titel materiell-rechtlich auch für und gegen das minderjährige Kind wirkt (§ 1629 Abs. 3 S. 2 BGB).

306

bb) Gewillkürte Verfahrensstandschaft

Vorstehendes gilt auch bei einem Vollstreckungstitel, den das Jugendamt aufgrund einer sog. gewillkürten Verfahrensstandschaft erwirkt hat. Nach § 1712 Abs. 1 Nr. 2 BGB wird das Jugendamt gem. § 1713 Abs. 1 S. 1 BGB auf schriftlichen Antrag eines Elternteils Beistand des Kindes für die Geltendmachung seiner Unterhaltsansprüche. Bei gemeinsamer elterlicher Sorge ist nach § 1713 Abs. 1 S. 2 BGB der Elternteil antragsberechtigt, in dessen Obhut sich das Kind befindet. In einem solchen Fall geht die Vertretung des Jugendamts zur gerichtlichen Geltendmachung der Unterhaltsansprüche des minderjährigen Kindes gem. § 234 FamFG der gesetzlichen Vertretungsbefugnis der Eltern vor.[558] Folge: Erwirkt in diesem Fall das Jugendamt als Beistand einen Unterhaltstitel, ist das **minderjährige Kind**, vertreten durch das Jugendamt, **Vollstreckungsgläubiger**. Das

307

---

557 *Schulenburg*, Vollstreckung effektiv 2017, 192.
558 BGH, Familienrecht kompakt 2015, 77.

gilt auch im Fall des § 1629 Abs. 3 S. 1 BGB,[559] also wenn die Eltern getrennt leben oder eine Ehesache anhängig ist.

b) Volljährige Kinder
aa) Unterhaltstitel lautet auf Namen des Kindes

308 Wurde der Kindesunterhalt im Namen des minderjährigen Kindes tituliert, ist dieses Vollstreckungsgläubiger. Wird das Kind volljährig, ändert sich zunächst nichts daran. Das Kind bleibt sowohl materiell-rechtlicher Inhaber der Forderung, als auch formeller Vollstreckungsgläubiger. Allein mit dem Einwand der Volljährigkeit kann der Schuldner den Anspruch somit nicht erfolgreich im Wege des Vollstreckungsabwehrantrags nach § 120 FamFG i.V.m. § 767 ZPO bekämpfen.[560] Das gilt nach § 244 FamFG erst recht für sog. dynamisierte Unterhaltstitel nach § 1612a BGB.

309 Mit Erreichen der **Volljährigkeit** endet aber die gesetzliche Vertretungsbefugnis des Elternteils und gem. § 1715 Abs. 2 BGB auch die des Jugendamts als Beistand für das Kind.[561] Ab diesem Zeitpunkt sind weder das Elternteil noch das Jugendamt berechtigt, die zugunsten und im Namen des Kindes titulierten Unterhaltsansprüche weiter zu vollstrecken.

310 *Taktischer Hinweis*

Sollte in einem solchen Fall weiterhin ein Elternteil oder das Jugendamt eine Vollstreckungsmaßnahme beantragen, kann der Schuldner im Wege der Vollstreckungserinnerung nach § 766 ZPO die fehlende Vertretungsbefugnis geltend machen. Dasselbe gilt auch bei einer bereits eingeleiteten Vollstreckungsmaßnahme, z.B. einer Dauerpfändung.[562] In diesem Fall müsste dann das volljährige Kind im eigenen Namen ggf. neue Vollstreckungsmaßnahmen einleiten.

Das volljährige Kind kann jedoch weiterhin den ehemals vertretungsberechtigten Elternteil mit seiner weiteren Vertretung bevollmächtigen (§ 79 Abs. 2 S. 2 Nr. 2 ZPO). Legt der Schuldner also Erinnerung mit dem Einwand der fehlenden Vertretungsbefugnis ein und weist daraufhin der für das Kind vollstreckende Elternteil dem Vollstreckungsgericht seine Bevollmächtigung durch Vorlage der Vollmachtsurkunde nach, kann der Schuldner den Wegfall der Vertretungsberechtigung aufgrund der Volljährigkeit nicht (mehr) erfolgreich geltend machen. Damit kann das volljährige Kind die (bislang bestandene) Anfechtbarkeit einer Vollstreckungsmaßnahme, z.B. bei einer Dauerpfändung mittels Pfändungs- und Überweisungsbeschluss – im Nachhinein – wieder beseitigen.

---

559 BGH, Familienrecht kompakt 2015, 77; *Schulenburg*, Vollstreckung effektiv 2017, 192.
560 Zöller/*Lorenz*, § 244 FamFG Rn 1.
561 OLG Celle, FamRZ 14, 134; *Schulenburg*, Vollstreckung effektiv 2017, 192.
562 OLG Nürnberg, FamRZ 10, 1010; *Schulenburg*, Vollstreckung effektiv 2017, 192.

G. Pfändbarkeit bei Unterhaltsansprüchen (§ 850d ZPO) § 6

bb) Unterhaltstitel lautet auf Namen des Elternteils
Im Fall der gesetzlichen Verfahrensstandschaft endet diese u.a. mit der Volljährigkeit des Kindes. Auch hier erlischt die Befugnis des Elternteils, den Kindesunterhalt weiter im eigenen Namen zu vollstrecken.[563]

311

Taktische Hinweise
Ist die Vertretungsberechtigung aufgrund der Beendigung der Verfahrensstandschaft wegen der Volljährigkeit des Kindes entfallen, kann der Schuldner sich nun im Wege des Vollstreckungsabwehrantrags nach § 120 FamFG i.V.m. § 767 ZPO gegen die drohende oder bereits eingeleitete Vollstreckung zur Wehr setzen.

312

Die Zulässigkeit eines **Vollstreckungsabwehrantrags** hängt nicht davon ab, ob die Vollstreckung wegen laufenden Unterhalts oder Rückständen aus der Zeit der Minderjährigkeit des Kindes betrieben wird. Ebenso ist es unerheblich, ob die Vollstreckung schon begonnen hat oder überhaupt konkret beabsichtigt ist. Es kommt insoweit allein auf den Wegfall der Vollstreckungsbefugnis des Elternteils an, auf dessen Namen der Titel im Wege der Verfahrensstandschaft für das minderjährige Kind ergangen ist.[564]

Der bisher vollstreckende Elternteil kann allerdings einem möglichen Vollstreckungsabwehrantrag zuvorkommen: Er kann gegenüber dem Schuldner ausdrücklich und unzweifelhaft erklären, auf die **Vollstreckung verzichten** zu wollen.[565]

Jedoch reicht allein eine solche Erklärung nicht aus, das Rechtsschutzbedürfnis für einen Vollstreckungsabwehrantrag des Schuldners zu beseitigen. Denn der Gläubiger schuldet daneben auch immer die Herausgabe des Schuldtitels analog § 371 BGB. Besitzt der Elternteil oder das Jugendamt eine vollstreckbare Teilausfertigung wegen der Beträge, auf die ausdrücklich und unzweifelhaft verzichtet wurde, muss er bzw. es somit diese Teilausfertigung dem Schuldner herausgeben. Eine Ausnahme davon macht die Rechtsprechung jedoch für Vollstreckungstitel über laufende Unterhaltsleistungen: In einem solchen Fall ist der Elternteil oder das Jugendamt nicht zur Herausgabe des Titels an den Schuldner verpflichtet.[566] Wegen des laufenden Unterhalts ab Volljährigkeit kann der Titel auf das Kind gem. § 727 ZPO umgeschrieben werden.

Eine weitere Möglichkeit für den bislang den Unterhalt vollstreckenden Elternteil besteht in der **Abtretung der Unterhaltsansprüche** des volljährigen Kindes an diesen Elternteil. Auch wenn Unterhaltsansprüche nach § 850b Abs. 1 Nr. 2 ZPO grds. unpfändbar und damit gem. § 400 BGB eigentlich nicht abtretbar sind, macht die Recht-

---

563 *Schulenburg*, Vollstreckung effektiv 2017, 192.
564 OLG Hamm, Familienrecht kompakt 2016, 55; Zöller/*Herget*, § 767 Rn 12, Stichwort „Prozessführungsbefugnis"; *Schulenburg*, Vollstreckung effektiv 2017, 192.
565 OLG Köln FamRZ 2002, 555 – für den Fall dieser Erklärung in einem gerichtlichen Verfahren; Zöller/*Herget*, § 767 Rn 8; *Schulenburg*, Vollstreckung effektiv 2017, 192.
566 BGH, NJW 84, 2826.

sprechung hiervon eine Ausnahme für den Fall, dass die Schutzfunktion dieser Vorschriften nicht greift: Das ist der Fall, wenn das volljährige Kind von diesem Elternteil den vollen Unterhalt erhalten hat.[567]

Der bisher vollstreckende Elternteil kann allerdings nicht unmittelbar aus dem ursprünglich auf ihn als Verfahrensstandschafter lautenden Unterhaltstitel weiter vollstrecken. Vielmehr muss der auf den Namen des volljährigen Kindes nach § 727 ZPO umzuschreibende Unterhaltstitel (s.u.) erneut auf diesen Elternteil – jedoch nur wegen und in Höhe der abgetretenen Beträge – gem. § 727 ZPO umgeschrieben[568] und dem Elternteil darüber eine vollstreckbare **Teilausfertigung** erteilt werden.

313 *Taktischer Hinweis*

Da der Elternteil für die erneute Umschreibung des Titels mangels Offenkundigkeit i.S.v. § 727 ZPO seine Rechtsnachfolge durch öffentliche oder öffentlich beglaubigte Urkunde gegenüber dem Prozessgericht nachweisen muss, empfiehlt es sich, das Original der Abtretungsurkunde vorzulegen, unter dem die Unterschrift des volljährigen Kindes gem. § 129 BGB öffentlich beglaubigt wurde. Es ist nicht notwendig, die Unterschrift des Elternteils zu beglaubigen. Denn der Nachweis der Annahme der Abtretung durch den Elternteil ergibt sich schlüssig aus seinem Verhalten, wenn er wegen der abgetretenen Unterhaltsrückstände beantragt, die Vollstreckungsklausel zu erteilen.[569]

4. Weitere Vollstreckung nach Volljährigkeit des Kindes

a) Unterhaltstitel lautet auf Namen des Kindes

314 Will das Kind nach Volljährigkeit weiter vollstrecken, ergeben sich – bis auf den Wegfall der gesetzlichen Vertretungsbefugnis während einer laufenden Vollstreckungsmaßnahme – keine Besonderheiten. Das Kind kann daher im eigenen Namen Vollstreckungsmaßnahmen einleiten oder sich durch einen bevollmächtigten Dritten dabei vertreten lassen.

Eine Umschreibung des Unterhaltstitels nach § 727 ZPO ist nicht notwendig.

b) Unterhaltstitel lautet auf Namen des Elternteils

315 Lautet der Unterhaltstitel auf den Namen des Elternteils, muss das volljährige Kind diesen vor einer weiteren Vollstreckung gem. § 727 ZPO auf sich umschreiben lassen.[570]

---

567 OLG Bremen, FamRZ 2002, 1189; *Möller*, Familienrecht kompakt 2004, 118.
568 OLG Brandenburg, Beschl. v. 29.11.05 – 10 WF 279/05; Zöller/*Herget*, a.a.O., § 727 Rn 7.
569 BGH, NJW 1976, 567.
570 *Schulenburg*, Vollstreckung effektiv 2017, 192.

G. Pfändbarkeit bei Unterhaltsansprüchen (§ 850d ZPO) § 6

Taktischer Hinweis **316**

Das Kind muss in diesem Fall dem Prozessgericht die vollstreckbare Ausfertigung des bisher auf den Elternteil lautenden Titels zurückreichen. Der Nachweis der Volljährigkeit ist dabei nicht erforderlich, weil durch Angabe des Geburtsdatums in der Urkunde die Volljährigkeit und damit die vollstreckungsrechtliche Rechtsnachfolge offenkundig i.S.v. § 727 ZPO ist.

Kann das Kind dies wegen des Verlustes oder der versehentlichen Aushändigung des Titels an den Schuldner nicht, muss es darlegen, dass die dem Elternteil oder Jugendamt erteilte vollstreckbare Ausfertigung z.B. verloren gegangen oder fälschlicherweise an den Schuldner ausgehändigt worden ist und deshalb nicht mehr zur Vollstreckung verwendet werden kann.[571] Dann kann es eine weitere vollstreckbare Ausfertigung beantragen (§ 733 ZPO).

5. Unterhaltstitel auf Namen der Unterhaltsvorschussstelle

Auch ein von der Unterhaltsvorschussstelle gem. § 7 Abs. 4 UVG erwirkter Unterhaltstitel über künftige Unterhaltsleistungen kann das volljährige Kind nach § 727 ZPO auf sich umschreiben lassen.[572] Damit muss das Kind nicht selbst ein neues Unterhaltsverfahren anstrengen. Es steht ihm vielmehr eine kostengünstigere Möglichkeit zur Verfügung, zu einem Unterhaltstitel zu gelangen. **317**

Taktischer Hinweis **318**

Vollstreckt die Unterhaltsvorschussstelle weiterhin, kann der Schuldner im Rahmen eines Vollstreckungsabwehrantrags nach § 120 FamFG i.V.m. § 767 ZPO einwenden, die Unterhaltsvorschussstelle sei materiell nicht mehr berechtigt, weil sie keine Vorschussleistungen mehr erbracht hat. Ebenfalls kann er auch im Abänderungsverfahren nach §§ 238, 239 FamFG geltend machen, dass nach der Umschreibung des Titels auf das Kind Änderungen in den Voraussetzungen seiner Unterhaltsverpflichtung eingetreten sind. Die Umschreibung des Titels gilt nur für künftigen Ansprüche (ab Volljährigkeit), da ab diesem Zeitpunkt die Leistung der Unterhaltsvorschussstelle endet. Der Anspruch des minderjährigen Kindes gegen den Unterhaltspflichtigen wegen der bis dahin rückständigen Beträge geht nach § 7 UVG auf die Unterhaltsvorschussstelle über. Bereits wieder rückständige Beträge ab Volljährigkeit gebühren dann dem jetzt volljährigen Kind, da die Stelle ja nur bis zum 18. Lebensjahr leistet und diese Unterhaltsansprüche somit nicht auf die Unterhaltsvorschussstelle übergehen können.

---

571 OLG Düsseldorf, RVG professionell 2013, 163; OLG Frankfurt/Main, NJW-RR 1988, 512.
572 BGH, Vollstreckung effektiv 2016, 6 = NJW 2015, 3659.

§ 6   Die Pfändung von Arbeitseinkommen

319   Mit dem „Gesetz zur Neuregelung des bundesstaatlichen Finanzausgleichssystems ab dem Jahr 2020 und zur Änderung haushaltsrechtlicher Vorschriften"[573] sind seit dem 1.7.2017 gravierende Änderungen beim Unterhaltsvorschuss eingetreten: Er wird jetzt nicht mehr bis längstens zum 12., sondern bis zum 18. Lebensjahr des Kindes gezahlt. Auch entfällt die Höchstdauer der Zahlung für maximal sechs Jahre. Der Unterhaltsvorschuss kann im Übrigen nur rückwirkend für die Zeit ab dem 1.7.2017 bewilligt und ausgezahlt werden, wenn der Antrag spätestens im August 2017 gestellt wurde!

XIV. Voraus-/Dauerpfändung

320   Nicht zu verwechseln mit der Vorratspfändung[574] ist die sog. Vorauspfändung oder auch Dauerpfändung genannt. Sie ist eine **aufschiebend bedingte** Pfändung, die unter der Bedingung steht, dass die Pfändung immer am Folgetag nach Fälligkeit der Forderung wirksam wird.[575]

321   *Hinweis*

In der Praxis kommt es vor, dass ein Gläubiger künftig fällig werdende Ansprüche titulieren lässt. Solche Forderungen können nach Ansicht des BGH[576] nur in bestimmten Ausnahmefällen klageweise durchgesetzt werden und zwar:
- in Fällen, in denen die Leistungszeit datiert ist (§ 257 ZPO),
- bei wiederkehrenden Leistungen (§ 258 ZPO) oder
- wenn die rechtzeitige Leistung gefährdet erscheint (§ 259 ZPO).

322   *Beispiel*

Der Beklagte wird verurteilt an den Kläger jeden Monat, spätestens zahlbar am 5. eines Monats, einen Betrag von 500 EUR zu zahlen.

323   Bei der Vollstreckung ergibt sich dann allerdings das Problem, dass der Gläubiger erst nach der Fälligkeit des jeweiligen Anspruchs (vgl. § 751 Abs. 1 ZPO) einen Pfändungsbeschluss erwirken kann und somit also immer wieder neue Kosten produziert werden.

---

573 BGBl I 2017, 3122; vgl. *Schulenburg*, Vollstreckung effektiv 2017, 192.
574 Vgl. auch Rdn 284 ff.
575 AG Hamburg, NJW-RR 2003, 149.
576 BGH, Vollstreckung effektiv 2004, 60 = WM 2003, 2408 = NJW 2004, 369 = ZVI 2003, 646 = FamRZ 2004, 183 = BGHReport 2004, 193 = Rpfleger 2004, 169 = FPR 2004, 143 = MDR 2004, 413 = KKZ 2004, 68 = FF 2004, 25 = InVo 2004, 193 = DB 2004, 650.

G. Pfändbarkeit bei Unterhaltsansprüchen (§ 850d ZPO) § 6

Zur Problemlösung in den vorstehenden Fällen hat der BGH[577] entschieden, dass das Vollstreckungsgericht die Pfändung bestehender und künftiger Ansprüche wegen künftig fällig werdender Forderungen unter der aufschiebenden Bedingung des Eintritts der Fälligkeit anordnen kann.

324

> **Hinweis**
>
> Sinn und Zweck dieses durch die BGH-Rechtsprechung entwickelten Instituts der Vorauspfändung ist es, Mehrkosten durch jeweils neue Pfändungsbeschlüsse bei jeweils eingetretener Fälligkeit zu vermeiden. Dies führt zu einer wesentlichen Vereinfachung und Verbilligung des Vollstreckungsverfahrens, weil fortlaufend aus einem einzigen Beschluss gepfändet wird, allerdings mit keiner anderen Wirkung als bei einer sukzessiven, nach Fälligkeitsabschnitten erfolgenden Pfändung.[578]

325

Die Vorauspfändung kann erfolgen wegen gesetzlicher Unterhaltsansprüche, wegen der aus einer Verletzung des Körpers oder der Gesundheit zu zahlenden Renten ebenso bei Vollstreckung anderer wiederkehrender Gläubigerforderungen wie z.b. künftiger Miete oder Pacht, Kaufpreisraten sowie Reallastleistungen.[579] Auf diese Weise können mit aufschiebend bedingter Dauerwirkung künftig fällig werdendes Arbeitseinkommen und ähnliche fortlaufende Bezüge sowie andere gegenwärtige, aber auch zukünftige, einmalige sowie wiederkehrende Schuldnerforderungen, damit auch spätere Kontoguthaben,[580] Miete und Pacht, Kaufpreisraten, einmalige Kapitalforderungen sowie andere Vermögensrechte, wie einen Miterbenanteil,[581] auch eine Hypothekenforderung, Grundschuld und der Anspruch auf Rückgewähr einer Grundschuld gepfändet werden.[582]

326

Damit der Gläubiger die Vorauspfändung beantragen kann, muss zumindest bei Erlass des Pfändungsbeschlusses ein **Teil der Gläubigerforderung bereits fällig** sein und mit vollstreckt werden.[583] Denn § 751 Abs. 1 ZPO bestimmt, dass die Zwangsvollstreckung nur beginnen darf, wenn die Geltendmachung des Anspruchs vom Eintritt eines Kalendertages abhängig und der Kalendertag abgelaufen ist.

327

---

577 BGH, Vollstreckung effektiv 2004, 60 = WM 2003, 2408 = NJW 2004, 369 = ZVI 2003, 646 = FamRZ 2004, 183 = BGHReport 2004, 193 = Rpfleger 2004, 169 = FPR 2004, 143 = MDR 2004, 413 = KKZ 2004, 68 = FF 2004, 25 = InVo 2004, 193 = DB 2004, 650.
578 AG Hamburg, NJW-RR 2003, 149.
579 *Stöber*, Rn 690.
580 BGH, Vollstreckung effektiv 2004, 60 = WM 2003, 2408 = NJW 2004, 369 = ZVI 2003, 646 = FamRZ 2004, 183 = BGHReport 2004, 193 = Rpfleger 2004, 169 = FPR 2004, 143 = MDR 2004, 413 = KKZ 2004, 68 = FF 2004, 25 = InVo 2004, 193 = DB 2004, 650.
581 OLG Hamm, NJW-RR 1994, 895.
582 Zöller/*Herget*, § 850d Rn 28 m.w.N.
583 LG Flensburg, FamRZ 2004, 1224.

328 *Taktischer Hinweis*

Damit der Gläubiger durch **einen einzigen Pfändungsbeschluss** auf die künftigen Ansprüche des Schuldners zugreifen kann, muss dies durch das Vollstreckungsgericht angeordnet werden. Insofern sollten Gläubiger auf Seite 8 oder 10 (dortiges Freifeld) im jeweiligen amtlichen Formular folgende Formulierung verwenden:

> ☒ Sonstige Anordnungen:
> Die Pfändung bestehender und künftiger Ansprüche des Schuldners wegen künftig fällig werdender Forderungen wird unter der aufschiebenden Bedingung des Eintritts der Fälligkeit wirksam (BGH, 31.10.2003, IXa ZB 200/03).

329 Dies bewirkt,

- dass die Zwangsvollstreckung i.S.d. des § 751 Abs. 1 ZPO erst mit dem Wirksamwerden des die Pfändung aussprechenden Beschlusses des Vollstreckungsgerichts beginnt, also bei Fälligkeit der titulierten Ansprüche. Insofern muss der jeweilige Kalendertag abgelaufen sein (§ 751 Abs. 1 ZPO).[584]
- dass zwischenzeitliche Verfügungen des Schuldners und Pfändungen anderer Gläubiger für fällige Vollstreckungsforderungen (auch eine Vorratspfändung nach § 850d Abs. 3 ZPO) die erst mit späterer Fälligkeit der künftigen Gläubigerforderungen wirksam werdende Vorauspfändung nicht hindert und somit nicht ausschließt.;[585] Die Vorauspfändung hat keine rangwahrende Wirkung und schafft damit – im Gegensatz zur Vorratspfändung – dem Vollstreckungsgläubiger keinen einheitlichen vorgezogenen Pfändungsrang auch hinsichtlich seiner künftig fällig werdenden Ansprüche.[586]
- dass keine andauernde Sperre der Ansprüche des Schuldners bewirkt wird. Nur in Höhe des gepfändeten Betrags hat sich der Schuldner zwischen dem Eintritt der Pfändungswirkung und der Auskehr des Betrages an die Gläubiger einer Verfügung zu enthalten, damit der fällige Gläubigeranspruch befriedigt werden kann. Die Rechte anderer Gläubiger werden somit nicht beeinträchtigt, weil die Vorauspfändung keine rangwahrende Wirkung hat. Ihre Position ist nicht anders, als wenn der Gläubiger je-

---

584 BGH, Vollstreckung effektiv 2004, 60 = WM 2003, 2408 = NJW 2004, 369 = ZVI 2003, 646 = FamRZ 2004, 183 = BGHReport 2004, 193 = Rpfleger 2004, 169 = FPR 2004, 143 = MDR 2004, 413 = KKZ 2004, 68 = FF 2004, 25 = InVo 2004, 193 = DB 2004, 650.
585 BGH, Vollstreckung effektiv 2004, 60 = WM 2003, 2408 = NJW 2004, 369 = ZVI 2003, 646 = FamRZ 2004, 183 = BGHReport 2004, 193 = Rpfleger 2004, 169 = FPR 2004, 143 = MDR 2004, 413 = KKZ 2004, 68 = FF 2004, 25 = InVo 2004, 193 = DB 2004, 650.
586 BGH, Vollstreckung effektiv 2004, 60 = WM 2003, 2408 = NJW 2004, 369 = ZVI 2003, 646 = FamRZ 2004, 183 = BGHReport 2004, 193 = Rpfleger 2004, 169 = FPR 2004, 143 = MDR 2004, 413 = KKZ 2004, 68 = FF 2004, 25 = InVo 2004, 193 = DB 2004, 650.

weils am Monatsanfang eine neue Pfändung ausbrächte. Andere Gläubiger können vor dem auf den Monatsersten folgenden Werktag wegen bereits fälliger Ansprüche bestehende und künftige Forderungen grds. insgesamt pfänden; auch soweit der jeweils fällige Betrag gepfändet ist, können sie in darüber hinausgehende Beträge vollstrecken.

XV. Rechtsbehelfe

Gegen den die Pfändung zurückweisenden Beschluss ist für den Gläubiger die **sofortige Beschwerde** (§ 11 Abs. 1 RPflG i.V.m. den §§ 793, 567 ff. ZPO) zulässig. Diese steht ihm auch zu, wenn die beantragte Vorratspfändung abgelehnt wurde. Hatte der Gläubiger einen bestimmten Freibetrag beantragt und ist das Gericht über diesem geblieben, ist das gleichbedeutend mit einer teilweisen Zurückweisung des Gläubigerantrags. Auch insoweit steht dem Gläubiger die **sofortige Beschwerde** (§ 11 Abs. 1 RPflG i.V.m. den §§ 793, 567 ff. ZPO) zu. Hatte er allerdings in seinem Antrag keinen bestimmten Freibetrag benannt und erscheint ihm der festgesetzte zu hoch, kann der Gläubiger dies mit der Vollstreckungserinnerung nach § 766 ZPO geltend machen. Sind die Rangverhältnisse vom Vollstreckungsgericht nach billigem Ermessen festgesetzt, so steht den Beteiligten (Gläubiger, Schuldner, Berechtigte), soweit sie beschwert sind, ebenfalls die **sofortige Beschwerde** (§ 11 Abs. 1 RPflG i.V.m. den §§ 793, 567 ff. ZPO) zu. Schließlich steht dem Gläubiger die **sofortige Beschwerde** (§ 11 Abs. 1 RPflG i.V.m. den §§ 793, 567 ff. ZPO) auch dann zu, wenn sein Antrag auf Pfändung überjähriger Unterhaltsrückstände zurückgewiesen wurde.

330

Liegen dem Pfändungs- und Überweisungsbeschluss unrichtige Annahmen zugrunde, können der Schuldner und der Drittschuldner Vollstreckungserinnerung nach § 766 ZPO einlegen; das gilt auch für die Anordnung der Vorratspfändung sowie derjenigen der Pfändung überjähriger Unterhaltsrückstände. Der Schuldner kann auch einen Antrag nach § 850f Abs. 1 ZPO stellen, wenn der Pfändungsbeschluss nach seiner Auffassung den besonderen notwendigen Bedürfnissen nicht Rechnung getragen hat. Ändern sich die Voraussetzungen für die Bemessung eines Freibetrags, können der Schuldner und ein ganz oder teilweise übergangener Unterhaltsberechtigter einen Änderungsantrag nach § 850g ZPO stellen. Diesen kann auch der Gläubiger stellen, wenn sich wegen der Veränderung der Verhältnisse nachträglich herausstellt, dass der Freibetrag zu hoch bemessen war.

331

Der **vorrangige Unterhaltsberechtigte** kann seinen sich aus § 7 Abs. 3 S. 2 UVG ergebenden Vorrang bis zur Beendigung der Zwangsvollstreckung mit der **Vollstreckungserinnerung** nach § 766 Abs. 1 ZPO gegenüber dem vollstreckenden Gläubiger (Unterhaltsvorschusskasse) geltend machen. Insofern ist die Vollstreckung zu beschränken

332

oder aufzuheben, soweit der Vorrang beeinträchtigt wird. **Nach Beendigung** der von der Unterhaltskasse betriebenen Zwangsvollstreckung kann er seinen **Bereicherungsanspruch** nach § 812 Abs. 1 S. 1 Alt. 2 BGB auf Auskehrung des Erlöses in Höhe der bestehenden Unterhaltsforderung gegen die pfändende Unterhaltskasse geltend machen.[587] Der **Schuldner**, der seiner Unterhaltsverpflichtung gegenüber dem nach § 7 Abs. 3 S. 2 UVG vorrangigen Unterhaltsberechtigten ganz oder teilweise nachkommt, kann mit der **Vollstreckungserinnerung** nach § 766 Abs. 1 ZPO i.V.m. § 775 Nr. 4, 5 ZPO unter Vorlage entsprechender Zahlungsnachweise erreichen, dass die Zwangsvollstreckung der Unterhaltskasse insoweit beschränkt oder aufgehoben wird.[588]

H. Berechnung des pfändbaren Einkommens (§ 850e ZPO)

I. Regelungszweck

333   § 850e ZPO ist Grundlage für die konkrete Berechnung des pfändbaren Betrages nach § 850c ZPO und § 850d ZPO. Aus der Vorschrift ergibt sich beispielhaft, wie der Gesetzgeber die Schuldner- und Gläubigerinteressen abwägen will.[589] Nach § 850e Nr. 2 und 2a ZPO sind demnach mehrere dem Pfändungsschutz des § 850c ZPO unterliegende Leistungen zur Bemessung eines gemeinsamen pfandfreien Betrages nach den Gesamtbezügen auf Antrag zusammenzurechnen. Entsprechend diesem Grundgedanken hat der Gesetzgeber auch in § 851c Abs. 3 ZPO die Zusammenrechnung von Rentenzahlungen aus privater Altersvorsorge, soweit sie unter den Voraussetzungen des § 851c Abs. 1 ZPO nur wie Arbeitseinkommen gepfändet werden dürfen, mit anderen Zahlungen auf eine private und gesetzliche Rente oder anderen geschützten Leistungen angeordnet.[590]

334   Der Pfändungsschutz für Arbeitseinkommen bezweckt den **Schuldnerschutz vor** einer **Kahlpfändung**. Insoweit hat der Einsatz der Arbeitskraft zur Beschaffung des Lebensunterhalts Vorrang vor der Inanspruchnahme sozialer Leistungen. Aus diesem Grunde wird dem Schuldner, in dessen Arbeitseinkommen vollstreckt wird, ein Teil pfandfrei belassen, der ihm und seiner Familie die Führung eines menschenwürdigen Lebens ermöglicht und ihn in der Motivation stärkt, aus eigener Kraft seinen Lebensunterhalt zu verdienen.[591] Diesem Gesetzeszweck dient die Festlegung der unpfändbaren und bedingt pfänd-

---

[587] BGH, WM 2014, 2052 = MDR 2014, 1349 = NZF 2014, 1035 = Vollstreckung effektiv 2014, 209 = FF 2014, 512.
[588] BGH, WM 2014, 2052 = MDR 2014, 1349 = NZF 2014, 1035 = Vollstreckung effektiv 2014, 209 = FF 2014, 512.
[589] BGH, Vollstreckung effektiv 2014, 203 = WM 2014, 2094 = ZInsO 2014, 2223 = ZIP 2014, 2194 = NZI 2014, 957 = MDR 2014, 1413 = DB 2014, 2529.
[590] BGH, Vollstreckung effektiv 2014, 203 = WM 2014, 2094 = ZInsO 2014, 2223 = ZIP 2014, 2194 = NZI 2014, 957 = MDR 2014, 1413 = DB 2014, 2529.
[591] Zöller/*Herget*, § 850, Rn 1 m.w.N.

H. Berechnung des pfändbaren Einkommens (§ 850e ZPO) § 6

baren Bezüge in § 850a ZPO und § 850b ZPO sowie die Festlegung der Pfändungsgrenzen in § 850c ZPO. Der Schutz des Arbeitseinkommens wird sodann durch § **850d ZPO** gelockert, jedoch **nur für die Pfändung von gestezlichen Unterhaltsansprüchen**. Insoweit dient auch § 850d ZPO dem Zweck, nicht nur dem Schuldner, sondern auch dessen Familie ein menschenwürdiges Leben zu ermöglichen. In diesen Gesetzeszweck fügt sich dann auch § 850e ZPO ein, welcher die Berechnung des pfändbaren Arbeitseinkommens festlegt.

Die Regelung des § 850e ZPO hat auch im Rahmen der Pfändung von Guthaben bei einem **Pfändungsschutzkonto** (P-Konto, vgl. § 850k Abs. 4 ZPO) sowie im Insolvenzverfahren (§ 36 Abs. 1 S. 2 InsO) Gültigkeit.

335

II. Ermittlung des Nettoeinkommens (§ 850e Nr. 1 ZPO)

Die **Berechnung des pfändbaren Arbeitseinkommens** und damit auch des pfändbaren Teils einer **Abfindung** richtet sich nach § 850e Nr. 1 ZPO. Hiernach sind Beträge, die unmittelbar aufgrund steuerrechtlicher oder sozialrechtlicher Vorschriften zur Erfüllung gesetzlicher Pflichten abzuführen sind, der Pfändung entzogen. Daher ist die **Aufrechnung** gegen einen **Bruttobetrag unzulässig**.[592]

336

■ **Beiträge zum Versorgungswerk der Architektenkammer** können bei Ermittlung der pfändbaren Einkünfte eines selbstständigen Architekten in der Höhe abzugsfähig sein, in der für einen Arbeitnehmer, bezogen auf ein entsprechendes Einkommen, Beiträge zur gesetzlichen Rentenversicherung abzuführen wären.[593] Die Übertragung des § 850e Nr. 1 S. 1 ZPO auf Pflichtbeiträge zu einem Versorgungswerk (vgl. § 850e Nr. 1 S. 2 lit a ZPO) soll sicherstellen, dass eine Person, die von der Versicherungspflicht in der gesetzlichen Rentenversicherung befreit ist, weil sie einem anderen auf gesetzlicher Grundlage beruhenden Sicherungssystem angehört, in Bezug auf die Pfändbarkeit ihrer Einkünfte nicht schlechter steht, als ein Arbeitnehmer mit seinem Arbeitseinkommen. Die Gleichstellung kann aber nicht dazu dienen, einer Person, die in der Rentenversicherung Pflichtmitglied ist und gleichzeitig einem Versorgungswerk angehört, die Beiträge zu zweidem gleichen Zweck dienenden Sicherungssystemen von der Pfändbarkeit freizustellen und dadurch die Gläubiger zu benachteiligen.[594] Dies gilt nicht bei einem **Rechtsanwalt**, der zwar Pflichtbeiträge zur Rentenversicherung leistet, die Mitgliedschaft im Rechtsanwaltsversorgungswerk aber

337

---

592 BAG, Urt. v. 13.11.1980 – 5 AZR 572/78 – juris.
593 BGH, ZAP EN-Nr. 713/2008 = Rpfleger 2009, 410 = NZBau 2008, 720 = Rpfleger 2008, 650 = MDR 2008, 1357 = FamRZ 2008, 2021 = JurBüro 2008, 663 = BGHReport 2009, 98 = NJW-RR 2009, 410.
594 VG Sigmaringen, ZInsO 2014, 1454; a.A. im Ergebnis VG Stuttgart, Urt. v. 9.7.2012 – 4 K 3992/11 – Seite 7 des amtlichen Abdrucks.

§ 6 Die Pfändung von Arbeitseinkommen

jederzeit kündigen kann. Dann hat er keinen Anspruch auf zusätzliche Freistellung der Beiträge zum Rechtsanwaltsversorgungswerk.

■ Bei **Arbeitnehmerbeiträgen zur VBL** (Versorgungsanstalt des Bundes und der Länder) handelt es sich um Beiträge, die denjenigen gleichzustellen sind, die unmittelbar aufgrund sozialrechtlicher Vorschriften zur Erfüllung gesetzlicher Verpflichtungen des Schuldners abzuführen sind und daher dem pfändbaren Nettoeinkommen des Schuldners nicht hinzuzurechnen sind.[595] In dem Gesetzgebungsverfahren zur Änderung von Vorschriften über den Pfändungsschutz für Arbeitseinkommen[596] hat der Bundesrat zu Art. 1 Ziff. 7 Nr. 1a des Gesetzes beschlossen, dass nur die zur Weiterversicherung, nicht aber die zur freiwilligen Höherversicherung aufgewandten Beiträge bei der Berechnung des pfändungsfreien Arbeitseinkommens unberücksichtigt bleiben sollen.[597] Bei der zweiten und dritten Beratung im Deutschen Bundestag hat dieser darauf hingewiesen, dass durch § 7 Nr. 1a des Gesetzes die Beiträge, die für die freiwillige Weiterversicherung in der Sozialversicherung geleistet würden, nunmehr für abzugsfähig erklärt würden.[598] Aus den Materialien lässt sich damit ableiten, dass im Gesetzgebungsverfahren die Abzugsfähigkeit von freiwilligen Beiträgen als problematisch angesehen wurde. Pflichtbeiträge, wie sie auch seiner Zeit schon an die Zusatzversorgungskasse zu zahlen waren, wurden in diesem Zusammenhang nicht erörtert. Dies kann sich nur in der Weise erklären, dass der Gesetzgeber von vornherein davon ausgegangen ist, dass für diese Beiträge bereits eine Regelung, und zwar durch § 850e Nr. 1 S. 1 ZPO, getroffen worden ist. Es ist auch sachgerecht, die Pflichtbeiträge des Arbeitnehmers zu der VBL denjenigen Beiträgen gleichzustellen, die unmittelbar aufgrund sozialrechtlicher Vorschriften zur Erfüllung gesetzlicher Verpflichtungen des Schuldners abzuführen sind. Zwar handelt es sich insoweit nicht um eine gesetzlich, sondern um eine tarifvertraglich statuierte Verpflichtung des Schuldners. Dieser kann sich jedoch wie bei einer gesetzlichen Beitragsverpflichtung aufgrund einer sozialrechtlichen Vorschrift der Abführung der Beiträge nicht entziehen, sodass ihm in der Höhe der Pflichtbeiträge zur VBL sein Nettoverdienst nicht zur Verfügung steht. Auch der Zweck der Zusatzversorgung, die Versorgungsbezüge der im öffentlichen Dienst angestellten Arbeitnehmer entsprechend der Versorgung der Beamten auszugestalten,[599] erfordert die Gleichstellung der Pflichtbei-

---

595 BGH, Vollstreckung effektiv 2010, 34 = WM 2009, 2390 = MDR 2010, 106 = FamRZ 2010, 206 = NZA-RR 2010, 86 = NZI 2010, 118 = Rpfleger 2010, 149 = JurBüro 2010, 103 = NJW-RR 2010, 785 = KKZ 2011, 68; BGH, EBE/BGH 2009, 387; a.A. LAG Baden-Württemberg, FoVo 2009, 77.
596 Gesetz vom 22.4.1952, BGBl I 1952 S. 247, das die Vorgängerregelung zu § 850e Nr. 1 S. 1 ZPO, nämlich § 7 Nr. 1 S. 1 der Verordnung zur einheitlichen Regelung des Pfändungsschutzes für Arbeitseinkommen (Lohnpfändungsverordnung) vom 30.10.1940, RGBl I S. 1451 abgelöst hat.
597 BR-Drucks Nr. 662/51 S. 69. Sitzung vom 5.10.1951, Sitzungsbericht S. 667 (668).
598 BT-Drucks 2917 S. 201. Sitzung vom 26.3.1952, Stenographischer Bericht S. 8665.
599 Vgl., BGHZ 103, 370 = MDR 1988, 761 = ZBR 1988, 285 = NJW 1988, 3151.

H. Berechnung des pfändbaren Einkommens (§ 850e ZPO) § 6

träge mit denjenigen Beiträgen, die unmittelbar aufgrund sozialrechtlicher Vorschriften zur Erfüllung gesetzlicher Verpflichtungen des Schuldners abzuführen sind.[600]

■ **Steuern**, welche nicht vom Arbeitgeber einbehalten werden, weil sie der Arbeitnehmer wegen seines Wohnsitzes im **Ausland** unmittelbar entrichten muss, bleiben bei der Berechnung des pfändungsfreien Einkommens außer Ansatz.[601] In § 850e Nr. 1 S. 1 ZPO wird von einem Arbeitnehmer ausgegangen, der sozialversicherungspflichtig ist und deshalb den jeweils zu entrichtenden Beitragssatz an eine gesetzliche Kranken- bzw. Pflegekasse zu zahlen hat.

■ **Beiträge** an eine **private Krankenversicherung** sind nach § 850e Nr. 1 S. 2 lit. b ZPO nur abzugsfähig, soweit sie den **Rahmen des Üblichen nicht übersteigen**. Das Maß des Üblichen kann sich aber bei einem Arbeitnehmer, der auch in der **gesetzlichen Krankenversicherung** verbleiben kann, nur an dem dortigen Beitragssatz orientieren.[602] Bei diesem, am Wortlaut des Gesetzes orientierten Verständnis der § 850e Nr. 1 ZPO dürfen daher bei der Berechnung des pfändbaren Betrages Krankenversicherungsbeträge nur bis zu der Höhe abgezogen werden, bis zu der ein Arbeitnehmer mit vergleichbaren Einkünften in dem jeweiligen Zeitraum als Mitglied der gesetzlichen Krankenversicherung Beiträge hätte zahlen müssen.

Den **Begriff** des „**Rahmens des Üblichen**" hat die Rechtsprechung in den zurückliegenden Jahrzehnten – teilweise durchaus unterschiedlich – konkretisiert.[603] Einigkeit besteht jedoch darüber, dass die unter gleichen Verhältnissen erwachsenden Beitragssätze der gesetzlichen Krankenversicherung einen Anhalt dafür bieten, wann Beiträge zu einer privaten Krankenversicherung – bzw. der jeweilige individuelle Tarif – den Rahmen des Üblichen übersteigen.[604] Ferner ist offensichtlich, dass die o.g. Rechtsprechung zu berücksichtigen hatte, dass privat krankenversicherten Schuldnern in der Vergangenheit regelmäßig kein mit dem Versicherungsschutz der gesetzlichen Krankenversicherung gleichlaufender Tarif bzw. – aus Beitragsgründen – kein die Versicherungskosten reduzierender Wechsel in einen solchen möglich war. Darüber hinaus war – und ist – solchen Personen wegen ihrer Versicherungsfreiheit gem. § 6 SGB V auch ein Wechsel in die gesetzliche Krankenversicherung regelmäßig verwehrt. Vor diesem Hintergrund hatte die Rechtsprechung bei der Konkretisierung der Begrifflichkeit „Rahmen des Üblichen" zu erwägen, ob dem jeweiligen Versicherten ein Übermaß an Versicherungsschutz zu attestieren war und ihm deshalb der Wechsel in einen anderen Tarif der privaten

338

---

600 BGH, EBE/BGH 2009, 387 = WM 2009, 2390 = MDR 2010, 106 = Rpfleger 2010, 149 = JurBüro 2010, 103 = NJW-RR 2010, 785 = KKZ 2011, 68 = Vollstreckung effektiv 2010, 34.
601 BAG, NJW 1986, 2208.
602 OVG Niedersachsen, JurBüro 2009, 159.
603 LG Berlin, Rpfleger 1994, 426; LG Hannover, JurBüro 1987, 464; JurBüro 1983, 1423; KG Berlin, Beschl. v. 21.12.1984 – 1 W 5496/83.
604 LG Stuttgart, Vollstreckung effektiv 2012, 130.

§ 6 Die Pfändung von Arbeitseinkommen

Krankenversicherung – im Zweifel: innerhalb seines Versicherungsunternehmens – mit einem geringeren Leistungsumfang zugemutet werden konnte. Zugleich hat die Rechtsprechung in diesem Zusammenhang mehrheitlich darauf erkannt, dass eine Begrenzung der i. R. v. § 850e Nr. 1 S. 2 lit. b ZPO abzuziehenden Beträge auf die an seinem realen Einkommen bemessenen Beiträge zur gesetzlichen Krankenversicherung allenfalls dann sachlich gerechtfertigt wäre, wenn ein Schuldner hierfür einen der gesetzlichen Krankenversicherung gleichwertigen Versicherungsschutz erlangen würde.[605] Mit der Einführung des branchenweit einheitlichen **Basistarifs für die private Krankenversicherung** durch § 12 Abs. 1a und 1b VAG zum 1.1.2009 haben die für die vorstehend skizzierte Abwägung maßgeblichen Gesamtumstände indes eine erhebliche Änderung erfahren. Mit diesem Tarif steht allen Krankenversicherten, die nicht der Versicherungspflicht in der gesetzlichen Krankenversicherung gem. § 5 SGB V unterfallen, ein Tarif zur Verfügung, dessen Leistungsumfang aufgrund gesetzlicher Vorgabe (§ 12 Abs. 1a S. 1 VAG) dem Schutzniveau der gesetzlichen Krankenversicherung nicht nachsteht. Insofern entspricht der Leistungsumfang dieses Tarifs demjenigen aller gesetzlich Versicherten – ca. 85 % der deutschen Bevölkerung[606] – und mithin genau demjenigen Kranken- und Pflegeversicherungsschutz, den der Sozialgesetzgeber sowohl als notwendig als auch als angemessen erachtet. Jeder bei einem Unternehmen der privaten Krankenversicherung i.S.v. § 850e Nr. 1 S. 2 lit. b ZPO Versicherte besitzt die Möglichkeit, den versicherungsseitig seit dem 1.1.2009 von Gesetzes wegen anzubietenden Basistarif auf der Grundlage einer autonomen Entscheidung in Anspruch zu nehmen und seinen Krankenversicherungsschutz hierdurch demjenigen aller gesetzlich Versicherten gleichzustellen. Wenn demnach jeder privat Krankenversicherte die Dispositionsfreiheit über einen Wechsel in den Basistarif besitzt und mit einem solchen Wechsel kein sozial inadäquater Leistungsverlust verbunden ist, ist es nicht einzusehen, weshalb Versicherungsbeiträge oberhalb der für den vorstehend erläuterten Tarif anfallenden – der Beitragssatz des Basistarifs ist gem. § 12 Abs. 1c VAG auf den Höchstbeitrag der gesetzlichen Krankenversicherung begrenzt – „üblich" und im Rahmen der Zwangsvollstreckung – zum Nachteil der Gläubiger – zu berücksichtigen sein sollten. Vielmehr ist dem Schuldner die Nichtberücksichtigung von Versicherungsbeiträgen oberhalb der gesetzlichen Beitragsbemessungsgrenze i.R.v. § 850e Ziff. 1 S. 2 lit. b ZPO und ggf. auch mittelbar ein Tarifwechsel zuzumuten.[607] Macht der Schuldner dennoch zur Begründung einer Heraufsetzung des unpfändbaren Betrages geltend, hohe Krankenversicherungsbeiträge zahlen zu müssen und ist der jeweilige Versicherungsbeitrag unangemessen hoch, muss der Schuldner den von ihm erkauften Versicherungsschutz so genau darlegen, dass geprüft werden kann, ob er im Rah-

---

605 KG Berlin, RPfleger 1985, 154; vgl. LG Stuttgart, Vollstreckung effektiv 2012, 130.
606 Zahlenquelle: Bundesministerium für Gesundheit; LG Stuttgart, Vollstreckung effektiv 2012, 130.
607 LG Stuttgart, Vollstreckung effektiv 2012, 130; AG Montabaur, Rpfleger 2013, 464.

men des Üblichen gem. § 850e Nr. 1 S. 2 lit. b ZPO, liegt.[608] Hierunter fallen auch abgetretene Beamtenbezüge, welche nach § 11 Abs. 1 BBesG nur dann abgetreten werden können, soweit sie der Pfändung unterliegen. Der Einwand des Drittschuldners, er habe hiervon abgesehen, weil er keine (positive) Kenntnis von derartigen Leistungen bzw. deren Höhe gehabt habe, ist unbeachtlich. Denn der Wortlaut der § 850e Nr. 1 ZPO enthält keine Beschränkung dahingehend, dass bei der Berechnung des pfändbaren Arbeitseinkommens nur solche Versicherungsbeiträge zu berücksichtigen sind, die der Bezügestelle vom Beamten bekannt gegeben worden oder ihr sonst bekannt gewesen sind. Mangelnde Kenntnis des Dienstherrn als Drittschuldner ist nur in den gesetzlich besonders geregelten Fallgestaltungen geschützt.[609]

1. Vorgehensweise

Die Zwangsvollstreckung ist somit zunächst auf den **Bruttobetrag** zu richten. In diesem Fall ist der Arbeitnehmer also für die korrekte Abführung der Lohnabzüge verantwortlich.[610] **339**

Die **pfändbaren Teile des Arbeitseinkommens** werden anhand des sich ergebenden **Nettolohnes** ermittelt. Es ist nicht Aufgabe des Vollstreckungsgerichts, den pfändbaren Betrag selbst zu bestimmen. Diese **Aufgabe** wird gem. § 850c Abs. 3 S. 2 ZPO durch Bezugnahme auf die Tabelle im Anhang zu § 850c ZPO und die ergänzende Anwendung des § 850e ZPO dem **Drittschuldner** übertragen. Durch eine solche sog. **Blankettpfändung**[611] soll das Vollstreckungsgericht von tatsächlichen Ermittlungen und Berechnungen auf der Grundlage der §§ 850c, 850e ZPO entlastet werden.[612] **340**

Taktischer Hinweis **341**

Damit stattdessen der Drittschuldner diese Aufgabe erfüllen kann, muss aber zumindest klar sein, nach welchen Bestimmungen der pfändbare Betrag zu ermitteln ist. Auf den Drittschuldner kann also nicht zusätzlich auch noch die Aufgabe übertragen werden, die für die Berechnung des pfändbaren Betrages anzuwendenden Regelungen und Maßstäbe erst selbst zu entwickeln Etwa normkonkretisierend festzulegen, ob und ggf. in welcher Höhe Einkommensteuer sowie vom Schuldner geleistete Beiträge an eine private Krankenversicherung bei der Berechnung des pfändbaren Betrages des Einkommens abzugsfähig sind. Dies zu entscheiden ist originäre Aufgabe des Vollstreckungsgerichts bei Erlass des Vollstreckungsaktes selbst und kann nicht auf den Dritt-

---

608 LG Kleve, JurBüro 1999, 45.
609 Vgl. etwa § 411 S. 2 BGB, Nr. 4 S. 3; VG Augsburg, Urt. v. 26.5.2003 – Au 2 K 01.1441.
610 BAG, DB 1984, 2707 = BB 1985, 197 = NJW 1985, 646 = NZA 1985, 58.
611 Vgl. auch Rdn 180, 243.
612 Vgl. zur Gesetzgebungsgeschichte: *Hülsmann*, NJW 1995, 1522 f. m.w.N.

schuldner abgewälzt werden. Anderenfalls käme es zu dem mit dem Wesen des Pfändungs- und Überweisungsbeschlusses als staatlicher Hoheitsakt nicht zu vereinbarenden Ergebnis, dass die Ermittlung des normativen Inhalts eines Pfändungs- und Überweisungsbeschlusses dem jeweiligen Drittschuldner obliegt, ihm also eine Art normativer Handlungsspielraum zusteht und je nach Entscheidung des Drittschuldners dabei ein höherer oder niedrigerer Pfändungsfreibetrag ermittelt werden kann, ohne dass sich dagegen Rechtmäßigkeitsbedenken ergäben.[613]

342 Bei der Berechnung ergeben sich in Rechtsprechung und Literatur Streitigkeiten darüber, ob die sog. **Brutto-** oder **Nettomethode** anzuwenden ist.

a) Bruttomethode

343 Nach der Rechtsprechung der Instanzgerichte und der herrschenden Meinung im Schrifttum sind von dem Gesamtbruttoeinkommen des Arbeitnehmers zunächst die nach § 850a ZPO unpfändbaren Bezüge mit dem Bruttobetrag und anschließend die auf das Gesamtbruttoeinkommen (d.h. einschließlich der unpfändbaren Bezüge) zu zahlenden Steuern und Sozialversicherungsbeiträge abzuziehen.[614]

344 Dies bewirkt, dass die auf die unpfändbaren Bezüge entfallenden Steuern und Sozialversicherungsbeiträge daher zweimal in Abzug gebracht werden.[615] Das soll im Hinblick auf die Schutzwürdigkeit des Schuldners und vereinfachte Rechenwege hinnehmbar sein. Aufgrund der doppelten Berücksichtigung der auf den unpfändbaren Teil entfallenden Steuern und Sozialversicherungsbeiträge bewirkt die Bruttomethode, dass das pfändbare Einkommen des Arbeitnehmers umso niedriger ausfällt, je höher die unpfändbaren Bezüge im Sinne des § 850a ZPO sind. Ab einem bestimmten Anteil der unpfändbaren Bezüge am Gesamteinkommen fällt somit das pfändbare Einkommen des Schuldners allein wegen der zusätzlichen unpfändbaren Bezüge unter die Pfändungsfreigrenzen des § 850c ZPO, sodass eine Zwangsvollstreckung im Wege der Pfändung vollständig ausgeschlossen ist. Die Bruttomethode führt damit zu dem paradoxen Ergebnis, dass der Gläubiger in einer Lohnabrechnungsperiode, in der der Schuldner erheblich mehr verdient, kein Arbeitseinkommen pfänden kann, nur weil zusätzlich unpfändbare Bezüge anfallen.

---

613 OVG Lüneburg, JurBüro 2009, 159.
614 Vgl. LAG München, ZInsO 2008, 760; LAG Berlin, InVo 2000, 393 = NZA-RR 2000, 657; LG Mönchengladbach, VuR 2005, 475 = NZI 2006, 49 = JurBüro 2007, 218; VG Düsseldorf, Urt. v. 15.6.2012 – 26 K 5884/11 – juris; PG/*Ahrens* § 850e Rn 3, 5; Musielak/*Becker*, § 850e Rn 2 f.; Stein/Jonas/*Brehm*, § 850e Rn 7; Zöller/*Herget* ZPO, § 850e Rn 1a f.; Thomas/Putzo/*Hüßtege* § 850e Rn 2; MüKo-ZPO/*Smid* § 850e Rn 2, 4; Schuschke/Walker/*Kessal-Wulf*, § 850e Rn 2; *Stöber*, Rn 984, 986a, 999b, 1133 ff.; Vgl. zur näheren Erläuterung der beiden Methoden *Bauckhage-Hoffer/Umnuß*, NZI 2011, 745 ff.; Henze, Rpfleger 1980, 456; und zum Meinungstand LAG Bremen, Urt. v. 15.11.2011 – 4 Sa 41/11 – juris.
615 LAG Berlin, InVo 2000, 393 = NZA-RR 2000, 657.

b) Nettomethode

Nach der Gegenansicht sind im Anschluss an den Abzug der nach § 850a ZPO unpfändbaren Beträge mit dem Bruttobetrag lediglich die Steuern und Sozialversicherungsbeiträge in Abzug zu bringen, die auf das restliche, also das ohne die unpfändbaren Bezüge verbleibende Bruttoeinkommen zu zahlen sind.[616] Dieser Ansicht hat sich auch das BAG[617] angeschlossen, indem es der Auffassung ist, dass die der Pfändung entzogenen Bezüge mit ihrem Bruttobetrag vom Gesamteinkommen abzuziehen sind. Ein erneuter Abzug der auf diesen Bruttobetrag entfallenden Steuern und Abgaben erfolgt nicht. Hiernach sind im Anschluss an den Abzug der nach § 850a ZPO unpfändbaren Beträge mit dem Bruttobetrag lediglich die Steuern und Sozialversicherungsbeiträge in Abzug zu bringen, die auf das restliche, also das ohne die unpfändbaren Bezüge verbleibende Bruttoeinkommen zu zahlen sind. Die Nettomethode führt zu zweckmäßigeren und interessengerechten Ergebnissen. Der Umfang der unpfändbaren Bezüge hat hier keinen Einfluss auf die Höhe des pfändbaren Arbeitseinkommens. Der pfändbare Teil des Arbeitseinkommens entspricht vielmehr stets dem Betrag, den ein Gläubiger auch dann pfänden kann, wenn der Vollstreckungsschuldner keine Bezüge im Sinne des § 850a ZPO erhält.

345

2. Auswirkungen der unterschiedlichen Berechnungsmethoden bei der Lohnpfändung

Die vollstreckungsrechtlichen Auswirkungen beider Berechnungsmethoden auf den Erfolg der Lohnpfändung sind enorm.

346

Beispiel 1 – Normalgläubiger vollstreckt

347

Schuldner S. ist verheiratet und kinderlos. Er verdient monatlich 2.500 EUR brutto. Gläubiger G pfändet im Juni wegen einer Forderung von 5.000 EUR die Lohnansprüche. Im Juli erhält S zusätzlich 100 EUR für Überstunden, zudem 100 EUR für Aufwand. Zusätzlich gewährt der Arbeitgeber als Drittschuldner Urlaubsgeld von 500 EUR.

- Steuern auf *Gesamtbruttoeinkommen* (= 3.200 EUR; Kirchen- Lohnsteuer) betragen 295,97 EUR und Sozialabgaben 647,13 EUR.
- Steuern auf das Einkommen ohne unpfändbare Sonderbezüge (= 2.825 EUR) betragen 79,73 EUR, die Sozialversicherungsbeiträge 459,57 EUR.

---

616 Vgl. *Boewer/Bommermann*, Lohnpfändung und Lohnabtretung in Recht und Praxis Rn 645 ff.; *Boewer* Handbuch Lohnpfändung Rn 752 ff.; *Bauckhage-Hoffer/Umnuß*, NZI 2011, 745 (747 ff.); im Ergebnis auch ArbG Aachen, FamRZ 2007, 63 ; Baumbach/*Hartmann*, § 850e Rn 3; *Napierala*, Rpfleger 1992, 49, 51.
617 ZInsO 2013, 1485 = NZA 2013, 859 = MDR 2013, 985 = NJW 2013, 2924 = ZTR 2013, 509 = Rpfleger 2013, 627 = JurBüro 2013, 601 = ArbR 2013, 420 = Vollstreckung effektiv 2013, 153 = FA 2013, 268.

§ 6 Die Pfändung von Arbeitseinkommen

Lösung

1. Ermittlung des pfändbaren Betrags nach **Nettomethode**

Bruttolohn	2.500,00 EUR
Überstunden	100,00 EUR
Aufwand	100,00 EUR
Urlaubsgeld	500,00 EUR
Gesamtbruttoeinkommen	**3.200,00 EUR**

Unpfändbar und abzuziehen sind (§ 850a ZPO):

½ Überstunden	50,00 EUR
Aufwand	100,00 EUR
Urlaubsgeld	500,00 EUR
fiktive Steuern	79,73 EUR
fiktive Sozialversicherungsbeiträge	459,57 EUR
Nettoeinkommen	2.010,70 EUR
Pfändbarer Betrag nach Lohnpfändungstabelle Sp. 2	**285,83 EUR**

2. Ermittlung des pfändbaren Betrages nach **Bruttomethode**

Bruttolohn	2.500,00 EUR
Überstunden	100,00 EUR
Aufwand	100,00 EUR
Urlaubsgeld	500,00 EUR
Gesamtbruttoeinkommen	**3.200,00 EUR**

Unpfändbar und abzuziehen sind (§ 850a ZPO):

½ Überstunden	50,00 EUR
Aufwand	100,00 EUR
Urlaubsgeld	500,00 EUR
Steuern	295,97 EUR
Sozialversicherungsbeiträge	647,13 EUR
Nettoeinkommen	1.606,90 EUR
Pfändbarer Betrag nach Lohnpfändungstabelle Sp. 2	**13,02 EUR**

H. Berechnung des pfändbaren Einkommens (§ 850e ZPO) § 6

Beispiel 2 – Abwandlung – Unterhaltsgläubiger vollstreckt **348**
In Abwandlung zum Beispiel 1 pfändet Gläubiger G wegen **gesetzlicher Unterhaltsforderungen** von 5.000 EUR die Lohnansprüche. Im Juli erhält S zusätzlich 100 EUR für Überstunden, zudem 100 EUR für Aufwand. Zusätzlich gewährt der Arbeitgeber Urlaubsgeld von 500 EUR.

- Steuern auf *Gesamtbruttoeinkommen* (= 3.200 EUR; Kirchen- Lohnsteuer) betragen 295, 97 EUR und Sozialabgaben 647,13 EUR.
- Steuern auf das Einkommen ohne unpfändbare Sonderbezüge (= 2.825 EUR) betragen 79,73 EUR, die Sozialversicherungsbeiträge 459,57 EUR.

Lösung

1. Ermittlung des pfändbaren Betrags nach **Nettomethode**

Bruttolohn	2.500,00 EUR
Überstunden	100,00 EUR
Auslösungen	100,00 EUR
Urlaubsgeld	500,00 EUR
Gesamtbruttoeinkommen	**3.200,00 EUR**

Unpfändbar und abzuziehen sind (§§ 850a, 850d Abs. 1 S. 2 HS. 2 ZPO):

¼ Überstunden	25,00 EUR
Aufwand	100,00 EUR
Urlaubsgeld	250,00 EUR
fiktive Steuern	79,73 EUR
fiktive Sozialversicherungsbeiträge	459,57 EUR
Nettoeinkommen	2.285,70 EUR
Pfändbarer Betrag nach Lohnpfändungstabelle Sp. 2	**400,98 EUR**

2. Ermittlung des pfändbaren Betrages nach **Bruttomethode**

Bruttolohn	2.500,00 EUR
Überstunden	100,00 EUR
Aufwand	100,00 EUR
Urlaubsgeld	500,00 EUR
Gesamtbruttoeinkommen	**3.200,00 EUR**

§ 6 Die Pfändung von Arbeitseinkommen

Unpfändbar und abzuziehen sind (§ 850a ZPO):

½ Überstunden	25,00 EUR
Aufwand	100,00 EUR
Urlaubsgeld	250,00 EUR
Steuern	295,97 EUR
Sozialversicherungsbeiträge	647,13 EUR
Nettoeinkommen	1.881,90 EUR
Pfändbarer Betrag nach Lohnpfändungstabelle Sp. 2	200,98 EUR

349 Vorgehensweise zur Ermittlung der (un)pfändbaren Einkünfte nach der Nettomethode[618]

Schritt 1:

Abzug der nach § 850a ZPO unpfändbaren Bruttobeträge vom Bruttoeinkommen. Der Schuldner wird also zunächst so behandelt, als hätte er diese Beträge überhaupt nicht erhalten.

Schritt 2:

Abzug von Steuern und vom Arbeitnehmer zu tragenden Sozialversicherungsabgaben, die auf das ohne die unpfändbaren Bezüge verbleibende Bruttoeinkommen zu zahlen sind. Bei der Berechnung des pfändbaren Einkommens gem. § 850e Nr. 1 S. 1 ZPO sind die auf die unpfändbaren Bezüge entfallenden Steuern und Sozialversicherungsbeiträge also nur einmal abzuziehen.

Schritt 3:

Fiktive Ermittlung der Steuern und Abgaben, die auf das nach Abzug der unpfändbaren Bezüge verbleibende Bruttoeinkommen abzuführen wären.

Schritt 4:

Auf der Basis des fiktiven Arbeitseinkommens ist anhand der Lohnpfändungstabelle nach § 850c ZPO der pfändbare Betrag zu ermitteln.

Schritt 5:

Ermittlung des tatsächlichen Nettoeinkommens unter Zugrundelegung der gesamten Abzüge für Steuern und Sozialversicherungsbeiträge. Hiervon ist der zuvor ermittelte pfändbare Betrag abzuziehen und an den Gläubiger abzuführen. Das restliche Nettoeinkommen steht dem Schuldner zu.

---

618 Vollstreckung effektiv 2013, 153.

H. Berechnung des pfändbaren Einkommens (§ 850e ZPO) § 6

Taktische Hinweise **350**

Die vorstehenden Beispiele zeigen, dass der Gläubiger im Rahmen einer Lohnpfändung den Drittschuldner (Arbeitgeber) unbedingt auf die Rechtsprechung des BAG hinweisen sollte, um dadurch ihre höheren pfändbaren Ansprüche rechtzeitig zu sichern. Dies gilt gleichsam auch für bereits bestehende Lohnpfändungen.

Dem Gläubiger stehen zwei Möglichkeiten zu:

- **Lohnpfändung wurde bereits ausgebracht**: Hat der Gläubiger bereits die Lohnpfändung mittels Pfändungs- und Überweisungsbeschluss bewirkt, so sollte er mittels gesondertem Anschreiben an den Drittschuldner diese über die obergerichtliche Berechnungsmethode des BAG informieren. Sollte der Drittschuldner sich nicht hieran halten, sondern weiterhin die Bruttomethode anwenden, muss dies durch den Gläubiger mittels **Drittschuldnerklage** geklärt werden.

Musterformulierung/Schreiben an Drittschuldner zur Berechnung des pfändbaren Einkommens

Sehr geehrte Damen und Herren,

in der Zwangsvollstreckungsangelegenheit

Gläubiger gegen Schuldner (Arbeitnehmer)

wird Bezug genommen auf den Ihnen am ... zugestellten Pfändungs- und Überweisungsbeschluss des Amtsgerichts ..., Az. ... M .../..., durch den u.a. die Lohnansprüche des Schuldners gepfändet wurden. Sie werden darauf aufmerksam gemacht, dass bei der Berechnung des pfändbaren Einkommens gem. § 850e Nr. 1 S. 1 ZPO nach neuster Rechtsprechung des Bundesarbeitsgerichts (Urt. v. 17.4.2013 – 10 AZR 59/12 –) die sog. **Nettomethode** gilt. Hiernach sind die der Pfändung entzogenen Bezüge gem. § 850a ZPO mit ihrem Bruttobetrag vom Gesamteinkommen abzuziehen. Ein erneuter Abzug der auf diesen Bruttobetrag entfallenden Steuern und Abgaben erfolgt daher nicht. Sie werden daher aufgefordert, diese Berechnungsmethode künftig zu beachten.

Gez. Rechtsanwalt

- **Lohnpfändung wurde noch nicht ausgebracht**: Der Gläubiger sollte im amtlichen Formular auf Seite 8 („sonstige Anordnungen") oder im Freifeld auf Seite 10 (bei der Pfändung wegen Unterhaltsansprüchen) folgende Formulierung einfügen.

> ☒ Nicht amtlicher Hinweis: Es wird angeordnet, dass bei der Berechnung des pfändbaren Einkommens nach § 850e Nr. 1 S. 1 ZPO die sog. Nettomethode anzuwenden ist. Die der Pfändung entzogenen Bezüge sind mit ihrem Bruttobetrag vom Gesamteinkommen abzuziehen. Ein erneuter Abzug der auf diesen Bruttobetrag entfallenden Steuern und Abgaben erfolgt nicht (BAG 17.04.2013, 10 AZR 59/12).

351 Der **Vorteil für den Gläubiger** besteht vor allem darin, dass bei Erlass des Pfändungs- und Überweisungsbeschlusses mit der entsprechenden Formulierung der Drittschuldner über die förmliche Zustellung durch den Gerichtsvollzieher (vgl. § 829 ZPO) hiervon in Kenntnis gesetzt wird. Insofern liegt eine gerichtliche Anordnung vor, an die sich der Drittschuldner zu halten hat und zwar solange, bis diese ggf. gerichtlich aufgehoben wird. Weigert sich der Drittschuldner, der getroffenen Anordnung Folge zu leisten, so muss der Gläubiger auch hier ggf. Drittschuldnerklage erheben. Dabei dürfte Aussicht auf Erfolg bestehen, denn i.R.d. vor dem ArbG zu führenden Rechtsstreits wird sich dieses an den Inhalt des erlassenen Pfändungs- und Überweisungsbeschlusses halten.

352 *Hinweis*

In der Praxis hat sich allerdings eine Kontroverse darüber entwickelt, ob das Vollstreckungsgericht einen Pfändungs- und Überweisungsbeschluss mit einer solchen Formulierung erlassen darf.

Die ablehnende Ansicht meint, dass es nur den Prozessgerichten zusteht, solche materiell-rechtlichen Entscheidungen zu treffen. Das Vollstreckungsgericht dürfe letztlich dem Drittschuldner (Arbeitgeber) nicht vorschreiben, ob er das pfändbare Einkommen nach der Netto- oder Bruttomethode zu berechnen hat. Dies sei Sache des Drittschuldners.

Die Gegenmeinung vertritt die Ansicht, dass die oben genannte Formulierung im amtlichen Formular eingefügt werden kann. Denn das letzte Kästchen, das sich vor dem Ausfertigungsvermerk befindet, biete sich dafür an. Es lasse Hinweise des Gläubigers zu, was auch die „Quick-Infos" des BMJ zum Ausfüllen des Formulars vorsähen („Setzen Sie bitte ein Kreuz für weitere Anträge oder Hinweise"). Dieses Kästchen ist hinter dem Überweisungsbeschluss zur Einziehung an Zahlung statt am Ende des Formulars zu finden. Es befindet sich also am Schluss des Formulars und kann, wenn es als **„nichtamtlicher Hinweis"** bezeichnet ist, nicht mit einer gerichtlichen Anordnung verwechselt werden.

H. Berechnung des pfändbaren Einkommens (§ 850e ZPO) § 6

Taktischer Hinweis 353

Unabhängig davon, welche Ansicht richtig ist, sollte der Gläubiger den sichersten Weg wählen. Bis zur abschließenden – gerichtlichen – Klärung der oben genannten Frage, sollte er die vorgeschlagene Formulierung wählen, allerdings deutlich versehen mit **„nichtamtlicher Hinweis"**! Parallel dazu sollte ggf. in einem gesonderten Schreiben zum Antrag auf Erlass eines Pfändungs- und Überweisungsbeschlusses deutlich auf diese Formulierung hingewiesen werden. Dabei ist zu erklären, dass, sollte das Vollstreckungsgericht mit der Formulierung nicht einverstanden sein, Absetzungen ohne Rücksprache bzw. Zwischenverfügung von Amts wegen vorgenommen werden können. Sollte die vorgeschlagene Formulierung dann gestrichen werden, kann der Gläubiger nach Erlass und Zustellung des Pfändungs- und Überweisungsbeschlusses den Drittschuldner mit der **obigen Musterformulierung** anschreiben und auf die Rechtsprechung des BAG hinweisen. Richtet sich der Drittschuldner nicht nach dieser Berechnungsmethode, muss der Gläubiger diese Frage im Drittschuldnerprozess durch das Arbeitsgericht klären lassen.

III. Besonderheiten beim Lohnvorschuss

Lohnvorschüsse spielen bei der Lohnpfändung oft eine große Rolle. Bei einem Lohnvorschuss wird der eigentliche Anspruch des Arbeitnehmers als Schuldner vorverlegt, damit der Schuldner den Zeitraum bis zum eigentlichen Lohnzahlungstermin finanziell überbrücken kann. Er ist daher als Vorauszahlung auf demnächst fällige Lohnansprüche zu qualifizieren.[619] Bei der Lohnpfändung müssen grds. zwei Alternativen der Lohnvorschusszahlung beachtet werden: 354

1. Lohnvorschuss erfolgt nach Lohnpfändung

In diesem Fall ist die Zahlung des Lohnvorschusses gegenüber dem Pfändungsgläubiger unwirksam (§ 829 Abs. 1 ZPO). **Folge:** der nach § 850c ZPO zu ermittelnde pfändbare Betrag berechnet sich so, als ob ein Lohnvorschuss nicht gezahlt worden wäre. Insofern ist daher das Gesamtnettoeinkommen für den jeweiligen Abrechnungszeitraum zugrunde zu legen. Dies hat allerdings nicht zur Folge, dass der Drittschuldner „drauflegen" muss. Da der Vorschuss den Lohnanspruch des Schuldners vorzeitig getilgt hat (vgl. § 362 BGB), kann der Vorschuss somit am Zahltag aus dem pfandfreien Lohnanteil einbehalten werden. 355

---

619 BAG, MDR 1987, 611; vgl. auch *Dumslaff*, Vollstreckung effektiv 2009, 120; Vollstreckung effektiv 2018, 16.

356 *Beispiel*

Der Drittschuldner gewährt dem Schuldner nach Eingang der Lohnpfändung einen Vorschuss von 300,00 EUR. Der Schuldner ist verheiratet und hat ein minderjähriges Kind. Er hat ein Bruttoeinkommen von 4.000,00 EUR. Hiervon sind folgende Posten abzuziehen:

Lohnsteuer	900,00 EUR
Solid. Zuschlag	37,00 EUR
Kirchensteuer	60,00 EUR
KV-Beitrag AN	301,00 EUR
RV-Beitrag AN	392,00 EUR
AV-Beitrag AN	55,00 EUR
PV-Beitrag AN	35,00 EUR
Nettoeinkommen	2.280,00 EUR
pfändbarer Betrag gem. § 850c Sp. 2	192,70 EUR
unpfändbarer Betrag	2.030,98 EUR
abzüglich Vorschuss	300,00 EUR

2. Lohnvorschuss erfolgt vor Lohnpfändung

357 In diesem Fall berechnet sich sich der pfändbare Lohnanteil nur nach dem am Zahltag nach Abzug des Vorschusses oder der Abschlagszahlung noch geschuldeten Nettolohn berechnet.[620] Der Drittschuldner muss also den pfändbaren Lohnanteil ohne Rücksicht auf den Vorschuss nach demjenigen Lohn berechnen, den er dem Schuldner am Fälligkeitstage zahlen müsste, wenn der Vorschuss nicht gegeben worden wäre. Diesen pfändbaren Teil muss er unverkürzt um Vorschüsse an den pfändenden Gläubiger auszahlen. Den geleisteten Vorschuss kann er nur mit dem pfändungsfreien Betrag des Einkommens verrechnen.[621]

358 Nach der vom BAG fortgeführten Rechtsprechung des Reichsarbeitsgerichts sind Vorschüsse auf den unpfändbaren Teil des später fällig werdenden Lohns anzurechnen.[622] Das Reichsarbeitsgericht ist hierbei von einer seit 1869 bestehenden Rechtsprechung ausgegangen, die den Grundsatz aufgestellt hat, dass für die Berechnung der Pfandgrenze von dem am Tage der Fälligkeit vertraglich geschuldeten Lohnbetrag ohne Rücksicht auf Vorauszahlungen oder Stundungen auszugehen sei.[623] Der pfändbare Teil bestimmt sich so-

---

620 BAG, MDR 1987, 611.
621 LAG Bremen, BB 1964, 448; ArbG Berlin, BB 1965, 203.
622 BAGE 2, 322, 324 = AP Nr. 1 zu § 394 BGB.
623 RAG, ARS 26, 217, 219.

H. Berechnung des pfändbaren Einkommens (§ 850e ZPO) § 6

mit nach dem Betrag der ursprünglichen Schuld, sodass für seine Berechnung die vor der Pfändung geleisteten Vorschusszahlungen einzubeziehen sind.

Beispiel 359

Der Drittschuldner gewährt dem Schuldner vor Eingang der Lohnpfändung einen Vorschuss von 300,00 EUR. Der Schuldner ist verheiratet und hat ein minderjähriges Kind. Er hat ein Bruttoeinkommen von 4.000,00 EUR. Hiervon sind folgende Posten abzuziehen:

Lohnsteuer	900,00 EUR
Solid. Zuschlag	37,00 EUR
Kirchensteuer	60,00 EUR
KV-Beitrag AN	301,00 EUR
RV-Beitrag AN	392,00 EUR
AV-Beitrag AN	55,00 EUR
PV-Beitrag AN	35,00 EUR
Nettoeinkommen	2.280,00 EUR
pfändbarer Betrag gem. § 850c Sp. 2	192,70 EUR
abzüglich Vorschuss	300,00 EUR

Nach *Stöber*[624] wird der Vorschuss bei der Berechnung des Pfandbetrages jedoch nicht mitgerechnet. Die Pfändung erfasst daher nur das bei ihrem Wirksamwerden (§ 829 Abs. 3) noch geschuldete Einkommen. Insofern ergibt sich zum vorherigen Beispiel folgende Berechnung: 360

Lohnsteuer	900,00 EUR
Solid. Zuschlag	37,00 EUR
Kirchensteuer	60,00 EUR
KV-Beitrag AN	301,00 EUR
RV-Beitrag AN	392,00 EUR
AV-Beitrag AN	55,00 EUR
PV-Beitrag AN	35,00 EUR
abzüglich Vorschuss	300,00 EUR
Nettoeinkommen	1.980,00 EUR
pfändbarer Betrag gem. § 850c Sp. 2	72,70 EUR

624 *Stöber*, Rn 1266.

§ 6 Die Pfändung von Arbeitseinkommen

361 *Taktischer Hinweis*

Der Gläubiger muss bei Lohnpfändungen die herauszugebenden Lohnabrechnungen[625] daher unbedingt darauf untersuchen, ob der Drittschuldner bei der Berechnung des pfändbaren Betrags die Rechtsprechung des BAG beachtet hat. Falls nicht, sollte er eine klarstellende Entscheidung des Vollstreckungsgerichts zur Berechnung einholen. Im Zweifel muss Drittschuldnerklage erhoben werden.

IV. Besonderheiten beim Arbeitgeberdarlehen

362 Ein **Arbeitgeberdarlehen** ist dann anzunehmen, wenn dieses als solches ausdrücklich bezeichnet wurde oder aber aus den Umständen des Einzelfalles erkennbar ist, dass es als solches gewollt ist. Indizien hierfür können vereinbarte Zinsleistungen oder aber die Darlehnshingabe auf längere Zeit sein. Der Arbeitgeber kann dann u.U. mit dem Darlehen gegen den Lohnanspruch des Schuldners aufrechnen. Bei der Lohnpfändung müssen ebenfalls zwei Alternativen des Arbeitgeberdarlehens beachtet werden:[626]

1. Darlehenshingabe erfolgt nach Lohnpfändung

363 Die Aufrechnung des Drittschuldners mit dem gewährten Darlehen ist gegenüber dem Gläubiger unzulässig (§ 829ZPO, § 392 BGB). Die Aufrechnung des Drittschuldners ist daher erst zulässig, wenn der Gläubiger insgesamt befriedigt wurde oder aber wenn die Pfändung einzelne Lohnanteile nicht erfasst.

364 *Beispiel*

Der Drittschuldner gewährt dem Schuldner nach Eingang einer Lohnpfändung wegen eines Anspruchs von 3.000,00 EUR ein Darlehen von 1.000,00 EUR. Der Schuldner ist verheiratet und hat ein minderjähriges Kind. Er hat ein Nettoeinkommen von 2.500,00 EUR.

Lösung: Der Drittschuldner hat aus dem Nettoeinkommen zunächst die pfändbaren Beträge an den Gläubiger abzuführen:

Pfändbaren Betrag gem. § 850c Sp. 2   280,70 EUR

Erst nach vollständiger Befriedigung darf der Drittschuldner mit dem Darlehen aufrechnen, aber nur i.H.d. pfändbaren Beträge.

---

625 Vgl. BGH, Vollstreckung effektiv 2007, 41.
626 Vgl. auch *Dumslaff*, Vollstreckung effektiv 2009, 120.

H. Berechnung des pfändbaren Einkommens (§ 850e ZPO) § 6

2. Darlehenshingabe erfolgt vor Lohnpfändung

In diesem Fall kann der Drittschuldner mit dem gewährten Darlehen wirksam aufrechnen.[627] Die Aufrechnung ist gegenüber dem Gläubiger gültig. Insofern geht der Gläubiger solange leer aus, wie gepfändete Lohnanteile vom Drittschuldner einbehalten werden können.

365

Taktischer Hinweis

366

Ein Gläubiger sollte bei einer derartigen Konstellation unbedingt prüfen, ob tatsächlich zwischen Drittschuldner und Schuldner wirksam eine **Aufrechnungsvereinbarung** geschlossen wurde. Ggf. ist die getroffene Vereinbarung auch nach dem AnfG anfechtbar. Wichtig in diesem Zusammenhang: Eine vor der Pfändung getroffene Aufrechnungsvereinbarung geht der Pfändung nur dann vor, wenn die zur Aufrechnung gestellte Forderung vor der Beschlagnahme erworben ist und nicht nach der Beschlagnahme und auch nicht später als die gepfändete Lohnforderung fällig wird.[628]

V. Besonderheiten bei Nachzahlung von Arbeitseinkommen

Sind Lohn-Nachzahlungen zu pfänden, die ein Schuldner von seinem Arbeitgeber erhält, führt dies in der Praxis immer wieder zu Fehlern. Weshalb einem Schuldner Nachzahlungen zustehen, kann unterschiedliche Gründe haben. Diese können z.B. sein:

367

- rückwirkende tarifliche Lohnerhöhung,
- rückwirkende Beförderung bzw. Höhergruppierung,
- rückwirkende Zahlung durch den Arbeitgeber (Drittschuldner) infolge eines gewonnenen Prozesses des Arbeitnehmers (Schuldner),
- Zahlung von Jahrestantiemen,
- durch den Schuldner selbst veranlasste Änderung der Lohnsteuerkarte,
- Zahlung zusätzlichen Arbeitslohnes in Form eines 13. bzw. 14. Monatsgehalts.

Eine Nachzahlung von Arbeitslohn ist **pfändungsrechtlich** nach dem **Entstehungsprinzip** zu behandeln. In jedem Monat ist also der konkrete Anteil an der Nachzahlung zuzurechnen.[629] Mit anderen Worten: Nachzahlungen müssen bei dem **Abrechnungszeitraum** berücksichtigt werden, **für den** – nicht in dem – sie gezahlt werden.

368

---

627 ArbG Hannover, BB 1967, 586.
628 Vgl. BAG, BB 1967, 37; AP Nr. 1 zu § 392 BGB.
629 BGH, Vollstreckung effektiv 2018, 56 = NJW-RR 2018, 504 = MDR 2018, 698 = NZI 2018, 493 = InsbürO 2018, 282 = Rpfleger 2018, 394; BAG, ZInsO 2008, 869; AG Neuburg JurBüro 2016, 444.

369 **Folge:** Der Arbeitgeber muss das Gesamteinkommen nachberechnen, wobei er die Verhältnisse des betreffenden Auszahlungszeitraums zugrunde legen muss. Hieraus ist dann erneut der pfändbare Einkommensanteil zu ermitteln.

370 *Beispiel 1*

Gläubiger G pfändet die Lohnansprüche des ledigen Schuldners S („Anspruch A"). Der Pfändungs- und Überweisungsbeschluss wird im Februar dem Arbeitgeber zugestellt. S bezieht ein monatliches Nettoeinkommen von 2.000 EUR. Er erhält im November für Juni bis Oktober eine (Netto-)Nachzahlung von insgesamt 1.000 EUR.

Lösung

Ohne die Nachzahlung ergibt sich für G nach der Lohnpfändungstabelle ein pfändbarer Betrag i.H.v. 606,34 EUR. Infolge der Nachzahlung ergibt sich für die Monate Juni bis Oktober ein Gesamtnettoeinkommen von 2.200 EUR. Somit beträgt der sich aus der Lohnpfändungstabelle für G. pfändbare Betrag im jeweiligen Abrechnungsmonat insgesamt 746,34 EUR. Da G bereits für den Zeitraum von Juni bis Oktober monatlich 606,34 EUR erhalten hat, muss der Drittschuldner nun monatlich 140 EUR (= 746,34 EUR – 606,34 EUR) an G nachzahlen.

371 *Beispiel 2*

In Abwandlung zum Beispiel 1 bezieht S in den Monaten Juni und Juli noch ein Nettoeinkommen von 1.500 EUR und erst ab August ein Nettoeinkommen von 2.000 EUR. Er erhält im November für Juni bis Oktober eine (Netto-)Nachzahlung von insgesamt 1.000 EUR.

Lösung

Ohne die Nachzahlung ergibt sich für G nach der Lohnpfändungstabelle ein pfändbarer Betrag

- i.H.v. 256,34 EUR für die Monate Juni und Juli (Nettoeinkommen: 1.500 EUR),
- i.H.v. 606,34 EUR für die Monate August bis Oktober (Nettoeinkommen: 2.000 EUR).

Infolge der Nachzahlung ergibt sich für die Monate Juni bis Oktober ein Gesamtnettoeinkommen

- für Juni und Juli i.H.v. 1.700 EUR,
- für August bis Oktober i.H.v. 2.200 EUR.

Somit beträgt der sich aus der Lohnpfändungstabelle für G ergebende pfändbare Betrag im jeweiligen Abrechnungsmonat

- Juni und Juli 396,34 EUR; der Drittschuldner muss also monatlich 140 EUR nachzahlen (= 438,28 EUR – 298,28 EUR),

H. Berechnung des pfändbaren Einkommens (§ 850e ZPO) § 6

- für August bis Oktober 746,34 EUR; der Drittschuldner muss also ebenfalls monatlich 140 EUR nachzahlen (= 746,34 EUR – 606,34 EUR).

Beispiel 3 372

In Abwandlung zum Beispiel 2 bezieht S in den Monaten Juni und Juli noch ein Nettoeinkommen von 1.500 EUR und ist noch seinem Ehegatten E zum Unterhalt verpflichtet. Erst ab August entfällt die Unterhaltspflicht und er bezieht ein Nettoeinkommen von 2.000 EUR. Er erhält im November für Juni bis Oktober eine (Netto-)Nachzahlung von insgesamt 1.000 EUR.

Lösung

Ohne die Nachzahlung ergibt sich für G nach der Lohnpfändungstabelle ein pfändbarer Betrag

- i.H.v. 0,00 EUR für die Monate Juni und Juli (Nettoeinkommen: 1.500 EUR; eine unterhaltsberechtigte Person),
- i.H.v. 606,34 EUR für die Monate August bis Oktober (Nettoeinkommen: 2.000 EUR; keine unterhaltsberechtigte Person).

Infolge der Nachzahlung ergibt sich für die Monate Juni bis Oktober ein Gesamtnettoeinkommen

- für Juni und Juli i.H.v. 1.700 EUR,
- für August bis Oktober i.H.v. 2.200 EUR.

Somit beträgt der sich aus der Lohnpfändungstabelle für G ergebende pfändbare Betrag im jeweiligen Abrechnungsmonat

- Juni und Juli 69,75 EUR; der Drittschuldner muss also monatlich 69,75 EUR nachzahlen,
- für August bis Oktober 746,34 EUR; der Drittschuldner muss also monatlich 140 EUR nachzahlen (= 746,34 EUR – 606,34 EUR).

Besonderheiten bei noch nicht erbrachten Nachzahlungen: Besonderheiten ergeben 373
sich, wenn die Pfändung erst nach Zahlung des Lohns für einen zurückliegenden Zeitraum bewirkt wurde. Nach einer in der Literatur vorherrschenden Ansicht werden nachzuzahlende Beträge von einer zwischenzeitlich wirksam gewordenen Pfändung erfasst. Nach einer Ansicht werden nachzuzahlende Beträge von einer zwischenzeitlich wirksam gewordenen Pfändung erfasst, auch wenn die Pfändung erst nach Zahlung des Lohns für einen zurückliegenden Zeitraum bewirkt wurde.[630] **Folge**: Die Pfändung erfasst somit alle Lohnzahlungen, die noch nicht erbracht wurden, also auch solche Nachzahlungen für die Zeit, bevor der Pfändungsbeschluss zugestellt wurde.

---

630 Musielak/Voit/*Becker*, § 850c Rn 2; *Stöber*, Rn 1042.

§ 6 Die Pfändung von Arbeitseinkommen

374 *Beispiel 4*

Gläubiger G pfändet die Lohnansprüche des ledigen Schuldners S („Anspruch A"). Der Pfändungs- und Überweisungsbeschluss wird im Februar 2018 dem Arbeitgeber zugestellt. S bezieht ein monatliches Nettoeinkommen von 2.000 EUR. Er erhält im Mai 2018 für die Monate November 2017 bis April 2018 eine (Netto-)Nachzahlung von insgesamt 1.000 EUR.

Lösung

Nach obiger Ansicht werden auch die Nachzahlungen für die Zeit vor Zustellung des Pfändungs- und Überweisungsbeschlusses, also der Zeitraum November 2017 bis Januar 2018, von der Pfändung erfasst.

375 *Taktischer Hinweis*

Auch wenn diese Auffassung für den Gläubiger günstig ist, widerspricht sie dem Grundsatz, dass Nachzahlungen durch den Drittschuldner für den Zeitraum berücksichtigt werden, für den diese geleistet werden. Dies kann aber für den Drittschuldner nur ab der Zustellung des Pfändungs- und Überweisungsbeschlusses gelten. Denn erst ab diesem Zeitpunkt gilt die Pfändung als bewirkt (vgl. § 829 Abs. 3 ZPO) und erst ab diesem Zeitpunkt muss er die Pfändung beachten.

376 *Beispiel 5*

Da im Beispiel 4 die Nachzahlung im Mai 2017 für die Monate November 2017 bis April 2018 erfolgt, muss jeder Monat, für den die Nachzahlung gilt (November 2017 bis April 2018), neu abgerechnet werden. Da der Pfändungs- und Überweisungsbeschluss im Februar 2018 dem Drittschuldner zugestellt wurde und ab dann die Pfändung erst greift, muss der Drittschuldner diese auch erst ab dem Abrechnungszeitraum Februar 2018 (mit den ab Februar 2018 geltenden Voraussetzungen betreffend unterhaltsberechtigte Personen) anwenden. **Folge**: Die anteiligen Beträge für November 2017 bis Januar 2018 verbleiben voll beim Schuldner. Erst ab Februar bis April 2018 werden die Nachzahlungen von der Pfändung erfasst.

VI. Addition mehrerer Arbeitseinkommen (§ 850e Nr. 2, 2a ZPO)

377 Ein Schuldner (nicht aber Dritte, z.B. Ehegatte), der mehrere – laufende, also nicht einmalig gem. § 850i ZPO – Arbeitseinkommen, Sozial- oder Naturalleistungen von verschiedenen Drittschuldnern bezieht, wird ungerechtfertigt geschützt, wenn man die unterschiedlichen Einkommen gesondert den Pfändungsfreigrenzen gem. § 850c ZPO unterwirft. Daher kann auf Antrag des Gläubigers eine Addition aller Einkünfte des

H. Berechnung des pfändbaren Einkommens (§ 850e ZPO) § 6

Schuldners **ausschließlich**[631] durch das **Vollstreckungsgericht** angeordnet werden (§ 850e Nr. 2 ZPO). Für eine entsprechende Befugnis der Prozessgerichte besteht keine Rechtsgrundlage. Auch eine analoge Anwendung des § 850e Nr. 2 ZPO scheidet aus.[632]

Taktischer Hinweis 378

Grundvoraussetzung für eine Zusammenrechnung nach § 850e Nr. 2, 2a ZPO ist immer, dass die einzubeziehende Leistung Arbeitseinkommen[633] darstellt, also von einem Arbeitgeber aufgrund eines Arbeitsvertrags als Entgelt für Arbeitsleistungen des Schuldners gezahlt wird. Die Zusammenrechnung bewirkt, dass der Schuldner für seine **gesamten Bezüge** nur **einen einzigen Pfändungsfreibetrag** nach § 850c ZPO in Anspruch nehmen kann. Durch die Zusammenrechnung der unterschiedlichen Arbeitseinkünfte wird somit der dem Schuldner insgesamt verbleibende unpfändbare Geldbetrag im Interesse des Gläubigers vermindert.[634]

Der **Freibetrag** wird in erster Linie dem Einkommen entnommen, das die **wesentliche** 379 **Grundlage der Lebenshaltung** des Schuldner bildet (§ 850e Nr. 2 S. 2 ZPO). Hierbei kann auf die Höhe der jeweiligen Arbeitseinkünfte aber auch darauf abgestellt werden, welches das sicherere Arbeitseinkommen bildet.[635] Dabei ist der unpfändbare Betrag durch das Vollstreckungsgericht nicht betragsmäßig festzusetzen.[636] Die anderen Drittschuldner müssen dann ihre Leistungen an den Schuldner dem genannten Drittschuldner mitteilen. Daraufhin kann dieser sodann mit dem schuldnerischen Haupteinkommen den insgesamt pfändbaren Betrag ermitteln und diesen an den Gläubiger abführen. Der Beschluss ist an Gläubiger, Schuldner und Drittschuldner zuzustellen (§ 329 Abs. 2, 3 ZPO).

Taktischer Hinweis 380

Ein vom Gläubiger beantragter und vom Gericht erlassener Zusammenrechnungsbeschluss wirkt nur für den **jeweils antragstellenden Gläubiger**. Er hat keine Wirkung im Verhältnis zwischen Abtretungsgläubiger und Vollstreckungsschuldner. Diejenigen Gläubiger, die keine Zusammenrechnung beantragt haben, können nur auf dem von ih-

---

631 BAG, AP Nr. 2 zu § 850f ZPO; BAGE 96, 266; LAG Rheinland-Pfalz, Urt. v. 20.2.2014 – 5 Sa 543/13 –, juris; LAG Hamburg, FoVo 2010, 12 = ZInsO 2010, 591.
632 BAGE 101, 130 = AP Nr. 5 zu § 850e ZPO = ZVI 2002, 212 = BB 2002, 1546 = NZI 2002, 451 = NZA 2002, 868 = NJW 2002, 3121 = BAGReport 2002, 326 = ZTR 2002, 502 = MDR 2002, 1321 = KTS 2002, 742 = InVo 2003, 34 = KTS 2002, 742 = MDR 2002, 1321; zur Zuständigkeit im Falle einer Abtretung vgl. Rdn 423 ff.
633 Zum Begriff des Arbeitseinkommens vgl. die Ausführungen zu § 850 ZPO, Rdn 6 ff.
634 BGH, MDR 2004, 323 = WM 2003, 2483 = NZA 2004, 119 = BGHReport 2004, 184 = Rpfleger 2004, 170 = NJW-RR 2004, 494 = InVo 2004, 194 = BGHR ZPO § 850e Nr. 2 Abtretung 1 = DB 2004, 650 = ZAP EN-Nr. 160/2004 = ProzRB 2004, 92.
635 LAG Sachsen-Anhalt, Urt. v. 9.2.2010 – 6 Sa 469/08 – juris.
636 LG Wuppertal, WE 2001, 254.

nen konkret gepfändeten Lohn(-anteil) zugreifen. Dies gilt auch für vorrangige Gläubiger.[637] Deshalb kann die Zusammenrechnung mehrerer Einkommen gerade **für nachrangig pfändende Gläubiger vorteilhaft** sein. Zwar kann der rangschlechtere Gläubiger das bessere Pfandrecht des vorrangigen Gläubigers nicht zerstören. Der nachrangige Gläubiger kann aber seine Rangposition dadurch verbessern, dass er noch auf den erhöhten Betrag zugreifen kann, der sich durch eine Zusammenrechnung ergibt und der von der Pfändung des vorrangigen Gläubigers gerade nicht betroffen ist.

381 *Beispiel*

Der ledige Schuldner S bezieht ein monatliches Nettoeinkommen von 2.000 EUR; zusätzlich erhält er noch 450 EUR aus einem Nebenjob: Gläubiger G 1 pfändet erstrangig nur das Haupteinkommen (2.000 EUR). Gläubiger G 2 pfändet hingegen beide Einkünfte und beantragt beim Vollstreckungsgericht die Addition beider Einkommen.

Lösung

G 1 erhält den pfändbaren Betrag gem. § 850c Abs. 3 ZPO aus dem Nettoeinkommen von 2.000 EUR, somit monatlich 606,34 EUR. G 2 hat hingegen einen Anspruch auf den pfändbaren Betrag aus der Addition beider Einkommen, also aus insgesamt 2.450 EUR. Hieraus sind insgesamt 921,34 EUR pfändbar. Da G 1 davon bereits 606,34 EUR erhält, kann G 2 noch auf die Differenz von monatlich 315 EUR zugreifen.

382 Führen **mehrere Pfändungspfandgläubiger** durch Beschluss des Vollstreckungsgerichts eine zusätzliche Pfändbarkeit herbei, ist der zusätzlich pfändbare Betrag von dem Zeitpunkt an, in dem der Beschluss dem Drittschuldner zugestellt wird (vgl. § 850g S. 3 ZPO) unter den Pfändungspfandgläubigern, die den Beschluss erwirkt haben, an den Gläubiger mit dem besten Rang auszukehren.[638]

VII. Addition von Arbeitseinkommen und Sozialleistungen (§ 850e Nr. 2a ZPO)

383 Arbeitseinkommen ist auch mit Sozialleistungen zusammenrechenbar (§ 850e Nr. 2a ZPO). Die Regelung erfasst aber nur Geldleistungen nach dem SGB. Die grds. Möglichkeit der Zusammenrechnung von Sozialleistungen (z.B. Wohngeld, Leistungen nach dem Unterhaltsvorschussgesetz, Kindergeld, Bundeserziehungsgeld, Landeserziehungsgeld) ist anerkannt.[639] Anspruch auf laufende Geldleistungen nach §§ 18 bis 29 SGB I oder an-

---

637 BAG, NJW 1997, 479 = KKZ 1997, 16 = KTS 1996, 582 = NZA 1997, 63 = InVo 1997, 130 = DB 1997, 784.
638 Vgl. BAG Urt. v. 20.6.1984 – 4 AZR 339/82; BAGE 46, 148 = AP Nr. 6 zu § 850c ZPO.
639 BGH, WM 2005, 1369 = unter Anwendung des § 850e Nr. 2a ZPO = NJW-RR 2005, 1010 = Rpfleger 2005, 451 = FamRZ 2005, 1244 = BGHReport 2005, 1147 = InVo 2005, 366 = JurBüro 2005, 495 = MDR 2005, 1136 = Vollstreckung effektiv 2005, 170.

H. Berechnung des pfändbaren Einkommens (§ 850e ZPO) § 6

dere Sozialleistungen (§ 54 Abs. 4 SGB I) gehören ebenfalls dazu, wie z.B. ALG I, ALG II, Krankengeld, Verletzten- bzw. Hinterbliebenenrente und Renten der gesetzlichen Rentenversicherung. Ihre Pfändbarkeit bestimmt sich nach § 54 SGB I; zu den Ausnahmen vgl. § 54 Abs. 3 Nr. 1 bis 3 SGB I.[640] Bei **einmaligen Sozialleistungen** kommt es auf die **Billigkeit** an (§ 54 Abs. 2 SGB I).[641] Das **mietfreie Wohnen im eigenen Haus** ist damit nicht erfasst.[642] Ein solcher Wohnvorteil stellt keine Sozialleistung dar.

Für die Berechnung des pfändbaren Arbeitseinkommens ist **Arbeitslosengeld II mit Arbeitseinkommen** allerdings **nicht zusammenzurechnen**, wenn der Schuldner nur deshalb Arbeitslosengeld II erhält, weil sein Arbeitseinkommen bei anderen Personen berücksichtigt wird, die mit ihm in einer Bedarfsgemeinschaft leben.[643] Denn bei der Berechnung der Hilfebedürftigkeit der Mitglieder einer Bedarfsgemeinschaft wird das Einkommen des Schuldners gem. § 9 Abs. 2 S. 1 und 2 SGB II anteilig berücksichtigt. Infolge dieser rechnerischen Aufteilung des Arbeitseinkommens des Schuldners gilt auch dieser selbst als hilfebedürftig, obwohl er Arbeitseinkommen bezieht, das seinen sozialrechtlichen Bedarf übersteigt. Die Gewährung von Arbeitslosengeld II an den Schuldner beruht somit darauf, dass sein Einkommen sozialrechtlich anderen Mitgliedern der Bedarfsgemeinschaft zugeordnet wird. Die Sozialleistung stellt sich unter diesen Umständen nicht als eigenes Einkommen dar, welches dem Schuldner zusätzlich zu seinem Arbeitseinkommen zur Verfügung steht. Es ersetzt vielmehr einen Teil des Arbeitseinkommens, der innerhalb der Bedarfsgemeinschaft sozialrechtlich anders zugeordnet wird.

384

Sollen **mehrere Sozialleistungen**, die wie Arbeitseinkommen gepfändet werden (§ 54 Abs. 4 SGB I), zusammengerechnet werden, ist § 850e Nr. 2a ZPO entsprechend anzuwenden.[644]

385

Ausländische Rentenansprüche fallen hingegen grds. nicht unter den Wortlaut des § 850e Nr. 2 und Nr. 2a ZPO.[645] Der BGH[646] vertritt allerdings die Ansicht, dass bei

386

---

640 Vgl. auch § 9 Rdn 18 ff.
641 Vgl. auch § 9 Rdn 5 ff.
642 BGH, ZInsO 2013, 549 = ZVI 2013, 201.
643 BGH, WM 2013, 272 = NZA-RR 2013, 147 = MDR 2013, 369 = Rpfleger 2013, 219 = DZWIR 2013, 224 = JurBüro 2013, 271 = ZInsO 2013, 1274 = KKZ 2013, 280 = Verbraucherinsolvenz aktuell 2013, 20 = NJW-Spezial 2013, 247.
644 Gottwald/*Mock*, § 850e Rn 26; Schuchke/Walker/*Kessal-Wulf*, § 850e Rn 10; vgl. BGH, NZI 2010, 111, hier bleibt die Heranziehung der Regelung des § 850e Nr. 2 ZPO i.R.d. Zusammenrechnung von mehreren Sozialleistungen „unbeanstandet"; anders BGH, NJW-RR 2005, 1010, hier noch entsprechende Anwendung des § 850e Nr. 2a ZPO; so auch P/G/*Ahrens*, § 850e Rn 30.
645 H.M. vgl. LG Aachen, MDR 1992, 521; AG Nienburg, JurBüro 2004, 559; Stein/Jonas/*Brehm*, § 850e Rn 59; Musielak/*Becker*, § 850e Rn 13; Baumbach/*Hartmann*, § 850e Rn 8; Zöller/*Herget*, § 850e Rn 15; Hk-ZPO/ *Kemper*, § 850e Rn 14; MüKo-ZPO/*Smid*, § 850e Rn 35.
646 BGH, Vollstreckung effektiv 2014, 203 = WM 2014, 2094 = ZInsO 2014, 2223 = ZIP 2014, 2194 = NZI 2014, 957 = MDR 2014, 1413 = DB 2014, 2529: Pensionszahlungen der österreichischen Pensionsversicherungsanstalt.

der Berechnung des pfändbaren Einkommens auf Antrag **ausländische gesetzliche Renten mit inländischen gesetzlichen Renten analog** der Vorschrift **zusammenzurechnen** sind, da die gesetzlichen Regelungen über die Zusammenrechnung lückenhaft sind und damit im Hinblick auf die ausländischen gesetzlichen Renten eine planwidrige Regelungslücke enthalten. Der Gesetzgeber hat das Zusammentreffen von inländischen und ausländischen Rentenansprüchen des Schuldners nämlich ersichtlich i.R.d. § 850e ZPO nicht bedacht. Nach § 850e Nr. 2 ZPO werden nur Arbeitseinkommen und nach § 850e Nr. 2a ZPO Arbeitseinkommen mit laufenden Leistungen nach dem Sozialgesetzbuch zusammengerechnet. Es ist jedoch unbestritten, dass unterschiedliche laufende Leistungen nach dem Sozialgesetzbuch entsprechend § 850e Nr. 2 und Nr. 2a ZPO zusammengerechnet werden. Entschieden ist der Fall, dass der Schuldner zwei Renten von unterschiedlichen deutschen Rententrägern bezieht.[647] Die Zusammenrechnung hat daher jedenfalls dann zu erfolgen, wenn die ausländische Rente im Grundsatz pfändbar ist.

387 *Taktischer Hinweis*

In der Praxis kommt es immer wieder vor, dass beantragt wird, **Rentenansprüche** nach dem **SGB** und **ergänzende Sozialleistungen** zu addieren. Dies ist allerdings nach der BGH-Rechtsprechung[648] unzulässig. Solche Anträge sind durch das Vollstreckungsgericht zurückzuweisen. Denn sowohl § 850e Nr. 2a ZPO als auch § 54 Abs. 4 SGB I schließen es aus, Ansprüche auf Arbeitseinkommen mit Sozialleistungen oder Ansprüche auf verschiedene Sozialleistungen untereinander zusammenzurechnen, soweit diese der Pfändung nicht unterworfen sind. Dies erklärt sich bereits aus der Zweckbestimmung der Sozialleisutungen. Denn die Sozialleistungen sollen ja gerade dem Berechtigten ungeschmälert verbleiben und nicht – letztlich auf Kosten der Allgemeinheit – dazu dienen, titulierte Ansprüche des Gläubigers zu befriedigen.

388 Hinsichtlich der Pfändbarkeit des **Kindergeldes** bzw. der Ansprüche auf **Geldleistungen für Kinder** gilt, dass diese mit Arbeitseinkommen oder mit anderen Sozialleistungen nur insoweit zusammengerechnet werden dürfen, als sie nach § 76 EStG oder nach § 54 Abs. 5 SGB I gepfändet werden könnten (§ 850e Nr. 2a S. 3 ZPO[649]).

---

647 BGHZ 183, 258 unter Anwendung des § 850e Nr. 2 ZPO = WM 2010, 42 = ZInsO 2010, 102 = NZI 2010, 111 = ZVI 2010, 68 = InsVZ 2010, 59 = MDR 2010, 348 = Rpfleger 2010, 229 = WuB VI A § 295 InsO 1.10 = NJW 2010, 2283 = DZWIR 2010, 377 = KKZ 2012, 135.
648 BGH, WM 2005, 1369 = NJW-RR 2005, 1010 = Rpfleger 2005, 451 = FamRZ 2005, 1244 = BGHReport 2005, 1147 = InVo 2005, 366 = JurBüro 2005, 495 = MDR 2005, 1136 = Vollstreckung effektiv 2005, 170.
649 BGH, Vollstreckung effektiv 2005, 170; vgl. auch § 9 Rdn 50 ff.

H. Berechnung des pfändbaren Einkommens (§ 850e ZPO) § 6

Im Rahmen der Festsetzung des Pfändungsfreibetrages für einen privilegierten Gläubiger gem. § 850d ZPO bzw. § 850f Abs. 2 ZPO ist die Tatsache, dass der Schuldner neben seinem Einkommen eine Sozialleistung bezieht vom Vollstreckungsgericht von Amts wegen (soweit bekannt!) zu berücksichtigen. Eine Zusammenrechnungsanordnung gem. § 850e Nr. 2a ZPO kommt daher in dieser Konstellation grds. nicht in Betracht.[650]

389

Bei der Zusammenrechnung von Arbeitseinkommen und Sozialleistungen ist gem. § 850e Nr. 2a S. 2 ZPO der **unpfändbare Grundbetrag in erster Linie den laufenden Geldleistungen nach dem SGB** zu entnehmen soweit die Pfändung nicht wegen gesetzlicher Unterhaltsansprüche erfolgt.[651] Damit wollte der Gesetzgeber zum Schutz des Schuldners sicherstellen, dass der unpfändbare Grundbetrag grds. dem jeweils sichersten Einkommen entnommen wird.[652] Dies sah er in den Leistungen nach dem Sozialgesetzbuch.[653]

390

VIII. Verfahren auf Zusammenrechnung

Der Antrag auf Zusammenrechnung verschiedener Einkommensarten kann sowohl unmittelbar mit der Pfändung als auch noch nachträglich gestellt werden.

391

1. Gleichzeitige Zusammenrechnung

Hat der Gläubiger bereits bei Beantragung der Pfändung des schuldnerischen Einkommens von Nebeneinkünften des Schuldners Kenntnis, sollte er zugleich auch den Antrag auf gerichtliche Zusammenrechnung stellen. Nur diese Variante sieht das amtliche Pfändungsformular vor. Im Pfändungsantrag müssen dann natürlich auch die entsprechenden Arbeitgeber als Drittschuldner benannt werden.

392

---

650 Musielak/Voit/*Becker*, § 850e Rn 13; Stein/Jonas/*Brehm*, § 850e Rn 57; *Stöber*, Rn 1154; *Steder* in: Keller, Handbuch Zwangsvollstreckungsrecht, IV., Rn 460, Antragsmöglichkeiten des Gläubigers.
651 LG Marburg, Rpfleger 2002, 216.
652 BR-Drucks 315/87 S. 40.
653 BGH, Vollstreckung effektiv 2014, 203 = WM 2014, 2094 = ZInsO 2014, 2223 = ZIP 2014, 2194 = NZI 2014, 957 = MDR 2014, 1413 = DB 2014, 2529.

499

§ 6 Die Pfändung von Arbeitseinkommen

393 Muster: Antrag auf gleichzeitige Zusammenrechnung mehrerer Arbeitseinkommen gem. § 850e Nr. 2 ZPO

> Es wird gemäß dem nachfolgenden Entwurf des Beschlusses Antrag gestellt auf
> - ☒ Zusammenrechnung mehrerer Arbeitseinkommen (§ 850e Nummer 2 ZPO)
> - ☐ Zusammenrechnung von Arbeitseinkommen und Sozialleistungen (§ 850e Nummer 2a ZPO)
> - ☐ Nichtberücksichtigung von Unterhaltsberechtigten (§ 850c Absatz 4 ZPO)
> - ☐

394 *Taktischer Hinweis*

Auf Seite 7 bzw. 8 des jeweiligen amtlichen Formulars muss der Gläubiger die jeweiligen Drittschuldner, deren Einkünfte zu addieren sind, benennen. Dies wird in der Praxis oftmals nicht beachtet. Reicht der Platz dort nicht aus, so kann auf eine beizufügende Anlage verwiesen werden.

Hierbei ist auch anzugeben, bei welchem Drittschuldner der Grundbetrag zu entnehmen ist. Dieser **Freibetrag** wird in erster Linie dem Einkommen entnommen, das die **wesentliche Grundlage der Lebenshaltung** des Schuldner bildet (§ 850e Nr. 2 S. 2 ZPO). Hierbei kann auf die Höhe der jeweiligen Arbeitseinkommen, aber auch darauf abgestellt werden, welches das sicherere Arbeitseinkommen bildet.[654]

> ☒ **Es wird angeordnet,** dass zur Berechnung des nach § 850c ZPO pfändbaren Teils des Gesamteinkommens zusammenzurechnen sind:
> - ☒ Arbeitseinkommen bei Drittschuldner (genaue Bezeichnung)
>   Arbeitgeber ... - Drittschuldner zu 1. _____ und
> - ☒ Arbeitseinkommen bei Drittschuldner (genaue Bezeichnung)
>   Arbeitgeber ... - Drittschuldner zu 2. _____ .
>
> Der unpfändbare Grundbetrag ist in erster Linie den Einkünften des Schuldners bei Drittschuldner (genaue Bezeichnung) _____ zu entnehmen, weil dieses Einkommen die wesentliche Grundlage der Lebenshaltung des Schuldners bildet.

395 *Beispiel – Gläubiger pfändet Arbeitseinkommen und Sozialleistungen*

Schuldner S – ledig – arbeitet beim Arbeitgeber 1 und verdient dort 1.100 EUR; zusätzlich erhält er noch eine Witwenrente von monatlich 600 EUR. Gläubiger G. pfän-

---

[654] LAG Sachsen-Anhalt, Urt. v. 9.2.2010 – 6 Sa 469/08 – juris.

H. Berechnung des pfändbaren Einkommens (§ 850e ZPO) § 6

det wegen einer titulierten Forderung von 5.000 EUR beide Einkommen. Das Vollstreckungsgericht ordnet auf Antrag an, dass die beiden Einkünfte addiert werden. Es bestimmt hierbei, dass der Grund- und Mehrbetrag aus dem Einkommen nach dem SGB (Witwenrente) zu entnehmen ist.

Lösung

Das Gesamteinkommen nach Addition beträgt	1.700,00 EUR
Gem. Tabelle zu § 850c Abs. 3 Sp. 0 sind pfändbar	438,28 EUR
Unpfändbarer Grundbetrag gem. § 850c Abs. 1 ZPO	1.073,88 EUR
Unpfändbarer Mehrbetrag von 3/10 aus 626,12 EUR (= 1.700,00 – 1.073,88 EUR; 850c Abs. 2 ZPO)	187,83 EUR
Summe unpfändbarer Betrag	1.261,71 EUR

Dieser Betrag ist nach Anordnung des Gerichts der Witwenrente zu entnehmen, die somit komplett unpfändbar ist.

Vom Arbeitseinkommen von 1.100 EUR sind unpfändbar:

Unpfändbarer Gesamtbetrag von 1.261,71 EUR – 600 EUR (Witwenrente)	= 661,71 EUR
Pfändbar somit 1.100 EUR – 661,71 EUR	= 438,29 EUR

Muster: Antrag auf gleichzeitige Zusammenrechnung von Arbeitseinkommen und Sozialleistungen gem. § 850e Nr. 2a ZPO

Es wird gemäß dem nachfolgenden Entwurf des Beschlusses Antrag gestellt auf
☐ Zusammenrechnung mehrerer Arbeitseinkommen (§ 850e Nummer 2 ZPO)
☒ Zusammenrechnung von Arbeitseinkommen und Sozialleistungen (§ 850e Nummer 2a ZPO)
☐

☒ **Es wird angeordnet,** dass zur Berechnung des nach § 850c ZPO pfändbaren Teils des Gesamteinkommens zusammenzurechnen sind:
☒ laufende Geldleistungen nach dem Sozialgesetzbuch von Drittschuldner (genaue Bezeichnung der Leistungsart und des Drittschuldners)
LVA - Witwenrente - Drittschuldner zu 1. _____ und
☒ Arbeitseinkommen bei Drittschuldner (genaue Bezeichnung)
Arbeitgeber ... - Drittschuldner zu 2.

Der unpfändbare Grundbetrag ist in erster Linie den laufenden Geldleistungen nach dem Sozialgesetzbuch zu entnehmen. Ansprüche auf Geldleistungen für Kinder dürfen mit Arbeitseinkommen nur zusammengerechnet werden, soweit sie nach § 76 des Einkommensteuergesetzes (EStG) oder nach § 54 Absatz 5 des Ersten Buches Sozialgesetzbuch (SGB I) gepfändet werden können.

§ 6 Die Pfändung von Arbeitseinkommen

398 *Taktischer Hinweis*

Auch hierbei hat auf Seite 7 bzw. 8 des jeweiligen amtlichen Formulars der Gläubiger die jeweiligen Drittschuldner, deren Einkünfte zu addieren sind, zu benennen. Reicht der Platz dort nicht aus, so kann ebenfalls auf eine beizufügende Anlage verwiesen werden.

Hierbei besteht die Besonderheit, dass der unpfändbare Grundbetrag, soweit die Pfändung nicht wegen gesetzlicher Unterhaltsansprüche erfolgt, in erster Linie den laufenden Geldleistungen nach dem Sozialgesetzbuch zu entnehmen ist (§ 850e Nr. 2a S. 2 ZPO). Dies gilt auch, wenn das Einkommen dieses Drittschuldners geringer sein sollte. Hierauf haben Gläubiger bei der Antragstellung unbedingt zu achten, da andernfalls eine zeitaufwändige gerichtliche Zwischenverfügung die Folge ist.

399 **Muster: Antrag auf gleichzeitige Zusammenrechnung mehrerer Sozialleistungen**

Dieser Fall ist durch die Verwendung der **amtlichen Pfändungsformulare nicht geregelt**.

Insofern darf der Gläubiger im amtlichen Formular – handschriftliche – Änderungen vornehmen bzw. auf eine Anlage verweisen![655]

> Es wird gemäß dem nachfolgenden Entwurf des Beschlusses Antrag gestellt auf
> ☐ Zusammenrechnung mehrerer Arbeitseinkommen (§ 850e Nummer 2 ZPO)
> ☐ Zusammenrechnung von Arbeitseinkommen und Sozialleistungen (§ 850e Nummer 2a ZPO)
> ☐ Nichtberücksichtigung von Unterhaltsberechtigten (§ 850c Absatz 4 ZPO)
> ☒ Zusammenrechnung mehrerer Sozialleistungen

400 Beim Ausfüllen des amtlichen Formulars auf Seite 7 bzw. 8 sollte der Gläubiger bei der Formulierung „Arbeitseinkommen bei Drittschuldner (genaue Bezeichnung)" das Wort *Arbeitseinkommen* durch die Formulierung *laufende Geldleistungen nach dem Sozialgesetzbuch* ersetzen.

---

655 BGH, Vollstreckung effektiv 2014, 74 = FoVo 2014, 46 = NJW 2014, 3160; Vollstreckung effektiv 2014, 59 = WM 2014, 512 = ZIP 2014, 645 = MDR 2014, 495 = JAmt 2014, 157 = Rpfleger 2014, 272 = ZVI 2014, 133 = ZInsO 2014, 856 = DGVZ 2014, 121; vgl. auch *Mock*, Vollstreckung effektiv 2015, 49.

H. Berechnung des pfändbaren Einkommens (§ 850e ZPO) § 6

> ☒ **Es wird angeordnet**, dass zur Berechnung des nach § 850c ZPO pfändbaren Teils des Gesamteinkommens zusammenzurechnen sind:
>
> ☒ laufende Geldleistungen nach dem Sozialgesetzbuch von Drittschuldner (genaue Bezeichnung der Leistungsart und des Drittschuldners)
> LVA - Witwenrente - Drittschuldner zu 1.   und
>
> ☒ Arbeitseinkommen bei Drittschuldner (genaue Bezeichnung)
> Arbeitgeber ... - Drittschuldner zu 2.   .
>
> Der unpfändbare Grundbetrag ist in erster Linie den laufenden Geldleistungen nach dem Sozialgesetzbuch zu entnehmen. Ansprüche auf Geldleistungen für Kinder dürfen mit Arbeitseinkommen nur zusammengerechnet werden, soweit sie nach § 76 des Einkommensteuergesetzes (EStG) oder nach § 54 Absatz 5 des Ersten Buches Sozialgesetzbuch (SGB I) gepfändet werden können.

401

2. Nachträgliche Zusammenrechnung

Erfährt der Gläubiger erst nachträglich – also z.b. nachdem er bereits das Ersteinkommen des Schuldners gepfändet hat – von weiteren Einkünften, so kann er nachträglich beantragen, dass dieses mit dem zuvor gepfändeten Einkommen zusammengerechnet wird. Eine zusätzliche Pfändung ist dabei nicht erforderlich; die Pfändung des Haupteinkommens sowie der Antrag auf Addition genügen. Dieser Fall ist durch die Verwendung der **amtlichen Pfändungsformulare** ebenfalls **nicht geregelt**. Ebenso nicht geregelt ist der Fall, dass der Gläubiger bereits zuvor ein Einkommen gepfändet hat und sodann das ihm nachträglich bekannt gewordene Einkommen ebenfalls pfänden und mit dem bereits zuvor gepfändeten addieren lassen will.

402

Ein **Nachteil** der **späteren Zusammenrechnung** besteht u.a. darin, dass dem Schuldner vor der Anordnung der nachträglichen Addition rechtliches Gehör zu gewähren ist (§ 834 ZPO). Der Gläubiger muss jetzt nämlich die erforderlichen Angaben wie ungefähre Höhe des Einkommens, genaue Drittschuldnerangabe sowie die Zahl unterhaltsberechtigter Personen belegen.[656] Bei fehlenden Angaben ist der Antrag wegen des in der Vollstreckung geltenden Beibringungsgrundsatzes abzulehnen.

403

Taktischer Hinweis

404

Die notwendigen Nachweise über zusätzliches Einkommen des Schuldners kann sich der Gläubiger eventuell durch Informations- und Herausgabeansprüche nach §§ 840, 836 Abs. 3, 802c, 802l Abs. 1 Nr. 1 ZPO (Drittschuldnerauskunft, Herausgabe von Lohnsteuerkarte/Lohnbescheinigung, Abgabe der Vermögensauskunft und Drittauskünfte) von Drittschuldner, Schuldner und Gerichtsvollzieher beschaffen.

Obwohl die **zusätzliche Pfändung** nicht erforderlich ist, ist diese allerdings **stets zu empfehlen**. Andernfalls kann ein anderer Gläubiger i.R.d. Pfändung hierauf zugreifen und damit die Grundlage einer Addition vereiteln.[657]

---

[656] Siehe dazu *Behr*, JurBüro 6, 234 m.w.N.
[657] *Leißing*, Vollstreckung effektiv 2000, 89.

§ 6 Die Pfändung von Arbeitseinkommen

405 *Beispiel*

Gläubiger G1 pfändet das Arbeitseinkommen des ledigen und kinderlosen Schuldners S Dieser verdient monatlich 2.000 EUR netto. G1 erfährt nachträglich, dass S noch Nebeneinkünfte i.H.v. 1.300 EUR bezieht. G1 beantragt daraufhin, dass diese Einkünfte dem zuvor gepfändeten Einkommen hinzu addiert werden. Das Vollstreckungsgericht ordnet nachträglich die Addition an.

Kurze Zeit später pfändet Gläubiger G2 in das Nebeneinkommen.

Lösung

Aus dem Gesamteinkommen von 3.300 EUR ermittelt sich zunächst ein monatlich pfändbarer Betrag von 1.516,34 EUR gem. der amtlichen Lohnpfändungstabelle Sp. 0. Infolge der Pfändung des Einkommens von 1.300 EUR durch G2 „bricht die Addition" der Einkünfte zugunsten G2 „in sich zusammen". Denn diese Addition bewirkt ja nicht zugleich auch die Pfändung des Einkommens von 1.300 EUR. Der pfändbare Betrag für G1 berechnet sich daher nur noch aus dem für ihn gepfändeten Einkommen von 2.000 EUR und beträgt somit 606,34 EUR. Der monatliche Verlust für G1 beträgt somit 910 EUR (1.516, 34 EUR – 606,34 EUR)!

406 Im Ergebnis macht es zudem einen Unterschied, ob sämtliche Einkommen oder ob nur ein Einkommen gepfändet wurden.[658] Hierzu nachfolgende Konstellationen, die beachtet werden müssen:

407 *Beispiel 1: Gläubiger pfändet von mehreren Einkommen nur das Haupteinkommen*

Schuldner S. – ledig – arbeitet beim Arbeitgeber 1 und verdient dort 1.200 EUR. Nebenbei erhält er noch als Nebeneinkommen von Arbeitgeber 2 monatlich 450 EUR. Gläubiger G. pfändet wegen einer titulierten Forderung von 5.000 EUR nur das Haupteinkommen von 1.200 EUR. Das Vollstreckungsgericht ordnet auf Antrag an, dass die beiden Einkünfte addiert werden. Es bestimmt hierbei, dass der Grund- und Mehrbetrag gem. § 850c ZPO aus dem Haupteinkommen zu entnehmen ist.

Lösung

Das Gesamteinkommen nach Addition beträgt	1.650,00 EUR
Gem. Tabelle zu § 850c Abs. 3 Sp. 0 sind pfändbar	403,28 EUR
Unpfändbarer Grundbetrag gem. § 850c Abs. 1 ZPO	1.073,88 EUR
Unpfändbarer Mehrbetrag von 3/10 aus 576,12 EUR (= 1.650,00 – 1.073,88 EUR; 850c Abs. 2 ZPO)	172,83 EUR
Summe unpfändbarer Betrag	1.246,71 EUR

---

[658] *Mock*, Vollstreckung effektiv 2016, 55.

H. Berechnung des pfändbaren Einkommens (§ 850e ZPO) § 6

Der pfandfreie Betrag von 1.246,71 EUR ist nach der Anordnung des Gerichts vom Arbeitgeber 1 zu entnehmen. Da dieser Betrag allerdings höher ist als das tatsächliche Einkommen von 1.200 EUR erhält G nichts, zumal das Nebeneinkommen gerade nicht gepfändet wurde.

Beispiel 2: Gläubiger pfändet von mehreren Einkommen nur das Nebeneinkommen **408**
Wie Beispiel 1; G pfändet aber nur das Nebeneinkommen von 450 EUR
Lösung

Das Gesamteinkommen nach Addition beträgt	1.650,00 EUR
Gem. Tabelle zu § 850c Abs. 3 Sp. 0 sind pfändbar	403,28 EUR
Unpfändbarer Grundbetrag gem. § 850c Abs. 1 ZPO	1.073,88 EUR
Unpfändbarer Mehrbetrag von 3/10 aus 576,12 EUR (= 1.650,00 – 1.073,88 EUR; 850c Abs. 2 ZPO)	172,83 EUR
Summe unpfändbarer Betrag	1.246,71 EUR

Der pfandfreie Betrag von 1.246,71 EUR ist nach der Anordnung des Gerichts vom Arbeitgeber 1 zu entnehmen. Da dieses insgesamt nur 1.200 EUR beträgt, ist der Restbetrag von 46,71 EUR (= 1.246,71 – 1.200 EUR) dem gepfändeten Nebeneinkommen von 450 EUR zu entnehmen. Folge: G erhält als pfändbaren Betrag: 450 EUR – 46,71 EUR = 403,29 EUR.

Beispiel 3: Gläubiger pfändet sämtliche Einkommen **409**
Schuldner S. – ledig – arbeitet beim Arbeitgeber 1 und verdient dort 1.200 EUR nebenbei erhält er noch als Nebeneinkommen von Arbeitgeber 2 monatlich 450 EUR. Gläubiger G pfändet wegen einer titulierten Forderung von 5.000 EUR beide Einkommen. Das Vollstreckungsgericht ordnet auf Antrag an, dass die beiden Einkünfte addiert werden. Es bestimmt hierbei, dass der Grund- und Mehrbetrag gem. § 850c ZPO aus dem Haupteinkommen zu entnehmen ist.
Lösung

Das Gesamteinkommen nach Addition beträgt	1.650,00 EUR
Gem. Tabelle zu § 850c Abs. 3 Sp. 0 sind pfändbar	403,28 EUR
Unpfändbarer Grundbetrag gem. § 850c Abs. 1 ZPO	1.073,88 EUR
Unpfändbarer Mehrbetrag von 3/10 aus 576,12 EUR (= 1.650,00 – 1.073,88 EUR; 850c Abs. 2 ZPO)	172,83 EUR
Summe unpfändbarer Betrag	1.246,71 EUR

§ 6 Die Pfändung von Arbeitseinkommen

Der pfandfreie Betrag von 1.246,71 EUR ist nach der Anordnung des Gerichts vom Arbeitgeber 1 zu entnehmen. Da dieser Betrag allerdings höher ist als das tatsächliche Einkommen von 1.200 EUR erhält G hieraus nichts. Der pfändbare Betrag von 403,28 EUR ist vielmehr dem ebenfalls gepfändeten Nebeneinkommen von 450 EUR zu entnehmen.

410 *Taktischer Hinweis*
Die Beispiele zeigen, dass bei mehreren Einkünften entweder alle Einkünfte oder aber zumindest das geringere Nebeneinkommen gepfändet werden sollten. Letzteres deshalb, weil die Vollstreckungsgerichte i.d.R. anordnen, dass der pfandfreie Betrag dem Haupteinkommen zu entnehmen ist. Auf keinen Fall bewirkt die Zusammenrechnung, dass hinsichtlich des nicht gepfändeten Einkommens eine Beschlagnahme stattfindet. Insofern ist diese Einkommen frei, d.h. es ist an den Schuldner auszuzahlen.

411 Hat ein Gläubiger bereits zuvor ein Einkommen gepfändet und möchte er ebenfalls das ihm nachträglich bekannt gewordene Einkommen pfänden und mit dem bereits zuvor gepfändeten addieren lassen, so empfiehlt sich, die nachträgliche Addition mehrerer Einkünfte wie folgt mittels gesondertem Schriftsatz zum Pfändungsantrag einzureichen.

412 Muster: Antrag auf nachträgliche Zusammenrechnung mehrerer Arbeitseinkommen bzw. mehrerer Sozialleistungen, wenn bereits zuvor ein Einkommen gepfändet wurde

Es wird beantragt, gem. § 850e Nr. 2, 2a ZPO zur Berechnung des Pfändungsfreibetrags anzuordnen, dass das Einkommen der Drittschuldnerin (genaue Angabe), das bereits durch Beschluss des Amtsgerichts ... vom ..., Az. ... gepfändet wurde, mit dem Einkommen der Drittschuldnerin zusammenzurechnen.

Der unpfändbare Grundbetrag ist in erster Linie aus dem Einkommen der Drittschuldnerin (genaue Angabe) zu entnehmen, da dieses die wesentliche Grundlage der Lebenshaltung des Schuldners bildet, § 850e Nr. 2, 2a ZPO.

Gez. Rechtsanwalt

IX. Addition von Arbeitseinkommen und Naturalleistungen (§ 850e Nr. 3 ZPO)

413 Geld- und Naturalleistungen sind nach § 850e Nr. 3 S. 1 ZPO zusammenzurechnen, wenn der Schuldner neben seinem in Geld zahlbaren Einkommen auch eine Naturalleistung erhält, wobei der unpfändbare Betrag in erster Linie der Naturalleistung zu entnehmen ist.[659]

---

[659] AG Coesfeld, JurBüro 2015, 383.

H. Berechnung des pfändbaren Einkommens (§ 850e ZPO) § 6

Der Vorteil der Regelung liegt in unentgeltlicher oder verbilligter Gewährung von Sachbezügen. Die Addition hat der Drittschuldner vorzunehmen, ohne dass es eines ausdrücklichen Beschlusses des Vollstreckungsgerichts bedarf.[660]

Hinweis **414**
Für sich gesehen sind Naturalleistungen gemäß § 851 ZPO unpfändbar. Da solche Leistungen jedoch für den Schuldner einen **geldwerten Vorteil** darstellen, wäre ihre Nichtberücksichtigung bei der Bemessung des unpfändbaren Grundfreibetrages im Vergleich zu anderen Schuldnern, die nur ein Arbeitseinkommen in bar erhalten, ungerecht. Hinzu kommt, dass solche Leistungen ebenfalls bei der Besteuerung nach dem EStG berücksichtigt werden.[661] Auch insofern wäre es unbillig, einem (Privat-)Gläubiger diesen geldwerten Vorteil des Schuldners zu versagen. Nur der geldwerte Vorteil ist daher „pfändbar". Da der unpfändbare Grundbetrag in erster Linie den Naturalleistungen zu entnehmen ist, hat der Gläubiger in seinem **Pfändungsantrag Angaben über die Höhe** der Bewertung zu machen.

Geld- und Naturalleistungen sind somit insgesamt zu betrachten. Erhält der Schuldner aus **415**
seinem Arbeitsverhältnis daher neben dem in Geld zahlbaren Einkommen auch Naturalleistungen, so sind Geld- und Naturalleistungen zum Zwecke der Pfändung zusammenzurechnen. In diesem Fall ist der in Geld zahlbare Betrag insoweit pfändbar, als der nach § 850c ZPO unpfändbare Teil des Gesamteinkommens durch den Wert der dem Schuldner verbleibenden Naturalleistungen gedeckt ist. Dies bedeutet, dass der Wert der Naturalleistung voll berücksichtigt wird. Weiter bedeutet dies auch, dass **in Geld zahlbares Einkommen** des Schuldners bei Zusammentreffen mit Naturalleistungen **auch unterhalb der unpfändbaren Beträge** liegen kann. Bei der Ermittlung der Pfändungsgrenze nach § 850e ZPO ist der Wert der Naturalleistungen einzusetzen und auf den Teil zu verrechnen, der dem Schuldner verbleibt, denn durch den Erhalt der Naturalien ist ein Teil des Bedarfs bereits gedeckt.[662]

Typische Naturalleistungen sind freie Verpflegung, Unterkunft und Nutzung von **416**
Dienstwohnung und Dienstwagen.[663] Die **Wertberechnung obliegt** grds. dem **Drittschuldner**. Die **Richtsätze des Sozialversicherungsrechts**,[664] die auch im Steuerrecht gelten, sind regelmäßig Grundlage zur Feststellung des ortsüblichen Wertes. Besondere Umstände erlauben abweichende Festlegungen.

---

660 BGH, InsBüro 2018, 277.
661 Vgl. auch „Verordnung über die sozialversicherungsrechtliche Beurteilung von Zuwendungen des Arbeitgebers als Arbeitsentgelt (Sozialversicherungsentgeltverordnung – SvEV)".
662 LAG Hessen, ZAP EN-Nr. 123/2010 = ZVI 2009, 408 = ZVI 2009, 408.
663 AG Coesfeld, JurBüro 2015, 383.
664 Vgl. auch „Verordnung über die sozialversicherungsrechtliche Beurteilung von Zuwendungen des Arbeitgebers als Arbeitsentgelt (Sozialversicherungsentgeltverordnung – SvEV)".

417 **Sachbezüge** sind Sachen oder Dienstleistungen, die der Arbeitgeber aufgrund des Dienstverhältnisses an den Schuldner zu **privaten Zwecken** gewährt. Sie stellen Arbeitseinkommen nach § 850 Abs. 2 ZPO dar[665] und werden dem Arbeitnehmer entweder unentgeltlich oder verbilligt überlassen. Hierunter fallen z.b. **Deputate, Kost und Logis, Kfz-Gestellung** (= 1 % des auf volle Hundert abgerundeten Listenpreises gem. der lohnsteuerrechtlichen Behandlung[666]), **verbilligter Warenbezug** (z.b. Freitrunk) bzw. **Personalrabatte** oder das **Stellen von Dienst-/Arbeitskleidung**. Sind die in Geld geleistete Nettovergütung und der Sachbezug aus der Überlassung eines Dienstwagens zur privaten Nutzung in ihrer Summe nach §§ 850c Abs. 1, 850e Nr. 3 ZPO unpfändbar, verstößt eine Anrechnung des Sachbezugs auf das Arbeitseinkommen gegen das Verbotsgesetz des § 107 Abs. 2 S. 5 GewO.[667] Bei **Trinkgeldern** (hier: eines Kellners) handelt es sich nicht um Arbeitseinkommen i.S.d. der Norm.[668] Trinkgelder sind daher nicht bei der Berechnung des pfändbaren Arbeitseinkommens hinzuzurechnen. Solche Mehreinnahmen können nur im Wege der Taschenpfändung durch den Gerichtsvollzieher gepfändet werden.[669] Sowohl eine Forderungspfändung als auch eine Zusammenrechnung scheidet daher aus, weil der Kellner diese Trinkgelder ohne Rechtsanspruch persönlich vereinnahmt, also Rechtsansprüche gegen Dritte nicht gegeben sind.[670] Da die Trinkgeldeinnahmen des Schuldners in ihrer Höhe nicht hinreichend sicher feststehen, würde bei Anordnung einer Zusammenrechnung das „Trinkgeldrisiko" unzulässiger Weise auf den Drittschuldner verlagert.

418 Ein dem Schuldner vom Drittschuldner gewährter geldwerter Vorteil ist aber nur bei der Berechnung des **pfändbaren realen Arbeitseinkommens**, nicht auch bei der Ermittlung des höheren pfändbaren fiktiven Arbeitseinkommens nach § 850h Abs. 2 ZPO zu berücksichtigen. Denn bei der nach § 850h Abs. 2 S. 1 ZPO nur im Verhältnis zwischen dem Drittschuldner und dem Gläubiger geschuldeten fiktiven Vergütung handelt es sich nicht um zahlbares Einkommen des Schuldners i.S.v. § 850e Nr. 3 S. 1 ZPO.[671]

419 *Taktischer Hinweis*

Hat der **Schuldner nur einen Arbeitgeber**, obliegt diesem als Drittschuldner die Bewertung der Naturalleistungen.[672] Nach Auffassung des BGH handelt es sich

---

665 BAG, BB 1996, 164.
666 LAG Hessen ZAP EN-Nr. 123/2010 = ZVI 2009, 408; LAG Niedersachsen, Urt. v.19.12.2006 – 12 Sa 1208/05 – juris; LAG Hamm, LAGE § 850e ZPO Nr. 2; LG Augsburg, JurBüro 2004, 104; AG Cloppenburg, JurBüro 2011, 322; vgl. auch LAG Hessen, Urt. v. 11.7.2013 – 9 Sa 1372/11 – juris, vgl. auch Rdn 421.
667 BAG, ZInsO 2009, 1412.
668 LG Regensburg, JurBüro 1995, 218.
669 OLG Stuttgart, InVo 2001, 453; LG Hamburg, JAmt 2002, 44.
670 Vgl. auch MüKo-ZPO/*Smid*, § 850e Rn 14.
671 BAG, NZA 2008, 896 = NJW 2008, 260 6= DB 2008, 2088 = JurBüro 2008, 492 = ZInsO 2008, 758 = FA 2008, 256; LAG Hessen, Urt. v. 11.7.2013 – 9 Sa 1372/11 – juris.
672 AG Verden, JurBüro 2008, 216.

H. Berechnung des pfändbaren Einkommens (§ 850e ZPO) § 6

mit dem Einkommen zusammen um ein einheitliches Arbeitseinkommen. Bei Meinungsverschiedenheiten kann eine Bewertung der Naturalleistungen nur im Wege der Zahlungs- bzw. Feststellungsklage vor dem Prozessgericht erreicht werden.[673] Eine **Bewertung durch** das **Vollstreckungsgericht** im Wege einer **klarstellenden Entscheidung scheidet** somit **aus**. Ein solch gestellter Antrag ist unzulässig.

Ob der Auffassung des BGH[674] auch in den Fällen zu folgen ist, in denen der Schuldner hingegen Geld- und Naturalleistungen von **unterschiedlichen Arbeitgebern** bezieht, ist bislang nicht geklärt. Hier dürfte für die Ermittlung des pfändbaren Betrags wie im Fall nach § 850e Nr. 2 ZPO das Vollstreckungsgericht zuständig sein. Dieses kann allerdings erst eine Addition vornehmen, wenn der Wert der Naturalleistung feststeht. Ist diese Berechnung streitig, muss auch hier zunächst das Prozessgericht im Rahmen einer Zahlungs- bzw. Feststellungsklage entscheiden. 420

Taktischer Hinweis 421
Da das Gesetz für die **Bewertung der Naturalleistungen** keinerlei Maßstäbe aufstellt, führt dies in der Praxis oftmals zu Schwierigkeiten. Die Richtsätze des Sozialversicherungsrechts, die auch im Steuerrecht gelten, sind regelmäßig Grundlage zur Feststellung des ortsüblichen Wertes. Anhaltspunkte geben die für das Einkommensteuerrecht nach § 8 Abs. 2 EStG maßgeblichen Werte der **Sozialversicherungsentgeltverordnung** (SVEV).[675] Besondere Umstände erlauben abweichende Festlegungen,[676] da die örtlichen Gegebenheiten unterschiedlich sein können. So ist z.B. der Wert für eine unentgeltliche Unterkunft in ländlichen Gebieten weniger hoch als in einer Großstadt. Erhält ein Arbeitnehmer zusätzlich zu seiner Barvergütung freie Verpflegung und Unterkunft, so wird der jeweilige Wert hierfür dem Bruttoverdienst zugeschlagen. Von diesem Gesamtentgelt werden die Steuern und Sozialversicherungsbeiträge berechnet. Auch die Sozialleistungen wie z.B. Krankengeld, ALG oder Rente errechnen

---

673 BGH, NZI 2018, 528 = InsbürO 2018, 277; BGH, Vollstreckung effektiv 2013, 62 = WM 2013, 137 = ZInsO 2013, 98 = MDR 2013, 245 = NZI 2013, 98 = ZVI 2013, 64 = DZWIR 2013, 184 = Rpfleger 2013, 282 = NJW-RR 2013, 650 = DGVZ 2013, 129 = Verbraucherinsolvenz aktuell 2013, 19.
674 BGH, NZI 2018, 528 = InsbürO 2018, 277; BGH, Vollstreckung effektiv 2013, 62 = WM 2013, 137 = ZInsO 2013, 98 = MDR 2013, 245 = NZI 2013, 98 = ZVI 2013, 64 = DZWIR 2013, 184 = Rpfleger 2013, 282 = NJW-RR 2013, 650 = DGVZ 2013, 129 = Verbraucherinsolvenz aktuell 2013, 19.
675 Vgl. auch „Verordnung über die sozialversicherungsrechtliche Beurteilung von Zuwendungen des Arbeitgebers als Arbeitsentgelt (Sozialversicherungsentgeltverordnung – SvEV)".
676 LAG Hessen, Urt. v. 15.10.2008 – 6 Sa 1025/07 – juris.

sich unter Ansatz der Pauschbeträge, die für die Sachbezüge amtlich festgesetzt worden sind. Besonderheiten gelten bei Soldaten.[677]

422 **Antrag auf Bewertung von Naturalien zu Zwecken der Addition mit Einkommen**[678]

An das Vollstreckungsgericht ...

Az: ... M .../...

In der Zwangsvollstreckungssache

Vollstreckungsgläubiger

gegen

Vollstreckungsschuldner

wird klarstellend beantragt, dass das Naturaleinkommen (§ 850e Nr. 3 ZPO) des Schuldners beim Drittschuldner ... mit ... EUR bewertet wird.

Gründe

Durch Pfändungs- und Überweisungsbeschluss vom ..., Az: ... M .../... wurde das Arbeitseinkommen des Schuldners bei seinem Arbeitgeber (Drittschuldner) ... gepfändet und dem Gläubiger zur Einziehung überwiesen.

Aus anliegender Drittschuldnererklärung ergibt sich, dass der Schuldner neben seinem in Geld zahlbaren Lohnanspruch noch Naturalleistungen in Form von Kost und Logis bezieht. Hierdurch erhält der Schuldner einen geldwerten Vorteil. Der Drittschuldner weigert sich, diesen Vorteil dem in Geld zahlbaren Einkommen hinzuzurechnen. Der Wert kann nach der Sozialversicherungsentgeltverordnung (SvEV) ermittelt werden. Hiernach ergibt sich für die unentgeltliche Verpflegung ein Betrag von monatlich ... EUR ... und für freie Unterkunft monatlich ... EUR. Der Gesamtbetrag von ... EUR ist daher dem Bar-Nettoeinkommen hinzuzurechnen. Aus diesem Gesamtbetrag berechnet sich sodann nach der Tabelle zu § 850c ZPO pfändbare Betrag.

Gez. Rechtsanwalt

---

677 Vgl. Soldatengesetz in der Fassung der Bekanntmachung vom 30.5.2005 (BGBl. I S. 1482), zuletzt durch Art. 6 des Gesetzes vom 3.12.2015 (BGBl. I S. 2163) geändert; vgl. bei Berufssoldaten die geldwerten Sachbezüge für Unterkunft, Verpflegung und Dienstbekleidung gem. Erlass vom 1.2.2001 – R II 1 – Az. 39–85–25/12 = VMBl 2001, S. 60, zuletzt geändert mit Wirkung zum 1.1.03, R II 1 – Az. 39–85–25/12 = VMBl. 2003, 26; *Mock*, Vollstreckung effektiv Sonderausgabe 2017, 1.

678 Vgl. auch *Mock*, Vollstreckung effektiv 2000, 104.

H. Berechnung des pfändbaren Einkommens (§ 850e ZPO) § 6

X. Addition mehrerer Einkommen bei Abtretung

Nach Ansicht des BGH[679] findet auf die Abtretung von Forderungen, die unter die §§ 850 ff. ZPO fallen, auch **§ 850e Nr. 2 ZPO entsprechende Anwendung**. Zuständig ist das **Prozessgericht**, das bei Meinungsverschiedenheiten über die Frage, ob und in welchem Umfang eine Zusammenrechnung mehrerer Arbeitseinkommen im Falle ihrer Abtretung an denselben Gläubiger gewollt sei, zu entscheiden hat. Eine Zuständigkeit des Vollstreckungsgerichts kommt nicht in Frage, weil dieses nicht darüber zu befinden hat, zu wessen Lasten im Fall mehrerer Abtretungen an unterschiedliche Gläubiger der pfändungsfreie Betrag geht.[680] Entsprechend anwendbar ist die Vorschrift über die Zusammenrechnung von Arbeitseinkommen, weil diese Regelung – anders als der gesetzliche Pfändungsschutz – abdingbar ist und damit der Vertragsfreiheit der Parteien unterliegt. Ob eine Zusammenrechnung von den Parteien gewollt ist, kann durch Auslegung der Vereinbarungen ermittelt werden, die der Abtretung zugrunde liegen.[681]

423

Auch im Fall des § 850e Nr. 2a ZPO obliegt es den Prozessgerichten, im Wege der Auslegung der Abtretungserklärung zu entscheiden, ob eine Zusammenrechnung verschiedener Leistungsbezüge zugunsten des Zessionars gewollt ist. Zwar ist die Frage einer entsprechenden Anwendung des § 850e ZPO auf die Abtretung von Forderungen, die unter die §§ 850 ff. ZPO fallen, auch weiterhin umstritten.[682] Für § 850e Nr. 2a ZPO gilt jedoch, dass die Vorschrift nicht dem Schuldnerschutz dient und deshalb bei einer Abtretung abdingbar ist.[683] Ist die Abtretungsvereinbarung der Parteien dahin auszulegen, dass die Einkünfte des Schuldners zusammengerechnet werden sollen, besteht keine Veranlassung, den Abtretungsgläubiger gegenüber dem Pfändungsgläubiger zu benachteiligen und nur diesem die Möglichkeit zu geben, eine Zusammenrechnung der Bezüge des Schuldners herbeizuführen.

424

---

679 BGH, MDR 2004, 323 = WM 2003, 2483 = NZA 2004, 119 = BGHReport 2004, 184 = Rpfleger 2004, 170 = NJW-RR 2004, 494 = InVo 2004, 194 = BGHR ZPO § 850e Nr. 2 Abtretung 1 = DB 2004, 650 = ZAP EN-Nr. 160/2004 = ProzRB 2004, 62; a.A. BAG, BAGE 101, 130 = AP Nr. 5 zu § 850e ZPO = ZVI 2002, 212 = BB 2002, 1546 = NZI 2002, 451 = NZA 2002, 868 = NJW 2002, 3121 = BAGReport 2002, 326 = ZTR 2002, 502 = MDR 2002, 1321 = KTS 2002, 742 = InVo 2003, 34 = KTS 2002, 742 = MDR 2002, 1321; OLG Düsseldorf, NJW 1965, 2409; LG Flensburg, MDR 1968, 58.
680 A.A. *Grunsky*, ZIP 1983, 908 (910).
681 BGH, WM 2003, 2483 (2484) m.w.N.
682 Dafür etwa BSGE 61, 274, 277 f. = MDR 1987, 1053; AG Leck, MDR 1968, 57; *Eckardt*, Anwaltkommentar BGB § 400 Rn 9; juris PK-BGB/*Knerr*, § 400 Rn 10; Palandt/*Grüneberg*, § 400 Rn 4; LPK-SGB I/*Kimme*, § 53 Rn 15; Kasseler Kommentar Sozialversicherungsrecht/*Seewald*, § 53 SGB I Rn 26 f.; *Grunsky*, ZIP 1983, 908 (909 f.); *Jungmann*, WuB VI E. § 850e 1.04; *Hintzen*, WuB VI E. § 850e 1.97; wohl auch *Denck*, MDR 1979, 450, 452; dagegen LG Flensburg MDR 1968, 58 Anmerkung der Schriftleitung zu AG Leck; Wolff EWiR 1998, 287; *Mrozynski*, SGB I; § 53 Rn 38; SGb 1989, 374 (382); wohl auch *Stöber*, Rn 1149, 1159; zur früheren Rechtslage vgl. die umfassenden Hinweise in BGH, NJW 1997, 2823.
683 Vgl. BGH, WM 2003, 2483.

XI. Zusammentreffen von Unterhalts- und anderen Ansprüchen (§ 850e Nr. 4 ZPO)

425 Die Vorschrift regelt die Fälle des Zusammentreffens von Pfändungen privilegierter (§§ 850d, 850f Abs. 2 ZPO) und gewöhnlicher Gläubiger. Soweit ausschließlich privilegierte oder gewöhnliche Gläubiger pfänden, ist § 804 Abs. 3 ZPO einschlägig. Auch ältere Unterhaltsforderungen genießen keine anderweitig begründete Priorität.

426 *Taktischer Hinweis*

Bei Pfändung durch privilegierte und gewöhnliche Gläubiger ist das Arbeitseinkommen rechnerisch in drei Bereiche zu gliedern:
1. in den Bereich, der allen Gläubigern offen steht (§ 850c ZPO),
2. in den Bereich, der nur dem Zugriff der privilegierten Gläubiger (§§ 850d, 850f Abs. 2 ZPO) offen steht und
3. in den Bereich, der dem Schuldner nach § 850d ZPO (§ 850f Abs. 2 ZPO) auch gegenüber den privilegierten Gläubigern als notwendiger Unterhalt für sich und seine Angehörigen in jedem Fall verbleiben muss,

Pfändet zuerst ein gewöhnlicher Gläubiger, so wird von der Pfändung der Bereich nach § 850c ZPO (1. Bereich) umfasst. Pfändet später ein privilegierter Gläubiger nach §§ 850d, 850f Abs. 2 ZPO, so kann dieser auf den bisher nicht in Anspruch genommenen 2. Teil zugreifen. Im Bereich des Teils, der allen Gläubigern offen steht, also dem 1. Bereich, geht der privilegierte Gläubiger im Rang dem zuerst pfändenden Gläubiger nach (§ 804 Abs. 3 ZPO). Bei der Berechnung des für den gewöhnlichen Gläubiger unpfändbaren Betrags nach § 850c Abs. 1 ZPO wird auch der privilegierte ebenfalls vollstreckende Unterhaltsgläubiger mitgerechnet, sodass der Einkommensteil, der den privilegierten Gläubigern offen steht, auf Kosten des allen Gläubigern offen stehenden Bereichs erweitert ist.

Wenn allerdings ein privilegierter Gläubiger (2. Bereich) zeitlich vorrangig vor einem gewöhnlichen Gläubiger (1. Bereich) die Forderung pfändet und zwar ohne die Inanspruchnahme der Privilegierung,[684] also i.R.d. § 850c ZPO und reicht die verbleibende Forderung nicht aus, um den später pfändenden gewöhnlichen Gläubiger zu befriedigen, der seinerseits nicht i.R.d. § 850d ZPO (2. Bereich) pfänden kann, dann verbleibt einerseits dem Schuldner (auch) der Teil, auf den nur die privilegierten Gläubiger zugreifen können (Bereich 2.), andererseits besteht die Gefahr, dass der nachfolgende Gläubiger nur deshalb leer ausgeht, weil der privilegierte Gläubiger sein Privileg nicht in Anspruch genommen hat.

---

[684] Diese muss gem. §§ 850d, 850f Abs. 2 ZPO ausdrücklich beantragt werden.

H. Berechnung des pfändbaren Einkommens (§ 850e ZPO) § 6

Für diesen Fall hat das **Vollstreckungsgericht** anzuordnen, dass der Anspruch des privilegierten Gläubigers zunächst auf die gem. § 850d ZPO der Pfändung im erweiterten Umfange (Teil 2) unterliegenden Einkommensteile zu verrechnen ist. Der privilegierte Gläubiger wird so auf diejenigen Einkommensteile verwiesen, die ihm – und nur ihm – offen stehen. Reicht dieser nicht aus, dann kann er sich auch aus dem Anteil, der allen Gläubigern zusteht (1. Bereich), befriedigen. Der später pfändende gewöhnliche Gläubiger kann auch dann nicht auf den dem privilegierten Gläubiger vorbehaltenen Einkommensteil zugreifen, wenn dieser von dem vorrangig pfändenden privilegierten Gläubiger nach Anordnung des Gerichts nicht vollständig verbraucht wird. Für ihn bleibt immer nur der nach § 850c ZPO pfändbare Einkommensteil maßgebend.

Beispiel 427

Schuldner S verfügt über ein Nettoeinkommen von 1.580 EUR. Sein notwendiger Unterhalt ist mit 780 EUR bestimmt. Der Unterhaltsgläubiger G1 hat einen Anspruch auf einen monatlichen Unterhaltsbetrag von 500 EUR und pfändet das Arbeitseinkommen des S ohne Inanspruchnahme der Privilegierung nach § 850d ZPO. Der später pfändende G2 hat eine Forderung aus einem Kaufvertrag von 12.000 EUR. Nach der Tabelle zu § 850c ZPO ist ein Betrag von 450 EUR pfändbar.[685]

Lösung

Unter Anwendung der Tabelle zu § 850c ZPO hat G1 den gesamten pfändbaren Betrag von 450 EUR zu beanspruchen. G2 geht daher zunächst leer aus.
Der nach § 850d ZPO privilegierte pfändbare Bereich beträgt 350 EUR (1.580 ./. 450 EUR = 1.130 EUR), die nach § 850c ZPO unpfändbar sind. Die Differenz zum notwendigen Unterhalt nach § 850d ZPO und dem unpfändbaren Betrag nach § 850c ZPO beträgt 350 EUR (1.130 EUR ./. 780 EUR).
Durch einen Antrag nach § 850e Abs. 4 ZPO kann der nachrangige G2 den G1 auf die vorrangige Pfändung des privilegierten Zugriffsbereichs verweisen. Damit erhält G1 die privilegiert pfändbare Forderung von 350 EUR. Die verbleibende Unterhaltsforderung i.H.v. 150 EUR erhält er aus den nach § 850c pfändbaren 450 EUR. Hier verbleiben demnach 300 EUR, die nach § 850c ZPO noch pfändbar sind. Diese erhält nun G2.
Ergebnis: G1 erhält durch den Antrag nach § 850e Abs. 4 ZPO 50 EUR und G2 300 EUR mehr.

Die Verrechnung wird nur auf **Antrag des Gläubigers** oder des Schuldners (nicht des Drittschuldners, der kein Antragsrecht hat) vom Vollstreckungsgericht (Rechtspfleger, § 20 Nr. 17 RPflG) durch Beschluss angeordnet. Zu dem Antrag sind die Beteiligten zu hören. Der Beschluss ist den Gläubigern, dem Schuldner und dem Dritt-

---

685 Vgl. auch *Goebel*, Vollstreckung effektiv 2006, 152.

schuldner von Amts wegen zuzustellen (§ 329 Abs. 3 ZPO). Bis zur Zustellung des Beschlusses darf der Drittschuldner nach Maßgabe des Pfändungs- und Überweisungsbeschlusses bzw. der sonstigen Verfügung über die Forderung mit befreiender Wirkung leisten (§ 850e Nr. 4 S. 2 ZPO).

428 Verrechnungsantrag nach § 850e Abs. 4 ZPO

An das AG – Vollstreckungsgericht – ...

In der Zwangsvollstreckungssache

Vollstreckungsgläubiger

gegen

Vollstreckungsschuldner

zeige ich an, dass ich den Gläubiger ... vertrete.

Namens und in Vollmacht desselben beantrage ich,

den Pfändungs- und Überweisungsbeschluss des angerufenen Gerichts vom ... , mit dem das Arbeitseinkommen des Schuldners gepfändet und dem unterhaltsberechtigten Gläubiger ... wegen dessen laufender und rückständiger Unterhaltsansprüche überwiesen wurde, gem. § 850e Nr. 4 ZPO mit der Anordnung zu ergänzen, dass dem Schuldner als notwendiger Selbstbehalt ... EUR zu belassen sind und der privilegierte Unterhaltsgläubiger ... wegen der Pfändung seiner laufenden Unterhaltsansprüche vorrangig auf die Differenz zwischen dem Selbstbehalt nach § 850d ZPO und der Pfändungsfreigrenze nach § 850c ZPO verwiesen wird.

Gründe

Das Arbeitseinkommen des Schuldners wurde durch o.a. Pfändungs- und Überweisungsbeschluss zugunsten eines Unterhaltsberechtigten gem. § 850c ZPO gepfändet und diesem zur Einziehung überwiesen. Mit Pfändungs- und Überweisungsbeschluss vom ... hat der Gläubiger das Arbeitseinkommen wegen eines nicht bevorrechtigten titulierten Anspruchs ebenfalls nach § 850c ZPO nachrangig gepfändet. Für diesen Fall sieht § 850e Nr. 4 ZPO vor, dass auf die laufenden Unterhaltsansprüche zunächst die Teile des Arbeitseinkommens verrechnet werden, die gem. § 850d ZPO in erweitertem Umfang der Pfändung unterliegen (sog. Vorrechtsbereich).

Diese Verrechnung muss auf Antrag das Vollstreckungsgericht vornehmen. Mit der beantragten Ergänzung des Beschlusses vom ... wird dem Drittschuldner deutlich gemacht, dass dem Schuldner aufgrund der Pfändung durch den Unterhaltsgläubiger nur noch der genannte Betrag von ... EUR verbleiben darf. Sobald mithin der titulierte Unterhaltsanspruch des pfändenden Unterhaltsgläubigers den verbleibenden pfändbaren Betrag nicht mehr gänzlich beansprucht, ist der dann freie Teil des Arbeitseinkommens dem beantragenden Gläubiger zu überweisen. Dabei ergibt sich aus dem Pfändungs- und Über-

weisungsbeschluss vom ..., der zugunsten dieses Gläubigers erlassen wurde, dass der abzuführende Betrag den aus der Tabelle zu § 850c ZPO ersichtlichen Pfändungsbetrag nicht übersteigen darf.
Der notwendige Unterhalt des Schuldners ist wie folgt zu bestimmen: ...
Gez. Rechtsanwalt

XII. Rechtsbehelfe

Hat das Vollstreckungsgericht gem. § 850e Nr. 2, 2a und 4 ZPO nach Anhörung der Beteiligten einen Beschluss erlassen, so steht dem jeweils Beschwerten das Recht der **sofortigen Beschwerde** (§ 793 ZPO) zu. Erlässt das Gericht zugleich mit dem Antrag auf Erlass eines Pfändungs- und Überweisungsbeschluss eine Anordnung nach § 850e Nr. 2, 2a ZPO, so steht dem Schuldner die **unbefristete Vollstreckungserinnerung** gem. § 766 ZPO zu. Werden in einem Pfändungs- und Überweisungsbeschluss die Ansprüche des Schuldners auf Altersrente und auf Zahlung von Pflegegeld gegen verschiedene Leistungsträger addiert, gepfändet und dem Gläubiger überwiesen, ist der Drittschuldner, in dessen Leistungsbereich allein die Altersrente fällt, durch die Entscheidung nicht beschwert. Er kann dann nicht mit der Erinnerung die Unpfändbarkeit des Pflegegeldes geltend machen.[686]

429

XIII. Kosten

Für den Erlass eines Beschlusses nach § 850e Nr. 2, 2a, 4 ZPO fallen keine Gerichtskosten an. Für den Rechtsanwalt entsteht gem. Nr. 3309 RVG VV eine 0,3 Verfahrensgebühr. Dies gilt nicht, wenn er diese bereits zuvor schon dadurch verdient hat, dass er im Verfahren auf Erlass eines Pfändungs- und Überweisungsbeschlusses bereits tätig war (§ 18 Abs. 1 Nr. 1 RVG).

430

I. Änderung des unpfändbaren Betrages (§ 850f ZPO)

I. Regelungszweck

§ 850f Abs. 1 ZPO steht im Zusammenhang mit § 850d Abs. 1 S. 2 ZPO, geht der Regelung in § 850d Abs. 1 S. 3 ZPO vor[687] und stellt zudem eine Ausnahmeregelung zu § 850c ZPO dar.[688] Die Vorschrift soll im Interesse des Schuldners sicherstellen, dass diesem

431

---

686 AG Halle, JurBüro 2005, 273.
687 BGH, NJW-RR, 2004, 506 m.w.N. = Rpfleger 2004, 297 = BGHReport 2004, 627 = MDR 2004, 711 = InVo 2004, 373 = FPR 2004, 404 = FamRB 2004, 253.
688 VG Hannover, Beschl. v. 15.6.2009 – 2 B 1717/09 – juris.

nach Durchführung der Pfändungsmaßnahme das Existenzminimum verbleibt und im Interesse der Allgemeinheit, die die Mittel für ergänzende Sozialhilfeleistungen aufzubringen hat, verhindern, dass der Gläubiger zu ihren Lasten befriedigt wird. Reicht der aus § 850c ZPO i.V.m. der dazu gehörigen Tabelle zu ermittelnde pfändungsfreie Teil des Arbeitseinkommens nicht aus, um den individuellen Lebensbedarf des Schuldners zu decken und sind seine Bedürfnisse bei Bemessung des notwendigen Unterhalts nach § 850d Abs. 1 S. 2 ZPO nicht hinreichend berücksichtigt worden, kann dies über § 850f Abs. 1 ZPO ausgeglichen werden. Eine Analoge Anwendung des § 850f Abs. 1 ZPO erfolgt bei nicht ehelichen Lebensgemeinschaften.[689]

432 Die Norm ist grds. ihrem Wortlaut nach auf Arbeitseinkommen beschränkt, erstreckt sich aber auch auf **laufende Sozialleistungen in Geld** gem. § 54 Abs. 4 SGB I.[690] Auf eine **Nebenkostenrückzahlung** aus Mietvertrag ist die Norm **nicht** anwendbar.[691] Denn eine Nebenkostenrückzahlung durch den Vermieter ist, unabhängig von der Herkunft der Mittel der Mietvorauszahlung, keine laufende Sozialleistung im Sinne der § 54 Abs. 4 SGB I. Dadurch, dass diese Mittel aber bei der durch § 22 Abs. 1 S. 4 SGB II zugelassenen Verrechnung wirtschaftlich für den Empfänger an die Stelle laufender Sozialleistungen treten, liegt eine Gesetzeslücke vor. § 22 Abs. 1 S. 4 SGB II erfasst nach seinem Wortlaut auch solche Rückzahlungen, die der Schuldner an die Insolvenzmasse herausgeben muss.[692] Die Gesetzeslücke ist planwidrig: Denn grds. ist durch die Konzeption der § 36 Abs. 1 S. 2 InsO, §§ 850ff. ZPO sichergestellt, dass das Existenzminimum des Schuldners nicht in die Insolvenzmasse fällt, weil es entweder als Arbeitseinkommen direkt nach § 36 Abs. 1 S. 2 InsO, § 850c ZPO unpfändbar ist oder als laufende Sozialleistung über § 54 Abs. 4 SGB I. Dass der Gesetzgeber im Falle des § 22 Abs. 1 S. 4 SGB II dem Schuldner bewusst nur einen geringeren Betrag als pfändungsfrei belassen wollte, ist nicht ersichtlich. Die Erstreckung des § 54 Abs. 4 SGB I auf die Leistungen, die nach § 22 Abs. 1 S. 4 SGB II wirtschaftlich an die Stelle der Sozialleistung treten, ist daher geboten.

433 **§ 850f Abs. 2 ZPO** erweitert den Zugriff des Gläubigers auf das Arbeitseinkommen des Schuldners, wenn er wegen eines Anspruchs aus einer **vorsätzlich begangenen unerlaubten Handlung (Deliktsforderung)** vollstreckt. Der Schuldner soll in diesen Fällen bis zur Grenze seiner Leistungsfähigkeit auch mit den Teilen seines Arbeitseinkommens einstehen, die ihm sonst nach der Vorschrift des § 850c ZPO zu belassen wären.[693]

---

689 OLG Frankfurt/Main, ZVI 2008, 384 = OLGR Frankfurt 2009, 117.
690 BGH, NJW 2007, 604 = WM 2007, 452 = ZVI 2007, 64 = FamRZ 2007, 463 = Vollstreckung effektiv 2007, 68 = ZAP 2007, 146/2007 = InVo 2007, 131 = JurBüro 2007, 218.
691 LG Berlin, ZInsO 2009, 397.
692 SG Berlin, Urt. v. 31.10.2007 – S 125 AS 11847/07 – juris.
693 BGH, Vollstreckung effektiv 2005, 97 = NJW 2005, 1663 = ZInsO 2005, 538 = FamRZ 2005, 974 = Rpfleger 2005, 370 = WM 2005, 1326 = InVo 2005, 326 = JurBüro 2005, 437.

I. Änderung des unpfändbaren Betrages (§ 850f ZPO) § 6

Nach § **850f Abs. 3 ZPO** können gewöhnliche Gläubiger im Rahmen der **sog.** **erweiterten Lohnpfändung** auf zusätzliche Lohnanteile des Schuldners zugreifen. Dadurch kann im Einzelfall ein Ausgleich von Gläubiger- und Schuldnerinteressen berücksichtigt werden, wenn der dem Schuldner zugutekommende Pfändungsfreibetrag unangemessen hoch ist. Der praktische Anwendungsbereich ist allerdings sehr gering.

434

II. Anwendungsbereich

Die Norm des § 850f ZPO greift in allen Verfahren nach §§ 850 ff. ZPO.[694] Sie gilt auch bei der Pfändung durch **bevorzugte Unterhaltsgläubiger**,[695] wenn die Vermeidung von Sozialhilfeleistungen oder besonderer Bedürfnisse des Schuldners – z.B. Heim- und Pflegekosten – einen weitergehenden Freibetrag erfordern und überwiegende Interessen des Gläubigers nicht entgegenstehen,[696] ebenso bei Forderungen aus vorsätzlich unerlaubter Handlung[697] und bei der Pfändung des Taschengeldanspruchs.[698] Bei einer **Lohnabtretung** ist die Regelung **unanwendbar**. Über den Umfang der Abtretung entscheidet vielmehr das Prozessgericht, nicht das Vollstreckungsgericht.[699]

435

Die Regelung hat auch im Rahmen der Pfändung von Guthaben bei einem **Pfändungsschutzkonto** (P-Konto) Gültigkeit (vgl. § 850k Abs. 4 ZPO).

850f Abs. 1 ZPO ist auch im **Insolvenzverfahren** mit der Maßgabe anzuwenden, dass bedingt pfändbare Bezüge des Schuldners in die Insolvenzmasse fallen, soweit dies nach den Umständen des Falles, insbesondere nach der Art des beizutreibenden Anspruchs und der Höhe der Bezüge der Billigkeit entspricht (§§ 36 Abs. 1 S. 2, 292 Abs. 1 InsO).[700] Gleiches gilt im **sozialrechtlichen Bereich** (vgl. § 53 Abs. 3 SGB I).[701] Für die Entscheidung über einen Antrag nach § 850f Abs. 1 ZPO und den Erlass eines entsprechenden Beschlusses sind dann die Gerichte der Sozialgerichtsbarkeit zuständig (vgl. § 53 Abs. 3 SGB I). In

436

---

694 BGH, NJW-RR 2004, 506 = Rpfleger 2004, 297 = BGHReport 2004, 627 = MDR 2004, 711 = InVo 2004, 373 = FPR 2004, 404 = FamRB 2004, 253; FamRZ 2004, 621 m. Anm. *Schürmann*; Musielak/Voit/*Becker*, § 850f Rn 1
695 BGH, NJW 2004, 506 = Rpfleger 2004, 297 = BGHReport 2004, 627 = MDR 2004, 711 = InVo 2004, 373 = FPR 2004, 404 = FamRB 2004, 253.
696 BGH, NJW-RR 2004, 506 = Rpfleger 2004, 297 = BGHReport 2004, 627 = MDR 2004, 711 = InVo 2004, 373 = FPR 2004, 404 = FamRB 2004, 253.
697 LG Darmstadt, InVo 2003, 293.
698 OLGR Hamm 2002, 20.
699 BGH, NJW-RR 2003, 1367 = WM 2003, 1346 = BKR 2003, 537 = WuB VII A § 850f ZPO 1.03 = Rpfleger 2003, 516–517 = BGHReport 2003, 1108; OLG Köln, 1 NJW-RR 1998, 1689; a.A. OLG Düsseldorf, InVo 1999, 359.
700 BGH, ZInsO 2010, 188 = WM 2010, 271 = ZIP 2010, 293 = NZI 2010, 141 = Rpfleger 2010, 233 = MDR 2010, 408 = FoVo 2010, 52; a.A. LG Heilbronn, Rpfleger 2009, 640; LG Hildesheim, ZInsO 2009, 1961.
701 LSG Baden-Württemberg, UV-Recht Aktuell 2014, 760; Hess. LSG, NachrDRV HE 2012, 45; SG Kiel, NZS 2014, 786.

§ 6 Die Pfändung von Arbeitseinkommen

der **Verwaltungsvollstreckung** nach der AO 1977 gilt § 850f ZPO gem. § 319 AO sinngemäß. Mithin hat die Vollstreckungsbehörde darüber zu entscheiden.[702]

III. Erweiterter Pfändungsschutz (§ 850f Abs. 1 ZPO)

437 Die einzelnen Härtegründe sind in § 850f Abs. 1 ZPO abschließend aufgeführt. Eine Auslegung entgegen des Wortlauts läuft deshalb dem gesetzgeberischen Willen zuwider.[703] Durch eine Erhöhung der pfändungsfreien Beträge nach § 850f Abs. 1 ZPO darf es jedoch nicht zu einer Vollstreckungssperre kommen. Dies wäre der Fall, wenn durch die Erhöhung das gesamte pfändbare Einkommen des Schuldners ergriffen – und damit unpfändbar – wäre. Eine vollständige Unpfändbarkeit von Einkünften ist jedoch nur in Ausnahmefällen nach § 765a ZPO zulässig. Eine Entscheidung nach § 850f Abs. 1 ZPO kann unabhängig von Ausnahmesituationen jede Vollstreckung in das Arbeitseinkommen modifizieren, nicht jedoch gänzlich ausschließen.[704] Eine Freistellung des ganzen Arbeitseinkommens von der Pfändung ist daher nicht zulässig. Erlaubt ist nur die **Belassung eines Teiles des pfändbaren Einkommens**. Die Frage, ob es im Rahmen von § 850f Abs. 1 ZPO nicht zu einer (faktischen) Vollstreckungssperre kommen darf, die eintreten würde, wenn das gesamte pfändbare Einkommen des Schuldners ergriffen wäre, da eine derartige Entscheidung nur in Ausnahmefällen nach § 765a ZPO zulässig wäre, während eine Entscheidung nach § 850f Abs. 1 ZPO unabhängig von Ausnahmesituationen die Vollstreckung in das Arbeitseinkommen lediglich modifizieren, nicht jedoch gänzlich ausschließen darf, oder ob es über § 850f Abs. 1 ZPO auch zu einer vollständigen „Pfändungsfreiheit" – zumindest nach § 850f Abs. 1 lit. a – kommen kann, ist allerdings höchstrichterlich noch nicht geklärt.[705]

438 Die Norm ist **unanwendbar** bei Pfändung des Anspruchs des Schuldners gegen die Justizvollzugsanstalt auf Auszahlung des **Eigengeldes**.[706]

439 Das **Vollstreckungsgericht** (im Insolvenz- und Restschuldbefreiungsverfahren das Insolvenzgericht; § 36 Abs. 1 InsO[707]) hat dem Schuldner auf Antrag (nicht von Amts wegen[708])

---

702 BFH, NJW 1997, 1725; OVG Nordrhein-Westfalen, DÖD 2014, 146: Gem. § 48 Abs. 1 S. 1 VwVG NRW ist bei der Pfändung einer Geldforderung § 850f Abs. 2 ZPO anwendbar. § 48 Abs. 1 S. 3 VwVG NRW steht dem nicht entgegen; VG Düsseldorf, Urt. v. 22.12.2011 – 26 K 816/11 – juris.
703 VG Hannover, Beschl. v. 15.6.2009 – 2 B 1717/09 – juris.
704 LG Stuttgart, Beschl. v. 2.7.2018 – 19 T 167/17 – juris; OLG Koblenz, JurBüro 1987, 306; LG Aachen, JurBüro 1990, 121; a.A. LG Gießen, Rpfleger 1996, 118.
705 OLG Zweibrücken NJW-RR 2002, 1664.
706 BGH, WM 2013, 1752 = ZInsO 2013, 1845 = MDR 2013, 1248 = NJW 2013, 3312 = NZI 2013, 940 = ZVI 2013, 430 = Rpfleger 2014, 39 = DGVZ 2014, 14 = KKZ 2014, 60 = Vollstreckung effektiv 2013, 186 = FamRZ 2013, 1734 = Verbraucherinsolvenz aktuell 2013, 84 = FoVo 2013, 217.
707 BGH, ZInsO 2017, 2429 = WM 2017, 2205 = NZI 2017, 931 = FoVo 2017, 210.
708 LG Görlitz, FamRZ 2007, 299.

I. Änderung des unpfändbaren Betrages (§ 850f ZPO) § 6

von dem nach den Bestimmungen der §§ 850c, 850d ZPO und 850i ZPO pfändbaren Teil seines **Arbeitseinkommens** (§ 850 Abs. 2 ZPO;[709] auch bei Sozialleistungen gem. § 54 Abs. 4 SGB I[710]) einen Teil zu belassen, wenn er nachweist, dass bei Anwendung der Pfändungsfreigrenzen der notwendige Lebensunterhalt im Sinne des dritten, vierten und elften Kapitels des Zwölften Buches Sozialgesetzbuch (SGB XII; Sozialhilfe) oder nach Kapitel 3 Abschnitt 2 des Zweiten Buches Sozialgesetzbuch (SGB II; Grundsicherung für Arbeitsuchende) für sich und für die Personen, denen er Unterhalt zu gewähren hat, nicht gedeckt ist.

1. Bedürftigkeitsgrenze (§ 850f Abs. 1 lit. a ZPO)

a) Regelungszweck

Die Vorschrift soll im Interesse des Schuldners sicherstellen, dass diesem nach Durchführung der Pfändungsmaßnahme das Existenzminimum verbleibt und im Interesse der Allgemeinheit, welche die Mittel für ergänzende Sozialhilfeleistungen aufzubringen hat, verhindern, dass der Gläubiger zu ihren Lasten befriedigt wird. Reicht der aus § 850c ZPO in Verbindung mit der dazu gehörigen Tabelle zu ermittelnde pfändungsfreie Teil des Arbeitseinkommens nicht aus, um den individuellen Lebensbedarf des Schuldners zu decken, und sind seine Bedürfnisse bei Bemessung des notwendigen Unterhalts nach § 850d Abs. 1 S. 2 ZPO nicht hinreichend berücksichtigt worden, kann dies über § 850f Abs. 1 ZPO ausgeglichen werden.

440

b) Berechnungsmethoden

Bei der nach § 850f Abs. 1 lit. a ZPO zu treffenden Entscheidung ist die **Differenz** zu bilden **zwischen dem fiktiv zu bestimmenden Arbeitslosengeld II oder der fiktiven Sozialhilfe und dem Einkommensteil, welcher dem Schuldner nach der Pfändung verbleibt.** Der sich ergebende Betrag ist dem Schuldner zusätzlich zu belassen, soweit keine überwiegenden Belange der Gläubiger entgegenstehen.[711]

441

Wie letztlich der **notwendige Lebensunterhalt** des Vollstreckungsschuldners zu berechnen ist und ob in die Berechnung nur Personen einzustellen sind, denen der Schuldner entsprechend § 850c Abs. 1 S. 2 ZPO aufgrund einer gesetzlichen Vorschrift Unterhalt gewährt[712] oder ob jede Person bei der Vergleichsberechnung zu berücksichtigen ist, de-

442

---

709 Vgl. BGH, WM 2011, 2188 = ZInsO 2011, 2184 = FamRZ 2011, 1938 = MDR 2011, 1445 = NJW 2012, 609 = Rpfleger 2012, 171 = NJW-Spezial 2012, 53 = FF 2012, 41 = FamRB 2012, 40.
710 Vgl. OLG Frankfurt/Main, Rpfleger 1978, 265.
711 BGH, ZInsO 2017, 2429 = WM 2017, 2205 = NZI 2017, 931 = FoVo 2017, 210.
712 LG Mosbach, ZInsO 2012, 799; LG Heilbronn, Beschl. v. 28.11.2011 – 1 T 327/11 Hn n.v.; Musielak/Voit/*Becker,* § 850f Rn 2a; Stein/Jonas/*Brehm,* ZPO § 850f Rn 3; Zöller/*Herget,*§ 850f Rn 2a a.E.; Wieczorek/Schütze/*Lüke,* § 850f Rn 8; Gottwald/*Mock,* § 850f Rn 8; BeckOK-ZPO/*Riedel,* § 850f Rn 19.1; MüKo-ZPO/*Smid,* § 850f Rn 7; *Stöber,* Rn 1176m; *Goebel,* ZVI 2008, 513.

nen er Unterhalt zu gewähren hat, also auch aufgrund einer vertraglichen[713] oder einer anderen als in § 850c Abs. 1 S. 2 ZPO genannten gesetzlichen Verpflichtung,[714] ist streitig. Insbesondere ist streitig, ob in den Fällen, in denen Einkommen des Vollstreckungsschuldners bei der Berechnung der Leistungen zur Sicherung des Lebensunterhalts nach SGB II einem Mitglied einer Bedarfsgemeinschaft nach § 9 Abs. 2 S. 1 SGB II zugerechnet wird, in der Vergleichsberechnung diese Person zu berücksichtigen ist.[715] Die hier zu § 850f Abs. 1 lit. a ZPO aufgeworfenen Fragen hat der BGH letztlich offen gelassen.[716]

443 Die Regelung des § 850f Abs. 1 lit. a ZPO verlangt nach meinem Dafürhalten eine lediglich **rechtliche** – nicht moralische – **Unterhaltspflicht** („Personen, denen er Unterhalt zu gewähren hat") zur Unterhaltsgewährung[717] und setzt voraus, dass Unterhalt auch tatsächlich[718] geleistet wird. Eine analoge Anwendung auf faktische Unterhaltspflichten in Gestalt einer sozialrechtlichen Einbeziehung in eine Bedarfsgemeinschaft ist somit ausgeschlossen.[719]

444 Mit der missverständlichen Formulierung des Gesetzgebers gem. Abs. 1 lit. a bzgl. der „Personen, denen er Unterhalt zu gewähren hat", sind nach herrschender und richtiger Auffassung nichts anderes als die gesetzlichen Unterhaltspflichten i.S.v. § 850c ZPO gemeint.[720] Die Norm erweitert nicht den nach den gesetzlichen Unterhaltspflichten des § 850c ZPO zu bemessenden Umfang des unpfändbaren Arbeitseinkommens, schränkt diesen aber auch nicht ein, sondern stellt nur sicher, dass für den Schuldner und Personen, denen er Unterhalt zu gewähren hat, der individuelle Sozialhilfebedarf gedeckt ist.[721] Dass auch § 850f ZPO nur auf gesetzliche Unterhaltspflichten anzuwenden ist, zeigt auch die Regelung des § 850f Abs. 1 lit. c ZPO, wo ausdrücklich nur von gesetzlichen Unterhaltspflichten die

---

713 Prütting/Gehrlein/*Ahrens*, § 850f Rn 21; vgl. auch LG Limburg, NJW-RR 2003, 365.
714 Vgl. Prütting/Gehrlein/*Ahrens*, § 850f Rn 21.
715 Dafür OLG Frankfurt/Main, ZVI 2008, 384; LG Essen, ZVI 2015, 155; Prütting/Gehrlein/*Ahrens*, § 850f Rn 21; *Kothe*, VuR 2008, 397; *Zimmermann/Zipf*, ZVI 2008, 378; dagegen LG Münster, Beschl. v. 31.1.2017 – 5 T 30/17 n.v.; LG Heilbronn, Beschl. v. 28.11.2011 – 1 T 327/11 Hn n.v; VG Hannover, Beschl. v. 15.6.2009 – 2 B 1717/09 n.v.; Musielak/Voit/*Becker*, § 850f Rn 2a; BeckOK-ZPO/*Riedel*, § 850f Rn 19.1; *Goebel*, ZVI 2008, 513; *Wiedemann*, ZVI 2010, 291; offen gelassen durch OLG Köln, FamRZ 2009, 1697 (1698).
716 BGH, ZInsO 2017, 2429 = WM 2017, 2205 = NZI 2017, 931 = FoVo 2017, 210.
717 OVG Lüneburg, FamRZ 2011, 1235; Zöller/*Herget*, § 850f Rn 2a; so auch OLG Köln, MDR 2009, 953 = Rpfleger 2009, 517 = FamRZ 2009, 1697, das allerdings eine analoge Anwendung des § 850f ZPO bei tatsächlichen Unterhaltsleistungen an Stiefkinder im Rahmen der Bedarfsgemeinschaft offen lässt.
718 Thomas/Putzo/*Seiler*, § 850f Rn 3.
719 VG Hannover, Beschluss v. 15.6.2009 – 2 B 1717/09 – Juris; a.A. OLG Frankfurt/Main, ZVI 2008, 384 = OLGR Frankfurt 2009, 117.
720 OLG Köln, Beschluss v. 20.3.2009 – 16 W 2/09; Zöller/*Herget*, § 850f ZPO Rn 2a; Thomas/Putzo/*Seiler*, § 850f Rn 3; *Stöber*, Rn 1176m.
721 *Stöber*, Rn 1176m.

I. Änderung des unpfändbaren Betrages (§ 850f ZPO) § 6

Rede ist. Es wäre ein mit dem Gesetzeszweck und der Gesamtregelung der Pfändungsschutzregelungen der §§ 850 ff. ZPO nicht vereinbarer Widerspruch und kann auch vom Gesetzgeber nicht gewollt sein, wenn i.R.d. § 850f Abs. 1lit. a ZPO der Kreis der zu berücksichtigenden Unterhaltsberechtigten größer gezogen wäre als in § 850c ZPO.[722] Etwas anderes folgt auch nicht aus der Regelung des § 9 Abs. 2 S. 2 SGB II. Insbesondere ist kein Wertungswiderspruch zu den Regelungen der §§ 850c und f ZPO und auch keine planwidrige Regelungslücke zu sehen. Die hierzu vereinzelt vertretenen abweichenden Auffassungen[723] überzeugen nicht. § 9 Abs. 2 S 2 SGB II regelt keine gesetzliche Unterhaltspflicht. Diese Regelung bestimmt, dass bei der Prüfung des Bedarfs von einkommenslosen Kindern, die im Haushalt eines Elternteils in einer Lebensgemeinschaft leben, neben dem Elternteil auch das Einkommen und Vermögen des in der Bedarfsgemeinschaft lebenden Partners zu berücksichtigen ist, also auch solcher Personen, die den Kindern nicht gesetzlich zum Unterhalt verpflichtet sind. Die mit dem Schuldner in einem Haushalt lebenden Stiefkinder erhalten also nur Hilfe zum Lebensunterhalt bzw. Leistungen nach dem SGB II, wenn das Einkommen und Vermögen des Schuldners und der Mutter nicht zur Deckung des Lebensbedarfs ausreicht. Das besagt jedoch noch nichts darüber, ob sich der Schuldner gegenüber seinen Gläubigem auf eine vorrangige Unterhaltspflicht gegenüber diesen Personen berufen kann. Dies kann er nach den Regelungen der §§ 850c ff. ZPO grds. nicht. Die Gläubiger können sein Einkommen bis zu dem nach § 850c ZPO zu bemessenden Freibetrag pfänden. Sozialhilferechtlich bedeutet dies, dass der Leistungsträger nur dass unpfändbare Einkommen des Schuldners berücksichtigen kann. Wenn dies (und das Einkommen der Mutter) nicht ausreicht, was vorliegend nach den Angaben des Schuldners der Fall sein dürfte, besteht ein Leistungsanspruch der Kinder nach dem SGB II. Der zuständige Kostenträger hat selbstverständlich berücksichtigen, dass das Einkommen des Schuldners gepfändet ist. Es gibt daher keinen Anlass, die Pfändungsfreigrenzen des Schuldners gem. § 850f ZPO anzuheben.[724]

Der Schuldner kann durch eine Bescheinigung des für ihn zuständigen Sozialhilfeträgers den Beweis erbringen, dass die ihm belassenen Mittel das Existenzminimum unterschreiten.[725] 445

Das Vollstreckungsgericht ist aber nicht an eine Bescheinigung über eine hypothetisch zu zahlende Sozialhilfe gebunden,[726] ebenso nicht an die Empfehlungen des Deutschen Ver- 446

---

722 Vgl. auch LG Heilbronn, Beschl. v. 28.11.2011 – 1 T 327/11 Hn – juris.
723 OLG Frankfurt/Main, Urt. v. 4.7.2008, 24 U 146/07; LG Limburg, Beschl. v. 18.9.2002 – 7 T 154/02.
724 Vgl. auch LG Heilbronn, Beschl. v. 28.11.2011 – 1 T 327/11 Hn – juris.
725 BGH, ZInsO 2017, 2429 = WM 2017, 2205 = NZI 2017, 931 = FoVo 2017, 210; FamRZ 2004, 620 zur alten Fassung der Regelung, die auf das Bundessozialhilfegesetz verwies.
726 OLG Köln, JurBüro 1999, 606.

eins für öffentliche und private Fürsorge.[727] Nach der Neufassung des § 850f Abs. 1 lit. a ZPO zum 1.1.2005 ist **erwerbstätigen Schuldnern** der sozialhilferechtliche Pauschalbetrag i.H.v. 30 % für den mit der Erwerbstätigkeit verbundenen Mehraufwand auch ohne konkreten Nachweis zuzubilligen,[728] da der Mehrbedarf für Erwerbstätige zum sozialhilferechtlichen Mindestbedarf[729] zählt. Dies unterstreicht den Zweck der Regelung. Der Schuldner ist deshalb grds. nicht schlechter zu stellen als ein Sozialhilfeempfänger. Da bei Letzterem gem. § 82 Abs. 3 SGB XII ein Betrag von 30 % des Einkommens aus selbstständiger und nichtselbstständiger Tätigkeit abzusetzen ist, ist es angemessen, einem Schuldner bei der Berechnung des fiktiven Sozialhilfebedarfs ohne konkreten Nachweis einen 30 %igen Zuschlag zum Regelsatz zu gewähren.

447 Der BGH[730] hat in diesem Zusammenhang die für die Praxis wichtige Frage der Berücksichtigung von Wohnkosten (Kaltmiete) geklärt und den Gerichten bei deren Ermittlung eine Leitlinie aufgezeigt. Hiernach sind im Rahmen der Einkommenspfändung die **Kosten für Unterkunft und Heizung** am ortsüblichen Mietpreisniveau in folgender Reihenfolge zu ermitteln:

- **Rückgriff auf qualifizierten Mietspiegel (§ 558d BGB):** Ein qualifizierter Mietspiegel ist ein Mietspiegel, der nach anerkannten wissenschaftlichen Grundsätzen erstellt und von der Gemeinde oder von Interessenvertretern der Vermieter und der Mieter anerkannt worden ist. Er ist im Abstand von zwei Jahren der Marktentwicklung anzupassen.

- **Rückgriff auf Mietspiegel nach § 558c BGB oder unmittelbar aus einer Mietdatenbank nach § 558e BGB:** Ein **Mietspiegel** ist eine Übersicht über die ortsübliche Vergleichsmiete, soweit die Übersicht von der Gemeinde oder von Interessenvertretern der Vermieter und der Mieter gemeinsam erstellt oder anerkannt worden ist. Mietspiegel können für das Gebiet einer Gemeinde, mehrerer Gemeinden oder für Teile von Gemeinden erstellt werden. Er soll im Abstand von zwei Jahren der Marktentwicklung angepasst werden. Gleichgestellt ist der unmittelbare Rückgriff aus einer Mietdatenbank nach § 558e BGB. Eine **Mietdatenbank** ist eine zur Ermittlung

---

727 Im Anschluss an BVerwGE 115, 331; BGHZ 156, 30 = NJW 2003, 2918 = FamRZ 2003, 1466 = Rpfleger 2003, 593 = BGHReport 2003, 1237 = ZFE 2003, 344 = InVo 2003, 442 = FamRZ 2003, 1743 = MDR 2004, 53 = ZVI 2003, 648 = FuR 2004, 78 = KTS 2004, 74 = KKZ 2004, 223 = Vollstreckung effektiv 2005, 117 = FPR 2004, 145 = JuS 2004, 169.
728 OLG Frankfurt/Main, Rpfleger 2001, 38; OLG Karlsruhe, FamRZ 2000, 365; LG Stuttgart, FamRZ 2005, 1103; LG Stuttgart, InVo 2005, 281; AG Stuttgart, Rpfleger 1996, 360; *Stöber*, Rn 1176e; a.A. OLG Köln, JurBüro 1999, 606.
729 BVerfGE 87, 153 = NJW 1992, 3153.
730 BGH, NZI 2009, 655 = Grundeigentum 2009, 1181 = NZM 2009, 708 = MDR 2009, 1189 = NJW-RR 2009, 1459 = Rpfleger 2009, 687 = BGHReport 2009, 1225 = MietPrax-AK § 850f ZPO Nr. 1 = JurBüro 2009, 607 = ZMR 2010, 20 = KKZ 2011, 95 = Vollstreckung effektiv 2009, 173 = FoVo 2009, 219; BGH, WM 2018, 1655 = ZInsO 2018, 2015 = NZM 2018, 784; vgl. auch Rdn 256.

I. Änderung des unpfändbaren Betrages (§ 850f ZPO) § 6

der ortsüblichen Vergleichsmiete fortlaufend geführte Sammlung von Mieten, die von der Gemeinde oder von Interessenvertretern der Vermieter und der Mieter gemeinsam geführt oder anerkannt wird und aus der Auskünfte gegeben werden, die für einzelne Wohnungen einen Schluss auf die ortsübliche Vergleichsmiete zulassen.

- **Hilfsweiser Rückgriff auf die Miethöchstgrenzen aus der Tabelle zu § 8 WoGG a.F.:** Bis zum 31.12.2008 waren nachfolgende Höchstbeträge für Miete und Belastung zulässig. Durch das erste Gesetz zur Änderung des Wohngeldgesetzes (BGBl I 08, 2963) wurde die Regelung zum 1.1.2009 aufgehoben. Eine Berücksichtigung ist dennoch i.R.d. § 850f Abs. 1 lit. a ZPO zulässig.

448

bei ... zum Haushalt rechnenden Familienmitglied(ern)	in Gemeinden mit Mieten der Stufe	für Wohnraum, der bezugsfertig geworden ist			
		bis zum 31.12.1965		ab 1.1.1966 bis zum 31.12.1991	ab 1.1.1992
		sonstiger Wohnraum	Wohnraum mit Sammelheizung und mit Bad oder Duschraum		
		Euro			
1	I	160	200	215	265
	II	170	210	230	280
	III	180	225	245	300
	IV	195	245	265	325
	V	210	260	285	350
	VI	225	280	305	370
2	I	215	265	290	320
	II	225	285	310	345
	III	240	300	330	365
	IV	260	325	355	395
	V	280	350	380	425
	VI	300	375	405	455
3	I	255	320	345	385
	II	270	340	365	410
	III	290	360	390	435
	IV	310	390	420	470
	V	335	420	455	505
	VI	360	445	485	540

§ 6 Die Pfändung von Arbeitseinkommen

bei ... zum Haushalt rechnenden Familienmitglied(ern)	in Gemeinden mit Mieten der Stufe	für Wohnraum, der bezugsfertig geworden ist			
		bis zum 31.12.1965		ab 1.1.1966 bis zum 31.12.1991	ab 1.1.1992
		sonstiger Wohnraum	Wohnraum mit Sammelheizung und mit Bad oder Duschraum		
		Euro			
4	I	295	370	400	445
	II	315	395	425	475
	III	335	420	455	505
	IV	360	455	490	545
	V	390	485	525	590
	VI	415	520	565	630
5	I	335	420	455	510
	II	360	450	485	545
	III	380	480	520	580
	IV	415	515	560	625
	V	445	555	600	670
	VI	475	595	640	715
Mehrbetrag für jedes weitere zum Haushalt rechnende Familienmitglied	I	40	50	55	60
	II	45	55	60	65
	III	45	60	65	70
	IV	50	65	70	75
	V	55	70	75	80
	VI	60	75	80	90

449 Bei **sonstigen Nebenkosten** für Heizung (z.B. Strom) gilt allerdings, dass die Vergünstigungen des § 850f Abs. 1 ZPO nur gewährt werden können, soweit es sich um gegenwärtige Bedürfnisse handelt.[731] Verbindlichkeiten, deren Entstehungsgrund also eine gewisse Zeit zurückliegt, scheiden deshalb aus, sodass wegen Aufwendungen zur Tilgung solcher Verbindlichkeiten Pfändungsschutz nach § 850f Abs. 1 ZPO nicht gewährt werden kann.[732] Kinder- und Erziehungsgeld bleiben aufgrund Unpfändbarkeit unberück-

---

731 OLG Frankfurt/Main, Rpfleger 1978, 264.
732 OLG Oldenburg, MDR 1959, 134.

I. Änderung des unpfändbaren Betrages (§ 850f ZPO) § 6

sichtigt und stellen daher kein Einkommen dar.[733] Dem **selbstständigen Schuldner** hat zusätzlich ein Betrag zur **Daseinsvorsorge** z.b. für Kranken- und Pflegeversicherung sowie eine angemessene Altersversorgung zu verbleiben.[734]

2. Besondere persönliche bzw. berufliche Bedürfnisse (§ 850f Abs. 1 lit. b ZPO)

Der Schuldner kann besondere Bedürfnisse aus persönlichen oder beruflichen Gründen nachweisen, die eine Erhöhung des pfändungsfreien Betrages gebieten. 450

Der Anwendungsbereich dieser Vorschrift ist auch im Zusammenhang mit einer Entschädigung nach § 16d SGB II (Mehraufwandsentschädigung = sog. Ein-Euro-Job) grds. gegeben. Aufwendungen des Schuldners, die ihre Ursache in der Verrichtung von entsprechenden Arbeiten haben, werden damit zwar nicht im Rahmen einer vollständigen Pfandfreistellung der Zuwendung berücksichtigt, der zusätzliche Aufwand kann jedoch auf Antrag des Schuldners auf Änderung des unpfändbaren Betrages nach § 850f ZPO erfolgen. 451

a) Persönliche Bedürfnisse
Hierunter fallen Aufwendungen, die in der Person des Schuldners begründet sind. 452

Nicht unter die Regelung fallen **Kosten für medizinische Behandlungsmethoden**, die von einer gesetzlichen Krankenkasse nicht übernommen werden,[735] ebenso die gegenüber der Staatsanwaltschaft freiwillig übernommene Verpflichtung zur monatlichen **Ratenzahlung** auf eine **Verurteilung** wegen Straftaten.[736] Gleiches gilt für die vom Schuldner geltend gemachten Kosten für Miete, Strom, Gas, Internet, Telefon, Kabelfernsehen, GEZ, Handy und Versicherungen. Hierbei handelt es sich um **übliche Lebenshaltungskosten**,[737] die nicht auf persönlichen oder beruflichen Gründen beruhen. Solche üblicherweise auftretende Belastungen sind bei der Bemessung der Pfändungsfreibeträge bereits berücksichtigt.[738]

Hinsichtlich des Umfangs des Pfändungsschutzes bei einer **privaten Altersvorsorge** gilt, dass § 851c Abs. 2 ZPO nur das für eine private Altersvorsorge im Sinne des § 851c Abs. 1 ZPO eingezahlte **Deckungskapital** und die nach Eintritt des Versicherungsfalls ausgezahl- 453

---

733 LG Frankfurt/Main, Rpfleger 1996, 298; a.A. OLG Stuttgart, JurBüro 2001, 437.
734 LG Koblenz, InVo 2005, 242.
735 BGH, Vollstreckung effektiv 2009, 158 = ZInsO 2009, 1072 = NJW 2009, 2313 = Rpfleger 2009, 470 = ZVI 2009, 290 = MDR 2009, 951 = DZWIR 2009, 383 = NZI 2009, 623 = BGHReport 2009, 956 = JurBüro 2009, 606.
736 AG Freudenstadt, JurBüro 2004, 448.
737 LG Braunschweig, ZInsO 2011, 1268.
738 Vgl. Musielak/*Becker*, § 850f Rn 5; Gottwald/*Mock*, § 850f Rn 18.

ten Rentenbeträge vor der Pfändung schützt. Ein Pfändungsschutz der zum weiteren Aufbau des Deckungskapitals bestimmten Anteile der laufenden Bezüge des Schuldners ist mit der Vorschrift nicht verbunden. Ein solcher ergibt sich auch nicht aus einer direkten oder entsprechenden Anwendung des § 850f Abs. 1 lit. b ZPO.[739]

454 **Erhöhte Bedürfnisse** kommen in der Praxis am häufigsten vor, wenn der Schuldner **krankheits-** oder **berufsbedingt erhöhte Aufwendungen** belegen kann.[740]

455 Krankheitsbedingte Aufwendungen können – einmalig oder dauerhaft – geltend gemacht werden, wenn der Schuldner z.b. zahlreiche teure Medikamente beziehen und für diese z.t. einen Eigenanteil leisten muss.[741] Grds. können auch Beträge freigestellt werden, die ihm aus Anlass einer Krankheit entstehen. Hierzu gehören auch die Krankheitskosten, die aufgrund eines mit der Versicherung **vereinbarten Selbstbehaltes** beim Schuldner verbleiben. Der mit der Versicherung vereinbarte Selbstbehalt kann aber nicht pauschal und anteilig pro Monat berücksichtigt werden. Er kann nur dann berücksichtigt werden, wenn dem Schuldner auch Kosten in dieser Höhe tatsächlich entstehen.[742]

456 Ebenso kann der Schuldner **sonstige Hilfsmittel** wie z.b. Kosten für Rollstuhl, Gehilfe, notwendige Pflegekosten usw. in Ansatz bringen. Kosten für eine behindertengerechte Wohnung sind allerdings nicht zu berücksichtigen, wenn hierfür bereits erhöhtes Wohngeld gewährt wird.[743] Gleiches gilt, wenn dem Schuldner zugemutet werden kann, durch Wohnungswechsel, Vermietung oder auf sonstige Weise seine Aufwendungen zu senken. Dies folgt aus dem Gedanken nach § 29 SGB XII. Soweit diese Kosten den angemessenen Umfang überschreiten, sind sie nur solange anzuerkennen, als es nicht möglich oder zuzumuten ist, die Kosten zu senken. Dies darzulegen und zu beweisen ist Sache des Schuldners.

b) Berufliche Bedürfnisse

457 Dem berufstätigen Schuldner ist einerseits als Anreiz für die Fortsetzung der Berufstätigkeit, andererseits aber auch zum Ausgleich berufsbedingten Aufwendungen wie etwa **Fahrtkosten**[744] grds. auch ein pauschalierter sog. „Besserstellungszuschlag" in angemessener Höhe zu belassen, dessen Höhe in Anlehnung an § 82 Abs. 3 SGB XII vom Vollstreckungsgericht festzusetzen ist.[745]

---

739 Festhaltung BGH, VuR 2011, 396; BGH, WM 2011, 1180 = Vollstreckung effektiv 2011, 130 = ZIP 2011, 1235 = ZInsO 2011, 1153 = MDR 2011, 813 = Rpfleger 2011, 534 = NJW-RR 2011, 1617 = DGVZ 2012, 28 = FoVo 2011, 128 = FamRZ 2011, 1224 = NJ 2011, 431 = ArbuR 2011, 443.
740 Gottwald/*Mock*, § 850f Rn 20 ff.
741 OLG Celle, InVo 1999, 288.
742 LG Düsseldorf, JurBüro 2006, 156.
743 AG Kassel, JurBüro 1997, 442.
744 Vgl. zu dieser Doppelfunktion insbesondere LG Dessau-Roßlau, Beschl. v. 29.8.2011 – 1 T 175/11 – juris.
745 LG Bamberg, JAmt 2017, 249.

I. Änderung des unpfändbaren Betrages (§ 850f ZPO) § 6

Solche Kosten, die für die Fahrt zu Arbeit entstehen, können als besondere Bedürfnisse anerkannt werden, sofern sie nicht bereits durch den Arbeitgeber übernommen werden und die Kosten nicht als nur unerheblich anzusehen sind. Allerdings sind die Fahrtkosten nicht in vollem Umfang zu berücksichtigen, sondern nur insoweit, als sie den **üblichen** Rahmen übersteigen. Mit Recht gehen Rechtsprechung und Literatur daher ganz überwiegend davon aus, dass Fahrtkosten nicht in jedem Fall zu berücksichtigen sind, sondern nur die Kosten für eine **besonders** weite Anfahrt oder **überdurchschnittlich** hohe Fahrtkosten.[746] Diese einschränkende Auslegung des § 850f Abs. 1 lit. b ZPO ist geboten, weil der Umstand, dass dem Schuldner anlässlich seiner beruflichen Tätigkeit Fahrtkosten entstehen, als Regelfall anzusehen ist und § 850f ZPO als Ausnahmetatbestand nur dann Wirkung beanspruchen kann, wenn darüber hinausgehende Belastungen des Schuldners vorliegen.

458

In der Rechtsprechung[747] werden für **durchschnittliche Fahrtstrecken** zur Arbeit unterschiedliche pauschale Besserstellungen von Erhöhungen des Regelsatzes um 25,[748] 30,[749] 40[750] bis hin zu 50 %[751] angesetzt, wobei die landgerichtlichen Entscheidung aber jeweils die berufsbedingten Mehraufwendungen in die Pauschale (auch ohne Nachweise) mit einbeziehen.

459

Bei der Bestimmung des noch üblichen Rahmens von Fahrtkosten geht ein Teil der Rechtsprechung davon aus, dass ein Weg zur Arbeitsstätte von bis 30 km[752] – einfache Strecke – angesichts der heute vorherrschenden Mobilität als noch normal angesehen werden darf und eine besondere Belastung des Schuldners i.S.d. § 850f ZPO deshalb nicht anzunehmen ist. Die Mobilität der Arbeitnehmer ist in der Vergangenheit derart gestiegen, dass nur noch ein kleiner Teil der Arbeitnehmer seinen Arbeitsplatz ohne Inanspruchnahme von öffentlichen Verkehrsmitteln oder eines eigenen Fahrzeugs erreicht. Für einen Großteil der Arbeitnehmer fallen Fahrtkosten zur Arbeitsstelle für eine Strecke bis zu 30 Kilometern an, sodass diese Kosten als gewöhnliche Belastung eines erwerbstätigen Arbeitnehmers anzusehen sind.[753] Dem steht auch nicht entgegen, dass im Rahmen der Bestim-

460

---

746 LG Gera, Beschluss v. 26.8.2013 – 5 T 346/13 – juris; LG Halle, Rpfleger 2000, 285; Zöller/*Herget* § 850f Rn 4, m.w.N.
747 Vgl. auch LG Bamberg, JAmt 2017, 249.
748 BGH, NJW – RR 2008, 733; LG Kassel, JurBüro 2005, 379.
749 LG Stuttgart, FamRZ 2005, 1103.
750 LG Detmold, FamRZ 2009, 1083.
751 LG Mönchengladbach, RPfleger 2006, 28.
752 Mangels anderweitiger Anhaltspunkte sind bei **langen Arbeitswegen** die Regelungen der Durchführungsverordnung (DV) zu § 82 SGB XII heranzuziehen. Nach § 3 Abs. 6 Nr. 2a DV zu § 82 SGB XII sind bei Benutzung eines eigenen Kraftfahrzeuges für jeden vollen Kilometer, den die Wohnung von der Arbeitsstätte entfernt liegt, 5,20 EUR anzusetzen, jedoch nicht mehr als 40 km. Damit ist der für den Schuldner **anzusetzende Betrag auf 208,00 EUR monatlich begrenzt**; vgl. auch LG Bamberg, JAmt 2017, 249.
753 LG Gera, Beschluss v. 26.8.2013 – 5 T 346/13 –, juris; LG Braunschweig, ZInsO 2011, 1268; LG Halle/Saale, Rpfleger 2000, 285; LG Duisburg, Beschluss v. 14.3.2007 – 7 T 15/07 –, juris.

mung des auf Arbeitslosengeld II anrechenbaren Einkommens nach § 6 Abs. 1 Nr. 3b der Verordnung zur Berechnung von Einkommen sowie zur Nichtberücksichtigung von Einkommen und Vermögen beim Arbeitslosengeld II/Sozialgeld[754] die Fahrtkosten für die gesamte Fahrtstrecke zur Arbeit berücksichtigungsfähig sind. Nach dieser Bestimmung ist von dem Einkommen volljähriger ALG-II-Leistungsberechtigter zusätzlich bei Benutzung eines Kraftfahrzeugs für die Fahrt zwischen Wohnung und Arbeitsstätte für Wegstrecken zur Ausübung der Erwerbstätigkeit ein Pauschbetrag i.H.v. 0,20 EUR für jeden Entfernungskilometer der kürzesten Straßenverbindung abzusetzen. Einer analogen Anwendung dieser Bestimmung i.R.d. Zwangsvollstreckungsverfahrens oder der Übertragung ihres Rechtsgedankens steht ein andersgerichteter rechtlicher Ausgangspunkt des § 850f ZPO als Ausnahmevorschrift entgegen. Im Übrigen soll bereits mit dem, dem Schuldner im Zwangsvollstreckungsverfahren gewährten Erwerbstätigenzuschlag ein angemessener Ausgleich für die mit der Erwerbstätigkeit notwendigerweise verbundenen berufsbedingten Aufwendungen, so unter anderem auch die Fahrtkosten, geschaffen werden und nicht nur ein Anreiz für die Fortsetzung der Erwerbstätigkeit.[755]

461 Praktisch relevant sind auch **freiberufliche Tätigkeiten**. Geltend gemacht werden können allgemeine Praxiskosten eines Arztes, gesonderte Bürokosten, Anschaffungskosten für notwendige Kleidung, notwendige Ausgaben für ein Fahrzeug etc. Erforderliche Nachweise sind durch den Schuldner zu erbringen. Eine Prüfung durch Gläubiger ist dadurch möglich, dass der freiberuflich angestellte Schuldner ggf. einen Anstellungsvertrag vorlegt, aus dem ersichtlich ist, ob und welche Aufwendungen erstattet werden. Im Hinblick auf berufliche Verpflegungskosten müssen anteilige Kosten in Abzug gebracht werden, da der Schuldner auch ohne die beruflich bedingten Aufwendungen Verpflegungskosten hat. Gleiches gilt für geschäftliche Telefonkosten. Bei **Pkw-Kosten** ist zu hinterfragen, inwieweit diese ausschließlich durch die berufliche Tätigkeit bedingt sind. Nicht berücksichtigungsfähig sind die Anschaffungs- und Abtragungskosten sowie Steuer und Versicherung. Diese Kosten fallen auch bei privater Nutzung an. Zu berücksichtigen sind daher allein die durch die Fahrt zur Arbeit verursachten Kraftstoffverbrauchskosten.[756] Der Anteil der **Privatnutzung** kann auch mit 1 % des Bruttolistenpreises des Fahrzeugs im Zeitpunkt der Neuzulassung geschätzt werden.[757] Es wird auch vertreten, dass Kosten für dessen Unterhaltung nur dann in Ansatz zu bringen sind, wenn das Fahrzeug insgesamt dem Pfändungsschutz unterliegt.[758] Die geltend gemachten Aufwendungen dürfen jedoch

---

[754] ALG-II-V; BGBl I, 2007, S. 2942.
[755] Vgl. LG Dessau-Roßlau, Beschluss v. 29.8.2011 – 5 T 175/11 n.v.; LG Münster, Beschl. v. 29.5.2009 – 5 T 18/09 –, juris; LG Mönchengladbach, Rpfleger 2006, 28.
[756] LG Bonn, JurBüro 2009, 550.
[757] Gottwald/*Mock*, § 850f Rn 23 m.w.N.
[758] OLG Zweibrücken, JurBüro 1988, 933.

I. Änderung des unpfändbaren Betrages (§ 850f ZPO) § 6

lediglich die gegenwärtigen Bedürfnisse regeln. Insoweit müssen ältere Verbindlichkeiten zugunsten des Schuldners außer Acht bleiben.[759] Aufwendungen für die Anmietung einer **Garage** können nur dann erforderlich sein, wenn anderweitige Parkflächen nicht zur Verfügung stehen oder das Abstellen des Kraftfahrzeuges im öffentlichen Verkehrsraum aus sonstigen Gründen nicht zumutbar wäre.[760]

3. Besonderer Umfang von gesetzlichen Unterhaltspflichten (§ 850f Abs. 1 lit. c ZPO)

Nach dieser Regelung kann dem Schuldner aus dem gepfändeten Arbeitseinkommen oder den Lohnersatzleistungen ein über die Pfändungsgrenzen des § 850c ZPO hinausgehender Betrag pfandfrei belassen werden, wenn der besondere Umfang der gesetzlichen Unterhaltspflichten dies erfordert. Hierzu zählen insbesondere die Fälle, in denen der Schuldner mehr als fünf Personen zum Unterhalt verpflichtet ist, weil solche Unterhaltspflichten nach § 850c ZPO nicht mehr berücksichtigt werden. Besondere Bedürfnisse des Unterhaltsberechtigten können ebenso Berücksichtigung finden.[761] Freiwillig übernommene Unterhaltsverpflichtungen, aber auch die sog. faktischen Unterhaltszahlungen im Rahmen einer Bedarfsgemeinschaft fallen nicht unter diese Regelung, denn es muss sich nach ihrem eindeutigen Wortlaut um gesetzliche – nicht vertragliche –[762] Unterhaltspflichten handeln.[763]

462

Voraussetzung für eine Erhöhung des unpfändbaren Betrages ist stets, dass sich durch die besondere Höhe des zu leistenden Unterhalts ergeben muss, dass eine außergewöhnliche Belastung vorliegt. Hauptanwendungsfall dürfte die Unterhaltspflicht gegenüber mehr als fünf Berechtigten sein, da die Tabelle zu § 850c ZPO lediglich bis zu fünf Personen berücksichtigt.[764] Darüber hinaus ist denkbar, dass durch Krankheit eines Unterhaltsberechtigten (nicht Schuldner) ein deutlich erhöhter Unterhaltsbedarf besteht.[765] Im Rahmen der Regelung ist die Reihenfolge des § 850d Abs. 2 ZPO zu wahren. Insofern dürfen nachrangige Berechtigte nicht bevorzugt werden.

463

---

759 OLG Frankfurt/Main, Rpfleger 1978, 265.
760 BGH, NJW-RR 2004, 506 = Rpfleger 2004, 297 = BGHReport 2004, 627 = MDR 2004, 711 = InVo 2004, 373 = FPR 2004, 404 = FamRB 2004, 253.
761 BeckOK-ZPO/*Riedel*, 2017, § 850f Rn 24 f.
762 OLG Köln, Rpfleger 2009, 517.
763 BGH, FoVo 2017, 210; LG Schweinfurt, Rpfleger 1984, 69; Prütting/Gehrlein/*Ahrens*, § 850f Rn 25; BeckOK-ZPO/*Riedel*, a.a.O. Rn 25; MüKo-ZPO/*Smid*, § 850f Rn 7; Kindl/*Meller-Hannich*/Wolf, § 850f Rn 8.
764 Vgl. auch BGH, FoVo 2017, 210.
765 Goebel/*Gottwald*, § 6 Rn 94.

4. Verfahren

464 Eine Erhöhung des unpfändbaren Betrages erfolgt nur auf ausdrücklichen **Antrag** hin. **Antragsberechtigt** ist nur der **Schuldner, nicht** hingegen ein **Unterhaltsberechtigter**, zu dessen Gunsten der Pfändungsfreibetrag erhöht werden soll,[766] ebenso nicht der **Drittschuldner**.[767]

465 Ein Abänderungsantrag leitet gegenüber dem Pfändungs- und Überweisungsbeschluss kein neues Vollstreckungsverfahren ein, sondern ist Teil des bereits anhängigen Zwangsvollstreckungsverfahrens. Deshalb bleibt das Amtsgericht, das den Pfändungs- und Überweisungsbeschluss erlassen hat, für alle Einzelmaßnahmen des gleichen Verfahrens zuständig, auch wenn der Schuldner zwischenzeitlich in einen anderen Gerichtsbezirk umgezogen ist.[768]

466 Vor Erlass einer Entscheidung, die regelmäßig durch Beschluss ergeht (§ 764 Abs. 3 ZPO), ist der Gläubiger anzuhören. Der Schuldner hat die anspruchsbegründeten Tatsachen schlüssig darzulegen.[769] Das Gericht hat das Parteivorbringen nach **Billigkeitsgesichtspunkten** zu bewerten und dabei die Gläubiger- und Schuldnerinteressen gegeneinander abzuwägen.

467 Im **Insolvenzverfahren** ist § **850f Abs. 1 ZPO** allerdings **nicht unmittelbar anwendbar**, weil durch diese Regelung sichergestellt werden soll, dass die individuellen Belange des vollstreckenden Gläubigers – etwa seine über die allgemeinen Verhältnisse hinausgehende Schutzbedürftigkeit – Berücksichtigung finden. Daher ist im Insolvenzverfahren eine solche Abwägung zugunsten einzelner Gläubiger ausgeschlossen.[770] Dennoch bedarf es nach § 36 Abs. 1 S. 2 InsO, § 850i Abs. 1 ZPO einer wertenden Entscheidung des Gerichts, ob und wie Pfändungsschutzvorschriften der §§ 850 ff. ZPO unter Abwägung der Belange von Schuldner und Gläubiger zur Anwendung kommen.[771]

468 Mit stattgebendem Antrag wird die früher ausgebrachte Pfändung teilweise aufgehoben. Auf eine abändernde Rechtsmittelentscheidung kann die Pfändung nur dann mit dem alten Rang wieder aufleben, wenn das Gericht die Erhöhung von der Rechtskraft seiner Entscheidung abhängig gemacht hat.[772]

---

766 Gottwald/*Mock*, § 850f Rn 9; a.A. Musielak/*Becker*, § 850f Rn 16 m.w.N.; Zöller/*Herget*, § 850f Rn 12; MüKo-ZPO/*Smid*, § 850f Rn 2.
767 MüKo-ZPO/*Smid*, § 850f Rn 2; LG Essen, MDR 1969, 225.
768 LG Verden, NdsRpfl 2009, 294.
769 OLG Köln, Rpfleger 2009, 517.
770 BGH, ZInsO 2014, 1488 = WM 2014, 1432 = DB 2014, 1676; vgl. *Ahrens*, ZInsO 2010, 2357 (2362).
771 BGH, ZIP 2010, 293 = WM 2010, 271 = NZI 2010, 141 = Rpfleger 2010, 233 = MDR 2010, 408 = ZVI 2010, 102 = InsVZ 2010, 144 = NJW-RR 2010, 474.
772 OLG Köln, NJW 1993, 393.

I. Änderung des unpfändbaren Betrages (§ 850f ZPO) § 6

5. Muster: Antrag auf Erhöhung der Pfändungsfreigrenze

An das 469
Amtsgericht
– Vollstreckungsgericht –
Az.: ...

Antrag auf Erhöhung des Pfandfreibetrags nach § 850f Abs. 1 ZPO
In der Zwangsvollstreckungssache
Vollstreckungsgläubiger
gegen
Vollstreckungsschuldner
zeige ich an, dass ich den Gläubiger vertrete. Namens und in Vollmacht desselben werde ich beantragen:
In Abänderung des Pfändungsbeschlusses des angerufenen Gerichts vom ... (Az.: ...) wird gem. § 850f Abs. 1 ZPO dem Schuldner abweichend von § 850c Abs. 1 ZPO ein Betrag von EUR ... statt EUR ... als unpfändbar belassen.

Begründung

Der Schuldner ist seit dem ... schwer erkrankt. Er benötigt eine besondere Diätkost (Beweis: beigefügte ärztliche Bescheinigung vom ...), für die monatlich Mehrkosten i.H.v. EUR ... entstehen, die die gesetzliche Krankenkasse ausweislich der beigefügten Bescheinigung vom ... nicht trägt. Der Pfändungsfreibetrag ist daher entsprechend zu erhöhen, andernfalls können dem Schuldner nicht vorhersehbare gesundheitliche Schäden entstehen, wenn er die Diätkost nicht regelmäßig und ausschließlich zu sich nehmen kann.

gez. Rechtsanwalt

IV. Vollstreckung wegen vorsätzlich begangener unerlaubter Handlung (§ 850f Abs. 2 ZPO)

1. Anwendungsbereich

§ 850f Abs. 2 ZPO **erweitert** den **Zugriff** des Gläubigers auf das **Arbeitseinkommen** des 470
Schuldners, wenn er wegen eines Anspruchs aus einer **vorsätzlich begangenen unerlaubten Handlung (Delikt)** vollstreckt. Der Gesetzgeber will damit dem Gläubiger eines solchen Anspruchs eine Vorzugsstellung bei der Zwangsvollstreckung in das Arbeitseinkommen des Schuldners einräumen. Maßgeblich ist die gesetzgeberische Wertung, die den Gläubiger umfassend schützen will. Die Pflicht des Schuldners, entstandenen Schaden wieder gut zu machen, besteht nicht nur hinsichtlich des Schadenersatzanspruchs selbst, sondern auch bzgl. der Folgeschäden wie **Kostenerstattungsansprüche** und **Ver-**

531

zugszinsen für verspätete Zahlung, die eng mit der schädigenden Handlung zusammenhängen. Sie stammen ebenfalls aus einer unerlaubten Handlung, sind also Bestandteil des deliktischen Hauptanspruchs, auch wenn die Anspruchsgrundlage aus Verzug oder prozessualer bzw. materieller Kostenerstattung folgt.[773] Gleiches gilt für Ansprüche auf Erstattung von **Prozesskosten** und **Kosten der Zwangsvollstreckung**.[774]

471 Anzuwenden ist die Norm auch bei **Schadensersatzansprüchen des Dienstherrn** gegen den Beamten wegen vorsätzlicher Dienstpflichtverletzung.[775] Die Pfändungsfreigrenzen des § 850c ZPO können i.r.d. **Verfallsvollstreckung** analog § 850f Abs. 2 ZPO unterschritten werden, wenn gegen den Verurteilten kein Anspruch aus unerlaubter Handlung besteht.[776] Die Regelung ist gem. §§ 459g Abs. 2, 459 StPO, § 6 Abs. 2 JBeitrO und § 54 Abs. 4 SGB I auf die Pfändung von Renten im Wege der Verfallsvollstreckung entsprechend anzuwenden. Zuständig für eine entsprechende Bestimmung i.R.d. Verfallsvollstreckung ist gem. §§ 459g, 459 StPO die Staatsanwaltschaft als Vollstreckungsbehörde. Die Befugnis zum Erlass von Pfändungsbeschlüssen gem. § 6 Abs. 2 S. 2 JBeitrO umfasst auch die Befugnis zur Entscheidung nach § 850f Abs. 2 ZPO.[777] Der Schuldner soll in diesen Fällen bis zur Grenze seiner Leistungsfähigkeit auch mit den Teilen seines Arbeitseinkommens einstehen, die ihm sonst nach der Vorschrift des § 850c ZPO zu belassen wären.[778]

2. Besonderheit bei prozessualem Kostenerstattungsanspruch

472 Im Gegensatz zu der BGH-Entscheidung vom 9.9.2009,[779] durch die dem **prozessualen Kostenerstattungsanspruch** eines **Unterhaltsgläubigers** gegen den Unterhaltsschuldner aus einem Unterhaltsprozess das **Vollstreckungsprivileg nach § 850d ZPO versagt**

---

773 BGH, Vollstreckung effektiv 2012, 60 = WM 2012, 138 = MDR 2012, 76 = VersR 2012, 195 = NJW 2012, 601; LG Stuttgart, InVo 2005, 157; a.A. LG Ellwangen, InVo 2004, 162.
774 BGH, Vollstreckung effektiv 2011, 101 = FamRZ 2011, 970 = FoVo 2011, 134 = NJW 2011, 3106 = JurBüro 2011, 435 = Rpfleger 2011, 448 = NJW-RR 2011, 791 = MDR 2011, 690 = WM 2011, 944; LG Saarbrücken, JurBüro 2006, 380; LG Ellwangen, JurBüro 2003, 660; LG Stuttgart, Rpfleger 2005, 38; LG Dortmund, Rpfleger 1989, 75; KG Berlin, Rpfleger 1972, 66; a.A. LG Koblenz, Vollstreckung effektiv 2010, 51; LG Hannover, Rpfleger 1982, 232.
775 OVG Mecklenburg-Vorpommern, NVwZ-RR 2011, 989; VG Düsseldorf, Urt. v. 22.12.2011 – 26 K 816/11 – juris.
776 LG Stade, JurBüro 2004, 215; Beschl. v. 24.6.2003 – 12 KLs 141 Js 5145/94 – juris.
777 Vgl. für den Fall der Vollstreckung durch eine Finanzbehörde: BFH, NJW 1997, 1725.
778 BGH, NJW 2005, 1663 = Vollstreckung effektiv 2005, 97 = ZInsO 2005, 538 = FamRZ 2005, 974 = Rpfleger 2005, 370 = ZVI 2005, 253 = WM 2005, 1326 = VuR 2005, 225 = InVo 2005, 326 = JurBüro 2005, 437 = MDR 2005, 1014 = JZ 2006, 423 = NZI 2006, 123.
779 BGH, Vollstreckung effektiv 2009, 169 = FamRZ 2009, 1483 = MDR 2009, 1190 = FPR 2009, 477 = NJW-RR 2009, 1441 = JurBüro 2009, 549 = AGS 2009, 559 = FoVo 2009, 202 = NJW-Spezial 2009, 725 = FamRB 2009, 372 = ZFE 2010, 2 = FamFR 2009, 20 = Rpfleger 2009, 629.

I. Änderung des unpfändbaren Betrages (§ 850f ZPO) § 6

wurde,[780] wendet der BGH die dortigen Grundsätze bei einem **Deliktsanspruch** gerade **nicht** an.[781] Denn der Schutzzweck des § 850f Abs. 2 ZPO besteht in dem vom besonderen Unrechtsgehalt der Forderungen aus vorsätzlich begangener unerlaubter Handlung getragenen Ausgleichsinteresse. Hinter der durch § 850f Abs. 2 ZPO nach dem Ermessen des Vollstreckungsgerichts ermöglichten Herabsetzung der Pfändungsfreigrenzen steht das gesetzgeberische Anliegen, dass der Schuldner für vorsätzlich begangene unerlaubte Handlungen bis zur Grenze seiner Leistungsfähigkeit einzustehen hat. Der Schuldner soll somit den gesamten entstandenen Schaden mit der erforderlichen Anstrengung ersetzen. Hinter der durch § 850d Abs. 1 ZPO für gesetzliche Unterhaltsansprüche angeordneten Herabsetzung der Pfändungsfreigrenzen steht jedoch das gesetzgeberische Anliegen, den Gläubiger, der seinen Unterhalt nicht selbst bestreiten kann, nicht auf die staatliche Sozialfürsorge zu verweisen. Stattdessen soll er privilegiert Zugriff auf das Arbeitseinkommen des ihm gegenüber unterhaltspflichtigen Schuldners nehmen dürfen.

Taktischer Hinweis 473

Die unterschiedliche BGH-Rechtsprechung hinsichtlich der Prozesskosten ist insbesondere dann bedeutsam, wenn Delikts- und Unterhaltsgläubiger oder Normal- und/ oder Delikts- und Unterhaltsgläubiger bei einer Lohnpfändung aufeinandertreffen. Hier muss der Arbeitgeber als Drittschuldner aufpassen, da andernfalls Schadensersatzansprüche entstehen können.

Denn das amtliche Formular wegen gesetzlicher Unterhaltsansprüche gem. § 2 Nr. 1 GVFV beinhaltet auf Seite 9 unten folgende Formulierueng:

> Für die Pfändung der Kosten für den Unterhaltsrechtsstreit (das gilt nicht für die Kosten der Zwangsvollstreckung) sind bezüglich der Ansprüche A und B die gemäß § 850c ZPO geltenden Vorschriften für die Pfändung von Arbeitseinkommen anzuwenden; bei einem Pfändungsschutzkonto gilt § 850k Absatz 1 und 2 ZPO.

Eine solche Formulierung fehlt im amtlichen Formular nach § 2 Nr. 2 ZVFV. Hinsichtlich der Kosten für den Unterhaltsrechtsstreit sind diese somit aus Tabellenbetrag nach der Lohnpfändungstabelle zu befriedigen und gerade nicht durch den privilegierten Betrag.

Beispiel: Normalgläubiger pfändet vor Unterhaltsgläubiger 474

Normalgläubiger G1 pfändet wegen eines titulierten Anspruchs von 3.000 EUR in das Arbeitseinkommen des ledigen Schuldners S gem. § 850c ZPO. Der Pfändungs- und

---

780 Vgl. auch Rdn 225.
781 A.A. LG Koblenz, Vollstreckung effektiv 2010, 51.

§ 6 Die Pfändung von Arbeitseinkommen

Überweisungsbeschluss wird dem Drittschuldner (DS) am 7.3. zugestellt (§ 829 Abs. 3 ZPO). Am 15.3. pfändet Unterhaltsgläubiger G2 ebenfalls wegen gesetzlicher Unterhaltsansprüche von monatlich 500 EUR und titulierter Prozesskosten i.H.v. 1.000 EUR. Das Vollstreckungsgericht setzt für G2 den unpfändbaren Betrag auf monatlich 850 EUR fest. S verdient monatlich 1.500 EUR netto. An wen muss der DS welche Beträge abführen?

Lösung

G1 hat gegenüber G2 das bessere Pfandrecht (§ 804 Abs. 3 ZPO)

G1 erhält nach der Lohnpfändungstabelle Sp. 0 monatlich   256,34 EUR
unpfändbar somit 1.500 EUR – 234,56 EUR: 1.243,66 EUR
G2 erhält auf die *Hauptforderung* von monatlich 500 EUR gem. § 850d ZPO
die Differenz von 1.243,66 EUR – 850 EUR: 393,66 EUR

Hinsichtlich der *Prozesskosten* von 1.000 EUR kann G2 aber nur den Pfändungsbetrag nach der Lohnpfändungstabelle i.H.v. 256,34 EUR beanspruchen. Hier geht G2 das bessere Pfandrecht des G1 vor. Der DS darf diesen Anspruch somit nicht aus dem bevorrechtigten Teil von 393,66 EUR bedienen. Dies hat zur Folge, dass wegen des Anspruchs von 1.000 EUR G2 erst Zahlungen erhalten darf, wenn G1 vollständig befriedigt ist.

475   *Beispiel: Normalgläubiger pfändet vor Deliktsgläubiger*

Normalgläubiger G1 pfändet wegen eines titulierten Anspruchs von 3.000 EUR in das Arbeitseinkommen des ledigen Schuldners S gem. § 850c ZPO. Der Pfändungs- und Überweisungsbeschluss wird dem Drittschuldner (DS) am 7.3. zugestellt (§ 829 Abs. 3 ZPO). Am 15.3. pfändet G2 wegen eines Deliktsanspruchs von 5.000 EUR nebst titulierter Prozesskosten von 1.200 EUR ebenfalls in das Arbeitseinkommen. Das Vollstreckungsgericht setzt für G2 den unpfändbaren Betrag auf monatlich 850 EUR fest. S verdient monatlich 1.500 EUR netto. An wen muss der DS welche Beträge abführen?

Lösung

G1 hat gegenüber G2 das bessere Pfandrecht (§ 804 Abs. 3 ZPO)

G1 erhält nach der Lohnpfändungstabelle Sp. 0 monatlich   256,34 EUR
unpfändbar somit 1.500 EUR – 234,56 EUR: 1.243,66 EUR
G2 erhält auf seine *Hauptforderung* und titulierter Prozesskosten
gem. § 850f Abs. 2 ZPO die Differenz von 1.243,66 EUR – 850 EUR: 393,66 EUR
Der DS darf den kompletten Anspruch des G2 aus dem bevorrechtigten Teil von 393,66 EUR bedienen.

| I. Änderung des unpfändbaren Betrages (§ 850f ZPO) | § 6 |

Beispiel: Unterhaltsgläubiger pfändet vor Deliktsgläubiger **476**
Unterhaltsgläubiger G1 pfändet wegen gesetzlicher Unterhaltsansprüche von monatlich 500 EUR und titulierter Prozesskosten i.H.v. 1.000 EUR in das Arbeitseinkommen des ledigen Schuldners S gem. § 850d Abs. 1 ZPO. Der Pfändungs- und Überweisungsbeschluss wird dem Drittschuldner (DS) am 7.3. zugestellt (§ 829 Abs. 3 ZPO). Am 15.3. pfändet G2 wegen eines Deliktsanspruchs von 5.000 EUR nebst titulierter Prozesskosten von 1.200 EUR gem. § 850f Abs. 2 ZPO ebenfalls in das Arbeitseinkommen. Das Vollstreckungsgericht setzt sowohl für G1 als auch für G2 den unpfändbaren Betrag auf monatlich 850 EUR fest. S verdient monatlich 1.500 EUR netto. An wen muss der DS welche Beträge abführen?

Lösung

G1 hat gegenüber G2 das bessere Pfandrecht (§ 804 Abs. 3 ZPO)
nach der Lohnpfändungstabelle Sp. 0 sind monatlich pfändbar   256,34 EUR
unpfändbar somit 1.500 EUR − 256,34 EUR: 1.243,66 EUR
der monatlich pfändbare Betrag für G1 und G2 beträgt
(= 1.500 EUR − 850 EUR)   650,00 EUR
G1 erhält auf die Hauptforderung von monatlich 500 EUR gem.
§ 850d ZPO
monatlich: 500,00 EUR
G2 erhält auf die Hauptforderung von 6.200 EUR gem. § 850f
Abs. 2 ZPO
monatlich restliche: 150,00 EUR

Hinsichtlich der *Prozesskosten* von 1.000 EUR kann G1 aber nur den Pfändungsbetrag nach der Lohnpfändungstabelle i.H.v. 256,34 EUR beanspruchen. Der DS darf diesen Anspruch somit nicht aus dem bevorrechtigten Teil von 650 EUR bedienen. Daher steht dem G2 der bevorrechtigte Betrag von 650 EUR in Bezug auf seine Prozesskosten von 1.200 EUR alleine zu.

3. Prüfungskompetenz des Vollstreckungsgerichts

Über die Herabsetzung des unpfändbaren Betrages entscheidet auf **Antrag des Gläubi-** **477**
gers das Vollstreckungsgericht (Rechtspfleger, § 20 Nr. 17 RPflG). Es hat nach **pflichtgemäßem Ermessen** („kann") und unter **Abwägung** der **beiderseitigen Interessen** des Gläubigers und Schuldners den der Pfändung zusätzlich unterliegenden Teil des Arbeitseinkommens zu bestimmen. Der Antrag kann zugleich mit dem Pfändungsgesuch einge-

reicht werden. Der Schuldner ist in diesem Fall nicht anzuhören (§ 834 ZPO).[782] Eine Ausnahme besteht, wenn der Gläubiger dies beantragt.[783]

478 Im Textfeld auf Seite 1 des amtlichen Formulars kann eingetragen werden:

479 Auf Seite 8 im Formular gem. § 2 Nr. 2 ZVFV im Kasten „Sonstige Anordnungen", im Formular gem. § 2 Nr. 1 ZVFV auf Seite 10 (Freifeld) kann der Antrag näher begründet werden. Darüber hinaus können auch Anlagen benutzt werden.[784]

480 **Musterformulierung im amtlichen Formular § 2 Nr. 2 ZVFV Seite 8**

481 Bei der Entscheidung spielen der Unrechtsgehalt, Begehungsart der unerlaubten Handlung, Schaden des Gläubigers und Vorteile, die der Schuldner erlangt hat, eine Rolle.[785] Hingegen ist es nicht Aufgabe des Vollstreckungsgerichts, auch über das Vorliegen eines Anspruchs aus vorsätzlich begangener unerlaubter Handlung zu entscheiden. Bei der Prüfung, ob der

---

782 OLG Koblenz, MDR 1975, 939; LG Bochum, Rpfleger 1997, 395; a.A. OLG Hamm, NJW 1973, 1332.
783 OLG Celle, MDR 1972, 958; LG Mannheim, JurBüro 1984, 299.
784 Vgl. auch Fragen und Antworten: Formulare für die Zwangsvollstreckung; http://www.bmjv.de/DE/Themen/MarktundRecht/ZwangsvollstreckungPfaendungsschutz/_doc/_faq_zwangsvollstreckung.html?nn= 1512734#[10].
785 Gottwald/*Mock*, § 850f Rn 29 m.w.N.

I. Änderung des unpfändbaren Betrages (§ 850f ZPO) § 6

Gläubiger aus einem in der Zwangsvollstreckung privilegierten Anspruch vorgeht, ist das Gericht vielmehr an die **Auffassung des Prozessgerichts gebunden**. Allein dies wird der Aufgabenverteilung zwischen Erkenntnis- und Vollstreckungsverfahren gerecht,[786] nach der die materiell-rechtliche Beurteilung des geltend gemachten Anspruchs dem Prozessgericht obliegt, während die Vollstreckungsorgane die formellen Voraussetzungen prüfen, von denen die Durchsetzung des vollstreckbaren Anspruchs abhängt.

Taktischer HInweis 482

Um den **Nachweis** für die Vollstreckungsprivilegierung zu erbringen, muss der Gläubiger dem Vollstreckungsgericht einen **Titel** vorlegen, aus dem sich – ggf. im Wege der Auslegung – der deliktische Schuldgrund und der von § 850f Abs. 2 ZPO vorausgesetzte Grad des Verschuldens ergibt. Wenn der vorgelegte Titel im **Tenor** die Feststellung enthält (i.d.R. ein Urteil[787]), dass der Beklagte die Forderung aus vorsätzlicher unerlaubter Handlung schuldet, **bindet** diese Feststellung das **Vollstreckungsgericht**.[788] Um Vollstreckungsprobleme bzw. eine nachträgliche Feststellungsklage von vornherein zu vermeiden, sollte der Gläubiger seine Zahlungsklage deshalb von vornherein mit einer entsprechend Feststellungsklage verbinden.[789]

Hat sich das Prozessgericht in dem vom Gläubiger beigebrachten Titel mit dem Vorliegen 483
eines Anspruchs aus einer vorsätzlich begangenen unerlaubten Handlung hingegen nicht oder nicht ausdrücklich befasst, begründet dies keine Prüfungskompetenz des Vollstreckungsgerichts, die materiell-rechtlichen Fragen zum Gegenstand hätte.

Das Vollstreckungsverfahren ist seinem Wesen nach auf raschen Zugriff und nicht auf 484
Verhandlung ausgelegt. Es ist nicht kontradiktorisch ausgestaltet und bietet deshalb für die Prüfung materiell-rechtlicher Ansprüche regelmäßig eine geringere Richtigkeitsgewähr als das Erkenntnisverfahren.[790] Wäre dem Vollstreckungsgericht die Beurteilung überlassen, ob der Vollstreckungstitel (auch) auf einer vorsätzlich begangenen unerlaubten Handlung beruht, müsste es sich u.U. auf Vorbringen und Beweismittel stützen, die nicht Gegenstand des Erkenntnisverfahrens waren. Damit würden die Grenzen zwischen den beiden Verfahrensarten und zugleich die Aufgabenverteilung zwischen Richter und Rechtspfleger unzulässig verschoben.

---

786 BGHZ 152, 166 = NJW 2003, 515 = WM 2002, 2385 = BB 2002, 2468 = ZVI 2002, 420 = BGHReport 2003, 48 = ZInsO 2002, 1183 = Rpfleger 2003, 91= InVo 2003, 70 = MDR 2003, 290 = KTS 2003, 263 = VersR 2003, 620 = JurBüro 2003, 436; Gottwald/*Mock*, § 850f Rn 29.
787 Auch Versäumnisurteil; Musielak/*Becker*, § 850f Rn 10 m.w.N.
788 BGH, Vollstreckung effektiv 2011, 101 = FamRZ 2011, 970 = FoVo 2011, 134 = NJW 2011, 3106 = JurBüro 2011, 435 = Rpfleger 2011, 448 = NJW-RR 2011, 791 = MDR 2011, 690 = WM 2011, 944; LG Verden, NdsRpfl 2010, 31; vgl. *Ahrens*, NJW 2003, 1371.
789 BGH NJW 2012, 601; BGHZ 183, 77, 85 = NJW 2010, 2210; BGHZ 109, 275, 276 ff. = NJW 1990, 834.
790 BGH, BGHZ 109, 275 = NJW 1990, 834 = WM 1990, 569 = MDR 1990, 317 = Rpfleger 1990, 246.

§ 6 Die Pfändung von Arbeitseinkommen

485 Durch die Vorlage eines **Vollstreckungsbescheids** kann der Nachweis einer Forderung aus vorsätzlich begangener unerlaubter Handlung nicht geführt werden[791] ebenso, wenn es sich um ein Anerkenntnis- oder Versäumnisurteil ohne Tatbestand und Gründe handelt.[792]

486 Ein **Versäumnisurteil ohne Feststellungstenor** genügt nur ausnahmsweise, wenn aus der Anspruchsbegründung für den Rechtspfleger des Vollstreckungsgerichts zweifelsfrei ersichtlich ist, dass der Zahlungsanspruch zwingend auf einer vorsätzlich begangenen unerlaubten Handlung beruht, weil eine Fahrlässigkeitshaftung nicht in Betracht kommt.[793]

487 *Taktischer Hinweis*

Nach Ansicht des OLG Düsseldorf[794] ist der **Nachweis** auch durch einen **Vertrag**, der ein **Anerkenntnis** enthält, möglich. Hierdurch wird die Schlüssigkeitsprüfung ersetzt.[795]

Die Entscheidung ist für Deliktsgläubiger bedeutsam, bei denen gerade weder Forderung noch Deliktsanspruch tituliert sind. Es besteht nach Auffassung des OLG Düsseldorf die Möglichkeit, sowohl die Forderung als auch den Rechtsgrund der Deliktshandlung mittels **notariellen Schuldanerkenntnisses** titulieren zu lassen. Der Schuldner muss sich der sofortigen Zwangsvollstreckung sowohl hinsichtlich der Forderung als auch wegen des Deliktsanspruchs unterwerfen. Letzteres setzt voraus, dass es für die Feststellung des Rechtsgrundes der unerlaubten Handlung notwendig, aber auch ausreichend ist, dass der Schuldner die unerlaubte Handlung mit einer entsprechenden Belehrung über Sinn und Zweck dieses Attributs bestätigen muss. Der Sachverhalt, welcher zu einer deliktischen Handlung geführt hat, sollte grob geschildert werden. Darüber hinaus sollte die Klausel den Hinweis auf die Rechtsfolgen der privilegierten Vollstreckung und Restschuldbefreiung für deliktische Tatbestände enthalten (§ 850f Abs. 2 ZPO, § 302 InsO).

488 Streitig ist, ob eine bevorrechtigte Pfändung aufgrund eines vollstreckbaren Auszugs aus einer **Insolvenztabelle** zulässig ist.[796]

---

791 BGH, NJW 2005, 1663 = Vollstreckung effektiv 2005, 97 = ZInsO 2005, 538 = FamRZ 2005, 974 = Rpfleger 2005, 370 = ZVI 2005, 253 = WM 2005, 1326 = VuR 2005, 225 = InVo 2005, 326 = JurBüro 2005, 437 = MDR 2005, 1014 = JZ 2006, 423 = NZI 2006, 123; LG Leipzig, DIJuF, JAmt 2014; LG Düsseldorf, NJW-RR 1987, 758; AG Freyung, MDR 1986, 595.
792 LG Frankenthal, Rpfleger 2006, 29 (offengelassen durch BGH, Vollstreckung effektiv 2011, 101); Musielak/*Becker*, § 850f Rn 6.
793 Musielak/Voit/*Becker*, § 850f Rn 10 m.w.N.
794 OLG Düsseldorf, Vollstreckung effektiv 2014, 21 = ZInsO 2013, 1488 = ZVI 2013, 399.
795 Musielak/Voit/*Becker*, § 850f Rn 10.
796 Dafür: LG Lübeck, Beschl. v. 24.4.2018 – 7 T 185/18 –, juris; LG Essen, Vollstreckung effektiv 2017, 130; LG Düsseldorf, JurBüro 2008, 661; AG Rostock, JurBüro 2007, 666; dagegen: LG Koblenz, Vollstreckung effektiv 2018, 2; AG Münster, InsBüro 2017, 519; AG Köln, ZInsO 2017, 109.

I. Änderung des unpfändbaren Betrages (§ 850f ZPO) § 6

Um dem Schuldner eine sachgerechte Verteidigung im Erkenntnisverfahren zu ermöglichen, muss ein Gläubiger, der nicht bereits neben dem Leistungsantrag die Feststellung des deliktischen Anspruchsgrundes begehrt hat, nachträglich **Feststellungsklage** erheben.[797] Gleiches gilt, wenn der Gläubiger erst aufgrund von Erkenntnissen, die ihm nach Erwirken des Titels bekannt werden, seinen Anspruch aus Delikt geltend macht und der Schuldner dem nicht ausdrücklich zustimmt.[798]

489

Das **Feststellungsinteresse** des Klägers unterliegt nicht der Verjährung.[799] Es ergibt sich daraus, dass der von ihm begehrte Anspruch der Vorbereitung eines Antrags nach § 850f Abs. 2 ZPO dienen soll. Der Gläubiger kann insoweit ein schutzwürdiges Interesse daran haben, den Schuldner über die Pfändungsfreibeträge des § 850c ZPO hinaus bis zur Grenze seiner Leistungsfähigkeit in Anspruch zu nehmen, wenn sich erst nach dem Abschluss des Erkenntnisverfahrens herausstellt, dass der ihm zuerkannte Anspruch auch aus dem Gesichtspunkt der vorsätzlich begangenen unerlaubten Handlung begründet ist. Es entspricht dem Gebot der Gerechtigkeit, den durch eine vorsätzlich begangene unerlaubte Handlung Geschädigten auch in diesen Fällen in den Genuss des Vollstreckungsprivilegs des § 850f Abs. 2 ZPO kommen zu lassen.[800] Im Übrigen ist der Kläger durch den Feststellungsantrag als Gläubiger auch bei der bestehenden Insolvenz des Beklagten gem. § 302 InsO privilegiert.[801]

490

4. Notwendiger Unterhalt des Schuldners und seiner Unterhaltsberechtigten

Da dem Schuldner im Anwendungsbereich des § 850f Abs. 2 Hs. 2 ZPO dasjenige belassen werden soll, was er zur Deckung des sozialhilferechtlichen Existenzminimums im Sinne des SGB XII benötigt, sind die dort für die Anrechnung von Einkommen und geldwerten Vorteilen maßgebenden Grundsätze auch bei der Ermittlung des ihm pfandfrei zu belassenden Betrages zu berücksichtigen.[802] Das Vollstreckungsgericht hat hierbei zu

491

---

797 BGH, NJW 2005, 1663 = Vollstreckung effektiv 2005, 97 = ZInsO 2005, 538 = FamRZ 2005, 974 = Rpfleger 2005, 370 = ZVI 2005, 253 = WM 2005, 1326 = VuR 2005, 225 = InVo 2005, 326 = JurBüro 2005, 437 = MDR 2005, 1014 = JZ 2006, 423 = NZI 2006, 123; ZVI 2003, 301; ZVI 2002, 422; NJW 1990, 834.
798 §§ 774, 775 ZPO; BGH, ZVI 2002, 422; ZVI 2002, 420; kritisch hierzu LG Verden, Rpfleger 2010, 150.
799 BGH, Vollstreckung effektiv 2011, 39 = ZInsO 2011, 41 = WM 2011, 88 = MDR 2011, 122 = NZI 2011, 111 = NJW 2011, 1133; allerdings ist die Klage abzuweisen, wenn der materiell-rechtliche Anspruch bereits verjährt ist.
800 BGH, NJW 1990, 834; NJW 2003, 515; LAG Hamm, Urt. v. 15.4.2011 – 10 Sa 2274/10 – juris; Gottwald/ *Mock*, § 850f Rn 32 m.w.N.
801 BGH, NJW 2011, 1133.
802 BGH, Vollstreckung effektiv 2013, 95 = FuR 2013, 327 = NJ 2013, 431 = WM 2013, 268 = FamRZ 2013, 442 = Rpfleger 2013, 221 = MDR 2013, 426 = NJW 2013, 1370; Vollstreckung effektiv 2011, 43 = WM 2011, 76 = MDR 2011, 127 = FamRZ 2011, 208 = Rpfleger 2011, 164 = JurBüro 2011, 213 = NJW-RR 2011, 706 = DGVZ 2012, 10 = KKZ 2012, 22; vgl. auch die Ausführungen zu § 850d ZPO Rdn 250 ff.

539

prüfen, ob der notwendige Bedarf des Schuldners ganz oder teilweise durch weitere Einnahmen oder geldwerte Naturalleistungen tatsächlich gedeckt ist. Im Umfang der anderweitigen Deckung ist der Freibetrag, der dem Schuldner aus seinem gepfändeten Arbeitseinkommen zu belassen ist, herabzusetzen. Bei **nicht getrennt lebenden Ehegatten** muss das Vollstreckungsgericht ohne Rücksicht auf gesetzliche Unterhaltsansprüche wegen der aus § 19 Abs. 1 SGB XII (2003), § 19 Abs. 1, § 27 Abs. 1, Abs. 2 SGB XII folgenden Wertentscheidung auch die Einkünfte des Ehegatten in die Prüfung der Bedarfsdeckung mit einbeziehen.[803] Der Begriff des notwendigen Unterhalts entspricht somit dem des notwendigen Unterhalts in § 850d Abs. 1 S. 2 ZPO. In diesem Zusammenhang hat der BGH[804] entschieden, dass dieser grds. dem notwendigen Lebensunterhalt im Sinne des 3. und 11. Kapitels des Zwölften Buches Sozialgesetzbuch entspricht. Der Gesetzgeber wollte bei der Einfügung der Regelung durch das Gesetz zur Änderung der Pfändungsfreigrenzen Forderungen aus vorsätzlich begangener unerlaubter Handlung eine ähnliche Vorzugsstellung verschaffen, wie sie in § 850d ZPO für Unterhaltsansprüche bestimmt ist.[805]

492 Es kommt hierbei nicht darauf an, ob und inwieweit der Gesetzgeber im Allgemeininteresse bei Pflichtverletzungen eines Empfängers von Leistungen nach dem Zweiten und Zwölften Buch Sozialgesetzbuch Kürzungen vorsieht; ebenso wenig ist es von Bedeutung, dass auch gegen Empfänger derartiger Leistungen Geldstrafen verhängt werden dürfen.[806] Die Regelleistungen nach dem Zwölften Buch Sozialgesetzbuch stellen nach der Wertung des Gesetzgebers das „soziokulturelle" Existenzminimum dar[807] und sind damit dem notwendigen Lebensunterhalt gleichzusetzen. Demgegenüber tritt das durch Art. 14 GG geschützte Interesse des Gläubigers an einer aus vorsätzlich begangener unerlaubter Handlung erwachsenen Forderung zurück. Dass ein Schuldner, der dauerhaft nur diesen Regelsätzen entsprechende Einkünfte bezieht, vorsätzlich unerlaubte Handlungen zu Lasten des Gläubigers begehen könnte, ohne deshalb eine Zwangsvollstreckung fürchten zu müssen, muss insoweit in Kauf genommen werden. Ein Freibrief ist damit für einen Schuldner allerdings nicht verbunden, weil er regelmäßig strafrechtlichen Sanktionen ausgesetzt sein wird.[808] Insofern sind dem Schuldner für seinen notwendigen Unterhalt stets die Regelsätze nach § 28 SGB XII zu belassen. GEZ-Gebühren, Kfz-

---

803 BGH, Vollstreckung effektiv 2013, 95 = FuR 2013, 327 = NJ 2013, 431 = WM 2013, 268 = FamRZ 2013, 442 = Rpfleger 2013, 221 = MDR 2013, 426 = NJW 2013, 1370.
804 WM 2008, 649 = MDR 2008, 530 = NVwZ 2008, 592 = FamRZ 2008, 877 = BGHReport 2008, 570 = NJW-RR 2008, 733 = Rpfleger 2008, 318; BGHZ 162, 234 = NJW 2005, 1279 = JAmt 2005, 205 = ZVI 2005, 188 = BGHReport 2005, 713 = Rpfleger 2005, 312 = ZFE 2005, 207 = FuR 2005, 246 = NZI 2005, 342 = InVo 2005, 265 = ZInsO 2005, 433; vgl. auch Rdn 253 f.
805 BT-Drucks 3/415 S. 11.
806 BGH, DGVZ 2012, 11 = JurBüro 2012, 101.
807 BT-Drucks 15/1516 S. 56.
808 BGH, DGVZ 2012, 11 = JurBüro 2012, 101.

I. Änderung des unpfändbaren Betrages (§ 850f ZPO) § 6

Steuer und Beiträge zur Kfz-Haftpflichtversicherung führen allerdings nicht zu einer Erhöhung dieses Freibetrages.[809] Eine **Pfändung kleiner Teilbeträge hieraus kommt nicht in Betracht**.[810]

Für die Feststellung des pfändungsfreien Betrages muss daher zunächst der sozialhilferechtliche Bedarf im Umfang der Hilfe zum Lebensunterhalt nach den §§ 28 ff. SGB XII berechnet werden.[811] Dabei haben die Vollstreckungsgerichte den im Einzelfall anzunehmenden Sozialhilfebedarf in eigener Verantwortung zu ermitteln.[812] Die in § 850a Nr. 1 ZPO (Arbeitseinkommen für Mehrarbeit), § 850a Nr. 2 (Urlaubsgeld, Treugelder u.ä.) und § 850a Nr. 4 (Weihnachtsgeld) genannten Beträge sind – anders als bei § 850d Abs. 1 S. 2 ZPO – unpfändbar.[813] Die Untergrenze besteht in dem, was dem Schuldner nach § 850d Abs. 1 S. 2 ZPO zu verbleiben hätte. 493

Hinsichtlich einer Berücksichtigung von **Unterhaltsleistungen an Kinder mit eigenem Einkommen** wird vertreten, dass eine Unterhaltszahlung des Schuldners an ein volljähriges Kind dann nicht mehr bei der Bemessung des unpfändbaren Betrages berücksichtigt werden kann, wenn bei Zusammenfassung der finanziellen Mittel, die das Kind erhält (Nettoeinkommen aus Arbeitnehmertätigkeit, Kindergeld, Leistungen nach dem SGB II) dieses nicht mehr unterhaltsberechtigt wäre.[814] 494

Für die **Miet- und Heizkosten** ist der tatsächliche Aufwand maßgeblich, soweit er nicht im Einzelfall unangemessen hoch ist.[815] Die Angemessenheit der Aufwendungen ist nach den konkreten Umständen des Einzelfalls unter Berücksichtigung der örtlichen Gegebenheiten konkret zu ermitteln.[816] Dabei ist das ortsübliche Mietpreisniveau vorrangig, wie es sich aus einem qualifizierten Mietspiegel (§ 558d BGB) ergibt. 495

Die Beschränkung der Pfändung im Umfang des dem Schuldner zu belassenden notwendigen Lebensunterhaltes und dessen, was der Schuldner zur Erfüllung seiner laufenden gesetzlichen Unterhaltspflichten benötigt, basiert mithin auf einer **konstitutiven Ent-** 496

---

809 BGH, Vollstreckung effektiv 2011, 43 = WM 2011, 76 = MDR 2011, 127 = FamRZ 2011, 208 = Rpfleger 2011, 164 = JurBüro 2011, 213 = NJW-RR 2011, 706 DGVZ 2012, 10 = KKZ 2012, 22; VG Düsseldorf, Urt. v. 22.12.2011 – 26 K 816/11 – juris.
810 BGH, Vollstreckung effektiv 2011, 43 = WM 2011, 76 = MDR 2011, 127 = FamRZ 2011, 208 = Rpfleger 2011, 164 = JurBüro 2011, 213 = NJW-RR 2011, 706 = DGVZ 2012, 10 = KKZ 2012, 22; a.A. AG Wuppertal, JurBüro 2007, 495; AG Karlsruhe, JurBüro 2007, 495 ohne weitergehende Begründung; AG Dresden, JurBüro 2009, 46.
811 Vgl. LG Wuppertal, JurBüro 2008, 499.
812 OLG Köln, NJW 1992, 2836; LG Darmstadt, InVo 2003, 293.
813 LG Darmstadt, InVo 2003, 293.
814 LG Verden, JurBüro 2013, 605.
815 BGHZ 156, 30 = NJW 2003, 2918 = Vollstreckung effektiv 2005, 117 = FPR 2004, 145 = KKZ 2004, 223 = MDR 2004, 53 = FamRZ 2003, 1743 = InVo 2003, 442 = ZFE 2003, 344 = BGHReport 2003, 1237 = Rpfleger 2003, 593 = FamRZ 2003, 1466; BayVGH, NJW-RR 2011, 215; vgl. auch Rdn 256.
816 BSG, FEVS 60, 145/149 = SGb 2008, 473; vgl. auch Rdn 256.

scheidung des **Vollstreckungsgerichts**, für die es nach § 802 ZPO ausschließlich zuständig ist. Diese Entscheidung ist bindend für andere Gerichte, die aus Gründen sowohl der Rechtssicherheit und Rechtsklarheit als auch der Prozessökonomie an die Entscheidung des sachnahen Vollstreckungsgerichts gebunden sind.[817] Hieraus folgt, dass dem unterschriebenen Beschluss nach außen erkennbar zu entnehmen sein muss, dass eine Entscheidung über die Herabsetzung des pfändungsfreien Betrages getroffen worden ist, deren Inhalt mit hinreichender Sicherheit feststellbar sein muss. Diesen Anforderungen an die Bestimmtheit und Klarheit eines Pfändungs- und Überweisungsbeschlusses ist nicht Genüge getan, wenn sich die Höhe des erweitert pfändbaren Bereichs nach § 850f Abs. 2 ZPO nur aus einer an den Beschluss angehefteten Anlage ergibt, auf die sich im Beschluss selbst kein Hinweis findet.[818]

5. Gläubigerkonkurrenz

497 Treffen mehrere Pfändungsgläubiger aufeinander, bleibt die Pfändungsreihenfolge nach § 804 Abs. 3 ZPO gewahrt. Dem nach § 850f Abs. 2 ZPO bevorrechtigten Gläubiger steht jedoch der Teil des Arbeitseinkommens, der ihm über die Grenzen des § 850c ZPO hinaus zugesprochen wird, alleine zu. Dies folgt aus dem Sinn und Zweck dieser Vorschrift. Dieser besteht darin, dem Gläubiger aus einer vorsätzlich begangenen unerlaubten Handlung einen weitergehenden Eingriff in das Vermögen des Schuldners zu erlauben als sonstigen Gläubigern. Vorrangige sonstige „gewöhnliche" Gläubiger können daher in diesen Teil des pfändbaren Einkommens des Schuldners nicht eingreifen.[819] Andernfalls würde sich der Vorteil, den das Gesetz dem Gläubiger des § 850f Abs. 2 ZPO gewähren will, unmittelbar nicht zugunsten dieses Gläubiger, sondern ohne sachlichen Grund zugunsten der sonstigen Gläubiger auswirken.

498 *Beispiel: „gewöhnlicher" Gläubiger pfändet zuerst*
S verdient monatlich 2.500 EUR netto und ist ledig. Gläubiger G1 pfändet wegen titulierter Kaufpreisforderung i.H.v. 4.000 EUR in die Lohnansprüche des S beim Arbeitgeber D. Der Pfändungs- und Überweisungsbeschluss wird dem DS am 09.02. zugestellt. G2 pfändet wegen eines Anspruchs aus vorsätzlich begangener unerlaubter Handlung i.H.v. 5.000 EUR ebenfalls in den Lohn. Das Gericht setzt für G2 den notwendigen Selbstbehalt des S. auf 850 EUR monatlich fest. Dieser Pfändungs- und Überweisungsbeschluss wird dem D. am 15.03. zugestellt.

---

817 BAG, Urt. v. 11.1.1991 – 5 AZR 295/90 – juris; LAG Hamm, Urt. v. 23.8.2012 – 16 Sa 70/12 – juris; vgl. auch LAG Hannover, JurBüro 2004, 216 m. Anm. *Kothe/Busch*; LAG Köln, NZA 1998, 280.
818 LAG Hamm, VuR 2013, 229.
819 BAG, MDR 1983, 699 = BAGE 41, 297.

I. Änderung des unpfändbaren Betrages (§ 850f ZPO) § 6

Lösung

D. muss die ihm zuerst zugestellte Pfändung nach § 850c Abs. 3 ZPO beachten.

pfändbarer Betrag G1 gem. Lohnpfändungstabelle Spalte 0 bei monatlich 2.500 EUR	998,28 EUR
unpfändbarer Betrag (2.500 EUR ./. 998,28 EUR)	1.501,72 EUR
G2 erhält als nachrangiger Gläubiger die Differenz zwischen dem unpfändbaren Betrag nach § 850c Abs. 3 ZPO und	1.501,72 EUR
dem notwendigen Selbstbehalt gem. § 850f Abs. 2 ZPO	./. 850,00 EUR
pfändbar Betrag G2	651,72 EUR

Etwas anderes ergibt sich, wenn dem Deliktsgläubiger ein Unterhaltsgläubiger rangmäßig innerhalb der Pfändungsgrenzen gem. § 850d ZPO vorgeht. Dann steht diesem Unterhaltsgläubiger der Teil des Arbeitseinkommens, der ihm über die Grenzen des § 850c ZPO hinaus zugesprochen wird, alleine zu. **499**

Beispiel: Unterhaltsgläubiger pfändet zuerst **500**

S verdient monatlich 2.500 EUR netto und ist ledig. G1 pfändet wegen eines Anspruchs aus vorsätzlich begangener unerlaubter Handlung i.H.v. 5.000 EUR in die Lohnansprüche des S beim Arbeitgeber D. Das Gericht setzt den notwendigen Selbstbehalt des S auf 850 EUR monatlich fest. Dieser Pfändungs- und Überweisungsbeschluss wird dem D. am 15.03. zugestellt. G2 pfändet ebenfalls in die Lohnansprüche des S beim Arbeitgeber D. Dieser Pfändungs- und Überweisungsbeschluss wird dem D. am 19.3. zugestellt.

Lösung

Der Arbeitgeber muss die ihm zuerst zugestellte Pfändung nach § 850f Abs. 2 ZPO (G. 1) beachten. G1 erhält folgende Beträge:

Nettolohn monatlich	2.500 EUR
unpfändbarer notwendiger Selbstbehalt gem. § 850d Abs. 1 ZPO	./. 850 EUR
pfändbar somit	1.650 EUR

G2 erhält nichts.

Taktischer Hinweis **501**

Unabhängig von der Reihenfolge der Pfändung geht beim **Zusammentreffen eines Deliktsgläubigers** mit einem **bevorrechtigtem Unterhaltsgläubiger** gem. § 850d

§ 6 Die Pfändung von Arbeitseinkommen

ZPO dieser hinichtlich seiner **laufenden Ansprüche** für die nach § 850c ZPO nicht pfändbaren Einkommensteile dem Deliktsgläubiger stets vor, weil sich der Beschluss nach § 850f Abs. 2 ZPO nie zum Nachteil der bevorrechtigten Unterhaltsgläubigers auswirken darf.[820]

502 *Beispiel: Deliktsgläubiger pfändet vor Unterhaltsgläubiger*

S verdient monatlich 1.500 EUR netto und ist ledig. G1 pfändet wegen eines Anspruchs aus vorsätzlich begangener unerlaubter Handlung gem. § 850f Abs. 2 ZPO i.H.v. 5.000 EUR in die Lohnansprüche des S beim Arbeitgeber D. Das Gericht setzt den notwendigen Selbstbehalt des S auf 850 EUR monatlich fest. G2 pfändet ebenfalls nachrangig wegen laufender monatlicher Unterhaltsansprüche gem. § 850d ZPO i.H.v. 500 EUR in die Lohnansprüche.

Lösung

Grds. muss der Arbeitgeber die ihm zuerst zugestellte Pfändung nach § 850f Abs. 2 ZPO (G1) beachten. Allerdings geht G2 wegen seiner laufenden Ansprüche dem G1 vor.

Der monatlich pfändbare Betrag beträgt 650 EUR (= 1.500 EUR – 850 EUR).

G2 erhält auf den laufenden monatlichen Unterhalt: 500 EUR

G1 erhält den Restbetrag von: 150 EUR

V. Erweiterte Lohnpfändung (§ 850f Abs. 3 ZPO)

503 Im Rahmen der sog. erweiterten Lohnpfändung ist das Vollstreckungsgericht auf Antrag befugt („kann"), über die nach § 850c ZPO geltenden Pfändungsfreigrenzen hinaus zusätzliche pfändbare Lohnanteile zu bestimmen. Dadurch kann im Einzelfall ein Ausgleich von Gläubiger- und Schuldnerinteressen berücksichtigt werden, wenn der dem Schuldner zugutekommende Pfändungsfreibetrag unangemessen hoch ist. Die praktische Anwendung der Regelung ist gering.

504 Die Norm bestimmt, dass nur „gewöhnliche" Gläubiger, also gerade nicht diejenigen, die bereits nach §§ 850f Abs. 2, 850d ZPO vollstrecken, das Pfändungsprivileg in Anspruch nehmen können. Dies ist einleuchtend, da Letztere ja sowieso bereits begünstigt sind. Die besondere Pfändungsmöglichkeit setzt voraus, dass sich das schuldnerische Einkommen (vgl. § 850 ZPO) monatlich über 3.117,53 EUR, wöchentlich über 708,83 EUR und täglich über 137,08 EUR beläuft. Dies beruht auf der Überlegung, dass bei höherem Einkommen Pfändungsfreigrenzen entstehen können, die nach den jeweiligen Schuldnerverhält-

---

[820] Musielak/*Becker*, § 850f Rn 13; Gottwald/*Mock*, § 850f Rn 43; MüKo-ZPO/*Smid*, § 850f Rn 21; *Stöber*, Rn 1197 f.

I. Änderung des unpfändbaren Betrages (§ 850f ZPO) § 6

nissen zu Ungerechtigkeiten führen, weil der Schuldner weniger Unterhaltszahlungen leisten muss, als der Freibetrag beträgt.[821] Dem Schuldner ist jedoch mindestens so viel zu belassen, wie sich bei einem Arbeitseinkommen von monatlich 3.435,44 EUR, wöchentlich 781,11 EUR, täglich 151,05 EUR aus § 850c ZPO ergeben würde. Insofern ist eine vergleichende Berechnung durch den Drittschuldner vorzunehmen. Die aufgeführten Beträge werden entsprechend der in § 850c Abs. 2a ZPO getroffenen Regelung jeweils zum 1.7. eines jeden zweiten Jahres, geändert und sind im BGBl bekannt zu machen. Dies entspricht der Dynamisierung in § 850c Abs. 2a ZPO.

Das Gericht hat nach pflichtgemäßem Ermessen eine Entscheidung zu treffen. Hierbei müssen sowohl Gläubiger- als auch Schuldnerinteressen einander gegenüber gestellt werden. Der Gläubiger muss daher auf seine besonderen Belange in seinem Antrag hinweisen. Insofern ist erheblich, ob er durch einen eventuellen Forderungsausfall selbst in eine akute Notlage gerät oder die zu pfändende Forderung einen besonderen schutzwürdigen Bedarf abdecken soll, weil der Gläubiger selbst Sozialleistungen bezieht.[822] Der Gläubiger muss daher dartun, dass die Nichtbeitreibbarkeit seiner Forderung für ihn eine Härte darstellt.[823]

505

Muster: Antrag auf Erweiterung nach § 850f Abs. 3 ZPO

506

An das

Amtsgericht

– Vollstreckungsgericht –

Az.: ...

Antrag auf Erweiterung des pfändbaren Betrags nach § 850f Abs. 3 ZPO

In der Zwangsvollstreckungssache

Vollstreckungsgläubiger

gegen

Vollstreckungsschuldner

zeige ich an, dass ich den Gläubiger vertrete. Namens und in Vollmacht desselben beantrage ich, den Pfändungs- und Überweisungsbeschluss des Amtsgerichts ... vom ... (Az.: ...) dahin gehend zu ergänzen, dass über die nach § 850c ZPO pfändbaren Beträge hinaus das Einkommen des Schuldners, soweit es den Betrag von EUR ... netto monatlich übersteigt, der Pfändung unterliegt.

---

821 F. David, Vollstreckung effektiv 2000, 61.
822 OLG Köln, FamRZ 1991, 1462.
823 Zur praktischen Vorgehensweise vgl. F. David, Vollstreckung effektiv 2000, 61.

§ 6 Die Pfändung von Arbeitseinkommen

Begründung

Mit dem im Antrag näher bezeichneten Pfändungs- und Überweisungsbeschluss des angerufenen Amtsgerichts wurde der Anspruch des Schuldners gegen den Drittschuldner gepfändet.

Bei den titulierten Ansprüchen des Gläubigers handelt es sich vorliegend um nicht privilegierte Ansprüche im Sinne von § 850f Abs. 3 S. 1 ZPO. Die Ansprüche sind erheblich. Sie betragen einschließlich Zinsen und Kosten derzeit ca. EUR ... Laut Drittschuldnererklärung vom ... liegen erhebliche Vorpfändungen i.H.v. ca. EUR ... vor (Beweis: Kopie der vorbezeichneten Drittschuldnererklärung). Weiteres pfändbares Vermögen des Schuldners ist nicht vorhanden (Beweis: Beiziehung der Vermögensauskunft des Schuldners vom ..., Az.: ...).

Der Gläubiger kann somit ohne die erweiterte Pfändung nach § 850f Abs. 3 ZPO auch in den nächsten Jahren mit einer teilweisen Befriedigung seiner titulierten Forderung nicht rechnen. Bislang sind keine Zahlungen auf die titulierte Forderung des Gläubigers geleistet worden.

Das Schuldnereinkommen liegt jährlich bei brutto EUR ... laut Lohnsteuerkarte für das Kalenderjahr ... Dies entspricht einem monatlichen Nettoeinkommen i.H.v. ca. EUR ... (Beweis: Kopie der vorbezeichneten Lohnsteuerkarte). Der Schuldner ist geschieden und seinen zwei ehelichen Kindern gegenüber zum Unterhalt verpflichtet. Er leistet monatliche Unterhaltszahlungen von insgesamt EUR ... Nach der Tabelle zu § 850c ZPO ist bei Berücksichtigung von zwei Unterhaltspflichtigen ein Betrag von EUR ... pfändbar. Ohne die Berücksichtigung von Unterhaltspflichten ist ein Betrag von EUR ... monatlich pfändbar. Differenz: EUR ...

Dem Schuldner verbleibt somit ein „Pfändungsvorteil" i.H.v. durchschnittlich EUR ... Bei Zulassung der beantragten Pfändungserweiterung verbleiben dem Schuldner monatlich EUR ... Der Schuldner wird somit auch bei Zulassung der Pfändungserweiterung nicht hilfebedürftig im Sinne der Vorschriften des BSHG, andererseits ist er weiterhin in die Lage versetzt, seiner Verpflichtung zur Zahlung von Barunterhalt nachzukommen. Nach § 850f Abs. 3 S. 2 ZPO ist dem Schuldner mindestens dieser Betrag von EUR ... zu belassen.

Der Forderung des Gläubigers liegt ein Anspruch auf Rückzahlung eines Privatdarlehens zugrunde.

Gez. Rechtsanwalt

VI. Rechtsbehelfe

507 (Teilweise) zurückgewiesene Anträge des Schuldners oder des Gläubigers sind mit der sofortigen Beschwerde (§§ 793, 567 ff. ZPO) anfechtbar. Wurde der Schuldner im Fall

I. Änderung des unpfändbaren Betrages (§ 850f ZPO) § 6

des § 850f Abs. 2, 3 ZPO nicht angehört, so kann er im Wege der Vollstreckungserinnerung (§ 766 ZPO) vorgehen. Dies gilt auch für den Sozialleistungsträger, wenn die Erinnerung datenschutzrechtliche Bedenken gegen die angeordnete Herausgabe des Leistungsbescheids sowie die Höhe des dem Schuldner pfandfrei zu belassenden Betrages betrifft.[824]

Mit stattgebendem Antrag nach § 850f Abs. 1 ZPO wird die früher ausgebrachte Pfändung teilweise aufgehoben. Die Aufhebung wird sofort mit der Bekanntgabe wirksam, sie hängt nicht von der Rechtskraft der aufhebenden Entscheidung ab.[825] Auf eine abändernde Rechtsmittelentscheidung kann die Pfändung nur dann mit dem alten Rang wieder aufleben, wenn das Gericht die Erhöhung von der Rechtskraft seiner Entscheidung abhängig gemacht hat.[826] 508

VII. Kosten – Gebühren – Streitwert

Gerichtsgebühren fallen nicht an. Der Rechtsanwalt des Gläubigers erhält für die Anträge nach § 850f Abs. 2 und 3 ZPO keine weiteren Gebühren. Der Rechtsanwalt des Schuldners erhält für einen Antrag nach § 850f Abs. 1 ZPO eine Vollstreckungsgebühr gem. Nr. 3309 RVG VV (§ 18 Abs. 1 Nr. 1 RVG). Die entstehenden Kosten sind Kosten der Zwangsvollstreckung nach § 788 ZPO. Die Kostentragungspflicht für die Rechtsbehelfe richtet sich nach der Entscheidung des Rechtsmittelgerichts. 509

Der mit einem Leistungsantrag verbundene zusätzliche Antrag auf Feststellung, dass der Beklagte dem Kläger aus einer vorsätzlich begangenen unerlaubten Handlung zu Schadensersatz verpflichtet ist, erhöht den Streitwert regelmäßig nicht.[827] Es ist regelmäßig ein Abschlag vorzunehmen, der sich nach dem Einzelfall bestimmt.[828] 510

Nach einer Entscheidung des OLG Hamm[829] entspricht der Streitwert einer Klage auf Feststellung, dass eine zur Insolvenztabelle festgestellte Forderung auf vorsätzlich unerlaubter Handlung beruht, dem Betrag der Forderung, wenn mit der begehrten Feststellung der Ausschluss der Forderung von der Restschuldbefreiung erstrebt wird und eine Insolvenzquote nicht zu erwarten ist. Nach dem OLG Koblenz[830] ist der Streitwert der Feststellung, dass eine Verurteilung auf einer vorsätzlichen unerlaubten Handlung beruht, mit etwa $1/20$ des Zahlungsausspruchs anzusetzen. 511

---

824 AG Wuppertal, JurBüro 2007, 495.
825 OLG Köln, NJW-RR 1987, 380.
826 OLG Köln, NJW 1993, 393.
827 RVGreport 2009, 117 = OLGR Stuttgart 2009, 266; a.A. OLG Dresden, MDR 2008, 50; Zöller/*Herget*, § 3 Rn 16 [Feststellungsklage] – max. 5 %.
828 OLG Celle, RVG prof. 2014, 74.
829 ZVI 2007, 208.
830 OLG Koblenz, Beschl. v. 26.11.2012 – 10 U 635/12 – juris.

J. Änderung der Unpfändbarkeitsvoraussetzungen (§ 850g ZPO)

I. Regelungszweck

512 Bei der Pfändung des laufenden Arbeitseinkommens wird der pfändungsfreie Betrag aufgrund der **Verhältnisse zum Zeitpunkt der Entscheidung** für einen längeren, in die Zukunft gerichteten Zeitraum, also aufgrund einer Prognose, festgesetzt. Nachträglich eintretende Veränderungen der Bemessungsgrundlagen würden im Regelfall zu einer unhaltbaren Ungerechtigkeit zum Nachteil des Gläubigers, des Schuldners oder eines von der Pfändung betroffenen Dritten führen, wenn sie bei der zukünftigen Vollstreckung unberücksichtigt blieben und deshalb die Pfändungsfreigrenze zu hoch oder zu niedrig festgesetzt wäre. Daher ermöglicht die Vorschrift des § 850g ZPO eine **Anpassung** des pfändungsfreien Betrages, wenn sich die tatsächlichen Voraussetzungen für die Bemessung des unpfändbaren Teils des Arbeitseinkommens **nachträglich** geändert haben.[831] Lagen dem Pfändungsbeschluss von Anfang an unrichtige Tatsachen zugrunde, so kann dies nicht über § 850g ZPO korrigiert werden, sondern nur mittels Vollstreckungserinnerung gem. § 766 Abs. 1 ZPO.

II. Anwendungsbereich

513 Dieser erstreckt sich nicht auf sog. **Blankettbeschlüsse**, bei denen das Gericht den Umfang der Pfändung lediglich abstrakt durch Verweis auf die Pfändungstabelle nach § 850c ZPO umschreibt. Dadurch wird dem Drittschuldner die Verpflichtung auferlegt, die pfändbaren Bezüge zu ermitteln. Hier kann das Vollstreckungsgericht auf Antrag eines Beteiligten eine Feststellung über die unterhaltsberechtigten Angehörigen analog § 850c Abs. 4 ZPO mithilfe eines klarstellenden Beschlusses treffen.[832]

514 Der Anwendungsbereich der Regelung erstreckt sich vielmehr auf diejenigen Fälle, in denen im Beschluss ein **konkreter Betrag** genannt ist oder das Gericht eine **Ermessensentscheidung** getroffen hat. Insofern werden hiervon die Fälle der §§ 850b Abs. 2, 850d, 850e Nr. 2, 2a, 3, 850f, 850i ZPO erfasst. In diesen Fällen nimmt das Vollstreckungsgericht originär vollstreckungsrechtliche Aufgaben wahr[833] und hat im Unterschied zu ei-

---

831 BGH, NJW 2005, 830 = FamRZ 2005, 198 = NJW-RR 2005, 222 = BGHReport 2005, 333 = Rpfleger 2005, 149 = JurBüro 2005, 161 = MDR 2005, 413 = FuR 2005, 180 = KKZ 2005, 260 = ProzRB 2005, 124.
832 BGH, NJW 2006, 777 = Vollstreckung effektiv 2006, 45 = WM 2006, 488 = Rpfleger 2006, 202 = FamRZ 2006, 483 = BGHReport 2006, 530 = JurBüro 2006, 267 = MDR 2006, 1069.
833 BGH, Rpfleger 2008, 525 = WM 2008, 933 = ZInsO 2008, 506 = NZI 2008, 384 = ZVI 2008, 262 = MDR 2008, 828 = BGHReport 2008, 826 = VuR 2008, 314 = NJW-RR 2008, 1578 = NJW-Spezial 2008, 406; BGHZ 36, 11 (17).

ner Interpretation des der Vollstreckung zugrunde liegenden Titels in keine materielle Prüfung[834] einzutreten. Die von dem Vollstreckungsgericht zu treffende Entscheidung ist einem Feststellungsurteil, das ebenfalls in Anwendung der im Erkenntnisverfahren einen Fremdkörper bildenden §§ 850g, 850c ZPO erginge, gleichwertig. Insbesondere wäre das Feststellungsurteil nicht geeignet, für die Berücksichtigungsfähigkeit von Unterhaltsgläubigern, die sich nach dem jeweiligen Zeitpunkt der Vollstreckungsmaßnahme bestimmt, eine dauerhafte Klärung herbeizuführen.[835] Vielmehr müsste bei jeder Änderung der tatsächlichen Verhältnisse ein aufwendiger neuer Rechtsstreit eingeleitet werden. Ist der Lohn des Vaters z.B. wegen des Unterhaltsanspruches eines Kindes gepfändet und überwiesen, so darf im Verfahren über eine zusätzliche Auszahlung von Kindergeld an dieses Kind die Frage der Auswirkungen der Auszahlungsanordnung auf die übrigen Kinder des Vaters nicht dem Verfahren nach § 850g ZPO überlassen werden.[836]

Die Regelung hat auch im Rahmen der Pfändung von Guthaben bei einem **Pfändungsschutzkonto** (P-Konto) Gültigkeit (vgl. § 850k Abs. 4 ZPO), ebenso findet sie im **Insolvenzverfahren** Anwendung (§ 36 Abs. 1 S. 2 InsO). Die Zuständigkeit für die zu treffende Entscheidung obliegt während eines Insolvenzverfahrens anstelle des Vollstreckungsgerichts gem. § 36 Abs. 4 S. 1 und 3 InsO dem Insolvenzgericht als besonderem Vollstreckungsgericht.[837] Mit dieser Zuständigkeitszuweisung trägt der Gesetzgeber der besonderen Sachnähe des Insolvenzgerichts Rechnung.[838]

515

III. Änderungen der Verhältnisse

Als geänderte „Voraussetzungen für die Bemessung des unpfändbaren Teils des Arbeitseinkommens" i.S.d. § 850g S. 1 ZPO kommen in erster Linie **tatsächliche Veränderungen** in Betracht. Beispiele hierfür sind:

516

- die Geburt[839] oder der Tod eines Unterhaltsberechtigten

---

834 Vgl. BGHZ 152, 166, 170 f = WM 2002, 2385 = BB 2002, 2468 = ZVI 2002, 420 = BGHReport 2003, 48 = ZInsO 2002, 1183 = NJW 2003, 515 = Rpfleger 2003, 91 = InVo 2003, 70 = MDR 2003, 290 = KTS 2003, 263 = VersR 2003, 620 = JurBüro 2003, 436.
835 Vgl. BGHZ 109, 275 = VersR 1990, 213 = EWiR 1990, 309 = NJW 1990, 834 = WM 1990, 569 = MDR 1990, 317 = JZ 1990, 392.
836 BayObLG, Rpfleger 1960, 20 = MDR 1960, 147 = BayObLGZ 1959, 357 = FamRZ 1960, 246.
837 BGH, WuM 2011, 486; WM 2004, 834 = ZVI 2004, 197 = BB 2004, 853 = ZInsO 2004, 391 = NZI 2004, 278 = DZWIR 2004, 208 = MDR 2004, 766 = BGHReport 2004, 910 = Rpfleger 2004, 436 = InVo 2004, 511.
838 BGH, ZIP 2007, 2330 = InVo 2008, 16.
839 Vgl. KG Berlin, FamRZ 2018, 687: Ändert sich die Anzahl der unterhaltsberechtigten Personen und ist bei der Pfändung bisher nur die Unterhaltspflicht gegenüber einer Person berücksichtigt, ist der Unterhaltsschuldner gehalten, nach § 850g ZPO eine entsprechende Abänderung des Pfändungsbeschlusses zu beantragen. Hierzu besteht eine unterhaltsrechtliche Obliegenheit, denn der Unterhaltsschuldner ist verpflichtet, alle Möglichkeiten zur Erhöhung des pfändungsfreien Betrages auszuschöpfen, um sein Einkommen für Unterhaltszahlungen zu erhalten.

§ 6 Die Pfändung von Arbeitseinkommen

- der Wegfall der Unterhaltsbedürftigkeit eines Anspruchsberechtigten oder Erhöhungen/Minderungen des Arbeitseinkommens[840]
- der Wegfall der wegen Krankheit oder Pflege maßgeblichen Umstände, die den Pfändungsfreibetrag erhöht haben[841]
- der Wegfall der zeitlich ersten Pfändung eines nachrangigen Unterhaltsgläubigers durch Pfändung eines vorrangigen Unterhaltsgläubigers[842]
- der Wegfall bzw. die wertmäßige Veränderung der Naturalbezüge oder des eingerechneten Nebeneinkommens[843]
- die **Änderung eines Gesetzes**, das keine Übergangsvorschriften enthält. Dasselbe gilt für die **verfassungskonforme Auslegung einer Rechtsvorschrift durch das BVerfG**, weil dies mit einer Gesetzesänderung vergleichbar ist.[844]
- die Änderung der für die Zusammenrechnung nach § 850e Nr. 2 ZPO maßgeblichen Umstände (z.b. Wegfall eines Einkommens)[845]
- Verlegung des Wohnsitzes durch den Unterhaltspflichtigen vom „flachen Land" in eine Großstadt, weil dadurch die Kosten zur Deckung des notwendigen Lebensunterhalts steigen.[846]
- In entsprechender Anwendung der Norm ist – bei der Unterhaltsvollstreckung – ein Abänderungsgrund auch dann gegeben, wenn sich infolge einer erstmals möglichen höchstrichterlichen Leitentscheidung die **rechtlichen Maßstäbe** zur Berechnung des pfändungsfreien Betrages **vereinheitlicht** und **teilweise verändert** haben.[847] Dies folgt aus Sinn und Zweck der Regelung. Faktisch ist somit eine neue Rechtslage geschaffen, die Auswirkungen für die betroffenen Beteiligten sind vergleichbar gravierend. Auch im Hinblick auf den durch Art. 1 i.V.m. Art. 20 Abs. 1 GG garantierten Schutz des Existenzminimums, das für die Führung eines menschenwürdigen Daseins benötigt wird,[848] ist es geboten, hierin einen Abänderungsgrund i.S.d. Norm anzuerkennen. Andernfalls besteht die Gefahr, dass der Schuldner durch den staatlichen

---

840 BGH, NJW 2005, 830 m.w.N. = FamRZ 2005, 198 = NJW-RR 2005, 222 = BGHReport 2005, 333 = Rpfleger 2005, 149 = JurBüro 2005, 161 = MDR 2005, 413 = FuR 2005, 180 = KKZ 2005, 260 = ProzRB 2005, 124.
841 AG Frankfurt/Main, Beschl. v. 15.10.1997 – 83 M 4664/77 – juris.
842 *Mock*, Vollstreckung effektiv 2001, 2 m.w.N.
843 *Stöber*, Rn 1201.
844 BGH, NJW 1990, 3020 zu § 323 ZPO = FamRZ 1990, 1091.
845 *Stöber*, Rn 1201 m.w.N.
846 LG Hamburg, MDR 1988, 154; zustimmend *Schulz*, MDR 1988, 241.
847 BGH, NJW 2005, 830 = FamRZ 2005, 198 = NJW-RR 2005, 222 = BGHReport 2005, 333 = Rpfleger 2005, 149 = JurBüro 2005, 161 = MDR 2005, 413 = FuR 2005, 180 = KKZ 2005, 260 = ProzRB 2005, 124; zu der str. Rechtsfrage, ob eine Abänderungsklage gem. § 323 ZPO bei einer Änderung der höchstrichterlichen Rspr. zulässig ist, vgl. BGHZ 148, 368; FamRZ 2003, 848 = BGHZ 153, 372 = NJW 2003, 1796 = BGHReport 2003, 666 = FPR 2003, 361 = MDR 2003, 876 = FuR 2003, 358; BGH, NJW 2004, 3106 = FamRZ 2004, 1357 = FPR 2004, 579 = MDR 2004, 1300 = BGHReport 2004, 1488 = FuR 2004, 548 für Prozessvergleiche.
848 Vgl. BVerfG, NJW 1999, 561 zum steuerrechtlichen Existenzminimum.

J. Änderung der Unpfändbarkeitsvoraussetzungen (§ 850g ZPO) § 6

Pfändungsakt auf unbestimmte Zeit über das von der höchstrichterlichen Rechtsprechung zu konkretisierende Existenzminimum hinaus belastet wird.

■ Die Vorschrift kann auch entsprechend in den Fällen angewendet werden, in denen die tatsächlichen **Voraussetzungen** für den Umfang der Pfändung schon **im Pfändungsbeschluss unrichtig angenommen** worden sind. Ein solcher Fall liegt vor, wenn die tatsächlichen Umstände, die für die Bemessung des pfandfreien Betrages maßgeblich sind, beim Erlass des Pfändungs- und Überweisungsbeschlusses unbekannt waren.[849] Wurde dem Schuldner in der Vergangenheit wegen krankheits- und pflegebedingter Mehraufwendungen gem. § 850f Abs. 1 lit. b ZPO ein weiterer unpfändbarer Betrag zugesprochen, ist der Pfändungsbeschluss abzuändern, wenn dem Schuldner Pflegegeld gewährt wird. Pflegegeld stellt zwar kein pfändbares Arbeitseinkommen dar, da es aber der Entlastung von durch die Pflegebedürftigkeit bedingten Mehraufwendungen dient, fällt die Grundlage für die Erhöhung des unpfändbaren Betrages weg.[850]

IV. Antrag

Außer **Schuldner** und **Gläubiger** (vgl. § 850g S. 1 ZPO) sind auch **Dritte**,[851] denen der Schuldner unterhaltsverpflichtet ist, **antragsberechtigt**, vorausgesetzt, dass sie durch eine Änderung begünstigt würden (§ 850g S. 2 ZPO). Insofern kann beispielsweise nach Wiederheirat des Schuldners der neue Ehegatte eine Berücksichtigung des ihm zustehenden Freibetrages verlangen.[852] Im (eröffneten) **Insolvenzverfahren** ist der Insolvenzverwalter bzw. der Treuhänder antragsbefugt (§ 36 Abs. 1 S. 2, Abs. 4 InsO). Der Antrag ist weder frist- noch formgebunden.

517

V. Verfahren

Für die Anpassung des Pfändungs- und Überweisungsbeschlusses an die veränderten Verhältnisse für die Bemessung des unpfändbaren Teils des Arbeitseinkommens ist das **Vollstreckungsgericht** (Rechtspfleger, vgl. § 20 Nr. 17 RPflG) zuständig, von dem der Pfändungs- und Überweisungsbeschluss erlassen worden ist.[853] Denn ein Abänderungsantrag

518

---

849 LG Mannheim, DAVorm 1987, 820.
850 AG Frankfurt/Main, JurBüro 1998, 273.
851 Hierzu zählt nicht der Drittschuldner; Musielak/*Becker*, § 850g Rn 3 m.w.N.; Zöller/*Herget* § 850g Rn 1; MüKo-ZPO/*Smid* § 850g Rn 5; a.A. Hess. LAG, DB 1990, 639; LAG Frankfurt/Main, DB 1990, 639; Thomas/Putzo/*Seiler*, § 850g Rn 2.
852 *Stöber*, Rn 1202.
853 BGH, NJW 2005, 830 = FamRZ 2005, 198 = NJW-RR 2005, 222 = BGHReport 2005, 333 = Rpfleger 2005, 149 = JurBüro 2005, 161 = MDR 2005, 413 = FuR 2005, 180 = KKZ 2005, 260 = ProzRB 2005, 124; BGH, Rpfleger 1990, 308; OLGR Köln 1994, 267; LG Verden, NdsRpfl 2009, 294.

gem. § 850g ZPO leitet gegenüber dem Pfändungs- und Überweisungsbeschluss kein neues Vollstreckungsverfahren ein, sondern ist Teil des bereits anhängigen Zwangsvollstreckungsverfahrens. Deshalb bleibt das Amtsgericht, das den Pfändungs- und Überweisungsbeschluss erlassen hat, für alle Einzelmaßnahmen des gleichen Verfahrens zuständig, auch wenn der Schuldner zwischenzeitlich in einen anderen Gerichtsbezirk umgezogen ist.[854] Im **Insolvenzverfahren** ist der **Rechtspfleger des Insolvenzgerichts** funktionell als besonderes Vollstreckungsgericht zuständig (§ 36 Abs. 1 S. 2 i.V.m. Abs. 4 S. 1 InsO).[855] Mit dieser Zuständigkeitszuweisung trägt der Gesetzgeber der besonderen Sachnähe des Insolvenzgerichts Rechnung.[856] Das gilt auch dann, wenn der abzuändernde Beschluss auf Erinnerung (§ 766 ZPO) durch den Richter oder das Beschwerdegericht erlassen wurde. Wird jedoch gleichzeitig die ursprüngliche Unrichtigkeit des Pfändungsbeschluss angegriffen, ist einheitlich im Verfahren nach § 766 ZPO durch den **Richter** zu entscheiden (§ 20 Nr. 17 RPflG). Der Rechtspfleger kann der Erinnerung jedoch abhelfen.[857]

519 Ob die Beteiligten **anzuhören** sind bzw. dem Antragsgegner rechtliches Gehör zu gewähren ist, ist streitig.[858] Die verneinende Ansicht beruft sich dabei auf § 834 ZPO, denn der Gläubiger will nichts anderes als eine Ausdehnung seines Pfandrechts erreichen. Diese Ansicht ist abzulehnen, andernfalls dürfte der Schuldner z.B. bei einem nachträglich gestellten Antrag nach § 850c Abs. 4 ZPO ebenfalls nicht angehört werden. Dort beansprucht der antragstellende Gläubiger nämlich ebenfalls sein Pfandrecht durch den Wegfall eines mitverdienenden Unterhaltsberechtigten auszudehnen. Zudem begründet das Verfahren nach § 850g ZPO gerade kein neues Pfändungsverfahren. Vielmehr wird das alte Verfahren fortgeführt.[859] Insofern wird das eigentliche Pfandrecht nicht berührt; es wird durch einen Änderungsbeschluss lediglich eingeschränkt bzw. erweitert.

520 Die Entscheidung ergeht durch zu begründenden **Beschluss**, welcher die Änderung anzugeben hat. Der Beschluss ist von Amts wegen zuzustellen (§ 329 Abs. 3 ZPO).

---

854 LG Verden, NdsRpfl 2009, 294.
855 BGH, WM 2004, 834 = Vollstreckung effektiv 2004, 136 = MDR 2004, 766 = Rpfleger 2004, 436; OLG Köln, InVo 2000, 422.
856 BGH, ZInsO 2008, 506; ZIP 2007, 2330 = InVo 2008, 16.
857 Musielak/*Becker*, § 850g Rn 4.
858 Dafür: Gottwald/*Mock*, § 850g Rn 5; *Stöber*, Rn 1204; dagegen: Schuschke/*Walker*, § 850g Rn 4; Boewer/ *Bommermann*, Lohnpfändung Rn 807.
859 BGH, NJW 2005, 830 = FamRZ 2005, 198 = NJW-RR 2005, 222 = BGHReport 2005, 333 = Rpfleger 2005, 149 = JurBüro 2005, 161 = MDR 2005, 413 = FuR 2005, 180 = KKZ 2005, 260 = ProzRB 2005, 124; BGH, Rpfleger 1990, 308; OLGR Köln 1994, 267; LG Verden, NdsRpfl 2009, 294.

VI. Wirkungen

Weil das Verfahren nach § 850g ZPO kein neues Pfändungsverfahren einleitet, sondern das alte Verfahren fortgeführt wird,[860] wird das eigentliche Pfandrecht nicht berührt; es wird durch einen Änderungbeschluss lediglich eingeschränkt bzw. erweitert. Gerade im letzteren Fall, wenn der unpfändbare Betrag zugunsten des Gläubigers herabgesetzt wird, wird dadurch keine neue Pfändung bewirkt. Das mit dem bereits erlassenen Pfändungsbeschluss erwirkte Pfandrecht erstreckt sich rangmäßig jetzt auch auf die fortlaufend fällig werdenden Beträge (§ 832 ZPO) und zwar im Umfang des Abänderungsbeschlusses.[861]

521

Der Abänderungsbeschluss ändert somit lediglich den zuvor erlassenen Pfändungsbeschluss und bestimmt den unpfändbaren Teil des Arbeitseinkommens ab dem Zeitpunkt seiner Wirksamkeit. Dieser Wirksamkeitszeitpunkt kann auch **rückwirkend** auf den **Zeitpunkt der eingetretenen Änderungen** der maßgeblichen Verhältnisse angeordnet werden. Der Änderungsbeschluss entfaltet allerdings nicht schon kraft Gesetzes **Rückwirkung**.[862] Diese muss **durch** den **Gläubiger ausdrücklich beantragt** werden. Einer angeordneten Rückwirkung kommt praktisch jedoch wegen § 850g S. 3 ZPO kaum Bedeutung zu.

522

Da das Abänderungsverfahren nach § 850g S. 1 ZPO kein neues Vollstreckungsverfahren einleitet,[863] führt die in einem vorangegangenen Beschwerdeverfahren erlassene Entscheidung über den dem Schuldner pfändungsfrei zu belassenden Betrag grds. zur Innenbindung der Gerichte entsprechend § 318 ZPO. Dies bedeutet aber nur, dass die den unpfändbaren Teil des Arbeitseinkommens bestimmenden Umstände, über die im Beschwerdeverfahren bereits befunden worden ist, im Abänderungsverfahren nicht anders beurteilt werden können, wenn sie unverändert geblieben sind. Umstände, die nicht Gegenstand der Beschwerdeentscheidung waren, damals aber schon vorlagen, können im Abänderungsverfahren berücksichtigt werden, weil § 850g S. 1 ZPO keine dem § 323 Abs. 2 ZPO vergleichbare Präklusion von Einwendungen kennt. Der dem Schuldner pfändungsfrei zu belassende Betrag, der im Beschwerdeverfahren bereits überprüft worden ist, darf aufgrund eines Umstandes, der Gegenstand der vorausgegangenen Beschwerdeentscheidung war, nach § 850g S. 1 ZPO abgeändert werden, wenn sich dieser nachträglich, d.h. nach Erlass der Beschwerdeentscheidung, verändert hat.[864] In diesem Fall besteht eine Innenbindung an die vorangegangene Beschwerdeentscheidung nicht.

523

---

860 BGH, NJW 2005, 830 = FamRZ 2005, 198 = NJW-RR 2005, 222 = BGHReport 2005, 333 = Rpfleger 2005, 149 = JurBüro 2005, 161 = MDR 2005, 413 = FuR 2005, 180 = KKZ 2005, 260 = ProzRB 2005, 124; Rpfleger 1990, 308; OLGR Köln 1994, 267; LG Verden, NdsRpfl 2009, 294.
861 *Stöber*, Rn 1207.
862 LG Wuppertal, JurBüro 2002, 95.
863 BGH, Rpfleger 1990, 308.
864 BGH, NJW 2005, 830 m.w.N. = FamRZ 2005, 198 = NJW-RR 2005, 222 = BGHReport 2005, 333 = Rpfleger 2005, 149 = JurBüro 2005, 161 = MDR 2005, 413 = FuR 2005, 180 = KKZ 2005, 260 = ProzRB 2005, 124.

§ 6 Die Pfändung von Arbeitseinkommen

524 Der **Drittschuldner** ist insoweit **geschützt**, als ihm gegenüber nach § 850g S. 3 ZPO die Änderung der pfändbaren Beträge **erst ab Zustellung** des Änderungsbeschlusses wirkt. Hat er also für zurückliegende Zeiträume bereits an den Schuldner oder einen anderen Gläubiger ausgezahlt, so ist er gegenüber dem Gläubiger frei geworden. Liegt für vergangene Zeiträume noch keine Auszahlung vor, so hat der Drittschuldner den erhöhten Betrag an denjenigen Gläubiger auszuzahlen, dessen Pfändungspfandrecht zeitlich vorgeht.[865] Insofern greift eine **angeordnete Rückwirkung** nur dann, wenn der Drittschuldner in der Vergangenheit noch nicht mit befreiender Wirkung geleistet hat. Hat der Drittschuldner daher den nach § 850c ZPO sich jeweilig ergebenden Pfändungsbetrag überwiesen, ist für eine rückwirkende Herabsetzung der Pfändungsfreibeträge kein Raum mehr.[866]

525 Haben **mehrere Pfändungspfandgläubiger** durch Beschluss eine zusätzliche Pfändbarkeit erwirkt, ist der zusätzlich pfändbare Betrag von dem Zeitpunkt an, in dem der Beschluss dem Drittschuldner zugestellt wird, unter den Pfändungspfandgläubigern, die den Beschluss erwirkt haben, an den Gläubiger mit dem besten Pfandrecht gem. § 804 Abs. 3 ZPO auszukehren.[867]

VII. Rechtsbehelfe

526 Dem Gläubiger und allen Beteiligten, die angehört wurden, steht die **sofortige Beschwerde** (§ 11 RPflG, § 793 ZPO) zur Verfügung. Wurde der Schuldner vor Erweiterung der Pfändung nicht gehört, kann er **Vollstreckungserinnerung** nach § 766 ZPO erheben. Gleiches gilt für den Gläubiger, wenn seine gebotene Anhörung unterblieben ist. Sind bereits **beim Erlass** des Pfändungs-und Überweisungsbeschlusses unrichtige Umstände zugrunde gelegt worden, ist der Beschluss nicht nach § 850g ZPO zu ändern, sondern mit der Vollstreckungserinnerung nach § 766 ZPO zu überprüfen.[868]

VIII. Kosten

527 **Gerichtsgebühren** fallen **nicht** an. Der **Rechtsanwalt** des **Schuldners** verdient i.d.R. mit dem Änderungsantrag eine **0,3 Verfahrensgebühr** nach Nr. 3309 VV RVG. Dies gilt jedoch nur dann, wenn zuvor eine solche Gebühr bei ihm nicht angefallen ist, weil er im Zwangsvollstreckungsverfahren noch nicht tätig geworden war (vgl. § 18 Abs. 1 Nr. 1 RVG).[869]

---

865 LG Mönchengladbach, Rpfleger 2003, 517.
866 LG Rostock, JurBüro 2003, 327.
867 BAG, NJW 1997, 479 = KTS 1996, 582 = NZA 1997, 63 = InVo 1997, 130 = DB 1997, 784 = JR 1998, 88 = BB 1996, 2416.
868 Musielak/*Becker*, § 850g Rn 2; LG Hannover JurBüro 1986, 622; LG Düsseldorf JurBüro 1982, 938; Thomas/Putzo/*Seiler* § 850g Rn 3; a.A. OLG Schleswig JurBüro 1959, 134; MüKo-ZPO/*Smid* § 850g Rn 4.
869 LG Konstanz, Rpfleger 2000, 463.

Der Rechtsanwalt des **Gläubigers** erhält **keine** zusätzlichen Gebühren, es sei denn, er wird erstmals tätig (vgl. § 18 Abs. 1 Nr. 1 RVG). Für einen Antrag nach § 850g S. 2 ZPO erhält der Rechtsanwalt i.d.R. eine **0,3 Verfahrensgebühr** nach Nr. 3309 VV RVG gem. § 18 Abs. 1 Nr. 1 RVG.

K. Verschleiertes bzw. verschobenes Arbeitseinkommen (§ 850h ZPO)

I. Regelungszweck

528

Die Norm des § 850h ZPO dient dem Gläubigerschutz. Es soll verhindert werden, dass durch unlautere Manipulationen das Schuldnereinkommen dem Gläubigerzugriff entzogen wird.[870]

Da in der Zwangsvollstreckung nur auf Arbeitseinkommen des Schuldners zugegriffen werden kann, das dieser tatsächlich bezieht, ermöglicht es **§ 850h Abs. 1 ZPO** davon abweichend unter den dort genannten weiteren Voraussetzungen auch auf Einkommen Zugriff zu nehmen, das tatsächlich einem Dritten zufließt (**Lohnverschiebung**). Darüber hinaus gilt nach **§ 850h Abs. 2 ZPO** für Leistungen, die der Schuldner tatsächlich unentgeltlich oder gegen eine unverhältnismäßig geringe Vergütung erbringt, im Verhältnis zum Gläubiger eine angemessene Vergütung als geschuldet (**Lohnverschleierung**).[871]

529

Die Regelung findet auch im **Insolvenzverfahren** Anwendung (§ 36 Abs. 1 S. 2 InsO). So kann der **Insolvenzverwalter** in entsprechender Anwendung des § 850h Abs. 2 ZPO **fiktives pfändbares Arbeitseinkommen zur Masse** ziehen.[872] Die Zuständigkeit für die zu treffende Entscheidung obliegt während eines Insolvenzverfahrens anstelle des Vollstreckungsgerichts gem. § 36 Abs. 4 S. 1 und 3 InsO dem Insolvenzgericht als be-

530

---

870 BGH, Vollstreckung effektiv 2006, 38 = DStR 2005, 2096 = WM 2005, 2324 = Rpfleger 2006, 25 = ZVI 2005, 587 = BFH/NV 2006, Beilage 1, 94–95 = FamRZ 2006, 37 = ZInsO 2005, 1212 = BGHReport 2006, 131 = NZI 2006, 114 = JurBüro 2006, 97 = HFR 2006, 313 = InVo 2006, 118 = MDR 2006, 352 = WuB VI D § 850h ZPO 1.06 = NJW-RR 2006, 569 = KKZ 2009, 141.
871 Vgl. auch Gottwald/*Mock*, § 850h Rn 1.
872 LAG Baden-Württemberg, ZInsO 2011, 1856; vgl. BAG, NZA 2008, 779 = DB 2008, 1503 = ZInsO 2008, 869 = MDR 2008, 886 = ZIP 2008, 979; BAG, ZInsO 2013, 1357 = EBE/BAG 2013, 106 = ZIP 2013, 1433 = MDR 2013, 1047 = ZVI 2013, 349 = NZA 2013, 1079 = DZWIR 2013, 572 = ArbR 2013, 359 = DB 2013, 1795 = FA 2013, 250 = NZI 2013, 705 = GWR 2013, 364 = ArbuR 2013, 368 = EWiR 2013, 723 = JurBüro 2013, 609 = Vollstreckung effektiv 2014, 5.

sonderem Vollstreckungsgericht.[873] Mit dieser Zuständigkeitszuweisung trägt der Gesetzgeber der besonderen Sachnähe des Insolvenzgerichts Rechnung.[874]

II. Lohnverschiebung (§ 850h Abs. 1 ZPO)

531 Durch die sog. **Lohnverschiebung** versuchen Schuldner die pfändbaren Einkünfte vor dem Zugriff von Gläubigern zu schützen.

532 Bei § 850h Abs. 1 ZPO handelt es sich um eine den **Gläubigerschutz** ergänzende Ausnahmebestimmung.[875] Zugunsten des Gläubigers wird eine dem Schuldner wegen seines Vertrages mit dem Empfänger der Arbeitsleistung nicht zustehende Gegenforderung fiktiv als ein zu seinem Vermögen gehörender Anspruch behandelt. Die Regelung bezweckt somit, den vom Schuldner erarbeiteten Lohnanspruch seinem Vermögen zuzurechnen. Daher wird der vereinbarte Anspruch des Dritten ignoriert, sodass eine Pfändung gegen den Schuldner möglich ist.

1. Anwendungsbereich

533 Die unmittelbare Anwendung von § 850h Abs. 1 ZPO setzt voraus, dass zwischen dem eine Arbeitsleistung erbringenden Schuldner und dem Empfänger der Arbeitsleistung ein **Rechtsverhältnis bestehen muss**, aufgrund dessen der Empfänger eine Gegenleistung schuldet, die lediglich vertraglich einem Dritten zusteht.[876] Die Art des Rechtsverhältnisses ist ohne Bedeutung. Neben einem Arbeitsverhältnis kommt ein Dienstverhältnis oder sogar ein Werkvertrag in Betracht. Benachteiligungsabsicht ist hierbei nicht erforderlich.[877] Es ist ausreichend, wenn eine Vergütung nur für gelegentliche – z.B. für Kellnertätigkeiten in der Sommersaison – oder sogar einmalige Leistungen – z.B. für eine Autoüberführung – geschuldet wird.[878] Gleiches gilt, wenn der angestellte Geschäftsführer einer Vertriebs-GmbH vertragliche Verpflichtungen seiner Arbeitgeberin gegenüber deren Vertragspartner erfüllt, ohne dass er selbst mit dem Vertragspartner ein Schuldverhältnis eingegangen ist.[879]

534 Eine **Lohnabtretung** fällt hingegen nicht unter die Anwendbarkeit der Regelung. Diese kann jedoch durch **Anfechtung** entsprechend des Anfechtungsgesetzes beseitigt werden.

---

873 BGH, WM 2004, 834 = ZVI 2004, 197 = BB 2004, 853 = ZInsO 2004, 391 = NZI 2004, 278 = DZWIR 2004, 208 = MDR 2004, 766 = BGHReport 2004, 910 = Rpfleger 2004, 436 = InVo 2004, 511; BGH, WuM 2011, 486.
874 BGH, ZIP 2007, 2330 = InVo 2008, 16.
875 BAG, MDR 1996, 1155 = ZIP 1996, 1567 = DB 1996, 2395 = KTS 1996, 584.
876 BAG, MDR 1996, 1155 = ZIP 1996, 1567 = DB 1996, 2395 = KTS 1996, 584.
877 BGH, NJW 1979, 1600 = VersR 1979, 542 = DRsp I(147) 184 = MDR 1979, 826 = EBE/BGH 1979, 182.
878 *Goebel*, Vollstreckung effektiv 2000, 124.
879 BAG, MDR 1996, 1155 = ZIP 1996, 1567 = DB 1996, 2395 = KTS 1996, 584.

K. Verschleiertes bzw. verschobenes Arbeitseinkommen (§ 850h ZPO) § 6

Übersicht: Fälle von Lohnverschiebung   535
- der Arbeitgeber überweist den pfändbaren Lohn an den nicht bei ihm beschäftigten Ehegatten oder an sonstigen Dritten,
- beide Ehegatten arbeiten in demselben Betrieb, der nicht schuldnerische Ehegatte erhält ein wesentlich höheres Einkommen als der Schuldner, obwohl dieser die höher dotierte Stelle hat,[880]
- zugunsten des schuldnerischen Ehegatten wird ein Gesellschaftsverhältnis mit überproportionaler Gewinnausschüttung begründet,[881]
- naheliegend sind solche Lohnverschiebungen auch dann, wenn für die Ausübung der Tätigkeit eine besondere Erlaubnis – wie z.b. Gaststättenkonzession, Sprengerlaubnis, Waffen- oder Gewerbeschein oder Zulassung als Rechtsanwalt oder Arzt – notwendig ist und der Schuldner diese nicht mehr erlangen kann. Aus diesem Grund lässt er sich formal unterqualifiziert beschäftigen und dem (untätigen) Ehegatten oder Dritten mit gültiger Erlaubnis wird der den unpfändbaren Lohnanteil des Schuldners überschießende Vergütungsanteil zugeschoben.

2. Pfändungsverfahren

Das einem Arbeitnehmer oder Dienstleistenden geschuldete Entgelt, das im Einvernehmen mit dem die tatsächlichen Dienste Leistenden an einen Dritten gezahlt wird, ist verschleiertes Arbeitseinkommen und unterliegt ohne Weiteres einer hinsichtlich der Vergütung des Dienstleistenden ausgebrachten Pfändung.[882] Dabei prüft das Vollstreckungsgericht weder die Voraussetzungen der Vorschrift noch den Umstand, ob tatsächlich ein materiell-rechtlicher Anspruch gegen den Drittschuldner besteht. Gepfändet wird stets nur die „angebliche Forderung"[883] des Schuldners. Die Frage, ob tatsächlich eine Lohnverschiebung vorliegt, muss ggf. durch das Prozessgericht im Wege einer Einziehungsklage entschieden werden.   536

Die Pfändung kann auf zweifache Weise erfolgen: 537
- **Unmittelbare Pfändung des Anspruchs des Drittberechtigten**: Kennt der Gläubiger den Dritten (Ehegatte, Lebensgefährte, Kind usw.), kann er mit dem Titel gegen den Schuldner den Anspruch des Dritten gegen den Drittschuldner pfänden und sich überweisen lassen. Aufgrund der gesetzlichen Fiktion, dass der Anspruch dem Schuldner gehört, bedarf es daher keines weiteren Titels gegen den Drittberechtigten (§ 850h Abs. 1 S. 1 ZPO). Eine Klauselumschreibung und Zustellung an den Dritten

---
880 *Goebel*, Vollstreckung effektiv 2000, 124.
881 *Goebel*, Vollstreckung effektiv 2000, 124.
882 OLGR, Celle 2001, 199.
883 Vgl. auch den Wortlaut der amtlichen Formulare gem. § 2 ZVFV.

ist nicht erforderlich. Es müssen somit alle Voraussetzungen für einen Beginn der Zwangsvollstreckung gegen den Schuldner selbst vorliegen.[884]

Hinweis

Der Nachteil dieser Vorgehensweise besteht darin, dass der Anspruch nur in der Höhe erfasst wird, wie er auch auf den Dritten übertragen wurde. Wenn demnach der Anspruch unterhalb der Pfändungsbeträge nach § 850c ZPO liegt, erhält der Gläubiger nichts.

Beispiel

Schuldner S und Arbeitgeber D vereinbaren, dass vom monatlichen Nettolohn des S i.H.v. 2.000 EUR an dessen Ehegatten E monatlich – pfändbare – 219,75 EUR ausbezahlt werden. Als G als Gläubiger den Anspruch der E pfändet, werden davon nur 219,75 EUR erfasst, auf die sie einen Anspruch gegen D hat. Da diese unpfändbar sind, geht G leer aus.

- **Unmittelbare Pfändung des Anspruchs des Schuldners**: Der Gläubiger kann auch ganz normal den Anspruch des Schuldners gegen den Dritten pfänden. Dann greift die Fiktion nach § 850h Abs. 1 S. 2 ZPO, wonach mit dem Anspruch des Schuldners zugleich die Ansprüche des Dritten gepfändet werden. Nach Wirksamwerden der Pfändung kann der Drittschuldner weder an den Schuldner noch an den Drittberechtigten mit befreiender Wirkung leisten.

Beispiel

Im Beispiel zuvor wird der unpfändbare Betrag von 1.780,25 EUR (= 2.000 EUR ./. 219,75 EUR) an S. ausbezahlt.

Wenn G diesen Anspruch pfändet, ist damit zugleich der an E. auszuzahlende Betrag von 219,75 EUR mit umfasst. Es wird somit fingiert, dass S ein Einkommen von 2.000 EUR hat. Nach § 850c ZPO wären bei ihm lt. Pfändungstabelle Sp. 0 insgesamt 606,34 EUR pfändbar. Diesen Betrag hat DS dann an G auszuzahlen.

Taktischer Hinweis

Damit die Pfändung wirksam wird, muss der Pfändungsbeschluss in beiden Fällen an den Drittschuldner zugestellt werden (§ 829 Abs. 3 ZPO). Die in § 850h Abs. 1 S. 3 ZPO angeordneten Zustellungen des Beschlusses an den Schuldner und Dritten erfolgen später; sie sind jedoch nicht Voraussetzungen für die Wirksamkeit der Pfändung.

---

884 *Stöber*, Rn 1216.

K. Verschleiertes bzw. verschobenes Arbeitseinkommen (§ 850h ZPO) § 6

III. Lohnverschleierung (§ 850h Abs. 2 ZPO)

§ 850h ZPO stellt ein Korrektiv eines bei drohenden Zwangsvollstreckungsmaßnahmen naheliegenden Verhaltens dar:[885] Befürchtet ein berufstätiger Schuldner Zwangsvollstreckungsmaßnahmen, so kehrt sich häufig sein Interesse an einem möglichst hohen Verdienst geradezu um. Da dasjenige, was er behalten darf, auf den pfändungsfreien Teil beschränkt ist, hat er jedenfalls kein pekuniäres Interesse an einem höheren Verdienst mehr. Dem Arbeitgeber des Schuldners kann dies nur recht und billig sein, erspart ihm dies doch Kosten. Ein Interesse an einem möglichst hohen Verdienst hat jedoch der Gläubiger, der insoweit aber ohne Einfluss ist. Diese Gemengelage begünstigt die Gefahr eines kollusiven Zusammenwirkens zwischen Arbeitgeber und Schuldner. Um dem entgegenzuwirken, stellt der Gesetzgeber eine Fiktion auf: Der Arbeitgeber wird in den in § 850h Abs. 2 ZPO genannten Fällen im Verhältnis zum Gläubiger so behandelt, als leiste er eine angemessene Vergütung.[886] Das Entgelt für Arbeitsleistungen kann den Gläubigern nicht durch eine Vereinbarung zwischen Schuldner und Drittschuldner entzogen werden.[887]

538

1. Regelungszweck

Die Norm schützt das Interesse des Vollstreckungsgläubigers an der Durchsetzung seiner Forderung gegen den Schuldner, der für einen Dritten arbeitet oder sonst Dienste leistet,[888] ohne eine entsprechende angemessene Vergütung zu erhalten.[889] Das Gesetz behandelt diesen Dritten beim Vollstreckungszugriff des Gläubigers so, als ob er dem Schuldner zu einer angemessenen Vergütung verpflichtet sei.[890] Es handelt sich daher um einen **fiktiven Anspruch auf Vergütung**, aus dem der Schuldner selbst keinerlei Rechte herleiten kann.[891] Die angemessene Vergütung ist daher nur im Verhältnis des Gläubigers zu dem Empfänger der Arbeits- und Dienstleistungen als geschuldet anzusehen.[892] Ein Vollstreckungszugriff ist auch dann möglich, wenn der Schuldner und der Dritte nicht in der Absicht gehandelt haben, den Schuldner einem Vollstreckungszugriff des Gläubigers zu entziehen.[893]

539

---

885 *Martini*, jurisPR-InsR 18/2016 Anm. 3.
886 *Martini*, jurisPR-InsR 18/2016 Anm. 3.
887 LAG Rheinland-Pfalz, Urt. v. 2.6.2016 – 5 Sa 519/15, BeckRS 2016, 71536; *Bissels/Schröders*, NZI 2017, 342.
888 Auch in Teilzeitbeschäftigung; vgl. LAG Hamm, NZA 1988, 657 u. 1754 m. Anm. *Smid*; Gottwald/*Mock*, § 850h Rn 9.
889 BAG, EzA ZPO 2002 § 850h Nr. 2.
890 BGH, WM 2013, 1991 = MDR 2013, 1370 = FamRZ 2013, 1970 = JurBüro 2014, 40 = Rpfleger 2014, 92 = KKZ 2014, 165 = ZAP EN-Nr. 608/2013 = Vollstreckung effektiv 2013, 213 = FamRB 2014, 8 = FoVo 2014, 28; NJW 1979, 1600 = VersR 1979, 542 = DRsp I(147) 184 = MDR 1979, 826 = EBE/BGH 1979, 182.
891 BGH, VersR 1964, 642 (644).
892 BAG, EzA ZPO 2002 § 850h Nr. 2; EzA ZPO § 850h Nr. 5.
893 BGH, WM 1968, 1254.

540 Wird der Anspruch auf angemessene Vergütung fingiert, dann muss auch **für die Erfüllung einer Unterhaltspflicht eine fiktive Betrachtung** angestellt werden.[894] Unterhaltsfreibeträge können nach § 850c Abs. 2 ZPO zwar nur berücksichtigt werden, wenn Unterhalt tatsächlich gewährt wird. Diese Vorschrift ist jedoch auf die Pfändung einer korrekt vereinbarten Arbeitsvergütung zugeschnitten und ist daher nicht auf die Fallgestaltung des fingierten Arbeitsentgelts nach § 850h Abs. 2 ZPO zu übertragen. Wenn jedoch der angemessene Vergütungsanspruch, der der Pfändung unterliegt, fingiert wird, also gerade nicht auf den tatsächlichen Verdienst abgestellt wird, dann kann für Unterhaltsfreibeträge auch nicht auf die tatsächlichen Verhältnisse abgestellt werden. Vielmehr muss maßgebend sein, ob bei einer angemessenen Vergütung von der Erfüllung der Unterhaltspflichten auszugehen wäre. So wie der Vergütungsanspruch fingiert wird, muss auch die Erfüllung der Unterhaltspflicht aufgrund fiktiver Betrachtung bewertet werden.

2. Voraussetzungen

541 Die Norm setzt voraus, dass der Schuldner dem Dritten in einem **ständigen Verhältnis Arbeiten oder Dienste** (auch in Teilzeitbeschäftigung) **leistet**, die nach Art und Umfang üblicherweise vergütet werden, aber eine Vergütung nicht oder nur in geringerem Umfang gezahlt wird.[895]

542 Übersicht: Fälle von Lohnverschleierung[896]

- Ein **Angehöriger arbeitet im familiären Betrieb** und erhält lediglich Kost, Logis und ggf. Taschengeld unterhalb der Pfändungsgrenze.[897] Die familienrechtlichen Beziehungen können Auswirkungen auf die Höhe der angemessenen Vergütung haben und diese schmälern.[898] Eine Vergütung scheidet bei Erfüllung einer Unterhaltspflicht gegenüber dem anderen Familienmitglied aus. Beruht die familienrechtliche Mitarbeit auf einer gesellschaftlichen Grundlage – wie z.B. einem Vertrag über eine BGB-Gesellschaft –, so scheidet eine Anwendbarkeit des § 850h Abs. 2 S. 2 ZPO aus. Denn der Schuldner erbringt seine Dienste nicht für einen Dritten, sondern für sich selbst.[899]
- Leistet ein seinem Kind **unterhaltspflichtiger Vater als Geschäftsführer** einer **GmbH** seine Dienste unentgeltlich, so gilt im Verhältnis des Kindes zur GmbH eine angemessene Vergütung als geschuldet. Die GmbH als Drittschuldner ist verpflichtet, im Einzelnen ihr Unvermögen für eine angemessene Bezahlung ihres Geschäftsführers nachvollziehbar und plausibel darzulegen, denn mangelnde Leistungs-

---

894 LAG Niedersachsen, Urt. v. 23.1.2007 – 13 Sa 953/06 – juris.
895 BAG, ZInsO 2008, 869 = ZIP 2008, 979 = EBE/BAG 2008, 85 = DB 2008, 1503 = NZA 2008, 779.
896 Gottwald/*Mock*, § 850h Rn 13.
897 *Menken*, DB 1993, 163 m.w.N.
898 BAG, NJW 1978, 343; LAG Rheinland-Pfalz, JurBüro 2010, 380; OLG Düsseldorf, NJW-RR 1989, 390.
899 *Goebel*, Vollstreckung effektiv 2000, 136.

K. Verschleiertes bzw. verschobenes Arbeitseinkommen (§ 850h ZPO) § 6

fähigkeit und Unrentabilität trotz erheblicher Geschäftsumsätze sind wirtschaftlich als Ausnahmesituation aufzufassen.[900]
- Bei einer **unentgeltlichen Haushaltsführung** und der Angabe, dass der Lebensgefährte ohne Gegenleistungen den Schuldner mitversorgt, sind i.R.d. **Nachbesserungsverfahrens zur Vermögensauskunft** Angaben über die Art und den Umfang der vom Lebensgefährten erbrachten Haushaltsführungsleistungen mitzuteilen, um dem Gläubiger die Prüfung zu ermöglichen, ob ein verschleiertes Arbeitseinkommen gewährt wird.[901] Die Frage nach einem Lebensgefährten ist unzulässig, es sei denn, dass angesichts der bisherigen Angaben des Schuldners die Lebenserfahrung für das Vorhandensein weiterer Vermögenswerte spricht, etwa in Form eines verschleierten Arbeitseinkommens nach § 850h ZPO. Unzulässig sind auch Fragen danach, wie der Schuldner seinen Lebensunterhalt bestreitet oder ob er Unterstützung von dritten Personen erfährt, wenn keine Anhaltspunkte für den Erhalt derartiger Zuwendungen bestehen.[902] Die **Gegenansicht**[903] beruft sich darauf, dass die Haushaltsführung durch den nicht berufstätigen Partner einer nichtehelichen Lebensgemeinschaft nicht zu den Arbeiten und Diensten gehört, die üblicherweise vergütet werden und somit auch keinen nach § 850h Abs. 2 ZPO pfändbaren Anspruch begründet. Persönliche und wirtschaftliche Leistungen werden nämlich in einer nichtehelichen Lebenspartnerschaft regelmäßig nicht abgerechnet, sondern von dem Partner erbracht, der dazu in der Lage ist. Die Haushaltsführung durch den nicht berufstätigen Partner ist einer Erwerbstätigkeit auf dem Arbeitsmarkt nicht gleichzustellen. Sie beruht, soweit nicht ohnedies regelmäßig zumindest zu gleichen Teilen auch eigene Haushaltsangelegenheiten erledigt werden, auf dem übereinstimmenden Entschluss zur Führung einer Lebens-, Wohn- und Wirtschaftsgemeinschaft, in der Leistungen ersatzlos von demjenigen Partner erbracht werden, der dazu in der Lage ist. Der erwerbstätige Partner, der die Kosten der gemeinsamen Lebensführung trägt, erbringt mit dem laufendem Unterhalt – der zudem überwiegend in Naturalleistungen wie Lebensmitteln, Kleidung, Wohnung, etc. besteht – ebenso den Gemeinschaftszweck fördernde Aufwendungen, wie der haushaltsführende Partner. Diese sind daher einem arbeitsrechtlichen Entgelt nicht vergleichbar. Soweit die o.a. Rechtsprechung – jedenfalls hinsichtlich der Angabe der im Rahmen der Haushaltsführung geleisteten Dienste im Offenbarungsverzeichnis – von der Anwendbarkeit des § 850h Abs. 2

---

900 BGH, WM 1968, 1254.
901 OLG Oldenburg, JurBüro 2005, 604; LG Waldshut-Tiengen, DGVZ 2013, 96; LG Ingoldstadt, DGVZ 2010, 195; LG Stuttgart, Vollstreckung effektiv 2009, 13; LG Essen, JurBüro 2008, 666; LG Ingolstadt, JurBüro 2004, 336; LG Frankfurt/Main, JurBüro 2002, 608; LG Verden, JurBüro 2002, 158; LG Bonn, NJW-RR 2001, 1295; LG Aschaffenburg, JurBüro 2000, 664; LG Düsseldorf, JurBüro 1998, 553; LG Ellwangen, JurBüro 1997, 274; AG Obernburg JurBüro 2017, 207; AG Nürtingen, DGVZ 2009, 134; AG Hamburg-Wandsbeck, JurBüro 2009, 271; AG Osterholz-Scharmberg, JurBüro 2005, 604.
902 AG Lahr, Vollstreckung effektiv 2011, 183 = FoVo 2011, 235 = DGVZ 2011, 149.
903 LG Bielefeld, Beschluss v. 3.9.2013 – 23 T 494/12 – *juris*; *Stöber*, Rn 1222a.

ZPO ausgeht, beruht dies auf der Erwägung, der Schuldner sei verpflichtet, dem Gläubiger die Art und den Umfang der dem Lebensgefährten erbrachten Haushaltsführungsleistungen mitzuteilen, um dem Gläubiger die Prüfung zu ermöglichen, ob ein verschleiertes Arbeitseinkommen gewährt wird. Ob und unter welchen Voraussetzungen die in einer nichtehelichen Lebensgemeinschaft erbrachten Haushaltsführungsleistungen zu vergüten sind, wird dagegen nicht näher ausgeführt. Zwar hat das Vollstreckungsgericht vor Erlass eines entsprechend § 850h Abs. 2 ZPO beantragten Pfändungs- und Überweisungsbeschlusses nicht abschließend zu prüfen, ob und in welcher Höhe die zu pfändende Forderung besteht. Zurückzuweisen ist der Antrag jedoch, wenn nach dem Tatsachenvortrag des Gläubigers die zu pfändende Forderung dem Schuldner aus tatsächlichen oder rechtlichen Gründen nicht zustehen kann.[904]

- Bei **auffallend geringem Einkommen**[905] besteht nach allgemeiner Lebenserfahrung der Verdacht, dass der Schuldner offensichtlich unvollständige Angaben zu den Einkünften und seinem Vermögen gemacht hat, sodass er zur Nachbesserung des Vermögensverzeichnisses und zur eidesstattlichen Versicherung hinsichtlich Zusatzangaben zu seinem Arbeitsverhältnis verpflichtet ist.[906]
- Ein Schuldner ist zur **Nachbesserung des Vermögensverzeichnisses zur Vermögensauskunft** verpflichtet, wenn er bislang nur erklärt hat, dass er Gastwirt ist. Er hat dann auch zu erklären, ob ihm aus der selbstständigen Tätigkeit ein Gewinn verbleibt, ob er Entnahmen hierauf tätigt oder ob er Sachleistungen erhält z.B. freie Kost und Logis.[907]

Wechsel der Lohnsteuerklasse vor und nach Pfändung, wenn kein sachlich gerechtfertigter Grund vorliegt.[908] Im Einzelnen ist wie folgt zu unterscheiden: Steuerklas-

---

904 BGH, WM 2013, 1991 = MDR 2013, 1370 = FamRZ 2013, 1970 = JurBüro 2014, 40 = Rpfleger 2014, 92 = KKZ 2014, 165 = ZAP EN-Nr. 608/2013 = Vollstreckung effektiv 2013, 213 = FamRB 2014, 8 = FoVo 2014, 28; BGH, NJW-RR 2008, 733 = BGHReport 2008, 570 = Rpfleger 2008, 318 = WuB VI D § 829 ZPO 2.08 = JurBüro 2008, 549 = KKZ 2009, 253; JurBüro 2010, 440.
905 Vollbeschäftigter Diplom-Volkswirt mit einem monatlichen Nettoeinkommen von angeblich nur 622, 47 EUR; vgl. LG Bielefeld, JurBüro 2004, 503; LG Leipzig, JurBüro 2016, 382 m.w.N.; LG Stuttgart, DGVZ 2003, 154.
906 AG Herne, JurBüro 2004, 450; im Ergebnis auch LG Ingoldstadt, DGVZ 2010, 195.
907 AG Bitterfeld, DGVZ 2010, 198.
908 Vgl. BGH, Vollstreckung effektiv 2006, 38 m. Anm. *Goebel* m. konkreten Handlungshinweisen für Gläubiger = DStR 2005, 2096 = WM 2005, 2324 = Rpfleger 2006, 25 = ZVI 2005, 587 = BFH/NV 2006, Beilage 1, 94–95 = FamRZ 2006, 37 = ZInsO 2005, 1212 = BGHReport 2006, 131 = NZI 2006, 114 = JurBüro 2006, 97 = HFR 2006, 313 = InVo 2006, 118 = MDR 2006, 352 = WuB VI D § 850h ZPO 1.06 = NJW-RR 2006, 569 = KKZ 2009, 141; ebenso AG Bremen-Blumenthal, JurBüro 2017, 102; LG Düsseldorf, JurBüro 2017, 102; BAG, ZInsO 2008, 758; OLG Köln, MDR 2000, 1032; LG Dortmund, ZInsO 2010, 879 = NZI 2010, 581;LG Lüneburg, JurBüro 2009, 211; LG Koblenz, JurBüro 2004, 335; LG Münster, Rpfleger 2003, 254; AG Bremen, JurBüro 2017, 102; LG Düsseldorf, JurBüro 2017, 102; AG Hagen, JurBüro 2016, 550, AG Pinneberg, JurBüro 2014, 46; AG Tostedt, JurBüro 2013, 656; AG Wuppertal, JurBüro 2013, 106; zum Pfändungsantrag vgl. auch Rdn 550.

K. Verschleiertes bzw. verschobenes Arbeitseinkommen (§ 850h ZPO) § 6

senwahl **erfolgt vor der Pfändung**: Für den Fall, in dem der Schuldner vor der Pfändung nachweislich die Wahl der ungünstigeren Steuerklasse in Gläubigerbenachteiligungsabsicht vorgenommen hat, hält der BGH die Anordnung nach § 850h Abs. 2 ZPO unabhängig von der Frage für möglich, wann der Wechsel der Steuerklasse stattgefunden hat. Der Schuldner ist bei der Berechnung des pfändungsfreien Betrags auch schon im Jahr der Pfändung so zu behandeln, als sei sein Arbeitseinkommen gem. der günstigeren Steuerklasse zu versteuern. Der BGH hält fest, dass für die Beurteilung der Gläubigerbenachteiligungsabsicht des Schuldners alle maßgeblichen Umstände des Einzelfalls zu berücksichtigen sind. Hierzu gehören

- Höhe der Einkommen beider Ehegatten,
- Kenntnis des Schuldners von der Höhe seiner Verschuldung,
- Kenntnis des Schuldners von einer drohenden Zwangsvollstreckung,
- bereits erfolgte Abgabe der eidesstattlichen Versicherung,
- Zeitpunkt der erstmaligen Wahl der ungünstigen Steuerklasse,
- enger zeitlicher Zusammenhang zwischen der Steuerklassenwahl und der Verschuldung bzw. drohenden Zwangsvollstreckung,
- fehlende Auskunft des Schuldners über den Zeitpunkt der Steuerklassenwahl
- und Vorliegen bzw. Fehlen eines sachlichen Grundes für die Wahl der Steuerklasse.

Nur wenn es an einem Nachweis der Gläubigerbenachteiligungsabsicht fehlt, muss der Gläubiger bzgl. des laufenden Kalenderjahrs die vor der Pfändung getroffene Wahl der Steuerklasse hinnehmen. 543

Taktischer Hinweis 544

Der Gläubiger kann verlangen, dass der Schuldner im Folgejahr wieder die günstigere Steuerklasse wählt. Ist dies nicht der Fall, dann kann dies durch eine Anordnung nach § 850h Abs. 2 ZPO fingiert werden.

Beispiel 545

Schuldner S hat die Steuerklasse V für das Jahr 2016 gewählt. Gläubiger G pfändet das Arbeitseinkommen im November 2016, wobei sich aufgrund der Steuerklasse V kein pfändbarer Betrag ergibt. Bei Steuerklasse IV würde G 219,75 EUR erhalten.

G kann nicht nachweisen, dass die Steuerklassenwahl in Gläubigerbenachteiligungsabsicht erfolgt ist. Hier muss er für 2016 akzeptieren, dass er keine Zahlungen erhält.

Für das Jahr 2017 kann er jedoch eine Anordnung nach 850h Abs. 2 ZPO erwirken, sodass der Arbeitgeber des S eine Vergleichsberechnung erstellen muss. Er berechnet den Nettolohn fiktiv auf Grundlage der Steuerklasse IV und zahlt an G den danach pfändbaren Betrag aus. Sodann berechnet er den Lohn des S nach Steuerklasse V

§ 6 Die Pfändung von Arbeitseinkommen

und führt Steuern und Sozialversicherungsbeiträge ab. Vom Rest zieht er den an G gezahlten Betrag ab und zahlt den dann noch verbleibenden Betrag an S aus.

546 **Steuerklassenwahl erfolgt nach der Pfändung:** Wählt der Schuldner nachträglich eine ungünstigere Steuerklasse oder behält er diese für das folgende Kalenderjahr bei, kann dies schon nicht zu Lasten des Gläubigers gehen, wenn für diese Wahl oder Beibehaltung der ungünstigen Steuerklasse objektiv kein sachlich rechtfertigender Grund gegeben ist. Für den Folgezeitraum kann eine Anordnung entsprechend § 850h Abs. 2 ZPO auch ohne Nachweis einer Benachteiligungsabsicht ergehen.

IV. Pfändungsverfahren

547 Die Pfändung erfolgt durch Beschluss gem. § 829 ZPO. Der Gläubiger muss daher nicht einen angeblichen Vergütungsanspruch im Sinne des § 850h Abs. 2 ZPO eigens pfänden.[909] Wird der Anspruch dennoch ausdrücklich mitgepfändet, ist ein derart beantragter Ausspruch auf Mitpfändung in den Grenzen des § 850c ZPO nicht zu beanstanden.[910]

548 Im Antrag auf Erlass eines Pfändungs- und Überweisungsbeschlusses müssen die Voraussetzungen des Bestehens eines Anspruchs auf angemessene Vergütung nicht dargelegt werden. Es wird lediglich der angebliche Anspruch des Schuldners gegen den Drittschuldner als fingierte Forderung nach §§ 850c, 850d ZPO oder § 850f Abs. 2 ZPO gepfändet.

549 Das Vollstreckungsgericht prüft nicht, ob die materiellen Voraussetzungen des § 850h Abs. 2 ZPO vorliegen; es hat – unbeschadet zu beachtender Pfändungsschutzvorschriften – nicht über Bestand und Höhe des fingierten Vergütungsanspruchs zu befinden; dementsprechend muss der Gläubiger dazu auch nichts vortragen.[911] Die Frage, ob dem Schuldner gegen den Drittschuldner ein Anspruch auf angemessene Vergütung zusteht, ist i.R.d. Drittschuldnerprozesses zu klären.[912]

V. Musteranträge

1. Musterantrag: Pfändung bei Wahl einer ungünstigen Steuerklasse durch Schuldner

550 Im amtlichen Formular gem. § 2 Nr. 1 ZVFV (Unterhalt) ist der Antrag auf Seite 10 vor der Unterschrift des Rechtspflegers zu stellen.

---

909 Vgl. RAGE 19, 165 (169 f.).
910 LG Wuppertal, JurBüro 2014, 161.
911 Vgl. LG Berlin, MDR 1961, 510; Wieczorek/Schütze/*Lüke*, ZPO, § 850h Rn 22; *Behr*, JurBüro 1997, 214 (215); JurBüro 1990, 1238.
912 LG Bremen, JurBüro 2003, 215.

K. Verschleiertes bzw. verschobenes Arbeitseinkommen (§ 850h ZPO) § 6

551

> ☒ **Sonstige Anordnungen:**
> nicht amtlicher Hinweis:
> Der Drittschuldner wird angewiesen, der Ermittlung des Nettoeinkommens zur Berechnung des nach § 850c pfändbaren Betrags die Lohnsteuerklasse ... zu Grunde zu legen. Hierzu wird auf die Entscheidung des BGH vom 4.10.05, VII ZB 26/05 hingewiesen.
>
> ( ) Der Schuldner hat die ungünstigere Steuerklasse ... in der Absicht gewählt, seine Gläubiger zu benachteiligen, so dass diese Steuerklassenwahl nach § 850h Abs. 2 ZPO unbeachtlich bleibt. Die Gläubigerbenachteiligungsabsicht bei der Steuerklassenwahl ergibt sich aus ...

2. Pfändungsantrag bei Lohnverschiebung

552

Anspruch A (an Arbeitgeber)
1. auf Zahlung des gesamten gegenwärtigen und künftigen Arbeitseinkommens (einschließlich des Geldwertes von Sachbezügen)
2. auf Auszahlung des als Überzahlung jeweils auszugleichenden Erstattungsbetrages aus dem durchgeführten Lohnsteuer-Jahresausgleich sowie aus dem Kirchenlohnsteuer-Jahresausgleich für das Kalenderjahr _____ und für alle folgenden Kalenderjahre
3. auf
Zahlung des gesamten Arbeitseinkommens einschließlich des Geldwertes von Sachbezügen ohne Rücksicht auf seine Benennung auch nach § 850h Abs. 1 ZPO

3. Musterantrag: Pfändung bei Lohnverschleierung durch Schuldner

553

Anspruch A (an Arbeitgeber)
1. auf Zahlung des gesamten gegenwärtigen und künftigen Arbeitseinkommens (einschließlich des Geldwertes von Sachbezügen)
2. auf Auszahlung des als Überzahlung jeweils auszugleichenden Erstattungsbetrages aus dem durchgeführten Lohnsteuer-Jahresausgleich sowie aus dem Kirchenlohnsteuer-Jahresausgleich für das Kalenderjahr _____ und für alle folgenden Kalenderjahre
3. auf
Zahlung des gesamten Arbeitseinkommens einschließlich des nach den ortsüblichen Sätzen zu berechnenden Geldwertes von Sachbezügen in der Höhe einer angemessenen Vergütung nach § 850h Abs. 2 ZPO

VI. Wirkungen

554 Die Pfändung erfasst das gegenwärtige und zukünftige Arbeitseinkommen[913] ohne besonderen Ausspruch und damit auch den fingierten Teil des Einkommens, d.h. verschleiertes Einkommen.[914]

555 *Taktischer Hinweis*

Da die **Pfändung nicht für die Vergangenheit wirkt** und daher nicht fiktiv aufgelaufene Lohn- oder Gehaltsrückstände erfasst,[915] kommt es in besonderem Maße darauf an, den Pfändungs- und Überweisungsbeschluss möglichst frühzeitig zu beantragen und durch Zustellung an den Drittschuldner (§ 829 Abs. 3 ZPO) wirksam werden zu lassen.

556 Die Fiktion des § 850h Abs. 2 ZPO bezweckt hingegen keine weitergehende Begünstigung des Gläubigers. Zu seinen Gunsten sollen mit der Fiktion eines angemessenen Arbeitseinkommens nur annähernd jene Verhältnisse geschaffen werden, wie er sie im Falle der Vollstreckung in regulär an den Schuldner entrichtete Vergütung vorfände.[916] Deshalb gilt, dass nicht nur bei der Pfändung realen Arbeitseinkommens, sondern auch bei der Pfändung fiktiver Arbeitsvergütung, nicht die angemessene Bruttovergütung, sondern nur die **Nettovergütung** als **pfändbar** angesehen wird. Auch hier sind die Pfändungsschutzvorschriften (§§ 850a, 850b, 850c ZPO)[917] zu beachten. Dem Gläubiger steht somit nur der pfändbare Teil der fiktiven Nettovergütung[918] zu. Denn der Drittschuldner muss von der fiktiven Vergütung weder Steuern noch Sozialversicherungsbeiträge abfüh-

---

913 Keine rückständige Ansprüche bis zur Zustellung des Pfändungs- und Überweisungsbeschlusses; BAG, ZInsO 2008, 869 = ZIP 2008, 979 = EBE/BAG 2008, 85 = DB 2008, 1503 = NZA 2008, 779; LAG Niedersachsen, Urt.v. 23.1.2007 – 13 Sa 953/06 – juris; LAG Hamm, MDR 1990, 747.
914 BGH, WM 2013, 1991 = MDR 2013, 1370 = FamRZ 2013, 1970 = JurBüro 2014, 40 = Rpfleger 2014, 92 = KKZ 2014, 165 = ZAP EN-Nr. 608/2013 = Vollstreckung effektiv 2013, 213 = FamRB 2014, 8 = FoVo 2014, 28; BGH, NJW 1991, 459 = DB 1991, 39; OLG Karlsruhe, NZG 2012, 299 = GWR 2012, 129; LG Bremen, JurBüro 2003, 215; a.A. LArbG Köln, DB 1988, 2060; ArbG Lübeck, MDR 1984, 174.
915 BAG, NZA 2008, 896 = NJW 2008, 2606 = DB 2008, 2088 = JurBüro 2008, 492 = ZInsO 2008, 758 = FA 2008, 256; LAG Niedersachsen, Urt. v. 23.1.2007 – 13 Sa 953/06 -; LAG Hamm, BB 1990, 710; Gottwald/*Mock*, § 850h Rn 15; Musielak/*Becker* § 850h Rn 18; Zöller/*Herget* § 850h Rn 9; Wieczorek/Schütze/*Lüke* § 850h ZPO Rn 22; MüKo-ZPO/*Smid* § 850h Rn 10; *Stöber* Rn 1228; *Dornbusch*, Die Pfändung von Arbeitseinkommen in Fällen der Lohnschiebung und Lohnverschleierung, Bonn 2005, S. 93 f.; *Grunsky*, FS Baur S. 403 (406 ff.); *Geißler*, Rpfleger 1987, 5, (6 ff.).
916 *Geißler*, Rpfleger 1987, 5.
917 Vgl. BGH, WM 2013, 1991 = MDR 2013, 1370 = FamRZ 2013, 1970 = JurBüro 2014, 40 = Rpfleger 2014, 92 = KKZ 2014, 165 = ZAP EN-Nr. 608/2013 = Vollstreckung effektiv 2013, 213 = FamRB 2014, 8 = FoVo 2014, 28.
918 Vgl. BGH, BGHZ 113, 27 = EBE/BGH 1990, 397 = ZIP 1990, 1626 = WM 1990, 2126 = DB 1991, 39 = Rpfleger 1991, 68 = NJW 1991, 495 = JZ 1991, 243 = MDR 1991, 242.

| K. Verschleiertes bzw. verschobenes Arbeitseinkommen (§ 850h ZPO) | § 6 |

ren und der Schuldner bedarf mangels eines Anspruchs auf die fiktive Vergütung keines Pfändungsschutzes.

VII. Durchsetzung des gepfändeten Anspruchs

Die **Bestimmung** des gepfändeten und an den Gläubiger abzuführenden Betrages erfolgt durch das **Prozessgericht** im Rahmen einer **Einziehungsklage**.[919] Insofern darf das Vollstreckungsgericht bei der Pfändung die geschuldete angemessene Vergütung nicht bestimmen. Ein solcher Antrag ist zurückzuweisen. 557

Zuständiges Gericht ist das für die **Leistungsklage** des Schuldners auf Zahlung des Arbeitslohns zuständige Gericht, i.d.R. also das Arbeitsgericht (§ 2 ArbGG). Geschuldet wird eine angemessene Vergütung, und zwar nicht dem Schuldner selbst, sondern allein im Verhältnis zu den Gläubigern.[920] 558

Die Begriffe der unverhältnismäßig geringen Vergütung und der **angemessenen Vergütung** in § 850h Abs. 2 S. 1 ZPO sind unbestimmte Rechtsbegriffe. Bei der Anwendung eines unbestimmten Rechtsbegriffs kommt dem Revisionsgericht daher ein Beurteilungsspielraum zu.[921] Es kann nur überprüfen, ob die Rechtsbegriffe selbst verkannt worden sind, bei der Subsumtion des festgestellten Sachverhalts unter diese Rechtsbegriffe Denkgesetze oder allgemeine Erfahrungssätze verletzt worden sind, alle wesentlichen Umstände berücksichtigt worden sind oder das Ergebnis widersprüchlich ist. Angemessen ist eine Vergütung, die der Drittschuldner einem fremden Arbeitnehmer für eine entsprechende Dienstleistung üblicherweise gewähren müsste. Praktisch ist danach zu fragen, ob der Drittschuldner durch die Beschäftigung des Schuldners eine Arbeitskraft einspart und was diese regelmäßig für die vom Schuldner geleistete Tätigkeit verdienen würde.[922] 559

Bei der Feststellung, welche Vergütung angemessen wäre, ist vom Tariflohn oder der üblichen Vergütung für die Dienstleistung auszugehen. Bezieht der Schuldner vom Drittschuldner **geldwerte Vorteile**, sind diese nur bei der Berechnung des **pfändbaren realen Arbeitseinkommens**, nicht auch bei der Ermittlung des höheren pfändbaren fiktiven Arbeitseinkommens zu berücksichtigen.[923] Nach § 850e Nr. 3 S. 1 ZPO sind zwar Geld- und Naturalleistungen zusammenzurechnen, wenn der Schuldner neben seinem 560

---

919 BGH, WM 2013, 1991 = MDR 2013, 1370 = FamRZ 2013, 1970 = JurBüro 2014, 40 = Rpfleger 2014, 92 = KKZ 2014, 165 = ZAP EN-Nr. 608/2013 = Vollstreckung effektiv 2013, 213 = FamRB 2014, 8 = FoVo 2014, 28; LG Bremen, JurBüro 2003, 215; LG Frankenthal, MDR 1984, 856; *Stöber*, Rn 1223.
920 LAG Baden-Württemberg, ZInsO 2011, 1856.
921 BAG, NZA 2008, 779 = ZInsO 2008, 869.
922 *Goebel*, Vollstreckung effektiv 2000, 136 m.w.N; Gottwald/*Mock*, § 850h Rn 16.
923 BAG, NZA 2008, 896 = NJW 2008, 260 6= DB 2008, 2088 = JurBüro 2008, 492 = ZInsO 2008, 758 = FA 2008, 256; LAG Hessen, Urt. v. 11.7.2013 – 9 Sa 1372/11 –juris, a.A. LAG Schleswig-Holstein, Urt. v. 14.4.2015 – 1 Sa 181/14 – juris.

in Geld zahlbaren Einkommen auch Naturalleistungen erhält. Allerdings handelt es sich bei der nach § 850h Abs. 2 S. 1 ZPO nur im Verhältnis zwischen dem Drittschuldner und dem Gläubiger geschuldeten fiktiven Vergütung nicht um zahlbares Einkommen des Schuldners i.S.v. § 850e Nr. 3 S. 1 ZPO. Würde ein dem Schuldner vom Drittschuldner gewährter geldwerter Vorteil nicht nur bei der Berechnung des pfändbaren realen Arbeitseinkommens, sondern auch bei der Ermittlung des höheren pfändbaren fiktiven Arbeitseinkommens berücksichtigt, bewirkt dies eine Erhöhung der fiktiven angemessenen Vergütung i.S.v. § 850h Abs. 2 S. 1 ZPO um einen Teil des realen Arbeitseinkommens.

561 Die wirtschaftliche Leistungsfähigkeit des Dienstberechtigten kann ebenso zu berücksichtigen sein. Wenn dieser wegen schlechter Vermögenslage zur Zahlung des Tariflohns oder der ortsüblichen Vergütung völlig außer Stande oder nicht ohne Gefährdung seiner wirtschaftlichen Existenz im Stande wäre, wäre es unbillig, ihm solche Leistungen aufzuerlegen. Ebenso ist bei Festsetzung der Vergütung neben dem Wert der Arbeitsleistungen die Leistungsfähigkeit des Betriebs zu berücksichtigen. Nicht entscheidend ist, was der Schuldner in einem anderen Betrieb verdienen könnte.[924]

562 Die **Darlegungs- und Beweislast** hinsichtlich der Voraussetzungen obliegt im **Drittschuldnerprozess** der **klagenden Partei**.[925] Den Beklagten trifft dabei jedoch eine sekundäre Darlegungslast. Mit der Vorlage repräsentativer Arbeitszeitaufzeichnungen durch den Drittschuldner kommt die beklagte Partei dieser Pflicht in ausreichendem Maße nach.[926] Gerade bei Drittschuldnerklagen ist ein substantiiertes Bestreiten zu verlangen, denn der Drittschuldner kennt die Umstände der Beschäftigung des Schuldners. Aufgrund der Sachnähe sind deshalb an sein Bestreiten erhebliche Anforderungen zu stellen.[927]

563 Nach allgemeinen Grundsätzen ist ein Sachvortrag zur Begründung des Klageanspruchs schlüssig, wenn Tatsachen seitens des Klägers vorgetragen werden, die i.V.m. einem Rechtssatz geeignet und erforderlich sind, das geltend gemachte Recht als in der Person des Klägers entstanden erscheinen zu lassen.[928] Dabei ist die Klagepartei nicht verpflichtet, den streitigen Lebenssachverhalt in allen Einzelheiten darzustellen; vielmehr genügt eine Prozesspartei ihrer Darlegungspflicht grds. bereits dadurch, dass sie diejenigen Um-

---

924 LAG Schleswig-Holstein, Urt. v. 14.4.2015 – 1 Sa 181/14 – juris.
925 BAG, InVo 2006, 199 = NZA 2006, 175 = KKZ 2007, 17; BAG, MDR 1996, 1155 = ZIP 1996, 1567 = DB 1996, 2395 = KTS 1996, 584; OLGR Bremen 2001, 144; LAG Baden-Württemberg, Urt. v. 18.5.2006 – 6 Sa 119/05 – juris.
926 LAG Schleswig-Holstein, Urt. v. 14.4.2015 – 1 Sa 181/14 – juris.
927 Vgl. LAG Baden-Württemberg 27.1.2011 – 3 Sa 51/10 – Rn 20 – juris; LAG Niedersachsen 23.1.2007 – 13 Sa 953/06; LAG Rheinland-Pfalz, Urt. v. 2.6.2016 – 5 Sa 519/15 – juris.
928 BGH, NJW 1991, 2707 = BB 1991, 1670 = WM 1991, 1737 = MDR 1992, 76.

K. Verschleiertes bzw. verschobenes Arbeitseinkommen (§ 850h ZPO) | § 6

stände vorträgt, aus denen sich die gesetzlichen Voraussetzungen der begehrten Rechtsfolge ergeben.[929] In einem Drittschuldnerprozess reicht in diesem Rahmen daher der Nachweis von Indizien.[930]

Der Kläger muss mit seinem Sachvortrag dem Gericht einen Vergleich zwischen der für die behauptete Arbeitsleistung angemessenen Vergütung und der tatsächlich gezahlten Vergütung ermöglichen, um das Merkmal der Unangemessenheit des vom Drittschuldner geleisteten Entgelts zu überprüfen.[931] Hierbei spielen insbesondere die Art der Arbeits- und Dienstleistung, die verwandtschaftlichen oder sonstigen Beziehungen zwischen dem Dienstberechtigten und dem Dienstverpflichteten und die wirtschaftliche Leistungsfähigkeit des Dienstberechtigten eine Rolle.[932] 564

Die fallübergreifende Annahme, eine Vergütung sei immer dann nicht unverhältnismäßig gering, wenn sie mehr als 75 % der üblichen Vergütung beträgt, ist damit ausgeschlossen.[933] 565

Legt der Schuldner einen schriftlichen Dienstvertrag vor, der eine bestimmte Arbeitszeit ausweist, die wesentlich unterhalb der regelmäßigen Wochenarbeitszeit (40 Stunden) liegt, so genügt der Gläubiger seiner Darlegungslast, wenn er Anhaltspunkte dafür vorträgt, dass der Schuldner die von ihm erbrachte Leistung nach der Lebenserfahrung nicht innerhalb der vereinbarten Arbeitszeit (hier: acht Wochenstunden[934]) erbringen kann. 566

Ist die übliche Vergütung bestimmt, so muss das zwischen Arbeitgeber und Schuldner vereinbarte Arbeitsentgelt damit verglichen und festgestellt werden, ob der Schuldner gegen eine unverhältnismäßig geringe Vergütung arbeitet.[935] Erst wenn diese Voraussetzung erfüllt ist, kann das Gericht eine angemessene Vergütung festsetzen.[936] 567

Der **Wert der erbrachten Arbeitsleistung** bemisst sich regelmäßig an den tariflichen Mindestlöhnen oder an der üblichen Vergütung i.S.v. § 612 BGB.[937] Unbehebbare 568

---

929 BGH, NJW-RR 2002, 1433 = BGHReport 2002, 1057 = MDR 2003, 78 = WM 2003, 587; vgl. auch Gottwald/Mock, § 850h Rn 17.
930 LAG Hessen, Urt. v. 11.7.2013 – 9 Sa 1372/11 – juris.
931 BAG, InVo 2006, 199 = ArbuR 2005, 426 = NJW 2006, 255 = jurisPR extra 2006, 38 = DB 2006, 400; LAG Rheinland-Pfalz, Beschl. v. 13.5.2009 – 6 Ta 103/09 – juris.
932 BAG, ZInsO 2009, 344 = NZA 2009, 163 = DB 2009, 403 = UV-Recht Aktuell 2009, 245 = MDR 2009, 228.
933 LAG Hamm, Urt. v. 16.12.2016 – 16 Sa 636/16 –, juris; BAG, ZInsO 2009, 344 = NZA 2009, 163 = DB 2009, 403 = UV-Recht Aktuell 2009, 245 = MDR 2009, 228.
934 OLGR Bremen 2001, 144.
935 So ist z.B. ein GmbH-Geschäftsführer, der ein monatliches Gehalt von 1.700 EUR brutto erhält, gegen eine unverhältnismäßig geringe Vergütung i.S.v. § 850h Abs. 2 ZPO tätig. Gegenüber dem Vollstreckungsgläubiger gilt daher ein höherer Betrag als geschuldet, wobei für die Berechnung des Pfändungsbetrages eine angemessene monatliche Vergütung i.H.v. 5.000 EUR brutto anzusetzen ist vgl. OLG München, Urt. v. 26.6.2013 – 7 U 4448/12 – juris.
936 LAG Hamm, Urt. v. 16.12.2016 – 16 Sa 636/16 –, Rn 25 – juris.
937 Vgl. LAG Mecklenburg-Vorpommern, Urt. v. 6.7.2010, 5 Sa 218/09 – juris; LAG Hamm, JurBüro 1997, 273; OLG Oldenburg, JurBüro 1995, 104.

§ 6 Die Pfändung von Arbeitseinkommen

Schätzrisiken sind durch Abschläge auf das geschätzte Einkommen zu berücksichtigen.[938] Liegt es nach den Gesamtumständen nicht völlig fern, dass im Verhältnis zwischen dem Schuldner und seinem Arbeitgeber ein Teil des Einkommens des Schuldners verschleiert werden könnte, hat der Schuldner im Rahmen seiner Auskunftspflicht nach § 836 Abs. 3 ZPO auch Angaben darüber zu machen, welche Tätigkeiten er für seinen Arbeitgeber ausführt und wie viele Wochenstunden er pro Woche für diesen tätig ist. Der Gläubiger kann hiernach auch verlangen, dass der Schuldner ihm die von seinem Arbeitgeber für die letzten 3 Monate erteilten Gehaltsabrechnungen herausgibt.[939]

569 *Taktischer Hinweis*
Seit dem 1.1.2015 gilt ein flächendeckender gesetzlicher **Mindestlohn**. Nach dem Mindestlohngesetz[940] müssen Arbeitgeber ihren Mitarbeitern den Mindestlohn von derzeit 9,19 EUR[941] brutto pro Zeitstunde zahlen. Insofern gilt dieser Betrag und damit bei durchschnittlich 20 Arbeitstagen ein Lohn von mindestens 1.470,40 EUR/brutto als geschuldet![942] Hierdurch können sich Gläubiger Hoffnung bei Lohnverschleierung machen.

Der Gläubiger sollte daher seine **Auskunftsberechtigung** und die **Urkundenherausgabeverpflichtung** des Schuldners gem. **§ 836 Abs. 3 ZPO** aktivieren[943] und unbedingt die Lohnabrechnungen vom Schuldner bzw. Arbeitgeber als Drittschuldner[944] herausverlangen. So kann er erkennen, ob es zu erhöhten bzw. erstmalig zu pfändbaren Beträgen kommt.

VIII. Gläubigerkonkurrenz

570 Mit zwei Entscheidungen widersprechen BGH und BAG der Gegenansicht,[945] dass dem Wortlaut des § 850h ZPO kein Hinweis darauf entnommen werden kann, dass als Gläubiger nur in Betracht komme, wer den Anspruch auf verschleiertes Arbeitseinkommen gerichtlich durchsetzt. Hiergegen spricht die Systematik des Zwangsvollstreckungsrechts, die auf die zeitliche Reihenfolge der Pfandrechtsentstehung abstellt. Ein nachrangiger Gläubiger kann von dem Drittschuldner erst dann erfolgreich Zahlung verlangen, wenn unter Berücksichtigung des verschleierten Arbeitseinkommens und der tatsächlichen

---

938 LAG Mecklenburg-Vorpommern, Urt. v. 6.7.2010 – 5 Sa 218/09 – juris.
939 LG Köln, DGVZ 2002, 186.
940 BGBl I 2014 S. 1348.
941 Ab 1.1.2019: 9,19 EUR; ab 1.1.2020: 9,35 EUR.
942 Vgl. auch *Mock*, Vollstreckung effektiv 2013, 217.
943 Vgl. das amtliche Pfändungsformular gem. § 2 ZVFV Seite 8 und 9.
944 Vgl. Vollstreckung effektiv 2014, 87; vgl. auch § 5 Rdn 120 ff.
945 ArbG Lübeck, MDR 1984, 174.

K. Verschleiertes bzw. verschobenes Arbeitseinkommen (§ 850h ZPO) § 6

Zahlungen die vorrangigen Pfandgläubiger befriedigt worden sind. Den früher begründeten Pfandrechten kommt die bessere Rangstelle im Verhältnis zu dem nachrangigen Gläubiger aber nur solange zu, soweit ihr Pfandrecht nicht durch die vom Drittschuldner abzuführenden Beträge als befriedigt anzusehen ist.[946]

Zur Frage des **Ranges der Pfandrechte mehrerer Pfändungsgläubiger**, die das Arbeitseinkommen des Schuldners gepfändet haben, wenn ein Fall verschleierten Arbeitseinkommens vorliegt, hat der BGH[947] entschieden, dass das **Prioritätsprinzip** nach §§ 804 Abs. 3, 832, 850h Abs. 1 S. 2 ZPO anzuwenden ist. Die Pfändung des Arbeitseinkommens erfasst nämlich ohne besonderen Ausspruch auch den fingierten Teil des Einkommens.[948] Ein Gläubiger, der verschleiertes Arbeitseinkommen nach § 850h Abs. 2 ZPO gegen den Drittschuldner geltend macht, muss sich daher vorrangige Pfändungen der Vergütung seines Schuldners entgegenhalten lassen.[949] Ein Durchbrechen des Prioritätsprinzips (§§ 804 Abs. 3, 832 ZPO) zugunsten des Gläubigers, der einen Anspruch auf verschleiertes Arbeitseinkommen gerichtlich durchsetzt, findet nicht statt.

571

Hinweis 572

Im Drittschuldnerprozess sind somit von den vorrangigen Pfandrechten nicht nur die Beträge abzusetzen, die der vorrangige Gläubiger tatsächlich erhalten hat, sondern auch diejenigen, die nicht an ihn gezahlt worden sind, ihm aber bei richtiger Berechnung des pfändbaren Teils der angemessenen Vergütung zustehen. Insoweit nämlich hat die Pfändung das fingierte Einkommen mit umfasst. Dieser Auslegung steht nicht entgegen, dass das Pfandrecht des vorrangigen Gläubigers nicht erloschen ist, soweit er keine Zahlung erhalten hat. Sein besserer Rang wird ihm durch die Anrechnung nicht genommen. Sein Recht, nachträglich vom Drittschuldner Zahlung der zu Unrecht nicht an ihn abgeführten Beträge zu verlangen, bleibt unberührt, jedenfalls bis zum Eintritt der Verjährung der gepfändeten Forderung. Hat der Drittschuldner den Teilbetrag entgegen des Pfändungs- und Überweisungsbeschlusses an den Schuldner gezahlt, ist diese Zahlung dem Pfändungsgläubiger gegenüber unwirksam (§ 829 Abs. 1 S. 1 ZPO, §§ 135, 136 BGB).

---

946 BGHZ 113, 27 = EBE/BGH 1990, 397 = ZIP 1990, 1626 = WM 1990, 2126 = DB 1991, 39 = Rpfleger 1991, 68 = NJW 1991, 495 = JZ 1991, 243 = MDR 1991, 242; a.A. LAG Rheinland-Pfalz, Urt. v. 11.6.2008, 7 Sa 61/08 – juris, welches fälschlicherweise von einer tatsächlichen Zahlung ausgeht.
947 BGHZ 113, 27 = EBE/BGH 1990, 397 = ZIP 1990, 1626 = WM 1990, 2126 = DB 1991, 39 = Rpfleger 1991, 68 = NJW 1991, 495 = JZ 1991, 243 = MDR 1991, 242.
948 BGHZ 113, 27 = EBE/BGH 1990, 397 = ZIP 1990, 1626 = WM 1990, 2126 = DB 1991, 39 = Rpfleger 1991, 68 = NJW 1991, 495 = JZ 1991, 243 = MDR 1991, 242; LAG Köln, 9.10.1998 – 11 Sa 535/98; a.A. LAG Köln, DB 1988, 2060; ArbG Lübeck, MDR 1984, 174.
949 BAG, ZAP EN-Nr. 1001/94 = NJW 1995, 414; LAG Rheinland-Pfalz, Urt. v. 11.6.2008 – 7 Sa 61/08 – juris.

§ 6 Die Pfändung von Arbeitseinkommen

573 *Beispiel*

Gläubiger G1 pfändet vorrangig das Arbeitseinkommen des Schuldners S. Dieser ist im Frisörbetrieb seiner Ehefrau E als Geschäftsführer der zuvor vom ihm geleiteten GmbH zu einem monatlichen Nettoeinkommen von 1.800 EUR angestellt.[950] Aufgrund der Pfändung erhält G1 den pfändbaren Betrag von 119,75 EUR (Spalte 1 der Lohnpfändungstabelle). Später pfändet Gläubiger G2 ebenfalls in das Arbeitseinkommen des S. Wegen der vorrangigen Pfändung des G1 geht G2 allerdings leer aus. G2 pfändet aufgrund dessen in das fiktive verschleierte Arbeitseinkommen, da er davon ausgeht, dass S. in Wahrheit die Geschicke der ihm zuvor gehörenden Firma weiterhin leitet. Das Prozessgericht bestimmt daraufhin für G2 im Drittschuldnerprozess wegen der Qualifikation und Stellung des S als Geschäftsführer die angemessene monatliche Vergütung mit 3.000 EUR.

Lösung

Infolge der angenommenen angemessenen Vergütung i.H.v. 3.000 EUR sind nach der Lohnpfändungstabelle Spalte 1 nunmehr monatlich 719,75 EUR pfändbar.

G1 ist nunmehr so zu stellen, als hätte er von Anfang an das fiktive Einkommen von monatlich 3.000 EUR gepfändet und daher monatlich 719,75 EUR erhalten, obwohl er tatsächlich die ganze Zeit vom Drittschuldner nur 119,75 EUR erhalten hat. G2 kommt also erst dann zum Zug, wenn G1 vollständig befriedigt ist. Da G1 infolgedessen aber so gestellt wird, als habe er dauerhaft monatlich 719,75 EUR erhalten, verkürzt sich die Wartezeit für G2 um fast 75 %.

IX. Rechtsbehelfe

574 Bei der Pfändung nach § 850h Abs. 1 ZPO kann der Gläubiger im Falle der Zurückweisung des Pfändungsantrags die sofortige Beschwerde (§§ 793, 567 ff. ZPO; § 11 Abs. 1 RPflG i.V.m. §§ 793, 567 ff. ZPO) einlegen. Der Drittberechtigte kann gegen die Pfändung mit der Klage nach § 771 ZPO vorgehen, wenn er das Vorliegen der Lohnverschiebung bestreitet. Will er formelle Mängel der Pfändung rügen, kann er Vollstreckungserinnerung nach § 766 ZPO einlegen. Dies können auch der Schuldner und der Drittschuldner.

575 Bei der Pfändung nach § 850h Abs. 2 ZPO gilt das Gleiche mit der Ausnahme, dass es hier einen Drittberechtigten nicht gibt und damit keinen Fall der Klage nach § 771 ZPO. Endet das Dienst- und Arbeitsverhältnis nachdem der Gläubiger im Einziehungsprozess einen Titel gegen den Drittschuldner erlangt hat, ist der Drittschuldner auf die Vollstreckungsabwehrklage nach § 767 ZPO zu verweisen.

---

950 Vgl. LG Berlin, Rechtspfleger 1996, 360.

X. Kosten/Gebühren/Streitwert

Für die Pfändung (und Überweisung) entsteht eine Gerichtsgebühr nach KV Nr. 2111 GKG i.H.v. derzeit 20 EUR. Der Rechtsanwalt erhält für den Antrag auf Pfändung und Überweisung die 0,3 Verfahrensgebühr nach Nr. 3309 VV RVG, falls eine Anrechnung nach § 18 Abs. 1 Nr. 1 RVG (z.b. durch ein vorläufiges Zahlungsverbot) nicht erfolgt. **576**

Durch das Nachbesserungsverfahren im Rahmen der Vermögensauskunft fällt nach § 10 Abs. 1 S. 1 GvKostG keine neue Verfahrensgebühr an, weil es sich um die Fortsetzung des alten und wegen Mangels noch nicht abgeschlossenen Verfahrens handelt.[951] Erhebt ein Pfändungsgläubiger Drittschuldnerklage und fordert in diesem Zusammenhang auch künftig fällig werdende Leistungen, so richtet sich der Streitwert nicht nach dem Gesamtbetrag der der Pfändung zugrunde liegenden Forderung, sondern dem dreifachen Jahreswert des monatlich geforderten Pfändungsbetrages. Das gilt auch dann, wenn es sich um fiktives Gehalt handelt. Dabei werden die Rückstände gem. § 42 Abs. 4 GKG nicht werterhöhend berücksichtigt.[952] **577**

L. Pfändungsschutz für sonstige Einkünfte (§ 850i ZPO)

I. Allgemeines

Die Vorschrift des § 850i ZPO ist durch das Gesetz zur Reform des Kontopfändungsschutzes vom 7.7.2009 mit Wirkung ab 1.7.2010 geändert worden.[953] Danach hat der Gesetzgeber den Pfändungsschutz nicht nur auf alle selbst erzielten, eigenständig erwirtschafteten Einkünfte die kein Arbeitseinkommen sind erweitert[954] und damit die Ungleichbehandlung von abhängig beschäftigten und selbstständig tätigen Personen beseitigt,[955] sondern auch den Vollstreckungsschutz für sonstige Einkünfte an den Pfändungsregelungen für das laufende Arbeitseinkommen ausgerichtet.[956] **578**

---

951 LG Verden, JurBüro 2002, 158.
952 LAG Schleswig-Holstein, JurBüro 2001, 196.
953 BGBl I 209, 1707.
954 BGH, Vollstreckung effektiv 2018, 112 = FoVo 2018, 114 = ZInsO 2018, 866 = NZI 2018, 326 = ZIP 2018, 737 = NJW-RR 2018, 625; BGH, DB 2014, 1737 = WM 2014, 1485 = ZIP 2014, 1542 = ZInsO 2014, 1609 = NZI 2014, 772 = MDR 2014, 1173 = NJW-RR 2014, 1197 = DZWIR 2014, 555 = ZVI 2014, 416 = Rpfleger 2014, 687 = JurBüro 2014, 606 = Vollstreckung effektiv 2014, 169; im Ergebnis ebenso BGH, Vollstreckung effektiv 2018, 112; *Ahrens*, ZInsO 2010, 2357, 2359.
955 Begründung zum Entwurf eines Gesetzes zur Reform des Kontopfändungsschutzes vom 19.12.2007, BT-Drucks 16/7615 S. 18 zu Nr. 7.
956 *Ahrens*, ZInsO 2010, 2357 f, 2560; *Meller-Hannich*, WM 2011, 529.

§ 6 Die Pfändung von Arbeitseinkommen

II. Regelungszweck

579 Die Norm bezweckt die Gleichstellung des Schuldners mit sonstigen Einkünften, die keinem besonders geregelten Pfändungsschutz wie z.B. Arbeitseinkommen und Sozialleistungen unterliegen. Insofern werden insbesondere Schuldner mit in einem festen Dienst- oder Arbeitsverhältnis stehenden Schuldnern gleichgestellt.[957] Dadurch wird also nicht jede Geldforderung eines Schuldners umfassend und uneingeschränkt wie Arbeitseinkommen behandelt.[958] Wenn daher ein Arbeitnehmer für bestimmte Einkünfte keinen Pfändungsschutz genießt, kann auch ein selbstständiger Schuldner für entsprechende Einkünfte keinen Pfändungsschutz erhalten.

580 *Taktischer Hinweis*

Eine Unpfändbarkeit von sonstigen Einkünften, die kein Erwerbseinkommen sind, kann gem. § 850i Abs. 1 ZPO daher nur erreicht werden, soweit der Schuldner zum Zeitpunkt der Pfändung ein unpfändbares Einkommen in geringerer Höhe als die von § 850c Abs. 1, 2a ZPO bestimmten Beträge (Grundfreibetrag) erzielt. Sonstige Einkünfte, die kein Erwerbseinkommen darstellen, sind daher pfändbar, sobald sie Pfändungsfreigrenzen nach § 850c Abs. 1, 2a ZPO übersteigen. Der Schuldner kann daher nicht verlangen, solche Einkünfte ganz oder teilweise für unpfändbar erklären zu lassen, wenn er aus anderen Quellen über ein pfändungsfreies Einkommen in Höhe der nach § 850c Abs. 1, 2a ZPO unpfändbaren Beträge (Lediger zzt. 1.139,99 EUR) verfügt.

III. Anwendungsbereich

581 Es muss sich um

- nicht wiederkehrend zahlbare Vergütungen für selbst, d.h. durch den Schuldner, **persönlich geleistete Arbeiten oder Dienste**
- oder um **sonstige Einkünfte**, die **kein Arbeitseinkommen** sind, handeln.[959]

582 Insofern fallen Vergütungen, die ein Unternehmer für die durch abhängig beschäftigte Arbeitnehmer erbrachten Leistungen erhält, nicht unter den Anwendungsbereich der Norm.

---

[957] BGH, NJW-RR 2004, 644 = ZVI 2004, 243 = FamRZ 2004, 790 = Rpfleger 2004, 361 = WuB VI E § 850i ZPO 1.04 = MDR 2004, 713; LG Halle, Rpfleger 2001, 440.
[958] BGH, Vollstreckung effektiv 2016, 102 (Pflichtteilsanspruch) = WM 2016, 850 = ZInsO 2016, 961–963 = NZI 2016, 457 = ZIP 2016, 1078 = NJW-RR 2016, 761.
[959] Gottwald/*Mock*, § 850i Rn 4.

L. Pfändungsschutz für sonstige Einkünfte (§ 850i ZPO) § 6

Die Regelung ist anzuwenden bei **Abfindung des Arbeitnehmers** nach §§ 9, 10 KSchG, §§ 112, 113 BetrVG,[960] auch wenn dies im Rahmen eines Vergleichs im Kündigungsschutzprozess vereinbart wird.[961] Jedoch ist der nach der Überweisung der Abfindung auf das Konto des Schuldners entstandene Anspruch gegen die Bank als Drittschuldnerin sodann kein Anspruch auf Zahlung einer Abfindung im Sinne des § 850i ZPO mehr.[962] Durch die Überweisung hat der Schuldner den Vollstreckungsschutz nach § 850i ZPO verloren.[963] Ebenso anzuwenden ist die Norm bei **Sozialplanabfindungen**,[964] bei einem Anspruch eines **Außendienstmitarbeiters** auf Auszahlung eines – kraft arbeitsvertraglicher Vereinbarung nach Beendigung des Arbeitsverhältnisses verdienten und in einer Summe fälligen – **Stornoreserveguthabens**,[965] bei **unregelmäßigen Provisionseinnahmen**,[966] bei Kapitalentschädigungsansprüchen gem. § 17 StrRehaG,[967] bei laufend vom Umsatz abhängigen **Lizenzgebühren** als Entgelt für die Nutzung eines vom Schuldner persönlich entwickelten Produkts,[968] beim Anspruch ein einem Wehrpflichtigen bzw. Zivildienstleistenden zustehenden **Entlassungsgelds**.[969] Ein auf den Anspruch des Schuldners „auf Zahlung des gesamten Arbeitseinkommens" gerichteter Pfändungs- und Überweisungsbeschlusses erfasst auch einen Anspruch auf Zahlung eines in einer **Betriebsvereinbarung vorgesehenen Einkommensausgleichs**. Soweit dieser Ausgleich als Einmalzahlung erfolgt, bestimmt sich seine Pfändbarkeit nach § 850i ZPO.[970] Entgegen der alten Fassung von § 850i ZPO[971]

583

---

960 BAG, NJW 1997, 1868; NZA 1997, 563 = NJW 1997, 1868 = KTS 1997, 314; NZA 1992, 382; LAG Köln, Urt. v. 30.7.2010 – 11 Sa 909/09 – juris; LAG Schleswig-Holstein, NZA-RR 2006, 371 BFH, DZWIR 2010, 419 = ZVI 2010, 393 = BFH/NV 2010, 1856; Sächsisches FG, ZInsO 2010, 817; LG Münster, VuR 2011, 430; LG Bochum, ZInsO 2010, 1801 = ZVI 2010, 479 = VuR 2011, 24 = Verbraucherinsolvenz aktuell 2010, 93; LG Köln, ZVI 2007, 20; LG Mainz, JurBüro 2000, 157; AG Bad Oldesloe ZVI 2007, 470; AG Langen, FamRZ 2003, 699; Musielak/*Becker*, § 850i Rn 4; Zöller/*Herget*, § 850i Rn 1; a.A. LAG Niedersachsen, MDR 2004, 714; LG Essen, ZVI 2011, 379 = VuR 2011, 429 = „sonstige Einkünfte".
961 LG Münster, InVo 2003, 161.
962 Vgl. auch BGHZ 160, 112 = WM 2004, 1928 = Rpfleger 2004, 711 = NJW 2004, 3714 = JurBüro 2004, 671 = MDR 2005, 48 = KKZ 2005, 104.
963 LG Nürnberg-Fürth, ZInsO 2009, 2352 m.w.N.; eine Freigabe erfolgt ggf. nach § 850k Abs. 4 i.V.m. § 850i ZPO.
964 BAG, Rpfleger 1992, 442; AG Hanau, Beschl. v. 24.3.1997 – 40 M 10703/96 – juris.
965 LAG Hamm, KKZ 1993, 241.
966 AG Michelstadt, JurBüro 2002, 549.
967 OVG Thüringen, Urt. v. 19.8.2014 – 2 KO 400/14 – juris.
968 BGH, InVo 2004, 377 = KKZ 2005, 102 = MDR 2004, 713 = Rpfleger 2004, 361 = FamRZ 2004, 790 = ZVI 2004, 243 = NJW-RR 2004, 644 = BGHReport 2004, 630 = WM 2004, 596.
969 OLG Dresden, Rpfleger 1999, 283; LG Rostock, Rpfleger 2001, 439; LG Detmold, Rpfleger 1997, 448; AG Bad Oeynhausen, ZVI 2003, 229; AG Ludwigslust, ZVI 2003, 139.
970 LAG Hessen, DB 1988, 1456.
971 BGH, ZIP 2008, 1944.

gilt auch Pfändungsschutz bei einer Vergütung für Dienste, die ein vollbeschäftigter Schuldner in seiner Freizeit erbringt.[972]

584 Die Regelung des § 850i ZPO hat auch im Rahmen der Pfändung von Guthaben bei einem **Pfändungsschutzkonto** (P-Konto) Gültigkeit (vgl. § 850k Abs. 4 ZPO). Sie findet auch im **Insolvenz- und Restschuldbefreiungsverfahren** Anwendung (§§ 36 Abs. 1 S. 2, 292 Abs. 1 InsO). Dies gilt insbesondere für Einkünfte, die ein selbstständig tätiger Schuldner nach der Eröffnung des Insolvenzverfahrens erzielt. Diese gehören in vollem Umfang, ohne einen Abzug für beruflich bedingte Ausgaben zur Insolvenzmasse, sodass der Schuldner ggf. einen Antrag gem. § 850i ZPO stellen muss.[973]

1. Einkünfte Selbstständiger

585 Hierunter fallen Vergütungen für **persönlich geleistete Arbeiten** oder **Dienste**. Im Vordergrung steht die **Verknüpfung der Einkünfte mit der Arbeitskraft des Schuldners**.[974] Erfasst werden insbesondere die **freiberuflich Tätigen**,[975] wie z.B. Vergütungsansprüche der Ärzte,[976] Zahnärzte,[977] Tierärzte, Hebammen, Krankengymnasten, Rechtsanwälte, Notare, Architekten,[978] Maler, Komponisten, Schriftsteller, selbstständige Unternehmensberater/Steuerberater,[979] Diplompsychologen[980] und Erfinder. Diese Tätigkeiten werden den laufenden Arbeitseinkommen gleichgestellt, soweit es sich nicht aufgrund vertraglicher Vereinbarung (etwa bei einem Dauermandat nur eines Arbeitgebers) um wiederkehrende zahlbare Vergütungen handelt, die schon von § 850 Abs. 2 ZPO und den §§ 850c bis f ZPO erfasst werden. Auf die Rechtsnatur des jeweiligen Ar-

---

972 BGH, ZInsO 2014, 1488 = WM 2014, 1432 = DB 2014, 1676 = ZIP 2014, 1598 = MDR 2014, 1111 = NZI 2014, 773 = DGVZ 2014, 217 = NJW-RR 2014, 1198 = JurBüro 2014, 547.
973 BGH ZInsO 2011, 1412 = Verbraucherinsolvenz aktuell 2011, 67 = Vollstreckung effektiv 2011, 201; die Zuständigkeit für die zu treffende Entscheidung obliegt während eines Insolvenzverfahrens anstelle des Vollstreckungsgerichts gem. § 36 Abs. 4 S. 1 und 3 InsO wegen der Sachnähe dem Insolvenzgericht als besonderem Vollstreckungsgericht; WM 2004, 834 = ZVI 2004, 197 = BB 2004, 853 = ZInsO 2004, 391 = NZI 2004, 278 = MDR 2004, 208 = MDR 2004, 766 = BGHReport 2004, 910 = Rpfleger 2004, 436 = InVo 2004, 511; BGH, WuM 2011, 486.
974 BGH, DB 2014, 1737 = WM 2014, 1485 = ZIP 2014, 1542 = ZInsO 2014, 1609 = NZI 2014, 772 = MDR 2014, 1173 = NJW-RR 2014, 1197 = DZWIR 2014, 555 = ZVI 2014, 416 = Rpfleger 2014, 687 = JurBüro 2014, 606 = Vollstreckung effektiv 2014, 169; *Ahrens*, ZInsO 2010, 2357 (2359).
975 BGH, NJW 2003, 2167 = MDR 2003, 831 = Rpfleger 2003, 458 = BGHReport 2003, 834 = ZVI 2003, 170 = ZInsO 2003, 413 = WM 2003, 980 = DB 2003, 1507 = InVo 2003, 264 = NZI 2003, 389.
976 Vertragsarzt vgl. SG Düsseldorf, ZInsO 2005, 828.
977 OLG Hamm, NJW 2005, 2788.
978 BGH, NJW-RR 2009, 410 = Rpfleger 2008, 650 = MDR 2008, 1357 = FamRZ 2008, 2021 = JurBüro 2008, 663 = BGHReport 2009, 98.
979 LG Leipzig, JurBüro 2005, 102.
980 BGH, NJW 2003, 2167 = MDR 2003, 831 = Rpfleger 2003, 458 = BGHReport 2003, 834 = ZVI 2003, 170 = ZInsO 2003, 413 = WM 2003, 980 = DB 2003, 1507 = InVo 2003, 264 = NZI 2003, 389.

L. Pfändungsschutz für sonstige Einkünfte (§ 850i ZPO) § 6

beits- und Dienstverhältnisses (Dienstvertrag, Werkvertrag, Geschäftsbesorgungsvertrag u.Ä.) kommt es dabei nicht an.[981]

Nicht anzuwenden ist die Norm auf **Einkommensteuererstattung infolge beruflicher Werbungskosten**, denn hierbei handelt es sich nicht um eine nicht wiederkehrende zahlbare Vergütung für persönlich geleistete Arbeiten oder Dienste.[982] Gleiches gilt bei Vergütungen, die der Schuldner in seiner Freizeit erhält.[983] Eine **Rentennachzahlung**, die 2 ½ Jahre nach dem Antrag auf Erwerbsunfähigkeitsrente erfolgt, ist keine einmalige Geldleistung i.S.d. Vorschrift, sondern nach ihrer Anspruchsgrundlage eine wiederkehrende Leistung, die nur in einem Betrag zur Auszahlung ansteht.[984] Bleibt der Arbeitgeber die Lohn- bzw. Gehaltszahlung für einen oder mehrere Monate schuldig, zahlt aber später diese Beträge nach, dann handelt es sich bei der Nachzahlung nicht um eine nicht wiederkehrend zahlbare Vergütung i.S.d. § 850i ZPO. Die **Nachzahlung** ist demnach nicht voll einer Pfändung unterworfen. Die pfändbaren Beträge sind vielmehr nach § 850c ZPO zu ermitteln. Dazu sind die unterbliebenen Lohnabrechnungen nachzuholen. Der jeweilige pfändbare Betrag ist für jeden einzelnen Monat festzustellen.[985]

586

Taktischer Hinweis
Bei dem Pfändungsschutz für Selbstständige werden aber nicht die für den Unterhalt der selbstständigen Tätigkeit notwendigen Aufwendungen erfasst. Denn nach dem Wortlaut des § 850i ZPO fallen nur Vergütungen oder sonstige Einkünfte hierunter, die jedoch nicht den Aufwendungen, die der Schuldner im Rahmen seiner selbstständigen Tätigkeit erbringt, entsprechen. Die Aufwendungen dienen vielmehr erst der Schaffung der Vergütungen oder sonstigen Einkünfte. Zudem würde ein Pfändungsschutz für Selbstständige, der über die Einkünfte hinausgehend sämtliche Aufwendungen für diese selbstständige Tätigkeit erfasst, zu einer Übervorteilung des selbstständig tätigen Schuldners gegenüber einem abhängig Beschäftigten führen, was dem Gesetzeszweck widerspricht. Aufwendungen sind ggf. auf Antrag nach § 850f Abs. 1 ZPO zu ersetzen.[986]

587

2. Sonstige Einkünfte

Mit dem Begriff der „sonstige Einkünfte" in § 850i Abs. 1 S. 1 Fall 2 ZPO will der Gesetzgeber den Schutzmechanismus auch auf sämtliche Einkunftsarten erstrecken, die dem

588

---

981 BGH, NJW-RR 2004, 644 = ZVI 2004, 243 = FamRZ 2004, 790 = Rpfleger 2004, 361 = WuB VI E § 850i ZPO 1.04 = MDR 2004, 713; MüKo-ZPO/*Smid*, § 850i Rn 10.
982 LG Krefeld, ZInsO 2008, 1280; AG Dortmund, InVo 2002, 419.
983 BGH, ZIP 2008, 1944 m.w.N. = Provision für die Vermittlung von Kraftfahrzeugverkäufen.
984 LG Bielefeld, ZVI 2005, 138.
985 ArbG Wetzlar, AP Nr. 1 zu § 850i.
986 LG Offenburg, Beschl. v. 11.5.2012 – 4 T 107/12 – juris.

§ 6 Die Pfändung von Arbeitseinkommen

Unterhalt des Schuldners dienen. Voraussetzung für deren Pfändungsschutz ist daher nicht mehr die Verknüpfung der Einkünfte mit der Arbeitskraft des Schuldners, wie es bei den persönlich geleisteten Arbeiten oder Diensten der Fall ist. Ob Arbeiten oder Dienste persönlich erbracht werden oder nicht, spielt keine Rolle. Pfändungsschutz erhalten daher sämtliche Arten von Einkünften. Das gilt unabhängig davon, ob überhaupt eine Erwerbstätigkeit vorliegt und ob zur Entstehung einer Forderung verwertetes Kapital erarbeitet wurde, solange die Einkünfte nur selbst erzielt sind.[987]

Der Begriff ist autonom und nicht nach den Bestimmungen des EstG auszulegen. Geschützt werden vor allem freiberuflich tätige Personen, die über kein laufendes Arbeitseinkommen verfügen, ihre Leistungen persönlich und aufgrund einzelner Aufträge oder Mandate erbringen und ihre Honorare einmalig und damit nicht wiederkehrend unmittelbar nach Erfüllung ihrer persönlich erbrachten Arbeitsleistung erhalten.[988] Aber auch **erwirtschaftete Mieteinkünfte** unterliegen dem Schutz. Insofern kann der Schuldner, der seinen Lebensunterhalt hieraus bestreitet, Pfändungsschutz beantragen, auch wenn die Mieteinkünfte im Zuge einer vereinbarten stillen Zwangsverwaltung an einen Gläubiger abgeführt werden, dem der Schuldner die Mietforderungen als Sicherheit abgetreten und dem er Grundschulden an den Mietobjekten bestellt hat.[989] Hierdurch soll ebenfalls vermieden werden, dass ein Schuldner seinen Lebensunterhalt nicht durch eigene, wirtschaftliche Bemühungen sichern kann.

589 Ein weitergehender Schutz des Schuldners ist aber vom Gesetz nicht beabsichtigt, weil es auch die Interessen des Gläubigers an einer effektiven Befriedigung berechtigter Forderungen berücksichtigt. Vor diesem Hintergrund stellen Geldforderungen, die der Schuldner nicht aufgrund wirtschaftlicher Betätigung erwirbt, keine sonstigen Einkünfte im Sinne des § 850i ZPO dar, so z.B. ein **Pflichtteilsanspruch**.[990]

590 Nach der Rechtsprechung des BGH[991] spricht bereits der Wortlaut der Regelung des § 850i ZPO für eine weite Auslegung; denn danach sollen Einkünfte, die kein Arbeitseinkommen sind, auf Antrag des Schuldners dem Pfändungsschutz unterfallen können. In der Gesetzesbegründung wird ausdrücklich ausgeführt, dass sämtliche Einkünfte nicht ab-

---

987 BGH, Vollstreckung effektiv 2018, 112 = FoVo 2018, 114 = ZInsO 2018, 866 = NZI 2018, 326 = ZIP 2018, 737 = NJW-RR 2018, 625.
988 BGH, NJW-RR 2004, 644 = ZVI 2004, 243 = FamRZ 2004, 790 = Rpfleger 2004, 361 = WuB VI E § 850i ZPO 1.04 = MDR 2004, 713.
989 BGH, Vollstreckung effektiv 2018, 112 = FoVo 2018, 114 = ZInsO 2018, 866 = NZI 2018, 326 = ZIP 2018, 737 = NJW-RR 2018, 625.
990 BGH, Vollstreckung effektiv 2016, 102 = WM 2016, 850 = ZInsO 2016, 961–963 = NZI 2016, 457 = ZIP 2016, 1078 = NJW-RR 2016, 761.
991 BGH, DB 2014, 1737 = WM 2014, 1485 = ZIP 2014, 1542 = ZInsO 2014, 1609 = NZI 2014, 772 = MDR 2014, 1173 = NJW-RR 2014, 1197 = DZWIR 2014, 555 = ZVI 2014, 416 = Rpfleger 2014, 687 = JurBüro 2014, 606 = Vollstreckung effektiv 2014, 169; *Ahrens*, ZInsO 2010, 2357, 2359.

L. Pfändungsschutz für sonstige Einkünfte (§ 850i ZPO) § 6

hängig beschäftigter Personen erfasst werden sollen. Alle Einkunftsarten sollen gleich behandelt werden.⁹⁹² Der Schuldner soll letztlich motiviert werden, Einkünfte selber zu erzielen und dadurch die eigene Leistungsfähigkeit zu erhöhen. Dies gilt für alle Einkunftsarten.⁹⁹³ Zudem spricht die gesetzgeberische Absicht, mit der Regelung des § 850i Abs. 1 S. 1 ZPO die Sozialhilfeträger dauerhaft zu entlasten, gegen eine einschränkende Anwendung der Vorschrift.⁹⁹⁴ Der Begriff der „sonstigen Einkünfte, die kein Arbeitseinkommen sind", ist daher autonom und nicht nach den Bestimmungen des Einkommensteuergesetzes auszulegen.⁹⁹⁵ Ferner betonte die Bundesregierung in ihrer Gegenäußerung zur Stellungnahme des Bundesrates, vor dem Hintergrund des gesetzgeberischen Ziels der Sicherstellung des Lebensunterhalts des Schuldners und seiner Familie sowie der damit einhergehenden Entlastung der öffentlichen Haushalte von ansonsten notwendig werdenden Transferleistungen sei nicht zu rechtfertigen, nach der Art der dem Schuldner zufließenden Geldleistungen zu unterscheiden.⁹⁹⁶

Voraussetzung für den Pfändungsschutz für solche sonstigen Einkünften ist daher **nicht** mehr die **Verknüpfung der Einkünfte mit der Arbeitskraft des Schuldners**, wie dies § 850i Abs. 1 S. 1 Fall 1 ZPO voraussetzt. Um einen Pfändungsschutz zu erlangen, muss daher nicht die Arbeitskraft des Schuldners verwertet sein. Bezugsgröße ist vielmehr ein auf breite Basis gestellter Schutz des selbst erwirtschafteten Lebensunterhalts.⁹⁹⁷ Ob daher Arbeiten oder Dienste persönlich erbracht werden oder nicht, spielt im Gegensatz zur Vorgängerregelung keine Rolle mehr. **Pfändungsschutz erhalten** daher **sämtliche Arten von Einkünften**. Das gilt unabhängig davon, ob überhaupt eine Erwerbstätigkeit vorliegt und ob zur Entstehung einer Forderung verwertetes Kapital erarbeitet wurde, solange die Einkünfte nur selbst erzielt sind.⁹⁹⁸ Auch Einkünfte aus sog. **kapitalistischer Tätigkeit** gehören hierzu, etwa aus **Kapitalvermögen**, aus (**Unter-**⁹⁹⁹)**Vermietung** und **Verpachtung**, auch Werklohnansprüche, Einnahmen aus **Natural-** oder **Sachleistungen** bzw. **Abfindungen**¹⁰⁰⁰ und Verkaufserlöse,¹⁰⁰¹ solange die Einkünfte selbst erzielt,

591

---

992 BT-Drucks 16/7615 S. 14, 18.
993 Vgl. *Meller-Hannich*, WM 2011, 529, 533.
994 Vgl. BT-Drucks 16/7615 S. 2, 12.
995 BT-Drucks 16/7615 S. 18.
996 BT-Drucks 16/7615 S. 30.
997 Prütting/Gehrlein/*Ahrens*, § 850i Rn 19; *Ahrens*, ZInsO 2010, 2357, 2360; *Meller-Hannich*, WM 2011, 529.
998 *Meller-Hannich*, WM 2011, 529, 530.
999 BGH, Mietrecht kompakt 2015, 141 = NJW 2015, 2270 = Vollstreckung effektiv 2015, 134 = MM 2015, Nr. 9, 28 = Verbraucherinsolvenz aktuell 2015, 68 = FoVo 2015, 155.
1000 LG Essen, ZVI 2011, 379 = VuR 2011, 429; AG Flensburg, SchlHA 2009, 371 = FamRZ 2010, 128 = FF 2009, 465 = FamFR 2009, 16.
1001 LG Bonn, ZInsO 2012, 2056, 2057; Musielak/*Becker*, ZPO, § 850i Rn 3; *Saenger/Kemper*, Hk-ZPO, § 850i Rn 6 f; BeckOK-ZPO/*Riedel*, 2014, § 850i Rn 5 f., 11.

also eigenständig erwirtschaftet sind,[1002] ebenso **Einnahmen aus Vermietung und Verpachtung**.[1003]

IV. Verfahren

592 Durch die Pfändung erfolgt zunächst eine Beschlagnahme der Vergütung im Ganzen. Auf **Antrag** ist durch das **Vollstreckungsgericht** (Rechtspfleger, § 20 Nr. 17 RPflG) zugunsten des Schuldners Pfändungsschutz zu gewähren. Die Entscheidung ergeht durch zu begründenden Beschluss, der von Amts wegen zuzustellen ist (§ 329 Abs. 3 ZPO). Im **Insolvenzverfahren** ist das **Insolvenzgericht** zuständig (§ 36 Abs. 1 S. 2, 4 S. 1 InsO). Dies gilt auch in Insolvenzverfahren, die vor dem 1.12.2001 eröffnet worden sind.[1004] **Antragsberechtigt** ist neben dem **Schuldner** dessen **unterhaltsberechtigter Ehegatte/Lebenspartner** i.S.d. LPartG, nicht hingegen der Drittschuldner.

593 Der Antrag ist **nicht fristgebunden**, muss aber vor Beendigung des Vollstreckungsverfahrens gestellt werden.[1005] Demgemäß entfällt ein **Rechtsschutzinteresse** des Schuldners für einen Vollstreckungsschutzantrag, nachdem der Drittschuldner an den Gläubiger gezahlt hat.[1006]

594 Der Antragsteller hat alle entscheidungserheblichen Umstände, die seine Person und die ihm gegenüber unterhaltsberechtigten Angehörigen betreffen, darzulegen und ggf. zu beweisen. Einwendungen des Vollstreckungsschuldners, die inhaltlich Umstände i.S.d. § 850i Abs. 1 ZPO betreffen, sind nicht mit der Vollstreckungserinnerung nach § 766 ZPO, sondern durch entsprechenden Antrag geltend zu machen. Der Antrag nach § 850i ZPO stellt keine Erinnerung i.S.d. § 766 ZPO dar, weil er nicht eine Überprüfung des Pfändungsbeschlusses, sondern die Berücksichtigung neu geltend gemachter Tatsachen bezweckt.[1007]

1002 Prütting/Gehrlein/*Ahrens*, § 850i Rn 19 f.; *Kindl/Meller-Hannich/Wolf*, Gesamtes Recht der Zwangsvollstreckung, § 850i Rn 7; *Ahrens*, ZInsO 2010, 2357 (2359f.); *Meller-Hannich*, WM 2011, 529, 530 (531).
1003 BGH, DB 2014, 1737 = WM 2014, 1485 = ZIP 2014, 1542 = ZInsO 2014, 1609 = NZI 2014, 772 = MDR 2014, 1173 = NJW-RR 2014, 1197 = DZWIR 2014, 555 = ZVI 2014, 416 = Rpfleger 2014, 687 = JurBüro 2014, 606 = Vollstreckung effektiv 2014, 169; *Ahrens*, ZInsO 2010, 2357 (2359) unter Aufgabe von BGHZ 161, 371 = WM 2005, 288 = WuM 2005, 138 = NJW 2005, 681 = NZM 2005, 192 = DWW 2005, 77 = Grundeigentum 2005, 234 = FamRZ 2005, 436 = Rpfleger 2005, 206 = ZMR 2005, 288 = JurBüro 2005, 210 = Vollstreckung effektiv 2005, 78.
1004 BGH, NJW 2003, 2167 = ZVI 2003, 170 = ZInsO 2003, 413 = MDR 2003, 831 = Rpfleger 2003, 458; BT-Drucks 14/5680 S. 6, 17.
1005 BGH, Beschl. v. 14.1.2010 – IX ZA 42/09 – juris.
1006 OLG Köln, OLGZ 1990, 236, 237; Gottwald/*Mock*, § 850h Rn 11; Musielak/*Becker*, § 850i Rn 5; MüKo-ZPO/*Smid*, § 850i Rn 2.
1007 OLG Thüringen, InVo 2002, 197.

L. Pfändungsschutz für sonstige Einkünfte (§ 850i ZPO)   § 6

Vor einer Entscheidung ist der Gläubiger **anzuhören**, damit entsprechend § 850i Abs. 1   595
S. 3 ZPO dessen Belange gewürdigt werden können. Dies bedeutet, dass ein **Pfändungsschutz auch gänzlich versagt werden kann**, wenn der Gläubiger hinsichtlich einer dringenden Notlage auf die vollstreckbare Forderung angewiesen ist. Im **Insolvenzverfahren** ist § 850i Abs. 1 S. 3 ZPO allerdings nicht unmittelbar anwendbar, weil durch diese Regelung sichergestellt werden soll, dass die individuellen Belange des vollstreckenden Gläubigers – etwa seine über die allgemeinen Verhältnisse hinausgehende Schutzbedürftigkeit – Berücksichtigung finden. Daher ist im Insolvenzverfahren eine solche Abwägung zugunsten einzelner Gläubiger ausgeschlossen.[1008] Dennoch bedarf es nach § 36 Abs. 1 S. 2 InsO, § 850i Abs. 1 ZPO einer wertenden Entscheidung des Gerichts, ob und wie Pfändungsschutzvorschriften der §§ 850 ff. ZPO unter Abwägung der Belange von Schuldner und Gläubiger zur Anwendung kommen.[1009]

1. Belassung eines Freibetrages für den Schuldner (§ 850i Abs. 1 S. 1 ZPO)

Dem Schuldner ist so viel zu belassen, als ihm nach freier Schätzung des Gerichts bei   596
Einkommen aus laufendem Arbeits- oder Dienstlohn verbleiben würde. Damit verweist
§ 850i Abs. 1 ZPO auf die Pfändungsschutzvorschriften der §§ 850 ff. ZPO,[1010] insbesondere auch auf § 850a ZPO. Dementsprechend setzt das Vollstreckungsgericht den dem Schuldner zu belassenden Betrag unter Beachtung der §§ 850a ff. ZPO individuell fest. Bei der Beurteilung sind die wirtschaftlichen Verhältnisse des Schuldners, insbesondere auch seine sonstigen Verdienstmöglichkeiten, frei zu würdigen. Dem Schuldner darf jedenfalls nicht mehr belassen werden, als ihm für diesen Zeitraum bei fortlaufendem Einkommen pfandfrei belassen würde.[1011] Zugleich hat eine Abwägung mit den entgegenstehenden Gläubigerbelangen zu erfolgen.[1012] Es geht hierbei darum, sicherzustellen, dass der Schuldner seinen Unterhalt in angemessener Weise bestreiten kann, nicht jedoch darum, auf diese Weise besondere Ausgaben zu finanzieren.[1013] Insofern führten

---

1008 BGH, ZInsO 2014, 1488 = WM 2014, 1432 = DB 2014, 1676; vgl. *Ahrens*, ZInsO 2010, 2357 (2362).
1009 BGH, ZIP 2010, 293 = WM 2010, 271 = NZI 2010, 141 = Rpfleger 2010, 233 = MDR 2010, 408 = ZVI 2010, 102 = InsVZ 2010, 144 = NJW-RR 2010, 474.
1010 BGH, Vollstreckung effektiv 2017, 131 = WM 2017, 913 = ZIP 2017, 976 = ZInsO 2017, 1094 = NZI 2017, 461 = MDR 2017, 665 = Rpfleger 2017, 470; ZInsO 2014, 1488 = WM 2014, 1432 = DB 2014, 1676 = ZIP 2014, 1598 = MDR 2014, 1111 = NZI 2014, 773 = DGVZ 2014, 217 = NJW-RR 2014, 1198 = JurBüro 2014, 547 = DZWIR 2014, 553 = ZVI 2014, 418 = Rpfleger 2014, 686; NJW-RR 2009, 410 = Rpfleger 2008, 650 = MDR 2008, 1357 = FamRZ 2008, 2021 = JurBüro 2008, 663 = BGHReport 2009, 98; Prütting/Gehrlein/*Ahrens*, § 850i Rn 35; MüKo-ZPO/*Smid*, § 850i Rn 5; *Schuschke/Walker/Kessal-Wulf*, Vollstreckung und Vorläufiger Rechtsschutz, § 850i Rn 5; *Stöber*, Rn 1239.
1011 AG Michelstadt, JurBüro 2002, 549.
1012 LG Essen, ZVI 2011, 379 = VuR 2011, 429; LG Bochum, ZInsO 2010, 1801.
1013 LG Kiel, Beschl. v. 23.2.2017 – 4 T 23/17 – Rn 13, juris = ZInsO 2017, 665 = Rpfleger 2017, 349 = ZVI 2017, 232.

auch Investitionen zum Aufbau einer Selbstständigkeit nicht zu einer Erhöhung des Pfändungsfreibetrages.[1014]

2. Angemessener Zeitraum

597 Die Belassung des dem Schuldner für sich und seine Familie zu belassenden notwendigen Unterhalts hat nach dem Gesetz für einen „**angemessenen Zeitraum**" zu erfolgen. Wie dieser zu bemessen ist, ist streitig. Er ist jedenfalls nach dem konkreten Einzelfall zu bestimmen.

598 Eine aufgrund einer Altersteilzeit-Vereinbarung als Einmalzahlung zu leistende **Abfindung** unterfällt dabei dem Anwendungsbereich des § 850i ZPO.[1015] Bei einer solchen arbeitsrechtlichen Abfindung kann es als angemessen angesehen werden, dem Schuldner die Differenz zwischen dem ALG und dem sozialhilferechtlichen Bedarf über einen Zeitraum von mindestens[1016] sechs Monaten zu belassen.[1017] Ist hingegen absehbar, dass der Schuldner durch den Bezug von SGB-II-Leistungen der Allgemeinheit zur Last fallen würde, ist ihm das Guthaben aus der Abfindungszahlung vollumfänglich pfandfrei zu belassen.[1018] Richtigerweise ist durch das Gericht regelmäßig derjenige Zeitraum zugrunde zu legen, nach dem voraussichtlich mit einer Wiederaufnahme einer Erwerbstätigkeit zu rechnen ist.[1019] Ein alleiniges Abstellen auf die seitens des Arbeitsamtes verhängte Sperrfrist erscheint hierbei nicht sachgerecht, da eine Abfindungsleistung regelmäßig auch den Zweck hat, Nachteile auszugleichen, die durch die Einkommensverringerung infolge eines Bezuges von Arbeitslosengeld bewirkt werden. Die hiernach erforderliche Prognose hat sich dabei auf jeden Fall an den Verhältnissen des Einzelfalls auszurichten.[1020] Hierbei spielen die berufliche Qualifikation, die konkret angestrebte Arbeitsstelle sowie die bisherigen Bemühungen hinsichtlich Arbeitsplatzsuche und die momentane wirtschaftliche Arbeitsmarktlage eine Rolle.

599 Bei einem 60-jährigen, erwerbsfähigen Schuldner mit schlechtem gesundheitlichem Zustand ist zu berücksichtigen, dass er nur schwer eine neue Beschäftigung finden wird. Daher ist der angemessene Zeitraum mit 18 Monaten anzusetzen.[1021]

1014 AG Neustadt (Rübenberge), Beschl. v. 3.1.2017 – 80a M 2006/16 – juris.
1015 LG Duisburg, Beschluss v. 11.6.12 – 7 T 71/12 – juris.
1016 LG Münster, VuR 2011, 430.
1017 LG Mainz, JurBüro 2000, 157; AG Langen, FamRZ 2003, 699; a.A. LG Wuppertal, WE 2001, 255 = ein Jahr seit dem Ende der Beschäftigung des Schuldners.
1018 AG Münster, Beschl. v. 7.2.2017 – 73 IK 105/10 – juris = JurBüro 2017, 382.
1019 LG Essen, ZVI 2011, 379 = VuR 2011, 429; LG Bamberg, Rpfleger 2009, 327.
1020 OLG Düsseldorf, Rpfleger 1979, 469; LG Mainz, JurBüro 2000, 157.
1021 LG Bamberg, Rpfleger 2009, 327; a.A. AG Remscheid JurBüro 2017, 45, wenn der Schuldner durchgängig Sozialleistungen bezieht, wird die gezahlte Abfindung nicht für den Lebensunterhalt benötigt und ist daher voll pfändbar.

L. Pfändungsschutz für sonstige Einkünfte (§ 850i ZPO) § 6

Bei der Pfändung des **Wehrsoldes** eines Wehrpflichtigen ist auf einen Zeitraum von bis zu sechs Wochen abzustellen, um zumindest den Unterhalt nach Sozialhilferichtlinien zzgl. Ausgaben für die Unterkunft abzudecken.[1022] Bei unregelmäßigen Provisionseinnahmen des Schuldners beträgt der für die Bestimmung des pfändungsfreien Betrages festzulegende Zeitraum insgesamt drei Monate.[1023] Hierbei ist zu beachten, dass dem Vollstreckungsgericht nicht die Fürsorgemaßnahmen des Staates auferlegt werden können, zumal jeden freiberuflich Arbeitenden die Unsicherheit trifft, dass sein Einkommen monatlichen Schwankungen unterliegt.

600

Für die **Berechnung** der Höhe des pfandfrei zu belassenden Teils der Einkünfte ist zunächst aus **sämtlichen Einkünften** des Schuldners ein **fiktives Gesamteinkommen** zu bilden.[1024] Bei dieser Zusammenrechnung von verschiedenartigen Einkünften ist es für die nicht wiederkehrenden Teile des Einkommens notwendig, diese durch Bestimmung eines **angemessenen Gesamtbezugszeitraumes auf bestimmte Zahlungsperioden** umzurechnen. Die Länge des **angemessenen Bezugszeitraumes** bestimmt sich im Regelfall nach dem Zeitpunkt bis zur nächsten zu erwartenden Zahlung.[1025]

601

Um die vom Gesetzgeber intendierte Gleichbehandlung aller Einkommensarten zu erreichen, sind bei der nach dem Gesetzeswortlaut vorzunehmenden Schätzung hinsichtlich der Summe, die dem Schuldner im Falle eines Bezuges von Arbeits- oder Dienstlohn verbleiben würde, die Regelungen der §§ 850ff. ZPO heranzuziehen. Vorbehaltlich etwaiger Korrekturen aufgrund der wirtschaftlichen Verhältnisse des Schuldners und überwiegender Gläubigerbelange ist der Umfang des Pfändungsschutzes im Rahmen von § 850i ZPO daher im Regelfall nach § 850c ZPO zu bestimmen.

602

V. Kein Rückwirkungsverbot

Der Anordnung eines Pfändungsschutzes mit Wirkung für die Vergangenheit steht ein Rückwirkungsverbot nicht entgegen. Im Rahmen von Entscheidungen durch das Gericht gibt es keinen sachlichen Grund für ein Verbot der rückwirkenden Anordnung, da die Anordnung lediglich sicherstellen soll, dass der Selbstständige hinsichtlich des Pfändungsschutzes in etwa dieselbe Position erhält wie ein Arbeitnehmer, der diesen Schutz – ohne jeden Antrag und damit jederzeit und für sämtliches Einkommen – bereits kraft Gesetzes bereits genießt.[1026] Insofern kann im Insolvenzverfahren nach Einzug von im Voraus fäl-

603

1022 OLG Dresden, ZKF 2000, 63; a.A. LG Detmold, Rpfleger 1997, 448.
1023 AG Michelstadt, JurBüro 2002, 549.
1024 LG Essen, ZVI 2011, 379 = VuR 2011, 429; vgl. Prütting/Gehrlein/*Ahrens*, § 850i Rn 10, BT-Drucks 16/7615 S. 18.
1025 LG Duisburg, Beschluss v. 11.6.2012 – 7 T 68/12 –, juris; LG Bochum, ZInsO 2010, 1801; LG Essen, ZVI 2011, 379 = VuR 2011, 429; Prütting/Gehrlein/*Ahrens*, § 850i Rn 12.
1026 LG Berlin, Beschl. v. 29.9.2011 – 85 T 295/11 – juris.

ligen Beträgen durch den Insolvenzverwalter, sofern die vereinnahmten Beträge nicht bereits an die Gläubiger des Insolvenzverfahrens ausgekehrt wurden, eine rückwirkende Freigabe erfolgen. Sie kann aber grds. nur für den Zeitraum erfolgen, der mit der Stellung des Vollstreckungsschutzantrags durch den Schuldner beginnt.[1027]

VI. Heimarbeitervergütung (§ 850i Abs. 2 ZPO)

1. Allgemeines

604 Als in Heimarbeit Beschäftigte werden gem. dem Heimarbeitsgesetz (HAG) Heimarbeiter als auch Hausgewerbetreibende bezeichnet. Ihnen zustehende Vergütungsansprüche können grds. gepfändet werden.

605 **Heimarbeiter** sind Personen, die entweder alleine oder gemeinsam mit Familienangehörigen eine Arbeit im Auftrag gegen Entgelt in der eigenen Wohnung ausführen oder einer regelmäßigen, entgeltpflichtigen Beschäftigung in einer selbst gewählten Betriebsstätte nachgehen (§ 2 Abs. 1 HAG). Selbstständige, die von Zuhause aus freiberuflich arbeiten, werden ebenfalls oft als Heimarbeiter bezeichnet. Sie stehen jedoch in keinem abhängigen Beschäftigungsverhältnis und führen in diesem Sinne auch keine unselbstständige Heimarbeit aus. Genau dies macht den Unterschied aus.

606 **Hausgewerbetreibende** sind Personen, die mehr als zwei Hilfskräfte bzw. Heimarbeiter beschäftigen. Eine ähnliche Stellung wie Hausgewerbetreibende nehmen alle Gewerbetreibenden ein, die im Lohnauftrag tätig sind und in wirtschaftlicher Abhängigkeit stehen (§ 2 Abs. 2 HAG).

2. Heimarbeitsmodelle

607 Ist eine Person in unselbstständiger Heimarbeit tätig, erhält sie ihre Aufträge durch einen Arbeitgeber. Manchmal werden durch den Arbeitgeber auch Materialien an den Arbeitnehmer geliefert, die dieser für seine Arbeit benötigt. Hat der Arbeitnehmer seinen Auftrag erledigt, schickt er seine Arbeit entweder mit der Post oder per E-Mail an den Arbeitgeber. In diesen Fällen wird regelmäßig ein Stücklohn vereinbart.

608 Bei selbstständiger Heimarbeit ist der Arbeiter sein eigener Arbeitgeber. Er kann z.B. Leistungen für einen Kundenstamm anbieten. Dann muss er, ähnlich wie bei der unselbstständigen Heimarbeit, auf einen Auftrag warten. Er muss also nicht nur den Auftrag erledigen. Er verantwortet vielmehr alles selbst, z.B. Rechnungen zu erstellen, Aufträge anzunehmen und zu bearbeiten.

1027 AG Norderstedt, ZInsO 2017, 2189; einschränkend LG Berlin, VuR, 2013, 190.

L. Pfändungsschutz für sonstige Einkünfte (§ 850i ZPO) § 6

3. Pfändungszugriff

Nach § 850i Abs. 2 ZPO i.V.m. § 27 HAG wird das Entgelt für Heimarbeit dem Arbeitseinkommen gleichgestellt.

> § 27 HAG
> Für das Entgelt, das den in Heimarbeit Beschäftigten oder Gleichgestellten gewährt wird, gelten die Vorschriften über den Pfändungsschutz für Vergütungen, die aufgrund eines Arbeits- oder Dienstverhältnisses geschuldet werden, entsprechend.

Die Vorschrift unterwirft somit das Entgelt aus Heimarbeit der Pfändung nach §§ 850 ff. ZPO für Vergütungen aus Arbeits- oder Dienstverhältnissen. Das bedeutet:

- für **gewöhnliche Gläubiger** gilt **§ 850c ZPO**,
- für **bevorrechtigte Gläubiger**, also Unterhalts- und Deliktsgläubiger, gelten **§§ 850d, 850f Abs. 2 ZPO**. Hiernach legt das Vollstreckungsgericht die Freigrenzen fest. Dies setzt aber voraus, dass wiederkehrende Ansprüche bestehen (§ 850 Abs. 2 ZPO).

Gepfändet wird mittels Beschluss. Hierfür ist es nicht erforderlich, wie unter 2. beschrieben, zu differenzieren, wird aber i.R.d. **Pfändungsschutzes** bedeutsam.

Taktischer Hinweis

Die Pfändung erfasst alle nach ihr fällig werdenden Bezüge, auch wenn sie zuvor erarbeitet wurden oder darauf beruhen, dass nachgezahlt wurde. Entscheidend ist, dass der Entstehungstatbestand als Schuldgrund (Heimarbeitsverhältnis) bei der Pfändung vorhanden ist.[1028]

Erzielt der Schuldner daher im Wege der Heimarbeit einen einmaligen Vergütungsanspruch bzw. ist er in selbstständiger Heimarbeit tätig, ist § 850i ZPO anzuwenden. Folge: Der Pfändungs- und Überweisungsbeschluss ergeht ohne Einschränkungen. Es bleibt dann dem Schuldner überlassen, Pfändungsschutz gem. § 850i Abs. 1 ZPO beim Vollstreckungsgericht zu beantragen (§ 850i Abs. 2 ZPO i.V.m. § 27 HAG).

Erhalten Heimarbeiter ihre Vergütung nach Ablieferung der Werkstücke, also unregelmäßig, ist diese auf die den vorstehenden Vorschriften zugrunde liegenden Zeiträume umzurechnen und der Freibetrag entsprechend zu bestimmen.

Beispiel

Schuldner S. erhält vom Werbeartikelhersteller D. den Auftrag, gelieferte Einzelteile zu Kugelschreibern zusammenzusetzen. Pro fertiggestelltes Stück wird eine Ver-

---

[1028] BAG, NZA 1993, 813.

gütung von 0,20 EUR vereinbart. S. setzt im Zeitraum von 33 Tagen 10.000 Kugelschreiber zusammen und erhält hierfür einen Betrag von 2.000 EUR.

Lösung
Bei einer wöchentlichen Regelarbeitszeit von 5 Tagen pro Woche ergibt sich ein Entgeltanspruch für einen Monat nach der Lohnpfändungstabelle von
2.000 EUR ./. 33 Arbeitstage = 60,60 EUR/Tag x 22 Arbeitstagen pro Monat = 1.333,20 EUR.

4. Muster: Pfändung der Heimarbeitsvergütung

615

Drittschuldner (genaue Bezeichnung des Drittschuldners: Firma bzw. Vor- und Zuname, vertretungsberechtigte Person/-en, jeweils mit Anschrift; Postfach-Angabe ist nicht zulässig; bei mehreren Drittschuldnern ist eine Zuordnung des Drittschuldners zu der/den zu pfändenden Forderung/-en vorzunehmen)
Herr/Frau/Firma
Name/Anschrift des Heimarbeitgebers

Anspruch A (an Arbeitgeber)
1. auf Zahlung des gesamten gegenwärtigen und künftigen Arbeitseinkommens (einschließlich des Geldwertes von Sachbezügen)
2. auf Auszahlung des als Überzahlung jeweils auszugleichenden Erstattungsbetrages aus dem durchgeführten Lohnsteuer-Jahresausgleich sowie aus dem Kirchenlohnsteuer-Jahresausgleich für das Kalenderjahr _____ und für alle folgenden Kalenderjahre
3. auf
Zahlung der gesamten, auch künftig erst fällig werdenden Heimarbeitervergütung ohne Rücksicht auf deren Benennung und Berechnungsart (§ 850i Abs. 2 ZPO)

VII. Rechtsbehelfe

616 Hat das Vollstreckungsgericht den **Antrag** des Schuldners oder des unterhaltsberechtigten Angehörigen auf Vollstreckungsschutz **zurückgewiesen**, steht ihnen, gleich ob der Richter oder – wie üblich – der Rechtspfleger entschieden hat, die **sofortige Beschwerde** (§ 793 ZPO; § 11 Abs. 1 RPflG i.V.m. § 793 ZPO) zu. Gegen einen den Vollstreckungsschutz erlassenden Beschluss stehen dem Gläubiger die gleichen Rechtsbehelfe zu; das gilt auch für den bei einer teilweisen Anordnung Beschwerten.

VIII. Kosten/Gebühren

617 **Gerichtskosten** fallen für Abänderungsanträge keine an. Für einen **Rechtsanwalt** entsteht keine gesonderte Gebühr. Vielmehr zählen Abänderungsanträge gem. § 850i ZPO zur gebührenrechtlichen Angelegenheit (§ 18 Abs. 1 Nr. 1 RVG). War der Rechtsanwalt also mit der Sache noch nicht befasst, entsteht eine 0,3 Verfahrensgebühr gem. Nr. 3309 VV RVG.

M. Lohnpfändung trifft auf Abtretung

I. Allgemeines

Eine Forderung kann nur gepfändet und überwiesen werden, wenn sie dem Schuldner gegen den Drittschuldner zum Zeitpunkt der Pfändung auch zusteht.[1029] Ist das aufgrund einer früheren Abtretung nicht der Fall, entfaltet die Pfändung keine Wirkung. Der Vollstreckungsgläubiger erhält dann nicht die Befugnis nach § 836 Abs. 1 ZPO, die Forderung nach ihrer Überweisung einzuziehen.[1030] Nach allgemeiner Auffassung können auch künftige Lohnforderungen gegen den jeweiligen Arbeitgeber abgetreten werden.[1031] Der Umfang der Abtretung muss nur genügend bestimmt oder zumindest bestimmbar sein. Hierzu reicht es aus, dass die vom Abtretungsempfänger in Anspruch genommene Forderung genügend bestimmbar ist. Ausreichend ist, dass die Gehaltsansprüche des Schuldners gegen den jeweiligen Arbeitgeber abgetreten worden sind und auf den pfändbaren Teil der Gehaltsansprüche des Schuldners beschränkt sind (§ 400 BGB i.V.m. § 850 ff. ZPO). Die Bestimmbarkeit ist damit gegeben.[1032]

618

Die Abtretung von Ansprüchen auf **laufende Geldleistungen** ist durch § 53 SGB I eingeschränkt. Laufende Geldleistungen sind Leistungen, die regelmäßig oder wiederkehrend für bestimmte Zeiträume gezahlt werden. Diese Qualifizierung ändert sich nicht, wenn die Rente nicht laufend monatlich ausgezahlt werden kann, sondern in einer Summe rückwirkend nachbewilligt wird. Hierdurch geht die Unterhaltsfunktion nicht verloren. § 53 SGB I Abs. 2 und 3 legt enumerativ fest, unter welchen Voraussetzungen eine Abtretung zulässig ist. In beiden Alternativen des § 53 Abs. 2 SGB I ist zur Rechtswirksamkeit der Abtretung ein feststellender Verwaltungsakt des Sozialleistungsträgers erforderlich.[1033]

619

II. Rechtsfolgen der Abtretung: Arbeitgeber muss an Zessionar auskehren

Für die Wirksamkeit der Abtretung spielt es keine Rolle, ob der Arbeitgeber als Drittschuldner von der Abtretung im Abtretungszeitpunkt Kenntnis hat oder nicht (sog. stille

620

1029 Vgl. auch *Leißing*, Vollstreckung effektiv 2000, 82.
1030 BGH, NJW 1988, 495.
1031 BGH, Rpfleger 2013, 110 = NJW-RR 2013, 248 = NZI 2013, 42 = ZInsO 2013, 254; BAGE 96, 266.
1032 LAG Nürnberg, AE 2017, 26.
1033 LSG Nordrhein-Westfalen, Urt. v. 27.3.2012 – L 18 KN 233/10 – juris.

Zession). Geht bei ihm dann eine Lohnpfändung ein, muss er die pfändbaren Beträge an den Zessionar überweisen. Überweist er dennoch fälschlicherweise an den Pfändungsgläubiger, so kann der Zessionar gegen den Pfändungsgläubiger aus ungerechtfertigter Bereicherung vorgehen.[1034]

621 *Taktischer Hinweis*

Der **Vollstreckungsgläubiger** darf in diesem Fall allerdings die von ihm **aufgewendeten Vollstreckungskosten** – wie Gerichts-, Gerichtsvollzieher- und Anwaltskosten – **abziehen**.[1035] Kann sich der Pfandgläubiger auf Entreicherung nach § 818 Abs. 3 BGB berufen, scheidet jedoch eine Herausgabe an den Zessionar aus. Dies gilt nicht, wenn der Drittschuldner die frühere Abtretung nicht kannte. Er braucht dann nicht nochmals an den Zessionar zahlen. § 407 BGB schützt ihn davor.

III. Teilabtretung: Pfändungsgläubiger kann noch Lohnanteile beanspruchen

622 Wird an den Abtretungsgläubiger nur ein Teil der pfändbaren Lohnbeträge abgetreten, so kann ein nachfolgender Pfändungsgläubiger seine Forderung (wenigstens noch teilweise) realisieren.

623 *Beispiel*

Der ledige und kinderlose S hat ein monatliches Nettoeinkommen von 2.500 EUR. Als er ein Darlehen bei A aufnimmt, tritt er diesem die Hälfte seines pfändbaren Einkommens ab. Der Gläubiger des S will gegen ihn wegen titulierten Schulden von 1.000 EUR vollstrecken. In welcher Höhe ist dies möglich?

Lösung

Nach der Pfändungstabelle beträgt das monatlich pfändbare Einkommen des S 956,34 EUR. Hiervon hat er die Hälfte, also 478,17 EUR an A abgetreten. Da der vom Pfändungsgläubiger pfändbare (Rest-)Betrag vom vollen und nicht von dem um die Abtretung gekürzten Nettolohn berechnet wird,[1036] kann G hier demnach noch die andere Hälfte des pfändbaren Nettoeinkommens aus 2.500 EUR i.H.v. 478,17 EUR wirksam pfänden und sich hieraus befriedigen.

1034 *Stöber*, Rn 1253 m.w.N.
1035 BGH, NJW 1976, 1090.
1036 OLG Hamm, BB 1953, 203.

IV. Gehaltsabtretung ist auch bzgl. künftiger Ansprüche möglich

Das BAG[1037] hat entschieden, dass sich die Abtretung der Lohnansprüche immer nur „gegen den jeweiligen Arbeitgeber" richtet.

624

Taktischer Hinweis

625

Bedeutsam und aussichtsreich wird dies vor allem dann, wenn der Schuldner sein Arbeitsverhältnis nach einer bereits bestehenden wirksamen, erstrangigen Lohnpfändung wechselt. Da die Lohnpfändung nicht auch gegenüber dem neuen Arbeitgeber des Schuldners wirksam ist, kann nun die (ursprünglich nachrangige) Abtretung greifen. Der im alten Arbeitsverhältnis erstrangige Pfändungsgläubiger geht nunmehr leer aus, da sich das Pfändungspfandrecht nicht auf den neuen Arbeitgeber erstreckt.

Beispiel

626

Schuldner S arbeitete beim Arbeitgeber XY-GmbH. Dort hat der Gläubiger G wirksam in den Lohn des S gepfändet. Als S ein Darlehen bei A. aufnimmt, tritt er diesem seine künftigen Lohnforderungen ab. Doch diese Abtretung geht der Pfändung durch G im Rang nach. A bleibt daher zunächst unbefriedigt. Dies ändert sich jedoch, als S ein neues Arbeitsverhältnis bei der Z-KG beginnt. Da die ursprüngliche Lohnpfändung durch G nur gegenüber dem alten Arbeitgeber der XY-GmbH wirksam ist, greift nunmehr die Abtretung der Gehaltsansprüche gegen die Z-KG.

V. Gegenmaßnahmen zur Prüfung der Wirksamkeit einer Abtretung

Der Pfändungsgläubiger sollte die Gehaltsabtretung stets auf ihre Wirksamkeit überprüfen. Hierzu sollte er auf jeden Fall seinen Informationsanspruch geltend machen und im Rahmen der Lohnpfändung vom Arbeitgeber des Schuldners per Drittschuldnererklärung nach § 840 Abs. 1 Nr. 2 ZPO folgende Informationen verlangen:

627

- Name und Anschrift des Zessionars,
- Angaben über die der Abtretung zugrunde liegenden Einzelheiten, z.B. wegen welcher Ansprüche die Abtretung erfolgt ist,[1038] hierunter fällt auch die **eigene Aufrechnungsmöglichkeit des Drittschuldners** gegenüber dem Schuldner. Dies wird insbesondere bei Arbeitgeberdarlehen oder Gehaltsvorschüssen der Fall sein, weil die Möglichkeit der Prüfung einer Anfechtung gem. § 3 AnfG, § 138 InsO besteht.

1037 BAG, Rpfleger 1993, 456.
1038 LAG Hannover, NJW 1974, 768.

§ 6 Die Pfändung von Arbeitseinkommen

Taktischer Hinweis

Das AnfG erfasst Weitergaben von Vermögen an **nahestehende Personen** (§ 138 Abs. 1 InsO i.V.m. § 3 Abs. 4 AnfG) und „Vorteilsgeschäfte". Betroffen sind also insbesondere Übergaben an den Ehegatten, Kinder, Eltern, Lebensgefährten, Verwandte des Ehegatten oder auch Voll- oder halbbürtige Geschwister.[1039] Es tritt eine **Beweislastumkehr** ein. Nicht der Gläubiger muss dann also die Kenntnis der Benachteiligungsabsicht des Schuldners gegenüber dem Dritten nachweisen, sondern dieser muss beweisen, dass er Zahlungsunfähigkeit bzw. Benachteiligungsabsicht des Schuldners nicht kannte.

Anhand dieser Informationen kann der Gläubiger dann genau überprüfen, ob die Abtretung wirksam ist oder nicht.

- den Abtretungsvertrag

Taktischer Hinweis

Der Drittschuldner ist im Rahmen seiner Erklärungspflicht nach § 840 ZPO allerdings nicht zur Herausgabe des Abtretungsvertrags verpflichtet. Es besteht diesbezüglich nach § 836 Abs. 3 ZPO nur ein Anspruch gegen den Schuldner auf Herausgabe von Unterlagen betreffend Lohn- und Gehaltsabtretungen. Dennoch lohnt es sich, auf eine „freiwillige Auskunft" durch den Drittschuldner hinzuwirken.[1040] Gläubiger sollten daher versuchen, den Drittschuldner zur Mitwirkung zu überreden. Vielfach geben Drittschuldner Auskunft und händigen Unterlagen aus.

628 Darüber hinaus sollte der Pfändungsgläubiger die Gehaltsabtretung stets auch auf ihre Wirksamkeit überprüfen. Da die Gehaltsabtretung für den Betroffenen von existenzieller Bedeutung ist, ist eine Vorausabtretung nur dann wirksam, wenn Zweck und Umfang der Abtretung sowie die Voraussetzungen, unter denen der Verwender von der abgetretenen Forderung Gebrauch machen darf (= Verwertungsbefugnis), hinreichend eindeutig und in einer Weise bestimmt werden, die auch für den Zedenten zu einem angemessenen Interessenausgleich führen. Hieran fehlt es, wenn auf Seiten des Zessionars eine Übersicherung vorliegt. Stellt sich heraus, dass die Abtretung unwirksam ist, darf der Drittschuldner nicht mehr an den Abtretungsgläubiger zahlen. Die Abtretung muss dabei zunächst allgemeinen Voraussetzungen Stand halten. Unwirksamkeitsgründe sind z.B.:

- der Ausschluss der Abtretung durch individuellen Vertrag bzw. Tarifvereinbarung,[1041]
- die Verpfändung einer unpfändbaren Forderung (§ 400 BGB),

1039 § 3 Abs. 2 AnfG; *Blöcker*, Vollstreckung effektiv 2000, 150.
1040 *Stöber*, Rn 939; *Behr*, JurBüro 1994, 133.
1041 BAG, NJW 1966, 172.

M. Lohnpfändung trifft auf Abtretung § 6

- der Verstoß gegen ein gesetzliches Verbot, z.B. Abtretung der Honorarforderungen eines Rechtsanwalts gegen seinen Mandanten bei Verkauf der Kanzlei,[1042]
- wenn sich durch die Abtretung der Inhalt der Leistung ändert (vgl. § 399 Alt. 1 BGB), so z.b. wenn statt Unterhalt in Geld nunmehr in Naturalien geleistet werden soll.

Bei **formularmäßiger Vereinbarung** muss die Abtretung zudem den inhaltlichen Anforderungen nach §§ 305–310 BGB genügen. Der BGH[1043] hat hierzu folgende strenge Wirksamkeitsvoraussetzungen aufgestellt:

629

Checkliste: Wirksamkeitsvoraussetzungen nach §§ 305–310 BGB

1. Bestimmtheit der abgetretenen Forderung
   Der abgetretene Anspruch muss seiner Art nach (z.B. Lohn, Arbeitslosengeld) genau bezeichnet sein.
2. Bestimmtheit des zu sichernden Anspruchs
   Der Anspruch des Zessionars (z.B. der Bank) gegen den Schuldner muss ebenfalls genau bezeichnet sein (z.b. Anspruch aus Darlehens-, Kaufvertrag ... vom ...).
3. Begrenzung des Umfangs der Abtretung
   Um eine unverhältnismäßige Übersicherung des Gläubigers zu verhindern, muss der Umfang der Abtretung (betragsmäßig) begrenzt sein, z.b. dadurch, dass dem Bruttokredit ein Pauschalbetrag für etwaige Rechtsverfolgungs- und Verzugskosten in der Größenordnung von 10–20 % zugeschlagen wird.
4. Freigabeklausel
   Zur Verhinderung der Übersicherung muss die Abtretung eine ausdrückliche Freigabeverpflichtung enthalten, in der berücksichtigt ist, dass das Sicherungsbedürfnis der Bank mit fortschreitender Tilgung des Kredits sinkt.
5. Voraussetzungen der Offenlegung
   Die Voraussetzungen der Offenlegung der Abtretung (z.B. Verzug mit Ratenzahlung) müssen in der Abtretungserklärung genau bezeichnet sein, denn zur Vermeidung schwerwiegender Konsequenzen für den Schuldner darf es nicht in das Belieben des Gläubigers gestellt sein, wann er die Forderung offen legt, d.h. z.B. an den Arbeitgeber herantritt.
6. Ankündigung der Offenlegung
   Um dem Schuldner wegen der weitreichenden Bedeutung der Offenlegung Gelegenheit zu geben, eine solche Offenlegung durch Vorbringen von Einwendungen oder durch Bezahlung der rückständigen Raten noch abzuwenden, muss die Abtretungserklärung eine Klausel enthalten, aus der hervorgeht, dass dem Schuldner die Offenlegung rechtzeitig vorher angekündigt wird.

1042 BGH, NJW 1995, 2026; NJW 1995, 2915.
1043 MDR, 1989, 889; NJW 1992, 2626.

VI. Teilzahlungsvereinbarung, Lohnabtretung und -pfändung

630 In der Praxis treten Schuldner im Rahmen von **Teilzahlungsvereinbarungen** regelmäßig den jeweils pfändbaren Teil ihrer Lohn- und Gehaltsansprüche zur Sicherung ihres Zahlungsversprechens an den Gläubiger ab. Der Gläubiger hat lediglich die Offenlegung der Abtretungserklärung beim Arbeitgeber zu veranlassen und benöigt daher zur Einziehung der pfändbaren Beträge gar keine. Da es für den Gläubiger aber nicht sicher ist, ob der Arbeitgeber als Drittschuldner nach Offenlegung der Abtretungserklärung diese auch anerkennt, beantragt der (Abtretungs-)Gläubiger daher daneben oftmals auch die Lohnpfändung (Anspruch A).

631 Ein solches Vorgehen durch den Gläubiger ist m.E. zulässig. Dem Vollstreckungsgericht steht es nicht zu, den beantragten Beschluss mangels Rechtsschutzbedürfnis zurückzuweisen.

632 Der Gläubiger benötigt zur Durchsetzung seines Anspruchs im Rahmen der Forderungspfändung zwar stets ein Rechtsschutzbedürfnis. Bei der Entscheidung über den Antrag auf Erlass eines Pfändungs- und Überweisungsbeschlusses prüft das Vollstreckungsgericht allerdings nicht, ob die zu pfändende Forderung besteht. Es prüft nur, ob diese nach dem Sachvortrag des Gläubigers dem Schuldner gegen den Drittschuldner zustehen kann und ob sie nicht unpfändbar ist.[1044] Der Sachvortrag des Gläubigers ist daher zunächst als wahr zu unterstellen.

633 Da der zu pfändende Anspruch also nicht begründet, sondern lediglich bezeichnet wird, darf das Gericht den Antrag daher nur ausnahmsweise ablehnen, wenn dem Schuldner der Anspruch offenbar nicht zustehen kann oder dieser ersichtlich unpfändbar ist. Die Prüfung materiell-rechtlicher Fragen ist Sache des Prozessgerichts. In den beschriebenen Fällen kann daher die Kenntnis des Gerichts von der Abtretung der zu pfändenden Forderung die Zurückweisung des Antrages auf Erlass eines Pfändungs- und Überweisungsbeschlusses durchaus begründen. Denn steht fest, dass die „angebliche Forderung" des Schuldners gar nicht mehr besteht, geht sie ins Leere.[1045] Allerdings ist ein strenger Maßstab für die Offenkundigkeit anzulegen: Gibt es Zweifel, ob die Forderung nicht doch besteht oder dem Schuldner zustehen kann, ist also die Wirksamkeit der Abtretungserklärung zweifelhaft, muss dem Antrag entsprochen werden.

1044 BGH, Vollstreckung effektiv 2004, 93 = Rpfleger 2004, 427 = JurBüro 2004, 391 = NJW 2004, 2096; BGH WM 2008, 649 = MDR 2008, 530 = NVwZ 2008, 592 = FamRZ 2008, 877 = FoVo, 2008, 160 = Rpfleger 2008, 318 = JurBüro 2008, 549; vgl. auch *Mock*, Vollstreckung effektiv 2017, 70.
1045 BAG, JurBüro 1994, 364; *Stöber*, Rn 488.

§ 7 Das Pfändungsschutzkonto (P-Konto, § 850k ZPO)

A. Allgemeines

Die Norm des § 850k ZPO wurde durch das Gesetz zur Reform des Kontopfändungsschutzes vom 23.4.2009 mit Wirkung zum 1.7.2010 eingefügt.[1] Seit dem 1.1.2012 wird Kontopfändungsschutz für einen Schuldner – abgesehen von der Generalklausel des § 765a ZPO – nur noch durch ein Pfändungsschutzkonto (sog. P-Konto) gewährt.[2] Diesem Schutz entzieht sich ein Schuldner selbst, indem er es unterlässt, dafür Sorge zu tragen, dass Zahlungen auf seinem Pfändungsschutzkonto eingehen und er allein aufgrund des fehlenden Pfändungsschutzkontos den Fall einer besonderen Härte im Sinne des § 765a ZPO herbeizuführen sucht. Ein Schuldner hat daher selbst für den Schutz seiner Zahlungseingänge Sorge zu tragen, indem er alles dafür veranlasst, dass seine Zahlungen auf einem eigenen Pfändungsschutzkonto, statt z.b. auf dem Konto eines Dritten[3] bzw. einem Nicht-P-Konto eingehen.

1

Grundgedanke ist, dass einem Schuldner auf dem P-Konto der für die Pfändung von Arbeitseinkommen und sonstigen Einkommen geltende monatliche Grundfreibetrag (§ 850c Abs. 1 S. 1 ZPO derzeit 1.133,80 EUR) quasi automatisch, ohne dass es eines besonderen Antrages bedarf, für die **Dauer eines Kalendermonats** gewährt wird. Die Einrichtung eines P-Kontos zugunsten des Schuldners hat somit zur Folge, dass auf diesem Konto eingehende Beträge dem Gläubigerzugriff bis zur Grenze des Freibetrags gem. § 850k Abs. 1 ZPO entzogen sind.[4] Dabei knüpft die Regelung nicht an die Art der Einkünfte auf dem P-Konto an. Denn die Schutzwürdigkeit von Einkünften lässt sich an ihrer Zweckbestimmung zur Sicherung des Existenzminimums festmachen. Wenn man aber auf die Zweckbestimmung abstellt, ist es unerheblich, ob es sich um Einkünfte aus abhängiger oder selbstständiger Erwerbstätigkeit oder um sonstige Einkünfte wie Renten, Pensionen, Einnahmen aus Vermietung und Verpachtung, Unterhaltsansprüche oder freiwillige Zuwendungen Dritter handelt. Gerade auch unter dem Aspekt der Vermeidung des Transfers von Sozialleistungen an den „kahlgepfändeten" Schuldner ist es nach Ansicht des Gesetzgebers hinnehmbar, dass sämtliche Einkünfte des Schuldners Pfändungsschutz genießen können. Der Ansatz, den Pfändungsschutz nicht an die Art der Einkünfte anzuknüpfen, hat zudem den Vorteil, dass weder die Kreditinstitute noch die Vollstreckungs-

2

---

1 BGBl I 2009. 1707.
2 BT-Drucks 16/12714 S. 16; BVerfG, Vollstreckung effektiv 2015, 206 = NJW 2015, 3083 = DGVZ 2015, 202 = WuB 2015, 601 = JurBüro 2016, 48 = zfm 2015, 199 = FoVo 2015, 192.
3 In diesem Fall kann der Gläubiger den dem Schuldner gem. § 667 BGB zustehenden Auszahlungsanspruch gegen den Dritten pfänden; vgl. BGH, Vollstreckung effektiv 2008, 47.
4 LG Duisburg, ZInsO 2017, 2122.

gerichte nachprüfen müssen, ob das gepfändete Guthaben aus der Gutschrift von bestimmten geschützten Einkünften herrührt. Dies sollte die praktische Handhabung des Kontopfändungsschutzes einfacher machen und überdies zu einer erheblichen Entlastung der Kreditinstitute und auch der Vollstreckungsgerichte führen. Dieser letzte Aspekt ist allerdings in der Praxis nur bedingt eingetreten. Während die Anzahl der Kontoschutzanträge mit Wirkung zum 1.7.2010 tatsächlich abgenommen hat, nahm allerdings die Qualität von Schutzanträgen i.R.d. P-Kontos (vgl. § 850k Abs. 4 ZPO) erheblich zu. Eine Entlastung ist somit für die Gerichte nicht eingetreten.

3   Die Regelung findet auch im **eröffneten Insolvenzverfahren** und im **Restschuldbefreiungsverfahren** Anwendung (§§ 36 Abs. 1 S. 2, 292 Abs. 1 InsO).

B. Der Sockelfreibetrag (§ 850k Abs. 1 ZPO)

I. Grundfall (§ 850k Abs. 1 S. 1 ZPO)

4   Das Guthaben auf einem Pfändungsschutzkonto ist gem. § 850k Abs. 1 S. 1 ZPO in der Weise geschützt, dass der Schuldner jeweils bis zum Ende des Kalendermonats über **Guthaben**[5] in Höhe des monatlichen Freibetrags – derzeit 1.133,80 EUR – verfügen kann und das Guthaben insoweit nicht von der Pfändung erfasst wird (sog. Sockelfreibetrag).[6] Hierbei spielt es keine Rolle, wann die Pfändung wirksam wird (vgl. § 829 Abs. 3 ZPO). Insofern kann der Schuldner über den gesamten Freibetrag des Monats der Pfändung verfügen und zwar unabhängig vom Zeitpunkt der Gutschrift (vor oder nach der Pfändung).[7] Verfügungen, die der Schuldner in diesem Monat vor Wirksamwerden der Pfändung vorgenommen hat, schmälern also nicht den pfändungsfreien Betrag.[8] Es wird aus Gründen der einfacheren Praktikabilität der gesamte Betrag pfändungsfrei gestellt.[9] Dabei ist es grundsätzlich Sache des Drittschuldners, den pfändungsfreien Guthabenbetrag des Schuldners zu ermitteln und den darüber hinausgehenden Betrag an den Gläubiger auszukehren. Trotz erfolgter Kontopfändung bleibt somit die Funktionsfähigkeit eines Girokontos und damit die Möglichkeit des Schuldners zur Teilnahme am bargeldlosen Zahlungsverkehr weitgehend erhalten.[10]

---

5   Gilt also nicht beim debitorisch geführten Konto; vgl. AG Bergen, DGVZ 2013, 142 m.w.N.
6   BGH, WM 2017, 2306 = ZIP 2017, 2292 = ZInsO 2017, 2650 = EWiR 2017, 741; der Pfändungsfreibetrag erhöht sich durch die Dynamisierung nach § 850c Abs. 2a ZPO alle zwei Jahre zum 1.7. eines Jahres um den Prozentsatz, um den der steuerliche Grundfreibetrag nach § 32a Abs. 1 S. 1 Nr. 1 EStG sich erhöht.
7   VGH Baden-Württemberg, Beschl. v. 28.8.2018 – 2 S 1254/18 – juris.
8   *Schumacher*, ZVI 2009, 313, 319; a.A. *Goebel*, „Kontopfändung unter veränderten Rahmenbedingungen", § 2 Rn 363 f.
9   BT-Drucks 16/7615 S. 18.
10 VGH Baden-Württemberg, Beschl. v. 28.8.2018 – 2 S 1254/18 – juris.

B. Der Sockelfreibetrag (§ 850k Abs. 1 ZPO) § 7

Beispiel 5

Der alleinstehende und kinderlose Schuldner S erhält monatliches Arbeitseinkommen i.H.v. 1.500 EUR auf sein Pfändungsschutzkonto überwiesen. An monatlicher Miete sind 400 EUR, sowie monatliche Abschläge für Strom und Gas i.H.v. insgesamt 150 EUR zu zahlen. Darüber hinaus sind monatliche Versicherungsbeiträge von 50 EUR zu leisten. Was kann Gläubiger G pfänden?

Lösung

Die Bank muss den Sockelfreibetrag von 1.133,80 EUR beachten und darf daher bis zu dieser Höhe Überweisungen ausführen. Nach Abzug der Warmmiete zzgl. Strom und monatlicher Versicherungsbeiträge von insgesamt 600 EUR darf S daher noch über den Restbetrag von 533,80 EUR verfügen. Sämtliche Beträge, die also den Grundfreibetrag von 1.133,80 EUR übersteigen, muss die Bank daher an G abführen. Das sind 366,20 EUR.

II. Verlängertes Zahlungsmoratorium (§ 850k Abs. 1 S. 2 ZPO)

Zum geschützten Guthaben im Sinne des § 850k Abs. 1 S. 1 ZPO gehört **einmalig** auch 6
das **künftige Guthaben**, das bis zum Ablauf der Frist des § 835 Abs. 4 ZPO[11] nicht an den Gläubiger geleistet oder hinterlegt werden darf (§ 850k Abs. 1 S. 2 ZPO). Hierauf hat der Drittschuldner (Kreditinstitut) zu achten, zumal in den amtlichen Formularen beim Anspruch D (an Kreditinstitute) ausdrücklich darauf hingewiesen wird:

Hinweise zu Anspruch D: 7

Auf § 835 Absatz 3 Satz 2 ZPO (Zahlungsmoratorium von vier Wochen) und § 835 Absatz 4 ZPO wird der Drittschuldner hiermit hingewiesen.

Pfändungsschutz für Kontoguthaben und Verrechnungsschutz für Sozialleistungen und für Kindergeld werden seit dem 1. Januar 2012 nur für Pfändungsschutzkonten nach § 850k ZPO gewährt.

Hinter den Vorschriften des § 850k Abs. 1 S. 1 und 2, 3 ZPO i.V.m. § 835 Abs. 4 ZPO steht 8
das Ziel des Gesetzgebers, die sog. „**Monatsanfangsproblematik**" zu lösen und insoweit sowohl Interessen des Schuldners als auch des Gläubigers zu berücksichtigen.[12] Dies beruht auf der Tatsache, dass insbesondere Sozialleistungen (z.B. Hartz-IV, Sozialhilfe,

---

11 Daneben gilt weiterhin die **Vierwochen-Frist** nach § 835 Abs. 3 S. 2 HS2 ZPO. Diese gilt für alle anderen Konten, die kein P-Konto darstellen. Die Frist nach § 850k Abs. 1 S. 2 ZPO verdrängt somit bei einem P-Konto die Frist nach § 835 Abs. 3 S. 2 HS 2 ZPO. Während § 835 ZPO ausschließlich das Verhältnis zwischen Bank und Gläubiger regelt, klärt § 850k Abs. 1 bis 4 ZPO, welcher Betrag an den Schuldner auszuzahlen ist.

12 BT-Drucks 17/4776 S. 8 f.; BGH, WM 2017, 2317 = ZInsO 2017, 2617; BGH, Vollstreckung effektiv 2015, 20 = NJW 2015, 3083 = DGVZ 2015, 202 = WuB 2015, 601 = JurBüro 2016, 48 = zfm 2015, 199 = FoVo 2015, 192 = WM 2015, 177; vgl. auch Gottwald/*Mock*, § 850k Rn 9.

Rente etc.) oftmals bereits zum Monatsende für den darauf folgenden Monat überwiesen werden (vgl. § 41 Abs. 1 S. 4 SGB II). Daraus folgte, dass der Freibetrag für den Monat, in dem die Gutschrift erfolgt ist, vielfach bereits verbraucht war. Gläubiger konnten daher die Gutschrift aus der Sozialleistung wirksam pfänden. Insofern hatten vielfach Schuldner für den Folgemonat keinerlei Leistungen mehr zum Leben zur Verfügung. Die Rechtsprechung zur Lösung des Problems war daraufhin sehr unterschiedlich.

9 Die Vorschrift des § 850k Abs. 1 S. 2, 3 ZPO stellt daher klar, unter welchen Voraussetzungen der Schuldner über das neu separierte Guthaben verfügen kann.[13] Der jeweilige Freibetrag des Schuldners kann sich daher zum einen

- aus dem im laufenden Kalendermonat vorhandenen Guthaben,
- zum anderen aus dem Guthaben zusammensetzen, das nach § 835 Abs. 4 ZPO für den Gläubiger separiert wurde.

10 Der pfändbare Betrag ist daher durch das Kreditinstitut zunächst **bis zum Ende des auf den Zahlungseingang folgenden Kalendermonats zurückzubehalten**, sodass zunächst für diesen Zeitraum eine Auszahlung an den Gläubiger nicht erfolgen darf. Dadurch soll sichergestellt werden, dass am Ende eines Kalendermonats auf dem P-Konto eingehende Zahlungen, die eigentlich für den Folgemonat und zur Sicherung des Pfändungsschutzes des Schuldners bestimmt sind (Renten, Versorgungs-, Dienstbezüge etc.), diesem nicht durch eine Auszahlung an den Gläubiger entzogen werden.[14]

11 *Beispiel*

Die Sozialleistungen des Schuldners S i.H.v. 1.200 EUR werden Ende Februar dem P-Konto des S gutgeschrieben. Im März verfügt S hierüber in Höhe eines Betrags von 1.000 EUR.

Lösung

S hat einen Grundfreibetrag von derzeit 1.133,80 EUR. Der nicht ausgeschöpfte Restbetrag von 100 EUR ist als Guthaben grds. für den Gläubiger pfändbar. Allerdings bestimmt § 835 Abs. 4 ZPO, dass dieses Guthaben erst nach dem Ablauf des übernächsten Monats nach Zahlungseingang (April) an den Gläubiger ausgezahlt werden darf. Für den Monat April erhöht sich daher der Grundfreibetrag einmalig um weitere 100 EUR auf insgesamt 1.233,80 EUR.

12 *Taktischer Hinweis*

Eine **Auszahlung** der zu separierenden **einmaligen Guthaben** an den Gläubiger darf daher erst zu **Beginn des übernächsten Monats** erfolgen. Ein Schuldner muss in der

---

13 BT-Drucks 17/4776 S. 10.
14 BT-Drucks 17/4776 S. 9.

B. Der Sockelfreibetrag (§ 850k Abs. 1 ZPO) § 7

verlängerten Frist die Höhe des für ihn geltenden Gesamtfreibetrags klären. Erhöht sich der persönliche Freibetrag des Schuldners im Folgemonat z.b. durch Entstehen von Unterhaltspflichten, muss das Kreditinstitut somit diesen individuellen Freibetrag in der geänderten Höhe bereithalten. Dies gilt aber nur, wenn der Schuldner die Änderungen rechtzeitig und ordnungsgemäß nach § 850k Abs. 5 ZPO nachgewiesen hat.

Dem Schuldner steht jedoch **kein doppelter Freibetrag** im Monat aus bestehendem und künftigem Guthaben zu.[15] Das künftige Guthaben erhöht somit den von der Pfändung nicht erfassten monatlichen einmaligen individuellen Sockelfreibetrag (§ 850k Abs. 1 S. 1 ZPO) bzw. Aufstockungsbetrag (§ 850k Abs. 2–4 ZPO) nicht.[16] In diesem Zusammenhang bedeutet dies also, dass sich dem Pfändungsschutz unterliegendes Guthaben auch daraus ergeben kann, dass es aufgrund der automatischen Auszahlungssperrfrist nach § 835 Abs. 4 S. 1 ZPO noch nicht an den Gläubiger ausgezahlt werden kann. So wird das zurückgehaltene Guthaben in Höhe des individuellen monatlichen Freibetrages mit dem Beginn des neuen Monats nicht von der Pfändung erfasst.[17]

13

III. Einmalige Ansparung (§ 850k Abs. 1 S. 3 ZPO)

Soweit der Schuldner in einem Kalendermonat nicht über das Guthaben in Höhe des nach § 850k Abs. 1 und 2 ZPO pfändungsfreien Betrages **verfügt**, wird dieses Guthaben gem. § 850k Abs. 1 S. 3 ZPO in dem folgenden Kalendermonat **zusätzlich** zu dem nach § 850k Abs. 1 S. 1 ZPO für diesen Monat geschützten Guthaben nicht von der Pfändung erfasst. Dies gilt auch für Guthaben aus zweckgebundenen Geldleistungen nach sozialrechtlichen Vorschriften (z.B. Erstausstattung für Wohnung gem. § 24 Abs. 3 S. 1 Nr. 1 SGB II), sodass auch hierfür kein zeitlich unbefristeter Pfändungsschutz besteht. Im Endeffekt erhöht sich somit der für diesen Monat geltende Sockelfreibetrag um den Ansparübertrag. Vor diesem Hintergrund kann der Schuldner daher auf seinem P-Konto ständig ein **Guthaben** in Höhe des **doppelten Sockelfreibetrags** gem. § 850c Abs. 1 S. 1 ZPO unterhalten (derzeit: 2.267,60 EUR = 1.133,80 EUR nicht ausgeschöpfter Sockelfreibetrag zzgl. 1.133,80 EUR neuer Sockelfreibetrag für den Folgemonat).

14

Nur allein ein Guthaben, das aufgrund § 835 Abs. 4 ZPO erst nach Ablauf des auf den Zahlungseingang folgenden Monats an den Gläubiger geleistet werden darf, kann unter den Voraussetzungen des § 850k Abs. 1 S. 3 ZPO in den hierauf folgenden Monat, somit in den übernächsten Monat nach dem Zahlungseingang, übertragen werden und erhöht in die-

15

---

15 BT-Drucks 17/4776 S. 9.
16 Zöller/*Herget*, § 850k Rn 3.
17 BT-Drucks 17/4776 S. 8/9; LG Bonn, FoVo 2014, 135.

sem Monat den Pfändungsfreibetrag.[18] Unter den Begriff **(Konto-)Verfügung** fallen dabei nur Zahlungsvorgänge, die zur **Belastung des Kontos** führen.[19] Hierunter fallen z.b. Barauszahlung an den Schuldner, Barabhebung am eigenen Geldautomat,[20] Ausführung von Überweisungsaufträgen, Einlösung von Schecks, Lastschriften oder sonstiger Zahlungspapiere durch Belastung des Kontos und der Einsatz von Bank- und Kreditkarten, die zur Belastung des Kontos führen. Der Schuldner als Bankkunde hat über sein Konto erst verfügt, wenn die Bank den Zahlungsvorgang ausgeführt und auf dem Konto eine belastende Buchung vorgenommen hat, weil nur so der Auszahlungsanspruch des Kunden gegenüber dem Kreditinstitut erlischt (§ 362 Abs. 1 BGB). Lediglich der **Versuch einer Barabhebung** stellt somit **keine Verfügung** im Sinne von § 850k Abs. 1 ZPO dar.

16 Verfügungen, die der Schuldner über sein pfändungsfreies Guthaben trifft, sind dabei nach dem sog. **First-in-first-out-Prinzip zunächst auf das übertragene Restguthaben aus dem Vormonat anzurechnen** und erst nach dessen Erschöpfung auf den neuen Sockelfreibetrag des aktuellen Monats.[21] Diese Anrechnungsmethode ergibt sich daraus, dass zuerst das nicht mehr auf den folgenden Monat übertragbare pfändungsfreie Guthaben von dem Kontoinhaber und Vollstreckungsschuldner verbraucht werden soll. Ebenso spricht der Zweck der Regelung des § 850k Abs. 1 S. 3 ZPO für ein solches Vorgehen. Denn diese Regelung dient dazu, den Schuldner in die Lage zu versetzen, in begrenztem Umfang Guthaben anzusparen, um auch solche Leistungen der Daseinsvorsorge bezahlen zu können, die nicht monatlich, sondern in größeren Zeitabständen zu vergüten sind.[22]

---

18 BGH, Rpfleger 2018, 95 = InsbürO 2018, 81 = FoVo 2018, 11.
19 BGH, WM 2017, 2303 = ZIP 2017, 2290 = ZInsO 2017, 2647 = MDR 2018, 54 = EWiR 2018, 1.
20 BGH, WM 2017, 2306 = ZIP 2017, 2292 = ZInsO 2017, 2650 = EWiR 2017, 741; der Umstand, dass die Bank als Drittschuldner den Zahlungsvorgang erst zu einem späteren Zeitpunkt auf dem Konto verbucht, ist für den Abschluss des Zahlungsvorgangs und damit auch für das Vorliegen einer Verfügung im Sinne von § 850k Abs. 1 ZPO unerheblich. Folge: der Schuldner kann also noch am letzten Tag eines Kalendermonats wirksam über sein P-Konto innerhalb des ihm zustehende Freibetrages wirksam verfügen. Der Zeitpunkt der Abhebung des Geldes als solche ist somit maßgeblich.
21 BGH, Rpfleger 2018, 95 = InsbürO 2018, 81 = FoVo 2018, 11; BGH, WM 2017, 2303 = ZIP 2017, 2290 = ZInsO 2017, 2647 = MDR 2018, 54 = EWiR 2018, 1; BGH, WM 2017, 2306 = ZIP 2017, 2292 = ZInsO 2017, 2650 = EWiR 2017, 741; vgl. BT-Drucks 16/7615 S. 31 i.V.m. S. 26; so die Berechnung von BGH, Vollstreckung effektiv 2015, 20 = NJW 2015, 3083 = DGVZ 2015, 202 = WuB 2015, 601 = JurBüro 2016, 48 = zfm 2015, 199 = FoVo 2015, 192 = WM 2015, 177; ebenso LG Saarbrücken, Beschl. v. 2.1.2013 – 5 T 376/12 – juris; Umsetzungsleitfaden des Zentralen Kreditausschusses für die Kreditinstitute, Stand 2.6.2010, S. 30 unter VI.6.; Prütting/Gehrlein/*Ahrens*, § 850k Rn 97; Musielak/Voit/*Becker*,§ 850k; Hk-ZPO/*Kemper*, § 850k Rn 12; , Schimansky/Bunte/Lwowski/*Bitter*, Bankrechts-Handbuch, § 33 Rn 34b;§ 850k Rn 2b; *Grothe* in Zwangsvollstreckungsrecht aktuell, 2010, § 1 Rn 140; *Sudergat*, Kontopfändung und P-Konto, Rn 745 ff.; *Weiß*, Das Pfändungsschutzkonto de lege lata et ferenda, 2014, S. 122 f., 182 ff.; *Ahrens*, VuR 2012, 300, 301 f.; *Bitter*, ZIP 2011, 149 (153); *Büchel*, BKR 2009, 358, 361 (Fn 39); *Günther*, ZInsO 2013, 859 Fn 11; *Homann*, ZVI 2010, 365, 366 f.; *Homann*, ZVI 2012, 37 f.; a.A. *Wiederhold*, BKR 2011, 272, 273 f.
22 BT-Drucks 16/7615 S. 13, 18 f.; BGH, Vollstreckung effektiv 2015, 20 = NJW 2015, 3083 = DGVZ 2015, 202 = WuB 2015, 601 = JurBüro 2016, 48 = zfm 2015, 199 = FoVo 2015, 192 = WM 2015, 177.

B. Der Sockelfreibetrag (§ 850k Abs. 1 ZPO) § 7

Der Pfändungsgläubiger wird dadurch nicht unangemessen benachteiligt. Denn angespart werden kann maximal ein Guthaben in Höhe eines monatlichen Freibetrags, das dem Schuldner zusätzlich zu dem für den laufenden Monat gewährten Pfändungsfreibetrag zur Verfügung steht.

Taktischer Hinweis 17

Nach dem eindeutigen Gesetzeswortlaut darf die Übertragung nur **einmalig**[23] in den **Folgemonat** und nicht in die Folgemonate erfolgen. Wird daher über das in einem Kalendermonat von der Pfändung freigestellte und in den Folgemonat pfändungsfrei übertragene Guthaben auch in diesem Monat nicht verfügt, so wird es am Ende des Kalendermonats pfändbar.[24] Übertragenes nicht verbrauchtes Guthaben ist somit dem Gläubiger ab dem zweiten Monat nach der Pfändung auszuzahlen.[25]

Beispiel 18

Der allein stehende und kinderlose Schuldner S erhält monatliches Arbeitseinkommen i.H.v. 1.500 EUR auf sein Pfändungsschutzkonto überwiesen. An monatlicher Miete sind 500 EUR, sowie monatliche Abschläge für Strom und Gas i.H.v. insgesamt 150 EUR zu zahlen. Darüber hinaus sind monatliche Versicherungsbeiträge von 100 EUR zu leisten. Von dem restlichen Sockelfreibetrag i.H.v. 383,80 EUR (= 1.133,80 EUR – insgesamt 750 EUR) beansprucht S noch eine Auszahlung von 200 EUR. Den Restbetrag von 183,80 EUR belässt er auf dem Konto und überträgt diesen in den Folgemonat.

Lösung

Verfügt S auch nicht im Folgemonat nach der Pfändung über diesen Restbetrag von 183,80 EUR, muss die Bank diesen zusätzlich zu dem den neuen Sockelfreibetrag von 1.133,80 EUR übersteigenden Betrag abführen. Die Bank muss daher im zweiten Monat nach Wirksamwerden der Pfändung an G insgesamt 366,20 EUR (= 1.500 EUR – 1.133,80 EUR) + 183,80 EUR = 550 EUR abführen.

---

[23] A.A. (mehrfach) LG Saarbrücken, Beschl. v. 22.1.2013 – 5 T 376/12, n.v.; Prütting/Gehrlein/*Ahrens*, § 850k Rn 105.
[24] BT-Drucks 16/12714 S. 19; **Ausnahme**: § 850k Abs. 1 S. 2 ZPO; BGH, WM 2017, 2303 = ZIP 2017, 2290 = ZInsO 2017, 2647 = MDR 2018, 54 = EWiR 2018, 1; BGH, NJW 2012, 79 = MDR 2012, 55 = JurBüro 2012, 159 = Rpfleger 2012, 213 = Vollstreckung effektiv 2012, 23; Musielak/Voit/*Becker*, § 850k Rn 2b; Zöller/*Herget*, § 850k Rn 5, 7; Wieczorek/Schütze/*Lüke*, § 850k Rn 10; Kindl/*Meller-Hannich*/Wolf § 850k Rn 15; BeckOK-ZPO/*Riedel*, § 850k Rn 11; MüKo-ZPO/*Smid*, § 850k Rn 29 ; Kreft, a.a.O. S. 253; *Sudergat*, Kontopfändung und P-Konto, Rn 741.
[25] Vgl. auch BT-Drucks 16/7615 S. 31; BGH, WM 2017, 2303 = ZIP 2017, 2290 = ZInsO 2017, 2647 = MDR 2018, 54 = EWiR 2018, 1.

19 *Merke*

Allein ein Guthaben, das **aufgrund** der Regelung in § 835 Abs. 4 ZPO i.V.m. § 850k Abs. 1 S. 2 ZPO erst nach Ablauf des auf den Zahlungseingang folgenden Monats an den Gläubiger geleistet werden darf, kann unter den Voraussetzungen des § 850k Abs. 1 S. 3 ZPO in den hierauf folgenden Monat, somit in den übernächsten Monat nach dem Zahlungseingang, übertragen werden und erhöht in diesem Monat den Pfändungsfreibetrag.[26]

IV. Pfändungsschutz bei Umwandlung in P-Konto (§ 850k Abs. 1 S. 4 ZPO)

20 § 850k Abs. 1 S. 4 ZPO stellt ausdrücklich klar, dass die Umstellung eines gepfändeten Girokontos auf das P-Konto innerhalb von vier Wochen seit der Zustellung des Überweisungsbeschlusses an den Drittschuldner in gleicher Weise Pfändungsschutz entfaltet wie ihn das auf einem bereits vorhandenen P-Konto gepfändetes Guthaben genießt. Zugunsten der Kreditinstitute entspricht die Frist der ohnehin zu beachtenden Vier-Wochen-Frist nach § 835 Abs. 3 S. 2 ZPO. Dem Schuldner bleibt so ausreichend Zeit, die Umstellung seines Girokontos in ein P-Konto und damit Kontopfändungsschutz zu erreichen. Die Änderung soll vor allem nach dem Außerkrafttreten des § 850l ZPO zum 31.12.2011 sicherstellen, dass bei der Umwandlung in ein P-Konto gem. § 850k Abs. 7 S. 2 ZPO keine Schutzlücke entsteht.

V. Aufstockung des Sockelfreibetrages (§ 850k Abs. 2 ZPO)

21 § 850k Abs. 2 ZPO erfasst die Fälle, in denen der Sockelfreibetrag nach § 850k Abs. 1 S. 1 auf aktives Tun des Schuldners hin durch das Kreditinstitut als Drittschuldner – nicht das Vollstreckungsgericht bzw. die Vollstreckungsbehörde[27] – aufgestockt werden kann.

1. Der Schuldner gewährt aufgrund gesetzlicher Verpflichtung Unterhalt (§ 850k Abs. 2 Nr. 1 lit. a ZPO)

22 Hiernach können – wie bei der Pfändung von Arbeitseinkommen – gesetzliche Unterhaltspflichten des Schuldners zur Erhöhung des Grundfreibetrages führen; insoweit wird an § 850c Abs. 1 S. 2 ZPO angeknüpft.

---

26 BGH, WM 2017, 2303 = ZIP 2017, 2290 = ZInsO 2017, 2647 = MDR 2018, 54 = EWiR 2018, 1 = Vollstreckung effektiv 2018, 75 = FoVo 2018, 11.
27 VGH Baden-Württemberg, Beschl. v. 28.8.2018 – 2 S 1254/18 –, juris.

B. Der Sockelfreibetrag (§ 850k Abs. 1 ZPO) § 7

Das Kreditinstitut soll diese aber nur dann von sich aus berücksichtigen, wenn durch Vorlage einer entsprechenden Bescheinigung offensichtlich ist, dass der Schuldner anderen Personen aufgrund gesetzlicher Verpflichtung Unterhalt (tatsächlich) gewährt (vgl. § 850k Abs. 5 S. 2 ZPO[28]). Der Grundfreibetrag je nach Lebenssituation des Schuldners beträgt derzeit[29] bei 23

- einer Unterhaltspflicht 1.569,99 EUR,
- zwei Unterhaltspflichten 1.799,99 EUR,
- drei Unterhaltspflichten 2.039,99 EUR,
- vier Unterhaltspflichten 2.279,99 EUR
- und fünf/mehr Unterhaltspflichten 2.519,99 EUR.

2. Schuldner nimmt Leistungen nach sozialrechtlichen Vorschriften auch für Personen, mit denen er in einer Bedarfsgemeinschaft lebt, entgegen (§ 850k Abs. 2 Nr. 1 lit. b ZPO)

Nach § 850k Abs. 2 Nr. 1 lit. b ZPO ist der Unterhaltsgewährung der Fall gleichgestellt, dass der Schuldner Leistungen nach sozialrechtlichen Vorschriften auch für Personen entgegennimmt, mit denen er in einer Bedarfsgemeinschaft i.s.v. § 7 Abs. 3 SGB II oder in einer Gemeinschaft i.s.v. §§ 19, 20, 39 S. 1 und 43 SGB XII lebt und denen er nicht aufgrund gesetzlicher Verpflichtung zum Unterhalt verpflichtet ist, wie dies z.B. bei den Partnern einer ehe- oder lebenspartnerschaftsähnlichen Lebensgemeinschaft der Fall ist. 24

Damit soll verhindert werden, dass Leistungen, die der Schuldner für die mit ihm in Gemeinschaft lebenden Personen zur Sicherung des Lebensunterhalts entgegennimmt, von seinen Gläubigern gepfändet werden können. Nicht erfasst wird der Fall, dass das Einkommen des Schuldners bei der Feststellung von Leistungen nach dem Zweiten oder Zwölften Buch Sozialgesetzbuch für mit ihm in einer Gemeinschaft lebende Personen berücksichtigt worden ist, denen er nicht aufgrund gesetzlicher Vorschriften zum Unterhalt verpflichtet ist. Denn das Einkommen des Schuldners wird bei der Festsetzung der Leistungen insoweit nicht berücksichtigt, als dessen Gläubiger im Wege der Zwangsvollstreckung darauf zugreift. In diesem Fall kann der mit dem Schuldner in ehe- oder lebenspartnerschaftsähnlicher Lebensgemeinschaft lebende Partner, der wegen der Berücksichtigung des Einkommens des Schuldners geringere Leistungen erhalten hat, eine Neufestsetzung unter Berücksichtigung der neuen Sachlage bei einem Pfändungszugriff beim Partner als Schuldner, beantragen. 25

---

28 Vgl. auch Rdn 58 ff.
29 Stand: 1.7.2017.

3. Einmalige Sozialleistungen und Geldleistungen zum Ausgleich eines durch einen Körper- oder Gesundheitsschaden bedingten Mehraufwandes (§ 850k Abs. 2 Nr. 2 ZPO)

26 § 850k Abs. 2 Nr. 2 ZPO erfasst Gutschriften aus der Überweisung von einmaligen Sozialleistungen (z.B. Kosten für Klassenfahrt, Erstausstattung für Wohnung gem. § 24 Abs. 3 S. 1 Nr. 1 SGB II[30] etc.) i.S.v. § 54 Abs. 2 SGB I sowie von Geldleistungen zum Ausgleich eines durch einen Körper- oder Gesundheitsschaden bedingten Mehraufwandes i.S.v. § 54 Abs. 3 Nr. 3 SGB I. Diese genießen ebenfalls einen zeitlich unbefristeten Pfändungsschutz, damit der mit ihrer Gewährung verfolgte Zweck, z.B. Bedarfsdeckung in besonderen Lebenslagen, auch tatsächlich erreicht werden kann.

4. Kindergeld und andere Geldleistungen für Kinder (§ 850k Abs. 2 Nr. 3 ZPO)

27 Durch § 850k Abs. 2 Nr. 3 ZPO wird die eingeschränkte Pfändbarkeit von Kindergeld und anderen Geldleistungen für Kinder (Kindergeldzuschuss, vgl. insoweit § 54 Abs. 5 SGB I und § 76 EStG[31]) nicht nur bei der Pfändung an der Quelle, sondern auch bei der Gutschrift auf einem P-Konto gewährleistet.

28 *Taktische Hinweise*

- Eine Ausnahme – somit Pfändbarkeit – gilt für den Fall, dass wegen einer **Unterhaltsforderung** eines Kindes für das die Leistungen gewährt oder bei dem es berücksichtigt wird, eine Pfändung erfolgt. Insoweit müssen Gläubiger unbedingt darauf achten, dass im amtlichen Formular nach § 2 Nr. 1 ZVFV die zu vollstreckende Unterhaltsforderung als solche ausdrücklich bezeichnet wird. Nicht hierunter fällt jedoch das Eltern-, Erziehungs- und Mutterschaftsgeld. Diese Leistungen sind auch i.R.d. Kontopfändung gem. § 54 Abs. 3 SGB I pfändbar bzw. unpfändbar.
- Bei sämtlichen vorgenannten Leistungen nach § 850k Abs. 2 Nr. 1–3 ZPO) ist ebenfalls zu beachten, dass soweit der Schuldner in einem Kalendermonat nicht über das Guthaben in Höhe des nach § 850k Abs. 2 S. 1 ZPO pfändungsfreien Betrages verfügt, dieses Guthaben gem. § 850k Abs. 2 S. 2 ZPO i.V.m. § 850k Abs. 1 S. 3 ZPO im folgenden Kalendermonat zusätzlich zu dem für diesen Monat geschützten Guthaben nicht von der Pfändung erfasst wird. Es wird somit der für die-

---

30 Vgl. BGH, WM 2017, 2303 = ZIP 2017, 2290 = ZInsO 2017, 2647 = MDR 2018, 54 = EWiR 2018, 1 = Vollstreckung effektiv 2018, 75 = FoVo 2018, 11.
31 Vgl. auch § 9 Rdn 50 ff.

sen Monat geltenden Sockelfreibetrag um den Ansparübertrag erhöht.[32] Somit besteht insbesondere auch für Guthaben aus Geldleistungen nach sozialrechtlichen Vorschriften damit ein zeitlich befristeter Pfändungsschutz im Zuflussmonat sowie im ersten Folgemonat. Wird er auch dann nicht verbraucht, steht er dem Gläubiger zu.

VI. Besonderheiten bei deliktischem und prozessualem Kostenerstattungsanspruch

Wie auch beim Zusammentreffen von Unterhalts- und Deliktsgläubigern (§§ 850d Abs. 1, 850f Abs. 2 ZPO) i.R.d. Lohnpfändung Besonderheiten entstehen,[33] wenn zugleich auch wegen prozessualer Kostenerstattungsansprüche gepfändet wurde, gilt dasselbe auch bei einer P-Kontenpfändung. Denn auch hier hat das amtliche Formular wegen gesetzlicher Unterhaltsansprüche gem. § 2 Nr. 1 GVFV die BGH-Rechtsprechung auf Seite 9 unten berücksichtigt. Dort heißt es:

29

30

Für die Pfändung der Kosten für den Unterhaltsrechtsstreit (das gilt nicht für die Kosten der Zwangsvollstreckung) sind bezüglich der Ansprüche A und B die gemäß § 850c ZPO geltenden Vorschriften für die Pfändung von Arbeitseinkommen anzuwenden; bei einem Pfändungsschutzkonto gilt § 850k Absatz 1 und 2 ZPO.

Taktischer Hinweis

31

Insoweit ist zu beachten, dass eine nach § 850d Abs. 1 ZPO bevorrechtigte Pfändung nicht hinsichtlich der titulierten Kosten des Unterhaltsrechtsstreits gilt. Solche Kosten sind daher nur zu bedienen, wenn der Sockelfreibetrag nach § 850k Abs. 1 ZPO (derzeit 1.133,80 EUR) bzw. der nach § 850k Abs. 2 ZPO vom Schuldner auf Antrag aufgestockte Sockelfreibetrag überschritten wird. Dies hat das Kreditinstitut als Drittschuldner zu beachten.

Beispiel 1: Normalgläubiger pfändet vor Unterhaltsgläubiger

32

Normalgläubiger G1 pfändet wegen eines titulierten Anspruchs von 3.000 EUR in das P-Konto des ledigen Schuldners S Der Pfändungs- und Überweisungsbeschluss wird dem Drittschuldner (DS) am 07.03. zugestellt (§ 829 Abs. 3 ZPO). Am 15.03. pfändet Unterhaltsgläubiger G2 ebenfalls wegen gesetzlicher Unterhaltsansprüche von monatlich 500 EUR und titulierter Prozesskosten i.H.v. 1.000 EUR in das P-Konto.

---
32 BGH, WM 2017, 2303 = ZIP 2017, 2290 = ZInsO 2017, 2647 = MDR 2018, 54 = EWiR 2018, 1.
33 Vgl. § 6 Rdn 472 ff.

§ 7 Das Pfändungsschutzkonto (P-Konto, § 850k ZPO)

Das Vollstreckungsgericht setzt für G2 den unpfändbaren Betrag auf monatlich 850 EUR fest. S verdient monatlich 1.500 EUR netto. An wen muss der DS welche Beträge abführen?

Lösung

G1 hat gegenüber G2 das bessere Pfandrecht (§ 804 Abs. 3 ZPO)
G1 erhält von der Bank (1.500 EUR – 1.133,80 EUR) 366,20 EUR
G2 erhält auf die *Hauptforderung* von monatlich 500 EUR gem.
§ 850d ZPO die Differenz von 1.133,80 EUR – 850 EUR: 283,80 EUR
Hinsichtlich der *Prozesskosten* von 1.000 EUR kann G2 aber nur den Sockelfreibetrag von 1.133,80 EUR übersteigenden Betrag i.H.v. 366,20 EUR beanspruchen. Der DS darf diesen Anspruch somit nicht aus dem bevorrechtigten Teil von 283,80 EUR bedienen. Dies hat zur Folge, dass wegen des Anspruchs von 1.000 EUR G2 erst Zahlungen erhalten darf, wenn G1 vollständig befriedigt ist.

33 *Beispiel 2: Normalgläubiger pfändet vor Deliktsgläubiger*

Normalgläubiger G1 pfändet wegen eines titulierten Anspruchs von 3.000 EUR in das P-Konto des ledigen Schuldners S gem. § 850c ZPO. Der Pfändungs-und Überweisungsbeschluss wird dem Drittschuldner (DS) am 7.3. zugestellt (§ 829 Abs. 3 ZPO). Am 15.03. pfändet G2 wegen eines Deliktsanspruchs von 5.000 EUR nebst titulierten Prozesskosten von 1.200 EUR ebenfalls in das P-Konto. Das Vollstreckungsgericht setzt für G2 den unpfändbaren Betrag auf monatlich 850 EUR fest. S verdient monatlich 1.500 EUR netto. An wen muss der DS welche Beträge abführen?

Lösung:

G1 hat gegenüber G2 das bessere Pfandrecht (§ 804 Abs. 3 ZPO)
G1 erhält von der Bank (1.500 EUR – 1.133,80 EUR) 366,20 EUR
G2 erhält auf seine *Hauptforderung* und titulierter Prozesskosten
gem. § 850f Abs. 2 ZPO die Differenz von 1.133,80 EUR – 850 EUR: 283,80 EUR
Der DS darf den kompletten Anspruch des G2 aus dem bevorrechtigten Teil von 283,80 EUR bedienen.

34 *Beispiel 3: Unterhaltsgläubiger pfändet vor Deliktsgläubiger*

Unterhaltsgläubiger G1 pfändet wegen gesetzlicher Unterhaltsansprüche von monatlich 500 EUR und titulierter Prozesskosten i.H.v. 1.000 EUR in das P-Konto des ledigen Schuldners S gem. § 850d Abs. 1 ZPO. Der Pfändungs- und Überweisungsbeschluss wird dem Drittschuldner (DS) am 7.3. zugestellt (§ 829 Abs. 3 ZPO). Am 15.3. pfändet G2 wegen eines Deliktsanspruchs von 5.000 EUR nebst titulierten Prozesskosten von 1.200 EUR ebenfalls in das P-Konto. Das Vollstreckungsgericht setzt

B. Der Sockelfreibetrag (§ 850k Abs. 1 ZPO) § 7

sowohl für G1 als auch für G2 den unpfändbaren Betrag auf monatlich 850 EUR fest. S verdient monatlich 1.500 EUR netto. An wen muss der DS welche Beträge abführen?

Lösung:
G1 hat gegenüber G2 das bessere Pfandrecht (§ 804 Abs. 3 ZPO)
der monatlich pfändbare Betrag für G1 und G 2 beträgt 650,00 EUR
(= 1.500 EUR – 850 EUR)
G1 erhält auf die Hauptforderung von monatlich 500 EUR gem.
§ 850d ZPO
monatlich: 500,00 EUR
G2 erhält auf die Hauptforderung von 6.200 EUR gem. § 850f Abs. 2 ZPO
monatlich restliche: 150,00 EUR
Erst wenn G2 hinsichtlich seiner Forderungen vollständig befriedigt ist, kommt G1 mit seinem Kostenanspruch von 1.000 EUR zum Zug. Diesen darf DS aber nur aus dem den Sockelfreibetrag übersteigenden Betrag somit von 366,20 EUR bedienen.

VII. Freibeträge bei Unterhaltsvollstreckung (§ 850k Abs. 3 ZPO)

§ 850k Abs. 3 ZPO regelt die **Ersetzung** des Sockelfreibetrages (§ 850k Abs. 1 ZPO) und der weiteren Aufstockungsbeträge nach § 850k Abs. 2 S. 1 Nr. 1 ZPO wenn der Gläubiger wegen gesetzlicher Unterhaltsansprüche und Unterhaltsrenten gem. § 850d ZPO (nicht gem. § 850f Abs. 2 ZPO wegen deliktischem Anspruch) in die Gutschrift aus einer Bankverbindung beim P-Konto vollstreckt. Nicht erfasst werden die Aufstockungsbeträge nach § 850k Abs. 2 Nr. 2 und Nr. 3 ZPO (Leistungen nach dem SGB, Kindergeld). Diese Leistungen stehen dem Schuldner zu. 35

Das **Vollstreckungsgericht** hat dabei grds. im Rahmen seines Beschlusses – wie bei der Pfändung wegen gesetzlicher Unterhaltsansprüche in das Arbeitseinkommen oder die anderen unter § 850 bis § 850b ZPO fallenden Einkünfte – den **pfändungsfreien Betrag** nach § 850d ZPO **bezifferbar zu bestimmen**.[34] Das gebietet das gesetzgeberische Ziel, den mit dem Pfändungsschutzkonto verbundenen Aufwand für die Banken und Sparkassen in einem vertretbaren Rahmen zu halten.[35] Eine **Ausnahme** besteht, wenn dies erforderlich ist, um eine gleichmäßige Befriedigung des Gläubigers und gleichrangiger weiterer Unterhaltsberechtigter (z.B. weitere minderjährige Kinder) zu erreichen.[36] Pfändet hier der Unterhaltsgläubiger wegen gesetzlicher Unterhaltsansprüche privilegiert nach 36

---

34 BGH, WM 2017, 2317 = ZInsO 2017, 2617 = Vollstreckung effektiv 2018, 23.
35 BT-Drucks 16/7615 S. 1; BGH, WM 2017, 2317 = ZInsO 2017, 2617 = Vollstreckung effektiv 2018, 23.
36 BGH, WM 2017, 2317 = ZInsO 2017, 2617.

605

§ 850d ZPO, dann ist nach § 850d Abs. 1 S. 2 Hs. 1 ZPO dem Schuldner so viel zu belassen, wie er für seinen notwendigen Unterhalt und zur gleichmäßigen Befriedigung dem Gläubiger gleichstehender Unterhaltsberechtigter bedarf. Um eine gleichmäßige Befriedigung sowohl des Gläubigers als auch gleichrangiger weiterer Unterhaltsberechtigter zu ermöglichen, müssen die dem Schuldner im jeweiligen Kalendermonat über seinen notwendigen Unterhalt hinaus zur Verfügung stehenden Gutschriften quotal[37] diesen Unterhaltsberechtigten zugeordnet werden. Da aber im Vorhinein nicht absehbar ist, in welcher Höhe dem Schuldner Gutschriften auf seinem P-Konto zur Verfügung stehen werden, kann der pfändungsfreie Betrag insoweit gar nicht beziffert angegeben werden. Weder dem Gesetz noch den Gesetzesmaterialien ist zu entnehmen, dass ein Beschluss nach § 850k Abs. 3 ZPO stets einen bezifferten Betrag enthalten muss.

37 Dem Beschluss muss zudem zu entnehmen sein, dass der dem Schuldner insgesamt pfändungsfrei zu belassende Betrag nicht über die sich aus § 850k Abs. 1 und 2 ZPO ergebenden pfändungsfreien Beträge hinausgehen darf. Diese Begrenzung ist gerechtfertigt, denn dem Schuldner ist gem. § 850k Abs. 3 i.V.m. § 850d Abs. 1 S. 3 ZPO nicht mehr zu belassen, als ihm gegenüber nicht bevorrechtigten Gläubigern zu verbleiben hätte.[38]

38 *Taktischer Hinweis*

Vor dem Hintergrund des automatischen Pfändungsschutzes bei der Pfändung des Guthabens von P-Konten bietet es sich an, dass das Vollstreckungsgericht auf Antrag des Unterhaltsgläubigers bereits im Pfändungs-und Überweisungsbeschluss vorsorglich die Höhe des geltenden Freibetrages für den Fall festlegt, dass es sich bei dem Konto, dessen Guthaben gepfändet werden soll, um ein P-Konto handelt. Zu beachten ist:

- Existieren neben dem Gläubiger **keine weiteren gleichrangigen Unterhaltsberechtigten**, so hat das Vollstreckungsgericht im Beschluss den dem Schuldner zu belassenden **notwendigen Selbstbehalt bezifferbar festzusetzen**.
- Sind neben dem Gläubiger **weitere gleichrangige Unterhaltsberechtigte vorhanden**, dann muss das Vollstreckungsgericht im Beschluss die dem Schuldner im jeweiligen Kalendermonat über seinen notwendigen Unterhalt hinaus zur Verfügung stehenden **Gutschriften quotal** diesen **Unterhaltsberechtigten zuordnen**. Dabei bietet es sich für einen Unterhaltsgläubiger bei der Vollstreckung wegen seiner gesetzlichen Unterhaltsansprüche in das P-Konto im amtlichen Formular gem. § 2 Nr. 1 ZVVF **auf Seite 8** Eintragungen vorzunehmen:

---

37 Der BGH, WM 2017, 2317 = ZInsO 2017, 2617 hat offengelassen, wie eine solche Quote festzusetzen ist – z.B. in Bruchteilen (²/₃ etc.) oder prozentual.
38 BGH, WM 2017, 2317 = ZInsO 2017, 2617; ebenso *Stöber*, Rn 1286.

B. Der Sockelfreibetrag (§ 850k Abs. 1 ZPO) § 7

```
Der Schuldner ist nach Angaben des Gläubigers
    ☐ ledig.                                    ☐ verheiratet / eine Lebenspartnerschaft führend.
    ☐ mit dem Gläubiger verheiratet /           ☐ geschieden.
       eine Lebenspartnerschaft führend.
    ☐   Der Schuldner ist dem geschiedenen Ehegatten gegenüber unterhaltspflichtig
    ☐
Der Schuldner hat nach Angaben des Gläubigers
    ☐    keine unterhaltsberechtigten Kinder.
    ☐    keine weiteren unterhaltsberechtigten Kinder außer dem Gläubiger.
    ☐    ___ unterhaltsberechtigtes Kind / unterhaltsberechtigte Kinder.
    ☐    ___ weiteres unterhaltsberechtigtes Kind / weitere unterhaltsberechtigte Kinder außer dem Gläubiger.
    ☐
```

39

Hier muss angegeben werden wie viel weitere gleichrangige Unterhaltsberechtigte neben dem Vollstreckungsgläubiger noch vorhanden sind, z.b. ein bzw. zwei weitere minderjährige Kinder. Auf **Seite 10** des Formulars sollte dann folgender „nicht amtliche Hinweis" erfolgen:

40

```
☒ nicht amtlicher Hinweis:
  es wird beantragt den notwendigen Selbstgehalt des Schuldners monatlich auf ... EUR zzgl. 2/3 des
  diesen Betrag übersteigenden monatlichen Guthabens. Dem Schuldner ist gem. §§ 850k Abs. 3
  i.V.m. 850d Abs. 1 S. 3 ZPO nicht mehr zu belassen, als ihm gegenüber nicht bevorrechtigten
  Gläubigern zu verbleiben hätte (BGH, Beschluss vom 11.10.2017 - VII ZB 53/14).
```

Hinweis:
Bei einem weiteren gleichrangigen Unterhaltsberechtigten wäre der Bruchteil mit ½, bei 3 Weiteren mit ¾ etc. anzugeben.

41

VIII. Änderung des pfändbaren Betrages durch das Vollstreckungsgericht (§ 850k Abs. 4 ZPO)

1. Allgemeines

Der ein Konto pfändende Gläubiger darf nicht besser gestellt sein als ein Gläubiger, der den Anspruch selbst pfänden möchte. In gleichem Maße darf ein Schuldner nicht allein schon deswegen schlechter gestellt werden, weil sein Konto gepfändet ist und nicht der

42

Anspruch selbst. Diese Gleichstellung versucht der Gesetzgeber durch die Vorschrift des § 850k Abs. 4 ZPO zu gewährleisten.[39]

43 Mit § 850k Abs. 4 ZPO wird daher sichergestellt, dass das Vollstreckungsgericht[40] in den bislang vom Gesetz für den allgemeinen Pfändungsschutz von Arbeitseinkommen und gleichgestellter Einkünfte vorgesehenen Fällen auch bei der Kontopfändung einen anderen pfändungsfreien Betrag – sei es zugunsten des Schuldners durch Erhöhung, sei es auch zugunsten des Gläubigers durch Herabsetzung – festlegen kann.[41] Auch der Gläubiger ist somit antragsberechtigt, so z.B. wenn er meint, dass zu Unrecht Unterhaltspflichten des Schuldners berücksichtigt worden sind, weil die unterhaltsberechtigten Personen über eigenes Einkommen verfügen (vgl. § 850c Abs. 4 ZPO[42]). Die Voraussetzungen für einen solchen Antrag liegen allerdings erst vor, wenn das P-Konto des Schuldners auch einer Pfändung unterliegt.[43] Dies ergibt sich aus der in Bezugnahme des § 850k Abs. 1 ZPO in § 850k Abs. 4 ZPO. Hier ist nämlich bestimmt, dass der Schuldner über die dort normierten Beträge verfügen kann, wenn „das Guthaben auf dem Pfändungsschutzkonto des Schuldners bei einem Kreditinstitut gepfändet" wird.

44 *Taktischer Hinweis*

Die für den Antrag des Gläubigers nötigen Informationen hat ihm der Schuldner zu geben (§ 836 Abs. 3 ZPO). **Die Informationspflicht des Schuldners** umfasst dabei insbesondere auch Angaben darüber, welche Freibeträge ihm auf dem P-Konto gewährt werden. Insofern muss der Gläubiger bereits bei Erlass eines Pfändungs- und Überweisungsbeschlusses darauf achten, dass das Vollstreckungsgericht zugleich die Anordnung trifft, dass die **Unterlagen, welche zu einer Erhöhung der Freibeträge gem. § 850k Abs. 2 ZPO führen, durch den Schuldner herauszugeben sind.**[44] Hierzu bietet es sich an im jeweiligen amtlichen Formular auf Seite 8 oder 9 nachfolgende Eintragung vorzunehmen:

---

39 AG Reutlingen, FoVo 2017, 178.
40 Dieses ist auch bei einer durch **Arrestbefehl** gepfändeten Forderung zuständig; das Arrestgericht ist nur dann zuständig, solange auf der Basis des ursprünglichen Arrestpfandrechts noch kein Vollstreckungspfandrecht entstanden ist (OLG Hamm, MDR 2017, 1446); bei **Beitreibung kommunalabgabenrechtlicher Ansprüche** durch Pfändungs- und Einziehungsverfügung ist die Vollstreckungsbehörde zuständig (VWGH Baden-Württemberg, NVwZ-RR 2017, 890 = DÖV 2017, 836 = AbfallR 2017, 282).
41 Gottwald/*Mock*, § 850k Rn 31.
42 Vgl. auch § 6 Rdn 183 ff.
43 AG Plön, Vollstreckung effektiv 2011, 170.
44 Vgl. BGH, WM 2013, 639 = MDR 2013, 548 = ZIP 2013, 902 = FamRZ 2013, 877 = DGVZ 2013, 110 = NJW-RR 2013, 766 = Rpfleger 2013, 402 = KKZ 2013, 142 = JurBüro 2013, 386 = Vollstreckung effektiv 2013, 74 = Vollstreckung effektiv 2013, 78 = ZBB 2013, 184 = NJW 2013, 2038; LG Dresden, FoVo 2011, 149.

B. Der Sockelfreibetrag (§ 850k Abs. 1 ZPO) § 7

45

☐ Es wird angeordnet, dass
☐ der Schuldner die Lohn- oder Gehaltsabrechnung oder die Verdienstbescheinigung einschließlich der entsprechenden Bescheinigungen der letzten drei Monate vor Zustellung des Pfändungs- und Überweisungsbeschlusses an den Gläubiger herauszugeben hat
☐ der Schuldner das über das jeweilige Sparguthaben ausgestellte Sparbuch (bzw. die Sparurkunde) an den Gläubiger herauszugeben hat und dieser das Sparbuch (bzw. die Sparurkunde) unverzüglich dem Drittschuldner vorzulegen hat
☐ ein von dem Gläubiger zu beauftragender Gerichtsvollzieher für die Pfändung des Inhalts Zutritt zum Schließfach zu nehmen hat
☐ der Schuldner die Versicherungspolice an den Gläubiger herauszugeben hat und dieser sie unverzüglich dem Drittschuldner vorzulegen hat
☐ der Schuldner die Bausparurkunde an den Gläubiger herauszugeben hat und dieser die Unterlagen unverzüglich dem Drittschuldner vorzulegen hat
☒ der Schuldner die dem Drittschuldner vorgelegten Bescheinigungen und Belege, die zu einer Erhöhung des Pfändungsfreibetrags nach § 850k Abs. 2, 5 ZPO führen, herausgeben muss. Dem Schuldner wird diesbezüglich nachgelassen, die Übergabe durch Herausgabe von Kopien zu erfüllen (BGH, 21.2.12, VII ZB 59/10).

Im Einzelnen können folgende Anträge gestellt werden: 46

Vorschrift	Antrag auf
§ 850a ZPO[45]	Feststellung der generellen Unpfändbarkeit einzelner Leistungen.
§ 850b Abs. 2 ZPO[46]	Pfändung bedingt pfändbarer Einkünfte: Solche Bezüge können gepfändet werden, wenn die Vollstreckung in das sonstige bewegliche Vermögen des Schuldners zu einer vollständigen Befriedigung des Gläubigers nicht geführt hat oder voraussichtlich nicht führen wird und wenn nach den Umständen des Falls, vor allem nach Art des beizutreibenden Anspruchs und Höhe der Bezüge, die Pfändung der Billigkeit entspricht.
§ 850c Abs. 4 ZPO[47]	Wegfall unterhaltsberechtigter Mitverdiener: Hat eine Person, der der Schuldner aufgrund gesetzlicher Verpflichtung Unterhalt gewährt, eigene Einkünfte, kann das Vollstreckungsgericht nach billigem Ermessen bestimmen, dass diese Person bei der Berechnung des unpfändbaren Teils des Arbeitseinkommens ganz oder teilweise unberücksichtigt bleibt.
§ 850d Abs. 1 ZPO[48]	Begrenzung auf den notwendigen Selbstbehalt des Schuldners und seiner Familie bei der Vollstreckung wegen gesetzlicher Unterhaltsansprüche in Arbeitseinkommen.

---

45 Vgl. § 6 Rdn 68 ff.
46 Vgl. § 6 Rdn 144 ff.
47 Vgl. § 6 Rdn 183 ff.
48 Vgl. § 6 Rdn 219 ff.

§ 7 Das Pfändungsschutzkonto (P-Konto, § 850k ZPO)

Vorschrift	Antrag auf
§ 850d Abs. 2 ZPO[49]	Berücksichtigung der abweichender Reihenfolge verschiedener Unterhaltsgläubiger gem. § 804 ZPO.
§ 850e Nr. 2, 2a, 3 ZPO[50]	Sozialleistungen und Naturaleinkommen.
§ 850f Abs. 1 ZPO[51]	Erhöhung des Pfändungsfreibetrages wegen mangelnder Sicherung des notwendigen Lebensunterhalts, besonderer persönlicher oder beruflicher Bedürfnisse oder des besonderen Umfangs der gesetzlichen Unterhaltspflichten.
§ 850f Abs. 2 ZPO[52]	Begrenzung auf den notwendigen Selbstbehalt des Schuldners und seiner Familie bei der Vollstreckung wegen Ansprüchen aus vorsätzlich begangener unerlaubter Handlung in Arbeitseinkommen.
§ 850g ZPO[53]	Ändern sich die Voraussetzungen für die Bemessung des unpfändbaren Teils des Arbeitseinkommens, muss das Vollstreckungsgericht auf Antrag des Schuldners oder des Gläubigers den Pfändungs- und Überweisungsbeschluss entsprechend ändern.
§ 850i ZPO[54]	Belassung des notwendigen Unterhalts für einen befristeten Zeitraum wegen einer die Grenzen nach § 850i Abs. 1, 2 ZPO übersteigenden Einmalzahlung.
§ 851c Abs. 3 ZPO i.V.m. § 850e Nr. 2, 2a ZPO[55]	Addition von geschützten Altersrenten mit laufenden Sozialleistungen.
§ 851d ZPO[56]	Pfändbarkeit von monatlichen Leistungen in Form einer lebenslangen Rente oder monatlichen Ratenzahlungen im Rahmen eines Auszahlungsplans nach § 1 Abs. 1 S. 1 Nr. 4 des Altersvorsorgeverträge-Zertifizierungsgesetzes aus steuerlich gefördertem Altersvorsorgevermögen.
§ 54 Abs. 2 SGB I[57]	Pfändbarkeit von Ansprüchen auf einmalige Geldleistungen, soweit nach den Umständen des Falls, vor allem nach Einkommens- und Vermögensverhältnissen des Leistungsberechtigten, Art des beizutreibenden Anspruchs sowie Höhe und Zweckbestimmung der Geldleistung, die Pfändung billig ist.

49 Vgl. § 6 Rdn 271 ff.
50 Vgl. § 6 Rdn 377 ff.
51 Vgl. § 6 Rdn 437 ff.
52 Vgl. § 6 Rdn 470 ff.
53 Vgl. § 6 Rdn 512 ff.
54 Vgl. § 6 Rdn 578 ff.
55 Vgl. § 6 Rdn 377 ff., § 4 Rdn 260.
56 Vgl. § 4 Rdn 267 ff.
57 Vgl. § 9 Rdn 5 ff.

B. Der Sockelfreibetrag (§ 850k Abs. 1 ZPO) § 7

Vorschrift	Antrag auf
§ 54 Abs. 3 Nr. 1–3 SGB I[58]	Feststellung der Unpfändbarkeit einzelner Leistungen.
§ 54 Abs. 4 SGB I[59]	Pfändung von laufenden Sozialleistungen wie Arbeitseinkommen.
§ 17 Abs. 1 S. 2 SGB XII	Feststellung der Unpfändbarkeit bestimmter Sozialleistungen.
§ 76 EStG[60]	Pfändung des Kindergelds, wenn wegen gesetzlicher Unterhaltsansprüche eines Kindes, welches bei der Festsetzung des Kindergelds berücksichtigt wird, gepfändet wird. Für die Höhe des pfändbaren Betrags gilt: Gehört das unterhaltsberechtigte Kind zum Kreis der Kinder, für die dem Leistungsberechtigten Kindergeld gezahlt wird, ist eine Pfändung bis zu dem Betrag möglich, der bei gleichmäßiger Verteilung des Kindergeldes auf jedes dieser Kinder entfällt. Ist das Kindergeld durch die Berücksichtigung eines weiteren Kindes erhöht, für das einer dritten Person Kindergeld oder dieser oder dem Leistungsberechtigten eine andere Geldleistung für Kinder zusteht, bleibt der Erhöhungsbetrag bei der Bestimmung des pfändbaren Betrags des Kindergelds nach § 76 S. 1 EStG außer Betracht. Der Erhöhungsbetrag nach § 76 S. 2 Nr. 1 EStG ist zugunsten jedes bei der Festsetzung des Kindergelds zu berücksichtigenden unterhaltsberechtigten Kindes zu dem Anteil pfändbar, der sich bei gleichmäßiger Verteilung auf alle Kinder, die bei der Festsetzung des Kindergelds zugunsten des Leistungsberechtigten berücksichtigt werden, ergibt.

Hinweis 47

Da von der Antragstellung bis zur endgültigen Entscheidung durch das Vollstreckungsgericht oftmals eine (sehr) lange Zeit vergeht, kann dass das Gericht anordnen, dass die Zwangsvollstreckung gegen oder ohne Sicherheitsleistung einstweilen einzustellen oder nur gegen Sicherheitsleistung fortzusetzen ist (§ 850k Abs. 4 S. 3, § 732 Abs. 2 ZPO). Es muss also ggf. damit gerechnet werden, dass eventuell eine Sicherheitsleistung durch den Gläubiger zu erbringen ist!

---

58 Vgl. § 9 Rdn 18 ff.
59 Vgl. § 9 Rdn 29 ff.
60 Vgl. auch § 9 Rdn 50 ff.

§ 7 Das Pfändungsschutzkonto (P-Konto, § 850k ZPO)

2. Besonderheit: gleichzeitige Pfändung von Konto und Arbeitseinkommen – schwankende Höhe des Arbeitseinkommens

48 In der Praxis kommt es regelmäßig vor, dass Gläubiger beim Schuldner zugleich in das Arbeitseinkommen (Anspruch A an Arbeitgeber) als auch in die Bankverbindung (P-Konto; Anspruch D an Kreditinstitut) vollstrecken. Hierbei kann es bei bargeldloser Überweisung des unpfändbaren Arbeitseinkommens durch den Drittschuldner auf das gepfändete P-Konto infolge unterschiedlicher Pfändungsfreibeträge zu einer Benachteiligung des Schuldners kommen. Dies ist insbesondere dann der Fall, wenn das vom Arbeitgeber auf das P-Konto überwiesene pfändungsfreie Arbeitseinkommen nicht gleich bleibt, sondern ständig in unterschiedlichem Maße von den Sockelbeträgen des § 850k ZPO abweicht, weil z.B. monatlich unterschiedliche Schichtzulagen an den Schuldner zu zahlen sind.

49 *Beispiel*

Der ledige Schuldner S bezieht infolge seines Schichtdienstes monatlich unterschiedliche Nettoeinkünfte vom Arbeitgeber. Gläubiger G pfändet im März sowohl in das Arbeitseinkommen (Anspruch A) als auch in die Bankverbindung (Anspruch D). S besitzt ein P-Konto. Das Nettoeinkommen im April beträgt 2.000 EUR, im Mai 1.900 EUR und Juni 2.100 EUR.

Lösung

Beim Arbeitgeber sind im April nach der Lohnpfändungstabelle Sp. 0 monatlich 606,34 EUR pfändbar. Im Mai sind es 536,34 EUR und im Juni 676,34 EUR. Der jeweils unpfändbare Betrag i.H.v. 1.393,66 EUR für April (= 2.000 EUR – 606,34 EUR), im Mai 1.363,66 EUR (= 1.900 EUR – 536,34 EUR) und im Juni 1.423,66 EUR (= 2.100 EUR – 676,34 EUR) wird auf das gepfändete P-Konto überwiesen. Da der dortige Sockelfreibetrag gem. §§ 850k Abs. 1, 850c Abs. 1 S. 1 ZPO aber nur 1.133,80 EUR beträgt, sind von der Bank als Drittschuldnerin zusätzlich im April 259,86 EUR, im Mai 229,86 EUR und im Juni 292,86 EUR an G abzuführen.

50 Um diesen Missstand bei einer **ständig**[61] schwankenden Höhe der Überweisungsbeträge durch den Arbeitgeber zu beseitigen, kann das Vollstreckungsgericht auf **Schuldnerantrag** hin den Freibetrag durch Bezugnahme auf das vom Arbeitgeber mo-

---

61 Wird hingegen einmalig Urlaubs- bzw. Weihnachtsgeld ausgezahlt, so hat das Vollstreckungsgericht hingegen den pfändungsfreien Betrag gem. §§ 850k Abs. 4 850a Nr. 2, 4 ZPO grds. zu beziffern; das gebietet das gesetzgeberische Ziel, den mit dem P-Konto verbundenen Aufwand für die Banken und Sparkassen in einem vertretbaren Rahmen zu halten; vgl. BT-Drucks 16/7615 S. 1; BGHZ 191, 270–276, Rn 8 = Vollstreckung effektiv 2012, 23 = WM 2011, 2367 = NJW 2012, 79 = MDR 2012, 55 = ZVI 2011, 450 = ZInsO 2012, 145 = ZIP 2012, 399 = JurBüro 2012, 159 = ZBB 2012, 68.

B. Der Sockelfreibetrag (§ 850k Abs. 1 ZPO) § 7

natlich überwiesene pfändungsfreie Arbeitseinkommen festsetzen.[62] Hierdurch wird vermieden, dass der Schuldner mitunter jeden Monat einen neuen Antrag nach § 850k Abs. 4 ZPO stellen müsste.[63] Es besteht darüber hinaus die Gefahr, dass der Beschluss nicht rechtzeitig ergeht und das Kreditinstitut den pfändungsfreien Betrag bereits einem Gläubiger überwiesen hat. Eine derartige Verfahrensweise ist unter Berücksichtigung der berechtigten Interessen der Kreditinstitute mit dem Ziel des effektiven Schuldnerschutzes und der Entlastung der Vollstreckungsgerichte[64] nicht vereinbar. Durch die Bezugnahme auf das vom Arbeitgeber des Schuldners überwiesene Arbeitseinkommen ist der Freibetrag ausreichend bestimmbar. Weder dem Gesetz noch den Gesetzesmaterialien ist zu entnehmen, dass der Beschluss nach § 850k Abs. 4 ZPO stets einen bezifferten Betrag enthalten muss.[65]

Hinweis 51

Ein solches Vorgehen bedeutet sowohl für die Vollstreckungsgerichte als auch für die betroffenen Banken als Drittschuldner eine erhebliche Arbeitserleichterung. Letztere müssen zwar im Einzelfall prüfen, in welcher Höhe Arbeitseinkommen eingegangen ist, obwohl das dem gesetzgeberischen Ziel entgegensteht, die Kreditinstitute von jeder Prüfung zu entbinden.[66] Insoweit betont jedoch der BGH,[67] dass es möglich ist, die Vorgaben des gerichtlichen Beschlusses nach dem das eingehende Arbeitseinkommen unpfändbar ist datentechnisch so zu erfassen, dass eine automatisierte Bearbeitung möglich ist. Dem steht gegenüber, dass andernfalls ein erhöhter Arbeitsaufwand auf die Kreditinstitute als Drittschuldner zukäme. Denn der Schuldner wäre bei ständig schwankenden Freibeträgen gezwungen, in kurzen Abständen Beschlüsse nach § 850k Abs. 4 ZPO zu erwirken, die dann manuell von den Kreditinstituten umgesetzt werden müssten.

Merke 52

■ Für **Drittschuldner** ist zu beachten, dass die Gutschrift des unpfändbaren Arbeitseinkommens als solche zu erkennen ist. Daher muss der Beschluss nach § 850k

---

62 BGH, Vollstreckung effektiv 2012, 23 = WM 2011, 2367 = NJW 2012, 79 = MDR 2012, 55 = ZVI 2011, 450 = ZInsO 2012, 145 = ZIP 2012, 399 = JurBüro 2012, 159 = ZBB 2012, 68; ebenso AG Friedberg, VuR 2014, 109.
63 LG Münster, ZVI 2011, 257; LG Bielefeld, Beschl. v. 11.11.2010 – 23 T 735/10 – juris; a.A. LG Essen, WM 2011, 2183, das die Auffassung vertritt, dass eine vom Wortlaut, Gesetzeszweck und Gesetzessystematik abweichende Auslegung des § 850k Abs. 4 ZPO nicht gerechtfertigt werden kann.
64 Vgl. BT-Drucks 16/7615 S. 1, 13, 14.
65 LG Essen, WM 2011, 2183; LG Münster, ZVI 2011, 257; LG Bielefeld, Beschl. v. 11.11.2010 – 23 T 735/10 – juris.
66 BT-Drucks 16/7615 S. 18.
67 BGH, Vollstreckung effektiv 2012, 23 = WM 2011, 2367 = NJW 2012, 79 = MDR 2012, 55 = ZVI 2011, 450 = ZInsO 2012, 145 = ZIP 2012, 399 = JurBüro 2012, 159 = ZBB 2012, 68.

§ 7 Das Pfändungsschutzkonto (P-Konto, § 850k ZPO)

Abs. 4 ZPO die genaue Formulierung auf dem Überweisungsträger übernehmen, weil ansonsten die Gefahr von Verwechslungen bestehen könnte.

- **Gläubiger** müssen hingegen darauf achten, dass der Beschluss des Vollstreckungsgerichts nach seinem Wortlaut nicht zu weit gefasst ist. Der Grund besteht darin, dass nach § 850k Abs. 1 S. 3 ZPO Guthaben, über das der Schuldner in dem jeweiligen Kalendermonat nicht in Höhe des nach § 850k Abs. 1 S. 1 ZPO pfändungsfreien Betrags verfügt hat, in den folgenden Kalendermonat übertragen wird. Der Beschluss des Vollstreckungsgerichts darf es dem Schuldner also nicht ermöglichen, Arbeitseinkommen unbegrenzt anzusparen und dadurch dem Gläubigerzugriff vorzuenthalten.

53 Musterantrag: Anpassung des Freibetrag nach § 850k Abs. 4 ZPO an den Freibetrag nach Lohnpfändungstabelle bei unterschiedlicher Höhe des überwiesenen Arbeitseinkommens

An das Amtsgericht
– Vollstreckungsgericht –
Az: ... M ... ./. ...
In der Zwangsvollstreckungsangelegenheit
Vollstreckungsgläubiger
Prozessbevollmächtigter: ...
gegen
Vollstreckungsschuldner
Prozessbevollmächtigter: ...
wird namens und im Auftrag des Schuldners folgender Antrag gestellt:
Der auf dem gepfändeten Pfändungsschutzkonto des Schuldners bestehende Freibetrag wird gem. § 850k Abs. 4 ZPO durch Bezugnahme auf das vom Arbeitgeber monatlich überwiesene pfändungsfreie Arbeitseinkommen festgesetzt.
Gründe
Der Gläubiger betreibt gegen den Schuldner die Zwangsvollstreckung wegen einer Forderung von ... EUR. Durch Pfändungs- und Überweisungsbeschluss vom ... wurden die Ansprüche des Schuldners gegen die Drittschuldnerin (*genaue Bezeichnung*) aus dem Konto gepfändet und dem Gläubiger zur Einziehung überwiesen.
Das Konto wird als Pfändungsschutzkonto im Sinne von § 850k ZPO geführt. Der monatliche Freibetrag für den Schuldner beträgt ... EUR.
Beweis: Bescheinigung der Drittschuldnerin vom ...

B. Der Sockelfreibetrag (§ 850k Abs. 1 ZPO) § 7

Aus den Verdienstbescheinigungen des Arbeitgebers des Schuldners vom ... und der Kontoauszüge der Drittschuldnerin vom ... ergibt sich, dass es sich bei dem jeweils überwiesenen Betrag des Arbeitsgebers um den gem. § 850c ZPO unpfändbaren Betrag handelt, da das Arbeitseinkommen des Schuldners ebenfalls gepfändet ist. Damit ist nachgewiesen, dass der auf dem Pfändungsschutzkonto eingehende Betrag dem unpfändbaren Arbeitseinkommen entspricht.

Beweis: Verdienstbescheinigungen vom ...; Kontoauszüge vom ...

Der BGH (Beschl. v. 10.11.2011 – VII ZB 64/10) hat die Zulässigkeit und Begründetheit des gestellten Antrages bejaht. In dem zu erlassenden Beschluss nach § 850k Abs. 4 ZPO ist der monatliche Freibetrag nicht zu beziffern, sondern wird durch die Bezugnahme auf das vom Arbeitgeber des Schuldners überwiesene Arbeitseinkommen festgesetzt. Der Freibetrag ist auf diese Weise ausreichend bestimmbar.

Weder dem Gesetz noch den Gesetzesmaterialien ist zu entnehmen, dass der Beschluss nach § 850k Abs. 4 ZPO stets einen bezifferten Betrag enthalten muss.

Gez. Rechtsanwalt

3. Nachzahlungen auf dem P-Konto

In der gerichtlichen Praxis kommt es regelmäßig vor, dass auf dem Pfändungsschutzkonto **Sozialleistungen** insbesondere zur Sicherung des Lebensunterhalts nach dem SGB II (Übergangs-, Renten- und Krankengelder,[68] Pflegegeld[69] etc.) für zurückliegende Zeiträume gutgeschrieben werden. Diese sind bei der Bemessung des pfändungsfreien Betrages den Leistungszeiträumen zuzurechnen, für die sie gezahlt werden.[70] Dass der Schuldner nur deshalb den Betrag nicht für seinen laufenden Lebensunterhalt in der Vergangenheit verwendet hat, liegt einfach daran, dass dieser ihm gar nicht zur Verfügung stand.[71] Der BGH wendet hierbei die Grundsätze für die Pfändung von Arbeitseinkommen an. Es ist für Arbeitseinkommen i.S.d. § 850c ZPO allgemein anerkannt, dass Nachzahlungen (anteilig) dem Monat zuzuschlagen werden, für den (und nicht: in dem) sie erfolgen,[72] d.h. der Nachzahlungsbetrag ist auf den Nachzahlungszeitraum aufzuteilen und zu über-

54

---

68 Zahlungen der Krankenkasse und der Beihilfe sind zweckgebunden und unterliegen der Unpfändbarkeit gem. § 850b Abs. 1 Nr. 4 ZPO; AG Reutlingen, FoVo 2017, 178, vgl. auch BGH, Vollstreckung effektiv 2006, 217.
69 AG Konstanz FoVo 2016, 214 = unpfändbar gem. § 850a Nr. 6 ZPO.
70 BGH, Vollstreckung effektiv 2018, 56 = FoVo 2018, 90 = NJW-RR 2018, 570 = ZVI 2018, 209 = DGVZ 2018, 117 = FamRZ 2018, 768–769 = Rpfleger 2018, 340; BGH, ZInsO 2018, 504 = NJW-RR 2018, 504 = MDR 2018, 698; Fortführung von BGH, MDR 2013, 57; a.A LG Koblenz, Vollstreckung effektiv 2015, 45; LG Berlin, ZVI 2013, 479 = VuR 2014, 110; AG Ingolstadt FoVo 2016, 79; einschränkend unter Hervorhebung des existenzsichernden Charakters von Sozialleistungen: LG Frankenthal, Rpfleger 2016, 436 = Vollstreckung effektiv 2016, 139.
71 LG Deggendorf, Beschl. v. 14.3.2017 – 12 T 17/17 – juris.
72 Zöller/*Herget*, § 850c Rn 3; vgl. auch § 6 Rdn 367 ff..

615

prüfen, ob in dem jeweiligen Monat der Pfändungsfreibetrag überschritten ist. Der BGH[73] hat bzgl. der Pfändbarkeit von Sozialleistungen zur Sicherung des Lebensunterhalts nach dem zweiten Sozialgesetzbuch (Arbeitslosengeld II) entschieden, dass diese Ansprüche ebenfalls gem. § 54 Abs. 4 SGB I wie Arbeitseinkommen gem. §§ 850c ff. ZPO pfändbar sind. Nachdem somit für Arbeitseinkommen die Aufteilung von Nachzahlungen auf die jeweiligen Monate des Nachzahlungszeitraumes allgemein anerkannt ist und der BGH für Nachzahlungen von Sozialleistungen nach dem SGB II bereits ausgeführt hat, dass diese ebenfalls monatsweise aufzuteilen sind, kann für andere Nachzahlungen – insbesondere von Sozialleistungen – nichts anderes gelten.

55 *Taktischer Hinweis*

Die BGH-Rechtsprechung ist für einen Gläubiger insoweit interessant, weil das Vollstreckungsgericht für eine einmalige Erhöhung des Freibetrages nach § 850k Abs. 4 ZPO folgende Voraussetzungen **kumulativ** zu prüfen hat:

- Handelt es sich bei der auf dem P-Konto eingegangenen Zahlung um eine Nachzahlung für Leistungen zur Sicherung des Lebensunterhalts nach dem SGB II?
- Und werden die Pfändungsfreigrenzen nach § 850c ZPO für die betreffenden Monate der Nachzahlung nicht überschritten?

Erst wenn diese Voraussetzungen erfüllt sind, kann der Schuldner die Nachzahlungen für sich beanspruchen. Insofern werden daher sämtliche anderen Nachzahlungsansprüche – soweit es sich nicht um SGB II-Leistungen handelt – vom Pfändungspfandrecht erfasst und sind daher an den Gläubiger auszukehren.

4. Besonderheiten bei gleichzeitiger Einkommenspfändung wegen Deliktsansprüchen und P-Kontopfändung

56 Manchmal vollstrecken Gläubiger nach § 850f Abs. 2 ZPO gleichzeitig wegen Deliktsansprüchen in Anspruch A (an Arbeitgeber) und Anspruch D (an Kreditinstitute). Es gilt hierbei dasselbe wie bei der gleichzeitigen Pfändung wegen gesetzlicher Unterhaltsansprüche gem. § 850d Abs. 1 ZPO in das Arbeitseinkommen (Anspruch A) und in die Bankverbindung (Anspruch D), wenn es sich bei dem Konto um ein P-Konto handelt. Auch hier ist eine gerichtliche Anordnung derart möglich, dass sich der gerichtlich festgesetzte Pfändungsfreibetrag auch auf das P-Konto erstreckt.[74]

---

73 MDR 2013, 57 = ZVI 2012, 453 = Rpfleger 2013, 158 = NZI 2013, 194 = JurBüro 2013, 323.
74 Vgl. auch § 6 Rdn 231 ff.

B. Der Sockelfreibetrag (§ 850k Abs. 1 ZPO)   § 7

IX. Leistungsverpflichtung des Kreditinstituts (§ 850k Abs. 5 ZPO)

1. Allgemeines

Inwieweit der Anspruch des Schuldners auf Auszahlung eines Guthabens auf einem Pfändungsschutzkonto der Pfändung unterliegt, ergibt sich aus § 850k Abs. 1 bis 3 ZPO (§ 850k Abs. 5 S. 1 ZPO). Enthält der Pfändungs- und Überweisungsbeschluss keine Angaben hierzu, ist es grds. Sache des Drittschuldners, den pfändungsfreien Guthabenbetrag zu ermitteln und an den Gläubiger auszuzahlen. Dabei muss er berücksichtigen, dass die in § 850k Abs. 2 S. 1 ZPO genannten Unterhaltspflichten und Sonderbezüge des Schuldners zu einer Erhöhung der nach § 850k Abs. 1 ZPO maßgeblichen Pfändungsfreibeträge führen.   57

2. Leistungsverpflichtung ohne Nachweis durch Schuldner (§ 850k Abs. 5 S. 1 ZPO)

Nach § 850k Abs. 5 S. 1 besteht eine **Leistungspflicht** der Kreditinstitute in den Fällen des **Sockelfreibetrages** nach § **850k Abs. 1 ZPO** ohne jeden **Nachweis** durch den Schuldner. Mit der Konkretisierung der Leistungspflicht durch den Zusatz „im Rahmen des Vereinbarten" wird gewährleistet, dass der Schuldner über das der Pfändung nicht unterworfene Guthaben nicht nur durch Barabhebung, sondern auch durch Überweisungen, Lastschriften und Einziehungsermächtigung verfügen kann. Der Anspruch auf Auszahlung des Guthabens ergibt sich nicht unmittelbar aus dem eigentlichen Girovertrag. Vielmehr kommen verschiedene Vertragsgrundlagen in Betracht: bei im Haben geführten Konten z.B. ein Anspruch aus dem Vertrag über unregelmäßige Verwahrung (§ 700 BGB). Zudem sind weitere vertragliche Absprachen möglich, sodass „das vertraglich Vereinbarte" die verschiedenen Anspruchsgrundlagen und Begrenzungen am besten widerspiegelt.   58

3. Leistungsverpflichtung aufgrund Nachweis durch Schuldner (§ 850k Abs. 5 S. 2 ZPO)

In den Fällen des § **850k Abs. 2 ZPO**, in denen eine Aufstockung des Sockelfreibetrages möglich ist, besteht eine Leistungspflicht i.R.d. Vereinbarten ohne Einschaltung des Vollstreckungsgerichtes nur dann, wenn das **Vorliegen der** die Aufstockung begründenden **Umstände dem Kreditinstitut** durch den Schuldner nachgewiesen wird.[75] Diesen Nachweis hat der Schuldner durch aktuelle Unterlagen zu erbringen. Für die Frage, ob ein Schuldner den Nachweis gegenüber dem Kreditinstitut führen kann, ist allein maßgeblich, ob er über ausreichende Bescheinigungen i.S.d. Regelung verfügt. Ist dies der   59

---

75 BGH, BGHZ 191, 270–276, Rn 8 = Vollstreckung effektiv 2012, 23 = WM 2011, 2367 = NJW 2012, 79 = MDR 2012, 55 = ZVI 2011, 450 = ZInsO 2012, 145 = ZIP 2012, 399 = JurBüro 2012, 159 = ZBB 2012, 68.

§ 7   Das Pfändungsschutzkonto (P-Konto, § 850k ZPO)

Fall, so kann er den Nachweis führen. Ob das Kreditinstitut die Nachweise tatsächlich anerkennt, ist für die Frage der Nachweismöglichkeit nicht maßgeblich.[76] Der Schuldner kann diese Nachweispflicht nicht dadurch umgehen, dass er eine Entscheidung nach § 850k Abs. 4 ZPO zur Feststellung desselben Ergebnisses beantragt.[77] Die **Urkunden**, die der Schuldner nach § 850k Abs. 5 S. 2 ZPO benötigt, um eine Erhöhung des pfändungsfreien Betrages zu erreichen, sind im Regelfall identisch mit den Unterlagen, die nach § 836 Abs. 3 S. 1 ZPO an den Gläubiger für den Fall herauszugeben sind, dass der Anspruch gegen den Leistungsverpflichteten gepfändet wird.[78] Dann hat der Gläubiger einen Herausgabeanspruch gegen den Schuldner gem. § 836 Abs. 3 ZPO.

60   Festgeschrieben ist, dass das Kreditinstitut nur Bescheinigungen bestimmter Stellen oder Personen akzeptieren darf. Dazu zählen Arbeitgeber, Familienkassen, Sozialleistungsträger, Rechtsanwälte/Steuerberater und anerkannte Schuldnerberatungsstellen.[79] Das Gesetz trifft allerdings hierbei keine Festlegung z.B. hinsichtlich des Nachweises, dass der Schuldner anderen Personen Unterhalt gewährt. Das Kreditinstitut soll allerdings nicht mit aufwändigen Prüfungen belastet werden. In der Praxis gibt es jedoch i.d.R. keine Probleme hinsichtlich der Nachweisqualität wenn entsprechende öffentliche Stellen Bescheinigungen (z.b. Geburtsurkunde durch Standesamt, Kindergeldbescheid der Familienkasse, Leistungsbescheid eines Sozialhilfeträgers) ausstellen. Entsprechendes gilt für Lohnbescheinigungen von privaten Arbeitgebern, die ihre Lohn- und Gehaltsabrechnung professionell abwickeln oder abwickeln lassen. Insoweit dürfte eine Richtigkeitsgewähr für die Angaben in der Lohn- und Gehaltsbescheinigung bestehen. Vor dem Hintergrund, dass die geeigneten Personen und Stellen i.S.v. § 305 Abs. 1 Nr. 1 InsO mit den wirtschaftlichen und persönlichen Verhältnissen ihrer Klienten besonders vertraut sind, soll der Schuldner auch eine Bescheinigung der Schuldnerberatungsstelle hinsichtlich seiner Unterhaltspflichten vorlegen können. Hierzu besteht allerdings keine Verpflichtung.

61   *Taktischer Hinweis*

Die **Gefahr** für die **Kreditinstitute** als Drittschuldner besteht allerdings darin, dass diese bei Leistungen an den Schuldner nur dann befreiend leisten können, wenn ihnen die Unrichtigkeit einer Bescheinigung weder bekannt noch infolge grober Fahrlässigkeit unbekannt ist (§ 850k Abs. 5 S. 3 ZPO). Insofern sind Banken als Drittschuldner zur Vermeidung von Regressen gezwungen die durch den Schuldner vorgelegten Bescheinigungen auf ihre Echtheit, Vollständigkeit sowie Richtigkeit zu prüfen. Dies führt

---

76 LG Essen, ZVI 2011, 64.
77 LG Koblenz, Vollstreckung effektiv 2012, 92.
78 BGH, Vollstreckung effektiv 2013, 74 = ZBB 2013, 184 = NJW 2013, 2038 = VuR 2013, 228 = WM 2013, 639 = MDR 2013, 548 = ZIP 2013, 902 = FamRZ 2013, 877 = DGVZ 2013, 110 = NJW-RR 2013, 766 = Rpfleger 2013, 402 = KKZ 2013, 142 = JurBüro 2013, 386.
79 § 305 Abs. 1 Nr. 1 InsO; vgl. auch *Zimmermann,* ZVI 2010, 156 f.

B. Der Sockelfreibetrag (§ 850k Abs. 1 ZPO) § 7

in der gerichtlichen Praxis immer wieder dazu, dass Schuldner den für sie erforderlichen Freibetrag über die Vollstreckungsgerichte beantragen müssen, weil die Kreditinstitute die vorgelegten Bescheinigungen nicht anerkennen (vgl. § 850k Abs. 5 S. 4 ZPO).[80]

Die Rechtsauffassung hinsichtlich der Auslegung der formellen Entscheidungsvoraussetzungen des Vollstreckungsgerichtes stützt sich dabei auf den Sinn und Zweck der Normen über die Ausgestaltung des P-Kontos. Bereits aus den Dokumenten zum Gesetzgebungsverfahren geht hervor, dass die Einführung des P-Kontos zum einen zum Ziel hatte, dem Schuldner eine möglichst unkomplizierte und effektive Möglichkeit zu bieten, seine Pfändungsschutzrechte durchzusetzen.[81] Zum anderen sollte die Verlagerung der primären Prüfungskompetenz auf die Kreditinstitute zu einer Entlastung der Vollstreckungsgerichte führen.[82] Dieser Zweckrichtung würde es zuwider laufen, wenn es letztlich zur Disposition der Kreditinstitute stehen würden, ihre übertragenen Aufgaben und Verantwortungsbereiche auszufüllen oder durch Verweigerung einer Entscheidung trotz ausreichendem Nachweis die Entscheidungskompetenz – wie nach altem Recht – zurück auf die Vollstreckungsgerichte zu übertragen. Dies gilt umso mehr, als diese Praxis für den Schuldner entgegen dem Gesetzeszweck zu einer ganz erheblichen zeitlichen Verzögerung bei der Durchsetzung seiner Pfändungsschutzrechte führt.[83]

62

X. Einschränkung der Kontokorrentabrede und Verrechnungsmöglichkeit bei Kontoführungskosten (§ 850k Abs. 6 ZPO)

§ 850k Abs. 6 ZPO stellt eine temporäre Einschränkung der Kontokorrentabrede beim Pfändungsschutz dar. Wird nämlich einem **Pfändungsschutzkonto** eine Geldleistung nach dem **Sozialgesetzbuch**[84] oder **Kindergeld gutgeschrieben**, darf das Kreditinstitut die Forderung, die durch die Gutschrift entsteht, für die **Dauer von 14 Tagen seit der Gutschrift** nur mit solchen Forderungen verrechnen und hiergegen nur mit solchen Forderungen aufrechnen, die ihm als **Entgelt für die Kontoführung** (Kontoführungsgebühren) oder **aufgrund von Kontoverfügungen** des Berechtigten (Kontoinhaber oder sein gesetzlicher oder bevollmächtigter Vertreter)[85] innerhalb dieses Zeitraums zustehen.[86]

63

---

80 So im Ergebnis auch AG Greiz, FoVo 2017, 87.
81 BT-Drucks 16/7615 S. 1.
82 BT-Drucks 16/7615 S. 18.
83 LG Essen, ZVI 2011, 64.
84 Einschließlich seiner besonderen Teile (vgl. § 68 SGB I).
85 Musielak/Voit/*Becker*, ZPO § 850k Rn 7–7c.
86 Das Verrechnungsverbot besteht daher nicht für Gutschriften anderer Einkünfte als Sozialleistungen (z.B. Arbeitseinkommen) bzw. Kindergeld, auch wenn das Konto debitorisch geführt wird; vgl. BGH, WM 2005, 1022 = NJW 2005, 1863 = ZVI 2005, 257 = FamRZ 2005, 1171 = DB 2005, 1623 = Rpfleger 2005, 452 = InVo 2005, 328 = BGHZ 162, 349.

§ 7 Das Pfändungsschutzkonto (P-Konto, § 850k ZPO)

64 Hierdurch wird dem Kunden ausreichend Zeit verschafft, die Leistungen – auch bei debitorischem Kontostand (§ 850k Abs. 6 S. 2 ZPO) – abzuheben und damit der Verrechnung zweckgebundener, existenzsichernder Beträge zu entgehen.[87] Das Kreditinstitut soll allerdings nur auf entsprechenden Nachweis des Kunden (z.B. Leistungsbescheid der Behörde, Bescheinigung der Kindergeldkasse) leistungsverpflichtet sein.

65 Für **Kontoführungsgebühren** gilt demnach, dass deren Verrechnung mit geschützten (Frei-)Beträgen nach § 850k Abs. 1 bis 4 ZPO – also mit den auf dem Konto pfandfrei zu belassenden Beträgen – abweichend von § 394 BGB (Aufrechnungsverbot) stets zulässig ist. Damit soll das Uneinbringlichkeitsrisiko für das kontoführende Kreditinstitut vermindert und ein Anreiz für die Kreditwirtschaft gesetzt werden, auch gepfändete Konten auf der Basis allgemeiner Kontoführungspreise weiterzuführen.[88] Keinen Regelungsbedarf besteht hingegen im Hinblick auf die Aufrechnung von **Aufwendungsersatzansprüchen** des Kreditinstituts aus Kontoverfügungen des Berechtigten mit geschützten (Frei-)Beträgen nach § 850k Abs. 1 bis 4 ZPO. § 394 BGB greift insoweit nicht. Der Schuldner, der Verfügungen über den pfändungsfreien Betrag gegenüber dem Kreditinstitut trifft, verhält sich widersprüchlich, wenn er sich anschließend gegen die Verrechnung des Aufwendungsersatzanspruchs mit dem pfändungsfreien Betrag im Kontokorrent wendet.[89]

66 *Taktischer Hinweis*

Hierin liegt jedoch nicht zugleich die gesetzgeberische Billigung höherer Kontoführungsentgelte für Pfändungsschutzkonten.[90] Insofern muss ein Pfändungsschutzkonto zwar **nicht kostenlos** geführt werden. Der BGH[91] hat in mehreren Entscheidungen aber klargestellt, dass eine Bank **keine zusätzlichen Gebühren** für die Führung eines Pfändungsschutzkontos verlangen darf. Entsprechende Entgeltklauseln bei Verbrauchern gem. § 307 Abs. 1 S. 1, Abs. 2 Nr. 1 BGB im Preis- und Leistungsverzeichnis sind unwirksam, wenn der Kunde danach bei Umwandlung seines schon bestehenden Girokontos in ein Pfändungsschutzkonto **ein über der für das Girokonto zuvor vereinbarten Kontoführungsgebühr liegendes Entgelt** zu zahlen hat. Dasselbe gilt, wenn das Kreditinstitut bei der **Neueinrichtung eines Pfändungsschutzkontos** ein Entgelt verlangt, das über der Kontoführungsgebühr für ein Neukunden üblicherweise als Gehaltskonto angebotenes Standardkonto mit vergleichbarem Leistungsinhalt liegt.

---

[87] BT-Drucks 16/12714 S. 20; Gottwald/*Mock*, § 850k Rn 47.
[88] BT-Drucks 16/12714 S. 20.
[89] BT-Drucks 16/12714 S. 20.
[90] BGH, WM 2012, 2381 = DB 2012, 2920 = ZIP 2012, 2489 = MDR 2013, 117 = ZVI 2013, 14 = JZ 2013, 196 = NJW 2013, 995 = Rpfleger 2013, 213 = JurBüro 2013, 216.
[91] DB 2013, 2145 = WM 2013, 1796 = ZIP 2013, 1809 = NJW 2013, 3163 u. WM 2012, 2381 = DB 2012, 2920 = ZIP 2012, 2489 = MDR 2013, 117 = ZVI 2013, 14 = JZ 2013, 196 = NJW 2013, 995 = Rpfleger 2013, 213 = JurBüro 2013, 216.

B. Der Sockelfreibetrag (§ 850k Abs. 1 ZPO) § 7

§ 850k Abs. 6 S. 3 ZPO setzt damit voraus, dass die verrechenbaren Entgelte gesetzmäßig zustande gekommen sind und eine echte Gegenleistung für die Kontoführung darstellen. Verrechenbar sind danach nur die Kontoführungsgebühren für ein herkömmliches Girokonto.[92]

XI. Vertragsrechtliche Grundlage des Pfändungsschutzkontos (§ 850k Abs. 7 ZPO)

1. Jederzeitige vertragliche Vereinbarung möglich (§ 850k Abs. 7 S. 1 ZPO)

In § 850k Abs. 7 S. 1 ZPO ist festgelegt, dass ein P-Konto aufgrund einer Vereinbarung zwischen dem Kunden und dem Kreditinstitut eingerichtet wird. Die Frage der Einrichtung des P-Kontos ist daher zunächst unabhängig von der Schuldnereigenschaft des Kunden zu behandeln. Es ist vielmehr der Privatautonomie der Beteiligten durch Vertrag überlassen, ob der Kunde mit dem Kreditinstitut vereinbart, ob das Girokonto als ein Pfändungsschutzkonto geführt wird. Die Abrede kann direkt beim Abschluss eines neuen Girovertrages getroffen werden. Es besteht allerdings kein Kontrahierungszwang.[93] 67

Das Pfändungsschutzkonto stellt **weder** eine **besondere** (neue) **Kontoart** bzw. ein **eigenständiges Kontomodell** mit gegenüber dem zugrundeliegenden Girovertrag selbstständigen Hauptleistungspflichten[94] noch ein Aliud gegenüber dem Girokonto[95] dar. Es ist vielmehr ein **herkömmliches Girokonto**, das durch eine den Girovertrag ergänzende Vereinbarung zwischen dem Kreditinstitut und dem Kunden als Pfändungsschutzkonto geführt wird.[96] 68

2. Kunde als natürliche Person (§ 850k Abs. 7 S. 1 ZPO)

Ein P-Konto kann nur für natürliche Personen[97] eingerichtet werden, denn nur bei einer solchen taucht das Problem der Sicherstellung ihres notwendigen Lebensunterhalts durch Pfändungsschutzbestimmungen auf. Um zu vermeiden, dass eine nicht gerechtfertigte 69

---

92 BT-Drucks 16/12714 S. 20.
93 *Schuhmacher*, ZVI 2009, 313 (321).
94 So aber *Sudergat*, Kontopfändung und P-Konto, Rn 998h, 998i.
95 LG Frankfurt/Main, ZVI 2012, 32, 34.
96 BGH, WM 2012, 2381 = DB 2012, 2920 = ZIP 2012, 2489 = MDR 2013, 117 = ZVI 2013, 14 = JZ 2013, 196 = NJW 2013, 995 = Rpfleger 2013, 213 = JurBüro 2013, 216; BGH, DB 2013, 2145 = WM 2013, 1796 = ZIP 2013, 1809 = NJW 2013, 3163 = MDR 2013, 1246; OLG Frankfurt/Main, WM 2012, 1908 (1909); WM 2012, 1911 (1913); OLG Schleswig, WM 2012, 1914 (1916); OLG Bamberg, Urt. v. 2.5.2012 – 3 U 237/11, juris; OLG Naumburg, Urt. v. 27.5.2011 – 10 U 5/11, juris; LG Bamberg, Urt. v. 22.2.2011 – 1 O 445/10 juris; vgl. auch Bamberger/Roth/*Schmalenbach*, § 675f Rn 15.
97 Vgl. BT-Drucks 16/7615 S. 20.

621

Vervielfältigung des automatischen Kontopfändungsschutzes eintritt, darf die natürliche Person **nur ein Pfändungsschutzkonto** führen (§ 850k Abs. 7 S. 3 ZPO).

70 *Taktischer Hinweis*
Bei einem Konto, das von mehreren natürlichen Personen gemeinsam als „Oder-Konto" oder als „Und-Konto" geführt wird, hat jeder der Kontoinhaber einen Anspruch auf ein eigenes Pfändungsschutzkonto. Er kann allerdings nicht gezwungen werden ein solches zu führen. Insofern wird das Kreditinstitut das gemeinschaftliche Konto in zwei eigene Konten aufspalten und sodann ein Konto in ein P-Konto umwandeln. Dies kann jedoch zu Problemen im Hinblick auf die Mithaftung des debitorisch geführten Kontos führen.[98]
Eheleute und Lebenspartner können somit **kein gemeinsames P-Konto** führen. Ein automatischer Pfändungsschutz für mehrere Kontoinhaber ließe sich in der Praxis nur mit sehr großem Aufwand bewältigen, der den davon betroffenen Kreditinstituten nicht zugemutet werden kann. Wenn aus Gründen der Praktikabilität und Handhabbarkeit Inhaber eines P-Kontos nur eine Person sein darf, ist davon die Möglichkeit, einer anderen Person, z.B. dem Ehepartner oder dem Lebenspartner, die Verfügungsbefugnis einzuräumen, nicht betroffen. Den Bedürfnissen der Praxis ist i.Ü. damit Genüge getan, dass bei bestehenden Gemeinschaftskonten jeder der Kontoinhaber, wie oben ausgeführt, für sich ein P-Konto verlangen kann.

3. Höchstpersönliche Kontoeröffnung (§ 850k Abs. 7 S. 1 ZPO)

71 Um Missbrauch,[99] insbesondere die Eröffnung mehrerer P-Konten, zu verhindern, kann der Kunde die Einrichtung eines P-Kontos nicht einem bevollmächtigten Vertreter übertragen. Dies gilt nicht für ein herkömmliches Konto. Es muss somit der Schuldner entweder persönlich oder durch seinen gesetzlichen Vertreter ein P-Konto eröffnen. Problematisch ist dies bei gebrechlichen oder kranken Personen, die nicht unter gerichtlichen Betreuungsmaßnahmen stehen. Nach dem Gesetzeswortlaut müssen diese bei ihrem Kreditinstitut ebenfalls persönlich vorsprechen, um ein P-Konto zu eröffnen.

4. Umwandlungszwang bei bereits bestehendem Girokonto (§ 850k Abs. 7 S. 2 ZPO)

72 Die Umwandlung eines Girokontos in ein P-Konto wird zwischen dem Kunden und dem Kreditinstitut vereinbart.[100] Gem. § 850k Abs. 7 S. 2 ZPO kann der Kunde **jederzeit** verlangen, dass das Kreditinstitut sein Girokonto als **Pfändungsschutzkonto** führt. Der An-

---

98 Goebel, „Kontopfändung unter veränderten Rahmenbedingungen", § 2, Rn 499 m.w.N.
99 Schuhmacher, ZVI 2009, 313 (321).
100 BGH, ZInsO 2014, 687 = NZI 2014, 414 = ZVI 2014, 184 = Verbraucherinsolvenz aktuell 2014, 35.

spruch kann nur bei einem Guthabenkonto entstehen.[101] Hierfür spricht bereits der Normwortlaut. In § 850k Abs. 7 S. 3 ZPO, der in unmittelbarem Zusammenhang mit § 850k Abs. 7 S. 2 ZPO steht, stellt das Gesetz ausdrücklich auf die Pfändung eines vorhandenen Guthabens ab. Auch der Eingangsabsatz (§ 850k Abs. 1 ZPO) gewährt seinem Wortlaut nach erkennbar nur Guthabenschutz – nicht Gutschriftenschutz. Das Gesetz knüpft an den Saldenstand an, nicht an einzelne Buchungsvorgänge, die in ihrer Gesamtheit in einen Saldo münden. Zwar wird der Fall eines hinter dem geschützten Sockelbetrag zurückbleibenden Guthabens geregelt (§ 850k Abs. 1 S. 3 ZPO), nicht aber der Fall des Sollsaldos. Diese Entscheidung, also die Beschränkung der Anwendung des § 850k ZPO auf kreditorische Konten, – hat der Reformgesetzgeber bewusst getroffen.[102]

Es handelt sich um eine **Rechtspflicht**, das derart umgewandelte **Konto als Pfändungsschutzkonto zu führen**, solange der Zahlungsdiensterahmenvertrag über das Girokonto ungekündigt fortbesteht.[103] Der Wortlaut der Vorschrift § 850k Abs. 7 S. 2 ZPO schränkt eine Kündigung des Vertragsverhältnisses nicht ein.[104] Der Einordnung der Führung des Pfändungsschutzkontos als Erfüllung einer gesetzlichen Pflicht des Kreditinstituts steht nicht entgegen, dass ein **Pfändungsschutzkonto** grds. **auch nur vorsorglich**, also unabhängig davon eingerichtet werden kann, ob im Einzelfall eine Kontopfändung bereits erfolgt ist oder überhaupt droht. Vielmehr ist ausschlaggebend, dass ein Kunde regelmäßig die Einrichtung und Führung eines Pfändungsschutzkontos gerade deshalb verlangen wird, weil er sich hierdurch die Möglichkeit der Inanspruchnahme des gesetzlichen Pfändungsschutzes sichern will.[105] Das Kreditinstitut ist aber auch im Falle der **Neueröffnung eines Girokontos**, das im selben Geschäftsgang sogleich als Pfändungsschutzkonto eingerichtet wird, gesetzlich verpflichtet, dieses als Pfändungsschutzkonto zu führen.[106]

73

5. Umwandlung nach erfolgter Pfändung (§ 850k Abs. 7 S. 3 ZPO)

Eine Ausnahme, dass der Kunde jederzeit die Umwandlung verlangen kann, besteht dann, wenn das **Guthaben**[107] des umzuwandelnden Kontos zum Zeitpunkt der Erklärung be-

74

---

101 AG Bergen, DGVZ 2013, 142.
102 AG Bergen, DGVZ 2013, 142; vgl. BT-Drucks 16/12714, S. 19, und Bezug nehmend hierauf u.a. *Graf-Schlicker/Lindner*, ZIP 2009, 989 (993); *Bitter*, ZIP 2011, 149 (151).
103 BGH, WM 2012, 2381 = DB 2012, 2920 = ZIP 2012, 2489 = MDR 2013, 117 = ZVI 2013, 14 = JZ 2013, 196 = NJW 2013, 995 = Rpfleger 2013, 213 = JurBüro 2013, 216; KG Berlin, WM 2012, 267 (268).
104 OLG Dresden, VuR 2018, 266.
105 BGH, WM 2012, 2381 = DB 2012, 2920 = ZIP 2012, 2489 = MDR 2013, 117 = ZVI 2013, 14 = JZ 2013, 196 = NJW 2013, 995 = Rpfleger 2013, 213 = JurBüro 2013, 216; vgl. auch *Sudergat*, Kontopfändung und P-Konto, Rn 1000, wonach damit einer Kontopfändung belegte Pfändungsschutzkonto in der Praxis der Regelfall sein werde.
106 OLG Düsseldorf, Hinweisbeschluss v. 16.3.2012 – 6 U 114/11, S. 4 f., n.v.; LG Erfurt, VuR 2011, 188.
107 AG Bergen, DGVZ 2013, 142 m.w.N.

reits gepfändet ist. Hier gebietet es der Grundsatz des Vertrauensschutzes für den vollstreckenden Gläubiger, dass der Schuldner nicht sofortigen automatischen und noch weniger rückwirkenden Pfändungsschutz durch die Umwandlung in ein P-Konto erlangen kann. Nach § 850k Abs. 7 S. 3 ZPO kann der Schuldner die Umwandlung des bereits gepfändeten Girokontos in ein Pfändungsschutzkonto binnen vier Geschäftstagen verlangen. Dies bedeutet, dass die Bank die Umstellung binnen dieser Frist bewerkstelligen muss.

75 Diese Regelung ist im Zusammenhang mit § 850k Abs. 1 S. 4 ZPO zu betrachten. Hiernach kann der Schuldner den **Pfändungsschutz bis zu vier Wochen rückwirkend nach Zustellung des Überweisungsbeschlusses** in Anspruch nehmen, wenn er in dieser Zeit sein Konto in ein P-Konto umwandelt. Erfolgt also die Umstellung innerhalb dieser Frist, wirkt diese auf den Zeitpunkt der Zustellung zurück. Dies gilt allerdings nur für den Monat, in dem die Pfändung bewirkt wurde. Versäumt der Schuldner die fristgerechte Umstellung seines gepfändeten Girokontos auf ein P-Konto, kann er zwar gem. § 850k Abs. 7 S. 2 ZPO jederzeit noch die Umstellung beantragen. Diese hat dann aber gem. § 850k Abs. 7 S. 3 ZPO keine rückwirkende Wirkung mehr. Vollstreckungsschutz ist dem Schuldner in solchen Fällen nicht mehr zu gewähren, da er die Konsequenzen seines Versäumnisses tragen muss.[108]

76 *Beispiel*

Das Konto des Schuldners S wurde am 25.7. durch Zustellung des Pfändungs- und Überweisungsbeschlusses an die Bank als Drittschuldnerin D gepfändet (§ 829 Abs. 3 ZPO). Zu diesem Zeitpunkt befindet sich auf dem Konto noch ein Guthaben von 1.000 EUR. Am 26.7. begehrt S gegenüber der Bank die Umwandlung in ein P-Konto. Die Umstellung erfolgt zum 30.7.

Lösung

Für den gesamten Monat Juli steht dem S der Betrag i.H.v. 1.000 EUR gem. § 850c Abs. 1 S 1 ZPO zu. Selbst wenn S diesen Betrag nicht verbraucht, kann er ihn als unverbrauchtes Guthaben nach § 850k Abs. 1 S. 3 ZPO mit in den nächsten Folgemonat übertragen und kann dann zusätzlich auch noch den Basispfändungsschutz von 1.133,80 EUR beanspruchen. Somit steht dem S dann im August ein Gesamtbetrag von max. 2.133,80 EUR (1.133,80 EUR + 1.000 EUR) zur Verfügung.

XII. Berechtigung nur für ein Pfändungsschutzkonto (§ 850k Abs. 8 ZPO)

77 Jede natürliche Person darf nur ein Pfändungsschutzkonto führen (§ 850k Abs. 8 S. 1 ZPO). Damit dem Kunden klar ist, dass das Führen mehrerer P-Konten strafrechtliche

---

[108] AG Hannover, Vollstreckung effektiv 2011, 165 = FoVo 2011, 119.

B. Der Sockelfreibetrag (§ 850k Abs. 1 ZPO) § 7

Folgen haben kann, z.B. eine Strafbarkeit nach § 288 StGB (Vereiteln der Zwangsvollstreckung) oder wegen Betruges nach § 263 StGB auslösen kann, hat er gegenüber dem Kreditinstitut zu versichern, dass er ein weiteres Schutzkonto nicht führt (§ 850k Abs. 8 S. 2 ZPO). Fraglich sind allerdings die Folgen einer gegenüber dem Kreditinstitut falsch abgegebenen Erklärung im strafrechtlichen Sinne. Da diese nicht – wie z.b. bei einer falschen Vermögensauskunft – strafbewehrt gem. § 156 StGB ist, treffen die Folgen in erster Linie den vollstreckenden Gläubiger. Dieser hat ggf. unter dem Gesichtspunkt der Drittschadensliquidation gegenüber dem Schuldner einen Anspruch aus einer vorsätzlich begangenen unerlaubten Handlung, was zur Verhinderung einer möglichen Restschuldbefreiung und zu einer erweiterten Vollstreckungsmöglichkeit in Arbeitseinkommen führen kann (vgl. § 302 Nr. 2 InsO, § 850f Abs. 2 ZPO).[109]

Um Missbrauch hinsichtlich der Einrichtung mehrerer P-Konten desselben Kunden effektiv entgegenzuwirken, darf das Kreditinstitut auf freiwilliger Basis **Auskunfteien** mitteilen, dass es für den Kunden ein P-Konto führt (§ 850k Abs. 8 S. 3 ZPO). Diese Missbrauchskontrolle ist auch dort implementiert, wo Kreditinstitute Geschäftsbeziehungen mit anderen Auskunfteien unterhalten. Wegen der hohen Marktabdeckung der SCHUFA Holding AG[110] bleiben die Daten zwar im Wesentlichen bei einer Stelle konzentriert. Den Kreditinstituten ist aber ermöglicht, im Einzelfall – je nach regionalen Gegebenheiten – weitere Auskunfteien über das Bestehen eines P-Kontos zu unterrichten. 78

Diese Zweckbindung unterliegt einer **Verwendungsbeschränkung**. Die Auskunfteien dürfen die Angabe nur verwenden, um Kreditinstituten auf Anfrage zum Zwecke der Überprüfung der Richtigkeit der Versicherung nach § 850k Abs. 8 S. 2 ZPO Auskunft darüber zu erteilen, ob die betroffene Person ein P-Konto unterhält (§ 850k Abs. 8 S. 4 ZPO). Diese strenge Zweckbindung dient der Information der Banken und damit der Vermeidung des Unterhaltens mehrerer P-Konten durch den Schuldner. Sie dient demgegenüber nicht der Information etwaiger Gläubiger und darf daher nicht für Fragen nach der Kreditwürdigkeit des Schuldners oder für die Berechnung von Score-Werten verwendet werden.[111] Die Auskunftsrechte der Betroffenen gem. § 34 BDSG sowie die Kontrollbefugnisse der zuständigen Aufsichtsbehörde gem. § 38 BDSG bleiben hiervon unberührt. Mit der Kontrolle der Einhaltung der strengen Zweckbindung seitens der Auskunfteien durch die zuständige Aufsichtsbehörde wird zudem gewährleistet, dass die Daten zweckentsprechend verwendet werden. Damit kann ein Missbrauch im Umgang mit den Daten wirksam vermieden werden. § 850k Abs. 8 S. 5 ZPO bestimmt, dass selbst mit Einwilligung des Kontoinhabers die Angabe „Unterhalten eines P-Kontos" nicht für einen anderen als den vorgesehenen Zweck von einer Auskunftei erhoben, verarbeitet oder genutzt werden darf. 79

---

109 Gottwald/*Mock*, § 850k Rn 63.
110 Vgl. BT-Drucks 16/12714 S. 17, 21.
111 Vgl. BT-Drucks 16/12714 S. 21.

XIII. Bestimmungsrecht des Gläubigers in Missbrauchsfällen (§ 850k Abs. 9 ZPO)

80 § 850k Abs. 9 ZPO regelt die Fälle, in denen der Schuldner missbräuchlich mehrere Pfändungsschutzkonten unterhält. Die Vorschrift spielt in der gerichtlichen Praxis kaum eine Rolle.

81 § 850k Abs. 9 S. 1 ZPO räumt dem **Gläubiger** gegenüber dem Vollstreckungsgericht ein **Bestimmungsrecht** ein, wenn der Schuldner missbräuchlich mehrere P-Konten führt. In seinem **Antrag** hat der Gläubiger die betroffenen Kreditinstitute zu bezeichnen und die Tatsache, dass es sich bei den dort für den Schuldner geführten Konten um P-Konten handelt, glaubhaft zu machen.

82 *Taktischer Hinweis*

Mit Rücksicht auf die erheblichen Wirkungen für den Schuldner genügt für die Glaubhaftmachung nur die Vorlage entsprechender Drittschuldnererklärungen (§ 840 Abs. 1 Nr. 5 ZPO, § 316 Abs. 1 Nr. 5 AO; vgl. § 850k Abs. 9 S. 2 ZPO). Um andererseits zu verhindern, dass der Schuldner vor der Entscheidung des Vollstreckungsgerichts Verfügungen zum Nachteil des Gläubigers trifft, ist angeordnet, dass eine Anhörung des Schuldners unterbleibt (§ 850k Abs. 9 S. 3 ZPO). Einwendungen kann er nachträglich im Wege der Vollstreckungserinnerung (§ 766 ZPO) geltend machen.

83 In seiner Entscheidung (Beschluss) ordnet das Vollstreckungsgericht an, dass dem Schuldner nur das von dem Gläubiger in dem Antrag bezeichnete Girokonto als Pfändungsschutzkonto verbleibt. Der Beschluss ist allen beteiligten Kreditinstituten zuzustellen (§ 850k Abs. 9 S. 4 ZPO). Mit der **Zustellung** entfallen bei denjenigen Kreditinstituten, deren Girokonten nicht zum P-Konto bestimmt sind, die Wirkungen des P-Kontos sowohl gegenüber dem antragstellenden Gläubiger als auch gegenüber jedermann (§ 850k Abs. 9 S. 5 ZPO). Das Kreditinstitut hat das Konto unter den Bedingungen eines allgemeinen Girokontos weiterzuführen. Liegt bereits eine Pfändung vor, unterfallen vorhandene Guthaben ab der Zustellung der Entscheidung nicht mehr den Bedingungen des § 850k ZPO.

XIV. Muster: Antrag auf Beseitigung bei mehreren missbräuchlich geführten P-Konten

84 An das Amtsgericht

– Vollstreckungsgericht – ...

Az. ... M .../...[112]

In der Zwangsvollstreckungsangelegenheit

---

[112] Der Antrag ist beim Gericht, welches den Pfändungs- und Überweisungsbeschluss erlassen hat, zu stellen; der Antrag leitet kein neues Verfahren ein.

C. Anordnung der Unpfändbarkeit von Kontoguthaben § 7

Vollstreckungsgläubiger

gegen

Vollstreckungsschuldner

wird namens und im Auftrag des Gläubigers beantragt, dass nur das durch den Gläubiger durch Pfändungs- und Überweisungsbeschluss des AG ... vom ..., Az. ... M .../... gepfändete Girokonto dem Schuldner als Pfändungsschutzkonto verbleibt.

Gründe:

Durch Beschluss des AG ... vom ..., Az. ... M .../..., wurde das Guthaben des Girokontos des Schuldners bei der Drittschuldnerin, der ...bank, gepfändet und dem Gläubiger zur Einziehung überwiesen. In ihrer Drittschuldnererklärung vom ... gab die Bank an, dass es sich bei dem gepfändeten Konto um ein Pfändungsschutzkonto gem. § 850k Abs. 7 ZPO handelt.

Beweis: Drittschuldnererklärung vom ...

Im Verfahren zur Abgabe der Vermögensauskunft vom ..., Az. DR II .../..., hat der Schuldner unter Ziffer ... des Verzeichnisses erklärt, dass er ein weiteres Konto bei einer anderen Bank, der ...bank besitzt und dieses Konto ein Pfändungsschutzkonto ist. Dadurch ist nachgewiesen, dass der Schuldner mehrere Pfändungsschutzkonten unterhält. Gem. § 850k Abs. 8 S. 1 ZPO darf ein Schuldner nur über ein Pfändungsschutzkonto verfügen, sodass das im Antrag benannte Konto nicht mehr als Pfändungsschutzkonto zu führen ist (§ 850k Abs. 9 ZPO). Es wird vorsorglich darauf hingewiesen, dass der Schuldner vor der Entscheidung des Gerichts nicht anzuhören ist (§ 850k Abs. 9 S. 3 ZPO) und dem im Antrag genannten Pfändungsschutzkonto sofort die Wirkung als solchem zu versagen ist.

Gez. Rechtsanwalt

C. Anordnung der Unpfändbarkeit von Kontoguthaben auf dem Pfändungsschutzkonto (§ 850l ZPO)

I. Normzweck

Die Vorschrift des § 850l ZPO bezweckt die Möglichkeit der Anordnung einer **befristeten Unpfändbarkeit** von **Guthaben** nur auf einem **Pfändungsschutzkonto** (P-Konto) durch das Vollstreckungsgericht in den Fällen, in denen eine Zwangsvollstreckung aussichtslos erscheint. Es handelt sich um eine Sonderbestimmung für das P-Konto.[113] In

85

---

113 BT-Drucks 16/12714 S. 22.

Härtefällen bleibt die Regelung des § 765a ZPO daneben anwendbar.[114] § 850l ZPO spielt in der gerichtlichen Praxis eine untergeordnete Rolle.

86 Mit dem Instrument der befristeten Unpfändbarkeitsanordnung sind erhebliche Entlastungen für die Kreditwirtschaft verbunden.[115] Berechtigte Interessen der Gläubiger werden i.d.R. nicht beeinträchtigt, da in diesen Fällen ohnehin keine Aussicht auf eine erfolgreiche Vollstreckung besteht. Einwendungen kann der pfändende Gläubiger vor Erlass der Anordnung gegenüber dem Vollstreckungsgericht geltend machen (§ 850l S. 2 ZPO). Für den nach Erlass der Anordnung pfändenden Gläubiger gewährleistet § 850l S. 3 ZPO, dass auf seinen Antrag eine Aufhebung der Anordnung wegen Wegfalls der Voraussetzungen oder wegen besonderer Belange des Gläubigers möglich bleibt.

II. Voraussetzungen

1. Antrag

87 Der **Schuldner**[116] – nicht der Drittschuldner – hat beim Vollstreckungsgericht (§ 828 ZPO) einen Antrag zu stellen, wenn eine Pfändung in das Guthaben eines P-Kontos erfolgt ist (Anspruch D). Daher scheidet eine prophylaktische Antragstellung aus.[117]
Der Antrag kann formlos schriftlich oder mündlich zu Protokoll der Geschäftsstelle gestellt werden. Anwaltszwang ist nicht gegeben. Der Antrag ist zulässig, sobald der Pfändungs- und Überweisungsbeschluss dem Kreditinstitut zugestellt wurde (§ 829 Abs. 3 ZPO), da erst in diesem Zeitpunkt die Wirkungen der Pfändung eintreten. Ebenso besteht keine Frist zur Antragstellung.

2. Nachweis, dass dem Konto sechs Monate vor Antragstellung überwiegend unpfändbare Beträge gutgeschrieben wurden

88 Die Unpfändbarkeit der gutgeschriebenen Leistungen kann sich aus den Vorschriften der ZPO (z.B. § 850c ZPO), des SGB I (z.B. § 54 SGB I) oder aus Vorschriften in besonderen Leistungsgesetzen (z.B. § 76a EStG) ergeben. Dabei stellt die Vorschrift des § 850l ZPO für die rückwirkende Betrachtung der Eingänge auf dem gepfändeten Konto auf einen Zeitraum von sechs Monaten vor der Antragstellung ab; der Antrag kann damit auch schon unmittelbar nach Zustellung des Pfändungsbeschlusses gestellt werden. Der Schuldner hat **nachzuweisen** – nicht glaubhaft zu machen –, dass in den **letzten sechs Monaten vor** der **Antragstellung ganz überwiegend unpfändbare Beträge** auf dem

---

114 BT-Drucks 16/7615 S. 30; BFH, ZInsO 2017, 1855.
115 BT-Drucks 16/12714 S. 18 re. Sp.
116 AG Heilbronn, VuR 2012, 113.
117 Saenger/Ullrich/*Siebert*, § 850l Rn 4 m.w.N.

C. Anordnung der Unpfändbarkeit von Kontoguthaben § 7

Konto **gutgeschrieben** worden sind. Im Umkehrschluss folgt daraus, dass ein gelegentlicher Eingang unbedeutender – pfändbarer – Beträge einem Antrag nicht entgegensteht.[118] Den Schuldner trifft hierbei eine umfangreiche Beibringungs- und Beweispflicht, sodass Leistungsbescheide, Einkommensbelege und Kontoauszüge vollständig und lückenlos vorzulegen sind.[119]

Das **Rechtsschutzbedürfnis** für den Antrag besteht regelmäßig, wenn **gleichzeitig** das Arbeitseinkommen des Schuldners gepfändet ist und der Schuldner durch Kontoauszüge nachweist, dass auf dem gepfändeten Konto ganz überwiegend unpfändbare Beträge eingehen.[120]   89

Taktischer Hinweis   90
Der Gläubiger muss beachten, dass sich ggf. aus der Zusammenrechnung mehrerer für sich genommen pfändungsgeschützter Einkünfte gem. §§ 850e ZPO durchaus ein pfändbarer Betrag ergeben kann.[121] Hierbei muss allerdings wiederum berücksichtigt werden, dass sowohl § 850e Nr. 2a ZPO als auch § 54 Abs. 4 SGB I es ausschließen, Ansprüche auf Arbeitseinkommen mit Sozialleistungen oder Ansprüche auf verschiedene Sozialleistungen untereinander zusammenzurechnen,[122] soweit diese der Pfändung nicht unterworfen sind. Das ist verfassungsrechtlich unbedenklich, weil der Gesetzgeber in § 54 Abs. 4 i.V.m. Abs. 3 SGB I die Unpfändbarkeit im Hinblick auf die Zweckbestimmung der Sozialleistungen erklärt hat. Sie sollen dem Berechtigten ungeschmälert verbleiben und nicht – letztlich auf Kosten der Allgemeinheit – dazu dienen, titulierte Ansprüche des Gläubigers zu befriedigen.

3. Unwahrscheinlichkeit von pfändbaren Beträgen in den nächsten zwölf Monaten

Zum anderen wird vorausgesetzt, dass auch **in den nächsten zwölf Monaten** – bezogen auf den Zeitpunkt der Antragstellung – nur mit dem Eingang von ganz überwiegend nicht oder allenfalls in geringfügigem Umfang pfändbaren Beträgen zu rechnen ist. Pauschale Aussagen, dass innerhalb der nächsten zwölf Monate aller Voraussicht nach nicht mit dem Eingang pfändbarer Beträge auf dem Konto zu rechnen ist, werden den strengen Anforderungen an die zukunftsbezogene Prognose nicht gerecht, da sie weder Darlegung noch Glaubhaftmachung enthalten.[123] Eine solche **Zukunftsprognose** kann z.B. dann be-   91

---

118 Saenger/Ullrich/*Siebert*, § 850l Rn 6.
119 AG Heilbronn, VuR 2012, 113; AG Brühl, JurBüro 2011, 270; AG Frankfurt/Main, ZVI 2011, 262; AG Hannover, Beschl. v. 17.9.2010 – 712 M 125742/10 – juris.
120 AG Heilbronn, VuR 2012, 113.
121 *Goebel*, Kontopfändung unter veränderten Rahmenbedingungen, § 2 Rn 79.
122 BGH, Vollstreckung effektiv 2005, 170 = JurBüro 2005, 495.
123 AG Hannover, ZVI 2011, 230.

jaht werden, wenn der Schuldner berufsunfähig ist und eine Besserung seiner gesundheitlichen Beschwerden kurz- und mittelfristig nicht zu erwarten ist oder er sich als Empfänger sozialer Transferleistungen schon seit längerem erfolglos um einen Arbeitsplatz bemüht hat (vgl. §§ 2, 10 SGB II). Dies gilt auch, wenn die Rente des Schuldners unterhalb der Pfändungsfreigrenze liegt und er glaubhaft machen kann, dass zu erwarten ist, dass seinem Konto in den folgenden zwölf Monaten nur ganz überwiegend nicht pfändbare Beträge gutgeschrieben werden.[124]

92 *Taktischer Hinweis*

Vor dem Hintergrund, dass ein angemessener Ausgleich der Interessen von Gläubiger und Schuldner gefunden werden muss, sind **nicht zu geringe Anforderungen** an die Prognose zu stellen. Nach der Lebenserfahrung kann selbst bei mittellosen Schuldnern noch mit pfändbaren Zahlungseingängen wie z.b. Steuererstattungen gerechnet werden. Allerdings dürfen die Anforderungen auch nicht überspannt werden. Gehen z.b. auf das P-Konto lediglich Erwerbsunfähigkeitsrente und Kindergeld i.H.v. weniger als 750 EUR monatlich ein, kann eine befristete Anordnung ergehen.[125]

Das Vollstreckungsgericht hat daher im Rahmen seiner Ermessensentscheidung stets die **Interessen** des vollstreckenden **Gläubigers** zu berücksichtigen und, wenn diese überwiegen, die befristete Einstellung der Pfändung zu versagen. Ein Überwiegen der Interessen des Gläubigers wird vor allem dann anzunehmen sein, wenn es um die Vollstreckung der in **§ 850d ZPO** genannten Forderungen – Unterhaltsansprüche sowie Renten wegen der Verletzung des Körpers oder der Gesundheit – geht. Denn in diesen Fällen ist der Gläubiger besonders schutzbedürftig und kann auch auf selbst geringfügige Beträge angewiesen sein. Im Zweifel kann der Schuldner die Freigabe nach § 765a ZPO erwirken.

III. Verfahren

1. Maximale Befristung bis zwölf Monate

93 Bei Vorliegen der Voraussetzungen **kann** das Vollstreckungsgericht nach pflichtgemäßem Ermessen zu entscheiden, ob das Guthaben des Kontos für die Dauer von bis zu zwölf Monaten der Pfändung nicht unterworfen ist.

94 *Taktischer Hinweis*

Hierbei darf aber nicht übersehen werden, dass die maximale Befristung von „**bis zu zwölf Monaten**" nicht dazu führen darf, dass stets von dieser Höchstfrist auszugehen

---

124 AG Bochum, VuR 2012, 413.
125 AG Brackenheim, VuR 2011, 266 = ZVI 2011, 260.

ist. Vielmehr ist diese Frist durch das Gericht im konkreten Einzelfall variabel zu nutzen. Insofern werden die Prognosen der Verbesserung der Einkommenssituation sowie die im Einzelfall zu unternehmenden Anstrengungen seitens des Schuldners zu jeweils unterschiedlichen Befristungen durch das Vollstreckungsgericht führen müssen. Zu Recht weist *Goebel*[126] darauf hin, dass bei einer kurzen Frist der Schuldner entsprechende Anstrengungen bei einem **Folgeantrag** darzulegen hat. Insofern besteht hier ein Druckmittel, um ernsthafte Anstrengungen des Schuldners zu fördern und zu fordern.

Insofern kann auch eine befristete Anordnung unterhalb der Höchstfrist von zwölf Monaten erfolgen. Eine solche zeitliche Begrenzung des Vollstreckungsschutzes ist vor allem bei unklaren Erwerbsaussichten des Schuldners erforderlich. Wenn ein Schuldner z.B. in den kommenden sechs Monaten einen Integrationskurs mit dem Ziel, danach einen Arbeitsplatz zu finden, besucht, ist die Anordnung befristeter Unpfändbarkeit seines P-Kontos auf die Dauer von sechs Monaten zu begrenzen, da nicht absehbar ist, inwiefern sich dem Schuldner dann tatsächliche Verdienstmöglichkeiten eröffnen. Insoweit fehlt es an der Glaubhaftmachung, dass auch nach Ablauf der nächsten sechs Monate weiterhin nur ganz überwiegend unpfändbare Beträge auf dem Konto des Schuldners eingehen werden.[127]

Zugunsten des **Schuldners** ist zu beachten, dass es sich bei der Höchstfrist **nicht** um eine **Ausschlussfrist** handelt. Daher ist ein erneuter Antrag nach Ablauf der Frist möglich. Allerdings ist es sinnvoller ggf. einen Antrag nach § 850k Abs. 4 ZPO zu stellen, da hierbei ein Schutz nicht auf maximal zwölf Monate beschränkt ist.

Der **Gläubiger** ist vor einer Entscheidung **anzuhören**. Dies allein schon vor dem Hintergrund, dass § 850l S. 2 ZPO anordnet, dass eine Anordnung versagt werden kann, wenn überwiegende Belange des Gläubigers entgegenstehen.

95

Taktischer Hinweis

96

Die Entscheidung ergeht durch zu begründenden **Beschluss**. Bei der **Tenorierung** muss das Gericht allerdings beachten, dass die befristete Einstellung der Pfändung sich nur auf das **Guthaben eines P-Kontos** beschränken darf und nicht auch auf andere von der Pfändung umfasste Ansprüche wie z.B. der Anspruch aus einem Dispositionskredit bzw. der offenen Kreditlinie.[128] Diesbezüglich darf eine befristete Einstellung der Pfändung daher nicht erfolgen. Will der Schuldner deshalb auch über den Wortlaut des § 850l ZPO eine befristete Einstellung der Pfändung in diesen Fällen er-

---

126 *Goebel*, Kontopfändung unter veränderten Rahmenbedingungen, § 2 Rn 96.
127 AG Heilbronn, ZVI 2011, 260.
128 Vgl. BGH, Vollstreckung effektiv 2001, 71 = BGHZ 147, 193.

reichen, so kann er dies nur über die Regelung des § 765a ZPO beantragen. Hierbei gelten allerdings andere und vor allem strengere Entscheidungsmaßstäbe.

2. Versagung der befristeten Einstellung

97 Die Anordnung **kann** versagt werden, wenn **überwiegende Belange des Gläubigers entgegenstehen** § 850l S. 2 ZPO. Dies hat der pfändende Gläubiger zuvor darzulegen. Das Vollstreckungsgericht hat daher in jedem Fall die **Interessen des** vollstreckenden **Gläubigers** zu berücksichtigen und, wenn diese überwiegen, die befristete Einstellung der Pfändung zu versagen. Ein Überwiegen der Interessen des Gläubigers wird vor allem dann anzunehmen sein, wenn es um die Vollstreckung der in **§ 850d ZPO** genannten Forderungen – Unterhaltsansprüche sowie Renten wegen der Verletzung des Körpers oder der Gesundheit – geht. Denn in diesen Fällen ist der Gläubiger besonders schutzbedürftig und kann auch auf selbst geringfügige Beträge angewiesen sein. I.Ü. bleibt die Vorschrift des § 765a ZPO auch neben der neuen Regelung für die Freigabe eines Kontos in besonderen Härtefällen für den Schuldner anwendbar.[129] Warum der Gesetzgeber in diesem Zusammenhang nicht auf Ansprüche aus einer **vorsätzlich begangenen unerlaubten Handlung** gem. **§ 850f Abs. 2 ZPO** eingeht, ist nicht zu erkennen. Denn auch hier gilt, dass der Schuldner in diesen Fällen bis zur Grenze seiner Leistungsfähigkeit auch mit den Teilen seines Arbeitseinkommens einstehen soll, die ihm sonst nach der Vorschrift des § 850c ZPO zu belassen wären.[130] Aus diesem Grund stehen auch bei solchen Ansprüchen die Gläubigerinteressen einer Anordnung entgegen, zumal sich der Unrechtsgehalt der dem Delikt zugrunde liegenden Forderung in der Vollstreckung wiederspiegeln muss.

IV. Wirkungen der Anordnung

98 Die **beschränkte Aufhebung der Pfändung** bewirkt das Ruhen der Pfändung für den angeordneten Zeitraum, maximal bis zu zwölf Monaten.

Die Anordnung entfaltet **absolute Wirkung**, was zur Folge hat, dass unter Wahrung des jeweiligen Ranges auch andere nicht vollstreckende Gläubiger von deren Wirkung betroffen sind. Dies ergibt sich aus dem Wortlaut nach § 850l S. 3 ZPO. Hiernach ist die Anordnung nach § 850l S. 1 ZPO auf Antrag (irgend-) „**eines Gläubigers**" aufzuheben, wenn

- ihre Voraussetzungen nicht mehr vorliegen (§ 850l S. 3 Alt. 1 ZPO)
- oder die Anordnung den überwiegenden Belangen dieses Gläubigers entgegensteht (§ 850l S. 3 Alt. 2 ZPO).

---

[129] BT-Drucks 16/7615 S. 17 re. Sp.
[130] BGH, NJW 2005, 1663 = Vollstreckung effektiv 2005, 97 = ZInsO 2005, 538 = FamRZ 2005, 974 = Rpfleger 2005, 370 = ZVI 2005, 253 = WM 2005, 1326 = VuR 2005, 225 = InVo 2005, 326 = JurBüro 2005, 437 = MDR 2005, 1014.

C. Anordnung der Unpfändbarkeit von Kontoguthaben § 7

Taktischer Hinweis 99
Es muss allerdings stets zwischen beiden Alternativen unterschieden werden:
- Wenn im Falle der § 850l S. 3 Alt. 1 ZPO irgendein Gläubiger darlegt, dass die Voraussetzungen der ergangenen Anordnung nicht mehr vorliegen, so wirkt die dann ergehende gerichtliche Entscheidung ebenfalls absolut: Folge: die ursprüngliche Rangfolge der Pfändungen wird nach § 804 Abs. 3 ZPO wieder hergestellt, wenn das Gericht das Kontoguthaben freigibt bzw. die Aufhebung der Anordnung beschließt.
- Anders ist dies nach § 850l S. 3 Alt. 2 ZPO zu beurteilen, wenn die ergangene Anordnung den überwiegenden Belangen **dieses Gläubigers** entgegensteht. Hier gilt eine **relative Unwirksamkeit**. Praktisch betrifft dies die Fälle nach §§ 850d, 850f Abs. 2 ZPO. Da solche privilegierten Gläubiger i.d.R. in ihren Belangen im Wesentlichen auf Zahlungen des Schuldners angewiesen sind, können sie erlassene Anordnungen nach § 850l S. 1 ZPO ihnen vorgehender „Normalgläubiger" aushebeln, indem sie als ebenfalls pfändender Gläubiger die Aufhebung einer solchen Anordnung zu ihren Gunsten erwirken.[131]

Die praktischen Probleme dürften sich jedoch dadurch ergeben, dass das Vollstreckungsgericht wegen der absoluten Wirkung bei nachpfändenden Gläubigern gar keine Pfändungsbeschlüsse mehr erlassen dürfte. Wie dies jedoch in der Praxis bewerkstelligt werden soll, ist fraglich, da die Pfändung von Bankverbindungen ein Massengeschäft darstellt. Es wird daher dem Gericht – abgesehen von Einzelfällen – oftmals gar nicht möglich sein, vor Erlass eines Pfändungsbeschlusses eines nachpfändenden Gläubigers zu prüfen, ob ggf. zuvor bereits eine Entscheidung nach § 850l ZPO ergangen ist. Insofern ist Schuhmacher[132] zuzustimmen, wonach die Pfändung zu beschließen ist, aber diese wegen der absoluten Wirkung ins Leere läuft. Hierüber wird dann der nachpfändende Gläubiger über die Drittschuldnererklärung gem. § 840 ZPO informiert. 100

V. Antrag auf Aufhebung der Anordnung (§ 850l S. 3 ZPO)

Nach § 850l S. 3 ZPO ist die Anordnung nach § 850l S. 1 ZPO auf Antrag **eines Gläubigers** aufzuheben, wenn ihre Voraussetzungen nicht mehr vorliegen (§ 850l S. 3 Alt. 1 ZPO) oder die Anordnung den überwiegenden Belangen dieses Gläubigers entgegensteht (§ 850l S. 3 Alt. 2 ZPO). Das Recht zur Antragstellung hat jeder Gläubiger in Bezug zu einer Anordnung nach § 850l S. 1 ZPO. Der Antrag kann jederzeit gestellt werden. Bei seinem Antrag hat der Gläubiger darzulegen, dass die Voraussetzungen der Aufhebung 101

---

131 So auch *Goebel*, Kontopfändung unter veränderten Rahmenbedingungen, § 2 Rn 115 ff.
132 BGH, ZVI 2009, 313.

633

nicht mehr vorliegen oder die Anordnung seinen überwiegenden Belangen entgegensteht. Hier kann auf die vorstehenden Ausführungen verwiesen werden.

VI. Muster

1. Antrag auf befristete Unpfändbarkeit von P-Kontoguthaben (§ 850l S. 1, 2 ZPO)

102 An das Amtsgericht
– Vollstreckungsgericht – ...
Az. ... M .../...[133]
In der Zwangsvollstreckungsangelegenheit
Vollstreckungsgläubiger
gegen
Vollstreckungsschuldner
wird namens und im Auftrag des Schuldners beantragt anzuordnen
dass das Pfändungsschutzkonto, IBAN: ..., bei der Drittschuldnerin (*genaue Bezeichnung des Kreditinstitus*) für die Dauer von bis zu zwölf Monaten der Pfändung nicht unterworfen ist.

Gründe:
Durch Beschluss des AG ... vom ..., Az. ... M .../... wurde das Guthaben des Pfändungsschutzkontos des Schuldners bei der Drittschuldnerin gepfändet und dem Gläubiger zur Einziehung überwiesen.
Bei dem gepfändeten Konto handelt es sich um ein Pfändungsschutzkonto gem. § 850k Abs. 7 ZPO.
Beweis: Bescheinigung des Kreditinstituts vom ...
Da der Schuldner seit mehreren Jahren Hartz-IV-Leistungen bezieht, sind dem Konto in den letzten sechs Monaten vor Antragstellung ( ) nur ( ) überwiegend unpfändbare Beträge gutgeschrieben worden.
Beweis: Leistungsbescheid des ... vom...; Kontoauszüge der letzten 6 Monate
Auch innerhalb der nächsten zwölf Monate wird sich an diesem Umstand nichts ändern, da der Schuldner über sonstige Einkünfte nicht verfügt
Beweis: Eidesstattliche Versicherung des Schuldners vom ...

---

[133] Der Antrag ist beim Gericht, welches den Pfändungs- und Überweisungsbeschluss erlassen hat, zu stellen; der Antrag leitet kein neues Verfahren ein.

Überwiegende Belange des Vollstreckungsgläubigers stehen dem Antrag und der begehrten Anordnung der Unpfändbarkeit nicht entgegen.
Gez. Rechtsanwalt

2. Antrag auf Aufhebung von befristetem P-Kontoschutz (§ 850l S. 3 ZPO)

An das Amtsgericht

103

– Vollstreckungsgericht – ...

Az. ... M .../...[134]

Vollstreckungsgläubiger

gegen

Vollstreckungsschuldner

wird namens und im Auftrag des Gläubigers beantragt anzuordnen

dass die durch Beschluss des Gerichts vom ... angeordnete befristete Unpfändbarkeit des Guthabens auf dem Pfändungsschutzkonto des Schuldners, IBAN: ..., aufgehoben wird.

Gründe:

Durch Beschluss des AG ... vom ..., Az. ... M .../... wurde durch das Gericht die befristete Unpfändbarkeit von ... Monaten des Guthabens auf dem Pfändungsschutzkonto des Schuldners angeordnet.

( ) Die Voraussetzungen zur Aufrechterhaltung der getroffenen Anordnung liegen nicht mehr vor.

Der Schuldner bezieht wieder Arbeitseinkommen von monatlich ... EUR.

Beweis: Vermögensverzeichnis vom ..., AZ: DR II ...

( ) Die getroffene Anordnung steht den Interessen des Vollstreckungsgläubigers entgegen.

Der Gläubiger vollstreckt gegen den Schuldner wegen eines

( ) deliktischen Anspruchs gem. § 850f Abs. 2 ZPO

( ) gesetzlichen Unterhaltsanspruchs gem. § 850d ZPO

und ist daher dringend auf Zahlungen seitens des Schuldners angewiesen.

Gez. Rechtsanwalt

---

[134] Der Antrag ist beim Gericht, welches den Pfändungs- und Überweisungsbeschluss erlassen hat, zu stellen; der Antrag leitet kein neues Verfahren ein.

§ 8 Die Pfändung anderer Vermögensrechte (§ 857 ZPO)

A. Allgemeines

Das Vermögen des Schuldners als seine Haftungsgrundlage und zugleich Vollstreckungsobjekt besteht nicht nur aus beweglichen Sachen (Pfändung nach den §§ 808 ff. ZPO), Geldforderungen (Pfändung nach den §§ 829 ff. ZPO), Herausgabeansprüchen (Pfändung nach den §§ 846 ff. ZPO) und Grundstücken (Anwendung des ZVG), sondern auch aus einer Fülle von anderen „Vermögenswerten", deren Zuordnung bisweilen Schwierigkeiten bereitet. Hier setzt § 857 ZPO an und regelt „die Zwangsvollstreckung in andere Vermögensrechte, die nicht Gegenstand der Zwangsvollstreckung in das unbewegliche Vermögen sind", indem er die Vorschriften über die Zwangsvollstreckung in Forderungen (§§ 829 ff. ZPO) für entsprechend anwendbar erklärt (§ 857 Abs. 1 ZPO).

1

B. Anwendungsbereich

Die Vorschrift erklärt die Regelungen über die Zwangsvollstreckung in Forderungen gem. §§ 829 ff. ZPO für entsprechend anwendbar, soweit es sich um andere Vermögenswerte handelt. Insofern greift die Regelung nicht bei der Vollstreckung in bewegliche Sachen (§§ 808 ff. ZPO), bei der Pfändung von Geldforderungen (§§ 829 ff. ZPO), bei der Pfändung von Herausgabeansprüchen (§§ 846 ff. ZPO) sowie bei der Vollstreckung in Grundstücke oder grundstücksgleiche Rechte (§§ 864 ff. ZPO).

2

Vermögensrechte i.S.d. Vorschrift sind pfändbare Rechte aller Art, die einen Vermögenswert derart verkörpern, dass die Pfandverwertung zur Befriedigung des Geldanspruchs des Gläubigers führen kann.[1] **Nicht pfändbar** sind daher Rechte, welche kein Vermögen darstellen. Hierzu zählen in erster Linie[2]

3

- **Persönlichkeitsrechte** (Namensrecht, Recht auf informationelle Selbstbestimmung)
- **Familienrechte**

---

1 BGH, WM 2012, 514 = NJW-RR 2012, 434 = MDR 2012, 605 = WuB VI D § 857 ZPO 1.12 = FamRZ 2012, 973 = NZS 2012, 507 = JurBüro 2012, 326 = DGVZ 2012, 162 m.w.N.; Vollstreckung effektiv 2009, 44 = Rpfleger 2009, 90 = AUR 2009, 28 = NJW-RR 2009, 411 = KKZ 2010, 159 = MDR 2009, 106: Betriebsprämie aus der GAP-Agrarreform; die einem Milcherzeuger zustehenden Anlieferungs-Referenzmenge; Vollstreckung effektiv 2007, 92; Vollstreckung effektiv 2005, 178 = WM 2005, 1849 = MMR 2005, 685 = NJW 2005, 3353 = BGHReport 2005, 1484 = MDR 2005, 1311 = Rpfleger 2005, 678 = JurBüro 2006, 42 = KKZ 2007, 112 = EWiR 2005, 811; a.A. LG Memmingen, Rpfleger 1998, 120; LG Aurich, Rpfleger 1997, 268 f.
2 Vgl. auch Gottwald/*Mock*, § 857 Rn 4.

§ 8 Die Pfändung anderer Vermögensrechte (§ 857 ZPO)

- akzessorische Gestaltungsrechte[3] wie z.B. eine Bürgschaft, eine Hypothek oder Pfandrecht an beweglichen Sachen. Letztere erwirbt der Gläubiger nur mit Pfändung und Überweisung des Hauptrechts.[4] Die Pfändbarkeit von nicht akzessorischen Gestaltungsrechten richtet sich hingegen nach dem Einzelfall.
- das Recht zur **Annahme einer Erbschaft**: es handelt sich um ein höchstpersönliches Recht, welches an die Person des Schuldners gebunden ist.[5]
- Kündigung[6]
- das Recht zur Zurücknahme hinterlegter Gegenstände (§ 377 Abs. 1 BGB)
- das Vorkaufsrecht nach § 473 BGB oder § 1094 Abs. 1 BGB, falls die Übertragbarkeit nicht besonders vereinbart ist[7]
- das Recht auf Herabsetzung einer Vertragsstrafe[8]
- die Befugnis, eine günstigere Lohnsteuerklasse zu wählen[9]
- das Mitpfänden von Ansprüchen auf die Erteilung von Renteninformationen und Rentenauskünften gem. § 109 SGB VI[10]
- die Kompetenz zur Abtretung einer Forderung[11]
- das Recht eine vorgezogene Altersrente (hier durch den Insolvenzverwalter) zu beantragen. Das Rentenantragsrecht ist ein Gestaltungsrecht, das Bestandteil des konkreten Rechtsverhältnisses zwischen dem Mitglied des Versorgungswerks und der Versorgungseinrichtung ist. Nur das Mitglied i.S.v. § 6 SNÄV ist berechtigt, die vorgezogene Altersrente gem. § 9 Abs. 7 SNÄV zu beantragen.[12]

---

3 BGH, NJW 1973, 1793 = MDR 1973, 1012 = WM 1973, 1270.
4 BGH, NJW 1985, 2640 = WM 1985, 1106 = DB 1985, 2242 = MDR 1986, 302 = JuS 1985, 991; BGH, ZIP 1985, 1141 = WM 1985, 1318 = BB 1985, 1938 = NJW 1985, 2822 = BauR 1985, 686 = MDR 1986, 137 = EWiR 1985, 757; LG Wiesbaden NJW-RR 1996, 59.
5 OLG München, NJW 2015, 2128 = Rpfleger 2015, 485 = Erbrecht effektiv 2015, 44.
6 OLG München, NJW 2015, 2128 = Rpfleger 2015, 485 = Erbrecht effektiv 2015, 44.
7 RGZ 148, 105.
8 BGH, NJW 2003, 1858 = FamRZ 2003, 858 = Vollstreckung effektiv 2007, 88 = Rpfleger 2003, 372 = WM 2003, 940.
9 Stein/Jonas/*Brehm*, § 857 Rn 9.
10 BGH, Vollstreckung effektiv 2012, 79 = WM 2012, 514 = NJW-RR 2012, 434 = MDR 2012, 605 = WuB VI D § 857 ZPO 1.12 = FamRZ 2012, 973 = NZS 2012, 507 = JurBüro 2012, 326 = DGVZ 2012, 162; OLG Celle, JurBüro 1998, 156; LG Leipzig, Rpfleger 2005, 96; LG Siegen, JurBüro 1998, 158; LG Berlin, JurBüro 1998, 157; LG Mannheim, JurBüro 1998, 158; LG Bochum, JurBüro 1998, 160; AG Gelsenkirchen, JurBüro 1998, 603; AG Nienburg, JurBüro 1998, 158; a.A. LG Bochum, JurBüro 2009, 270; LG Dresden, JurBüro 2009, 45; AG Linz, JurBüro 2010, 215; AG Siegen, JurBüro 1998, 603; AG Singen, JurBüro 1998, 159; AG Sinsheim, JurBüro 1998, 159; AG JurBüro 1998, 160; AG Heidelberg, JurBüro 1998, 159; AG Diepholz, JurBüro 1998, 160; AG Verden, JurBüro 1997, 211.
11 MüKo-ZPO/*Smid*, § 857 Rn 10.
12 VG Düsseldorf, NZI 2011, 460 = ZVI 2011, 386.

- Eine verbreitete Meinung im Schrifttum verneint bei einem **Dispositionskredit** die Pfändbarkeit des Abrufrechts, weil niemand durch Dritte in die Rolle eines Schuldners gedrängt werden dürfe.[13]
- Anfechtungs- und Kündigungsrechte. Andererseits kann der Gläubiger eines Miteigentümers dessen Anspruch auf Aufhebung der Gemeinschaft sowie Teilung und Auszahlung des Erlöses gem. §§ 857, 829 ZPO pfänden und sich überweisen lassen (§ 835 ZPO), obwohl der Anspruch auf Aufhebung der Gemeinschaft allein ohne den Miteigentumsanteil nicht abtretbar, also nach §§ 857 Abs. 1, 851 Abs. 1 ZPO auch nicht pfändbar ist.[14]
- Öffentliche Rechte und prozessuale Befugnisse. So ist z.B. die öffentlich-rechtliche Arzneimittelzulassung nicht selbstständig, sondern nur zusammen mit der zivilrechtlichen Befugnis pfändbar, die es gestattet, das Arzneimittel in den Verkehr zu bringen.[15]

C. Die Anwendbarkeit der §§ 829 ff. ZPO (§ 857 Abs. 1 ZPO)

Das Verfahren der Zwangsvollstreckung nach den §§ 857 ff. ZPO folgt den Grundsätzen der Regelung der §§ 828 ff. ZPO. Zuständig ist somit das Vollstreckungsgericht (Rechtspfleger, § 20 Nr. 17 RPflG). Auf den den Bestimmtheitserfordernissen entsprechenden Antrag an das zuständige (§ 828 ZPO) Vollstreckungsgericht wird das vom Gläubiger näher bezeichnete angebliche Recht des Schuldners gepfändet. Das Vollstreckungsgericht prüft auch hier nicht, ob das bezeichnete Recht tatsächlich besteht und dem Schuldner zusteht, sondern nur, ob es nach den Angaben des Gläubigers grds. bestehen kann. Die Pfändung hat zu unterbleiben, wenn das zu pfändende Recht nach den allgemeinen Regeln (§§ 811, 850 ff., 851 ZPO) oder nach sondergesetzlichen Bestimmungen unpfändbar ist. Ist z.B. der Gegenstand unpfändbar (§ 811 Abs. 1 ZPO), ist auch der Miteigentumsanteil nicht pfändbar oder ist die Forderung unpfändbar (§§ 850a, 850b ZPO), ist auch die Mitberechtigung unpfändbar. Wenn ein Recht nicht übertragbar ist und die Nichtübertragbarkeit auch nicht auf einer Parteivereinbarung (§ 851 ZPO) beruht, ist seine Pfändung ebenfalls ausgeschlossen.

4

---

13 Vgl. die Nachweise in BGHZ 147, 193 = BGH, Vollstreckung effektiv 2002, 90 = WM 2001, 898 = ZIP 2001, 825 = DB 2001, 1085 = Rpfleger 2001, 357 = MDR 2001, 1014 = KKZ 2001, 205 = FamRZ 2001, 1214; *Stöber*, Rn 116; *Bach*, Jura 2002, 833; *Bitter*, WM 2001, 889; *Felke*, WM 2002, 1632; *Honsell*, JZ 2001, 1143; *Schuschke*, ZIP 2001, 1084; *R. Fischer*, DZWIR 2002, 143; der BGH hat die Frage bisher offengelassen; vgl. BGH, BGHZ 93, 315 = WM 1985, 344 = ZIP 1985, 339 = BB 1985, 611 = DB 1985, 1018 = EWiR 1985, 119 = JZ 1985, 487 = MDR 1985, 576 = JuS 1985, 997; OLG Frankfurt/Main, NJW-RR 1994, 878.
14 BGHZ 90, 207 = WM 1984, 440 = ZIP 1984, 489 = MDR 1984, 485 = Rpfleger 1984, 283 = NJW 1984, 1968 = DB 1984, 2690.
15 BGH, NJW 1990, 2931 = WM 1990, 1397 = MDR 1990, 914 = EWiR 1990, 531.

§ 8 Die Pfändung anderer Vermögensrechte (§ 857 ZPO)

5 Ein **vereinbarungsgemäß** nicht übertragbares Recht kann allerdings nach § 851 Abs. 2 ZPO gepfändet werden.[16]

6 Ein **unveräußerliches Recht** ist in Ermangelung besonderer Vorschriften der Pfändung insoweit unterworfen, als die Ausübung anderen überlassen werden kann (§ 857 Abs. 3 ZPO). Diese Regelung trifft eine Ausnahme zu § 851 Abs. 1 ZPO dahingehend, dass die Ausübung des nämlichen Rechts einem Dritten überlassen werden kann. Dann ist es pfändbar, wenn sich aus besonderen Vorschriften nichts anderes ergibt. Hierzu gehören z.B. das Wohnrecht[17] und der Nießbrauch (§ 1059 S. 1 BGB), die beide nicht übertragbar, aber zur Ausübung an Dritte übertragbar sind (§ 1092 Abs. 1 S 2, § 1059 S. 2 BGB). Abweichende Sonderregelungen zu § 857 Abs. 3 ZPO enthalten z.B. die §§ 113–118 UrhG.

7 *Taktischer Hinweis*

Die Verweisung des § 857 Abs. 1 ZPO erstreckt sich auch auf **§ 845 ZPO**, sodass für die Pfändung der von § 857 ZPO erfassten Rechte die **Vorpfändung** zulässig ist. Im Falle des Fehlens eines Drittschuldners hat sie durch Zustellung an den Schuldner zu erfolgen (§ 857 Abs. 2 ZPO). § 857 Abs. 7 ZPO stellt diesbezüglich klar, dass der Gerichtsvollzieher nicht verpflichtet ist, die dafür erforderliche Benachrichtigung selbst anzufertigen. Der Gläubiger muss deshalb die entsprechenden Benachrichtigungen selbst anfertigen und durch den Gerichtsvollzieher zustellen lassen.[18]

D. Fehlender Drittschuldner (§ 857 Abs. 2 ZPO)

8 Der Pfändungsbeschluss enthält in der Regel neben dem Ausspruch der Pfändung das an den Schuldner gerichtete Verbot, sich jeder Verfügung über das Recht zu enthalten (§ 829 Abs. 1 S. 2 ZPO) und das an den Drittschuldner gerichtete Verbot, an den Schuldner zu leisten (§ 829 Abs. 1 S. 1 ZPO).[19] Das Gebot an den Schuldner (Inhibitorium), sich jeder Verfügung über das Recht zu enthalten, ist für die Pfändung wesentlich. Fehlt es oder ist die Zustellung an den Schuldner nicht erfolgt, ist die Pfändung unwirksam.[20]

9 *Hinweis*

Der Drittschuldnerbegriff i.S.d. § 857 Abs. 2 ZPO ist dabei weit auszulegen. **Drittschuldner** sind hiernach auch **Inhaber von Rechten, die von der Pfändung irgend-**

---

16 BGHZ 95, 99 = ZIP 1985, 1084 = WM 1985, 1234 = DB 1985, 2241 = MDR 1985, 919 = NJW 1985, 2827 = EWiR 1985, 719 = Rpfleger 1985, 373; RGZ 142, 373; BGH, BGHZ 56, 228 = NJW 1971, 1750 = MDR 1971, 743 = BB 1971, 889 = WM 1971, 933; vgl. auch § 2 Rdn 20 ff.
17 AG Köln, InVo 2003, 490; § 1093 BGB.
18 Vgl. Muster unter § 5 Rdn 276 ff.
19 Vgl. hierzu die Formulierungen in den amtlichen Formularen nach § 2 ZVFV, Seite 9 bzw. 10.
20 Zöller/*Herget*, § 857 Rn 4.

E. Unveräußerliches Recht (§ 857 Abs. 3 ZPO) § 8

wie berührt werden,[21] d.h. Personen, die an dem gepfändeten Recht außer dem Vollstreckungsschuldner irgendwie beteiligt sind, so z.b. bei der Pfändung eines Miteigentumsanteils die übrigen Miteigentümer,[22] bei der Pfändung eines Erbteils die übrigen Miterben[23] sowie bei der Pfändung des Anwartschaftsrechts des Vorbehaltskäufers einer beweglichen Sache der Veräußerer.[24] Für die Eigenschaft einer Person als Drittschuldner reicht es demnach aus, dass deren Rechtsstellung von der Pfändung betroffen ist oder dass ihre Leistung zur Ausübung eines gepfändeten Rechts erforderlich ist.[25]

Die Pfändung wird grds. durch die Zustellung des Pfändungsbeschlusses an den Drittschuldner wirksam (§ 829 Abs. 3 ZPO). Ist ein Drittschuldner nicht vorhanden, wird die Pfändung mit Zustellung an den Schuldner wirksam (§ 857 Abs. 2 ZPO). 10

E. Unveräußerliches Recht (§ 857 Abs. 3 ZPO)

Gem. § 857 Abs. 3 ZPO sind solche Rechte unpfändbar, die weder übertragbar sind noch einem anderen zur Ausübung überlassen werden können. Relevant ist dies beim Nießbrauch und Wohnrecht, die zwar nicht übertragbar sind (vgl. §§ 1059 S. 1, 1093 BGB), deren Ausübung aber einem anderen überlassen werden kann (vgl. §§ 1059 S. 2, 1092 Abs. 1 BGB). Ein vertraglicher Ausschluss dieser Befugnis ist zwar möglich, er führt aber gem. § 857 Abs. 1, 3 i.V.m. § 851 Abs. 2 ZPO nicht zur Unpfändbarkeit des betreffenden Rechts. § 857 Abs. 3 ZPO regelt nicht, welche Folge ein vertraglicher Ausschluss der Überlassungsbefugnis auf die Pfändbarkeit hat. Diese Folge ergibt sich vielmehr aus der über § 857 Abs. 1 ZPO entsprechend anwendbaren Vorschrift des § 851 Abs. 2 ZPO. Sie will verhindern, dass der Schuldner durch einfache Abreden mit dem Drittschuldner an sich verwertbare Bestandteile seines Vermögens jeglichem Gläubigerzugriff entziehen kann.[26] 11

---

21 BGHZ 49, 197 = NJW 1968, 493 = MDR 1968, 313 = BB 1968, 271 = WM 1968, 198.
22 BGH, NJW 1954, 1325 = LM Nr. 2 zu § 857 ZPO.
23 RGZ 49, 405.
24 BGH, NJW 1954, 1325 = LM Nr. 2 zu § 857 ZPO.
25 BFH, BFHE 258, 223 m.w.N; BStBl II 2017, 1035; LG Berlin, Grundeigentum 2015, 1223.
26 BGHZ 95, 99 = ZIP 1985, 1084 = WM 1985, 1234 = DB 1985, 2241 = MDR 1985, 919 = NJW 1985, 2827 = EWiR 1985, 719 = Rpfleger 1985, 373; RGZ 142, 373; BGHZ 56, 228 = NJW 1971, 1750 = MDR 1971, 743 = BB 1971, 889 = WM 1971, 933.

F. Verwertung

12 Auch hinsichtlich der Verwertung bestimmt § 857 Abs. 1 ZPO, dass diese grds. nach den §§ 835, 844 ZPO zu erfolgen hat. In Betracht kommt regelmäßig die Überweisung zur Einziehung. Sie setzt allerdings voraus, dass nach den Vorgaben des materiellen Rechts ein anderer als der Schuldner selbst das Recht ausüben kann oder dass, wenn die Ausübung des Rechts einem bestimmten Personenkreis vorbehalten ist, der Gläubiger diesem Kreis auch angehört. Die Überweisung verschafft dem Gläubiger die Kompetenz, die Leistung zu verlangen, die dem Schuldner zugestanden hätte.[27] Eine Überweisung an Zahlungs statt kann nur dann erfolgen, wenn das Recht einen bestimmten Nennwert hat und seine Übertragung auf den Gläubiger möglich ist. Dies ist z.B. der Fall bei den Eigentümergrundschulden und den Ansprüchen auf Rückabtretung einer Geldforderung.

13 *Hinweis*

§ 857 Abs. 5 ZPO stellt ausdrücklich klar, dass als **Form der anderen Verwertung** (§ 844 ZPO) die **Veräußerung des Rechts** in Betracht kommt, sofern seine Veräußerung zulässig ist. Die Vorschrift greift insbesondere bei der Verwertung gepfändeter Patentrechte oder bei GmbH-Anteilen sowie bei der Verwertung einer Internet-Domain ein.[28] Die Anordnung der anderweitigen Verwertung erfolgt nur auf **Antrag**[29] des Gläubigers, zu welchem der Schuldner zu hören ist, und obliegt dem Vollstreckungsgericht. Die Veräußerung erfolgt dann im Wege des freihändigen Verkaufs oder der Versteigerung des gepfändeten Rechts.

14 § 857 Abs. 4 ZPO erweitert schließlich die **Verwertungsmöglichkeiten bei unveräußerlichen Rechten, deren Ausübung durch einen Dritten erfolgen kann**. Das Vollstreckungsgericht kann auf Antrag des Gläubigers insoweit besondere Anordnungen treffen. Befindet sich die dem Recht unterworfene Sache im Gewahrsam des Schuldners oder eines zur Herausgabe bereiten Dritten, kann das Gericht die **Verwaltung anordnen** und weiter, dass die Sache an einen von ihm benannten Verwalter herauszugeben ist (§ 857 Abs. 4 S. 2 ZPO).[30] Die Anordnung der Verwaltung kommt im Allgemeinen bei **Nutzungsrechten** in Betracht. Hierunter fällt z.B. der Anspruch auf Zustimmung zur Veräußerung oder Belastung des Erbbaurechts.[31] Das Gericht legt dabei die Modalitäten der Verwaltung fest. Die Pfändung wird in diesen Fällen schon dann wirksam, wenn

---

27 Vgl. auch § 5 Rdn 96 ff.
28 Vgl. BGH, Vollstreckung effektiv 2005, 178 = WM 2005, 1849 = MMR 2005, 685 = NJW 2005, 3353 = BGHReport 2005, 1484 = MDR 2005, 1311 = Rpfleger 2005, 678 = JurBüro 2006, 42 = KKZ 2007, 112 = EWiR 2005, 811; ausführlich *Hartig*, GRUR 2006, 499.
29 Vgl. § 5 Rdn 171 ff.
30 Vgl. auch § 5 Rdn 171 ff.
31 BGHZ 33, 76 = WM 1960, 973.

die Sache an den Verwalter herausgegeben wird. Der Verwalter, der z.B. die Nutzungen und Früchte aus einem Nießbrauch zieht, hat dem Gläubiger Rechnung zu legen und den Reinerlös an diesen abzuliefern oder zu hinterlegen (§ 839 ZPO).

G. Einzelfälle

I. Anwartschaftsrechte, Anwartschaftsrecht bei Eigentumsvorbehalt und Sicherungseigentum

Der Schuldner, der eine Sache mit der Abrede erwirbt, dass er Eigentum an ihr erst erlangen solle, wenn er den Kaufpreis voll gezahlt hat (einfacher **Eigentumsvorbehalt**; vgl. § 449 BGB), erwirbt mit der Aushändigung der Sache neben dem Besitz und der Nutzungsmöglichkeit eine Eigentumsanwartschaft, die einen selbstständigen Vermögenswert darstellt. 15

Beispiel – Eigentumsvorbehalt 16
A kauft von B im Januar ein Auto zum Preis von 10.000 EUR. Der B behält sich, weil A nicht den kompletten Kaufpreis auf einmal zahlen will, das Eigentum bis zur vollständigen Zahlung vor. Es wird vereinbart, dass A jeden Monat 1.000 EUR zahlt und dann mit Zahlung der letzten Rate im Oktober das Eigentum vollständig übergeht.
Mit jeder Zahlung wächst also die Anwartschaft des A wertmäßig an. Der A hat mit der Bedingung, dass er erst dann Eigentum erhalten soll, wenn er auch voll gezahlt hat, bereits ein Anwartschaftsrecht an der Kaufsache erworben. Dieses Anwartschaftsrecht ist auch unabhängig von einer ersten Teilzahlung. Allein die bedingte Übereignung ergibt bereits ein solches Anwartschaftsrecht.

Überträgt der Schuldner an einer ihm gehörigen Sache an einen Dritten **Sicherungseigentum** und ist vereinbart, dass er die Sache weiter nutzen darf (§ 930 BGB) und das Eigentum an derselben ohne Weiteres dann auf den Schuldner zurückfällt, wenn er die gesicherte Forderung getilgt habe, so steht dem Schuldner ebenfalls eine Eigentumsanwartschaft zu. Gleiches gilt bei der Sicherungsabtretung einer Lohnforderung. Hier hat der Schuldner je nach vertraglicher Regelung einen schuldrechtlichen Anspruch auf Rückabtretung, wenn der Sicherungszweck erfüllt ist.[32] 17

Taktischer Hinweis 18
Der Schuldner ist grds. verpflichtet i.R.d. Vermögensauskunft im Vermögensverzeichnis unter Abschnitt A Ziffer 9a, b Angaben über unter Eigentumsvorbehalt bzw. sicherungsübereignete Gegenstände zu machen, sowie unter Abschnitt B Ziffer

---

[32] LG Arnsberg, JurBüro 2013, 603.

19 über Anwartschaftsrechte bzw. Rückforderungsansprüche Auskunft zu erteilen. Der Schuldner muss offenbaren, auf welcher Grundlage er diese Gegenstände nutzt und welche Rechte er selbst besitzt. Der Gläubiger sollte daher zunächst ein bereits vorliegendes Vermögensverzeichnis auswerten. Liegt dieses noch nicht vor, sollte die Vermögensauskunft beantragt werden (§§ 802c, 802f ZPO).

19 Meistens kann ein Schuldner mit dem Begriff des Anwartschaftsrechts nichts anfangen. Zudem findet der Gerichtsvollzieher oft nicht die Zeit, das Vermögensverzeichnis mit ihm sorgfältig durchzugehen. Deshalb sollte beim Schuldner nachgefragt und ggf. i.R.d. Nachbesserungsverfahrens eine Klärung erfolgen. Der Gläubiger sollte auch unbedingt nach dem Namen und der Adresse des Vorbehaltsverkäufers bzw. des Kreditgebers fragen, da es sich hierbei um potentielle Drittschuldner handelt.

20 Auch das Vollstreckungsprotokoll des Gerichtsvollziehers kann wertvolle Hinweise geben, soweit dort aufgeführt wird, dass die vorhandenen beweglichen Sachen nicht im Eigentum des Schuldners stehen.

21 In beiden Fällen der Anwartschaft erwirbt der Schuldner ohne weitere Mitwirkung eines der Beteiligten bei Eintritt der vereinbarten Bedingung (§ 158 BGB) das Eigentum an der Sache. Nach Eintritt dieser Bedingung kann die Sache vom Gläubiger beim Schuldner im Wege der Sachpfändung durch den Gerichtsvollzieher gepfändet werden. Vor Eintritt der Bedingung gehört die Sache jedoch nicht zu dem Vermögen des Schuldners, kann also bei ihm auch nicht im Wege der Sachpfändung gepfändet werden. Würde sie gleichwohl – als in seinem Besitz befindlich – vom Gerichtsvollzieher gepfändet, könnten der Vorbehaltsverkäufer oder der Sicherungsnehmer ihr an der Sache (weiter) bestehendes Eigentum im Wege der Drittwiderspruchsklage (§ 771 ZPO) geltend machen.

22 Das Anwartschaftsrecht unterliegt der Pfändung nach §§ 857, 829 ZPO. Die wirksame Beschlagnahme erfordert jedoch – bei beweglichen Gegenständen, die keine Forderungen sind – die Ergänzung der Rechtspfändung durch eine Sachpfändung des Gerichtsvollziehers, also die Pfändung der unter Eigentumsvorbehalt stehenden Sache (sog. **Doppelpfändung**[33]). Ist allerdings die Sachpfändung unzulässig (vgl. § 811 Abs. 1 ZPO), darf auch das Anwartschaftsrecht nicht gepfändet werden.[34]

23 *Taktischer Hinweis*
Die Pfändung des Anwartschaftsrechts mit anschließender Sachpfändung ermöglicht dem Gläubiger später die Befriedigung aus dem Gegenstand, der entweder durch Teilzahlung des Kaufpreises erworben oder durch Teilrückzahlung z.B. eines durch ihn gesicherten Darlehens in das Vermögen des Schuldners zurückfallen soll. Die Befrie-

---

33 BGH, NJW 1954, 1325.
34 LG Berlin, DGVZ 1965, 91.

G. Einzelfälle § 8

digungsaussichten einer späteren Verwertung hängen deshalb maßgeblich davon ab, welche Zahlungen der Schuldner an den Verkäufer oder den Sicherungsnehmer bereits geleistet hat. Einen praktischen Wert hat die Pfändung daher nur, wenn lediglich noch geringe Zahlungen zu leisten sind. Nur dann „lohnt" sich für den Gläubiger eine Ablösung der Restforderung des Verkäufers oder Sicherungsnehmers.

1. Durchführung der Rechtspfändung

Die **Pfändung** des Anwartschaftsrechts erfolgt nach § 857 ZPO die des Anspruchs auf Übereignung und Herausgabe nach § 847 ZPO[35] durch **Pfändungsbeschluss**, der dem Drittschuldner zuzustellen ist (§ 829 Abs. 3 ZPO). Drittschuldner ist der Eigentümer des Gegenstandes (Vorbehaltsverkäufer/Kreditgeber).[36] Mit der Zustellung an ihn ist die Pfändung bewirkt. Mit der Pfändung und der Überweisung zur Einziehung (eine Überweisung an Zahlungs statt verbietet sich, da das Anwartschaftsrecht und der Anspruch auf Übereignung und Herausgabe keinen Nennwert haben; § 835 Abs. 1 ZPO) erwirbt der Gläubiger nur ein auf das Anwartschaftsrecht selbst bezogenes Pfandrecht. Dieses setzt sich – bei Eintritt der Bedingung und Eigentumserwerb durch den Schuldner – nicht an dem Gegenstand fort. Der Schuldner erwirbt das Eigentum vielmehr unbelastet. Aus diesem Grund ist neben der Rechtspfändung die Sachpfändung durch den Gerichtsvollzieher notwendig. Solange diese nicht erfolgt, kann der Schuldner über den Gegenstand verfügen (nicht über das Anwartschaftsrecht). Die Pfändung des Anwartschaftsrechts allein verbietet lediglich die Übertragung desselben seitens des Schuldners. Dem Schuldner bleibt es überlassen, Zahlungen an den Eigentümer zu leisten.

24

2. Pfändungswirkungen

Der Gläubiger erlangt durch die Pfändung – allein des Anwartschaftsrechts – die Befugnis, den Restkaufpreis oder z.B. das Restdarlehen an den Eigentümer des Gegenstandes zu zahlen und dadurch den Eigentumsübergang auf den (seinen) Schuldner herbeizuführen. Weder kann der Eigentümer die Annahme der Zahlung verweigern, noch kann der Schuldner der Zahlung seitens des Gläubigers widersprechen (§ 267 BGB). Schließlich gibt die wirksame Pfändung ihm das Recht auf Auskunft (§ 840 ZPO), was für die Strategie des Gläubigers von Bedeutung sein kann. Eine Verwertung nur des Anwartschaftsrechts, die durch Veräußerung möglich wäre (§ 844 ZPO), ist im Grunde uninteressant, da das Anwartschaftsrecht für Dritte keinen eigenständigen wirtschaftlichen Wert hat, weil es mit der Erstarkung zum Vollrecht untergeht.

25

---

35 Vgl. auch § 10 Rdn 7–22.
36 Vgl. hierzu *Stöber*, Rn 1489.

3. Durchführung der Sachpfändung

26 Die notwendige Sachpfändung erfolgt durch den **Gerichtsvollzieher** mittels des **amtlichen Vordrucks** nach den allgemeinen Bestimmungen (§§ 808 ff. ZPO). Sie kann vor oder nach Pfändung des Anwartschaftsrechts vorgenommen werden. Nach Pfändung des Anwartschaftsrechts kann der Drittschuldner der Pfändung nicht nach § 771 ZPO widersprechen, wenn entweder der Schuldner die vereinbarten Raten weiterzahlt oder der Gläubiger sich zur Zahlung derselben bereit erklärt. Mit der Pfändung der Sache erwirbt der Gläubiger ein Pfändungspfandrecht an dieser (§ 804 Abs. 1 ZPO). Für dieses Pfandrecht wahrt die zuvor erfolgte Pfändung des Anwartschaftsrechts keinen Rang.[37] Bei mehrfacher Sachpfändung geht das durch die frühere Sachpfändung begründete Pfandrecht dem späteren ohne Rücksicht darauf vor, in welcher Reihenfolge das Anwartschaftsrecht an derselben gepfändet wurde. Ein gesetzliches Pfandrecht (§§ 562, 581 BGB) kann an der Sache erst entstehen, wenn der Schuldner Eigentum an ihr erwirbt, also die letzte Rate gezahlt hat. Haben zu diesem Zeitpunkt auch Gläubiger die Sache bereits gepfändet, so sollen alle Pfandrechte den gleichen Rang haben.[38]

27 Der Eigentümer kann der Verwertung (§§ 814 ff. ZPO) der Sache widersprechen, solange die Leistungspflichten des Schuldners ihm gegenüber nicht voll erfüllt sind (§ 771 ZPO). Die Beträge, die der Gläubiger für die Zahlung der Restschuld an den Drittschuldner anstelle des Schuldners aufgewandt hat, gehören zu den notwendigen Kosten der Zwangsvollstreckung (§ 788 ZPO). Sie können daher vom Versteigerungserlös vorweg abgezogen werden.

28 *Taktischer Hinweis*

Vor der Verwertung muss der Gläubiger allerdings rechnen: Der Verwertungserlös ist nach § 367 BGB zunächst auf die Kosten, dann auf die Zinsen und zuletzt auf die Hauptforderung zu verrechnen. Die Zahlung des Restkaufpreises bzw. der Restschuld lohnt sich daher nur, wenn die Hälfte des aktuellen Sachwerts gem. § 817a ZPO die auszugleichende Restschuld bzw. den Restkaufpreis übersteigt.[39]

29 *Beispiel*

Schuldner S kauft beim Drittschuldner DS unter Eigentumsvorbehalt eine Heimkinoanlage für 8.000 EUR; S hat an Raten bislang 5.000 EUR gezahlt. Gläubiger G vollstreckt wegen einer Forderung von 2.500 EUR. Die Sache hat noch einen aktuellen Wert von 4.000 EUR.

---

37 MüKo-ZPO/*Smid*, § 857 Rn 21; *Stöber*, Rn 1496.
38 *Stöber*, Rn 1499.
39 Vgl. auch *Goebel*, Vollstreckung effektiv 2001, 143.

Lösung

Für G lohnt sich die Zahlung des Restkaufpreises von 3.000 EUR und anschließende Verwertung nicht. Denn nach § 817a ZPO darf der Gerichtsvollzieher einem Bieter den Zuschlag nur erteilen, wenn mindestens die Hälfte des Verkehrswertes erreicht wird, somit 2.000 EUR. Von diesem Betrag sind dann zunächst die Gerichtsvollzieherkosten, die vorgeschossenen 3.000 EUR Restkaufpreiszahlung sowie bislang entstandene Vollstreckungskosten abzuziehen. Somit bleibt nichts mehr übrig, was auf die Hauptforderung zu verrechnen ist.

Taktischer Hinweis 30

In diesem Fall empfiehlt es sich, zumindest bei einem Vorbehaltsverkauf die Zahlung des Restkaufpreises auszusetzen und gleichzeitig den Rückzahlungsanspruch des Schuldners zu pfänden. Soweit der Vorbehaltsverkäufer von dem Vertrag zurücktritt oder die Sache verwertet, erhält der Schuldner nämlich regelmäßig einen Teil seiner bereits gezahlten Raten zurück. Denkbar ist auch, dass sich der Gläubiger, soweit er selbst an der Sache interessiert ist, sich diese im Rahmeneiner anderweitigen Verwertung zu Eigentum übertragen lässt, unter Anrechnung des Mindestgebots auf seine Forderung. Hierzu muss er den Gerichtsvollzieher ausdrücklich beauftragen (§ 825 Abs. 1ZPO).

4. Musteranträge

Die Pfändung des Anwartschaftsrechts erfolgt mit dem amtlichen verbindlichen Vordruck unter Buchstabe G (Sonstige). Auf Seite 3 des Vordrucks sind sowohl der Vorbehaltsverkäufer/Kreditgeber als auch der Schuldner selbst als Drittschuldner aufzuführen. Die Formulierung auf Seite 6 bzw. 7 des amtlichen Vordrucks könnte wie folgt aussehen: 31

32

Anspruch G
(Hinweis: betrifft Anspruch an weitere Drittschuldner bzw. schon aufgeführte Drittschuldner, soweit Platz unzureichend)

- das angebliche Anwartschaftsrecht des Schuldners auf den Erwerb des Eigentums des ... (Bezeichnung des Gegenstands) aus dem Kaufvertrag/Sicherungsübereignungsvertrag vom ... (Datum des Kaufvertrags/Sicherungsübereignungsvertrages einsetzen)
- sämtliche dem Schuldner zustehenden Rückvergütungsansprüche für den Fall des bereits erfolgten oder noch erfolgenden Rücktritts des Vorbehaltsverkäufers/Kreditgebers vom Kaufvertrag/Sicherungsvertrag oder infolge sonstiger Vertragsauflösung
- der Anspruch auf Herausgabe der beweglichen Sache(n) (§§ 846, 847 ZPO, wenn Drittbesitzer als Drittschuldner namentlich bekannt ist)

§ 8 Die Pfändung anderer Vermögensrechte (§ 857 ZPO)

33 **Wichtig:** Im Zusammenhang mit der Pfändung und Überweisung des Anspruchs auf Herausgabe gem. §§ 846, 847 ZPO ist auf den Seiten 8 bzw. 9 zusätzlich unter der Rubrik „sonstige Anordnungen" Folgendes einzutragen:

34

> ☒ **Sonstige Anordnungen:**
> Es wird angeordnet, dass die Sache an einen vom Gläubiger zu beauftragenden Gerichtsvollzieher herauszugeben ist (§ 847 Abs. 1 ZPO).

II. Arzthonorare

1. Arzt rechnet als Kassenarzt ab

35 Behandelt ein (Zahn-)Arzt einen gesetzlich versicherten Patienten, steht ihm ein Honoraranspruch nur gegen die **kassen(zahn)ärztliche Vereinigung**[40] zu. Diese ist im Pfändungs- und Überweisungsbeschluss als **Drittschuldnerin** zu benennen. Solchen Vereinigungen gehören alle Ärzte und Psychotherapeuten an, die zur ambulanten Behandlung von Versicherten der gesetzlichen Krankenversicherungen zugelassen oder ermächtigt sind (sog. Vertragsärzte). Die Honoraransprüche stellen Arbeitseinkommen i.S.d. § 850 Abs. 2 ZPO dar, da es sich um Vergütungen für Dienstleistungen handelt, die die Existenzgrundlage des Schuldners bilden, da seine Erwerbstätigkeit beansprucht wird.[41]

36 *Taktischer Hinweis*

Pfändungen unterliegen daher den Grenzen des § 850c ZPO. Folge: Bei den häufig anzutreffenden Quartalsabrechnungen ist der überwiesene Gesamtbetrag durch 3 zu teilen. Die sich ergebende Summe ist dann zur Berechnung des Pfandbetrags heranzuziehen. Da es sich insoweit um einen „Brutto"-Betrag handelt, sich die pfändbaren Beträge aber nach dem „Netto"-Betrag richten, müssen hier regelmäßig noch Gelder durch den Schuldner abgeführt werden, die nicht aufgrund seiner Dienstleistung als Arzt entstanden sind (z.B. Material- und Untersuchungskosten von Laboren etc.). Solche Leistungen unterliegen nicht dem von Amts wegen zu beachtenden § 850a Nr. 3 ZPO. Hier greift § 850f Abs. 1 lit. a ZPO.[42] Insofern muss das Vollstreckungsgericht nur auf Antrag des Schuldners die pfändungsfreien Beträge einer solchen „undifferenzierten Vergütung" festsetzen und dabei den gesamten, den Verdienst schmälernden Aufwand berücksichtigen.

---

40 Http://www.kbv.de/html/432.php.
41 BGH, NJW 1986, 2632; *Mock*, Vollstreckung effektiv 2011, 92.
42 BGH, NJW 1986, 2632; *Dumslaff*, Vollstreckung effektiv 2003, 154.

2. Arzt rechnet privat ab

Behandelt der Arzt einen Privatpatienten, steht ihm ein Zahlungsanspruch gegen diesen zu. Hierbei gilt es zunächst § 851 Abs. 1 ZPO zu beachten: Eine Forderung ist nur insoweit pfändbar, als sie übertragbar ist.[43]

37

Taktischer Hinweis
Oft treten Ärzte solche Forderungen an eine gewerbliche Verrechnungsstelle zum Zwecke der Rechnungserstellung und Einziehung unter Übergabe der Abrechnungsunterlagen ab. Eine solche Abtretung ist allerdings wegen Verletzung der ärztlichen Schweigepflicht (§ 203 Abs. 1 Nr. 1 StGB) gem. § 134 BGB nichtig, wenn der Patient ihr nicht zugestimmt hat.[44] Die Folge wäre somit eine Unpfändbarkeit, was dem Schuldner (Arzt) einen zusätzlichen Vollstreckungsschutz zulasten eines Gläubigers sichern würde (§ 851 Abs. 1 ZPO).

38

Der BGH[45] hat jedoch entschieden, dass privatärztliche Honorarforderungen grds. pfändbar sind. Insofern kann sich der Arzt als Schuldner der Pfändung solcher Forderungen nicht entziehen, da er zu einer Preisgabe der entsprechenden Drittschuldner gem. § 836 Abs. 3 ZPO verpflichtet ist. Im Antrag auf Erlass eines Pfändungs- und Überweisungsbeschlusses ist somit der jeweilige **Privatpatient** als **Drittschuldner** anzugeben. Wurde die Forderung an eine gewerbliche Verrechnungsstelle abgetreten, ist diese Drittschuldnerin, wenn der Patient dem zugestimmt hat, was regelmäßig vor Beginn der Behandlung durch den Arzt vereinbart wird. Der Gläubiger sollte daher vorsichtshalber beide als Drittschuldner benennen

3. Muster: Pfändung von ärztlichen Honorarforderungen

Drittschuldner (genaue Bezeichnung des Drittschuldners: Firma bzw. Vor- und Zuname, vertretungsberechtigte Person/-en, jeweils mit Anschrift; Postfach-Angabe ist nicht zulässig; bei mehreren Drittschuldnern ist eine Zuordnung des Drittschuldners zu der/den zu pfändenden Forderung/-en vorzunehmen)
Herr/Frau/Firma
Drittschuldner zu 1 (genaue Bezeichnung und Anschrift des Patienten - Anspruch G)
Drittschuldner zu 2 (genaue Bezeichnung u. Anschrift der privatärztl. Verrechnungsstelle) - Anspruch G
Drittschuldner zu 3 ... - Anspruch A

39

---

43 Vgl. auch § 2 Rdn 11 ff.
44 BGH, NJW 1992, 737; NJW 1991, 2955.
45 NJW 2005, 1550.

§ 8 Die Pfändung anderer Vermögensrechte (§ 857 ZPO)

Forderung aus Anspruch

☒ A (an Arbeitgeber)

☐ B (an Agentur für Arbeit bzw. Versicherungsträger)
   Art der Sozialleistung: _____
   Konto-/Versicherungsnummer: _____

☐ C (an Finanzamt)

☐ D (an Kreditinstitute)

☐ E (an Versicherungsgesellschaften)
   Konto-/Versicherungsnummer: _____

☐ F (an Bausparkassen)

☒ G

☐ gemäß gesonderter Anlage(n) _____

Anspruch A (an Arbeitgeber)
1. auf Zahlung des gesamten gegenwärtigen und künftigen Arbeitseinkommens (einschließlich des Geldwertes von Sachbezügen)
2. auf Auszahlung des als Überzahlung jeweils auszugleichenden Erstattungsbetrages aus dem durchgeführten Lohnsteuer-Jahresausgleich sowie aus dem Kirchenlohnsteuer-Jahresausgleich für das Kalenderjahr _____ und für alle folgenden Kalenderjahre
3. auf Auszahlung der ihm zustehenden Vergütungen (Anteil an durch die Drittschuldnerin von Krankenkassen/anderen Leistungsträgern entgegengenommenen Honoraren/Vergütungen)

Anspruch G
(Hinweis: betrifft Anspruch an weitere Drittschuldner bzw. schon aufgeführte Drittschuldner, soweit Platz unzureichend)

auf Auszahlung der ihm zustehenden Vergütungen (seines Anteils an den durch die Drittschuldnerin von Krankenkassen und anderen Leistungsträgern entgegengenommenen Honoraren/Vergütungen).

III. Auflassungsanwartschaft

40 Der Erwerber eines Grundstücks erwirbt ein Anwartschaftsrecht auf den Eigentumserwerb des Grundstücks, wenn der bisherige Eigentümer das Grundstück an ihn aufgelassen und den Antrag auf Eigentumsumschreibung bereits beim Grundbuchamt gestellt hat oder zu seinen Gunsten bereits eine Auflassungsvormerkung im Grundbuch eingetragen ist.[46]

---

[46] BGHZ 106, 108 = WM 1989, 220 = ZIP 1989, 166 = BB 1989, 321 = MittBayNot 1989, 87 = NJW 1989, 1093 = Rpfleger 1989, 192 = Rpfleger 1989, 493 m. Anm. *Hintzen* = WuB VII A § 857 ZPO 1.89 = MDR 1989, 437.

G. Einzelfälle §8

Hinweis 41

Die **Auflassung** ist die zwischen dem Erwerber und dem Käufer eines Grundstücks erklärte Einigung darüber, dass das Eigentum an dem Grundstück auf den Käufer übergehen soll. Diese Einigung muss bei gleichzeitiger Anwesenheit der Parteien vor einem Notar erklärt werden (§ 925 BGB). Für die Pfändung ist es dabei besonders wichtig, ob diese vor oder nach Erklärung der Auflassung erfolgt. Pfändet der Gläubiger **vor Erklärung der Auflassung** ist der **schuldrechtliche Anspruch auf Eigentumsübertragung** aus dem zugrunde liegenden Vertrag zu pfänden.[47]

Hinweis 42

Nach Erklärung der Auflassung wird dem Käufer (Schuldner) nur noch die Eigentumsumschreibung ins Grundbuch geschuldet; er hat diesbezüglich eine Anwartschaft (sog. **Auflassungsanwartschaft**) hierauf. Das Anwartschaftsrecht ist ebenso ein Vermögensrecht wie dasjenige an Gegenständen und nach § 857 ZPO **pfändbar**. Ein Anwartschaftsrecht liegt vor, wenn von einem mehraktigen Entstehungstatbestand eines Rechts bereits so viele Erfordernisse erfüllt sind, dass von einer gesicherten Rechtsposition des Erwerbers gesprochen werden kann, die der andere an der Entstehung des Rechts Beteiligte nicht mehr durch einseitige Erklärung zu zerstören vermag.[48] Der BGH hat mehrfach entschieden, ab wann bei einer Grundstücksübertragung von einem Anwartschaftsrecht des Erwerbers gesprochen werden kann.[49]

Merke 43

Es liegt **kein Anwartschaftsrecht** vor, wenn die Auflassung zwar notariell beurkundet ist, aber
1. noch kein Antrag auf Eintragung beim Grundbuchamt gestellt ist
2. oder der Antrag auf Eintragung beim Grundbuchamt zurückgewiesen wurde
3. oder der Antrag auf Eintragung beim Grundbuchamt durch den Verkäufer gestellt wird.

Um den Eigentumserwerb des Käufers zu vereiteln, kann in den Fällen 1. und 2. der Verkäufer jederzeit gegenüber dem Grundbuchamt seinen Antrag zurücknehmen. Um dennoch erfolgreich zuzugreifen, muss der Gläubiger den **schuldrechtlichen Eigentumsverschaffungsanspruch** des Schuldners pfänden.[50]

44

---

47 Vgl. auch Rdn 56 ff.
48 BGH, NJW 1991, 2019.
49 BGH, Rpfleger 1968, 1983 u. 1989, 192.
50 Vgl. auch Rdn 56 ff.

§ 8 Die Pfändung anderer Vermögensrechte (§ 857 ZPO)

45 In nachfolgenden Fällen liegt jedoch ein Anwartschaftsrecht vor:
- Die Auflassung ist notariell beurkundet und der Erwerber stellt den Antrag auf Eintragung beim Grundbuchamt: Da die Auflassung bindend und nicht mehr widerrufbar ist (§ 873 Abs. 2 Alt. 1 BGB), liegt ein Anwartschaftsrecht vor.[51] Der Veräußerer kann den Eigentumsübergang nicht mehr verhindern, zumal nachfolgende Anträge beim Grundbuchamt nach dem Antrag des Erwerbers erledigt werden müssen (vgl. § 17 GBO).
- Die Auflassung ist notariell beurkundet und für den Erwerber bereits eine Auflassungsvormerkung im Grundbuch eingetragen: Der BGH[52] bejaht dann das Entstehen eines Anwartschaftsrechts, da jede Verfügung des Veräußerers gegenüber dem Erwerber (= Vormerkungsberechtigten) unwirksam ist (§ 883 Abs. 2 BGB).

46 **Drittschuldner** ist allerdings nicht der (Noch-)Eigentümer des Grundstücks, der durch die Antragstellung auf Umschreibung des Eigentums beim Grundbuchamt alles für den Eigentumsübergang Erforderliche getan hat. Die **Pfändung** wird deshalb, weil es **keinen Drittschuldner** gibt, nach § 857 Abs. 2 ZPO durch **Zustellung des Pfändungsbeschlusses an** den **Schuldner** bewirkt.

47 Die Pfändung erfolgt mittels Pfändungsbeschluss. Da es sich um ein **drittschuldnerloses Recht** (§ 857 Abs. 2 ZPO) handelt, wird die Pfändung mit der Zustellung an den Käufer als Schuldner wirksam. Weil sich der Rechtserwerb ohne Mitwirkung des Eigentümers als Verkäufer vollzieht, ist dieser somit kein Drittschuldner.

48 Die Pfändung erfolgt mit dem amtlichen verbindlichen Vordruck unter Buchstabe G (Sonstige). Die Formulierung auf Seite 6 bzw. 7 des amtlichen Vordrucks könnte wie folgt aussehen:

49
> **Anspruch G**
> (Hinweis: betrifft Anspruch an weitere Drittschuldner bzw. schon aufgeführte Drittschuldner, soweit Platz unzureichend)
>
> das angebliche Anwartschaftsrecht auf Erwerb des Eigentums an dem Grundstück, eingetragen im Grundbuch des AG ..., Blatt ..., lfd. Nr. ..., Flur ..., Flurstück ..., aufgrund der am ... vor dem Notar ... erklärten Auflassung.

50 *Taktischer Hinweis*
Zur Sicherung vor Verfügungen Dritter, sollte der Gläubiger die Pfändung im Wege der **Grundbuchberichtigung** eintragen lassen. Hierbei muss er dem Grundbuchamt gegenüber nachweisen, dass tatsächlich ein Anwartschaftsrecht entstanden ist. Wurde dem Grundbuchamt bei Eintragung der Auflassungsvormerkung bereits eine nota-

---

51 OLG Frankfurt/Main, Rpfleger 1997, 152; OLG Jena, Rpfleger 1996, 100.
52 BGH, Rpfleger 1968, 1983 u. 1989, 192.

G. Einzelfälle § 8

rielle Urkunde mit eingereicht, ist diese Voraussetzung erfüllt. Falls nicht, kann der Gläubiger von dem Notar gem. § 792 ZPO die Herausgabe der Auflassungsurkunde verlangen, um diese dann dem Grundbuchamt vorzulegen.

Musterformulierung: Antrag auf Herausgabe der Auflassungsurkunde gem. § 792 ZPO 51

An den Notar ...

In der Zwangsvollstreckungssache

Gläubiger gegen Schuldner

beantrage ich namens und in Vollmacht des Gläubigers die Auflassungsurkunde für die am ... vor Ihnen als Notar erklärten Auflassung hinsichtlich des Grundstücks, eingetragen im Grundbuch des AG ..., Blatt ..., lfd. Nr. ..., Flur ..., Flurstück ..., herauszugeben.

Gründe:

Durch Pfändungs- und Überweisungsbeschluss des AG ... vom ..., Az: ... hat der Gläubiger das dingliche Anwartschaftsrecht gepfändet.

Beweis: beglaubigte Abschrift des Pfändungs- und Überweisungsbeschluss des AG ... vom ..., Az. ...

Der Gläubiger benötigt zwecks Nachweis gegenüber dem Grundbuchamt, dass das Anwartschaftsrecht tatsächlich entstanden ist, die Auflassungsurkunde, damit die Pfändung im Grundbuch berichtigend vermerkt werden kann.

Zur Urkundenherausgabe sind Sie gem. § 792 ZPO verpflichtet.

Rechtsanwalt

Mit der wirksamen Pfändung erwirbt der Gläubiger zunächst das Recht, ohne Mitwirkung 52 des Schuldners und auch gegen dessen Willen dessen Eintragung als Eigentümer beim Grundbuchamt zu betreiben. Sobald der Erwerber (Schuldner) als Eigentümer ins Grundbuch eingetragen wird, entsteht zugunsten des Gläubigers **kraft Gesetzes eine Sicherungshypothek** (§ 848 Abs. 2 S. 2 ZPO). Damit diese tatsächlich eingetragen wird, muss der Gläubiger beim Grundbuchamt einen entsprechenden **Antrag** stellen.

Muster: Antrag auf Eintragung einer Sicherungshypothek 53

An das AG ... – Grundbuchamt –

Grundbuch von ... (genaue Bezeichnung)

In der Zwangsvollstreckungssache

Gläubiger gegen Schuldner

§ 8 Die Pfändung anderer Vermögensrechte (§ 857 ZPO)

wird namens und in Vollmacht des Gläubigers beantragt, zugunsten des Gläubigers an dem vorbezeichneten Grundstück eine Sicherungshypothek i.H.v. ... EUR einzutragen.

Gründe:

Durch Pfändungs- und Überweisungsbeschluss des AG ... – Vollstreckungsgericht – vom ..., Az. M .../... wurde das Anwartschaftsrecht auf Erwerb des Eigentums gepfändet und dem Gläubiger zur Einziehung überwiesen.

Beweis: anl. Ausfertigung des Pfändungs- und Überbeweisungsbeschlusses des AG ... – Vollstreckungsgericht – vom ..., Az. ... M .../...

( ) Die Auflassung ist notariell beurkundet und der Schuldner als Erwerber hat bereits den Antrag auf Eintragung beim Grundbuchamt gestellt.

( ) Die Auflassung ist notariell beurkundet und für den Erwerber als Schuldner ist bereits eine Auflassungsvormerkung im Grundbuch eingetragen.

Mit dem Übergang des Eigentums auf den Schuldner erlangt der Gläubiger daher eine Sicherungshypothek für seine Forderung.

Rechtsanwalt

54 Sobald die Sicherungshypothek zugunsten des Gläubigers im Grundbuch eingetragen ist, ist das Vollstreckungsverfahren erledigt. Um seinen Anspruch durchzusetzen, muss er nun nach § 848 Abs. 3 ZPO verfahren. Er muss also die **Zwangsversteigerung** oder **Zwangsverwaltung** betreiben.

55 Die Sicherungshypothek geht den Rechten am Grundstück nach, die der ursprüngliche Eigentümer beantragt hatte, und denjenigen vor, die der Schuldner vor seiner Eintragung (ohne Zusammenhang mit dem Kaufvertrag) bewilligt hat. Dies schmälert bei einer Versteigerung die Erfolgsaussichten des Gläubigers. Zur Eintragung der Pfändung einer Anwartschaft auf Eigentumserwerb aus einer Auflassung bei einer Auflassungsvormerkung ist der Nachweis der Auflassung durch öffentliche oder öffentlich beglaubigte Urkunden erforderlich.[53] Die gegen den Grundstückskäufer ausgebrachte Pfändung des Eigentumsverschaffungsanspruchs und des Anwartschaftsrechts aus der Auflassung kann bei der Auflassungsvormerkung nicht vermerkt werden, wenn schon bei Erlass des Pfändungsbeschlusses im Grundbuch eingetragen war, dass der Käufer die Rechte aus der Auflassungsvormerkung an einen Dritten abgetreten hat.[54]

---

53 LG Bonn, Rpfleger 1989, 499.
54 OLG Frankfurt/Main, JurBüro 1997, 329.

IV. Eigentumsverschaffungsanspruch an Grundstücken

Dem **Anspruch auf Eigentumsübertragung** an Immobilien bzw. Grundstücken liegt meist ein schuldrechtlicher Vertrag in Form eines Kauf-, Tausch-, Überlassungs- oder Schenkungsvertrags zugrunde. Damit ein solcher Vertrag wirksam ist, bedarf er gem. § 311b Abs. 1 BGB der notariellen Beurkundung. Ansprüche auf Auflassung aus solchen Verträgen können gepfändet werden.

56

Für die Pfändung ist es wiederum besonders wichtig, ob diese vor oder nach Erklärung der Auflassung erfolgt.[55]?

57

Pfändet der Gläubiger **vor Erklärung der Auflassung** ist der **schuldrechtliche Anspruch auf Eigentumsübertragung** aus dem zugrunde liegenden Vertrag zu pfänden. Gepfändet wird mittels Pfändungsbeschluss(§§ 846, 829, 848 ZPO). **Drittschuldner** ist der **Vertragspartner** des Schuldners, beim Kaufvertrag also der Verkäufer. Die Formulierung auf Seite 6 bzw. 7 des amtlichen Vordrucks könnte wie folgt aussehen:

58

Anspruch G
(Hinweis: betrifft Anspruch an weitere Drittschuldner bzw. schon aufgeführte Drittschuldner, soweit Platz unzureichend)

auf Übertragung des Eigentums an dem Grundstück, eingetragen im Grundbuch des AG ...
Blatt ..., lfd. Nr. ..., Flur ..., Flurstück.

Taktischer Hinweis

59

Überwiesen werden darf nur zur Einziehung, nicht an Zahlungs statt zum Nennwert, weil es einen solchen nicht gibt (§ 849 ZPO). Hierauf sollte von vornherein zur Vermeidung unnötiger und ggf. langwieriger Zwischenverfügungen geachtet werden. Im Hinblick auf § 28 GBO ist zudem eine zweifelsfreie Bezeichnung des Grundstücks erforderlich. Insofern sollte vor einer Pfändung **ein aktueller Grundbuchauszug** eingeholt werden. Zudem ist auf Antrag des Gläubigers mit der Pfändung anzuordnen, dass die Sache an einen **Sequester** aufzulassen und herauszugeben ist. Dieser nimmt die Funktion eines verwaltenden Treuhänders wahr (§ 848 Abs. 1, 2 ZPO). Hierzu ist auf den Seiten 8 bzw. 9 zusätzlich unter der Rubrik „sonstige Anordnungen" Folgendes einzutragen:

☒ **Sonstige Anordnungen:**
Es wird angeordnet, dass das Grundstück an ... als Sequester herauszugeben und aufzulassen ist (§ 848 Abs. 1, 2 ZPO).

---

55 Vgl. auch Stichwort „Auflassungsanwartschaft", Rdn 40 ff.

§ 8 Die Pfändung anderer Vermögensrechte (§ 857 ZPO)

60   Ist das örtlich zuständige Vollstreckungsgericht (§ 828 Abs. 2 ZPO) zugleich das Amtsgericht, in dessen Bezirk das Grundstück liegt, kann die Sequesterbestellung direkt im Pfändungsbeschluss durch den Rechtspfleger (§ 20 Nr. 17 RpflG) erfolgen. Andernfalls muss der Gläubiger mit seinem Bestellungsantrag die Herausgabeanordnung und den Erlass, nicht die Zustellung, des Pfändungsbeschlusses nachweisen.[56] Auch wenn der Gläubiger versehentlich nicht beantragt, einen Sequester zu benennen, ist eine solche Anordnung zu erlassen. Das Gericht ist aber nicht an Vorschläge des Gläubigers gebunden.

61   *Taktischer Hinweis*
Der Gläubiger sollte im Vorfeld die Übernahme des Amtes als Sequester durch eine juristische oder natürliche Person klären. Es besteht nämlich keine Verpflichtung, ein solches Amt zu übernehmen (vgl. § 195 Nr. 2 S. 2 GVGA). Dies gilt auch im Hinblick auf die dem Sequester zustehende Vergütung. Diese muss zunächst der Gläubiger erstatten. Sie ist durch das Gericht, das den Sequester bestellt hat, festzusetzen.[57] Sie bestimmt sich in Anlehnung an § 26 ZwVwV (1970, a.F.) bzw. § 19 ZwVwV (2003) nach dem (Zeit-) Aufwand. Der Gläubiger hat allerdings die Möglichkeit, sich die Kosten verzinslich als notwendige Kosten der Zwangsvollstreckung festsetzen zu lassen (§ 788 ZPO).

62   *Pfändungswirkungen*
Erklärt aufgrund der Pfändung der Drittschuldner vor einem Notar gegenüber dem Sequester als Vertreter des Schuldners die Auflassung, entsteht mit dem Übergang des Eigentums an dem Grundstück zugunsten des Gläubigers **kraft Gesetzes** ohne Eintragung eine **Sicherungshypothek** für die zu vollstreckende Forderung nebst Kosten der Vollstreckung (§ 848 Abs. 2 ZPO, § 1184 BGB). Dies gilt auch, wenn die Forderung unter dem Mindestbetrag von 750,01 EUR liegt (§ 866 Abs. 3 ZPO).[58]

63   *Praxishinweis*
Die Eintragung der Sicherungshypothek hat lediglich grundbuchberichtigenden Charakter. Um allerdings einen gutgläubigen Erwerb des Grundstücks zu verhindern, sollte sie stets eingetragen werden. Die Eintragung **kann** vom Gläubiger beantragt werden, wobei der Sequester dies bewilligen muss (§ 848 Abs. 2 S. 3 ZPO).

64   *Muster: Antrag auf Eintragung einer Sicherungshypothek durch Sequester*
An das AG – Grundbuchamt – ...

---

56 Zöller/*Herget*, § 846 Rn 3.
57 BGH, AGS 2005, 500.
58 LG Frankenthal, Rpfleger 1985, 231.

G. Einzelfälle § 8

Grundbuch von (genaue Bezeichnung)
In der Zwangsvollstreckungssache
Gläubiger ./. Schuldner
wird in meiner Eigenschaft als Sequester und als Vertreter des Schuldners beantragt:
die Eigentumsumschreibung an dem vorbezeichneten Grundstück sowie zugleich mit der Umschreibung zugunsten des Gläubigers eine Sicherungshypothek i.H.v. ... EUR einzutragen.
Gründe:
Der Vollstreckungsgläubiger hat gegen den Schuldner einen rechtskräftig titulierten Zahlungsanspruch i.H.v. ... EUR.
Beweis: anl. zugestellte vollstreckbare Ausfertigung des Titels (genaue Bezeichnung).
Durch Pfändungs- und Überweisungsbeschluss des AG – Vollstreckungsgericht – ... vom ... Az. ...M .../... wurde der Anspruch des Schuldners gegen den Drittschuldner auf Übertragung des Eigentums an dem zuvor bezeichneten Grundstück gepfändet und dem Gläubiger zur Einziehung überwiesen
Beweis: anl. Ausfertigung des Pfändungs- und Überweisungsbeschlusses des AG – Vollstreckungsgericht – ... vom Az: ... M .../...
Durch Urkunde des Notars ... vom ..., hat der Drittschuldner gegenüber dem Sequester die Auflassung erklärt.
Beweis: anl. Urkunde des Notars ... vom ...
Mit dem Übergang des Eigentums auf den Schuldner erlangt der Gläubiger daher eine Sicherungshypothek für seine Forderung. Ich habe die Eintragung der Sicherungshypothek bereits bewilligt (§ 848 Abs. 2 ZPO).
Rechtsanwalt als Sequester

Die Sicherungshypothek erhält den Rang nach den Rechten, die vom Erwerber nach dem Rechtsverhältnis (schuldrechtlicher Vertrag), das den Eigentumsübergangsanspruch begründet hat, zu bestellen sind. Ihre Eintragung kann erst infolge der Eintragung des Schuldners als Grundstückseigentümer erfolgen.[59] Allerdings geht die mit Übergang des Eigentums entstehende Sicherungshypothek des Pfändungsgläubigers im Rang einer vorher vom Schuldner bewilligten Grundschuld auch vor, wenn diese Grundschuld zwar der Finanzierung des Grundstückskaufpreises dienen soll, die Pflicht zur Grundschuldbestellung aber nicht im Grundstückskaufvertrag übernommen und die Eintragung wegen § 16 Abs. 2 GBO nicht gleichzeitig mit dem Eigentumsübertragungsanspruch zu vollziehen war. Schwebt der Umschreibungsantrag beim Grundbuchamt, erwirbt mit dem Über-   65

---

[59] BayObLG München Rpfleger 1972, 182; LG Frankenthal, Rpfleger 1985, 231.

gang des Eigentums auf den Schuldner der Pfändungsgläubiger für seine Forderung eine Sicherungshypothek, die den vorher vom Schuldner bewilligten Grundpfandrechten im Rang vorgeht.[60]

66 *Der Drittschuldner erklärt die Auflassung nicht*
Erklärt der Drittschuldner gegenüber dem Sequester – als Vertreter des Schuldners – nicht freiwillig die Auflassung, muss der Gläubiger diesen dahingehend verklagen, dass der Drittschuldner die Auflassung an den Sequester als Vertreter des Schuldners erklärt und die Eintragung des Schuldners als Grundstückseigentümer bewilligen. Das ergehende rechtskräftige Urteil ersetzt dann die Auflassungserklärung (§ 894 ZPO). Dennoch muss der Schuldner als Eigentümer im Grundbuch eingetragen werden, damit die Sicherungshypothek für den Gläubiger entsteht. Der Sequester muss daher die Annahmeerklärung vor einem Notar abgeben und einen Antrag beim Grundbuchamt stellen.

67 *Hinweis*
Sobald die Sicherungshypothek zugunsten des Gläubigers im Grundbuch eingetragen ist, ist das Vollstreckungsverfahren erledigt. Um seinen Anspruch durchzusetzen, muss er nun nach § 848 Abs. 3 ZPO verfahren. Er muss also die Zwangsversteigerung oder -verwaltung betreiben.

V. Auseinandersetzungsanspruch bei Gemeinschaften

1. Miteigentumsanteil bei Immobilien

68 Wie das Grundstück unterliegt auch der Miteigentumsbruchteil an einem Grundstück oder grundstücksgleichen Recht der Zwangsvollstreckung in das unbewegliche Vermögen (§ 864 Abs. 2 ZPO). Der **schuldrechtliche Anspruch** eines Miteigentümers an einem Grundstück auf **Aufhebung der Gemeinschaft** (§§ 749, 1008 BGB) allein ist ohne den Miteigentumsanteil nicht abtretbar (§§ 851 Abs. 1, 857 Abs. 1 ZPO) und daher auch nicht pfändbar.[61] Zur Ausübung kann dieser Anspruch jedoch dem überlassen werden (§ 857 Abs. 3 ZPO), dem auch das übertragbare künftige Recht auf den dem Miteigentumsanteil entsprechenden Teil des Versteigerungserlöses abgetreten worden ist. Die Be-

---

60 BGHZ 49, 197.
61 BGHZ 90, 207 = WM 1984, 440 = ZIP 1984, 489 = MDR 1984, 485 = Rpfleger 1984, 283 = NJW 1984, 1968 = DB 1984, 2690.

fugnis, die Aufhebung zu verlangen, kann deshalb zusammen mit dem künftigen Anspruch auf eine den Anteilen entsprechende Teilung und Auskehrung des Versteigerungserlöses gepfändet werden.[62] **Drittschuldner** sind die übrigen **Miteigentümer**. Die Pfändung des Aufhebungsanspruchs kann im Grundbuch nicht eingetragen werden.[63]

Mit der Überweisung des Anspruchs (§ 835 Abs. 1 ZPO) kann der Gläubiger das Recht des Schuldners auf Aufhebung geltend machen. Er kann daher die Zwangsversteigerung des Grundstücks zur Aufhebung der Gemeinschaft beantragen (§§ 180 ff. ZVG; sog. **Teilungsversteigerung**) und betreiben und dann den auf den Schuldner entfallenden Erlösanteil einziehen.

Taktischer Hinweis

Der Schuldner selbst kann nach Pfändung des Anspruchs den Antrag auf Teilungsversteigerung weiterhin stellen[64] sowie weiterhin Verfügungen vornehmen (z.B. Verkauf). Hierdurch wird der Pfändungsgläubiger zum Handeln gezwungen, weil danach kein Schutzbedürfnis des Pfändungsgläubigers bei der Teilungsversteigerung gegeben ist, da eine Erlösverteilung außerhalb des Verfahrens stattfindet. Die Grundstücksbeschlagnahme in einem solchen Verfahren dient insbesondere nicht dazu, die Berücksichtigung des Pfändungsgläubigers bei der Auseinandersetzung der Teilhaber sicherzustellen. Auf die sich danach ergebenden Ansprüche kann der Gläubiger daher nur mittels Forderungsvollstreckung, also durch Pfändung des dem Schuldner zustehenden Anspruchs auf eine den Miteigentumsanteilen entsprechende Teilung und Auskehrung des Erlöses, zugreifen. Einen Schutz vor Veräußerungen kann der Gläubiger nur erlangen, indem er (zusätzlich) die Zwangsversteigerung des dem Schuldner gehörenden Miteigentumsanteils betreibt oder die Eintragung einer Sicherungshypothek erwirkt (§§ 864 Abs. 2, 866 Abs. 1 ZPO). Infolgedessen sollte er sich bei einer im Grundbuch eingetragenen Bruchteilsgemeinschaft auf den Miteigentumsanteil des Schuldners zuerst eine Sicherungshypothek eintragen lassen und dann mittels Pfändungs-und Überweisungsbeschlusses den Auseinandersetzungsanspruch nebst Erlösteilung pfänden und sich überweisen lassen. Der Erwerber erwirbt dann bei einer Veräußerung den Grundstücksbruchteil mit dieser Belastung.

---

62 BGHZ 154, 64 BGH, NJW 2003, 1858 = FamRZ 2003, 858 = Vollstreckung effektiv 2007, 88 = Rpfleger 2003, 372 = WM 2003, 940; BGHZ 90, 207 = WM 1984, 440 = ZIP 1984, 489 = MDR 1984, 485 = Rpfleger 1984, 283 = NJW 1984, 1968 = DB 1984, 2690 m.w.N.; OLG Hamm, NJW- RR 1992, 665.
63 LG Siegen, Rpfleger 1988, 249 m. Anm. *Tröster*.
64 BGH, ZInsO 2017, 1884 = NZFam 2017, 842 = NJW 2017, 2768 = FamRZ 2017, 1602 = NZG 2017, 1146 = MDR 2017, 1366 = Rpfleger 2017, 720; OLG Düsseldorf, FamRB 2016, 451; a.A. *Stöber*, Rn 1546.

2. Miteigentumsanteil an beweglichen Sachen

71 Der Miteigentumsanteil an beweglichen Sachen kann nach § 747 S. 1 BGB übertragen werden und ist deshalb als Vermögensrecht pfändbar. Die **Anteilspfändung** erfolgt nach §§ 857 Abs. 1, 829 ZPO. Drittschuldner sind auch hier die übrigen Miteigentümer, denen der Pfändungsbeschluss zuzustellen ist. Wird der Miteigentumsbruchteil des Schuldners dem Gläubiger zur Einziehung überwiesen (§ 835 Abs. 1 ZPO), kann der Gläubiger an der Stelle des Schuldners die Aufhebung der Gemeinschaft verlangen. Die Auseinandersetzung erfolgt nach den §§ 752, 753 BGB. Den auf den Schuldner fallenden anteiligen Erlös kann der Gläubiger einziehen. Ist allerdings der Gegenstand, an dem die Bruchteilsgemeinschaft besteht, nicht pfändbar (§ 811 Abs. 1 ZPO), dann können auch der Miteigentumsanteil und der Aufhebungsanspruch nicht gepfändet werden.

3. Mitberechtigungsanteil an Forderungen/Rechten

72 Der **Mitberechtigungsanteil an Forderungen** und **Rechten** wird ebenfalls nach §§ 857 Abs. 1, 829 ZPO gepfändet, weil auch hier der Mitberechtigte über seinen Anteil frei verfügen kann (§ 747 BGB). Drittschuldner sind die übrigen Mitberechtigten einerseits und der Schuldner andererseits. Nach Überweisung zur Einziehung (§ 835 Abs. 1 ZPO) kann der Gläubiger die Aufhebung der Gemeinschaft verlangen (§ 751 S. 2 BGB). Die Auseinandersetzung erfolgt durch gemeinschaftliche Einziehung der Forderung und Teilung des Erlöses. Praktisch bedeutsam wird diese Art der Anteilspfändung bei Mietansprüchen, wenn eine Bruchteilsgemeinschaft der Vermieter besteht. Die Pfändung einer aus Gemeinschaftsverhältnis herrührenden Mietforderung geschieht nur aufgrund eines Titels gegen alle Rechtsinhaber.[65]

4. Muster – Pfändungsanträge

a) Pfändung bei Bruchteilsgemeinschaften

73

Drittschuldner (genaue Bezeichnung des Drittschuldners: Firma bzw. Vor- und Zuname, vertretungsberechtigte Person/-en, jeweils mit Anschrift; Postfach-Angabe ist nicht zulässig; bei mehreren Drittschuldnern ist eine Zuordnung des Drittschuldners zu der/den zu pfändenden Forderung/-en vorzunehmen) Herr/Frau/Firma
vollständige Namen und Adressen aller übrigen Miteigentümer

---

[65] LG Düsseldorf, WM 1993, 1262.

G. Einzelfälle § 8

Anspruch G
(Hinweis: betrifft Anspruch an weitere Drittschuldner bzw. schon aufgeführte Drittschuldner, soweit Platz unzureichend)

auf Aufhebung der Bruchteilsgemeinschaft am Grundstück, eingetragen im Grundbuch von ... , Blatt ..., Flurstück-Nr. ...,
auf Teilung des Erlöses und auf Auszahlung des dem Schuldner zustehenden Erlösanteils

b) Pfändung bei Erbengemeinschaften

Drittschuldner (genaue Bezeichnung des Drittschuldners: Firma bzw. Vor- und Zuname, vertretungsberechtigte Person/-en, jeweils mit Anschrift; Postfach-Angabe ist nicht zulässig; bei mehreren Drittschuldnern ist eine Zuordnung des Drittschuldners zu der/den zu pfändenden Forderung/-en vorzunehmen)
Herr/Frau/Firma
vollständige Namen und Adressen aller übrigen Miterben bzw. Nachlassverwalter/
Testamentsvollstrecker

74

Anspruch G
(Hinweis: betrifft Anspruch an weitere Drittschuldner bzw. schon aufgeführte Drittschuldner, soweit Platz unzureichend)

angebliche Miterbenanteil des Schuldners am Nachlass des am ... in ... verstorbenen (Name des Erblassers) auf Auseinandersetzung des Nachlasses sowie der Teilungsmasse.

c) Pfändung bei Gesellschaften bürgerlichen Rechts (GbR/BGB-Gesellschaft)

Drittschuldner (genaue Bezeichnung des Drittschuldners: Firma bzw. Vor- und Zuname, vertretungsberechtigte Person/-en, jeweils mit Anschrift; Postfach-Angabe ist nicht zulässig; bei mehreren Drittschuldnern ist eine Zuordnung des Drittschuldners zu der/den zu pfändenden Forderung/-en vorzunehmen)
Herr/Frau/Firma
vollständige Namen und Adressen aller übrigen Mitgesellschafter

75

Anspruch G
(Hinweis: betrifft Anspruch an weitere Drittschuldner bzw. schon aufgeführte Drittschuldner, soweit Platz unzureichend)

der angebliche Anteil am Gesellschaftsvermögen sowie der Anspruch auf Auseinandersetzung der Gesellschaft und der daraus fließende Anspruch auf Aufteilung des Erlöses und Auskehrung des auf den Schuldner entfallenden Anteils, vor allem das Auseinandersetzungsguthaben.

d) Pfändung bei beendeter Gütergemeinschaft

Drittschuldner (genaue Bezeichnung des Drittschuldners: Firma bzw. Vor- und Zuname, vertretungsberechtigte Person/-en, jeweils mit Anschrift; Postfach-Angabe ist nicht zulässig; bei mehreren Drittschuldnern ist eine Zuordnung des Drittschuldners zu der/den zu pfändenden Forderung/-en vorzunehmen)
Herr/Frau/Firma
vollständigen Namen und Adresse des Ehegatten des Schuldners

76

§ 8 Die Pfändung anderer Vermögensrechte (§ 857 ZPO)

> **Anspruch G**
> (Hinweis: betrifft Anspruch an weitere Drittschuldner bzw. schon aufgeführte Drittschuldner, soweit Platz unzureichend)
> der angebliche Anteil des Schuldners an der durch ... (Bezeichnung des Beendigungsgrundes) beendeten Gütergemeinschaft, sowie der angebliche Anspruch auf Auseinandersetzung und den daraus fließenden Anspruch auf Aufteilung des Erlöses und die Auskehrung des auf den Schuldner entfallenden Anteils, insbesondere das Auseinandersetzungsguthaben.

e) Pfändung bei beendeter und fortgesetzter Gütergemeinschaft

77

> **Drittschuldner** (genaue Bezeichnung des Drittschuldners: Firma bzw. Vor- und Zuname, vertretungsberechtigte Person/-en, jeweils mit Anschrift; Postfach-Angabe ist nicht zulässig; bei mehreren Drittschuldnern ist eine Zuordnung des Drittschuldners zu der/den zu pfändenden Forderung/-en vorzunehmen)
> Herr/Frau/Firma
> vollständige Namen/Adressen aller an der Gütergemeinschaft Beteiligten

> **Anspruch G**
> (Hinweis: betrifft Anspruch an weitere Drittschuldner bzw. schon aufgeführte Drittschuldner, soweit Platz unzureichend)
> der angebliche Anteil des Schuldners an der durch ... (Bezeichnung des Beendigungsgrundes)beendeten Gütergemeinschaft, sowie der angebliche Anspruch auf Auseinandersetzung und den daraus fließenden Anspruch auf Aufteilung des Erlöses und die Auskehrung des auf den Schuldner entfallenden Anteils, insbesondere das Auseinandersetzungsguthaben

VI. Strafgefangenengelder

1. Arten der Ansprüche von Strafgefangenen

78 Es ist zwischen drei verschiedene Arten von Geldern der Gefangenen zu unterscheiden.

79 **Hausgeld**: Das sind Einkünfte des Gefangenen, die er nach dem im Strafvollzugsgesetz (StVollzG) geregelten Einkünften bezieht. Hier ist zwischen Arbeitsentgelten für Arbeitsleistungen in der Justizvollzugsanstalt, Ausbildungsbeihilfe für die Teilnahme an Schulungsmaßnahmen in der Anstalt und Taschengeld zu unterscheiden. Verdient der Inhaftierte aus einem Beschäftigungsverhältnis außerhalb der Anstalt, wird aus diesen Bezügen ein angemessenes Hausgeld festgesetzt.

80 **Eigengeld**: Der Rest des Hausgeldes, also $3/7$, ist das sog. Eigengeld. Dieses wird einem Eigengeldkonto gutgeschrieben. Hierüber kann der Gefangene grds. frei verfügen und Einkäufe in der JVA tätigen. Das Eigengeld, das durch Gutschriften von Arbeitsentgelt gebildet wird, das der arbeitspflichtige Strafgefangene für die Ausübung der ihm zuge-

G. Einzelfälle § 8

wiesenen Arbeit erhält, ist pfändbar. Die Pfändungsgrenzen der §§ 850c, 850f, 850k, § 850l ZPO finden keine Anwendung.[66]

Überbrückungsgeld: Dieses soll den notwendigen Lebensunterhalt des Schuldners und den seiner Unterhaltsberechtigten für die ersten vier Wochen nach seiner Entlassung sichern Es wird zum Zeitpunkt der Entlassung in Freiheit in bar ausbezahlt. Dieses Überbrückungsgeld unterliegt grds. nicht der Pfändung (§ 51 Abs. 4 StVollzG). Ausnahmen sind in § 51 Abs. 5 StVollzG geregelt. 81

Das Überbrückungsgeld (§ 51 StVollzG) wird aus den restlichen $4/7$ des Arbeitsentgelts (Hausgeld) gebildet. Es ist unpfändbar. Die Höhe des anzusparenden Überbrückungsgeldes ist festgelegt und variiert in den Ländern (zum Teil erheblich). Das Überbrückungsgeld selbst wird den Gefangenen erst bei der Entlassung zur Sicherung des Lebensunterhalts in den ersten 4 Wochen ausbezahlt. 82

Merke 83
Die in den Ländern Thüringen, Mecklenburg-Vorpommern, Rheinland-Pfalz und Berlin geltenden Landesjustizvollzugsgesetze sehen kein Überbrückungsgeld mehr vor. Somit gilt die Pfändungsschutzregelung des § 51 StVollzG nicht.

Taktischer Hinweis 84
Bei der Pfändung gilt es teils Bundes- und teils Landesrecht zu beachten. Das Föderalismusreformgesetz 2006 vom 28.8.06[67] hat den Strafvollzug der konkurrierenden Gesetzgebung des Bundes (Art. 72 GG) entzogen und der Kompetenz der Ländergesetzgebung (Art. 70 Abs. 1 GG) zugeordnet. Danach sind die Länder befugt, eigene Strafvollzugsgesetze zu erlassen. Von dieser Befugnis haben bisher folgende Länder Gebrauch gemacht:[68]
- Bayern (BayStVollzG; GVBl 2007, 866)
- Baden-Württemberg (GBl 2009, 545)
- Berlin (StVollzG Bln; GVBl. 2016, 152)
- Bremisches Strafvollzugsgesetz (Brem.GBl 2014, 639)
- Hamburg (HmbStVollzG; HmbGVBl. 2009, 257)
- Hessen (HStVollzG; GVBl. I 2010, 185)
- Mecklenburg-Vorpommern (GVOBl. M-V 2013, 322)
- Niedersachsen (NdsGVBl. Nr. 41/2007, S. 720)
- Nordrhein-Westfalen (GV. NRW. 2015, 75)

---

66 BGH, NJW 2015, 2493 = ZInsO 2015, 1671 = MDR 2015, 950; Vollstreckung effektiv 2013, 186 = FoVo 2013, 217 = NJW 2013, 3312 = NZI 2013, 940 = ZVI 2013, 430 = Rpfleger 2014, 39 = DGVZ 2014, 14.
67 BGBl I 2006, S. 2034.
68 *Mock*, Vollstreckung effektiv 2018, 124.

§ 8 Die Pfändung anderer Vermögensrechte (§ 857 ZPO)

- Saarland (SLStVollzG; Amtsblatt I 2013, 116)
- Sachsen (SächsStVollzG; GVBl. 2013, 250)
- Schleswig-Holstein (LStVollzG SH; GVOBl. 2016, 618)
- Thüringen (ThürJVollzGB GVBl. 2014, 13)

Für die in der Übersicht nicht aufgeführten Länder gilt nach wie vor das (Bundes-)Strafvollzugsgesetz.

85 *Merke*

Zuständig für den Erlass des Pfändungs- und Überweisungsbeschlusses ist das Schuldnerwohnsitzgericht. **Drittschuldner** ist nicht der Leiter der JVA, sondern die nach landesrechtlichen Regelungen bestimmte Stelle zur Vertretung des Landes.[69]

2. Übersicht: Drittschuldner bei Strafgefangenenansprüchen

86

Bundesland	Vertretungsberechtigung
Baden-Württemberg	Leiter der jeweiligen Vollzugsanstalt, der die Auszahlung anzuordnen hat
Bayern	Leiter der Landesjustizkasse
Berlin	Generalstaatsanwalt bei dem KG Berlin
Brandenburg	Leiter der jeweiligen Vollzugsanstalt, der die Auszahlung anzuordnen hat
Bremen	Senat der Freien Hansestadt Bremen, vertreten durch den Senator
Hamburg	Justizbehörde – Allgemeine Verwaltung
Hessen	Leiter der jeweiligen Vollzugsanstalt, der die Auszahlung anzuordnen hat
Mecklenburg-Vorpommern	Leiter der jeweiligen Vollzugsanstalt, der die Auszahlung anzuordnen hat
Niedersachsen	Leiter der jeweiligen Vollzugsanstalt, der die Auszahlung anzuordnen hat
Nordrhein-Westfalen	Leiter der jeweiligen Vollzugsanstalt, der die Auszahlung anzuordnen hat
Rheinland-Pfalz	Leiter der jeweiligen Vollzugsanstalt, der die Auszahlung anzuordnen hat

---

69 *Goebel*, Vollstreckung effektiv 2006, 79.

G. Einzelfälle § 8

Bundesland	Vertretungsberechtigung
Saarland	Leiter der jeweiligen Vollzugsanstalt, der die Auszahlung anzuordnen hat
Sachsen	Leiter der jeweiligen Vollzugsanstalt, der die Auszahlung anzuordnen hat
Sachsen-Anhalt	Leiter der jeweiligen Vollzugsanstalt, der die Auszahlung anzuordnen hat
Schleswig-Holstein	Leiter der jeweiligen Vollzugsanstalt, der die Auszahlung anzuordnen hat
Thüringen	Leiter der jeweiligen Vollzugsanstalt, der die Auszahlung anzuordnen hat

3. **Muster: Pfändung von Gefangenenansprüchen in Thüringen, Mecklenburg-Vorpommern, Rheinland-Pfalz, Berlin**

Drittschuldner (genaue Bezeichnung des Drittschuldners: Firma bzw. Vor- und Zuname, vertretungsberechtigte Person/-en, jeweils mit Anschrift; Postfach-Angabe ist nicht zulässig; bei mehreren Drittschuldnern ist eine Zuordnung des Drittschuldners zu der/den zu pfändenden Forderung/-en vorzunehmen)
Herr/Frau/Firma
genaue Bezeichnung des Trägers der Justizvollzugsanstalt

87

Forderung aus Anspruch

- ☐ A (an Arbeitgeber)
- ☐ B (an Agentur für Arbeit bzw. Versicherungsträger)
  Art der Sozialleistung: _____
  Konto-/Versicherungsnummer: _____
- ☐ C (an Finanzamt)
- ☐ D (an Kreditinstitute)
- ☐ E (an Versicherungsgesellschaften)
  Konto-/Versicherungsnummer: _____
- ☐ F (an Bausparkassen)
- ☒ G
- ☐ gemäß gesonderter Anlage(n) _____

§ 8 Die Pfändung anderer Vermögensrechte (§ 857 ZPO)

> **Anspruch G**
> (Hinweis: betrifft Anspruch an weitere Drittschuldner bzw. schon aufgeführte Drittschuldner, soweit Platz unzureichend)
> Das bereits gutgeschriebene und künftig noch gutzuschreibende Eigengeld, soweit es aus Bezügen des Landesvollzuggesetzes bzw. sonstigen wiederkehrenden pfändbaren Ersatzleistungen gebildet wird.
>
> Der Drittschuldner darf, soweit die Forderung gepfändet ist, an den Schuldner nicht mehr zahlen. Der Schuldner darf insoweit nicht über die Forderung verfügen, sie insbesondere nicht einziehen.
>
> [X] Zugleich wird dem Gläubiger die zuvor bezeichnete Forderung in Höhe des gepfändeten Betrages
>
> [X] zur Einziehung überwiesen.   [ ] an Zahlungs statt überwiesen.

4. Muster: Pfändung von Gefangenenansprüchen mit Ausnahme von Thüringen, Mecklenburg-Vorpommern, Rheinland-Pfalz, Berlin

Drittschuldner (genaue Bezeichnung des Drittschuldners: Firma bzw. Vor- und Zuname, vertretungsberechtigte Person/-en, jeweils mit Anschrift; Postfach-Angabe ist nicht zulässig; bei mehreren Drittschuldnern ist eine Zuordnung des Drittschuldners zu der/den zu pfändenden Forderung/-en vorzunehmen)
Herr/Frau/Firma
genaue Bezeichnung des Trägers der Justizvollzugsanstalt

Forderung aus Anspruch
[ ] A (an Arbeitgeber)
[ ] B (an Agentur für Arbeit bzw. Versicherungsträger)
Art der Sozialleistung:
Konto-/Versicherungsnummer:
[ ] C (an Finanzamt)
[ ] D (an Kreditinstitute)
[ ] E (an Versicherungsgesellschaften)
Konto-/Versicherungsnummer:
[ ] F (an Bausparkassen)
[X] G
[ ] gemäß gesonderter Anlage(n)

G. Einzelfälle § 8

Anspruch G
(Hinweis: betrifft Anspruch an weitere Drittschuldner bzw. schon aufgeführte Drittschuldner, soweit Platz unzureichend)

Bei Vollstreckung einer gewöhnlichen Geldforderung:

Auszahlung des ihm als Eigengeld bereits gutgeschriebenen oder noch gutzuschreibenden Betrags mit Ausnahme des unpfändbaren Teils in Höhe des Unterschiedsbetrags zwischen dem zu bildenden und tatsächlich bereits vorhandenen Überbrückungsgeld.

Bei Vollstreckung von gesetzlichen Unterhaltsansprüchen (§§ 850d Abs. 1 S. 1 ZPO):

Auszahlung des ihm als Eigengeld bereits gutgeschriebenen oder noch gutzuschreibenden Betrags sowie des ihm bei Entlassung in die Freiheit auszuzahlenden Überbrückungsgelds (BGH, 16.7.2004 – IXa ZB 191/03). Pfandfrei verbleibt lediglich ein Betrag von ... EUR, der dem Schuldner für seinen notwendigen Unterhalt und zur Erfüllung seiner Unterhaltsverpflichtungen gegenüber ... für die Zeit von 4 Wochen seit der Entlassung belassen wird.

Der Drittschuldner darf, soweit die Forderung gepfändet ist, an den Schuldner nicht mehr zahlen. Der Schuldner darf insoweit nicht über die Forderung verfügen, sie insbesondere nicht einziehen.

[X] Zugleich wird dem Gläubiger die zuvor bezeichnete Forderung in Höhe des gepfändeten Betrages

[X] zur Einziehung überwiesen.   [ ] an Zahlungs statt überwiesen.

VII. (Dingliches) Wohnungsrecht

Das dingliche Wohnungsrecht ist grds. unpfändbar.[70] Wie der BGH bereits zur Pfändbarkeit von beschränkten persönlichen Dienstbarkeiten und zu Wohnungsrechten schon mehrfach ausgesprochen hat, sind diese Rechte, wenn sie der typengerechten Ausgestaltung entsprechen, gem. § 1092 Abs. 1 S. 2 BGB, §§ 851 Abs. 2, 857 Abs. 3, ZPO grds. unpfändbar.[71] **89**

Das dingliche Wohnungsrecht ist hingegen nach § 857 ZPO **pfändbar**, wenn die **Ausübung** des Rechts einem **anderen überlassen werden kann und diese Überlassung gestattet** ist.[72] Die Pfändbarkeit setzt nicht die Eintragung der Gestattung im Grundbuch voraus. Nach der ganz überwiegenden Auffassung der Rechtsprechung ist die Eintragung **90**

---

70 BGH, InVo 2007, 250 = WuM 2007, 30 = ZVI 2007, 195.
71 Vgl. BGH ZIP 1999, 146 = WM 1999, 225 = NJW 1999, 643 = ZInsO 1999, 105 = MDR 1999, 308 = ZEV 1999, 114 = NZI 1999, 113; BGHZ 130, 314 = ZIP 1995, 1364 = WM 1995, 1735 = NJW 1995, 2846; BGH ZIP 1986, 787 = WM 1986, 841 = EWiR 1986, 707 = WuB VI B § 31 Nr. 2 KO 2.86 = NJW-RR 1986, 991 = MDR 1986, 1021.
72 OLG Stuttgart, ZVI 2007, 196; AG Köln, InVo 2003, 490; KG Berlin, NJW 1968, 1882; ebenso im Ergebnis OLG München, Rpfleger 2011, 153; LG Hamburg, JurBüro 2009, 458.

der Gestattung der Ausübung durch Dritte im Grundbuch bei der beschränkten persönlichen Dienstbarkeit nicht notwendig.[73] Fällt allerdings nachträglich die Gestattung der Ausübungsüberlassung weg, so lässt dies die Pfändbarkeit entfallen.[74]

91 *Taktische Vorgehensweise*

Bevor ein Gläubiger in einer solchen Situation aufgibt sollte er das im Grundbuch eingetragene Wohnrecht anfechtungsrechtlich nach dem Anfechtungsgesetz (AnfG) prüfen.[75] Denn oftmals räumen Schuldner an ihrem Grundstück zugunsten Dritter – z.B. Familienangehöriger – ein Wohnungsrecht als unentgeltliches Nutzungsrecht ein. Das Problem für den Gläubiger besteht dann regelmäßig darin, dass im Falle der Eintragung einer Sicherungshypothek im Grundbuch wegen seiner persönlichen Forderung diese dem zuvor bestellten Nutzungsrecht im Rang stets nachgeht. Folge: Das Objekt ist quasi nicht zu versteigern. Dennoch kann der nachrangige Gläubiger gegen diese Schuldnertaktik etwas unternehmen. Durch das AnfG kann der Gläubiger unentgeltlichen oder böswilligen Vermögensverschiebungen des Schuldners begegnen. Er kann sich wieder – ergänzend zum Vollstreckungsrecht – den Zugriff auf dessen anfechtbar weggegebenes Vermögen erschließen.

1. Anfechtungsklage erheben

92 Die Anfechtung einer unentgeltlichen Leistung nach § 4 AnfG kann nur durch einen nachrangigen Gläubiger einer Zwangssicherungshypothek nach §§ 866, 867 ZPO oder durch einen persönlich betreibenden Gläubiger der Immobiliarvollstreckung in der Rangklasse des § 10 Abs. 1 Nr. 4, 5 ZVG in Betracht kommen. Wegen vorsätzlicher Benachteiligung anzufechten, kann bei nahestehenden Personen i.S.d. § 138 InsO i.V.m. § 3 Abs. 1 AnfG interessant sein.[76]

2. Musterklageantrag bei anfechtbarem Erwerb einer Grundbuchbelastung

93 Es wird beantragt, den Beklagten zu verurteilen

■ wegen einer Forderung i.H.v. ... EUR gegen (Schuldner genau bezeichnen) aufgrund (Titel genau bezeichnen) die Ausübung der auf dem Grundstück (Grundstück genau bezeichnen) liegende Belastung (genau bezeichnen, z.B. Wohnungsrecht) zu unterlassen,

---

73 BGH, NJW 1962, 1392; LG Detmold, Rpfleger 1988, 372; a.A. OLG Karlsruhe, BB 1989, 942; KG Berlin, NJW 1968, 1882.
74 BGH, WuM 2007, 533 = MittBayNot 2009, 136.
75 Vgl. auch *Mock*, Vollstreckung effektiv 2016, 171.
76 Zur Vorgehensweise vgl. *Goebel*, Vollstreckung effektiv 2001, 123.

G. Einzelfälle § 8

■ in die Auszahlung des bei der Zwangsversteigerung für die Belastung entfallenden Erlöses an den Kläger bis zum Betrag von dessen Forderung einzuwilligen.

3. Zwangsversteigerung durchführen

Sobald der Gläubiger einen vollstreckbaren Titel erstritten hat, sollte er aus der zuvor zu seinen Gunsten eingetragenen Sicherungshypothek die Zwangsversteigerung beantragen. Um dabei erfolgreich zu sein, muss er die BGH-Entscheidung vom 12.9.2013[77] beachten und entsprechend reagieren. Der BGH hat darin Folgendes klargestellt: Ist ein Anfechtungsgegner verurteilt worden, von seinem Recht an einem Grundstück gegenüber einem nachrangigen Grundpfandgläubiger keinen Gebrauch zu machen, kann er in der Zwangsversteigerung verlangen, dass das ihm vorgehende Recht abweichend von den gesetzlichen Versteigerungsbedingungen (§ 44 Abs. 1 ZVG) nicht in das geringste Gebot aufgenommen wird. Der Anfechtungsgegner muss dem nicht zustimmen. Folge: Der Gläubiger ist so zu stellen, wie er rechtlich ohne die angefochtene Rechtshandlung stünde. Er hat hingegen keinen Anspruch auf Aufhebung des anfechtbar erworbenen Rechts.

94

Beispiel 95

Schuldner S bestellt in Abteilung II Nr. 1 des Grundbuchs zugunsten seines Ehegatten E ein lebenslanges Wohnrecht an seinem Grundstück. Gläubiger G lässt sich kurze Zeit später in Abt. III des Grundstücks wegen einer Forderung von 50.000 EUR eine Sicherungshypothek eintragen. Das Grundstück ist ansonsten unbelastet. G beantragt aus der Sicherungshypothek die Zwangsversteigerung. Der Verkehrswert des Grundstücks wird mit 150.000 EUR festgesetzt.
Im Versteigerungstermin muss das Gericht folgendes geringstes Gebot erstellen:
a) Bestehen bleibende Rechte: Wohnrecht Abt. II Nr. 1 (Ersatzwert: 60.000 EUR)
b) (Mindest-)Bargebot: Verfahrenskosten (geschätzt): 3.000 EUR

Hinweis 96

Das Gericht muss für bestehen bleibende Rechte in Abt. II einen sog. **Zuzahlungsbetrag** (auch Ersatzbetrag genannt) ermitteln (§ 51 Abs. 2 ZVG). Dieser ist insbesondere wichtig, um die sog. $5/10$-Grenze zu ermitteln. Denn im ersten Versteigerungstermin muss das (Bar-)Gebot einschließlich des Wertes der bestehenbleibenden Rechte mindestens $5/10$ des Verkehrswertes betragen. Ist dieser Betrag nicht erreicht, muss der Zuschlag von Amts wegen versagt werden (§ 85a ZVG). Folge: Wenn im Beispiel also jemand 3.000 EUR bietet, ergibt sich bei einer Addition mit dem Ersatzwert von 60.000 EUR insgesamt ein Betrag von 63.000 EUR. Im ersten Versteigerungstermin

---

[77] BGH, NZI 2014, 116.

§ 8 Die Pfändung anderer Vermögensrechte (§ 857 ZPO)

müssen aber mindestens 5/10 des Verkehrswertes, somit 75.000 EUR geboten werden. Bietet jemand diesen Betrag, kann er den Zuschlag erhalten. Dann muss er aber zusätzlich noch das Recht II/1 übernehmen.

Die Praxis lehrt allerdings, dass bei einer solchen Konstellation niemand bereit sein wird, ein Gebot abzugeben, weil im Fall eines Zuschlags der Ersteher sein ersteigertes Eigentum nicht nutzen kann. Denn der Ersteher hat das lebenslange Wohnrecht und damit den Wohnberechtigten mit ersteigert.

4. Reaktionsmöglichkeit des Gläubigers

97 Im Beispielsfall verwirklicht der Gläubiger seinen titulierten Anfechtungsanspruch dadurch, die Versteigerungsbedingungen und damit das geringste Gebot so aufzustellen, als stünde das anfechtbar erworbene Nutzungsrecht im Nachrang zu seinem Recht. Im Klartext: der nachrangige Gläubiger erreicht dies durch einen Antrag auf sog. **abweichende Versteigerungsbedingungen** (§ 59 ZVG), wonach das vorrangige Nutzungsrecht als eigentlich bestehenbleibendes Recht nicht in das geringste Gebot aufzunehmen ist und daher mit dem Zuschlag erlischt.

98 Zwar muss der Nutzungsberechtigte (Wohnberechtigte; im Beispiel der E) dem zustimmen. Diese Zustimmung wird aber nach § 59 Abs. 1 S. 3 ZVG durch das rechtskräftige Anfechtungsurteil des Gläubigers ersetzt.

99 Beantragt also der Gläubiger die abweichende Versteigerungsbedingung derart, dass das Recht II/1 nicht in das geringste Gebot fällt, muss das Gericht zusätzlich (sog. Doppelausgebot) das folgende geringste Gebot aufstellen:

100 *Beispiel*
 a) Bestehenbleibende Rechte: keine
 b) (Mindest-)Bargebot Verfahrenskosten (geschätzt): 3.000 EUR
 Summe: 3.000 EUR

101 Bei dieser Variante ist es vorstellbar, dass Interessenten bereit sind, hierauf ein Gebot abzugeben. Denn ein potenzieller Ersteher weiß, dass er lastenfrei, d.h. ohne Wohnungsrecht erwirbt. Zwar gilt auch bei dieser Veränderung der Versteigerungsbedingungen, dass im ersten Termin mindestens 75.000 EUR geboten werden müssen. Aber unter der Perspektive des lastenfreien Erwerbs ist die Wahrscheinlichkeit, hierauf den Zuschlag zu erteilen, wesentlich höher. Die Chance für den Gläubiger darauf, dass sein Anspruch befriedigt wird, ist enorm gestiegen.

102 Der von der Anfechtung betroffene Nießbrauch muss aber nicht in jedem Fall erlöschen. Dies hängt neben dem Rangverhältnis zwischen Nießbrauch und Recht des Anfechtungsberechtigten vom sog. bestbetreibenden Gläubiger ab. Dessen Recht wird zugrunde ge-

legt, wenn das geringste Gebot gebildet wird (§§ 43 Abs. 2, 44, 45 ZVG). Bleibt hiernach auch das Recht des Anfechtungsberechtigten bestehen, besteht kein Grund, das Nießbrauchrecht erlöschen zu lassen.

Beispiel – Abwandlung **103**
In Abwandlung zum obigen Beispiel bestellt der Schuldner S in Abteilung II Nr. 1 des Grundbuchs zugunsten seines Ehegatten E ein lebenslanges Wohnrecht an seinem Grundstück. Nachrangig zu diesem Recht befinden sich in Abt. III des Grundbuchs folgende Eintragungen:
Nr. 1: Sicherungshypothek über 50.000 EUR für G1
Nr. 2: Sicherungshypothek über 30.000 EUR für G2
G1 hat gegen II/1 ein rechtskräftiges Urteil, wonach II/1 von seinem Recht gegenüber III/1 keinen Gebrauch machen darf.
Wenn G2 die Zwangsversteigerung betreibt, ergibt sich folgendes geringstes Gebot:
a) Bestehenbleibende Rechte:
 - Wohnrecht II/1 (Ersatzwert: 60.000 EUR)
 - Sicherungshypothek III/1: 50.000 EUR
b) (Mindest-)Bargebot
 - Verfahrenskosten (geschätzt): 3.000 EUR
 - Rückständige und laufende Zinsen III/1 (vgl. §§ 10 Abs. 1 Nr. 4, 45 ZVG; geschätzt): 5.000 EUR
Summe: 8.000 EUR
Lösung
Die Rechte II/1 und III/1 werden durch die Zwangsversteigerung nicht berührt. Nur wenn das Recht des Anfechtungsberechtigten ein erlöschendes Recht ist, stellt sich also die Frage nach dem Bestehenbleiben des Nießbrauchs und damit von abweichenden Versteigerungsbedingungen.

VIII. Dauerwohn- und Dauernutzungsrecht

1. Definition und Inhalt

Nach § 31 Abs. 1, 2 WEG kann ein Grundstück in der Weise belastet werden, dass derje- **104** nige, zu dessen Gunsten die Belastung erfolgt, berechtigt ist, unter Ausschluss des Eigentümers eine bestimmte Wohnung (Dauerwohnrecht) oder nicht zu Wohnzwecken dienende Räume (Dauernutzungsrecht, z.B. Läden, Büros, Lagerräume, Fabrikräume, Garagen etc.) in einem auf dem Grundstück errichteten oder noch zu errichtenden Gebäude zu bewohnen oder in anderer Weise zu nutzen.

§ 8 Die Pfändung anderer Vermögensrechte (§ 857 ZPO)

105 Das Dauerwohnrecht kann sich auch auf einen außerhalb des Gebäudes liegenden Teil des Grundstücks erstrecken, sofern die Wohnung wirtschaftlich die Hauptsache bleibt (§ 31 Abs. 1 S. 2 WEG). Das Dauerwohn- bzw. Dauernutzungsrecht unterscheidet sich vom Wohnungsrecht als Nießbrauch (§ 1093 BGB) vor allem dadurch, dass
- es vererbbar und veräußerlich ist,
- es jegliche Art von – gewerblicher – Nutzung einräumt (also nicht nur das Bewohnen, sondern auch die Vermietung bzw. Verpachtung),
- die Nutzung sich auch auf außerhalb des Gebäudes liegende Teile erstrecken kann; in einem solchen Fall besteht ein sog. dingliches Fruchtziehungsrecht mit Aneignungsbefugnis des Berechtigten nach § 954 BGB
- und eine Bestellung auch an noch zu errichtenden Gebäuden erfolgen kann.

106 *Taktischer Hinweis*
Wie für jedes dingliche Recht ist für die Entstehung des Dauerwohn- bzw. Dauernutzungsrechts stets eine dingliche Einigung (§ 873 Abs. 1 BGB) sowie eine Grundbucheintragung erforderlich. Diese erfolgt in Abteilung II des Grundbuchs als Last oder Beschränkung des Grundstücks. Zuständig für die Eintragung ist das Grundbuchamt, in dessen Bezirk sich das Grundstück befindet. Um zu erfahren, welche vertraglichen Vereinbarungen zwischen Schuldner und Drittem geschlossen wurden, empfiehlt es sich, direkt im Pfändungsbeschluss mit anordnen zu lassen, dass der Schuldner die entsprechende Vereinbarung an den Gläubiger herauszugeben hat (vgl. § 836 Abs. 3 ZPO). Möglich ist mitunter auch, dass sich der Gläubiger aufgrund seines berechtigten Interesses beim Grundbuchamt Einsicht in die Bewilligungsurkunde verschafft.

2. Pfändungsvarianten

a) Schuldner ist Grundstückeigentümer

107 Hat der Schuldner als Grundstückseigentümer zugunsten eines Dritten ein Dauerwohn- bzw. Dauernutzungsrecht bestellt, steht ihm bei entsprechender Vereinbarung hierfür ein einmaliges bzw. regelmäßiges Entgelt zu, das auch in Form von Naturalleistungen gewährt werden kann. Dieses ist im Rahmen einer normalen Forderungspfändung zu pfänden. **Drittschuldner** ist der berechtigte **Dritte**. Ebenso können bei Beendigung – ähnlich wie beim Nießbrauch – bei übermäßiger Wertnutzung durch den Berechtigten, etwa durch Zeitablauf, Schadenersatzansprüche nach § 1039 BGB entstehen. Diese sollten zugleich mit gepfändet werden.

108 Hat ein Gläubiger bereits Arbeitseinkommen (Anspruch A) des Schuldners gepfändet, sollte er beim Antrag auf Pfändung der Naturalleistungen direkt Angaben zur deren Bewertung machen. Denn nach § 850e Nr. 3 ZPO ist eine Addition möglich und damit ggf. eine höhere Befriedigungsmöglichkeit gegeben.

G. Einzelfälle § 8

aa) Problem: Zwangsverwaltung kann Entgeltpfändung zunichtemachen

§ 40 Abs. 1 S. 1 WEG bestimmt, dass in das Entgelt nur solange vollstreckt werden kann, als nicht das Grundstück im Wege einer **Zwangsverwaltung** durch **dingliche** Gläubiger (z.B. Grundpfandrechtsgläubiger) beschlagnahmt wird. Denn der Sinn und Zweck einer Zwangsverwaltung besteht eben gerade darin, diese Gläubiger aus den laufenden Erträgen eines Grundstücks zu befriedigen, was durch Einzelpfändung verhindert würde. Insofern regelt § 40 Abs. 1 WEG, dass der sog. Hypothekenhaftungsverband nach §§ 1120 ff. BGB sich auch auf Entgelt-Ansprüche für das Dauerwohnrecht erstreckt. 109

Das Pfandrecht eines persönlichen Gläubigers **vor** einer Beschlagnahme im Wege der Zwangsverwaltung wird somit spätestens nach § 1124 Abs. 2 BGB unwirksam: Hiernach ist die Pfändungsbeschlagnahme auf laufendes Entgelt unwirksam, wenn sie sich auf die Ansprüche für eine spätere Zeit als den zur Zeit der Beschlagnahme laufenden Kalendermonat bezieht. Erfolgt die Zwangsverwaltungs-Beschlagnahme erst nach dem 15., ist die Pfändung der Entgeltansprüche noch für den folgenden Kalendermonat wirksam. Daraus folgt, dass ein **persönlicher** Gläubiger solange die Entgeltansprüche verlangen kann, als diese nicht im Rahmen einer Zwangsverwaltung durch einen dinglichen Gläubiger beansprucht werden können. 110

Als **Ausnahme** zur Wirksamkeit der oben beschriebenen Pfändungswirkungen eines persönlichen Gläubigers sieht § 40 Abs. 2 WEG aber vor, dass es als Inhalt des Dauerwohnrechts vereinbart werden kann, dass Verfügungen über den Anspruch auf das laufende Entgelt dem Dauerwohnrecht vor- oder gleichstehenden Grundpfandrechtsgläubigern gegenüber wirksam sind. Voraussetzung ist allerdings, dass die betroffenen Grundpfandrechtsgläubiger zustimmen (§ 39 Abs. 2 WEG). 111

bb) Pfändungsantrag

112

Anspruch G
(Hinweis: betrifft Anspruch an weitere Drittschuldner bzw. schon aufgeführte Drittschuldner, soweit Platz unzureichend)
- auf Zahlung des Entgelts, dass dem Schuldner auf Grund des zu seinen Lasten im Grundbuch von ..., Blatt ..., Flur ..., Flurstück ..., Abteilung II lfd. Nr. ... eingetragene Dauerwohnrechts/Dauernutzungsrechts zusteht;
- auf Zahlungen bei Beendigung des Dauerwohnrechts/Dauernutzungsrechts wegen übermäßiger Wertnutzung durch den Berechtigten entstandenen (Schadensersatz)Ansprüche;

§ 8 Die Pfändung anderer Vermögensrechte (§ 857 ZPO)

> ☒ **Es wird angeordnet, dass**
>
> ☐ der Schuldner die Lohn- oder Gehaltsabrechnung oder die Verdienstbescheinigung einschließlich der entsprechenden Bescheinigungen der letzten drei Monate vor Zustellung des Pfändungs- und Überweisungsbeschlusses an den Gläubiger herauszugeben hat
>
> ☐ der Schuldner das über das jeweilige Sparguthaben ausgestellte Sparbuch (bzw. die Sparurkunde) an den Gläubiger herauszugeben hat und dieser das Sparbuch (bzw. die Sparurkunde) unverzüglich dem Drittschuldner vorzulegen hat
>
> ☐ ein von dem Gläubiger zu beauftragender Gerichtsvollzieher für die Pfändung des Inhalts Zutritt zum Schließfach zu nehmen hat
>
> ☐ der Schuldner die Versicherungspolice an den Gläubiger herauszugeben hat und dieser sie unverzüglich dem Drittschuldner vorzulegen hat
>
> ☐ der Schuldner die Bausparurkunde und den letzten Kontoauszug an den Gläubiger herauszugeben hat und dieser die Unterlagen unverzüglich dem Drittschuldner vorzulegen hat
>
> ☒ der Schuldner verpflichtet ist, die Vereinbarung (Urkunde des Notars/der Notarin ... vom ..., Urk. Nr. ....) bezüglich des oben bezeichneten Dauerwohnrechts/Dauernutzungsrecht an den Gläubiger herauszugeben

> ☒ **Sonstige Anordnungen:**
> nicht amtlicher Hinweis (alternativ beim Bezug von Naturalleistungen): es wird angeordnet, dass das Naturaleinkommen (§ 850e Nr. 3 ZPO) des Schuldners beim Drittschuldner mit ... EUR bewertet und mit dem bereits gepfändeten Einkommen (vgl. Az: ... M ... /. ...) addiert wird.
>
> Gründe:
> Aus anl. Vereinbarung zw. Schuldner und Drittschuldner, der Betreiber eines Restaurants ist, ergibt sich dass der Schuldner Naturalleistungen in Form von Kost und Logis bezieht. Dieser geldwerte Vorteil ist nach der SachBezV mit ... EUR zu bewerten.

b) Schuldner ist Berechtigter

113 Ist der Schuldner Berechtigter des Dauerwohn- bzw. Dauernutzungsrechts, kann er die Wohnung entweder selbst bewohnen, vermieten oder verleihen. Da dieses Recht veräußerlich ist sowie nicht unter einer Bedingung bestellt werden kann (§ 33 Abs. 1 WEG), unterliegt es der Pfändung gem. § 857 ZPO. Drittschuldner sind der oder die **Grundstückseigentümer**.

114 Die Pfändung wird erst mit der **Eintragung** der Pfändung **im Grundbuch** wirksam. Zugleich mit der Pfändung des Dauerwohn- bzw. Dauernutzungsrechts sollte auch der Anspruch des Schuldners auf Zahlung des Miet- bzw. Pachtzinses mit gepfändet werden. Denn der Schuldner ist berechtigt, die Sache zu vermieten bzw. zu verpachten. **Drittschuldner** sind in diesem Fall dann alle **Mieter** bzw. **Pächter**.

G. Einzelfälle § 8

aa) Muster: Antrag auf Eintragung der Pfändung in das Grundbuch

An das Amtsgericht   115
– Grundbuchamt –
Grundbuch von ..., Blatt ...
In der Zwangsvollstreckungssache
Vollstreckungsgläubiger
gegen
Vollstreckungsschuldner
Überreiche ich namens und in Vollmacht des Gläubigers den Pfändungs- und Überweisungsbeschluss des AG ... vom ..., Az: ... M ... ./. ..., nebst Zustellungsnachweis und beantrage die Pfändung des Dauerwohnrechts/Dauernutzungsrechts in Abteilung III lfd. Nr. ... des o.g. Grundstück für den Gläubiger einzutragen.
Gez. Rechtsanwalt

bb) Pfändungsantrag

Drittschuldner (genaue Bezeichnung des Drittschuldners: Firma bzw. Vor- und Zuname, vertretungsberechtigte Person/-en, jeweils mit Anschrift; Postfach-Angabe ist nicht zulässig; bei mehreren Drittschuldnern ist eine Zuordnung des Drittschuldners zu der/den zu pfändenden Forderung/-en vorzunehmen)   116
Herr/Frau/Firma
1. genaue Anschrift aller Mieter/Pächter im Falle der Vermietung/Verpachtung
2. genaue Bezeichnung aller Grundstückseigentümer

Anspruch G
(Hinweis: betrifft Anspruch an weitere Drittschuldner bzw. schon aufgeführte Drittschuldner, soweit Platz unzureichend)

- auf Zahlung des Entgelts, das dem Schuldner auf Grund des zu seinen Gunsten im Grundbuch von ..., Blatt ..., Flur ..., Flurstück ..., Abteilung II lfd. Nr. ... eingetragenen und durch ihn vermieteten/verpachteten Dauerwohnrechts/Dauernutzungsrechts zusteht.

- das angebliche Dauerwohnrecht/Dauernutzungsrecht an dem bezeichneten Grundstück an der Wohnung bzw. an den nicht zu Wohnzwecken bestimmten Räumlichkeiten

§ 8 Die Pfändung anderer Vermögensrechte (§ 857 ZPO)

> ☒ **Es wird angeordnet, dass**
>
> ☐ der Schuldner die Lohn- oder Gehaltsabrechnung oder die Verdienstbescheinigung einschließlich der entsprechenden Bescheinigungen der letzten drei Monate vor Zustellung des Pfändungs- und Überweisungsbeschlusses an den Gläubiger herauszugeben hat
>
> ☐ der Schuldner das über das jeweilige Sparguthaben ausgestellte Sparbuch (bzw. die Sparurkunde) an den Gläubiger herauszugeben hat und dieser das Sparbuch (bzw. die Sparurkunde) unverzüglich dem Drittschuldner vorzulegen hat
>
> ☐ ein von dem Gläubiger zu beauftragender Gerichtsvollzieher für die Pfändung des Inhalts Zutritt zum Schließfach zu nehmen hat
>
> ☐ der Schuldner die Versicherungspolice an den Gläubiger herauszugeben hat und dieser sie unverzüglich dem Drittschuldner vorzulegen hat
>
> ☐ der Schuldner die Bausparurkunde und den letzten Kontoauszug an den Gläubiger herauszugeben hat und dieser die Unterlagen unverzüglich dem Drittschuldner vorzulegen hat
>
> ☒ der Schuldner verpflichtet ist, die Vereinbarung (Urkunde des Notars/der Notarin ... vom ..., Urk. Nr. ...) bezüglich des oben bezeichneten Dauerwohnrechts/Dauernutzungsrecht an den Gläubiger herauszugeben

> ☒ **Sonstige Anordnungen:**
> nicht amtlicher Hinweis (alternativ beim Bezug von Naturalleistungen): es wird angeordnet, dass das Naturaleinkommen (§ 850e Nr. 3 ZPO) des Schuldners beim Drittschuldner mit ... EUR bewertet und mit dem bereits gepfändeten Einkommen (vgl. Az: ... M ... /. ...) addiert wird.
>
> Gründe:
> Aus anl. Vereinbarung zw. Schuldner und Drittschuldner, der Betreiber eines Restaurants ist, ergibt sich dass der Schuldner Naturalleistungen in Form von Kost und Logis bezieht. Dieser geldwerte Vorteil ist nach der SachBezV mit ... EUR zu bewerten.

117 Die **Verwertung** erfolgt nach § 857 Abs. 5 i.V.m. § 844 ZPO durch:
- öffentliche Versteigerung,
- freihändigen Verkauf,
- Übertragung des Rechts auf den Gläubiger
- oder Ausübung des gepfändeten Rechts durch eine andere Person, insbesondere mittels Verwaltung bzw. Verpachtung.

118 Die konkrete Wahl der Verwertung muss nach den Umständen des Einzelfalls erfolgen. Dabei ist vor allem zu fragen, welche Interessen der Gläubiger verfolgt.[78] Wird das Dauerwohnrecht im Wege der Zwangsvollstreckung veräußert, so steht dem Erwerber ein **Sonderkündigungsrecht** in entsprechender Anwendung des § 57a ZVG zu (§ 37 Abs. 3 S. 2 WEG).

---

78 Zur praktischen Durchführung vgl. ausführlich *Dumslaff*, Vollstreckung effektiv 2003, 133.

IX. GmbH-Geschäftsanteil

1. Pfändbarkeit

Der Geschäftsanteil eines Gesellschafters einer GmbH bzw. ein Bruchteil von diesem Geschäftsanteil (vgl. § 17 Abs. 1, 2 GmbHG) ist nach § 15 Abs. 1 GmbHG veräußerlich und damit auch pfändbar (§§ 857, 829 ZPO). Die Pfändbarkeit wird dabei nicht durch den Genehmigungsvorbehalt der Gesellschaft nach § 15 Abs. 5 GmbHG für eine Veräußerung beeinträchtigt (§ 851 Abs. 2 ZPO).[79] Mehrere Geschäftsanteile sind selbstständig pfändbar (§ 15 Abs. 2 GmbHG). Im Pfändungs- und Überweisungsbeschluss sollte daher darauf geachtet werden, dass bei mehreren Geschäftsanteilen diese in ihrer Gesamtheit gepfändet werden.

119

Drittschuldner ist die **GmbH** als juristische Person und nicht die übrigen Gesellschafter.[80] Die Zustellung muss an den oder die Geschäftsführer erfolgen (§ 170 ZPO). Dies gilt auch bei der Einmann-GmbH.

120

Besteht seitens der nicht schuldnerischen Gesellschafter die Berechtigung, den gepfändeten Anteil einzuziehen (§ 34 GmbHG), führt dies zu einer vollwertigen Ausgleichspflicht der Gesellschaft als Drittschuldnerin. Eine anderweitige Bestimmung im Gesellschaftsvertrag ist nichtig.[81] Die Pfändung setzt sich in diesem Fall an dem Auseinandersetzungsguthaben bzw. der zu zahlenden Abfindung fort (sog. **Einziehungsentgelt**). Insoweit muss eine Auseinandersetzungsbilanz erstellt werden, aus der sich dann der tatsächlich auszugleichende Wert des gepfändeten Gesellschaftsanteils ergibt. Im Einzelfall kann der Gesellschaftsvertrag hierzu Bestimmungen treffen.

121

Mit der Pfändung eines oder mehrerer GmbH-Anteile des Schuldners sind zugleich weitere mit dem Schicksal des Anteils verknüpfte Ansprüche umfasst. So werden folgende Ansprüche mitgepfändet:[82]

122

- der Anspruch nach § 27 Abs. 2 GmbHG auf Auszahlung des Überschusses des durch die Gesellschaft versteigerten Geschäftsanteils,
- der Anspruch auf Rückzahlung des nicht zur Deckung eines Verlustes am Stammkapital geleisteten Nachschusses gem. § 30 Abs. 2 GmbHG,
- der Anspruch auf Rückzahlung von Stammeinlagen nach der Kapitalherabsetzung gem. § 58 GmbHG,
- das Einziehungsentgelt nach § 34 GmbHG,
- und der Anspruch auf Auszahlung des Auseinandersetzungsguthabens nach der Liquidation gem. § 72 GmbHG.

---

79 BGHZ 32, 1512.
80 *Stöber*, Rn 1613.
81 BGHZ 32, 151; BayObLG MDR 1983, 407.
82 *Goebel*, Vollstreckung effektiv 2002, 158.

§ 8 Die Pfändung anderer Vermögensrechte (§ 857 ZPO)

123 Das **Recht auf Kündigung** der Gesellschaft ist als **Nebenrecht** mitgepfändet, wenn der Gesellschaftsvertrag die Kündigung als Auflösungsgrund i.S.d. § 60 Abs. 2 GmbHG vorsieht. Dann kann es vom Gläubiger auch selbstständig ausgeübt werden.[83]

124 Die **Verwertung** erfolgt nach § 857 Abs. 5 i.V.m. § 844 ZPO durch:
- öffentliche Versteigerung,
- freihändigen Verkauf,
- Übertragung des Rechts auf den Gläubiger oder
- Ausübung des gepfändeten Rechts durch eine andere Person, insbesondere mittels Verwaltung bzw. Verpachtung.

Die konkrete Wahl der Verwertung muss nach den Umständen des Einzelfalls erfolgen.

2. Pfändungsantrag

125

> **Drittschuldner** (genaue Bezeichnung des Drittschuldners: Firma bzw. Vor- und Zuname, vertretungsberechtigte Person/-en, jeweils mit Anschrift; Postfach-Angabe ist nicht zulässig; bei mehreren Drittschuldnern ist eine Zuordnung des Drittschuldners zu der/den zu pfändenden Forderung/-en vorzunehmen)
> Herr/Frau/Firma
> genaue Bezeichnung und Anschrift der GmbH, vertreten durch den Geschäftsführer

> **Anspruch G**
> (Hinweis: betrifft Anspruch an weitere Drittschuldner bzw. schon aufgeführte Drittschuldner, soweit Platz unzureichend)
> die angeblichen Geschäftsanteile des Schuldners

---

83 *Stöber*, Rn 1624, 602.

G. Einzelfälle § 8

> ☒ **Es wird angeordnet, dass**
>
> ☐ der Schuldner die Lohn- oder Gehaltsabrechnung oder die Verdienstbescheinigung einschließlich der entsprechenden Bescheinigungen der letzten drei Monate vor Zustellung des Pfändungs- und Überweisungsbeschlusses an den Gläubiger herauszugeben hat
>
> ☐ der Schuldner das über das jeweilige Sparguthaben ausgestellte Sparbuch (bzw. die Sparurkunde) an den Gläubiger herauszugeben hat und dieser das Sparbuch (bzw. die Sparurkunde) unverzüglich dem Drittschuldner vorzulegen hat
>
> ☐ ein von dem Gläubiger zu beauftragender Gerichtsvollzieher für die Pfändung des Inhalts Zutritt zum Schließfach zu nehmen hat
>
> ☐ der Schuldner die Versicherungspolice an den Gläubiger herauszugeben hat und dieser sie unverzüglich dem Drittschuldner vorzulegen hat
>
> ☐ der Schuldner die Bausparurkunde und den letzten Kontoauszug an den Gläubiger herauszugeben hat und dieser die Unterlagen unverzüglich dem Drittschuldner vorzulegen hat
>
> ☒ die Geschäftsanteile im Wege der Versteigerung durch den von dem Gläubiger zu beauftragenden Gerichtsvollzieher zu verwerten sind.

> ☒ nicht amtlicher Hinweis: Die Überweisung des Geschäftsanteils zur Einziehung ist vorliegend zulässig, weil im Gesellschaftsvertrag vom ... die Kündigung als Auflösungsgrund vereinbart (§ 60 Abs. 2 GmbHG) wurde. Zur Glaubhaftmachung wird in der Anlage der entsprechende Gesellschaftsvertrag beigefügt.   9

> **Der Drittschuldner darf, soweit die Forderung gepfändet ist, an den Schuldner nicht mehr zahlen. Der Schuldner darf insoweit nicht über die Forderung verfügen, sie insbesondere nicht einziehen.**
>
> ☒ Zugleich wird dem Gläubiger die zuvor bezeichnete Forderung in Höhe des gepfändeten Betrages
>
> ☒ zur Einziehung überwiesen.   ☐ an Zahlungs statt überwiesen.

X. Grunddienstbarkeiten

Die Grunddienstbarkeit (§§ 1018 ff. BGB) ist Bestandteil des herrschenden Grundstücks (§ 96 BGB). Sie kann von ihm nicht getrennt werden. So kann sie weder selbstständig übertragen werden, noch ist ihre Ausübung auf einen Dritten übertragbar. Die Grunddienstbarkeit kann demzufolge nicht belastet oder gepfändet werden (§ 851 Abs. 1 ZPO). **126**

XI. Grundschuld, Reallast, Rentenschuld

§ 857 Abs. 6 ZPO bestimmt, dass für die Zwangsvollstreckung in eine Reallast, eine Grundschuld oder einer Rentenschuld die Vorschriften über die Zwangsvollstreckung **127** in eine Forderung für die eine Hypothek besteht, entsprechend anzuwenden sind. Dies hat zur Folge, dass hinsichtlich einer Pfändung die Regelungen der §§ 830, 829 ZPO und bzgl. der Verwertung die §§ 837, 835 ZPO gelten.

1. Grundschuld

128 Eine Grundschuld belastet ein oder mehrere Grundstücke (= Gesamtgrundschuld) in der Weise, dass dieses für die Zahlung einer bestimmten Geldsumme – i.d.R. an Banken – haftet (§§ 1191 ff. BGB). Die Grundschuld gewährt dem Grundschuldgläubiger das Recht der Verwertung durch Zwangsversteigerung nach dem ZVG. Hierfür benötigt der Gläubiger einen sog. Duldungstitel. Diesen erhält er regelmäßig bei der Grundschuldbestellung durch notarielle Urkunde (§ 794 Abs. 1 Nr. 5 ZPO), in der sich der Schuldner hinsichtlich seines gesamten Vermögens der sofortigen Zwangsvollstreckung unterwirft.

129 *Taktischer Hinweis*

Die meisten Grundschulden werden zur Absicherung einer Forderung bewilligt (sog. **Sicherungsgrundschuld**). Im Gegensatz zur Hypothek ist die Grundschuld nicht akzessorisch, d.h. sie kann auch unabhängig von einer Forderung bestellt werden. Die praktische Bedeutung der Sicherungsgrundschuld für (nachrangige) Gläubiger liegt vor allem in dem frei werdenden Betrag. Denn je mehr das Darlehen zurückbezahlt wird, desto größer ist die Differenz zur eingetragenen Grundschuldhauptsumme. Bei der Pfändung ist zunächst wie folgt zu unterscheiden:

a) Briefgrundschuld

130 Eine wirksame Pfändung erfordert den **Erlass** eines **Pfändungs- und Überweisungsbeschlusses und** die **Übergabe des Grundschuldbriefs**.[84] Die wirksame Pfändung der (Brief-)Grundschuld, die den Regeln über die Hypothek unterliegt (§ 857 Abs. 6 i.V.m. § 830 ZPO), bewirkt die Unrichtigkeit des Grundbuchs, weil dieses das Pfandrecht als Recht an einem Grundstücksrecht nicht ausweist. Das Pfandrecht kann deshalb als **Grundbuchberichtigung** (§ 22 Abs. 1 GBO) in das Grundbuch eingetragen werden. Die Eintragung findet auf Antrag des Gläubigers statt; die Grundbuchunrichtigkeit muss urkundlich nachgewiesen sein (§§ 13 Abs. 1, 22 GBO). Die Grundbuchunrichtigkeit lässt sich durch Vorlage des Pfändungsbeschlusses und des Grundschuldbriefs nachweisen. Erst die Vorlage des Briefs durch den Gläubiger erbringt dem Grundbuchamt gegenüber den Nachweis, dass ihm der Brief übergeben und die Pfändung demnach wirksam geworden ist.[85]

---

84 OLG München, Beschluss v. 20.6.2011 – 34 Wx 259/11 – juris.
85 BGH, Rpfleger 1995, 119 = BGHZ 127, 146 = WM 1994, 2033 = ZIP 1994, 1720 = NJW 1994, 3225; NJW 1979, 2045 = MDR 1979, 922 = Rpfleger 1979, 299 = JuS 1980, 154 = WM 1979, 730; BayObLG NJW-RR 1991, 1398; OLG Düsseldorf OLGZ 1969, 208; Zöller/*Herget*, § 830 Rn 6.

G. Einzelfälle § 8

Hinsichtlich der **Briefübergabe** ist zu unterscheiden: 131
- Gibt der Schuldner den Brief **freiwillig** an den Gläubiger oder den Gerichtsvollzieher heraus, wird damit die Pfändung wirksam.[86]
- Erfolgt die Herausgabe **nicht freiwillig**, kann der Gläubiger den Gerichtsvollzieher aufgrund der Ausfertigung des Pfändungsbeschlusses mit dessen Wegnahme beauftragen (§§ 836 Abs. 3, 883 ZPO).[87] Einer Vollstreckungsklausel des Pfändungsbeschlusses bedarf es hierbei nicht. Es **empfiehlt sich** daher, im Pfändungsantrag eine **Weg- bzw. Herausgabeanordnung** hinsichtlich des Briefs mit aufzunehmen.[88] Findet der Gerichtsvollzieher die Urkunde nicht vor, muss der Schuldner ggü. dem Gerichtsvollzieher an Eides statt versichern, dass er den Brief nicht hat und auch nichts über dessen Verbleib weiß (§ 883 Abs. 2 ZPO). In diesem Fall kann der Brief für kraftlos (§ 1003 ZPO, § 1162 BGB) erklärt und sodann ein neuer Brief nach Erlass eines Ausschlussurteils (§ 1017 ZPO) vom Grundbuchamt ausgestellt werden.[89] Dies bedingt nach einer umstrittenen Ansicht allerdings zuvor ebenfalls die Pfändung des Anspruchs auf Kraftloserklärung sowie auf Ausstellung eines neuen Briefs, was sicherheitshalber im Pfändungsbeschluss mit aufgenommen werden sollte.[90] Die Gegenansicht vertritt die Auffassung, dass dieses Recht von der Pfändung des Grundpfandrechtes erfasst ist.[91] Grds. von der Pfändung erfasst sind sog. mitgepfändete Nebenrechte einer Forderung, während selbstständige Sicherungsrechte einer eigenständigen Pfändung bedürfen.[92] Das Antragsrecht im Sinne des § 467 Abs. 2 FamFG steht demjenigen zu, der das Recht aus der Urkunde geltend machen kann. Das ist bei einem Grundpfandrecht der Inhaber des dinglichen Rechts und ggf. der Eigentümer oder der persönliche Schuldner nach Rechtsübergang, §§ 1163, 1164 BGB.[93] Da aufgrund dessen eine untrennbare Verknüpfung zwischen der Inhaberschaft an der Forderung und dem Antragsrecht besteht, ist selbiges als mitgepfändet anzusehen. Hierfür spricht auch, dass durch den Pfändungsbeschluss insoweit lediglich die Befugnis eingeräumt wird, die gesetzlich vorgesehenen Ersatzmaßnahmen zu ergreifen,

---

86 OLG Düsseldorf, Rpfleger 1969, 65.
87 BGH, NJW 1979, 2046 = MDR 1979, 922 = Rpfleger 1979, 299 = JuS 1980, 154 = WM 1979, 730; *Leißing*, Vollstreckung effektiv 2000, 6.
88 Zur Urkundenherausgabe bei der Forderungsvollstreckung vgl. auch BGH, Vollstreckung effektiv 2006, 147 = FamRZ 2006, 1272 = WM 2006, 1684 = DGVZ 2006, 134 = BGHReport 2006, 1325 = ZVI 2006, 391 = Jur-Büro 2006, 547 = NJW-RR 2006, 1576 = MDR 2007, 50 = KKZ 2009, 183.
89 Zum Verfahren vgl. ausführlich *Mock*, Vollstreckung effektiv 2008, 191 (205).
90 MüKo-ZPO/*Smid*, § 830, Rn 19; vgl. zur Pfändbarkeit des Antragsrechts OLG Frankfurt/Main, NJW 1962, 640 ff.; *Mock*, Vollstreckung effektiv 2008, 191.
91 OLG München, BeckRS 2011, 08536; Zöller/*Herget*, § 830, Rn 5 a.E.; vgl. auch: BGH, NJW-RR 2012, 782 = WM 2012, 704 = MDR 2012, 672 = FGPrax 2012, 94 = Rpfleger 2012, 379 = KKZ 2014, 107 zum Übergang des Antragsrecht auf Neuerteilung eines Grundschuldbriefes mit Pfändung.
92 OLG Hamm, FGPrax 2014, 87; Zöller/*Herget*, § 829, Rn 20.
93 Keidel/*Giers*, FamFG, § 467, Rn 2.

§ 8 Die Pfändung anderer Vermögensrechte (§ 857 ZPO)

um die für das Wirksamwerden der Pfändung notwendigen Voraussetzungen herbeizuführen. Insoweit besteht ein Unterschied zu der sodann notwendigen Hilfspfändung von Herausgabeansprüchen im Falle des Besitzes Dritter.[94]

- Falls ein **Dritter im Besitz des Briefs** ist, wird bei freiwilliger Herausgabe an den Gläubiger damit die Pfändung bewirkt. Ist dies nicht der Fall, muss der Gläubiger den **Herausgabeanspruch** des Schuldners gegen den Dritten **pfänden** und sich zur Einziehung überweisen lassen (§ 886 ZPO). Dies berechtigt den Gläubiger dazu, im eigenen Namen eine Herausgabeklage zu erheben, um sodann notfalls durch Beauftragung eines Gerichtsvollziehers gegen den Dritten nach § 883 ZPO zu vollstrecken.

132

Wirksame Pfändung: Pfändungsbeschluss und Briefübergabe		
Wo befindet sich der Brief?	So geschieht der Zugriff	Folgen der wirksamen Pfändung
Schuldner: freiwillige Herausgabe	Pfändung ist wirksam	Grundbuch unrichtig: Gläubiger sollte Pfandrecht eintragen lassen
Schuldner: verweigert Herausgabe	GV mit Wegnahme beauftragen	
Schuldner: Brief ist nicht auffindbar	GV nimmt eidesstattliche Versicherung ab: Brief kann für kraftlos erklärt werden	
im Besitz Dritter: freiwillige Herausgabe	Pfändung ist wirksam	
im Besitz Dritter: keine Herausgabe	Schuldneranspruch gegen Dritten pfänden, zur Einziehung überweisen lassen	

Übersicht: Pfändung bei Briefrecht[95]

b) Buchgrundschuld

133 Hierbei bedarf es neben dem **Erlass** eines **Pfändungs- und Überweisungsbeschlusses** der **Eintragung der Pfändung in das Grundbuch** (vgl. § 830 Abs. 1 ZPO). Die zugrunde liegende Forderung wird hingegen nach § 829 ZPO gepfändet.

c) Eigentümergrundschuld

134 Diese gibt dem Schuldner als Grundstückseigentümer das Recht auf Zahlung einer bestimmten Geldsumme aus seinem eigenen Grundstück (§§ 1191, 1196 BGB). Er ist aber ggü. einem sog. Fremdgrundschuldgläubiger insoweit beschränkt, als dass er nicht gegen sich selbst die Zwangsvollstreckung durch Zwangsversteigerung betreiben darf. Darüber hinaus erhält er nur Zinsen im Rahmen eines Zwangsverwaltungsverfahrens.[96]

---

94 OLG Hamm, FGPrax 2014, 87.
95 Quelle: IWW Institut, Nordkirchen.
96 BGH, NJW 1988, 1026 = WM 1988, 205 = MDR 1988, 395 = Rpfleger 1988, 181 = ZIP 1988, 403.

Kommt es zu einer Zwangsversteigerung aufgrund eines Antrags eines anderen Gläubigers, steht dem Schuldner als Eigentümer ein Zahlungsanspruch i.H.d. auf die Rangstelle entfallenden Erlöses nebst Zinsen zu. In diese Rechtsposition kann ein Gläubiger durch Pfändung und Verwertung gelangen.

Hinweis **135**
Die Möglichkeiten zu einer Eigentümergrundschuld zu gelangen sind vielfältig. Folgende Varianten sind zu unterscheiden:

- **Verdeckte Eigentümergrundschuld**: Bestellt der Schuldner zugunsten eines Dritten eine Hypothek und gelangt die zu sichernde Forderung nicht zur Entstehung, steht dem Schuldner als Eigentümer die Hypothek zu (§ 1163 Abs. 1 S. 1 BGB). Da aus dem Grundbuch allerdings noch der eigentlich zu sichernde Gläubiger ersichtlich ist, spricht man von einer verdeckten Eigentümergrundschuld. Gleiches gilt, wenn bei einer Briefhypothek bzw. -grundschuld dem Gläubiger der Brief noch nicht übergeben wurde (§§ 1191, 1163 Abs. 2 BGB).
- **Offene Eigentümergrundschuld**: Der Schuldner kann als Grundstückseigentümer sein Grundstück mit einer auf seinen Namen lautenden Grundschuld belasten (§ 1196 Abs. 1 BGB).
- **Verschleierte Eigentümergrundschuld**: Hauptanwendungsfall des Entstehens einer Eigentümergrundschuld ist nach § 1163 Abs. 1 S. 2 BGB, dass die einer Hypothek zugrunde liegende Forderung, z.B. durch Zahlung oder Nichtvalutierung, zumindest teilweise erlischt. In diesem Fall steht dem Schuldner als Eigentümer die dingliche Belastung als Eigentümergrundschuld zu (§ 1177 Abs. 1 BGB). Das Gleiche gilt, wenn bei einer Sicherungsgrundschuld der Schuldner auf die Grundschuld als dingliche Belastung Zahlungen leistet, um so der Zwangsversteigerung zu entgehen.[97]
- **Schuldrechtlicher Rückgewähranspruch bei nicht mehr valutierter Grundschuld**: Zahlt der Schuldner auf die einem Grundpfandrecht zugrunde liegende Forderung und tritt der Grundpfandrechtsgläubiger daraufhin den regelmäßig vereinbarten Anspruch des Schuldner auf Rückgewähr ab oder verzichtet hierauf (§§ 1168, 1192 BGB), entsteht zugunsten des Schuldner eine Eigentümergrundschuld.[98]
- **Wegfall des Arrestanspruchs**: Erwirkt ein Gläubiger wegen eines Zahlungsanspruchs aufgrund eines Arrestbeschluss eine Arresthypothek[99] und wird dieser

---

[97] BGH, NJW 1986, 2108 = BGHZ 97, 280 = WM 1986, 763 = EWiR 1986, 573 = MDR 1986, 930.
[98] Zur Pfändung des schuldrechtlichen Rückgewähranspruchs vgl. Rdn 192 ff.
[99] *Mock*, Vollstreckung effektiv 2001, 62.

Anspruch durch nachträgliche gerichtliche Entscheidung versagt, entsteht zugunsten des Grundstückseigentümers (= Schuldner) eine Eigentümergrundschuld.
- **Übergang der Hypothek auf Schuldner**: Befriedigt der persönliche Schuldner einen Gläubiger (teilweise), geht die Hypothek insoweit auf diesen über, als er von dem Eigentümer oder dessen Rechtsvorgänger Ersatz verlangen kann. Im Übrigen wird die Hypothek zur Eigentümergrundschuld (§ 1164 Abs. 1 BGB). Gleiches gilt bei einer Vereinigung von Forderung und Schuld, wie z.b. durch Erbfolge (§ 1164 Abs. 2 BGB).

136 Die Pfändung erfolgt gem. § 857 Abs. 6 ZPO i.V.m § 830 ZPO. Da Schuldner und Anspruchsberechtigter identisch sind, **fehlt** es an einem **Drittschuldner**. Die Pfändung wird daher nicht automatisch mit der Zustellung an den Schuldner wirksam. Vielmehr muss wie bei der Fremdgrundschuld zwischen Buch- und Briefrecht unterschieden werden (s. oben).

d) Teileigentümergrundschuld

137 Hat der Schuldner auf die Grundschuld teilweise Tilgungen erbracht, entsteht eine Teileigentümergrundschuld. Insofern bedarf es der Bildung eines **Teileigentümergrundschuldbriefs**. Hier muss der Gläubiger folgende Ansprüche pfänden und sich überweisen lassen:

- die Teileigentümergrundschuld,
- das Miteigentum des Schuldner am Hypothekenbrief (§§ 952, 1008 BGB),
- den Anspruch des Schuldners gegen den Hypotheken- bzw. Grundschuldgläubiger auf Aufhebung der Miteigentumsgemeinschaft am Brief (§§ 749 Abs. 1, 752 BGB),
- den Anspruch des Hypotheken- bzw. Grundschuldgläubigers auf Vorlage des Briefs beim Grundbuchamt oder Notar zwecks Herstellung eines Teilbriefs (§ 1145 Abs. 1, 2 BGB),
- den Anspruch des Schuldners auf Aushändigung des Teilbriefs,
- den Anspruch des Schuldner auf Grundbuchberichtigung (§ 894 BGB).

138 Der Anspruch auf Zustimmung zur **Berichtigung des Grundbuchs** (§ 894 BGB) ist im Weg der **Hilfspfändung** (§ 857 Abs. 3 ZPO) zwar grds. pfändbar; er muss sich jedoch gerade auf die Eintragung des Schuldners, nicht eines Dritten, richten.[100] Dem Gläubiger soll es bei unrichtigem Buchstand ermöglicht werden, die Zwangsvollstreckung nach vorheriger Berichtigung, nämlich der Eintragung des Schuldners, zu betreiben.[101]

---

[100] Vgl. RGZ 94, 5 (10); OLG München, ZfIR 2014, 450 = BauR 2014, 1193; Stein/Jonas/*Brehm*, § 857 Rn 83; Thomas/Putzo/*Seiler*, § 857 Rn 6.
[101] MüKo/*Kohler*, BGB § 894 Rn 27.

G. Einzelfälle § 8

Taktischer Hinweis **139**

Auch wenn die Pfändung mit der Briefübergabe wirksam und dadurch das Grundbuch unrichtig wird, empfiehlt es sich, die Pfändung im Grundbuch vermerken zu lassen, da somit der gute Glaube Dritter zerstört wird.

Erforderlich zum Wirksamwerden der Pfändung ist auch hier wie bei einem Buchrecht **140** neben dem Erlass eines Pfändungsbeschlusses die Eintragung im Grundbuch (§ 830 Abs. 1 S. 3 ZPO). Um die Pfändung im Grundbuch vermerken zu lassen, muss der Gläubiger beim Grundbuchamt unter Beifügung der Ausfertigung des Pfändungsbeschluss hierzu einen Antrag stellen und in öffentlicher oder öffentlich beglaubigter Form (§ 29 GBO) nachweisen, dass das Grundbuch durch Entstehen einer Eigentümergrundschuld unrichtig geworden ist. Der Nachweis kann durch Vorlage folgender Unterlagen erbracht werden:[102]

- Erklärung des eingetragenen Hypothekengläubigers, dass die Forderung nicht entstanden ist oder entstehen wird (§ 1163 Abs. 1 S. 1 BGB),
- sog. löschungsfähige Quittung, die den Zahlenden und den Zeitpunkt der Zahlung bezeichnen muss,[103]
- Verzichtserklärung des eingetragenen Hypothekengläubigers (§ 1168 BGB),
- Pfändungs- und Überweisungsbeschluss, durch den der schuldrechtliche Rückgewähranspruch des Schuldner gepfändet wurde, nebst Abtretungserklärung des eingetragenen Gläubigers an den Schuldner,
- Ausschlussurteil im Fall eines unbekannten Hypothekengläubigers (§ 1170 Abs. 2 BGB),
- Nachweis, dass der Grundstückseigentümer den Hypothekengläubiger beerbt hat (notarielles Testament nebst Eröffnungsprotokoll, Erbschein),
- Abtretungserklärung des eingetragenen Gläubigers an den Schuldner.

Taktischer Hinweis **141**

Darüber hinaus soll eine Eintragung nach § 39 GBO nur erfolgen, wenn die Person, deren Recht durch die Eintragung betroffen ist, als Berechtigter eingetragen ist. Dies ist insbesondere in den Fällen zu beachten, in denen nicht der Schuldner, sondern ein Dritter als Grundschuldgläubiger eingetragen ist (verdeckte Buchgrundschuld). Um Probleme bei der Eintragung durch das Grundbuchamt zu vermeiden, sollte der Gläubiger zugleich mit dem Pfändungsbeschluss auch den Grundbuchberichtigungsanspruch des Schuldners mitpfänden und sich überweisen lassen. Dies berechtigt ihn,

---

102 *Stöber*, Rn 1945.
103 OLG Köln, NJW 1961, 368.

§ 8 Die Pfändung anderer Vermögensrechte (§ 857 ZPO)

die nach § 836 Abs. 3 ZPO zum Nachweis des Entstehens eines Eigentümerrechts oben genannten notwendigen Dokumente vom Schuldner heraus zu verlangen.

e) Muster: Pfändung bei Eigentümergrundschuld

142

Forderung aus Anspruch
☐ A (an Arbeitgeber)
☐ B (an Agentur für Arbeit bzw. Versicherungsträger)   Art der Sozialleistung: _____   Konto-/Versicherungsnummer: _____
☐ C (an Finanzamt)
☐ D (an Kreditinstitute)
☐ E (an Versicherungsgesellschaften)   Konto-/Versicherungsnummer: _____
☐ F (an Bausparkassen)
☐ G
☒ gemäß gesonderter Anlage(n) _____

143 **Anlage zum Pfändungsantrag**
Alternative 1: Schuldner ist nicht als Grundschuldgläubiger eingetragen:
auf Entstehung der künftigen bzw. der bereits entstandenen Eigentümer(buch)grundschuld bzw. -hypothek nebst Zinsen und sonstigen Nebenleistungen, welche aus der (Brief)Hypothek entstanden ist, die zugunsten ... im Grundbuch von ..., Blatt ..., Flur, Flurstück, Abteilung III lfd. Nr. ... eingetragen ist.

144 **Alternative 2: Teil-Eigentümergrundschuld/Umschreibung noch nicht erfolgt:**
auf Entstehung der künftigen bzw. der bereits entstandenen Teil-Eigentümer(buch)grundschuld bzw. -hypothek nebst Zinsen und sonstigen Nebenleistungen, welche aus der (Brief-)Hypothek durch teilweise Zahlung entstanden ist, die zugunsten des ... im Grundbuch von ..., Blatt, Flur Flurstück, Abteilung III lfd. Nr. ... eingetragen ist.

145 **Alternative 3: Eigentümergrundschuld ist als solche im Grundbuch eingetragen:**
aus der/den im Grundbuch von ..., Blatt ..., Flur ..., Flurstück ..., Abteilung III lfd. Nr. ... eingetragenen künftigen (Brief-)Eigentümergrundschuld(en) i.H.v. ... EUR nebst Zinsen und Nebenleistungen.

146 **Alternative 4: Bei Teileigentümerbriefgrundschuld:**
- die Teileigentümergrundschuld,
- das Miteigentum des Schuldners am Hypothekenbrief (§§ 952, 1008 BGB),

G. Einzelfälle § 8

- der Anspruch des Schuldners gegen den Hypotheken- bzw. Grundschuldgläubiger auf Aufhebung der Miteigentumsgemeinschaft am Brief (§ 749 Abs. 1, § 752 BGB),
- der Anspruch des Hypotheken- bzw. Grundschuldgläubigers auf Vorlage des Briefs beim Grundbuchamt oder Notar zwecks Herstellung eines Teilbriefs (§ 1145 Abs. 1 BGB),
- den Anspruch des Schuldners auf Grundbuchberichtigung (§ 894 BGB),
- den Anspruch auf Grundbuchberichtigung hinsichtlich der Umschreibung der bezeichneten Grundschuld(en) in ein (Teil-)Eigentümerpfandrecht.

Bei einem **Briefrecht**: auf Durchführung eines Aufgebotsverfahrens für den Fall, dass der zugrunde liegende Grundschuld-, Hypothekenbrief verloren gegangen ist. **147**

☒ **Es wird angeordnet, dass**

☐ der Schuldner die Lohn- oder Gehaltsabrechnung oder die Verdienstbescheinigung einschließlich der entsprechenden Bescheinigungen der letzten drei Monate vor Zustellung des Pfändungs- und Überweisungsbeschlusses an den Gläubiger herauszugeben hat

☐ der Schuldner das über das jeweilige Sparguthaben ausgestellte Sparbuch (bzw. die Sparurkunde) an den Gläubiger herauszugeben hat und dieser das Sparbuch (bzw. die Sparurkunde) unverzüglich dem Drittschuldner vorzulegen hat

☐ ein von dem Gläubiger zu beauftragender Gerichtsvollzieher für die Pfändung des Inhalts Zutritt zum Schließfach zu nehmen hat

☐ der Schuldner die Versicherungspolice an den Gläubiger herauszugeben hat und dieser sie unverzüglich dem Drittschuldner vorzulegen hat

☐ der Schuldner die Bausparurkunde und den letzten Kontoauszug an den Gläubiger herauszugeben hat und dieser die Unterlagen unverzüglich dem Drittschuldner vorzulegen hat

☒ bei Briefrecht:
der Schuldner den Grundschuldbrief Nr. ... hinsichtlich der gepfändeten (Eigentümer)Grundschuld an den Gläubiger herausgeben muss.

Der Drittschuldner darf, soweit die Forderung gepfändet ist, an den Schuldner nicht mehr zahlen. Der Schuldner darf insoweit nicht über die Forderung verfügen, sie insbesondere nicht einziehen.

☒ Zugleich wird dem Gläubiger die zuvor bezeichnete Forderung in Höhe des gepfändeten Betrages

☒ zur Einziehung überwiesen. ☐ an Zahlungs statt überwiesen.

2. Reallast

Die Reallast ist das Recht einer bestimmten Person, aus einem Grundstück wiederkehrende Leistungen zu verlangen (§§ 1105ff. BGB). Diese Leistungen müssen nicht not- **148**

687

§ 8 Die Pfändung anderer Vermögensrechte (§ 857 ZPO)

wendig in der Zahlung von Geld bestehen. Auch andere Dienst- und Sachleistungen sind möglich. In der Praxis wird eine Reallast häufig im Zusammenhang mit dem sog. **Altenteil** eingesetzt, bei dem der bisherige Eigentümer bereits zu Lebzeiten das Grundstück an seinen Nachfolger übergibt und seinen bislang aus dem Grundstück bestrittenen Bedarf aber durch eine Reallast sichert, z.B. in Form von Sachleistungen, monatlichen Versorgungsrenten, etc.

149 Die Reallast führt nicht zu einer unmittelbaren Nutzungsbefugnis des Berechtigten am Grundstück. Vielmehr ist es dem verpflichteten Eigentümer des belasteten Grundstücks überlassen, auf welche Weise er die zur Erfüllung der Reallast erforderlichen Leistungen erwirtschaftet. Der Berechtigte kann Befriedigung durch Zwangsvollstreckung in das Grundstück nach den Bestimmungen über Hypothekenzinsen suchen. Er hat aber gegen den Eigentümer für währenddessen Eigentums fällig gewordene Leistungen auch einen persönlichen Anspruch. Mit der Reallast wird also die Leistungspflicht des Eigentümers gesichert. Kommt dieser seinen Pflichten nicht nach, kann der Berechtigte die Zwangsvollstreckung in das Grundstück betreiben.

150 Bei der Zwangsvollstreckung ist zunächst zwischen der subjektiv dinglichen und der subjektiv persönlichen Reallast zu unterscheiden:

a) Subjektiv-dingliche Reallast

151 Von einer subjektiv-dinglichen Reallast spricht man, wenn sie dem jeweiligen Eigentümer eines anderen Grundstücks zusteht. In diesem Fall teilt die Reallast als Bestandteil das Schicksal des Grundstücks, auf dem sie eingetragen ist (sog. herrschendes Grundstück, § 1110 BGB) und ist kein selbstständiges Recht. Von einer subjektiv-persönlichen Reallast ist die Rede, wenn diese also einer bestimmten Person zusteht. Sie ist dann ein selbstständiges Recht (vgl. § 1105 Abs. 1 BGB).

152 Wie für jedes dingliche Recht ist für die Entstehung einer Reallast stets eine dingliche Einigung (§ 873 Abs. 1 BGB) sowie eine Grundbucheintragung erforderlich. Diese erfolgt in Abteilung II des Grundbuchs als Last oder Beschränkung des Grundstücks. Zuständig für die Eintragung ist das Grundbuchamt, in dessen Bezirk sich das Grundstück befindet.

153 Da die subjektiv-dingliche Reallast ein wesentlicher Bestandteil des herrschenden Grundstücks ist, auf dem die Eintragung erfolgt (§ 96 BGB), ist sie als Stammrecht somit **nicht übertragbar und damit unpfändbar** (§ 851 ZPO). Eine Unpfändbarkeit der vertraglich vereinbarten Einzelleistungen ergibt sich, wenn diese höchstpersönlicher Natur sind (§§ 399, 400, 413 BGB). Dies ist z.B. bei einer Pflegeverpflichtung, Beköstigung oder dauerndem Unterhaltungsrecht der Fall.

154 *Taktischer Hinweis*

Um zu erfahren, welche vertraglichen Vereinbarungen zwischen Schuldner und Drittem geschlossen wurden, empfiehlt es sich, direkt im Pfändungsbeschluss mit anordnen zu lassen, dass der Schuldner die entsprechende Vereinbarung an den Gläubiger herauszugeben hat (§ 836 Abs. 3 ZPO). Möglich ist auch, dass sich der Gläubiger aufgrund seines berechtigten Interesses beim Grundbuchamt Einsicht in die Bewilligungsurkunde verschafft.

Eine **Pfändbarkeit** ist jedoch möglich, wenn es sich um **übertragbare Ansprüche** handelt (§ 1107 BGB), so z.B. die Entrichtung einer Geldrente, Zinsleistungen, Taschengeldzahlungen. Auch hier ergeben sich die Einzelleistungen aus der vertraglichen Vereinbarung. **155**

Darüber hinaus ist zu unterscheiden, ob es sich um künftige oder rückständige Leistungen handelt. Für die **Pfändung künftiger** und damit noch nicht fälliger **Leistungen** gelten die Vorschriften über die Pfändung von Hypothekenforderungen gem. § 857 Abs. 6 i.V.m. § 830 Abs. 1, 3 S. 1 ZPO.[104] Da bei der Reallast kein Brief für das Recht erteilt wird, sind die Vorschriften für die Pfändung eines Buchrechts zu beachten (§ 830 Abs. 1 ZPO). Das bedeutet, dass es zur Wirksamkeit der Pfändung neben einem **Pfändungsbeschluss zwingend** der **Eintragung ins Grundbuch**, nicht aber einer Zustellung bedarf. Bei der Pfändung müssen die Leistungen für die Grundbucheintragung dabei genau bezeichnet werden. Hierzu eignet sich nachfolgender Antrag: **156**

Musterformulierung: Grundbuchantrag **157**

An das AG – Grundbuchamt –

Betr: Grundbuch von ..., Blatt ..., Flurstück ...

In der Zwangsvollstreckungssache

Vollstreckungsgläubiger

gegen

Vollstreckungsschuldner

überreichen ich die an den Grundstückseigentümer ... am ... zugestellte Ausfertigung des Pfändungsbeschlusses des AG ... vom ..., Az. ... M .../..., und beantrage namens und in Vollmacht des Gläubigers die Pfändung im Grundbuch zu vermerken.

Rechtsanwalt

Bei der **Pfändung rückständiger Leistungen** sind keine Besonderheiten zu beachten; sie folgt den allg. Regeln gem. § 829 ZPO, sodass ein „normaler" Pfändungs- und Überweisungsbeschluss ausreicht. **Drittschuldner** ist der **Grundstückseigentümer**. **158**

---

104 *Stöber*, Rn 1738; a.A. *Hintzen*, JurBüro 1991, 755.

| § 8 | Die Pfändung anderer Vermögensrechte (§ 857 ZPO) |

159 *Taktischer Hinweis*

Die Eintragung der Pfändung im Grundbuch ist zwar nicht erforderlich, gleichwohl empfiehlt sie sich, da der Gläubiger sich nur durch den Eintragungsvermerk gegen beeinträchtigende oder rechtszerstörende Verfügungen des Schuldners schützen kann. Die Eintragung erfolgt aufgrund formlosen Antrags (§ 13 GBO) im Wege der Grundbuchberichtigung (§ 22 GBO), da die Pfändung selbst bereits durch Zustellung des Pfändungsbeschluss an den Grundstückseigentümer als Drittschuldner wirksam geworden ist. Der erlassene und zugestellte Pfändungs- und Überweisungsbeschluss ist hierbei als Unrichtigkeitsnachweis dem Grundbuchamt vorzulegen.

Der pfändende Gläubiger muss beachten, dass trotz der Pfändung der Einzelleistungen der Schuldner als Berechtigter der Reallast nicht daran gehindert ist, über sein ihm daraus zukommendes Stammrecht dergestalt zu verfügen, dass er hierauf verzichten, es abtreten oder löschen lassen kann. Als Folge dieser Verfügungen erlischt das Pfandrecht.

b) Subjektiv-persönliche Reallast

160 Bei der subjektiv-persönlichen Reallast ist das **Stammrecht pfändbar, wenn übertragbare Einzelleistungen** gesichert werden, wie z.b. Geldrenten. Ist dies nicht der Fall, wie z.b. bei Pflege- oder Schneeräumverpflichtung, Beköstigung etc., besteht Unpfändbarkeit (§ 1111 Abs. 2 BGB, § 851 Abs. 1 ZPO). Unzulässig ist die Pfändung von Einzelleistungen nur, wenn diese nicht übertragbar sind (§§ 399, 400, 413 BGB). Die Pfändung erfolgt ebenfalls nach § 857 Abs. 6 ZPO i.V.m. § 830 ZPO. Sie wird mit Erlass des **Pfändungsbeschlusses und Eintragung im Grundbuch** wirksam. Der Eintragung kommt konstitutiver Charakter zu. Sie muss vom Gläubiger unter Vorlage des Beschlusses beim Grundbuchamt beantragt werden.

c) Muster: Pfändung bei subjektiv-persönlicher Reallast

161

Drittschuldner (genaue Bezeichnung des Drittschuldners: Firma bzw. Vor- und Zuname, vertretungsberechtigte Person/-en, jeweils mit Anschrift; Postfach-Angabe ist nicht zulässig; bei mehreren Drittschuldnern ist eine Zuordnung des Drittschuldners zu der/den zu pfändenden Forderung/-en vorzunehmen)
Herr/Frau/Firma
genaue Bezeichnung des Grundstückseigentümers

G. Einzelfälle §8

Forderung aus Anspruch

☐ A (an Arbeitgeber)

☐ B (an Agentur für Arbeit bzw. Versicherungsträger)
Art der Sozialleistung: _____
Konto-/Versicherungsnummer: _____

☐ C (an Finanzamt)

☐ D (an Kreditinstitute)

☐ E (an Versicherungsgesellschaften)
Konto-/Versicherungsnummer: _____

☐ F (an Bausparkassen)

☒ G

☐ gemäß gesonderter Anlage(n) _____

Anspruch G
(Hinweis: betrifft Anspruch an weitere Drittschuldner bzw. schon aufgeführte Drittschuldner, soweit Platz unzureichend)

- die im Grundbuch des AG von ..., Blatt ..., in Abteilung II lfd. Nr. ... auf dem Grundstück ..., Flur..., Flurstück Nr. ..., des Drittschuldners eingetragene Reallast,

- bereits fällige bzw. künftige Einzelleistungen aus dieser Reallast.

☒ **Es wird angeordnet, dass**

☐ der Schuldner die Lohn- oder Gehaltsabrechnung oder die Verdienstbescheinigung einschließlich der entsprechenden Bescheinigungen der letzten drei Monate vor Zustellung des Pfändungs- und Überweisungsbeschlusses an den Gläubiger herauszugeben hat

☐ der Schuldner das über das jeweilige Sparguthaben ausgestellte Sparbuch (bzw. die Sparurkunde) an den Gläubiger herauszugeben hat und dieser das Sparbuch (bzw. die Sparurkunde) unverzüglich dem Drittschuldner vorzulegen hat

☐ ein von dem Gläubiger zu beauftragender Gerichtsvollzieher für die Pfändung des Inhalts Zutritt zum Schließfach zu nehmen hat

☐ der Schuldner die Versicherungspolice an den Gläubiger herauszugeben hat und dieser sie unverzüglich dem Drittschuldner vorzulegen hat

☐ der Schuldner die Bausparurkunde und den letzten Kontoauszug an den Gläubiger herauszugeben hat und dieser die Unterlagen unverzüglich dem Drittschuldner vorzulegen hat

☒ der Schuldner verpflichtet ist, die der Reallast zu Grunde liegende vertragliche Vereinbarung herauszugeben.

§ 8 Die Pfändung anderer Vermögensrechte (§ 857 ZPO)

> Der Drittschuldner darf, soweit die Forderung gepfändet ist, an den Schuldner nicht mehr zahlen. Der Schuldner darf insoweit nicht über die Forderung verfügen, sie insbesondere nicht einziehen.
>
> ☒ Zugleich wird dem Gläubiger die zuvor bezeichnete Forderung in Höhe des gepfändeten Betrages
>
>   ☒ zur Einziehung überwiesen.   ☐ an Zahlungs statt überwiesen.

d) **Muster: Pfändung der geschuldeten Einzelleistungen bei subjektiv-persönlicher Reallast**

162

> **Drittschuldner** (genaue Bezeichnung des Drittschuldners: Firma bzw. Vor- und Zuname, vertretungsberechtigte Person/-en, jeweils mit Anschrift; Postfach-Angabe ist nicht zulässig; bei mehreren Drittschuldnern ist eine Zuordnung des Drittschuldners zu der/den zu pfändenden Forderung/-en vorzunehmen)
> Herr/Frau/Firma
> genaue Bezeichnung des Grundstückseigentümers
>
> ---
>
> **Forderung aus Anspruch**
>
> ☐ A (an Arbeitgeber)
>
> ☐ B (an Agentur für Arbeit bzw. Versicherungsträger)
>   Art der Sozialleistung: _____
>   Konto-/Versicherungsnummer: _____
>
> ☐ C (an Finanzamt)
>
> ☐ D (an Kreditinstitute)
>
> ☐ E (an Versicherungsgesellschaften)
>   Konto-/Versicherungsnummer: _____
>
> ☐ F (an Bausparkassen)
>
> ☒ G
>
> ☐ gemäß gesonderter Anlage(n) _____
>
> ---
>
> **Anspruch G**
> (Hinweis: betrifft Anspruch an weitere Drittschuldner bzw. schon aufgeführte Drittschuldner, soweit Platz unzureichend)
>
> auf bereits fällige bzw. zukünftige Einzelleistungen aus der im Grundbuch des AG von ..., Blatt ..., in Abteilung II lfd. Nr. ... auf dem Grundstück ... Flur..., Flurstück Nr. ... des Drittschuldners eingetragenen Reallast, solange, bis die Gläubigeransprüche vollständig befriedigt sind.

G. Einzelfälle § 8

☒ **Es wird angeordnet, dass**

☐ der Schuldner die Lohn- oder Gehaltsabrechnung oder die Verdienstbescheinigung einschließlich der entsprechenden Bescheinigungen der letzten drei Monate vor Zustellung des Pfändungs- und Überweisungsbeschlusses an den Gläubiger herauszugeben hat

☐ der Schuldner das über das jeweilige Sparguthaben ausgestellte Sparbuch (bzw. die Sparurkunde) an den Gläubiger herauszugeben hat und dieser das Sparbuch (bzw. die Sparurkunde) unverzüglich dem Drittschuldner vorzulegen hat

☐ ein von dem Gläubiger zu beauftragender Gerichtsvollzieher für die Pfändung des Inhalts Zutritt zum Schließfach zu nehmen hat

☐ der Schuldner die Versicherungspolice an den Gläubiger herauszugeben hat und dieser sie unverzüglich dem Drittschuldner vorzulegen hat

☐ der Schuldner die Bausparurkunde und den letzten Kontoauszug an den Gläubiger herauszugeben hat und dieser die Unterlagen unverzüglich dem Drittschuldner vorzulegen hat

☒ der Schuldner verpflichtet ist, die der Reallast zu Grunde liegende vertragliche Vereinbarung herauszugeben.

Der Drittschuldner darf, soweit die Forderung gepfändet ist, an den Schuldner nicht mehr zahlen. Der Schuldner darf insoweit nicht über die Forderung verfügen, sie insbesondere nicht einziehen.

☒ **Zugleich wird dem Gläubiger die zuvor bezeichnete Forderung in Höhe des gepfändeten Betrages**

☒ zur Einziehung überwiesen.   ☐ an Zahlungs statt überwiesen.

3. Rentenschuld

Als Sonderart der Grundschuld, verpflichtet die Rentenschuld als dingliche Belastung zur Zahlung einer bestimmten Geldsumme zu regelmäßig wiederkehrenden Terminen.[105] Die Pfändung der einzelnen Leistungen erfolgt nach den Regelungen über die Pfändung von Hypothekenzinsen (§ 1200 BGB). Rückständige Leistungen werden nach § 829 ZPO gepfändet. Die Pfändung nicht fälliger Leistungen erfolgt durch Pfändungsbeschluss und Briefübergabe oder Eintragung der Pfändung ins Grundbuch bei einem Buchrecht.

163

XII. Hinterlegungsansprüche

In der gerichtlichen Praxis spielt die Hinterlegung von Geldbeträgen eine große Rolle. Hier ergeben sich für Gläubiger realisierbare Vollstreckungsmöglichkeiten.

164

---

105 Zöller/*Herget*, § 857 Rn 17.

§ 8 Die Pfändung anderer Vermögensrechte (§ 857 ZPO)

1. Hinterlegungsgründe

165 Geld oder Sachen können nur hinterlegt werden, wenn ein Hinterlegungsgrund vorliegt. Die Gründe sind vielfältig. Sie liegen z.B. vor, wenn

- aufgrund gerichtlicher Entscheidung eine Sicherheitsleistung zur einstweiligen Einstellung der Zwangsvollstreckung angeordnet wurde,
- aufgrund gerichtlicher Entscheidung eine Kaution zur Außervollzugsetzung von Haftbefehlen angeordnet wurde,
- aufgrund gerichtlicher Entscheidung eine Sicherheitsleistung zur Erreichung der vorläufigen Vollstreckbarkeit eines Urteils angeordnet wurde oder
- Unsicherheit über den Gläubiger einer Forderung besteht.

166 *Taktischer Hinweis*

Die Hinterlegungsgeschäfte werden von den Hinterlegungsstellen und -kassen wahrgenommen. Hinterlegungsstelle ist das Amtsgericht. Hinterlegungskasse ist die jeweilige Landesoberkasse. Hinterlegungsrecht ist Landesrecht und wird in den Hinterlegungsgesetzen der Länder geregelt.

2. Pfändung

167 Der Anspruch des Hinterlegers auf Herausgabe in den Fällen, in denen er nicht auf das Recht der Rücknahme verzichtet hat, unterliegt der Pfändung. Gleiches gilt für den Herausgabeanspruch des Hinterlegungsberechtigten gegen die Hinterlegungsstelle.

168 Gepfändet wird ganz normal mittels Pfändungsbeschluss gem. §§ 829 ff. ZPO.

169 **Drittschuldner** ist das jeweilige **Bundesland**, bei dessen Amtsgericht die Hinterlegungsstelle eingerichtet ist, nicht die Hinterlegungsstelle selbst. Das jeweilige Landesrecht bestimmt weiterhin, wer das Land als Drittschuldner vertritt.

170

Übersicht/Vertretungsberechtigung der Länder als Drittschuldner	
Bundesland	Vertretungsberechtigung
Baden-Württemberg	Hinterlegungsstelle (Landesoberkasse)
Bayern	Hinterlegungsstelle AG
Berlin	Generalstaatsanwalt beim KG
Brandenburg	Hinterlegungsstelle AG
Bremen	Senat der Freien Hansestadt Bremen, vertreten durch den Senator
Hamburg	Hinterlegungsstelle AG
Hessen	Hinterlegungsstelle AG

G. Einzelfälle § 8

Übersicht/Vertretungsberechtigung der Länder als Drittschuldner

Bundesland	Vertretungsberechtigung
Mecklenburg-Vorpommern	Leiter der Behörde, die die geschuldete Leistung anzuordnen hat
Niedersachsen	Hinterlegungsstelle AG
Nordrhein-Westfalen	Hinterlegungsstelle AG
Rheinland-Pfalz	Hinterlegungsstelle AG
Saarland	Hinterlegungsstelle AG
Sachsen	Hinterlegungsstelle AG
Sachsen-Anhalt	Hinterlegungsstelle AG
Schleswig-Holstein	Leiter der Behörde, die die geschuldete Leistung anzuordnen hat
Thüringen	Hinterlegungsstelle AG

3. Verwertung

Durch die Überweisung erlangt der Gläubiger die Berechtigung, die Rechte des an der Hinterlegung beteiligten Schuldners an dessen Stelle auszuüben und die Herausgabe des Hinterlegungsgutes gem. § 836 Abs. 1 ZPO an sich zu verlangen.[106] Dies gilt allerdings nicht im Hinblick auf die Befugnis des Schuldners, die Rücknahme zu verlangen.

171

4. Muster: Pfändung bei Hinterlegung

Drittschuldner (genaue Bezeichnung des Drittschuldners: Firma bzw. Vor- und Zuname, vertretungsberechtigte Person/-en, jeweils mit Anschrift; Postfach-Angabe ist nicht zulässig; bei mehreren Drittschuldnern ist eine Zuordnung des Drittschuldners zu der/den zu pfändenden Forderung/-en vorzunehmen)
Herr/Frau/Firma
siehe hierzu die Übersicht zur Vertretungsberechtigung der Länder als Drittschuldner

172

---

106 KG, Rpfleger, 1981, 240.

§ 8 Die Pfändung anderer Vermögensrechte (§ 857 ZPO)

Forderung aus Anspruch

☐ A (an Arbeitgeber)

☐ B (an Agentur für Arbeit bzw. Versicherungsträger)
  Art der Sozialleistung: _____
  Konto-/Versicherungsnummer: _____

☐ C (an Finanzamt)

☐ D (an Kreditinstitute)

☐ E (an Versicherungsgesellschaften)
  Konto-/Versicherungsnummer: _____

☐ F (an Bausparkassen)

☒ G

☐ gemäß gesonderter Anlage(n) _____

Anspruch G
(Hinweis: betrifft Anspruch an weitere Drittschuldner bzw. schon aufgeführte Drittschuldner, soweit Platz unzureichend)

der Anspruch auf Auszahlung der - auch - zugunsten des Schuldners bei der Hinterlegungsstelle ..., unter dem Az. ... hinterlegten Geldbeträge und auf Herausgabe anderer hinterlegter Gegenstände, auch bezüglich der Beträge und Gegenstände, die erst in Zukunft hinterlegt werden.

(alternativ)
der Anspruch auf Herausgabe der vom Schuldner bei der Hinterlegungsstelle ..., unter dem Az. ... hinterlegten oder in Zukunft zu hinterlegenden Geldbeträge und sonstiger Gegenstände, nachdem der Schuldner sein Recht zur Rücknahme geltend gemacht hat.

XIII. Hypothek

173 Die Pfändung von Hypothekenforderungen spielt in der gerichtlichen Praxis kaum eine Rolle. Sie kann dennoch lohnenswert sein. Der Vorteil dieser Vollstreckungsmaßnahme besteht vor allem darin, dass die Pfändung in der Zwangsversteigerung eine gute Rangposition sichern kann.

1. Buchhypothek

174 Erforderlich zum Wirksamwerden der (Teil-)Pfändung einer **Buchhypothek** (§ 1116 Abs. 2 BGB) ist neben dem Erlass eines **Pfändungsbeschlusses** die **Eintragung** der **Pfändung** in das **Grundbuch**, § 830 Abs. 1 S. 3 ZPO. Hierzu zählen auch die Sicherungshypothek (§§ 1184, 1185 Abs. 1 BGB), die Zwangssicherungshypothek (§ 866 Abs. 1 ZPO), die Arrestsicherungshypothek (§ 932 ZPO) sowie die Höchstbetragshypothek (§ 1190 i.V.m. § 1185 Abs. 1 BGB).

G. Einzelfälle §8

Hinweis **175**

Wird die Forderung gepfändet und zur Einziehung überwiesen, ist diese daher solange unwirksam, als die Pfändung nicht in das Grundbuch eingetragen ist. Die Zustellung des Pfändungsbeschlusses an den Drittschuldner vor Eintragung der Pfändung begründet im Grundbuch keinen Pfändungsrang. In solchen Fällen dürfen Pfändungs- und Überweisungsbeschluss deshalb nicht zusammen erlassen werden.[107]

Die Zustellung des Pfändungsbeschlusses erfolgt gem. § 829 Abs. 2 ZPO an Drittschuldner und Schuldner und ist abweichend von § 829 Abs. 3 ZPO für die Wirksamkeit nicht erforderlich. **Drittschuldner** ist der **persönliche Schuldner**. Ist er nicht zugleich Grundstückseigentümer, ist auch dieser Drittschuldner.[108] **176**

Der Zustellungszeitpunkt kann aber nach **§ 830 Abs. 2 ZPO** bei der Briefhypothek Bedeutung haben. Erfolgt die Zustellung vor Briefübergabe oder vor Eintragung der Pfändung im Grundbuch, gilt danach die Pfändung dem Drittschuldner ggü. als im Zustellzeitpunkt bewirkt. Diese Rückdatierung des Zahlungsverbots tritt aber nur ein, wenn Briefübergabe oder Grundbucheintragung tatsächlich erfolgen.[109] **177**

Taktischer Hinweis **178**

Um sich vor unliebsamen Verfügungen des Schuldners über die Hypothek nach Erlass des Pfändungsbeschlusses aber vor Eintragung der Pfändung zu schützen, sollte der Gläubiger zunächst eine **Vorpfändung** (§ 845 ZPO) bewirken. Sollten hierbei Hindernisse auftauchen, die letztlich dazu führen, dass eine vollständige Pfändung nicht binnen der Monatsfrist nachfolgt, kann der Gläubiger dies ggf. durch Erwirkung einer Eintragungsvormerkung verhindern. Diese ist auf Erlass eines Verfügungsverbots (§ 938 Abs. 2 ZPO) gegen den Schuldner zu richten.

Der Gläubiger sollte die Pfändung zudem, um einen gutgläubigen lastenfreien Erwerb Dritter zu verhindern, im Grundbuch eintragen lassen. Die Zustellung des Pfändungsbeschlusses an den Drittschuldner vor Eintragung der Pfändung begründet im Grundbuch nämlich keinen Pfändungsrang. Die Zustellung des Pfändungsbeschlusses an den Drittschuldner ist auch nicht als rangwahrende Vorpfändung i.S.d. § 845 ZPO anzusehen; jedenfalls hängt die rangwahrende Wirkung einer Vorpfändung der durch Buchhypothek gesicherten Forderung von der Eintragung der Vorpfändung im Grundbuch ab.[110]

---

107 BGHZ 127, 146 = WM 1994, 2033 = ZIP 1994, 1720 = NJW 1994, 3225 = DNotZ 1995, 139 = Rpfleger 1995, 119 = KTS 1995, 86 = ZZP 108, 250 = KKZ 1995, 140 = DB 1994, 2445 = EWiR 1994, 1251 = JuS 1995, 168 = VuR 1995, 118; a.A. *Stöber*, NJW 1996, 1180.
108 Thomas/Putzo/*Seiler*, § 830 Rn 4; vgl. Musielak/*Becker*, § 830 Rn 8.
109 BGHZ 127, 146 = WM 1994, 2033 = ZIP 1994, 1720 = NJW 1994, 3225 = DNotZ 1995, 139 = Rpfleger 1995, 119 = KTS 1995, 86 = ZZP 108, 250 = KKZ 1995, 140 = DB 1994, 2445 = EWiR 1994, 1251 = JuS 1995, 168 = VuR 1995, 118.
110 OLG Köln, OLGZ 1991, 154 = Rpfleger 1991, 241.

§ 8 Die Pfändung anderer Vermögensrechte (§ 857 ZPO)

179 Um die Pfändung im Grundbuch vermerken zu lassen, muss der Gläubiger beim Grundbuchamt unter Beifügung der Ausfertigung des Pfändungsbeschlusses einen Antrag (§ 13 GBO) stellen. Die Form des § 29 GBO ist hierbei nicht zu beachten. Die Grundlage für die Eintragung der Pfändung ist der Pfändungsbeschluss, der auch die Eintragungsbewilligung des Schuldners ersetzt. Hat der Schuldner die Hypothek außerhalb des Grundbuchs erworben, z.B. durch Erbfolge, so ist der Vollstreckungsgläubiger befugt, zunächst die Voreintragung (§ 39 GBO) des Schuldners im Grundbuch vornehmen zu lassen (§ 14 GBO). Zum Nachweis der Unrichtigkeit des Grundbuchs kann der Gläubiger gem. § 792 ZPO die Erteilung eines Erbscheins an Stelle des Schuldners verlangen. Dies gilt allerdings nicht im Fall des § 40 GBO. Im Fall einer Gesamthypothek (§ 1132 BGB) wird die Pfändung erst mit Eintragung bei allen belasteten Grundstücken wirksam.[111]

180
a) Musterformulierung: Grundbuchantrag
An das AG
– Grundbuchamt –
Betr: Grundbuch von ..., Blatt ..., Flurstück ...
In der Zwangsvollstreckungssache
Vollstreckungsgläubiger
gegen
Vollstreckungsschuldner
zeige ich an, dass ich den Gläubiger vertrete. Namens und in Vollmacht desselben beantrage ich,
die Pfändung der im Grundbuch von (genaue Bezeichnung) eingetragenen Hypothek im Grundbuch einzutragen und, soweit notwendig, die Voreintragung des Schuldners (§§ 39, 14 GBO) vorzunehmen.
Rechtsanwalt

b) Pfändungsmuster

181

Drittschuldner (genaue Bezeichnung des Drittschuldners: Firma bzw. Vor- und Zuname, vertretungsberechtigte Person/-en, jeweils mit Anschrift; Postfach-Angabe ist nicht zulässig; bei mehreren Drittschuldnern ist eine Zuordnung des Drittschuldners zu der/den zu pfändenden Forderung/-en vorzunehmen) Herr/Frau/Firma genaue Bezeichnung desjenigen, der dem Schuldner die gepfändete Hypothekenforderung schuldet

---

111 RGZ 63, 75; 84, 80; 185, 351.

G. Einzelfälle § 8

Forderung aus Anspruch
☐ A (an Arbeitgeber)
☐ B (an Agentur für Arbeit bzw. Versicherungsträger)   Art der Sozialleistung: _____   Konto-/Versicherungsnummer: _____
☐ C (an Finanzamt)
☐ D (an Kreditinstitute)
☐ E (an Versicherungsgesellschaften)   Konto-/Versicherungsnummer: _____
☐ F (an Bausparkassen)
☒ G
☐ gemäß gesonderter Anlage(n) _____

Anspruch G
(Hinweis: betrifft Anspruch an weitere Drittschuldner bzw. schon aufgeführte Drittschuldner, soweit Platz unzureichend)

aus dem ...-Vertrag (z.B. Darlehnsvertrag - Rückzahlung) vom ... auf Zahlung von EUR ... nebst ... Prozent Zinsen seit dem ... zusammen mit der angeblich zur Sicherung für diese Forderung im Grundbuch von ..., Bd. ..., Bl. ..., in Abt. III unter der lfd. Nr. ... auf dem Grundstück ..., FlStNr. ..., des ... in ... (als dinglichem Drittschuldner) eingetragenen Hypothek in Höhe von ...

☒ **Es wird angeordnet, dass**

☐ der Schuldner die Lohn- oder Gehaltsabrechnung oder die Verdienstbescheinigung einschließlich der entsprechenden Bescheinigungen der letzten drei Monate vor Zustellung des Pfändungs- und Überweisungsbeschlusses an den Gläubiger herauszugeben hat

☐ der Schuldner das über das jeweilige Sparguthaben ausgestellte Sparbuch (bzw. die Sparurkunde) an den Gläubiger herauszugeben hat und dieser das Sparbuch (bzw. die Sparurkunde) unverzüglich dem Drittschuldner vorzulegen hat

☐ ein von dem Gläubiger zu beauftragender Gerichtsvollzieher für die Pfändung des Inhalts Zutritt zum Schließfach zu nehmen hat

☐ der Schuldner die Versicherungspolice an den Gläubiger herauszugeben hat und dieser sie unverzüglich dem Drittschuldner vorzulegen hat

☐ der Schuldner die Bausparurkunde und den letzten Kontoauszug an den Gläubiger herauszugeben hat und dieser die Unterlagen unverzüglich dem Drittschuldner vorzulegen hat

☒ der Schuldner den zugrunde liegenden Titel (z.B. notarielle Urkunde) und (ggf. die Sicherungsabrede) an den Gläubiger herauszugeben hat.

§ 8 Die Pfändung anderer Vermögensrechte (§ 857 ZPO)

> ☒ **Sonstige Anordnungen:**
> Nicht amtlicher Hinweis:
> Pfändung und Überweisung werden mit Eintragung der Pfändung im Grundbuch wirksam
>
> Der **Drittschuldner** darf, soweit die Forderung gepfändet ist, an den Schuldner nicht mehr zahlen. Der Schuldner darf insoweit nicht über die Forderung verfügen, sie insbesondere nicht einziehen.
>
> ☒ Zugleich wird dem Gläubiger die zuvor bezeichnete Forderung in Höhe des gepfändeten Betrages
>
> ☒ zur Einziehung überwiesen. ☐ an Zahlungs statt überwiesen.

2. Briefhypothek

182 Hier gelten wegen des sachenrechtlichen Publizitätsgrundsatzes die zusätzlichen Anforderungen des § 830 ZPO. Die wirksame Pfändung erfolgt durch Erlass eines **Pfändungsbeschlusses und Briefübergabe an** den Gläubiger (§ 830 Abs. 1 S. 1 ZPO).[112] Die wirksame Pfändung erfordert somit stets die Briefübergabe an den Gläubiger. Dass der Brief beim Grundbuchamt verwahrt wird und die (Hilfs-)Pfändung und Überweisung des Herausgabeanspruchs stattgefunden hat, ändert daran nichts.[113]

183 Eine **Zustellung** des Pfändungs- und Überweisungsbeschlusses **an** den **Schuldner** ist grds. **nicht erforderlich**. Eine **Ausnahme** besteht, wenn sich der Brief bereits vor der Pfändung in unmittelbarem Gläubigerbesitz befindet. Die Pfändung wird in diesem Fall allein mit Aushändigung des Hypothekenbriefes an den Gläubiger bewirkt. Wird der Pfändungsbeschluss vor der Übergabe des Briefes oder der Eintragung der Pfändung dem **Drittschuldner** zugestellt, so gilt die Pfändung diesem ggü. mit der Zustellung als bewirkt (§ 830 Abs. 2 ZPO). Insofern wird verhindert, dass der Drittschuldner vor ordnungsgemäß vollzogener Pfändung noch wirksam ggü. dem Gläubiger an den Schuldner zahlt oder sonst zum Nachteil des Gläubigers verfügt, obwohl das Zahlungsverbot bereits zugestellt worden ist. Die Fiktion dieser Regelung greift allerdings nur dann, wenn die Briefübergabe später tatsächlich nachfolgt.[114] Hinsichtlich der **Briefübergabe** kann auf die Ausführen zur Briefgrundschuld verwiesen werden.[115]

---

112 OLG München, MittBayNot 1979, 37.
113 OLG München, Beschl. v. 20.6.2011 – 34 Wx 259/11 – juris.
114 BGHZ 127, 146 = WM 1994, 2033 = ZIP 1994, 1720 = NJW 1994, 3225 = DNotZ 1995, 139 = Rpfleger 1995, 119 = KTS 1995, 86 = ZZP 108, 250 = KKZ 1995, 140 = DB 1994, 2445 = EWiR 1994, 1251 = JuS 1995, 168 = VuR 1995, 118; vgl. auch Rdn 175 ff.
115 Vgl. Rdn 131 ff.

G. Einzelfälle § 8

184 Eine **Teilpfändung** der Briefhypothek ist ebenfalls zulässig. Diese wird gleichfalls durch Briefübergabe wirksam, allerdings auch mit Herstellung und Aushändigung eines Teilbriefs.[116] Nicht ersetzt werden kann die Briefübergabe dadurch, dass der Schuldner den ungeteilten Brief zugleich als Eigenbesitzer für sich selbst und als Fremdbesitzer für den (pfändenden) Gläubiger besitzt.[117]

185 Indem das Gesetz die Pfändung der Hypothekenforderung denselben Regelungen unterwirft wie die Abtretung (vgl. §§ 398, 873, 1154 BGB) oder die Verpfändung (vgl. § 1274 BGB) – beides kann nur wirksam geschehen, wenn durch Briefübergabe oder Grundbucheintragung dem sachenrechtlichen Publizitätserfordernis genügt ist – soll der Gleichlauf von rechtsgeschäftlichem und vollstreckungsrechtlichem Erwerb gewährleistet werden.[118] **Ohne die Briefübergabe** oder **Grundbucheintragung** ist die **Pfändung nicht etwa fehlerhaft**; sie ist **nur unvollständig** und kann durch Hinzutreten des bislang fehlenden Tatbestandselements noch vervollständigt, jedoch nicht geheilt werden.[119] Solange dies nicht geschehen ist, bleibt die Pfändung wirkungslos.[120]

186 Die **wirksame Pfändung bewirkt** die **Unrichtigkeit des Grundbuchs**, weil dieses das Pfandrecht als Recht an einem Grundstücksrecht nicht ausweist.[121] Das Pfandrecht kann deshalb als Grundbuchberichtigung (§ 22 Abs. 1 GBO) in das Grundbuch eingetragen werden.[122] Die Eintragung findet auf Antrag des Gläubigers statt; die Grundbuchunrichtigkeit muss urkundlich nachgewiesen sein (§§ 13 Abs. 1, 22 GBO). An den sonstigen Voraussetzungen der Eintragung ändert dies aber nichts.[123] Zu diesen gehört grds. auch die Voreintragung des Berechtigten (§ 39 Abs. 1 GBO).[124] Bei Briefrechten wird es jedoch mit der Voreintragung gleichgesetzt, wenn sich der Gläubiger im Besitz des Briefes befindet und sein Gläubigerrecht nach § 1155 BGB nachweist (§ 39 Abs. 2 GBO). In diesem Fall steht der ausgewiesene Briefbesitzer dem eingetragenen Gläubiger gleich. Der Inhalt der neuen Eintragung ist unerheblich; es kommt auch eine Belastung des Rechts in Betracht.[125]

---

116 OLG Oldenburg, Rpfleger 1970, 100; Zöller/*Herget*, § 830 Rn 7.
117 BGHZ 85, 263 = NJW 1983, 568 = WM 1982, 1431 = ZIP 1983, 41 = MDR 1983, 218 = Rpfleger 1983, 60 = DB 1983, 707 = JZ 1983, 261 = JR 1983, 193 = DNotZ 1983, 313 = JuS 1983, 308; Zöller/*Herget*, § 830 Rn 7; Thomas/Putzo/*Seiler*, § 830 Rn 9.
118 BGHZ 127, 146 = WM 1994, 2033 = ZIP 1994, 1720 = NJW 1994, 3225 = DNotZ 1995, 139 = Rpfleger 1995, 119 = KTS 1995, 86 = ZZP 108, 250 = KKZ 1995, 140 = DB 1994, 2445 = EWiR 1994, 1251 = JuS 1995, 168 = VuR 1995, 118.
119 BGHZ 127, 146 = WM 1994, 2033 = ZIP 1994, 1720 = NJW 1994, 3225 = DNotZ 1995, 139 = Rpfleger 1995, 119 = KTS 1995, 86 = ZZP 108, 250 = KKZ 1995, 140 = DB 1994, 2445 = EWiR 1994, 1251 = JuS 1995, 168 = VuR 1995, 118.
120 Vgl. RGZ 76, 231 (233).
121 OLG München, ZfIR 2014, 822.
122 OLG München, Beschl. v. 20.6.2011 – 34 Wx 259/11 – juris m.w.N.
123 BayObLG, Rpfleger 1987, 363.
124 OLG München, ZfIR 2014, 822.
125 *Demharter*, GBO § 71 Rn 71.

§ 8 Die Pfändung anderer Vermögensrechte (§ 857 ZPO)

187 Die **Grundbuchunrichtigkeit** lässt sich durch Vorlage des **Pfändungsbeschlusses** und des **Grundschuldbriefs nachweisen.** Erst die Vorlage des Briefs durch den Gläubiger erbringt dem Grundbuchamt gegenüber den Nachweis, dass ihm der Brief übergeben, die Pfändung demnach wirksam geworden ist.[126]

a) Pfändungsmuster: Schuldner ist im Besitz des Briefs

188

Drittschuldner (genaue Bezeichnung des Drittschuldners: Firma bzw. Vor- und Zuname, vertretungsberechtigte Person/-en, jeweils mit Anschrift; Postfach-Angabe ist nicht zulässig; bei mehreren Drittschuldnern ist eine Zuordnung des Drittschuldners zu der/den zu pfändenden Forderung/-en vorzunehmen)
Herr/Frau/Firma
genaue Bezeichnung desjenigen, der dem Schuldner die gepfändete Hypothekenforderung schuldet

---

Forderung aus Anspruch

☐ A (an Arbeitgeber)

☐ B (an Agentur für Arbeit bzw. Versicherungsträger)
Art der Sozialleistung: _____
Konto-/Versicherungsnummer: _____

☐ C (an Finanzamt)

☐ D (an Kreditinstitute)

☐ E (an Versicherungsgesellschaften)
Konto-/Versicherungsnummer:

☐ F (an Bausparkassen)

☒ G

☐ gemäß gesonderter Anlage(n) _____

---

[126] BGH, Rpfleger 1995, 119 = KTS 1995, 86 = ZZP 108, 250 = KKZ 1995, 140 = DB 1994, 2445 = EWiR 1994, 1251 = JuS 1995, 168 = VuR 1995, 118BGHZ 127, 146 = WM 1994, 2033 = ZIP 1994, 1720 = NJW 1994, 3225 = DNotZ 1995; 139; NJW 1979, 2045 = MDR 1979, 922 = Rpfleger 1979, 299 = JuS 1980, 154 = WM 1979, 730; BayObLG, NJW-RR 1991, 1398 = ZIP 1991, 1000 = WM 1991, 1859 = MittBayNot 1991, 256 = Rpfleger 1992, 56 = DNotZ 1993, 335 = EWiR 1991, 781 = ZBB 1991, 186; OLG Frankfurt/Main, Beschl. v. 25.6.2013 – 20 W 162/13 –, juris; OLG München, Beschl. v. 20.6.2011 – 34 Wx 259/11 – juris; KG Berlin, KGJ 40, 322; KGJ 44, 275 (278); JFG 14, 444/446; OLG Düsseldorf OLGZ 1969, 208; Zöller/*Herget*, § 830 Rn 6, 8.

G. Einzelfälle §8

Anspruch G
(Hinweis: betrifft Anspruch an weitere Drittschuldner bzw. schon aufgeführte Drittschuldner, soweit Platz unzureichend)
- aus dem ...-Vertrag (z.B. Darlehnsvertrag - Rückzahlung) vom ... auf Zahlung von EUR ... nebst ... Prozent Zinsen seit dem ... zusammen mit der angeblich zur Sicherung für diese Forderung im Grundbuch von ..., Bd. ..., Bl. ..., in Abt. III unter der lfd. Nr. ... auf dem Grundstück ..., FlStNr. ..., des ... in ... (als dinglichem Drittschuldner) eingetragenen Hypothek in Höhe von ...

- der angebliche Anspruch des Schuldners auf Durchführung eines Aufgebotsverfahrens für den Fall, dass der zugrunde liegende Hypothekenbrief verloren gegangen ist.

☒ **Es wird angeordnet, dass**

☐ der Schuldner die Lohn- oder Gehaltsabrechnung oder die Verdienstbescheinigung einschließlich der entsprechenden Bescheinigungen der letzten drei Monate vor Zustellung des Pfändungs- und Überweisungsbeschlusses an den Gläubiger herauszugeben hat

☐ der Schuldner das über das jeweilige Sparguthaben ausgestellte Sparbuch (bzw. die Sparurkunde) an den Gläubiger herauszugeben hat und dieser das Sparbuch (bzw. die Sparurkunde) unverzüglich dem Drittschuldner vorzulegen hat

☐ ein von dem Gläubiger zu beauftragender Gerichtsvollzieher für die Pfändung des Inhalts Zutritt zum Schließfach zu nehmen hat

☐ der Schuldner die Versicherungspolice an den Gläubiger herauszugeben hat und dieser sie unverzüglich dem Drittschuldner vorzulegen hat

☐ der Schuldner die Bausparurkunde und den letzten Kontoauszug an den Gläubiger herauszugeben hat und dieser die Unterlagen unverzüglich dem Drittschuldner vorzulegen hat

☒ der Schuldner den zugrunde liegenden Titel (z.B. notarielle Urkunde) und (ggf. die Sicherungsabrede) an den Gläubiger herauszugeben hat.

Der Drittschuldner darf, soweit die Forderung gepfändet ist, an den Schuldner nicht mehr zahlen. Der Schuldner darf insoweit nicht über die Forderung verfügen, sie insbesondere nicht einziehen.

☒ **Zugleich wird dem Gläubiger die zuvor bezeichnete Forderung in Höhe des gepfändeten Betrages**

☒ zur Einziehung überwiesen. ☐ an Zahlungs statt überwiesen.

§ 8 Die Pfändung anderer Vermögensrechte (§ 857 ZPO)

189

b) Pfändungsmuster: Dritter ist im Besitz des Briefs

Drittschuldner (genaue Bezeichnung des Drittschuldners: Firma bzw. Vor- und Zuname, vertretungsberechtigte Person/-en, jeweils mit Anschrift; Postfach-Angabe ist nicht zulässig; bei mehreren Drittschuldnern ist eine Zuordnung des Drittschuldners zu der/den zu pfändenden Forderung/-en vorzunehmen)

Herr/Frau/Firma

genaue Bezeichnung desjenigen, der dem Schuldner die gepfändete Hypothekenforderung schuldet

genaue Bezeichnung desjenigen, der dem Schuldner die Herausgabe des Briefs schuldet

---

Forderung aus Anspruch

☐ A (an Arbeitgeber)

☐ B (an Agentur für Arbeit bzw. Versicherungsträger)
  Art der Sozialleistung: _____
  Konto-/Versicherungsnummer: _____

☐ C (an Finanzamt)

☐ D (an Kreditinstitute)

☐ E (an Versicherungsgesellschaften)
  Konto-/Versicherungsnummer: _____

☐ F (an Bausparkassen)

☒ G

☐ gemäß gesonderter Anlage(n) _____

Anspruch G
(Hinweis: betrifft Anspruch an weitere Drittschuldner bzw. schon aufgeführte Drittschuldner, soweit Platz unzureichend)

- aus dem ...-Vertrag (z.B. Darlehensvertrag - Rückzahlung) vom ... auf Zahlung von EUR ... nebst ... Prozent Zinsen seit dem ... zusammen mit der angeblich zur Sicherung für diese Forderung im Grundbuch von ..., Bd. ..., Bl. ..., in Abt. III unter der lfd. Nr. ... auf dem Grundstück ..., FlStNr. ..., des ... in ... (als dinglichem Drittschuldner) eingetragenen Hypothek in Höhe von ...

- auf Herausgabe des über die gepfändete Hypothek gebildeten Hypothekenbriefs

- der angebliche Anspruch des Schuldners auf Durchführung eines Aufgebotsverfahrens für den Fall, dass der zugrunde liegende Hypothekenbrief verloren gegangen ist.

G. Einzelfälle § 8

☒ **Es wird angeordnet, dass**

☐ der Schuldner die Lohn- oder Gehaltsabrechnung oder die Verdienstbescheinigung einschließlich der entsprechenden Bescheinigungen der letzten drei Monate vor Zustellung des Pfändungs- und Überweisungsbeschlusses an den Gläubiger herauszugeben hat

☐ der Schuldner das über das jeweilige Sparguthaben ausgestellte Sparbuch (bzw. die Sparurkunde) an den Gläubiger herauszugeben hat und dieser das Sparbuch (bzw. die Sparurkunde) unverzüglich dem Drittschuldner vorzulegen hat

☐ ein von dem Gläubiger zu beauftragender Gerichtsvollzieher für die Pfändung des Inhalts Zutritt zum Schließfach zu nehmen hat

☐ der Schuldner die Versicherungspolice an den Gläubiger herauszugeben hat und dieser sie unverzüglich dem Drittschuldner vorzulegen hat

☐ der Schuldner die Bausparurkunde und den letzten Kontoauszug an den Gläubiger herauszugeben hat und dieser die Unterlagen unverzüglich dem Drittschuldner vorzulegen hat

☒ der Schuldner den zugrunde liegenden Titel (z.B. notarielle Urkunde) und (ggf. die Sicherungsabrede) an den Gläubiger herauszugeben hat.

Der Drittschuldner darf, soweit die Forderung gepfändet ist, an den Schuldner nicht mehr zahlen. Der Schuldner darf insoweit nicht über die Forderung verfügen, sie insbesondere nicht einziehen.

☒ **Zugleich wird dem Gläubiger die zuvor bezeichnete Forderung in Höhe des gepfändeten Betrages**

☒ zur Einziehung überwiesen. ☐ an Zahlungs statt überwiesen.

---

c) **Musterformulierung: Grundbuchberichtigungsantrag auf Eintragung der Pfändung**

An das AG   190
– Grundbuchamt –
Betr: Grundbuch von ..., Blatt ..., Flurstück ...
In der Zwangsvollstreckungssache
Vollstreckungsgläubiger
gegen
Vollstreckungsschuldner
zeige ich an, dass ich den Gläubiger vertrete. Namens und in Vollmacht desselben beantrage ich,
die Pfändung der im Grundbuch von (genaue Bezeichnung) eingetragenen Hypothek im Grundbuch berichtigend einzutragen.

§ 8 Die Pfändung anderer Vermögensrechte (§ 857 ZPO)

Begründung

In der Anlage überreiche ich den Pfändungsbeschluss des ... vom ..., Az. ... nebst Zustellungsnachweis über die Pfändung der im Antrag näher bezeichneten Hypothek sowie den dazugehörigen Hypothekenbrief und bitte deshalb um die berichtigende Eintragung der Pfändung.
Rechtsanwalt

XIV. Schuldrechtlicher Rückgewähranspruch
1. Definition und praktische Bedeutung

191 Als zukünftig aufschiebend bedingter Anspruch ist eine sicherungshalber übertragene oder treuhänderisch abgetretene Forderung des Schuldners nach § 829 Abs. 1 ZPO pfändbar.[127]

192 In der Praxis spielen solche Ansprüche im Kreditgewerbe eine wichtige Rolle. Bei der Sicherungsübereignung überträgt z.b. der Schuldner wegen einer (Darlehns-)Forderung des Sicherungsnehmers (Bank) das Eigentum an einem seiner Gegenstände zur Sicherheit, bleibt aber Besitzer. Hierbei wird regelmäßig vereinbart, dass mit der Rückzahlung der Forderung die zuvor sicherungsübereignete Sache an den Schuldner zurückübertragen wird. Ebenso wird bei einer **Grundstückfinanzierung** regelmäßig vereinbart, dass der Schuldner als Sicherungsgeber nach Wegfall des Sicherungszwecks durch Nichtentstehen oder Erlöschen der Forderung einen aufschiebend bedingten Anspruch auf Rückgewähr gegen den Sicherungsgläubiger erhält.[128] Dasselbe gilt bei teilweiser Tilgung der Forderung.[129] Der Grundstückseigentümer als Schuldner hat also nach Wegfall des Sicherungszwecks – z.B. durch (teilweise) Tilgung – gegen den Grundschuldgläubiger einen Anspruch auf (teilweise) Ausgleichung der Bereicherung oder aus ungerechtfertigter Bereicherung.[130]

193 *Taktischer Hinweis*

Gerade im Bereich von Immobilienfinanzierungen spielen hierbei sog. **Sicherungsgrundschulden** eine große Rolle. Hierbei lässt sich der Darlehnsnehmer (Schuldner) i.R.d. Darlehnsgewährung zugunsten der Bank (Gläubiger) im Grundbuch – zumeist an erster Rangstelle – eine (Sicherungs-)Grundschuld eintragen. Die praktische Bedeutung bei Sicherungsgrundschulden für (nachrangige) Gläubiger liegt vor allem in dem frei werdenden Betrag. Denn je mehr das Darlehen zurückbezahlt wird, desto

---

[127] OLG Düsseldorf, Rpfleger 2013, 267; OLG Frankfurt/Main, AnwBl. 1985, 790; zur stillschweigenden Rückabtretung vgl. BGH, MDR 1986, 398 = BB 1986, 276 = DB 1986, 537 = WM 1986, 366 = JZ 1986, 301 = NJW 1986, 977.
[128] BGH, NJW-RR 1994, 847.
[129] BGH, NJW-RR 1990, 455.
[130] BGH, Rpfleger 1991, 105 = NJW-RR 1991, 305 = DB 1991, 381 = MittBayNot 1991, 71 = MDR 1991, 532.

größer ist der freie Betrag zur eingetragenen Grundschuldhauptsumme. Es gilt daher der Grundsatz: Je älter die Grundschuld, desto höher die Erfolgschance.

Es ist unbedingt darauf zu achten, dass im Antrag auf Erlass des Pfändungsbeschlusses sowohl die Grundschuld als auch belastetes Grundstück genau zu bezeichnen sind.[131] Es ist daher sinnvoll, sich zunächst einen unbeglaubigten Grundbuchauszug erteilen zu lassen und nicht die Angaben einer zuvor abgegebenen Vermögensauskunft ungeprüft zu übernehmen.

Ergibt sich aus der Sicherungsabrede, dass generell ein Ausschluss der Abtretbarkeit des Rückgewähranspruchs vereinbart wurde, hindert dies einen Gläubiger wegen § 851 Abs. 2 ZPO nicht an dessen Pfändung.

Beispiel

Gläubiger G hat einen titulierten Anspruch auf Zahlung von 100.000 EUR. Nach Einblick in das Grundbuch des Schuldners ergibt sich in Abt. III folgende Belastung:

Nr. 1: Grundschuld zu 100.000 EUR nebst 15 % Zinsen zugunsten der Sparkasse X, eingetragen 1993

Nr. 1: Grundschuld zu 50.000 EUR nebst 15 % Zinsen zugunsten der Sparkasse X, eingetragen 1995

Nr. 3: Zwangssicherungshypothek zu 30.000 EUR nebst 5 % über Basiszinssatz zugunsten des Landes ..., vertr. d. d. Finanzamt Y, eingetragen 2015

G lässt sich zunächst eine Zwangssicherungshypothek unter der Nr. 4 für seine Forderung eintragen.

Lösung

Eine Zwangsversteigerung aus der eingetragenen Zwangssicherungshypothek dürfte i.d.R. dem G nichts bringen, weil aus dieser Position die ihm vorgehenden Rechte i.H.v. insgesamt 180.000 EUR nebst Zinsen bestehen bleiben. Die Praxis lehrt, dass niemand ein Gebot abgeben wird.

Aus diesem Grund ist es für den G umso wichtiger, auf das Eintragungsdatum der vorgehenden Grundschulden zu achten. Weil diese mehrere Jahre alt sind, kann davon ausgegangen werden, dass große Teile auf die jeweilige Darlehnsschuld zurückgezahlt wurden. Genau in diese schuldrechtlich vereinbarte Rechtsposition kann G pfänden. Wenn also die der Grundschuld III Nr. 1 gezahlte Darlehnsforderung an die Bank zurückgezahlt wurde, hat der S einen Anspruch auf Rückgewähr seiner als Sicherheit gegebenen Grundschuld gegen das Kreditinstitut. Somit kann G durch

---

131 BGH, NJW-RR 1992, 612.

Pfändung dieses Anspruchs sich diese erste Rangstelle im Grundbuch sichern und dadurch ein Zwangsversteigerungsverfahren als sog. bestrangiger Gläubiger steuern.

195 *Taktischer Hinweis*

Ob dem Schuldner tatsächlich ein Rückgewähranspruch zusteht, kann der Pfändungsgläubiger über die **Drittschuldnererklärung** (§ 840 ZPO) in Erfahrung bringen. Darüber hinaus erhält er durch die Pfändung das Recht, vom Schuldner die Herausgabe der **Sicherungsabrede**, d.h. die Grundschuldbestellungsurkunde, zu verlangen (§ 836 Abs. 3 ZPO). Ergibt sich aus der Vereinbarung, dass die zu sichernden Ansprüche nicht hinreichend konkretisiert sind, muss durch eine Auslegung der Gesamtumstände ermittelt werden, ob der Sicherungszweck entfallen und damit letztlich ein Anspruch auf Rückgewähr entstanden ist.[132]

196 Problematisch ist jedoch vielfach, dass die meisten Gläubigerbanken sich bei Vereinbarung der Sicherungsabrede formularmäßig den Rückgewähranspruch vorrangiger Rechte zur Sicherung ihrer nachfolgenden Grundpfandrechte haben abtreten lassen. In diesem Fall geht die Pfändung ins Leere, da dem Schuldner der Anspruch nicht mehr zusteht. Dies gilt nach BGH[133] sogar, wenn dieser Anspruch wieder an den Schuldner als Grundstückeigentümer zurückabgetreten wird. Darüber hinaus wird dieser Rückabtretungsanspruch in der Praxis regelmäßig an die weiteren nachrangigen Grundpfandrechtsgläubiger abgetreten.

197 *Beispiel*

Im Grundbuch sind in Abteilung III folgende Buchgrundschulden eingetragen:
Lfd. Nr. 1: 10.000 EUR für die X-Bank
Lfd. Nr. 2: 50.000 EUR für die Y-Bank
Lfd. Nr. 3: 30.000 EUR für die Z-Bank
Gläubiger G pfändet den schuldrechtlichen Rückgewähranspruch des Schuldners S gegen X. Zugleich pfändet er den Rückabtretungsanspruch gegen Y und Z.
Ein Blick in die Grundschuldbestellungsurkunden offenbart, dass bei Bestellung der Grundschuld lfd. Nr. 2 der S seinen schuldrechtlichen Rückgewähranspruch bzgl. des Rechts lfd. Nr. 1 gegen X zur Sicherung der Ansprüche aus der Grundschuld lfd. Nr. 2 an Y abgetreten hat. Z hat sich ebenfalls zur Sicherung ihrer Ansprüche diesen Anspruch abtreten lassen.

---

132 BGH, NJW-RR 1994, 847.
133 BGH, NJW 1971, 1939.

G. Einzelfälle § 8

Lösung

Sobald das Recht lfd. Nr. 1 gezahlt ist, greift die Abtretung zugunsten der Y und sobald diese befriedigt ist, die Abtretung zugunsten der Z Die Pfändung des Rückgewähranspruchs geht somit ins Leere, weil dem S dieser Anspruch infolge der Abtretung nicht mehr zusteht.

Sobald die Grundschuldgläubiger Y und Z hinsichtlich ihrer Rechte befriedigt sind, wird der Rückgewähranspruch wieder frei. Folge: S hat wieder einen pfändbaren Anspruch auf Rückgewähr des zuvor abgetretenen Anspruchs gegen Y und Z.

Taktischer Hinweis 198

Um doch noch zum Erfolg zu kommen, empfiehlt es sich somit für Gläubiger, zugleich mit dem Anspruch auf Rückgewähr den **Rückabtretungsanspruch** sowie den Anspruch auf **Rückgewähr der abgetretenen Rückgewähransprüche** zu pfänden. Diese entstehen für den Schuldner regelmäßig, wenn nachrangige Gläubiger durch Zahlung befriedigt wurden.[134] Drittschuldner sind dann die im Grundbuch eingetragenen nachfolgenden Grundschuldgläubiger.

2. Erfüllung des schuldrechtlichen Rückgewähranspruchs

Nach § 262 BGB hat (nur) der anspruchsberechtigte Schuldner das Recht auf eine wahlweise Erfüllung. Dies kann erfolgen durch: 199

- Rückübertragung des Rechts, d.h. Abtretung des Grundpfandrechts durch den Sicherungsnehmer an den Schuldner;
- Verzicht auf die Grundschuld durch Erklärung gegenüber dem Grundbuchamt oder Eigentümer (= Schuldner). Zudem muss eine Eintragung in das Grundbuch erfolgen (§§ 1168 Abs. 2, 1192 BGB). Dem Grundbuchamt muss der Verzicht in öffentlicher oder öffentlich beglaubigter Form nachgewiesen werden (§ 29 GBO);
- Aufhebung und Eintragung der Aufhebung der Grundschuld unter Mitwirkung des Schuldners als Eigentümer (§§ 875, 1183, 1192 BGB); hierbei ist die Form nach § 29 GBO zu beachten.

Taktischer Hinweis 200

Es kann für den Gläubiger schädlich sein, wenn er im Pfändungsbeschluss lediglich nur einen oder zwei der vorgenannten Ansprüche pfändet. Denn es ist durchaus möglich, dass zwischen dem Schuldner und dem Drittschuldner (Bank) in der Sicherungsabrede ein konkretes Wahlrecht, entweder auf Gläubiger- oder Schuldnerseite, vereinbart wurde. Besteht dieses z.B. nur in einem Verzicht auf die Grundschuld, bringt dem

---

134 OLG Frankfurt/Main, JurBüro 1984, 109.

§ 8 Die Pfändung anderer Vermögensrechte (§ 857 ZPO)

Gläubiger eine Pfändung des Rückübertragungsanspruchs nichts. Denn dieser besteht gerade nach der getroffenen Vereinbarung nicht, sodass eine Pfändung ins Leere läuft. Deshalb ist es ratsam, alle drei möglichen Wahlansprüche zu pfänden, um somit ggf. auch den zu erfüllenden Einzelanspruch zu erfassen. Welcher Anspruch letztlich greift und durchsetzbar ist, erfährt der Gläubiger durch die Drittschuldnererklärung gem. § 840 ZPO und die Sicherungsabrede, die er nach § 836 Abs. 3 ZPO vom Schuldner herausverlangen kann.

3. Pfändung des Anspruchs auf Rechnungslegung und Auskunft

201 Der Drittschuldner ist verpflichtet, nach Zustellung des Pfändungs- und Überweisungsbeschlusses dem Gläubiger die noch bestehende Höhe der persönlichen Forderung (i.d.R. Darlehnsschuld) bekannt zu geben.[135] Auf jeden Fall besteht eine Auskunftsverpflichtung, wenn die Sicherungsabrede den Grundschuldgläubiger hierzu verpflichtet. Deshalb ist es im Hinblick auf die o.g. Ablösungsmöglichkeiten wichtig, sich die Urkunde über die Sicherungsabrede zu beschaffen (vgl. § 836 Abs. 3 ZPO).

202 An dem ggf. noch offenstehenden Betrag dürfte ein Gläubiger ein besonderes Interesse haben. Denn er ist berechtigt, durch Zahlung des Restbetrags an den Grundschuldgläubiger die Fälligkeit des schuldrechtlichen Rückgewähranspruchs herbeizuführen. Die hierfür aufgewendeten Kosten können nach § 788 ZPO beigetrieben oder verzinslich festgesetzt werden.

203 *Beispiel*

Wenn im zuvor aufgeführten Beispielsfall der Drittschuldner (Bank) III Nr. 1 erklärt, dass noch eine restliche Forderung auf das Darlehen von 10.000 EUR besteht, so kann G diesen Betrag an die Bank zahlen. Dadurch tritt die Bedingung in der Sicherungsabrede ein und S hat einen Rückgewähranspruch. Die aufgewendeten 10.000 EUR sind notwendige Kosten der Zwangsvollstreckung (§ 788 ZPO). Insofern hat G eine Gesamtforderung von 110.000 EUR gegen S. Diesbezüglich ist G allerdings gut abgesichert, da er durch die Pfändung u.U. die Rangposition Nr. 1 einnimmt.

204 *Taktischer Hinweis*

Die Pfändung des schuldrechtlichen Rückgewähranspruchs kann auch noch während eines bereits **laufenden Zwangsversteigerungsverfahrens sinnvoll** sein. Zwar bewirkt die Zustellung des Zwangsversteigerungsanordnungsbeschlusses an den Schuldner bzw. der Antrag auf Eintragung des Versteigerungsvermerks beim Grundbuchamt eine Beschlagnahme des Grundstücks (§ 22 Abs. 1 ZVG) mit der Folge, dass

---

135 AG Dorsten Rpfleger 1984, 424; a.A. *Stöber*, Rn 1890a.

eine Belastung bzw. Veräußerung dem betreibenden Gläubiger gegenüber relativ unwirksam ist. Ein solches Verbot hindert jedoch Gläubiger nicht daran, Rückgewähransprüche vorgehender Grundpfandrechte zu pfänden. Somit ist es möglich, sich auch bei laufendem Versteigerungsverfahren – gerade bei nur noch teilweise valutierenden Grundpfandrechten – einen besseren Rang gegenüber anderen Gläubigern zu verschaffen.

Die Pfändung führt allerdings nicht dazu, dass der Pfändungsgläubiger Beteiligter am Zwangsversteigerungsverfahren nach § 9 ZVG wird. Vielmehr besteht lediglich ein Anspruch auf den sich aus dem nur noch teilweise valutierenden Grundpfandrecht ergebenden **Übererlös**. Dieser Übererlös des Grundschuldgläubigers ist aufgrund des geschlossenen Sicherungsvertrages herauszugeben. Der Übererlös resultiert aus der über den Sicherungszweck hinausgehenden dinglichen Belastung des Grundstücks und gebührt nach dem Sicherungsvertrag deshalb nicht dem Gläubiger, sondern dem Sicherungsgeber als Schuldner. Dessen durch den Wegfall des Sicherungszwecks aufschiebend bedingter Anspruch auf Rückgewähr des nicht valutierten Teils der Grundschuld wandelt sich nach deren Erlöschen in der Zwangsversteigerung des belasteten Grundstücks in einen Anspruch auf Herausgabe des Übererlöses um.[136] Unter diesem Gesichtspunkt ist es für den Gläubiger außerordentlich wichtig, zugleich auch die **Ansprüche auf Auszahlung des Übererlöses** mitzupfänden.

4. Verwertung des gepfändeten Rückgewähranspruchs

Die gepfändeten Rechte aus dem Rückgewähranspruch setzt der Gläubiger durch den **Überweisungsbeschluss** durch. Dieser berechtigt den Gläubiger, folgende Handlungen vorzunehmen:

- Er kann die Fälligkeit des Rückgewähranspruchs durch Zahlung des noch auf die persönliche Forderung offenstehenden Betrags herbeiführen. Hierfür aufzuwendende Kosten sind solche der Vollstreckung nach § 788 ZPO.
- Er kann bei entsprechender Vereinbarung auch einen Teil-Rückgewähranspruch geltend machen. Dies gilt zumindest dann, wenn durch die teilweise Tilgung der Sicherungszweck endgültig entfällt.[137]
- Macht der Gläubiger gegenüber dem Drittschuldner seinen gepfändeten **Verzichtsanspruch** geltend, bewirkt dies das Entstehen einer Eigentümergrundschuld (§§ 1168, 1192 BGB).

205

---

136 BGHZ 98, 256, 261; NJW 1992, 1620; WM 1988, 1834; WM 1984, 1577, 1579.
137 BGH, NJW 1990, 455.

> *Praxishinweis*
> Die Gefahr für den Gläubiger bei dieser Alternative besteht jedoch darin, dass sich das Pfandrecht nicht automatisch auf die Eigentümergrundschuld erstreckt.[138] Deshalb ist es dringend zu empfehlen, in einem solchen Fall nachträglich noch die **Eigentümergrundschuld** zu **pfänden**, falls dies nicht zugleich bereits mit der Pfändung des Rückgewähranspruchs geschehen ist.[139]

- Die Erfüllung des Rückgewähranspruchs durch **Aufhebung** (§§ 875, 1192 BGB) bewirkt den Untergang der Grundschuld. Dies bedeutet aber auch den Wegfall des Pfandrechts. Insofern ist diese Art der Erfüllung für den Gläubiger zunächst uninteressant. Dies gilt allerdings nicht, wenn er zuvor für seine Forderung eine Sicherungshypothek im Grundbuch hat eintragen lassen: Denn mit Wegfall der Grundschuld rücken nachrangige Rechte im Range auf, somit auch die Sicherungshypothek.
- Macht der Gläubiger von seinem Recht auf **Übertragung** durch Abtretung Gebrauch, benötigt er die Mitwirkung des Schuldners hierfür nicht. Dies bedeutet, dass er für den Schuldner gegenüber dem Drittschuldner die erforderlichen Erklärungen abgeben darf. Darüber hinaus darf der Gläubiger aus eigenem Recht die Eintragung der Abtretung und Pfändung beim Grundbuchamt beantragen.

206

> *Taktischer Hinweis*
> Der Vorteil dieser Variante für den Gläubiger besteht vor allem darin, dass durch die Abtretung **kraft Gesetzes** eine **Eigentümergrundschuld** entsteht und sich das Pfandrecht hieran fortsetzt (analog § 1287 BGB). Dies hat zur Folge, dass eine erneute kostenauslösende und zeitraubende Pfändung der Eigentümergrundschuld nicht mehr erforderlich ist. Ergibt sich allerdings aus der Sicherungsabrede, dass Zahlungen des Schuldners – unüblicher Weise – auf die Grundschuld und nicht auf die persönliche Schuld geleistet wurden, läuft die Pfändung mangels eines entstandenen Rückgewähranspruchs ins Leere. Ein Pfändungspfandrecht an der Eigentümergrundschuld kann daher nicht entstanden sein.[140]

207

> *Wichtig*
> Bei der Überweisung ist auch hierbei zwischen **Buch- und Briefgrundschuld** zu unterscheiden: Während bei der ersteren die Abtretung durch Einigung und Grundbucheintragung (§ 1154 Abs. 2, 1192 BGB) erfolgt, vollzieht sich diese bei der Brief-Grundschuld durch schriftliche Abtretungserklärung und gleichzeitige Übergabe

---

138 BGH, NJW 1989, 2536.
139 Vgl. auch die Ausführungen zur Eigentümergrundschuld Rdn 134 ff.
140 LG Koblenz v. 30.11.01, 2 T 738/01, n.v.

G. Einzelfälle § 8

des Grundschuldbriefs an den Pfändungsgläubiger (§§ 1154, 398 BGB). Insofern kann auf die Ausführungen zur Grundschuld insbesondere zur Brieferlangung verwiesen werden.[141]

5. Pfändungsmuster

208

Drittschuldner (genaue Bezeichnung des Drittschuldners: Firma bzw. Vor- und Zuname, vertretungsberechtigte Person/-en, jeweils mit Anschrift; Postfach-Angabe ist nicht zulässig; bei mehreren Drittschuldnern ist eine Zuordnung des Drittschuldners zu der/den zu pfändenden Forderung/-en vorzunehmen)
Herr/Frau/Firma
(Name/Anschrift der im Grundbuch eingetragenen Grundschuldgläubiger)

Forderung aus Anspruch

☐ A (an Arbeitgeber)

☐ B (an Agentur für Arbeit bzw. Versicherungsträger)
  Art der Sozialleistung:
  Konto-/Versicherungsnummer:

☐ C (an Finanzamt)

☐ D (an Kreditinstitute)

☐ E (an Versicherungsgesellschaften)
  Konto-/Versicherungsnummer:

☐ F (an Bausparkassen)

☒ G

☐ gemäß gesonderter Anlage(n)

Anspruch G
(Hinweis: betrifft Anspruch an weitere Drittschuldner bzw. schon aufgeführte Drittschuldner, soweit Platz unzureichend)

auf Rückgewähr durch Rückübertragung, Verzicht oder Aufhebung der im Grundbuch des AG ... für die Gemarkung ... Blatt ... in Abteilung III Nr. ... auf dem Grundstück ... Flur ..., Flurstück ... eingetragenen Grundschuld/en
auf Rückabtretung der abgetretenen vorgenannten Ansprüche,
auf Rückgewähr der abgetretenen Rückgewähransprüche,
(bei Briefrecht/en): der Herausgabeanspruch des Schuldners auf Herausgabe des/der Grundschuldbiefs/e,
der Grundbuchberichtigungsanspruch hinsichtlich der Umschreibung der Grundschuld/en in ein Eigentümergrundpfandrecht

---

141 Vgl. Rdn 131 ff.

§ 8 Die Pfändung anderer Vermögensrechte (§ 857 ZPO)

> ☒ **Es wird angeordnet, dass**
>
> ☐ der Schuldner die Lohn- oder Gehaltsabrechnung oder die Verdienstbescheinigung einschließlich der entsprechenden Bescheinigungen der letzten drei Monate vor Zustellung des Pfändungs- und Überweisungsbeschlusses an den Gläubiger herauszugeben hat
>
> ☐ der Schuldner das über das jeweilige Sparguthaben ausgestellte Sparbuch (bzw. die Sparurkunde) an den Gläubiger herauszugeben hat und dieser das Sparbuch (bzw. die Sparurkunde) unverzüglich dem Drittschuldner vorzulegen hat
>
> ☐ ein von den Gläubiger zu beauftragender Gerichtsvollzieher für die Pfändung des Inhalts Zutritt zum Schließfach zu nehmen hat
>
> ☐ der Schuldner die Versicherungspolice an den Gläubiger herauszugeben hat und dieser sie unverzüglich dem Drittschuldner vorzulegen hat
>
> ☐ der Schuldner die Bausparurkunde und den letzten Kontoauszug an den Gläubiger herauszugeben hat und dieser die Unterlagen unverzüglich dem Drittschuldner vorzulegen hat
>
> ☒ der Schuldner die zugrundeliegende Sicherungsabrede herauszugeben hat
>
> **Der Drittschuldner darf, soweit die Forderung gepfändet ist, an den Schuldner nicht mehr zahlen. Der Schuldner darf insoweit nicht über die Forderung verfügen, sie insbesondere nicht einziehen.**
>
> ☒ Zugleich wird dem Gläubiger die zuvor bezeichnete Forderung in Höhe des gepfändeten Betrages
>
> ☒ zur Einziehung überwiesen. ☐ an Zahlungs statt überwiesen.

XV. Nießbrauch

1. Definition und Inhalt

209 Der Nießbrauch ist ein umfassendes Nutzungsrecht an einer beweglichen oder unbeweglichen Sache oder einem Recht. Derjenige, zu dessen Gunsten ein Nießbrauch bestellt wurde (= Nießbraucher) kann die Früchte, Nutzungen oder Gebrauchsvorteile aus der Sache ziehen. Hierunter fallen etwa Miet- oder Pachteinnahmen. Der Nießbrauch an einem Grundstück erstreckt sich darüber hinaus auf das Zubehör (§ 1031 BGB), also auf alle beweglichen Sachen, die wirtschaftlich in einem engen Zusammenhang mit dem Grundstück stehen. Hierunter fallen z.b. auf einem Baugrundstück abgestelltes Baumaterial[142] oder Baugeräte,[143] Einrichtungen einer Gastwirtschaft[144] oder bei einem Gewerbebetrieb oder landwirtschaftlichen Betrieb dessen Inventar (§ 98 BGB).

210 Beim **Grundstücksnießbrauch** muss zwischen dem Nießbrauchbesteller (Grundstückseigentümer) und Nießbraucher (Schuldner) eine schuldrechtliche **Einigung und Grundbucheintragung** erfolgen (§ 873 BGB). Der Nießbrauch stellt somit eine dingliche Be-

---

142 BGHZ 58, 309 = WM 1972, 659.
143 OLG Hamm, MDR 1985, 494.
144 OLG Celle, OLGZ 1980, 13.

G. Einzelfälle § 8

lastung des Grundstücks dar. Die grundbuchrechtliche Eintragung wird in Abteilung II des Grundbuchblattes als Last oder Beschränkung vollzogen. Zuständig hierfür ist das Grundbuchamt, in dessen Bezirk sich das Grundstück befindet.

Obwohl der Nießbrauch nach § 1059 S. 1 BGB unveräußerlich und somit grds. unpfändbar ist (§ 851 Abs. 1 ZPO), kann die Ausübung des Rechts einem anderen kraft Gesetzes überlassen werden (§ 1059 S. 2 BGB). Daher kann ein Zugriff im Rahmen einer Forderungspfändung nach §§ 857 Abs. 3, 829 ZPO erfolgen. Dies gilt auch dann, wenn das Recht, die Ausübung des Nießbrauchs einem anderen zu überlassen, mit dinglicher Wirkung vertraglich ausgeschlossen wurde.[145] Zu **pfänden** ist das sog. **Stammrecht**. Dies ist der Nießbrauch selbst, nicht seine Ausübung.[146]

211

Taktischer Hinweis

212

Die Pfändung wird mit Zustellung des Pfändungsbeschlusses an den Eigentümer der mit dem Nießbrauch beweglichen Sache bzw. an den Grundstückseigentümer wirksam. Auf eine Eintragung ins Grundbuch kommt es letzteren falls nicht an. Sie ist jedoch zu empfehlen,[147] ansonsten besteht die Gefahr, dass das Pfandrecht vereitelt oder dadurch beeinträchtigt wird, dass der Schuldner auf sein Nießbrauchrecht verzichtet, dieses löschen lässt oder das Nießbrauchausübungsrecht einem Dritten überlässt. Die Eintragung der Pfändung hat u.a. zur Folge, dass zu einer eventuellen Löschung des Nießbrauchs außer der Bewilligung des Schuldners auch die des Gläubigers notwendig ist.[148]

2. Musterformulierung/Grundbuchberichtigungsantrag auf Eintragung der Pfändung

An das AG

213

– Grundbuchamt –

Betr: Grundbuch von ..., Blatt ..., Flurstück ...

In der Zwangsvollstreckungssache

Vollstreckungsgläubiger

gegen

---

145 BGHZ 95, 99 = ZIP 1985, 1084 = WM 1985, 1234 = DB 1985, 2241 = MDR 1985, 919 = NJW 1985, 2827 = EWiR 1985, 719 = Rpfleger 1985, 373; RGZ 142, 373; Rpfleger 1974, 186 = BGHZ 62, 93 = NJW 1974, 701; BGHZ 56, 228 = NJW 1971, 1750 = MDR 1971, 743 = BB 1971, 889 = WM 1971, 933.
146 BGH, InVo 2006, 321 = NZM 2006, 273 = NJW 2006, 1124 = FamRZ 2006, 550 = BGHReport 2006, 609 = NotBZ 2006, 136 = WM 2006, 913 = Rpfleger 2006, 331; BGHZ 62, 133 = WM 1974, 324; BayObLG, ZIP 1997, 1852.
147 LG Bonn, Rpfleger 1979, 349.
148 BGHZ 62, 133 = WM 1974, 324.

§ 8 Die Pfändung anderer Vermögensrechte (§ 857 ZPO)

Vollstreckungsschuldner

zeige ich an, dass ich den Gläubiger vertrete. Namens und in Vollmacht desselben beantrage ich,

die Pfändung des im Grundbuch von (genaue Bezeichnung) eingetragenen Nießbrauchrechts in Abt. II Nr. ... im Grundbuch berichtigend einzutragen.

Begründung

In der Anlage überreiche ich den Pfändungsbeschluss des ... vom ..., Az. ... nebst Zustellungsnachweis über die Pfändung des im Antrag näher bezeichneten Nießbrauchrechts und bitte deshalb um die berichtigende Eintragung der Pfändung.

Rechtsanwalt

214 Neben der Vollstreckung in den Nießbrauch an einem Grundstück unterliegen auch die **einzelnen Nutzungen** der **Pfändung**. Dies ist vor allem für Gläubiger bedeutsam, die kein Pfandrecht in Bezug auf das Nießbrauchrecht haben. Diese sind nachrangig. Der Gläubiger, der bereits den Nießbrauch gepfändet hat, kann jedoch in diese einzelnen Leistungen nicht mehr vollstrecken.[149]

215 Um zu erfahren, welche Nutzungen vom Nießbrauch erfasst werden und welche vertraglichen Vereinbarungen zwischen Schuldner und Drittschuldner getroffen wurden, sollte der Gläubiger nach § 836 Abs. 3 ZPO vom Schuldner die entsprechende Vereinbarung herausverlangen.

216 Wegen seiner Unveräußerlichkeit, die auch in der Zwangsvollstreckung Bestand hat, darf der **Pfändungspfandgläubiger** den Nießbrauch **nicht** zu seiner Befriedigung **verwerten**, sondern ihn **nur** zu diesem Zwecke **ausüben**. Dies schließt eine Überweisung des Stammrechts selbst zur Einziehung oder an Zahlungs statt nach §§ 857 Abs. 1, 835 Abs. 1 ZPO ebenso aus wie eine anderweitige Verwertung durch Versteigerung oder freien Verkauf.[150] Der Gläubiger darf also im nachfolgenden Feld **kein Kreuz** setzen!

217

> Der Drittschuldner darf, soweit die Forderung gepfändet ist, an den Schuldner nicht mehr zahlen. Der Schuldner darf insoweit nicht über die Forderung verfügen, sie insbesondere nicht einziehen.
>
> ☐ Zugleich wird dem Gläubiger die zuvor bezeichnete Forderung in Höhe des gepfändeten Betrages
>
> ☐ zur Einziehung überwiesen.   ☐ an Zahlungs statt überwiesen.

---

149 *Stöber*, Rn 1717.
150 BGH, InVo 2006, 321 = NZM 2006, 273 = NJW 2006, 1124 = FamRZ 2006, 550 = BGHReport 2006, 609 = NotBZ 2006, 136 = WM 2006, 913 = Rpfleger 2006, 331.

G. Einzelfälle § 8

Taktischer Hinweis **218**

Da eine **Überweisung nur zum Zwecke der Ausübung** erfolgen kann, ist dies für Gläubiger vor allem bei Miet- bzw. Pachtobjekten interessant. Denn aufgrund der Ausübungsbefugnis stehen dem Gläubiger die Miet- bzw. **Pachteinnahmen** zu. Der Schuldner muss den Zugriff auf die aus dem Nießbrauchrecht fließenden Ansprüche dulden.

Darüber hinaus hat der Gläubiger das **Recht, alle zur Gewinnung der Sachnutzung tatsächliche und rechtliche Handlungen vorzunehmen**. Er darf also selbst das belastete Grundstück **vermieten** oder **verpachten**. Hierzu muss er im Zweifel gegen den Drittschuldner Klage auf Besitzeinräumung erheben.[151] Gegenüber dem Schuldner, der das vom Nießbrauch erfasste Objekt selbst bewohnt, kann der Gläubiger allerdings nicht die Räumung und Herausgabe des Nießbrauchgegenstandes verlangen. Denn die Vorschrift des § 1065 BGB ist auf die Rechtsbeziehung zwischen dem Nießbraucher und demjenigen, der die Ausübung des Nießbrauchs gepfändet hat, nicht anzuwenden. Als Verwertungsmöglichkeit bleibt in diesem Fall nur die Anordnung der Verwaltung durch das Vollstreckungsgericht nach § 857 Abs. 4 S. 2 ZPO.[152] Dies konkretisiert § 857 Abs. 4 S. 2 ZPO insbesondere für den Fall der Eigennutzung durch die Anordnung einer Verwaltung.[153] Hiernach kann das Vollstreckungsgericht i.R.d. Zwangsvollstreckung in ein Nutzungsrecht besondere Anordnungen erlassen, die an die Vorschriften der §§ 146 ff. ZVG anzulehnen sind. Eine solche Anordnung beinhaltet zweckmäßigerweise den Vorschriften der §§ 150 Abs. 2, 152 Abs. 1, 154 f. ZVG entsprechende Regelungen. Hierzu gehört die Ermächtigung des Verwalters, sich den Besitz des mit dem Nießbrauch belasteten Grundstücks zu verschaffen, die Anordnung an diesen, die Grundstücksnutzungen in Geld umzusetzen und den nicht für die Verwaltung benötigten Erlös an den Gläubiger bis zur Befriedigung seines Anspruch abzuliefern.[154] Der eine solche Ermächtigung des Verwalters zur Besitzverschaffung enthaltende Beschluss ist Vollstreckungstitel gem. § 794 Abs. 1 Nr. 3 ZPO, der notfalls mit Hilfe des Gerichtsvollziehers durchsetzbar ist. Ein Schuldner, der das mit dem Nießbrauch belastete Grundstück selbst bewohnt, kann sich gegen eine derartige Verwaltungsanordnung auch nicht unter Berufung auf ein Wohnrecht entsprechend § 149 Abs. 1 ZVG wehren. Diese Vorschrift, die in der Zwangsverwaltung einen Fall der Unterhaltsgewährung aus Billigkeitsgründen darstellt, wirkt al-

219

---

151 OLG Düsseldorf, Rpfleger 1997, 315.
152 BGH, InVo 2006, 321 = NZM 2006, 273 = NJW 2006, 1124 = FamRZ 2006, 550 = BGHReport 2006, 609 = NotBZ 2006, 136 = WM 2006, 913 = Rpfleger 2006, 331; vgl. Musielak/*Becker*, § 857 Rn 14; Zöller/*Herget*, § 857 Rn 13; Hk-ZPO/*Kemper*, § 857 Rn 16; MüKo-ZPO/*Smid*, § 857 Rn 17; *Stöber*, Rn 1712.
153 Vgl. BGHZ InVo 2006, 321 = NZM 2006, 273 = NJW 2006, 1124 = FamRZ 2006, 550 = BGHReport 2006, 609 = NotBZ 2006, 136 = WM 2006, 913 = Rpfleger 2006, 331.
154 Vgl. *Stöber*, Rn 1709 mit Muster.

lein zugunsten des Schuldners als Eigentümer.[155] Nach Sinn und Zweck der Vorschrift ist diese Rechtsprechung auf den Nießbrauch zu übertragen. Wäre es dem Pfändungspfandgläubiger gestattet, den Besitz durch Räumung unbefristet auf sich überzuleiten, führte dies zu einer dem Zweck der Zwangsvollstreckung widersprechenden Überkompensation. Die Zwangsvollstreckung darf nicht weiter ausgedehnt werden, als es zur Befriedigung des Gläubigers und zur Deckung der Kosten des Verfahrens erforderlich ist (§§ 803 Abs. 1 S. 2, 818 ZPO; § 161 Abs. 2 ZVG). Der Nießbraucher kann insoweit nicht auf den Weg der Vollstreckungsgegenklage nach § 767 ZPO verwiesen werden, um den Erfüllungseinwand geltend zu machen.

3. Muster: Pfändung eines Grundstücksnießbrauchs

220

Drittschuldner (genaue Bezeichnung des Drittschuldners: Firma bzw. Vor- und Zuname, vertretungsberechtigte Person/-en, jeweils mit Anschrift; Postfach-Angabe ist nicht zulässig; bei mehreren Drittschuldnern ist eine Zuordnung des Drittschuldners zu der/den zu pfändenden Forderung/-en vorzunehmen)
Herr/Frau/Firma
genaue Bezeichnung des Grundstückseigentümers

Forderung aus Anspruch
☐ A (an Arbeitgeber)
☐ B (an Agentur für Arbeit bzw. Versicherungsträger)
Art der Sozialleistung:
Konto-/Versicherungsnummer:
☐ C (an Finanzamt)
☐ D (an Kreditinstitute)
☐ E (an Versicherungsgesellschaften)
Konto-/Versicherungsnummer:
☐ F (an Bausparkassen)
☒ G
☐ gemäß gesonderter Anlage(n)

---

155 Vgl. zum Wohnungsrecht gem. § 1093 BGB BGHZ 130, 314 = ZIP 1995, 1364 = WM 1995, 1735 = NJW 1995, 2846.

G. Einzelfälle § 8

> **Anspruch G**
> (Hinweis: betrifft Anspruch an weitere Drittschuldner bzw. schon aufgeführte Drittschuldner, soweit Platz unzureichend)
> der angebliche Anspruch des Schuldners an dem Grundstück des Drittschuldners, Gemarkung ..., Flurstück ..., Nr. ... im Grundbuch von ... beim AG ..., Blatt ..., in Abteilung II lfd. Nr. ... eingetragenen Nießbrauch

> ☒ **Sonstige Anordnungen:**
> Zugleich wird dem Gläubiger die Befugnis zur Ausübung der aus dem Nießbrauch folgenden Rechte überwiesen.
>
> ( ) Alternativ: Zum Zwecke der Ausübung des Nießbrauchs wird die Verwaltung durch das Vollstreckungsgericht angeordnet (§ 857 Abs. 4 ZPO). Zum Verwalter wird Herr/Frau ... bestellt. Der Verwalter hat die Berechtigung, die Sache in Besitz zu nehmen, die Grundstücksnutzungen in Geld umzusetzen und an den Gläubiger abzuliefern. Seine Vergütung wird monatlich auf ... EUR festgesetzt.

XVI. Internet-Domain

1. Pfändbarkeit

Nach der Grundsatzentscheidung des BGH[156] ist **Gegenstand** zulässiger **Pfändung** nach § 857 Abs. 1 ZPO die **Gesamtheit der schuldrechtlichen Ansprüche, die dem Inhaber der Domain** gegenüber der Vergabestelle aus dem der Domainregistrierung zugrunde liegenden Vertragsverhältnis zustehen.[157] Diese Ansprüche und nicht die Internet-Domain als solche stellen ein pfändbares anderes Vermögensrecht im Sinne von § 857 Abs. 1 ZPO dar. Die Pfändung betrifft deshalb die Vollstreckung in Forderungen, die dem Vollstreckungsschuldner als Anmelder aus dem mit der Vergabestelle abgeschlossenen Domainvertrag zustehen, namentlich auf Eintragung der Domain in das (DENIC)-Register und den Primary Nameserver und nach der erfolgten Konnektierung auf Aufrechterhaltung der Eintragungen als Voraussetzung für den Fortbestand der Konnektierung. Daneben bestehen weitere Ansprüche des Domaininhabers, wie der auf Anpassung des Registers an seine veränderten persönlichen Daten oder ihre Zuordnung zu einem anderen Rechner durch Änderung der IP-Nummer. Da die dem Schuldner aus diesem Vertragsverhältnis weiter zustehenden Ansprüche nicht isoliert verwertbar und damit nicht einzeln

221

---

156 BGH, WM 2018, 2286 = BB 2018, 2882; BGH, Vollstreckung effektiv 2005, 178 = EWiR 2005, 811 = VuR 2005, 398 = ITRB 2005, 270 = ZAP EN-Nr. 845/2005 = JuS 2006, 86 = WM 2005, 1849 = K&R 2005, 464 = MMR 2005, 685 = NJW 2005, 3353 = BGHReport 2005, 1484 = MDR 2005, 1311 = GRUR 2005, 969 = Rpfleger 2005, 678 = BB 2005, 2658 = WuB VI D § 857 ZPO 1.05 = Rbeistand 2005, 101 = JurBüro 2006, 42; ebenso BFH, BFHE 258, 223; BStBl II 2017, 1035 = MMR 2017, 675 = K&R 2017, 672 = HFR 2017, 891 = DStRK 2017, 318 = DStRE 2017, 1330.
157 OLG Frankfurt/Main, CR 2018, 110; LG Frankfurt/Main, K&R 2011, 524 = CR 2012, 132 = ITRB 2011, 257.

pfändbar sind, umfasst auch bereits die Pfändung des Anspruchs auf Aufrechterhaltung der Registrierung alle weiteren sich aus dem Vertragsverhältnis ergebenden Nebenansprüche.[158]

222 Die Internet-Domain selbst stellt als solche kein anderes Vermögensrecht i.S.v. § 857 Abs. 1 ZPO dar. **Pfändungsgegenstand** ist vielmehr die **Gesamtheit der schuldrechtlichen Ansprüche**, die dem Inhaber der Domain gegenüber der Vergabestelle aus dem der Domainregistrierung zugrunde liegenden Vertragsverhältnis zustehen. Die **Vergabestelle** als Vertragspartner des mit dem Domaininhaber geschlossenen Domainvertrags ist **Drittschuldner**.[159]

223 Die Verwertung der gepfändeten Ansprüche des Schuldners gegen die DENIC eG kann nach §§ 857 Abs. 1, 844 Abs. 1 ZPO durch Überweisung an Zahlungs statt zu einem Schätzwert erfolgen.[160] Die dem Schuldner aus diesem Vertragsverhältnis zustehenden Ansprüche sind nicht isoliert verwertbar; die Pfändung und Überweisung umfassen auch alle sich auf dem Vertragsverhältnis ergebenden Nebenrechte. Das umfasst die Rechte zur Übertragung und Kündigung des Domainvertrags.[161]

Der Gläubiger kann daher vom Drittschuldner verlangen, als Inhaber der Domain „d...de" registriert zu werden. Durch die Pfändung der Ansprüche des Schuldners aus dem mit der Drittschuldnerin abgeschlossenen Registrierungsvertrag und die Überweisung der Ansprüche an Zahlungs statt zu einem Schätzwert sind alle Ansprüche und Nebenrechte des Schuldners als Domaininhaber gegen die Drittschuldnerin auf den Gläubiger übergegangen. Hierzu gehört der Anspruch auf die Registrierung des zutreffenden Inhabers. Als Inhaber aller Ansprüche aus dem Vertrag ist der Gläubiger somit zugleich Inhaber der Domain. Die auf den Gläubiger übergegangenen Ansprüche beinhalten das Recht, von der Drittschuldnerin seine Eintragung als Domaininhaber zu verlangen.

224 Die Summe dieser Ansprüche und Rechte gegen die DENIC eG machen deren Inhaber zum „Inhaber" einer Internet-Domain, die selbst lediglich eine technische Adresse im Internet darstellt.[162] Deshalb muss von der DENIC EG derjenige als „Inhaber" der Domain registriert werden, dem die Summe dieser Ansprüche und Rechte zusteht. Die Registrierung dient dazu, mithilfe einer DENIC-Domainabfrage (WHOIS-Abfrage) als Berechtigter ausgewiesen zu werden oder kontaktiert werden zu können. Der Gläubiger kann so-

---

158 OLG Frankfurt/Main, CR 2018, 110.
159 BGH, WM 2018, 2286 = BB 2018, 2882; BFHE 258, 223; BStBl II 2017, 1035 = MMR 2017, 675 = K&R 2017, 672 = HFR 2017, 891 = DStRK 2017, 318 = DStRE 2017, 1330.
160 BGH, WM 2018, 2286 = BB 2018, 2882; BGH, NJW 2005, 3353 = Vollstreckung effektiv 2005, 178 = Rpfleger 2005, 678.
161 Vgl. *Bettinger*, Handbuch des Domainrechts, 2. Aufl., Rn DE1293; *Radjai-Bokharaj*, Zwangsvollstreckung in die Website, 2008, S. 85; Birner, Die Internet-Domain als Vermögensrecht, 2005, S 84 ff.
162 VBGH, WM 2018, 2286 = BB 2018, 2882; BGH, NJW 2005, 3353 = Vollstreckung effektiv 2005, 178 = Rpfleger 2005, 678.

G. Einzelfälle § 8

dann nach seiner Wahl die Domain entweder selbst nutzen oder auf einen Dritten übertragen und damit wirtschaftlich sinnvoll verwerten.

2. Muster: Pfändung einer Internet-Domain

225

Drittschuldner (genaue Bezeichnung des Drittschuldners: Firma bzw. Vor- und Zuname, vertretungsberechtigte Person/-en, jeweils mit Anschrift; Postfach-Angabe ist nicht zulässig; bei mehreren Drittschuldnern ist eine Zuordnung des Drittschuldners zu der/den zu pfändenden Forderung/-en vorzunehmen)
Herr/Frau/Firma
DENIC eG, vertreten durch die Vorstände ..., Kaiserstraße 75 - 77, 60329 Frankfurt

Forderung aus Anspruch

☐ A (an Arbeitgeber)

☐ B (an Agentur für Arbeit bzw. Versicherungsträger)
 Art der Sozialleistung: _____
 Konto-/Versicherungsnummer: _____

☐ C (an Finanzamt)

☐ D (an Kreditinstitute)

☐ E (an Versicherungsgesellschaften)
 Konto-/Versicherungsnummer: _____

☐ F (an Bausparkassen)

☒ G

☐ gemäß gesonderter Anlage(n) _____

Anspruch G
(Hinweis: betrifft Anspruch an weitere Drittschuldner bzw. schon aufgeführte Drittschuldner, soweit Platz unzureichend)

aus den Registrierungsverträgen auf Aufrechterhaltung der Registrierung sowie Umregistrierung der Internet-Domain(s) ... und ... (genaue Bezeichnung der Internetdomain(s))

Der Drittschuldner darf, soweit die Forderung gepfändet ist, an den Schuldner nicht mehr zahlen. Der Schuldner darf insoweit nicht über die Forderung verfügen, sie insbesondere nicht einziehen.

☒ Zugleich wird dem Gläubiger die zuvor bezeichnete Forderung in Höhe des gepfändeten Betrages

☐ zur Einziehung überwiesen.   ☒ an Zahlungs statt überwiesen.

XVII. Leasing

1. Bedingte Pfändbarkeit

226 Ansprüche auf Nutzung aus einem Leasingvertrag sind als unveräußerliche Rechte gem. § 857 Abs. 1, 3 ZPO pfändbar, wenn der Schuldner als Leasingnehmer nach dem Leasingvertrag oder einer nachträglichen Vereinbarung den Gebrauch des Leasingobjektes einem Dritten überlassen darf.[163] Darüber hinaus sind das Anwartschaftsrecht an der Sache nach Ablauf der Vertragszeit, soweit ein solches mit dem Leasingvertrag vereinbart wurde, der Anspruch auf Restwertbeteiligung, d.h. auf den ganzen oder einen Teil des erzielbaren Verkaufserlöses bei der Verwertung des Leasingobjektes,[164] der Anspruch auf Rückzahlung bereits gezahlter Leasingraten, wenn es – gleich aus welchem Grunde – zu einer Vertragsauflösung kommt[165] und der Anspruch auf sog. **Minderkilometerausgleich** pfändbar. Für diesen Fall sieht der Leasingvertrag vor, dass der Leasingnehmer das Fahrzeug mit einer geringeren Laufleistung zurückgibt, als im Leasingvertrag vereinbart. Der Leasingnehmer (Schuldner) erhält dann pro weniger gefahrenem Kilometer einen bestimmten Betrag zurückerstattet.

227 **Drittschuldner** ist der **Leasinggeber**. Eine **Verwertung** erfolgt nach § 857 Abs. 4 ZPO.

2. Muster: Pfändung aus Leasingvertrag

228

Drittschuldner (genaue Bezeichnung des Drittschuldners: Firma bzw. Vor- und Zuname, vertretungsberechtigte Person/-en, jeweils mit Anschrift; Postfach-Angabe ist nicht zulässig; bei mehreren Drittschuldnern ist eine Zuordnung des Drittschuldners zu der/den zu pfändenden Forderung/-en vorzunehmen)
Herr/Frau/Firma
genaue Bezeichnung und Anschrift des Leasinggebers

---

163 OLG Düsseldorf, NJW 1988, 1676 = Rpfleger 1988, 75; AG Neuwied DGVZ 1996, 142; a.A. *Teubner/Lelley*, ZMR 99, 151 = uneingeschränkt pfändbar.
164 *Stöber*, Rn 190b.
165 Vgl. *Goebel*, Vollstreckung effektiv 2006, 174.

G. Einzelfälle §8

Forderung aus Anspruch

☐ A (an Arbeitgeber)

☐ B (an Agentur für Arbeit bzw. Versicherungsträger)

Art der Sozialleistung: _____

Konto-/Versicherungsnummer: _____

☐ C (an Finanzamt)

☐ D (an Kreditinstitute)

☐ E (an Versicherungsgesellschaften)

Konto-/Versicherungsnummer: _____

☐ F (an Bausparkassen)

☒ G

☐ gemäß gesonderter Anlage(n) _____

Anspruch G

(Hinweis: betrifft Anspruch an weitere Drittschuldner bzw. schon aufgeführte Drittschuldner, soweit Platz unzureichend)

- der Anspruch auf Nutzung der Leasingsache, soweit ihm nach dem Leasingvertrag eine Übertragung des Nutzungsrechtes auf Dritte nicht untersagt ist.
- der Anspruch des Schuldners auf Beteiligung am Restwerterlös.
- der Anspruch des Schuldners auf Rückzahlung zu viel gezahlter Leasingraten.
- das Anwartschaftsrecht des Schuldners auf den Pkw selbst.
- der Anspruch auf Ausgleich von gefahrenen Minderkilometern.

aus dem Leasingvertrag Nr. ..., vom ... (soweit bekannt) über den Pkw ... mit dem amtlichen Kennzeichen ...

☒ **Es wird angeordnet, dass**

☐ der Schuldner die Lohn- oder Gehaltsabrechnung oder die Verdienstbescheinigung einschließlich der entsprechenden Bescheinigungen der letzten drei Monate vor Zustellung des Pfändungs- und Überweisungsbeschlusses an den Gläubiger herauszugeben hat

☐ der Schuldner das über das jeweilige Sparguthaben ausgestellte Sparbuch (bzw. die Sparurkunde) an den Gläubiger herauszugeben hat und dieser das Sparbuch (bzw. die Sparurkunde) unverzüglich dem Drittschuldner vorzulegen hat

☐ ein von dem Gläubiger zu beauftragender Gerichtsvollzieher für die Pfändung des Inhalts Zutritt zum Schließfach zu nehmen hat

☐ der Schuldner die Versicherungspolice an den Gläubiger herauszugeben hat und dieser sie unverzüglich dem Drittschuldner vorzulegen hat

☐ der Schuldner die Bausparurkunde und den letzten Kontoauszug an den Gläubiger herauszugeben hat und dieser die Unterlagen unverzüglich dem Drittschuldner vorzulegen hat

☒ den zugrunde liegenden Leasingvertrag herauszugeben hat.

§ 8 Die Pfändung anderer Vermögensrechte (§ 857 ZPO)

> Der Drittschuldner darf, soweit die Forderung gepfändet ist, an den Schuldner nicht mehr zahlen. Der Schuldner darf insoweit nicht über die Forderung verfügen, sie insbesondere nicht einziehen.
>
> [X] Zugleich wird dem Gläubiger die zuvor bezeichnete Forderung in Höhe des gepfändeten Betrages
>
> [X] zur Einziehung überwiesen.   [ ] an Zahlungs statt überwiesen.

XVIII. Schutzrechte

1. Gebrauchs-, Geschmacksmuster

229 Das Urheberrecht an einem Gebrauchsmuster (§ 1 GebrMG) ist übertragbar und damit pfändbar.[166] Voraussetzung der Pfändbarkeit ist, dass es sich um ein bereits vorhandenes, übertragbares Recht handelt.[167] Die Pfändung erfolgt nach § 857 Abs. 2 ZPO durch Zustellung des Pfändungsbeschlusses an den Schuldner (als Urheber), weil ein Drittschuldner nicht vorhanden ist.

230 Auch das Geschmacksmuster (§ 1 GeschmMG) ist übertragbar und damit pfändbar. Es gilt das zum Gebrauchsmuster Gesagte.

2. Patent

231 Patente werden für Erfindungen erteilt, die neu sind, auf einer erfinderischen Tätigkeit beruhen und gewerblich anwendbar sind (§ 1 PatG). Das Recht auf das Patent hat der Erfinder oder sein Rechtsnachfolger (§ 6 PatG). Das erteilte Patent hat die Wirkung, dass allein der Patentinhaber befugt ist, die patentierte Erfindung zu nutzen. Demgegenüber ist es jedem Dritten verboten, den patentierten Gegenstand herzustellen, anzubieten, in Verkehr zu bringen sowie die weiteren in § 9 PatG aufgezählten Handlungen vorzunehmen. Der Erfinder hat also zunächst das bloße Recht aus der Erfindung, das § 15 PatG als „**Recht auf das Patent**" bezeichnet. Mit der Anmeldung des Patents beim Patentamt erwirbt der Anmelder ein Anwartschaftsrecht, das § 15 PatG als Anspruch auf Erteilung des Patents bezeichnet. Mit der Eintragung des Patents in die Patentrolle erwirbt der Anmelder das Patent (§ 15 PatG).

232 Das Recht auf das Patent und das **Anwartschaftsrecht** hierauf, der Anspruch auf Erteilung des Patents und das Recht aus dem Patent sowie das Patent selbst sind übertragbar und somit pfändbar (§ 15 Abs. 1 S. 2 PatG, § 851 ZPO).[168] Die Pfändung erfolgt gem.

---

166 LG Berlin, WRP 1960, 291.
167 *Stöber*, Rn 1541.
168 BGH, NJW 1994, 3099 = KTS 1994, 407 = Rpfleger 1994, 512.

G. Einzelfälle   § 8

§ 857 Abs. 2 ZPO und wird mit der **Zustellung an den Schuldner wirksam**.[169] Ein **Drittschuldner** ist **nicht vorhanden**, insbesondere ist das Patentamt nicht Drittschuldner. Auch wird die Pfändung nicht in die Patentrolle eingetragen, da die Eintragung nicht Voraussetzung für die Wirksamkeit der Pfändung ist.[170] Im Einzelnen sind folgende Fälle zu unterscheiden:

a) Gläubiger weiß nicht, ob das Patent angemeldet ist

Hat der Gläubiger keine Kenntnis davon, ob der Schuldner das Patent schon angemeldet hat oder ob das Patent bereits erteilt ist, empfiehlt sich eine **Stufenpfändung** wie folgt:

233

Forderung aus Anspruch
☐ A (an Arbeitgeber)
☐ B (an Agentur für Arbeit bzw. Versicherungsträger)
Art der Sozialleistung:
Konto-/Versicherungsnummer:
☐ C (an Finanzamt)
☐ D (an Kreditinstitute)
☐ E (an Versicherungsgesellschaften)
Konto-/Versicherungsnummer:
☐ F (an Bausparkassen)
☒ G
☐ gemäß gesonderter Anlage(n)

234

Anspruch G
(Hinweis: betrifft Anspruch an weitere Drittschuldner bzw. schon aufgeführte Drittschuldner, soweit Platz unzureichend)

gepfändet wird das angebliche Recht des Schuldners als Erfinder auf das Patent für den noch anzumeldenden Gegenstand ... (Beschreibung), für das noch anzumeldende Verfahren ... (Beschreibung), mit dessen Verwertung auf folgende Weise begonnen ist: ...

Hinweis 235
Das Recht auf das Patent ist ein reines Persönlichkeitsrecht und wird erst pfändbar, wenn der Schuldner mit der wirtschaftlichen Verwertung begonnen bzw. den Willen hierzu nach außen zu erkennen gegeben hat.[171] Dies kann z.B. der Fall sein, wenn über den Verkauf des Rechts oder seine Lizensierung verhandelt wird oder wenn Vorfüh-

---

169 BPatG München, Beschl. v. 12.6.2003 – 10 W (pat) 34/01 –, juris.
170 *Stöber*, Rn 1724.
171 *Stöber*, Rn 1720.

§ 8 Die Pfändung anderer Vermögensrechte (§ 857 ZPO)

rungen und Ausstellungen abgehalten werden. Der Gläubiger muss dies im Pfändungsantrag schlüssig darlegen. Ihn trifft die Beweislast. Mit der Pfändung des Rechts auf das Patent erlangt der Gläubiger auch die Befugnis, das Patent selbst anzumelden. Die weitergehende Wirkung ist, dass der Schuldner die Patentanmeldung ohne Mitwirkung des Gläubigers nicht mehr zurücknehmen kann.

b) Gläubiger weiß nicht, ob das Patent erteilt ist

236 Vor der Anmeldung des Patents (§ 35 PatG) ist ein pfändbares Recht des Patents noch nicht entstanden. Es existiert jedoch in diesem Stadium bereits ein pfändbares Anwartschaftsrecht. Folge: Das Patent ist dem Gläubiger und Schuldner gemeinsam zu erteilen, wenn das Patentamt Kenntnis von der Pfändung erlangt. Dem Gläubiger steht durch die Pfändung also kein eigenes Nutzungsrecht an der Erfindung oder dem Patent zu. Der Pfändungsantrag lautet folgendermaßen:

„gepfändet wird das durch die Anmeldung bei dem Deutschen oder Europäischen Patentamt entstehende angebliche Anwartschaftsrecht des Schuldner auf das Patent für den angemeldeten Gegenstand ... (Beschreibung) für das angemeldete Verfahren ... (Beschreibung)"

c) Das Patent wurde erteilt

237 Nach der Erteilung des Patents setzt sich das Pfändungspfandrecht an dem Patent fort. Das erlangte Pfandrecht dient der Sicherung der Befriedigung des Gläubigers. Der Pfändungsantrag lautet folgendermaßen:

„gepfändet wird das mit Eintragung in die Patentrolle für den Schuldner entstehende Patent betr. ... (Beschreibung) mit allen Rechten daraus".

238 *Hinweis*

Das entstandene Pfandrecht am Patent erstreckt sich nicht auf Forderungen aus Lizenzen, die der Schuldner bereits vor der Pfändung erteilt hat. Forderungen auf eventuelle **Lizenzgebühren** sind vielmehr ausdrücklich mit zu pfänden:

„gepfändet wird das bereits unter der Nr. ... beim Deutschen Patentamt eingetragene Patent ... (Beschreibung)"

239 Die **Verwertung** des gepfändeten Patents erfolgt nicht durch Überweisung, weil diese nach dem Wesen des Rechts nicht zulässig ist. Vielmehr wird das Recht gem. § 857 Abs. 4, 5 ZPO veräußert oder verwaltet. Dies bewirkt, dass der Gläubiger Lizenzen vergeben kann, allerdings nur für die Dauer, die nötig ist, um für seine Vollstreckungsforderung Befriedigung zu erlangen.

240 Bei der gepfändeten Forderung gegenüber dem Lizenznehmer wird durch Überweisung an Zahlungs statt oder zum Nennwert verwertet. Die **Herausgabe der Patenturkunde**

G. Einzelfälle § 8

und des **Lizenzvertrags** kann durch entsprechenden Antrag gem. § 836 Abs. 3 ZPO erreicht werden.

Bei der **Lizenzpfändung scheidet** eine **Verwertung durch Überweisung aus**, weil die Vollstreckung dem Gläubiger Geld bringen soll, nicht aber ein Recht, das er erst durch eigene Veranstaltungen (z.B. durch das Recht an der Ausnutzung eines Films) nutzen müsste, ohne dass dann feststellbar wäre, wie viel von den Lizenzeinnahmen auf die überwiesene Lizenz und wie viel auf die eigenen Veranstaltungen entfällt. Es ist daher die anderweitige Verwertung, wie etwa Versteigerung der Lizenz durch den Gerichtsvollzieher oder die Verwaltung nach § 857 Abs. 4, 5 ZPO sowie § 844 ZPO anzuordnen. **241**

Der Inhaber des Rechts vergibt die Lizenz durch Vertrag an den Lizenznehmer. Da der Lizenzvertrag gesetzlich nicht besonders geregelt ist, bestimmen sich Art und Umfang sowie Übertragbarkeit einer Lizenz nach dem Lizenzvertrag (ggf. erst durch dessen Auslegung). Eine Lizenz ist insoweit pfändbar als sie übertragbar ist. **242**

Der Lizenzgeber erwirbt durch den Lizenzvertrag i.d.R. einen Anspruch auf Vergütung in Geld. Dieser Anspruch ist als gewöhnliche Forderung nach § 829 ZPO zu pfänden und nach § 835 ZPO zu überweisen. Dies kommt in Betracht, wenn der Schuldner bereits vor Patentanmeldung bzw. der Patenterteilung Lizenzverträge abgeschlossen hat, ihm hieraus also Gelder zufließen. **243**

d) Muster: Pfändung von Patenten

244

Drittschuldner (genaue Bezeichnung des Drittschuldners: Firma bzw. Vor- und Zuname, vertretungsberechtigte Person/-en, jeweils mit Anschrift; Postfach-Angabe ist nicht zulässig; bei mehreren Drittschuldnern ist eine Zuordnung des Drittschuldners zu der/den zu pfändenden Forderung/-en vorzunehmen)
Herr/Frau/Firma
genaue Bezeichnung und Anschrift des Lizenznehmers

Forderung aus Anspruch
☐ A (an Arbeitgeber)
☐ B (an Agentur für Arbeit bzw. Versicherungsträger)
Art der Sozialleistung: _____
Konto-/Versicherungsnummer: _____
☐ C (an Finanzamt)
☐ D (an Kreditinstitute)
☐ E (an Versicherungsgesellschaften)
Konto-/Versicherungsnummer: _____
☐ F (an Bausparkassen)
☒ G
☐ gemäß gesonderter Anlage(n) _____

§ 8 Die Pfändung anderer Vermögensrechte (§ 857 ZPO)

Anspruch G
(Hinweis: betrifft Anspruch an weitere Drittschuldner bzw. schon aufgeführte Drittschuldner, soweit Platz unzureichend)

1. das Recht des Schuldners als Erfinder auf das Patent für den noch anzumeldenden Gegenstand ... (Beschreibung), für das noch anzumeldende Verfahren ... (Beschreibung), mit dessen Verwertung auf folgende Weise begonnen ist: ...

2. das durch die Anmeldung bei dem Deutschen oder Europäischen Patentamt entstehende angebliche Anwartschaftsrecht des Schuldners auf das Patent für den angemeldeten Gegenstand ... (Beschreibung) für das angemeldete Verfahren ... (Beschreibung)

3. das mit Eintragung in die Patentrolle für den Schuldner entstehende Patent betreffend ... (Beschreibung) mit allen Rechten daraus

4. das bereits unter der Nr. ..... beim Deutschen Patentamt eingetragene Patent ... (Beschreibung)

5. der angebliche Anspruch aus dem Lizenzvertrag vom ... auf die Nutzung des (genaue Beschreibung des Rechts, an dem die Lizenz besteht)

☒ **Es wird angeordnet, dass**

☐ der Schuldner die Lohn- oder Gehaltsabrechnung oder die Verdienstbescheinigung einschließlich der entsprechenden Bescheinigungen der letzten drei Monate vor Zustellung des Pfändungs- und Überweisungsbeschlusses an den Gläubiger herauszugeben hat

☐ der Schuldner das über das jeweilige Sparguthaben ausgestellte Sparbuch (bzw. die Sparurkunde) an den Gläubiger herauszugeben hat und dieser das Sparbuch (bzw. die Sparurkunde) unverzüglich dem Drittschuldner vorzulegen hat

☐ ein von dem Gläubiger zu beauftragender Gerichtsvollzieher für die Pfändung des Inhalts Zutritt zum Schließfach zu nehmen hat

☐ der Schuldner die Versicherungspolice an den Gläubiger herauszugeben hat und dieser sie unverzüglich dem Drittschuldner vorzulegen hat

☐ der Schuldner die Bausparurkunde und den letzten Kontoauszug an den Gläubiger herauszugeben hat und dieser die Unterlagen unverzüglich dem Drittschuldner vorzulegen hat

☒ der Schuldner dem Gläubiger die Patenturkunde sowie den Lizenzvertrag herauszugeben hat

---

☒ **Sonstige Anordnungen:**
Es wird angeordnet, die Verwertung des gepfändeten Rechts und des gepfändeten Patents vorzunehmen mittels
1. öffentlicher Versteigerung durch den vom Gläubiger zu beauftragenden Gerichtsvollzieher oder
2. Erteilung der ausschließlichen, für den Bereich der gesamten Bundesrepublik geltenden Lizenz an den Gläubiger mit der Befugnis, Unterlizenzen zu erteilen, so lange, bis aus den Gebühren für die Unterlizenz die Vollstreckungsforderung befriedigt sein wird.

Der Drittschuldner darf, soweit die Forderung gepfändet ist, an den Schuldner nicht mehr zahlen. Der Schuldner darf insoweit nicht über die Forderung verfügen, sie insbesondere nicht einziehen.

☒ Zugleich wird dem Gläubiger die zuvor bezeichnete Forderung in Höhe des gepfändeten Betrages

  ☒ zur Einziehung überwiesen.   ☐ an Zahlungs statt überwiesen.

G. Einzelfälle § 8

3. Urheberrecht

Das Urheberrecht (§ 1 UrhG) ist als Persönlichkeitsrecht nicht übertragbar § 29 Abs. 1UrhG). Es kann deshalb als solches auch nicht gepfändet werden. Der Urheber kann aber die Verwertung der urheberrechtlich geschützten Werke Dritten überlassen (§§ 15 ff. sowie §§ 31 ff. UrhG). Ob er dies tut und durch wen, ist die höchstpersönliche Entscheidung des Urhebers. Es kann daher auch auf das Verwertungsrecht i.R.d. Zwangsvollstreckung nicht beliebig zugegriffen werden. Die §§ 112–118 UrhG enthalten insoweit Sonderregeln. **245**

Danach ist zu Lebzeiten des Urhebers die Zwangsvollstreckung in übertragbare Nutzungsrechte nur mit seiner Einwilligung möglich.[172] Der Erbe des Urhebers allerdings muss in die Zwangsvollstreckung nur dann noch einwilligen, wenn das Werk noch nicht veröffentlicht ist. Die Pfändung erfolgt nach § 857 Abs. 2 ZPO durch Zustellung des Pfändungsbeschlusses an den Urheber bzw. dessen Erben, weil ein Drittschuldner nicht vorhanden ist. Die Verwertung kann durch Überweisung zur Einziehung oder nach § 844 ZPO durch Anordnung der Veräußerung oder der Verwaltung (§ 857 Abs. 4 und 5 ZPO) erfolgen. **246**

Der Anspruch des Urhebers auf Vergütung, den er erlangt, wenn er von seinem Nutzungsrecht bereits Gebrauch gemacht hat, ist eine Geldforderung und wie eine solche pfändbar (§ 829 ZPO), wobei möglicherweise Vollstreckungsschutz nach § 850i ZPO in Betracht kommen kann. **247**

4. Marke (früher Warenzeichen)

Seit dem 1.5.1992 sind Warenzeichen pfändbar. Zuvor konnten Warenzeichen weder gepfändet, verpfändet noch sicherungsübereignet werden, da das Warenzeichen nach dem bisher geltenden Recht mit dem dazugehörigen Geschäftsbetrieb eine untrennbare Einheit bildete und ein Geschäftsbetrieb nicht pfändbar ist.[173] Durch das Gesetz zur Reform des Markenrechts und zur Umsetzung der Ersten Richtlinie 89/104/EWG des Rates vom 21.12.1988 zur Angleichung der Rechtsvorschriften der Mitgliedstaaten über die Marken (Markenrechtsreformgesetz) vom 25.10.1994[174] ist das Warenzeichengesetz aufgehoben worden. An seine Stelle ist das Gesetz über den Schutz von Marken und sonstigen Kennzeichen (Markengesetz – MarkenG) getreten. Der Begriff des Warenzeichens wird nicht mehr verwendet. An seine Stelle ist der einheitliche Begriff Marke getreten. **248**

---

172 Vgl. OLG Hamburg, ZUM 1992, 547 (Nutzungsrecht an Yachtkonstruktion).
173 *Stöber*, Rn 1786.
174 BGBl I 3082.

§ 8 Die Pfändung anderer Vermögensrechte (§ 857 ZPO)

249 Eine Marke kann gepfändet werden. Die Marke ist wie das Warenzeichen vom ursprünglichen Geschäftsbetrieb losgelöst und zu einem selbstständigen Vermögensrecht geworden. Die Pfändung ist wirksam mit der Zustellung des gerichtlichen Pfändungsbeschlusses an den Schuldner (Markeninhaber). Zuständig für die Pfändung einer Marke ist nicht das Gericht für Kennzeichnungsstreitsachen, sondern das Amtsgericht als Vollstreckungsgericht.[175] Einer Zustellung des Beschlusses an das Patentamt bedarf es nicht, da dies nicht der Drittschuldner ist. Die Pfändung kann allerdings auf den Antrag eines der Beteiligten in das Register eingetragen werden.

250 Soll die gepfändete Marke verwertet werden, so ordnet das **Vollstreckungsgericht** auf Antrag des Pfandgläubigers durch Beschluss die **Art der Verwertung** an. Die Anordnung eines freihändigen Verkaufs oder der Versteigerung sind grds. statthaft. Beide Maßnahmen werden entweder von dem Gerichtsvollzieher oder von einer anderen Person oder Einrichtung (Verwertungsgesellschaft) vorgenommen, die das Gericht zu bestimmen hat. Es ist auch eine Überweisung an Zahlungs statt an den Gläubiger zum Schätzwert zulässig. Diese Überweisung befriedigt den Gläubiger in der Höhe des Wertes. Vor dem Erlass des Verwertungsbeschlusses hat das Vollstreckungsgericht den Schuldner zu hören.

251 *Hinweis*

Eine Marke stellt oftmals einen erheblichen Wert dar. Um zu verhindern, dass sie im Wege der Verwertung weit unter ihrem Wert verschleudert wird, wodurch dem Schuldner zusätzliche erhebliche finanzielle Einbußen entstehen könnten, ist auf den Antrag des Gläubigers oder des Schuldners eine Wertermittlung (Schätzung) durch einen Sachverständigen vom Vollstreckungsgericht anzuordnen (§ 813 Abs. 1 ZPO).

Ausfertigungen des Verwertungsbeschlusses und des Versteigerungs- bzw. Verkaufsprotokolls dienen als Nachweis des Rechtsübergangs und sind mit dem Umschreibungsantrag des Erwerbers dem Patentamt zwecks Umschreibung der betreffenden Marke auf sich vorzulegen. Einer gesonderten Übertragungserklärung bedarf es dann nicht.

XIX. Pflichtversicherung

252 Die Forderungen aus einem Pflichtversicherungsvertrag sind pfändbar, soweit sie Anspruch auf Prämienrückerstattung, Beitragsrückvergütung oder andere Ansprüche auf Auszahlung von Geldbeträgen betreffen. Sie sind unpfändbar, soweit sie den Anspruch

---

175 LG Düsseldorf, JurBüro 1998, 493 = Rpfleger 1998, 356.

G. Einzelfälle § 8

auf Kündigung oder Umwandlung der Versicherung sowie auf Bestimmung, Widerruf oder Änderung der Bezugsberechtigung betreffen.[176]

XX. Kommanditgesellschaftsanteil

1. Definition

Die Kommanditgesellschaft (KG) ist in den §§ 161–77a HGB geregelt. Hierbei ist die Haftung bei einem oder mehreren Gesellschaftern gegenüber Gesellschaftsgläubigern auf den Betrag einer bestimmten Vermögenseinlage beschränkt (sog. Kommanditisten). Die Pfändung in einen Kommanditanteil bei einer KG vollzieht sich nach §§ 857, 859 ZPO. Gem. §§ 164, 170 HGB ist der Kommanditist von der Geschäftsführung und Vertretung ausgeschlossen. Daher kann ihm nicht als Vertreter der KG der Pfändungs- und Überweisungsbeschluss zugestellt werden. Drittschuldnerin ist daher die KG, vertreten durch die persönlich haftenden Gesellschafter. 253

Zur Vertretung der Gesellschaft ist jeder Gesellschafter ermächtigt, wenn er nicht durch den Gesellschaftsvertrag von der Vertretung ausgeschlossen ist. Im Gesellschaftsvertrag kann allerdings bestimmt werden, dass alle oder mehrere Gesellschafter nur in Gemeinschaft zur Vertretung der Gesellschaft ermächtigt sein sollen (Gesamtvertretung). Ebenso kann bestimmt werden, dass die Gesellschafter, wenn nicht mehrere zusammen handeln, nur in Gemeinschaft mit einem Prokuristen zur Vertretung der Gesellschaft ermächtigt sein sollen (§§ 161 Abs. 2, 125 HGB). Der Ausschluss eines Gesellschafters von der Vertretung ist in das Handelsregister einzutragen (§§ 161 Abs. 2, 125 Abs. 4 HGB) und kann sonst dem Gläubiger nicht entgegengesetzt werden, es sei denn, dass ihm der Ausschluss bekannt war (§ 15 Abs. 1 HGB). 254

§ 135 HGB bestimmt, dass der Gläubiger die Gesellschaft ohne Rücksicht darauf, ob sie für bestimmte oder unbestimmte Zeit eingegangen ist, sechs Monate vor dem Ende des Geschäftsjahrs für diesen Zeitpunkt kündigen kann. Der Gläubiger kündigt deshalb zum nächst möglichen Zeitpunkt. Wann dies ist, wird sich letztlich aus der Drittschuldnererklärung gem. § 840 Abs. 1 Nr. 1 ZPO („... inwieweit ...") ergeben. Hierbei ist allerdings Folgendes zu beachten: 255

- Es muss innerhalb der letzten sechs Monate eine Zwangsvollstreckung in das bewegliche Vermögen des Gesellschafters erfolglos versucht worden sein. Auf die Reihenfolge – Vollstreckungsversuch – Rechtskraft des Schuldtitels – Pfändungs- und Überweisungsbeschluss – kommt es nicht an.[177]
- Der vollstreckbare Titel darf nicht nur bloß vorläufig vollstreckbar sein.

---

176 AG Sinzig, NJW-RR 1986, 967; vgl. auch § 4 Rdn 209 ff.
177 BGH, WM 1982, 841.

§ 8 Die Pfändung anderer Vermögensrechte (§ 857 ZPO)

256 *Taktischer Hinweis*

Von praktischer Bedeutung ist, dass der kündigende Gläubiger nicht zugleich auch derjenige sein muss, der den erfolglosen Vollstreckungsversuch vorgenommen hat. Die Kündigung der Gesellschaft nach § 135 HGB muss lediglich von irgendeinem Gläubiger innerhalb des Sechs-Monats-Zeitraums unternommen worden sein. Die Voraussetzungen des § 135 HGB liegen bereits vor, wenn der Gläubiger einen ernsthaften Vollstreckungsversuch in das übrige Vermögen des Schuldners unternommen hat. Der Gläubiger muss den Ausgang weiterer Vollstreckungsversuche nicht abwarten. Unbeachtlich ist auch die Frage, ob der erfolglose Vollstreckungsversuch vor oder nach der Pfändung des Auseinandersetzungsanspruchs erfolgt ist.[178]

257 Der BGH hat offen gelassen, ob für den Beginn der Sechs-Monats-Frist die Zustellung des Pfändungsbeschlusses, die des Überweisungsbeschlusses oder die Fälligkeit der Forderung maßgeblich ist. Das Kündigungsrecht des Gläubigers kann seitens des Schuldners oder Dritter, insbesondere der Gesellschafter, weder ausgeschlossen noch eingeschränkt werden, soweit der Gläubiger hiermit nicht einverstanden ist. Entsprechende Regelungen in Gesellschaftsverträgen, die eine Kündigung nach § 135 HGB einschränken oder gar aufheben, sind daher unbeachtlich.

258 Die Kündigung führt zu einem Ausscheiden des Gesellschafters aus der Gesellschaft (§ 131 Abs. 3 S. 1 Nr. 4 HGB). Folge: Der Gläubiger kann nun auf das zugreifen, was dem Schuldner als Auseinandersetzungsguthaben zusteht (§§ 145, 155, 158 HGB). Da der Anteil des ausscheidenden Schuldners als Gesellschafter den übrigen Gesellschaftern zuwächst, sind diese jedoch verpflichtet dem Schuldner die Gegenstände, die er der Gesellschaft zur Benutzung überlassen hat, zurückzugeben. Ebenso besteht die Verpflichtung das auszuzahlen, was dem Schuldner bei Auseinandersetzung zustehen würde. Dieses Auseinandersetzungsguthaben steht nunmehr dem Gläubiger zu.

2. Muster: Pfändung der Ansprüche an Kommanditgesellschaft

259

Drittschuldner (genaue Bezeichnung des Drittschuldners: Firma bzw. Vor- und Zuname, vertretungsberechtigte Person/-en, jeweils mit Anschrift; Postfach-Angabe ist nicht zulässig; bei mehreren Drittschuldnern ist eine Zuordnung des Drittschuldners zu der/den zu pfändenden Forderung/-en vorzunehmen) Herr/Frau/Firma
genaue Firma und Anschrift der KG, vertr.d.d. persönl. haftende(n) Gesellschafter mit Namen, Adressen

---

178 BGH, Vollstreckung effektiv 2010, 98 = FoVo 2010, 54 = Rpfleger 2009, 692 = NJW-RR 2009, 1698.

G. Einzelfälle §8

Forderung aus Anspruch

☐ A (an Arbeitgeber)

☐ B (an Agentur für Arbeit bzw. Versicherungsträger)
  Art der Sozialleistung: _____
  Konto-/Versicherungsnummer: _____

☐ C (an Finanzamt)

☐ D (an Kreditinstitute)

☐ E (an Versicherungsgesellschaften)
  Konto-/Versicherungsnummer: _____

☐ F (an Bausparkassen)

☒ G

☐ gemäß gesonderter Anlage(n) _____

Anspruch G
(Hinweis: betrifft Anspruch an weitere Drittschuldner bzw. schon aufgeführte Drittschuldner, soweit Platz unzureichend)

- der angebliche Anteil des Schuldners am Vermögen der Drittschuldnerin,
- die angeblichen Ansprüche auf fortlaufende Ermittlung, Zuteilung und Auszahlung des Gewinnanteils,
- der Anspruch auf Feststellung und Auszahlung des Auseinandersetzungsguthabens,
- der Anspruch auf Ersatz von Aufwendungen,
- der Anspruch auf Rückzahlung von Darlehen und sonstige Guthaben, gleich ob diese auf Kapitalkonten, Privatkonten, Verrechnungskonten, Darlehnskonten oder sonstigen Konten des Schuldners gebucht sind,
- die Ansprüche, die dem Schuldner aufgrund seiner Tätigkeit als Geschäftsführer zustehen.

☒ Der Gläubiger bzw. ein anderer Gläubiger (ggf. genaue Bezeichnung dieses Gläubigers) hat bislang folgende Vollstreckungsversuche gegen den Schuldner unternommen: ...

Zur Pfändung und Überweisung des Auseinandersetzungsguthabens der Kommanditgesellschaft sind weitere Vollstreckungsversuche auch im Hinblick auf § 135 HGB nicht erforderlich (vgl. BGH 25.5.09, II ZR 60/08). Der Erlass des Pfändungs- und Überweisungsbeschlusses scheitert auch nicht daran, dass der Gläubiger bislang noch keinen Vollstreckungsversuch gegen den Schuldner unternommen hat. Für die Prüfung der Voraussetzungen des § 135 HGB ist auf den Zeitpunkt der Kündigung der Gesellschaft, nicht jedoch auf den des Erlasses des Pfändungs- und Überweisungsbeschlusses abzustellen (BGH, a.a.O.).

XXI. Ansprüche eines Kommanditisten gegen die KG

1. Pfändbare Ansprüche

260 Im Einzelnen können folgende Ansprüche einer KG gepfändet werden:
- Hat die KG einen Anspruch auf Zahlung der Einlage gegen einen ihrer Kommanditisten, unterliegt diese Forderung der Gesellschaft der Pfändung durch Gläubiger.[179]
- Entnahmen des Kommanditisten aus dem Gesellschaftsvermögen über dessen Kommanditeinlage hinaus können der KG als Darlehen oder nach Bereicherungsrecht geschuldet sein. Insofern unterliegen auch solche Forderungen von Gläubigern der KG der Zwangsvollstreckung.[180]

2. Muster: Pfändung der Ansprüche gegen Kommanditisten

261

Drittschuldner (genaue Bezeichnung des Drittschuldners: Firma bzw. Vor- und Zuname, vertretungsberechtigte Person/-en, jeweils mit Anschrift; Postfach-Angabe ist nicht zulässig; bei mehreren Drittschuldnern ist eine Zuordnung des Drittschuldners zu der/den zu pfändenden Forderung/-en vorzunehmen)

Herr/Frau/Firma
Name und Anschrift des/der Kommanditisten - Zutreffendes auswählen

Forderung aus Anspruch

- ☐ A (an Arbeitgeber)
- ☐ B (an Agentur für Arbeit bzw. Versicherungsträger)
  Art der Sozialleistung: _____
  Konto-/Versicherungsnummer: _____
- ☐ C (an Finanzamt)
- ☐ D (an Kreditinstitute)
- ☐ E (an Versicherungsgesellschaften)
  Konto-/Versicherungsnummer: _____
- ☐ F (an Bausparkassen)
- ☒ G
- ☐ gemäß gesonderter Anlage(n) _____

---

179 BGH, NJW 1975, 1022.
180 *Stöber*, Rn 1595a.

G. Einzelfälle § 8

> **Anspruch G**
> (Hinweis: betrifft Anspruch an weitere Drittschuldner bzw. schon aufgeführte Drittschuldner, soweit Platz unzureichend)
> - auf Zahlung der Kommanditeinlage
> - auf Zahlung der Entnahmen des Kommanditisten aus dem Gesellschaftsvermögen über dessen Kommanditeinlage hinaus.

XXII. Lotsgeld

1. Definition

Beim sog. Lotsgeld handelt es sich um Einkommen von Hafenlotsen. Diese sind freiberuflich tätig. 262

Das Lotsgeld ist von den Reedern der Schiffe aufzubringen, die Lotsdienstleistungen in den Seelotsrevieren einer Lotsenbrüderschaft in Anspruch genommen haben. Diese sind als **Drittschuldner** zu benennen (s. unten Rdn 267 f.). Das Hafenamt oder ein beauftragter Dritter ziehen es ein und zahlen es auf ein Lotsgeldverteilungskonto einer als Körperschaft des öffentlichen Rechts organisierten Selbstverwaltungseinrichtung der Lotsen ein. Der Preis für die Lotsendienstleistung wird in der Lotstariforddnung festgelegt. Sie wird vom Bundesminister für Verkehr und digitale Infrastruktur (BMVDI) in Zusammenarbeit mit der Generaldirektion Wasserstraßen und Schifffahrt (GDWS) erarbeitet und im Bundesanzeiger veröffentlicht. 263

Vollstreckungsrechtlich handelt es sich beim Lotsgeld um Arbeitseinkommen i.S.d. § 850 Abs. 2 ZPO, da es sich bei den erwirtschafteten Lotsgeldern um Vergütungen handelt, die die Existenzgrundlage des Lotsen als Schuldner bilden, weil sie dessen Erwerbstätigkeit ganz oder zu einem wesentlichen Teil beanspruchen. Insofern unterliegt das anteilige Lotsgeld, das ein Hafenlotse aufgrund der Verträge zwischen ihm und den Reedern der zu lotsenden Schiffe beanspruchen kann, der Pfändung.[181] Drittschuldner sind die unten genannten Selbstverwaltungseinrichtungen. Sie werden von den für das jeweilige Seelotsrevier bestallten freiberuflichen Lotsen gebildet. Ihre Rechtsgrundlage ist das Gesetz über das Seelotswesen (Seelotsgesetz). 264

Die Brüderschaften verteilen an ihre Mitglieder nach der sog. Lotsgeldverteilungsordnung die vorher eingezogenen Lotsgelder. Sie werden, nachdem bestimmte Kosten abgezogen wurden, regelmäßig zu gleichen Teilen monatlich ausgezahlt. Gleiches gilt für einen etwaigen Überschuss zum Ablauf des Kalenderjahrs. 265

---

181 BGH, Vollstreckung effektiv 2015, 162 = FoVo 2015, 162.

§ 8 Die Pfändung anderer Vermögensrechte (§ 857 ZPO)

2. Drittschuldner bei Pfändung von Lotsgeldern

266 Das deutsche Lotswesen teilt sich in neun Brüderschaften – davon sieben Seelotsenbrüderschaften und zwei Hafenlotsenbrüderschaften – auf

267

Drittschuldner	Anschrift
Lotsenbrüderschaft Emden	An der Neuen Seeschleuse 28, 26723 Emden
Lotsenbrüderschaft Weser II/Jade	Am Alten Vorhafen, 27568 Bremerhaven
Lotsenbrüderschaft Weser I	Am Alten Vorhafen 1, 27568 Bremerhaven
Lotsenbrüderschaft Elbe	Cuxhavener Str. 15, 25541 Brunsbüttel
Lotsenbrüderschaft Nord-Ostsee-Kanal I	Schleusenstraße 9, 25541 Brunsbüttel
Lotsenbrüderschaft Nord-Ostsee-Kanal II, Kiel, Lübeck, Flensburg	Schleuseninsel 6, 24159 Kiel
Lotsenbrüderschaft Wismar, Rostock, Stralsund	An der See 14, 18119 Rostock
Hafenlotsengesellschaft Bremerhaven	Geo-Plate-Straße 1, 27568 Bremerhaven
Hafenlotsenbrüderschaft Hamburg	Bubendeyweg 33, 21129 Hamburg

268 *Taktische Hinweise*

- Der **Seelotse** ist in der gesetzlichen Rentenversicherung (Deutsche Rentenversicherung Knappschaft-Bahn-See) pflichtversichert (§ 2 Nr. 4 SGB VI). Deswegen sollten **stets die Rentenversicherungsansprüche mitgepfändet** werden! Der zuständige Rentenversicherungsträger ergibt sich aus § 129 Abs. 2 SGB VI. Im amtlichen Pfändungs-Formular ist daher auf Seite 3 bzw. 5 „**Anspruch B**" anzukreuzen.

- **Binnenlotsen** und **Travelotsen** sind hingegen beurlaubte Beamte. Im amtlichen Pfändungs-Formular ist daher auf Seite 3 bzw. 5 „**Anspruch A**" anzukreuzen.

- Die **Lotsen** in der **Flensburger Förde** sind Angestellte des Bundes und als Arbeitnehmer versicherungspflichtig. Im amtlichen Pfändungs-Formular ist daher auf Seite 3 bzw. 5 „**Anspruch A**" anzukreuzen.

G. Einzelfälle § 8

3. Muster: Pfändung von Lotsgeldern

Drittschuldner (genaue Bezeichnung des Drittschuldners: Firma bzw. Vor- und Zuname, vertretungsberechtigte Person/-en, jeweils mit Anschrift; Postfach-Angabe ist nicht zulässig; bei mehreren Drittschuldnern ist eine Zuordnung des Drittschuldners zu der/den zu pfändenden Forderung/-en vorzunehmen)
Herr/Frau/Firma
Lotsenbrüderschaft/Hafenlotsenbrüderschaft/Hafenlotsengesellschaft

269

Forderung aus Anspruch

- ☒ A (an Arbeitgeber)
- ☐ B (an Agentur für Arbeit bzw. Versicherungsträger)
  Art der Sozialleistung: _____
  Konto-/Versicherungsnummer: _____
- ☐ C (an Finanzamt)
- ☐ D (an Kreditinstitute)
- ☐ E (an Versicherungsgesellschaften)
  Konto-/Versicherungsnummer: _____
- ☐ F (an Bausparkassen)
- ☒ G
- ☐ gemäß gesonderter Anlage(n) _____

Anspruch G
(Hinweis: betrifft Anspruch an weitere Drittschuldner bzw. schon aufgeführte Drittschuldner, soweit Platz unzureichend)

auf Zahlung des anteiligen Lotsgeld, das der Schuldner als (Hafen)Lotse in ... aufgrund der jeweils geschlossenen Verträge zwischen ihm und den Reedern der zu lotsenden Schiffe beanspruchen kann und das von dem zuständigen Hafenamt oder einem beauftragten Dritten eingezogen und das auf einem Lotsgeldverteilungskonto einer als Körperschaft des öffentlichen Rechts organisierten Selbstverwaltungseinrichtung (Hafenlotsengesellschaft) verwahrt und nach Abzug bestimmter Kosten regelmäßig zu gleichen Teilen monatlich sowie ein etwaiger Überschuss zum Ablauf des Kalenderjahres an die Hafenlotsen ausgezahlt wird (BGH, 20.5.15, VII ZB 50/14)

☒ **Es wird angeordnet, dass**

☒ der Schuldner außer den laufenden Lohn- Gehaltsabrechnungen auch die Lohn- oder Gehaltsabrechnung oder die Verdienstbescheinigung einschließlich der entsprechenden Bescheinigung der letzten drei Monate vor Zustellung des Pfändungs- und Überweisungsbeschlusses an den Gläubiger herauszugeben hat (BGH, 20.12.2006, VII ZB 58/06).

§ 8 Die Pfändung anderer Vermögensrechte (§ 857 ZPO)

> Der Drittschuldner darf, soweit die Forderung gepfändet ist, an den Schuldner nicht mehr zahlen. Der Schuldner darf insoweit nicht über die Forderung verfügen, sie insbesondere nicht einziehen.
>
> ☒ Zugleich wird dem Gläubiger die zuvor bezeichnete Forderung in Höhe des gepfändeten Betrages
>
>   ☒ zur Einziehung überwiesen.   ☐ an Zahlungs statt überwiesen.
>
> ☒ Nicht amtlicher Hinweis: Es wird angeordnet, dass bei der Berechnung des pfändbaren Einkommens nach § 850e Nr. 1 S. 1 ZPO die sog. Nettomethode anzuwenden ist. Die der Pfändung entzogenen Bezüge sind mit ihrem Bruttobetrag vom Gesamteinkommen abzuziehen. Ein erneuter Abzug der auf diesen Bruttobetrag entfallenden Steuern und Abgaben erfolgt nicht (BAG 17.04.2013, 10 AZR 59/12).

XXIII. Haftentschädigung

1. Definition

270   Das Gesetz über die Entschädigung für Strafverfolgungsmaßnahmen (StrEG) regelt Haftentschädigungsansprüche für eine verbüßte Freiheitsstrafe, wenn die Verurteilung fortfällt oder gemildert wird. Im Fall der Untersuchungshaft besteht ein Anspruch, soweit der Betroffene freigesprochen, das Verfahren gegen ihn eingestellt wird oder das Gericht die Eröffnung des Hauptverfahrens gegen ihn ablehnt (vgl. §§ 1, 2 StrEG). Zudem können Unterhaltsberechtigte, denen der Betroffene kraft Gesetzes unterhaltspflichtig war, entschädigt werden, soweit ihnen durch die Strafverfolgungsmaßnahme der Unterhalt entzogen wurde (§ 11 Abs. 1 StrEG).

271   Die Entschädigung ist quasi Schadenersatz bzw. Schmerzensgeld für den Betroffenen. Sie beträgt für „den Schaden, der nicht Vermögensschaden ist" 25 EUR für jeden angefangenen Tag der Freiheitsentziehung (§ 7 Abs. 3 StrEG). Zusätzlich kann für Vermögensschäden entschädigt werden, wenn der nachgewiesene Schaden 25 EUR übersteigt und er nicht ohne die Strafverfolgungsmaßnahme eingetreten wäre (§ 7 Abs. 1 StrEG).

272   Über die Entschädigung entscheidet das Strafgericht (§ 8 Abs. 1 StrEG) bzw. das Amtsgericht am Sitz der Staatsanwaltschaft (§ 9 Abs. 1 StrEG). Im OWiG-Verfahren entscheidet die Verwaltungsbehörde (§ 110 OWiG). Die Höhe des Anspruchs bestimmt die Landesjustizverwaltung bzw. Verwaltungsbehörde (§ 10 StrEG).

| G. Einzelfälle | § 8 |

Taktischer Hinweis 273
Haftentschädigungsansprüche sind erst **ab Rechtskraft pfändbar**. Dies sollten Gläubiger bereits bei Antragstellung dem Gericht gegenüber darlegen. Bis zur rechtskräftigen Entscheidung über den Antrag ist der Anspruch daher nicht übertragbar und somit unpfändbar (§ 13 Abs. 2 StrEG; § 851 ZPO).

Unpfändbarkeit besteht für den **Staat** z.B. wegen Justizkostenansprüchen, wenn ein 274
Strafgefangener einen Geldentschädigungsanspruch wegen menschenunwürdiger Haftbedingungen geltend macht.[182]

Drittschuldner ist das **Bundesland**, dessen Gericht beschlossen hat, dass der Schuldner 275
entschädigt werden muss (§§ 8, 9 StrEG).

Taktischer Hinweis 276
Der Gläubiger muss dem Drittschuldner die vollstreckbare Ausfertigung der Entscheidung zurückgeben, wenn dieser zahlt. Der Gläubiger sollte daher im amtlichen Formular auf Seite 8 beantragen, dass der Schuldner die Ausfertigung zunächst an den Gläubiger gem. § 836 Abs. 3 S. 1 ZPO herausgeben muss.

2. Muster: Pfändung von Haftentschädigungsansprüchen

Drittschuldner (genaue Bezeichnung des Drittschuldners: Firma bzw. Vor- und Zuname, vertretungsberechtigte Person/-en, jeweils mit Anschrift; Postfach-Angabe ist nicht zulässig; bei mehreren Drittschuldnern ist eine Zuordnung des Drittschuldners zu der/den zu pfändenden Forderung/-en vorzunehmen) 277
Herr/Frau/Firma
Bundesland

---

[182] BGH, GuT 2011, 168 = Rpfleger 2011, 535 = JurBüro 2011, 497 = DGVZ 2012, 124.

§ 8 Die Pfändung anderer Vermögensrechte (§ 857 ZPO)

Forderung aus Anspruch

☐ A (an Arbeitgeber)

☐ B (an Agentur für Arbeit bzw. Versicherungsträger)
Art der Sozialleistung: _____
Konto-/Versicherungsnummer: _____

☐ C (an Finanzamt)

☐ D (an Kreditinstitute)

☐ E (an Versicherungsgesellschaften)
Konto-/Versicherungsnummer: _____

☐ F (an Bausparkassen)

☒ G

☐ gemäß gesonderter Anlage(n) _____

Anspruch G
(Hinweis: betrifft Anspruch an weitere Drittschuldner bzw. schon aufgeführte Drittschuldner, soweit Platz unzureichend)
- für unschuldig erlittene Untersuchungs- bzw. Strafhaft
- für sonstige Schäden aus ungerechtfertigter strafrechtlicher Verurteilung

---

☒ **Es wird angeordnet, dass**

☐ der Schuldner die Lohn- oder Gehaltsabrechnung oder die Verdienstbescheinigung einschließlich der entsprechenden Bescheinigungen der letzten drei Monate vor Zustellung des Pfändungs- und Überweisungsbeschlusses an den Gläubiger herauszugeben hat

☐ der Schuldner das über das jeweilige Sparguthaben ausgestellte Sparbuch (bzw. die Sparurkunde) an den Gläubiger herauszugeben hat und dieser das Sparbuch (bzw. die Sparurkunde) unverzüglich dem Drittschuldner vorzulegen hat

☐ ein von dem Gläubiger zu beauftragender Gerichtsvollzieher für die Pfändung des Inhalts Zutritt zum Schließfach zu nehmen hat

☐ der Schuldner die Versicherungspolice an den Gläubiger herauszugeben hat und dieser sie unverzüglich dem Drittschuldner vorzulegen hat

☐ der Schuldner die Bausparurkunde und den letzten Kontoauszug an den Gläubiger herauszugeben hat und dieser die Unterlagen unverzüglich dem Drittschuldner vorzulegen hat

☒ der Schuldner dem Gläubiger das zugrunde liegende Urteil/Beschluss/Bescheid herauszugeben hat (§ 836 Abs. 3 S. 1 ZPO).

G. Einzelfälle § 8

XXIV. Pflichtteilsanspruch
1. Grundsätzliche Pfändbarkeit, bedingte Verwertbarkeit

In seiner Grundsatzentscheidung vom 26.2.2009 hat der BGH[183] die Pfändbarkeit eines Pflichtteilsanspruchs unter folgenden Voraussetzungen zugelassen:
1. Ein Pflichtteilsanspruch kann vor vertraglicher Anerkennung oder Rechtshängigkeit als in seiner zwangsweisen Verwertbarkeit aufschiebend bedingter Anspruch gepfändet werden. Der Anspruch ist dann ohne Einschränkung mit einem Pfandrecht belegt, darf aber erst verwertet werden, wenn die Voraussetzungen des § 852 Abs. 1 ZPO vorliegen.
2. Der Antrag des Gläubigers auf Erlass eines Pfändungsbeschlusses und dieser Beschluss müssen keine Angaben dazu enthalten, ob vertragliche Anerkennung oder Rechtshängigkeit vorliegen. Im Hinblick auf die missverständliche Formulierung des § 852 Abs. 1 ZPO wird den Vollstreckungsgerichten bis zu einer gesetzlichen Regelung empfohlen, in den Pfändungsbeschluss in allgemein verständlicher Form einen Hinweis aufzunehmen, dass die Verwertung des Anspruchs erst erfolgen darf, wenn diese Voraussetzungen erfüllt sind.
3. Der gepfändete Pflichtteilsanspruch darf dem Gläubiger erst zur Einziehung überwiesen werden, wenn die Voraussetzungen des § 852 Abs. 1 ZPO vorliegen. Der Gläubiger kann in entsprechender Anwendung von § 836 Abs. 3 ZPO insoweit Auskunft vom Schuldner verlangen.
4. Schuldner und Drittschuldner können mit der Erinnerung nach § 766 ZPO geltend machen, dass die Voraussetzungen des § 852 Abs. 1 ZPO für die Überweisung zur Einziehung nicht vorliegen.

Für die Zwangsvollstreckung ergeben sich folgende Konsequenzen:
- Die Beschränkung der Vollstreckung in einen Pflichtteilsanspruch ergibt sich unmittelbar aus dem Gesetz. In seinem Antrag auf Erlass eines Pfändungsbeschlusses ist daher der Gläubiger nicht verpflichtet die Voraussetzungen des § 852 Abs. 1 ZPO darzulegen. Auch das Gericht ist hierzu nicht verpflichtet.

> *Taktischer Hinweis*
> Im Hinblick auf den missverständlichen Wortlaut des § 852 Abs. 1 ZPO empfiehlt es sich allerdings, bereits im Pfändungsantrag einen verständlichen Hinweis dahingehend aufzunehmen, dass die Verwertung erst bei Vorliegen der Voraussetzungen des § 852 Abs. 1 ZPO erfolgen darf. Insofern ergeht dann der Pfändungsbeschluss mit diesem Hinweis.

---
183 Vollstreckung effektiv 2009, 80 = FoVo 2009, 114 = Rpfleger 2009, 393 = BGHReport 2009, 701 = NJW-RR 2009, 997 = ErbR 2009, 224 = JurBüro 2009, 377.

§ 8 Die Pfändung anderer Vermögensrechte (§ 857 ZPO)

- Die Anträge auf Erlass eines Pfändungs- und Überweisungsbeschlusses müssen **getrennt** voneinander erfolgen, **wenn** nicht bereits von vornherein die Voraussetzungen des § 852 Abs. 1 ZPO vorliegen.
- Pfändet der Gläubiger zunächst den Anspruch des Schuldners, kann er, um die Voraussetzungen der Überweisung zu schaffen, den Schuldner gem. § 836 Abs. 3 ZPO zur Auskunft zwingen.

2. Muster: Pfändung von Pflichtteilsansprüchen, wenn die Voraussetzungen nach § 852 Abs. 1 ZPO vorliegen

280

Antrag auf Erlass eines Pfändungs- und Überweisungsbeschlusses insbesondere wegen gewöhnlicher Geldforderungen

Es wird beantragt, den nachfolgenden Entwurf als Beschluss auf ☒Pfändung ☒und ☒Überweisung zu erlassen.

☐ Zugleich wird beantragt, die Zustellung zu vermitteln (☒ mit der Aufforderung nach § 840 der Zivilprozessordnung – ZPO).
☐ Die Zustellung wird selbst veranlasst.

281 *Taktischer Hinweis*

Welche Zustellart der Gläubiger wählt, nach § 840 ZPO oder ggf. Selbstzustellung, ist aufgrund des Einzelfalles zu entscheiden.[184]

282

Drittschuldner (genaue Bezeichnung des Drittschuldners: Firma bzw. Vor- und Zuname, vertretungsberechtigte Person/-en, jeweils mit Anschrift; Postfach-Angabe ist nicht zulässig; bei mehreren Drittschuldnern ist eine Zuordnung des Drittschuldners zu der/den zu pfändenden Forderung/-en vorzunehmen)
Herr/Frau/Firma
Namen und Anschriften des/der Erben

---

184 Vgl. auch § 4 Rdn 17 ff.

G. Einzelfälle § 8

Forderung aus Anspruch

☐ A (an Arbeitgeber)

☐ B (an Agentur für Arbeit bzw. Versicherungsträger)
   Art der Sozialleistung: _____
   Konto-/Versicherungsnummer: _____

☐ C (an Finanzamt)

☐ D (an Kreditinstitute)

☐ E (an Versicherungsgesellschaften)
   Konto-/Versicherungsnummer: _____

☐ F (an Bausparkassen)

☒ G

☐ gemäß gesonderter Anlage(n) _____

Anspruch G
(Hinweis: betrifft Anspruch an weitere Drittschuldner bzw. schon aufgeführte Drittschuldner, soweit Platz unzureichend)

auf Auszahlung des Pflichtteils des Schuldners gegen den Drittschuldner nach dem am ... in ... verstorbenen Erblasser ... (Name), zuletzt wohnhaft in ... (Anschrift)

☒ **Es wird angeordnet, dass**

☐ der Schuldner die Lohn- oder Gehaltsabrechnung oder die Verdienstbescheinigung einschließlich der entsprechenden Bescheinigungen der letzten drei Monate vor Zustellung des Pfändungs- und Überweisungsbeschlusses an den Gläubiger herauszugeben hat

☐ der Schuldner das über das jeweilige Sparguthaben ausgestellte Sparbuch (bzw. die Sparurkunde) an den Gläubiger herauszugeben hat und dieser das Sparbuch (bzw. die Sparurkunde) unverzüglich dem Drittschuldner vorzulegen hat

☐ ein von dem Gläubiger zu beauftragender Gerichtsvollzieher für die Pfändung des Inhalts Zutritt zum Schließfach zu nehmen hat

☐ der Schuldner die Versicherungspolice an den Gläubiger herauszugeben hat und dieser sie unverzüglich dem Drittschuldner vorzulegen hat

☐ der Schuldner die Bausparurkunde und den letzten Kontoauszug an den Gläubiger herauszugeben hat und dieser die Unterlagen unverzüglich dem Drittschuldner vorzulegen hat

☒ der Schuldner dem Gläubiger die zur Geltendmachung der Forderung nötigen Auskünfte zu erteilen und ihm die über die Forderung vorhandenen Urkunden herauszugeben hat (§ 836 Abs. 3 ZPO; BGH, 26.02.09 – VII ZB 30/08).

der Schuldner über den Bestand des Nachlasses Auskunft zu geben hat (§ 2314 BGB; BGH, 26.02.09 – VII ZB 30/08).

§ 8 Die Pfändung anderer Vermögensrechte (§ 857 ZPO)

> Der Drittschuldner darf, soweit die Forderung gepfändet ist, an den Schuldner nicht mehr zahlen. Der Schuldner darf insoweit nicht über die Forderung verfügen, sie insbesondere nicht einziehen.
>
> ☒ Zugleich wird dem Gläubiger die zuvor bezeichnete Forderung in Höhe des gepfändeten Betrages
>
>   ☒ zur Einziehung überwiesen.   ☐ an Zahlungs statt überwiesen.

283 *Taktischer Hinweis*

Nachfolgende Formulierung muss im Freifeld auf Seite 9 eingetragen werden; nur dadurch lässt sich durch das Gericht erkennen, dass die Voraussetzungen des § 852 Abs. 1 ZPO vorliegen und zugleich – ohne zeitraubende gerichtliche Zwischenverfügung – ein Pfändungs- und Überweisungsbeschluss erlassen werden kann.

284

> ☒ Es wird ausdrücklich darauf hingewiesen, dass die Voraussetzungen des § 852 Abs. 1 ZPO vorliegen.
> ( ) Der Drittschuldner hat den Pflichtteilsanspruch durch Vertrag vom ... gegenüber dem Schuldner dem Grunde nach anerkannt.
>
> Beweis: Kopie des Vertrags vom ...
>
> ( ) Der Schuldner hat im Rahmen seiner Auskunftsverpflichtung nach § 836 Abs. 3 ZPO gegenüber dem Gläubiger/Gerichtsvollzieher erklärt, dass er den Pflichtteilsanspruch beim AG/LG ..., Az. ..., mittels Klage gerichtlich anhängig gemacht hat.
>
> Beweis: Kopie der Auskunftserklärung des Schuldners vom ...

3. Muster: Pfändung von Pflichtteilsansprüchen, wenn die Voraussetzungen nach § 852 Abs. 1 ZPO nicht vorliegen

285

> **Antrag auf Erlass eines Pfändungs- und Überweisungsbeschlusses insbesondere wegen gewöhnlicher Geldforderungen**
>
> **Es wird beantragt**, den nachfolgenden Entwurf als Beschluss auf ☒ Pfändung ☐ und ☐ Überweisung zu erlassen.
>
>   ☐ Zugleich wird beantragt, die Zustellung zu vermitteln (☒ mit der Aufforderung nach § 840 der Zivilprozessordnung – ZPO).
>   ☐ Die Zustellung wird selbst veranlasst.

G. Einzelfälle §8

Taktischer Hinweis 286

Da nur ein Pfändungsbeschluss beantragt werden darf ist darauf zu achten, dass in der **Überschrift** die Wörter **„und Überweisung" gestrichen** werden. Welche Zustellart der Gläubiger zudem wählt, nach § 840 ZPO oder ggf. Selbstzustellung, ist aufgrund des Einzelfalles zu entscheiden.[185]

287

Drittschuldner (genaue Bezeichnung des Drittschuldners: Firma bzw. Vor- und Zuname, vertretungsberechtigte Person/-en, jeweils mit Anschrift; Postfach-Angabe ist nicht zulässig; bei mehreren Drittschuldnern ist eine Zuordnung des Drittschuldners zu der/den zu pfändenden Forderung/-en vorzunehmen)
Herr/Frau/Firma
Namen und Anschriften des/der Erben

Forderung aus Anspruch
- ☐ A (an Arbeitgeber)
- ☐ B (an Agentur für Arbeit bzw. Versicherungsträger)
  - Art der Sozialleistung: _____
  - Konto-/Versicherungsnummer: _____
- ☐ C (an Finanzamt)
- ☐ D (an Kreditinstitute)
- ☐ E (an Versicherungsgesellschaften)
  - Konto-/Versicherungsnummer: _____
- ☐ F (an Bausparkassen)
- ☒ G
- ☐ gemäß gesonderter Anlage(n) _____

Anspruch G
(Hinweis: betrifft Anspruch an weitere Drittschuldner bzw. schon aufgeführte Drittschuldner, soweit Platz unzureichend)
auf Auszahlung des Pflichtteils des Schuldners gegen den Drittschuldner nach dem am ... in ... verstorbenen Erblasser ... (Name), zuletzt wohnhaft in ... (Anschrift)

---

185 Vgl. auch § 4 Rdn 17 ff.

§ 8 Die Pfändung anderer Vermögensrechte (§ 857 ZPO)

> ☒ **Es wird angeordnet, dass**
>
> ☐ der Schuldner die Lohn- oder Gehaltsabrechnung oder die Verdienstbescheinigung einschließlich der entsprechenden Bescheinigungen der letzten drei Monate vor Zustellung des Pfändungs- und Überweisungsbeschlusses an den Gläubiger herauszugeben hat
>
> ☐ der Schuldner das über das jeweilige Sparguthaben ausgestellte Sparbuch (bzw. die Sparurkunde) an den Gläubiger herauszugeben hat und dieser das Sparbuch (bzw. die Sparurkunde) unverzüglich dem Drittschuldner vorzulegen hat
>
> ☐ ein von dem Gläubiger zu beauftragender Gerichtsvollzieher für die Pfändung des Inhalts Zutritt zum Schließfach zu nehmen hat
>
> ☐ der Schuldner die Versicherungspolice an den Gläubiger herauszugeben hat und dieser sie unverzüglich dem Drittschuldner vorzulegen hat
>
> ☐ der Schuldner die Bausparurkunde und den letzten Kontoauszug an den Gläubiger herauszugeben hat und dieser die Unterlagen unverzüglich dem Drittschuldner vorzulegen hat
>
> ☒ der Schuldner dem Gläubiger die zur Geltendmachung der Forderung nötigen Auskünfte zu erteilen und ihm die über die Forderung vorhandenen Urkunden herauszugeben hat (§ 836 Abs. 3 ZPO; BGH, 26.02.09 – VII ZB 30/08).
>
> der Schuldner über den Bestand des Nachlasses Auskunft zu geben hat (§ 2314 BGB; BGH, 26.02.09 – VII ZB 30/08).
>
> die Verwertung des Anspruchs erst erfolgen darf, wenn der Anspruch durch Vertrag anerkannt worden oder rechtshängig geworden ist (§ 852 Abs. 1 ZPO; BGH, 26.02.09 – VII ZB 30/08).

288 *Taktischer Hinweis*

§ 836 Abs. 3 ZPO versetzt den Gläubiger in die Lage, sich die für die Durchsetzung des Anspruchs notwendige Kenntnis zu verschaffen. Die Auskunftspflicht gilt für alle erheblichen Tatsachen und wesentlichen Umstände zur gerichtlichen und außergerichtlichen Geltendmachung der Forderung und zu ihrer Durchsetzung. Sie betrifft insbesondere auch die Pflicht, darüber Auskunft zu geben, ob der Anspruch vertraglich anerkannt[186] worden oder rechtshängig[187] geworden ist. Außerdem muss der Schuldner die über die Forderung bestehenden Urkunden (z.B. rechtskräftiges Urteil darüber, dass Schuldner Pflichtteilsanspruch zusteht; notarielles Anerkenntnis über Pflichtteilsanspruch zugunsten des Schuldners) herausgeben.

Sobald der Schuldner nach § 836 Abs. 3 ZPO dem Gläubiger die erforderlichen Auskünfte erteilt bzw. nötige Urkunden herausgibt, kann der Gläubiger sodann einen Antrag auf Erlass eines **Überweisungsbeschlusses** stellen. Hierzu muss allerdings **nicht unbedingt** das **amtliche Formular** verwendet werden.[188] Es kann allerdings benutzt werden. Gem. Nr. 2111 VV GKG fallen hierfür keine weiteren Gerichtskosten an. Gleiches gilt für die Anwaltsgebühren (§ 19 RVG).

---

[186] Notar, der Anerkenntnis beurkundet hat, ist zu benennen.
[187] Prozessgericht mit Aktenzeichen ist zu benennen.
[188] Vgl. auch § 5 Rdn 105.

G. Einzelfälle § 8

289

> Der Drittschuldner darf, soweit die Forderung gepfändet ist, an den Schuldner nicht mehr zahlen. Der Schuldner darf insoweit nicht über die Forderung verfügen, sie insbesondere nicht einziehen.
>
> ☐ Zugleich wird dem Gläubiger die zuvor bezeichnete Forderung in Höhe des gepfändeten Betrages
>
> ☐ zur Einziehung überwiesen.   ☐ an Zahlungs statt überwiesen.

Taktischer Hinweis **290**

Im vorstehenden Feld darf nichts angekreuzt werden, da lediglich eine Pfändung – nicht Überweisung – erfolgt!

4. Muster: Antrag auf Überweisung des bereits gepfändeten Pflichtteilsanspruchs, wenn die Voraussetzungen nach § 852 Abs. 1 ZPO vorliegen

291

> **Antrag auf Erlass eines Pfändungs- und Überweisungsbeschlusses insbesondere wegen gewöhnlicher Geldforderungen**
>
> **Es wird beantragt,** den nachfolgenden Entwurf als Beschluss auf ☐ Pfändung ☐ und ☒ Überweisung zu erlassen.
>
> ☐ Zugleich wird beantragt, die Zustellung zu vermitteln (☒ mit der Aufforderung nach § 840 der Zivilprozessordnung – ZPO).
> ☐ Die Zustellung wird selbst veranlasst.
>
> **Anlagen:**
> ☐ Schuldtitel und ___ Vollstreckungsunterlagen
> ☐ Erklärung über die persönlichen und wirtschaftlichen Verhältnisse nebst ___ Belegen
> ☒ Pfändungsbeschluss vom ...;
>   Kopie des Anerkenntnisvertrags vom...
>   Kopie der Erklärung des Schuldner
> ☐ Verrechnungsscheck für Gerichtskosten
> ☐ Gerichtskostenstempler

Taktischer Hinweis **292**

Da nur ein Überweisungsbeschluss beantragt werden darf ist darauf zu achten, dass in der **Überschrift** die Wörter „**Pfändungs- und**" **gestrichen** werden. Darüber hinaus

§ 8 Die Pfändung anderer Vermögensrechte (§ 857 ZPO)

darf die Zustellung nach **§ 840 ZPO nicht** beantragt werden, da dies bereits in dem zuvor erlassenen Pfändungsbeschluss geschehen ist.

Dass die Voraussetzungen nach § 852 Abs. 1 ZPO vorliegen, kann über die dem Antrag beigefügten Anlagen dargelegt werden.

293

> Wegen dieser Ansprüche sowie wegen der Kosten für diesen Beschluss (vgl. Kostenrechnung) und wegen der Zustellungskosten für diesen Beschluss wird/werden die nachfolgend aufgeführte/-n angebliche/-n Forderung/-en des Schuldners gegenüber dem Drittschuldner – einschließlich der künftig fällig werdenden Beträge – so lange gepfändet, bis der Gläubigeranspruch gedeckt ist.

294 *Taktischer Hinweis*

Vorstehendes Feld sollte **gestrichen** werden, da eine Pfändung nicht erfolgt!

295

> **Drittschuldner** (genaue Bezeichnung des Drittschuldners: Firma bzw. Vor- und Zuname, vertretungsberechtigte Person/-en, jeweils mit Anschrift; Postfach-Angabe ist nicht zulässig; bei mehreren Drittschuldnern ist eine Zuordnung des Drittschuldners zu der/den zu pfändenden Forderung/-en vorzunehmen)
> Herr/Frau/Firma
> Namen und Anschriften des/der Erben

> Der Drittschuldner darf, soweit die Forderung gepfändet ist, an den Schuldner nicht mehr zahlen. Der Schuldner darf insoweit nicht über die Forderung verfügen, sie insbesondere nicht einziehen.
>
> ☒ Zugleich wird dem Gläubiger die zuvor bezeichnete Forderung in Höhe des gepfändeten Betrages
>
> ☒ zur Einziehung überwiesen. ☐ an Zahlungs statt überwiesen.

296 *Taktischer Hinweis*

Im vorstehenden Feld muss eine Überweisungsart angekreuzt werden

297

> ☒ Durch Beschluss des AG ..., vom ..., Az. ..., wurde der Pflichtteil des Schuldners bereits wirksam gepfändet. Die Voraussetzungen nach § 852 Abs. 1 ZPO liegen vor (BGH, 26.02.2009; VII ZB 30/08). Der Drittschuldner hat den Pflichtteilsanspruch durch Vertrag vom ... gegenüber dem Schuldner dem Grunde nach anerkannt.
>
> Beweis: Kopie des Vertrags vom ...
>
> Der Schuldner hat im Rahmen seiner Auskunftsverpflichtung nach § 836 Abs. 3 ZPO gegenüber dem Gläubiger/Gerichtsvollzieher erklärt, dass er den Pflichtteilsanspruch beim AG/LG in ..., Az. ..., mittels Klage gerichtlich anhängig gemacht hat.
>
> Beweis: Kopie der Auskunftserklärung des Schuldners vom ...

G. Einzelfälle §8

Taktischer Hinweis 298

Im vorstehenden Feld auf Seite 9 sollte darauf hingewiesen werden, dass die Voraussetzungen des § 852 Abs. 1 ZPO vorliegen. Zudem sollte darauf hingewiesen werden, dass der Pflichtteilsanspruch bereits zuvor durch Beschluss gepfändet wurde. Um Rückfragen zu vermeiden, sollte eine Kopie des erlassenen Pfändungsbeschlusses dem Antrag beigefügt werden; sollte das Gericht, welches auch den Pfändungsbeschluss erlassen hat zugleich auch zuständig für den Erlass des Überweisungsbeschlusses sein, so kann auch auf die dortige Pfändungsakte Bezug genommen werden. Das Gericht wird sich dann diese Akte in der Regel beiziehen.

XXV. Rückauflassung

Hat der Schuldner ein Grundstück unentgeltlich übertragen, sich jedoch das Recht vorbehalten, es jederzeit ohne Angabe von Gründen zurückzuverlangen, kann ein Gläubiger dieses Recht des Schuldners jedenfalls zusammen mit dem künftigen oder aufschiebend bedingten und durch eine Vormerkung gesicherten Rückauflassungsanspruch pfänden und sich zur Einziehung überweisen lassen.[189] Dieser Anspruch ist jedoch abhängig davon, dass der Schuldner die Rückübertragung tatsächlich verlangt. Das Recht, die Rückübertragung zu verlangen, ist nicht gleichbedeutend mit dem Rückübertragungsanspruch. Entweder lässt dieses Verlangen die Rückübertragungsverpflichtung erst entstehen[190] oder diese ist aufschiebend bedingt durch die Ausübung des Rechts. Ob eine Rückauflassungsvormerkung zugunsten des Schuldners im Grundbuch eingetragen ist, ist unerheblich. Sie bedeutet nicht zwingend, dass der Schuldner zugleich die Rückauflassung verlangt hat. Denn eine Vormerkung kann auch für einen bedingten oder künftigen Anspruch eingetragen werden (§ 883 Abs. 1 S. 2 BGB). 299

Ergibt sich allerdings aus der vertraglichen Vereinbarung, dass der Schuldner jederzeit die Rückübertragung verlangen kann und wurde dieses Recht durch den Gläubiger gepfändet, so kann er anstelle des Schuldners dieses Gestaltungsrecht als Befugnis zum rechtlichen Können ausüben und somit den Rückübereignungsanspruch als unbedingten Anspruch zur Entstehung bringen. Die Pfändbarkeit des Rechts, die Rückübertragung zu verlangen, ist nicht wegen dessen Unveräußerlichkeit ausgeschlossen (§§ 851 Abs. 1, 857 Abs. 1 ZPO). Das vereinbarte Recht des Schuldners, die Rückauflassung jederzeit zu ver- 300

---

189 BGH, NJW 2003, 1858 = Rpfleger 2003, 372.
190 Vgl. die rechtsähnliche Lage bei der vereinbarten Einräumung eines Dispositionskredits und dessen Abruf durch den Kreditnehmer, BGHZ 147, 193 = BGH, Vollstreckung effektiv 2002, 90 = WM 2001, 898 = ZIP 2001, 825 = DB 2001, 1085 = Rpfleger 2001, 357 = MDR 2001, 1014 = KKZ 2001, 205 = FamRZ 2001, 1214.

> langen, ähnelt dem Wiederkaufsrecht (§ 456 BGB) oder einem Aneignungsrecht. Diese Rechte sind übertragbar und somit pfändbar.[191]

301 Zu beachten ist, dass auch eine Anfechtung gem. §§ 3, 4 AnfG zum gewünschten Ergebnis führen kann.

XXVI. Soldatenansprüche

1. Arten von Soldaten

302 Um auf Bezüge von Soldaten korrekt zugreifen zu können, müssen Gläubiger zunächst klären, ob diese

- Berufssoldaten,
- Soldaten auf Zeit oder
- freiwillig Wehrdienstleistende (§ 58b SoldG) sind.

303 *Taktischer Hinweis*

Diese Informationen können Gläubiger über das Personalamt der Bundeswehr (Militärringstraße 1000, 50737 Köln) in Erfahrung bringen. Es ist nur ein Nachweis des rechtlichen Interesses erforderlich. Ebenso sollte nach Möglichkeit das Geburtsdatum des Schuldners angegeben werden.

2. Muster: Pfändung von Ansprüchen bei Berufssoldaten

304 Hinsichtlich der örtlichen Zuständigkeit vgl. § 3 Rdn 27.[192]

305 Hier ist zunächst zu beachten ist, dass als **Drittschuldner** in Betracht kommen:[193]

- Bundesfinanzdirektion West, Service-Center Düsseldorf, Wilhelm-Raabe-Str. 46, 40470 Düsseldorf
- oder Bundesfinanzdirektion Südwest, Service-Center Stuttgart, Heilbronner Str. 186, 70191 Stuttgart.

---

191 BGH, NJW 2003, 1858 = Rpfleger 2003, 372.
192 Vgl. auch *Mock*, Vollstreckung effektiv 2016, 176.
193 Vgl. VWAO über die Vertretung des Bundes als Drittschuldner im Geschäftsbereich des Bundesministeriums der Verteidigung vom 17.7.13; R I 5 – Az. 39–85–25/14.

306

> **Drittschuldner** (genaue Bezeichnung des Drittschuldners: Firma bzw. Vor- und Zuname, vertretungsberechtigte Person/-en, jeweils mit Anschrift; Postfach-Angabe ist nicht zulässig; bei mehreren Drittschuldnern ist eine Zuordnung des Drittschuldners zu der/den zu pfändenden Forderung/-en vorzunehmen)
> Herr / Frau / Firma
> Bundesrepublik Deutschland, vertreten durch die Bundesfinanzdirektion West, Service-Center Düsseldorf
> Wilhem-Raabe-Str. 46, 40470 Düsseldorf
> ODER
> Bundesrepublik Deutschland, vertreten durch die Bundesfinanzdirektion Südwest,
> Service-Center Stuttgart, Heilbronnerstr. 186, 70191 Stuttgart

---

Forderung aus Anspruch

- ☒ A (an Arbeitgeber)
- ☐ B (an Agentur für Arbeit bzw. Versicherungsträger)
  Art der Sozialleistung: _____
  Konto-/Versicherungsnummer: _____
- ☐ C (an Finanzamt)
- ☐ D (an Kreditinstitute)
- ☐ E (an Versicherungsgesellschaften)
  Konto-/Versicherungsnummer: _____
- ☐ F (an Bausparkassen)
- ☒ G
- ☐ gemäß gesonderter Anlage(n) _____

Anspruch G
(Hinweis: betrifft Anspruch an weitere Drittschuldner bzw. schon aufgeführte Drittschuldner, soweit Platz unzureichend)

- die Dienstbezüge als Berufssoldat,
- die geldwerten Sachbezüge für Unterkunft, Verpflegung und Dienstbekleidung gemäß dem - Erlass der Drittschuldnerin vom 1.2.01 - R II 1 - Az. 39-85-25/12 = VMBl 01, S. 60, zuletzt geändert mit Wirkung zum 1.1.03, R II 1 - Az. 39-85-25/12 = VMBl. 03, 26 in der jeweils gültigen Fassung,
- die Versorgungsbezüge,
- die Kapitalabfindung der Versorgungsbezüge,
- der Unterhaltsbeitrag nach § 36 Soldatenversorgungsgesetz (SVG),
- das Übergangsgeld nach § 37 SVG,
- der einmalige Ausgleich für einen vorzeitigen Ruhestand nach § 38 SVG,
- der Anspruch auf Berufsförderung nach § 39 SVG.

Taktischer Hinweis **307**
Die Möglichkeit der Zusammenrechnung nach § 850e Nr. 3 ZPO ist zu beachten.[194]

---

194 Vgl. auch § 6 Rdn 413 ff.

Hiernach sind die Dienst- und Sachbezüge zusammenzurechnen. Aus der sich dann ergebenden Gesamtsumme ist der nach § 850c Abs. 1 ZPO pfändbare Betrag zu ermitteln. Nach § 850e Nr. 3 S. 2 ZPO ist der Pfändungsfreibetrag sodann auf die Sachbezüge zu verrechnen. Von den auszuzahlenden Dienstbezügen ist dann nur noch die Differenz zwischen dem Wert der Sachbezüge und dem Pfändungsfreibetrag unpfändbar.

Die Zusammenrechnung des Arbeitseinkommens hat der Drittschuldner grds. ohne jede Entscheidung des Vollstreckungsgerichts selbstständig nach § 850e Nr. 3 ZPO durchzuführen. Er muss den pfändbaren Betrag an den Gläubiger abführen. In der Praxis ist es jedoch sinnvoll hierauf auf Seite 9 bzw. 10 des amtlichen Formulars hinzuweisen.

308

> ☒ Nach § 850e Nr. 3 ZPO sind die Geldforderungen und die Naturalleistungen (Dienstbekleidung und unentgeltliche Gemeinschaftsunterkunft) zusammenzurechnen. Aus der sich dann ergebenden Gesamtsumme ist der nach § 850c Abs. 1 ZPO pfändbare Betrag zu ermitteln. Nach § 850e Nr. 3 S. 2 ZPO ist der Pfändungsfreibetrag sodann auf die Naturalleistungen zu verrechnen.

3. Muster: Pfändung von Ansprüchen bei Zeitsoldaten

309 Hinsichtlich der örtlichen Zuständigkeit vgl. § 3 Rdn 29.[195]

310 Hier ist zunächst zu beachten ist, dass als **Drittschuldner** in Betracht kommen:[196]

- Bundesverwaltungsamt, Außenstelle Hannover, Hans-Böckler-Allee 16, 30173 Hannover
- Bundesverwaltungsamt, Außenstelle Stuttgart, Heilbronner Str. 186, 70191 Stuttgart
- Bundesverwaltungsamt, Außenstelle Kiel, Feldstr. 234, 24106 Kiel
- Bundesverwaltungsamt, Außenstelle München, Dachauer Str. 128, 80637 München
- Bundesverwaltungsamt, Außenstelle Düsseldorf, Wilhelm-Raabe-Str. 46, 40470 Düsseldorf
- Bundesverwaltungsamt, Außenstelle Strausberg, Prötzeler Chaussee 25, 15344 Strausberg
- Bundesverwaltungsamt, Außenstelle Wiesbaden, Moltkering 9, 65189 Wiesbaden

---

195 Vgl. auch *Mock*, Vollstreckung effektiv 2016, 176.
196 Vgl. VWAO über die Vertretung des Bundes als Drittschuldner im Geschäftsbereich des Bundesministeriums der Verteidigung vom 17.7.13; R I 5 – Az. 39–85–25/14.

G. Einzelfälle § 8

311

Drittschuldner (genaue Bezeichnung des Drittschuldners: Firma bzw. Vor- und Zuname, vertretungsberechtigte Person/-en, jeweils mit Anschrift; Postfach-Angabe ist nicht zulässig; bei mehreren Drittschuldnern ist eine Zuordnung des Drittschuldners zu der/den zu pfändenden Forderung/-en vorzunehmen) Herr/Frau/Firma Bundesrepublik Deutschland, vertreten durch das Bundesverwaltungsamt, Außenstelle ... (richtige Stelle auswählen)

Forderung aus Anspruch
☒ **A (an Arbeitgeber)**
☐ **B (an Agentur für Arbeit bzw. Versicherungsträger)** Art der Sozialleistung: _____ Konto-/Versicherungsnummer: _____
☐ **C (an Finanzamt)**
☐ **D (an Kreditinstitute)**
☐ **E (an Versicherungsgesellschaften)** Konto-/Versicherungsnummer: _____
☐ **F (an Bausparkassen)**
☒ **G**
☐ **gemäß gesonderter Anlage(n)** _____

Anspruch G
(Hinweis: betrifft Anspruch an weitere Drittschuldner bzw. schon aufgeführte Drittschuldner, soweit Platz unzureichend)   - die Dienstbezüge als Zeitsoldat,   - die geldwerten Sachbezüge für Unterkunft, Verpflegung und Dienstbekleidung gem. Soldatengesetz in der Fassung der Bekanntmachung vom 30.5.05 (BGBl. I S. 1482), das zuletzt durch Art. 6 des Gesetzes vom 3.12.15 (BGBl. I S. 2163) geändert worden ist,   - die Versorgungsbezüge,   - die Kapitalabfindung der Versorgungsbezüge,   - die Übergangsgebührnisse (§ 11 SVG),   - die Ausgleichsbezüge (§ 11a SVG).

Taktischer Hinweis **312**

Obwohl § 48 Abs. 2 S. 2 SVG bestimmt, dass Übergangsgebührnisse weder abgetreten noch verpfändet werden können und daher unpfändbar sind (vgl. § 851 ZPO), hat der BGH[197] entschieden, dass solche Gelder Arbeitseinkommen darstellen und auch entsprechend zu versteuern sind. Insofern sind solche Ansprüche pfändbar.[198]

---

197 BGH, NJW 1980, 229.
198 *Stöber*, Rn 907.

§ 8 Die Pfändung anderer Vermögensrechte (§ 857 ZPO)

313 *Taktischer Hinweis*

Die Möglichkeit der Zusammenrechnung nach § 850e Nr. 3 ZPO ist zu beachten.[199] Hiernach sind die Dienst- und Sachbezüge zusammenzurechnen. Aus der sich dann ergebenden Gesamtsumme ist der nach § 850c Abs. 1 ZPO pfändbare Betrag zu ermitteln. Nach § 850e Nr. 3 S. 2 ZPO ist der Pfändungsfreibetrag sodann auf die Sachbezüge zu verrechnen. Von den auszuzahlenden Dienstbezügen ist dann nur noch die Differenz zwischen dem Wert der Sachbezüge und dem Pfändungsfreibetrag unpfändbar.

Die Zusammenrechnung des Arbeitseinkommens hat der Drittschuldner grds. ohne jede Entscheidung des Vollstreckungsgerichts selbstständig nach § 850e Nr. 3 ZPO durchzuführen. Er muss den pfändbaren Betrag an den Gläubiger abführen. In der Praxis ist es jedoch sinnvoll hierauf auf Seite 9 bzw. 10 des amtlichen Formulars hinzuweisen.

314

☒ Nach § 850e Nr. 3 ZPO sind die Geldforderungen und die Naturalleistungen (Dienstbekleidung und unentgeltliche Gemeinschaftsunterkunft) zusammenzurechnen. Aus der sich dann ergebenden Gesamtsumme ist der nach § 850c Abs. 1 ZPO pfändbare Betrag zu ermitteln. Nach § 850e Nr. 3 S. 2 ZPO ist der Pfändungsfreibetrag sodann auf die Naturalleistungen zu verrechnen.

4. Muster: Pfändung von Ansprüchen bei freiwilligem Wehrdienst

315 Hinsichtlich der örtlichen Zuständigkeit vgl. § 3 Rdn 28.[200]

316 Hier ist zunächst zu beachten ist, dass als **Drittschuldner** in Betracht kommen:[201]

- Bundeswehr-Dienstleistungszentrum,

  Taktischer Hinweis

  Da es sich um Ortsbehörden handelt, gibt es keine zentrale Behörde.[202]

- Bei Zugehörigkeit zu einer **Dienststelle im Ausland**: Bundesamt für Infrastruktur, Umweltschutz und Dienstleistungen der Bundeswehr, Fontainegraben 200, 53123 Bonn.

---

199 Vgl. auch § 6 Rdn 413 ff.
200 Vgl. auch *Mock*, Vollstreckung effektiv 2016, 176.
201 Vgl. VWAO über die Vertretung des Bundes als Drittschuldner im Geschäftsbereich des Bundesministeriums der Verteidigung vom 17.7.13; R I 5 – Az. 39–85–25/14.
202 Eine alphabetische Auflistung der Bundeswehr-Dienstleistungszentren findet man unter www.iww.de/sl1943.

G. Einzelfälle § 8

317

Drittschuldner (genaue Bezeichnung des Drittschuldners: Firma bzw. Vor- und Zuname, vertretungsberechtigte Person/-en, jeweils mit Anschrift; Postfach-Angabe ist nicht zulässig; bei mehreren Drittschuldnern ist eine Zuordnung des Drittschuldners zu der/den zu pfändenden Forderung/-en vorzunehmen)
Herr/Frau/Firma
Bundesrepublik Deutschland, vertreten durch das Bundeswehr-Dienstleistungszentrum ...
(richtige Stelle auswählen)
ODER
Bei Zugehörigkeit einer Dienststelle im Ausland: Bundesrepublik Deutschland, vertreten durch
das Bundesamt für Infrastruktur, Umweltschutz und Dienstleistungen der Bundeswehr,
Fontainegraben 200, 53123 Bonn

Forderung aus Anspruch

☒ A (an Arbeitgeber)

☐ B (an Agentur für Arbeit bzw. Versicherungsträger)
    Art der Sozialleistung:
    Konto-/Versicherungsnummer:

☐ C (an Finanzamt)

☐ D (an Kreditinstitute)

☐ E (an Versicherungsgesellschaften)
    Konto-/Versicherungsnummer:

☐ F (an Bausparkassen)

☒ G

☐ gemäß gesonderter Anlage(n)

Anspruch G
(Hinweis: betrifft Anspruch an weitere Drittschuldner bzw. schon aufgeführte Drittschuldner, soweit Platz unzureichend)
- der Anspruch auf Wehrsold, einschließlich aller Zuschläge für eine ganz oder teilweise Verwendung im Ausland, insbesondere die Ansprüche nach § 2 Abs. 2 und § 8f WehrsoldG,
- die geldwerten Sachbezüge für Unterkunft, Verpflegung und Dienstbekleidung gemäß Soldatengesetz in der Fassung der Bekanntmachung vom 30.5.05 (BGBl. I S. 1482), das zuletzt durch Art. 6 des Gesetzes vom 3.12.15 (BGBl. I S. 2163) geändert worden ist,
- der Anspruch auf Verpflegungsgeld (§ 3 WSG) und der Anspruch auf Mobilitätszuschlag,
- der Anspruch auf Wehrdienstzuschlag (§ 8c WSG),
- der Auslandsverwendungszuschlag (§ 8f WSG),
- der Anspruch auf besondere Vergütung nach § 8g WehrsoldG,
- der Anspruch auf Entlassungsgeld (§ 9 WSG),
- die Ansprüche auf Leistungen nach dem Unterhaltssicherungsgesetz, insbesondere die Verdienstausfallentschädigung nach §§ 13, 13a USG,
- der Anspruch auf Wirtschaftsbeihilfe (§ 14 USG).

§ 8 Die Pfändung anderer Vermögensrechte (§ 857 ZPO)

318 *Taktischer Hinweis*

Die Möglichkeit der Zusammenrechnung nach § 850e Nr. 3 ZPO ist zu beachten. Hiernach sind die Dienst- und Sachbezüge zusammenzurechnen. Aus der sich dann ergebenden Gesamtsumme ist der nach § 850c Abs. 1 ZPO pfändbare Betrag zu ermitteln. Nach § 850e Nr. 3 S. 2 ZPO ist der Pfändungsfreibetrag sodann auf die Sachbezüge zu verrechnen. Von den auszuzahlenden Dienstbezügen ist dann nur noch die Differenz zwischen dem Wert der Sachbezüge und dem Pfändungsfreibetrag unpfändbar.

Die Zusammenrechnung des Arbeitseinkommens hat der Drittschuldner grds. ohne jede Entscheidung des Vollstreckungsgerichts selbstständig nach § 850e Nr. 3 ZPO durchzuführen. Er muss den pfändbaren Betrag an den Gläubiger abführen. In der Praxis ist es jedoch sinnvoll hierauf auf Seite 9 bzw. 10 des amtlichen Formulars hinzuweisen.

319

> ☒ Nach § 850e Nr. 3 ZPO sind die Geldforderungen und die Naturalleistungen (Dienstbekleidung und unentgeltliche Gemeinschaftsunterkunft) zusammenzurechnen. Aus der sich dann ergebenden Gesamtsumme ist der nach § 850c Abs. 1 ZPO pfändbare Betrag zu ermitteln. Nach § 850e Nr. 3 S. 2 ZPO ist der Pfändungsfreibetrag sodann auf die Naturalleistungen zu verrechnen.

XXVII. Vollmacht

320 Die Vollmacht unterliegt der Pfändung dann, wenn das Recht aus der Vollmacht pfändbar, die Vollmacht im Interesse des Bevollmächtigten unwiderruflich erteilt ist und die Ausübung einem Dritten überlassen werden kann. Dies ist jedenfalls dann der Fall, wenn die Erteilung der Vollmacht dem Erwerb von Vermögenswerten des Vollmachtgebers durch den Bevollmächtigten dienen soll.[203] Insofern sind die Bevollmächtigung des Grundstückserwerbers durch den Verkäufer, die Auflassung zur Durchführung des dinglichen Vertrages zu erklären, und das Recht, alle notwendigen Erklärungen ggü. dem Grundbuchamt abzugeben bzw. entgegenzunehmen, als anderer Vermögensgegenstand gem. § 857 Abs. 1 ZPO i.V.m. § 851 ZPO übertrag- und pfändbar.

XXVIII. Notaranderkonto

321 Verkauft ein Vollstreckungsschuldner seine Immobilie und vereinbart im Kaufvertrag, dass der Notar den Kaufpreis zur Verwahrung und Abwicklung auf einem eigens dafür eingerichteten Anderkonto überwiesen erhält, kann der Gläubiger hierauf zugreifen. Die Rechtsposition des Berechtigten, den Notar zur Auszahlung eines auf dem Notaran-

---

203 LG Koblenz, RNotZ 2001, 391; BayObLG, Rpfleger 1978, 372.

G. Einzelfälle § 8

derkonto zu seinen Gunsten hinterlegten Geldbetrages zu veranlassen, ist als „anderes Vermögensrecht" nach §§ 857, 835 ZPO pfänd- und überweisbar.[204]

Die Übergabe von Geld oder die Überweisung eines Geldbetrags auf ein Notaranderkonto zwecks Aufbewahrung oder Ablieferung an Dritte (§ 23 BNotO) ist regelmäßig keine Hinterlegung im Sinne der §§ 378 ff. BGB und hat nicht die in §§ 378, 379 BGB festgelegten Erfüllungswirkungen. Etwas anderes gilt nur bei einer entsprechenden Vereinbarung.[205]

322

Gerade i.R.d. Pfändung von verkauften Immobilien des Schuldners muss der Gläubiger zwei Konstellationen betrachten:
- die Pfändung des Anspruchs auf Kaufpreiszahlung und
- die Pfändung des Anspruchs auf Auszahlung vom Notaranderkonto.

323

1. Isolierte Pfändung des Anspruchs auf Zahlung der Kaufpreisforderung

Der BGH[206] hat in diesem Zusammenhang klargestellt: Wird eine Kaufpreiszahlung über ein Notaranderkonto abgewickelt, erstreckt sich das mit der Pfändung des Kaufpreisanspruchs entstandene Pfandrecht auf den Auszahlungsanspruch des Verkäufers gegen den Notar.

324

Grund: Die mit der Pfändung des Hauptrechts verbundene Beschlagnahme erstreckt sich ohne Weiteres auf alle Nebenrechte, die im Fall einer Abtretung nach §§ 412, 401 BGB auf den Gläubiger übergehen. § 401 BGB erfasst neben den dort genannten Rechten auch andere unselbständige Sicherungsrechte sowie Hilfsrechte, die zur Durchsetzung der Forderung erforderlich sind.

325

Nach Ansicht des BGH[207] ist der Auskehranspruch gegen den Notar im Verhältnis zur Kaufpreisforderung ein solches Nebenrecht. Denn die Einschaltung des Notars zur Abwicklung des Kaufpreises soll ja gerade sicherstellen, dass die Ansprüche der Parteien Zug-um-Zug erfüllt werden. Die Vertragspartner sollen vor rechtlichen Nachteilen geschützt werden, die mit Inhalt und Zweck der getroffenen Regelung nicht vereinbar sind. Der Auszahlungsanspruch gegen den Notar entsteht daher im Zuge der Vertragsabwicklung. Er hängt somit, solange die Kaufpreisforderung noch nicht erloschen ist, eng und unmittelbar mit ihr zusammen. Der Anspruch gegen den Notar wird nur deshalb begründet, weil der Verkäufer von seinem Vertragspartner nicht Zahlung an sich verlangen kann. Er ergänzt daher die vertragliche Forderung. Die Abtretung des Kaufpreisanspruchs führt

326

---

204 OLG Hamm, WM 1984, 356.
205 BGH, NJW 1983, 1605.
206 BGH, Vollstreckung effektiv 2017, 42 = DGVZ 2016, 253 = DNotZ 2016, 957 = Rpfleger 2017, 40.
207 BGH, Vollstreckung effektiv 2017, 42 = DGVZ 2016, 253 = DNotZ 2016, 957 = Rpfleger 2017, 40.

§ 8 Die Pfändung anderer Vermögensrechte (§ 857 ZPO)

deshalb entsprechend § 401 BGB auch zum Übergang des Auskehranspruchs gegen den Notar. Folge: Eine zusätzliche Pfändung des Auskehranspruchs ist nicht erforderlich.

327 Gläubiger müssen beachten, dass bei der isolierten Pfändung des Kaufpreisanspruchs – auch wenn sich die Pfändung nach § 401 BGB zugleich auf den Auskehranspruch erstreckt – **nur der Käufer** – nicht der Notar – **Drittschuldner** ist. Das hat zur Folge, dass der Käufer im Rahmen seiner Drittschuldnererklärung nach § 840 Abs. 1 ZPO die notarielle Verwahrung angeben muss. Weil der Notar hinsichtlich des Kaufpreisanspruchs nicht Drittschuldner ist, trifft diesen keine Auskunftspflicht. Allerdings muss der Notar, wenn ihm die isolierte Pfändung und Überweisung des Kaufpreisanspruchs nachgewiesen wird, den hinterlegten Betrag an den Gläubiger auskehren.

328 *Taktischer Hinweis*

Ein schnelles Handeln des Gläubigers ist erforderlich. Denn für eine zutreffende Bewertung, an wen der verwahrte (Rest-)Kaufpreis auszuzahlen ist, muss der Notar in jedem Fall Kenntnis davon haben, ob und zu welchem Zeitpunkt die Pfändung des Kaufpreisanspruchs durch Zustellung des entsprechenden Pfändungs- und Überweisungsbeschlusses an den Käufer bewirkt worden ist. Diese hat er erst dann, wenn

- ihm die Zustellung des Pfändungsbeschlusses an den Käufer als Drittschuldner durch Vorlage der Zustellungsurkunde nachgewiesen wird
- oder der Drittschuldner (Käufer) dem Notar die erfolgte Zustellung bestätigt (vgl. § 829 Abs. 3 ZPO).

329 Da der Notar somit keine Pfändungen beachten muss, von denen er keine Kenntnis hat, scheiden Ansprüche gegen ihn aus. Zahlt er also in Unkenntnis einer wirksamen Pfändung an den Verkäufer oder ggf. an einen nachrangigen Pfändungspfandgläubiger aus, wird er in entsprechender Anwendung von § 407 Abs. 1 BGB von seiner Leistungspflicht frei. Deshalb sollte der Gläubiger den Notar sofort über die Pfändung informieren. Dies kann bereits dadurch geschehen, dass der Notar ebenfalls im zu erlassenden Pfändungs- und Überweisungsbeschlusses als Drittschuldner aufgeführt wird. Dies ist er zwar nach dem BGH nicht, dennoch ist die Benennung unschädlich. Die Bezeichnung als „falscher Drittschuldner" ist für den Gläubiger aber vorteilhaft. Denn dadurch wird der Gerichtsvollzieher auch diesem der Pfändungs- und Überweisungsbeschlusses gem. § 829 Abs. 3 ZPO zustellen. Damit hat der Notar dann positive Kenntnis von der Pfändung und wird zunächst einmal die hinterlegten Beträge an niemanden auszahlen. Er wird vielmehr im Zweifel beim Käufer als eigentlichem Drittschuldner nachfragen. Dieser wird dem Notar dann die erfolgte Zustellung des Pfändungs- und Überweisungsbeschlusses an ihn durch Vorlage der Zustellungsurkunde nachweisen.

330 Für den Gläubiger gilt es allerdings zu beachten: Die Kosten der Zustellung des Pfändungs- und Überweisungsbeschlusses durch den Gerichtsvollzieher an den Notar als „falschen Drittschuldner" sind keine notwendigen Kosten der Zwangsvollstreckung gem. § 788 ZPO. Sie dürfen daher nicht mit der Vollstreckung beigetrieben oder gem. §§ 788, 91 ZPO festgesetzt werden

Regelmäßig wird der Käufer den Notar allerdings über die Zustellung des die Kaufpreisforderung betreffenden Pfändungs- und Überweisungsbeschlusses selbst informieren. Da eine Auszahlung des Kaufpreises durch den Notar trotz der erfolgten Pfändung des Kaufpreisanspruchs gegen das gerichtliche Verfügungsverbot verstoßen würde (§ 829 Abs. 1 S. 2 ZPO i.V.m. §§ 135, 136 BGB), läuft der Käufer Gefahr, erneut zahlen zu müssen, sodass er ein Eigeninteresse an der unverzüglichen Unterrichtung des Notars hat. 331

Nichts anderes gilt für den Pfändungspfandgläubiger, wenn ihm die Hinterlegung auf einem Notaranderkonto – etwa aufgrund der Drittschuldnererklärung durch den Käufer – bekannt ist. Er hat also ebenfalls ein Interesse daran, zu verhindern, dass die hinterlegten Beträge bei Auszahlungsreife an den Verkäufer abfließen. 332

2. Isolierte Pfändung des Anspruchs auf Auszahlung vom Notaranderkonto

Wurde zwischen dem Schuldner als Verkäufer und dem Käufer als Drittschuldner vereinbart, dass der Kaufpreis beim Notar hinterlegt wird, kann der Auszahlungsanspruch gegen den Notar gepfändet werden. **Drittschuldner** ist der **Notar**. Eine solche Pfändung ist nur wirksam, wenn zugleich auch der der Verwahrung zugrunde liegende Anspruch gepfändet wird, also der Kaufpreisanspruch.[208] Ist dies nicht der Fall, könnte der Schuldner als Verkäufer über seine Forderung noch frei verfügen. 333

3. Muster: Pfändung des Anspruchs auf Zahlung der Kaufpreisforderung/auf Auszahlung vom Notaranderkonto

Drittschuldner (genaue Bezeichnung des Drittschuldners: Firma bzw. Vor- und Zuname, vertretungsberechtigte Person/-en, jeweils mit Anschrift; Postfach-Angabe ist nicht zulässig; bei mehreren Drittschuldnern ist eine Zuordnung des Drittschuldners zu der/den zu pfändenden Forderung/-en vorzunehmen) Herr/Frau/Firma
genaue Bezeichnung und Anschrift des Käufers - Anspruch G
genaue Bezeichnung und Anschrift des/der Notars/in - Anspruch G

334

---

208 Vgl. BGH, NJW 1998, 2134.

§ 8 Die Pfändung anderer Vermögensrechte (§ 857 ZPO)

Forderung aus Anspruch

☐ A (an Arbeitgeber)

☐ B (an Agentur für Arbeit bzw. Versicherungsträger)
Art der Sozialleistung: _____
Konto-/Versicherungsnummer: _____

☐ C (an Finanzamt)

☐ D (an Kreditinstitute)

☐ E (an Versicherungsgesellschaften)
Konto-/Versicherungsnummer: _____

☐ F (an Bausparkassen)

☒ G

☐ gemäß gesonderter Anlage(n) _____

Anspruch G
(Hinweis: betrifft Anspruch an weitere Drittschuldner bzw. schon aufgeführte Drittschuldner, soweit Platz unzureichend)

- auf Zahlung des treuhänderisch zu hinterlegenden bzw. einzuzahlenden Kaufpreises für das am ... mittels Kaufvertrag vom ... (Urkundennummer ...) veräußerte Grundstück ... in ... (genaue Bezeichnung)

- auf Auszahlung des auf dem Anderkonto zur treuhänderischen Abwicklung des Kaufvertrags vom ... (Urkundennummer ...) eingezahlten bzw. noch einzuzahlenden Kaufpreises

Der Drittschuldner darf, soweit die Forderung gepfändet ist, an den Schuldner nicht mehr zahlen. Der Schuldner darf insoweit nicht über die Forderung verfügen, sie insbesondere nicht einziehen.

☒ Zugleich wird dem Gläubiger die zuvor bezeichnete Forderung in Höhe des gepfändeten Betrages

☒ zur Einziehung überwiesen. ☐ an Zahlungs statt überwiesen.

| G. Einzelfälle | § 8 |

Forderung aus Anspruch
☐ A (an Arbeitgeber)
☐ B (an Agentur für Arbeit bzw. Versicherungsträger)
Art der Sozialleistung: _____
Konto-/Versicherungsnummer: _____
☐ C (an Finanzamt)
☐ D (an Kreditinstitute)
☐ E (an Versicherungsgesellschaften)
Konto-/Versicherungsnummer: _____
☐ F (an Bausparkassen)
☒ G
☐ gemäß gesonderter Anlage(n) _____

XXIX. Miet- und Pachtforderungen

1. Pfändbare Ansprüche bei Miet-, Pachtverhältnissen

Im Rahmen eines Miet- bzw. Pachtverhältnisses können nachfolgende Ansprüche des Vermieters bzw. Verpächters gepfändet werden: **335**

- der Anspruch auf Zahlung der rückständigen, fälligen und künftig fällig werdenden Miete und Pacht (§§ 535 Abs. 2, 581 BGB),
- der Anspruch auf Herausgabe oder Leistung der fälligen oder künftig fällig werdenden Mietkaution (§ 551 BGB),
- der Anspruch auf Zahlung/Rückzahlung einer vereinbarten Mietvorauszahlung (§ 547 Abs. 1 BGB),
- der Anspruch auf Entschädigung wegen Vorenthaltung der Mietsache (§ 546a Abs. 1 BGB),
- Schadenersatz wegen der verspäteten Rückgabe der Mietsache (§ 546a Abs. 2 BGB),
- Rückgewähr der in Form eines Sparbuchs abgetretenen Kaution,
- Herausgabe des kautionshalber übergebenen Sparbuchs,
- der Anspruch auf Rückzahlung der Mietkaution.[209]

Als **Nebenrecht** erfasst die Pfändung auch das gesetzliche Vermieter- und Verpächter-   **336**
pfandrecht (§§ 559 ff., 581 BGB).[210]

---

[209] Dieser Anspruch richtet sich gegen das Kreditinstitut als Drittschuldner (Anspruch D); vgl. *Goebel*, Vollstreckung effektiv 2007, 190; vgl. auch § 4 Rdn 186 ff.
[210] OLG Nürnberg, JurBüro 2001, 606 = KKZ 2002, 194 = keine isolierte Pfändung des Pfändungspfandrechts; Zöller/*Herget*, § 829 Rn 20 m.w.N.

§ 8 Die Pfändung anderer Vermögensrechte (§ 857 ZPO)

2. Pfändungsmuster bei Ansprüchen des Mieters gegen den Vermieter

337

Drittschuldner (genaue Bezeichnung des Drittschuldners: Firma bzw. Vor- und Zuname, vertretungsberechtigte Person/-en, jeweils mit Anschrift; Postfach-Angabe ist nicht zulässig; bei mehreren Drittschuldnern ist eine Zuordnung des Drittschuldners zu der/den zu pfändenden Forderung/-en vorzunehmen)
Herr/Frau/Firma
Vermieter (genaue Bezeichnung)

Forderung aus Anspruch

☐ A (an Arbeitgeber)

☐ B (an Agentur für Arbeit bzw. Versicherungsträger)
    Art der Sozialleistung: _____
    Konto-/Versicherungsnummer: _____

☐ C (an Finanzamt)

☐ D (an Kreditinstitute)

☐ E (an Versicherungsgesellschaften)
    Konto-/Versicherungsnummer: _____

☐ F (an Bausparkassen)

☒ G

☐ gemäß gesonderter Anlage(n) _____

Anspruch G
(Hinweis: betrifft Anspruch an weitere Drittschuldner bzw. schon aufgeführte Drittschuldner, soweit Platz unzureichend)

- Zahlung der rückständigen, fälligen und künftig fällig werdenden Miete und Pacht,
- Herausgabe oder Leistung der fälligen oder künftig fällig werdenden Mietkaution,
- Zahlung einer vereinbarten Mietvorauszahlung,
- Anspruch auf Entschädigung wegen verspäteter Rückgabe der Mietsache nach § 546a BGB,
- Schadenersatz wegen der verspäteten Rückgabe der Mietsache,
- Rückgewähr der in Form eines Sparbuchs abgetretenen Kaution,
- Herausgabe des kautionshalber übergebenen Sparbuchs.

aus dem zwischen dem Schuldner und Drittschuldner geschlossenen Miet- oder Pachtverhältnis über die ... (Wohnung/Haus/sonstige Mietsache) in ... (genaue Adresse)

G. Einzelfälle §8

> ☒ **Es wird angeordnet, dass**
>
> ☐ der Schuldner die Lohn- oder Gehaltsabrechnung oder die Verdienstbescheinigung einschließlich der entsprechenden Bescheinigungen der letzten drei Monate vor Zustellung des Pfändungs- und Überweisungsbeschlusses an den Gläubiger herauszugeben hat
>
> ☐ der Schuldner das über das jeweilige Sparguthaben ausgestellte Sparbuch (bzw. die Sparurkunde) an den Gläubiger herauszugeben hat und dieser das Sparbuch (bzw. die Sparurkunde) unverzüglich dem Drittschuldner vorzulegen hat
>
> ☐ ein von dem Gläubiger zu beauftragender Gerichtsvollzieher für die Pfändung des Inhalts Zutritt zum Schließfach zu nehmen hat
>
> ☐ der Schuldner die Versicherungspolice an den Gläubiger herauszugeben hat und dieser sie unverzüglich dem Drittschuldner vorzulegen hat
>
> ☐ der Schuldner die Bausparurkunde und den letzten Kontoauszug an den Gläubiger herauszugeben hat und dieser die Unterlagen unverzüglich dem Drittschuldner vorzulegen hat
>
> ☒ der Schuldner die über die Forderung vorhandenen Urkunden, insbesondere den Mietvertrag und die Nachweise über die Mietzins-, Nebenkostenzahlungen gemäß § 836 Abs. 3 ZPO herauszugeben hat.
>
> **Der Drittschuldner darf, soweit die Forderung gepfändet ist, an den Schuldner nicht mehr zahlen. Der Schuldner darf insoweit nicht über die Forderung verfügen, sie insbesondere nicht einziehen.**
>
> ☒ Zugleich wird dem Gläubiger die zuvor bezeichnete Forderung in Höhe des gepfändeten Betrages
>
> ☒ zur Einziehung überwiesen. ☐ an Zahlungs statt überwiesen.

3. Mietgemeinschaften

Probleme können sich bei Mietgemeinschaften[211] hinsichtlich des Anspruchs auf Kautionsrückzahlung ergeben. Denn sind mehrere Personen Mieter, kann die Rückgabe der Mietsicherheit nur von allen gemeinsam gefordert werden. Dies gilt auch, wenn die Sicherheit von einem Mieter gegeben worden ist. Eine solche Zahlung stellt nämlich eine Leistung aller Mieter zur Erfüllung der Sicherheitsabrede dar.[212]   338

Hinweis   339

Problemlos gestaltet sich die Pfändung bzw. die Rückzahlung, wenn der Gläubiger aufgrund eines einheitlichen Titels gegen alle Schuldner als Mieter vollstreckt. Ist aber von mehreren forderungsberechtigten Mietern nur einer Vollstreckungsschuldner, muss der Gläubiger auf die Rechte seines Schuldners gegen die Gemeinschaft zugreifen.[213]
Drittschuldner sind die anderen nicht schuldnerischen Mieter.

---

211 Vgl. auch *Mock*, Vollstreckung effektiv 2017, 14.
212 KG Berlin, Mietrecht kompakt 2012, 73.
213 *Stöber*, Rn 64.

§ 8 Die Pfändung anderer Vermögensrechte (§ 857 ZPO)

340

Drittschuldner (genaue Bezeichnung des Drittschuldners: Firma bzw. Vor- und Zuname, vertretungsberechtigte Person/-en, jeweils mit Anschrift; Postfach-Angabe ist nicht zulässig; bei mehreren Drittschuldnern ist eine Zuordnung des Drittschuldners zu der/den zu pfändenden Forderung/-en vorzunehmen)
Herr/Frau/Firma
Namen und Anschrift/en des/der Mitmieter/s

Forderung aus Anspruch

☐ **A (an Arbeitgeber)**

☐ **B (an Agentur für Arbeit bzw. Versicherungsträger)**
Art der Sozialleistung: _____
Konto-/Versicherungsnummer: _____

☐ **C (an Finanzamt)**

☐ **D (an Kreditinstitute)**

☐ **E (an Versicherungsgesellschaften)**
Konto-/Versicherungsnummer: _____

☐ **F (an Bausparkassen)**

☒ **G**

☐ **gemäß gesonderter Anlage(n)** _____

Anspruch G
(Hinweis: betrifft Anspruch an weitere Drittschuldner bzw. schon aufgeführte Drittschuldner, soweit Platz unzureichend)
Der angebliche Anteil des Schuldners am Gesellschaftsvermögen sowie der Anspruch auf Auseinandersetzung der Gesellschaft und der daraus fließende Anspruch auf Aufteilung des Erlöses und Auskehrung des auf den Schuldner entfallenden Anteils, vor allem das Auseinandersetzungsguthaben.

Der Drittschuldner darf, soweit die Forderung gepfändet ist, an den Schuldner nicht mehr zahlen. Der Schuldner darf insoweit nicht über die Forderung verfügen, sie insbesondere nicht einziehen.

☒ Zugleich wird dem Gläubiger die zuvor bezeichnete Forderung in Höhe des gepfändeten Betrages

  ☒ zur Einziehung überwiesen. ☐ an Zahlungs statt überwiesen.

341 *Taktischer Hinweis*

Als Gläubiger ist es ratsam den Vermieter darüber in Kenntnis zu setzen, dass der Anspruch des Schuldners aus der Gemeinschaft gepfändet wurde und dass der Vermieter den Betrag nur an die Mieter gemeinschaftlich auszahlen darf. Im Zweifel sollte der Vermieter den Betrag hinterlegen.

4. Pfändungsbeschränkungen

a) Pfändungsschutz gem. § 850i ZPO

Nach der ursprünglichen BGH-Rechtsprechung[214] waren Einkünfte aus Vermietung/Verpachtung außerhalb des von § 851b ZPO umfassten Bereichs grds. uneingeschränkt pfändbar, da die Notwendigkeit, zur Sicherung des Lebensunterhalts Sozialhilfe in Anspruch nehmen zu müssen, als solche keine sittenwidrige Härte begründete. Diese Auffassung ist seit der Entscheidung des BGH vom 26.6.2014 überholt.[215] Hiernach unterfallen Miet-[216]/Pachteinkünfte des Schuldners dem Anwendungsbereich des § 850i ZPO. Danach hat der Gesetzgeber den Pfändungsschutz auf „sonstige Einkünfte, die kein Arbeitseinkommen sind", erweitert.[217]

342

Taktischer Hinweis

Gläubiger können eine solche Folge nur umgehen, indem sie i.R.d. Immobiliarvollstreckung durch ein **Zwangsverwaltungsverfahren** auf solche Ansprüche des Schuldners zugreifen. Dies setzt aber voraus, dass der Schuldner solche Einnahmen im Rahmen seines Eigentums bzgl. eines Grundstücks bzw. Grundstücksbruchteils (§§ 864, 866 ZPO) erzielt. Wie effektiv das Verfahren allerdings ist, hängt im Wesentlichen davon ab, aus welcher Rangklasse es der Gläubiger betreibt (vgl. § 10 Abs. 1 ZVG). Zudem müssen die Kosten des Verfahrens, vor allem die Zwangsverwaltervergütung, beachtet werden. Insofern ist stets eine Kosten-Nutzen-Analyse vorzunehmen.

343

b) Pfändungsschutz bei Miet- und Pachtzinsen gem. § 851b ZPO

§ 851b ZPO bietet dem Schuldner neben § 850i ZPO einen ergänzenden, in eine andere Richtung zielenden Schutz.[218] Dies ist im Einzelfall zu prüfen. Die Regelung gewährleistet Pfändungsschutz hinsichtlich der Zweckbestimmtheit der Grundstücksmiete bzw.-pacht. Sie sieht einen **speziellen Pfändungsschutz** für Miet- und Pachtzinsen vor, soweit diese Einkünfte

344

---

214 BGH, Vollstreckung effektiv 2005, 78 = NJW 2005, 681 = WM 2005, 288 = Rpfleger 2005, 206 = JurBüro 2005, 210.
215 BGH, DB 2014, 1737 = WM 2014, 1485 = ZIP 2014, 1542 = ZInsO 2014, 1609 = NZI 2014, 772 = MDR 2014, 1173 = NJW-RR 2014, 1197 = DZWIR 2014, 555 = ZVI 2014, 416 = Rpfleger 2014, 687 = JurBüro 2014, 606 = Vollstreckung effektiv 2014, 169; *Ahrens*, ZInsO 2010, 2357, 2359 unter Aufgabe von BGHZ 161, 371 = WM 2005, 288 = WuM 2005, 138 = NJW 2005, 681 = NZM 2005, 192 = DWW 2005, 77 = Grundeigentum 2005, 234 = FamRZ 2005, 436 = Rpfleger 2005, 206 = ZMR 2005, 288 = JurBüro 2005, 210 = Vollstreckung effektiv 2005, 78; Gottwald/*Mock*, § 829 Rn 161; vgl. § 6 Rdn 591.
216 Der Pfändungsschutz nach § 850i ZPO umfasst auch Einkünfte aus **Untervermietung**; BGH, Vollstreckung effektiv 2015, 134 = NJW 2015, 2270.
217 BGH, NZI 2018, 326 = ZIP 2018, 737 = NJW-RR 2018, 625; Gottwald/*Mock*, § 851b Rn 2.
218 BGH, NZI 2018, 326 = ZIP 2018, 737 = NJW-RR 2018, 625.

- für den Schuldner zur laufenden Unterhaltung des Grundstücks,
- zur Vornahme notwendiger Instandsetzungsarbeiten
- und zur Befriedigung bestimmter bevorrechtigter Ansprüche **unentbehrlich** sind.[219]

345 **Zweck** ist es, den Vollstreckungszugriff des Gläubigers auf den dem Schuldner selbst gebührenden wirtschaftlichen Ertrag aus der Vermietung des Grundstücks zu beschränken.[220] Geschützt wird damit die wirtschaftliche Grundlage, auf der der Schuldner als Vermieter oder Verpächter Einkünfte erzielt, indem die Unterhaltung und Instandhaltung des Grundstücks gesichert wird. **Nicht** vom Schutzzweck der Norm **erfasst** werden Forderungen des Hauptmieters gegen den Untermieter sowie Barmittel und Guthaben aus solchen Forderungen.[221]

346 Der Schuldner kann sich daher sowohl darauf berufen, dass die Einkünfte für das Grundstück unentbehrlich sind, als auch darauf, dass ihm nach § 850i ZPO so viel verbleiben muss, wie ihm bei der Pfändung fortlaufender Einkünfte aus Arbeitseinkommen verbliebe.

aa) Voraussetzungen

347 Voraussetzung für die Anwendbarkeit der § 851b ZPO ist, dass dem Schuldner als Eigentümer bzw. Miteigentümer,[222] Pächter bzw. Nießbraucher von Grundstücken oder Eigentumswohnungen (also **nicht beweglichen Gegenständen** und **Rechten**) neben den Miet- und Pachteinnahmen keine anderen Mittel zur Verfügung stehen, um die Unterhaltung, Instandsetzung des Grundstückes oder die Befriedigung nach § 10 Abs. 1 Nr. 1–4 ZVG vorrangiger dinglicher Gläubiger zu bewirken.[223] Der Schutz erstreckt sich auch auf Barmittel und Guthaben, die aus Miet- oder Pachtzahlungen herrühren und zu den bezeichneten Zwecken unentbehrlich sind.[224] Das Vorliegen dieser Voraussetzungen hat der **Schuldner glaubhaft** zu machen (§ 851b Abs. 4 S. 2 ZPO), ansonsten ist nicht von einer Unentbehrlichkeit auszugehen.

348 Zur **laufenden Unterhaltung des Grundstücks** gehören z.B.
- Kehrichtabfuhr- und Straßenreinigungsgebühren,
- Wassergeld,
- Feuerversicherung,
- Fahrstuhlunterhaltung,
- Gas- und Elektrizitätskosten,

---

219 BGH, Vollstreckung effektiv 2005, 78 = NJW 2005, 681 = NZM 2005, 192 = DWW 2005, 77 = Rpfleger 2005, 206 = JurBüro 2005, 210 = Rbeistand 2005, 26 = KKZ 2005, 254 = MDR 2005, 650.
220 Gottwald/*Mock*, § 851b Rn 1 m.w.N.
221 Gottwald/*Mock*, § 851b Rn 1 m.w.N.
222 OLG Köln, OLGZ 1992, 81.
223 Gottwald/*Mock*, § 851b Rn 3 m.w.N.
224 LSG Sachsen-Anhalt, Beschl. v. 7.6.12 – L 5 AS 193/12 B ER – juris.

G. Einzelfälle § 8

- Pförtnerlöhne,
- Sammelheizung,
- Treppenbeleuchtung,
- Anliegerbeiträge,[225]
- Kosten der Hausverwaltung.[226]
- Mietzinsen sind nur insoweit von der Pfändung freizustellen, als sie zur Befriedigung von Ansprüchen aus Rechten an dem Grundstück unentbehrlich sind, die bei einer Zwangsvollstreckung in das Grundstück den Ansprüchen des Gläubigers vorgehen würden. Diese Voraussetzungen liegen bei Zahlungen, die auf Grundpfandrechten beruhen, die erst nach der Pfändung der Mieteinnahmen eingetragen wurden, nicht vor.[227]

Nicht ausreichend ist es, wenn die vom Schuldner auszugleichende Belastung auf Mieter im Wege der Nebenkostenvorauszahlung umzulegen ist. Denn erhält der Schuldner diese Vorauszahlung tatsächlich, stehen ihm diese anderweitigen Mittel zum Ausgleich zur Verfügung. Dies wird insbesondere für die umlagefähigen Belastungen nach der II. BV wie etwa die Grundsteuer, die Haftpflichtversicherung für das Anwesen, Abwasser-, Oberflächenwasser- oder Wasserabgaben zu beachten sein. Der Pfändungsschutz kann nur soweit gehen, wie die Mieteinnahmen zum tatsächlichen Ausgleich der in der Vorschrift aufgeführten Forderungen benötigt werden. Regelmäßig wird also nur ein fester Betrag, etwa die Hypothekenzinsen, als Teil der Miete als unpfändbar gelten dürfen. Einen vollständigen Abzug in Höhe einer Darlehensverpflichtung, die aus dem Erwerb des Grundstücks bzw. der Eigentumswohnung resultiert, sieht § 851b ZPO aber gerade nicht vor.[228]

349

bb) Schuldnerantrag

§ 851b Abs. 2 ZPO bestimmt, dass der Schuldners einen Antrag[229] nach § 851b Abs. 1 ZPO **binnen zwei Wochen ab Pfändung** (§ 829 Abs. 3 ZPO; Fristberechnung nach § 222 ZPO) zu stellen hat. Eine Aufhebung von Amts wegen scheidet daher aus. Der Antrag kann mündlich oder schriftlich zu Protokoll der Geschäftsstelle gestellt werden. Anwaltszwang besteht nicht. Die Frist ist **keine Notfrist**, sodass eine Wiedereinsetzung in den vorigen Stand ausscheidet.

350

---

225 Zöller/*Herget*, § 851b Rn 3; Gottwald/*Mock*, § 851b Rn 3.
226 Zöller/*Herget*, § 851b Rn 3; a.A. AG Schöneberg, JurBüro 2001, 326.
227 LG Berlin, Rpfleger 1990, 377.
228 VG Köln, Urt. v. 6.1.2016 – 23 K 861/14 –, Rn 54 – juris.
229 VG Gießen, DÖV 2013, 572.

cc) Verfahrensablauf

351 Das Vollstreckungsgericht kann auch **verspätete Anträge** zulassen (§ 851b Abs. 1 S. 2 ZPO), wenn es keine grobe Nachlässigkeit oder Verschleppungsabsicht annimmt, andernfalls kann es den Antrag ohne sachliche Prüfung zurückweisen. **Ausschließlich** (§ 802 ZPO) zuständig für die Entscheidung ist das **Vollstreckungsgericht** (§ 764 Abs. 2 ZPO), das gem. § 20 Nr. 17 RpflG durch den Rechtspfleger durch **Beschluss** i.d.R. ohne mündliche Verhandlung entscheidet. Dies gilt auch im Falle der Pfändung von Barmitteln durch den Gerichtsvollzieher („Das Gleiche gilt…"; § 851b Abs. 1 S. 2 ZPO). Bis zur Entscheidung kann das Vollstreckungsgericht einstweilige Anordnungen nach § 766 Abs. 1 S. 2 ZPO treffen. Die Entscheidung, die auf die freigestellte mündliche Verhandlung ergeht, ist zu begründen und nach den allgemeinen Regeln des § 329 Abs. 2 und 3 ZPO – bei Aufhebung der Pfändung – auch an den Drittschuldner zuzustellen.[230]

352 Die **Aufhebung der Pfändung** nach § 851b Abs. 1 ZPO kann **mehrmals** angeordnet werden (§ 851b Abs. 3 ZPO). Auf Antrag des Gläubigers oder des Schuldners kann die Anordnung auch aufgehoben oder abgeändert werden, soweit es nach Lage der Verhältnisse geboten ist. Dies setzt eine Veränderung gegenüber den der Beschlussfassung zugrunde gelegten Verhältnissen voraus. Es müssen daher **überwiegende Belange des Gläubigers** dem Antrag des Schuldners entgegenstehen. Die Nachteile des Gläubigers überwiegen, wenn die ihm entstehenden Nachteile durch die Aufhebung größer sind als die Vorteile des Schuldners, was insbesondere dann der Fall ist, wenn der Lebensunterhalt oder die wirtschaftliche Existenz des Gläubigers gefährdet ist.

dd) Unterbleiben der Pfändung

353 Nach § 851b Abs. 4 S. 3 ZPO soll die Pfändung unterbleiben, wenn offenkundig (vgl. § 291 ZPO) ist, dass die Voraussetzungen für die Aufhebung der Zwangsvollstreckung nach § 851b Abs. 1 ZPO vorliegen. Dies ist der Fall, wenn die Tatsache entweder allgemein, d.h. von der Öffentlichkeit ohne Widerspruch als wahr anerkannt wird und die Unsicherheit bei der Wahrnehmung des Einzelnen unerheblich ist[231] oder gerichtsbekannt ist. Gerichtsbekannt ist eine Tatsache, wenn sie vom Vollstreckungsorgan aufgrund seiner bisherigen Tätigkeit zuverlässig wahrgenommen wurde (etwa Tatsachen, die aus beim gleichen Gericht geführten Akten ersichtlich sind).[232] Diese Tatsachen bedürfen keines Beweises (§ 291 ZPO).

354 *Taktischer Hinweis*

Wenn also dem Gericht bekannt ist, dass die Miet- und Pachteinnahmen als Einkünfte für den Schuldner zur

---

230 Gottwald/*Mock*, § 851b Rn 6.
231 OLG Karlsruhe, MDR 1989, 363.
232 BVerwG, NVwZ 1990, 571.

G. Einzelfälle   § 8

- laufenden Unterhaltung des Grundstücks,
- Vornahme notwendiger Instandsetzungsarbeiten und zur
- Befriedigung von Ansprüchen, die bei einer Zwangsvollstreckung in das Grundstück dem Ansprüchen des Gläubigers nach § 10 ZVG vorgehen würden,

unentbehrlich sind, kann es die Pfändung ablehnen. Eines Antrages des Schuldners bedarf es daher nicht.

Da nach dem Pfändungsantrag durch den die Zwangsvollstreckung betreibenden Gläubigers eine Anhörung des Schuldners i.d.R. unterbleibt (§ 834 ZPO), ist das Vollstreckungsgericht insoweit auf die Darlegungen des Gläubigers angewiesen. Diese Fälle sind nur ganz selten praktisch relevant.

ee) Wirkungen

Gibt die Entscheidung dem Antrag des Schuldners ganz oder teilweise statt, erfolgt die Aufhebung der Pfändung in der Höhe des für die Erhaltung des Grundstücks sowie die Befriedigung der auf ihm ruhenden Lasten unentbehrlichen Betrags.[233] Insofern entfällt das Pfändungspfandrecht (§ 775 Nr. 1 ZPO). Die freizustellenden Mittel sind als fester oder bestimmter fortlaufender Betrag zu bezeichnen. Sie können im Wege der Schätzung vom Gericht festgestellt werden.[234] Wegen der weitreichenden Wirkung sollte eine Entscheidung stets von der Rechtskraft abhängig gemacht werden.

355

ff) Kosten/Gebühren

Die Entscheidung des Gerichts im Verfahren nach § 851b ZPO löst **keine** besondere **Gerichtsgebühr** aus. Jedes Verfahren über Anträge nach § 851b ZPO und jedes Verfahren über solche auf Änderung oder Aufhebung der getroffenen Anordnungen stellt für den **Rechtsanwalt** eine **besondere Angelegenheit** dar, sodass jeweils erneut eine 0,3 Verfahrensgebühr nach Nr. 3309 RVG VV entsteht (§ 18 Abs. 1 Nr. 6 RVG).

356

Die **Kosten** des Verfahrens nach § 851b ZPO gehören zu den notwendigen Kosten der Zwangsvollstreckung (§ 788 ZPO), die vom Schuldner zu tragen sind. Das Gericht kann aber auch hier aus Billigkeitsgründen die Kosten insoweit dem Gläubiger ganz oder teilweise auferlegen (§ 788 Abs. 4 ZPO).

357

gg) Muster: Antrag auf Vollstreckungsschutz

An das
Amtsgericht
– Vollstreckungsgericht –
Az.: ...

358

---

233 Zöller/*Herget*, § 851b Rn 6; Gottwald/*Mock*, § 851b Rn 12.
234 OLG Köln, OLGZ 1992, 81.

§ 8 Die Pfändung anderer Vermögensrechte (§ 857 ZPO)

Antrag auf Vollstreckungsschutz nach § 851b ZPO
In der Zwangsvollstreckungssache
Vollstreckungsgläubiger
gegen
Vollstreckungsschuldner
zeige ich an, dass ich den Schuldner vertrete. Namens und in Vollmacht desselben beantrage ich:
Der Pfändungsbeschluss vom ... wird dahin gehend geändert, dass die erfolgte Pfändung der Mietforderungen des Vollstreckungsschuldners gegen den Mieter ... aus der Vermietung der Wohnung in ... für den Gläubiger ... i.H.v. EUR ... aufgehoben wird.

Begründung

Für das Mietobjekt fielen im Jahre ... folgende Ausgaben an, die durch die beiliegenden Rechnungen belegt sind:

Stromversorgung	... EUR
Schornsteinfeger	... EUR
Grundsteuer und Hausgebühren	... EUR
Beseitigung eines Schadens am Vordach	... EUR
Zinsen und Tilgungsbeträge	... EUR
Kehrichtabfuhr- und Straßenreinigungsgebühren	... EUR
Wassergeld	... EUR
Feuerversicherung	... EUR
Fahrstuhlunterhaltung	... EUR
Gas- und Elektrizitätskosten	... EUR
Pförtnerlöhne	... EUR
Sammelheizung	... EUR
Treppenbeleuchtung	... EUR
Anliegerbeiträge	... EUR
Kosten der Hausverwaltung	... EUR

Daraus ergab sich eine durchschnittliche monatliche Belastung i.H.v. ...EUR. Es ist davon auszugehen, dass im laufenden Jahr Ausgaben in entsprechender Höhe anfallen werden. Diese Beiträge sind zur laufenden Unterhaltung des Grundstücks, zur Vornahme notwendiger Instandsetzungsarbeiten und zur Befriedigung von Ansprüchen vorrangiger Gläubiger gem. § 10 Abs. 1 ZVG unentbehrlich und können von dem Schuldner nicht aus sonstigen Einkünften bestritten werden. Zur Glaubhaftmachung füge ich eine eidesstattliche Versicherung des Schuldners bei.

gez. Rechtsanwalt

5. Konkurrenz bei Mobiliar-, Immobiliarvollstreckung und Insolvenz

In der Praxis greifen Gläubiger sowohl i.r.d. Mobiliar- als auch i.R.d. Immobiliarvollstreckung auf Miet- und Pachteinnahmen zu. Hinzu kommt, dass parallel auch ein Insolvenzverfahren eröffnet wurde. Bei dieser Konkurrenz ist Folgendes zu beachten: 359

a) Pfändungen i.R.d. Mobiliarvollstreckung durch Einzelgläubiger

Beispiel 1 360

Gläubiger G1 pfändet wegen 2.000 EUR die Mieteinnahmen des Schuldners S. Der Pfändungs- und Überweisungsbeschluss wird dem Mieter M als Drittschuldner am 15.8. zugestellt.[235]

Gläubiger G2 – eine Bank – pfändet anschließend wegen einer Forderung von 4.000 EUR. Der Pfändungs- und Überweisungsbeschluss wird dem M am 23.8. zugestellt. 361

Lösung

Die Pfändung des G1 geht der des G2 vor, da er das bessere Pfandrecht hat (Prioritätsprinzip).

Beispiel 2 – dinglicher Anspruch aus einer Zwangssicherungshypothek 362

In Abwandlung zu Beispiel 1 lässt Gläubiger G2 sich wegen einer Forderung von 4.000 EUR auf dem Grundstück des S eine Zwangssicherungshypothek eintragen und pfändet anschließend wegen seines **dinglichen Anspruchs** ebenfalls die Mieteinnahmen. Der Pfändungs- und Überweisungsbeschluss wird am 23.08. dem M zugestellt.

Lösung

G1 geht dem G2 weiterhin im Rang vor, obwohl dieser wegen seines dinglichen Anspruchs aus der Zwangssicherungshypothek die Vollstreckung betreibt. Grund: Die Befriedigung des G2 findet vorrangig nur aus einem besonderen dinglichen Titel statt, wenn dieser **Titel auf Duldung der Vollstreckung** in das belastete Grundstück aus der Hypothek lautet. Einen solchen Titel hat G2 aber durch die Eintragung der Zwangssicherungshypothek gerade nicht erwirkt.[236]

---

235 Vgl. auch ausführlich Gottwald/*Mock*, § 829 Rn 162 ff.
236 BGH, Vollstreckung effektiv 2008, 104.

§ 8 Die Pfändung anderer Vermögensrechte (§ 857 ZPO)

363 *Beispiel 3 – dinglicher Anspruch aus einem Grundpfandrecht, das keine Zwangssicherungshypothek ist*

In Abwandlung zu Beispiel 1 pfändet Gläubiger G2 – eine Bank – dinglich aus ihrer im Grundbuch des S eingetragenen Grundschuld/Hypothek wegen einer Forderung von 20.000 EUR. Der Pfändungs- und Überweisungsbeschluss wird am 23.8. dem M zugestellt.

Lösung

Die Pfändung des G2 geht derjenigen des G1 vor, wenn G2 aus seinem dinglichen Anspruch die Pfändung betreibt.[237] Dies ist vorliegend der Fall. Grundlage der Pfändung muss der dingliche Anspruch sein. Bei einer Vollstreckung aufgrund einer Unterwerfungserklärung in einer notariellen Urkunde gem. § 794 Abs. 1 Nr. 5 ZPO wegen einer dinglichen Forderung ist diese Voraussetzung erfüllt. Es handelt sich daher bei der Unterwerfungserklärung um einen Duldungstitel i.S.d. § 800 ZPO. Folge: G2 verdrängt den G1 von seinem Pfandrecht. G2 stehen die Mieteinnahmen aufgrund der Pfändung ab dem 1.10. zu (§ 1124 BGB).

b) Pfändungen i.R.d. Immobiliarvollstreckung

364 Als Möglichkeiten der Immobiliarvollstreckung kommen neben der Eintragung einer Sicherungshypothek sowohl die Zwangsversteigerung als auch die Zwangsverwaltung in Betracht. Mit Anordnung der Zwangsverwaltung bzw. -versteigerung wird bei dem Grundbuchamt ein Zwangsverwaltungs- bzw. Zwangsversteigerungsvermerk eingetragen (sog. Beschlagnahme, §§ 20, 21 ZVG).

365 Die Beschlagnahme i.R.d. **Zwangsversteigerung umfasst nicht Miet- und Pachtforderungen**. Folge: Solange nur die Zwangsversteigerung durch einen (Grundpfandrechts-) Gläubiger beantragt wurde, wird das bessere Pfandrecht bei bereits zuvor gepfändeten Miet- und Pachteinnahmen durch einen anderen Gläubiger nicht beeinträchtigt.

366 Nach §§ 148, 21 Abs. 2 ZVG, § 1123 Abs. 1 BGB **erstreckt** sich **nur** die **Zwangsverwaltung** auch auf die **Miet- und Pachtzinsforderungen** und zwar auch auf solche, die bis zu einem Jahr rückständig sind, soweit die Forderung fällig ist (§ 1123 Abs. 2 S. 1 BGB). Ist die Miete bzw. Pacht im Voraus zu entrichten, erstreckt sich die Befreiung nicht auf die Miete oder Pacht für eine spätere Zeit als den zurzeit der Beschlagnahme laufenden Kalendermonat. Erfolgt die Beschlagnahme nach dem 15. des Monats, erstreckt sich die Befreiung auch auf die Miete oder Pacht für den folgenden Kalendermonat (§ 1123 Abs. 2 S. 2 BGB). Wenn der Schuldner also über die Miete bzw. Pacht im Voraus verfügt hat, z.B. durch Abtretung, bleibt diese Verfügung dem Gläubiger gegenüber zunächst wirk-

---

237 BGH, Vollstreckung effektiv 2008, 104.

sam (§ 1124 Abs. 1 BGB). Dieselbe Wirkung tritt bei einer Pfändung ein. Sie wird einer rechtsgeschäftlichen Verfügung gleichgestellt. Unwirksam ist die Verfügung (Pfändung) aber, soweit sie sich auf die Miete oder Pacht für eine spätere Zeit als den zurzeit der Beschlagnahme laufenden Kalendermonat bezieht; erfolgt die Beschlagnahme nach dem 15., ist die Verfügung insoweit wirksam, als sie sich auf die Miete oder Pacht für den folgenden Kalendermonat bezieht (§ 1124 Abs. 2 BGB).

Beispiel 1 367
Im Eigentum des Schuldners S steht ein Einfamilienhaus, das er an seinen Mieter M vermietet. Am 16.10. wird die Zwangsverwaltung über das Grundstück angeordnet. M hat am 1.10. den gesamten Mietzins für die Monate Oktober, November und Dezember an den S entrichtet.

Lösung
Die Mietzinsen für Oktober und November hat der M befreiend an den S geleistet. Die Miete für Dezember muss er erneut an den Zwangsverwalter entrichten.

Beispiel 2 368
Gläubiger G pfändet die Mieten des Schuldners S. Am 14.10. wird die Zwangsverwaltung über das Grundstück angeordnet.

Lösung
Die Mietzinsen für Oktober kann der M befreiend an den S leisten. Die Miete ab November muss er an den Zwangsverwalter leisten.

Pfändet ein Gläubiger wegen einer persönlichen Forderung die Miet- bzw. Pachtansprüche[238] des Schuldners als Vermieter nachdem die Zwangsverwaltung angeordnet wurde, ist dies ein Verstoß gegen die Beschlagnahmewirkung nach §§ 148, 21 Abs. 2 ZVG, § 865 ZPO. Die Pfändung ist im Hinblick auf die Zwangsverwaltung relativ unwirksam. Etwas anders gilt nur für die mehr als seit einem Jahr rückständigen Miet-, Pachtforderungen. Sie können auch nach Anordnung der Zwangsverwaltung durch einen persönlichen Gläubiger gepfändet werden, da sich hierauf der Hypothekenhaftungsverband nicht erstreckt. 369

Eine Pfändung vor der Zwangsverwaltungsbeschlagnahme berührt dagegen das Pfandrecht des persönlichen Gläubigers zunächst so lange nicht, wie die zeitliche Beschränkung des § 1124 Abs. 2 BGB nicht greift. Erst danach wird das Pfandrecht des persönlichen Gläubigers durch die Beschlagnahmewirkung i.R.d. Zwangsverwaltung verdrängt. Ab diesem Zeitpunkt gebühren die Miet- und Pachtzinsforderungen nur noch dem Zwangsverwalter für die Dauer des Verfahrens. Dies hat zur Folge, dass die Pfändungs- 370

---

238 *Goebel*, Vollstreckung effektiv 2002, 115.

wirkungen des persönlichen Gläubigers wieder aufleben, wenn das Zwangsverwaltungsverfahren beendet ist und die Beschlagnahmewirkungen damit wegfallen. Betreibt allerdings ein dinglicher Gläubiger die Zwangsverwaltung in das Grundstück und wird daher die Beschlagnahme ausgesprochen, kann dieser die vorrangige Mietzinspfändung des persönlichen oder dinglichen Gläubigers zerstören. Denn mit der Beschlagnahme in der Zwangsverwaltung werden die Pfändungsgläubiger durch den Zwangsverwaltungsgläubiger verdrängt (§ 1147 BGB); die gleiche Wirkung tritt ein, wenn ein Gläubiger aufgrund seines dinglichen Titels mittels Pfändungs- und Überweisungsbeschlusses zugreift. Dieser verdrängt stets den persönlichen Gläubiger.

371 Da sich die Befriedigung des dinglichen Gläubigers auch auf den Hypothekenhaftungsverband erstreckt, also auf die Miet- und Pachtzinsansprüche (vgl. § 1147 BGB), kann dieser auch aufgrund des dinglichen Anspruchs solche Ansprüche wirksam pfänden. Auch wenn diese Wirkungen einem persönlichen Gläubiger gegenüber nachrangig eintreten, geht der dingliche Gläubiger dem persönlichen Gläubiger im Range vor (§ 865 Abs. 2 S. 2 ZPO).

c) Zwangsverwaltung und Insolvenz

372 Häufig trifft ein Insolvenzverfahren mit einem Zwangsverwaltungsverfahren zusammen. Hier ist § 110 InsO zu beachten. Danach gilt:

373 Hat der Schuldner als Vermieter oder Verpächter eines unbeweglichen Gegenstands oder von Räumen vor der Eröffnung des Insolvenzverfahrens über die Miet- oder Pachtforderung für die spätere Zeit verfügt, ist diese Verfügung nur wirksam, soweit sie sich auf die Miete oder Pacht für den zur Zeit der Eröffnung des Verfahrens laufenden Kalendermonat bezieht. Ist die Eröffnung nach dem 15. Tag des Monats erfolgt, ist die Verfügung auch für den folgenden Kalendermonat wirksam (§ 110 Abs. 1 InsO). Eine Verfügung in diesem Sinne ist vor allem die Einziehung der Miete oder Pacht. Einer rechtsgeschäftlichen Verfügung steht eine Verfügung gleich, die mittels Zwangsvollstreckung z.B. durch Pfändung erfolgt (§ 110 Abs. 2 InsO). Der Insolvenzverwalter muss daher prüfen, ob die Erlöse aus dem Einzug von Miet- und Pachtzinsforderungen in die Insolvenzmasse fallen. Ist das der Fall, führt dies stets dazu, dass die Erlöse Teil der Insolvenzmasse sind. Der Insolvenzverwalter kann daher bis zur Anordnung der Beschlagnahme im Zwangsverwaltungsverfahren Mieten einziehen und muss diese nicht an die Grundpfandgläubiger oder sonstige Immobiliargläubiger abführen. Mit dieser Beschlagnahme fallen hingegen offene Mietforderungen, die nicht bereits älter als ein Jahr sind, in das grundpfandrechtliche Absonderungsrecht und werden vom Verwalter eingezogen.[239]

374 Oft sind Grundpfandrechte jedoch mit einer **Abtretung** der Miet- und Pachtzinsforderungen an die Grundpfandgläubiger kombiniert. Diese Forderungsabtretung ist stets unan-

---

[239] *Schmidt/Büchler*, InsBüro 2007, 293.

fechtbar, da die Zuordnung der Miet- und Pachtzinsforderung zum Haftungsverband eine Gläubigerbenachteiligung ausschließt.[240] Folge: Mit Verfahrenseröffnung fallen die Forderungen so lange in die Masse, bis die Zwangsverwaltung angeordnet wird. Die Erlöse aus dem Einzug der abgetretenen Forderungen sind daher gem. §§ 170 f. InsO an den Grundpfandgläubiger abzuführen, bis die Wirksamkeit der Miet- und Pachtzinsabtretung nach § 110 InsO erlischt. Unzulässig ist die Pfändung von Miet- und Pachtzinsforderungen durch Immobiliargläubiger nach Insolvenzeröffnung.[241] Daher werden vorher ausgebrachte Pfändungen mit der Verfahrenseröffnung unwirksam.

Taktischer Hinweis 375

Der einzige Ausweg zur Sicherung der Mieten für Grundschuldgläubiger besteht darin, frühzeitig einen Antrag auf Zwangsverwaltung zu stellen, weil Zwangsverwaltungsrecht Insolvenzverwaltungsrecht bricht!

XXX. Schuldner nutzt Konto eines Dritten

In der Praxis kommt es häufig vor, dass Schuldner kein eigenes Konto besitzen. Stattdessen nutzen sie das Konto eines Dritten (i.d.R. Ehegatte, Lebenspartner, Freund etc.), um hierüber den bargeldlosen Zahlungsverkehr abzuwickeln. Was oftmals unbekannt ist, ist die Tatsache, dass der sich hieraus ergebende Auszahlungsanspruch des Schuldners gegen den Dritten der Pfändung unterliegt.[242] Der **Dritte** ist dann **Drittschuldner**. 376

Für den Gläubiger ist es oft mit erheblichem zeitlichen Aufwand und Kosten verbunden, überhaupt zu ermitteln, dass und welches Konto eines Dritten der Schuldner für seinen bargeldlosen Verkehr nutzt. Allerdings wird in diesem Zusammenhang im Vermögensverzeichnis unter Ziffer 14 ausdrücklich danach gefragt: 377

---

240 BGH, ZInsO 2006, 1321; *Schmidt/Büchler*, InsBüro 2007, 293.
241 BGH, ZInsO 2006, 873.
242 BVerfG, Vollstreckung effektiv 2015, 206 = FoVo 2015, 192 = NJW 2015, 3083 = DGVZ 2015, 202; BGH, Vollstreckung effektiv 2008, 118 = NJW 2008, 1678 = DGVZ 2008, 104 = FoVo 2008, 201.

§ 8 Die Pfändung anderer Vermögensrechte (§ 857 ZPO)

14. Konten, insbesondere: – Sparguthaben – Gehaltskonten – Geschäftskonten – Girokonten – Paypalkonto – Bausparverträge, die **ohne** vermögenswirksame Leistungen angespart werden (siehe Merkblatt, Hinweis zu Nr. 14)	☐ nein	☐ ja, und zwar (Es sind auch Konten ohne derzeitiges Guthaben sowie Konten von Dritten, sofern diese benutzt werden, anzugeben! Bei einem Pfändungsschutzkonto bitte ein "P" und bei einem Konto nur für die Zahlung von Sozialleistungen bitte ein "S" hinter der IBAN-Nummer angeben.)			
		Kontoart und Bank/Sparkasse	Inhaberin/ Inhaber Name, Anschrift	IBAN-Nummer	Kontostand Ca.
	☐ Gelder von mir gehen nicht auf das Konto eines Dritten				

378 Der Schuldner muss hier angeben, ob Gelder von ihm auf das Konto eines Dritten eingehen. Wenn also an der entsprechenden Stelle kein Kreuz gemacht wird, muss der Gläubiger davon ausgehen, dass der Schuldner ein fremdes Konto nutzt. Ist dies der Fall, dann muss der Schuldner weiterhin diese dritte Person nach Name und Anschrift genau benennen.

379 *Taktischer Hinweis*

Eine solche Konstellation führt zulasten des Gläubigers auch nicht zu einer Aufhebung der Kontenpfändung, insbesondere nach §§ 765a bzw. 850k ZPO analog. Vielmehr ist der Schuldner gehalten, ein eigenes Pfändungsschutzkonto (P-Konto; § 850k Abs. 1 ZPO) einzurichten, um den Zugriff des Gläubigers auf sein Arbeitseinkommen zu schützen. Unterlässt es daher der Schuldner, ein P-Konto einzurichten, greifen die Schuldnerschutzvorschriften der §§ 850 ff. ZPO nicht ein, wenn ein Gläubiger Zwangsvollstreckungsmaßnahmen gegen den Dritten ergreift.[243] In einem solchen Fall ist die Pfändung des Gläubigers beim Drittschuldner auch nicht als vorsätzliche sittenwidrige Schädigung i.S.d. § 826 BGB anzusehen. Dem Schutz des P-Kontos entzieht sich der Schuldner, indem er es unterlässt, dafür zu sorgen, dass die Zahlungen auf seinem P-Konto eingehen, und er allein aufgrund des fehlenden P-Kontos den Fall einer besonderen Härte im Sinne des § 765a ZPO herbeiführen möchte.

---

243 BVerfG, Vollstreckung effektiv 2015, 206 = FoVo 2015, 192 = NJW 2015, 3083 = DGVZ 2015, 202.

G. Einzelfälle § 8

Muster: Pfändung bei Nutzung eines Drittkontos 380

Drittschuldner (genaue Bezeichnung des Drittschuldners: Firma bzw. Vor- und Zuname, vertretungsberechtigte Person/-en, jeweils mit Anschrift; Postfach-Angabe ist nicht zulässig; bei mehreren Drittschuldnern ist eine Zuordnung des Drittschuldners zu der/den zu pfändenden Forderung/-en vorzunehmen)

Herr/Frau/Firma
Name und Anschrift des Dritten

Forderung aus Anspruch

☐ A (an Arbeitgeber)

☐ B (an Agentur für Arbeit bzw. Versicherungsträger)
Art der Sozialleistung: _____
Konto-/Versicherungsnummer: _____

☐ C (an Finanzamt)

☐ D (an Kreditinstitute)

☐ E (an Versicherungsgesellschaften)
Konto-/Versicherungsnummer: _____

☐ F (an Bausparkassen)

☒ G

☐ gemäß gesonderter Anlage(n) _____

Anspruch G
(Hinweis: betrifft Anspruch an weitere Drittschuldner bzw. schon aufgeführte Drittschuldner, soweit Platz unzureichend)
gemäß § 667 BGB auf Auszahlung aller dem Drittschuldner zugegangenen und künftig zugehenden Geldleistungen, die ein Dritter erbringt, der zum Drittschuldner nicht in einem Rechts- oder Leistungsverhältnis steht, und die dem Schuldner als Leistungsempfänger zustehen (BGH, 4.7.07, VII ZB 15/07).

Der Drittschuldner darf, soweit die Forderung gepfändet ist, an den Schuldner nicht mehr zahlen. Der Schuldner darf insoweit nicht über die Forderung verfügen, sie insbesondere nicht einziehen.

☒ Zugleich wird dem Gläubiger die zuvor bezeichnete Forderung in Höhe des gepfändeten Betrages

☒ zur Einziehung überwiesen.   ☐ an Zahlungs statt überwiesen.

§ 9 Die Pfändung von Sozialleistungen

A. Allgemeines

1

Bzgl. der Pfändung von Ansprüchen auf Zahlung von Sozialleistungen enthält § 54 SGB I Sonderregelungen. Die Vorschrift lautet wie folgt (Hervorhebungen durch den Verfasser):

> **§ 54 SGB I Pfändung**
>
> (1) Ansprüche auf **Dienst- und Sachleistungen** können nicht gepfändet werden.
>
> (2) Ansprüche auf **einmalige Geldleistungen** können nur gepfändet werden, soweit nach den Umständen des Falles, insbesondere nach den Einkommens- und Vermögensverhältnissen des Leistungsberechtigten, der Art des beizutreibenden Anspruchs sowie der Höhe und der Zweckbestimmung der Geldleistung, die Pfändung der Billigkeit entspricht.
>
> (3) **Unpfändbar** sind Ansprüche auf
>
> 1. Elterngeld und Betreuungsgeld bis zur Höhe der nach § 10 des Bundeselterngeld- und Elternzeitgesetzes anrechnungsfreien Beträge sowie dem Erziehungsgeld vergleichbare Leistungen der Länder,
>
> 2. Mutterschaftsgeld nach § 19 Absatz 1 des Mutterschutzgesetzes, soweit das Mutterschaftsgeld nicht aus einer Teilzeitbeschäftigung während der Elternzeit herrührt, bis zur Höhe des Elterngeldes nach § 2 des Bundeselterngeld- und Elternzeitgesetzes, soweit es die anrechnungsfreien Beträge nach § 10 des Bundeselterngeld- und Elternzeitgesetzes nicht übersteigt,
>
> 2a. Wohngeld, soweit nicht die Pfändung wegen Ansprüchen erfolgt, die Gegenstand der §§ 9 und 10 des Wohngeldgesetzes sind,
>
> 3. Geldleistungen, die dafür bestimmt sind, den durch einen Körper- oder Gesundheitsschaden bedingten Mehraufwand auszugleichen.
>
> (4) **Im Übrigen** können **Ansprüche auf laufende Geldleistungen wie Arbeitseinkommen** gepfändet werden.
>
> (5) ¹Ein Anspruch des Leistungsberechtigten auf **Geldleistungen für Kinder** (§ 48 Abs. 1 Satz 2) kann nur wegen gesetzlicher Unterhaltsansprüche eines Kindes, das bei der Festsetzung der Geldleistungen berücksichtigt wird, gepfändet werden. ²Für die Höhe des pfändbaren Betrages bei Kindergeld gilt:
>
> 1. Gehört das unterhaltsberechtigte Kind zum Kreis der Kinder, für die dem Leistungsberechtigten Kindergeld gezahlt wird, so ist eine Pfändung bis zu dem Betrag möglich, der bei gleichmäßiger Verteilung des Kindergeldes auf jedes dieser Kinder entfällt. ²Ist das Kindergeld durch die Berücksichtigung eines weiteren Kindes erhöht, für das einer dritten Person Kindergeld oder dieser oder dem Leistungsberechtigten eine andere Geldleistung für Kinder zusteht, so bleibt der Erhöhungsbetrag bei der Bestimmung des pfändbaren Betrages des Kindergeldes nach Satz 1 außer Betracht.

2

§ 9 Die Pfändung von Sozialleistungen

2. Der Erhöhungsbetrag (Nummer 1 Satz 2) ist zugunsten jedes bei der Festsetzung des Kindergeldes berücksichtigten unterhaltsberechtigten Kindes zu dem Anteil pfändbar, der sich bei gleichmäßiger Verteilung auf alle Kinder, die bei der Festsetzung des Kindergeldes zugunsten des Leistungsberechtigten berücksichtigt werden, ergibt.

(6) In den Fällen der Absätze 2, 4 und 5 gilt § 53 Abs. 6 entsprechend.

Grds. unterliegen Sozialleistungen aus sämtlichen Sozialleistungsbereichen der Pfändung. Ausnahmen ergeben sich aufgrund des in § 37 SGB I enthaltenen Vorbehalts.[1]

3   Das Pfändungsverfahren selbst richtet sich nach den allgemeinen Regelungen über die Forderungspfändung gem. §§ 828 ff. ZPO.

B. Unpfändbarkeit von Dienst- und Sachleistungen (§ 54 Abs. 1 SGB I)

4   Dienst- und Sachleistungen unterliegen nicht der Pfändung (§ 54 Abs. 1 SGB I). Dies folgt unter anderem aus § 53 Abs. 1 SGB I, wonach solche Leistungen nicht übertragbar und damit unpfändbar sind. Hierunter fallen z.b. Heilbehandlungen, Hilfsmittel, Körperersatzstücke oder Rehabilitationsmaßnahmen.

C. Pfändung einmaliger Geldleistungen (§ 54 Abs. 2 SGB I)

5   Unklar ist oftmals, was unter „einmalige Geldleistungen" des § 54 Abs. 2 SGB I zu verstehen ist. Hierunter fallen Leistungen, die vom Gesetz nicht als wiederkehrende (laufende) Leistungen ausgestaltet sind,[2] z.B.:

- Kostenerstattungen (z.b. bei kieferorthopädischer Behandlung, § 29 SGB V),
- Rentenabfindungen nach § 107 SGB VI,
- Beitragserstattungen nach § 210 SGB VI,
- Zuschüsse der Pflegekassen zu Maßnahmen der Wohnumfeldverbesserung nach § 40 Abs. 4 SGB XI,
- Eingliederungszuschüsse und Zuschüsse betrieblicher Aus- oder Weiterbildung gemäß SGB III,
- Bestattungs- oder Sterbegeld (§ 64 SGB VII, §§ 36, 53 BVG).

6   *Taktischer Hinweis*

Keine Geldleistungen in diesem Sinne sind solche, die lediglich zahlungstechnisch als Einmalzahlung erbracht werden. In der Praxis spielen hier insbesondere **Rentennach-**

---

1 *Stöber*, Rn 1304.
2 Schlegel/Voelzke/*Pflüger*, jurisPK-SGB I, § 54 SGB I Rn 56.

C. Pfändung einmaliger Geldleistungen (§ 54 Abs. 2 SGB I) § 9

zahlungen eine große Rolle, vor allem, wenn diese einem P-Konto gutgeschrieben werden und der Schuldner daraufhin eine Freigabe gemäß § 850k Abs. 4 ZPO i.V.m. § 54 Abs. 2 SGB I beantragt. Solche Leistungen sind laufende Geldleistungen. Ebenfalls nicht hierzu gehören auch als Geldleistungen erbrachten Surrogate für Dienst- und Sachleistungen, soweit sie nach § 54 Abs. 1 SGB I der Pfändung nicht unterliegen sowie Leistungen, die nach § 54 Abs. 3 Nr. 3 SGB I unpfändbar sind, z.b. Hilfen zur Beschaffung eines Kraftfahrzeugs nach der KfzHV.[3]

I. Pfändung erfordert Billigkeitsprüfung

Nach § 54 Abs. 2 SGB I ist die Pfändung einmaliger Geldleistungen möglich, wenn und soweit sie nach den Einkommens- und Vermögensverhältnissen des Leistungsberechtigten, der Art des beizutreibenden Anspruchs sowie der Höhe und Zweckbestimmung der Geldleistung der Billigkeit entspricht. Dies muss das Vollstreckungsgericht im Einzelfall vor Erlass des Pfändungsbeschlusses – ohne Schuldneranhörung (§ 834 ZPO) – prüfen.[4]   7

Taktischer Hinweis   8
Gläubiger müssen diese Voraussetzungen darlegen, andernfalls kann das Vollstreckungsgericht mangels Bestimmtheit der Forderung keine Billigkeitsprüfung vornehmen.

Die von der Rechtsprechung für die Auslegung des § 850b Abs. 2 ZPO entwickelten Grundsätze können auch für die Auslegung des § 54 Abs. 2 SGB I herangezogen werden.[5] Was im Einzelnen zur Billigkeit der Pfändung darzulegen ist, ergibt sich aus den Umständen des Einzelfalls[6] und der Gläubiger muss es begründen.[7] Dazu gehört zunächst die nähere Beschreibung des Anspruchs, aus dem die Vollstreckung betrieben wird.   9

Soweit es ferner um die in der Person des Schuldners liegenden Umstände geht, ist die Darlegungslast des Gläubigers eingeschränkt, er muss aber zumindest grobe Angaben über die Einkommensverhältnisse des Schuldners und über die allgemeine Herkunft der Einkünfte des Schuldners, des Ehegatten und die Zahl der Kinder machen. Notfalls ist er gehalten, sich diese Informationen im Wege der Einleitung eines Verfahrens auf Abgabe der Vermögensversicherung zu verschaffen.[8]   10

---

3 Schlegel/Voelzke/*Pflüger*, jurisPK-SGB I, § 54 SGB I Rn 58.
4 Str.: Musielak/*Becker*, ZPO § 834 Rn 3.
5 Schlegel/Voelzke/*Pflüger*, jurisPK-SGB I, § 54 SGB I, Rn 60.; vgl. auch zur Billigkeit gem. § 850b Abs. 2 ZPO § 6 Rdn 147.
6 BGH, Vollstreckung effektiv 2016, 15 = FoVo 2009, 23.
7 OLG Stuttgart, Rpfleger 1983, 288.
8 OLG Stuttgart, Rpfleger 1983, 288; a.A. OLG Hamm, NJW 1979, 1369.

§ 9 Die Pfändung von Sozialleistungen

11 Die Anforderungen an den Gläubigervortrag sind allerdings nicht zu überspannen. Neben der Höhe der Bezüge und der wirtschaftlichen Situation von Schuldner und Gläubiger können vor allem Art und Umstände der Entstehung der beizutreibenden Forderung von Bedeutung sein. Es müssen demnach besondere Umstände die Pfändung rechtfertigen.

12 So kann die Pfändung zur Beitreibung privilegierter Ansprüche im Sinne der §§ 850d, 850f Abs. 2 ZPO der Billigkeit entsprechen.[9] Gegen eine zugunsten des Gläubigers zu treffende Billigkeitsentscheidung spricht aber, dass der Schuldner sozialhilfebedürftig würde. Denn das nach Art. 14 Abs. 1 GG geschützte Recht des Gläubigers an der Durchsetzung einer titulierten Forderung im Wege der Zwangsvollstreckung[10] findet in solchen Fällen seine Grenze in dem der durch Art. 1 Abs. 1 GG i.V.m. Art. 20 Abs. 1 GG geschützten Anspruch des Schuldners auf Gewährleistung eines menschenwürdigen Existenzminimums berührt wird.[11]

13 Dies gilt z.B. für den Fall, dass die Angehörigen des Schuldners bei Pfändung der Ansprüche aus einer auf seinen Todesfall abgeschlossenen Lebensversicherung zur Bestreitung der Bestattungskosten auf Sozialhilfe angewiesen wären, ebenso wenn die Forderung verhältnismäßig gering ist und der Schuldner für sich und seine minderjährigen Kinder ergänzender Hilfe zum Lebensunterhalt bedarf.[12]

II. Pfändung bei Zweckbestimmung möglich

14 Hat die einmalige Sozialleistung jedoch einen bestimmten Zweck zu erfüllen, unterliegt sie regelmäßig **ohne Billigkeitsprüfung** der Pfändung. Versterben z.B. gesetzlich Versicherte an den Folgen eines Arbeitsunfalls oder einer Berufskrankheit, erhalten die Hinterbliebenen ein Sterbegeld i.H.v. einem Siebtel der im Zeitpunkt des Todes geltenden Bezugsgröße (§ 64 SGB VII). Dieser Betrag wird an die sterbegeldberechtigten Personen ausgezahlt, die die Bestattung besorgt haben.

15 Diese Leistungen dienen also dem Zweck der Bestattung und können daher vom Bestattungsunternehmen gepfändet werden.

16 *Taktischer Hinweis*

Gläubiger sollten im amtlichen Formular auf Seite 9 bzw. 10 hierauf hinweisen, um einer gerichtlichen Zwischenverfügung zuvor zu kommen.

---

9 BGH, Vollstreckung effektiv 2016, 15 = FoVo 2009, 23.
10 Vgl. BVerfG, NJW-RR 2010, 1063.
11 BGH, Vollstreckung effektiv 2018, 56.
12 OLG Celle, MDR 1999, 1087.

D. Unpfändbare Ansprüche (§ 54 Abs. 3 SGB I) § 9

> ☒ Nicht amtlicher Hinweis:
> Es wird darauf hingewiesen, dass durch die Pfändung die Leistungen ihrer Zweckbestimmung zugeführt wird. Es handelt sich um eine zweckgerichtete Pfändung, sodass eine Billigkeitsprüfung gemäß § 54 Abs. 2 SGB I entfällt.

17

D. Unpfändbare Ansprüche (§ 54 Abs. 3 SGB I)

§ 54 Abs. 3 SGB I regelt absolut unpfändbare Sozialleistungen. 18

I. Elterngeld- und Betreuungsgeld, Erziehungsgeld und vergleichbare Leistungen der Länder (§ 54 Abs. 3 Nr. 1 SGB I)

Hierzu zählt auch bis zu einer bestimmten Höhe das Eltern- bzw. Betreuungsgeldgeld (§§ 2, 4a–d BEEG). Gem. § 54 Abs. 3 Nr. 1 SGB I sind solche Leistungen bis zur Höhe der nach § 10 BEEG anrechnungsfreien Beträge **unpfändbar**. Dies sind nach § 10 Abs. 1, 2 BEEG grds. **300 EUR**. Bei Mehrlingsgeburten erhöhen sich die Beträge um jeweils 300 EUR (§ 10 Abs. 4 BEEG). 19

Die den Sockelbetrag von 300 EUR übersteigenden Beträge unterliegen damit voll der Pfändung. Dies ist aber nur für Gläubiger interessant, wenn der pfändbare Betrag die Pfändungsgrenzen nach § 850c ZPO überschreitet. In diesem Zusammenhang spielt es eine wichtige Rolle, dass auch **Teilzeitbeschäftigte** bis zu einer wöchentlichen Arbeitszeit von 30 Stunden einen Anspruch auf Elterngeld besitzen (§ 1 Abs. 6 Bundeselterngeld- und Elternzeitgesetzes). Insofern können Gläubiger gemäß § 850e Nr. 2a ZPO eine Addition beider Leistungen vornehmen. 20

II. Mutterschaftsgeld (§ 54 Abs. 3 Nr. 2 SGB I)

Mutterschaftsgeld ist eine Leistung der gesetzlichen Krankenversicherung (§ 21 Abs. 1 Nr. 3 SGB I) mit Lohnersatzfunktion (§ 24i SGB V), die während der Schutzfristen der §§ 3 Abs. 2 und 6 Abs. 1 MuSchG gezahlt wird. Die **Höchstgrenze** für eine **Unpfändbarkeit** bildet die Höhe des Elterngeldes nach § 2 BEEG i.R.d. anrechnungsfreien Beträge nach § 10 BEEG, somit grds. 300 EUR monatlich. Rührt das Mutterschaftsgeld dagegen aus einer nach § 15 Abs. 4 BEEG zulässigen Teilzeitbeschäftigung während der Elternzeit, findet eine derartige Anrechnung nicht statt. Das Mutterschaftsgeld tritt in diesen Fällen neben das (nach § 54 Abs. 2 Nr. 1 SGB I unpfändbare) Erziehungsgeld bzw. Eltern- 21 geld. Es hat daher Lohnersatzfunktion, sodass es hier zur Sicherung der Zweckbestimmung der Leistung eines besonderen Pfändungsschutzes nicht bedarf.[13]

III. Wohngeld (§ 54 Abs. 3 Nr. 2a SGB I)

22 Wohngeld gehört nach § 26 SGB I zu den Sozialleistungen i.S.d. § 11 SGB I und ist zweckgebunden. Es ist unpfändbar, soweit die Pfändung nicht wegen Ansprüchen erfolgt, die Gegenstand der §§ 9 und 10 WoGG sind.

23 Zweck der Regelung ist es, auszuschließen, dass Gläubiger, die mit dem Wohnraum des Wohngeldempfängers (Schuldner) in keinem unmittelbaren Zusammenhang stehen, auf das Wohngeld i.R.d. Pfändung zugreifen können.[14] Andernfalls würde der Zweck des Wohngeldes – die wirtschaftliche Sicherung angemessenen und familiengerechten Wohnens (§ 1 Abs. 1 WoGG) – verhindert werden, weil das Wohngeld dann nicht mehr zur Bezahlung der Miete oder zur Aufbringung der Belastung verwendet werden kann.

24 *Taktischer Hinweis*

Um allerdings den berechtigten Interessen des Vermieters (beim Mietzuschuss) und des Darlehensgebers (beim Lastenzuschuss) Rechnung zu tragen, ihre Ansprüche im Wege der Pfändung durchzusetzen, ist einschränkend geregelt, dass die Pfändung zulässig ist wegen solcher Ansprüche, die Gegenstand §§ 9, 10 WoGG sind. Damit soll bewirkt werden, dass Ansprüche im Zusammenhang mit der Miete oder Belastung, d.h. Ansprüche des Vermieters oder Darlehensgebers, weiterhin zur Pfändung berechtigen.

IV. Leistungen zum Ausgleich eines Körper- oder Gesundheitsschadens (§ 54 Abs. 3 Nr. 3 SGB I)

25 Eine vergleichbare Regelung enthält § 850a Nr. 8 ZPO (Blindenzulagen). Nach dem Gesetzeswortlaut bezieht sich die Regelung nur auf laufende Geldleistungen, die dafür bestimmt sind, einen körper- oder gesundheitsbedingten Mehraufwand auszugleichen. Erhält der Schuldner also Leistungen wegen seiner Behinderung, greift die Regelung nicht.

26 Die Vorschrift § 54 Abs. 3 Nr. 3 SGB I ist auch auf einmalige Leistungen entsprechend anzuwenden.[15] Maßgebend für die Unpfändbarkeit ist auch hierbei die Zweckbestimmung der Leistung. Beispiele[16] für derartige Leistungen sind:

---

13 Schlegel/Voelzke/*Pflüger*, jurisPK-SGB I,§ 54 SGB I Rn 66.
14 BT-Drucks 15/1516 S. 68.
15 *Stöber*, Rn 1359.
16 Vgl. die amtl. Begründung, BT-Drucks 12/5187.

- Geldleistungen der Pflegeversicherung nach den §§ 37 ff. SGB XI,
- Geldleistungen nach den §§ 14, 15, 31 und 35 BVG,
- Hilfen an schwerbehinderte Menschen nach § 102 Abs. 3 Satz 1 Nr. 1 SGB IX,
- Leistungen nach § 2 KfzHV.

Folge: solche Leistungen dürfen bei der Berechnung der nach den §§ 850c, 850d ZPO unpfändbaren Teile anderer laufender Sozialleistungen nicht addiert werden (§ 850e Nr. 1 ZPO). 27

Taktischer Hinweis 28

§ 54 Abs. 3 Nr. 3 SGB I gilt **nicht** für Leistungen, die zwar auf gesundheitliche Einbußen zurückgehen, aber dem Ausgleich von Einkommensverlusten dienen, wie z.B. Erwerbsminderungsrenten, Altersrenten nach § 37 SGB VI und § 236a SGB VI sowie der Berufsschadensausgleich nach § 30 BVG. Ebenso ist die Verletztenrente nach § 56 SGB VII im Hinblick auf ihre Lohnersatzfunktion in voller Höhe nach § 54 Abs. 4 SGB I wie Arbeitseinkommen pfändbar, weil § 54 Abs. 3 Nr. 3 SGB I nicht Leistungen erfasst, die den durch Körper- oder Gesundheitsschäden bedingten Einkommensverlust ausgleichen, da dadurch kein Mehraufwand ausgeglichen wird.[17]

E. Pfändung laufender Sozialleistungen

I. Allgemeines

§ 54 Abs. 4 SGB I regelt, dass **im Übrigen Ansprüche**[18] **auf laufende Geldleistungen wie Arbeitseinkommen** gepfändet werden können. Da solche Leistungen regelmäßig Lohnersatzfunktion haben, werden sie vollstreckungsrechtlich dem Arbeitseinkommen gleichgestellt. Laufende Sozialleistungen sind damit grds. pfändbar. Anzuwenden sind folglich die §§ 832, 833, 850 Abs. 1, §§ 850c bis 850h ZPO. Ergänzend dazu gelten die allgemeinen Grundsätze der ZPO über die Pfändbarkeit künftiger Geldansprüche.[19] Lediglich ihre Zweckbestimmung kann einer Pfändbarkeit entgegenstehen. 29

Der mehrdeutige Begriff der „laufenden Geldleistungen" darf in § 54 Abs. 4 SGB I nicht mit auszahlungsreifen oder fälligen Leistungen gleichgesetzt werden. Laufende Geldleistungen sind im Regelungszusammenhang von § 53 Abs. 3, § 54 Abs. 4 SGB I jedoch nur **regelmäßig wiederkehrende Leistungen**, die für **bestimmte Zeitabschnitte** gezahlt 30

---

17 BGH, Vollstreckung effektiv 2017, 2 = Rpfleger 2017, 166 = ZVI 2017, 117 = NJW 2017, 959.
18 D.h. § 54 Abs. 3 und Abs. 5 SGB I greifen gerade nicht.
19 BGH, Vollstreckung effektiv 2003, 130 = ZVI 2003, 110 =WM 2003, 548 = ZInsO 2003, 330=MDR 2003, 525=NJW 2003, 1457 = Rpfleger 2003, 305 = KKZ 2003, 121 = FamRZ 2003, 1010 = DGVZ 2003, 118 = JurBüro 2003, 438; Gottwald/*Mock*, § 829 Rn 8 m.w.N.

werden,[20] wie z.B. ALG I, ALG II, Altersrenten, BAföG-Zahlungen, Krankengeld etc. Deshalb sind in § 54 Abs. 4 SGB I auch künftige Forderungen auf Sozialleistungen, z.B. aus der gesetzlichen Altersrente, die bei Fälligkeit durch laufende Geldleistungen berichtigt werden, mit erfasst.[21] Solche Leistungen verlieren ihren Charakter als laufende Zahlungen auch dann nicht, wenn sie verspätet sind oder als sog. Nachzahlungen mehrere Zeitabschnitte umfassen.[22]

II. Pfändungsverfahren

31 Das Pfändungsverfahren bestimmt sich wie bei der Pfändung von Arbeitseinkommen gem. §§ 829 ff. ZPO. **Drittschuldner** ist der jeweilige **Leistungsträger**.

32 Wie bei der Pfändung von Arbeitseinkommen sind das Bestehen sowie die Höhe der zu pfändenden Forderung vom Gläubiger nicht nachzuweisen. Vielmehr findet lediglich eine eingeschränkte Schlüssigkeitsprüfung statt: Die Richtigkeit des Gläubigervortrags unterstellt, muss die begehrte Forderung gemäß § 851 ZPO pfändbar sein. Nur bei erkennbarer Uneinbringlichkeit (= evidentes Nichtbestehen) ist der Erlass eines Pfändungsbeschlusses abzulehnen.

33 Das Gericht erlässt bei **gewöhnlichen Ansprüchen** einen sog. **Blankettbeschluss**, in dem es auf die Lohnpfändungstabelle nach § 850c Abs. 3 ZPO verweist. Es ist dann Aufgabe des Leistungsträgers, die pfändbaren Beträge zu ermitteln. Die Pfändung erstreckt sich auch auf erst künftig fällig werdende Sozialleistungen (§ 832 ZPO[23]). Wie bei Arbeitseinkommen ist die Pfändung auch dann zulässig, wenn die zu pfändende Sozialleistung gegenwärtig unter der Freigrenze des § 850c ZPO liegt. Die Sozialleistungsansprüche nicht erwerbstätiger Schuldner, die nach § 54 Abs. 4 SGB I wie Arbeitseinkommen pfändbar sind, unterliegen den pauschalierten Pfändungsfreigrenzen des § 850c ZPO ohne Abschläge für etwaigen Minderbedarf, z.B. wegen der Kosten der Fahrten zur Arbeitsstätte oder dergleichen.[24]

34 Bei **bevorrechtigten Unterhaltsgläubigern** wegen gesetzlicher **Unterhaltsansprüche** (§ 850d ZPO[25]) bzw. bei Ansprüchen aus vorsätzlich begangener unerlaubter Handlung

---

20 BT-Drucks 12/5187 S. 29.
21 BGH, Vollstreckung effektiv 2003, 130 = ZVI 2003, 110 =WM 2003, 548 = ZInsO 2003, 330=MDR 2003, 525=NJW 2003, 1457 = Rpfleger 2003, 305 = KKZ 2003, 121 = FamRZ 2003, 1010 = DGVZ 2003, 118 = JurBüro 2003, 438; Gottwald/*Mock*, § 829 Rn 8 m.w.N.
22 *Stöber*, Rn 1362 m.w.N.; zur Unpfändbarkeit von SGB II-Nachzahlungen vgl. BGH, Vollstreckung effektiv 2018, 56.
23 Vgl. auch § 6 Rdn 48.
24 BGH, InVo 2004, 151 = Rpfleger 2004, 232 = MDR 2004, 471 = KKZ 2006, 65 = NJW-RR 2004, 1439 = FamRZ 2004, 439 = WM 2004, 398 = ZVI 2004, 44.
25 Vgl. auch § 6 Rdn 217 ff.

(§ 850f Abs. 2 ZPO;[26] **Deliktsforderung**) setzt das Vollstreckungsgericht den pfändungsfreien Betrag auf Antrag des Gläubigers fest.
I.R.d. § 850d Abs. 3 ZPO ist eine Vorratspfändung möglich.[27]   35
Eine **Addition** mehrerer Sozialleistungen bzw. Arbeitseinkommen und Sozialleistungen   36
ist auf Gläubigerantrag hin möglich (§§ 850e Nr. 2, 2a ZPO[28]). Sowohl § 850e Nr. 2a ZPO als auch § 54 Abs. 4 SGB I schließen es jedoch aus, Ansprüche auf Arbeitseinkommen mit Sozialleistungen oder Ansprüche auf verschiedene Sozialleistungen untereinander zusammenzurechnen, soweit diese der Pfändung nicht unterworfen sind.[29]

In der Praxis werden laufende Sozialleistungen mit den amtlichen Formularen unter **Anspruch B oder Anspruch G** gepfändet.   37

Unter Anspruch B fallen nur **Ansprüche gegen die Agentur für Arbeit**, somit   38

- Arbeitslosengeld I und II,
- Teilarbeitslosengeld,
- Unterhaltsgeld bei Weiterbildung,
- Übergangsgeld bei Behinderung,
- Ausbildungsgeld bei Behinderung,
- Insolvenzgeld und Kurzarbeitergeld und
- **Ansprüche an Versicherungsträger** für Ansprüche nach dem **Sozialgesetzbuch**.

Solche **Sozialversicherungsträger** sind Institutionen und Stellen, die aufgrund eines   39
Versicherungsverhältnisses Leistungen der sozialen Sicherheit erbringen. Zu ihnen gehören die gesetzlichen Krankenkassen, die Deutsche Rentenversicherung Bund sowie die Berufsgenossenschaften. In Deutschland existieren folgende Sozialversicherungsträger:

- Krankenkassen (Allgemeine Ortskrankenkassen – AOK; Betriebskrankenkassen – BKK; Innungskrankenkassen – IKK; Ersatzkassen -EK),
- bei den Krankenkassen angesiedelte Pflegekassen,
- Rentenversicherungsträger unter dem Namen Deutsche Rentenversicherung,
- Unfallversicherungsträger,
- neun gewerbliche Berufsgenossenschaften,
- See-Berufsgenossenschaft,
- Gemeindeunfallversicherungsverbände,
- Unfallkasse des Bundes und weitere Unfallkassen,

---

26 Vgl. auch § 6 Rdn 470 ff.
27 Vgl. auch § 6 Rdn 284 ff.
28 Vgl. auch § 6 Rdn 377 ff., 383 ff.
29 BGH, Vollstreckung effektiv 2005, 170 = WM 2005, 1369 = NJW-RR 2005, 1010 = Rpfleger 2005, 451 = FamRZ 2005, 1244 = BGHReport 2005, 1147 = InVo 2005, 366 = JurBüro 2005, 495 = MDR 2005, 1136 = HVBG-INFO 2005, 811 = ZVI 2006, 20 = KKZ 2006, 198; vgl. auch Gottwald/*Mock*, § 850e Rn 28; vgl. auch § 6 Rdn 387.

§ 9 Die Pfändung von Sozialleistungen

- Verbundträger,
- Deutsche Rentenversicherung Knappschaft-Bahn-See (DRV-KBS)
- und Sozialversicherung für Landwirtschaft, Forsten und Gartenbau (SVLFG).

40 *Taktischer Hinweis*

Ein häufiger Fehler in der Vollstreckungspraxis besteht darin, **Rentenansprüche** von der **Versorgungsanstalt des Bundes** und der **Länder** bzw. **Zusatzversorgungsansprüche der Städte** im amtlichen Formular unter „Forderung aus Anspruch B (an Agentur für Arbeit bzw. Versicherungsträger)" einzutragen. Solche Rentenansprüche stellen keine Rente des gesetzlichen Rententrägers dar. Sie werden vielmehr den Arbeitnehmern des öffentlichen Dienstes im Wege einer privatrechtlichen Versicherung als zusätzliche Alters- und Hinterbliebenenversorgung gewährt. Sie gehören demnach zur Zwangsvollstreckung von **Arbeitseinkommen** im Sinne des § 850 Abs. 3 lit. b ZPO,[30] werden somit mittels „**Anspruch A**" gepfändet.

41 **Merke**: Alle anderen nicht unter B oder A einzutragenden Ansprüche werden unter Anspruch G eingetragen.

42 *Taktischer Hinweis*

Unter „Anspruch B" findet sich zudem folgende Formulierung:

> ☐ **B (an Agentur für Arbeit bzw. Versicherungsträger)**
> Art der Sozialleistung: _____
> Konto-/Versicherungsnummer: _____

Weiter heißt es im amtlichen Formular unter „Anspruch B (an Agentur für Arbeit bzw. Versicherungsträger)":

> **Anspruch B (an Agentur für Arbeit bzw. Versicherungsträger)**
> auf Zahlung der gegenwärtig und künftig nach dem Sozialgesetzbuch zustehenden Geldleistungen. Die Art der Sozialleistungen ist oben angegeben.

Die „Forderung aus Anspruch B" verlangt somit **ausdrücklich** die Benennung der „Art der Sozialleistung". Oftmals wird in der Praxis allerdings im genannten Feld „oben" nichts angegeben. Damit ist die Pfändung zu unbestimmt[31] und scheitert.

43 Gerade wenn als Drittschuldnerin die **Deutsche Rentenversicherung** angegeben wird, wird regelmäßig gegen den Pfändungs- und Überweisungsbeschluss Erinnerung gemäß § 766 ZPO eingelegt und die Aufhebung der Pfändung beantragt – und zwar zu Recht!

---

30 *Stöber*, Rn 892, 894.
31 Vgl. auch zur Bestimmtheit des Rechtsgrunds der zu pfändenden Forderung(en) § 5 Rdn 6 ff.

E. Pfändung laufender Sozialleistungen § 9

Denn gerade die Deutsche Rentenversicherung als Trägerin der gesetzlichen Rentenversicherung erbringt eine Vielzahl verschiedener Geldleistungen, wie z.b. Abfindungen, Renten, Übergangsgeld, Beitragserstattungen, etc. Wenn also der Gläubiger die Art der Sozialleistung nicht benennt, ist nicht ersichtlich, auf welche konkrete Leistung sich der Pfändungsbeschluss erstreckt. 44

Auch kann man bei einer solchen Eintragung im amtlichen Formular nicht einfach davon ausgehen, dass sämtliche denkbaren Sozialleistungsansprüche gepfändet sein sollen. 45

Nach § 54 Abs. 2 SGB I können zwar etwaige Ansprüche auf einmalige Geldleistungen nur gepfändet werden, soweit dies nach den Umständen des Einzelfalls, insbesondere nach den Einkommens- und Vermögensverhältnissen des Leistungsberechtigten, der Art des beizutreibenden Anspruchs sowie der Höhe und Zweckbestimmung der Geldleistung, der Billigkeit entspricht. Wenn dies der Fall sein sollte, muss das Vollstreckungsgericht bei Erlass des Pfändungsbeschlusses jedoch zuvor eine solche Billigkeitsprüfung vornehmen. Dies muss dann im Antrag durch den Gläubiger auch dargelegt werden. Wenn aber dem Gericht die Forderung mangels Bestimmtheit überhaupt nicht bekannt ist, kann es auch keine Billigkeitsprüfung vornehmen. 46

Gläubiger sollten daher im Vorfeld dringend klären, welche konkrete Sozialleistung der Schuldner bezieht. I.R.d. **Vermögensauskunft** wird im Vermögensverzeichnis unter Nr. 10 u.a. nach solchen Sozialleistungen gefragt. Hier muss der Schuldner dann auch konkret Angaben machen, weil diese Angaben für den Erlass und das Bestehen eines vom Gläubiger zu beantragenden Pfändungsbeschlusses entscheidend sind. 47

§ 802f Abs. 1 S. 3 ZPO bestimmt ausdrücklich, dass der Schuldner die zur Abgabe der Vermögensauskunft erforderlichen Unterlagen im Termin beibringen muss. Tut er dies nicht, verletzt er seine Auskunftspflicht.[32] Er ist dann in das Schuldnerverzeichnis einzutragen.[33] In der Praxis hat es sich allerdings bewährt, dass der Gerichtsvollzieher dem Schuldner zur Beibringung der Unterlagen eine Nachfrist setzt. Dieses Verfahren sollten Gläubiger beim Gerichtsvollzieher auch anregen. 48

Beantragt der Gläubiger mittels des **amtlichen Gerichtsvollzieherformulars** über das Modul M1, Drittauskünfte gem. § 802l Abs. 1 Nr. 1 bei den Trägern der gesetzlichen Rentenversicherungen einzuholen, erhält er lediglich die Namen, Vornamen bzw. Firma sowie die Anschriften des derzeitigen Arbeitgebers eines versicherungspflichtigen Beschäftigungsverhältnisses. Konkrete Angaben zur Forderung kann der Gläubiger also nicht erkennen. Insofern ist dies im Zweifel wiederum über die Vermögensauskunft zu abzufragen. 49

---

32 MüKo-ZPO/*Wagner*, § 802f Rn 14.
33 *Vorwerk/Wolf*, BeckOK-ZPO, § 802f Rn 4.

F. Pfändung von Geldleistungen für Kinder

I. Grundsatz

50 Kindergeld kann entweder nach § 54 Abs. 5 SGB I als **Sozialleistung** nach dem Bundeskindergeldgesetz (BKGG) oder gem. **§ 76 EStG gepfändet** werden.

51 Kindergeld wird entweder nach dem Bundeskindergeldgesetz BKGG dem Leistungsberechtigten direkt oder gem. § 31 S. 3 EStG als Steuervergütung gezahlt. Im letzten Fall ist das steuerrechtliche Kindergeld dann als sog. Steuerfreibetrag derart ausgestaltet, dass sich das nach § 850c ZPO pfändbare Nettoeinkommen dadurch praktisch erhöht. Folge: durch das Kindergeld als Steuerfreibetrag können auch andere Gläubiger und nicht nur unterhaltsberechtigte Kinder auf ein höheres (Netto-)Arbeitseinkommen i.S.d. § 850c ZPO zugreifen. Das will § 76 EStG verhindern.

II. Pfändbarkeit nur wegen gesetzlicher Unterhaltsansprüche der berücksichtigten Kinder

52 In beiden genannten Fällen d.h. bei der Pfändung nach § 54 Abs. 5 SGB I bzw. § 76 EStG kann der Anspruch des Leistungsberechtigten (Schuldner) auf das Kindergeld wegen seiner Zweckbestimmung **nur durch** das jeweilige **Kind als Pfändungsgläubiger** gepfändet werden und zwar wegen dessen **gesetzlicher** – nicht vertraglicher[34] – **Unterhaltsansprüche. Drittschuldner** ist in beiden Fällen die **Familienkasse** (§ 46 Abs. 7 AO, § 13 BKGG).

53 *Taktischer Hinweis*

Eine Pfändung durch andere gesetzliche Unterhaltsgläubiger wie z.B. (frühere) Ehegatten, Kinder, die keinen Anspruch auf die Leistung haben oder Dritte, auf die der Unterhaltsanspruch des Kindes übergegangen ist (z.B. Bundesland gem. § 7 UVG) scheidet daher aus.

54 Pfändungsgläubiger kann somit jedes Kind sein, das „bei der Festsetzung der Geldleistungen berücksichtigt wird" (§ 76 Abs. 1 S. 1 EStG, 54 Abs. 5 S. 1 SGB I).[35] Hierunter fallen:

- **Zahlkinder**: Das sind Kinder, für die die Leistung tatsächlich erbracht wird. Der Leistungsberechtigte erhält derzeit für die ersten beiden Kinder monatlich 194 EUR, für das dritte Kind monatlich 200 EUR und ab dem vierten Kind monatlich 225 EUR.

---

34 Ausnahme, wenn die vertraglichen Regelungen den gesetzlichen Unterhaltsanspruch konkretisieren; vgl. BGH, FoVo 2013, 31 = Rpfleger 2012, 696 = NJW 2013, 239; MDR 2012, 1370 = FamRZ 2012, 1799 = Rpfleger 2012, 696 = NJW 2013, 239 = FoVo 2013, 31; Rpfleger 2009, 629 = Vollstreckung effektiv 2009, 169 = FoVo 2009, 202 = NJW-Spezial 2009, 725 = AGS 2009, 559; RGZ 164, 65 (68); OLG Frankfurt/Main, JurBüro 1980, 788; *Stöber*, Rn 1077; *Hoffmann*, NJW 1973, 1111 (1113); vgl. auch § 6 Rdn 220.
35 Schlegel/Voelzke/*Pflüger*, jurisPK-SGB I,§ 54 SGB I Rn 104 f.

F. Pfändung von Geldleistungen für Kinder § 9

- **Zählkinder:**[36] Als Zählkinder bezeichnet man bei der Festsetzung des Kindergeldes Kinder aus einer anderen Beziehung, die bei einem Elternteil zu berücksichtigen sind, ohne dass dieser das Kindergeld hierfür erhält. Zählkinder haben die Wirkung, dass jüngere (Halb-) Geschwister in der Kindergeldhöhe aufrutschen, da das Kindergeld nach Anzahl und Alter der Kinder gestaffelt ist. Ein Kind, für das ein Elternteil einen Kindergeldanspruch hat, wird als Zählkind bezeichnet. Der Vorteil liegt also darin, dass ein höheres Kindergeld ausgezahlt wird, da die Anzahl der Kinder rechnerisch höher gesetzt wird. Dieser Vorteil gilt aber nur bei einer entsprechenden Anzahl von Kindern und beschränkt sich auf höchstens vier Kinder.

Beispiel 55

Der Schuldner hat drei minderjährige eheliche Kinder im Alter von 1, 4 und 9 Jahren. Daneben hat er noch ein nicht eheliches Kind im Alter von 17 Jahren. Dieses lebt bei der Mutter.

Der Schuldner erhält folgendes Kindergeld ausgezahlt:

Erstes Kind (17 Jahre):	keine Auszahlung
Zweites Kind (9 Jahre):	194 EUR
Drittes Kind (4 Jahre):	200 EUR
Viertes Kind (1 Jahr):	225 EUR
Summe	**619 EUR**

Das nichteheliche Kind ist ein „Zählkind". Die drei Kinder aus der Ehe sind hingegen „Zahlkinder".

Der Schuldner kann sein weiteres leibliches Kind, das nicht bei ihm wohnt bei der Kindergeldberechnung mitzählen. Die drei jüngeren Kinder werden somit wie die Kinder Nummer zwei, drei und vier gezählt.

Ohne diesen Zählvorteil würde der Schuldner bei drei Zahlkindern erhalten:

Erstes Kind (9 Jahre):	194 EUR
Zweites Kind (4 Jahre):	194 EUR
Drittes Kind (1 Jahr):	200 EUR
Summe	**588 EUR**

Der **Zählkindvorteil** beträgt somit 619 EUR – 588 EUR = **31 EUR**.

---

36 Https://www.kindergeld.org/zaehlkinder.html.

III. Höhe des pfändbaren Betrages beim Kindergeld

56 Für die Höhe des pfändbaren Betrages ist § 54 Abs. 5 S. 2 SGB I bzw. § 76 S. 2 EStG zu beachten. Dabei ist wie folgt zu unterscheiden:

1. Vollstreckung nur durch Zahlkind – Zählkinder sind nicht vorhanden

57 Gehört das unterhaltsberechtigte Kind zum Kreis der Kinder, für die dem leistungsberechtigten Schuldner Kindergeld gezahlt wird, so ist eine Pfändung bis zu dem Betrag möglich, der bei gleichmäßiger Verteilung des Kindergeldes auf jedes dieser Kinder entfällt. Ist das Kindergeld durch die Berücksichtigung eines weiteren Kindes erhöht, für das einer dritten Person Kindergeld oder dieser bzw. dem Leistungsberechtigten eine andere Geldleistung für Kinder zusteht, so bleibt der Erhöhungsbetrag bei der Bestimmung des pfändbaren Betrages des Kindergeldes nach § 54 Abs. 5 S. 1 SGB I[37] außer Betracht.

58 Im Klartext bedeutet dies, dass das dem Schuldner insgesamt zustehende Kindergeld gleichmäßig auf **alle Zahlkinder** verteilt wird. Hierunter fallen auch Kinder, die nicht unterhaltsberechtigt sind, für die der Schuldner jedoch Kindergeld bezieht, so z.b. Stiefkinder und Pflegekinder, die im Haushalt des Schuldners leben.[38]

59 *Beispiel*

Im Haushalt des Schuldners lebt nur der Ehegatte. Das nicht eheliche Kind vollstreckt wegen titulierter gesetzlicher Unterhaltsansprüche. Der Schuldner bezieht monatlich Kindergeld i.H.v. 194 EUR. Weitere Kinder existieren nicht.

Lösung

Das Kindergeld ist in voller Höhe pfändbar.

60 *Beispiel*

Der Schuldner hat insgesamt drei Kinder und bezieht für jedes Kindergeld. Ein Kind vollstreckt wegen titulierter gesetzlicher Unterhaltsansprüche.

Lösung

Der Schuldner erhält für das erste und zweite Kind Kindergeld i.H.v. 194 EUR monatlich. Für das dritte Kind erhält er monatlich 200 EUR, insgesamt somit 588 EUR monatlich. Dieser Betrag ist auf die drei Kinder gleichmäßig zu verteilen. Somit ergibt sich ein Betrag von 196 EUR/Kind. Das vollstreckende Kind darf somit diesen Betrag von 196 EUR pfänden.

---

37 Vgl. auch § 76 S. 2 Nr. 1 EStG.
38 Schlegel/Voelzke/*Pflüger*, jurisPK-SGB I,§ 54 SGB I Rn 110; *Stöber*, Rn 153e.

Beispiel 61

Der Schuldner hat insgesamt fünf Kinder und bezieht für jedes Kindergeld. Ein Kind vollstreckt wegen titulierter gesetzlicher Unterhaltsansprüche.

Lösung

Der Schuldner erhält für das erste und zweite Kind Kindergeld i.H.v. 194 EUR monatlich. Für das dritte Kind erhält er monatlich 200 EUR, für das vierte und fünfte Kind jeweils monatlich 225 EUR, insgesamt somit 1.038 EUR monatlich. Dieser Betrag ist auf die fünf Kinder gleichmäßig zu verteilen. Somit ergibt sich ein Betrag von 207,60 EUR/Kind. Das vollstreckende Kind darf somit diesen Betrag von 207,60 EUR pfänden.

2. Vollstreckung durch Zahlkind – Zählkind(er) vorhanden

Ist neben den Zahlkindern auch ein „Zählkind" vorhanden, wird der pfändbare Betrag zunächst ohne Berücksichtigung des Zählkindvorteils festgelegt (§ 54 Abs. 5 S. 2 Nr. 1 SGB I[39]). Anschließend wird nach § 54 Abs. 2 S. 2 Nr. 2 SGB I[40] der Zählkindvorteil ermittelt und gleichmäßig auf alle (Zahl- und Zählkinder) verteilt.[41] 62

Beispiel 63

Der Schuldner hat in seinem Haushalt insgesamt drei Kinder und ein weiteres nicht eheliches Kind, welches bei der Kindesmutter lebt. Er bezieht für drei Kinder Kindergeld i.H.v. jeweils 194 EUR monatlich für das erste und zweite Kind und monatlich 200 EUR für das dritte Kind, insgesamt somit 588 EUR. Ein Kind vollstreckt wegen titulierter gesetzlicher Unterhaltsansprüche.

Lösung

Schritt 1: Ermittlung des pfändbaren Betrages ohne Zählkindvorteil

Der Gesamtbetrag von 588 EUR ist gleichmäßig auf die drei Zahl-Kinder zu verteilen. Somit ergibt sich ein Betrag von 196 EUR/Kind. Der **pfändbare Betrag** beträgt somit **196 EUR**.

Schritt 1: Ermittlung des Zählkindvorteils

Erstes Kind:	keine Auszahlung
Zweites Kind:	194 EUR
Drittes Kind:	200 EUR
Viertes Kind:	225 EUR
Summe	**619 EUR**

---

39 Vgl. auch § 76 S. 2 Nr. 1 EStG.
40 Vgl. auch § 76 S. 2 Nr. 2 EStG.
41 Schlegel/Voelzke/*Pflüger*, jurisPK-SGB I,§ 54 SGB I Rn 111.

Der Zählkindvorteil beträgt somit 619 EUR – 588 EUR = 31 EUR. Dieser Betrag ist auf alle Kinder d.h. Zahl- und Zählkinder gleichmäßig zu verteilen: 31 EUR : 4 = 7,75 EUR/Kind; der pfändbare Betrag ist somit 196 EUR + 7,75 EUR = 203,75 EUR. Dieser Betrag ist insgesamt pfändbar.

3. Vollstreckung durch Zählkind

64 Ein Zählkind hat nur die Möglichkeit, den **Anteil am Zählkindvorteil** zu pfänden (§ 54 Abs. 5 S. 2 Nr. 2 SGB I[42]). Der Erhöhungsbetrag (§ 54 Abs. 5 S. 2 Nr. 1 S. 2[43]) ist zugunsten jedes bei der Festsetzung des Kindergeldes berücksichtigten unterhaltsberechtigten Kindes zu dem Anteil pfändbar, der sich bei gleichmäßiger Verteilung auf alle Kinder, die bei der Festsetzung des Kindergeldes zugunsten des Leistungsberechtigten berücksichtigt werden, ergibt.

65 *Beispiel*
Der Schuldner hat in seinem Haushalt insgesamt 3 Kinder und ein weiteres nicht eheliches Kind, welches bei der Kindesmutter lebt. Er bezieht für 3 Kinder Kindegeld i.H.v. jeweils 194 EUR monatlich für das erste und zweite Kind und monatlich 200 EUR für das dritte Kind, insgesamt somit 588 EUR. Das nicht eheliche Kind vollstreckt wegen titulierter gesetzlicher Unterhaltsansprüche.

Lösung
Schritt 1: Ermittlung des pfändbaren Betrages ohne Zählkindvorteil
Der Gesamtbetrag von 588 EUR ist gleichmäßig auf die drei Zahl-Kinder zu verteilen. Somit ergibt sich ein Betrag von 196 EUR/Kind. Der **pfändbare Betrag** beträgt somit **196 EUR**.

Schritt 1: Ermittlung des Zählkindvorteils

Erstes Kind:	keine Auszahlung
Zweites Kind:	194 EUR
Drittes Kind:	200 EUR
Viertes Kind:	225 EUR
Summe	**619 EUR**

Der Zählkindvorteil beträgt somit 619 EUR – 588 EUR = 31 EUR. Dieser Betrag ist gleichmäßig auf alle Kinder d.h. Zahl- und Zählkinder zu verteilen: 31 EUR : 4 = 7,75 EUR/Kind; nur dieser Betrag ist somit für das Zählkind pfändbar.

---

42 Vgl. auch § 76 S. 2 Nr. 2 EStG.
43 Vgl. auch § 76 S. 2 Nr. 1 S. 2 EStG.

4. Besonderheiten: Zusammenrechnung von Kindergeld mit Arbeitseinkommen bzw. Sozialleistungen

Eine Addition von Kindergeld mit anderen Sozialleistungen ist auf Gläubigerantrag möglich (§§ 850e Nr. 2, 2a ZPO).[44] Sowohl § 850e Nr. 2a ZPO als auch § 54 Abs. 4 SGB I schließen es jedoch aus, Ansprüche auf Arbeitseinkommen mit Sozialleistungen oder Ansprüche auf verschiedene Sozialleistungen untereinander zusammenzurechnen, soweit diese der Pfändung nicht unterworfen sind. Darüber hinaus wird in den amtlichen Pfändungsformularen ausdrücklich auf Seite 7 bzw. 8 auf Folgendes hingewiesen:

66

> ☐ **Es wird angeordnet**, dass zur Berechnung des nach § 850c ZPO pfändbaren Teils des Gesamteinkommens zusammenzurechnen sind:
> ☐ laufende Geldleistungen nach dem Sozialgesetzbuch von Drittschuldner (genaue Bezeichnung der Leistungsart und des Drittschuldners) _____ und
> ☐ Arbeitseinkommen bei Drittschuldner (genaue Bezeichnung) _____
>
> Der unpfändbare Grundbetrag ist in erster Linie den laufenden Geldleistungen nach dem Sozialgesetzbuch zu entnehmen. Ansprüche auf Geldleistungen für Kinder dürfen mit Arbeitseinkommen nur zusammengerechnet werden, soweit sie nach § 76 des Einkommensteuergesetzes (EStG) oder nach § 54 Absatz 5 des Ersten Buches Sozialgesetzbuch (SGB I) gepfändet werden können.

Taktischer Hinweis 67

Die Familienkasse ist gehalten, in der Drittschuldnererklärung nach § 840 Abs. 1 ZPO unter Bezugnahme auf § 54 Abs. 5 SGB I, § 76 S. 1 EStG auf die Unwirksamkeit der Pfändung hinzuweisen, wenn Kindergeld wegen anderer Forderungen als Unterhaltsansprüchen eines Zahl- oder Zählkindes gepfändet wird.

G. Pfändung von Sozialleistungen und Pfändungsschutzkonto

Auch wenn die Pfändung von Sozialleistungen an der Quelle, d.h. beim jeweiligen Leistungsträger nicht greift, weil z.B. die Höhe der Pfändungsfreigrenze nicht überschritten wird oder ggf. Unpfändbarkeit besteht, gilt dies bei einer Kontopfändung nicht.

68

Werden nämlich Sozialleistungen auf dem Girokonto eines Schuldners, welches nicht ein Pfändungsschutzkonto ist, gutgeschrieben, so unterfallen diese komplett der Pfändung. Der Schuldner ist somit schutzlos.

69

---

[44] BGH, Vollstreckung effektiv 2005, 170 = WM 2005, 1369 = NJW-RR 2005, 1010 = Rpfleger 2005, 451 = FamRZ 2005, 1244 = BGHReport 2005, 1147 = InVo 2005, 366 = JurBüro 2005, 495 = MDR 2005, 1136 = HVBG-INFO 2005, 811 = ZVI 2006, 20 = KKZ 2006, 198; vgl. auch Gottwald/*Mock*, § 850e Rn 28.

§ 9 Die Pfändung von Sozialleistungen

70 **Kontopfändungsschutz** auch für Sozialleistungen – abgesehen von der Generalklausel des § 765a ZPO – gewährt **nur** ein **Pfändungsschutzkonto** (sog. P-Konto).[45] Diesem Schutz entzieht sich ein Schuldner selbst, indem er es unterlässt, dafür Sorge zu tragen, dass Zahlungen auf seinem Pfändungsschutzkonto eingehen, und er allein aufgrund des fehlenden Pfändungsschutzkontos den Fall einer besonderen Härte im Sinne des § 765a ZPO herbeizuführen sucht. Ein Schuldner hat daher selbst für den Schutz seiner Zahlungseingänge Sorge zu tragen, indem er alles dafür veranlasst, dass seine Zahlungen auf einem eigenen Pfändungsschutzkonto statt z.b. auf dem Konto eines Dritten[46] bzw. einem Nicht-P-Konto eingehen.

71 Zur Problematik bei **Nachzahlungen von Sozialleistungen** vgl. auch die die Ausführungen zu § 850k ZPO „Nachzahlungen auf dem P-Konto". Zum **befristeten Aufrechnungsverbot** durch das Kreditinstitut bei überzogenem Konto, wenn Sozialleistungen bzw. Kindergeld gutgeschrieben wird vgl. die Ausführungen zu § 850k Abs. 6 ZPO.[47]

H. Pfändung einzelner Sozialleistungen

I. Arbeitslosengeld I

72 Arbeitslosengeld I kann gem. § 54 Abs. 4 SGB I „wie Arbeitseinkommen" gepfändet werden. Damit gelten die Regelungen nach §§ 850 ff. ZPO entsprechend. **Drittschuldner** ist nach § 334 SGB III die Agentur für Arbeit. Gem. § 850e Nr. 2a ZPO besteht die Möglichkeit der Zusammenrechnung mit weiteren Einkünften des Schuldners.

Drittschuldner (genaue Bezeichnung des Drittschuldners: Firma bzw. Vor- und Zuname, vertretungsberechtigte Person/-en, jeweils mit Anschrift; Postfach-Angabe ist nicht zulässig; bei mehreren Drittschuldnern ist eine Zuordnung des Drittschuldners zu der/den zu pfändenden Forderung/-en vorzunehmen)
Herr / Frau / Firma
Agentur für Arbeit

Forderung aus Anspruch
☐ A (an Arbeitgeber)
☒ B (an Agentur für Arbeit bzw. Versicherungsträger)
    Art der Sozialleistung: Arbeitslosengeld (§ 54 Abs. 4 SGB I)
    Konto-/Versicherungsnummer:

---

[45] BT-Drucks 16/12714 S. 16; BVerfG, Vollstreckung effektiv 2015, 206 = NJW 2015, 3083 = DGVZ 2015, 202 = WuB 2015, 601 = JurBüro 2016, 48 = zfm 2015, 199 = FoVo 2015, 192.
[46] In diesem Fall kann der Gläubiger den dem Schuldner gem. § 667 BGB zustehenden Auszahlungsanspruch gegen den Dritten pfänden; vgl. BGH, Vollstreckung effektiv 2008, 47; vgl. auch § 8 Rdn 377 ff.
[47] Vgl. § 7 Rdn 62 ff.

H. Pfändung einzelner Sozialleistungen § 9

73

Taktischer Hinweis
Insbesondere wenn der Schuldner neben Arbeitslosengeld noch zusätzlich Wohngeld bezieht, macht eine Addition für **Vermieter als Gläubiger** Sinn. Denn nur der Vermieter als Gläubiger darf auf Wohngeldansprüche zugreifen (vgl. § 54 Abs. 2 Nr. 2a SGB I). Zu beachten ist jedoch, dass durch den Gläubiger **zwei Drittschuldner** zu benennen sind: Für
- das Arbeitslosengeld die Agentur für Arbeit,
- für das Wohngeld die Stadt, Kommune bzw. Gemeinde.

74

Es wird gemäß dem nachfolgenden Entwurf des Beschlusses Antrag gestellt auf
- ☐ Zusammenrechnung mehrerer Arbeitseinkommen (§ 850e Nummer 2 ZPO)
- ☐ Zusammenrechnung von Arbeitseinkommen und Sozialleistungen (§ 850e Nummer 2a ZPO)
- ☒ Zusammenrechnung mehrerer Sozialleistungen

Drittschuldner (genaue Bezeichnung des Drittschuldners: Firma bzw. Vor- und Zuname, vertretungsberechtigte Person/-en, jeweils mit Anschrift; Postfach-Angabe ist nicht zulässig; bei mehreren Drittschuldnern ist eine Zuordnung des Drittschuldners zu der/den zu pfändenden Forderung/-en vorzunehmen)
Herr/Frau/Firma
Drittschuldner zu 1.: Agentur für Arbeit (Anspruch B)
Drittschuldner zu 2.: Stadt, Kommune, Gemeinde (wenn Schuldner zusätzlich noch Wohngeld bezieht) (Anspruch B)

Forderung aus Anspruch
- ☐ A (an Arbeitgeber)
- ☒ B (an Agentur für Arbeit bzw. Versicherungsträger)
  Art der Sozialleistung: Arbeitslosen-, Wohngeld
  Konto-/Versicherungsnummer:

> ☒ **Sonstige Anordnungen:**
> Es wird angeordnet, dass zur Berechnung des nach § 850c ZPO pfändbaren Teils des Gesamteinkommens die laufenden Geldleistungen nach dem Sozialgesetzbuch von Drittschuldner zu 1. und Drittschuldner zu 2. zusammenzurechnen sind.
> Der unpfändbare Grundbetrag ist in erster Linie den laufenden Geldleistungen beim Drittschuldner zu ... zu entnehmen, da dieses das höhere Einkommen darstellt.

II. Arbeitslosengeld II

75 Gem. § 42 Abs. 4 SGB II kann der Anspruch auf Leistungen zur Sicherung des Lebensunterhaltes nicht abgetreten, übertragen, verpfändet oder gepfändet werden. Eine **Ausnahme** besteht i.R.d. § 53 Abs. 2, 3 SGB I.

76 § **53 SGB I:**
[...]
(2) Ansprüche auf Geldleistungen können übertragen und verpfändet werden
1. zur Erfüllung oder zur Sicherung von Ansprüchen auf Rückzahlung von Darlehen und auf Erstattung von Aufwendungen, die im Vorgriff auf fällig gewordene Sozialleistungen zu einer angemessenen Lebensführung gegeben oder gemacht worden sind oder,
2. wenn der zuständige Leistungsträger feststellt, daß die Übertragung oder Verpfändung im wohlverstandenen Interesse des Berechtigten liegt.

(3) Ansprüche auf laufende Geldleistungen, die der Sicherung des Lebensunterhalts zu dienen bestimmt sind, können in anderen Fällen übertragen und verpfändet werden, soweit sie den für Arbeitseinkommen geltenden unpfändbaren Betrag übersteigen.

77 Ansprüche auf laufende Geldleistungen zur Sicherung des Lebensunterhalts nach dem Zweiten Buch Sozialgesetzbuch (Arbeitslosengeld II) sind gem. § 54 Abs. 4 SGB I wie Arbeitseinkommen nach Maßgabe der Vorschriften in §§ 850c ff. ZPO pfändbar.[48] Da jedoch i.d.R. die Pfändungsfreigrenzen (§ 850c ZPO) aufgrund der Anspruchsvoraussetzungen für die Leistung nach § 7 SGB II nicht erreicht werden, scheidet eine Durchsetzbarkeit der Pfändbarkeit regelmäßig aus.

---

48 BGH, WM 2012, 2247 = ZInsO 2012, 2247 = EBE/BGH 2012, 382 = MDR 2013, 57 = ZVI 2012, 453 = Rpfleger 2013, 158 = NZI 2013, 194 = JurBüro 2013, 323 = Vollstreckung effektiv 2013, 2; NJW-RR 2011, 706 = Vollstreckung effektiv 2011, 43 = WM 2011, 76 = MDR 2011, 127 = FamRZ 2011, 208 = ZFSH/SGB 2011, 90 = Rpfleger 2011, 164 = WuB VI D § 850f ZPO 1.11 = JurBüro 2011, 213 = DGVZ 2012, 10 = KKZ 2012, 22 = ZInsO 2012, 601; VG München, Beschl. v. 12.2.2014 – M 15 E 14.32 – juris; AG Kassel, Beschl. v. 15.3.2012 – 620 M 6969/11 – juris.

III. Elterngeld

Am 1.1.2007 ist das Gesetz zur Einführung des Elterngeldes (Bundeselterngeld- und Elternzeitgesetzes = BEEG) in Kraft getreten.[49] Eltern können zwischen Elterngeld (sog. Basiselterngeld) und ElterngeldPlus wählen oder beides miteinander kombinieren.[50]

78

Basiselterngeld: Steht Eltern gemeinsam insgesamt 14 Monate zu, wenn sich beide an der Betreuung beteiligen und den Eltern dadurch Einkommen wegfällt. Sie können die Monate frei untereinander aufteilen. Ein Elternteil kann dabei mindestens zwei und höchstens zwölf Monate für sich in Anspruch nehmen.

79

ElterngeldPlus: Eltern haben die Möglichkeit, doppelt so lange Elterngeld (in maximal halber Höhe) in Anspruch zu nehmen. Aus einem bisherigen Elterngeldmonat werden zwei ElterngeldPlus-Monate. Eltern, die sich für ein partnerschaftliches Zeitarrangement entscheiden, erhalten einen Partnerschaftsbonus: Sie bekommen vier zusätzliche ElterngeldPlus-Monate, wenn sie in dieser Zeit gleichzeitig zwischen 25 und 30 Wochenstunden arbeiten. Dies gilt auch für getrennt erziehende Eltern, die als Eltern gemeinsam in Teilzeit gehen. Alleinerziehenden steht der gesamte Partnerschaftsbonus zu.

80

Die **Höhe** des Elterngeldes orientiert sich am monatlich verfügbaren Nettoeinkommen, das der betreuende Elternteil vor der Geburt des Kindes hatte und das nach der Geburt wegfällt. Eltern mit höheren Einkommen erhalten 65 %, Eltern mit niedrigeren Einkommen bis zu 100 % dieses Voreinkommens.

81

Das Elterngeld beträgt **mindestens 300 EUR** (150 EUR bei ElterngeldPlus) und **höchstens** 1.800 EUR (900 EUR bei ElterngeldPlus) monatlich. Das Mindestelterngeld von 300 EUR erhalten alle, die nach der Geburt ihr Kind selbst betreuen und höchstens 30 Stunden in der Woche arbeiten, etwa auch Studierende, Hausfrauen oder Hausmänner und Eltern, die wegen der Betreuung älterer Kinder nicht gearbeitet haben.

82

Mehrkindfamilien mit kleinen Kindern profitieren vom sog. Geschwisterbonus: Sie erhalten einen Zuschlag von 10 % des sonst zustehenden Elterngeldes, mindestens aber 75 EUR (37,50 EUR bei ElterngeldPlus). Bei **Mehrlingsgeburten** wird ein Mehrlingszuschlag von **300 EUR** (150 EUR bei ElterngeldPlus) für **jedes weitere neugeborene Kind** gezahlt. Das Elterngeld wird beim

83

- Arbeitslosengeld II,
- bei der Sozialhilfe
- und beim Kinderzuschlag

---

49 BGBl I 2006, S. 2748.
50 Vgl. auch https://www.bmfsfj.de/bmfsfj/themen/familie/familienleistungen/elterngeld/elterngeld-und-elterngeldplus/73752.

§ 9 Die Pfändung von Sozialleistungen

vollständig als Einkommen **angerechnet** – dies betrifft auch den Mindestbetrag von 300 EUR. **Ausnahme**: Alle Elterngeldberechtigten, die Arbeitslosengeld II, Sozialhilfe oder Kinderzuschlag beziehen und die vor der Geburt ihres Kindes bzw. ihrer Mehrlingskinder erwerbstätig waren, erhalten einen Elterngeldfreibetrag. Dieser Freibetrag liegt je nach Verdienst bei höchstens 300 EUR. Bis zu dieser Höhe steht das Elterngeld damit zusätzlich zur Verfügung.

84 Elterngeld unterliegt **bis zu 300 EUR** dem **Pfändungsschutz** und darf daher nicht gepfändet werden (§ 54 Abs. 3 Nr. 1 SGB I i.V.m. § 10 BEEG). Die den Sockelbetrag von 300 EUR übersteigenden Beträge unterliegen der Pfändung. Dies ist aber nur für Gläubiger interessant, wenn der pfändbare Betrag die Pfändungsgrenzen nach § 850c ZPO überschreitet.

85 *Taktischer Hinweis*

In diesem Zusammenhang spielt es eine wichtige Rolle, dass auch Schuldner die teilzeitbeschäftigt sind und deren durchschnittliche monatliche Arbeitszeit 30 Wochenstunden nicht übersteigt oder die eine Beschäftigung zur Berufsbildung ausüben, einen Anspruch auf Elterngeld besitzen (§ 1 Abs. 6 BEEG). Insofern können Gläubiger gem. § 850e Nr. 2a ZPO eine Addition beider Leistungen vornehmen.[51]

86 Zuständig für die Ausführung des Gesetzes sind die von den Landesregierungen bestimmten Stellen (§ 12 Abs. 1 BEEG). Diese auszahlenden Stellen sind im Falle einer Pfändung als **Drittschuldner** zu benennen. Die für den Schuldner zuständige Elterngeldstelle findet man über die Postleitzahlensuche des Familien-Wegweisers auf der Internet-Seite: https://www.bmfsfj.de/bmfsfj/themen/familie/familienleistungen/elterngeld/elterngeld-und-elterngeldplus/73752

87 *Muster: Pfändung von Elterngeld*

> Es wird gemäß dem nachfolgenden Entwurf des Beschlusses Antrag gestellt auf
>
> ☐ Zusammenrechnung mehrerer Arbeitseinkommen (§ 850e Nummer 2 ZPO)
>
> ☒ Zusammenrechnung von Arbeitseinkommen und Sozialleistungen (§ 850e Nummer 2a ZPO)
>
> ☐ Nichtberücksichtigung von Unterhaltsberechtigten (§ 850c Absatz 4 ZPO)
>
> ☐

---

51 *Mock*, Vollstreckung effektiv 2007, 37.

H. Pfändung einzelner Sozialleistungen § 9

Hinweis 88

Vorstehender Antrag auf Zusammenrechnung ist zu stellen, wenn der Schuldner noch zusätzlich bis zu maximal 30 Wochenstunden arbeitet oder sich in der Berufsausbildung befindet.

89

Drittschuldner (genaue Bezeichnung des Drittschuldners: Firma bzw. Vor- und Zuname, vertretungsberechtigte Person/-en, jeweils mit Anschrift; Postfach-Angabe ist nicht zulässig; bei mehreren Drittschuldnern ist eine Zuordnung des Drittschuldners zu der/den zu pfändenden Forderung/-en vorzunehmen)
Herr/Frau/Firma
Drittschuldner zu 1.: (Elterngeldstelle (Anspruch G)
(www.bmfsfj.de/bmfsfj/themen/familie/familienleistungen/elterngeld/elterngeld-und elterngeldplus/73752)
Drittschuldner zu 2.: (Anspruch A, wenn Schuldner noch teilzeit arbeitet)

Forderung aus Anspruch

- ☒ A (an Arbeitgeber)
- ☐ B (an Agentur für Arbeit bzw. Versicherungsträger)
  Art der Sozialleistung: _____
  Konto-/Versicherungsnummer: _____
- ☐ C (an Finanzamt)
- ☐ D (an Kreditinstitute)
- ☐ E (an Versicherungsgesellschaften)
  Konto-/Versicherungsnummer: _____
- ☐ F (an Bausparkassen)
- ☒ G
- ☐ gemäß gesonderter Anlage(n) _____

Anspruch G
(Hinweis: betrifft Anspruch an weitere Drittschuldner bzw. schon aufgeführte Drittschuldner, soweit Platz unzureichend)
Zahlung des Elterngeldes nach dem BEEG, soweit es den Sockelbetrag von 300 EUR (§§ 54 Abs. 3 Nr. 1 SGB I, 10 Abs. 2 BEEG) übersteigt

> ☒ **Es wird angeordnet,** dass zur Berechnung des nach § 850c ZPO pfändbaren Teils des Gesamteinkommens zusammenzurechnen sind:
>
> ☒ laufende Geldleistungen nach dem Sozialgesetzbuch von Drittschuldner (genaue Bezeichnung der Leistungsart und des Drittschuldners)
> **Elterngeld; Drittschuldner zu 1.**
>
> und
>
> ☒ Arbeitseinkommen bei Drittschuldner (genaue Bezeichnung)
> **Drittschuldner zu 2.**
>
> Der unpfändbare Grundbetrag ist in erster Linie den laufenden Geldleistungen nach dem Sozialgesetzbuch zu entnehmen. Ansprüche auf Geldleistungen für Kinder dürfen mit Arbeitseinkommen nur zusammengerechnet werden, soweit sie nach § 76 des Einkommensteuergesetzes (EStG) oder nach § 54 Absatz 5 des Ersten Buches Sozialgesetzbuch (SGB I) gepfändet werden können.

IV. Insolvenzgeld

90 Gem. § 165 SGB III haben alle Arbeitnehmer einen Anspruch auf Insolvenzgeld, wenn sie im Inland beschäftigt waren ein sog. Insolvenzereignis vorliegt wie z.b. die Eröffnung des Insolvenzverfahrens über das Vermögen des Arbeitgebers oder die Abweisung des Antrags auf Eröffnung des Insolvenzverfahrens mangels Masse. Grds. beträgt der Anspruch **drei Monate vor dem Insolvenzereignis**. Das Insolvenzgeld ist grds. pfändbar. Die Pfändbarkeit besteht vom Zeitpunkt der Zahlungsunfähigkeit an.[52] Für einen Zugriff eines Gläubigers sind zwei Fallkonstellationen zu beachten:

1. Gläubiger hatte bereits Arbeitseinkommen gepfändet

91 Wurde durch den Gläubiger das Arbeitseinkommen bereits wirksam beim Arbeitgeber des Schuldners als Drittschuldner gepfändet (§ 829 Abs. 3 ZPO), so wird dadurch automatisch auch ein **späterer Anspruch auf Insolvenzgeld erfasst** (§ 170 Abs. 2 SGB III). Der (Lohn-)Pfändungsbeschluss braucht diese gesetzliche Folge somit nicht ausdrücklich auszusprechen. Der Gläubiger muss also keinen neuen Pfändungsbeschluss, mit dem nun isoliert der Anspruch auf Insolvenzgeld gepfändet wird, erwirken. Vielmehr findet ein **Wechsel des Drittschuldners** statt. **Drittschuldnerin** ist ab sofort die **Bundesagentur für Arbeit**. Sie muss den pfändbaren Teil des Insolvenzgeldes nach den im Pfändungsbeschluss für den Lohn festgelegten Pfändungsgrenzen berechnen und auszahlen. Folge: Es gelten die Regelungen nach §§ 850a ff. ZPO. Ebenso hat sie bei Vorliegen mehrerer Pfändungen die Berechtigungsreihenfolge zu prüfen. Bei Unsicherheit muss eine Hinterlegung erfolgen (§ 853 ZPO).

---

52 LG Würzburg, Rpfleger 1978, 388 zum Konkursausfallgeld.

H. Pfändung einzelner Sozialleistungen § 9

Taktischer Hinweis 92

Gewährt wird Insolvenzgeld als Lohnersatzleistung aber nur auf **rechtzeitigen** Antrag des Berechtigten (§ 324 Abs. 3 SGB III) und zwar innerhalb einer **Ausschlussfrist** von **zwei Monaten** nach dem Insolvenzereignis. Den **Antrag kann** anstelle des Arbeitnehmers (Schuldner) auch der **Gläubiger** stellen. Hat der Gläubiger die Ausschlussfrist aus Gründen versäumt, die er nicht zu vertreten hat, so wird das Insolvenzgeld gewährt, wenn der Antrag innerhalb von zwei Monaten nach Wegfall des Hindernisses gestellt worden ist.

2. Gläubiger hatte Arbeitseinkommen noch nicht gepfändet

Anders stellt sich die Situation dar, wenn der Gläubiger noch keinen Pfändungs- und Überweisungsbeschluss in das Arbeitseinkommen des Schuldners erwirkt hat. Ist der Antrag auf Insolvenzgeld entweder vom Schuldner als Arbeitnehmer oder von einem anderen rangmäßig besseren Gläubiger bei der Arbeitsagentur bereits gestellt worden, so kann dieser Anspruch wie ein Anspruch auf Arbeitseinkommen – isoliert – gepfändet werden (§ 171 SGB III). **Drittschuldner** ist in diesem Fall die **Agentur für Arbeit (§ 334 SGB III)**, nicht der Arbeitgeber oder der Insolvenzverwalter. Hierbei gelten ebenfalls die Pfändungsfreigrenzen nach §§ 850c, 850d, 850f Abs. 2 ZPO. 93

Hinweis 94

In der Regel weiß der Gläubiger nicht, ob der Schuldner einen Antrag auf Insolvenzgeld gestellt hat. Dennoch sollte der Gläubiger den Anspruch pfänden und sich überweisen lassen. Denn spätestens mit dem Antrag auf Insolvenzgeld wird die Pfändung wirksam (§ 171 S. 2 SGB III).

Ein Gläubiger ist auch berechtigt gem. § 168 SGB III ein **Vorschuss** auf das zu erwartende Insolvenzgeld zu beantragen, wenn die Pfändung des Anspruchs auf Arbeitsentgelt (Fallkonstellation 1) bzw. des Anspruchs auf Insolvenzgeld (Fallkonstellation 2) nachgewiesen ist. Der Vorschuss wird jedoch auf das Insolvenzgeld angerechnet. Überzahlungen müssen erstattet werden. 95

§ 9 Die Pfändung von Sozialleistungen

3. Pfändungsmuster: Isolierte Pfändung von Insolvenzgeld

96

> **Drittschuldner** (genaue Bezeichnung des Drittschuldners: Firma bzw. Vor- und Zuname, vertretungsberechtigte Person/-en, jeweils mit Anschrift; Postfach-Angabe ist nicht zulässig; bei mehreren Drittschuldnern ist eine Zuordnung des Drittschuldners zu der/den zu pfändenden Forderung/-en vorzunehmen)
>
> Herr/Frau/Firma
>
> Agentur für Arbeit (genaue Anschrift)

Forderung aus Anspruch

- ☐ A (an Arbeitgeber)
- ☒ B (an Agentur für Arbeit bzw. Versicherungsträger)
  - Art der Sozialleistung: Insolvenzgeld - Ausgleich f. rückst. Lohn
  - Konto-/Versicherungsnummer: _____
- ☐ C (an Finanzamt)
- ☐ D (an Kreditinstitute)
- ☐ E (an Versicherungsgesellschaften)
  - Konto-/Versicherungsnummer: _____
- ☐ F (an Bausparkassen)
- ☐ G
- ☐ gemäß gesonderter Anlage(n) _____

Der Drittschuldner darf, soweit die Forderung gepfändet ist, an den Schuldner nicht mehr zahlen. Der Schuldner darf insoweit nicht über die Forderung verfügen, sie insbesondere nicht einziehen.

☒ Zugleich wird dem Gläubiger die zuvor bezeichnete Forderung in Höhe des gepfändeten Betrages

    ☒ zur Einziehung überwiesen.   ☐ an Zahlungs statt überwiesen.

V. Kurzarbeitergeld

97 Kurzarbeit liegt vor, wenn die betriebliche Arbeitszeit vorübergehend verkürzt oder sogar vorübergehend eingestellt wird. So soll der Betrieb ohne Arbeitsplatzabbau wirtschaftlich entlastet werden. Die Mitarbeiter erhalten statt des Lohns sog. Kurzarbeitergeld (vgl. §§ 95 ff. SGB II).

H. Pfändung einzelner Sozialleistungen § 9

Kurzarbeitergeld ist eine Lohnersatzleistung für die Ausfallzeit. Es wird aus Mitteln der Arbeitslosenversicherung finanziert. Die Bundesagentur für Arbeit zahlt es nur an sozialversicherungspflichtig Beschäftigte. Die Höhe beträgt bei Arbeitnehmern mit mindestens einem Kind 67 % und bei den übrigen Arbeitnehmern 60 % der durch Kurzarbeit entstandenen Nettoentgeltdifferenz. **98**

Taktischer Hinweis **99**
Gläubiger müssen bei bereits laufender Lohnpfändung beachten, dass diese sich nicht automatisch auf das Kurzarbeitergeld erstreckt. Haben Gläubiger also bereits eine Lohnpfändung ausgebracht, muss daher ein weiterer Pfändungsbeschluss erwirkt werden mit dem das Kurzarbeitergeld gepfändet wird. **Drittschuldner** ist dabei der **Arbeitgeber** und **nicht** die **Bundesagentur für Arbeit**, die das Kurzarbeitergeld auszahlt (§ 54 Abs. 2 bis 5 SGB I, § 108 Abs. 2 S. 1 SGB III). Insofern ist im amtlichen Formular Anspruch „A (an Arbeitgeber)" und nicht Anspruch „B (an Agentur für Arbeit bzw. Versicherungsträger)" anzukreuzen.

Muster: Isolierte Pfändung von Kurzarbeitergeld **100**

Drittschuldner (genaue Bezeichnung des Drittschuldners: Firma bzw. Vor- und Zuname, vertretungsberechtigte Person/-en, jeweils mit Anschrift; Postfach-Angabe ist nicht zulässig; bei mehreren Drittschuldnern ist eine Zuordnung des Drittschuldners zu der/den zu pfändenden Forderung/-en vorzunehmen)
Herr/Frau/Firma
Arbeitgeber

Forderung aus Anspruch
☒ A (an Arbeitgeber)

Anspruch A (an Arbeitgeber)
1. auf Zahlung des gesamten gegenwärtigen und künftigen Arbeitseinkommens (einschließlich des Geldwertes von Sachbezügen)
2. auf Auszahlung des als Überzahlung jeweils auszugleichenden Erstattungsbetrages aus dem durchgeführten Lohnsteuer-Jahresausgleich sowie aus dem Kirchenlohnsteuer-Jahresausgleich für das Kalenderjahr _____ und für alle folgenden Kalenderjahre
3. auf
Zahlung von Kurzarbeitergeld gem. §§ 108 Abs. 2 S. 1, 169 ff. SGB II

VI. Renten

101 Zukünftig entstehende oder fällig werdende laufende Geldansprüche gegen einen Träger der gesetzlichen Rentenversicherung sind pfändbar, sofern die Ansprüche in einem bereits bestehenden Sozialversicherungsverhältnis wurzeln. Das noch nicht rentennahe Alter des Schuldners steht einer solchen Pfändung grds. nicht entgegen.[53]

102 Voraussetzung ist, dass solche Forderungen bestimmt genug bezeichnet oder hinreichend bestimmbar sind. Insofern muss schon eine **Rechtsbeziehung** zwischen Schuldner und Drittschuldner bestehen, aus der die zukünftige Forderung nach ihrem Inhalt und nach der Person des Drittschuldners bestimmt werden kann.[54] Aus dem Pfändungsbeschluss muss sich daher auch die Pfändung (auch) zukünftiger Forderung ausdrücklich ergeben. Insofern hat eine schlüssige Darlegung durch den Gläubiger zu erfolgen.[55]

103 *Muster: Pfändung von Ansprüchen auf Versorgungsleistungen nach dem SGB*

Drittschuldner (genaue Bezeichnung des Drittschuldners: Firma bzw. Vor- und Zuname, vertretungsberechtigte Person/-en, jeweils mit Anschrift; Postfach-Angabe ist nicht zulässig; bei mehreren Drittschuldnern ist eine Zuordnung des Drittschuldners zu der/den zu pfändenden Forderung/-en vorzunehmen)
Herr/Frau/Firma
Rentenversicherungsträger

Forderung aus Anspruch	
☐ A (an Arbeitgeber)	
☒ B (an Agentur für Arbeit bzw. Versicherungsträger)	
Art der Sozialleistung:	Altersruhegeld/Rente
Konto-/Versicherungsnummer:	falls bekannt

---

53 BGH, Vollstreckung effektiv 2003, 130 = NJW 2003, 1457.
54 Vgl. z.B. BGH, Vollstreckung effektiv 2003, 130 = ZVI 2003, 110 = WM 2003, 548 = ZInsO 2003, 330=MDR 2003, 525 = NJW 2003, 1457 = Rpfleger 2003, 305 = KKZ 2003, 121 = FamRZ 2003, 1010 = DGVZ 2003, 118 = JurBüro 2003, 438; NJW 1982, 2193 = WM1982, 816 = DB 1982, 1714 = ZIP 1982, 932 = MDR 1982, 904 = BGHZ 84, 371; OLG Oldenburg, NJW-RR 1992, 512; NJW 1981, 1611 = WM1981, 542 = DB 1981, 1324 = ZIP 1981, 591 = BB 1981, 1051 = Rpfleger 1981, 290 = MDR 1981, 730 = JurBüro 1981, 1326.
55 OLG Köln, OLGZ 1987, 206 = WM 1986, 1421.

H. Pfändung einzelner Sozialleistungen § 9

Bei der **Pfändung des zukünftigen Rentenanspruchs** ist allerdings nicht der Anspruch des Schuldners auf **Renteninformationen und Rentenauskünfte** nach **§ 109 SGB VI** mitgepfändet.[56]

104

VII. Rentenanwartschaften

Die Rentenanwartschaft als Stammrecht ist stets unpfändbar. Dennoch werden in der Praxis unter Anspruch B als „Art der Sozialleistung" oftmals Rentenanwartschaften eingetragen. Das ist falsch.

105

Eine Rentenanwartschaft stellt keine Sozialleistung dar. Zahlt der Schuldner seine Rentenversicherungsbeiträge, entsteht vielmehr eine nicht pfändbare Aussicht auf ein Recht.

106

Die Pfändung erstreckt sich nur auf den Auszahlungsbetrag als Anspruch. Hingegen wird das sozialrechtliche Grundverhältnis, aus dem sich der Einzelanspruch ergibt (sog. Stammrecht), nicht gepfändet. Da die gepfändete Forderung dem Gläubiger nur zur Einziehung überwiesen wird (§ 835 Abs. 1 ZPO), ist der Schuldner weiterhin befugt, die sich aus dem Stammrecht ergebenden Rechte auszuüben. Dazu gehört z.B., dass der Rentenantrag noch zurückgenommen werden kann, nachdem er gepfändet wurde. Folge: Ansprüche auf die Einzelleistungen und die Pfändungswirkungen entfallen. Wenn und soweit ein Antrag nur formal-rechtliche (verwaltungsverfahrensauslösende) Bedeutung hat, soll dieser mit der Pfändung übergehen, sodass auch der Pfändungsgläubiger diesen Antrag stellen kann.

107

Muster: Pfändung von Rentenanwartschaften

108

Drittschuldner (genaue Bezeichnung des Drittschuldners: Firma bzw. Vor- und Zuname, vertretungsberechtigte Person/-en, jeweils mit Anschrift; Postfach-Angabe ist nicht zulässig; bei mehreren Drittschuldnern ist eine Zuordnung des Drittschuldners zu der/den zu pfändenden Forderung/-en vorzunehmen)
Herr/Frau/Firma
Rentenversicherungsträger

---

56 BGH, Vollstreckung effektiv 2012, 74; OLG Celle, JurBüro 1998, 156; LG Leipzig, Rpfleger 2005, 96; LG Siegen, JurBüro 1999, 158; LG Berlin, JurBüro 1998, 157; LG Mannheim, JurBüro 1998, 158; LG Bochum, JurBüro 1999, 160; AG Gelsenkirchen, JurBüro 1998, 603; AG Nienburg, JurBüro 1998, 158; Schlegel/Voelzke/*Pflüger*, jurisPK-SGB I, 2. Aufl., § 54 Rn 37; *Stöber*, Rn 1369d; *Schmidt*, Rpfleger 2005, 97;; a.A. LG Bochum, JurBüro 2009, 270; LG Dresden, JurBüro 2009, 45 f.; AG Linz, JurBüro 2010, 215; AG Siegen, JurBüro 1998, 603; AG Singen, JurBüro 1998, 159; AG Sinsheim, JurBüro 1998, 159; AG Spaichingen, JurBüro 1998, 160; AG Heidelberg, JurBüro 1998, 160; AG Diepholz, JurBüro 1998, 160; AG Verden, JurBüro 1997, 211; einschränkend *Behr*, JurBüro 1998, 156 f.; vgl. auch § 5 Rdn 74.

§ 9 Die Pfändung von Sozialleistungen

Forderung aus Anspruch

☐ A (an Arbeitgeber)

☐ B (an Agentur für Arbeit bzw. Versicherungsträger)
  Art der Sozialleistung: _____
  Konto-/Versicherungsnummer: _____

☐ C (an Finanzamt)

☐ D (an Kreditinstitute)

☐ E (an Versicherungsgesellschaften)
  Konto-/Versicherungsnummer: _____

☐ F (an Bausparkassen)

☒ G

☐ gemäß gesonderter Anlage(n) _____

Anspruch G
(Hinweis: betrifft Anspruch an weitere Drittschuldner bzw. schon aufgeführte Drittschuldner, soweit Platz unzureichend)

auf Altersruhegeld/Rente aufgrund der bestehenden Rentenanwartschaft

§ 10 Die Pfändung von Ansprüchen auf Herausgabe oder Leistung körperlicher Sachen

A. Allgemeines

Die Bestimmungen der §§ 846–849 ZPO treffen Sonderregelungen für die Vollstreckung in Ansprüche auf Herausgabe[1] individuell bestimmter oder die **Leistung** der Gattung nach bestimmter **körperlicher Sachen** wegen einer **Geldforderung**. Zweck der Vorschriften ist es, dem Gläubiger einen Zugriff auf die körperlichen Sachen, auf die der Schuldner einen Anspruch hat, zu verschaffen. Befindet sich nämlich ein Gegenstand aus dem Vermögen des Schuldners im Besitz eines Dritten, kann der Gläubiger auf diesen im Wege der Zwangsvollstreckung nur zugreifen, wenn der Dritte zur Herausgabe bereit ist (§ 809 ZPO). Hat der Schuldner einen Anspruch auf Übereignung eines Gegenstands, der noch nicht zu seinem Vermögen gehört, so kann der Gläubiger, solange der Schuldner diesen Anspruch nicht realisiert hat, nicht in den Gegenstand vollstrecken.[2] Dem Schuldner steht somit die Möglichkeit offen, dem Gläubiger Vermögenswerte dadurch vorzuenthalten, dass er seine Ansprüche gegen den Drittschuldner nicht geltend macht.

Die Tatsache, dass die Herausgabeansprüche nach den §§ 829 ff. ZPO pfändbar sind, hilft dem Gläubiger aber nicht weiter, weil er sich aus diesen Ansprüchen – die auf Herausgabe eines Gegenstands gerichtet sind – wegen seiner Geldforderung nicht – endgültig – befriedigen kann. Dazu bedarf es des unmittelbaren Zugriffs auf die Gegenstände und ihre Verwertung. Hier setzt § 846 ZPO an und bestimmt, dass die Pfändung der Herausgabeansprüche nach den §§ 829–845 ZPO zu erfolgen hat und die §§ 847–849 ZPO ergänzende Regelungen treffen.[3]

B. Herausgabe-, Leistungsansprüche (§ 846 ZPO)

Als Grundregelung erstreckt sich § 846 ZPO zum einen auf **Herausgabeansprüche** des Schuldners gegen einen nicht zur Herausgabe dieser Sache bereiten Dritten. Solche Herausgabeansprüche sind **unmittelbare Besitzverschaffungsansprüche**, wie z.B. aus §§ 985, 1007, 2018, 556, 581, 604, 645, 667, 681 BGB.[4]

Zum anderen werden aber auch **Leistungsansprüche**, d.h. alle gesetzlichen bzw. vertraglichen **Übereignungsansprüche** aus Besitz und/oder Eigentum wie z.B. Bereicherungs-

---

[1] Vgl. AG Potsdam, Beschl. v. 11.11.2015 – 48 M 1580/15 –, juris.
[2] MüKo-ZPO/*Smid*, § 846 Rn 1.
[3] Gottwald/*Mock*, § 846 Rn 1.
[4] Gottwald/*Mock*, § 846 Rn 2.

§ 10 Die Pfändung von Ansprüchen auf Herausgabe oder Leistung körperlicher Sachen

bzw. Rückgewährsansprüche erfasst.[5] Der Anspruch auf ein Tun oder Unterlassen fällt nicht hierunter.[6] Durch die Forderungspfändung wird allerdings die anschließende Sachverwertung nur vorbereitet. Daher muss die zu pfändende Sache ihrerseits auch Gegenstand der weiteren Zwangsvollstreckung wegen der Geldforderung des Gläubigers sein.[7] Bloße Beweisurkunden ohne eigenen Vermögenswert gehören deshalb nicht hierher.

5 **Körperliche Sachen** im Sinne von § 846 ZPO sind bewegliche Sachen (einschließlich der Wertpapiere, § 808 Abs. 2 ZPO) und unbewegliche Sachen. Herausgabe bedeutet dabei die Verschaffung unmittelbaren **Besitzes**.

6 Der zugrunde liegende Titel muss auf eine **Geldforderung** gerichtet sein. Lautet dagegen der Titel gegen den Schuldner schon auf Herausgabe, befindet sich die herauszugebende Sache aber im Gewahrsam eines Dritten, so erfolgt die Zwangsvollstreckung nach § 886 ZPO durch Pfändung des Anspruchs auf Herausgabe der Sache und nicht nach den §§ 846 ff. ZPO.

C. Pfändung des Herausgabeanspruchs auf eine bewegliche Sache (§§ 846, 847 ZPO)

I. Zweck – Anwendungsbereich

7 In § 847 ZPO ist die **Pfändung** des Herausgabeanspruchs, der eine **bewegliche körperliche Sache** betrifft, geregelt.[8] Die Zwangsvollstreckung nach § 847 ZPO bereitet allerdings nur die Zwangsvollstreckung in die Sache selbst vor. Erst die Verwertung der Sache ermöglicht die Befriedigung des Anspruchs des Gläubigers (§ 847 Abs. 2 ZPO). Deshalb bezieht sich die Vorschrift auch nur auf Herausgabeansprüche auf bewegliche Sachen. Diese sind nach den §§ 808 ff. ZPO durch den Gerichtsvollzieher pfändbar und durch diesen nach den §§ 814 ff. ZPO verwertbar. Die Pfändung eines Herausgabeanspruchs auf eine bewegliche Sache, die nach § 811 Abs. 1 ZPO unpfändbar ist, fällt daher nicht in den Anwendungsbereich der Norm.[9] Gleiches gilt für Herausgabeansprüche auf bewegliche Sachen, die der Zwangsvollstreckung in das unbewegliche Vermögen unterliegen (§ 865 ZPO), ebenso bei Herausgabeansprüchen auf Sachen, an denen isolierte Rechte nicht begründet werden können (z.B. Hypotheken, Sparbücher, Schuldscheine, Beweisurkunden und Kraftfahrzeugbriefe).[10] Auch bei der Pfändung indossabler Papiere gem.

---

5 Z.B. der schuldrechtliche Anspruch auf Übertragung des Eigentums; OLG München, Rpfleger 2010, 365 = NotBZ 2010, 469 = ZfIR 2010, 334 = BauR 2010, 1116.
6 Zöller/*Herget*, § 846 Rn 1; Gottwald/*Mock*, § 846 Rn 2.
7 Musielak/*Voit*, § 846 Rn 1.
8 Zur Pfändung des Anspruchs auf Übereignung und Herausgabe bei Sicherungsübereignung vgl. § 8 Rdn 24 ff.
9 H.M. BFH, BB 1976, 1350; vgl. *Stöber*, Rn 2015 m.w.N.; Gottwald/*Mock*, § 847 Rn 1.
10 LG Berlin, DGVZ 1962, 186.

C. Pfändung des Herausgabeanspruchs auf eine bewegliche Sache (§§ 846, 847 ZPO) § 10

§ 831 ZPO oder einer Rechtspfändung[11] scheidet eine Anwendbarkeit aus. Ebenso ist auch der Anspruch der getrennt lebenden Ehefrau auf Herausgabe der notwendigen Sachen (§ 1361a Abs. 1 S. 1 BGB) unpfändbar, weil dieser höchstpersönlich und deshalb nicht auf Dritte übertragbar (§ 851 Abs. 1 ZPO) ist, auch wenn die Sache selbst pfändbar wäre.[12]

II. Pfändungsverfahren

Die **Pfändung des Herausgabeanspruchs** bzw. des Anspruchs auf Leistung einer beweglichen körperlichen Sache erfolgt nach den für die Geldforderungen geltenden Bestimmungen (§§ 846, 828–845 ZPO) durch **Pfändungsbeschluss** des Vollstreckungsgerichts. 8

Taktischer Hinweis 9

Die **Bezeichnung** des Rechtsgrundes **in allgemeinen Umrissen** reicht für die Pfändung des Anspruchs auf Herausgabe körperlicher Sachen nur aus, wenn dadurch auch die herauszugebenden Sachen **zweifelsfrei identifizierbar**, d.h. bestimmbar sind.[13] Pfändungsbeschlüsse, die diesen Anforderungen nicht genügen, sind unwirksam.[14] Formulierungen wie z.B. Pfändung der Forderung auf Rückgabe der „sonstigen beweglichen Sachen" reichen nicht aus. Aus einer solchen Bezeichnung geht nicht einmal ansatzweise hervor, hinsichtlich welcher Gegenstände Rückgabeansprüche in Betracht kommen. Weder sind die Sachen benannt noch enthält der Pfändungsbeschluss Angaben, die die Individualisierung und Abgrenzung der Ansprüche für einen Dritten ermöglichen.[15]

Der **Pfändungsbeschluss** muss enthalten:[16] 10

- den **Ausspruch der Pfändung** des Anspruchs auf Herausgabe oder Leistung der beweglichen körperlichen Sache;
- das Verbot an den Drittschuldner, den Gegenstand an den Schuldner herauszugeben oder zu leisten (Arrestatorium;[17] § 829 Abs. 1 S. 1 ZPO),

---

11 BGH, InVo 1999, 22 = NJW 1998, 2969.
12 Gottwald/*Mock*, § 847 Rn 1.
13 LG Münster, InVo 2001, 31.
14 BGH, NJW 2000, 3218.
15 BGH, NJW 2000, 3218; vgl. auch zum Bestimmtheitsgebot § 4 Rdn 187, § 5 Rdn 6 ff.
16 Vgl. Zöller/*Herget*, § 847 Rn 2; Gottwald/*Mock*, § 847 Rn 2.
17 Vgl. § 5 Rdn 35, 37.

§ 10 Die Pfändung von Ansprüchen auf Herausgabe oder Leistung körperlicher Sachen

- das **Gebot** an den Schuldner, sich jeder Verfügung über den Herausgabeanspruch zu enthalten, insbesondere den Gegenstand nicht in Erfüllung des Herausgabeanspruchs anzunehmen (Inhibitorium;[18] § 829 Abs. 1 S. 2 ZPO) und
- die **Anordnung** gegenüber dem Drittschuldner, dass die Sache an einen vom Gläubiger zu beauftragenden Gerichtsvollzieher herauszugeben sei (§ 847 Abs. 1 ZPO).[19]

11 Die **Pfändung wird wirksam** mit Zustellung des Pfändungsbeschlusses an den Drittschuldner, d.h. an denjenigen, der dem Schuldner die Herausgabe oder Leistung des Gegenstandes schuldet (§§ 829 Abs. 3, 846 ZPO). Der gepfändete Anspruch kann zur Einziehung, nicht aber an Zahlungs statt überwiesen werden, da er keinen Nennwert hat (§ 849 ZPO). Eine **Vorpfändung** (§ 845 ZPO) ist möglich.

12 *Taktischer Hinweis*

Zu beachten ist, dass der Gläubiger die Herausgabeanordnung nicht ausdrücklich beantragen muss. Vielmehr muss das Vollstreckungsgericht die Herausgabe auch ohne solchen Antrag von Amts wegen anordnen. Diese stellt eine behördliche Anweisung dar, bei deren Verstoß eine Haftung des Drittschuldners entstehen kann.[20] Fehlt eine solche Herausgabeanordnung, macht dies die Pfändung allerdings nicht unwirksam. Die Anordnung kann jederzeit nachgeholt werden.[21] Steht der Herausgabeanspruch dem Schuldner und Dritten nach Bruchteilen zu, dann ist der Gerichtsvollzieher gemeinsam mit den Dritten zum Empfang zu ermächtigen.[22]

III. Pfändungswirkungen

13 Die Pfändung des Anspruchs auf Herausgabe einer Sache bewirkt zwar noch nicht die Pfändung der Sache selbst, sie führt aber ohne Weiteres zur Begründung des Pfandrechts an der Sache, wenn sie der Drittschuldner entsprechend der Anordnung im Pfändungsbeschluss an den Gerichtsvollzieher herausgibt. Daher wird in Rechtsprechung und Literatur zum Teil auch angenommen, dass bei der Pfändung des Anspruchs auf Herausgabe beweglicher Sachen nicht nur dieser Anspruch, sondern auch die Sache selbst zum Gegenstand der Vollstreckung wird.[23]

---

18 Vgl. § 5 Rdn 35, 38.
19 Vgl. auch Taktischer Hinweis § 5 Rdn 198 (Wertpapiere).
20 BGH, MDR 1980, 1016 = WM 1980, 870 = DB 1980, 1937 = RIW 1981, 267.
21 LG Berlin, MDR 1977, 59.
22 Musielak/*Voit*, § 847 Rn 2 m.w.N.
23 BGH, BGHZ 67, 378 = MDR 1977, 394 = NJW 1977, 384 m.w.N.; RGZ 48, 293, 295; Gottwald/*Mock*, § 847 Rn 6.

C. Pfändung des Herausgabeanspruchs auf eine bewegliche Sache (§§ 846, 847 ZPO) § 10

Die wirksame Pfändung bewirkt eine **Verstrickung** und das Entstehen eines **Pfand-** 14
rechts an dem Anspruch.[24] Es treten daher dieselben Wirkungen wie bei der Forderungspfändung ein.[25]

Der **Drittschuldner** ist aufgrund der Pfändung **zur Herausgabe an** den **Gerichtsvollzie-** 15
her berechtigt und verpflichtet.[26] Bei bereits durch die Staatsanwaltschaft asservierten Gegenständen tritt diese an die Stelle des Gerichtsvollziehers.[27] Durch die Herausgabe an den Gerichtsvollzieher wird der Drittschuldner von der Leistungspflicht befreit (§ 362 Abs. 1 BGB). Der Drittschuldner darf jedoch, anders als bei § 829 ZPO, nicht an Gläubiger und Schuldner gemeinschaftlich leisten und nur dann nach §§ 372, 383 BGB hinterlegen, wenn ihm wegen verzögerter Benennung des Gerichtsvollziehers ein Schaden droht.[28]

Verweigert der Drittschuldner die Herausgabe an den Gerichtsvollzieher, ist der Gläubiger bzw. Schuldner gehalten, Klage auf Herausgabe an den Gerichtsvollzieher zu erheben.[29]

Der Pfändungs- und Überweisungsbeschluss bildet keinen Herausgabetitel gegen den 16
Drittschuldner. Dem Schuldner ist vielmehr gem. § 841 ZPO der Streit zu verkünden. Das obsiegende Herausgabeurteil ist nach den Regeln der §§ 883 ff. ZPO zu vollstrecken. Eine Klage des Gläubigers ist bereits dann möglich, wenn eine Überweisung zur Einziehung nicht vorliegt (vgl. § 836 ZPO), denn verwertet wird bei § 847 ZPO nicht der Anspruch, sondern nach dessen Durchsetzung die Sache selbst.[30] Auf Übereignung an den Schuldner können daher auch **Arrestgläubiger** und der die **Sicherungsvollstreckung** nach § 720a ZPO betreibende Gläubiger klagen. Gem. § 894 ZPO wird der Schuldner mit Rechtskraft des Urteils Eigentümer der geschuldeten Sache. Der Gläubiger erlangt das Pfandrecht zu diesem Zeitpunkt.[31]

Es erfolgt **keine förmliche Sachpfändung** nach § 808 ZPO, weil aufgrund der Form- 17
erleichterungen des Abs. 2 die **Empfangnahme als Pfändungsakt** ausreicht.[32] Nach a.A. soll die Wirkung kraft dinglicher Surrogation entspr. § 848 Abs. 2 S. 2 ZPO eintreten.[33] Verstrickung und Pfandrecht entstehen an Sachen des Schuldners, auch wenn nach

---

24 Vgl. § 5 Rdn 52 ff.
25 Vgl. § 5 Rdn 73 ff.
26 OLG Frankfurt/Main, InVo 2005, 430.
27 OLG Frankfurt/Main, InVo 2005, 430.
28 MüKo-ZPO/*Smid*, § 847 Rn 7; Musielak/*Voit*, § 847 Rn 3; Gottwald/*Mock*, § 847 Rn 6.
29 OLG München, BayJMBl 1953, 10; *Hoche*, NJW 1955, 153.
30 Musielak/*Voit*, § 847 Rn 4 m.w.N.; Gottwald/*Mock*, § 847 Rn 7.
31 Musielak/*Voit*, § 847 Rn 4; Gottwald/*Mock*, § 847 Rn 7.
32 MüKo-ZPO/*Smid*, § 847 Rn 9; Stein/Jonas/*Brehm*, § 847 Rn 12.
33 *Walker*, JZ 1994, 990; vgl. Musielak/*Voit*, § 847 Rn 5 m.w.N.

§ 831 ZPO hätte gepfändet werden müssen.[34] **Herausgabe an** den **Gläubiger** selbst ist nur zulässig, wenn sie nach **§ 844 ZPO** bestimmt wurde.[35]

18 Mit der freiwilligen (oder nach einem Urteil gegen den Drittschuldner erzwungenen) **Herausgabe** der Sache an den Gerichtsvollzieher **verwandelt** sich das Pfandrecht am Anspruch auf Herausgabe oder Leistung ohne Weiteres in ein **Pfändungspfandrecht an dem Gegenstand**. Die Inbesitznahme durch den Gerichtsvollzieher hat somit für den Pfandrechtserwerb an der Sache konstitutive Wirkung.[36] Einer erneuten Pfändung bedarf es daher nicht. Der Pfandrechtserwerb findet daher nicht statt, wenn der Drittschuldner eines von mehreren Gläubigern gepfändeten Herausgabeanspruchs die Sache – ohne jede Mitwirkung eines Gerichtsvollziehers – hinterlegt.[37]

19 **Pfänden mehrere Gläubiger** nacheinander den Herausgabeanspruch, bestimmt sich die Rangordnung – auch für das Pfandrecht an der Sache (§ 804 Abs. 3 ZPO) – nach dem Zeitpunkt der wirksamen Anspruchspfändung (§ 829 Abs. 3 ZPO). Herauszugeben ist – im Falle **mehrfacher Pfändung** – an den Gerichtsvollzieher, der nach dem zuerst zugestellten Beschluss zuständig ist.[38] Ein Pfandrecht allerdings, das vor der Pfändung des Herausgabeanspruchs bereits entstanden war (§ 809 ZPO), geht im Range demjenigen Pfandrecht oder den Pfandrechten vor, die durch die Pfändung des Herausgabeanspruchs mit Herausgabe an den Gerichtsvollzieher entstehen. Nach der Herausgabe an den Gerichtsvollzieher ist nur noch die Sachpfändung in der Form der Anschlusspfändung (§ 826 ZPO) möglich. Das mit der Herausgabe an den Gerichtsvollzieher an der Sache entstandene Pfandrecht geht dem Pfandrecht vor, das im Wege der Sachpfändung nach § 808 ZPO entsteht.[39]

20 Ist der **Schuldner kein Eigentümer**, so wird er bei gepfändetem Anspruch auf Übereignung durch den Gerichtsvollzieher vertreten (§§ 847a Abs. 2, 848 Abs. 2 ZPO). Das Eigentum des Schuldners entsteht dann mit Verstrickung und wird mit dem Pfandrecht des Gläubigers belastet. Bei Pfändung des Anspruchs auf **Abtretung einer Forderung** und seiner Überweisung zur Einziehung kann der Gläubiger die Abtretung nicht an sich selbst, sondern nur an den Schuldner verlangen. Mit der Abtretung, an der Schuldner nicht mitzuwirken braucht und zu der es keiner Bestellung eines Sequesters entsprechend den §§ 847ff. ZPO bedarf, erwirbt der Gläubiger ein Pfandrecht an der Forderung.[40]

---

34 BGH, MDR 1980, 1016 = WM 1980, 870 = DB 1980, 1937 = RIW 1981, 267; Gottwald/*Mock*, § 847 Rn 8 m.w.N.
35 Musielak/*Voit*, § 847 Rn 2; Gottwald/*Mock*, § 847 Rn 8.
36 BGH, BGHZ 72, 334 = MDR 1979, 309 = Rpfleger 1979, 59.
37 BGH, BGHZ 72, 334 = MDR 1979, 309 = Rpfleger 1979, 59.
38 *Stöber*, Rn 2029.
39 Streitig; so MüKo-ZPO/*Smid*, § 847 Rn 11; a.A. *Stöber*, Rn 2031.
40 BGH, InVo 1999, 22 = NJW 1998, 2969.

C. Pfändung des Herausgabeanspruchs auf eine bewegliche Sache (§§ 846, 847 ZPO) § 10

IV. Pfandverwertung

Auf die Verwertung der Sache sind die Vorschriften über die Verwertung gepfändeter Sachen anzuwenden (§ 847 Abs. 2 ZPO).[41] Hat der Gerichtsvollzieher die Gegenstände in Besitz genommen, dann leitet er, sofern es sich nicht um eine Sicherungs- oder Arrestvollstreckung handelt, die Verwertung nach den Vorschriften der §§ 814–825 ZPO ein, so als ob er sie von Anfang an beim Schuldner gepfändet hätte. Die Pfandverwertung darf nur erfolgen, wenn der gepfändete Anspruch vor der Herausgabe dem Gläubiger zur Einziehung überwiesen – nicht an Zahlungs statt (§ 849 ZPO)![42] – war oder die Vollstreckungsforderung zur Einziehung fällig ist. Auch ohne die – sonst notwendige – Überweisung zur Einziehung kann die Verwertung dann erfolgen, wenn die Gläubigerforderung einziehbar ist. Der Gerichtsvollzieher entscheidet, ob die Pfandverwertung und Gläubigerbefriedigung im Einzelfall zulässig ist.

21

V. Rechtsbehelfe

Dem Gläubiger, dessen Antrag auf Erlass des Pfändungsbeschlusses zurückgewiesen wurde, steht die **sofortige Beschwerde** (§ 11 Abs. 1 RPflG i.V.m. §§ 793, 567 ff. ZPO) zu. Gegen den Pfändungsbeschluss können der Schuldner und der Drittschuldner, soweit verfahrensrechtliche Rügen geltend gemacht werden (z.B. Unpfändbarkeit nach § 811 Abs. 1 ZPO), **Erinnerung** nach § 766 ZPO einlegen. Behauptet ein Dritter, ein die Veräußerung hinderndes Recht oder ein solches auf vorzugsweise Befriedigung an dem Gegenstand zu haben, kann er bereits ab dem Zeitpunkt der Pfändung des Herausgabeanspruchs und nicht erst (aber auch) mit Pfändung der Sache selbst (Herausgabe an den Gerichtsvollzieher) **Drittwiderspruchsklage** nach § 771 ZPO oder Klage auf vorzugsweise Befriedigung nach § 805 ZPO erheben.[43]

22

VI. Kosten/Gebühren

An **Gerichtsgebühren** entsteht für den Erlass des Pfändungs- und Überweisungsbeschlusses eine Gebühr in Höhe von 20 EUR (Nr. 2111 KV GKG). Der **Gerichtsvollzieher** erhält für die Übernahme beweglicher Sachen zum Zwecke der Verwertung eine Gebühr in Höhe von 16 EUR nach Nr. 206 KV GvKostG. Für die Verwertung erhält er die Gebühr in Höhe von 52 EUR nach Nr. 300 KV GvKostG. Hinzukommen können Gebühren und Auslagen nach Nrn. 700, 702, 703, 711 und 713 KV § 9 GvKostG. Der **Rechtsanwalt** erhält für die Tätigkeit die 0,3 Verfahrensgebühr nach Nr. 3309 VV RVG, falls er

23

---

41 Vgl. auch zur Verwertung von Wertpapieren § 5 Rdn 199.
42 Vgl. Rdn 11.
43 Gottwald/*Mock*, § 847 Rn 5; Zöller/*Herget*, § 847 Rn 8.

sie nicht bereits verdient hat (§ 18 Abs. 1 Nr. 1 RVG). Der Gläubiger kann vom Gerichtsvollzieher verauslagte Lagerkosten gem. § 788 ZPO geltend machen und deren Festsetzung verlangen.[44]

D. Pfändung des Herausgabeanspruchs auf ein Schiff (§§ 846, 847a ZPO)

24 § 847a ZPO regelt das **Verfahren** bei der Pfändung von Ansprüchen auf **Herausgabe von eingetragenen Schiffen und Schiffsbauwerken**, welche im **Schiffsbauregister eingetragen**[45] sind oder in dieses Register eingetragen werden können.[46] Sie entspricht der Regelung der Pfändung von Herausgabeansprüchen an Grundstücken nach § 848 ZPO.[47] Anstelle des Sequesters tritt der **Treuhänder**; die **Schiffshypothek**, die der Gläubiger erwirbt, ist immer eine **Sicherungshypothek**.

25 *Hinweis*

Nach § 99 LuftfzRG ist die Vorschrift auch für die Pfändung von Herausgabeansprüchen an Luftfahrzeugen anwendbar, soweit diese in die Luftfahrzeugrolle eingetragen sind. An die Stelle der Schiffshypothek tritt das Registerpfandrecht, das sich nach § 71 LuftfzRG zwar auch auf die Ersatzteile erstreckt. Von der Pfändung nach dieser Vorschrift werden die Ersatzteile gleichwohl nicht erfasst. Sie sind gemäß § 100 LuftfzRG als bewegliche Sachen zu pfänden.[48]

E. Pfändung des Herausgabeanspruchs auf eine unbewegliche Sache (§§ 846, 848 ZPO)

I. Zweck – Anwendungsbereich

26 § 848 ZPO steht ebenfalls im Zusammenhang mit § 846 ZPO und ist eine **Sonderregelung** bei der **Pfändung von Herausgabe- und Leistungsansprüchen** einer **unbeweglichen Sache** wie z.B. Grundstücke, Bruchteilseigentum an Grundstücken, Grundstückzubehör (§ 1120 BGB), Wohnungseigentum, Gebäudeeigentum oder Erbbaurecht (§§ 864, 865 ZPO).

---

44 OLG Hamburg, JurBüro 2001, 46; OLG Hamburg MDR 1999, 1403.
45 Bei nicht im Schiffsregister eingetragener Schiffe und nicht eingetragener oder eintragungsfähiger Schiffsbauwerke gilt § 847 ZPO.
46 MüKo-ZPO/*Smid*, § 847a Rn 1; Gottwald/*Mock*, § 847a Rn 1.
47 Vgl. Rdn 26 ff.
48 Gottwald/*Mock*, § 847a Rn 2.

E. Pfändung d. Herausgabeanspruchs auf eine unbewegliche Sache (§§ 846, 848 ZPO) § 10

II. Pfändungsverfahren

Die **Pfändung des Herausgabeanspruchs** erfolgt durch **Pfändungsbeschluss** des zuständigen Vollstreckungsgerichts (§ 828 ZPO) nach § 829 ZPO. Insoweit kann vollinhaltlich auf das zu § 847 ZPO Ausgeführte verwiesen werden.[49] Eine **Vorpfändung** ist möglich (§ 845 ZPO). 27

Wirksam wird die Pfändung mit Zustellung an den Drittschuldner gem. § 829 Abs. 3 ZPO. Eine **Überweisung** kann ebenfalls **nur zur Einziehung** nicht an Zahlungs statt zum Nennwert erfolgen (§ 849 ZPO). Im Hinblick auf § 28 GBO ist eine **zweifelsfreie Bezeichnung des Grundstücks** erforderlich. Zusätzlich tritt hierzu die Anordnung (auch wenn der Gläubiger dies nicht beantragt), dass die Sache an einen vom Gläubiger zu beauftragenden und namentlich zu benennenden **Sequester** herauszugeben ist (§ 848 Abs. 1 ZPO). Dieser nimmt die Funktion eines verwaltenden Treuhänders wahr. Die Anordnung kann jederzeit nachgeholt werden.[50] Sie stellt eine behördliche Anweisung dar, bei deren Verstoß eine Haftung des Drittschuldners entstehen kann.[51] 28

Hinweis 29

Ist das örtlich zuständige Vollstreckungsgericht (§ 828 Abs. 2 ZPO) zugleich das Amtsgericht, in dessen Bezirk das Grundstück liegt, kann die Sequesterbestellung im Pfändungsbeschuss erfolgen. Andernfalls muss der Gläubiger mit seinem Bestellungsantrag die Herausgabeanordnung und den Erlass, nicht jedoch die Zustellung, des Pfändungsbeschlusses nachweisen.[52]

Taktischer Hinweis 30

Die Übernahme des Amtes als Sequester durch eine juristische oder natürliche Person sollte vorher durch den Gläubiger geklärt werden, da keinerlei Verpflichtung besteht, ein solches Amt zu übernehmen. Das Vollstreckungsgericht ist allerdings nicht an Vorschläge des Gläubigers gebunden.

Bei **mehrfacher Pfändung** des Anspruchs auf eine unbewegliche Sache gilt **§ 855 ZPO**. Hiernach ist der Drittschuldner berechtigt und auf Verlangen eines Gläubigers, dem der Anspruch überwiesen wurde, verpflichtet, die Sache unter Anzeige der Sachlage und unter Aushändigung der ihm zugestellten Beschlüsse an den von dem Amtsgericht der belegenen Sache ernannten oder auf seinen Antrag zu ernennenden Sequester herauszugeben.

---

49 Vgl. Rdn 7 ff.
50 LG Berlin, MDR 1977, 59; Gottwald/*Mock*, § 848 Rn 2.
51 BGH, MDR 1980, 1016 = WM 1980, 870 = DB 1980, 1937 = RIW 1981, 267.
52 Musielak/*Voit*, § 848 Rn 2; Zöller/*Herget*, § 846 Rn 3; Gottwald/*Mock*, § 848 Rn 3.

III. Pfändungswirkungen

1. Pfändung des (bloßen) Herausgabeanspruchs (§ 848 Abs. 1 und 3 ZPO)

31 Mit der **Wirksamkeit der Pfändung** des Herausgabeanspruchs durch Zustellung an den Drittschuldner (§ 828 Abs. 3 ZPO) entsteht an diesem Anspruch ein **Pfändungspfandrecht**. Weder die im Pfändungsbeschluss enthaltene Anordnung auf Herausgabe an den Sequester noch das mit Wirksamkeit der Pfändung entstandene Pfandrecht ermächtigen allerdings den Gläubiger, daraus zwangsweise vorzugehen, weil es an einem Herausgabetitel fehlt. Der Drittschuldner, der sich weigert, das Grundstück an den Sequester herauszugeben, muss klageweise auf Herausgabe an den Sequester in Anspruch genommen werden. Ein obsiegendes Herausgabeurteil ist dann nach § 885 ZPO zu vollstrecken.[53]

32 Ist der Sequester – entweder durch freiwillige Leistung des Drittschuldners oder auch zwangsweise – in den Besitz des Grundstücks gelangt, endet die Zwangsvollstreckung nach § 848 Abs. 1 ZPO. Es findet nunmehr eine – neue – Zwangsvollstreckung in das Grundstück (die unbewegliche Sache) nach den für die Vollstreckung in unbewegliche Sachen geltenden Bestimmungen (§§ 866 ff. ZPO) statt (§ 848 Abs. 3 ZPO).

33 Da für eine solche Zwangsvollstreckung der Schuldnerbesitz und damit die Herausgabe der Sache im Regelfall entbehrlich ist, weil die Eintragung einer Sicherungshypothek und die Anordnung der Zwangsversteigerung unabhängig vom Schuldnerbesitz erfolgen können, kommt der Zwangsvollstreckung in den Herausgabeanspruch nur im Hinblick auf die Anordnung der Zwangsverwaltung Bedeutung zu.[54] Hinzu kommt, dass die Pfändung des Herausgabeanspruchs für die nach Herausgabe an den Sequester folgende Zwangsvollstreckung keine Anwartschaft, kein Vorrecht und kein Pfand- oder Sicherungsrecht (Rang) begründet.

2. Pfändung des Übereignungsanspruchs vor Entstehung einer Auflassungsanwartschaft

34 Ist hingegen der **schuldrechtliche Anspruch auf Übertragung des Eigentums** (der sich z.B. aus Kaufvertrag, §§ 433 Abs. 2, 311b BGB, ergeben kann) gepfändet[55] und diese Pfändung wirksam (§ 829 Abs. 3 ZPO), hat die **Auflassung**[56] (§§ 873, 925 BGB) an den Sequester als Vertreter des Schuldners zu erfolgen (§ 848 Abs. 2 S. 1 ZPO). Die Einigung hat dahingehend zu erfolgen, dass der Schuldner Eigentümer werden soll.[57] Der Sequester, dem gegenüber die Auflassung an den Schuldner erklärt wurde, ist seinerseits

---

[53] Musielak/*Becker*, § 848 Rn 3; Gottwald/*Mock*, § 848 Rn 4.
[54] *Stöber*, Rn 2041; Gottwald/*Mock*, § 848 Rn 4.
[55] Vgl. § 8 Rdn 58 ff.
[56] Zur Pfändung des Anspruchs auf Auflassungsanwartschaft vgl. § 8 Rdn 42 ff.
[57] BayObLG, Rpfleger 1989, 396; Gottwald/*Mock*, § 848 Rn 5.

E. Pfändung d. Herausgabeanspruchs auf eine unbewegliche Sache (§§ 846, 848 ZPO)   § 10

befugt, die Aufnahmeerklärung des Schuldners in der nach § 29 GBO erforderlichen Form abzugeben und den Antrag auf Eintragung im Grundbuch zu stellen.[58]

Das Pfändungspfandrecht beschränkt lediglich zugunsten des Pfändungsgläubigers die Verfügungsbefugnis des Schuldners am Eigentumsübertragungsanspruch. Dieser kann über seinen Anspruch nicht mehr allein verfügen, insbesondere ihn nicht übertragen oder aufheben. Das Pfändungspfandrecht verschafft infolge der ausgesprochenen Überweisung dem Pfändungsgläubiger darüber hinaus eine Befugnis zur Verwertung des gepfändeten Anspruchs, die sich nach § 848 Abs. 2 ZPO vollzieht.   35

Mit der **Eintragung des Schuldners als Eigentümer** des Grundstücks im Grundbuch erwirbt der Gläubiger am Grundstück zur Sicherung seiner Forderung zuzüglich der Vollstreckungskosten **kraft Gesetzes**[59] eine **Sicherungshypothek** (§ 1184 BGB; § 848 Abs. 2 S. 2 ZPO).[60] Der Sequester hat die Eintragung der Sicherungshypothek zu bewilligen (§ 848 Abs. 2 S. 3).[61]   36

Hinweis   37
Die Eintragung der Sicherungshypothek hat für deren Entstehung keinen konstitutiven Charakter. Sie hat lediglich deklaratorische Bedeutung und stellt daher eine Grundbuchberichtigung gem. § 22 GBO[62] dar. Die Grundbucheintragung kann entweder durch eine Berichtigungsbewilligung des Sequesters, aber auch auf Antrag des Pfandrechtsgläubigers als Begünstigter im Sinne von § 13 Abs. 2 GBO und den Nachweis der Unrichtigkeit erfolgen.[63] Dieser Nachweis hat durch den Pfändungsbeschluss mit Zustellungsnachweis sowie die im Grundbuch vollzogene Eigentumsübertragung zu erfolgen.[64] Dieselbe Wirkung tritt ein, wenn nach erklärter, aber im Grundbuch noch nicht vollzogener Auflassung das Anwartschaftsrecht des Auflassungsempfängers gepfändet wird.[65] Der Pfändungsgläubiger ist also nicht darauf angewiesen, eine Zwangshypothek nach § 866 ZPO zu beantragen, die erst mit ihrer Eintragung im Grundbuch entsteht und die die vorherige oder mindestens gleichzeitige Eigentumsumschreibung voraussetzt.[66]

Unterbleibt die Eintragung, besteht die **Gefahr des gutgläubigen lastenfreien Erwerbs** durch Dritte (§ 892 BGB).   38

---

58 *Stöber*, Rn 2045 ff.
59 OLG Sachsen-Anhalt, Rpfleger 2014, 256.
60 Gottwald/*Mock*, § 848 Rn 7; MüKo-ZPO/*Smid*, § 848 Rn 8.
61 Zum Antrag auf Eintragung einer Sicherungshypothek durch Sequester vgl. § 8 Rdn 64.
62 OLG Sachsen-Anhalt, Rpfleger 2014, 256; OLG Jena DNotZ 1997, 158, 161.
63 OLG Sachsen-Anhalt, Rpfleger 2014, 256 m.w.N.
64 Gottwald/*Mock*, § 848 Rn 8 m.w.N.
65 Vgl. BGHZ 49, 197 = NJW 1968, 493.
66 BGHZ 49, 197 = NJW 1968, 493.

39 Für die Sicherungshypothek gilt nicht die Betragsgrenze nach § 866 Abs. 3 ZPO,[67] weshalb sie auch für Forderungen unter der Grenze der dort angeführten 750,01 EUR eingetragen werden kann.

40 Die **Sicherungshypothek** des Pfändungsgläubigers erhält den Rang nach den Rechten, die vom Erwerber nach dem Rechtsverhältnis (schuldrechtlichen Vertrag), das den Eigentumsübergangsanspruch begründet hat, zu bestellen sind, auch wenn auch ihre Eintragung erst infolge der Eintragung des Schuldners als Grundstückseigentümer erfolgen kann.[68] **Belastungen** des Grundstücks, die der Schuldner vor oder nach Pfändung seines Eigentumsübertragungsanspruchs, aber vor seiner Eintragung im Grundbuch, jedoch ohne den unmittelbaren Zusammenhang mit dem Grundstückserwerbsvertrag bewilligt hatte, gehen im Rang der Sicherungshypothek nach.[69]

41 Weigert sich der Drittschuldner, die Auflassung an den Sequester als Vertreter des Schuldners zu erklären, so muss der Vollstreckungsgläubiger ihn auf Abgabe der Erklärung verklagen. Die Klagebefugnis folgt aus der Anordnung im Pfändungsbeschluss. Das Urteil wird nach § 894 ZPO vollstreckt. Der Sequester kann dann unter Vorlage der (rechtskräftigen) Ausfertigung des Urteils, des Pfändungsbeschlusses sowie des Beschlusses über seine Bestellung die zur Auflassung erforderliche Erklärung an den Schuldner abgeben und die Eintragung der Sicherungshypothek bewilligen.

3. Pfändungsmängel

42 Ist die **Pfändung des Übereignungsanspruchs unwirksam** oder **erfolgreich angefochten worden**, so ist eine **Sicherungshypothek von Anfang an nicht entstanden**, auch wenn sie eingetragen ist. Bei Aufhebung der Pfändung kann sie sich daher auch nicht in eine Eigentümergrundschuld umwandeln.[70] Die gerichtliche Bestellung eines Sequesters bleibt sowohl bei unwirksamer als auch bei Aufhebung der Pfändung wirksam. Die Bestellung selbst ist allerdings nun anfechtbar. Die dem bestellten Sequester gegenüber abgegebenen Erklärungen bleiben wirksam, auch wenn die Bestellung hiernach aufgehoben wird.

4. Zwangsvollstreckung in das Grundstück

43 Die Zwangsvollstreckung in den Anspruch auf Übereignung des Grundstücks ist dann beendet, wenn der Schuldner als Eigentümer eingetragen und für den Gläubiger eine Si-

---

[67] LG Frankenthal, Rpfleger 1985, 231; Musielak/*Voit*, § 848 Rn 4.
[68] LG Frankenthal, Rpfleger 1985, 231; vgl. auch BayObLG, DNotZ 1972, 536; Gottwald/*Mock*, § 848 Rn 9.
[69] LG Fulda, Rpfleger 1988, 252 m. Anm. *Böttcher*; Gottwald/*Mock*, § 848 Rn 5.
[70] *Schuschke/Walker*, § 848 Rn 12.

E. Pfändung d. Herausgabeanspruchs auf eine unbewegliche Sache (§§ 846, 848 ZPO) § 10

cherungshypothek entstanden ist. Auch diese Vollstreckung führt in **keinem Fall zur Befriedigung** des Gläubigers wegen seiner titulierten Geldforderung gegen den Schuldner. Der Zugriff auf das Grundstück – dessen Eigentümer nun der Schuldner geworden ist – setzt nunmehr einen **neuen Vollstreckungsantrag des Gläubigers** voraus, der sich nach den Regeln des ZVG richtet (§ 848 Abs. 3 ZPO). Der Gläubiger kann aber auch, will er den im Wege der Pfändung des Eigentumsübertragungsanspruchs erworbenen Rang der Sicherungshypothek ausnutzen, auf Duldung der Zwangsvollstreckung aus dieser Hypothek klagen (§ 1147 BGB) und aus diesem Titel weiter die Zwangsvollstreckung betreiben.

5. Rechtsbehelfe

Dem **Schuldner** und **Drittschuldner** steht das Recht der Erinnerung nach § 766 ZPO zu. Dem **Gläubiger** steht bei Antragszurückweisung die **sofortige Beschwerde** gem. § 11 RPflG, § 793 ZPO zu. Ein **Dritter** kann die Drittwiderspruchsklage gem. § 771 ZPO erheben. Bei **Verfahrensverstößen** des **Grundbuchamts** greift **§ 71 GBO** als lex specialis. Im Eintragungsantragsverfahren ist jedoch nur beschwerdeberechtigt, wer auch antragsberechtigt ist; die Zurückweisung des Eintragungsantrags allein verschafft dem nicht antragsberechtigten Antragsteller noch kein Beschwerderecht.[71] Wurde eine Vormerkung zur Sicherung des Anspruchs auf Rückauflassung in Abt. II des Grundbuchs eingetragen, kann nicht bereits deshalb ohne Bewilligung des Vormerkungsberechtigten gelöscht werden, weil der Grundstückseigentümer das Anwartschaftsrecht des Berechtigten „aus der Rückauflassung" pfänden und sich zur Einziehung hat überweisen lassen.[72]

44

6. Kosten – Gebühren

An **Gerichtsgebühren** entsteht lediglich die Gebühr in Höhe von 20 EUR nach Nr. 2111 KV GKG; die Ernennung eines Sequesters löst keine weitere Gebühr aus. Die etwaigen Klagen des Vollstreckungsgläubigers auf Herausgabe oder Auflassung an den Sequester lösen die allgemeinen Gerichtsgebühren aus. Der Antrag auf Sequesterbestellung löst **keine Anwaltsgebühr** aus. Er ist durch die 0,3 Verfahrensgebühr nach Nr. 3309 VV RVG abgegolten (§§ 18 Abs. 1 Nr. 1, 19 Abs. 2 Nr. 3 RVG). Für die Vertretung im Verfahren der Klagen erhält der Anwalt die Gebühren der Nrn. 3100 ff. VV RVG. Die **Vergütung**, die der Gläubiger dem Sequester zu erstatten

45

---

71 BayObLG, Rpfleger 1994, 162; Gottwald/*Mock*, § 848 Rn 21, 22.
72 OLG Hamm, FamRZ 2008, 1075.

hat, ist durch das **Gericht, das den Sequester bestellt hat**, festzusetzen.[73] Die Vergütung ist vom Gläubiger vorzuschießen, § 12 GKG. Sie bestimmt sich in Anlehnung an § 26 ZwVwV (1970 a.F.) bzw. § 19 ZwVwV (2003) nach dem (Zeit-)Aufwand.[74] Da die Bestellung eines Sequesters nach § 848 Abs. 2 ZPO – anders als die Sequestration nach § 938 Abs. 2 ZPO[75] – der Pfändung von Herausgabe- und Auflassungsansprüchen dient und damit Teil der Zwangsvollstreckung ist, handelt es sich um notwendige Kosten der Zwangsvollstreckung (§ 788 ZPO).

---

73 BGH, AGS 2005, 500 m. Anm. *Mock*; Gottwald/*Mock*, § 848 Rn 23.
74 BGH, AGS 2005, 500 m. Anm. *Mock*.
75 BGH, BGHZ 146, 17 = NJW 2001, 434 = WM 2001, 153 = BB 2001, 120 = Rpfleger 2001, 140.

Stichwortverzeichnis

fette Zahlen = Paragrafen, magere Zahlen = Randnummern

Abfindungen **6** 15 *siehe* Arbeitseinkommen
absolut unpfändbare Sozialleistungen **9** 18 ff.
- Anwendbarkeit auf einmalige Leistungen **9** 26 f. *siehe* Anwendbarkeit auf einmalige Leistungen
- Eltern- und Betreuungsgeld **9** 19 f. *siehe* Eltern- und Betreuungsgeld
- Erziehungsgeld **9** 19 f. *siehe* Erziehungsgeld
- Leistungen bei Körper- oder Gesundheitsschaden **9** 25 ff. *siehe* Leistungen bei Körper- oder Gesundheitsschaden
- Mutterschaftsgeld **9** 21 *siehe* Mutterschaftsgeld
- Wohngeld **9** 22 ff. *siehe* Wohngeld

Abtretung **6** 618 ff.
- aufgewandte Vollstreckungskosten **6** 621 *siehe* aufgewandte Vollstreckungskosten
- formularmäßige Vereinbarung **6** 629 *siehe* formularmäßige Vereinbarung
- laufende Geldleistungen **6** 619 *siehe* laufende Geldleistungen
- Teilabtretung von Lohnbeträgen **6** 622 f. *siehe* Teilabtretung von Lohnbeträgen
- Teilzahlungsvereinbarung **6** 630 ff. *siehe* Teilzahlungsvereinbarung
- ungerechtfertigte Bereicherung **6** 620 *siehe* ungerechtfertigte Bereicherung
- von künftigen Ansprüchen **6** 624 *siehe* von künftigen Ansprüchen
- Wirksamkeit **6** 620, 627 ff. *siehe* Wirksamkeit

Abwendungsbefugnis **3** 84 ff.
Andere Art der Verwertung **5** 172 ff.
- Anhörung des Vollstreckungsschuldner **5** 175 *siehe* Anhörung des Vollstreckungsschuldner
- Antrag **5** 174 *siehe* Antrag
- Arten **5** 176 ff. *siehe* Arten
- freihändiger Verkauf **5** 181 *siehe* freihändiger Verkauf
- Kosten/Gebühren **5** 186 f. *siehe* Kosten/Gebühren
- Muster Antrag auf andere Verwertung **5** 184 *siehe* Muster Antrag auf andere Verwertung
- öffentliche Versteigerung **5** 178 ff. *siehe* öffentliche Versteigerung
- Rechtsbehelfe **5** 185 *siehe* Rechtsbehelfe
- Überlassung des gepfändeten Rechts zur Ausübung an einen Dritten **5** 183 *siehe* Überlassung des gepfändeten Rechts zur Ausübung an einen Dritten
- Übertragung auf den Gläubiger **5** 182 *siehe* Übertragung auf den Gläubiger
- Verfahren **5** 174 *siehe* Verfahren

Änderung der Unpfändbarkeitsvoraussetzungen **6** 512 ff.
- Abänderungsbeschluss **6** 520, 522 *siehe* Abänderungsbeschluss
- Änderung der Verhältnisse **6** 516 *siehe* Änderung der Verhältnisse
- Anhörung **6** 519 *siehe* Anhörung
- Antrag **6** 517 *siehe* Antrag
- Beschluss **6** 514 ff. *siehe* Beschluss
- Drittschuldner **6** 524 *siehe* Drittschuldner
- Ermessensentscheidung **6** 514 *siehe* Ermessensentscheidung
- Innenbindung **6** 523 *siehe* Innenbindung
- Insolvenzverfahren **6** 515 *siehe* Insolvenzverfahren
- konkreter Betrag **6** 514 *siehe* konkreter Betrag
- Kosten **6** 527 *siehe* Kosten
- mehrere Pfändungsgläubiger **6** 525 *siehe* mehrere Pfändungsgläubiger
- P-Konto **6** 515 *siehe* P-Konto
- Rechtsbhelfe **6** 526 *siehe* Rechtsbhelfe
- Rückwirkung **6** 522 *siehe* Rückwirkung
- Verfahren **6** 518 ff. *siehe* Verfahren
- Vollstreckungsgericht **6** 518 *siehe* Vollstreckungsgericht
- Wirkungen **6** 521 ff. *siehe* Wirkungen

Änderung des pfändbaren Betrages **7** 42 ff.
- Antrag **7** 46 f. *siehe* Antrag
- Deliktsansprüche **7** 56 *siehe* Deliktsansprüche
- Informationspflicht **7** 44 *siehe* Informationspflicht
- Muster Anpassung des Freibetrags nach § 850k Abs. 4 ZPO an den Freibetrag nach Lohnpfändungstabelle bei unterschiedlicher Höhe des überwiesenen Arbeitseinkommens **7** 53 *siehe* Muster Anpassung des Freibetrags nach § 850k Abs. 4 ZPO an den Freibetrag nach Lohnpfändungstabelle bei unterschiedlicher Höhe des überwiesenen Arbeitseinkommens
- Nachzahlungen **7** 54 ff. *siehe* Nachzahlungen
- schwankende Höhe des Arbeitseinkommens **7** 48 ff. *siehe* schwankende Höhe des Arbeitseinkommens
- Sozialleistungen **7** 54 *siehe* Sozialleistungen
- Überweisung des Drittschuldners **7** 52 *siehe* Überweisung des Drittschuldners

Änderung des unpfändbaren Betrages **6** 431 ff.
- Deliktsforderung **6** 433, 470 ff. *siehe* Deliktsforderung

Stichwortverzeichnis

- erweiterte Lohnpfändung **6** 434, 503 ff. *siehe* erweiterte Lohnpfändung
- erweiterter Pfändungsschutz **6** 437 ff. *siehe* erweiterter Pfändungsschutz
- Gebühren **6** 509 *siehe* Gebühren
- Insolvenzverfahren **6** 436 *siehe* Insolvenzverfahren
- Kosten **6** 509 *siehe* Kosten
- Rechtsbehelfe **6** 507 f. *siehe* Rechtsbehelfe
- Sozialleistungen in Geld **6** 432 *siehe* Sozialleistungen in Geld
- Streitwert **6** 510 f. *siehe* Streitwert
- Unterhaltsgläubiger **6** 435 *siehe* Unterhaltsgläubiger
- Verwaltungsvollstreckung **6** 436 *siehe* Verwaltungsvollstreckung

Anwartschaftsrechte **8** 15 ff.
- Eigentumsvorbehalt **8** 16 *siehe* Eigentumsvorbehalt
- Formulare **8** 31 ff. *siehe* Formulare
- Pfändung **8** 24 *siehe* Pfändung
- Pfändungswirkungen **8** 25 *siehe* Pfändungswirkungen
- Sachpfändung **8** 26 ff. *siehe* Sachpfändung
- Sicherungseigentum **8** 17 *siehe* Sicherungseigentum
- Vermögensauskunft **8** 18 *siehe* Vermögensauskunft

Arbeitseinkommen **4** 120 ff.
- Anordnungen **6** 42 *siehe* Anordnungen
- Ansprüche gegen die Agentur für Arbeit (Anspruch B) **6** 38 *siehe* Ansprüche gegen die Agentur für Arbeit (Anspruch B)
- Ansprüche gegen Versicherungsträger (Anspruch B) **6** 38 *siehe* Ansprüche gegen Versicherungsträger (Anspruch B)
- Arbeits- und Dienstlöhne **6** 14 ff. *siehe* Arbeits- und Dienstlöhne
- Auslegung **6** 8 *siehe* Auslegung
- Begriff **6** 6 ff. *siehe* Begriff
- dem Arbeitseinkommen gleichgestellte Bezüge **6** 24 ff. *siehe* dem Arbeitseinkommen gleichgestellte Bezüge
- Dienst- und Versorgungsbezüge von Beamten **6** 11 ff. *siehe* Dienst- und Versorgungsbezüge von Beamten
- Einkommen **6** 7 *siehe* Einkommen
- Einkünfte **6** 7 *siehe* Einkünfte
- Formular Anordnungen **6** 46 ff. *siehe* Formular Anordnungen
- Formular Anspruch A (an Arbeitgeber) **6** 29 ff. *siehe* Formular Anspruch A (an Arbeitgeber)
- Formular Anspruch B **6** 34 ff. *siehe* Formular Anspruch B
- Formular Anspruch G **6** 39 ff. *siehe* Formular Anspruch G
- Formulare **6** 28 ff. *siehe* Formulare
- fortlaufende Einkünfte **6** 17 ff. *siehe* fortlaufende Einkünfte
- Haupt- und Nebentätigkeiten **6** 9 *siehe* Haupt- und Nebentätigkeiten
- Hinterbliebenenbezüge **6** 21 *siehe* Hinterbliebenenbezüge
- Muster Anspruch A (an Arbeitgeber) – nachträgliche Ergänzung des Pfändungs- und Überweisungsbeschlusses **6** 33 ff. *siehe* Muster Anspruch A (an Arbeitgeber) – nachträgliche Ergänzung des Pfändungs- und Überweisungsbeschlusses
- Ruhegelder **6** 17 ff. *siehe* Ruhegelder
- sonstige Vergütungen **6** 22 f. *siehe* sonstige Vergütungen
- Vergütung **6** 10 *siehe* Vergütung

Arbeitseinkommen gleichgestellte Bezüge
- Karenzentschädigungen **6** 24 *siehe* Karenzentschädigungen
- private Versicherungsrenten **6** 27 *siehe* private Versicherungsrenten
- Ruhegehalt oder Hinterbliebenenversorgung **6** 26 *siehe* Ruhegehalt oder Hinterbliebenenversorgung
- Versicherungsrenten **6** 25 ff. *siehe* Versicherungsrenten

Arrestbefehl **3** 64

Arzthonorare
- Kassenarzt **8** 35 f. *siehe* Kassenarzt
- Muster Pfändung von ärztlichen Honorarforderungen **8** 39 *siehe* Muster Pfändung von ärztlichen Honorarforderungen
- private Abrechnung **8** 37 f. *siehe* private Abrechnung

Auflassungsanwartschaft **8** 40 ff.
- Erklärung der Auflassung **8** 42 *siehe* Erklärung der Auflassung
- Formular Auflassungsanwartschaft **8** 48 *siehe* Formular Auflassungsanwartschaft
- Grundbuchberichtigung **8** 50 *siehe* Grundbuchberichtigung
- Muster Antrag auf Eintragung einer Sicherungshypothek **8** 53 *siehe* Muster Antrag auf Eintragung einer Sicherungshypothek
- Muster Antrag auf Herausgabe der Auflassungsurkunde gem. § 792 ZPO **8** 51 *siehe* Muster Antrag auf Herausgabe der Auflassungsurkunde gem. § 792 ZPO
- notarielle Beurkundung der Auflassung **8** 43 *siehe* notarielle Beurkundung der Auflassung
- Sicherungshypothek **8** 52 ff. *siehe* Sicherungshypothek

Stichwortverzeichnis

- Aufstockung des Sockelfreibetrages **7** 21 ff.
- Bedarfsgemeinschaft **7** 24 f. *siehe* Bedarfsgemeinschaft
- einmalige Sozial- und Geldleistungen **7** 26 *siehe* einmalige Sozial- und Geldleistungen
- Kindergeld/andere Geldleistungen für Kinder **7** 27 f. *siehe* Kindergeld/andere Geldleistungen für Kinder
- Nachweis **7** 23 *siehe* Nachweis
- Unterhalt **7** 22 f. *siehe* Unterhalt

Aufwandsentschädigungen, Auslösegelder, sonstige Zulagen **6** 90
- Begriff **6** 91 f. *siehe* Begriff
- ehrenamtliche Tätigkeit **6** 94 *siehe* ehrenamtliche Tätigkeit
- Mehraufwand **6** 93 *siehe* Mehraufwand
- Nachtschichtszulage **6** 97 ff. *siehe* Nachtschichtszulage
- sonstige Kosten **6** 96 *siehe* sonstige Kosten
- sonstige Zuschläge **6** 103 *siehe* sonstige Zuschläge
- verdeckte Lohnzahlung **6** 101 f. *siehe* verdeckte Lohnzahlung
- Verdienstausfall **6** 95 *siehe* Verdienstausfall

Auseinandersetzungsanspruch
- Aufhebung der Gemeinschaft **8** 68 *siehe* Aufhebung der Gemeinschaft
- Mitberechtigungsanteil an Forderungen/Rechten **8** 72 *siehe* Mitberechtigungsanteil an Forderungen/Rechten
- Miteigentumsanteil an beweglichen Sachen **8** 71 *siehe* Miteigentumsanteil an beweglichen Sachen
- Miteigentumsanteil bei Immobilien **8** 68 f. *siehe* Miteigentumsanteil bei Immobilien
- Muster Pfändung bei beendeter Gütergemeinschaft **8** 76 *siehe* Muster Pfändung bei beendeter Gütergemeinschaft
- Muster Pfändung bei beendeter und fortgesetzter Gütergemeinschaft **8** 77 *siehe* Muster Pfändung bei beendeter und fortgesetzter Gütergemeinschaft
- Muster Pfändung bei Bruchteilgemeinschaften **8** 73 *siehe* Muster Pfändung bei Bruchteilgemeinschaften
- Muster Pfändung bei Gesellschaften bürgerlichen Rechts **8** 75 *siehe* Muster Pfändung bei Gesellschaften bürgerlichen Rechts
- Teilungsversteigerung **8** 69 f. *siehe* Teilungsversteigerung

Ausgleich von Einkommensverlusten **9** 28
Auskunftsanspruch **5** 121 ff.
- Abgabe an Eides statt **5** 126 ff. *siehe* Abgabe an Eides statt
- Ergänzung **5** 124 *siehe* Ergänzung
- Muster Antrag zur Abgabe der eidesstattlichen Versicherung gem. § 836 Abs. 3 ZPO **5** 130 *siehe* Muster Antrag zur Abgabe der eidesstattlichen Versicherung gem. § 836 Abs. 3 ZPO
- Notwendigkeit der Auskünfte **5** 123 *siehe* Notwendigkeit der Auskünfte
- Schutz persönlicher Daten **5** 125 *siehe* Schutz persönlicher Daten
- Umfang **5** 122 *siehe* Umfang
- Verletzung der Auskunftspflicht **5** 128 f. *siehe* Verletzung der Auskunftspflicht

bedingt pfändbare Bezüge **6** 117 ff.
- Altenteil **6** 134 f. *siehe* Altenteil
- Anhörung der Beteiligten **6** 148 ff. *siehe* Anhörung der Beteiligten
- Aufrechnung **6** 123 *siehe* Aufrechnung
- Ausgleichszahlungen **6** 132 *siehe* Ausgleichszahlungen
- Auskunft **6** 133 *siehe* Auskunft
- Blankettbeschluss **6** 152 *siehe* Blankettbeschluss
- Darlegungslast **6** 149, 153 *siehe* Darlegungslast
- Entscheidung **6** 150 *siehe* Entscheidung
- Erstattungsanspruch **6** 122 *siehe* Erstattungsanspruch
- Formular **6** 154 ff. *siehe* Formular
- fortlaufende Einkünfte aus Zuwendungen Dritter **6** 130 ff. *siehe* fortlaufende Einkünfte aus Zuwendungen Dritter
- Handwerker-Lebensversicherung **6** 143 *siehe* Handwerker-Lebensversicherung
- Hilfskassen **6** 137 ff. *siehe* Hilfskassen
- Insolvenzverfahren **6** 151 *siehe* Insolvenzverfahren
- Kapitallebensversicherung **6** 142 *siehe* Kapitallebensversicherung
- Krankenkassen **6** 137 ff. *siehe* Krankenkassen
- Lebensversicherungen **6** 141 *siehe* Lebensversicherungen
- Renten wegen Verletzung des Körpers oder der Gesundheit **6** 119 f. *siehe* Renten wegen Verletzung des Körpers oder der Gesundheit
- Sterbegeldversicherung **6** 141 *siehe* Sterbegeldversicherung
- Taschengeldanspruch **6** 125 ff. *siehe* Taschengeldanspruch
- Todesfalllebensversicherung **6** 141 *siehe* Todesfalllebensversicherung
- Unterhaltsrenten aufgrund gesetzlicher Vorschrift **6** 121 ff. *siehe* Unterhaltsrenten aufgrund gesetzlicher Vorschrift
- Waisenkassen **6** 137 ff. *siehe* Waisenkassen
- Wegfall des Pfändungsschutzes **6** 144 ff. *siehe* Wegfall des Pfändungsschutzes
- Witwenkassen **6** 137 ff. *siehe* Witwenkassen
- Zweck **6** 117 f. *siehe* Zweck

Stichwortverzeichnis

befristete Unpfändbarkeitsanordnung 7 85 ff.
- Anhörung 7 95 *siehe* Anhörung
- Antrag 7 87 *siehe* Antrag
- Antrag auf Aufhebung 7 101 f. *siehe* Antrag auf Aufhebung
- Beschluss 7 96 *siehe* Beschluss
- maximale Befristung 7 94 *siehe* maximale Befristung
- Muster Antrag auf Aufhebung von befristetem P-Kontoschutz (§ 850l S. 3 ZPO) 7 103 *siehe* Muster Antrag auf Aufhebung von befristetem P-Kontoschutz (§ 850l S. 3 ZPO)
- Muster Antrag auf befristete Unpfändbarkeit von P-Kontoguthaben (§ 850l S. 1, 2 ZPO) 7 102 *siehe* Muster Antrag auf befristete Unpfändbarkeit von P-Kontoguthaben (§ 850l S. 1, 2 ZPO)
- Nachweis 7 88 *siehe* Nachweis
- pflichtgemäßes Ermessen 7 93 *siehe* pflichtgemäßes Ermessen
- Rechtsschutzbedürfnis 7 89 *siehe* Rechtsschutzbedürfnis
- Ruhen der Pfändung 7 98 *siehe* Ruhen der Pfändung
- überwiegende Belange des Gläubigers 7 97 *siehe* überwiegende Belange des Gläubigers
- Unwahrscheinlichkeitsprognose 7 91 f. *siehe* Unwahrscheinlichkeitsprognose
- Verfahren 7 93 ff. *siehe* Verfahren
- Versagung 7 97 *siehe* Versagung
- Wirkungen 7 98 ff. *siehe* Wirkungen
- Zusammenrechnung 7 90 *siehe* Zusammenrechnung

Beigeordnete Rechtsanwälte 6 23
Beitreibung privilegierter Ansprüche 9 12 f.
Berechnung des pfändbaren Einkommens 6 333 ff.
- Abtretung 6 423 f. *siehe* Abtretung
- Arbeitgeberdarlehen 6 362 ff. *siehe* Arbeitgeberdarlehen
- Arbeitgeberdarlehen nach Lohnpfändung 6 363 f. *siehe* Arbeitgeberdarlehen nach Lohnpfändung
- Arbeitgeberdarlehen vor Lohnpfändung 6 365 f. *siehe* Arbeitgeberdarlehen vor Lohnpfändung
- Arbeitseinkommen und Naturalleistungen 6 413 ff. *siehe* Arbeitseinkommen und Naturalleistungen
- Arbeitseinkommen und Sozialleistungen 6 383 ff. *siehe* Arbeitseinkommen und Sozialleistungen
- Arbeitslosengeld II 6 384 *siehe* Arbeitslosengeld II
- ausländische Rentenansprüche 6 386 f. *siehe* ausländische Rentenansprüche
- Auswirkungen der Berechnungsmethoden 6 346 f. *siehe* Auswirkungen der Berechnungsmethoden
- Bewertung von Naturalleistungen 6 421 *siehe* Bewertung von Naturalleistungen
- Bruttobetrag 6 339 *siehe* Bruttobetrag
- Bruttomethode 6 343 f. *siehe* Bruttomethode
- Entstehungsprinzip 6 368 *siehe* Entstehungsprinzip
- Ermittlung des Nettoeinkommens 6 336 ff. *siehe* Ermittlung des Nettoeinkommens
- Freibetrag 6 379, 394 *siehe* Freibetrag
- geldwerter Vorteil 6 418 *siehe* geldwerter Vorteil
- gleichzeitige Zusammenrechnung 6 392 ff. *siehe* gleichzeitige Zusammenrechnung
- Insolvenzverfahren 6 335 *siehe* Insolvenzverfahren
- Kindergeld 6 388 *siehe* Kindergeld
- Kosten 6 430 ff. *siehe* Kosten
- Lohnnachzahlungen 6 367 ff. *siehe* Lohnnachzahlungen
- Lohnvorschuss 6 354 ff. *siehe* Lohnvorschuss
- Lohnvorschuss nach Lohnpfändung 6 355 f. *siehe* Lohnvorschuss nach Lohnpfändung
- Lohnvorschuss vor Lohnpfändung 6 357 ff. *siehe* Lohnvorschuss vor Lohnpfändung
- mehrere Sozialleistungen 6 385 *siehe* mehrere Sozialleistungen
- mehrerer Arbeitseinkommen 6 377 ff. *siehe* mehrerer Arbeitseinkommen
- Muster Antrag auf Bewertung von Naturalien zu Zwecken der Addition mit Einkommen 6 422 *siehe* Muster Antrag auf Bewertung von Naturalien zu Zwecken der Addition mit Einkommen
- Muster Antrag auf gleichzeitige Zusammenrechnung mehrerer Arbeitseinkommen gem. § 850e Nr. 2 ZPO 6 393 *siehe* Muster Antrag auf gleichzeitige Zusammenrechnung mehrerer Arbeitseinkommen gem. § 850e Nr. 2 ZPO
- Muster Antrag auf gleichzeitige Zusammenrechnung mehrerer Sozialleistungen 6 399 *siehe* Muster Antrag auf gleichzeitige Zusammenrechnung mehrerer Sozialleistungen
- Muster Antrag auf gleichzeitige Zusammenrechnung von Arbeitseinkommen und Sozialleistung gem. § 850e Nr. 2a ZPO 6 396 *siehe* Muster Antrag auf gleichzeitige Zusammenrechnung von Arbeitseinkommen und Sozialleistung gem. § 850e Nr. 2a ZPO
- Muster Antrag auf nachträgliche Zusammenrechnung mehrerer Arbeitseinkommen bzw. mehrerer Sozialleistungen wenn bereits zuvor ein Einkommen gepfändet wurde 6 411 *siehe* Muster Antrag auf nachträgliche Zusammenrechnung mehrerer Arbeitseinkommen bzw. mehrerer Sozialleistungen wenn bereits zuvor ein Einkommen gepfändet wurde
- Muster Schreiben an Drittschuldner zur Berechnung des pfändbaren Einkommens 6 350 *siehe* Muster Schreiben an Drittschuldner zur Berechnung des pfändbaren Einkommens

Stichwortverzeichnis

- Muster Verrechnungsantrag nach § 850e Abs. 4 ZPO **6** 428 *siehe* Muster Verrechnungsantrag nach § 850e Abs. 4 ZPO
- nachträgliche Zusammenrechnung **6** 402 ff. *siehe* nachträgliche Zusammenrechnung
- Naturalleistungen **6** 414 ff. *siehe* Naturalleistungen
- Naturalleistungen bei unterschiedlichen Arbeitgebern **6** 420 *siehe* Naturalleistungen bei unterschiedlichen Arbeitgebern
- Nebeneinkommen **6** 410 *siehe* Nebeneinkommen
- Nettolohn **6** 340 ff. *siehe* Nettolohn
- Nettomethode **6** 345 *siehe* Nettomethode
- Pfändung sämtlicher Einkommen **6** 406 *siehe* Pfändung sämtlicher Einkommen
- P-Konto **6** 335 *siehe* P-Konto
- privilegierte Gläubiger **6** 389 *siehe* privilegierte Gläubiger
- Rechtsbehelfe **6** 429 *siehe* Rechtsbehelfe
- Sachbezüge **6** 417 *siehe* Sachbezüge
- Schuldnerschutz **6** 334 *siehe* Schuldnerschutz
- Üblichkeit **6** 338 *siehe* Üblichkeit
- Umfang der Pfändung von Lohnnachzahlungen **6** 373 ff. *siehe* Umfang der Pfändung von Lohnnachzahlungen
- unpfändbarer Grundbetrag **6** 390 *siehe* unpfändbarer Grundbetrag
- Unterhaltsansprüche **6** 425 ff. *siehe* Unterhaltsansprüche
- Verfahren auf Zusammenrechnung **6** 391 ff. *siehe* Verfahren auf Zusammenrechnung
- Voraussetzung einer Zusammenrechnung **6** 378 *siehe* Voraussetzung einer Zusammenrechnung
- zusätzliche Pfändung **6** 404 *siehe* zusätzliche Pfändung

Besoldungsansprüche des Beamten **6** 13 *siehe* Arbeitseinkommen
Bestimmtheit **4** 192, **5** 18, 276
- Dienstverhältnis **6** 55 *siehe* Dienstverhältnis
- Erkennbarkeit des Drittschuldners **5** 9 *siehe* Erkennbarkeit des Drittschuldners
- Fehlen **5** 17 *siehe* Fehlen
- Forderung **5** 6 ff. *siehe* Forderung
- Forderungen gegen eine Bank **5** 11 f. *siehe* Forderungen gegen eine Bank
- Herausgabeanspruch **5** 10 *siehe* Herausgabeanspruch
- Pfändungs- und Einziehungsverfügung des Finanzamts **5** 8 *siehe* Pfändungs- und Einziehungsverfügung des Finanzamts
- Pfändungsbeschluss **5** 6 *siehe* Pfändungsbeschluss
- Teilbetrag **5** 14 *siehe* Teilbetrag
- vorvertragliche Beziehungen **5** 15 *siehe* vorvertragliche Beziehungen
- Zug-um-Zug **5** 14 *siehe* Zug-um-Zug

Bestimmtheitsgebot **3** 55
Billigkeit **4** 288, **5** 25, **9** 7 ff.
- beschränkt pfändbare Bezüge **6** 150 *siehe* beschränkt pfändbare Bezüge
- Darlegungslast **9** 8 ff. *siehe* Darlegungslast
- erweiterter Pfändungsschutz **6** 466 *siehe* erweiterter Pfändungsschutz
- Pfändung laufender Sozialleistungen **9** 46 *siehe* Pfändung laufender Sozialleistungen
- Taschengeldanspruch **6** 129 *siehe* Taschengeldanspruch
- Wegfall unterhaltsberechtigter Personen **6** 201 f. *siehe* Wegfall unterhaltsberechtigter Personen
- Zweckbestimmung bei einmaliger Sozialleistung **9** 14 ff. *siehe* Zweckbestimmung bei einmaliger Sozialleistung
- Zweckbestimmung bei Wohngeld **9** 24 *siehe* Zweckbestimmung bei Wohngeld

bewegliche Sache **10**
- Herausgabeanspruch **10** 7 ff.
- Verwertung **10** 21

Blankettbeschluss **6** 513

Darlegungslast **9** 8 ff. *siehe* Billigkeit
- laufende Sozialleistungen **9** 32 *siehe* laufende Sozialleistungen

Dauerwohn- und Dauernutzungsrecht **8** 104 ff.
- Eintragung im Grundbuch **8** 114 *siehe* Eintragung im Grundbuch
- Entstehung **8** 106 *siehe* Entstehung
- Muster Antrag auf Eintragung der Pfändung in das Grundbuch **8** 115 *siehe* Muster Antrag auf Eintragung der Pfändung in das Grundbuch
- Pfändungsantrag Schuldner als Berechtigter **8** 116 *siehe* Pfändungsantrag Schuldner als Berechtigter
- Pfändungsantrag Schuldner als Grundstückseigentümer **8** 112 *siehe* Pfändungsantrag Schuldner als Grundstückseigentümer
- Schuldner ist Berechtigter **8** 113 ff. *siehe* Schuldner ist Berechtigter
- Schuldner ist Grundstückseigentümer **8** 107 ff. *siehe* Schuldner ist Grundstückseigentümer
- Umfang **8** 105 *siehe* Umfang
- Verwertung **8** 117 f. *siehe* Verwertung
- Zwangsverwaltung **8** 109 ff. *siehe* Zwangsverwaltung

Deliktsforderungen
- Entscheidung des Vollstreckungsgerichts **6** 496 *siehe* Entscheidung des Vollstreckungsgerichts
- Feststellungsklage **6** 489 f. *siehe* Feststellungsklage
- Folgeschäden **6** 470 *siehe* Folgeschäden
- Formulare **6** 478 ff. *siehe* Formulare
- Gläubigerkonkurrenz **6** 497 ff. *siehe* Gläubigerkonkurrenz

827

Stichwortverzeichnis

- Insolvenztabelle **6** 488 *siehe* Insolvenztabelle
- Kinder mit eigenem Einkommen **6** 494 *siehe* Kinder mit eigenem Einkommen
- Miet- und Heizkosten **6** 495 *siehe* Miet- und Heizkosten
- Nachweis der Vollstreckungsprivilegierung **6** 482 ff. *siehe* Nachweis der Vollstreckungsprivilegierung
- notwendiger Unterhalt **6** 491 ff. *siehe* notwendiger Unterhalt
- Pfändung von Teilbeträgen **6** 492 *siehe* Pfändung von Teilbeträgen
- pflichtgemäßes Ermessen **6** 477, 481 *siehe* pflichtgemäßes Ermessen
- privilegierte Gläubiger **6** 497 *siehe* privilegierte Gläubiger
- prozessualer Kostenerstattungsanspruch **6** 472 ff. *siehe* prozessualer Kostenerstattungsanspruch
- Prüfungskompetenz des Vollstreckungsgerichts **6** 477 ff. *siehe* Prüfungskompetenz des Vollstreckungsgerichts
- Schadensersatzansprüche des Dienstherrn **6** 471 *siehe* Schadensersatzansprüche des Dienstherrn
- Versäumnisurteil **6** 486 *siehe* Versäumnisurteil
- Vertrag **6** 487 *siehe* Vertrag
- Vollstreckungsbescheid **6** 485 *siehe* Vollstreckungsbescheid

dingliches Wohnungsrecht **8** 89 ff.
- Anfechtungsklage **8** 92 *siehe* Anfechtungsklage
- Antrag auf abweichende Versteigerungsbedingungen **8** 97 *siehe* Antrag auf abweichende Versteigerungsbedingungen
- Beispielfall Zwangsversteigerung **8** 95, 103 *siehe* Beispielfall Zwangsversteigerung
- Gestattung **8** 90 f. *siehe* Gestattung
- Musterklageantrag bei anfechtbarem Erwerb einer Grundbuchbelastung **8** 93 *siehe* Musterklageantrag bei anfechtbarem Erwerb einer Grundbuchbelastung
- Nießbrauch **8** 102 *siehe* Nießbrauch
- Überlassung **8** 90 *siehe* Überlassung
- Zahlungsbetrag **8** 96 *siehe* Zahlungsbetrag
- Zwangsversteigerung **8** 94 f. *siehe* Zwangsversteigerung

doppelter Freibetrag **7** 13 *siehe* P-Konto
Drittschuldner
- AGB **5** 71 *siehe* AGB
- Änderung der Unpfändbarkeitsvoraussetzungen **6** 524 *siehe* Änderung der Unpfändbarkeitsvoraussetzungen
- Arrestatorium **5** 68 *siehe* Arrestatorium
- bei Berufssoldaten **8** 305 *siehe* bei Berufssoldaten
- bei freiwilligem Wehrdienst **8** 316 *siehe* bei freiwilligem Wehrdienst
- bei Sammelverwahrung **4** 208 *siehe* bei Sammelverwahrung
- bei Zeitsoldaten **8** 310 *siehe* bei Zeitsoldaten
- Bezeichnung **4** 68 ff., **5** 41 *siehe* Bezeichnung
- Drittschuldnererklärung **5** 188 ff. *siehe* Drittschuldnererklärung
- Einwendungen und Einreden **5** 70 *siehe* Einwendungen und Einreden
- Elterngeld **9** 86 *siehe* Elterngeld
- Erkennbarkeit **4** 72 f. *siehe* Erkennbarkeit
- Familienkasse **9** 67 *siehe* Familienkasse
- GbR **4** 74 ff. *siehe* GbR
- GmbH-Geschäftsanteil **8** 120 *siehe* GmbH-Geschäftsanteil
- Haftentschädigung **8** 275 f. *siehe* Haftentschädigung
- Hinterlegungsansprüche **8** 168 ff. *siehe* Hinterlegungsansprüche
- Kreditinstitute **7** 61 *siehe* Kreditinstitute
- laufende Sozialleistungen **9** 31 *siehe* laufende Sozialleistungen
- Leasinggeber **8** 227 *siehe* Leasinggeber
- Lotsgeld **8** 266 *siehe* Lotsgeld
- Neubegründung des Arbeits- oder Dienstverhältnisses **6** 59 *siehe* Neubegründung des Arbeits- oder Dienstverhältnisses
- Notaranderkonto **8** 327 *siehe* Notaranderkonto
- Reallast **8** 158 *siehe* Reallast
- Ruhegelder **6** 20 *siehe* Ruhegelder
- Stellung **5** 68 ff. *siehe* Stellung
- unpfändbare Einkommensteile **6** 69 *siehe* unpfändbare Einkommensteile
- Veräußerungsverbot **5** 69 *siehe* Veräußerungsverbot

Drittschuldnererklärung
- akzessorische Rechte **5** 192 *siehe* akzessorische Rechte
- Anerkenntnis der Forderung **5** 197 *siehe* Anerkenntnis der Forderung
- Anordnung der Unpfändbarkeit **5** 203 f. *siehe* Anordnung der Unpfändbarkeit
- Anspruch auf Auskunfts- und Rechnungslegung **5** 201 *siehe* Anspruch auf Auskunfts- und Rechnungslegung
- Ansprüche anderer Personen an der Forderung **5** 202 *siehe* Ansprüche anderer Personen an der Forderung
- Auskunftsklage **5** 207 *siehe* Auskunftsklage
- Einwendungen **5** 199 *siehe* Einwendungen
- Erklärungspflicht nach § 316 AO **5** 220 *siehe* Erklärungspflicht nach § 316 AO
- Form **5** 193 *siehe* Form
- Frist **5** 194 *siehe* Frist
- Gerichtsvollzieherkosten **5** 221 *siehe* Gerichtsvollzieherkosten

Stichwortverzeichnis

- Gesamt- und Bruchteilschuldner 5 192 *siehe* Gesamt- und Bruchteilschuldner
- Höhe der gepfändeten Forderung 5 196 *siehe* Höhe der gepfändeten Forderung
- Kausalität des Schadens 5 213 *siehe* Kausalität des Schadens
- Kosten der vorgerichtlichen Rechtsverfolgung 5 228 *siehe* Kosten der vorgerichtlichen Rechtsverfolgung
- Kosten des Drittschuldnerprozesses 5 218 f. *siehe* Kosten des Drittschuldnerprozesses
- Kostenerstattung wegen Verzugs 5 227 *siehe* Kostenerstattung wegen Verzugs
- laufende Zwangsvollstreckungsmaßnahmen 5 200 *siehe* laufende Zwangsvollstreckungsmaßnahmen
- Muster Aufforderung zur Drittschuldnererklärung 5 229 *siehe* Muster Aufforderung zur Drittschuldnererklärung
- Muster Drittschuldnererklärung 5 230 *siehe* Muster Drittschuldnererklärung
- Muster Zahlungsaufforderung nach nicht fristgerechter Drittschuldnererklärung 5 231 *siehe* Muster Zahlungsaufforderung nach nicht fristgerechter Drittschuldnererklärung
- notwendige Kosten 5 225 f. *siehe* notwendige Kosten
- Pfändungsschutzkonto 5 205 f. *siehe* Pfändungsschutzkonto
- Pflicht zur Streitverkündung 5 232 ff. *siehe* Pflicht zur Streitverkündung
- Rechtsanwaltskosten 5 222 f. *siehe* Rechtsanwaltskosten
- Schadensersatzanspruch des Vollstreckungsgläubigers 5 210 *siehe* Schadensersatzanspruch des Vollstreckungsgläubigers
- schuldrechtliche Rückgewähransprüche 8 195 *siehe* schuldrechtliche Rückgewähransprüche
- Umfang 5 195 *siehe* Umfang
- Umfang der Schadensersatzpflicht 5 211 f., 215 *siehe* Umfang der Schadensersatzpflicht
- Voraussetzungen 5 190 f. *siehe* Voraussetzungen
- Vorsatz 5 214 *siehe* Vorsatz
- weitergehende Auskünfte 5 198 *siehe* weitergehende Auskünfte
- Wirkungen 5 208 *siehe* Wirkungen
- Zuständigkeit im Drittschuldnerprozess 5 216 ff. *siehe* Zuständigkeit im Drittschuldnerprozess
- Zweck 5 188 f. *siehe* Zweck

Eigentumsverschaffung an Grundstücken
- Anspruch auf Eigentumsübertragung 8 56 *siehe* Anspruch auf Eigentumsübertragung
- Eintragung der Sicherungshypothek 8 63 *siehe* Eintragung der Sicherungshypothek

- Klage auf Auflassungserklärung 8 66 *siehe* Klage auf Auflassungserklärung
- Muster Antrag auf Eintragung einer Sicherungshypothek durch Sequester 8 64 *siehe* Muster Antrag auf Eintragung einer Sicherungshypothek durch Sequester
- Pfändung vor Erklärung der Auflassung 8 58 *siehe* Pfändung vor Erklärung der Auflassung
- Pfändungswirkungen 8 62 *siehe* Pfändungswirkungen
- Rang 8 65 *siehe* Rang
- Sequester 8 61 *siehe* Sequester
- Überweisung zur Einziehung 8 59 *siehe* Überweisung zur Einziehung
- Vollstreckungsgericht 8 60 *siehe* Vollstreckungsgericht

Einkommensteuererstattung infolge beruflicher Werbungskosten 6 586
Einstweilige Anordnung 3 64
Einziehungsprozess 5 114 ff.
- Einwendungen des Drittschuldners 5 157 *siehe* Einwendungen des Drittschuldners
- Klageänderung 5 115 *siehe* Klageänderung
- mehrere Gläubiger 5 118 *siehe* mehrere Gläubiger
- Prozessstandschaft 5 117 *siehe* Prozessstandschaft
- Rechtsschutzbedürfnis 5 116 *siehe* Rechtsschutzbedürfnis

Elterngeld 9 78 ff.
- Basiselterngeld 9 79 *siehe* Basiselterngeld
- Drittschuldner 9 86 *siehe* Drittschuldner
- ElterngeldPlus 9 80 *siehe* ElterngeldPlus
- Höhe 9 81 f. *siehe* Höhe
- Mehrkindfamilien 9 83 *siehe* Mehrkindfamilien
- Muster Pfändung von Elterngeld 9 87 ff. *siehe* Muster Pfändung von Elterngeld
- Pfändungsschutz 9 84 f. *siehe* Pfändungsschutz

erweiterte Lohnpfändung 6 503 ff.
- Muster: Antrag auf Erweiterung nach § 850f Abs. 3 ZPO 6 506 *siehe* Muster: Antrag auf Erweiterung nach § 850f Abs. 3 ZPO
- pflichtgemäßes Ermessen 6 505 *siehe* pflichtgemäßes Ermessen
- privilegierte Gläubiger 6 504 *siehe* privilegierte Gläubiger

erweiterter Pfändungsschutz 6 437 ff.
- Antrag 6 464 f. *siehe* Antrag
- Bedürftigkeitsgrenze 6 440 ff. *siehe* Bedürftigkeitsgrenze
- Berechnungsmethoden 6 441 ff. *siehe* Berechnungsmethoden
- Berücksichtigung von Wohnkosten 6 447 ff. *siehe* Berücksichtigung von Wohnkosten
- berufliche Bedürfnisse 6 457 ff. *siehe* berufliche Bedürfnisse

Stichwortverzeichnis

- Bescheinigung des Sozialhilfeträgers **6** 445 f. *siehe* Bescheinigung des Sozialhilfeträgers
- Beschluss **6** 466 *siehe* Beschluss
- besondere Bedürfnisse **6** 450 ff. *siehe* besondere Bedürfnisse
- besonderer Umfang gesetzlicher Unterhaltspflichten **6** 462 f. *siehe* besonderer Umfang gesetzlicher Unterhaltspflichten
- erhöhte Bedürfnisse **6** 454 ff. *siehe* erhöhte Bedürfnisse
- Fahrtkosten **6** 457 ff. *siehe* Fahrtkosten
- freiberufliche Tätigkeiten **6** 461 *siehe* freiberufliche Tätigkeiten
- Insolvenzverfahren **6** 467 *siehe* Insolvenzverfahren
- Mehraufwandsentschädigung **6** 451 *siehe* Mehraufwandsentschädigung
- Muster Antrag auf Erhöhung der Pfändungsfreigrenze **6** 469 *siehe* Muster Antrag auf Erhöhung der Pfändungsfreigrenze
- notwendiger Lebensunterhalt **6** 442 *siehe* notwendiger Lebensunterhalt
- persönliche Bedürfnisse **6** 452 ff. *siehe* persönliche Bedürfnisse
- Umfang der Unterhaltspflicht **6** 443 f. *siehe* Umfang der Unterhaltspflicht
- Verfahren **6** 464 ff. *siehe* Verfahren
- Vollstreckungsgericht **6** 439 *siehe* Vollstreckungsgericht

Familienstreitsachen **3** 58 ff.
- Anordnung der sofortigen Wirksamkeit **3** 59 f. *siehe* Anordnung der sofortigen Wirksamkeit
- einstweilige Anordnungen **3** 61 *siehe* einstweilige Anordnungen

Forderungsaufstellung **4** 51 ff.
- Anlage **4** 52 *siehe* Anlage
- Bestimmbarkeit **4** 60 *siehe* Bestimmbarkeit
- EDV **4** 52, 56 ff. *siehe* EDV
- Formularzwang **4** 53 ff. *siehe* Formularzwang
- Teilvollstreckung **4** 61 ff. *siehe* Teilvollstreckung
- Verrechnung von Zahlungen **4** 66 *siehe* Verrechnung von Zahlungen
- Zinsen **4** 56 ff. *siehe* Zinsen

Formular
- Pfändungsbeschluss **5** 36 *siehe* Pfändungsbeschluss

Formulare
- Anspruch A (an Arbeitgeber) **6** 29 ff. *siehe* Anspruch A (an Arbeitgeber)
- Anspruch Anordnungen **6** 46 ff. *siehe* Anspruch Anordnungen
- Anspruch B **6** 34 ff. *siehe* Anspruch B
- Anspruch G **6** 39 ff. *siehe* Anspruch G
- Antrag auf Erlass eines Pfändungs- und Überweisungsbeschlusses, insbesondere wegen gewöhnlicher Geldforderungen (§ 2 Nr. 2 ZVFV Anlage 2) **4** 12 ff. *siehe* Antrag auf Erlass eines Pfändungs- und Überweisungsbeschlusses, insbesondere wegen gewöhnlicher Geldforderungen (§ 2 Nr. 2 ZVFV Anlage 2)
- Antrag auf Erlass eines Pfändungs- und Überweisungsbeschlusses, insbesondere wegen Unterhaltsforderungen" (§ 2 Nr. 1 ZVFV Anlage 3) **4** 102 ff. *siehe* Antrag auf Erlass eines Pfändungs- und Überweisungsbeschlusses, insbesondere wegen Unterhaltsforderungen" (§ 2 Nr. 1 ZVFV Anlage 3)
- Antrag auf Sicherungsvollstreckung **3** 90 ff. *siehe* Antrag auf Sicherungsvollstreckung
- Arbeitseinkommen **6** 28 ff. *siehe* Arbeitseinkommen
- Auflassungsanwartschaft **8** 48 *siehe* Auflassungsanwartschaft
- Neubegründung des Arbeits- oder Dienstverhältnisses **6** 61 ff. *siehe* Neubegründung des Arbeits- oder Dienstverhältnisses
- Pfändung von Anwartschaftsrechten **8** 31 ff. *siehe* Pfändung von Anwartschaftsrechten

Formularzwang **4** 10 f., 53 ff., **5** 19

Geldforderungen
- Begriff **2** 1 ff. *siehe* Begriff
- betagte, bedingte und künftige Forderungen **2** 5 ff. *siehe* betagte, bedingte und künftige Forderungen
- Fälligkeit **2** 6 *siehe* Fälligkeit
- Hypothekenhaftungsverband **2** 10 *siehe* Hypothekenhaftungsverband
- öffentlich-rechtliche Forderungen **2** 8 *siehe* öffentlich-rechtliche Forderungen

Geldforderungen, die nicht nach §§ 829 ff ZPO vollstreckt werden
- Hypothekenhaftungsverband **2** 4 *siehe* Hypothekenhaftungsverband
- verbriefte Forderungen **2** 4 *siehe* verbriefte Forderungen

Geldforderungen
- Naturalobligationen **2** 7 *siehe* Naturalobligationen

Gesamtgläubiger **4** 178

GmbH-Geschäftsanteil **8** 119 ff.
- Drittschuldner **8** 120 *siehe* Drittschuldner
- Einziehungsentgelt **8** 121 *siehe* Einziehungsentgelt
- Mitpfändung von Ansprüchen **8** 122 *siehe* Mitpfändung von Ansprüchen
- Pfändungsantrag **8** 125 *siehe* Pfändungsantrag
- Recht auf Kündigung **8** 123 *siehe* Recht auf Kündigung
- Verwertung **8** 124 *siehe* Verwertung

Grundsatz effektiven Rechtsschutzes **5** 24

Grundschuld **8** 127 ff.
- Briefgrundschuld **8** 130 ff. *siehe* Briefgrundschuld

Stichwortverzeichnis

- Briefübergabe **8** 131 *siehe* Briefübergabe
- Buchgrundschuld **8** 133 *siehe* Buchgrundschuld
- Eigentümergrundschuld **8** 134 ff., 206 *siehe* Eigentümergrundschuld
- Gesamtgrundschuld **8** 128 *siehe* Gesamtgrundschuld
- Grundbuchberichtigung **8** 138 *siehe* Grundbuchberichtigung
- Muster Anlage bei einem Briefrecht auf Durchführung eines Aufgebotsverfahrens **8** 147 *siehe* Muster Anlage bei einem Briefrecht auf Durchführung eines Aufgebotsverfahrens
- Muster Anlage bei Teileigentümerbriefgrundschuld **8** 146 *siehe* Muster Anlage bei Teileigentümerbriefgrundschuld
- Muster Anlage Eigentümergrundschuld ist als solche im Grundbuch eingetragen **8** 145 *siehe* Muster Anlage Eigentümergrundschuld ist als solche im Grundbuch eingetragen
- Muster Anlage Schuldner ist nicht als Grundschuldgläubiger eingetragen **8** 143 *siehe* Muster Anlage Schuldner ist nicht als Grundschuldgläubiger eingetragen
- Muster Anlage Teil-Eigentümergrundschuld/Umschreibung noch nicht erfolgt **8** 144 *siehe* Muster Anlage Teil-Eigentümergrundschuld/Umschreibung noch nicht erfolgt
- Muster Pfändung bei Eigentümergrundschuld **8** 142 *siehe* Muster Pfändung bei Eigentümergrundschuld
- Sicherungsgrundschuld **8** 129 *siehe* Sicherungsgrundschuld
- Teileigentümergrundschuld **8** 137 ff. *siehe* Teileigentümergrundschuld
- Übersicht Pfändung bei Briefrecht **8** 132 *siehe* Übersicht Pfändung bei Briefrecht

Haftentschädigung
- Drittschuldner **8** 275 f. *siehe* Drittschuldner
- Entschädigung für Strafverfolgungsmaßnahmen **8** 270 *siehe* Entschädigung für Strafverfolgungsmaßnahmen
- Rechtskraft **8** 273 *siehe* Rechtskraft
- Schadensersatz **8** 271 *siehe* Schadensersatz
- Schmerzensgeld **8** 271 *siehe* Schmerzensgeld
- Strafgericht **8** 272 *siehe* Strafgericht
- Unpfändbarkeit **8** 274 *siehe* Unpfändbarkeit

Haftentschädigungsansprüche
- Muster Pfändung von Haftentschädigungsansprüchen **8** 277 *siehe* Muster Pfändung von Haftentschädigungsansprüchen

Heirats- und Geburtshilfen **6** 109 ff.
- beamtenrechtliche Ansprüche auf Beihilfe im Krankheitsfall **6** 110 f. *siehe* beamtenrechtliche Ansprüche auf Beihilfe im Krankheitsfall
- Muster Abtretung von Beihilfeansprüchen **6** 112 *siehe* Muster Abtretung von Beihilfeansprüchen

Herausgabeanspruch **4** 202, **10** 1 ff.
- Pfändung **10** 7 ff.
- Schiff **10** 24 f.
- unbewegliche Sache **10** 26 ff.

Herausgabepflicht
- Arten von Urkunden **5** 133 f. *siehe* Arten von Urkunden
- Beauftragung des Gerichtsvollziehers **5** 144 *siehe* Beauftragung des Gerichtsvollziehers
- Muster Antrag auf Hilfspfändung gem. § 836 Abs. 3 S. 3 ZPO **5** 147 *siehe* Muster Antrag auf Hilfspfändung gem. § 836 Abs. 3 S. 3 ZPO
- Original der Urkunde **5** 142 *siehe* Original der Urkunde
- Rückgabe **5** 146 *siehe* Rückgabe
- Umfang **5** 132 *siehe* Umfang
- Urkundenbezeichnung **5** 135 f. *siehe* Urkundenbezeichnung
- Verweigerung der Urkundenherausgabe **5** 143 *siehe* Verweigerung der Urkundenherausgabe
- von Dritten **5** 145 *siehe* von Dritten
- vorhandener Urkunden **5** 131 ff. *siehe* vorhandener Urkunden

Hinterlegung **5** 308 ff.
- Abgabenvollstreckung nach § 320 AO **5** 309 *siehe* Abgabenvollstreckung nach § 320 AO
- Arrestvollziehung **5** 309 *siehe* Arrestvollziehung
- Beschlagnahme nach § 111b StPO **5** 309 *siehe* Beschlagnahme nach § 111b StPO
- Hinterlegungsgesetze der Länder **5** 314 *siehe* Hinterlegungsgesetze der Länder
- Hinterlegungsstelle **5** 312 f. *siehe* Hinterlegungsstelle
- Kosten **5** 317 *siehe* Kosten
- Sicherungsvollstreckung **5** 309 *siehe* Sicherungsvollstreckung
- unter Verzicht auf die Rücknahme **5** 315 *siehe* unter Verzicht auf die Rücknahme
- Verfahren **5** 311 ff. *siehe* Verfahren
- Voraussetzungen **5** 310 *siehe* Voraussetzungen
- Wirkungen **5** 316 *siehe* Wirkungen

Hinterlegungsansprüche **8** 164 ff.
- Drittschuldner **8** 168 ff. *siehe* Drittschuldner
- Hinterlegungsgründe **8** 165 f. *siehe* Hinterlegungsgründe
- Hinterlegungsstelle **8** 166 *siehe* Hinterlegungsstelle
- Muster Pfändung bei Hinterlegung **8** 172 *siehe* Muster Pfändung bei Hinterlegung
- Pfändung **8** 167 ff. *siehe* Pfändung
- Übersicht Vertretungsberechtigung der Länder als Drittschuldner **8** 170 *siehe* Übersicht Vertretungsberechtigung der Länder als Drittschuldner

831

Stichwortverzeichnis

- Verwertung **8** 171 *siehe* Verwertung
Hypothek **8** 173 ff.
- Briefhypothek **8** 182 ff. *siehe* Briefhypothek
- Briefübergabe **8** 185 *siehe* Briefübergabe
- Buchhypothek **8** 174 ff. *siehe* Buchhypothek
- Grundbuchantrag **8** 179 *siehe* Grundbuchantrag
- Grundbuchunrichtigkeit **8** 186 f. *siehe* Grundbuchunrichtigkeit
- Muster Grundbuchantrag Buchhypothek **8** 180 *siehe* Muster Grundbuchantrag Buchhypothek
- Muster Grundbuchberichtigungsantrag auf Eintragung der Pfändung **8** 190 *siehe* Muster Grundbuchberichtigungsantrag auf Eintragung der Pfändung
- Muster Pfändung Buchhypothek **8** 181 *siehe* Muster Pfändung Buchhypothek
- Muster Pfändung Dritter ist im Besitz des Briefs **8** 189 *siehe* Muster Pfändung Dritter ist im Besitz des Briefs
- Muster Pfändung Schuldner ist im Besitz des Briefs **8** 188 *siehe* Muster Pfändung Schuldner ist im Besitz des Briefs
- Teilpfändung **8** 184 *siehe* Teilpfändung
- Vorpfändung **8** 178 *siehe* Vorpfändung

Inhibitorium **8** 8
Insolvenzgeld **9** 90 ff.
- Antragsfrist **9** 92 *siehe* Antragsfrist
- isolierte Pfändung **9** 93 f. *siehe* isolierte Pfändung
- Muster Isolierte Pfändung von Insolvenzgeld **9** 96 *siehe* Muster Isolierte Pfändung von Insolvenzgeld
- Pfändung mit Arbeitseinkommen **9** 91 f. *siehe* Pfändung mit Arbeitseinkommen
- Vorschuss **9** 95 *siehe* Vorschuss
Internet-Domain
- Inhaber **8** 221 *siehe* Inhaber
- Muster Pfändung einer Internet-Domain **8** 225 *siehe* Muster Pfändung einer Internet-Domain
- Pfändungsgegenstand **8** 222 *siehe* Pfändungsgegenstand
- Registrierung als Domaininhaber **8** 224 *siehe* Registrierung als Domaininhaber
- Verwertung **8** 223 *siehe* Verwertung

Klage bei Mehrfachpfändung **5** 318 ff.
- Begründetheit **5** 326 *siehe* Begründetheit
- gleichzeitige Zahlungsklage mehrerer Vollstreckungsgläubiger **5** 320 *siehe* gleichzeitige Zahlungsklage mehrerer Vollstreckungsgläubiger
- Klageverfahren **5** 319 *siehe* Klageverfahren
- Kosten **5** 328 *siehe* Kosten
- Ladung der Gläubiger **5** 324 f. *siehe* Ladung der Gläubiger

- Muster Klage auf Hinterlegung durch den Drittschuldner bei Mehrfachpfändung **5** 329 *siehe* Muster Klage auf Hinterlegung durch den Drittschuldner bei Mehrfachpfändung
- Rechtskraftwirkungen **5** 327 *siehe* Rechtskraftwirkungen
- Rechtsschutzbedürfnis **5** 323 *siehe* Rechtsschutzbedürfnis
- Rechtsweg **5** 321 *siehe* Rechtsweg
- Streitverkündung **5** 322 *siehe* Streitverkündung
Klauselverfahren **3** 65
Kommanditgesellschaft
- Ansprüche eines Kommanditisten gegen die KG **8** 260 f. *siehe* Ansprüche eines Kommanditisten gegen die KG
- Haftung **8** 253 *siehe* Haftung
- Kündigung **8** 255 f. *siehe* Kündigung
- Muster Pfändung der Ansprüche an Kommanditgesellschaft **8** 259 *siehe* Muster Pfändung der Ansprüche an Kommanditgesellschaft
- Muster Pfändung der Ansprüche gegen Kommanditisten **8** 261 *siehe* Muster Pfändung der Ansprüche gegen Kommanditisten
- Vertretung **8** 254 *siehe* Vertretung
- Wirkung der Kündigung **8** 258 *siehe* Wirkung der Kündigung
Konkretisierungsgebot **3** 53, 56
Kostenfestsetzungsbeschluss **3** 64
Kurzarbeitergeld **9** 97 ff.
- laufende Lohnpfändung **9** 99 *siehe* laufende Lohnpfändung
- Lohnersatzleistung **9** 98 *siehe* Lohnersatzleistung
- Muster isolierte Pfändung von Kurzarbeitergeld **9** 100 *siehe* Muster isolierte Pfändung von Kurzarbeitergeld

Leistung Zug um Zug
- Annahmeverzug **3** 100 f. *siehe* Annahmeverzug
- Nachweis **3** 102 f. *siehe* Nachweis
- Nachweis der Leistung **3** 100 f. *siehe* Nachweis der Leistung
Leistungsverpflichtung des Kreditinstituts **7** 57 ff.
- aufgrund Nachweis durch Schuldner **7** 59 ff. *siehe* aufgrund Nachweis durch Schuldner
- ohne Nachweis durch Schuldner **7** 58 *siehe* ohne Nachweis durch Schuldner
Lohn- und Einkommensteuer **6** 16 *siehe* Arbeitseinkommen
Lohnabtretung **6** 534
Lohnsteuer-/Kirchensteuerjahresausgleich **4** 121 ff.
Lohnverschiebung **6** 531 ff.
- Anwendung **6** 533 *siehe* Anwendung
- Muster Pfändungsantrag bei Lohnverschiebung **6** 552 *siehe* Muster Pfändungsantrag bei Lohnverschiebung

Stichwortverzeichnis

- Verfahren **6** 536 ff. *siehe* Verfahren Lohnverschleierung **6** 538 ff.
- fiktiver Anspruch auf Vergütung **6** 539 *siehe* fiktiver Anspruch auf Vergütung
- Gläubigerbenachteiligungsabsicht **6** 543 *siehe* Gläubigerbenachteiligungsabsicht
- Muster Pfändung bei Lohnverschleierung durch Schuldner **6** 553 *siehe* Muster Pfändung bei Lohnverschleierung durch Schuldner
- Muster Pfändung bei Wahl einer ungünstigen Steuerklasse durch Schuldner **6** 550 *siehe* Muster Pfändung bei Wahl einer ungünstigen Steuerklasse durch Schuldner
- Unterhaltspflicht **6** 540 *siehe* Unterhaltspflicht
- Voraussetzungen **6** 541 *siehe* Voraussetzungen

Lotsgeld
- Arbeitseinkommen **8** 264 *siehe* Arbeitseinkommen
- Begriff **8** 262 f. *siehe* Begriff
- Drittschuldner **8** 266 *siehe* Drittschuldner
- Einzug **8** 265 *siehe* Einzug
- Muster Pfändung von Lotsgeldern **8** 269 *siehe* Muster Pfändung von Lotsgeldern
- Pfändung von Rentenversicherungsansprüchen **8** 268 *siehe* Pfändung von Rentenversicherungsansprüchen
- Übersicht Drittschuldner bei der Pfändung von Lotsgeldern **8** 267 *siehe* Übersicht Drittschuldner bei der Pfändung von Lotsgeldern

Mehrarbeit **6** 73 ff.
- Begriff **6** 75 f. *siehe* Begriff
- Bezug von Altersrente **6** 78 *siehe* Bezug von Altersrente
- selbstständiger Schuldner **6** 77 *siehe* selbstständiger Schuldner

Miet- und Pachtforderungen **8** 335 ff.
- Abtretung **8** 374 *siehe* Abtretung
- Beispielfall Immobiliarvollstreckung **8** 367 f. *siehe* Beispielfall Immobiliarvollstreckung
- Beispielfall Pfändung bei Mobiliarvollstreckung **8** 360 ff. *siehe* Beispielfall Pfändung bei Mobiliarvollstreckung
- Eigentumswohnung **8** 347 *siehe* Eigentumswohnung
- Hypothekenhaftungsverband **8** 371 *siehe* Hypothekenhaftungsverband
- Immobiliarvollstreckung **8** 359, 364 ff. *siehe* Immobiliarvollstreckung
- Insolvenz **8** 359, 372 f. *siehe* Insolvenz
- Kosten/Gebühren **8** 356 *siehe* Kosten/Gebühren
- laufende Unterhaltung eines Grundstücks **8** 348 *siehe* laufende Unterhaltung eines Grundstücks
- Mietergemeinschaften **8** 338 ff. *siehe* Mietergemeinschaften
- Mobiliarvollstreckung **8** 359 ff. *siehe* Mobiliarvollstreckung
- Muster Antrag auf Vollstreckungsschutz **8** 358 *siehe* Muster Antrag auf Vollstreckungsschutz
- Muster Pfändung bei Ansprüchen des Mieters gegen den Vermieter **8** 337 *siehe* Muster Pfändung bei Ansprüchen des Mieters gegen den Vermieter
- persönliche Forderung **8** 369 *siehe* persönliche Forderung
- Pfändungsschutz **8** 342 *siehe* Pfändungsschutz
- Pfändungsschutz bei Miet- und Pachtzinsen **8** 344 *siehe* Pfändungsschutz bei Miet- und Pachtzinsen
- Pfändungsschutzantrag bei Miet- und Pachtzinsen **8** 350 *siehe* Pfändungsschutzantrag bei Miet- und Pachtzinsen
- Sicherung der Mieten **8** 375 *siehe* Sicherung der Mieten
- Unterbleiben der Pfändung **8** 353 f. *siehe* Unterbleiben der Pfändung
- Verfahren **8** 351 f. *siehe* Verfahren
- Wirkung **8** 355 *siehe* Wirkung
- wirtschaftliche Grundlage **8** 345 *siehe* wirtschaftliche Grundlage
- Zwangsversteigerung **8** 365 *siehe* Zwangsversteigerung
- Zwangsverwaltung **8** 366 *siehe* Zwangsverwaltung
- Zwangsverwaltungsbeschlagnahme **8** 370 *siehe* Zwangsverwaltungsbeschlagnahme

Miet- und Pachtforderungen Pfändung
- Verpächterpfandrecht **8** 336 *siehe* Verpächterpfandrecht

Muster
- Absetzungen **5** 30 *siehe* Absetzungen
- Abtretung von Beihilfeansprüchen **6** 112 *siehe* Abtretung von Beihilfeansprüchen
- Anlage bei einem Briefrecht auf Durchführung eines Aufgebotsverfahrens **8** 147 *siehe* Anlage bei einem Briefrecht auf Durchführung eines Aufgebotsverfahrens
- Anlage bei Teileigentümerbriefgrundschuld **8** 146 *siehe* Anlage bei Teileigentümerbriefgrundschuld
- Anlage Eigentümergrundschuld ist als solche im Grundbuch eingetragen **8** 145 *siehe* Anlage Eigentümergrundschuld ist als solche im Grundbuch eingetragen
- Anlage Schuldner ist nicht als Grundschuldgläubiger eingetragen **8** 143 *siehe* Anlage Schuldner ist nicht als Grundschuldgläubiger eingetragen
- Anlage Teil-Eigentümergrundschuld/Umschreibung noch nicht erfolgt **8** 144 *siehe* Anlage Teil-Eigentümergrundschuld/Umschreibung noch nicht erfolgt
- Anpassung des Freibetrags nach § 850k Abs. 4 ZPO an den Freibetrag nach Lohnpfändungstabelle bei unterschiedlicher Höhe des überwiesenen Arbeits-

833

Stichwortverzeichnis

einkommens **7** 53 *siehe* Anpassung des Freibetrags nach § 850k Abs. 4 ZPO an den Freibetrag nach Lohnpfändungstabelle bei unterschiedlicher Höhe des überwiesenen Arbeitseinkommens
- Anspruch A (an Arbeitgeber) – nachträgliche Ergänzung des Pfändungs- und Überweisungsbeschlusses **6** 33 ff. *siehe* Anspruch A (an Arbeitgeber) – nachträgliche Ergänzung des Pfändungs- und Überweisungsbeschlusses
- Antrag auf andere Verwertung **5** 184 *siehe* Antrag auf andere Verwertung
- Antrag auf Aufhebung der Pfändung- und Überweisung **5** 257 *siehe* Antrag auf Aufhebung der Pfändung- und Überweisung
- Antrag auf Aufhebung von befristetem P-Kontoschutz (§ 850l S. 3 ZPO) **7** 103 *siehe* Antrag auf Aufhebung von befristetem P-Kontoschutz (§ 850l S. 3 ZPO)
- Antrag auf befristete Unpfändbarkeit von P-Kontoguthaben (§ 850l S. 1, 2 ZPO) **7** 102 *siehe* Antrag auf befristete Unpfändbarkeit von P-Kontoguthaben (§ 850l S. 1, 2 ZPO)
- Antrag auf Beseitigung bei mehreren missbräuchlich geführten P-Konten **7** 84 *siehe* Antrag auf Beseitigung bei mehreren missbräuchlich geführten P-Konten
- Antrag auf Bewertung von Naturalien zu Zwecken der Addition mit Einkommen **6** 422 *siehe* Antrag auf Bewertung von Naturalien zu Zwecken der Addition mit Einkommen
- Antrag auf Eintragung der Pfändung in das Grundbuch **8** 115 *siehe* Antrag auf Eintragung der Pfändung in das Grundbuch
- Antrag auf Eintragung einer Sicherungshypothek **8** 53 *siehe* Antrag auf Eintragung einer Sicherungshypothek
- Antrag auf Eintragung einer Sicherungshypothek durch Sequester **8** 64 *siehe* Antrag auf Eintragung einer Sicherungshypothek durch Sequester
- Antrag auf Erhöhung der Pfändungsfreigrenze **6** 469 *siehe* Antrag auf Erhöhung der Pfändungsfreigrenze
- Antrag auf Erweiterung nach § 850f Abs. 3 ZPO **6** 506 *siehe* Antrag auf Erweiterung nach § 850f Abs. 3 ZPO
- Antrag auf gleichzeitige Zusammenrechnung mehrerer Arbeitseinkommen gem. § 850e Nr. 2 ZPO **6** 393 *siehe* Antrag auf gleichzeitige Zusammenrechnung mehrerer Arbeitseinkommen gem. § 850e Nr. 2 ZPO
- Antrag auf gleichzeitige Zusammenrechnung mehrerer Sozialleistungen **6** 399 *siehe* Antrag auf gleichzeitige Zusammenrechnung mehrerer Sozialleistungen

- Antrag auf gleichzeitige Zusammenrechnung von Arbeitseinkommen und Sozialleistung gem. § 850e Nr. 2a ZPO **6** 396 *siehe* Antrag auf gleichzeitige Zusammenrechnung von Arbeitseinkommen und Sozialleistung gem. § 850e Nr. 2a ZPO
- Antrag auf Herausgabe der Auflassungsurkunde gem. § 792 ZPO **8** 51 *siehe* Antrag auf Herausgabe der Auflassungsurkunde gem. § 792 ZPO
- Antrag auf Hilfspfändung gem. § 836 Abs. 3 S. 3 ZPO **5** 147 *siehe* Antrag auf Hilfspfändung gem. § 836 Abs. 3 S. 3 ZPO
- Antrag auf nachträgliche Zusammenrechnung mehrerer Arbeitseinkommen bzw. mehrerer Sozialleistungen, wenn bereits zuvor ein Einkommen gepfändet wurde **6** 411 *siehe* Antrag auf nachträgliche Zusammenrechnung mehrerer Arbeitseinkommen bzw. mehrerer Sozialleistungen, wenn bereits zuvor ein Einkommen gepfändet wurde
- Antrag auf Überweisung des bereits gepfändeten Pflichtteilsanspruchs, wenn die Voraussetzungen nach § 852 Abs. 1 ZPO vorliegen **8** 291 ff. *siehe* Antrag auf Überweisung des bereits gepfändeten Pflichtteilsanspruchs, wenn die Voraussetzungen nach § 852 Abs. 1 ZPO vorliegen
- Antrag auf Verringerung des Pfändungsfreibetrags bei vorrangiger Lohn-Abtretung wegen Mietzinsansprüchen **6** 176 *siehe* Antrag auf Verringerung des Pfändungsfreibetrags bei vorrangiger Lohn-Abtretung wegen Mietzinsansprüchen
- Antrag auf Vollstreckungsschutz bei Pfändung von Miet- und Pachtforderungen **8** 358 *siehe* Antrag auf Vollstreckungsschutz bei Pfändung von Miet- und Pachtforderungen
- Antrag zur Abgabe der eidesstattlichen Versicherung gem. § 836 Abs. 3 ZPO **5** 130 *siehe* Antrag zur Abgabe der eidesstattlichen Versicherung gem. § 836 Abs. 3 ZPO
- Aufforderung zur Drittschuldnererklärung **5** 229 *siehe* Aufforderung zur Drittschuldnererklärung
- Auskunftsbegehren an das Personalamt der Bundeswehr **3** 34 *siehe* Auskunftsbegehren an das Personalamt der Bundeswehr
- Drittschuldnererklärung **5** 230 *siehe* Drittschuldnererklärung
- Erstreckung des Freibetrages auch auf P-Konto bei Beantragung des Pfändungs- und Überweisungsbeschlusses **6** 235 *siehe* Erstreckung des Freibetrages auch auf P-Konto bei Beantragung des Pfändungs- und Überweisungsbeschlusses
- Grundbuchantrag **8** 157 *siehe* Grundbuchantrag
- Grundbuchantrag Buchhypothek **8** 180 *siehe* Grundbuchantrag Buchhypothek
- Grundbuchberichtigungsantrag auf Eintragung der Pfändung **8** 190 *siehe* Grundbuchberichtigungsantrag auf Eintragung der Pfändung

Stichwortverzeichnis

- Grundbuchberichtigungsantrag auf Eintragung des Nießbrauchrechts **8** 213 *siehe* Grundbuchberichtigungsantrag auf Eintragung des Nießbrauchrechts
- Isolierte Pfändung von Insolvenzgeld **9** 96 *siehe* Isolierte Pfändung von Insolvenzgeld
- Isolierte Pfändung von Kurzarbeitergeld **9** 100 *siehe* Isolierte Pfändung von Kurzarbeitergeld
- Isolierte Vorpfändung durch Gläubiger **5** 307 *siehe* Isolierte Vorpfändung durch Gläubiger
- Klage auf Hinterlegung durch den Drittschuldner bei Mehrfachpfändung **5** 329 *siehe* Klage auf Hinterlegung durch den Drittschuldner bei Mehrfachpfändung
- Klageantrag bei anfechtbarem Erwerb einer Grundbuchbelastung **8** 93 *siehe* Klageantrag bei anfechtbarem Erwerb einer Grundbuchbelastung
- Muster Pfändung von Patenten **8** 244 *siehe* Muster Pfändung von Patenten
- Pfändung aus dem Leasingvertrag **8** 228 *siehe* Pfändung aus dem Leasingvertrag
- Pfändung bei Ansprüchen des Mieters gegen den Vermieter **8** 337 *siehe* Pfändung bei Ansprüchen des Mieters gegen den Vermieter
- Pfändung bei beendeter Gütergemeinschaft **8** 76 *siehe* Pfändung bei beendeter Gütergemeinschaft
- Pfändung bei beendeter und fortgesetzter Gütergemeinschaft **8** 77 *siehe* Pfändung bei beendeter und fortgesetzter Gütergemeinschaft
- Pfändung bei Bruchteilgemeinschaften **8** 73 *siehe* Pfändung bei Bruchteilgemeinschaften
- Pfändung bei Eigentümergrundschuld **8** 142 *siehe* Pfändung bei Eigentümergrundschuld
- Pfändung bei Gesellschaften bürgerlichen Rechts **8** 75 *siehe* Pfändung bei Gesellschaften bürgerlichen Rechts
- Pfändung bei Hinterlegung **8** 172 *siehe* Pfändung bei Hinterlegung
- Pfändung bei Lohnverschleierung durch Schuldner **6** 553 *siehe* Pfändung bei Lohnverschleierung durch Schuldner
- Pfändung bei subjektiv-persönlicher Reallast **8** 161 *siehe* Pfändung bei subjektiv-persönlicher Reallast
- Pfändung bei Wahl einer ungünstigen Steuerklasse durch Schuldner **6** 550 *siehe* Pfändung bei Wahl einer ungünstigen Steuerklasse durch Schuldner
- Pfändung Buchhypothek **8** 181 *siehe* Pfändung Buchhypothek
- Pfändung der Ansprüche an Kommanditgesellschaft **8** 259 *siehe* Pfändung der Ansprüche an Kommanditgesellschaft
- Pfändung der Ansprüche gegen Kommanditisten **8** 261 *siehe* Pfändung der Ansprüche gegen Kommanditisten
- Pfändung der geschuldeten Einzelleistungen bei subjektiv-persönlicher Reallast **8** 162 *siehe* Pfändung der geschuldeten Einzelleistungen bei subjektiv-persönlicher Reallast
- Pfändung der Heimarbeitsvergütung **6** 615 *siehe* Pfändung der Heimarbeitsvergütung
- Pfändung des Anspruchs auf Zahlung der Kaufpreisforderung/auf Auszahlung vom Notaranderkonto **8** 334 *siehe* Pfändung des Anspruchs auf Zahlung der Kaufpreisforderung/auf Auszahlung vom Notaranderkonto
- Pfändung Dritter ist im Besitz des Briefs **8** 189 *siehe* Pfändung Dritter ist im Besitz des Briefs
- Pfändung einer Internet-Domain **8** 225 *siehe* Pfändung einer Internet-Domain
- Pfändung eines Grundstücksnießbrauchs **8** 220 *siehe* Pfändung eines Grundstücksnießbrauchs
- Pfändung Lebensversicherung **4** 242 *siehe* Pfändung Lebensversicherung
- Pfändung Schuldner ist im Besitz des Briefs **8** 188 *siehe* Pfändung Schuldner ist im Besitz des Briefs
- Pfändung schuldrechtlicher Rückgewähransprüche **8** 208 *siehe* Pfändung schuldrechtlicher Rückgewähransprüche
- Pfändung Todesfallslebens-/Sterbeversicherung **4** 290 *siehe* Pfändung Todesfallslebens-/Sterbeversicherung
- Pfändung von Ansprüchen auf Versorgungsleistungen nach dem SGB **9** 103 *siehe* Pfändung von Ansprüchen auf Versorgungsleistungen nach dem SGB
- Pfändung von Ansprüchen bei Berufssoldaten **8** 304 ff. *siehe* Pfändung von Ansprüchen bei Berufssoldaten
- Pfändung von Ansprüchen bei freiwilligem Wehrdienst **8** 315 ff. *siehe* Pfändung von Ansprüchen bei freiwilligem Wehrdienst
- Pfändung von Ansprüchen bei Zeitsoldaten **8** 309 ff. *siehe* Pfändung von Ansprüchen bei Zeitsoldaten
- Pfändung von ärztlichen Honorarforderungen **8** 39 *siehe* Pfändung von ärztlichen Honorarforderungen
- Pfändung von Elterngeld **9** 87 ff. *siehe* Pfändung von Elterngeld
- Pfändung von Gefangenenansprüchen mit Ausnahme von Thüringen, Mecklenburg-Vorpommern, Rheinland-Pfalz, Berlin **8** 88 *siehe* Pfändung von Gefangenenansprüchen mit Ausnahme von Thüringen, Mecklenburg-Vorpommern, Rheinland-Pfalz, Berlin
- Pfändung von Haftentschädigungsansprüchen **8** 277 *siehe* Pfändung von Haftentschädigungsansprüchen
- Pfändung von Lotsgeldern **8** 269 *siehe* Pfändung von Lotsgeldern
- Pfändung von Pflichtteilsansprüchen wenn die Voraussetzungen nach § 852 Abs. 1 ZPO nicht

835

Stichwortverzeichnis

vorliegen **8** 285 ff. *siehe* Pfändung von Pflichtteilsansprüchen wenn die Voraussetzungen nach § 852 Abs. 1 ZPO nicht vorliegen
- Pfändung von Pflichtteilsansprüchen wenn die Voraussetzungen nach § 852 Abs. 1 ZPO vorliegen **8** 280 ff. *siehe* Pfändung von Pflichtteilsansprüchen wenn die Voraussetzungen nach § 852 Abs. 1 ZPO vorliegen
- Pfändung von Rentenanwartschaften **9** 108 *siehe* Pfändung von Rentenanwartschaften
- Pfändungsantrag bei Lohnverschiebung **6** 552 *siehe* Pfändungsantrag bei Lohnverschiebung
- Pfändungsauftrag an Gerichtsvollzieher (Kreditinstitute) **4** 190 *siehe* Pfändungsauftrag an Gerichtsvollzieher (Kreditinstitute)
- Schreiben an Drittschuldner zur Berechnung des pfändbaren Einkommens **6** 350 *siehe* Schreiben an Drittschuldner zur Berechnung des pfändbaren Einkommens
- Streitverkündung an den Vollstreckungsschuldner **5** 237 *siehe* Streitverkündung an den Vollstreckungsschuldner
- Verrechnungsantrag nach § 850e Abs. 4 ZPO **6** 428 *siehe* Verrechnungsantrag nach § 850e Abs. 4 ZPO
- Verzichtserklärung gegenüber Schuldner **5** 255 *siehe* Verzichtserklärung gegenüber Schuldner
- Verzichtsmitteilung an Drittschuldner **5** 256 *siehe* Verzichtsmitteilung an Drittschuldner
- Wertpapiere **4** 209 *siehe* Wertpapiere
- Zahlungsaufforderung nach nicht fristgerechter Drittschuldnererklärung **5** 231 *siehe* Zahlungsaufforderung nach nicht fristgerechter Drittschuldnererklärung

Nebenrechte
- Anspruch auf Auskunft und Rechnungslegung **5** 79 *siehe* Anspruch auf Auskunft und Rechnungslegung
- Anspruch auf Erteilung eines Buchauszugs **5** 79 *siehe* Anspruch auf Erteilung eines Buchauszugs
- Bürgschaft **5** 79 *siehe* Bürgschaft
- Erteilung einer Lohnabrechnung **5** 79 *siehe* Erteilung einer Lohnabrechnung
- Gestaltungsrechte **5** 79 *siehe* Gestaltungsrechte
- Notaranderkonto **5** 79 *siehe* Notaranderkonto
- Pfandrecht **5** 79 *siehe* Pfandrecht
- Schuldbeitritt **5** 79 *siehe* Schuldbeitritt
- Zinsen **5** 79 *siehe* Zinsen

Neubegründung des Arbeits- oder Dienstverhältnisses **6** 57 ff.
- Drittschuldner **6** 59 *siehe* Drittschuldner
- Formulare **6** 61 ff. *siehe* Formulare
- Rechtsnachfolge **6** 58 *siehe* Rechtsnachfolge
- Vollstreckungsgläubiger **6** 60 *siehe* Vollstreckungsgläubiger

nicht übertragbare Rechte **8** 5 *siehe* Pfändung anderer Vermögensrechte

Nießbrauch
- Begriff **8** 209 *siehe* Begriff
- Grundstücksnießbrauch **8** 210 *siehe* Grundstücksnießbrauch
- Muster Grundbuchberichtigungsantrag auf Eintragung des Nießbrauchrechts **8** 213 *siehe* Muster Grundbuchberichtigungsantrag auf Eintragung des Nießbrauchrechts
- Muster Pfändung eines Grundstücksnießbrauchs **8** 220 *siehe* Muster Pfändung eines Grundstücksnießbrauchs
- Nutzungen **8** 214 f. *siehe* Nutzungen
- Überlassung **8** 211 *siehe* Überlassung
- Überweisung zum Zwecke der Ausübung **8** 218 *siehe* Überweisung zum Zwecke der Ausübung
- Vermietung **8** 219 *siehe* Vermietung
- Verpachtung **8** 219 *siehe* Verpachtung
- Verwertung **8** 216 *siehe* Verwertung
- Wirksamkeit der Pfändung **8** 212 *siehe* Wirksamkeit der Pfändung

Notaranderkonto **8** 321 ff.
- Drittschuldner **8** 327 *siehe* Drittschuldner
- isolierte Pfändung des Anspruchs auf Auszahlung **8** 333 *siehe* isolierte Pfändung des Anspruchs auf Auszahlung
- isolierte Pfändung des Kaufpreiszahlungsanspruchs **8** 324 ff. *siehe* isolierte Pfändung des Kaufpreiszahlungsanspruchs
- Kenntnis des Notars **8** 329 *siehe* Kenntnis des Notars
- Muster Pfändung des Anspruchs auf Zahlung der Kaufpreisforderung/auf Auszahlung vom Notaranderkonto **8** 334 *siehe* Muster Pfändung des Anspruchs auf Zahlung der Kaufpreisforderung/ auf Auszahlung vom Notaranderkonto

notwendige Kosten der Zwangsvollstreckung **5** 306
notwendige Streitgenossenschaft **5** 322

Parteien
- Anschrift **4** 44 *siehe* Anschrift
- Bankverbindung **4** 46 f. *siehe* Bankverbindung
- Bevollmächtigter **4** 43 *siehe* Bevollmächtigter
- Bezeichnung **4** 39 ff. *siehe* Bezeichnung
- gesetzliche Vertreter **4** 42 *siehe* gesetzliche Vertreter
- Nachweis der Vollmacht **4** 45 *siehe* Nachweis der Vollmacht
- zustellungsfähige Anschrift **4** 48 *siehe* zustellungsfähige Anschrift

Pfändbarkeit bei Unterhaltsansprüchen **6** 217 ff.
- absichtlicher Unterhaltsentzug **6** 269 *siehe* absichtlicher Unterhaltsentzug

Stichwortverzeichnis

- Angaben im Formular **6** 281 ff. *siehe* Angaben im Formular
- Anordnung des Vollstreckungsgerichts bei Vorauspfändung **6** 324 *siehe* Anordnung des Vollstreckungsgerichts bei Vorauspfändung
- Antrag **6** 289 ff. *siehe* Antrag
- Antrag auf Prozesskostenhilfe **6** 298 ff. *siehe* Antrag auf Prozesskostenhilfe
- Anwaltsbeiordnung **6** 295 ff. *siehe* Anwaltsbeiordnung
- Auskunftsverpflichtung **6** 280 *siehe* Auskunftsverpflichtung
- Beispielfälle Rangfolge **6** 274 ff. *siehe* Beispielfälle Rangfolge
- berufstätiger Schuldner **6** 261 *siehe* berufstätiger Schuldner
- Betriebskostenvorauszahlungen **6** 262 *siehe* Betriebskostenvorauszahlungen
- Darlegungslast **6** 270 *siehe* Darlegungslast
- Ermittlung des notwendigen Unterhalts **6** 253 ff. *siehe* Ermittlung des notwendigen Unterhalts
- Ermittlung des pfändbaren Betrages **6** 250 ff., 263 ff. *siehe* Ermittlung des pfändbaren Betrages
- erste Pfändung durch Normalgläubiger **6** 227 f. *siehe* erste Pfändung durch Normalgläubiger
- erste Pfändung durch privilegierten Gläubiger **6** 229 f. *siehe* erste Pfändung durch privilegierten Gläubiger
- erweiterter Vollstreckungszugriff **6** 291 *siehe* erweiterter Vollstreckungszugriff
- familienrechtliche Ansprüche **6** 220 *siehe* familienrechtliche Ansprüche
- Formular Vorauspfändung **6** 328 *siehe* Formular Vorauspfändung
- gesetzliche Unterhaltsansprüche **6** 222 ff. *siehe* gesetzliche Unterhaltsansprüche
- gesetzliche Verfahrensstandschaft **6** 306 *siehe* gesetzliche Verfahrensstandschaft
- gewillkürte Verfahrensstandschaft **6** 307 *siehe* gewillkürte Verfahrensstandschaft
- Gläubigerbezeichnung **6** 302 ff. *siehe* Gläubigerbezeichnung
- gleichzeitige Einkommens- und P-Kontopfändung **6** 231 ff. *siehe* gleichzeitige Einkommens- und P-Kontopfändung
- Lebensbedarf **6** 255 *siehe* Lebensbedarf
- minderjährige Kinder **6** 303 ff. *siehe* minderjährige Kinder
- Muster Erstreckung des Freibetrages auch auf P-Konto bei Beantragung des Pfändungs- und Überweisungsbeschlusses **6** 235 *siehe* Muster Erstreckung des Freibetrages auch auf P-Konto bei Beantragung des Pfändungs- und Überweisungsbeschlusses
- notwendiger Unterhalt **6** 248 *siehe* notwendiger Unterhalt
- Pfändungsumfang **6** 247 f. *siehe* Pfändungsumfang
- privilegierte Gläubiger **6** 219 ff. *siehe* privilegierte Gläubiger
- Prozesskostenhilfe **6** 293 f. *siehe* Prozesskostenhilfe
- Prüfung der Bevorrechtigung **6** 272 *siehe* Prüfung der Bevorrechtigung
- Rangfolge **6** 271 ff. *siehe* Rangfolge
- Rechtsbehelfe **6** 330 ff. *siehe* Rechtsbehelfe
- Titelumschreibung **6** 313 *siehe* Titelumschreibung
- überjährige Rückstände **6** 269 *siehe* überjährige Rückstände
- Unterhaltsrückstände **6** 268 ff. *siehe* Unterhaltsrückstände
- Unterhaltsvorschuss **6** 237 ff. *siehe* Unterhaltsvorschuss
- Unterhaltsvorschussstelle **6** 317 ff. *siehe* Unterhaltsvorschussstelle
- Verfahren **6** 288 ff. *siehe* Verfahren
- Verfahrensstandschaft **6** 303 ff. *siehe* Verfahrensstandschaft
- Vergleich **6** 225 *siehe* Vergleich
- volljährige Kinder **6** 308 ff., 314 ff. *siehe* volljährige Kinder
- Vollstreckungstitel **6** 221 *siehe* Vollstreckungstitel
- Vorauspfändung **6** 320 ff. *siehe* Vorauspfändung
- Vorratspfändung **6** 284 ff. *siehe* Vorratspfändung
- Wegfall der Vertretungsbefugnis **6** 309 ff. *siehe* Wegfall der Vertretungsbefugnis
- zeitliche Abfolge der Pfändungen **6** 226 ff. *siehe* zeitliche Abfolge der Pfändungen

Pfändung anderer Vermögensrechte **8** 1 ff.
- Ansprüche eines Kommanditisten gegen die KG **8** 260 ff. *siehe* Ansprüche eines Kommanditisten gegen die KG
- Anwartschaftsrechte **8** 15 ff. *siehe* Anwartschaftsrechte
- Arzthonorare **8** 35 ff. *siehe* Arzthonorare
- Auflassungsanwartschaft **8** 40 ff. *siehe* Auflassungsanwartschaft
- Auseinandersetzungsanspruch **8** 68 ff. *siehe* Auseinandersetzungsanspruch
- Dauerwohn- und Dauernutzungsrecht **8** 104 ff. *siehe* Dauerwohn- und Dauernutzungsrecht
- dingliches Wohnungsrecht **8** 89 ff. *siehe* dingliches Wohnungsrecht
- Eigentumsverschaffung an Grundstücken **8** 56 ff. *siehe* Eigentumsverschaffung an Grundstücken
- fehlender Drittschuldner **8** 8 ff. *siehe* fehlender Drittschuldner
- GmbH-Geschäftsanteil **8** 119 ff. *siehe* GmbH-Geschäftsanteil

Stichwortverzeichnis

- Grunddienstbarkeit **8** 126 *siehe* Grunddienstbarkeit
- Grundschuld **8** 127 ff. *siehe* Grundschuld
- Haftentschädigung **8** 270 ff. *siehe* Haftentschädigung
- Hinterlegungsansprüche **8** 164 ff. *siehe* Hinterlegungsansprüche
- Hypothek **8** 173 ff. *siehe* Hypothek
- Inhibitorium **8** 8 *siehe* Inhibitorium
- Internet-Domain **8** 221 ff. *siehe* Internet-Domain
- Kommanditgesellschaftsanteil **8** 253 ff. *siehe* Kommanditgesellschaftsanteil
- Leasing **8** 226 ff. *siehe* Leasing
- Lotsgeld **8** 262 ff. *siehe* Lotsgeld
- Miet- und Pachtforderungen **8** 335 ff. *siehe* Miet- und Pachtforderungen
- Muster Pfändung aus dem Leasingvertrag **8** 228 *siehe* Muster Pfändung aus dem Leasingvertrag
- Nießbrauch **8** 209 ff. *siehe* Nießbrauch
- Notaranderkonto **8** 321 ff. *siehe* Notaranderkonto
- Pflichtteilsanspruch **8** 278 ff. *siehe* Pflichtteilsanspruch
- Pflichtversicherung **8** 252 *siehe* Pflichtversicherung
- Reallast **8** 127, 148 ff. *siehe* Reallast
- Rentenschuld **8** 127, 163 *siehe* Rentenschuld
- Rückauflassung **8** 299 ff. *siehe* Rückauflassung
- schuldrechtliche Rückgewähransprüche **8** 191 ff. *siehe* schuldrechtliche Rückgewähransprüche
- Schutzrechte **8** 229 ff. *siehe* Schutzrechte
- Soldatenbezüge **8** 302 ff. *siehe* Soldatenbezüge
- Strafgefangenengelder **8** 78 ff. *siehe* Strafgefangenengelder
- unveräußerliche Rechte **8** 6 *siehe* unveräußerliche Rechte
- Verfahren **8** 4 ff. *siehe* Verfahren
- Vermögensrechte **8** 2 f. *siehe* Vermögensrechte
- Verwertung **8** 12 ff. *siehe* Verwertung
- Vollmacht **8** 320 *siehe* Vollmacht
- Vollstreckungsgericht **8** 4 *siehe* Vollstreckungsgericht
- Vorpfändung **8** 7 *siehe* Vorpfändung

Pfändung Herausgabeanspruch
- Schiff **10** 24 f.
- unbewegliche Sache **10** 26 ff.

Pfändung laufender Sozialleistungen
- andere Ansprüche **9** 41 f. *siehe* andere Ansprüche
- Ansprüche gegen den Versicherungsträger **9** 38 f. *siehe* Ansprüche gegen den Versicherungsträger
- Ansprüche gegen die Agentur für Arbeit **9** 38 *siehe* Ansprüche gegen die Agentur für Arbeit
- bevorrechtigte Unterhaltsgläubiger **9** 34 *siehe* bevorrechtigte Unterhaltsgläubiger
- Billigkeit **9** 46 *siehe* Billigkeit
- Blankettbeschluss **9** 33 *siehe* Blankettbeschluss
- Darlegungslast **9** 32 *siehe* Darlegungslast
- laufende Geldleistung **9** 30 *siehe* laufende Geldleistung
- mehrere Leistungen **9** 36 *siehe* mehrere Leistungen
- Rechtsbehelfe des Drittschuldners **9** 43 ff. *siehe* Rechtsbehelfe des Drittschuldners
- Rentenansprüche **9** 40 *siehe* Rentenansprüche
- Verfahren **9** 31 ff., 37 *siehe* Verfahren
- Vermögensauskunft **9** 47 ff. *siehe* Vermögensauskunft
- Vorratspfändung **9** 35 *siehe* Vorratspfändung

Pfändung von Arbeitseinkommen **6** 1 ff.
- Abtretung **6** 618 ff. *siehe* Abtretung
- Änderung der Unpfändbarkeitsvoraussetzungen **6** 512 ff. *siehe* Änderung der Unpfändbarkeitsvoraussetzungen
- Änderung des unpfändbaren Betrages **6** 431 ff. *siehe* Änderung des unpfändbaren Betrages
- bedingt pfändbare Bezüge **6** 117 ff. *siehe* bedingt pfändbare Bezüge
- Begriff **6** 6 ff. *siehe* Begriff
- Berechnung des pfändbaren Einkommens **6** 333 ff. *siehe* Berechnung des pfändbaren Einkommens
- Geldforderungen **6** 1 *siehe* Geldforderungen
- Pfändbarkeit bei Unterhaltsansprüchen **6** 217 ff. *siehe* Pfändbarkeit bei Unterhaltsansprüchen
- Pfändungsgrenzen für Arbeitseinkommen **6** 157 ff. *siehe* Pfändungsgrenzen für Arbeitseinkommen
- Pfändungsschutz für sonstige Einkünfte **6** 578 ff. *siehe* Pfändungsschutz für sonstige Einkünfte
- Umfang **6** 47 ff. *siehe* Umfang
- unpfändbare Einkommensteile **6** 68 ff. *siehe* unpfändbare Einkommensteile
- verschleiertes/verschobenes Einkommen **6** 528 ff. *siehe* verschleiertes/verschobenes Einkommen
- Zuständigkeit **6** 2 *siehe* Zuständigkeit

Pfändung von Ansprüchen auf Herausgabe oder Leistung körperlicher Sachen **10** 1 ff.
- Herausgabe-, Leistungsansprüche **10** 3 ff.
- Kosten **10** 23
- Rechtsbehelfe **10** 22
- Verfahren **10** 8 ff.
- Verwertung **10** 21
- Wirkungen **10** 13 ff.

Pfändung von Kindergeld **9** 50 ff.
- Beispielfall **9** 55 *siehe* Beispielfall
- Drittschuldnererklärung **9** 67 *siehe* Drittschuldnererklärung
- Höhe des pfändbaren Betrages **9** 56 ff. *siehe* Höhe des pfändbaren Betrages
- Pfändungsgläubiger **9** 54 *siehe* Pfändungsgläubiger
- Vollstreckung durch Zählkind **9** 57 ff., 64 f. *siehe* Vollstreckung durch Zählkind

Stichwortverzeichnis

- wegen gesetzlicher Unterhaltsansprüche **9** 52 f. *siehe* wegen gesetzlicher Unterhaltsansprüche
- Zählkinder **9** 54 *siehe* Zählkinder
- Zusammenrechnung mit Arbeitseinkommen **9** 66 *siehe* Zusammenrechnung mit Arbeitseinkommen
- Zusammenrechnung mit Sozialleistungen **9** 66 *siehe* Zusammenrechnung mit Sozialleistungen

Pfändung von Sozialleistungen **9** 1 ff.
- Arbeitslosengeld I **9** 72 ff. *siehe* Arbeitslosengeld I
- Arbeitslosengeld II **9** 75 ff. *siehe* Arbeitslosengeld II
- Begriff der einmaligen Geldleistung **9** 6 *siehe* Begriff der einmaligen Geldleistung
- Beitragserstattungen **9** 5 *siehe* Beitragserstattungen
- Billigkeitsprüfung **9** 7 ff. *siehe* Billigkeitsprüfung
- Eingliederungszuschüsse **9** 5 *siehe* Eingliederungszuschüsse
- Elterngeld **9** 78 ff. *siehe* Elterngeld
- Girokonto **9** 69 *siehe* Girokonto
- Insolvenzgeld **9** 90 ff. *siehe* Insolvenzgeld
- Kostenerstattungen **9** 5 *siehe* Kostenerstattungen
- Kurzarbeitergeld **9** 97 ff. *siehe* Kurzarbeitergeld
- Nachzahlung von Sozialleistungen **9** 71 *siehe* Nachzahlung von Sozialleistungen
- Pfändung laufender Sozialleistungen **9** 29 ff. *siehe* Pfändung laufender Sozialleistungen
- Pfändung von Geldleistungen für Kinder **9** 50 ff. *siehe* Pfändung von Geldleistungen für Kinder
- Pfändungsschutzkonto **9** 68 ff. *siehe* Pfändungsschutzkonto
- Renten **9** 101 ff. *siehe* Renten
- Rentenabfindungen **9** 5 *siehe* Rentenabfindungen
- Rentenanwartschaften **9** 105 ff. *siehe* Rentenanwartschaften
- Sterbegeld **9** 5 *siehe* Sterbegeld
- Unpfändbare Ansprüche **9** 18 *siehe* Unpfändbare Ansprüche
- Wohngeld **9** 73 *siehe* Wohngeld
- Zuschüsse der Pflegekassen **9** 5 *siehe* Zuschüsse der Pflegekassen

Pfändungs- und Überweisungsbeschluss
- Kenntnis des Drittschuldners **5** 156 *siehe* Kenntnis des Drittschuldners
- Urkundenbezeichnung bei Herausgabepflicht **5** 135 ff. *siehe* Urkundenbezeichnung bei Herausgabepflicht

Pfändungsanspruch
- Agentur für Arbeit bzw. Versicherungsträger (Anspruch B) **4** 125 *siehe* Agentur für Arbeit bzw. Versicherungsträger (Anspruch B)
- Arbeitgeber (Anspruch A) **4** 120 ff. *siehe* Arbeitgeber (Anspruch A)
- Finanzamt (Anspruch C) **4** 126 ff. *siehe* Finanzamt (Anspruch C)
- Kreditinstitute (Anspruch D) **4** 164 ff. *siehe* Kreditinstitute (Anspruch D)
- Versicherungsgesellschaften (Anspruch E.) **4** 214 ff. *siehe* Versicherungsgesellschaften (Anspruch E.)
- weitere Pfändungsansprüche **4** 191 ff. *siehe* weitere Pfändungsansprüche

Pfändungsansprüche gegen das Finanzamt
- Beispielfall **4** 129 *siehe* Beispielfall
- Einkommensteuer **4** 135 ff. *siehe* Einkommensteuer
- Finanzbehörde **4** 127 ff. *siehe* Finanzbehörde
- Gewerbesteuer **4** 158 ff. *siehe* Gewerbesteuer
- Grunderwerbssteuer **4** 148 ff. *siehe* Grunderwerbssteuer
- Grundsteuer **4** 153 ff. *siehe* Grundsteuer
- Kfz-Steuer **4** 138 ff. *siehe* Kfz-Steuer
- Körperschaftsteuer **4** 147 *siehe* Körperschaftsteuer
- Umsatzsteuer **4** 142 ff. *siehe* Umsatzsteuer
- Zuständigkeit **4** 131 f. *siehe* Zuständigkeit
- Zustellung **4** 133 f. *siehe* Zustellung

Pfändungsansprüche gegen Kreditinstitute **4** 164 ff. *siehe* Kreditinstitute (Anspruch D)
- Anspruch auf Auszahlung des Guthabens **4** 169 *siehe* Anspruch auf Auszahlung des Guthabens
- Anspruch auf Rechnungslegung und Erteilung von Kontoauszügen **4** 173 *siehe* Anspruch auf Rechnungslegung und Erteilung von Kontoauszügen
- Bankschließfach **4** 187 ff. *siehe* Bankschließfach
- Darlehensvaluta aus Kreditgeschäft **4** 185 *siehe* Darlehensvaluta aus Kreditgeschäft
- Eheleute **4** 178 *siehe* Eheleute
- Festgeldkonten **4** 181 ff. *siehe* Festgeldkonten
- Festgeldkonto **4** 183 *siehe* Festgeldkonto
- Gegenkonto **4** 186 *siehe* Gegenkonto
- Gesamtgläubiger **4** 178 *siehe* Gesamtgläubiger
- Guthaben auf Kontokorrent **4** 166 ff. *siehe* Guthaben auf Kontokorrent
- Muster Pfändungsauftrag an Gerichtsvollzieher **4** 190 *siehe* Muster Pfändungsauftrag an Gerichtsvollzieher
- Oder-Konto **4** 175 ff. *siehe* Oder-Konto
- offene Kreditlinie **4** 171 f. *siehe* offene Kreditlinie
- Prämiensparvertrag **4** 182 *siehe* Prämiensparvertrag
- Sparbuch **4** 181 *siehe* Sparbuch
- Sparguthaben **4** 181 ff. *siehe* Sparguthaben
- Steuererstattung **4** 179 *siehe* Steuererstattung
- Überziehungskredit **4** 170 *siehe* Überziehungskredit
- Und-Konto **4** 180 *siehe* Und-Konto
- Zustellungssaldo **4** 167 f. *siehe* Zustellungssaldo

839

Stichwortverzeichnis

Pfändungsansprüche gegen Versicherungsgesellschaften 4 214 ff.
- Altersrenten 4 251 ff. *siehe* Altersrenten
- Altersvorsorgevermögen und -beiträge 4 249 f. *siehe* Altersvorsorgevermögen und -beiträge
- Bestimmungsrecht 4 225 ff. *siehe* Bestimmungsrecht
- Bezugsberechtigung 4 229 *siehe* Bezugsberechtigung
- Bezugsrechte der Lebensversicherung 4 252 *siehe* Bezugsrechte der Lebensversicherung
- Direktversicherung 4 302 ff. *siehe* Direktversicherung
- Eigenversicherung 4 301 *siehe* Eigenversicherung
- Haftpflichtversicherung 4 297 *siehe* Haftpflichtversicherung
- Kapitalverschiebung 4 254 *siehe* Kapitalverschiebung
- Kündigungsrecht 4 237 ff. *siehe* Kündigungsrecht
- Lebensversicherung 4 218 ff. *siehe* Lebensversicherung
- Muster Lebensversicherung 4 242 *siehe* Muster Lebensversicherung
- Muster Todesfallebens-/Sterbeversicherung 4 290 *siehe* Muster Todesfallebens-/Sterbeversicherung
- Nebenrecht 4 230 *siehe* Nebenrecht
- Personenversicherung 4 216 *siehe* Personenversicherung
- Pfändungsbeschränkungen 4 248 ff. *siehe* Pfändungsbeschränkungen
- Pfändungsschutz 4 250, 255 ff. *siehe* Pfändungsschutz
- Rechtsschutzversicherung 4 299 *siehe* Rechtsschutzversicherung
- Rentenwahlrecht 4 254 *siehe* Rentenwahlrecht
- Rückkaufswert 4 237 ff. *siehe* Rückkaufswert
- Schadensversicherung 4 217 *siehe* Schadensversicherung
- Todesfallebens-/Sterbegeldversicherung 4 281 ff. *siehe* Todesfallebens-/Sterbegeldversicherung
- Überschussbeteiligung 4 222 *siehe* Überschussbeteiligung
- Umwandlung der Versicherung 4 240 f. *siehe* Umwandlung der Versicherung
- unwiderrufliches Bezugsrecht 4 232 ff., 239 f. *siehe* unwiderrufliches Bezugsrecht
- Versicherungsfall 4 227 *siehe* Versicherungsfall
- Versicherungspolice 4 246 *siehe* Versicherungspolice
- Versicherungsschein 4 246 *siehe* Versicherungsschein
- Versicherungssumme 4 220 f. *siehe* Versicherungssumme
- Vorsorgevermögen 4 261 *siehe* Vorsorgevermögen
- Widerrufsrecht 4 225 ff. *siehe* Widerrufsrecht
- Zahlung des Rückkaufwerts 4 223 f. *siehe* Zahlung des Rückkaufwerts

Pfändungsantrag 4 1 ff.
- Ablehnung 5 26 *siehe* Ablehnung
- Angaben zu den Parteien 4 39 ff. *siehe* Angaben zu den Parteien
- Angaben zum Vollstreckungstitel 4 49 f. *siehe* Angaben zum Vollstreckungstitel
- Anhörung 5 32 f. *siehe* Anhörung
- Antrag auf Überweisungsbeschluss 5 23 *siehe* Antrag auf Überweisungsbeschluss
- Antragsmängel 5 28 ff. *siehe* Antragsmängel
- Beispielfall 4 19 *siehe* Beispielfall
- besondere Anordnungen 4 84 f. *siehe* besondere Anordnungen
- Bevollmächtigung 4 5, 5 21 *siehe* Bevollmächtigung
- Datum 4 37 *siehe* Datum
- Drittschuldnerbezeichnung 4 68 ff. *siehe* Drittschuldnerbezeichnung
- Einreichung ausgefüllter Seiten 4 31 ff. *siehe* Einreichung ausgefüllter Seiten
- Entscheidung des Gerichts 5 24 ff. *siehe* Entscheidung des Gerichts
- Fehler 4 6 *siehe* Fehler
- Forderungsaufstellung 4 51 ff. *siehe* Forderungsaufstellung
- Form 4 2 ff., 5 19 *siehe* Form
- Formular Antrag auf Erlass eines Pfändungs- und Überweisungsbeschlusses, insbesondere Unterhaltsforderungen (§ 2 Nr. 1 ZVFV Anlage 3) 4 102 ff. *siehe* Formular Antrag auf Erlass eines Pfändungs- und Überweisungsbeschlusses, insbesondere wegen Unterhaltsforderungen (§ 2 Nr. 1 ZVFV Anlage 3)
- Formularzwang 4 10 f. *siehe* Formularzwang
- Kosten 4 34 ff., 97 ff. *siehe* Kosten
- Kostenvorschuss 4 28 ff. *siehe* Kostenvorschuss
- mehrere Forderungen 5 31 *siehe* mehrere Forderungen
- Muster Absetzungen 5 30 *siehe* Muster Absetzungen
- Nichtigkeit 4 5 *siehe* Nichtigkeit
- Pfändungsanspruch 4 120 ff., 214 ff. *siehe* Pfändungsanspruch
- Pfändungsbeschluss 4 15 *siehe* Pfändungsbeschluss
- Prozesskostenhilfe 4 27 *siehe* Prozesskostenhilfe
- Prüfungsumfang 5 22 *siehe* Prüfungsumfang
- sonstige Anordnungen 4 86 ff. *siehe* sonstige Anordnungen
- Stattgabe 5 27 *siehe* Stattgabe
- Teilvollstreckung 4 61 ff. *siehe* Teilvollstreckung
- Überweisungsantrag 4 91 f. *siehe* Überweisungsantrag

Stichwortverzeichnis

- Überweisungsbeschluss **4** 15 *siehe* Überweisungsbeschluss
- Unterschrift **4** 3, 37, **5** 20 *siehe* Unterschrift
- verbindliche Formulare **4** 7 ff. *siehe* verbindliche Formulare
- Verrechnung von Zahlungen **4** 66 *siehe* Verrechnung von Zahlungen
- Vorpfändung **4** 20 *siehe* Vorpfändung
- wegen Geldforderungen **4** 12 ff. *siehe* wegen Geldforderungen
- wegen Unterhaltsforderungen **4** 102 ff. *siehe* wegen Unterhaltsforderungen
- zu pfändende Forderungen **4** 77 ff. *siehe* zu pfändende Forderungen
- Zusatzanträge **4** 24 ff. *siehe* Zusatzanträge
- zusätzliche Anträge und Hinweise **4** 95 *siehe* zusätzliche Anträge und Hinweise
- Zustellung **4** 17 ff. *siehe* Zustellung

Pfändungsbeschluss
- Arrestatorium **5** 37 *siehe* Arrestatorium
- Auslegung **4** 82 *siehe* Auslegung
- Formular **5** 36 *siehe* Formular
- Inhibitorium **5** 38 *siehe* Inhibitorium
- mehrere Forderungen **5** 31 *siehe* mehrere Forderungen
- notwendiger Inhalt **5** 35 *siehe* notwendiger Inhalt
- Umfang **5** 68 *siehe* Umfang
- Wirksamkeit **5** 39, 81 *siehe* Wirksamkeit
- Zustellung **5** 39 ff., 42 ff. *siehe* Zustellung

Pfändungsgrenzen für Arbeitseinkommen **6** 157 ff.
- Blankettbeschluss **6** 180 *siehe* Blankettbeschluss
- dynamisierte Freibeträge **6** 179 *siehe* dynamisierte Freibeträge
- Geldleistungen **6** 160 *siehe* Geldleistungen
- Insolvenzverfahren **6** 158 *siehe* Insolvenzverfahren
- laufende Sozialleistungen **6** 162 *siehe* laufende Sozialleistungen
- Mietanteile in Pfändungsfreibeträgen **6** 172 ff. *siehe* Mietanteile in Pfändungsfreibeträgen
- Muster Antrag auf Verringerung des Pfändungsfreibetrags bei vorrangiger Lohn-Abtretung wegen Mietzinsansprüchen **6** 176 *siehe* Muster Antrag auf Verringerung des Pfändungsfreibetrags bei vorrangiger Lohn-Abtretung wegen Mietzinsansprüchen
- Pfändungsfreibetrag **6** 161 *siehe* Pfändungsfreibetrag
- pfändungsfreier Mehrverdienst **6** 177 f. *siehe* pfändungsfreier Mehrverdienst
- P-Konto **6** 158 *siehe* P-Konto
- unpfändbare Arbeitseinkommen **6** 164 ff. *siehe* unpfändbare Arbeitseinkommen
- Verfahren **6** 180 ff. *siehe* Verfahren

- Wegfall unterhaltsberechtigter Personen **6** 183 ff. *siehe* Wegfall unterhaltsberechtigter Personen
- Zweck **6** 159 *siehe* Zweck

Pfändungspfandrecht
- Rangverhältnis **5** 56 *siehe* Rangverhältnis
- Umfang **5** 57 *siehe* Umfang

Pfändungsschutz
- Addition von Ansprüchen **4** 267 *siehe* Addition von Ansprüchen
- Altersrenten **4** 255 ff. *siehe* Altersrenten
- Altersvorsorge **4** 250 *siehe* Altersvorsorge
- Änderung des unpfändbaren Betrages **6** 431 ff. *siehe* Änderung des unpfändbaren Betrages
- Anpassung **4** 265 f. *siehe* Anpassung
- Aufwandsentschädigungen **6** 90 *siehe* Aufwandsentschädigungen
- bedingt pfändbare Bezüge **6** 117 ff. *siehe* bedingt pfändbare Bezüge
- Blindenzulagen **6** 116 *siehe* Blindenzulagen
- Deckungskapital **4** 262 *siehe* Deckungskapital
- Dienst- und Sachleistungen **9** 4 *siehe* Dienst- und Sachleistungen
- einmalige Geldleistungen nach § 54 Abs. 2 SGB I **5** 5 ff. *siehe* einmalige Geldleistungen nach § 54 Abs. 2 SGB I
- Einmalkapitalauszahlungen aus steuerlich geförderten Altersvorsorgevermögen **4** 279 f. *siehe* Einmalkapitalauszahlungen aus steuerlich geförderten Altersvorsorgevermögen
- Elterngeld **9** 84 f. *siehe* Elterngeld
- erweiterter Pfändungsschutz **6** 437 ff. *siehe* erweiterter Pfändungsschutz
- Erziehungsgelder, Studienbeihilfen **6** 113 f. *siehe* Erziehungsgelder, Studienbeihilfen
- Haftpflichtversicherung **4** 296, 298 *siehe* Haftpflichtversicherung
- Heirats- und Geburtenhilfen **6** 109 ff. *siehe* Heirats- und Geburtenhilfen
- Hinterbliebene **4** 258 *siehe* Hinterbliebene
- Kapitalisierungsrecht **4** 259 f. *siehe* Kapitalisierungsrecht
- Kapitallebensversicherung **4** 256 *siehe* Kapitallebensversicherung
- Kapitallebensversicherung mit Einmalzahlung **4** 264 *siehe* Kapitallebensversicherung mit Einmalzahlung
- Kindergeld **9** 52 *siehe* Kindergeld
- laufenden Leistungen aus steuerlich geförderten Altersvorsorgevermögen **4** 277 f. *siehe* laufenden Leistungen aus steuerlich geförderten Altersvorsorgevermögen
- Mehrarbeit **6** 73 ff. *siehe* Mehrarbeit
- Miet- und Pachtforderungen **8** 342 ff. *siehe* Miet- und Pachtforderungen

Stichwortverzeichnis

- Miet- und Pachtzinsen **8** 344 ff. *siehe* Miet- und Pachtzinsen
- Pfändbarkeit bei Unterhaltsansprüchen **6** 217 ff. *siehe* Pfändbarkeit bei Unterhaltsansprüchen
- Pfändungsgrenzen für Arbeitseinkommen **6** 157 ff. *siehe* Pfändungsgrenzen für Arbeitseinkommen
- Pfändungsschutz für sonstige Einkünfte **6** 578 ff. *siehe* Pfändungsschutz für sonstige Einkünfte
- P-Konto **7** 1 ff. *siehe* P-Konto
- Renten aus steuerlich geförderten Altersvorsorgevermögen **4** 275 f. *siehe* Renten aus steuerlich geförderten Altersvorsorgevermögen
- Rentenanwartschaften **9** 105 ff. *siehe* Rentenanwartschaften
- Sterbe- und Gnadenbezüge **6** 115 *siehe* Sterbe- und Gnadenbezüge
- steuerlich gefördertes Altersvorsorgevermögen **4** 274 ff. *siehe* steuerlich gefördertes Altersvorsorgevermögen
- Todesfalllebens- und Sterbegeldversicherung **4** 283 ff., **9** 14 ff. *siehe* Todesfalllebens- und Sterbegeldversicherung
- Umwandlung in P-Konto **7** 20 *siehe* Umwandlung in P-Konto
- Umwandlungsverlangen nach § 167 VVG **4** 268 ff. *siehe* Umwandlungsverlangen nach § 167 VVG
- Unfallversicherung **4** 300 f. *siehe* Unfallversicherung
- unpfändbare Arbeitseinkommen **6** 164 ff. *siehe* unpfändbare Arbeitseinkommen
- unpfändbare Einkommensteile **6** 68 ff. *siehe* unpfändbare Einkommensteile
- Urlaubsgeld **6** 79 ff. *siehe* Urlaubsgeld
- Verfahren bei Altersrenten **4** 272 f. *siehe* Verfahren bei Altersrenten
- Vorsorgevermögen **4** 261 ff. *siehe* Vorsorgevermögen
- Weihnachtsvergütungen **6** 104 ff. *siehe* Weihnachtsvergütungen
- Widerruf von Bezugsrechten **4** 257 *siehe* Widerruf von Bezugsrechten
- zeitlich beschränkte Berufsunfähigkeitsrente **4** 256 *siehe* zeitlich beschränkte Berufsunfähigkeitsrente

Pfändungsschutz bei Arbeitseinkommen **6** 3 ff.
- Anfechtbarkeit des Pfändungsbeschlusses **6** 5 *siehe* Anfechtbarkeit des Pfändungsbeschlusses
- Direktversicherung **4** 305 ff. *siehe* Direktversicherung
- öffentliches Interesse **6** 4 *siehe* öffentliches Interesse

Pfändungsschutz für sonstige Einkünfte **6** 578 ff.
- Abfindungen **6** 583 *siehe* Abfindungen
- angemessener Zeitraum **6** 597 ff. *siehe* angemessener Zeitraum
- Anhörung **6** 595 *siehe* Anhörung
- Antrag **6** 592 *siehe* Antrag
- Antragsberechtigung **6** 592 *siehe* Antragsberechtigung
- Begriff **6** 581 ff. *siehe* Begriff
- Belassung eines Freibetrages **6** 596 *siehe* Belassung eines Freibetrages
- Darlegungslast **6** 594 *siehe* Darlegungslast
- Einkünfte Selbstständiger **6** 585 ff. *siehe* Einkünfte Selbstständiger
- freiberufliche Tätigkeit **6** 588 *siehe* freiberufliche Tätigkeit
- Frist **6** 593 *siehe* Frist
- Hausgewerbetreibende **6** 606 *siehe* Hausgewerbetreibende
- Heimarbeiter **6** 605 *siehe* Heimarbeiter
- Heimarbeitsmodelle **6** 607 f. *siehe* Heimarbeitsmodelle
- Heimarbeitsvergütung **6** 604 ff. *siehe* Heimarbeitsvergütung
- Höhe **6** 601 *siehe* Höhe
- Insolvenz- und Restschuldbefreiungsverfahren **6** 584 *siehe* Insolvenz- und Restschuldbefreiungsverfahren
- kein besonders geregelter Pfändungsschutz **6** 579 f. *siehe* kein besonders geregelter Pfändungsschutz
- kein Rückwirkungsverbot **6** 603 *siehe* kein Rückwirkungsverbot
- Kosten/Gebühren **6** 617 *siehe* Kosten/Gebühren
- Lizenzgebühren **6** 583 *siehe* Lizenzgebühren
- Muster Pfändung der Heimarbeitsvergütung **6** 615 *siehe* Muster Pfändung der Heimarbeitsvergütung
- Pfändungszugriff **6** 609 ff. *siehe* Pfändungszugriff
- P-Konto **6** 584 *siehe* P-Konto
- Rechtsbehelfe **6** 616 *siehe* Rechtsbehelfe
- Rechtsschutzinteresse **6** 593 *siehe* Rechtsschutzinteresse
- Schätzung **6** 602 *siehe* Schätzung
- unregelmäßige Provisionseinnahmen **6** 583 *siehe* unregelmäßige Provisionseinnahmen
- Unterhalt des Schuldners **6** 589 ff. *siehe* Unterhalt des Schuldners
- Verfahren **6** 592 *siehe* Verfahren
- Vollstreckungsgericht **6** 592 *siehe* Vollstreckungsgericht
- Wehrsold **6** 600 *siehe* Wehrsold

Pfändungsverfahren
- Beschlagnahme **5** 59 f. *siehe* Beschlagnahme
- Bestimmtheit des Rechtsgrunds **5** 6 *siehe* Bestimmtheit des Rechtsgrunds
- Dritte **5** 72 *siehe* Dritte
- Drittschuldner **5** 68 *siehe* Drittschuldner
- Drittschuldnererklärung **5** 188 ff. *siehe* Drittschuldnererklärung
- Gebühren des Gerichtsvollziehers **5** 87 *siehe* Gebühren des Gerichtsvollziehers

Stichwortverzeichnis

- Gerichtskosten **5** 85 ff. *siehe* Gerichtskosten
- Klage bei Mehrfachpfändung **5** 318 ff. *siehe* Klage bei Mehrfachpfändung
- Kosten bei wertlosem Pfändungsobjekt **5** 90 ff. *siehe* Kosten bei wertlosem Pfändungsobjekt
- Kosten des Drittschuldners **5** 94 *siehe* Kosten des Drittschuldners
- Kosten des Vollstreckungsgläubigers **5** 95 *siehe* Kosten des Vollstreckungsgläubigers
- Kosten/Gebühren **5** 85 ff. *siehe* Kosten/Gebühren
- Mängel **5** 58 *siehe* Mängel
- Mehrfachpfändung **5** 308 *siehe* Mehrfachpfändung
- Pfändungsantrag **5** 19 *siehe* Pfändungsantrag
- Pfändungsbeschluss **5** 35 *siehe* Pfändungsbeschluss
- Pfändungswirkungen **5** 52 ff. *siehe* Pfändungswirkungen
- Pfandverwertung **5** 96 ff. *siehe* Pfandverwertung
- Pflicht zur Streitverkündung **5** 232 ff. *siehe* Pflicht zur Streitverkündung
- Rechtsanwaltskosten **5** 88 ff. *siehe* Rechtsanwaltskosten
- Rechtsbehelfe **5** 81 ff. *siehe* Rechtsbehelfe
- Rechtsschutzbedürfnis **5** 1 ff. *siehe* Rechtsschutzbedürfnis
- Unterschrift des Rechtspflegers **5** 34 *siehe* Unterschrift des Rechtspflegers
- Verzicht des Gläubigers **5** 242 *siehe* Verzicht des Gläubigers
- verzögerte Beitreibung **5** 238 ff. *siehe* verzögerte Beitreibung
- Vollstreckungsgläubiger **5** 61 *siehe* Vollstreckungsgläubiger
- Vollstreckungsschuldner **5** 63 *siehe* Vollstreckungsschuldner
- Vorpfändung **5** 258 ff. *siehe* Vorpfändung
- Zustellung **5** 39 ff. *siehe* Zustellung

Pfändungsverzicht **5** 242 ff.
- Antrag auf Aufhebung des Pfändungs- und Überweisungsbeschlusses **5** 245 *siehe* Antrag auf Aufhebung des Pfändungs- und Überweisungsbeschlusses
- auflösende Bedingung **5** 250 *siehe* auflösende Bedingung
- Bestehen der titulierten Forderung **5** 251 *siehe* Bestehen der titulierten Forderung
- Erlassvertrag **5** 249 *siehe* Erlassvertrag
- Form **5** 246 *siehe* Form
- Kosten **5** 254 *siehe* Kosten
- Muster Antrag auf Aufhebung der Pfändungs- und Überweisungsbeschluss **5** 257 *siehe* Muster Antrag auf Aufhebung der Pfändungs- und Überweisungsbeschluss
- Muster Verzichtserklärung gegenüber Schuldner **5** 255 *siehe* Muster Verzichtserklärung gegenüber Schuldner
- Muster Verzichtsmitteilung an Drittschuldner **5** 256 *siehe* Muster Verzichtsmitteilung an Drittschuldner
- Rechte aus der Überweisung **5** 252 *siehe* Rechte aus der Überweisung
- Umfang **5** 247 *siehe* Umfang
- Verfahren **5** 244 *siehe* Verfahren
- Verzichtserklärung **5** 253 *siehe* Verzichtserklärung

Pfändungswirkungen
- fortlaufende Bezüge **5** 78 *siehe* fortlaufende Bezüge
- künftige, aufschiebend bedingte, befristete Forderungen **5** 76 f. *siehe* künftige, aufschiebend bedingte, befristete Forderungen
- Nebenrechte **5** 79 f. *siehe* Nebenrechte
- Pfändungsumfang **5** 73 ff. *siehe* Pfändungsumfang

Pflichtteilsanspruch
- Muster Antrag auf Überweisung des bereits gepfändeten Pflichtteilsanspruchs, wenn die Voraussetzungen nach § 852 Abs. 1 ZPO vorliegen **8** 291 ff. *siehe* Muster Antrag auf Überweisung des bereits gepfändeten Pflichtteilsanspruchs, wenn die Voraussetzungen nach § 852 Abs. 1 ZPO vorliegen
- Muster Pfändung von Pflichtteilsansprüchen, wenn die Voraussetzungen nach § 852 Abs. 1 ZPO nicht vorliegen **8** 285 ff. *siehe* Muster Pfändung von Pflichtteilsansprüchen, wenn die Voraussetzungen nach § 852 Abs. 1 ZPO nicht vorliegen
- Muster Pfändung von Pflichtteilsansprüchen, wenn die Voraussetzungen nach § 852 Abs. 1 ZPO vorliegen **8** 280 ff. *siehe* Muster Pfändung von Pflichtteilsansprüchen, wenn die Voraussetzungen nach § 852 Abs. 1 ZPO vorliegen

pflichtgemäßes Ermessen
- befristete Unpfändbarkeitsanordnung **7** 93 *siehe* befristete Unpfändbarkeitsanordnung
- Beschränkung der Zwangsvollstreckung **8** 279 *siehe* Beschränkung der Zwangsvollstreckung

Pfändbarkeit **8** 278 *siehe* Pfändbarkeit
P-Konto **7** 1 ff.
- Anordnung der Unpfändbarkeit von Kontoguthaben **7** 85 ff. *siehe* Anordnung der Unpfändbarkeit von Kontoguthaben
- Anzahl **7** 77 ff. *siehe* Anzahl
- Auskunfteien **7** 78 f. *siehe* Auskunfteien
- Bestimmungsrecht des Gläubigers **7** 80 ff. *siehe* Bestimmungsrecht des Gläubigers
- Dauer des Pfändungsschutzes **7** 2, 10 ff. *siehe* Dauer des Pfändungsschutzes
- Girokonto **7** 68 *siehe* Girokonto
- Insolvenz- und Restschuldbefreiungsverfahren **7** 3 *siehe* Insolvenz- und Restschuldbefreiungsverfahren

Stichwortverzeichnis

- Kontoeröffnung **7** 71 *siehe* Kontoeröffnung
- missbräuchliche Führung **7** 80 *siehe* missbräuchliche Führung
- Muster Antrag auf Beseitigung bei mehreren missbräuchlich geführten P-Konten **7** 84 *siehe* Muster Antrag auf Beseitigung bei mehreren missbräuchlich geführten P-Konten
- natürliche Person **7** 69 f. *siehe* natürliche Person
- Oder-Konto **7** 70 *siehe* Oder-Konto
- Pfändung von Sozialleistungen **9** 68 ff. *siehe* Pfändung von Sozialleistungen
- Pfändungsschutz bei Umwandlung in P-Konto **7** 20 *siehe* Pfändungsschutz bei Umwandlung in P-Konto
- Rückwirkung **7** 75 *siehe* Rückwirkung
- Sockelfreibetrag **7** 4 ff. *siehe* Sockelfreibetrag
- Umwandlung nach erfolgter Pfändung **7** 74 ff. *siehe* Umwandlung nach erfolgter Pfändung
- Umwandlungszwang **7** 72 f. *siehe* Umwandlungszwang
- Und-Konto **7** 70 *siehe* Und-Konto
- vertragliche Grundlage **7** 67 ff. *siehe* vertragliche Grundlage
- Verwendungsbeschränkung **7** 79 *siehe* Verwendungsbeschränkung

Prioritätsprinzip **6** 571 ff.

Rangrücktritt **5** 248 *siehe* Pfändungsverzicht
Reallast **8** 127, 148 ff.
- Drittschuldner **8** 158 *siehe* Drittschuldner
- Eintragung im Grundbuch **8** 159 *siehe* Eintragung im Grundbuch
- Muster Grundbuchantrag **8** 157 *siehe* Muster Grundbuchantrag
- Muster Pfändung bei subjektiv-persönlicher Reallast **8** 161 *siehe* Muster Pfändung bei subjektiv-persönlicher Reallast
- Muster Pfändung der geschuldeten Einzelleistungen bei subjektiv-persönlicher Reallast **8** 162 *siehe* Muster Pfändung der geschuldeten Einzelleistungen bei subjektiv-persönlicher Reallast
- Nutzungsbefugnis **8** 149 *siehe* Nutzungsbefugnis
- Pfändbarkeit **8** 155 *siehe* Pfändbarkeit
- Pfändung künftiger Leistungen **8** 156 *siehe* Pfändung künftiger Leistungen
- Pfändung rückständiger Leistungen **8** 158 *siehe* Pfändung rückständiger Leistungen
- Stammrecht **8** 160 *siehe* Stammrecht
- subjektiv-dingliche Reallast **8** 151 ff. *siehe* subjektiv-dingliche Reallast
- subjektiv-persönliche Reallast **8** 160 ff. *siehe* subjektiv-persönliche Reallast
- wesentlicher Bestandteil **8** 153 *siehe* wesentlicher Bestandteil

Rechtliches Gehör **5** 33

Rechtsbehelfe
- andere Art der Verwertung **5** 185 *siehe* andere Art der Verwertung
- sofortige Beschwerde **6** 216 *siehe* sofortige Beschwerde

Rechtsbehelfe in der Zwangsvollstreckung **5** 81 ff.
- Rechtspflegererinnerung **5** 84 *siehe* Rechtspflegererinnerung
- sofortige Beschwerde **5** 82 *siehe* sofortige Beschwerde
- Vollstreckungserinnerung **5** 83, 275 *siehe* Vollstreckungserinnerung

Rechtskraft
- Erstreckung **5** 74 f. *siehe* Erstreckung
- Haftentschädigungsansprüche **8** 273 *siehe* Haftentschädigungsansprüche

Rechtsschutzbedürfnis **5** 1 ff., 5
- Fehlen **5** 4 *siehe* Fehlen
- Prüfung **5** 2 *siehe* Prüfung
- Wahrheitspflicht **5** 3 *siehe* Wahrheitspflicht

Rentenansprüche **9** 101 ff.
- Muster Pfändung von Ansprüchen auf Versorgungsleistungen nach dem SGB **9** 103 *siehe* Muster Pfändung von Ansprüchen auf Versorgungsleistungen nach dem SGB
- Renteninformationen und -auskünfte **9** 104 *siehe* Renteninformationen und -auskünfte
- zukünftige Forderungen **9** 102 *siehe* zukünftige Forderungen

Rentenanwartschaften **9** 105 ff.
- Auszahlungsbetrag **9** 107 *siehe* Auszahlungsbetrag
- Muster Pfändung von Rentenanwartschaften **9** 108 *siehe* Muster Pfändung von Rentenanwartschaften

Schadensersatz bei verzögerter Beitreibung **5** 238 ff.
- Pflichtenumfang **5** 240 *siehe* Pflichtenumfang
- Umfang der Schadensersatzpflicht **5** 241 *siehe* Umfang der Schadensersatzpflicht

Schuldner
- Anhörung nach Pfändungsantrag **5** 32 f. *siehe* Anhörung nach Pfändungsantrag
- unpfändbare Einkommensteile **6** 70 *siehe* unpfändbare Einkommensteile

schuldrechtliche Rückgewähransprüche **8** 191 ff.
- Anspruch auf Rechnungslegung und Auskunft **8** 201 ff. *siehe* Anspruch auf Rechnungslegung und Auskunft
- Anspruch auf Rückgewähr der abgetretenen Rückgewähransprüche **8** 198 *siehe* Anspruch auf Rückgewähr der abgetretenen Rückgewähransprüche
- bei Sicherungsabrede **8** 196 *siehe* bei Sicherungsabrede

Stichwortverzeichnis

- Beispielfall Anspruch auf Rechnungslegung und Auskunft **8** 203 *siehe* Beispielfall Anspruch auf Rechnungslegung und Auskunft
- Beispielfall Sicherungsabrede **8** 197 *siehe* Beispielfall Sicherungsabrede
- Beispielfall Sicherungsgrundschuld **8** 194 f. *siehe* Beispielfall Sicherungsgrundschuld
- Drittschuldnererklärung **8** 195 *siehe* Drittschuldnererklärung
- Eigentümergrundschuld **8** 206 *siehe* Eigentümergrundschuld
- Erfüllung **8** 199 f. *siehe* Erfüllung
- Grundstücksfinanzierung **8** 192 *siehe* Grundstücksfinanzierung
- laufendes Zwangsversteigerungsverfahren **8** 204 *siehe* laufendes Zwangsversteigerungsverfahren
- Muster Pfändung schuldrechtlicher Rückgewähransprüche **8** 208 *siehe* Muster Pfändung schuldrechtlicher Rückgewähransprüche
- Rückabtretungsanspruch **8** 198 *siehe* Rückabtretungsanspruch
- Sicherungsgrundschuld **8** 193 *siehe* Sicherungsgrundschuld
- Überweisung **8** 207 *siehe* Überweisung
- Verwertung **8** 205 ff. *siehe* Verwertung

Schutzrechte
- Anwartschaftsrecht auf Patent **8** 232, 236 *siehe* Anwartschaftsrecht auf Patent
- Fortsetzung des Pfändungspfandrechts am Patent **8** 237 f. *siehe* Fortsetzung des Pfändungspfandrechts am Patent
- Gebrauchsmuster **8** 229 *siehe* Gebrauchsmuster
- Geschmacksmuster **8** 230 *siehe* Geschmacksmuster
- Lizenzpfändung **8** 241 ff. *siehe* Lizenzpfändung
- Marke **8** 248 ff. *siehe* Marke
- Muster Pfändung von Patenten **8** 244 *siehe* Muster Pfändung von Patenten
- Patent **8** 231 ff. *siehe* Patent
- Stufenpfändung **8** 233 f. *siehe* Stufenpfändung
- Urheberrecht **8** 245 ff. *siehe* Urheberrecht
- Verwertung des Patents **8** 239 f. *siehe* Verwertung des Patents
- Wertermittlung bei Marken **8** 251 *siehe* Wertermittlung bei Marken

Sicherheitsleistung **3** 71 ff.
- Abwendungsbefugnis **3** 84 ff. *siehe* Abwendungsbefugnis
- Beispielfall **3** 88 ff. *siehe* Beispielfall
- des Vollstreckungsschuldners **3** 74 f. *siehe* des Vollstreckungsschuldners
- des Vollstreckungsgläubigers **3** 76 ff. *siehe* des Vollstreckungsgläubigers
- Entbehrlichkeit **3** 81 *siehe* Entbehrlichkeit
- Formular Antrag auf Sicherungsvollstreckung **3** 90 ff. *siehe* Formular Antrag auf Sicherungsvollstreckung
- Nachweis **3** 80 *siehe* Nachweis
- Verfahren **3** 73 ff. *siehe* Verfahren
- Wirkung **3** 82 ff. *siehe* Wirkung
- Zustellung **3** 95 f. *siehe* Zustellung

Sockelfreibetrag **7** 4 ff.
- Änderung des pfändbaren Betrages **7** 42 ff. *siehe* Änderung des pfändbaren Betrages
- Aufstockung des Sockelfreibetrages **7** 21 ff. *siehe* Aufstockung des Sockelfreibetrages
- Belastung des Kontos **7** 15 *siehe* Belastung des Kontos
- Bestimmung des pfändungsfreien Betrages **7** 36 ff. *siehe* Bestimmung des pfändungsfreien Betrages
- deliktischer und prozessualer Kostenerstattungsanspruch **7** 29 ff. *siehe* deliktischer und prozessualer Kostenerstattungsanspruch
- einmalige Ansparung **7** 14 ff. *siehe* einmalige Ansparung
- Ersetzung **7** 35 *siehe* Ersetzung
- Freibeträge bei Unterhaltsvollstreckung **7** 35 ff. *siehe* Freibeträge bei Unterhaltsvollstreckung
- Kontoführungskosten **7** 63 ff. *siehe* Kontoführungskosten
- Kontokorrentabrede **7** 64 ff. *siehe* Kontokorrentabrede
- Kontoverfügungen **7** 15 f. *siehe* Kontoverfügungen
- Leistungsverpflichtung des Kreditinstituts **7** 57 ff. *siehe* Leistungsverpflichtung des Kreditinstituts
- Monatsanfangsproblematik **7** 8 f. *siehe* Monatsanfangsproblematik
- Übertragung von Guthaben **7** 17 ff. *siehe* Übertragung von Guthaben
- verlängertes Zahlungsmoratorium **7** 6 ff. *siehe* verlängertes Zahlungsmoratorium

sofortige Beschwerde **6** 330, 429
- Änderung der Unpfändbarkeitsvoraussetzungen **6** 526 *siehe* Änderung der Unpfändbarkeitsvoraussetzungen
- Änderung des unpfändbaren Betrages **6** 507 *siehe* Änderung des unpfändbaren Betrages
- Pfändungsschutz für sonstige Einkünfte **6** 616 *siehe* Pfändungsschutz für sonstige Einkünfte
- verschleiertes/verschobenes Einkommen **6** 574 f. *siehe* verschleiertes/verschobenes Einkommen

Soldatenbezüge
- Berufssoldaten **8** 302 *siehe* Berufssoldaten
- Drittschuldner bei Berufssoldaten **8** 305 *siehe* Drittschuldner bei Berufssoldaten
- Drittschuldner bei freiwilligem Wehrdienst **8** 316 *siehe* Drittschuldner bei freiwilligem Wehrdienst
- Drittschuldner bei Zeitsoldaten **8** 310 *siehe* Drittschuldner bei Zeitsoldaten

845

Stichwortverzeichnis

- freiwillig Wehrdienstleistende **8** 302 *siehe* freiwillig Wehrdienstleistende
- Muster Pfändung von Ansprüchen bei Berufssoldaten **8** 304 ff. *siehe* Muster Pfändung von Ansprüchen bei Berufssoldaten
- Muster Pfändung von Ansprüchen bei freiwilligem Wehrdienst **8** 315 ff. *siehe* Muster Pfändung von Ansprüchen bei freiwilligem Wehrdienst
- Muster Pfändung von Ansprüchen bei Zeitsoldaten **8** 309 ff. *siehe* Muster Pfändung von Ansprüchen bei Zeitsoldaten
- Personalamt der Bundeswehr **8** 303 *siehe* Personalamt der Bundeswehr
- Soldaten auf Zeit **8** 302 *siehe* Soldaten auf Zeit

Sozialleistung **3** 16

Steuer und Abgaben **4** 126 ff. *siehe* Finanzamt (Anspruch C)

Strafgefangenengelder **8** 78 ff.
- Eigengeld **8** 80 *siehe* Eigengeld
- Hausgeld **8** 79 *siehe* Hausgeld
- Muster Pfändung von Gefangenenansprüchen mit Ausnahme von Thüringen, Mecklenburg-Vorpommern, Rheinland-Pfalz, Berlin **8** 88 *siehe* Muster Pfändung von Gefangenenansprüchen mit Ausnahme von Thüringen, Mecklenburg-Vorpommern, Rheinland-Pfalz, Berlin
- Überbrückungsgeld **8** 81 ff. *siehe* Überbrückungsgeld
- Übersicht Strafgefangenenansprüche **8** 86 *siehe* Übersicht Strafgefangenenansprüche
- Übersicht Strafvollzugsgesetze **8** 84 *siehe* Übersicht Strafvollzugsgesetze
- Zuständigkeit **8** 85 *siehe* Zuständigkeit

Streitverkündung **5** 232 ff.
- Beitritt des Schuldners **5** 233 f. *siehe* Beitritt des Schuldners
- Muster **5** 237 *siehe* Muster
- Unterlassen **5** 235 *siehe* Unterlassen
- Vollstreckungsabwehrklage **5** 236 *siehe* Vollstreckungsabwehrklage

Teilvollstreckung **4** 61 ff.
- Hauptforderungen **4** 62, 63 *siehe* Hauptforderungen
- Kosten **4** 62 *siehe* Kosten
- Nebenforderungen **4** 62 *siehe* Nebenforderungen
- Teilforderungen **4** 64 *siehe* Teilforderungen
- Verrechnung **4** 65 *siehe* Verrechnung
- Zinsen **4** 64 *siehe* Zinsen

Trinkgeld **6** 16 *siehe* Arbeitseinkommen

Übermaßverbot **3** 114

Übersichten
- Drittschuldner bei der Pfändung von Lotsgeldern **8** 267 *siehe* Drittschuldner bei der Pfändung von Lotsgeldern
- Pfändung bei Briefrecht **8** 132 *siehe* Pfändung bei Briefrecht
- Strafgefangenenansprüche **8** 86 *siehe* Strafgefangenenansprüche
- Strafvollzuggesetze **8** 84 *siehe* Strafvollzuggesetze
- Übersicht: Vorpfändung, Insolvenz, Einzelzwangsvollstreckung **5** 297 *siehe* Übersicht: Vorpfändung, Insolvenz, Einzelzwangsvollstreckung
- Vertretungsberechtigung der Länder als Drittschuldner bei Hinterlegung **8** 170 *siehe* Vertretungsberechtigung der Länder als Drittschuldner bei Hinterlegung

Überweisung
- an Zahlung statt **4** 92 *siehe* an Zahlung statt
- Arrestatorium **4** 92 *siehe* Arrestatorium
- Inhibitorium **4** 92 *siehe* Inhibitorium
- zur Einziehung **4** 92 *siehe* zur Einziehung

Überweisung an Zahlungs statt
- Auszahlungssperre **5** 163 ff. *siehe* Auszahlungssperre
- Beispielfall **5** 161 f. *siehe* Beispielfall
- Inhaberschaft **5** 159 *siehe* Inhaberschaft
- Leistungssperre beim P-Konto **5** 166 ff. *siehe* Leistungssperre beim P-Konto
- Nennwert **5** 158 *siehe* Nennwert
- Umfang **5** 160 *siehe* Umfang
- Wartefrist **5** 171 *siehe* Wartefrist
- Wirkung **5** 158 *siehe* Wirkung

Überweisung zur Einziehung
- Abtretung **5** 113 *siehe* Abtretung
- Auskunftsanspruch **5** 121 ff. *siehe* Auskunftsanspruch
- Eigentumsverschaffung an Grundstücken **8** 59 *siehe* Eigentumsverschaffung an Grundstücken
- einstweilige Einstellung **5** 119 *siehe* einstweilige Einstellung
- Einwendungen des Drittschuldners **5** 153 *siehe* Einwendungen des Drittschuldners
- Einziehungsberechtigung **5** 110 *siehe* Einziehungsberechtigung
- Einziehungsprozess **5** 114 ff. *siehe* Einziehungsprozess
- Herausgabepflicht **5** 131 ff. *siehe* Herausgabepflicht
- Insolvenzverfahren **5** 149 *siehe* Insolvenzverfahren
- materielle Verfügungsgewalt **5** 111 f. *siehe* materielle Verfügungsgewalt
- Mehrfachpfändung **5** 154 ff. *siehe* Mehrfachpfändung

Stichwortverzeichnis

- Rechtsstellung des Vollstreckungsschuldners **5** 120 *siehe* Rechtsstellung des Vollstreckungsschuldners
- Schadensersatz bei verzögerter Beitreibung **5** 238 ff. *siehe* Schadensersatz bei verzögerter Beitreibung
- Schutzbedürftigkeit des Drittschuldners **5** 148, 151 ff. *siehe* Schutzbedürftigkeit des Drittschuldners
- Stellung des Drittschuldners **5** 148 ff. *siehe* Stellung des Drittschuldners
- Verhältnis Drittschuldner und Vollstreckungsgläubiger **5** 150 *siehe* Verhältnis Drittschuldner und Vollstreckungsgläubiger
- Wirkung **5** 109 ff. *siehe* Wirkung

Überweisungsantrag **4** 91 ff.
- nachträglich **4** 94 *siehe* nachträglich
- Unterbleiben **4** 93 *siehe* Unterbleiben

Umfang der Pfändung von Arbeitseinkommen **6** 47 ff.
- Änderung des Dienstherrn **6** 56 f. *siehe* Änderung des Dienstherrn
- Änderung im Dienstverhältnis **6** 54 f. *siehe* Änderung im Dienstverhältnis
- Arbeits- und Diensteinkommen **6** 53 ff. *siehe* Arbeits- und Diensteinkommen
- im Voraus abgetretene Lohnforderungen **6** 50 f. *siehe* im Voraus abgetretene Lohnforderungen
- künftige/fortlaufende Bezüge **6** 48 f. *siehe* künftige/fortlaufende Bezüge
- Neubegründung des Arbeits- oder Dienstverhältnisses **6** 57 ff. *siehe* Neubegründung des Arbeits- oder Dienstverhältnisses
- Pfändungswirkungen **6** 52 *siehe* Pfändungswirkungen

unbewegliche Sache
- Pfändung Herausgabeanspruch **10** 26 ff.

unpfändbare Arbeiseinkommen
- Freibetrag bei gesetzlichen Unterhaltspflichten **6** 167 ff. *siehe* Freibetrag bei gesetzlichen Unterhaltspflichten
- Grundfreibetrag **6** 164 ff. *siehe* Grundfreibetrag

unpfändbare Einkommensteile **6** 68 ff.
- Aufwandsentschädigungen, Auslösegelder, sonstige Zulagen **6** 90 ff. *siehe* Aufwandsentschädigungen, Auslösegelder, sonstige Zulagen
- Bemessungsgrundlage **6** 86 ff. *siehe* Bemessungsgrundlage
- Blindenzulagen **6** 116 *siehe* Blindenzulagen
- Drittschuldner **6** 69 *siehe* Drittschuldner
- Erziehungsgelder, Studienbeihilfen **6** 113 f. *siehe* Erziehungsgelder, Studienbeihilfen
- gesetzliche Unterhaltsansprüche **6** 71 *siehe* gesetzliche Unterhaltsansprüche
- Grundlage der Berechnung **6** 72 *siehe* Grundlage der Berechnung
- Heirats- und Geburtenhilfen **6** 109 ff. *siehe* Heirats- und Geburtenhilfen
- Mehrarbeitsstunden **6** 73 ff. *siehe* Mehrarbeitsstunden
- Schuldnerschutz **6** 70 *siehe* Schuldnerschutz
- Sterbe- und Gnadenbezüge **6** 115 *siehe* Sterbe- und Gnadenbezüge
- Treuegelder **6** 84 f. *siehe* Treuegelder
- Urlaubsgeld **6** 79 ff. *siehe* Urlaubsgeld
- Weihnachtsvergütungen **6** 104 ff. *siehe* Weihnachtsvergütungen
- Zuwendungen aus besonderem Betriebsereignis **6** 83 *siehe* Zuwendungen aus besonderem Betriebsereignis

Unterhaltsforderungen **4** 102 ff.
- Antrag **4** 103 ff. *siehe* Antrag
- Beiordnung eines Rechtsanwalts **4** 107 *siehe* Beiordnung eines Rechtsanwalts
- Forderungsaufstellung **4** 110 f. *siehe* Forderungsaufstellung
- minderjährige Kinder **4** 108 f. *siehe* minderjährige Kinder
- notwendiger Unterhalt **4** 116 f. *siehe* notwendiger Unterhalt
- pfandfreier Betrag **4** 118 f. *siehe* pfandfreier Betrag
- überjährige Rückstände **4** 112 ff. *siehe* überjährige Rückstände
- Zugriff auf Arbeitseinkommen **4** 106 *siehe* Zugriff auf Arbeitseinkommen

Unterhaltsvorschuss **6** 237 ff.
- Beispielfall **6** 245 f. *siehe* Beispielfall
- Rangverhältnis der Gläubiger **6** 244 *siehe* Rangverhältnis der Gläubiger
- Unterhaltskasse **6** 239 ff. *siehe* Unterhaltskasse
- Vollstreckungsbescheid **6** 239 ff. *siehe* Vollstreckungsbescheid
- Zwischenverfügung **6** 243 *siehe* Zwischenverfügung

Unterwerfungserklärung **3** 52
unveräußerliche Rechte **8** 11 *siehe* Pfändung anderer Vermögensrechte

Urlaubsgeld
- Begriff **6** 81 *siehe* Begriff
- Bemessung **6** 87 f. *siehe* Bemessung
- Urlaubsabgeltungsanspruch **6** 82 *siehe* Urlaubsabgeltungsanspruch

Urlaubsgeld **6** 15, 79 ff. *siehe* Arbeitseinkommen

Verhältnismäßigkeitsgrundsatz **3** 114 ff.
verschleiertes/verschobenes Einkommen **6** 528 ff.
- angemessene Vergütung **6** 559 f. *siehe* angemessene Vergütung
- Antrag **6** 548 *siehe* Antrag
- Darlegungs- und Beweislast **6** 562 ff. *siehe* Darlegungs- und Beweislast

847

Stichwortverzeichnis

- Durchsetzung **6** 557 ff. *siehe* Durchsetzung
- Einziehungsklage **6** 557 f. *siehe* Einziehungsklage
- Fiktion **6** 556 *siehe* Fiktion
- Gebühren **6** 576 f. *siehe* Gebühren
- Gläubigerkonkurrenz **6** 570 ff. *siehe* Gläubigerkonkurrenz
- Kosten **6** 576 *siehe* Kosten
- Lohnverschiebung **6** 531 ff. *siehe* Lohnverschiebung
- Lohnverschleierung **6** 538 ff. *siehe* Lohnverschleierung
- Mindestlohn **6** 569 *siehe* Mindestlohn
- Prioritätsprinzip **6** 571 ff. *siehe* Prioritätsprinzip
- Prozessgericht **6** 557 *siehe* Prozessgericht
- Rechtsbehelfe **6** 574 f. *siehe* Rechtsbehelfe
- Streitwert **6** 577 *siehe* Streitwert
- übliche Vergütung **6** 567 *siehe* übliche Vergütung
- Verfahren **6** 547 ff. *siehe* Verfahren
- Wert der erbrachten Arbeitsleistung **6** 568 *siehe* Wert der erbrachten Arbeitsleistung
- Wirkungen **6** 554 ff. *siehe* Wirkungen
- wirtschaftliche Leistungsfähigkeit **6** 561 *siehe* wirtschaftliche Leistungsfähigkeit

Verstrickung **5** 52 ff.
- Pfändungspfandrecht **5** 56 ff. *siehe* Pfändungspfandrecht
- Umfang **5** 57 *siehe* Umfang
- unwirksame Vollstreckung **5** 55 *siehe* unwirksame Vollstreckung

Verstrickung.
- Veräußerungsverbot **5** 54 *siehe* Veräußerungsverbot

Verwahrung **4** 207 f.
Verwaltungsakt **3** 17
Verwertung **4** 204 f.
- andere Art der Verwertung **5** 172 ff. *siehe* andere Art der Verwertung
- Anhörung des Schuldners **5** 108 *siehe* Anhörung des Schuldners
- einer Geldforderung **5** 97 *siehe* einer Geldforderung
- gleichzeitig mit der Pfändung **5** 99 ff. *siehe* gleichzeitig mit der Pfändung
- isolierter Überweisungsbeschluss **5** 102 *siehe* isolierter Überweisungsbeschluss
- örtliche Zuständigkeit **5** 107 *siehe* örtliche Zuständigkeit
- Überweisung an Zahlung statt **5** 96 *siehe* Überweisung an Zahlung statt
- Überweisung an Zahlungs statt **5** 158 *siehe* Überweisung an Zahlungs statt
- Überweisung zur Einziehung **5** 96, 109 *siehe* Überweisung zur Einziehung
- Überweisungsverfahren **5** 98 *siehe* Überweisungsverfahren

Verzicht auf die titulierte Forderung **5** 251 *siehe* Pfändungsverzicht
vollstreckbare Ausfertigung **5** 263
Vollstreckungsabwehrantrag **6** 311
Vollstreckungsabwehrklage **5** 302
Vollstreckungsbescheid **3** 64
Vollstreckungserinnerung **5** 299 f., **6** 331 f., 429
- Änderung der Unpfändbarkeitsvoraussetzungen **6** 526 *siehe* Änderung der Unpfändbarkeitsvoraussetzungen
- Änderung des unpfändbaren Betrages **6** 507 *siehe* Änderung des unpfändbaren Betrages
- Pfändung laufender Sozialleistungen **9** 43 ff. *siehe* Pfändung laufender Sozialleistungen
- verschleiertes/verschobenes Einkommen **6** 574 f. *siehe* verschleiertes/verschobenes Einkommen

Vollstreckungsgläubiger
- als Drittschuldner **2** 9 *siehe* als Drittschuldner
- Einziehungsberechtigung **5** 111 *siehe* Einziehungsberechtigung
- Kindergeld **9** 54 *siehe* Kindergeld
- mehrere Vollstreckungsgläubiger **5** 118 *siehe* mehrere Vollstreckungsgläubiger
- Neubegründung des Arbeits- oder Dienstverhältnisses **6** 60 *siehe* Neubegründung des Arbeits- oder Dienstverhältnisses
- privilegierte Gläubiger **6** 219 ff., 426, 497 *siehe* privilegierte Gläubiger

Vollstreckungshindernisse
- gesetzliche Vollstreckungshindernisse **3** 107 f. *siehe* gesetzliche Vollstreckungshindernisse
- Nachweis **3** 105 *siehe* Nachweis
- tabellarischer Überblick **3** 106 *siehe* tabellarischer Überblick
- vertragliche Vollstreckungshindernisse **3** 109 ff. *siehe* vertragliche Vollstreckungshindernisse
- vollstreckungsausschließende Vereinbarungen **3** 113 *siehe* vollstreckungsausschließende Vereinbarungen
- vollstreckungsbeschränkende Vereinbarungen **3** 111 *siehe* vollstreckungsbeschränkende Vereinbarungen
- vollstreckungserweiternde Vereinbarungen **3** 112 *siehe* vollstreckungserweiternde Vereinbarungen

Vollstreckungsklausel
- Antrag auf Erteilung **3** 65 *siehe* Antrag auf Erteilung
- beglaubigte Abschrift **3** 63 *siehe* beglaubigte Abschrift
- vollstreckbare Ausfertigung **3** 62 *siehe* vollstreckbare Ausfertigung
- Zustellung **3** 66 ff. *siehe* Zustellung

Vollstreckungsschuldner
- Anhörung **5** 175 *siehe* Anhörung

Stichwortverzeichnis

- Berechnung des pfändbaren Einkommens **6** 334 *siehe* Berechnung des pfändbaren Einkommens
- Dauerwohn- und Dauernutzungsrecht **8** 113 *siehe* Dauerwohn- und Dauernutzungsrecht
- Grundstückseigentümer **8** 107 ff. *siehe* Grundstückseigentümer
- Klageänderung **5** 66, 115 *siehe* Klageänderung
- Rechtsverhältnis zum Drittschuldner **5** 67 *siehe* Rechtsverhältnis zum Drittschuldner
- Sicherung der Forderung **5** 65 *siehe* Sicherung der Forderung
- Stellung **5** 63 ff. *siehe* Stellung
- unbekannt **3** 21 *siehe* unbekannt
- Verfügungsbefugnis **5** 63 ff. *siehe* Verfügungsbefugnis
- Verfügungsverbote **5** 64 *siehe* Verfügungsverbote
Vollstreckungstitel **3** 50 ff., **5** 22
- nach dem FamFG **3** 58 ff. *siehe* nach dem FamFG
- notarielle Urkunde **3** 52 ff. *siehe* notarielle Urkunde
- Pfändung bei Unterhalsansprüche **6** 221 *siehe* Pfändung bei Unterhalsansprüche
Vollstreckungsverfahren
- Beteiligte **1** 8 *siehe* Beteiligte
- Dreiecksverhältnis **1** 4 f. *siehe* Dreiecksverhältnis
- Parteien **1** 7 *siehe* Parteien
Vollstreckungsvoraussetzungen
- allgemein **3** 49 ff. *siehe* allgemein
- besondere **3** 69 ff. *siehe* besondere
- Eintritt eines Kalendertages **3** 69 f. *siehe* Eintritt eines Kalendertages
- Grundsatz der Verhältnismäßigkeit **3** 114 ff. *siehe* Grundsatz der Verhältnismäßigkeit
- Leistung Zug um Zug **3** 99 *siehe* Leistung Zug um Zug
- Sicherheitsleistung **3** 71 ff. *siehe* Sicherheitsleistung
- Übermaßverbot **3** 114 ff. *siehe* Übermaßverbot
- Vollstreckungshindernisse **3** 104 ff. *siehe* Vollstreckungshindernisse
- Vollstreckungsklausel **3** 62 ff. *siehe* Vollstreckungsklausel
- Vollstreckungstitel **3** 50 ff. *siehe* Vollstreckungstitel
- Wartefrist **3** 97 f. *siehe* Wartefrist
vorläufiges Zahlungsverbot **5** 258 ff. *siehe* Vorpfändung
Vorpfändung **5** 258 ff.
- Anfertigung durch den Gläubiger **5** 278 ff. *siehe* Anfertigung durch den Gläubiger
- Arrest und einstweiliger Verfügung **5** 260 *siehe* Arrest und einstweiliger Verfügung
- auflösende Bedingung **5** 283 *siehe* auflösende Bedingung
- Auftrag an den Gerichtsvollzieher **5** 270 ff. *siehe* Auftrag an den Gerichtsvollzieher

- Bedingung **5** 268 *siehe* Bedingung
- Beispielfall **5** 287, 289, 292, 295 *siehe* Beispielfall
- besondere Zwangsvollstreckungsvoraussetzungen **5** 267 *siehe* besondere Zwangsvollstreckungsvoraussetzungen
- eines Steuererstattungsanspruchs **5** 264 f. *siehe* eines Steuererstattungsanspruchs
- Falschbezeichnung **5** 269 *siehe* Falschbezeichnung
- Form **5** 275 *siehe* Form
- Fristenkontrolle **5** 266 *siehe* Fristenkontrolle
- Gerichtskosten **5** 303 *siehe* Gerichtskosten
- Gläubigerkonkurrenz **5** 291 *siehe* Gläubigerkonkurrenz
- Herausgabeanspruch **5** 260 *siehe* Herausgabeanspruch
- Hinterlegungsansprüche **8** 178 *siehe* Hinterlegungsansprüche
- Hinweis an das Gericht **5** 290 *siehe* Hinweis an das Gericht
- Insolvenz **5** 296 *siehe* Insolvenz
- Kosten **5** 303 ff. *siehe* Kosten
- Kostenfestsetzung durch das Vollstreckungsgericht **5** 305 *siehe* Kostenfestsetzung durch das Vollstreckungsgericht
- künftige Forderung **5** 264 f. *siehe* künftige Forderung
- mehrfache Vorpfändung **5** 294 *siehe* mehrfache Vorpfändung
- Monatsfrist **5** 285, 288 *siehe* Monatsfrist
- Muster Isolierte Vorpfändung durch Gläubiger **5** 307 *siehe* Muster Isolierte Vorpfändung durch Gläubiger
- Oder-Konto **5** 293 *siehe* Oder-Konto
- Pfändungsbeschluss **5** 261 *siehe* Pfändungsbeschluss
- Rang **5** 283 *siehe* Rang
- Rechtsanwaltskosten **5** 304 *siehe* Rechtsanwaltskosten
- Rechtsbehelfe **5** 298 ff. *siehe* Rechtsbehelfe
- Rückwirkung **5** 285 f. *siehe* Rückwirkung
- Sicherungsvollstreckung nach § 720a ZPO **5** 260 *siehe* Sicherungsvollstreckung nach § 720a ZPO
- sonstige Vermögenswerte **5** 260 *siehe* sonstige Vermögenswerte
- Übersicht **5** 297 *siehe* Übersicht
- von Geldforderungen **5** 260 *siehe* von Geldforderungen
- Voraussetzungen **5** 262 ff. *siehe* Voraussetzungen
- vorläufig vollstreckbarer Titel **5** 262 f. *siehe* vorläufig vollstreckbarer Titel
- Vorpfändungsbenachrichtigung **5** 270 ff. *siehe* Vorpfändungsbenachrichtigung
- wegen eines Teilbetrags **5** 284 *siehe* wegen eines Teilbetrags

849

Stichwortverzeichnis

- Wirkungen **5** 283 ff. *siehe* Wirkungen
- Zustellung durch den Gerichtsvollzieher **5** 278 ff. *siehe* Zustellung durch den Gerichtsvollzieher

Wegfall unterhaltsberechtigter Personen **6** 183 ff.
- Art der Einkünfte des Unterhaltsberechtigten **6** 199 f. *siehe* Art der Einkünfte des Unterhaltsberechtigten
- Beispielfall **6** 185, 187, 213 *siehe* Beispielfall
- Beschluss **6** 206 ff. *siehe* Beschluss
- Darlegungslast **6** 198 *siehe* Darlegungslast
- eigene Einkünfte des Unterhaltsberechtigten **6** 194 ff. *siehe* eigene Einkünfte des Unterhaltsberechtigten
- Gläubigerantrag **6** 188 ff. *siehe* Gläubigerantrag
- gleichzeitige Antragsstellung **6** 189 ff. *siehe* gleichzeitige Antragsstellung
- Höhe der Einkünfte **6** 203 ff. *siehe* Höhe der Einkünfte
- keine Berücksichtigung **6** 207 f. *siehe* keine Berücksichtigung
- nachträgliche Antragsstellung **6** 193 *siehe* nachträgliche Antragsstellung
- Rechtsbehelfe **6** 216 *siehe* Rechtsbehelfe
- teilweise Berücksichtigung **6** 209 ff. *siehe* teilweise Berücksichtigung
- Verfahren **6** 201 ff. *siehe* Verfahren
- Vermögensauskunft **6** 197 *siehe* Vermögensauskunft
- Wirkungen **6** 215 *siehe* Wirkungen
- Wirkungen des Beschlusses **6** 186 *siehe* Wirkungen des Beschlusses

Weihnachtvergütungen
- als Sondervergütung **6** 104 ff. *siehe* als Sondervergütung
- Berechnung **6** 108 *siehe* Berechnung
- erhöhter Aufwand **6** 105 f. *siehe* erhöhter Aufwand

weitere Pfändungsansprüche **4** 191 ff. *siehe* Pfändungsanspruch
- allgemeine Ansprüche **4** 191 *siehe* allgemeine Ansprüche
- Ergebnisrücklage **4** 195 *siehe* Ergebnisrücklage
- Genossenschaft **4** 193 ff., 195 ff. *siehe* Genossenschaft
- Geschäftsguthaben **4** 195 *siehe* Geschäftsguthaben
- Gewinnbeteiligung **4** 195 *siehe* Gewinnbeteiligung
- Kontoleihe **4** 191 *siehe* Kontoleihe
- Liquidationsguthaben **4** 195 *siehe* Liquidationsguthaben
- P-Konto **4** 191 *siehe* P-Konto
- Wertpapiere **4** 201 ff. *siehe* Wertpapiere **4** 201 ff.
- Muster **4** 209 *siehe* Muster
- sammelverwahrte Wertpapiere **4** 206 ff. *siehe* sammelverwahrte Wertpapiere
- sonderverwahrte Wertpapiere **4** 202 ff. *siehe* sonderverwahrte Wertpapiere

Zulässigkeitsvoraussetzungen **3** 1 ff.
Zuständigkeit **3** 3 ff.
- Abgabe **3** 46 ff. *siehe* Abgabe
- Angehörige der Bundespolizei **3** 32 *siehe* Angehörige der Bundespolizei
- Ansprüche eines ausländischen Staates **3** 40 f. *siehe* Ansprüche eines ausländischen Staates
- Arrest **3** 5 ff. *siehe* Arrest
- Aufenthalt **3** 25 f. *siehe* Aufenthalt
- ausschließliche Zuständigkeit **3** 4 *siehe* ausschließliche Zuständigkeit
- Berufssoldaten **3** 27, 29 *siehe* Berufssoldaten
- Beschwerdeverfahren **3** 11 *siehe* Beschwerdeverfahren
- einstweilige Verfügung **3** 10 *siehe* einstweilige Verfügung
- Einwohnermeldeamt **3** 25 *siehe* Einwohnermeldeamt
- fehlender Gerichtsstand **3** 35 *siehe* fehlender Gerichtsstand
- Finanzamt **4** 131 f. *siehe* Finanzamt
- funktionelle Zuständigkeit **3** 18 f. *siehe* funktionelle Zuständigkeit
- Inhaftierte **3** 26 *siehe* Inhaftierte
- international **3** 38 f. *siehe* international
- juristische Personen **3** 22 *siehe* juristische Personen
- mehrere Gerichtsstände **3** 36 *siehe* mehrere Gerichtsstände
- mehrere Schuldner **3** 42 ff. *siehe* mehrere Schuldner
- minderjährige Soldaten **3** 30 *siehe* minderjährige Soldaten
- Muster Auskunftsbegehren an das Personalamt der Bundeswehr **3** 34 *siehe* Muster Auskunftsbegehren an das Personalamt der Bundeswehr
- öffentlich-rechtliche Geldforderungen **3** 15 ff. *siehe* öffentlich-rechtliche Geldforderungen
- Partei kraft Amtes **3** 37 *siehe* Partei kraft Amtes
- Personalamt der Bundeswehr **3** 33 *siehe* Personalamt der Bundeswehr
- Verstoß **3** 48 *siehe* Verstoß
- verwaltungsrechtliche Entscheidungen **3** 12 ff. *siehe* verwaltungsrechtliche Entscheidungen
- Wehrpflichtige **3** 28 *siehe* Wehrpflichtige
- Wohnsitz **3** 20 f. *siehe* Wohnsitz
- Zeitpunkt **3** 23 f. *siehe* Zeitpunkt
- Zivilangestellte der Bundeswehr **3** 31 *siehe* Zivilangestellte der Bundeswehr
- Zuständigkeitsverfestigung **3** 23 *siehe* Zuständigkeitsverfestigung

Stichwortverzeichnis

Zustellung **5** 39 ff.
- an den Drittschuldner **5** 40 *siehe* an den Drittschuldner
- an den Schuldner **5** 45, 48 f. *siehe* an den Schuldner
- Änderung der Unpfändbarkeitsvoraussetzungen **6** 524 *siehe* Änderung der Unpfändbarkeitsvoraussetzungen
- Briefhypothek **8** 183 f. *siehe* Briefhypothek
- Buchhypothek **8** 176 f. *siehe* Buchhypothek
- durch die Post **5** 47 *siehe* durch die Post
- Durchführung **5** 42 *siehe* Durchführung
- eines besonderen Überweisungsbeschlusses **5** 46 *siehe* eines besonderen Überweisungsbeschlusses
- Gesamthandsgemeinschaft **5** 50 ff. *siehe* Gesamthandsgemeinschaft
- im Parteibetrieb **5** 40 *siehe* im Parteibetrieb
- mehrere Drittschuldner **5** 50 ff. *siehe* mehrere Drittschuldner
- mehrerer Pfändungsbeschlüsse **5** 44 *siehe* mehrerer Pfändungsbeschlüsse
- Notaranderkonto **8** 331 *siehe* Notaranderkonto
- Pfändung Kommanditgesellschaftsanteil **8** 257 *siehe* Pfändung Kommanditgesellschaftsanteil
- Pflichtteil **8** 281 *siehe* Pflichtteil
- von Amts wegen **5** 40 *siehe* von Amts wegen
- Zeitpunkt **5** 43 *siehe* Zeitpunkt

Zwangsvollstreckung
- Begriff **1** 1 f. *siehe* Begriff
- wegen Geldforderungen **1** 3

851